国家出版基金项目
NATIONAL PUBLICATION FOUNDATION

中華博物通考

總主編 張述錚

地輿卷

上

本卷主編
焦秋生

上海交通大學出版社

圖書在版編目（CIP）數據

中華博物通考. 地輿卷 / 張述錚總主編；焦秋生本卷主編.—上海：上海交通大學出版社, 2024.1
ISBN 978-7-313-29816-4

Ⅰ.①中… Ⅱ.①張… ②焦… Ⅲ.①百科全書—中國—現代②歷史地理—中國 Ⅳ.①Z227②K928.6

中國國家版本館CIP數據核字(2023)第237833號

特約編審： 李　平
責任編輯： 許微微　王化文
裝幀設計： 姜　明

中華博物通考·地輿卷

總　主　編：張述錚
本卷主編：焦秋生
出版發行：上海交通大學出版社
郵政編碼：200030
印　　製：蘇州市越洋印刷有限公司
開　　本：890mm×1240mm　1／16
字　　數：1363千字
版　　次：2024年1月第1版
書　　號：ISBN 978-7-313-29816-4
定　　價：836.00元（全兩冊）

地　　址：上海市番禺路951號
電　　話：021-64071208
經　　銷：全國新華書店
印　　張：57.25
印　　次：2024年1月第1次印刷

《中華博物通考》學術顧問

（按姓氏筆畫排序）

王　方	王　釗	王子舟	王文章	王志强	仇正偉	孔慶典	石雲里
田藝瓊	白庚勝	朱孟庭	任德山	衣保中	祁德樹	杜澤遜	李　平
李行健	李克讓	李德龍	李樹喜	李曉光	吳海清	佟春燕	余曉艷
邱永君	宋大川	苟天林	郝振省	施克燦	姜　鵬	姜曉敏	祝逸雯
祝壽臣	馬玉梅	馬建勛	桂曉風	夏興有	晁岱雙	晏可佳	徐傳武
高　峰	高莉芬	陳　煜	陳茂仁	孫　機	孫　曉	孫明泉	陶曉華
黃金東	黃群雅	黃壽成	黃燕生	曹宏舉	曹彥生	常光明	常壽德
張志民	張希清	張維慎	張慶捷	張樹相	張聯榮	程方平	鈕衛星
馮　峰	馮維康	楊　凱	楊存昌	楊志明	楊華山	賈秀娟	趙志軍
趙連賞	趙榮光	趙興波	蔡先金	鄭欣淼	寧　強	熊遠明	劉　静
劉文豐	劉建美	劉建國	劉洪海	劉華傑	劉國威	潛　偉	霍宏偉
魏明孔	聶震寧	蘇子敬	嚴　耕	羅　青	羅雨林	釋界空	釋圓持
鐵付德							

《中華博物通考》編輯出版委員會

《中華博物通考·地輿卷》編纂委員會

主　　編：焦秋生

撰 稿 人：焦秋生

導　論

——縱論中華博物學的沉淪與重建

引　言

在中國當代，西方博物學影響至巨，自鴉片戰爭以來，屈指已歷百載。何謂"西方博物學"？"西方博物學"是以研究動植物、礦物等自然物爲主體的學科，但不包含社會領域的社會生活，至 19 世紀後期已完成學術使命，成爲一種保護大自然的公益活動，但國人却一直承襲至今。中華久有自家的博物學，已久被忘却，無人問津，這一狀况實是令人不安。前日偶見《故宮裏的博物學》問世，精裝三册，喜出望外，以爲我中華博物學終得重生，展卷之後始知，該書是依據清乾隆時期皇室的藏書《清宫獸譜》《清宫鳥譜》《清宫海錯圖》（"海錯"多指海中錯雜的魚鱉蝦蟹之類）繪製而成，其中一些并非實有，乃是神話傳説之物。其内容提要稱"是專爲孩子打造的中華文化通識讀本"，而對博物院内琳琅滿目的海量藏品則隻字未提。這就是説，博物院雖有海量藏品，却與故宮裏的博物學毫不相干，或曰并不屬於博物學的研究範圍。此書的編纂者是我國的著名專家，未料我國這些著名專家所認定的博物學仍是西方的博物學。此書得以《故宮裏的博物學》的名義出版，又證我國的出版界對於此一命題的認同，竟然不知我中華久有自家的博物學。此書如若改稱《故宮裏的皇室動物圖譜》，則名正言順，十分精彩，不失爲一部别具情趣的兒童讀物，但原書名却無意間形成一種誤導，孩子們可能會據此認定：唯有鳥獸蟲魚之類才是中華文化中的大學問，故而稱之爲“博物學”，最終會在其幼小心靈裏留下西方博物學的深深印記。

何以出現這般狀況？因爲許多國人對於傳統的中華博物及中華博物學，實在是太過陌生！那麼，何謂“博物”？本文指稱的“博物”，是指隸屬或關涉我中華文化的一切可見或可感知之物體物品。何謂“中華博物學”？“中華博物學”的研究主體是除却自然界諸物之外，更關涉了中國社會的各個方面各個領域，進而關涉了我中華民族的生息繁衍，關涉了作爲文明古國的盛衰起落，足可爲當代或後世提供必要的藉鑒，是我國獨有、無可替代的學術體系。故而重建中華博物學，具有歷史的、現實的多方面實用價值。我中華博物學起源久遠，至遲已有兩千年歷史，祇是初始没有“博物學”之名而已。時至明代，始見“博物之學”一詞。如明楊士奇《東里續集》卷一八評述宋陸佃《埤雅》曰：“此書於博物之學蓋有助焉。”此一“博物之學”，可視爲“中華博物學”的最早稱謂。又，《四庫全書總目提要》卷一三六評清陳元龍《格致鏡原》曰：“〔此書〕分三十類：曰乾象，曰坤輿，曰身體，曰冠服，曰宫室，曰飲食，曰布帛，曰舟車，曰朝制，曰珍寶，曰文具，曰武備，曰禮器，曰樂器，曰耕織器物，曰日用器物，曰居處器物，曰香奩器物，曰燕賞器物，曰玩戲器物，曰穀，曰蔬，曰木，曰草，曰花，曰果，曰鳥，曰獸，曰水族，曰昆蟲，皆博物之學。”此即古籍述及的“中華博物學”最爲明確、最爲全面的定義。重建的博物學於“身體”之外，另增《函籍》《珍奇》《科技》等，可以更全面地融匯古今。在擴展了傳統博物學天地之外，又致力於探索浩浩博物的淵源、流變，以及同物異名與同名異物的研究，致力於物、名之間的生衍關係的考辨。“博物學”本無須冠以“中華”或“中國”字樣，在當代爲區別於西方的“博物學”，遂定名爲“中華博物學”，或曰“中華古典博物學”。“中華博物學”，國人本當最爲熟悉，事實却是大出所料，近世此學已成了過眼雲烟，少有問津者，西方博物學反而風靡於中國。何以形成如此狀況？何以如此本末倒置？這就不能不從噩夢般的中國近代史談起。

一、喪權辱國尋自保，走投無路求西化

清王朝自鴉片戰争喪權辱國之後，面對列强的進逼，毫無氣節，連連退讓，其後又遭甲午戰爭之慘敗，走投無路，於是由所謂"師夷之長技"，轉而向日本求取西化的捷徑，以便苟延殘喘。日本自 19 世紀始，城鄉不斷發生市民、農民暴動，國内一片混亂。1854 年 3 月，又在美國鐵艦火炮脅迫之下，簽訂《神奈川條約》。四年後再度被迫與美國簽訂通商條約。繼此以往，荷、俄、英、法，相繼入侵，條約不斷，同百年前的中國一樣，徹底淪爲半封建半殖民地社會，當權的幕府聲威喪盡。1868 年 1 月，天皇睦仁（即明治天皇）下達《王政復古大號令》，廢除幕府制度，但值得注意的是仍然堅守"大和精神"，并未全部廢除自家原有傳統。同年 10 月，改元明治，此後的一系列變革措施，即稱之爲"明治維新"。維新之後，否定了"近習華夏"，衝决了"東亞文化圈"，上自天皇，下至黎民，勠力同心，在"富國强兵、置産興業"的前提之下，遠法泰西，大力引入嶄新的科學技術，從而迅速崛起，廢除了與列强的一切不平等條約，成爲令人矚目的世界强國之一。可見"明治維新"之前，日本内憂外患的遭遇，與當時的中國非常相似。在此民族存亡的關鍵時刻，中國維新派代表人物不失時機，遠渡東洋，以日本爲鏡鑒，在引進其先進科技的同時，也引進了日本人按照英文 natural history 的語意翻譯成的漢語"博物學"，雖并不準確，但因出於頂禮膜拜，已無暇顧及。況且，自甲午戰争至民國前期，日源語詞已成爲漢語外來語詞庫中的魁首，遠超英法俄諸語，且無任何外來語痕迹，最難識別。如"民主""科學""法律""政府""美感""浪漫""藝術界""思想界""無神論""現代化"等，不勝枚舉。國人曾試圖自創新詞，但敗多勝少，祇能望洋興嘆。究其原因，并非民智的高下，也并非語種的優劣，實則是國力强弱的較量，國强則國威，國威則必擁有强勢文化，而强勢文化勢必涌入弱國，面對强勢文化，弱國豈有話語權？西方的"博物學"進入中國，遒勁而又自然。

那麼，西方博物學源於何時何地？又經歷了怎樣的發展變化？答曰：西方博物學發端於古希臘亞里士多德（公元前 384—前 322）《動物志》之類著述，又經古羅馬老普林尼（公元 23—79）的《自然史》，輾轉傳至歐洲各國。其所謂博物除却動植物外，更有天文、地理、人體諸類。這是西方的文化背景與知識譜系，西人習以爲常，喜聞樂見。在歐洲文藝復興和美洲地理大發現之後，見到别樣的動物、植物以及礦物，博物學得到長足發展。至 19 世紀前半期，博物學形成了動物學、植物學和礦物學三大體系，達於鼎盛。至 19 世紀後期，動物學、植物學獨立出來，成爲生物學，礦物學則擴展爲地質學，博物學已被架空。至 20 世紀，博物學已不再屬於什麼科學研究，而完全變成一種生態與環境探索，以供民衆休閑安居的社會活動。其時，除却發端於亞里士多德的"博物學"之外，也有後起的"文化博物學"（Cultural Museology），這是一門非主流的綜合性學科，旨在研究人類一切文化遺産，試圖展示并解釋歷史的傳承與發展，但在題材視野、表達主旨等方面與中華傳統博物學仍甚有差异。面對此類非主流論説，當年的譯者或視而不見，或有意摒弃，其志在振興我中華。

在尋求救國的路途中，仁人志士們目睹了西方先進文化，身感心受，嚮往久之。"試航東西洋一游，見彼之物質文明，莊嚴燦爛，而回首宗邦，黯然無色，已足明興衰存亡之由，長此以往，何堪設想？"（吳冰心《博物學雜誌》發刊詞，1914年1月，第1～4頁），此時仁人志士們滿腔熱血，一心救國。但如何救國，却茫茫然，如墮五里霧中。這一救國之路從表象上觀察似乎一切皆以日本爲鏡鑒，實則迥别於"明治維新"之路，未能把握"富國强兵、置産興業"之首要方嚮，而當年的執政者却祇顧個人權勢的得失，亦無此遠大志嚮。仁人志士們雖振臂疾呼，含泪呐喊，祇飄摇於上層精英之間，因一度失去民族自信、文化自信，而不知所措，矛頭直指孔子及千載儒學，進而直指傳統文化。五四運動前夜，北京大學著名教授錢玄同即正告國人"欲驅除一般人之幼稚的野蠻的頑固的思想"，就必須要"廢孔學"，必須要"廢漢文"（錢玄同《中國今後的文字問題》，載1918年4月15日《新青年》第4卷第4號）。翌年，五四運動爆發，仁人志士們高舉"德謨克拉西"（民主）、"賽因斯"（科學）兩面大旗，掀起反帝反封建的狂濤巨瀾，成爲中國近現代史上的偉大里程碑，中國人民自此視野大開。這兩面大旗指明了國家强弱成敗的方嚮。但與此同時，仁人志士們又毫不猶豫，全力以赴，要堅決"打倒孔家店"。於是，孔子及其儒家學説成了國弱民窮的替罪羊！接踵而至的就是對於漢字及其代表的漢文化的徹底否定。偉大革命思想家魯迅也一直抨擊傳統觀念、傳統體制，1936年10月，在他逝世前夕《病中答救亡情報訪員》一文中，竟然斷言："漢字不滅，中國必亡！"而新文化運動的主要人物之一胡適更是語出驚人："我們必須承認我們自己百事不如人，不但物質機械上不如人，不但政治制度不如人，并且道德不如人，知識不如人，文學不如人，音樂不如人，藝術不如人，身體不如人。"中華民族是"又愚又懶的民族"，是"一分像人，九分像鬼的不長進民族"（胡適《介紹我自己的思想》，1930年12月亞東圖書館初版《胡適文選》自序）。這是五四運動前後一代精英們的實見實感，本意在於革故鼎新，但這些通盤否定傳統文化的主張，不啻是在緊要歷史關頭的一次群情失控，是中國文化史中的一次失智！在這樣的歷史背景、這樣的歷史氣勢之下，接受西方"博物學"就成了必然，有誰會顧及古老的傳統博物學？

在引進西方博物學之後，國人紛予效法，試圖建立所謂中華自家的博物學，於是圍繞植物學、動物學兩大方面遍搜古今，窮盡群書，着眼於有關動植物之類典籍的縱橫搜求，但這并非我中華的博物全貌，也并非我中華博物學，況且在中華古典博物學中，也罕見西方礦物學之類著作，可見，試圖以西方的博物學體系，另建中華古典博物學，實在是削足適履、邯鄲學步。自 1902 年始，晚清推行學制改革，先後頒布了"壬寅學制""癸卯學制"。1905 年，根據《奏定學堂章程》，已將西方博物學納入中學的課程設置。其課程分爲植物、動物、礦物、人體生理學四種，分四年講授。1912 年中華民國成立後，江浙等地出現過博物學會和期刊，稍後武昌高等師範學校設立了博物學系，出版過《博物學雜誌》，主要研究動物學、植物學及人體生理學，隨後又將博物學系改稱生物學系，《博物學雜誌》也相應改稱《生物學雜誌》，重走了西方的老路。北京高等師範學校也有類似經歷，甚爲盲目而混亂。至 30 年代，發現西方博物學自 20 世紀始，已轉型爲生態與環境探索，國人因再無興趣，對西方博物學的大規模推廣、學習在中國遂告停止，但因影响至深，其餘風猶存。

二、中華典籍浩如海，博物古學何處覓？

應當指出，中國古代典籍所載之草木、鳥獸、蟲魚之類，亦有別於西方，除却其自身屬性特徵外，又常常被人格化，或表親近，或加贊賞，體現了另一種精神情愫。如動物龜、鶴，寓意長壽（其後，龜又派生了貶義）；豺、狼、烏鴉、猫頭鷹，或表殘忍，或表不祥；其他如十二生肖，亦各有象徵，各有寓意。而那些無血肉、無情感的植物，同樣也被賦予人文色彩。如漢班固《白虎通·崩薨》載："《春秋含文嘉》曰：天子墳高三仞，樹以松；諸侯半之，樹以柏；大夫八尺，樹以欒；士四尺，樹以槐；庶人無墳，樹以楊、柳。"足見在我國古老的典制禮俗中，松、柏、欒、槐、楊、柳，已被賦予了不同的屬性，被分爲五等，楊、柳最爲低賤；就連如何埋葬也分爲五等，嚴於區別，從墳高三仞到無墳，成爲天子到庶人的埋葬標志。實則墳墓分爲等級，早在公元前 3300 年至公元前 2300 年的良渚古城遺址已經發現。這些浩浩博物，廣泛涉及了古老民族和古老國度的典制與禮俗，我國學人也難盡知，西方的博物學又當如何表述？

可見西方博物學絕難取代中華古典博物學，中華古典博物學的研究範圍，遠超西方博物學，或可說中華古典博物學大可包容西方博物學。如今，這一命題漸引起國內一些有識之士、專家學者的關注。那麼，中華古典博物學究竟發端於何時何地？有無相對成型的體系？如何重建？答曰：若就人類辨物創器而言，上古即已有之，環宇盡同。若僅就我中華文獻記載而言，有的學者認爲當發端於《周易》，因爲"易道廣大，無所不包"（《四庫全書總目提要》卷九），或認爲發端於《書·禹貢》，因爲此書廣載九州山河、人民與物産。《周易》《禹貢》當然可以視爲中華博物學的源頭。而作爲中華博物學體系的領銜專著，則普遍認爲始於晋代張華《博物志》。而論者則認爲，中華博物學成爲一門相對獨立的學科體系，當始於秦漢間唐蒙的《博物記》，此書南北朝以來屢見引用，張華《博物志》不過是續作而已。對此，前人久有論述。如《四庫全書總目提要》卷一四二曰："劉昭《續漢志》注《律曆志》引《博物記》一條，《輿服志》引《博物記》一条，《五行志》引《博物記》二條，《郡國志》引《博物記》二十九條……今觀裴松之《三國志》注（《魏志·太祖紀》《文帝紀》《吳志·孫賁傳》等）引《博物志》四條，又於《魏志·涼茂傳》中引《博物記》一條，灼然二書，更無疑義。"再如宋周密《齊東野語·野婆》曰："《後漢·郡國志》引《博物記》曰：'日南出野女，群行不見夫，其狀晶且白，裸袒無衣襦。'得非此乎？《博物記》當是秦漢間古書，張茂先（張華，字茂先）蓋取其名而爲《志》也。"再如明楊慎《丹鉛總録》卷一一："漢有《博物記》，非張華《博物志》也，周公謹云不知誰著。考《後漢書》注，始知《博物記》爲唐蒙作。"如前所述，此書南北朝典籍中多有引用，如僅在南朝梁劉昭《續漢志》注中，《博物記》之名即先後出現了三十三次之多。據有關古籍記載，其內包括了律曆、五行、郡國、山川、人物、輿服、禮俗等，盡皆實有所指，無一虛幻。故在明代有關前代典籍分類中，已將唐蒙《博物記》與三國魏張揖《古今字詁》、晋吕静《韻集》、南朝梁阮孝緒《古今文詁》、唐顔元孫《干禄字書》、宋洪适《隸釋》等字書、韻書并列（見明顧起元《説略》卷一五），足見其學術地位之高，而張華《博物志》則未被録入。

至西晋已還，佛道二教廣泛流傳，神仙方士之説大興，於是張華又衍《博物記》爲《博物志》，其書內容劇增，自卷一至卷六，記載山川地理、歷史人物、草木蟲魚，這些當是紀要考訂之屬，合乎本文指稱的名副其實的博物學系統。此外，又力仿《山海經》的體例，旨在記載异物、妙境、奇人、靈怪，以及殊俗、瑣聞等，諸多素材語式，亦幾與《山海經》盡同，若"羽民國，民有翼，飛不遠……去九嶷四萬三千里"云云，并非"浩博實物"，已近於"志怪"小説。張華自序稱其書旨在"博物之士覽而鑒焉"，張序指稱的"博物之士"，義同前引《左傳》之"博物君子"，其"博物"是指"博通諸種事物"，虛虛實實，紛紛紜紜，無所不包。此類記述，正合世風，因而《博物志》大行其道，《博物記》則漸被冷落，南北朝之後已失傳，其殘章斷簡偶見於他書，可輯佚者甚微。後世輾轉相引，又常與《博物志》混同。《博物志》至宋代亦失傳，今本十卷爲采摭佚文、剽掇他書而成，真僞雜糅，亦非原作。其後又有唐人林登《續博物志》十卷，緊接《博物志》之後，更拓其虛幻内容，以記神異故事爲主，多是叙述性文字，其條目篇幅較長，宋代之後也已亡佚。再後宋人李石又有同名《續博物志》十卷，其自序稱："次第仿華書，一事續一事。"實則并不盡然，華書首設"地理"，李書改增爲"天象"，其他内容，間有與華書重複者，所續多是後世雜籍，宋世逸聞。此書雖有舛亂附會之弊，仍不失爲一部難得的繼補之作。李書之後，又有明人游潛《博物志補》三卷，仍係補張華之《志》，旨趣體例略如李石之《續志》，但頗散漫，時補時闕，猥雜冗濫。李、游一續一補，盡皆因仍張《志》，繼其孑遺。以上諸書之所謂"博物"，一脉相承，注重珍稀之物而外，多以臚列奇事异聞爲主旨，同"浩博實物"的考釋頗有差异。游潛稍後，明董斯張之《廣博物志》五十卷問世，始一改舊例，設有二十二類，下列子目一百六十七種，所載博物始於上古，達於隋末，不再因仍張《志》而爲之續補，已是擴而廣之，另闢山林，重在追溯事物起源，其中包括職官、人倫、高逸、方技、典制，等等。其後，清人陳逢衡著有《續博物志疏證》十卷、《續博物志補遺》一卷，對李石《續志》逐條研究探索，并又加入新增條目，成爲最系統、最深入的《續》説。其後，徐壽基又著有《續廣博物志》十六卷，繼董《志》餘緒，於隋代之後，逐一相繼，直至明清，頗似李石之續張華。但《廣志》《續廣志》之類，仍非以專考釋"浩博實物"爲主旨。我國第一部以"博物"命名而研究實物的專著，當爲明末谷應泰之《博物要覽》。該書十六卷，惜所涉亦不過碑版、書畫、銅器、窑器、瑪瑙、珊瑚、珠玉、奇石等玩賞之器物，皆係作者隨所見聞，摭録成帙；所列未廣，其中碑版書畫，尤爲簡陋，難稱浩博，其影響遠不及前述諸《志》，但所創之寫實體例，則非同尋常。而最具權威者，當是明末黄道周所著《博物典彙》，該書共二十卷，所涉博物，始自遠古，達於當朝，上自天文地理，下至草木蟲魚，盡予囊括，并以其所在時代最新的觀點、視野，對歷代博物著述進行了彙總研究。如卷一關於"天文"之考釋，下設"渾天""七曜"，"七曜"下又設"日""月""五星"，再後又有"經星圖""緯星圖""二十八宿"。又如卷七關於"后妃"，下設"宮闈内外之分""宮闈預政之誡"，緊隨其後的即教育"儲貳"之法，等等，甚爲周嚴。

以上諸書就是以"博物"命名的博物學專著。在晚清之前，代代相繼，發展有序，并時有新的建樹。

與這些博物學專著相并行，相匹配，另有以"事"或"事物"命名，旨在探索事物起源的博物學專著。初始之作爲北魏劉懋《物祖》十五卷，稍後有隋謝昊《物始》十卷，是對《物祖》的一次重大補正。《物始》之後，有唐劉孝孫等《事始》三卷，又有五代馮鑑《續事始》十卷，是對《事始》的全面擴展與開拓。《續事始》之後，另有宋高承《事物紀原》十卷，此書分五十五個類目，上自"天地生植"，中經"樂舞聲歌""輿駕羽衛""冠冕首飾""酒醴飲食"，直至"草木花果""蟲魚禽獸"，較《物祖》《物始》尤爲完備，遂成博物學的百代經典。接踵而來者有明王三聘《古今事物考》八卷，效法《紀原》之體，自古至今，上至天文地理，下至昆蟲草木，中有朝制禮儀、民生器用、宮室舟車，力求完備，較之他書尤得要領，類居目列，條理分明，重在古今考釋，一事一物，莫不求源溯始，考核精審。此書載録服飾資料尤爲豐富，如卷一有上古禮制之種種服式，非常全面，卷六所載後世之巾冠、衣、佩、帶、襪、履舄、僧衣、頭飾、妝飾、軍服等百餘種，考證多引原書原文，確然有據，甚爲難得。就全書而言，略顯單薄。明徐炬又有《古今事物原始》三十卷，此書仿高承《紀原》之體，又參《事物考》之章法，以考釋制度器物爲主，古今上下，盡考其淵源，更有所得，凡日月星辰、山川草木，亦必確究其淵源流變，但此與天地共生之浩浩博物，四百餘年前的一介書生，豈可臆測而妄斷？爲此而輾轉援引，頗顯紛亂。且鳥獸花草之起首，或加偶語一聯，或加律詩二句，而後逐一闡釋，實乃蛇足。其書雖有此瑕疵，却不掩大成。與王、徐同代的還有羅頎《物原》二卷（《四庫》本作一卷），羅氏以《紀原》不能黜妄崇真，故更訂爲十八門，列二百九十三條，條條錘實。如，刻漏、雨傘、鋦子（用於連合破裂器物的兩腳釘）、酒、豆腐之類的由來，多有創見。惜違《紀原》明記出典之體，又背《事物考》之道，凡有考釋，則溷集衆説爲一。如，烏孫公主作琵琶，張華作苔紙，皆茫然不知所本。不過章法雖有差失，未臻完美，但其功業甚巨，《物原》成爲一部研究記述我國先民發明創造的專著。時至清代，陳元龍又撰

《格致鏡原》一百卷。何謂"格致鏡原"？意即格物致知，以求其本原。此書的子目多達一千七百餘種，明代以前天地間萬事萬物盡予羅致，一事一物，必究其原委，詳其名號，廣博而精審，終成中華古典博物學的巔峰之作。

以上兩大系列專著，自秦漢以來，連續兩千載，一脈相承，這并非十三經、二十六史之類的敕編敕修，無人號令，無人支持，完全出自一種無形的力量，出自文化大國、中華文脈自惜自愛的傳承精神，從而構成浩大的博物學體系。在我國學術研究史中，在我國圖書編纂史中，乃至於世界文化史中，當屬大纛獨立，舉世無雙！本當如江河之奔，生生不息，終因清廷喪權辱國、全盤西化而戛然中斷。

三、博物古學歷磨難，科技起落何可悲！

回顧我國漫長的文化史可知，中華博物學是在傳統的"重道輕器"等陳腐觀念桎梏下，以強大的民族自覺精神、民族意志爲推動力，砥礪前行，千載相繼，方成獨立體系，因而愈加難得，愈加可貴。

"重道輕器"觀念是如何出現的？何謂"道器"？兩者究竟是何關係？《周易·繫辭上》曰："形而上者謂之道，形而下者謂之器。"何謂"道"？所謂道乃"先天地生"，無形無象、無聲無色、無始無終、無可名狀，爲"萬物之所然也，萬理之所稽也"（見《韓非子·解老》），是指形成宇宙萬物之本原，是形成一切事理的依據與根由。何謂"器"？器即宇宙間實有的萬物，包括一切科技發明，至巨至大，至細至微，充斥天地間，而盡皆不虛，或有實物可見，或有形體可指。器即博物，博物即器。"道器關係"本是一種有形無形、可見與不可見的生衍關係，并無高下之分，但在傳統文化中却另有解釋。如《周禮·考工記序》曰："坐而論道，謂之王公；作而行之，謂之士大夫；審曲面埶，以飭五材，以辨民器，謂之百工。"又曰："智者創物，巧者述之，守之世，謂之百工。百工之事，皆聖人之作也。"此文突顯了"道"對於"器"的指導與規範地位。"坐而論道"，可以無所不論，民生、朝政、國運、天下事，當然亦在所論之中。"道"實則是指整體人世間的一種法則、一種定律，或說是我古老的中華民族所創造的另一種學說。所謂"論道者"，古代通常理解爲"王公"或"聖人"，實則是代指一代哲人。《考工記序》却將論道與製器兩者截然分開，明確地予以區別，貶低萬衆的創造力，旨在維護專制統治，從而確定人們的身份地位。坐而論道者貴爲王公，親身製器者屬末流之百工（"審曲面執，以飭五材、以辨民器"，謂觀察金、木、皮、玉、土之曲直、性狀，據以製造民人所需之器物）。《考工記序》所記雖名爲"考工"，實則是周代禮制、官制之反映，對芸芸衆生而言，這種等級關係之誘惑力超乎尋常，絕難抵禦，先民樂於遵從，樂於接受，故而崇敬王公，崇敬聖人，百代不休。因而在中國古代，科學技術大受其創。

"重道輕器"的陳腐觀念，在中國古代影響廣遠，"器"必須在"道"的限定之下進行，不得隨意製作，不得超常發揮，"道"漸演化爲統治者實施專政的得力手段。"坐而論道"，似乎奧妙無盡。魏晋時期，藉儒入道，張揚"玄之又玄"，乃至於魏晋人不解魏晋文章，本朝人爲本朝人作注，史稱"玄學"。兩宋由論道轉而談理，一代理學宗師應運而生，闡理思辨，超乎想象，就連虛幻縹緲的天宮，亦可談得妙理聯翩，後世道家竟繪出著名的《天宮圖》來。事越千載，五四運動時期，那些新文化運動主將們聯手痛搗"孔家店"，却不攻玄理，"論道""崇道""樂道""惜道"，滾滾而來，遂成千古"道"統，已經背離《易》《老》的本義。出於這樣的觀念，如何會看重"形而下"的博物與博物學？

那麼，古代先民又是如何看待與博物學密切相關的科學技術？《書·泰誓下》載，殷紂王曾作"奇技淫巧，以悦婦人"，爲百代不齒，萬世唾罵。何謂"奇技淫巧"？唐人孔穎達釋之曰："奇技謂奇異技能，淫巧謂過度工巧……技據人身，巧指器物。"所謂"奇技淫巧"，今大底可釋爲超常的創造發明，或可直釋爲科學技術。論者認爲，"百代不齒，萬世唾罵"者并不在於"奇技淫巧"這一超常的創造發明，而在於紂王奢靡無度，用以取悦婦人的種種罪孽。至於紂王是否奢靡無度，"以悦婦人"，今學界另有考證。紂王當時之所以能稱雄天下，正是由於其科技的先進，軍事的强大，其失敗在於大拓疆土，窮兵黷武，導致内外哀怨，决戰之際又遭際叛亂。所謂"以悦婦人"之妲己，祇是戰敗國的一種"貢品"而已，對於年過半百的老人并無多大"媚力"。關於殷商及妲己的史料，最早見於戰國時期成書的《國語·晋語一》，前後僅有二十七字，并無"酒池肉林""炮烙之刑"之類記載，後世史書所謂紂王對妲己的種種寵愛，實是一種演繹，意在宣揚"紅顏禍水"之説（此説最早亦源於前書。"紅顏禍水"，實當稱之爲"紅顏薄命"）。在中國古代推崇"紅顏禍水"論，進而排斥"奇技淫巧"，從而否定了科技的力量，否定了科技强弱與國家强弱的關係。時至周代，對於這種"奇技淫巧"，已有明確的法律限定："作淫聲、異服、奇技、奇器以疑衆，殺！"（見《禮記·王制》）這也就是説，要杜絕一切新奇的創造發明，連同歌聲、服飾也不得超乎常規，否則即犯殺罪！此文自漢代始，多有注疏，今擇其一二，以見其要。“淫聲”者，如春秋戰國時鄭、衛常有男女私會，謳歌相引，被斥爲淫靡之聲；“奇技”者，如年輕的公輸班曾“請以機窆”，即以起重機落葬棺木，因違反當時人力牽挽的埋葬禮節，被視爲不恭。一言以蔽之，凡有違禮制的新奇科技、新奇藝術，皆被視爲疑惑民衆，必判以重罪。這就是所謂“維護禮制”，其要害就是維護統治者的統治地位，故而衣食住行所需器物的質材及數量，無不在尊卑貴賤的等級制約之中。如規定平民不得衣錦綉，不得鼎食，商人、藝人不得乘車馬，就連權貴們娛樂時選定舞蹈的行列亦不可違制，違制即意味着不軌，意味着僭越。杜絕“奇技淫巧”，始自商周，直至明清而未衰。我國著名的四大發明，千載流傳，未料却如同國寶大熊猫一樣，竟由後世西方科學家代爲發現，實在可悲！四大發明、大熊猫之類，或因史籍隱冷，疏於查閱，或因地處山野，難以發現，姑可不論，但其他很多非常具體的發明創造，雖有群書連續記載，也常被無視，或竟予扼殺。如漢代即有超常的“女布”，因出自未嫁少女之手而得名（見《後漢書·王符傳》），南北朝時已久負盛名，稱“女子布”（見南朝宋盛弘之《荆州記》）。宋代又稱“女兒布”，被贊爲“布帛之品……其尤細者也”（見宋羅濬《寶慶四明志·郡志四》）。其後歷代製作，不斷創新，及至明清終於出現空前的妙品“女兒葛”。“女兒葛”爲細葛布的一種，其物纖細如蟬翼紗，又如傳說中的“蛟女絹”，僅重三四兩，捲其一端，整匹女兒葛便可出入筆管之中，精美絕倫，明代弘治之後曾發現於四川鄰水縣，但却被斷然禁止。明皇甫録《下陣記談》卷上：“女兒葛，出鄰水縣，極纖細，必五越月而後成，不減所謂蟬紗、魚子纈之類，蓋十縑之力也。予以爲淫巧，下令禁止，無敢作者。”對此美妙的“女兒葛”，時任順慶府知府的皇甫録，并没給予必要的支持、鼓勵，反而謹遵古訓，以杜絕“奇技淫巧”爲己任，堅決下達禁令，并引以爲榮。皇甫録乃弘治九年（1496）進士，爲官清正，面對“奇技淫巧”也如此“果斷”！此後清代康熙年間，“女兒葛”再現於廣東增城縣一帶，其具體情狀，清屈大均《廣東新語·貨語·葛布》中有翔實描述，但其遭遇同樣可悲，今“女兒葛”終於銷聲匿迹。在中國古代，類似的遭遇，又何止“女兒葛”？杜絕“奇技淫巧”之風，一脈相承，何可悲也。

　　但縱觀我華夏全部歷史可知，一些所謂的“奇技淫巧”之類，雖屢遭統治者的禁弃，實則是禁而難止，况統治者自身對禁令也時或難以遵從，歷代帝王皇室之衣食住行，幾乎無一不恣意追求舒適美好，爲了貪圖享樂，就不得不重視科技，就不得不啓用科技。如

"被中香爐"（爐内置有炭火、香料，可隨意旋轉以取暖，香氣縷縷不絕。發明於漢代）、"長信宮燈"（燈内裝有虹管，可防空氣污染。亦發明於漢代）的誕生，即明證。歷代王朝所禁絕的多是認定可能危及社稷之類的"奇技淫巧"，并未禁止那些有利於民生的重大發明，也没有壓抑摧殘黎民百姓的靈智（歷史中偶有以愚民爲國策者，祗是偶或所見的特例而已）。帝王們爲維護其統治地位，以求長治久安，在"重道輕器"的同時，也極重天文、曆算、農桑、醫藥等領域的研究，凡善於治國的當權者，爲謀求其國勢得以强盛，則必定大力倡導科技，《後漢書·和熹鄧皇后紀》所載即爲顯例。和熹皇后鄧綏（公元 81—121），深諳治國之道，兼通天文、算數。永元十四年（102），漢和帝死後，東漢面臨種種滅頂之灾，鄧綏先後擁立漢殤帝和漢安帝，以"女君"之名親政長達十六年，克服了有史以來最嚴重的十年天灾，剿滅海盜，平定西羌，收服嶺南三十六個民族，將九真郡外的蠻夷夜郎等納入版圖，恢復東漢對西域的羈縻，征服南匈奴、鮮卑、烏桓等，平息了内憂外患，使危機四伏的東漢王朝轉危爲安。正是在這期間，鄧綏大力發展科技，勉勵蔡倫改進造紙術，任用張衡研製渾天儀、地動儀等儀器，并製造了中尚方弩機，這一可以連續發射的弩機，其射程與命中率令時人驚嘆，成爲當時世界上最具殺傷力的先進武器（此外，鄧綏又破除男女授受不親的陳腐觀念，創辦了史上最早的男女同校學堂，并通過支持文字校正與字詞研究，推動了世界第一部字典《説文解字》問世）。這就爲傳統的博物研究提供了巨大的空間，因而先後出現了今人所謂的"四大發明"之類。實際上何止是"四大發明"？天文、曆算等領域的發明創造，可略而不論。鄧綏之前，魯班曾"請以機窆"的起重機，出現於春秋時期，早於西方七百餘年。徐州東洞山西漢墓出土的青銅透光鏡，歐洲和日本人稱其爲"魔鏡"，當一束光綫照射鏡面而投影在墻壁上時，墻上的光亮圈内就出現了銅鏡背面的美麗圖案和吉祥銘文。這一"透光鏡"比日本"魔鏡"早出現一千六百餘年，而歐洲的學者直到 19 世紀纔開始發現，大爲驚奇，經全力研究，得出自由曲面光學效應理論，將其廣泛運用於宇宙探索中。今日，國人已能够恢復這一失傳兩千餘載的原始工藝，千古瑰寶終得重放异彩！鄧綏之後，又創造了"噴水魚洗"，亦甚奇妙，令人大開眼界。東漢已有"雙魚洗"之名（見明梅鼎祚《東漢文紀》卷三二引《雙魚洗銘》），未知當時是否可以噴水。"噴水魚洗"形似現今的臉盆。盆内多刻雙魚或四魚，盆的上沿兩側有一對提耳，提耳的設置，不祗是爲了便於提動，同時又具有另外一個功用，即當手掌撫摩時，盆内還能噴射出兩尺高的水柱，水面形成一片浪花，同時會發出樂曲般的聲響，十分神奇。今可確知，"噴水魚洗"興起於唐宋之間（見宋王明清《揮麈前録》卷三、宋何薳《春渚紀聞》卷九），當是皇家或貴族所用盥洗用具。魚洗能夠噴水，其道理何在？美國、日本的物理學家曾用各種現代科學儀器反復檢測查看，試圖找出其導熱、傳感及噴射發音的構造原理，雖經全力研究，但仍難得以完整的解釋，也難以再現其效果。面對中國古代科技創造的這一奇迹，現代科學遭遇了空前挑戰，祇能"望盆興嘆"。

中華民族，中華博物學，就是在這樣複雜多變的背景之下跌宕起伏，生存發展，在晚清之前，兩千餘年來，從未停止前進的步伐，這又成爲中華民族的民族性與中華博物學的一大特點。

四、西化流弊何時休，誰解古老博物學？

自晚清以還，中華博物學沉淪百年之久，本當早已復蘇，時至今日，幸逢盛世，正益修典，又何以總是步履維艱？豈料經由西學東漸之後，在我國國內一些學人認定科學決定一切，無與倫比，日積月纍，漸漸形成了一種偏激觀念——"唯科學主義"，即以所謂是否合於科學，來判定萬事萬物的是非曲直，科學擁有了絕對的話語權。"唯科學主義"通常表現爲三種態度：一、否認物質之外的非物質。凡難以認知的物質，則稱之爲"暗物質"。這一"暗"字用得非常巧妙，"暗"，難見也！於是"暗物質"取代了"非物質"；二、否認科學之外的其他發現。凡是遇到無從解釋的難題，面對別家探索的結論，一律斥爲"僞科學"。三、否認科學範圍以外的其他一切生産力，唯有科學可以帶動社會發展，萬事萬物必須以科學爲推手。

何謂"科學"？中國古代本有一種認識論的命題，稱之爲"格致"，意謂"格物致知"，指深究事物原理以求得知識，從而認識各種客觀現象，掌握其變化規律。這種哲學我國先秦諸子久已有之，雖已歷千載百代，但却未得應有的重視，終被西方科學所取代。自16世紀始，歐洲由於文藝復興，挣脱了天主教會的長期禁錮，轉向於對大自然的實用性的探索，其代表作即哥白尼的"日心說"與伽利略天文望遠鏡的發明，同時出現牛頓的力學，這是西方的第一次科技革命。這一時期已有"科學"其實，尚無後世"科學"之名，起始定名爲英語science一詞，源於拉丁文，本意謂人世間的各種學問，隸屬於古希臘的哲學思想，是一種對於宇宙間萬事萬物的生衍關係的一種想象、一種臆解，原本無甚稀奇，此時已反響於歐洲，得以廣泛流傳。至 18 世紀，新興的資産階級取得政權，爲推行資本主義，又大力發展科學，西方科學已處於世界領先地位。時至 19 世紀 60 年代後期及 20 世紀初，歐洲發生了以電力、化學及鋼鐵爲新興産業的第二次科技革命，英語 science 一詞迅速擴展於北美和亞洲。日本明治維新時期，赴歐留學的日本學者將 science 譯成"科學"，學界認爲是藉用了中國科舉制度中"分科之學"的"科學"一詞，如同將英文 natural history 的語意翻譯成漢語"博物學"一樣，也并不準確，中國的變法派訪日時，對之頂禮膜拜，欣然接受，自家固有的"格致"一詞，如同國學中的其他語詞一樣被弃而不用，"科學"一詞因得以廣泛流傳。"科學"當如何定義？今日之"科學"包括了自然科學、社會科學、思維科學以及交叉科學。除却嚴謹的形式邏輯系統之外，本是一種具體的以實踐爲手段的實證之學。實踐與實證的結果，日積月纍，就形成了人類關於自然、社會和思維的認知體系，成爲人類評斷事物是非真僞的依據。但科學不可能將浩渺無盡的宇宙及宇宙間的萬事萬物盡皆予以實踐、實證，能够實踐、實證者甚微，因而科學總是在不斷地探索，不斷地補正，不斷地自我完善之中，其所能研究的領域與功能實在有限。當代科學可以在指甲似的晶片上，一次性地裝載五百億電晶體，可以將重達六噸以上的太空船射向太空，并按照既定指令進行各種探索，但却不能造出一粒原始的細胞來，因爲這原始細胞結構的複雜神秘，所藴含的奇妙智慧，人類雖竭盡全力，却至今無法破解。細胞來自何處？是如何形成的？科學完全失去了話語權！造不出一粒原始的細胞，造一片樹葉尤無可能，造一棵大樹更是幻想，遑論萬千物種，足證"科學"并非萬能的唯一學問。况且，"暗物質"之外，至少在中國哲學體系中尚有"非物質"。何謂"非物質"？"非物質"是與"物質"相對而言，區別於"暗物質"的另一種存在，正如前文所述，它"無形無象、無聲無色、無始無終、無可名狀"，在中國古代稱之爲"道"。"道"可以不遵循因果關係，可以無中生有，爲"萬物之所然也，萬理之所稽也"，可以解釋萬物的由來，可以解釋宇宙的形成。今以天體學的的視野略加分析，亦可見"唯科學主義"的是非。人類賴以生存的地球，其直徑約爲 12 742 公里，是太陽系中的第三顆小行星。太陽系的直徑約爲 2 光年，太陽是銀河系中數千億恒星之一，銀河系的直徑約爲 10 萬光年，包括 1 千億至 4 千億顆恒星，而宇宙中有一千至兩千億銀河系，宇宙有 930 億光年。一光年約等於 9.46 萬億公里。地球在宇宙中祗是一粒微塵，如此渺小的地球人能創造出破解一切的偉大科學，那是癡人說夢！中華先賢面對諸多奥妙，面對諸多不可思議的現象，提出這一"無可名狀"之"道"，當然并非憑空想象，自有其觀測與推理的依據，這顯然不同於源自西方的科學，或曰是西方科學所包容不了的。先賢提出的"無可名狀"的"道"，已超越物質的範圍，或曰"道"絕非"暗物質"所能替代的。這一"無可名狀"的"道"，在當今的別樣的時空維度中已得到初步驗證（在這非物質的維度中滿富玄機）。論者提出這一古老學説，旨在證明"唯科學主義"排斥其他一切學説，過分張揚，不足稱道，絕無否定或輕忽科學之意。百年前西學東漸，尤其是西方科學的傳入，乃是我中華民族思維與實踐領域的空前創獲，是實踐與思維領域的一座嶄新的燈塔，如今已是家喻户曉，人人稱贊，任誰也不會否認科學的偉大，但却不能與偏激的"唯科學主義"混同。後世"科學"一詞，又常常與"技術"連稱爲"科學技術"，簡稱"科技"。何謂"技術"？　"技術"一詞來源於希臘文"techs"，通常指個人的技能或技藝，是人類利用現有實物形成新事物，或改變原有事物屬性、功能的方法，或可簡言之曰發明創造。科學技術不同於科學，也不同於技術，也不是科學與技術的簡單相加。科學技術是科學與技術的有機結合體系，既是人類認識世界和改造世界的成果或産物，又是人類認識世界和改造世界最有力的工具或手段，兩者實難分割。某些技術本身可能祇是一種技法，而高深技術的背後則必定是科學。

　　出於上述"唯科學主義"偏激觀念，重建中華博物學就遭致了質疑或否定，如有學者認爲，中國古代祇有技術而没有科學，哪有什麼中華博物學？中華博物學被看作"前科學時代的粗糙的知識和技能的雜燴"，是一種"非科學性思考"，没有什麼科學價值，當然也就没有重建的必要，因爲西方博物學久已存在，無可替代。中國古代當真"祇有技術而没有科學"麼？前文已論及"科學"與"技術"很難分割，在中國古代不祇有"技術"，同樣也有"科學"。回眸世界之歷史長河，僅就中西方的興替發展脉絡略作比較，就可以看到以下史實：當我中華處於夏禹已劃定九州、建有天下之際，西方社會多處於尚未開化的蠻荒歲月；當我中華已處於春秋戰國鋼鐵文化興起之際，整個西方尚處於引進古羅馬文明的青銅器時代；當我宋代以百萬册的印數印刷書籍之際，中世紀的西方仍然憑藉修士們成年纍月在羊皮卷上抄寫複製；著名的火藥、指南針等其他重大發明姑且不論，單就中國歷朝歷代任何一件發明創造而言，之於西方社會也毫不遜色，直至清代中葉，中國的科技一直處於世界領先地位。英國科學家李約瑟主編的七卷巨著《中國科學技術史》，即認爲西方古代科學技術85%以上皆源於中國。這是西方人自發的没有任何背景、没有任何色彩的論斷，甚爲客觀，迄今未見异議。此外又有學者指出，中華傳統博物學不祇擁有科技，又超越了科技的範疇，它是"關於物象（外部事物）以及人與物的關係的整體認知、研究範式與心智體驗的集合"，"這種傳統根本無法用科學去理解和統攝"，中華古典博物學"給我們提供的'非科學性思考'，恰恰是它的價值所在"（余欣《中國博物學傳統的重建》，載《中國圖書評論》，2013年第10期，第45～53頁）。這無疑是對"唯科學主義"最有力的批駁！是的，本書極重"科技"研究，又不拘泥於"科技"，同樣重視"非科學性思考"。

中華古典博物學的研究主體是"博物"，是"博物史"，通過對"博物""博物史"的探索，而展現的是人，是人的生存、生活的具體狀況，是人的直觀發展史。中華傳統博物學構成了物我同類、天人合一的博大的獨立知識體系，是理解和詮釋世界的另一視野，這種視野中的諸多"非科學性思考"的博物，科學無法全面解讀，但却是真真切切的客觀存在。所謂傳統博物學是"前科學時代的粗糙的知識和技能的雜燴"，是"非科學性思考"的評價，甚是武斷，祇不過是一種不自覺的"唯科學主義"觀念而已。另將"科學"與"技術"分割開來，強調什麼"科學"與否，這一提法本身就不太"科學"。對此，本書前文已論及，無須複述。我國作爲一個古老國度，在其漫長的生衍過程中，理所當然地包容了"粗糙的知識和技能"。這一狀況世界所有古國盡有經歷，并非中國獨有。"粗糙的知識"的表述似乎也并不恰當，"知識"可有高下深淺之分，未聞有粗糙細緻之別。這所謂"粗糙"，大約是指"成熟"與否，實際上中華傳統博物學所涉之"知識和技能"，并非那麼"粗糙"，常常是合於"科學"的，有些則是非常的"科學"。英國科學家李約瑟等認定古代中國涌現了諸多"黑科技"。何謂"黑科技"？這是當前國際間盛行的術語，即意想不到的超越科技之科技，可見學界也是將"科學"與"技術"連體而稱，而并非稱"黑科學"。認定中國古代"祇有技術而没有科學"，傳統博物學是"前科學時代的粗糙的知識和技能的雜燴"之説，頗有些"粗糙"，準確地説頗有些膚淺！這位學者將傳統博物學統稱爲"前科學時代"的產物，亦是一種妄斷，也頗有些隨心所欲！何謂"前科學時代"？"前科學時代"是指形成科學之前人們僅憑五官而形成的一種感知，這種感知在原始社會時有所見，但也并非全部如此，如鑽木取火、天氣預測、曆法的訂立、灸砭的運用等，皆超越了一般的感知，已經形成了各自相對獨立的科學。看來這位學者并不怎麼瞭解中國古代科技史，并不太瞭解自家的傳統文化，實屬自誤而誤人。

中華博物學的形成及發展歷程，與西方顯然不同。西方博物學萌生於上古哲人的學説，其後則以自然科學爲研究主體，遍及整個歐洲，全面進入國民的生活領域。在這樣的文化背景之下，西方日益强大，直接影響和推動了社會的發展，因而步入世界前列。我中華悠悠數千載，所涉博物，形形色色，浩浩蕩蕩，逐漸形成了中華獨有的博物學體系，但面臨的背景却非常複雜，與西方比較是另一番天地，那就是貫穿數千載的"重道輕器"觀念與排斥"奇技淫巧"之國風，這一觀念、這一國風，其表現形式就是重文輕理，且愈演愈烈。如中國久遠的科舉制度，應試士子們本可"上談禮樂祖姬孔，下議制度輕儷玄"（見明高啓《送貢士會試京師》詩），縱論古今國事，是非得失，而朝廷則可藉此擇取英才，因而國家得以强盛。時至明代後期，舉國推行的科舉制度竟然定型爲千篇一律的八股文，泯滅了朝廷取才之道，一代宗師顧炎武稱八股之禍勝似"焚書坑儒"（見《日知録·擬題》）。清代後期爲維護其獨裁統治，手段尤爲專橫强硬，又向以"天朝"自居，哪裏會重視什麼西方的"科學技術"？"科學技術"的落伍最終導致文明古國一敗塗地，這也就是"李約瑟難題"的答案！"科學"之所以成爲"科學"，是因爲其出自實踐、實證，實踐、實證是科學的生命。實踐、實證又必須以物質爲基礎，這正與我中華博物學以浩浩博物爲研究主體相合！但中華博物學，或曰博物研究，始終被置於正統的國學之外，這一觀念與國風，極大地制約了中華博物學的發展。制約的結果如何？可以毫不誇張地説，直接阻礙了中國古代社會的歷史進程。

五、中華博物知多少，皓首難解千古謎

中華博物如繁星麗天，難以勝計，其中有諸多別樣博物，可稱之爲"黑科技"者，令人百思不得其解。如八十餘年前四川廣漢西北發現的三星堆古蜀文化遺址，距今約四千八百年至三千年左右，所在範圍非常遼闊，遠超典籍記載的成都平原一帶，此後不斷探索，不斷有新的發現，成爲 20 世紀人類最偉大的考古發現之一。該遺址内三種不同面貌而又連續發展的三期考古學文化，以規模壯闊的商代古城和高度發達的青銅文明爲代表的二期文化最具特點。二期文化中青銅器具占據主導地位，極爲神奇。衆多的青銅人頭象、青銅面具，千姿百態。還有舉世罕見的青銅神樹，該樹有八棵，最高者近 4 米，共分三層，樹枝上栖息有九隻神鳥，應是我國古籍所載"九日居下枝"的體現；斷裂的頂部，當有"一日居上枝"的另一神鳥，寓意九隻之外，另一隻正在高空當班。青銅樹三層

九鳥，與《山海經·海外東經》中所載"扶桑""若木""九日居下枝，一日居上枝"正同。上古時代，先民認爲天上的太陽是由飛鳥所背負，可知九隻神鳥即代表了九個太陽。其《南經》又曰："有木，其狀如牛，引之有皮，若纓、黃蛇。其葉如羅，其實如欒，其木若藟，其名曰建木。"何謂"建木"？先民認爲"建木"具有通天本能，傳説中伏羲、黃帝等盡皆憑藉"建木"來往神界與人間。由《山海經》的記載可知，這神奇物又來源於傳統文化，大量青銅文化明顯地受到夏商文明、長江中游文明及陝南文明的影響。那些金器、玉器等禮器更鮮明地展現出華夏中土固有的民族色彩。如此浩大盛壯，如此神奇，這一古蜀國究竟是怎樣形成的？又是怎樣突然消失的？詩人李白在《蜀道難》中曾有絶代一問："蠶叢及魚鳧，開國何茫然？"意謂蠶叢與魚鳧兩位先帝，是在什麽時代開創了古蜀國？何以如此茫茫然令人難解？今論者續其問曰："開國何茫然，失國又何年？開失兩難知，千古一謎團。"三星堆的發掘并非全貌，僅占遺址總面積的千分之一左右，只是古蜀文化的小小一角而已，更有浩瀚的未知數，國人面臨的將是另一個陌生的驚人世界。中華民族襟懷如海，廣納百川，中外文化相容并包，故而博大精深。這些百思不得其解的神奇之物，向無答案，確屬於所謂"非科學性思考"，當代專家學者亦爲之拍案。"唯科學主義"面臨這些"黑科技"的挑戰，當然也絶難詮釋。以下再就已見出土，或久已傳世之實物爲例。上世紀 80 年代，臨潼始皇陵西側出土了兩乘銅車馬，其物距今已有兩千二百餘年，造型之豪華精美，被譽爲世界"青銅之冠"，姑且不論。兩輛車的車傘，厚度僅 0.1～0.4 厘米，一號車古稱"立車"或"戎車"，傘面爲 1.12 平方米，二號車傘面爲 2.23 平方米，而且皆用渾鑄法一次性鑄出，整體呈穹隆形，均勻而輕薄，這一鑄法迄今亦是絶技，無法超越。而更絶的是一號立車的大傘，看似遮風擋雨所用，實則充滿玄機，此傘的傘座和手柄皆爲自鎖式封閉結構，既可以鎖死，又可以打開，同時可以靈活旋轉 180 度，隨太陽的方位變化而變化，亦可取下插入野外，遮烈日，擋風雨，賞心隨意。令人尤爲稱奇的是，打開傘柄處的雙環插銷，傘柄與傘蓋可各獨立，傘柄就成了一把尖鋭的矛，傘蓋就成了盾，可攻可守。這一 0.1～0.4 厘米厚的盾，其抗擊力又遠勝今人的製造技術，令今人望塵莫及，故國際友人贊之爲罕見的"黑科技"。此外分存於西安與鎮江東西兩方的北宋石刻《禹迹圖》，尤爲奇异。此圖參閲了唐賈耽《海内華夷圖》，并非單純地反映宋代行政區劃及華夷之間的關係，而是上溯至《禹貢》中的山川、河流、州郡分布，下至北宋當世，已將經典與現實融爲一體。此圖長方約 1 平方米，宋朝行政區劃即達三百八十個之多，五個大湖，七十座山峰，更有蜿蜒數千里的長江、黄河等江川八十餘條；不衹是中原的地域，尚有與之接壤的大理、吐蕃、西夏、遼等區域，這些區域的山野江河亦有精準的繪製。作爲北宋時代的製圖人，即使能够遍踏域内、域外，也絶難僅憑一己的目力俯瞰全景。此圖由五千一百一十個小方格組成，每一小方格皆爲一百平方公里，所有城市、山野江河的大小距離，盡包容在這些格子裏，全部可以明確無誤地測算出來，其比例尺與今世幾無差异。如此細密精準，必須具有衛星定位之類的高科技纔能繪製出來，九百年前的宋人是憑藉什麼儀器完成的？此一《禹迹圖》較之秦陵銅車馬，更超乎想象，詭异神奇，故而英國學者李約瑟評之爲“世界上最神秘、最杰出的地圖”，美國國家圖書館將一幅19世紀據西安圖打製的拓本作爲館藏珍品。中國古代“黑科技”，又何止臨潼銅車馬與《禹迹圖》？

除却上述文獻記載與出土及傳世之物外，另一些則是實見於中華大地的奇特自然景觀，這些百思不得其解的神奇之物，散處天南海北，自古迄今，向無答案，亦屬於所謂“非科學性思考”，當代專家學者亦爲之拍案。“唯科學主義”面臨這些“黑科技”的挑戰，當然也絶難詮釋。我中華大地這些神奇之物，在當世尤應引起重視，國人必須迎接“超科技時代”的到來。如“應潮井”，地處南京市東紫金山南麓定林寺前。此井雖遠在深山之間，却與五公里外的長江江潮相應，江水漲則井水升，江水退則井水降，同處其他諸井皆無此現象。唐宋以來，已有典籍記載，如《江南通志·輿地志·江寧府》引唐段成式《酉陽雜俎》：“蔣山有應潮井，在半山之間，俗傳云與江潮相應，嘗有破船朽板自井中出。”《景定建康志·山川志三·井泉》：“應潮井在蔣山頭陁寺山頂第一峰佛殿後。《蔣山塔記》云：‘梁大同元年，後閣舍人石興造山峰佛殿，殿後有一井，其泉與江潮盈縮增减相應。’”何以如此，自發現以來，已歷千載，迄今無解。以上的奇特之物，多有記載，名揚天下，而另一些奇物，却久遭冷落，默默無聞。如“靈通石”，亦稱“神石”“報警石”，俗稱“猪叫石”。該石位於太行大峽谷林縣境内高家臺輝伏巖村。石體方正，紫紅色，裸露於地面約4立方米，高寬各3米，厚2米，象是一頭體積龐大的臥猪，且能發聲如猪叫。傳聞每逢大事（包括自然灾害、重大變革等）來臨之前，常常“鳴叫”不止，大事大叫數十天，小事則小叫數日，聲音忽高忽低，一次可叫百餘聲，百米之内清晰可聞。但其叫聲衹能現場聆聽，不可録音。何以如此怪异？同樣不得而知！中華博物浩浩洋洋，漫漫無涯，可謂無奇不有，作爲博物之學，亦必全力探究，這也正是中華博物學承担的使命。

六、中華博物學的研究範圍與狀況，新建學科的指嚮與體式如何？

中國當代尚未建立博物學會，也沒有相應的報刊，人們熟知的則是博物院館，而博物院館的職責在於收藏、研究并展出傳世的博物，面對日月星辰、萬物繁衍以及先民生息起居等數千年的古籍記載（包括失傳之物），豈能勝任？中華博物全方位研究的歷史使命衹能由新興的博物學承擔。古老中華，悠悠五千載，博物浩茫，疑難連篇，實難解讀，而新興的博物學却不容迴避，必須做出回答。

本書指稱的博物，包括那些自然物，但并不限於對其形體、屬性的研究，體現了博物古學固有的格致觀念，且常常懷有濃厚的人文情結，可謂奧妙無窮，這又迴別於西方博物學。

如"天宇"，當做何解釋？在中國傳統文化中是與"宇宙"并存的稱謂，重在强調可見的天體和所有星際空間。前已述及，天體直徑可達930億光年以上，實際上可能遠超想象。這就出現了絕世難題：究竟何謂天體？天體何來？戰國詩人屈原在其《天問》篇中，曾連連問天："上下未形，何由考之？""馮翼惟象，何以識之？""明明闇闇，惟時何爲？"千古之間，何人何時可以作答？天宇研究在古代即甚冷僻，被稱爲"絕學"。中國是天宇觀測探索最爲細密的文明古國之一，天象觀測歷史也最爲悠遠，殷墟甲骨、《書》《易》諸經，盡有記載，而歷代正史又設有天文、曆律之類專志，皇家設有司天監之類專職機構，憑此"觀天象、測天意"，以決國策。於是，天文之學遂成諸學之首。天宇研究的主體是天空中的各種現象，這些現象又以各種星體的位置、明暗、形狀等的變化爲主，稱之爲星象。星象極其繁複，難以辨識。於是，在天空位置相對穩定的恒星就成爲必要的定位標志。在人們目力所及的範圍内，恒星數以千計，簡單命名仍不便查找和定位，我華夏先民又將天空劃分爲若干層級的區域，將漫天看似雜亂無章的恒星位置相近者予以組合并命名，這些組合的星群稱之爲星宿。古人視天上諸星如人間職官，有大小、尊卑之分，故又稱星官，因而就有了三垣二十八宿，成爲古天宇學最重要理論依據，這一理論西方天文學絕難取代。

再如古代類書中指稱的"蟲豸"，當代辭書亦少有確解。何謂"蟲豸"？舉凡當今動物學中的昆蟲綱、蛛形綱、多足綱，以及爬行動物中的綫形動物、扁形動物、環節動物、軟體動物中形體微小者，皆爲蟲豸之屬。蟲豸形雖微小，然其生存之久、種類之繁、分布之廣、形態之多、數量之巨，從生物、生態、應用、文化等角度，其意義和價值都大异於其他各類動物，或説是其他各類動物所不能比擬的。蟲豸之屬，既能飛於空，亦能游於水，既能潛於土，亦能藏於山，形態萬千，且各具靈性，情趣互异，故古代典籍遍見記叙，不僅常載於詩文，且多見筆記、小説中。先民又常憑藉其築穴或搬遷之類活動，以預測氣象變化或靈异別端，同樣展現了一幅具體生動的蟲文化畫卷，既有學術價值，又充滿趣味性。自《詩》始，就出現了咏蟲詩，其後歷代從蝶舞蟬鳴、蟻行蛇爬中得到靈感者代不乏人，或以蟲言志，或以蟲抒懷，或以蟲爲比，或以蟲爲興，甚至直以蟲名入於詞牌、曲牌，如僅蝴蝶就有"蝴蝶兒""玉蝴蝶""粉蝶兒""蝶戀花""撲蝴蝶""撲粉蝶"等名類。唐歐陽詢《藝文類聚》收集有關蟬、蠅、蚊、蝶、螢、叩頭蟲、蛾、蜂、蟋蟀、尺蠖、螳、蝗等蟲類的詩、賦、贊等數量浩繁，後世仿其體例者甚多，如《事物紀原》《五雜俎》《淵鑑類函》《古今圖書集成·禽蟲典》等，洋洋大觀。不僅詩詞歌賦，在成語、俗語中，言及蟲豸者，亦不可勝數，如莊周夢蝶、蠶首蛾眉、金蟬脱殼、螳螂捕蟬、螳臂當車、蚍蜉撼樹、作繭自縛、飛蛾撲火（詞牌名爲"撲燈蛾"）等；不僅見諸歷代詩文，今世辭章以蟲爲喻者，仍沿襲不衰，如以蝸喻居、以蝶喻舞、以蟬翼喻輕薄、以蛇蠍喻狠毒等，比比皆是，不勝枚舉。

本博物學所指稱博物又包括了人類社會生活的各方面、領域，自史前達於清末民初，有的則可直達近現代，至巨至微，錯綜複雜。而對於某一具體實物，必須從其初始形態、初始用途的探討入手，而後追逐其發展演變過程，這樣纔能有縱橫全面的認定，從而作出相應的結論，這正是新興博物學的使命之一。今僅就我中華民族時有關涉者予以考釋。今日，國人對於古代社會生活實在太過陌生，現當代權威工具書所收録的諸多重要的常見詞目，常常不知其由來，遭致誤導。如"祭壇"一詞，《漢語大詞典·示部》釋文曰：

祭壇：供祭禮或宗教祈禱用的臺。劉大傑《中國文學發展史》第一章三："無論藝術哲學都得屈服於宗教意識之下，在祭壇下面得着其發展生命了。"艾青《吹號者》詩："今日的原野呵，已用展向無限去的暗緑的苗草，給我們布置成莊嚴的祭壇了。"亦指上壇祭祀。侯寶林《改行》："趕上皇上齋戒忌辰，或是皇上出來祭壇，你都得歇工（下略）。"

以上引用的三個書證全部是現代漢語，檢索此條的讀者可能會認定"祭壇"乃無淵源的新興詞，與古漢語無關。豈不知《晉書·禮志下》《舊唐書·禮儀志三》《明史·崔亮傳》

諸書皆有"祭壇"一詞，又皆爲正史，并不冷僻。《漢語大詞典》爲證實"祭壇"一詞的存在，廣予網羅，頗費思索，連同侯寶林的相聲也用作重要書證。侯氏雖被贊爲現代語言大師，但此處的"祭壇"，并非"供祭禮或宗教祈禱用的臺"，"祭"與"壇"爲動賓語結構，并非名詞，不足爲據。還應指出，"祭壇"作爲人們祭祀或祈禱所用實體的臺，早在史前即已出現，初始之時不過是壘土爲臺罷了。

此外，直接關涉華夏文化傳播形式的諸多博物更是大异於西方。如"文具"初稱"書具"，其稱漢代大儒鄭玄在《禮記·曲禮上》注中已見行用。千載之後，宋人陶穀《清異錄·文用》中始用"文具"一詞。文具泛指用於書寫繪畫的案頭用具及與之相應的輔助用具。國人憑藉這些文具，創造了最具特色的筆墨文化、筆墨藝術，憑藉這些文具得以描述華夏五千載的燦爛歷史。中華傳統文具究有多少？國人最爲熟悉的莫過於"文房四寶"，實際又何止"文房四寶"？另有十八種文房用具，定名爲"十八學士"，宋代林洪曾仿唐韓愈《毛穎傳》作《文房職方圖贊》（簡稱《文房圖贊》，即逐一作圖爲之贊）。實際上遠超十八種，如筆筒、筆插、筆掭、筆洗、墨水匣、墨床、水注、水承、水牌、硯滴、硯屏、印盒、帖架、鎮紙、裁刀、鉛槧、算袋、照袋、書床、筆擱、高閣，等等，已達三十種之多。

"文房四寶""十八學士"之類中華獨具的傳統文化，今國人熟知者已不甚多，西方博物又何從涉及？何可包容？

七、新興博物學的表述特點，其古今考辨的啓迪價值

當代新興博物學所展現的是中華博物本身的生衍變化以及其同物異名、同名異物等，其主旨之一在於探尋我古老的中華民族的真實歷史面貌，溫故知新，從而更加熱愛我們偉大的中華文明。

偉大的中華民族，在歷史上產生過許多杰出的思想觀念，比如，我中華民族風行百代的正統觀念是"君爲輕，民爲本，社稷次之"（見《孟子·盡心下》），這就是強調人民高於君王，高於社稷（猶"國家"），人民高於一切！古老的中華正統對人民如此愛護，如此尊崇，在當今世界也堪稱難得。縱觀朝代更迭的全部歷史可知，每朝每代總有其興起及消亡的過程，有盛必有衰。在這部《通考》中，常有實例可證，如有關商代都城"商邑"的

記載，就頗具代表性。試看，《詩·商頌·殷武》："商邑翼翼，四方之極。"鄭玄箋："極，中也。商邑之禮俗翼翼然……乃四方之中正也。"孔穎達疏："言商王之都邑翼翼然，皆能禮讓恭敬，誠可法則，乃爲四方之中正也。"《詩》文謂商都富饒繁華，禮俗興盛，足可爲全國各地的學習楷模。"禮俗"在上古的地位如何？《周禮·天官·大宰》曰："以八則治都鄙：一曰祭祀，以馭其神……六曰禮俗，以馭其民。"這是説周代統治者以禮俗馭其民，如同以祭祀馭鬼神一樣，未敢輕忽怠慢，禮俗之地位絕不可等閑視之。古訓曰："倉廩實而知禮節，衣食足而知榮辱。"（見《史記·管晏列傳》）此處的"禮節"是禮俗的核心内容，可見禮俗源於"倉廩實"。"倉廩實"展現的是國富民强，而國富民强，必重禮俗，禮俗展現了國家的面貌。早在三千年前的商代，已如此重視禮俗。"商邑翼翼"所反映的是上古時期商都全盛時期的繁華昌明，其後歷代亦多有可以稱道的興盛時期，如"漢武盛世""文景盛世"、唐"貞觀盛世""開元盛世"、宋"嘉祐盛世"、明"永宣盛世"、清"康乾盛世"等，其中更有"夜不閉户，路不拾遺"的佳話。盛世總是多於亂世，或曰温飽時代總是多於飢寒歲月。唐代興盛時期，君臣上下已萌生了甚爲隨和的禮儀狀態，不喜三拜九叩之制，宋元還出現了"衣食父母"之類敬詞（見宋祝穆《古今事物類聚别集》卷二〇、元關漢卿《寶娥冤》第二折），這正體現了"王者以民爲天，民以食爲天"（見《漢書·酈食其傳》）的傳統觀念。中國歷史上的黎民百姓并非一直生活在水深火熱之中，在漫長的歲月中也常有温飽寧静的生活，因而涌現了諸多忠心報國的詩詞。如"但使龍城飛將在，不教胡馬度陰山"（唐王昌齡《出塞二首》之一）；"忘身辭鳳闕，報國取龍庭"（王維《送趙都督赴代州得青字》）；"僵卧孤村不自哀，尚思爲國戍輪臺"（宋陸游《十一月四日風雨大作》）；"奇謀報國，可憐無用，塵昏白羽"（宋朱敦儒《水龍吟·放船千里凌波去》）。

久已沉淪的傳統博物學今得重建，可藉以知曉我中華兒女擁有的是何樣偉大而可愛的祖國！偉大而可愛的祖國，江山壯麗，蘭心大智，光前裕後，莘莘學子尤當珍惜，尤當自豪！回眸古典博物學的沉淪又可確知，鴉片戰争給中華民族帶來的是空前的傷害，不衹是漢唐氣度蕩然無存，國勢極度衰微，最爲可怕的是傷害了民族自信，爲害甚烈。傷害了民族自信，則必會輕視或否定傳統文化，百代信守的忠義觀念、仁義之道，必消失殆盡，代之而來的則是少廉寡耻，爾虞我詐，以崇洋媚外爲榮，這一狀況久有持續，對青少年的影響尤甚，怎不令人痛心！時至當代，正全力弘揚中華優秀傳統文化，全力推行科技創新，踔厲奮發，重振國風，這又怎不令人慶幸！

　　新興博物學在展現中華博物本身的生衍變化進而展現古代真切的社會生活之外，又展現了一種獨具中華風采的文化體系。如常見語詞"揚州瘦馬"，其來歷如何？祇因元馬致遠《天净沙·秋思》中有"西風古道瘦馬"之句。自 2008 年山西吕梁市興縣康寧鎮紅峪村發現元代壁畫墓以來，其中的一首《西江月》小令："瘦藤高樹昏鴉，小橋流水人家，古道西風瘦馬，夕陽西下，已獨不在天涯。"在學界引發了關於《天净沙·秋思》的爭論熱議。由《西江月》小令聯想元代的另一版本："瘦藤老樹昏鴉，遠山流水人家，古道西風瘦馬，夕陽西下，斷腸人去天涯。"於是有學人又認爲此一"瘦馬"當指"揚州藝妓"，意謂形單影隻的青樓女子思念遠赴天涯的情郎——"斷腸人"，但這小令中的"瘦馬"之前，何以要冠以"古道西風"四字？則不得而知。通行本狀寫天涯游子的冷落凄涼情景，堪稱千古絕唱，無可置疑。那麼何以稱藝妓爲"瘦馬"？"瘦馬"一詞，初見於唐白居易《有感》詩三首之二："莫養瘦馬駒，莫教小妓女。後事在目前，不信君看取。馬肥快行走，妓長能歌舞。三年五年間，已聞換一主。"金董解元《西廂記諸宮調》中的《仙吕·賞花時》又載："落日平林噪晚鴉，風袖翩翩吹瘦馬。"此處的"瘦馬"無疑確指藝妓。稱妓女爲人人可騎的馬，後世又稱之爲"馬子"，是一種侮辱性的比擬。何以稱"瘦"？在中國古代常以"瘦"爲美，"瘦"本指腰肢纖細，故漢民歌曰："楚王好細腰，宮中多餓死。""細腰"强調的是苗條美麗。"好細腰"之舉，在南方尤甚，揚州的西湖所以稱之爲"瘦西湖"，不祇是因其狹長緊連京杭大運河，實則是因湖邊楊柳依依，芳草萋萋，又有荷花池、釣魚臺、五亭、二十四橋，美不勝收，較之杭州西湖有一種別樣的美麗。國人何以推崇揚州？《禹貢》劃定九州之中就有揚州，今之揚州已有兩千五百餘年的歷史。其主城區位於長江下游北岸，可追溯至公元前 486 年。春秋時期，吴王夫差在此開鑿了世界最早的運河——邗溝，建立邗城，孕育了唯一與邗溝同齡的運河城；因水網密布，氣候温潤，公元前 319 年，楚懷王熊槐在此建立廣陵城（今揚州仍沿稱"廣陵"），遂成爲中華歷史名城之一。此後歷經魏晉等朝代多次重修，至隋文帝開皇九年（589），廣陵改稱揚州。揚州除却政治地位顯赫之外，又是美女輩出之地，歷史上曾有漢趙飛燕、唐上官婉兒及南唐風流帝王李煜先後兩任皇后周薔、周薇，號稱"四大美女"。隋煬帝楊廣又在此開鑿大運河，貫通至京都洛陽旁連涿郡，藉此運河三下揚州，尋歡作樂。時至唐代，揚州更是江河交匯，四海通達，成爲全國性的交通要衝，故有"故人西辭黄鶴樓，煙花三月下揚州。孤帆遠影碧空盡，唯見長江天際流”的著名詩篇（唐李白《黃鶴樓送孟浩然之廣陵》，今之揚州已遠離長江）。揚州在唐代是除却長安之外的最爲繁華的大都會，商旅雲聚，青樓大興，成爲文壇才士、豪門公子醉生夢死之地。唐王建《夜看揚州市》詩贊曰：“夜市千燈照碧雲，高樓紅袖客紛紛。”詩人杜牧《遣懷》更有名作：“落魄江湖載酒行，楚腰纖細掌中輕。十年一覺揚州夢，贏得青樓薄幸名。”此“楚腰纖細掌中輕”之用典，即直涉楚靈王好細腰與趙飛燕的所謂“掌中舞”兩事。杜牧憑藉豪放而婉約的詩作，贏得百世贊頌，此詩實是一種自嘲、以書懷才不遇之作，却曾遭致史家“放浪薄情”的詬病。大唐之揚州，確是令人嚮往，令人心醉，故而詩人張祜有“人生只合揚州死”（見其所作《縱游淮南》）之感嘆。元代再度大修的京杭大運河弃洛陽直達北京，揚州之地位愈加顯赫。總之，世界這一最古最長的大運河歷代修建，始終離不開揚州。時至明清，揚州經濟依然十分繁盛，仍是達官貴人喜於擇居之地，兩淮鹽商亦集聚於此，富甲一方，由此振興了園林業、餐飲業，娛樂中的色情業也應運而生，養“瘦馬”就是其中的一種，一些投機者低價買進窮苦人家的美麗苗條幼女，令其學習言行禮儀、歌舞繪畫及其他媚人技能技巧，而後以高價賣至青樓或權貴豪門，大發其財。除却“揚州瘦馬”之外，又催生了著名的“揚州八怪”，文化藝術色彩愈加分明。

“揚州瘦馬”本是一種當被摒弃的陋習，不足爲訓，但這一陋習所反映出的却是關聯揚州的一種別樣的文化，反映了揚州古今社會的經濟發展與變化，這當然也是西方博物學替代不了的。

結　語

綜上所述可知，中華博物學是學術研究中的另一方天地，無可替代，必須重建，且勢在必行。如何重建？如何展現我中華博物獨有的神貌？答曰：中華博物絶非僅指博物館的收藏物，必須是全方位的，無論是宮廷裏，無論是山野間，無論是人工物，無論是天然品，無論是社會中，無論是自然界裏，皆應廣予收録考釋。考釋的主旨，乃探索我中華浩浩博物的淵源、流變。此一博物學甚重“物”的形體、屬性及其淵源流變，同時又關注其得名由來，重視兩者間的生衍關係。通常而言（非通常情況當作別論），在人類社會中有其物必當有其名，有其名亦必有其物。此外，更有同物異名，或同名異物之別。探究"物"本體的淵源流變并釐清名物關係，這就是中國古典博物學的使命，這也正是最爲嚴密的格物致知，也正是最爲嚴肅的科學體系。但中國古典博物學，又必須體現《博物記》以還的國學傳統，必須體現博大的天人視野及民胞物與情懷，有助於我中華的再度振起，乃至於世界的安寧和諧。而那些神怪虛無之物，則不得納入新的博物學中，祇能作爲附録以備考。如何具體裁定，如何通盤布局，并非易事，遠超想象。因我中華民族是喜愛并嚮往神話的古老民族，又常常憑藉豐富的想象對某種博物作出判斷與解讀，判斷與解讀的結果，除却導致無稽的荒誕之外，又時或引發別樣的思考，常出乎人們的所料，具有別樣的價值。如水族中的"比目魚"，亦稱"王餘魚""兩鮃""拖沙魚""鞋底魚""板魚""箬葉"，俗稱"偏口魚"，爲鰈形目魚類之古稱。成魚身體扁平而闊，兩眼移於頭的另一端，習慣於側卧，朝上的一面有顏色鮮明的眼睛，朝下一面似無眼睛，先民誤以爲祇有一眼，必須相互比并而行。此一判斷與解讀，始自漢代《爾雅・釋地》："東方有比目魚焉，不比不行。"郭璞注："狀似牛脾……一眼，兩片相合乃得行。今水中所在有之，江東又稱爲王餘魚。"事過千載，直至明代李時珍《本草綱目》問世，盡皆認定比目魚僅有一隻眼，出行必須各藉他魚另一眼（見《本草綱目・鱗四・比目魚》）。傳統詩文中用比目魚以比喻形影不離的情侶或好友，先民争相傳頌，百代不休，直至 1917 年徐珂的《清稗類鈔》問世，始知比目魚兩眼皆可用，不必兩兩并游（《清稗類鈔・動物篇》）。古人憑藉想象，又認爲尚有與比目魚相對應的"比翼鳥"，見於《爾雅・釋地》："南方有比翼鳥焉，不比不飛。"這一"比翼鳥"，僅一目一翼，須雌雄并翼飛行，如同比目魚一樣，亦用以比喻形影不離的情侶或好友。"比目魚""比翼鳥"之類虛幻者外，後世又派生了所謂"連理枝"，著名詩作有唐白居易《長恨歌》曰："在天願爲比翼鳥，在地願爲連理枝。"何謂"連理枝"？"連理枝"是指自然界中罕見的偶然形成的枝和幹連爲一體的樹木。"連理枝"之外，又出現了"并蒂蓮"之類。"并蒂蓮"亦稱"并頭蓮""合歡蓮"等，是指一莖生兩花，花各有蒂，蒂在花莖上連在一起的蓮花。這種"連理枝""并蒂蓮"，難以納入下述的世界通行的階元系統，也難依照林奈創立的雙名命名法命名，但却又是一種不可忽視的實物，是大自然所形成的另一種奇妙的實物。此一"并蒂蓮"如同"比目魚""連理枝"一樣，亦用以喻情侶或好友，同樣廣見於傳統詩文。歲月悠悠，始於遠古，達於近世，先民對於我中華博物的無限想象以及與之并行的細密觀察探索，令人嘆爲觀止，凡天地生靈、袞袞萬物，無所不及，超乎想象，從而構成了一幅文明古國的壯闊燦爛畫卷。

　　這當是歷經百年沉淪、今得復蘇的我國傳統的博物學，這當是重建的嶄新的全方位的中華博物學。

　　中華博物學除却遵循發揚傳統的名物學、訓詁學、考據學及近世的考古學之外，也廣泛汲取了當代天文、地理、生物、礦物、農學、醫學、藥學諸學的既有成就，其中動植物的本名依照世界通行的階元系統，分爲界、門、綱、目、科、屬、種七類。又依照瑞典卡爾·馮·林奈（瑞文Carl von Linné）創立的雙名命名法命名。“連理枝”“并蒂蓮”“比目魚”“比翼鳥”之屬旁及龍、鳳、麒麟、貔貅等傳說之物，則作爲附録，劃歸相應的動物或植物卷中。這樣的研究章法，這樣的分類與標注，避免了傳統分類及形狀描述的訛誤或不確定性，即可與國際接軌。綜合古今中外，論者認爲《中華博物通考》的研究主體，可劃歸三十六大類，依次排列如下：

　　《天宇》《氣象》《地輿》《木果》《穀蔬》《花卉》《獸畜》《禽鳥》《水族》《蟲豸》《國法》《朝制》《武備》《教育》《禮俗》《宗教》《農耕》《漁獵》《紡織》《醫藥》《科技》《冠服》《香奩》《飲食》《居處》《城關》《交通》《日用》《資産》《珍奇》《貨幣》《巧藝》《雕繪》《樂舞》《文具》《函籍》。

　　存史啓智，以文育人，乃我中華千載國風。新時代習近平總書記甚重民族自信、文化自信，極力倡導“舊邦新命”，明確指出要“盛世修文”，怎不令人振奮，令人鼓舞！今日，我輩老少三代前後聯手、辛苦三十餘載、三千餘萬言的皇皇巨著——《中华博物通考》欣幸面世，并得到國家出版基金資助。這就昭示了沉淪百載的中華傳統博物學終得復蘇，這就是重建的全新中華博物學。“舊邦新命”“盛世修文”，重建博物學，旨在賡續中華文脉，發揚優秀傳統文化，汲取生生不息的精神力量，再現偉大民族的深邃智慧，展我生平志，圓我强國夢！

張述鉾

乙丑夾仲首書於山東師範大學映月亭
甲辰南呂增補於歷下龍泉山莊東籬齋

總　説

——漫議重建中華博物學的歷史意義與現實價值

緣　起

　　《中華博物通考》（下稱《通考》）是一部通代史論性的華夏物態文化專著，係"九五" "十五""十四五"國家重點出版物專項規劃項目，并得到 2020 年度國家出版基金資助。全書共三十六卷，另有附録一卷，其中有許多卷又分上下或上中下，計有五十餘册，逾三千萬字。《通考》的編纂，擬稿於 1990 年夏，展開於 1992 年春，迄今已歷三十餘載，初始定名爲《中華博物源流大典》，原分三十二門類（即三十二卷）。此後，歷經斟酌修補，終成今日規模。三十餘載矣，清苦繁難，步履維艱，而大江南北，海峽兩岸，衆多學人，三代相繼，千里聯手，任勞任怨，無一退縮，何也？因本書關涉了古老國度學術發展的重大命題，足可爲當今社會所藉鑒，作者們深知自家承擔的是何樣的重任，未敢輕忽，未敢怠慢。

　　何謂中華物態文化？中華物態文化的研究主體就是中華浩博實物。其歷史若何？就文字記載而言，中華物態文化史應上溯於傳説中的三皇五帝時期，隸屬於原始社會。"三皇五帝"究竟爲何人，我國史家多有不同見解，大抵有三説：一曰"人間君主説"，"三皇"分别指天皇、地皇、人皇，"五帝"分别指炎帝烈山氏、黄帝有熊氏、顓頊高陽氏、帝堯陶唐氏和帝舜有虞氏；二曰"開創天下説"，三皇分別指有巢氏、燧人氏、伏羲氏，"五帝"分別指炎帝烈山氏、黃帝有熊氏、顓頊高陽氏、帝堯陶唐氏和帝舜有虞氏；三曰"道治德化説"，認爲"三皇以道治，五帝以德治"，"三皇"是遠古三位有道的君主，分別指太昊伏羲氏、炎帝神農氏及黃帝軒轅氏，五帝則是少昊金天氏、顓頊高陽氏、帝嚳高辛氏、帝堯陶唐氏和帝舜有虞氏。有關三皇五帝的組合方式，典籍記載亦不盡相同，大抵有四種，在此不予臚列。"三皇五帝"所處時間如何劃定，學界通常認爲有巢、燧人、伏羲屬於舊石器時代，有巢、燧人爲早期，伏羲爲晚期，其餘皆屬新石器時代，炎帝、黃帝、少昊、顓頊等大致同時，屬仰韶文化後期和龍山文化早期。"三皇五帝"後期，已萌生并逐步邁進文明史時代。

　　中華文明史，國際上通常認定爲三千七百年（主要以文字的誕生與城邑的出現等爲標志），國人則認定爲逾五千年，今又有九千年乃至萬年之説。後者可以上溯至新石器時代，如隸屬裴李崗文化的河南省舞陽縣賈湖村出土了上千粒碳化稻米，約有九千年歷史，是世界最早的栽培粳稻種子。經鑒定其中百分之八十以上不同於野生稻，近似現代栽培稻種，可證其時已孕育了農耕文化。其中發現的含有稻米、山楂、葡萄、蜂蜜的古啤酒也有九千年以上的歷史，可證其時已掌握了釀造術。賈湖又先後出土了幾十支骨笛，也有七千八百年至九千年的歷史，其中保存最爲完整者，可奏出六聲音階的樂曲，反映了九千年前，中華民族已具有相當高度的生産力與創造力、具有相當高度的文化藝術水準與審美情趣。有美酒品嘗，有音樂欣賞，彼時已知今人所稱道的"享受生活"，當非原始人所能爲。賈湖遺址的發現并非偶然，近來上山文化晚期浙江義烏橋頭遺址，除却出土了古啤酒之外，又發現諸多彩陶，彩陶上還繪有伏羲氏族所創立的八卦圖紋飾，故而國人認爲這一時期中華文明已開始形成，至少連續了九千載。中華文明的久遠，當爲世界四大文明古國之首，徹底否定了中華文明西來之説。九千載之説雖非定論，却已引起舉世關注。此外，江西省上饒市萬年縣大源鄉仙人洞遺址發現的古陶器則産生於一萬九千至兩萬年前，又遠超前述的出土物的製作時間。雖有部分學界人士認爲仙人洞遺址隸屬於舊石器遺址，并未進入文明時代，但其也足可證中華博物史的久遠。

一、何謂 "博物" 與《中華博物通考》？《通考》的要義與章法何在？

何謂 "博物"？"博物" 一詞，首見於《左傳・昭公元年》："晋侯聞子産之言，曰：'博物君子也。'" 其他典籍也時有記載，如《漢書・楚元王傳贊》："自孔子後，綴文之士衆也，唯孟軻、孫况、董仲舒、司馬遷、劉向、揚雄此數公者，皆博物洽聞，通達古今。"《周書・蘇綽傳》："太祖與公卿往昆明池觀魚，行至城西漢故倉地，顧問左右莫有知者。或曰：'蘇綽博物多通，請問之。'" 以上 "博物" 指博通諸種事物，一般釋爲 "知識淵博"。此外，《三國志・魏書・國淵傳》："《二京賦》博物之書也，世人忽略，少有其師可求。" 唐釋玄奘《大唐西域記・摩臘婆國》："昔此邑中有婆邏門，生知博物，學冠時彥，內外典籍，究極幽微，曆數玄文，若視諸掌。" 明王禕《司馬相如解客難》："借曰多識博物，賦頌所託，勸百而風一。" 這些典籍所載之 "博物"，即可釋爲今義之 "浩博實物"。這一浩博實物，任一博物館盡皆無法全部收藏。本《通考》指稱的 "博物" 既可以是天然的，也可以是人工的；既可以是静態的，也可以是動態的；既可以是斷代的，也可以是歷時的，是古今并存，巨細俱備，時空縱横，浩浩蕩蕩，但必須是我中華獨有，或是中土化的。研究這浩蕩博物的淵源流變以及同物异名或同名异物之著述即《博物通考》，而爲與西方博物學相區別，故稱之爲《中華博物通考》。

在中國古代久有《皇覽》《北堂書鈔》等類書、《儒學警語》《四庫全書》等叢書以及《爾雅》《説文》等辭書，所涉甚廣，却皆非傳統博物典籍。本書草創之際，唯有《中國學術百科全書》《中華百科全書》《中國大百科全書》之類風行於世，這類百科全書亦皆非博物學專著。專題博物學著作甚爲罕見，僅有今人印嘉祥《物源百科辭書》，俞松年、毛大倫《生活名物史話》，抒鳴、鋭鏵《世界萬物之由來》等幾種，多者收詞約三千條，少者僅一百八十餘款，或洋洋灑灑，或鳳毛麟角，各有千秋，難能可貴。《物源百科辭書》譽稱 "我國第一部物源工具書"（見該書序），此書中外兼蓄，虚實并存，堪稱廣博，惜略顯雜蕪。本《通考》則另闢蹊徑，別有建樹，可稱之爲當代第一部 "中華古典博物學"。

《通考》甚重對先賢靈智的追踪與考釋。中華民族是滿富慧心的偉大民族，極善觀察探索，即使一些不足挂齒的微末之物也未忽視，且載於典籍，十分翔實生動。如對常見的鳥類飛行方式即有以下描述：鳥學飛曰翎，頻頻試飛曰習，振翅高飛曰翥，向上直飛曰翀，張翼扶摇上飛曰羿，鳥舒緩而飛、不高不疾曰鴩、曰翂，快速飛行曰燊，水上飛行曰猋，高飛曰翰，輕飛曰翲，振羽飛行曰翻，等等，不一而足。如此細密的觀察探隱，堪稱世界之最，令人嘆服！而關於禽鳥分類學，在中國古代也有獨到見解。明代李時珍所著《本草綱目》已建立了階梯生態分類系統，將禽鳥劃分爲水禽、原禽、林禽、山禽等生態類別，具有劃時代意義。這一生態分類法較瑞典生物學家林奈的《自然系統》（第十版）中的分類要早一百六十餘年，充分展示了我國古代鳥類分類學的輝煌成就，駁正了中國傳統生物學一貫陳腐落後的舊有觀念。此外，那些目力難及、浩瀚的天體，也盡在先民的觀察探索之中，如關於南天極附近的星象，遠在漢代即有記載。漢武帝元鼎六年（公元前 111），滅南越國，置日南九郡事，《漢書》及顏注、酈道元《水經注》有關"日南"的定名中皆有詳述，而西方於 15 世紀始有發現，晚中國一千四百餘年。再如，關於太陽黑子，在我國漢代亦有記載，《漢書·五行志》載："日黑居仄，大如彈丸。"其後《晉書·天文志中》亦載："日中有黑子、黑氣、黑雲。"而西方於 17 世紀始有發現，晚於中國一千六百餘年。惜自清朝入關之後，對於中原民族，對於漢民族長期排斥壓抑，致使靈智難展，尤其是中後期以來的專制國策，遭致國弱民窮，導致久有的科技一蹶不振，於是在列強的視野下，中華民族變成了一個愚昧的"劣等"民族。受此影響，一些居留國外或留學國外的學人，亦曾自卑自弃，本書《導論》曾引胡適的評語：中華民族是"又愚又懶的民族"，是"一分像人，九分像鬼的不長進民族"（見胡適《介紹我自己的思想》，1930年 12 月亞東圖書館初版《胡適文選》自序））。本《通考》有關民族靈智的追踪考索，巨細無遺，成爲另一大特點。

　　《通考》遵從以下學術體系：宗法樸學，不尚空論，既重典籍記載，亦重實物（包括傳世與出土文物）考察，除却既有博物類專著自身外，今將博物研究所涉文獻歸納爲十大系統：一曰史志系統，即史書中與紀傳體并列，所設相對獨立的諸志。如《禮樂志》《刑法志》《藝文志》《輿服志》等，頗便檢用。二曰政書類書系統。重在掌握典制的沿革，廣求佚書異文。三曰考證系統。如《古今注》《中華古今注》《敬齋古今黈》等，其書數量無多，見重實物，頗重考辨。四曰博古系統。如《刀劍録》《過眼雲煙録》《水雲録》《墨林快事》等，這些可視爲博物研究散在的子書，各有側重，雖常具玩賞性，却足資藉鑒。五曰本草系統。其書草木蟲魚、水土金石，羅致廣博，雖爲藥用，已似百科全書。六曰注疏系統。爲古代典籍的詮釋與發揮。如《易》王弼注、《詩》毛亨傳、《史記》裴駰集解、《老子》魏源本義、《楚辭》王夫之通釋、《三國志》裴松之注、《水經》酈道元注、《世說新語》

劉孝標注等。七曰雅學系統、許學系統，或直稱之爲訓詁系統，其主體就是名物研究，後世稱爲 "名物學"。八曰異名辨析系統。已成爲名物學的獨立體系。如《事物異名》《事物異名録》等，旨在同物異名辨析。九曰説部系統。包括了古代筆記、小説、話本、雜劇之類被正統學者輕視的讀物，這是正統文化之外，隱逸文化、民間文化的淵藪，一些世俗的衣、食、住、行之類日常器物，多藉此得見生動描述。十曰文物考古系統，這是博物研究中至爲重要的最具震撼力的另一方天地，因爲這是以歷代實物遺存爲依據的，足可印證文獻的真僞、糾正其失誤，多有創獲。

二、《通考》内容究如何，今世當作何解讀？

《通考》内容極爲豐富，所涉範圍極廣，古今上下，時空縱橫，實難詳盡論説，今略予概括，主要可分兩大方面，一爲自然諸物，二爲社科諸物，兹逐一分述如下：

（一）自然諸物：包括了天地生殖及人力之外的一切實體、實物，浩博無涯，可謂應有盡有。

如 "太陽" "月亮"，在我中華凡是太空中的發光體（包括反射光體）皆被稱爲 "星"，因此漢語在吸納現代天文學時，承襲了這一習慣，將 "太陽" 這類自身發光的等離子物體命名爲恒星。《天宇卷》研究的主體就是天空中的各種星象。星象就是指各種星體的位置、明暗、形狀等的變化。星象極其繁複，難以辨識。於是，在天空中位置相對穩定的恒星就成爲必要的定位標志。在人們目力所及的範圍内，恒星數以千計，先民將漫天看似雜亂無章的恒星位置相近者予以組合并命名，這些組合的星群稱之爲星宿，因而就有了三垣二十八宿之説。在远古難以對宇宙進行深入探索的時代，先民未能建立起完整的天體概念，也不知彼此的運動關係，僅憑藉直感認知，將所見的最強發光體——"太陽" 本能地給予更多的關注，作出不同於西方的别樣解釋。視太陽爲天神，太陽的出没也被演繹成天神駕車巡游，而夸父追日、后羿射日等典故，則承載了諸多遠古信息。先民依據太陽的陰陽屬性、形體形象、光熱情況、時序變化、神話傳説及俗稱俗語等特點，賦予了諸多别名和異稱，其數量達一百九十餘種，如 "陽精" "丙火" "赤輪" "扶桑" "東君" "摩泥珠" 等，可見先民對太陽是何等的尊崇。對人們習見的 "月亮"，《天宇卷》同樣考釋了其異名别稱及其得名由來。今知月亮异名别稱竟達二百二十餘種，較之 "太陽" 所收尤爲宏富。如

"太陰""玉鏡""嬋娟""姮娥""顧兔""桂影""玉蟾蜍""清凉宫"，等等。而關於"月亮"的所見所想，所涉傳聞佳話，連綿不絕，超乎所料。掩卷沉思，無盡感慨！中華民族是一個明潔温婉、追求自由、嚮往和平、極具夢想的偉大民族。愛月、咏月、賞月、拜月，深情綿綿，與月亮別有一番不解之緣！饒有趣味者，爲東君太陽神驅使六龍馭車的羲和，如同爲太陰元君駕車的望舒一樣，竟也是一位女子，可見先民對於女性的信賴與尊崇。何以如此？是母系社會的遺風流韻麽？不得而知！足證《通考》探討"博物"的意義并不衹在"博物"自身，而是關乎"博物"所承載的傳統文化。

　　再如古代出現的"雪""雹"之類，國人多認定與今世無多大差异，實則不然。《氣象卷》收有"天山雪""陰山雪""燕山雪""嵩山雪""塞北雪""南秦雪""秦淮雪""廬山雪""嶺南雪""犬吠雪"（偏遠的南方之雪。因犬見而驚吠，故稱），等等，這些雪域不衹在長城内外，又達於大江南北，可謂遍及全國各地，令人眼界大開。這些雪域的出現，又并非遠古間事，所見文字記載盡在南北朝之後，而"嶺南雪"竟見於明清時期，致使今人難以置信。若就人們對雪的愛惡而言，有"瑞雪""喜雪""灾雪""惡雪"；若就雪的屬性而言，有"乾雪""濕雪""霧雪""雷雪"；若就降雪時間長短而言，有"連旬雪""連二旬雪""連三旬雪""連四旬雪"；若就雪的危害而言，有"致人凍死雪""致人相食雪"等，不一而足。此外，雪另有色彩之別，本卷收有"紅雪""綠雪""褐雪""黑雪"諸文，何以出現紅、綠、褐、黑等顏色？這是由於大地上各類各色耐寒的藻類植物被捲入高空，與雪片相遇，從而形成不同色彩。對此，先民已有細微觀察，生動描述，但未究其成因。1892年冬，意大利曾有漫天黑雪飄落，經國際氣象學家研究測定，此一現象乃是高空中億萬針尖樣小蟲，在飛翔時與雪片粘連所致。這與藻類植物被捲入高空，導致顏色的變幻同理。或問，今世何以不見彩色之雪？因往昔大地之藻類及針尖樣小蟲，由於生態環境的破壞而消失殆盡。就氣象學而言，古代出現彩雪，是正常中的不正常，現代衹有白雪，則是不正常中的正常。本卷中有關雹的考釋，同樣頗具情趣，十分精彩。依雹的顏色有"白色雹""赤色雹""黑色雹""赤黑色雹"，依形狀有"杵狀雹""馬頭狀雹""車輪狀雹""有柄多角雹"，依長度有"長徑尺雹""長尺八雹"，依重量有"重四五斤雹""重十餘斤雹"，依危害則有"傷禾折木雹""擊殺鳥雀雹""擊殺獐鹿雹""擊死牛馬雹""壞屋殺人雹"等，這些記載并非出自戲曲小説，而是全部源於史書或方志，時間地點十分明確，毋庸置疑。古今氣象何以如此不同？何以如此反常？衹嘆中國古代的科研體系多注重對現象的觀察，而不求其成因，祇是將以上現象置於史志之中，予以記載而已。本《通考》對中華"博物"的考辨，不祇是展現了大自然的原貌、大自然的古今變幻，而且也提供了社會的更迭興替和民生的禍福起落等諸多耐人尋味的思考。

另如，《水族卷》中收有棘皮動物"海參"，其物在當代國人心目中，是難得的美味佳餚和滋補珍品。《水族卷》還原其本真面貌，明確指出海參爲海洋動物中的棘皮動物門，海參綱之統稱，而後依據古代典籍，考證其物及得名由來：三國吳沈瑩《臨海水土異物志》："土肉，正黑，如小兒臂大，中有腹，無口目……炙食。"其時貶稱"土肉"，祇是"炙食"而已。既貶稱爲"土"，又止用於燒烤而食，此即其初始的"身份""地位"，實是無足稱道。直至明代謝肇淛《五雜俎·物部一》中，始見較高評價，并稱其爲"海參"："海參，遼東海濱有之，一名海男子。其狀如男子勢然，淡菜之對也。其性温補，足敵人參，故名海參。""男子勢"，舊注曰"男根"，因海參形如男性生殖器，俗名"海男子"，正與形如女性生殖器的淡菜（又稱"海牝""東海夫人"，即厚殼貽貝）相對應。此一形似"男根"之物，何以又被重視起來？國人對食療養生素有"以形補形"的觀念，如"芹菜象筋骼，吃了骨頭硬；核桃象大腦，吃了思維靈"之類，而因海參似男根，故認定其有補腎壯陽的功能，這就是"足敵人參"的主要根據之一。謝氏在贊其"足敵人參"的同時，又特別標示了其不雅的緯號"海男子"，則又從另一側面反映了明代對於海參仍非那麼珍視，故而在其當代權威的醫典《本草綱目》中未予記載。"海參"在清朝的國宴"滿漢全席"中始露頭角，漸得青睞。本卷作者在還其本真面貌的過程中，又十分自然地釐清了海參自三國之後的異名別稱。如，"土肉""海男子"之後，又有"蚘""沙噀""戚車""龜魚""刺參""光參""海鼠""海瓜""海瓜皮""白參""牛腎""水參""春皮""伏皮"諸稱，"蚘"字之外，其他十三個異名別稱，古今辭書無一收録，唯一收録的"蚘"字，又含混不清。而"海參"喻稱"海瓜"，則爲英文 sea cucumber 的中文義譯，較中文之喻稱"海男子"似有异曲同工之妙，又可證西人對海參也并不那麼重視。

全書三十六卷，卷卷不同。本書設有《珍奇卷》，別具研究價值。如"孕子石"，發現於江蘇省溧陽市蘇溧地區。此石呈灰黃色，質地堅硬，其外表平凡無奇，但當人們把石頭敲開時，裏面會滚出許多圓形石彈子，直徑 21 厘米左右，和母石相較，顏色稍淺，但成分一致。因石中另包小石，好似母石生下的子石，故稱"孕子石"。這種"石頭孕子"史志無載，首次發現，地質學家們同樣百思而不得其解，祇能"望石興嘆"。再如"預報天旱井”，位於廣西全州縣內，每年大旱來臨前二十天，水井會流出渾水，長達兩天之久，附近村民見狀，便知大旱將臨，便提前做好抗旱準備。此外，該井每二十四小時漲潮六次，每次約漲五十分鐘，水量約增加兩倍。此井如同“孕子石”一樣，史志無載，首次發現，對此井的奇特現象有關專家同樣百思不得其解，也衹能“望井興嘆”。

（二）社科諸物：自然物外，中華博物中的社科諸物漫布於社會生活之中，其形成發展、古今變化，尤爲多彩，展現了一種別樣的國情特徵和民族靈智。

如《國法卷》，何謂“國法”？國法係指國家之法紀、法規。國法其詞作爲漢語語詞起源甚爲久遠，先秦典籍《周禮・秋官・朝士》中即已出現，“國法”之“法”字作“灋”，其文曰：“凡民同貨財者，令以國灋行之，犯令者刑罰之。”同書《地官・泉府》中又有另詞“國服”，其文曰：“凡民之貸者，與其有司辨而授之，以國服爲之息。”此“國服”言民間貿易必須服從國法，故稱“國服”。作爲語詞，“國法”“國服”互爲匹配。國法爲人而設，國服隨法而施，有其法必有其服，有法無服，則法罔立，有服無法，舉世罔聞。今“國法”一詞存而未改，“國服”則罕見使用。就世界範圍而言，中國的國法自成體系，具有國體特色與民族精神，故西方學者稱之爲“中華法系”或“東方法系”。本《國法卷》即以“中華法系”爲中心論題，全面考釋，以現其固有特色與精神。中華法系如同世界諸文明古國法系一樣，源於宗教，興於禮俗，而最終成爲法律，遂具有指令性、强制性。中華法系一經形成，即迥异於西方，因其從不以“永恒不變的人人平等的行爲準則”自詡，也沒有立法依據的總體理論闡釋，而是明確標示法律應維護帝王及權貴的利益。在中國古代，從沒出現過如古希臘或古羅馬的所謂絕對公正的“自然法”，毋須在“自然法”指導下制定“實在法”。中國古代的全部法律皆爲正在施行的“實在法”，但却有不可撼動的權威理論——“君權天授”說支撑。“天”，在先民心目中是無可比擬的最神秘、最巨大的力量。“天”，莊重而仁慈，嚴厲而公正，無所不察，無所不能。上自聖賢哲人，下至黎民百姓，少有不“敬天意”、不“畏天命”者，帝王既稱“天子”，且設有皇皇國法，條文森然，何人敢於反叛？天下黔首，非處垂死之地，絕不揭竿而起，妄與“天”鬥！故而在中國古代，帝王擁有最高立法權與司法權，享有無盡的威嚴與尊貴。今知西周時又强化了宗族關係，即血緣關係。血緣關係又分爲近親、遠親、异姓之親等。血緣關係成爲一切社會關係的核心，由血緣關係擴而廣之，又有師生、朋友及當體恤的其他人等關係。由血緣關係又進而强化了尊卑關係，即君臣關係、臣民關係，這些關係較之血緣關係更爲細密，爲此而設有"八辟"之法，規定帝王之親朋、故舊、近臣等八種人，可以享有減免刑罰之特權。漢代改稱"八議"，三國魏正式載入法典。其後，歷代常有沿襲。這一血緣關係在我國可謂根深蒂固，直至今世而未衰。爲維護這尊卑關係，西周之法典又設有《九刑》，以"不忠"爲首罪。另有《八刑》以"不孝"爲首罪。"忠"，指忠君，"孝"指孝敬父母，兩者難以分割。《九刑》《八刑》雖爲時過境遷之古法，但其倡導的"忠孝"，已成爲中華民族的一種處世觀念，一種道德規範。作爲個人若輕忽"忠孝"，則必極端自私，害及民衆；作爲執政者若輕忽"忠孝"，則必妄行無忌，危及國家。今世早已摒弃愚忠愚孝之擧，但仍然繼承并發揚了"忠孝"的傳統。"忠"不再是"忠君"，而是忠於祖國，忠於人民，或是忠於信守的理想；"孝"謂善事父母，直承百代，迄今不衰。"忠孝"是人們發自心底的感恩之情，唯知感恩，始有報恩，人間纔有真情往還，纔有心靈交融。佛家箴言警語曰"上報四重恩，下濟三途苦"（見《大乘本生心地觀經》），"四重恩"指父母恩、師長恩、國土恩、衆生恩（衆生包括動植物等一切生靈）。我國傳統忠孝文化中又融入了佛家的這一經典旨意，可謂相得益彰。"忠孝"乃我文明古國屹立不敗的根基，絕不可視之爲"封建觀念"。縱觀我中華信史可知，擧凡國家昌盛時代，必是忠孝振興歲月，古今如一，堪稱鐵律。國家可敬又可愛，所激起的正是人們的家國情懷！"忠孝"這一處世觀念，這一道德規範，直涉人際關係，直涉國家命運，成爲我中華獨有、擧世無雙的文化傳統。

　　中國之國法，并非僅靠威懾之力，更有"禮治"之宣導，而關乎禮治的宣導今人常常忽略。前已述及中華法系如同世界諸文明古國法系一樣，源於宗教，興於禮俗，由禮俗演進爲禮治，禮治早於刑法之前已經萌生。自商周始，《湯刑》《吕刑》（按，《湯刑》《吕刑》之"刑"當釋爲"法"）相繼問世，尤重"禮治"，何謂"禮治"？"禮治"指遵守禮儀道德與社會規範，破除"禮不下庶人"的舊制，將仁義禮智信作爲基本的行爲規範，《孟子·公孫丑上》曰："辭讓之心，禮之端也。""辭讓"指謙和之道，尊重他人，由"禮讓"而漸發展爲"禮制"。至西周時，"禮治"已成定制。這一立法思想備受推崇。夏商以來，三千餘載，王朝更替，如同百戲，雖脚色各异，却多高揚禮制之大旗，以期社會和諧，民生安樂。不瞭解中國之禮治，也就難以瞭解中華法制史，就難以瞭解中國文化史。此後"禮治"配以"刑治"，相輔相成，久行不衰。"禮刑相輔"何以行使？答曰：升平之世，統治者無不强調禮制之作用，藉此以示仁政；若逢亂世，則用重典，施酷刑（下將述及），軟硬兩手交替使用。這就組成了一張巨大的不可錯亂、不可逾越的法律之網，這就是中華民族百代信守的國家法制的核心，這就是中華民族有史以來建國治國之道。這一"禮刑相輔"的治國之道，迥別與西方，爲我中華所獨有，在漫長而多樣的世界法制史中居於前沿地位。

在我古老國度中，國家既已形成，於是又具有了不同尋常的歷史意義與價值觀。自先秦以來，"國家"一詞意味着莊嚴與信賴。在國人心目中，"國"與"家"難以分割，直與身家性命連爲一體，故"報效國家"爲中華民族的最高志節，而"國破家亡"則爲全民族的最大不幸。三十年前本人曾是《漢語大詞典》主要執筆者之一，撰寫"國家"條文時，已注意了先民曾把皇帝直稱爲"國家"。如《東觀漢紀・祭遵傳》："國家知將軍不易，亦不遺力。"《晋書・陶侃傳》："國家年小，不出胸懷。"稱皇帝爲"國家"，以皇帝爲國家的代表或國家的象徵，較之稱皇帝爲天子，更具親切感，更具號召力。中國歷史上的一些明君仁主也多以維護國家法制爲最高宗旨，秦皇、漢武皆曾憑藉堅定地立法與執法而國勢强盛，得以稱雄天下，這對始於西周的"八辟"之法，無疑是一大突破。本書《國法卷》第一章概論論及隋唐五代立法思想時，有以下論述：據《隋書・王誼傳》及文帝相關諸子傳載，文帝楊堅少時同王誼爲摯友，長而將第五女嫁王誼之子，相處極歡，後王誼被控"大逆不道，罪當死"，文帝遂下詔"禁暴除惡"，"賜死於家"。《隋書・文四子傳》又載，文帝三子秦王楊俊，少而英武，曾總管四十四州軍事，頗有令名，文帝甚爲愛惜，獎勵有加。後楊俊漸奢侈，違制度，出錢求息，窮治宮室，文帝免其官。左武衞將軍劉升、重臣楊素，先後力諫曰："秦王非有他過，但費官物、營廨舍而已。"文帝答曰："法不可違！"劉、楊又先後諫曰："秦王之過，不應至此，願陛下詳之。"文帝答曰："我是五兒之父，若如公意，何不別制天子兒律？"文帝四子、五子皆因違法，被廢爲庶民，文帝處置毫不猶豫，毫不留情。隋文帝身爲人君，以萬乘之尊，率先力行，實踐了"王子犯法，與民同罪"的古訓。在位期間，創建"開皇之治"，人丁大增，百業昌盛，國人視文帝爲真龍天子，少數民族則尊稱其爲聖人可汗。《國法卷》主編對歷史上身爲人君的這種舉措，有"忍割親朋私情，立法爲公"的簡要評論。這一評論對於中國這種以宗族故交爲關係網的大國而論，正是切中要害。此後，唐太宗李世民、玄宗李隆基、憲宗李純等君王皆有類似之舉，終成輝煌盛世。時至明代，面對一片混亂腐敗的吏治，明太祖朱元璋更設有"炮烙""剥皮"之類酷刑嚴法，懲治的貪官污吏達十五萬之衆，即便自家的親朋故舊，也毫不留情。如進士出身的駙馬，朱元璋的愛婿歐陽倫只因販茶違法，就直接判以死刑，儘管安慶公主及儲君朱允炆苦苦哀求，也絕不饒恕。據《明史·循吏傳序》載："〔官吏〕一時受令畏法，潔己愛民，以當上指……民人安樂、吏治澄清者百餘年。"其時，士子們甘願謀求他職，而不敢輕率爲官，而諸多官員却學會了種田或捕魚，呈現了古今難得一見的別樣的政治生態。明太祖的這類嚴酷法令雖是過當，却勝於放縱，故而明朝一度成爲世界經濟大國、經濟强國。中國歷史上的諸多建國之名君仁主，執法雖未若隋文帝之果決，未若明太祖之嚴酷，但無一不重視國家安危。這些建國名君仁主"上以社稷爲重，下以蒼生在念"（見《舊唐書·桓彥範傳》），故而贏得臣民的擁戴。今之世人多以爲帝王之所以成爲帝王，盡皆爲皇室一己之私利，祇貪圖自家的享榮華富貴而已，實則并非盡皆如此。歷代君王既已建國，亦必全力保國，并垂範後世，以求長治久安。品讀本書《國法卷》，可藉以瞭解我國固有的國情狀況，瞭解我國歷史中的明君仁主如何治理國家，其方策何在，今世仍有藉鑒價值。縱觀我國漫長的歷史進程，有的連續數代，稱爲盛世；有的衰而復起，稱爲中興；有的則二世而亡，如曇花一現。一切取決於先主與後主是否一脉相繼，一切取決於執法是否穩定。要而言之：嚴守國法，則國家興盛，嚴守國法，則社會祥和，此乃舉世不二之又一鐵律。

《國法卷》雖以國法爲研究主體，却力求超越法律研究自身，力求探索法律背後的正反驅動力量，其旨義更加廣遠。因而本卷又區別於常見的法律專著。

另如《巧藝卷》，在《通考》全書中未占多大分量，但在日常社會生活中却有無可替代的獨特地位，藉此大可飽覽先民的生活境遇和精神世界。何謂"巧藝"？古代文獻中無此定義。所謂"巧藝"，專指巧智與技藝性的娛樂及各種健身活動，同時展現了與之相應的家國關係。中華民族的"巧藝"別具特色，所涉内容十分廣泛，除却一般游戲活動外，又包涵了棋類、牌類、養生、武術、四季休閑、宴飲娛樂、動物馴化等等。細閱本卷所載，常爲古人之智巧所折服。如西漢東方朔"射覆"之奇妙，今已成千古佳話。據《漢書·東方朔傳》載，漢武帝嘗覆守宫（即壁虎）於杯盂之下，令衆方士百般揣度，各顯其能，并無一言中的者，而東方朔却可輕易解密，有如神算，令滿座驚呼。何謂"射覆"？"射覆"爲古代猜測覆物的游戲。射，揣度；覆，覆蓋。"射覆"之戲，至明清始衰，其間頗多高手。這些高手似乎出於特異功能，是古人勝於今人麽？當作何解釋？學界認爲這些高手多善《易》學，故而超乎常人，但今世精於《易》學者并非罕見，却未見有如東方朔者，何也？難以作答，且可不論，但古代對動物的馴化，又何以特別精彩，令今人嘆服？

著名的唐代象舞、馬舞，久負盛名，這些大動物似通人性，故可不論，而那些似乎笨拙的小動物，如"烏龜疊塔""蛤蟆説法"之類的馴養，也常常勝過今人，足可展現先民的巧智，"'疊塔''説法'，固教習之功，但其質性蠢蠢，非他禽鳥可比，誠難矣哉！"（見明陶宗儀《輟耕録·禽戲》）古人終將蠢蠢之蟲馴化得如此聰明可愛，藉此可見古人之扎實沉着，心智之專一，少有後世浮躁之風。目前，國人甚喜馴養，寵物遍地，却未見馴出如同上述的"疊塔"之烏龜與"説法"之蛤蟆，今之馬戲或雜技團體，爲現代專業機構，也未見絶技面世。

《巧藝卷》的條目詮釋，大有建樹，絕不因襲他人成説，明確關聯了具體事物形成的歷史淵源與社會背景。如"踏青"，《漢語大詞典》引用了唐代的書證，并稱其爲"清明節前後，郊野游覽的習俗"。本卷則明確指出，"踏青"是由遠古的"春戲"演變而來。西周時曾爲禮制。漢代已有"人日郊外踏青"之俗，同時指出"踏青"還有"游春"的別稱。《漢語大詞典》與本卷的釋文内容差异如此之大，實出常人之所料。何謂"春戲"？所有辭書皆未收録。本卷有翔實考證，茲録如下：

　　春戲：古代民間春季娛樂活動。以繁衍後代和期盼農作物豐收爲目的的男女歡會活動。始於原始社會末期，西周時仍很流行。《周禮·地官·司徒》："中春之月，令會男女。於是時也，奔者不禁。若無故而不用令者，罰之。司男女之無夫家者而會之。"《墨子·明鬼篇》："燕之有祖，當齊之社稷。宋之有桑林，楚之雲夢也，此男女之所屬而觀也。"《詩·鄭風·溱洧》："溱與洧，瀏其清矣。士與女，殷其盈矣。女曰：'觀乎？'士曰：'既且。''且往觀乎！洧之外，洵訏且樂。'維士與女，伊其將謔，贈之以芍藥。"《楚辭·九歌·少司命》："秋蘭兮麋蕪，羅生兮堂下。綠葉兮素枝，芳菲菲兮襲予。夫人兮自有美子，蓀何以兮愁苦？"戰國以後逐漸演變爲單純的春游活動"踏青"。

《巧藝卷》精心地援引了以上經典，可證在中國上古時期男女歡會非常自然，而且是具有相當規模的群體性活動。此舉在中國遠古時代已有所見，青海大通縣上孫家寨出土的舞蹈紋彩陶盆，已展現了男女携手共舞的親密生動場景，那是馬家窑文化的代表，距今已有五千年歷史，但必須明確，這并非蒙昧時期的亂性之舉。這是一種男女交往的公開宣示。前述《周禮·地官·司徒》曰："中春之月，令會男女……司男女無夫之家者而會之。"其要點是"男女無夫之家者"。這是明確的法律規定，故而作者的篇首語曰："以繁衍後代和期盼農作物豐收爲目的。"這就撥正了後世對於中國古代奴隸社會或封建社會有關男女關係的一些偏頗見解，可證本卷之"巧藝"非同一般的娛樂，所展現的是中華先民多方位的生活狀態。

三、博物研究遭質疑，古老科技又誰知？

《通考》所涉博物盡有所據，無一虛指，如繁星麗天，構成了浩大的博物學體系，千載一脉，本當生生不息，如瀑布之直下，但却似大河之九曲，時有峽谷，時有險灘，終因清廷喪權辱國、全盤西化而戛然中斷，故而迥异於西方。由於西方科技的巨大影響，致使一些學人缺少文化自信，多認爲中國古老的博物學，無甚價值。豈知我中華民族從不乏才俊、精英，從不乏偉大的發明，很多祇是不知其名而已。如《淮南子·泰族訓》："欲知遠近而不能，教之以金目則快射。"漢代高誘注曰："金目，深目。所以望遠近射準也。"何謂"金目"？據高注可知，就是深目。"深目"之"深"，謂深遠也（又説稱"金目"爲黄金之目，用以喻其貴重，恐非是）。"金目"當是現代望遠鏡或眼鏡之類的始祖。"金目"其物，在古代萬千典籍中僅見於《淮南子》一書，别無他載。因屬古代統治者杜絶的"奇技淫巧"，又甚難製作，故此物宫廷不傳，民間絶踪，遂成奇品。上世紀 80 年代，揚州邗江縣東漢廣陵王劉荆墓中出土一枚凸透鏡，此鏡之鏡片直徑 1.3 厘米，鑲嵌在用黄金精製而成的小圓環内，視物可放大四五倍，此鏡至遲亦有兩千餘年的歷史。廣陵墓之外，安徽亳州曹操宗族墓等處，亦有出土。是否就是"金目"已難考證。作爲眼鏡其物，發展到宋代，始有明確的文字記載，其時稱之爲"靉靆"（見明方以智《通雅·器用·雜用諸器》引宋趙希鵠《洞天清録》）。今日學者皆將眼鏡視爲西方舶來品，一説來自阿拉伯，又説來自英國，如猜謎語，不一而足；西方的眼鏡實則是由中國傳入的，如若説是西方自家發明，也晚於中國千年之久。

"金目"其物的出現絶非偶然，《墨子》中的《經下》《經説下》已有關於光的直綫傳播、反射、折射、小孔成象、凹凸透鏡成象等連續的科學論述，這一原理的提出，必當有各式透體器物，如鏡片之類爲實驗依據，這類器物的名稱曰何今已不得而知，但製造出金目一類望遠物，是情理之中的必然結果。據上述《經下》《經説下》記載可知，早在戰國時期，先賢已有光學研究的成就，與後世西方光學原理盡同。在中國漫長的古代日常生活中，隨時可見新奇的創造發明，這類創造發明所展現的正是中國獨有的科學。《導論》中所述"被中香爐""長信宮燈"之外，更有"博山爐"（一種形似傳說中神山"博山"的香爐，當香料在爐內點燃時，烟霧通過鏤空的山體宛然飄出，形成群山蒙蒙、衆獸浮動的奇妙景象，約發明於漢代）、"走馬燈"（一種竹木扎成的傳統佳節所用風車狀燈具，外貼人馬等圖案，藉燈內點燃蠟燭的熱力引發空氣對流，輪軸上的人馬圖案隨之旋轉，投身於燈屏上，形成人馬不斷追逐、物換景移的壯觀情景，約發明於隋唐時期）之類。古老中華何止是"四大發明"？此外，約七千年前，在天灾人禍、形勢多變的時代背景之下，先民爲預測未來，指導行爲方嚮，始創有易學，形成於商周之際，今列爲十三經之首，稱爲《周易》，這是今世的科學不能完全解釋的另一門"科學"，其功用不斷地爲當世諸多領域所驗證，在我華夏、乃至歐美，研究者甚衆，本《通考》對此雖有涉及，而未立專論。

　　那麼，在近現代，國人又是如何對待古代的"奇技奇器"的呢？著名的古代"四大發明"，今已家喻户曉，婦幼皆知，但却如同可愛的國寶大熊猫一樣，乃是西方學者代爲發現。我仁人志士，爲唤醒"東方睡獅"，藉此"四大發明"，竭力張揚，以振奮民族精神。這"四大發明"影響非凡，但在中國傳統文化中亦無重要地位，其中"火藥"見載於唐孫思邈《丹經》，"指南針""印刷術"同見載於宋沈括《夢溪筆談》，皆非要籍鴻篇，唯造紙術見於正史，全文亦僅七十一字，緊要文字衹有可憐的四十三字（見《後漢書·宦者傳·蔡倫》）。而這"四大發明"中有兩大發明，不知爲何人所爲。

　　在古老中國的歷史長河中，更有另一種科學技術，當今學界稱之爲"黑科技"（意謂超越當今之科技，出於人類的想象之外。按，稱之爲"超科技"，似更易理解，更準確），那就是現代科學技術望塵莫及、無法破解的那些千古之謎。如徐州市龜山西漢楚襄王墓北壁的西邊墻上，非常清晰地顯示一真人大小的影子，酷似一位老者，身着漢服，峨冠博帶，面東而立，作揖手迎客之狀。人們稱其爲"楚王迎賓圖"。最初考古人員發掘清理棺室時，并無壁影。自從設立了旅游區正式開放後，壁影繞逐漸地顯現出來，仿佛是楚王的魂魄顯靈，親自出來歡迎來此參觀的游人一樣。楚襄王名劉注，是西漢第六代楚王，死後葬於此。劉注墓還有五謎，今擇其三：一、工程精度之謎。龜山漢墓南甬道長 55.665 米，北甬道長爲 55.784 米，沿中綫開鑿，最大偏差僅爲 5 毫米，精度達 1/10000；兩甬道相距 19 米，夾角 20 秒，誤差爲 1/16000，其平行度誤差之小，大約需要從徐州一直延伸到西安纔能使兩甬道相交。按當時的技術水準，這樣的墓道是何人如何修建的？二、崖洞墓開鑿之謎。龜山漢墓爲典型的崖洞墓，其墓室和墓道總面積達到 700 多平方米，容積達 2600 多立方米，幾乎掏空了整個山體。勘察發現，劉注墓原棺室的室頂正對着龜山的最高處，劉注府庫中的擎天石柱也正位於南北甬道的中軸綫上。龜山漢墓的工程人員是利用什麽樣的勘探技術掌握龜山的山體石質和結構？三、防盜塞石之謎。南甬道由 26 塊塞石堵塞，分上下兩層，每塊重達六至七噸，兩層塞石接縫非常嚴密，一枚硬幣也難以塞入。漢墓的甬道處於龜山的半山腰，當時生產力低下，人們是用什麽方法把這些龐大的塞石運來并嵌進甬道的？今皆不得而知。

斷言“中國古代祇有技術而没有科學”者，對中國歷史的瞭解實在是太過膚淺，并不瞭解在中國古代不祇有科技，而且竟然有超越科學技術的“黑科技”。

四、當世灾難甚可懼，人間正道何處覓？

在《通考》的編纂過程中，常遇到的重要命題，那就是以上論及的“科技”。今之“科技”，在中國上古曾被混稱爲“奇技奇器”，直至清廷覆亡，迄未得到應有的重視，導致國勢衰微，外寇侵略，民不聊生。這正是西方視之爲愚昧落後，敢於長驅直入，爲所欲爲的原因。因而一個國家、一個民族，要立於不敗之地，必須擁有自家的科技！世人當如何評定“科技”？如何面對“科技”？本書《導論》已有“道器論”，今《總説》以此“道器論”爲據，就現代人類面臨的種種危機，論釋如下：

何謂“道器”？所謂“道”是指形成宇宙萬物之原本，是形成一切事理的依據與根由。何謂“器”？“器”即宇宙間實有的萬物，包括一切科技，一切發明，至巨至大，至細至微，充斥天地間，而盡皆不虛。科技衍生於器，驗證於器，多以器爲載體，是推進或毁壞人類社會的一種無窮力量，故而又必須在人間正道的制約之下。此即本書道器并重之緣由，或可視爲天下之通理也。英國自 18 世紀第一次工業革命以來，其科學技術得以高速而全方位地發展，引起西方乃至全世界的密切關注與重視，影響廣遠。這一時期，英帝國統治者睥睨全球，居高臨下，自我膨脹，發表了“生存競爭，勝者執政”等一系列宏論；托馬斯·馬爾薩斯的《人口論》亦應時而起，其核心理論是：“貧富强弱，難以避免。承認現實，存在即合理。”甚而提出“必須控制人口的大量增長，而戰爭、饑荒、瘟疫是最後抑制人口增長的必要手段”（這一理論在以儒學爲主體的傳統文化中被視爲離經叛道，滅絕人性，而在清廷走投無路全面西化之後，國人亦有崇信者，直至 20 年代初猶見其餘緒）。在這樣的時代背景下，查爾斯·達爾文所著《物種起源》得以衝破基督教的束縛，順利出版，暢行無阻。該書除却大量引用我國典籍《齊民要術》《天工開物》與《本草綱目》之外，還鄭重表明受到馬爾薩斯《人口論》的啓示和影響。《物種起源》的問世，形成了著名的進化理論："物競天擇、優勝劣汰，弱肉强食，適者生存。"（近世對其學説已有諸多評論，此略）進化學説在人們的社會生活中留下了深刻的印迹，在世界範圍内引起巨大反響，當時英國及其他列强利用了自然界"生存法則"的進化理論，將其推行於對外擴張的殖民戰争中，打破了世界原有生態格局，在巨大的聲威之下，暢行無阻，遍及天下。縱觀人類的發展史，尤其是近世以來的發展史可知，科技的高下決定了國家的强弱，以强凌弱，已成定勢，在高科技强國的聲威之下，無盡的搜羅，無盡的采伐，無盡的探測實驗（包括核試驗），自然資源和自然環境漸遭破壞，各種弊端漸次顯露。時至 20 世紀中後期，以原子能、電子電腦、信息技術、空間技術等發明和應用爲標志、第三次科技革命的到來，學界稱之爲"科技革命的紅燈時刻"，其勢如風馳電掣，所向披靡，人類社會發生了翻天覆地的變化，時至 21 世紀，又凸顯了另一灾難，即瘟疫肆虐，病毒猖獗，危及整個人類。這一系列禍患緣何而生？天灾之外，罪魁爲人。何也？世間萬種生靈，習性歸一，盡皆順從於大自然，但求自身生息而已，别無他求，而作爲"萬物之靈"的人類，在茹毛飲血，跨越耕獵時代之後，却欲壑難填，毫無節制！爲追求享樂、滿足一己之貪婪，塗炭萬種生靈，任你山中野外，任你江面海底，任你晝藏夜出，任你天飛地走，皆得作我盤中佳餚。閑暇之日，又喜魚竿獵槍，目睹异類掙扎慘死，以爲暢快，以爲樂趣，若爲一己之喜慶，更可"磨刀霍霍向猪羊"，視之爲正常！"萬物之靈"的人類，永無休止，地表搜刮之外，還有地下的搜索挖掘，如世界著名的南非姆波尼格金礦，雖其開采僅起始於百年前，憑藉當代最先進的科技，挖掘深度已超 4000 米（我國的招遠金礦，北宋真宗年間已進行開采，至今深度不過 2000 米左右），現有 370 千米軌道，用以運送巨大的設備與成噸重的礦石，而每次開采都必須用兩千多公斤的炸藥爆破，可謂地動山摇！金礦之外，又有銀礦、鐵礦、銅礦、煤礦、水晶礦（如墨西哥的奈咯水晶洞，俗稱"神仙水晶礦"，其中一根重達 50 噸，挖出者一夜暴富），種種礦藏數以萬計。此外尚有對石油、純净水，乃至無形的天然氣等的無盡索取，山林破壞，大地沙化，水污染、大氣污染、核污染，地球已是百孔千瘡，而挖掘索取，仍未甘休，愈演愈烈，故今之地球信息科學已經發現地球性能的變異以及由此帶來可怕的全球性灾難。今日世界，各國執政者憑仗高科技，多是從一國、一族或一己之私利出發，或結邦，或聯盟，争强鬥勝，互不相顧，國際關係日趨惡化，人類時刻面臨可怕的威脅，面臨毁滅性的核戰争。凡此種種，怎不令人憂慮，令人悲痛？故而有學者宣稱："科技確實偉大，也確實可怕。一旦失控，後患無窮。"又稱："人類擁有了科技，必警惕成爲科技的奴隸。"此語并非危言聳聽，應是當世的警鐘，因爲人類面對强大的科技，常常難以自控，這是科技發展必然的結果。而作爲"萬物之靈"的人類，具有高智慧，能够擁有高科技，確乎超越了萬物，居於萬物主宰的地位，而執政者一旦擁有失控的權力，肆意孤行，其最終結局必將是自戕自毁，必將與萬物同歸於盡。一言以蔽之，毁滅世界的罪魁禍首是人類自己，而并非他類。

　　面對這多變的現實與可怕的未來，面對這全球性的灾難，中外科學家作了不懈努力，而收效甚微。1988 年 1 月，七十五位諾貝爾獲獎者及世界著名學者齊聚巴黎，探討了21 世紀科學的發展與人類面臨的種種難題，提出了應對方略。在隆重的新聞發布會上，瑞典物理學家漢内斯·阿爾文發表了鄭重的演説："如果人類要在 21 世紀生存下去，必須回頭到兩千五百年前去汲取孔子的智慧。"（見 1988 年 1 月 24 日澳大利亞《堪培拉時報》原文——《諾貝爾獎獲得者説要汲取孔子的智慧》）這是何等驚人的預見，又是何等嚴正的警示！這七十五位諾貝爾獲獎者没有一位是我華夏同胞，他們對孔子的認知與崇敬，非常客觀，非常深刻，超乎我們的想象。這種高屋建瓴式的睿智呼籲，振聾發聵，可惜并没有警醒世人，也没有引起足够多的各國領導人的重視。

　　人類爲了自救，不能不從人類自身發展史中尋求答案。在人類發展史中，不乏偉大的聖人，孔子是少有的没有被神化、起於底層的聖人（今有稱其爲"草根聖人"者），他生於春秋末期，幼年失父，家境貧寒，又正值天下分裂，戰亂不斷，在這樣的不幸世道裏，孔子及其弟子大力宣導"克己復禮"，這是人類歷史上最切實際的空前壯舉。何謂"禮"？《説文·示部》曰："禮，履也。所以事神致福也。"禮本來是上古祭祀鬼神和先祖的儀式。史稱文、武、成王、周公據禮"以設制度"，此即"周禮"。"周禮"的内容極爲廣泛，舉凡國家的政治、經濟、軍事、行政、法律、宗教、教育、倫理、習俗、行爲規範，以及吉、凶、軍、賓、嘉五類禮儀制度，均被納入禮的範疇。周禮在當時社會中的地位與指導作用，《禮記·曲禮》中有明確記載："分争辯訟，非禮不决；君臣上下、父子兄弟，非禮不定；宦學事師，非禮不親；班朝治軍、涖官行法，非禮威嚴不行。"當然也維護了"君臣朝廷尊卑貴賤之序，下及黎庶車輿衣服宮室飲食嫁娶喪祭之分"（見《史記・禮書》），這符合於那個時代的階級統治背景。孔子提出"克己復禮"，期望世人克服一己之私欲，以應有的禮儀禮節規範自己的言行，建立一個理想的中庸和諧社會，這已跨越了歷史局限。孔子的核心思想是"敬天愛人"，何謂"敬天"？孔子強調"巍巍乎唯天爲大"（見《論語・泰伯》），又曰："天何言哉？四時行焉，百物生焉，天何言哉！"（見《論語・陽貨》）孔子所言之"天"，并非指主宰人類命運的上蒼或上帝，并非是孔子的迷信，因"子不語怪力亂神"（見《論語・述而》）。孔子認爲四季變化、百物生長，皆有自己的運行規律，人類應謹慎遵從，應當敬畏，不得違背。孔子指稱的"天"，實則指他所認知的宇宙。此即孔子的天人觀、宇宙觀。"巍巍乎唯天爲大"，在此昊天之下，人是何樣的微弱，面臨小小的細菌、病毒，即可淒淒然成片倒下。何謂"愛人"？孔子推行"仁義之道"，何謂"仁"？子曰："仁者，愛人！"（《論語・顏淵》）即人人相親、相愛。又曰："己所不欲，勿施於人。"意即重正義，絕不損人利己。何謂"義"？"義"指公正的道理、正直的行爲。子曰："不義而富且貴，於我如浮雲。"（見《論語・述而》）這就是孔子的道德觀與道德規範，當作爲今世處理人與自然、人與社會的規範與行動指南。其弟子又提出"親親而仁民，仁民而愛物"（見《孟子・盡心上》），漢代大儒又有"天人之際，合而爲一"的主張（董仲舒在《春秋繁露・深察名號》中，爲維護皇權的需要而建立了皇權天授的觀念），這種主張已遠遠超越了維護皇權的需要，成爲了一種可貴的哲理。時至宋代，大儒張載再度發揚孟子"親親而仁民，仁民而愛物"的襟懷，又有"民吾同胞，物吾與也"（見其所著《西銘》）之名言箴語，即將天下所有的人皆當作同胞，世間萬物盡視爲同類，最終形成了著名的另一宏大的儒學系統，其主旨則是"天人合一"論。何謂"天人合一"？"天人合一"有兩層意義：一曰天人一致，天是一大宇宙，人則如同一小宇宙，也就是説人類同天體各有獨立而相似之處；二是天人相應，這是説人與天體在本質上是相通的，是相互相連的。因此，一切人事應順乎自然規律，從而達到人與自然的和諧。達到人與自然的和諧統一，當作爲今世處理人與自然、人與社會的明確規範與行動指南。這是真正的"人間正道"，唯有遵循這一"人間正道"，人際關係纔能融洽，社會纔能和諧，天下纔能太平。

　　古老中國在形成"孔子智慧"之前，早已重視人與自然的關係。約在七千年前，我中華先祖已能够通過對於蟲鳥之類的物候觀察，熟練地確定天氣、季節的變幻，相當完美地適應了生產、生活、繁衍發展的需求，這一遠古的測算應變之舉，處於世界領先地位。約四千年前，夏禹之時，已建有令今人嚮往的廣袤的綠野濕地。如《書·禹貢》即記載了“雷夏”“大野”“彭蠡”“震澤”“菏澤”“孟豬”“豬野”“雲夢”諸澤的形成及其利用情況，如其中指出：“淮海惟揚州，彭蠡既豬（瀦），陽鳥攸居；三江既入，震澤厎定。篠簜既敷，厥草惟夭，厥木惟喬……厥貢惟金三品，瑤琨篠簜，齒革羽毛，惟木。”這是説揚州有彭蠡、震澤兩方綠野濕地，適合於鴻雁類禽鳥居住，適合於篠竹（箭竹）、簜竹（大竹）生長，青草繁茂，樹木高大，向君主進貢物品有金銀銅等三品，又有瑤琨美玉、箭竹、大竹以及象齒皮革與孔雀、翡翠等禽鳥羽毛。所謂“大禹治水”，并非祇是被動的抗災自救，實則是大治山川，廣理田野，調整人與大自然的關係，使之相得益彰。《逸周書·大聚解》又載，夏禹之時“且以并農力，執成男女之功，夫然則有生不失其宜，萬物不失其性，人不失其事，天不失其時……放此爲人，此謂正德”，此即所謂夏禹“劃定九州”之功業所在。其中“放此爲人，此謂正德”的論定，已蘊含了後世儒家初始的“天人合一”的觀念。西周初期，已設定掌管國土資源的官職“虞衡”，掌山澤者謂“虞”，掌川林者稱“衡”（見《周禮·天官·太宰》及賈疏）。後世民衆，繼往開來，對於保護生態環境，保護大自然，采取了各種措施，又設有專司觀察氣象、觀察環境的機構，并有方士之類的“巫祝史與望氣者”，多管道、多方位進行探測研究，從而防患於未然。《墨子·號令篇》（一説此篇非墨子所作，乃是研究墨學者取以益其書）曰：“巫祝史與望氣者，必以善言告民，以請（讀爲‘情’）上報守（一説即太守），上守獨知其請（情）。無［巫］與望氣，妄爲不善言，驚恐民，斷弗赦。”這裏明確地指出，由“巫祝史與望氣者”負責預告各種災情，但不得驚恐民衆，否則即處以重刑，絕不饒恕。愛惜生態，保護自然，這是何樣的遠見卓識，這又是何樣的撫民情懷！

是的，自夏禹以來，先民對於大自然、對於與蒼生，有一種別樣的愛惜、保護之舉措，防範措施非常細密，非常全面而嚴厲。《逸周書·大聚解》有以下記載：夏禹時期設定禁令，大力保護山林、川澤，春季不准帶斧頭上山砍伐初生的林木；夏季不准用漁網撈取幼小的魚鱉，此即世界最早的環境保護法。《韓非子·内儲説上》又載：殷商時期，在街道上揚弃垃圾，必斬斷其手。西周時又有更爲具體規定：如，何時可以狩獵，何時禁止狩獵，何樣的動物可以獵殺，何樣的動物禁止獵殺；何時可以捕魚，何時禁止捕魚，何樣的魚可以捕取，何樣的魚禁止捕取，皆有明文規定，甚而連網眼的大小也依季節不同而嚴予區別。并特別强調：不准搗毀鳥巢，不准殺死剛學飛的幼鳥和剛出生的幼獸。春耕季節不准大興土木。《禮記·月令》又載："毋變天之道，毋絕地之理，毋亂人之紀。"這一"毋變""毋絕""毋亂"之結語，更是展現了後世儒家宣導并嚮往的"天人合一"說。至春秋戰國之際，法律法規的範圍更加全面，特別嚴厲。這一時期已經注意到有關礦山的開發利用，若發現了藏有金銀銅鐵的礦山，立即封禁，"有動封山者，罪死而不赦。有犯令者，左足入，左足斷，右足入，右足斷"（見《管子·地數》）。古人認爲輕罪重罰，最易執行，也最見成效，勝過重罪重罰。這些古老的嚴厲法令，雖是殘酷，實際却是一聲斷喝，讓人止步於犯罪之前，因而犯罪者甚微。這就最大限度地保護了大自然，同時也最大限度地保護了人類自己。而早在西周建立前夕，又曾頒布了令人欽敬的《伐崇令》："文王欲伐崇，先宣言曰……令毋殺人，毋壞室，毋填井，毋伐樹木，毋動六畜，有不如令者，死無赦！崇人聞之，因請降。"（見漢劉向《説苑·指武》）這是指在殘酷的血火較量中，對於敵方人民、財産及生靈的愛惜與保護。我中華上古時期這一《伐崇令》，是世界戰爭史中的奇迹，是人類應永恒遵守的法則！當今世界日趨文明，闊步前進，而戰爭却日趨野蠻，屠殺對方不擇手段，實是可怖可悲！我華夏先祖所展現的這些大智慧、大慈悲，爲後世留下了賴以繁衍生息的楚山漢水，留下了令人神往的華夏聖地，我國遂成爲幸存至今、世界唯一的文明古國。

五、筆墨革命難預料？卅載成書又何易？

《通考》選題因國内罕見，無所藉鑒，期望成爲經典性的學術專著，難度之大，出乎想象，初創伊始，即邀前輩學者南京大學老校長匡亞明先生主其事。這期間微信尚未興起，寧濟千里，諸多不便，盛岱仁、康戰燕伉儷滿腔熱情，聯絡於匡老與筆者之間，得到先生的熱情鼓勵與全力支持，每逢疑難，必親予答復，但表示難做具體工作，在經濟方面也難以爲力。因爲先生於擔任國家古籍整理領導小組組長之外，又全面主持南京大學中國思想家研究中心的工作，正在編纂《中國思想家評傳》，百卷書稿須親自逐一審定，難堪重任。筆者初赴南大之日，老人家親自接待，就餐時當場現金付款，沒有讓服務員公款記賬，筆者深受感動，終生難以忘懷。此後在匡老激勵之下，筆者全力以赴，進而邀得數百作者并肩携手，全面合作，并納入國家"九五"重點出版規劃中。1996年12月，匡老驟然病逝，筆者悲痛不已，孤身隻影，砥礪前行，本書再度確定爲國家"十五"重點出版規劃項目，并將初名更爲今名。那時，作者們盡皆恪守傳統著述方式，憑藏書以考釋，藉筆墨以達志。盛暑寒冬，孜孜矻矻，無敢逸豫。爲尋一詞，急切切，一目十行，翻盡千頁而難得；爲求善本，又常千里奔波，因限定手抄，不得複印，纍日難歸！諸君任勞任怨，潛心典籍，閱書，運筆，晝夜伏案，恂恂然若千年古儒。至上世紀末，一些年輕作者已擁有個人電腦，各種信息，數以億計，中文要籍，一覽無餘，天下藏書，“千頃齋”“萬卷樓”之屬，皆可盡納其中，無須跋涉遠求。搜集檢索，祇需“指點”，瞬息可得；形成文章，亦祇需“指點”，頃刻可就。在這世紀之交，面临書写載體的轉換，老一輩學人步入了一個陌生的电脑世界，遭遇了空前的挑戰。當代作家余秋雨在其名篇《筆墨祭》中有如下陳述：“五四新文化運動就遇到過一場載體的轉換，即以白話文代替文言文；這場轉換還有一種更本源性的物質基礎，即以‘鋼筆文化’代替‘毛筆文化’。”由“毛筆文化”向“鋼筆文化”的轉換，經歷了漫長的數千載，而今日再由“鋼筆文化”向“電腦文化”轉換，卻僅僅是二十年左右，其所彰顯的是科學技術的力量、“奇技奇器”的力量。作家所謂的“筆墨”，係指毛筆與烟膠之墨，《筆墨祭》祇在祭五四運動之前的“毛筆文化”。今日當將毛筆文化與鋼筆文化并祭，乃最徹底的“筆墨祭”。面對這世紀性的“筆耕文化”向“電腦文化”的轉換，面對這徹底的“筆墨祭”，老一輩學人沒有觀望，沒有退縮，同青年作者一道，毅然決然，全力以赴，終於跟上了時代的步伐！筆者爲我老一輩學人驕傲！回眸曩日，步履維艱，隨同筆墨轉型，書稿也隨之經歷了大修改、大增補，其繁雜艱辛，實難言喻。天地逆旅，百代過客，如夢如幻，三十餘年來，那些老一輩學人全部白了頭，卻無暇“含飴弄孫”，又在指導後代參與其事。那些“知天命”之年的碩博生導師們皆已年過花甲，卻偏喜“舞文弄墨”，又在尋覓指導下一代弟子同步前進。如此前啟後追，無怨無悔，這是何樣的襟懷？憶昔乾嘉學派，人才輩出，時有“高郵王父子，棲霞郝夫婦”投入之佳話，今《通考》團隊，於父子合作、夫婦合作之外，更有舉家投入者，四方學人，全力以赴。但蒼天無情，繼匡老之後，另有幾位同仁亦撒手人寰。上海那位《天宇卷》主編年富力強，卻在貧病交加、孩子的驚呼聲中，英年早逝。筆者的另一位老友爲追求舊稿的完美，於深夜手握鼠標闃然永訣，此前他的夫人曾勸其好好休息，答說“我沒有那麽多時間”！可謂鞠躬盡瘁，死而後已，這又是何樣的壯志，思之怎能不令人心酸！這就是我的同仁，令我驕傲的同仁！

　　自 2012 年之後，因面臨多種意外的形勢變化，筆者連同本書回歸原所在單位山東師範大學，于是增加了第一位副總主編——文學院副院長、古籍整理研究所所長韓品玉，解決了編務與財力方面的諸多困難，改變了多年來的孤苦狀況。時至 2017 年春，爲盡快出版、選定新的出版社，又增加了天津人民出版社總編輯、南開大學客座教授陳益民，中國職工教育研究院常務副院長、全國職工教育首席專家俞陽，臺北大學人文學院東西哲學與詮釋學研究中心主任賴賢宗教授三位爲副總主編，於是形成了現今的編纂委員會。

在全書編纂過程中，編纂委員會和學術顧問，以及分卷正副主編、主要作者所在單位計有：中國國家博物館、中國國家圖書館、中央文史研究館、中國佛教圖書文物館、全國總工會、中聯口述歷史研究中心、河北省文物與古建築保護研究院、河北省文物考古研究院、河北閱讀傳媒有限責任公司、北京大學、浙江大學、南京大學、南京師範大學、東北師範大學、鄭州大學、河北大學、河北師範大學、河北醫科大學、廈門大學、佛山大學、山東大學、中國海洋大學、山東師範大學、曲阜師範大學、山東中醫藥大學、濟南大學、山東財經大學、山東體育學院、山東藝術學院、山東工藝美術學院、山東省社會科學院、山東博物館、山東省圖書館、山東省自然資源廳、山東省林業保護和發展服務中心、濟南市園林和林業綠化局、濟南市神通寺、聊城市護國隆興寺、臺北大學、臺灣成功大學、臺灣大同大學、臺北中國文化大學、臺灣中華倫理教育學會，以及澳大利亞國立伊迪斯科文大學等，在此表示由衷的謝忱！

本書出版方——上海交通大學領導以及上海交通大學出版社領導，高瞻遠矚，認定《通考》的編纂出版，不祇是可推動古籍整理、考古研究的成果轉化，在傳承歷史智慧，弘揚中華文明，增強民族凝聚力和認同感，彰顯民族文化自信等各個方面具有重要意義。出版方在組織京滬兩地專家學者審校文字的同時，又付出時間精力，投入了相當的資金，增補了不少插圖，這些插圖多來自古籍，如《考工記解》《考工記圖解》《考工記圖說》《考古圖》《續考古圖》《西清古鑑》《西清續鑑》《毛詩名物圖說》《河工器具圖說》等等，藉此亦可見出版方打造《通考》這一精品工程的決心。而山東師範大學各級領導同樣十分重視，社科處高景海處長一再告知筆者："需要辦什麼事情，儘管吩咐。"諸多問題常迎刃而解，可謂足智善斷。筆者所屬文學院孫書文院長更親行親爲，給予了全面支持，多方關懷，令筆者備感親切，深受鼓舞，壯心未老，必酬千里之志。此前，著名出版家和龔先生早已對本書作出權威鑒定，并建議由三十二卷改爲三十六卷。本書在學術界漂游了三十餘載終得面世，并引起學界的關注。今有國人贊之曰：《通考》是中華優秀傳統文化創造性轉化、創新性發展的優异成果，是一部具有極高人文價值的通代史論性的華夏物態文化專著，凝聚了中華民族的深層記憶，積澱了民族精神和傳統文化的精髓。又有國際友人贊之曰：《通考》如同古老中國一樣，是世界唯一一部記述連續數千載生機盎然的人類生活史。國内外的評論祇是就本書的總體面貌而言，但細予探究，缺憾甚爲明顯，因本書起步於三十餘年前，三十餘年以來，學術界有諸多新的研究成果未得汲取，田野考古又多有新的發現，國内外的各類典藏空前豐富，且檢索方式空前便捷，而本書作者年齡與身體狀況又各自不同，多已是古稀之年，或已作古，或已難執筆，交稿又有先後之别，故而三十六卷未能統一步伐與時俱進，所涉名物，其語源、釋文難能確切，一些舊有地名或相關數據，亦未及修改，而有些同物異名又未及增補。這就不能不有所抱憾，實難稱完美！以上，就是本書編纂團隊的基本面貌，也是本書學術成就的得失狀況。

　　筆者無盡感慨，卅載一瞬渾似夢，襟懷未展，鬢髮盡斑，萬端心緒何曾了？長卷浩浩，古奥繁難，有幾多知音翻閲？何處求慰藉？人道是紅袖祇揾英雄泪！歲月無情，韶光易逝，幾位分卷主編未見班師，已倐而永别，何人知曉老夫悲苦心情？今藉本書的面世，聊以告慰匡老前輩暨謝世的同仁在天之靈！

張述錚

丙子中呂初稿於山東師範大學映月亭
甲辰南呂增補於歷下龍泉山莊東籬齋

凡　例

一、本書係通代史性的中華物態文化學術專著，旨在對構成中華博物的名物進行考釋。全書三十六卷，另有附錄一卷。各卷之基本體例：第一章爲概論，其後據内容設章，章下分節，爲研究考釋文字，其下分列考釋詞目。

二、本書所涉博物，分兩種類型：一曰“同物异名”，二曰“同名异物”。前者如“女墻”，隨從而來者有“女垣”“女堞”“女陴”“城堞”“城雉”“陴堞”等，盡皆爲“女墻”的同物异名；後者如“衽”，其右上分別角標有阿拉伯數字，分別作“衽¹”（指衣襟）、“衽²”（指衣服胸前交領部分）、“衽³”（指衣服兩旁掩裳際處）、“衽⁴”（指衣袖）、“衽⁵”（指下裳）等，皆爲“衽”的同名异物。

三、各卷詞目分主條、次條、附條三種。次條、附條的詞頭字型較主條小，并用【　】括起。主條對其得名由來、産生年代、形制體貌、歷史演進做全面考釋，然後列舉古代文獻或實物爲證，并對疑難加以考辨，或列舉諸家之説；次條往往僅用作簡要交代，補主條不足，申説相佐；附條一般祇用作説明，格式如即“××”、同“××”、通“××”、“××”之單稱、“××”之省稱，等等。

四、各卷名物，或見諸文獻記載，或見諸傳世實物，循名責實，依物稽名，於其本稱、別稱、單稱、省稱，務求詳備，代稱、雅稱、謔稱、俗稱、譯稱，旁搜博采。因中華博物的形成、演化有自身規律，實難做人爲的斷代分割。如“朝制”之類名物，隨同帝王的興起而興起，隨同帝王的消亡而消亡，因而其下限達於辛亥革命；"禮俗"之類名物起源於上古，其流緒直達今世；而"冠服"之類名物，有的則起源甚晚，如"中山裝"之類。故各卷收詞時限一般上起史前，下迄清末民初，有的則可達現當代。

五、各卷考釋條目中的文獻書證一般以時代先後爲序；關乎名物之最早的書證，或揭示其淵源成因之書證，尤爲本書所重，必多方鈎索羅致；二十五史除却《史記》《漢書》外，其他諸史皆非同朝人編纂，其書證行用時間則以書名所標時代爲準；引書以古籍爲主，探其語源，逐其流變，間或有近現代書證爲後起之語源者，亦予扼要采用。所引典籍文獻名按學術界的傳統標法。如《詩》不作《詩經》，《書》不作《尚書》，《説文》不作《説文解字》等；若作者自家行文爲了强調或區別於他書，亦可稱《詩經》《尚書》《説文解字》等。文獻卷次用中文小寫數字：不用"千""百""十"，如卷三三一，不作卷三百三十一；"十"作〇，如卷四〇，不作卷四十。

六、本書使用繁體字。根據 1992 年 7 月 7 日新聞出版署、國家語言文字工作委員會發布的《出版物漢字使用規定》第七條第三款、2001 年 1 月 1 日施行的《中華人民共和國通用語言文字法》第二章第十七條第五款之規定，本書作爲大量引徵古籍文獻的考釋性學術專著，既重視博物的源流演變，又重視對同物异名、同名异物的考辨，故所有考釋條目之詞頭及文獻引文，保留典籍原有用字，包括异體字，除明顯錯別字（必要時括注正字訂誤）之外，一仍其舊。其中作者自家釋文，則用正體，不用异體，但關涉次條、附條等异體字詞頭等，仍予保留。繁體字、异體字的確定，以《規範字與繁體字、异體字對照表》（國發〔2013〕23 號附件一）及《通用規範漢字字典》爲依據。

七、行文叙述中的數字一律采用漢字小寫，但標示公元紀年及現代度量衡單位時，用阿拉伯數字。如"三十六計"，不作"36 計"；"36 米"，不作"三十六米"。

八、各卷對所收考釋詞條設音序索引，附於卷末，以便檢索。

目 録

序　言

　　《中華博物通考》(下稱《通考》)是一部通代史論性的華夏物態文化專著，係"十四五"國家重點出版物出版專項規劃項目，并得到2020年度國家出版基金資助。全書共三十六卷，另有附錄一卷，達三千餘萬字，《地輿卷》即其中的一卷。

　　何謂"地輿"？"地輿"一詞源起於《淮南子·原道訓》"以天爲蓋，以地爲輿"，意爲曠古洪荒，山嶽河瀆，皆依托大地，有了大地，方有萬物，有了大地，便可承載萬物。"地輿"乃形象之比喻，喻地爲車，車載物。大地承載萬物，也生成萬物，乃萬物之基，萬物之母，萬物之源。萬物乃地上之物，故曰"地輿"。"地輿"成詞於晋摯虞《思游賦》："登閶闔而遺眷兮，頫玄黃於地輿。"關於"地輿"，古代典籍多有闡釋，時見警語。如《易·坤》曰："地勢坤，君子以厚德載物。"在先民看來，土壤是大地之主要組成部分，其認知中更與專表大地之"方""坤""輿""廬""后"等象形概念聯繫在一起。坤表大地，大地之勢態在於有土壤，有土壤之大地方能孕育萬物。厚土喻厚德，故用以喻人之品行："君子以厚德載物。"《宋書·樂志》又云："山嶽河瀆，皆坤之靈。"有生靈者，謂地之精靈，如草木、蟲魚、穀蔬、人類者；無生靈者，謂地之構成，如山石、河澤、田土、道路者。可見"地輿"的概念古今有別。本卷的"地輿"專指中華大地之上的山川、海域、田土、山石、州府地籍以及其演進變化總貌，但不包括今地理學中的氣候、植被、動物、城市、交通與物産等要素，後者《通考》全書另有安排。本卷重在梳理幾千年中華典籍所載之地輿名物，考證其出處、源流、演變，力圖將古代地理知識類別與現代地理科學系統進行對接，形成古今結合的地理考證專著。

我國最古老的地輿類典籍，應首推《書·夏書》中的《禹貢》篇。該篇爲後世大一統者提供安邦治國的宏偉範本，其中主要記述了九州之內的山脉、河流、土壤、田野，有關部落及各地物産等。《夏書》導言曰："禹別九州，隨山濬川，任土作貢。"孔安國傳云："禹制九州貢法。"今學界認爲，《禹貢》是戰國時人僞托大禹之名而制定的貢賦之法。全文二百五十七句，雖不過一千一百九十三字，却成爲地輿類專書的經典之作。因《禹貢》隸屬於儒家經典，除却西漢孔安國等諸家爲之作傳之外，歷代注家接踵而至，直到今人陳夢家的名著《尚書通論》。《禹貢》之後就是戰國中後期至漢代初中期成書的《山海經》。此書有古今兩種版本，古本二十二篇，今本十八篇，總體算來約三萬字。其内容由域內而達於域外，不再局限於九州。主要内容包括山海、水利、礦産、道里、异人、龍鳳神怪，乃至夸父追日、女媧補天之類奇聞傳説，極度擴展了《禹貢》的視野，遂成爲中國古代第一部博聞性地理學專著。此書除却東晉郭璞作注之外，明代楊慎另作《山海經補注》、吴任臣又作《山海經廣注》，清代畢沅、郝懿行又分別作《山海經新校正》《山海經箋疏》，直至當代袁珂的《山海經校注》，構成了所謂"海學"系統。與《山海經》相呼應的則是三國時桑欽（另説爲漢代人）所作《水經》。此書記述了華夏的一百三十七條河流水道，以記述江河淵源、流嚮爲主題，重點是"水"字。以水爲導嚮，又追叙流經地域的人文狀况、歷史遺踪、碑刻墨迹、漁歌民謡以及神話傳説等。雖僅萬字而已，却由《山海經》的虚幻蔓延，轉而成爲鑿然實指，開私著地理專書之先河。據此，北魏酈道元又撰成《水經注》四十卷，擴充水道至一千二百五十二條，擴展爲三十餘萬字；所記所叙皆取自於耳聞目睹的人世間事，此書有《海經》之廣博，而無《海經》之怪异，遂成爲中華古典地理學的典範。後世又有明朱謀㙔之《水經注箋》，清趙一清之《水經注釋》，近人楊守敬之《水經注疏》，皆爲注中之注。北魏酈道元之《水經注》遂成爲中國的"四大名注"之一（按，"四大名注"最普遍的説法是：南朝宋裴松之《三國志注》、北魏酈道元《水經注》、南朝梁劉孝標《世説新語注》、唐李善《文選注》）。

今《地輿卷》承前啓後，集前典之大成，頗有建樹，就整體思路而言，具有以下特點。

一、將古地輿學名物詞重新分類。

作者曾言："龐雜事物認知的困惑，常常是因爲没能對龐雜事物進行正確分類所致。"

在本卷中，對古地輿名物詞的分類，展現了作者的哲學素養和功力。例如，將古人散亂的水文概念分爲水態類、水汋類、江河類、湖澤類、泉井類、涯岸類（今當屬地貌學）等，既關照到古人的對水文現象的認知，又顧及了今水文學的範疇；又如，儘管先民話語中的土經名物數量龐大、類别繁多，但可歸納爲如下諸類：大地類、方位類、土貌類、區劃類、土田類等。掌握這些大類，便可將古地輿學中大量名物詞統一在一個整體的認知結構中，成爲認識、區分古代土經名物的最佳途徑與方法。

二、將古今輿學名物詞重新對接。作者雖是對古地理概念（事物）進行考釋，但古地理詞語與諸多現代地理學概念有必然之承傳關係，可讓讀者對今天使用的地理名詞據有歷史文化的認知。例如，古代中國僅表海洋概念本身的詞語就有幾十種之多，如百川之主、大水、巨壑、天池、水王、水宗、汪洋、重溟、滄海、朝夕池、百谷王、渠弭、滄溟、溟漲、滄瀛、滄瀣、溟海、溟洲、溟池、積水、積流、溟瀛、瀛、溟，等等；而今祇用“海”“洋”“海洋”等詞語與之對應。又例如表示谷地的“谷”“壑”“坳”“竈”“嚚”“隖”“峆”“峪”等詞語，在今地理學中祇用“谷”“谷地”指代；其他多在當今地名中或文學作品中出現，不作爲學科術語。另外，作者指出，有許多古地理詞語延續至今，含義未變，成爲古今銜接的傳承詞；另有些詞語，雖然爲今天所用，但時過境遷，内涵發生了變化，差异甚大。例如“水界”一詞，古語謂之水體的區域範圍，現代則用“水域”一詞表達，而現代“水界”之内涵祇限“邊界”之義；又例如“水文”一詞，古人多謂水的紋理，雖亦有與現代“水文”概念之相近含義，但其現代之範疇涵蓋地球表層所有的水文現象。

三、補前人的短缺。本卷於《山經》《海經》《水經》之外，又增《土經》《石經》，爲求廣聞博見，復增《古代傳說考》，遂使《地輿卷》成爲目前國内外最全面、最新奇的地理學專著之一。其間，雖沿用舊典之名，内容却絕不相同。如第一章仍稱《山經》，却另分爲“嶺嶽態勢考”“山體形貌考”“歷史名山考”三節，與舊典無甚干涉；新增之第五章《土經說》分爲“輿地方位考”“區劃封畿考”“土田壤沙考”三節，第六章《石經說》又分爲“巖石雜石考”“奇石名石考”“玉石珍石考”“器石藥石考”四節，亦皆自家裁定，全無模仿。全卷之命題、取材、謀篇、布局，與古今地理學著作盡相呼應，却無一雷同，可謂另闢蹊徑，別具匠心。

四、啓用古畫作爲實證。中華歷史幾千年，傳下諸如巖刻畫、墓穴壁畫、絹本畫、紙本畫、木版雕繪畫等大量文化遺産。這些繪畫雖是藝術作品，但含有大量地理信息，是十分珍貴的歷史資料，是其他文獻、文物取代不了而與之并行的一種載體。本卷作者廣予挖掘，例如在晉陸探微《歸去來辭圖》中描繪的水岸地貌；在唐李昭道《明皇幸蜀圖》中描繪的峰巒叠嶂的山地地貌；在宋王詵《漁村小雪圖卷》中描繪的"崮"地貌形態；在元方從義《雲山圖》中繪出今地質學中的"向斜"地質構造；在明仇英《桃源仙境圖》中描繪的倒垂石鐘乳的洞穴；等等。作者費盡心力，原選定的五百餘古畫，祇可惜由於某些原因，僅能擇幾十幅付梓出版，但這一嘗試，足成爲古地理文化研究創新的一種章法和手段。

　　而就本卷具體的收詞立目與名物考證而言，又展現了作者廣闊的學術視野與深厚的學術功底，茲簡要評述如下。

　　本卷的收詞立目，常從人們習以爲常、不求甚解的一些地理學名詞入手。如"九州"分爲"九州[1]"與"九州[2]"。前者亦稱"大九州"，指赤縣神州之外的九個大州；後者指大禹治水所劃定的九個區域（或説黄帝時劃定），亦稱"小九州"。"小九州"又稱"九有""九圍""九垓""九陔""九畡""九原""九域""九區""九圉""九牧""九縣""禹甸""禹蹟"，也就是今日之中國；在古代有十餘種稱謂，若加上今人熟悉的"中華""華夏""中夏""諸夏""中土""海内"諸稱，竟有逾二十種之多。其他如"長江""黄河"，除却習慣的發源、流地闡釋之外，亦致力於對異名別稱的探索。如"長江"一詞，春秋之前單稱"江"，此後"江"多作大川的通稱，爲有所區別，春秋戰國之際改稱"大江"（《楚辭・九歌・湘君》），自三國時始稱"長江"（見三國吳韋昭《關背德》曲），南朝梁時又始稱"楚江"（見南朝梁劉孝綽《棹歌行》詩）、"揚子江"或"楊子江"（《太平廣記》卷二百七十六引南朝宋劉敬叔《異苑》）。"黄河"一詞，春秋之前單稱前"河"，春秋時稱"南河""大川"（見《書・禹貢》及《武成》），春秋戰國之際又稱"大河"（見《楚辭・九章・悲回風》），秦代稱"德水"（見《史記・秦始皇本紀》），漢代始稱"黄河"（《漢書・高惠高后文功臣表》），此外，尚有"濁河""洪河""九曲""九折河""靈源公"諸稱（書證略）。明王志堅《表異録・地理》又記有"河水九名"，即古人據季節物候不同所定黄河水的九種名稱：正月，凌解水；二月、三月，桃花水；四月，麥黄水；六月，礬石水；七月，豆花水；八月，荻苗水；十月，復槽水；十一月、十二月，蹙凌水。"河水九名"，早在晉代及晉代以後已分別出現於其他典籍中，《表異録》祇是集中闡述而已。詳可見"凌解水"等條目。

　　另一些非地理學專屬名物詞，本卷甚注重對詞源的探索研究，同樣注重對異名別稱的考辨，頗見功力。今以《漢語大詞典·水部》（下稱《大詞典》）之二例略做比較：

　　1.【瀑布】從懸崖或河床縱斷面陡坡處傾瀉下的水流。北魏酈道元《水經注·漯水》："瀑布飛梁，懸河注壑，漰湍十餘丈。"宋蘇軾《舟中聽大人彈琴》詩："風松瀑布已清絶，更變玉珮聲琅璫。"（下略）

　　2.【瀑】瀑布。北魏酈道元《水經注·廬江水》："廬山之北，有石門水，水出嶺端，有雙石高竦……水導雙石之中，懸流飛瀑。"唐張喬《華山》詩："瀑漏斜飛凍，松長倒掛枯。"（下略）

　　按，《水經注》所載"瀑布"一詞并非語源，其語源至遲已見於漢代。《水經注》所載"瀑"一詞亦非語源，因"瀑"前有修飾語"飛"，已合成另一新詞"飛瀑"。試看本卷之闡釋：

　　瀑布：即瀑。亦稱"瀑水""瀑溜""瀑流""瀑練"。從懸崖陡壁傾瀉而下之水流。狀如垂布，故稱。晋孫綽《游天台山賦》："赤城霞起而建標，瀑布飛流以界道。"南朝梁蕭綱《招真館碑》："瀑水懸流，雜天河而俱灑。"唐劉斌《咏山》："石梁高鳥路，瀑水近天河。"唐上官婉兒《游長寧公主流杯池二十五首》其七："瀑溜晴疑雨，叢篁晝似昏。"唐李白《蜀道難》詩："飛湍瀑流争喧豗，砯崖轉石萬壑雷。"唐陸龜蒙《奉酬襲美先輩吳中苦雨》詩："千家濛瀑練，忽似好披拂。"宋范祖禹《送道純歸南康》詩其一："晴空天池溢，瀑布銀河翻。"元梁信《游白鶴觀》詩："羅浮瀑布九百八，惟是五龍潭水清。"明鄭岳《玉泉院對華峰有懷見素大司寇》詩："懸巖瀑溜垂千條，流出亂石如素練。"《水滸傳》第一回："瀑布斜飛，藤蘿倒掛。"清陳子升《破寺》詩："瀑水交流山路斷，蕭蕭孤寺半峰藏。"清屈大均《明月寺作》詩："萬壑梅花亂，千峰瀑布流。"清閔麟嗣《空水閣》詩："欲窮瀑水源，峽束忽無路。"參閱清梅清《黃山圖軸》。

　　按，晋孫綽《游天台山賦》所載"瀑布飛流"之"瀑"，南朝宋荀伯子《臨川記》所載"有瀑飛流"之"瀑"，才是《大詞典》"瀑"的語源。

　　上述《大詞典·水部》另收有"瀑布"的同物異名詞"瀑水""瀑泉""瀑流""瀑練"，連同上述的"瀑"字，共五條。按，"瀑布"的同物異名實則有三十餘種之多。本卷除却以上"瀑布"所列"瀑""瀑水"等附條之外，尚有"瀑流""瀑布泉""飛瀑""飛泉""飛溜""水屏""水簾""水幈""玉簾""布水""布泉""天紳""泉紳""立泉""玄泉""淙淙""淙""洩""懸水""懸河""懸泉""懸流""懸淙""懸溜""懸瀨""谷雷""垂水""激溜""龍湫"；共列有三十四個异名別稱，這在目前的中外辭書中當數最爲齊備。

諸多地理學或文史中的一些專用語詞，如"歷山"之類，今日已多歸屬於名勝古迹用語。有關記載，甚爲繁夥，各有所據，而難盡信。那麼，"歷山"究在何處？本卷首設"歷山[1]"，予以全面介紹，作爲統領條目：

歷山[1]：亦作"歷丘"。山名。依"舜耕歷山"之説，中國名爲歷山者，達二十餘處。《管子·版法解》："舜耕歷山，陶河濱，漁雷澤，不取其利，以教百姓，百姓舉之。"戰國楚簡《容成氏》："昔舜耕於歷丘。"（下略）

其後依次排列爲"歷山[2]""歷山[3]""歷山[4]""歷山[5]"等條目（其他不再舉證），一目了然：

歷山[2]：指濟南的歷山。初名"靡""靡笄"，後稱"舜耕山""千佛山""大佛頭山"。（下略）

歷山[3]：指山東省鄆城縣的歷山。（下略）

歷山[4]：指山西省永濟市南的歷山。又説在該省翼城縣東。（下略）

歷山[5]：指浙江省餘姚市内的歷山。（下略）

再如"天台山""天臺山"，由於中國大陸推行簡化字，兩山極易混同，本卷有非常精道明確的考釋。今擇要複述如次：

天台山，位於浙江省天台縣城北。因隋代高僧在此山創立了中國第一個意義完整的佛教宗派而名揚天下，歷代文史中出現的"天台山"多指此。由於佛教興盛，全國各地以"天台"命山者有多處，以示尊崇與傳承。如河北遵化市、河南光山縣，山西千陽縣、華陰縣，四川羅江縣，貴州安平縣等地皆有分布。上述"天台山"之"台"字皆讀陰平聲，敬辭，用以表示尊崇。另有"天臺山"，如山東日照市的天臺山，四川邛崍市天臺山，河南信陽市天臺山和貴州安順平垻天臺山等。這些"天臺山"之"臺"皆讀陽平，意謂山巔平坦，似登天之臺。

作爲《山經》，本卷竭力展現其人文色彩，不論其知名度若何。如近世諸多戰爭中名揚天下的太行山，與傳説中的王母、女媧有關，上古稱"五行山"，又因橫亘中國，號稱"天下脊"（詳見"太行山"文）。又如近人不甚關注、有些冷落的"崦嵫山"，傳説乃日所落入之山，又稱"齊壽山"，傳因黃帝向廣成子問與天地齊壽之道而得名，或曰唐高祖李淵誕生於此，故而改稱（詳見"崦嵫山"文）。

《地輿卷》全卷洋洋百餘萬字，甚爲精彩，并非止於上述的些許示例，恕不一一舉證。

行文至此，序者作爲《通考》全書的主編，感慨萬端。此上述百餘萬字的巨著，險些失之交臂。二十餘年前，本書原不擬收錄《天宇卷》，認爲天宇非我中華所專屬，故而也捨弃了與之對應的《地輿卷》，認爲地輿之類著述甚多，也難有新的建樹。後來有專家建議予以補寫，并須盡快完成，序者不得不尋覓高手。於是特邀了本校地理與環境學院焦秋生教授，聘爲古籍研究所特約研究員，并限期一年内交稿。焦教授早年畢業於該院，其後又留校任教，乃該院學究中的"狂熱派""拼命派"，於帶研究生外，不忘名山事業，常通宵達旦，故而著作等身，大視野題材者有《藍色星球》《人與環境》之類，專題性者有《地理學習的理論與方法》《地理教育心理學》等，此外還有《哲學與教育課程論題》《創新教育的思維向度》等哲學類、教育類著作，并有詩集、美術攝影類書籍問世，堪稱通才。序者對其十分信任，然今日之焦君已年逾花甲，任重而時迫，頗感爲難。序者深感世事茫茫，長愁黯黯。得知焦君夜以繼日，遂登門拜訪，但見四壁書城，臥室之内，床榻之上，滿是展開的稿紙，地下則是一隻小小矮凳，其夫人頗有些無奈，我則無話可說。屈指數光梭，交稿待何日？天有不測風雲，三月之後的一日，焦教授突然住院。那是一個名稱可怕的病，必須手術。在住院的前夕，焦教授以最快的速度整理結題，親付古籍研究所韓品玉所長，預作交代曰：若未能順利出院，書稿當以此爲準；并囑托暫勿將其住院事告我，若能出院，將繼續完成。蒼天眷顧，先後兩次手術，順利完成，有驚無險。出院後，再度投入書稿的編撰中。老夫曾問及交稿前後事。答曰："生死未卜，病前能得交稿是一種安慰，病後繼續完成是一種寄托。"焦君此語，老夫一世不會忘却。百代過客何所願？得展其生平抱負足矣！焦君於病後，已八易其稿，快哉，壯哉！

草長鶯飛二月天，明湖垂柳醉春烟。華髮幸得一知音，藉此一序何暢然！

張述錚

太歲屠維大淵獻桃月中浣初稿於山東師範大學映月亭
太歲玄黓攝提格桐月中浣定稿於歷下龍泉山莊東籬齋

第一章　概　論

第一節　概　說

一、本卷涉及内容

本卷指稱之“地輿”，關乎地，關乎地上之物，可具體到泥土巖石、江河湖澤、山丘平川、冰澌井甃、崖渚冥海。空間上可延伸至我華夏之五服九州、四荒八野；時間上可上溯至春秋戰國乃至三皇五帝。

《莊子·知北游》：“天地有大美而不言，四時有明法而不議，萬物有成理而不説。”於是，自遠古至今，人類依賴自然而生存，必采其美、遵其法、探其理、究其道；必辨方位、識山水、治田畝、拓疆土，於是就有了對大地的思考，就有了中華古代地輿學之興起與發展。地輿，古亦稱“地理”。《周易·繫辭上》：“仰以觀於天文，俯以察於地理。”孔穎達疏：“地有山川原隰，各有條理，故稱理也。”中國古代地理名著有《書·禹貢》《山海經》《爾雅·釋地》《周禮·考工記》《五藏山經》《管子·水地》《水經》《水經注》《三輔黃圖》《大唐西域記》《括地志》《太平寰宇記》《三才圖會》《讀史方輿紀要》《徐霞客游記》等，集萃民族歷史精華的"二十四史"和記述各地區域差异的地方志中也必單列出"地理志"的篇章。上下五千餘年，文獻浩繁，洋洋大觀，歷代歷朝，先民對地理之興趣、關注、探究、利用從未終止。其後又衍生了以辨識風水爲職業的"風水先生"，故而"地理學"又與"風水學"息息相關。然而，古之地輿知識散見於浩博古籍之中，今有必要抉擇爬梳，分門別類，形成明確獨立之體系。本卷集録古文獻記載中諸多與地理有關的詞語，逐一考證并加以適當的注釋，力争成爲較全面的中國古地理傳承典籍。

《周易·說》："坤也者，地也。"《左傳·莊公二十二年》："坤，土也。"坤從土，坤爲八卦之一，象徵地。《周易·坤》："地勢坤，君子以厚德載物。"在古人看來，土壤應是大地之主要組成部分，其認知中更多與表大地之"方""坤""輿""盧""后"等象形概念聯繫在一起。坤表大地，坤字中有土，大地之勢態在於有土壤，有土壤的大地方能孕育萬物。厚土喻厚德，故老子用其喻人之品行云："君子以厚德載物。"《易》又云"輕清者上升爲天，陰濁者下降爲地"，道出了天與地形成的原因，即雲氣與泥土、巖石的分離，亦道出了大地形成之過程，現代科學亦做類似解釋。《宋書·樂志》："山嶽河瀆，皆坤之靈。"曠古洪荒，先有大地，後有萬物，有了大地，便有了承載萬物之力，便有了承載萬物之基礎、時空，故有"地輿"之說。"地輿"乃形象之比喻，喻地爲車，車載物。大地承載萬物，也生成萬物，乃萬物之基、萬物之母、萬物之源。萬物乃地上之物，曰"地物"，有生靈者，謂地之精靈，如草木、蟲魚、穀蔬、人類者也；無生靈者，謂地之組成，如山石、河澤、田土、道路者也。本卷注重後者，梳理幾千年中華典籍所載之地輿名類，考證其出處、源流、演變，涉及大地及方位（地球概論）、地貌、水文、植被、土壤、巖石等多個因素，力圖將古代地理知識類別與現代地理科學系統進行對應，形成古今地理知識相結合的地理考證專著。

海洋是地球上最重要的水體之一，按照現代地理學、水文學之邏輯，應在《水經考》之下行文。但古代中國文獻的次序是山、海、水，海與水（徑流等）并列，故在本卷中將之單列一章，又顧及現代科學之邏輯（水文學包含海洋學），將《海經考》放於《水經考》之後。在此特做說明。

從某種意義上來說，地理學是對自然大地之探索，是對人類生存空間和四時輪迴之表達，而地圖則是這種表達之最有效的工具。中華地圖之發展、傳承綿延幾千年，先賢用以表大地之山石田土、江河湖澤之區域分布，記録人類活動之史迹留存，并總結、體驗觀察周圍世界，冥思苦想而又心生萬物，溯其源流，助新思想、新事物之生成；用輿地圖服務於生産、貿易、科技、文化、軍事等社會活動，來認知古代自然與社會存在之物，"掌天下之圖以掌天下之地"，格物致知，知行合一。中華古地圖之豐富，被古人稱爲"輿地圖"，既是表達地域區劃、地物分布之工具，又爲歷史事件之形象圖説。由於我國古地圖研究的成果較多，篇章浩繁，故本卷不再收録此内容，忍痛割愛，實爲可惜。

以往考證，限於時間、人力、資料等因素，往往要面對浩繁的文史古籍，逐本翻閲，逐條考証，耗費大量時間、精力，而每一條目所能找到的書證較少，寥寥幾條，窺一斑，尚難以反映文化傳承之脉絡、全貌。不同朝代，不同地域，或同一朝代中之文人學者，對於地物之感受、理解與描述有相同之處，亦有所差异。在幾千年的文化延續中，創造出大量同物异名或同名异物之概念詞彙，有些沿用至今，有些在今人看來已頗爲生僻，不爲所用。本卷認爲，對地理名物詞語之考證，不僅要考證其源流，還要考證其在語音、語義、字形等方面的歷史演變過程。本卷藉現代網絡科技之便，從浩繁的古籍資料中獲取了豐富的信息，儘可能收録各個朝代之書證，儘可能表達出地理詞語的歷史演變與代際傳承，發現某個詞語的使用壽命（啓用與斷代時間）以及盛行朝代，厘清古典與現代語言表達之源流、關係，從而促成某個新研究視角的形成。一般對於一個詞條而言，舉證越多，説明歷朝各代的關注度越高，越具有生命力，從而能够延續承傳，爲今人所用。故本卷史録書證較多，亦成特點之一，但因篇幅及時間所限，并不完善。

二、古地理文化與現代地理科學

中華文化經歷幾千年之發展，因地域廣闊、高山大川阻隔、代際更迭、戰争、人口遷移、生産力發展等，生成了諸多具有地域差异的地輿名物詞彙。古人對地理環境觀察之細膩、對地理概念類分之豐富、對地理詞語運用之多變，令人嘆爲觀止，有些地理概念已與現代科學概念十分相近，例如，"兩極""地軸""赤道""經緯"等概念。南朝宋何承天《渾天象論》："南北二極，相去一百一十六度三百四分度之六十五彊。"《書·洪範》："日月之行。"孔穎達疏："南北二極中等之處，謂之赤道。"晋木華《海賦》："又似地軸，挺拔而争迴。"現代天文學證實地球繞地軸自轉，并測得地軸與黄道成六十六度三十四分夾角，致使地球繞日公轉形成四季。《淮南子·墬形訓》："凡地形，東西爲緯，南北爲經。"雖經緯之義與現代含義有別，且不涉全球之域，但也早已行用，且沿襲至今。又如"九土"這一概念，《左傳·襄公二十五年》中即有表述："楚蔿掩書土田，度山林，鳩藪澤，辨京陵，表淳鹵，數疆潦，規偃豬，町原防，牧隰皋，井衍沃，量入修賦。""九土"即土壤之土地利用價值與性質。而涉及土壤的類型以及根據類型肥田養地，在《周禮·地官·草人》中提出了明確的劃分與措施："草人掌土化之法以物地，相其宜而爲之種。凡糞種，騂剛用牛，赤緹用羊，墳壤用麋，渴澤用鹿，鹹潟用貆，勃壤用狐，埴壚用豕，彊檃用蕡，輕爂用犬。"今土壤學確認，中國土壤的地帶性分布從北到南大致分爲黑土、黑鈣土、栗鈣土、棕壤、褐土、黄土、紅黄壤、紅壤等，還有局部生成的白漿土、紫色土和水稻土等；又分爲碱性土和酸性土，土壤肥力也從北到南漸次降低。可見，對於土壤類型南北差异之分辨，古人已十分用心。又例如"水土"這一概念，可指國土。漢曹操《讓還司空印綬表》："水土不平，姦宄未静，臣常媿辱，憂爲國累。"按，"水土"，古指國土。今國土含國之陸地、陸上水域、領海，以及它們的基巖底土和上空，已將古人之概念進行了空間延伸。所以梳理與考證古人對地理名物的疏解釋義，對於挖掘地理科學之源流，瞭解人類認知自然之過程，探尋古今地理文化聯繫之脉絡，弘揚中華文化之精華等方面具有重要意義。

現代之自然地理包含五大基本要素：地質地貌、氣象、水文、植被、土壤。各要素之間相互聯繫，相互作用，形成一個地理綜合系統。古人僅對土地和水的聯繫有所認識，常將兩詞語連在一起行用，如前述之"水土"。又如《管子·水地》所云："地者，萬物之本原，諸生之根菀也，美惡、賢不肖、愚俊之所生也。水者，地之血氣，如筋脉之通流者也。"但古人對土地與氣象之聯繫認識尚淺，認爲氣象相對獨立於大地，孤自運行，屬於天之現象。雖然《管子·五行》也云"人與天調，然後天地之美生"，似乎悟到天宇與地輿之聯繫，但限於當時的科技水準，雖已悟道并强調人與天調，却不知天與地之間相互作用的自然之妙。

對於古人而言，不僅大氣層的諸多現象，天之範疇，神秘難解，而太陽、月球對大地之影響生成的種種現象，對其認知尤感朦朧而玄妙。古人謂之天，乃地球大氣層與宇宙空間之合體也。當年，李白雖高吟"黄河之水天上來，奔流到海不復回"，但他并不清楚，此"天"非今所云之天也。今之天所指，分爲兩部分。一是指大氣層之外的宇宙。二是指太陽輻射、地球公轉與自轉，以及地面海陸分布等綜合因素形成的全球大氣環流系統；在此環流系統作用下，形成了天地之間、海陸之間的水循環，故天上之雲水來自地表水體、植被的蒸發和蒸騰作用，以及太陽能引起的大氣環流運動和水汽輸送，使得地表江河湖澤、井冰泉流之水通過降水得以補給，周而復始，生生不息。李白詩中意象之天，實乃誇張之比喻，或將天之雲雨與大地之水體割裂開來，不知天上之水源於大地；或將天域局限於西部高原河流發源之地，而非今日科學解釋之天（大氣圈）。古人也研究天之現象，但多與地物相脫節，另成體系，故本卷所録古代地輿名物基本不涉及氣象、太陽輻射等要素。關於古人對氣象類、植被類、動物類、天文類等古代名物之研究，請參閱《中華博物通考》中的《木果卷》《蟲豸卷》《氣象卷》《天宇卷》等分卷。

除古今學者對地理名物概念之内涵外延上存异同之外，在分類標準上亦有區分。例如，有石質山和土質山，在現代地貌學分類中皆屬山之範疇，又據海拔分山地、丘陵，山地和丘陵皆可有石，也皆可爲土質。而古代文獻則在大多數表達中，將有石之隆起地物謂之“山”，而將土質隆起地物謂之“丘”，不過“山”與“丘”二字，也時有混用之處。本卷當從古人分類之法，又兼顧現代科學分類之方式，將古稱“山”與“丘”分別考述，并注重兩者所屬諸多名類的地貌特徵與類型。

雖然許多古地理詞語延續至今，含義未變，但也有些詞語，爲今天所用，不過時過境遷，内涵發生了變化，差异甚大。例如“水界”一詞，古語謂之水體的區域範圍，現代則用“水域”一詞表達，“水界”之内涵祇限“邊界”之義。又如“水文”一詞，古人多謂水的紋理，雖亦有與現代“水文”概念之相近含義，但現代“水文”之意義更深刻而廣泛。又例如“霧霾”一詞，古人謂之空中懸浮的塵土，以可吸入顆粒物（PM10）爲主，而今天霧霾中的成分則大大改變（見本卷相關詞條）。

須指出：古人雖對地輿名物觀察細膩，詞語概念豐富，但僅是從現象上用足功夫，知其然而不知其所以然，缺乏對其本質原因和規律的分析與總結，因而也就談不上科學性和邏輯之嚴密。儘管如此，對於古人而言，這些對繁雜現象的細緻觀察與分類，仍是識別千差萬別地物之根據，代表了古人在科學不甚發達的時代對於周圍世界的認知水準，且古之地理名類與現代地理科學有着千絲萬縷之聯繫，是古今對地理現象理性認知過程之必然環節。因本卷重點是對古人文獻中的地輿名物進行源流考證，故極少涉及古人對地理現象之理性解釋，所涉當代科學成果祇是作爲與古地理比照、參照而已，絕不凌駕於古人的地理思維之上。本卷試圖還原古代地理文化的原貌和内在結構，爲今人研究古代中國地理文化提供一些有價值的綫索。

<h2 style="text-align:center">三、地理名物分類</h2>

通過語言對事物進行精確分類是人類智慧的一大特徵。没有語言對事物的精確分類，就没有人與人之間、文化與文化之間的清晰順暢的交流。當代人如此，同古人對話也如此。對事物、對知識不懂得、不明白，思維混亂，是因爲没有正確分類。本卷基於這一原則，尤以對古代地輿名物的分類爲重中之重。集録中國古代典籍之詞彙，在繁雜中梳理出地理名物概念之範圍、層次、含義、類别，仔細甄别上位概念、下位概念、并列概念、矛盾概念、類比概念、全同概念、相同概念等，并思考其間的聯繫，試圖將古代豐富的地理知識構建成一個概念分類結構體系。亂而思，思而知類，類而融會貫通古今。本卷諸章節，皆源此理。

在對地理相關地物分類方面，至少在語言創造方面，古人與現代人相比，用詞極爲豐富，對地輿名類的區分度明顯。在現代地理語言中，雖然已淘汰的古代詞語不少，新名詞亦不斷涌現，但其中有相當多的地理術語，包括科學術語都源自古代地理語言，或直接藉用，或充實内涵，或拓展外延。例如古語中的“洲”作水中陸地講，而在現代地理學中，用於全球陸地之謂稱，曰“五大洲”“七大洲”等，也特指沙洲等沉積地形。又如“桃花水”一詞，古指春天來臨，黄河流域因温度上升，水暖冰開，形成的上漲水流，現代所言“桃花汛”，雖稍有變化，然表意相同。此類案例，不勝枚舉，這表明中華文化之源遠流長，貫通古今，一脉相承。

當然，也有一些地理名類，古語多音多意，而今衹用其中一詞。例如，表示谷地的“谷”“壑”“坳”“竇”“嚻”“隖”“嵢”“峪”等詞彙，今地理學中常用“谷”“谷地”指代，其他多在當今地名或文學作品中出現，不作爲科學術語。另亦有詞語今已不用。如“巖”字，古語表多義，如“山峰”“山邊”“涯岸”“山洞”“大石塊”“山體高峻偉岸狀”等，今將“巖”字的含義分散爲上述不同詞語加以表達。自三國魏曹植《洛神賦》行文中出現“岩”字後，“岩”與“巖”字并用多個朝代，直至20世紀中葉文字簡化改革之後，“巖”字被弃用，僅用“岩”字表自然界巖石之單意。

在古籍文獻中，常出現同一地理詞語表達多個不同類概念的情況。如上面所談及的"巖"字。又如"土"字這一詞語，就分別表達"大地""平原""區域""國土""土壤"等不同類地理概念，而大多祗代稱"土壤"。在古籍文獻中，亦常有同一地理概念由諸多詞語表達的情況。如上面所談及的谷地。又如臨水之地的涯岸，就有幾十個詞語與之對應，其中有"坻""户""濱""汜""汭""芮""陂阿""水裔""沂""津""涘""浦""隈""渚"，等等。以上"一詞多表"和"多詞一表"的語言現象是古地理語言中的一個特色，反映了在交通和信息不甚發達，以及朝代更迭、域外交流等條件下，不同區域、不同朝代的語言音形起源，促成了歷史語言音形進化之差異性。

在主副條目確定方面有以下三種情況。一種情況是，若遇到較多個意義相同的詞語時，擇一具代表性的或常用的詞語作爲主條，其他作爲副條或次條。如"地輿"與"輿地"這兩個概念，屬於相同概念，其外延和内涵均無差異，可列成主附條形式，如將"地輿"列爲主條，"輿地"就列爲副條。副條考證即可列在主條中，以"亦作""亦稱"的形式出現。當這類副條較多時，一些條目亦可單獨考證，以避免主條行文過多。

另一種情況是，若遇到較多意義相近的詞語時，編著者總是選擇更具代表性的常用詞語作爲主條，其他作爲副條或次條。例如，"黄河"與"大河""太河""九折河""大川""洪河""南河""德水""靈源公"等詞語，均指同一條河，又各有内涵、側重，有的强調水質，有的强調態勢，有的强調河流形狀，有的强調洪澇特徵等。但"黄河"一詞在人們的理念中，其内涵亦有其他詞語的各種特徵，加之爲現代常用的學科和日常生活名詞，故將其作爲主條，其他則列爲副條，并在副條中對各類含義分別加以解釋，以强調其詞語概念的内涵。又例如"谷""峪"等指山谷，"阬岸""空谷""嵌谷"等指深谷，"豁""峆"指大山谷，"丹谷"指花谷，則以"谷"爲主條，其他相似的名類爲副條。一般，副條可單獨考證，以避免與主條相混淆。

再一種情況是，一些詞語互爲邏輯學中的"全同概念"。如"大地""坤后""坤輿"這三個詞語概念，同表地，但内涵有別。"大地"之含義自不必説，"坤后"則爲地的代稱，《周易·説卦》："坤爲地，爲母。"故"后"有國母之意，因而"坤后"意喻母儀天下、孕育萬物之大地。"坤輿"，《周易·説卦》："坤爲地……爲大輿。"孔穎達疏："爲大輿，取其能載萬物也。"所指"大地"，爲承載萬物之大地。顯然，"大地""坤輿""坤后"三者爲外延相同、内涵有別的"全同概念"。在本卷中當選擇"大地"這一常用詞語作爲主條，

"坤后""坤輿"作爲副條。又如"山脉"和"分水嶺"這兩個地理概念，其外延相同，但
內涵不同，前者的內涵謂之地形延伸分布和形態，後者的內涵側重分水功能，要從氣候類
型、流域面積等方面解釋之，雖有區分，但在本卷中，依然將"山脉"作爲主條，將"分
水嶺"等概念作爲副條，讀者應做區分。這種情況下，副條應單獨考證，以避免與主條相
混淆。

在對古地理名物進行分類時，常遇到一物可劃分入多個類別、體系之中的情況。這是
因爲同一事物會有多個屬性，因而可分別按不同屬性歸類。例如某些石類既有藥性，也有
毒性，既可并入"藥石"，也可并入"毒石"，但又不便重複於行文中，祇能視情況而定
其類別。如石硫黃、砒霜等，若在"藥石"中列出，就儘量避免在"毒石"中列出，反之
亦然。又如太湖石，既可謂之"玩石"，又可謂之"名石"，還可謂之"奇石"，因此，讀
者可據個人喜好進行歸類，而不做正誤之辨。還有一些古代地理術語，表意模糊，甚至錯
誤。例如"泉"字，本當作地下涌出之水講，但"肥泉"則指"肥水"，爲古河水名，在
今河南淇縣境，東南流入衞河。《詩·邶風·泉水》："我思肥泉，茲之永歎。"毛傳："所
出同，所歸異爲肥泉。"《爾雅·釋水》："歸異，出同，流（曰）肥。"遇到此類詞語，當
格外用心區分。

本卷在對古代地理名類分類過程中，既參考古代分類習慣，也兼顧現代地理科學之分
類原則。儘可能將古代地理文化與現代地理科學進行對接，使本卷既不破壞古代地理文化
的原始性、樸素性，又接受現代科學的邏輯性、科學性。例如將《山經説》分爲三節（三
大類）：第一節是"衆山態勢考"。態勢，主要指山的高低、體積、陡緩、延伸趨勢等。第
二節是"山體形貌考"。形貌，意與現代地理學中的地貌或地形概念同，包括山峰、山谷、
山脊、陡崖、山洞、孔穴等地貌形態。第三節爲"嶺嶽名山考"，將分布於中華各地之山
區分類考證。其中，第一、二節就將古代紛亂複雜的地理詞語按照現代地理科學進行了分
類。第三節照顧到古人對山的認知，將山區按照五嶽、五嶺、五鎮、南阜、崑岡分爲諸多
山區地形單元，而不是按照現代地理科學的地質結構和山脉走嚮分類。

第二節 山經名類考

中華大地之地貌趨勢，西高東低，山地、山區占據三分之二。顯然，山嶽是中華文明發展之重要主題之一，喻中華民族之脊梁，鑄中華民族之精魂。古中華文化的發展與山嶽息息相關，從甲骨、鐘鼎上的古文字到遍布名山大川的山巖石刻，從古風大雅的山水名畫到意境悠遠的唐詩宋詞，從極富想象力的《山海經》到歷經千山萬水而撰成的《徐霞客游記》，從具人性之美的"仁者樂山"到凌然浩氣的"重於泰山"，從陶淵明山中的"田園隱士"到"逼上梁山"造反的亂世英雄，從中國歷史上第一部詞典《爾雅·釋山》到清代《康熙字典·山部》乃至所有古籍文獻，無不體現出山的痕迹、山的魅力、山的信仰、山的思考、山的文化。唐李昭道繪製的《明皇幸蜀圖》（宋摹本）有一幅描繪唐代山川、植被、驛道、古人旅行狀態的地理景觀山水畫，內容表現出了蜀地山勢連綿不絕、險峻雄偉之態，也表現出了古人社會活動對自然之依存，以及古人與大自然之間所建立起來的和諧關係。

古人對山經地物現象進行了較爲詳細的觀察、分類及描述，因而生成諸多相關名類。如對"山丘"這一概念的分類，就有數十種，詞形有別，各表其意："負丘"表負載一丘於背上的小土山；"定丘"表左面，即東面有水澤的小土山；"宛丘"表四周高中央低的小土山；"泰丘"表大丘；"培丘"表四周被水環繞、邊緣處有界塍的小土山；"咸丘"表左高右低的小土山；"胡丘"表方形小土山；"都丘"表池澤中的小土山；"乘丘"表形同車乘的小土山；"毗丘"表四周高中央低、可以受水的小土山；"旄丘"表前高後低的小土山；"陼丘"表形似洲渚的小土山；"陵丘"表後高前低的小土山；"陶丘"表兩重的小土山；"章丘"表平頂小土山；等等。

以上舉例，着眼於地物之現象，雖缺失對其內涵以及成因分析，談不上科學性的嚴密，但卻是古人識別千差萬別地物之根據，代表了古人在科學不甚發達的時代，對於世界的認知水準和探索的努力。衆多涉及山經地物之概念，都是圍繞某些概念的基本含義形成的，它們是從衆多具體地物中概括抽象出來的，是在文本和日常生活中應用頻度最多的概念，其中許多概念又成爲當代地學科學中常用的基本概念，如峰、崖（崕）、谷、脊、洞等。古人謂之山經地物的概念涉及如下基本名類。

一、態勢類

　　山之態勢涉及山的高低、大小、走勢、形態等方面。表山之概念有嶽（岳）、障、巒、嶺、岑、山脉等。

　　"山"乃地面上自然隆起之土石質高大物。"山"字早已存在於商代甲骨文中。在現代地理學中，"山"這一地理事物包括山脉、丘或丘陵等；在古人的地理概念中，山、丘各爲獨立之概念，不同的是，古代關於山的詞語要比現代豐富得多。《説文·山部》："山……有石而高。"《説文·丘部》："丘，土之高山也。"王筠曰："無石曰丘，有石曰山。"古人認爲"丘"通"土"，祇關巖石之有無，不論高低。現代地理則根據海拔高度和相對高度來區分是丘陵抑或山地；一般海拔在 500 米以上，相對高差 200 米以上被稱爲山地，丘陵則在海拔 500 米以下，相對高度較小。

　　"嶽"行用於先秦的文獻中，至漢代開始出現表山體之"岳"字。然"岳"與殷商甲骨文極爲相似，應是由其演化而來。自漢張衡《思玄賦》曰："二女感於崇岳兮，或冰折而不營。"之後各朝代"嶽""岳"兩者共用，互爲异體字，又至 20 世紀 50 年代文字簡化後，以"岳"字爲唯一正體，"嶽"字則爲异體。

　　"嶂"字謂屏障一樣聳立的山。南朝梁沈約《鍾山詩應西陽王教》："鬱律構丹巘，峻嶒起青嶂。"吕向注："山橫曰嶂。"

　　"巒"字泛指山。《漢書·司馬相如傳下》："依類託寓，諭以封巒。"顔師古注引文穎曰："巒，山也。"又指綿亘迂曲的山。《正字通·山部》："聯山也。山迂迴綿連曰巒。"亦指山脊、山梁、山岡。《爾雅·釋山》："山脊曰巒。"一説，尖銳小山峰；另説，指圓頂之山。《説文·山部》："巒，山小而鋭。"宋戴侗《六書故·地理二》："巒，圓峰也。"又説，指狹長之山。晋左思《蜀都賦》："岡巒糺紛，觸石吐雲。"劉逵注："山長而狹也。"

　　"嶺"字特指山頂高平、綿延相連的山。晋孫綽《游天台山賦》："或倒景於重溟，或匿峰於千嶺。"唐李周翰注："直上孤立曰峰，平高而長曰嶺。"宋蘇軾《題西林壁》詩："横看成嶺側成峰，遠近高低各不同。"

　　"岑"指代小而高的山。《爾雅·釋山》："山小而高，岑。"又指峰。南朝宋謝靈運《晚出西射堂》詩："步出西城門，遥望城西岑。"吕向注："岑，峰也。"又指河岸。《莊子·徐無鬼》："夜半於無人之時而與舟人鬬，未始離於岑而足以造於怨也。"郭象注："岑，岸也。"陸德明釋文:"〔岑〕謂崖岸也。"

"山脉"指成行列的群山,山勢起伏,向一定方嚮延展,狀似脉絡,故稱。唐方干《陸山(一作睦上)人畫水》詩:"毫末用功成一水,水源山脉固難尋。"宋葉適《著存亭》詩:"山脉迢迢繡峰住,墓氣騰騰縷雲去。"

也有涉山名物自相矛盾者。例如"坑"字通"岡",《楚辭·九歌·大司命》:"吾與君兮齋速。導帝之兮九坑。"洪興祖補注:"坑,音岡,山脊也。"然《玉篇·土部》曰:"坑,塹也,壑也。"坑,音kēng,顯然,當代用後者之音義。又例如"岵"字,《爾雅·釋山》:"多草木,岵。"然《詩·魏風·陟岵》曰:"陟彼岵兮,瞻望父兮。……陟彼屺兮,瞻望母兮。"毛傳:"山無草木曰岵,山有草木曰屺。"兩義相反,各從其義,本卷不做正誤評價。

二、形貌類

山是地表名物的主體之一,研究這一主體的現代地理學就涉及地貌學或地形學。研究山丘的形貌,就是研究山丘本體結構的不同組成部分,包括山峰、山麓、山谷,或峪、壑、峽、山脊,或岡、山坡、山脚、山崖、山洞等。

"峰"指山頂。一作"峯"。《説文·山部》:"峯,山嵩也。"晋左思《蜀都賦》:"梗柟幽藹於谷底,松柏蓊鬱於山峯。"晋佚名《夢蓬萊四真人作詩四首·石安慶先作詩一章》:"靈山造太霞,竪岩絶霄峰。"南朝梁蕭統《示雲麾弟》詩:"山萬仞兮多高峰,流九派兮饒江渚。"北魏酈道元《水經注·漾水》:"連山秀舉,羅峰競峙。"

"麓"指山體向平地延伸的部分。《詩·大雅·旱麓》:"瞻彼旱麓,榛楛濟濟。"毛傳:"麓,山足也。"《禮記·王制》:"林麓川澤以時入而不禁。"鄭玄注:"麓,山足也。"《周禮·秋官·柞民》:"掌攻草木及林麓。"又曰:"林衡每大林麓。"鄭玄注:"竹木生平地曰林,山足曰麓。"《康熙字典》引《傳》:"旱,山名。麓,山足也。"毛傳:"麓,山足也。"漢劉熙《釋名·釋山》:"山足曰麓。麓,陸也。言水流順陸,燥也。"

"谷"指山區及平原狹長的流水通道,即山谷、溝谷。《公羊傳·僖公三年》:"無障谷。"何休注:"水注川曰谿,注谿曰谷。"《爾雅·釋水》:"水注谿曰谷,或從山。"《詩·小雅·十月之交》:"高岸爲谷,深谷爲陵。"晋左思《蜀都賦》:"山阜相屬,含溪懷谷。"李善注："水……注壑曰谷。"清易順鼎《讀〈老子〉札記》："溪、谷同意，皆水所歸。"

"壑"亦指山谷。漢張衡《西京賦》："鼷兔聯猭，陵巒超壑。"李善注："壑，阬谷也。"

"峽"兩旁爲巖石的峽谷。《淮南子·原道訓》："逍遥于廣澤之中，而仿洋于山峽之旁。"高誘注："兩山之間爲峽。"

"岡"指山嶺、山脊。漢王逸《九思·守志》："陟玉巒兮逍遥，覽高岡兮嶢嶢。"洪興祖補注："山嶺曰岡。"一説，山脊、山梁。《爾雅·釋山》："山脊，岡。"

"坡"即山坡。《説文·自部》："陂，阪也。"又，《土部》："坡，阪也。"

"穴"指洞穴。《周易·繫辭下》："上古穴居而野處，後世聖人易之以宮室。"漢班固《白虎通·情性》："鼻出入氣，高而有竅；山亦有金石累積，亦有孔穴，出雲布雨。"

三、名山類

神州有山，各獨具歷史文化特徵，然縱有千山萬嶺，也被古人厘清類屬，確認位置，劃分爲不同山區，包括五嶽、五嶺、五鎮、南阜、崑岡等。本卷遂按照這一山區分類，將表述名詞收錄，并配古山水畫、風光照片加以説明。其他不在此山區分類系列中的歷史名山，史書記載者無數，或是佛教、道教聖地，或是帝王惠顧者，或是重要事件發生地，凡書證較多者，本卷儘予收列。但泱泱大國，雖歷史悠久，典籍豐富，難免挂一漏萬。

"五嶽"亦作"五岳"。五大名山，古帝王嶽祭之處。《周禮·春官·大宗伯》："以血祭社稷、五祀、五嶽。"鄭玄注："五嶽，東曰岱宗，南曰衡山，西曰華山，北曰恒山，中曰嵩高山。"

"五嶺"亦作"五領"，亦稱"五嶠"，即大庾嶺、越城嶺、騎田嶺、萌渚嶺、都龐嶺。位於湘贛粵桂之交，爲長江流域與珠江流域的分水嶺。《史記·張耳陳餘列傳》："北有長城之役，南有五嶺之戍。"

"五鎮"即五座可安定一方之地的大山。五嶽以外的五座"鎮山"是東鎮青州沂山、西鎮雍州吳山、中鎮冀州霍山、南鎮揚州會稽山、北鎮幽州醫巫閭山。《周禮·春官·大司樂》："四鎮五嶽崩。"賈公彥疏："五州五鎮，得入嶽名。"據此，周朝就已有"四鎮"

之説，正如五嶽一開始衹有四嶽一樣。

“南阜”亦稱“廬阜”“廬嶽”“廬岳”“康廬”“南障山”等，即廬山。在江西九江市南。北依長江，東南傍鄱陽湖。九十餘峰，蜿蜒相連，以大漢陽峰最爲聳桀。峭壁天成，林泉蘊秀，物候宜人。有五老峰、香爐峰、白鹿澗、仙人洞、三叠泉、含鄱口等勝迹。晋陶潛《游斜川一首》詩序：“彼南阜者，名實舊矣，不復乃嗟歎。”逯欽立注：“南阜，南山，指廬山。”

“崑岡”亦稱“崑山”“崑崚”“崑崖”“崑嶺”“崑嶽”，皆爲昆侖山脉别名。我國西部大山，跨越西藏、青海、新疆，多雪峰冰川。《書·胤征》：“火炎崑岡，玉石俱焚。”

第三節　水經名類考

古代所謂“水經”，僅指對陸地上水體之探究，北魏酈道元爲《水經》作注，寫出了一部偉大的地理著作《水經注》，詳細記載了一千多條大小河流。古人對海洋的探究亦單列，如《山海經》中的《海經》。故在本卷中，關於海洋的考證另闢一章。

人類生存，離不開水，諸多原始聚落依水而居，在水一方，即使居於山崖洞穴中，或在樹上搭巢，附近也必有水源。《管子·乘馬》“凡立國都，非於大山之下，必於廣川之上。高毋近旱而水用足，下毋近水而溝防省。因天材，就地利”，强調了水在立國建邦中的重要性。

世界之文明古國多源於江河之畔。如印度河流域發展了古印度文明，兩河流域發展了古巴比倫文明，尼羅河流域發展了古埃及文明。中華民族的發展也證實了這一點，如仰韶文化發源於黄河流域，紅山文化發源於遼河流域，大汶口文化以及龍山文化發源於黄淮流域，良渚文化發源於長江和錢塘江下游地區等。

“水”字出現在甲骨文中，之後又發展出諸多指代名稱。“下節”“水神”“玄”“汋”“波”“津”“碧虚”“潤下”“靈淵”“積刑”等皆爲水的代稱，不一而足。

與水有關聯的詞語更是豐富，如表水的姿態：“大浸”“鴻水”表大水；“汀瀅”“溣”指小水；“濴”謂極小的水；“濆”指大水漫溢成的小水；“流澌”指流水；“涓”指小水流；“潲”指臭水；“甘潦”指洪水；“生水”指自然流動之水；“汀濘”謂淺水；“冰華”

指潔白的水流；"潹水"指流清澈貌之水；"洰"謂深水；"泬"表旋流回轉之水；"湀闢"亦作"湀辟"，表無阻流水漣漪水波；"灓"指滲漏入地的水。

令人驚異的是，古人不僅對水之形態做出了詞語指代，也對水所處的位置和時間進行了專門的詞語指代。例如"澗"表兩山間的流水；"漘"指丘陵間的流水；"潦"指雨後大水；"霤"指屋檐上下流之水；"瀨"表從沙上流過的水；"磧"表沙石上的急流；"方水"指直角轉折處之水流；"水脉"謂地下水；"神水"指立春日收貯之水；"桃花水"泛指春水；"上流"亦稱"上源""上水"；"下溜頭"即下流；"委末"指水流匯聚之處或下游；"澤"表地勢低窪、有水聚之處；"水府"指水域深處。

中國古代地理知識語言的豐富，還表現在對河流的命名上，每條河流都有特定的詞語指代。"江""河""涇""渭""灞""滻""豐""鎬""潦""滈""濟""泗"等，不一而足。比如"江"字，上古特指長江。《詩·周南·漢廣》："漢之廣矣，不可泳思。江之永矣，不可方思。"後世又成爲古代南方人對河流的謂稱。《書·禹貢》："九江孔殷。"孔穎達疏："江以南，水無大小，俗人皆呼爲江。"宋宋祁《宋景文公筆記·釋俗》："南方之人謂水皆曰江。""河"字，上古特指黃河。《書·禹貢》："伊洛瀍澗，既入于河。"《說文·水部》："河，水，出焞煌塞外昆侖山，發原注海。"《漢書·司馬相如傳上》："罷池陂陁，下屬江河。"顔師古注引文穎曰："南方無河也，冀州凡水大小皆謂之河。""河"字在後世時亦成爲北方人對河流的通稱。宋宋祁《宋景文公筆記·釋俗》："北方之人謂水皆曰河。"

一、水氿類

本類主要考釋古代文獻中關於水的名類概念，不涉及具體之江、河、湖、海、冰、泉、井等名物，也不涉及水的流動態勢。

"水"這一概念，是古哲人所抽象出的組成世界最基本的物質概念之一。《書·洪範》："五行：一曰水，二曰火，三曰木，四曰金，五曰土。水曰潤下。"本卷所有與水關聯概念之內涵與外延都從"水"這一概念之中引申出來。北魏酈道元在《水經注序》中引晋郭璞《玄中記》曰："天下之多者，水也，浮天載地，高下無所不至，萬物無所不潤。"

"江河"指陸表綫狀集水、輸水的水道及水體。南方曰"江"，北方曰"河"。"江""河"源於對黃河與長江的古稱。《六韜·守土》："涓涓不塞，將爲江河。"《史記·禮書》："江河以流，萬物以昌。"

"河流"亦作"徑流"，即江河。南朝宋鮑照《松柏篇》詩："撤閑晨徑流，輟宴式酒濡。"唐李白《相和歌辭·公無渡河》詩："披髮之叟狂而癡，清晨徑流欲奚爲。"唐樊綽《蠻書·山川江源》："囊葱山在西洱河東隅，河流俯齧山根。"

"湖澤"指大陸內部面積較大的積水區域。《書·禹貢》："震澤底定。"孔穎達疏："大澤畜水，南方名之曰湖。"《説文·水部》："湖，大陂也。"段玉裁注："大陂，謂大池也。池以鍾水，湖特鍾水之大者耳。"

"海"指圍繞大陸的遼闊水域，今指與大洋相連接的大面積水域，即大洋的邊緣部分。鄭玄注："大水，海也。"孔穎達疏："按，《國語》云'雀入於海爲蛤'，故知大水是海也。"

"冰"指水凍結而成的固體。《説文·水部》："凍也，象水凝之形。"又，"冰，水堅也"。《周易·坤》："履霜堅冰至。"《詩·邶風·匏有苦葉》："迨冰未泮。"

"泉"指自地下自動流出的水源。《詩·大雅·召旻》："泉之竭矣，不云自中。"毛傳："泉水從中以益者也。"《淮南子·原道訓》："原流、泉浡。"《説文·泉部》："泉，水原也。象水流出成川形。"一説，指江河湖海等所有地表水體。泛指江河湖海之水。

"井"爲一種用來從地表下取水的裝置，古代居民生活之必備。《周易·井》："《象》曰：木上有水，井。"孔穎達疏："井之爲義，汲養而不窮。"春秋卜子夏《易傳》："君子保德，猶井之不渝也，德遷而及民養而不窮，井之德也，施而不求其報，君子之義也。"

二、水態類

本類主要梳理考證水的流動態勢，這些態勢常用"波""濤""潮""淖""汛""渦""漣""涓"等概念表示。從洪荒至今，水態如故，這些文字也就傳至今天，成爲頻繁應用的日常和科學用語。如濤聲依舊、觀海聽濤、波瀾壯闊、時代浪潮、涓涓、汨汨、供水、防汛、水頭、潮汐，等等。

"漣猗"亦作"漣漪"，指水面微波。《詩·魏風·伐檀》："河水清且漣猗，不稼不穡，胡取禾三百廛兮。"

"瀾"指大波浪。《孟子·盡心上》："觀水有術，必觀其瀾。"

"濤"亦指大波浪。《淮南子·人間訓》："經丹徒，起波濤，舟杭一日不能濟也。"

"洪"指大水流。《書·堯典》："湯湯洪水方割，蕩蕩懷山襄陵，浩浩滔天。"宋蘇軾《與梁先舒煥泛舟得臨釀字》二首其二："河洪忽已過，水色綠可釀。"

"漩"即漩渦，指旋轉的水流。《說文·水部》："漩，回泉也。"段玉裁注："〔漩〕，謂峽中回流大者，其深不測，舟遇之則旋轉而入。"

"水脉"謂之地下水，潛流地下，如脉絡貫穿。晋張華《博物志·史補》："駱駝知水脉。"

古之通今的水態名類，不勝枚舉。

三、江河類

中國地形西高東低，大小徑流衆多，多數滾滾東流，萬年不息，其中黄河、長江等徑流，除下游河道擺動入海之外，基本未變。古中國之徑流，名稱各异，少有後綴詞語。《書·禹貢》："九江孔殷。"孔傳："江於此州界分爲九道，甚得其地勢之中。"《史記·夏本紀》："道九川。"司馬貞索隱："弱、黑、河、瀁、江、沇、淮、渭、洛。"《爾雅·釋水》曰："江、河、淮、濟爲四瀆。四瀆者，發源注海者也。"

水文地理大作《水經》是中國第一部記述水系的專著，雖已失傳，但通過北魏酈道元之《水經注》，可瞭解地上江河之分布。在没有科學儀器和大量人力、物力進行田野調查的古代，能有此成就，實屬不易。《水經》著者和成書年代歷來説法不一，多認爲出於漢代桑欽之手。《水經注》雖稱之爲注，其内容實際遠超原著。所列水道超其十倍，時間亦延伸至酈氏所在朝代。全書共四十卷，約三十萬字，所記水道一千三百八十九條。逐一説明各水的源頭、支流、流嚮、經過、匯合及河道概况，并對每一流域内的水文、地形、氣候、土壤、植物、礦藏、特産、農業、水利以及山陵、城邑、名勝古迹、地理沿革、歷史故事、神話傳説、風俗習慣等，

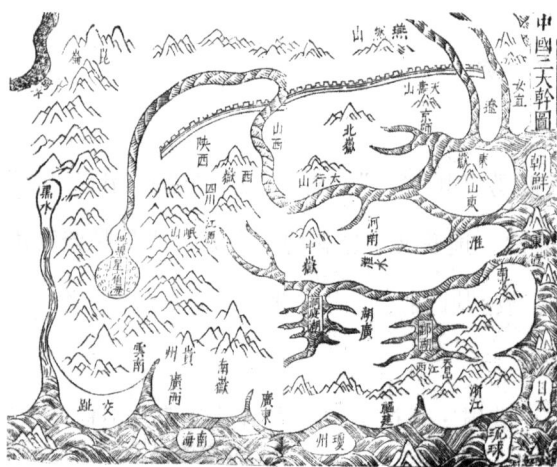

中國三大幹圖
（明王圻等《三才圖會》）

都有具體的記述。"因水以證地""即地以存古"，繁徵博引，詳加考求，引用書籍多達四百三十七種。涉及的地域範圍，基本上以漢王朝的疆域爲主體，還涉及當時不少域外地區，包括今印度、中南半島和朝鮮半島若干地區。所記述的時間跨度上起先秦，下至南北朝，上下兩千多年。此一大作，雖廣記江河、圖文并茂、氣勢恢宏，但也衹表其分布現象而已，難覓其原理。天之氣象與地之水文之間的物理關係被割斷，成爲古人探究的兩個獨立的自然體。儘管如此，文脉如水脉，貫通古今，一脉相承，本卷所考諸多名類皆源於酈道元的《水經注》。

有江河必有其源頭，也必有其歸宿。"源"亦作"原"，即原始。水來自哪裏？古人必然要追尋水之源流、水之踪迹。於是就有了諸多關於"源"的表述。《書·禹貢》："九川滌源，九澤既陂。"王念孫疏證："水本曰源，末曰流。"《淮南子·原道訓》："原流、泉浡。"《國語·晋語一》："塞水不自其源，必復流。"北魏酈道元《水經注·河水四》："平地開源，潰泉上湧，大幾如輪，深則不測，俗呼之爲濆魁。"宋沈括《夢溪筆談·辯證二》："震澤上源，皆山環之，了無大川。"至於大地上的水去了何方，無奈古人肉眼無法觀察到水蒸發、植物蒸騰之現象，也衹能停留在海納百川之説中。有解釋，多牽强。《莊子·秋水》："天下之水，莫大於海。萬川歸之，不知何時止而不盈，尾閭泄之。"水最終在海尾閭之處瀉出，又去了哪裏，古人不得而知焉。

四、湖澤類

内陸面積較大的集水區域在中國古文獻中用"湖""泊""澤""澱""渚""陂"等詞語表達，其中水域深度較淺者爲"澤"；水域面積較小者用"淵""潭""池""塘"等詞語表達。但這種分類也不嚴格，從古地圖中可以看到，亦有將"池""塘"表達爲湖澤者。上述地物類型均屬於濕地概念之範疇。

"湖"指陸地上面積較大的水域，即"湖泊"。《周禮·夏官·職方氏》："〔揚州〕其川三江，其浸五湖。"《説文·水部》："湖，大陂也。"段玉裁注："大陂，謂大池也。池以鍾水，湖特鍾水之大者耳。"唐劉禹錫《洞庭秋月行》詩："洞庭秋月生湖心，層波萬頃如熔金。"

"泊"亦指陸地上面積較大的水域，猶"湖泊"。《楚辭·九辯》："塞充倔而無端兮，泊莽莽而無垠。”清平步青《霞外攟屑・説稗・梁山泊》：“泊者，衆水之所聚也。”

“澤”指地勢低窪、面積較大的水域，猶“湖泊”。先秦佚名《蜡辭》：“昆蟲勿作，草木歸其澤。”《詩・陳風・澤陂》：“彼澤之陂，有蒲與荷。”漢劉熙《釋名・釋地》：“下而有水曰澤。”

“澱”，亦作“淀”，淺水湖泊。《玉篇・水部》：“淀，淺水也。”晋郭璞《江賦》：“栫澱爲涔，夾潨羅筌。”李善注引劉逵《吳都賦》曰：“淀，如淵而淺。淀，與澱古字通。”北魏酈道元《水經注・汶水》：“汶水又西合一水，西南入茂都澱。澱，陂水之異名也。亦與淀通。”

“夢”爲陸地上面積較大的水域，即“湖泊”。《楚辭・招魂》：“與王趨夢兮課後先，君王親發兮憚青兕。”王逸注：“夢，澤中也。楚人名澤中爲夢。”洪興祖補注：“夢，楚謂草澤曰夢。”

“陂”常指積水大湖，亦指塘池。《説文・水部》：“湖，大陂也。”段玉裁注：“大陂，謂大池也。池以鍾水，湖特鍾水之大者耳。”南朝宋劉義慶《世説新語・德行》：“叔度汪汪如萬頃之陂，澄之不清，擾之不濁。”

“塘”多指面積較小、水淺的集水區域。一説：圓者稱池，方者稱塘。晋劉楨《贈徐幹》詩：“細柳夾道生，方塘含清源。”唐韋應物《月晦憶去年與親友曲水游讌》詩：“雨歇林光變，塘緑鳥聲幽。”

“淵”指深潭、深池。《周易・乾》：“九四：或躍在淵，無咎。”先秦佚名《龍蛇歌》：龍反其淵。安寧其處。”宋梅堯臣《送潘歙州》詩：“勿窺淵游鱗，無吠夜驚龙。”

“潭”多指山區中水較深的水塘。有時與淵無别，抑或潭水深幽爲“淵”。《楚辭・九章・抽思》：“長瀨湍流，泝江潭兮。”王逸注：“潭，淵也。楚人名淵曰潭。”《廣雅・釋水》：“潭，淵也。”

“池”多指面積較小的水域，如自然形成或人工修葺的水塘、石潭等，常見石質邊岸。《詩・小雅・無羊》：“或飲于池。”《國語・周語》：“藪有圃草，囿有林池。”

就區域分布而言，古人做了一定程度的梳理。如古代九大湖澤，《周禮・夏官・職方氏》作具區、雲夢、圃田、望諸、大野、弦蒲、貕養、揚紆、昭餘祁。《山堂肆考》作大陸、雷夏、孟瀦、滎澤、大野、彭蠡、震澤、雲夢、菏澤。

五、泉井類

地下水，潛流地下，如脉絡貫穿。地下水露出地表，謂之泉，謂之井。甲骨文中就有"井"與"泉"字，説明我國古代人民早已開始利用地下水生活與生産了。古代神話傳説把井的發明作爲一件驚天地泣鬼神的大事。《淮南子・本經訓》："伯益作井，而龍登玄雲，神棲昆侖。"

"水脉"多指地下水，亦指地表徑流。晋張華《博物志・史補》："駱駝知水脉，過其處輒停不肯行，以足蹋地，人於其蹋處掘之，輒得水。"唐丁用晦《芝田録・李德裕》："貧道所謁相公者，爲足下通常州水脉。京都一眼井，與惠山寺泉脉相通。"

"泉"，《説文・泉部》："泉，水原也。"《禮記・學記》："或源也，或委也，此之謂務本。"鄭玄注："源，泉所出也。"泉水又有諸多溢美之詞，如瓊乳、珠泉、玉水、乳寶、嵌寶、瓊津等。又據涌出之狀，各有詞語所表。諸泉噴涌，千年不息。

有沃泉，《爾雅・釋水》："沃泉縣出。縣出，下出也。"

有砂泉，泉水清冽，從砂石中涌出。唐方干《侯郎中新置西湖》詩："砂泉遶石通山脉，岸木黏萍是浪痕。"

有沸泉，沸揚如湯之泉水。《吕氏春秋・求人》："丹粟漆樹，沸水漂漂。"《南齊書・祥瑞志》："〔季子廟〕舊有湧井二所，廟祝列云舊井北忽聞金石聲，即掘，深三尺，得沸泉。"

有噴泉，《後漢書・耿恭傳》："聞昔貳師將軍拔佩刺山，飛泉湧出。"唐元積《善歌如貫珠賦》："方同累丸之重疊，豈比噴泉之撩亂。"有噴涌直上之泉水，《公羊傳・昭公五年》："直泉者何？湧泉也。"有從側面流出的泉水，《爾雅・釋水》："氿泉穴出。穴出，仄出也。"

有小泉，漢班固《答賓戲》："欲從堥敦而度高乎泰山，懷氿濫而測深乎重淵，亦未至也。"李周翰注："氿濫，小泉也。"

有溫泉，亦稱"湯池"，從地下自然涌出的熱水，可沐浴祛疾。漢董仲舒《雨雹對》："水極陰而有溫泉，火至陽而有凉焰。"

"井"，一種用來從地下取水的深洞。古傳由伯益發明。井水來自地下活水，分潛水脉和承壓水脉兩種補給，後者更清澈、甘冽。《周易・井》："改邑不改井。"孔穎達疏："古者穿地取水，以瓶引汲，謂之爲井。"又曰："《象》曰：木上有水，井。"孔穎達疏："井之爲義，汲養而不窮。"水乃生命之源，遠古先民傍河湖而居，直接取用地表水。然地表水源於天然的降水，故在乾旱之年，河湖乾涸之時，會出現用水困難的狀況，嚴重時還要逐水遷徙。隨着生産力的發展，華夏先民找到了鑿地打井之技術，以此滿足自身生存與發展之需。井之狀，古人分類亦明細。

有幕井，即井。語出《周易・井》："井收勿幕。"井口爲收，遮蓋爲幕。

有浪井，謂非人工開鑿的天然井。《南齊書・祥瑞志》引《瑞應圖》："浪井不鑿自成，王者清静，則仙人主之。"

有井泉，井中水脉旺盛。井泉之水位低於地表面數尺，不溢出，涌水量較大，水交換快，別於一般水井。《吕氏春秋・本味》："水之美者，三危之露，崑崙之井。"高誘注："井，泉。"

有煉丹汲水之井，專用於煉丹的天然井。晋王嘉《拾遺記・晋時事》："傍有丹石井，非人工所鑿。"南朝梁江淹《謝臨川靈運游山》詩："乳竇既滴瀝，丹井復寥沉。"唐顧况《山中》詩："野人愛向山中宿，况在葛洪丹井西。"

有埳井，亦稱淺井。《莊子・秋水》："子獨不聞夫埳井之鼃乎？"成玄英疏："埳井，猶淺井也。又説爲廢井。"

有井渫，謂浚治清潔之井。語出《周易・井》："井渫不食，爲我心惻。"王弼注："渫，不停污之謂也。"孔穎達疏："井渫而不見食，猶人修己全潔而不見用。"

有玉井，井的美稱。晋葛洪《抱朴子・微旨》："玉井泓邃，灌溉匪休。"南朝梁謝舉《凌雲臺》詩："勢高凌玉井，臨迴度金波。"

六、涯岸類

在現代地理學中，涯岸屬陸地地貌學的内容，不涉及水體性質和類型，主要包括河床的形狀、河岸階地、沙洲及其成因分析等。而古地理中則包含了一個龐大的術語群："坻""岸""岑""戸""皋""濱""干""汜""汭""芮""陂阿""水裔""沜""津""島漵""涘""浦""崖""隁""渚""潀""潀浦""浦漵""湄屬""潕""汻""碼頭""洲""州""湑""濆""隤""潯""濨""靡"，等等。其中，沿用於現代科學以及日常生活中的詞語有"岸""濱""渚""碼頭""洲""州"等。

"岸"指水陸交接處的高地。《詩·衛風·氓》:"淇則有岸,隰則有泮。"《爾雅·釋丘》:"望厓灑而高,岸。"

"濱"指水涯。《書·禹貢》:"〔青州〕厥土白墳,海濱廣斥。"孔傳:"濱,涯也。"南朝齊陸厥《奉答内兄希叔》詩其三:"平旦上林苑,日入伊水濱。"《詩·小雅·北山》:"率土之濱。"毛傳:"濱,涯也。"《史記·屈原列傳》:"屈原至於江濱。"

"渚",亦曰"陼",指水涯。《國語·越語下》:"黿鼉魚鼈之與處,而鼃黽之與同陼。"韋昭注:"水邊亦曰陼。"《楚辭·九歌·湘君》:"鼂騁騖兮江皋,夕弭節兮北渚。"王逸注:"渚,水涯也。"也作水中小塊陸地。《詩·召南·江有汜》:"江有渚,之子歸。"毛傳:"渚,小洲也。"《爾雅·釋水》:"小洲曰陼。"

"碼頭",亦稱"馬頭""步頭"等,指河岸泊船處或渡口。《新五代史·梁臣傳》:"梁兵攻淮南,遣捍先之淮口,築馬頭下浮橋以渡梁兵。"《資治通鑑·唐穆宗長慶二年》:"又於黎陽築馬頭,爲渡河之勢。"胡三省注:"附河岸築土植木,夾之至水次,以便兵馬入船,謂之馬頭。"

"州"或"洲",指水中陸地。由泥沙土石淤積而成,人可居。《詩·周南·關雎》:"關關雎鳩,在河之洲。"《説文·川部》:"水中可居曰州。"

其他如"津""澳""浦""皋""沂"等涯岸類詞語都已作地名廣布於中華大地,例如天津、浦東、澳門、如皋、臨沂等。

七、水骨類

主要彙集、考證有關冰的古詞語。冰,是指水在0℃或0℃以下凝結成的固體。金文作"仌"。金文字形表示水凝成冰後,體積增大,表面上漲(上拱)形。《説文·仌部》:"凍也,象水凝之形。"古人對於冰的認知共分爲以下類型。

第一類爲抽象名類。除"冰"之外,還有"凍""凌""冰凍""凍凍""冰凌"等。《管子·五行》:"冰解而凍釋。"唐徐堅《初學記·地部下》引《風俗通》曰:"冰壯曰凍。"

第二類爲時間名類。例如"春冰",指春天的冰,薄而易裂,《書·君牙》:"心之憂危,若蹈虎尾,涉于春冰。"又"宿凍",指夜晚的冰,宋强至《立春》詩:"宿凍歸何處,池塘漲暖波。"又"連四日雨冰",指天空接連四天降下冰塊;《本草綱目 · 水部》有"夏冰"詞條。《竹書紀年》云:"三苗將亡,天雨血,夏有冰,地坼及泉,青龍生於廟,日夜出,晝日不出。"

第三類爲空間位置名類,表示冰生成的位置以及區域分布。

冰生成位置的詞語。例如"冰淞",指漂浮於水面呈細針狀或極薄片狀的冰晶,在流動中常聚集成鬆散的小片或小團,多在岸邊出現透明易碎的薄冰。又"雨淞""冰掛",指極冷的水滴同物體接觸形成的冰,或在低於冰點的情況下雨落在地表物體上形成的冰層。又"木冰""木介""樹稼",謂雨、雪、霜、露等沾附於樹木,遇寒而凝結成冰。又"岸冰",指沿湖岸河岸凍結的冰帶。又"陽冰",指結於水面之冰,而"陰冰",則爲結於地下之冰。或背陽之冰曰"陰冰",見日之冰曰"陽冰"。《晏子春秋 · 雜上》:"陰冰厥,陽冰厚五寸。"又"淵冰",深淵之冰。又"地冰""地凍",地面結的冰。又"下地凌",指地下面結的冰。又"井冰",指汲水井中的水結成之冰。又"泉冰",指泉眼處結成之冰。又"池水冰",指池塘中的水結成之冰。又"窨冰",指窨藏之冰。又"溪凍",指溪流中的水結成之冰。又"溝洫冰",指溝渠中的水結成之冰。又"水澤冰""澤冰""湖冰""湖泖冰",指湖沼中的水結成之冰。又"諸港冰",指衆港灣的水結成之冰。又"海水冰""海冰""凝海""海凍",指海洋中的水結成之冰。又"海濱水凍",指海邊的水結成之冰。又"江海冰",指江和海中的水結成之冰。

亦有关於冰區域分布之詞語。例如"濟河冰",即濟河的水結成之冰。又"姚江冰",即姚江的水結成之冰。又"漢江水冰",即漢江中的水結成之冰。又"錦江冰",即錦江的水結成之冰。又"灘江冰",即灘江的水結成之冰。萬曆《廣西通志》卷四十一:"〔正德七年〕冬十一月,靈川縣灘江冰合。"又"黃河冰",即黃河的水結成之冰。又"彭蠡湖口冰",即彭蠡湖口的水結成之冰。又"巢湖冰",即巢湖中的水結成之冰。又"震澤冰",即太湖中的水結成之冰。又"尺厚流冰",謂洞庭水流出至尺厚的冰塊。

第四類爲類比名類,多表爲擬物。例如"冰條""冰柱""玉溜""冰溜柱""冰溜",指滴水或積雪凝成的冰條。又"疊釴",謂狀如重疊兵器的冰塊。又"玉筍",冰雪覆蓋的山峰。又"冰鐘乳",指滴水、積雪凝成的像鐘乳、笋、柱等形態的冰條。又"腹堅",指堅固凸出如腹之冰。又"堵墻狀冰",如同圍墻形狀之冰。又"花朵狀冰",指覆蓋物上狀如花朵之冰。又"花樹文冰",像花像樹具有錯綜紋理之冰。又"人物形冰",如同人物形狀之冰。又"花草枝葉形冰",如同花草枝葉的形狀之冰。又"琉璃狀冰",如同琉璃顏色形狀之冰。又"盎狀冰",如同盎盆形狀之冰。又"盂狀冰",如同碗盂形狀之冰。

第五類爲態勢名類,涉及形態、形狀、運動狀態等諸多方面。例如"冰楞""冰棱",指有棱角的冰塊,而"棱層",指有棱角、有層次的冰塊;又"滑凍",易打滑的冰凍;又"浮銀",指漂浮的冰塊;又"寒浸玉""僵蠶""寒凍",指寒冷的冰塊;又"大冰",謂大數量、大塊頭的冰;又"冰雪",指冰雪交加;又"冰合""凍合",指水面全部結冰;又"輕冰",指薄冰層;"重冰""層冰",指厚冰層;又"玄冰",因厚而呈現玄黑色,故稱;還有"尺許厚冰""一尺厚冰""數尺厚冰"等,表述冰層之厚度;冰堅者曰"壯冰""狐冰";冰面上天然形成的洞窟曰"凌眼";隨水漂流的冰曰"凌澌"等。不一而足。

第六類爲因果關係名類。又分爲兩類。

一類是以冰爲結果,究其形成冰的原因,認爲冰乃水體遇寒而形成。例如"冰結""凍結""凝凍""結冰""水凝""寒凝",皆指水遇冷凝結成冰。又"天雨冰",指水汽在天空遇寒而落下的冰粒或冰塊。

一類是以冰爲原因,導致灾害性的結果。例如"折百木冰",指使各種樹木摧折之冰。又"凍死菜麥樹木冰",謂天氣極爲寒冷形成的能凍死菜苗、麥苗、樹木之冰。又"傷樹果二麥冰",指傷害樹上果實和地裏麥苗之冰。又"飛禽凍羽冰",指能把飛鳥的翅膀羽毛凍僵之冰。又"凍死山木河魚冰",指能把山上樹木、河中游魚凍死之冰。又"凍死牲畜冰",指能把牲口家畜凍死之冰。又"凍死民衆冰",指能把百姓凍死之冰。

冰川是高山環境中因重力緩慢運動的冰體,爲現代地理學研究的一個重要課題。"冰川"一詞早在魏晋、南北朝時期就見諸文字。晋佚名《子夜四時歌·冬歌十七首》其七"寒雲浮天凝,積雪冰川波",説明魏晋時期,中原文化已滲透到西域的高原冰川地帶。

第四節　海經名類考

自古以來,雖以中原地區作爲中華民族休養生息之主要活動區域,但也并不缺失對海洋之觀察與認知。本書所考録關於海洋之詞語概念,内容豐富,僅表海洋概念本身的詞語就有幾十種之多。它們是百川之主、大水、巨壑、天池、水王、水宗、汪洋、重溟、滄海、朝夕池、百谷王、渠弭、滄溟、溟漲、滄瀛、滄瀣、溟海、溟洲、溟池、積水、積流、溟瀛、瀛、溟，等等。海從大水，《莊子・秋水》云："天下之水，莫大於海。萬川歸之，不知何時止……計中國之在海内，不似稊米之在大倉乎？"又云："是故大知觀於遠近……知量無窮。"海又關聯日月、通貫時空。《山海經・海外南經》云："四海之内，照之以日月，經之以星辰，紀之以四時，要之以太歲……"我國大陸海岸綫有 18000 多千米，有"千里池塘、萬里長沙"的南海，有碧波萬頃的東海，有可與韓國、朝鮮、日本隔海相望的黃海，有承接母親之河、美麗富饒的渤海，可謂壯哉。本書集古文獻中有關海洋之名類，放眼於四海，又佐證今日我國之海疆主權，涉及滄溟潮信、海陸界域、巖岬島礁、海貌形勝等諸多方面。

古人對海的感知、想象與思考可分爲五種類型，分別對古代中國的生產、商貿、國家政治、軍事等方面產生了極爲深刻的影響。

第一，謂海乃遼闊之境。《論語・公冶長》："道不行，乘桴浮於海。"海洋既能隔絕塵囂，又可通過其與异國交往，實乃大氣度也。船的發明，使得人類在海洋中的活動範圍大爲擴展，難免會對更遠的彼岸心生嚮往。《詩・商頌・長發》"相土烈烈，海外有截"，説的是商部落首領相土經營海外之事，而杭州灣南岸的河姆渡遺址出土的木槳和陶舟，則把我國先民航運活動上溯到了七千年前。秦代徐福的遠航與移民活動，更是開拓了一條海上通道，後來之士，或探尋自由"仙境"，或躲避戰亂追捕，跨海而去的種種險阻都變得不足爲道了。

第二，謂海乃豐饒之所。早在舊石器時代，中國沿海地區就有人類活動，如在海灘進行貝類采集，以貝肉爲食，貝殼弃置於聚居地附近，日積月纍，形成高丘，這類遺址被稱爲"貝丘"。北至遼東，南至兩廣，都發現了大量貝丘遺址，其中還伴有骨鈎、骨鏃等原始漁具，可見在原始社會，人類已利用海洋獲得了較爲豐富的食物來源，漁業也成了人類最早的產業之一。《竹書紀年》中提到夏王姒芒云："命九夷，東狩於海，獲大魚。""九夷"即東夷部族。九非確指，而是泛指部衆之多。他們的活動地區最早在淮河北岸，後遷至山東半島，是歷史上長久活躍於山東半島的漁獵部族。

相對於木石擊打和鈎釣，漁網更容易帶來巨大的漁獲量。漁網的出現，是具有劃時代意義的一件大事。《周易・繫辭下》："古者包犧氏之王天下也……作結繩而爲網罟，以佃以漁。"包犧氏，即伏羲。傳説伏羲結繩而作網罟。此後，對海洋魚類的攫取也演進爲有規模、有計劃的勞作，并出現了專門的漁業管理人員。舜帝時命伯益主虞。虞即漁獵官，伯益是歷史上首位漁政官員。《周禮》有漁人之官，爲天官之屬，《國語》謂之"水虞"，《禮記》又名"漁師"。以後歷代皆有設官，漁業多屬工部所轄，對海產的捕獲已形成完整的生產和貢賦制度。東夷部落首領宿沙氏首先開始煮海爲鹽，被後世尊爲"鹽宗"。各地多有鹽宗廟，就是爲了祭祀宿沙氏。關於宿沙氏，《呂氏春秋》《戰國策》《逸周書》《路史》等古籍均有零星記載，其中情節較爲詳細的當屬《逸周書》與《路史》。先民所開創的漁鹽傳統，使山東半島一帶獲得了豐厚的"漁鹽之利"。戰國時代，齊國便以漁鹽之利稱霸諸侯。其他海產，尤其是海中珍寶，也在廣義的漁業之內，比如海龜、珍珠、玳瑁、珊瑚等，都在獵取之列。

第三，謂海乃萬邦奇域。《藝文類聚》引《山海經·大荒東經》："東海之外有大壑。"《後漢書》卷一一五又引《山海經》："不死人在交脛東，其國人黑色，壽不死。"《山海經·海內北經》云："姑射國在海中……西南山環之。"以上所言海域，已遠遠超越中國近海之範圍，似乎古代中國先人，早已瞭解到海那端的遙遙荒遠之地。如今所識，或是日本之東馬里亞納海溝，或是北美洲墨西哥高原（抑或南美洲潘帕斯溫帶草原），或是非洲熱帶草原。近代，在美洲發現了許多與中國古代文化相似的器物，也説明早有中國先人跨越太平洋，爲美洲大陸印第安文明作出了貢獻。探索神秘之境，爲人類智慧之特徵，中國古人對海洋的探索也曾經走在世界前列。宋時期，水浮指南針應用於航海，這一發明直到今天仍在使用。至明代鄭和七下西洋，則把中國古代航海活動推向了最高峰。鄭和下西洋的"寶船"是當時世界上最大、最先進的。據記載，當時一條中等船上的桅杆就有 12 米高，船上的帆、錨、舵，沒有幾百人同時操作是無法運行的。第一次下西洋的寶船就有六十二艘，人員近三萬人。七下西洋前後達二十八年，到過三十多個國家，最遠到達非洲。鄭和的航海壯舉，標志着中國古代航海技術的成熟。

第四，謂海乃靈异世界。海洋無邊際，人自渺小，敬畏之感油然而生，自然生成海洋神祇崇拜，其深層民俗文化心理即趨利避害。漁民在海上航行企盼風平浪静，如農民盼望風調雨順。在上古神話傳説中，首先產生了四位海神，他們分別是東海禺䝞、北海禺彊、南海不延胡余、西海弇兹。其中，禺䝞和禺彊是父子關係。這四海之神除不延胡余外，都是人面鳥身，耳朵上挂着兩條蛇，脚底還踏着兩條蛇，祇不過蛇的顏色不同，或爲青蛇，或爲赤蛇，充溢着濃烈的原始巫風。這個古老的海神體系收録在《山海經》之中。之後又衍生出四海龍王，其源自佛經，又在中國演義。在《佛母大孔雀明王經》中就列舉了一百六十餘種龍王的名號；《龍樹菩薩傳》中充滿了對龍王、龍宮及各類珍寶的描寫。後經《西游記》等小説廣爲傳頌，四海龍王呼風喚雨的故事已深入人心。

在中國東海、南海，觀音最爲著名。對南海觀音的崇拜亦源自佛教，他（她）被尊奉爲中國的海上救護神。《妙法蓮華經》載："稱觀世音菩薩名者，是諸人等皆得解脱羅刹之難，以是因緣，名觀世音。"觀音初傳中國時爲男性，在敦煌壁畫中的觀音形象，就是留有鬍鬚的。《悲華經》載："有轉輪聖王，名無量净，主四天下，其王太子名觀世音。"六朝時，觀音已作女相。後以普陀山爲觀音道場，與唐宋以及明代的較爲開放的海外交通不無關係。較之觀音菩薩，媽祖是中國本土產生的神，約生於宋初年。宋廖鵬飛《聖墩祖廟重建順濟廟記》："世傳通天神女也，姓林氏，湄洲嶼人。初，以巫祝爲事，能預知人禍福。"相傳海上行船之人遇到風暴，直呼其名字，其會即刻駕雲趕來相救。東南沿海的船工、海員、旅客、商人和漁民在船舶啓航前要先祭媽祖，祈求保佑順風和安全。鄭和七下西洋，也把媽祖信仰傳播到了國外。

第五，謂海乃穢濁之所。海字在甲骨文就以"晦"字出現，謂晦暗，亦謂神秘難測之水，有玄冥之稱。漢劉熙《釋名・釋水》："海，晦也，主承穢濁，其水黑如晦也。"元李翀《日聞錄》："四夷之外皆海，四海之外皆冥漠。"或因此意，形成歷朝歷代帝王之主要海洋意識。海雖是陸地江河最終匯聚之地，亦藏污納垢，豈有大陸莽原之遼闊，山嶽之壯美，乃是獨立於世外、與人無關的存在，故而寧守皇天后土，直至清朝，終未衝出大陸之束縛。中國傳統海洋文化有着十分明顯的農業特徵，海洋作業祇是對農業生產的補充，其原因是中國沿海可耕種土地較多且氣候適宜，有廣闊的内陸腹地，以致古代國人多不願涉險出海，視西方海洋文化爲另類。

古人有如此之多關乎變幻多樣海洋的感知、想象與思考，最終在五千年文明史中，生成大量關於海洋之概念，具體而言，分爲以下類型（海洋生物、氣象等名物請參照《中華博物通考》其他各卷）。

一、滄溟類

古人謂海洋之名類，常冠以"溟""瀛""蒼""玄""赤"等字。

"溟"，指海，亦作"冥"。《莊子·逍遥游》："北冥有魚，其名爲鯤。"陸德明釋文："北冥，本亦作溟。"成玄英疏："溟猶海也，取其溟漠無涯，故謂之溟。"

"瀛"，猶"海"。《玉篇·水部》："瀛，海也。"南朝齊王融《侍游方山應詔》詩："四瀛良在目，八宇婉如見。"宋魏了翁《尚書要義》卷二："天地之勢，四邊有水，鄒衍書説'九州之外有瀛海環之'。"

"蒼"，亦作"滄"，原指青色，引申爲廣遠貌。《詩·秦風·黄鳥》："彼蒼者天，殲我良人。"表天空爲"蒼天"，表大地爲"蒼野"，表大海爲"蒼（滄）海"。漢董仲舒《春秋繁露·觀德》："故受命而海内順之，猶衆星之共北辰，流水之宗滄海也。"唐元稹《離思》詩："曾經滄海難爲水，除却巫山不是雲。"

海洋在古人心目中甚爲遥遠，《史記·孟子荀卿列傳》："如此者九，乃有大瀛海環其外，天地之際焉。"海洋環之外，而航海技術有限，各種人類活動就祇能局限在陸地，幾乎所有歷史事件都發生在陸地之上。儘管如此，古人仍能對陸外海域進行定位、定名。如"玄海"，謂之北方之海，古以五方配五色，北配黑，即玄，因稱。《淮南子·墜形訓》："上者就下，流水就通而合於玄海。"高誘注："〔玄海〕，北方之海。"又如"赤海"，謂之南方之海，古以五方配五色，南配赤，故稱。《淮南子·墜形訓》："上者就下，流水就通而合於赤海。"高誘注："〔赤海〕，南方之海。"又如"幼海"，即渤海，《山海經·東山經》："至於無皋之山，南望幼海。"郭璞注："〔幼海〕即少海也。"王先慎集解："少海即勃海。"等等。

二、形勝類

大海環陸，通日月，吞雲霧，度時光，四季輪迴，雲水變幻，朝朝暮暮，姿態萬千。先民久已對"潮汐""海市蜃樓""海嘯""海流"諸現象進行了觀察探究和現象記載。

"潮汐"，日月有運行周期，故海中潮汐也隨之漲落。潮汐是海水因月球和太陽對地球的引潮力生成的周期性涌動現象。晋郭璞《江賦》："呼吸萬里，吐納靈潮。自然往復，或夕或朝。激逸勢以前驅，乃鼓怒而作濤。"

"海市蜃樓"，亦稱"蜃氣""蜃樓""化城"，指大氣因光的折射形成的反映地面物體的光學現象。舊時迷信説法，謂蜃能噓氣呈樓臺城郭之狀，故稱蜃氣、蜃樓。晋伏琛《三齊略記》：“海上蜃氣，時結樓臺，名海市。”南朝梁劉孝威《小臨海》詩：“蜃氣遠生樓，鮫人近潛織。”唐鴻漸《奉送日本國使空海上人橘秀才朝獻後却還》詩：“山冥魚梵遠，日正蜃樓空。”

“海嘯”，亦稱“海溢”“海吼”“海唑”，指地震或暴風引起的伴隨巨響的巨浪，往往給沿海地區造成灾害。據《後漢書·質帝紀》記載：“〔本初元年五月〕海水溢。戊申，使謁者案行，收葬樂安、北海人爲水所漂没死者。”據明范濂《雲間據目鈔·記祥異》記載：“萬曆乙亥五月三十日，漕涇海溢，俗謂海嘯，邊民漂决者千餘家。”

三、古代四海區域類

在古代中國人的概念中，中央大陸四周皆爲海，謂“四海”“四溟”，各按方位爲“東海”“南海”“西海”和“北海”。在《山海經·大荒經》中還提到了東北海、西北海、東南海、西南海。

東方大海謂“東溟”“東瀛”“春溟”“滄海”“左海”等，對應於現在的黃海、東海，以及除此之外的太平洋廣大水域。

南方大海謂“南海”“漲海”“南溟”等，應是現在的南中國海水域。

西方大海謂“白海”“北海”“西海”等，實則爲內陸大湖，其面積當爲現代之數倍，如居延海、羅布泊，抑或延伸至青海湖、裏海、黑海乃至地中海等水域。

北方大海謂“玄海”“溟海”等，深入內陸的渤海，又名“幼海”“少海”等。除渤海之外，北方大海抑或指現在的日本海、鄂霍次克海、白令海乃至北冰洋，抑或北方大湖，如貝加爾湖等。

《書·益稷》：“予决九川，距四海。”孔傳：“距，至也。决九州名川通之至海。”《孟子·告子下》：“禹之治水，水之道也，是故禹以四海爲壑。”《淮南子·俶真訓》：“神經於驪山、太行而不能難，入於四海、九江而不能濡。”值得稱道的是，命名四方之海，多語出先秦、兩漢，可見我國海洋文化歷史之悠久。由於區分了四周之海，在古人的主觀認知中，中華大地就位於世界的中央，并主宰世界。

四、現代海域、海疆類

中華文明綿延五千餘年，對大陸周圍之大海的探索開發利用，從未間斷。我國擁有遼闊的海疆，分布於"南海""東海""黃海""渤海"等四海之域。

"南海"古稱"沸海""朱崖海""大明海""炎海""瓊海""瓊洋""大洲洋"，是太平洋西部邊緣海之一。南海位於中國大陸的南方，北起廣東南澳島與臺灣島南端鵝鑾鼻一綫，南至加里曼丹島、蘇門答臘島，西依中國大陸、中南半島、馬來半島，東抵菲律賓，通過海峽或水道東與其他太平洋水域相連，西與印度洋相通，南海南北縱跨約 2000 千米，東西橫越約 1000 千米，是太平洋西部海域的邊緣海。《山海經·海内南經》："鎪離其耳，分令下垂以爲飾，即儋耳也，在朱崖海渚中，不食五穀，但噉蚌及藷藇也。"1973 年長沙馬王堆三號漢墓出土《漢初期長沙國深平防區地形圖》，與該圖同時出土的一件木牘上有"十二年二月乙巳朔戊辰"字樣，可知該墓的下葬年代爲漢文帝十二年（公元前 168），佐證成圖時間當在距今兩千一百年之前。該圖是中國現存最早涉及南海之地圖。

"東海"爲太平洋西部邊緣海。通稱"東中國海"，簡稱東海，是中國三大邊緣海之一。東海北起中國長江口北岸到韓國濟州島一綫，與黃海毗鄰，東北面以濟州島、五島列島、長崎一綫爲界，南以廣東南澳島到臺灣島南端（一作經澎湖到臺灣東石港）一綫同南海爲界，東至琉球群島。東海的面積大約是七十萬平方千米，平均水深在一千餘米，最深處接近沖繩島西側（沖繩海槽），約爲兩千七百米。古代中國文獻中有大量對東海的描述，例如《孟子·盡心上》："太公辟紂，居東海之濱。"《荀子·正論》："坎井之黽，不可與語東海之樂。"

"黃海"爲太平洋西部邊緣海，位於中國大陸與朝鮮半島之間，是一個近似南北嚮的半封閉淺海。它在西北以遼東半島南端老鐵山角與山東半島北岸蓬萊角連綫爲界，與渤海相連，東部由濟州海峽與朝鮮海峽相通，南以中國長江口北岸啓東嘴與濟州島西南角連綫爲界，與東海相連。黃海平均水深四十四米，海底平緩，面積三十八萬平方千米，爲東亞大陸架的一部分。黃海從膠東半島成山角到朝鮮的長山串之間海面最窄，習慣上以此連綫將黃海分爲北黃海和南黃海兩部分，北黃海面積約七萬平方千米，南黃海面積約三十一萬平方千米。《淮南子·墜形訓》："上者就下，流水就通而合於黃海。"

渤海爲中國最淺的半封閉性内海，三面環陸，被遼寧、河北、天津、山東陸地環抱，通過渤海海峽與黃海相通。《山海經·東山經》："至於無皋之山，南望幼海。"郭璞注："即少海也。"《韓非子·外儲說左上》："《韓子》云：景公與晏子游於少海，登柏寢之臺而望其國。"王先慎集解："少海即勃海。"

"渤海海峽"位於山東半島和遼東半島之間，是渤海和黃海的分界綫。海峽北起遼寧大連老鐵山，南至山東烟臺蓬萊，南北兩端最短距離約 109 千米，西面與渤海相連，東面與黃海毗鄰，是渤海與黃海的天然分界綫。廟島群島分布在渤海海峽的中部和南部，形成船舶可航行的水道。

"瓊州海峽"又稱雷州海峽、雷瓊海峽，是古稱"瓊海"的一部分水域，位於海南島與雷州半島之間，爲中國三大海峽之一。瓊州海峽東西長約 80 千米，南北平均寬爲 30 千米，最寬處直綫距離爲 34 千米，最窄處直綫距離僅 18 千米左右。海峽全部位於大陸架上，海底地形周高中低，爲東北—西南嚮狹長矩形盆地，中央水深 80 ～ 100 米，東、西兩口地勢平坦，水深較淺。海峽區海流較强，夏季西南季風盛行，海流自西向東流動，流速大，其他季節均由東向西流動，流速小。海峽是東南沿海進入北部灣的海上要塞。

"臺灣海峽"爲福建與臺灣之間連通南海、東海的海峽。北起臺灣臺北縣富貴角與福建平潭島連綫，南至福建東山島與臺灣鵝鑾鼻連綫。主要以大陸棚爲主，其平均水深約爲 70 米。

五、島嶼類

島，古又稱"嶼""隝"，習慣上，較小的島稱"嶼"。《玉篇·山部》："嶼，海中洲。"《説文·山部新附》："嶼，島也。"島與嶼，現代合稱爲島嶼。在我國主權海域中，有一萬一千多座島嶼，其岸綫約一萬四千多千米，大致分爲基巖島嶼和珊瑚礁群島。基巖島嶼又分爲較大的單體島嶼和基巖群島。前者如臺灣島、海南島，後者如舟山群島、澎湖列島、廟島群島等。珊瑚類群島主要分布在我國南海區域中。漢楊孚《南州異物志》："漲海崎頭，水淺而多磁石。""漲海"是當時中國對南海的稱呼，"崎頭"則是當時中國對包括西沙群島和南沙群島在内的南海諸島的島、礁、沙、灘的稱呼。三國吳康泰《扶南傳》："漲海中，到珊瑚洲，洲底有盤石，珊瑚生其上也。"唐宋年間，許多歷史地理著作將西沙和南沙等群島相繼命名爲"九乳螺洲""石塘""長沙""千里石塘""千里長沙""萬里石塘""萬里長沙"等。唐貞元五年（789）以來，已把南海諸島納入中國版圖。宋、元、明、清四代，以"石塘""長沙"爲名記述南海諸島的書籍多達上百種。

第五節　土經名類考

土地是人類賴以生存之根基。一切物質生產、文化發展、地域之爭、朝代變遷，多以土地及其變化爲起因。早在殷商時代，甲骨文中就有"土""田"等字，直至後世的封畿采邑之制，無不以土地爲主體，以土地爲中心。從某種角度而言，研究歷史，很大程度上就是在研究土地歸屬的成因與演變，以及由此引發而來的人口遷移、城垣規建、社會發展、開疆拓土等問題，而這又離不開研究土地的地理環境特徵。除人之謀略，許多歷史事件的發生和發展過程，亦由地理環境因素決定。於是地理學就成爲歷史研究的一個重要輔佐，故史學界也有治史箴言，曰："治史，必掌握四把鑰匙，即目錄、年代、地理、職官。"這也就不難理解，古人對地理文化之重視，以及對發展地理文化所作出的極有價值的貢獻了。

古人對與土地相關的地域、方位、區劃、山丘、河澤、壤泥、石沙、田畝等名物觀察得極細緻，因而生成大量能夠彼此相互區分的名物。如"塵"特指飛揚的塵土，以別於表細小塵土的"埃"。《莊子·逍遥游》："野馬也，塵埃也，生物之以息相吹也。"成玄英疏："揚土曰塵，塵之細者曰埃。"現代將兩者融合爲一個詞語，"塵""埃"皆指塵土，不再從字義上加以區分。又例磐、磯、硌同爲巨石，表義有別。"磐"亦稱"磐石"，僅表大石，《廣韻·平元》："磐，大石。""磯"爲突出於水邊之巨石。唐李賀《南園十三首》之八："窗含遠色通書幌，魚擁香鈎近石磯。""硌"表山上巨石，《山海經·西山經》："上申之山，上無草木，而多硌石。"《玉篇·石部》："硌，山上大石。"又例"洳""沛""衍"皆表低窪之地。"洳"爲低濕之地。《廣雅·釋詁一》："洳，濕也。"低濕之地環境有別，"沛"指半水半草，禽獸隱没的沼澤地。《孟子·滕文公下》："園囿污池沛澤多而禽獸至。"《風俗通·山澤》："沛者，草木之蔽茂，禽獸之所蔽匿也。"而低窪處不一定爲低濕的沼澤，古用"衍"字表低平之地，潤而不淹，可爲良田也。漢張衡《西京賦》："爾乃廣衍沃野，厥田上上。"

儘管古人話語中的土經名物數量龐大、類別繁多，但可歸納爲如下六大類。掌握這些大類，便可將古人話語中大量土經所屬名物統一在一個整體的認知結構中，形成認識、區分古代土經名物的提示工具。

一、大地類

古稱大地，包括"地輿""土""方""塊""儀""坤""媼"等抽象概念。它們都是大地的別稱，各有解釋之源流。

"輿"爲載物之車，喻地，故稱地輿。《周易·説卦》："坤爲地……爲大輿。"孔穎達疏："爲大輿，取其能載萬物也。""大輿"即大地，亦稱"輿地"。

"土"表大地，表厚土平原。《周禮·地官·掌節》："凡邦國之使節，山國用虎節，土國用人節，澤國用龍節，皆金也。"《詩·小雅·北山之什》："溥天之下，莫非王土。"又，《詩·小雅·小明》："明明上天，照臨下土。"又，《詩·國風·碩鼠》："樂土樂土，爰得我所。"《公羊傳·僖公三十一年》："天子祭天，諸侯祭土。"《楚辭·九章·哀郢》："哀州土之平樂兮，悲江介之遺風。"《列子·湯問》："雜曰：'投諸渤海之尾，隱土之北。'"漢孔融《離合作郡姓名字》詩："九域有聖，無土不王。"漢桓譚《新論·啓寤》："龍無尺水，無以昇天。聖人無尺土，無以王天下。"

"方"爲地，源於古人對天地環境、形態的認知。《淮南子·兵略訓》："夫圓者，天也；方者，地也。天圓而無端，故不可得而觀；地方而無垠，故莫能窺其門。"不過，已有另説，《吕氏春秋·圜道篇》曰"萬物殊類殊形，皆有分職，不能相爲，故曰地道方"，意爲萬物分布在八方四野，不同的地方。此"方"指方位，衹能依靠大地確定方位，從而區分萬物之類別、形態、地理分布。

"坤"爲八卦之一，指大地。《周易·説卦》："坤也者，地也。"又指土壤，《左傳·莊公二十二年》："坤，土也。"《周易·坤卦》："地勢坤，君子以厚德載物。"

"媼"即老母，坤爲母，故稱。《漢書·禮樂志二》："后土富媼，昭明三光。"顏師古注引張晏曰："媼，老母稱也。坤爲母，故稱媼。海内安定，富媼之功耳。"一説地神。明張自烈《正字通·女部》："媼，地神曰媼。"故"媼"所指大地，爲孕育萬物之大地。

其他表示大地的古語還有"方載""方地""方州""厚土""厚坤""坤輿""大

矩""方地""方祇""地廬""巨塊""積塊""沈奧""后坤""后土"等幾十種之多。

二、方位類

地乃后土，人欲在大地上活動，首先必須辨別方嚮，確定位置。這不僅是古人之所爲，也是近代地理學最基本研究要素之一。中國古代確定方嚮、位置（方位），主要是通過對事物之色溫冷暖、光綫强弱、形態方圓、物性剛柔的感受獲得，并加以抽象，成爲古人空間觀念的一部分。比如"丹"表南方，"丹野"表南方的土地，丹字指紅，紅字指火，火字指高溫，是對光綫和溫度的感受；"太陰"表北方，陰字通冷，北方比南方溫度低，也是對光綫和溫度的感受；"玄"也表北方，玄字指黑，北方之地光照相對他方之地弱，故冷暗，因稱；"伏方"也表北方。《尚書大傳》："北方者何？伏方也。伏方者萬物之方，伏也。"《尸子》疏："北方，伏方也。萬物至冬皆伏。"伏爲生命的狀態，此狀與光照、溫度有關，較之南方弱也，故稱。玄武亦稱"玄冥"，亦指代北方。玄武乃龜蛇合體，龜長壽，且不像青龍、朱雀、白虎那樣性情張揚，喻陰、喻黑、喻冷、喻冥間，故指北方，亦爲北方之神。

古人確認方位有其科學性，也有其迷信成分，本卷祇做史録，究其名類出處，不判正確與荒謬。毋庸置疑，在科學不甚發達的古代，古人用古法判斷方位，沿用數千年，成爲指導進行社會和生産活動的重要工具。其方法之多，想象力之豐富，也體現了古人之智慧。學界將其梳理，總結出了許多古人確認大地方位的思維方法。

本卷中的方位術語涉及"正""方""震""太""丹""少""丑""子""午""艮""兑""坤""未""庚""巽""天干""地支""八卦""五色"等抽象概念，它們本身又或相互組合，可指代大地上的不同方位。

一曰左右法。古人習慣以東爲左，以西爲右。東西與左右常可互相替代。《吴子·應變》："背大阻險，右山左水。"漢劉向《列仙傳》："影介山，浪迹海右。"漢仲長統《見志詩二首》其二："抗志山西，游心海左。元氣爲舟，微風爲柁。"《晋書·桑虞傳》："靖居海右，不交境外。"唐杜甫《陪李北海宴歷下亭》詩："海右此亭古，濟南名士多。"宋劉敞《淮西延平以詩見寄因書陜城即事用酬來唱》詩："群山左右顧，大河西北來。"元歐陽伯恭《天馬歌》詩："七度海洋身若飛，海左海右雷霆隨。"明徐弘祖《徐霞客游記·游廬山日記》："遙望山左脅，一瀑從空飛墜。"清魏禧《日錄雜說》："江東稱江左，江西稱江右，何也？曰：自江北視之，江東在左，江西在右耳。"

二曰四獸法。在古代神話中，蒼龍（青龍）、朱雀、白虎、玄武合稱爲"四神獸"。古人將它們與地理方位一一相配，曰：東方蒼龍、西方白虎、南方朱雀、北方玄武。《吳子·治兵》："左青龍、右白虎、前朱雀、後玄武。"我國古代宮城的四方城門和街道橋梁、湖泊等也常用四神獸來命名，如長安、金陵的北門都叫作玄武門。

古以四獸、五色、五行配合確定方嚮

三曰五色法。古人以青、赤、白、黑、黃五色與木、火、金、水、土五行相配，又與東、南、西、北、中五個方位對應。《周禮·考工記》："畫繢之事，雜五色。東方謂之青，南方謂之赤，西方謂之白，北方謂之黑。"《說文·青部》："青，東方色。"清段玉裁補注黑爲"北方色也"。漢王充《論衡·驗符》說："黃爲土色，位在中央。"明楊慎《正色間色》："木色青，故青者東方也；木生火，其色赤，故赤者南方也；火生土，其色黃，故黃者中央也；土生金，其色白，故白者西方也；金生水，其色黑，故黑者北方也。"

四曰五行法。五行指木、火、土、金、水。漢代人將五行與地理方位聯繫起來。漢董仲舒《春秋繁露·五行之義》："木居左、金居右、火居前、水居後、土居中央……是故木居東方而主春氣，火居南方而主夏氣，金居西方而主秋氣，水居北方而主冬氣。"

五曰天干地支。古人還把天干和五行結合起來表示地理方位，流傳的口訣是："東方甲乙木，南方丙丁火，西方庚辛金，北方壬癸水，中央戊已土。"地球的經綫又叫"子午綫"。追本溯源，這與古人用地支表示地理方位有關。《漢書·王莽傳上》載，王莽時曾開闢一條從關中到漢中的南北通道，叫作"子午道"，曰："其秋，莽以皇后有子孫瑞，通子午道。子午道從杜陵直絕南山，徑漢中。"顏師古注云："子，北方；午，南方也。言通南北道相當，故謂之子午耳。"另外，卯表示東方，因卯時是日出東方之時；酉表示西方，因酉時是日落西方之時。

六曰陰陽法。陰陽是指日光嚮背，嚮日爲陽，背日爲陰。《說文·門部》解釋"陰"字曰："陰，闇也；水之南，山之北也。"如貴陽是因位於貴山之南而得名；南陽是因地處伏牛山以南而得名；江陰是因地處長江之南而得名。

七曰數位法。數位與五行相配合也可表示地理方位。漢揚雄《太玄·玄圖》：“一、六爲水，二、七爲火，三、八爲木，四、九爲金，五、五爲土……一與六共宗（居北方），二與七共朋（居南方），三與八成友（居北方），四與九同道（居西方），五與五相守（居中央）。”《南齊書·樂志》：“蔡邕云：東方有木三土五，故數八；南方有火二土五，故數七；西方有金四土五，故數九；北方有水一土五，故數六。”

八曰四季法。在古代，春、夏、秋、冬四季也被納入五行體系，與東、西、南、北地理方位相對應，可互爲替代。漢董仲舒《春秋繁露·爲人者天地》：“木居東方而主春氣，火居南方而主夏氣，金居西方而主秋氣，水居北方而主冬氣。”古詩文中常把“西風”稱作“秋風”或“金風”；“南風”稱作“夏風”或“炎風”；“北風”稱作“冬風”或“嚴風”；春天既有來自北方的冷風，亦有來自東南方的暖風。

九曰八卦法。八卦排列順序一般是乾、坤、震、巽、坎、離、艮、兌。所謂“先天伏羲八卦”與地理方位配合的關係是：離代表東方，乾代表南方，坎代表西方，坤代表北方，此爲“四正”；兌代表東南方，巽代表西南方，艮代表西北方，震代表東北方，此爲“四隅”（參閱《伏羲八卦圖》）。所謂“後天文王八卦”與地理方位的配合關係是：震代表東方，離代表南方，兌代表西方，坎代表北方，此爲“四正”；巽代表東南方，坤代表西南方，乾代表西北方，艮代表東北方，此爲“四隅”。

三、土貌類

土貌乃后土坤輿之形態面貌。在現代地理學中，該類應屬於地貌學的一個研究分支，當與山地丘陵地形、冰川地形、海岸地形、沙漠戈壁地形等聯繫在一起探究。古人所言大地之貌，多與含土壤的大地有關。有承托萬物之大地，方能種植，方能漁獵，方能生生不息。中華民族之發源地就位於世界上面積最廣大的黃土分布區，以及四瀆（江、河、淮、濟四水的合稱）等河流冲積形成的具有深厚土層的華北平原、長江中下游平原地區。土壤應是大地之主要組成部分，對其認知中更多與表大地之“方”“坤”“輿”“盧”“后”等象形概念聯繫在一起，没有土壤，談何大地？本卷顧及此意，將該部分編輯在“土經”之章節中，而不是依照今地貌學科之範疇，將其與“山經”等名類列爲一章。常見古地理之輿土相關的地貌名物有"原""坡""陸""川""塢""壩""坳""皋"等抽象概念。其他相關概念都是在上述概念的基礎上通過含義延伸生成的。至於山地、丘陵、溝谷、島岬、涯岸、洞石等地貌類型,在本卷另章論及。

"原",原野,通指廣平、高平的地面。《詩·小雅·六月》:"薄伐玁狁,至于大原。"唐白居易《賦得古原草送別》詩:"離離原上草,一歲一枯榮。"

"坡",古亦特指平原。宋韓拙《山水純》:"言阜者土山也,小堆曰阜,平原曰坡,坡高曰隴。"現代地貌學解:"坡"不指平原,是山體的一部分,分陡坡和緩坡。

"陸",高平之地。《周易·漸》:"鴻漸于陸,夫征不復。"《爾雅·釋地》:"高平曰陸。"

"川",指平地、平野。《詩·小雅·天保》:"如山如阜,如岡如陵,如川之方至,以莫不增。"《新五代史·周德威傳》:"吾之取勝,利在騎兵。平川廣野,騎兵之所長也。"

"塢",四周高、中間低的地方。晋佚名《子夜歌四十二首》其十一:"高山種芙蓉,復經黃蘗塢。"南朝梁蕭衍《子夜四時歌·春歌》:"花塢蝶雙飛,柳堤鳥百舌。"

"壩",即堤,指擋水土石堆積物。宋鄭獬《水淺舟滯解悶十絶》詩其四:"壩上春流滑滑來,行人相語笑相催。"

"坳",指地面低窪之地,或指盆地。《莊子·逍遥游》:"覆杯水於坳堂之上,則芥爲之舟。"唐成玄英注:"坳,污陷也。謂堂庭均陷之地也。"

"皋",亦作"皐",《正字通·字部》:"皐,俗皋字。"澤邊地。《楚辭·離騷》:"步餘馬於蘭皋兮,馳椒丘且焉止息。"王逸注:"澤曲曰皋。"唐儲光義《射雉詞》:"原田遥一色,皋陸曠千里。"

四、區劃類

皇天后土,坤輿大地,絶非均等景觀。區域特徵、區域差異是大地之屬性,不同地區具有不同之水文氣象、土壤植被、動物、地形地質等自然地理特徵;不同區域又具有不同之風俗習慣、社會形態、理念信仰、城市交通等人文地理特徵。根據區域特徵與差異研究區域劃分,古區域地理與現代區域地理的區域劃分理念一脉相承。自遠古以來,區劃就成爲一種人類社會維繫和發展的組織常態。人與人、部落與部落、國與國之間相互交往,必然會以區劃爲先決條件。追求和平,天下區域必相對穩定,處心積慮進行區域擴張,難免戰爭。自春秋戰國、漢唐盛世、宋遼金元，直至明清交替，幾千年之中國歷史就曾出現過分封制、郡縣制、道路制等多個行政區劃類型，然治而亂，亂而治，反反復復，區域之變共人性之本，善惡無常，疆域之爭從未終止。本卷僅做史錄名類之梳理，不究其原因，不作論證，祗行出處考證。

《書‧禹貢》將天下分爲冀州、兖州、青州、徐州、揚州、荊州、豫州、梁州和雍州等九州；《吕氏春秋‧有始覽》有幽州無梁州；《周禮‧夏官‧職方氏》有幽州和并州，無徐州和梁州；《爾雅‧釋地》有幽州和營州，無青州和梁州。《漢書‧地理志》始以《周禮》九州爲周制，三國魏孫炎始以《爾雅》九州爲殷制，後世合稱爲三代九州。各家對古九州的區域劃分界限并不明確，一説，黄帝始創“九州”，後經禹重新劃定。

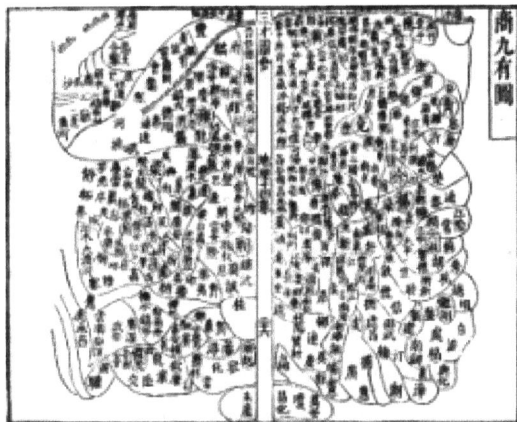

商九有圖
（明王圻等《三才圖會》）

從不同文獻記載看，各個時代的九州區域劃分多有變化，皆爲一種粗略的地域區劃，在學界并不認爲是自然區劃，因爲劃分各區域并不依據自然特徵之差异；也不認爲是行政區劃，因爲各區域并沒有設置專門相對獨立的行政機構進行有效管理，亦無確定的邊界。但可認爲古九州之劃分乃中國最早的區劃之雛形，故本卷行文中仍將古九州與分封制、郡縣制、道路制等歸爲“區劃”一類。雖然學術界并不認同“《禹貢》九州”或“《舜典》十二州”爲真正的行政區劃，但這種劃分至少表示，在距今四千年左右的當時，位於東亞的這塊土地上已經有了九塊或十二塊相互連接在一起的較大的定居農業經濟體，并且處在一個中央權力的統一治理之下。

本類概念涉及“州”“郡”“縣”“野”“邑”“畿”“郊”“藩”“虚”“塞”“墟”等抽象概念；其他區域概念或與之相關，或與之相似，或是其含義之延伸。

五、土田類

土類即土壤以及由此延伸的諸多概念，包括“土”“壤”“田”“泥”“鹵”“壚”

"墝""淤""墰"等抽象概念。在現代地理學中，"土壤"獨表一個概念（形式邏輯學中的單概念），指地表具有生物有機質成分、透氣性、含適當水分、具有一定熱量等特性的物質，無論耕種過或未曾耕種過，都稱作土壤。而在古語中，"土""壤"有別。"土"指未經墾植的土地，"壤"指經過人們墾植的鬆軟肥沃土地。《周禮·地官·大司徒》："辨十有二壤之物而知其種，以教稼穡樹藝。"鄭玄注："壤亦土也，變言耳。以萬物自生焉則言土，土猶吐也；以人所耕而樹藝焉則言壤。"

土壤聚生靈，孕萬物，謂民族生存之物質基礎及精神寄托。在我國古代，存"社稷祭祀"之制度，把祭祀土地神的地方稱作"社"，把祭祀穀物神的地方叫作"稷"。以五色土建成的社稷壇就包含着古代人對土地的崇拜。土分五色，喻全中國之疆土，社稷祭祀，由各地納貢，以期國泰民安，豐衣足食，亦表"溥天之下，莫非王土"之意。

"田"指開墾後用以種植農作物的土地。《詩·齊風·甫田》："無田甫田，維莠驕驕。"孔穎達疏："上田謂墾耕，下田謂土地。"郝懿行義疏："田爲已耕之土。"對"田"的分類可謂精細之至，不愧是綿延幾千年的農耕文明。

"沃田"指肥美的土地。《國語·晉語一》："雖獲沃田而勤易之，將弗克饗。"韋昭注："沃，美也；易，治也。"漢王充《論衡·宣漢》："以盤石爲沃田，以桀暴爲良民。"

"瘦田"指貧瘠之地。唐孟郊《秋夕貧居述懷》詩："淺井不供飲，瘦田長廢耕。"宋普濟《五燈會元》卷一六："瘦田損種。"

"孰田"指不荒廢、歲歲耕作之田。《後漢書·張禹傳》："禹爲開水門，通引灌溉，遂成孰田數百頃。"

"脯田"指隆冬時乾枯、不宜耕之地。北魏賈思勰《齊民要術·耕田》引《氾勝之書》："及盛冬耕，泄陰氣，土枯燥，名曰脯田。"

"葑田"指水盡草生的低窪地。宋蘇軾《杭州乞度牒開西湖狀》："自國初以來，稍廢不治，水涸草生，漸成葑田。"

"脂田"指秋季少雨時硬如臘肉、土表板結不宜耕之地。北魏賈思勰《齊民要術·耕田》引《氾勝之書》："秋無雨而耕，絶土氣，土堅垎，名曰脂田。"

有的分類考量了自然環境對田畝品質的影響，與現代土壤地理學的觀念相仿。例如"九土"，古將耕地按照土質分爲九等，按品質收稅。一説，山林、藪澤、京陵、淳鹵、疆潦、偃豬、原防、隰皋、衍沃等九種土質田地。《左傳·襄公二十五年》："楚蒍掩書土田，度山林，鳩藪澤，辨京陵，表淳鹵，數疆潦，規偃豬，町原防，牧隰皋，井衍沃，量入修賦。”杜預注：“量九土之所入而治理其賦税。”一説，指騂剛、赤緹、墳壤、渴澤、鹹潟、勃壤、埴壚、强㯺、輕㼺等九種土質的田地。

六、沙 類

“沙”指細碎的石粒，是對與沙相關的一類概念的一般性表達。其他相關概念都是在上述概念的基礎通過含義延伸生成的。涉及“沙”“礫”“漠”“堆”“汀”“磧”“瀨”“灘”等，在現代地理及日常生活術語中，這些詞語亦經常行用。

“漠”即沙漠，現代科學證實，是風蝕并沉積形成的乾旱區域，由沙、礫組成。《楚辭·遠游》：“經營四荒兮，周流六漠。”《説文·水部》：“漠，北方流沙也。”

“汀”指水邊平沙。《楚辭·九歌·湘夫人》：“搴汀洲兮杜若，將以遺兮遠者。”《玉篇·水部》：“汀，水際平沙也。”

“礫”是巖石或礦物風化侵蝕形成的較大碎屑物，大於一毫米者爲礫，小於一毫米者爲沙。按平均粒徑大小，可把礫石細分爲巨礫、粗礫和細礫三種。先秦宋玉《高唐賦》：“礫磈磥而相摩兮，嶵震天之礚礚。”李善注：“《説文解字》：‘礫，小石也；磥磥，衆石貌。’”

“磧”指水中沙石淺灘，亦指沉積沙漠或礫漠。《説文·石部》：“磧，水陼有石者。”段玉裁注引《三倉》曰：“磧，水中沙堆也。”漢班固《封燕然山銘》：“經磧鹵，絶大漠。”李善注：“磧，石地。”《周書·高昌傳》：“自燉煌向其國，多沙磧，道里不可准記，唯以人畜骸骨及馲馬糞爲驗。”唐李白《行行且游獵篇》詩：“海邊觀者皆辟易，猛氣英風振沙磧。”王琦注：“沙磧即沙漠也。”宋陸游《塞上曲》：“茫茫大磧吁可嗟，莫春積雪草未芽。”《廣韻·入昔》：“磧，沙磧。”

“灘”指水中沙石堆。河道中水淺流急，多沙石的地方。《廣韻·平寒》：“灘，水灘。”北魏酈道元《水經注·江水二》：“江水又東逕流頭灘，其水并峻激奔暴，魚鱉所不能游。”

第六節　石經名類考

石是組成地球地殼或巖石圈層的礦物集合體，堅固爲其共性。關於"石"，從抽象到具體，古籍中有豐富的記載。《周易・困》："困於石，據於蒺藜。"孔穎達疏："石之爲物，堅剛而不可入也。"《詩・小雅・鶴鳴》："他山之石，可以攻玉。"《周禮・春官・典同》："薄聲甄，厚聲石。"鄭玄注："鍾大厚則如石，叩之無聲。"《漢書・揚雄傳》："石畫之臣。"顔師古注："言堅固如石。亦作碩。"《左傳・僖公十六年》："隕石于宋五，隕星也。"《漢書・律曆志》："石者，大也，權之大者。"《楚辭・惜誓》："方世俗之幽昏兮，眩白黑之美惡。放山淵之龜玉兮，相與貴乎礫石。"《楚辭・招魂》："長人千仞，惟魂是索些。十日代出，流金鑠石些。"又，《高唐賦》："勢薄岸而相擊兮，隘交引而却會。崒中怒而特高兮，若浮海而望碣石。"《呂氏春秋・精通》："慈石召鐵，或引之也"。《尚書大傳》："大夫有石材，庶人有石承。"清方苞《左忠毅公逸事》："吾師肺肝，皆鐵石所鑄造也。"

關於石類名物，有《雲林石譜》做過總結，作者杜綰是宋代很有成就的礦物巖石學家。成書於宋紹興三年（1133），涉及名石共116種。該書對複雜多樣的石頭進行了分類。如將石分爲石灰巖、石鐘乳、砂巖、石英巖、瑪瑙、水晶、葉蠟石、雲母、滑石、葉巖及部分金屬礦物、玉類化石等。該書考查了石頭的性質，如石頭的形狀、顏色、質地優劣、敲擊時發出的聲音、堅硬程度、紋理、顏色、光澤、晶形、透明度、吸濕性、用途等方面。其中對石頭顏色的描述就有白色、青色、灰色、黑色、紫色、碧色、褐色、黃色、綠色等。并區別了顏色的深淺，如深綠、淺綠、青綠、微紫、稍黑、微青、微灰黑等。不僅如此，該書還記錄了石頭經過風化之後會產生顏色變化，剛出土的靈璧石色青淡，"若露處日久，色即轉白"。又如關於石頭的敲擊之聲，也有詳細區分。如有的"鏗然有聲"，有的"有聲"，有的"微有聲"，有的"聲清越"，有的"無聲"。該書進而制定了硬度等級，用甚軟、稍軟、稍堅、不甚堅、堅、頗堅、甚堅、不容斧鑿八個等級區別石頭硬度。在八百多年前能有如此精細的觀察研究，可與現代地質學中的"莫氏硬度"媲美。杜綰還注意到了石頭表面的粗細程度，分爲十一個級別：粗澀枯燥、礦燥、頗粗、微粗、稍粗、甚光潤、清潤、溫潤、堅潤、稍潤、細潤。以上研究在地質學史中乃開先河之舉。該書還闡明製作假山所用奇形怪狀石頭是由"風浪冲激"或"風水冲激融結"而成，與現代外力地質作用導致的認知相同。

本卷梳理古籍中所記載之石類，共分爲五種類型，分述如下。

一、岩巖類

該類皆爲石之基本概念。由於古人的細緻觀察，因而生成大量能够彼此相互區分的巖石詞語。同爲石或巨石，表義有别。包括"石""巖""磐""地骨""土骨""巖骨""厥""砎""磯""硌"等詞語。本類涉及石之大小、形狀、姿態、用途、位置等一般特性。

"石"字已見諸甲骨文。"石"即石塊、巖石。山體多由巖石組成，初民用石頭製成各種工具，亦多居於山中石洞中，史稱新舊石器時代。漢劉熙《釋名·釋山》："山體曰石。石，格也。堅捍，格也。"

"巖"爲"石"的代稱，亦作"岩"，自甲骨文、金文發展到後來的"巖"字，常組詞爲具體的石類，如巖石、巖洞、巖漿、巖層、熔巖、巖壁、巖壑。"巖"從石，從崖，也作石質的山穴和水岸。《公羊傳·僖公三十二年》："殽之嶔巖，文王所避風雨處。"宋陸游《入蜀記》："嵌巖竇穴，怪奇萬狀。"

"磐""盤"亦稱"磐石"，指巨石。《周易·漸》："鴻於磐。"其他有關"石"的概念多見於漢唐之後行文之中。《玉篇·石部》："盤，大石也。"《史記·孝文本紀》："高帝封王子弟，地犬牙相制，此所謂磐石之宗也，天下服其彊，二矣。"司馬貞索隱："言其固如磐石。"漢樂府《孔雀東南飛》："君當作磐石，妾當作蒲葦。蒲葦韌如絲，磐石無轉移。"楊倞注："磐石，盤薄大石也。"王弼注："磐，山石之安者少。"

"厥""磐"等字出現在金文中，在先秦亦多行用。《荀子·大略》："和之璧，井里之厥也。玉人琢之，爲天子寶。"楊倞注："厥，石也。"

"砎"亦代指"石"。《莊子·養生主》："刀刃若新發於砎。"又特指磨石。唐皮日休《入林屋洞》詩："其門纔函丈，初若盤薄砎。"《集韻·庚韻》："砎，石也。"

"磯"爲突出於水邊之巨石。《玉篇·石部》："水中磧也。"《增韻》："石激水曰磯。"《孟子·告子下》："磯，激也。"漢孔融《離合作郡姓名字》："吕公磯釣，闔口渭旁。"

"硌"表山上巨石。《山海經·西山經》："上申之山，上無草木，而多硌石。"《玉篇·石部》："硌，山上大石。"漢曹操《氣出唱》三首詩其三："游君山，甚爲真。磪磈砟硌，爾自爲神。"

二、奇石類

奇石，特指在形貌、質地等方面具有特色之石。中華文化具有悠久歷史，許多歷史文化信息是通過對"石"的演義而傳播，以神話故事的形式傳承下來的。例如"毛公壇"本爲一石名，在江蘇太湖中洞庭山上。相傳漢朝劉根得道於此，身生綠毛，人見之，稱毛公，稱其壇爲毛公壇。唐皮日休《太湖詩·游毛公壇》："下有毛公壇，壇方不盈畝。"宋范成大《毛公壇福地》詩："綠毛仙翁已仙去，惟有石壇留竹塢。"又如"五色石"，傳女媧用來補天。《淮南子·覽冥訓》："往古之時，四極廢，九州裂，天不兼覆，地不周載。火爁炎而不滅，水浩洋而不息。猛獸食顓民，鷙鳥攫老弱。於是女媧鍊五色石，以補蒼天。"此外又有"丹石"爲彩色美石。《山海經·大荒西經》曰："白木琅玕，白丹青丹。"丹霞地貌的巖石色偏紅，綠泥石色則偏綠，也有色如鸚鵡之淺綠的孔雀石，不一而足。又"文石"，"文"通"紋"，石有花紋，故稱。《山海經·北山經》曰："〔單狐之山〕其中多芘石、文石。"泰山上則多蛇紋石，不一而足。又"玄石"，亦稱"玄砥"，色黑曰"玄"。宋杜綰《雲林石譜下·墨玉石》曰："西蜀諸山多產墨玉。"五大連池、海南等地的火山巖色亦黑，不一而足。又"青石"，謂青色之石，產地不同，質地有別，用途不一。《後漢書·東夷傳》："青石爲鏃，鏃皆施毒，中人即死。"北魏酈道元《水經注·江水》："人灘水至峻峭，南岸有青石，夏没冬出。"又，"黃石"，謂黃色之石，常用作製園林假山的材料。明計成《園冶》曰："黃石，是處皆產，其質堅，其文古拙，如常州黃山、蘇州堯峰山、鎮江圌山，沿大江直至採石之上皆產，俗人只知頑夯，而不知奇妙也。"

三、玩石類

玩石，指可供玩賞、裝飾之石。該類包括"名石""玉石""珍石""化石"等。這些石類或采於名山，或掘於水底，玩家得之，或擺於雅室，或置於庭院，或自在山林。史書有載，而未見傳世，或又傳世至今，其聲名千古不墜。凡此種種，天下皆知，皆屬玩石。又，有地名出處者，在此單列，以示區分。如靈璧石、太湖石、崑石、英石一起并稱爲"中國四大名石"。

"靈璧石"主產於安徽靈璧縣境内，分列"四大名石"及"四大名玉"之首。1950

年在河南安陽殷墟王陵大墓中出土的商代虎紋石磬即爲用靈璧石所造。宋杜綰《雲林石譜·靈璧石》：“靈璧石，宿州靈璧縣，地名磬山，石產土中，歲久穴，深數丈。”

“太湖石”產於江蘇太湖，石性堅而潤，叩之鏗然如鐘磬。大抵遭水長期沖擊而成，故身多孔罅、麻窩、褶皺、异態奇形，巧奪天工，尤宜堆砌假山。《舊唐書·白居易傳》：“罷蘇州刺史時，得太湖石五。”

“崑石”產於江蘇昆山市，其態奇巧雕鏤，屬水晶族的石英體。宋陸游《菖蒲》詩：“雁山菖蒲崑山石，陳叟持來慰幽寂。”

“英石”出廣東英德市溪水中，有微青、微灰黑、淺綠、白諸色。嵌空穿眼，宛轉相通，質地細潤，叩之有聲。宋曾豐《乙巳正月過英州買得石山》詩：“飛蓬今始轉廣東，英石不與他石同。其色燦爛聲玲瓏，小山突兀百千重。”

其他還有諸多類似之石，皆或有史考價值。如“鬱林石”，因由三國吳陸績任職鬱林太守時帶回，故稱。爲其居官廉潔之象徵，故亦稱“廉石”。初弃於吳郡婁門之野，唐時在其後裔陸龜蒙門前。明弘治十年（1497）建亭覆之，清時移入郡學，爲蘇州古迹之一。《新唐書·陸龜蒙傳》：“陸氏在姑蘇，其門有巨石。遠祖績嘗事吳爲鬱林太守，罷歸無裝，舟輕不可越海，取石爲重，人稱其廉，號鬱林石。”

“玉石”亦稱“璞”“玉璞”“璞石”，是玩石，也是象徵某種精神和權力之石。華夏祖先選擇美石磨製玉器。在對一些文化遺址的挖掘中發現，距今一萬多年前的舊石器時代晚期，中國先民已琢玉成器，而有文獻記載的歷史已有五千多年了。在商周的甲骨文中，“玉”字像一根絲繩串着四片寶石薄片，絲繩上端爲繩結；有的甲骨文簡化成三片寶石和一根串繩，字形與“丰”“王”等字相似。“玉”記錄了人類生活與社會之變遷，比金、銀、銅、鐵器更早被人利用。從舊石器時代到奴隸社會、封建社會，佩戴玉器一直標示着人們的身份地位。古人往往用玉來比喻人的德性，儒家講究“君子必佩玉”“無故，玉不去身”等。從碾磨加工的玉器到精美的玉雕作品，玉器隨社會的發展而發展，玉文化隨之更加豐富：新石器時代的玉龍、玉璧，商周的玉刀、玉戈，春秋的劍飾、帶鈎，漢代的瑞獸，唐宋的花鳥髮簪，及元明清的大件玉雕。特別是清代，雕琢藝術可以説達到了中國玉雕史的巔峰。

四、器石類

　　"器石"指有使用價值的器用之石。該類包括"磨石""火石""樂石""硯臺石""雕鏤石""磁石""築石"等,皆因在古人生活中可利用而被歸入。

　　"磨石",亦稱"砥礪"。用以磨刀剪等所用之石。《山海經·西山經》:"西南三百六十里,曰崦嵫之山……苕水出焉,而西流注於海,其中多砥礪。"郭璞注:"磨石也。精爲砥,粗爲礪也。"喻磨煉。

　　"火石",亦稱"燧石",古代用於取火之石。屬石英之類,産自石灰巖巖脉中。暗灰帶褐色,不透明,易破碎。斷口爲甲殼狀,以鋼鐵擎打能發火。未有火柴前,曾以此取火。《舊唐書·輿服志》:"武官五品以上佩韘鞢七事。七謂佩刀、刀子、礪石、契苾真、噦厥針筒、火石袋等也。"

　　"樂石",可製作樂器之石,秦始皇嶧山刻石以爲石料。唐舊藏本《古文苑·李斯〈嶧山刻石文〉》:"壹家天下,兵不復起……群臣誦略,刻此樂石,以著經紀。"章樵注:"石之精堅堪爲樂器者,如泗濱浮磬之類。"

　　"硯石",可作文房筆硯之石。可製硯的材料種類很多。廣東肇慶的端硯、安徽歙縣的歙硯、甘肅甘南卓尼的洮硯、山西絳縣的澄泥硯,是我國傳統的四大優質名硯。唐皎然《答蘇州韋應物郎中》詩:"書衣流埃積,硯石駁蘚生。"宋蘇軾《送王伯敭守虢》詩:"床頭硯石開雲月,澗底松根劚雪腴。"

　　"雕鏤石",可爲鑽鑿鏤刻所用之石。以"金剛石"爲最,其性堅硬,可鏤玉、鑽石、穿瓷,亦可入藥及製珍貴飾物。《新五代史·四夷附録》曰:"〔回鶻〕其地出玉、氂……金剛鑽、紅鹽、鵰瓹、騞騄之革。"

　　"磁石",吸鐵如慈母招子,故稱。可製作指南針。漢王充《論衡·亂龍》:"頓牟掇芥,磁石引針。"

　　"築石"用於建築、裝飾。如"大理石",爲一種變質巖。盛産於雲南大理市,故稱。有白色、雜色二種。大理所出爲雜色,質尤緻密,有光澤及花紋,是裝飾、雕刻、建築之良材。明文震亨《長物志·水石》:"大理石出滇中。"

五、藥石類

中醫藥資源龐大，其中的一個重要類別就是"藥石"或"石藥"，指礦物類藥物。《黃帝內經·素問·腹中論》："石藥發瘨，芳草發狂。"又曰："芳草之氣美，石藥之氣悍。"漢枚乘《七發》："今太子之病，可無藥石、針刺、灸療而已，可以要言妙道說而去也。"三國魏曹髦《傷魂賦》曰："岐鵲騁技而弗救，豈藥石之能追。"《周書·李弼傳》："輝常臥疾期年，太祖憂之，日賜錢一千，供其藥石之費。"魏晉至唐，上層人士多喜服用。宋蘇軾《答子由頌》詩："病根何處容他住，日夜還將藥石攻。"明方孝孺《深慮論》："藥石所以治疾而不能使人無疾。"《太平廣記·詼諧三》："後魏孝文帝時，諸王及貴臣多服石藥。"

藥石類主要包括"丹""硼砂""芒石""石脂""砒""滑石""石硫黄""礜"等基本的名類。

"丹"，即硃砂。硫化汞是硃砂的主要成分。《神農本草經》："丹砂，主身體五臟百病，養精神、安魂魄，益氣明目，殺鬼魅邪惡鬼，久服通神明不老。"

"硼砂"，含硼礦物及硼化合物。通常爲含有無色晶體的白色粉末，易溶於水。可用作清潔劑、化妝品、殺蟲劑等。清黃宮繡《本草求真》："硼砂，甘草湯煮化，微火炒鬆用。"

"芒石"，亦作"硝石""消石"。主要成分爲硝酸鉀。《史記·扁鵲倉公列傳》曰："躁者有餘病，即飲以消石一齊。"明宋應星《天工開物·火藥料》："凡火藥以消石、硫黄爲主，草木灰爲輔。"

"石脂"，含硅酸鹽礦物的白陶土。性黏，古用塗丹釜，可入藥。有澀腸止瀉、養肺補骨、排癰疽瘡痔等功效。晉張華《博物志·物產》："名山大川，孔穴相內，和氣所出，則生石脂玉膏，食之不死，神龍靈龜，行於穴中矣。"

"砒"，亦稱"信石"。含六氧化四砷及少量錫、鐵、銻、鈣、鎂、鈦、鋁、硅等元素。劇毒藥石。明李時珍《本草綱目·金石四·砒石》："信石，人言生者名砒黄，鍊者名砒霜。砒性猛如貔，故名。惟出信州，故人呼爲信石，而又隱信字爲人言。"明宋應星《天工開物·燔石·砒石》："凡燒砒時，立者必於上風十餘丈外。下風所近，草木皆死。"

"滑石"，含鎂、鋁、鐵等元素的化合物。唐孫思邈《千金翼方》卷二："滑石味甘寒，大寒無毒，主身熱泄澼，女子乳難癃閉，利小便，蕩胃中積聚寒熱，益精氣，通九竅。"

"石硫黄"，即硫黄。唐徐堅《初學記·地部下》引晉張華《博物志》："凡水源有石硫黃，其泉則溫。或云神人所暖，主療人疾。”

“礜”，性熱，置水溫不結冰，置山霜雪不積，堅而耐火。主含鐵、砷、硫等化學成分。《山海經・西山經》：“〔皋塗之山〕有白石焉，其名曰礜，可以毒鼠。”

“礬石”，多呈塊狀，有白、黃、綠、黑、絳五種顏色，生山谷中。《神農本草經》卷三：“礬石，味酸寒，無毒，主寒熱泄痢……煉餌服之，輕身不老。”《史記・貨殖列傳》：“日暴之五六日則成，鹽若白礬石……”唐蘇敬《唐本草》：“礬石有五種，青礬、白礬、黃礬、黑礬、絳礬。”明李時珍《本草綱目・金石四・礬石》：“礬石有五種，白礬多入藥用。”

第七節　輿圖名類考

中國古地圖之名類，包括行政區域圖、地形分布圖、水系圖、城郭圖、礦產圖、戶籍圖、風水圖、軍事圖、交通圖、江防和海防圖、墓穴布局圖等，是對古地圖之種類、古地圖之繪製方法、古地圖之地物圖形要素、古地圖之繪製原因、古地圖之用途、古地圖之歷史沿革等諸方面的概括分類。諸多相關名類的集合就構成了中國古地圖繪製、沿革、運用的理論體系。

一、輿圖史

人類社會發展初始，就出現了地圖，從古代巖畫地圖中可見一斑。我國地圖起源很早，《書・周書》中就有“河圖”之說，即“龍馬負圖”之謂。可見早在四千年前就有原始地圖的出現。西周初年，周、召二公修建洛邑，根據占卜的結果進行勘測，繪製了洛邑附近的地形圖，在洛水邊建王城和成周城。此事在《書・洛誥》《詩・周頌》《史記・周本紀》中皆有記載。參閱後世所繪《洛邑圖》《水經注圖》。

宜侯夨簋是中國西周早期的青銅器，爲康王時宜（或釋俎）侯夨所作的祭器。高15.7厘米，口徑22.5厘米。圓形，鼓腹，四獸耳，高圈足，有四扉棱。腹飾圓渦紋及夔紋，圈足飾夔紋。內底鑄有銘文十二行、一百二十餘字，記述周康王改封夨於宜地爲宜侯、賞賜祭祀用的香酒、代表征伐權力的弓矢及宅邑、土地和奴隸之事，并記録了武王、成王伐商之圖和東國之圖，證實西周已有軍事地圖和行政區域地圖，爲研究西周分封制度提供了重要史料。

散氏盤又稱矢人盤，西周晚期青銅器，因銘文中有"散氏"字樣而得名。銘文中有兩段割地樹封的履勘記録，并附有矢人與散氏參與定界的見證者名單。銘文末段則描寫了割地後盟誓立契的實景：〔在豆國新宫東廷〕原屬矢人土地第一區的三員首長與第二區的二名主管相繼盟誓，確定守約後，將所割田地繪圖；記述了兩地界綫和走嚮以及測定順序和繪有此兩地界綫的地圖，成爲我國明確測量和繪製地圖的實證。

春秋、戰國以後，地圖的用途日益廣泛，既是古代王朝管理朝政、封畿劃域、管理土地、發展經濟、商貿往來、開疆拓土、衛國守邊、規建城垣、治理河道、行軍作戰的重要依據，也是歷代學者、士子以"左圖右史"的方式來立説、傳承學術之有效工具。其發展大致經歷了原始的巖刻、鑄鼎、木板地圖，傳統繪畫和刻本地圖，以及實測科學地圖三個階段。

原始地圖乃人類社會初期出現的簡陋地圖，尚未擺脱圖畫和神話傳説。中國原始地圖中以夏禹時的"九鼎圖"最爲著名。禹治水成功，促進了農業發展，使夏朝進入盛世。各部族和九州首領向大禹進貢圖畫、金屬等物品；禹命工匠鑄成九鼎，并刻圖，圖九州之山川、草木、道路以及禽獸分布，供人們外出狩獵、交往溝通時參考。《周禮》記載，在夏、商、周三代，已設置了"地官司徒"官職，專司管理全國地圖。春秋戰國時，地圖已普遍用在軍事上。《管子・地圖》："凡兵主者，必先審知地圖：轘轅之險、濫車之水、名山通谷、經川陵陸、丘阜所在……"《孫子兵法・地形篇》："地形有通者，有挂者，有支者，有隘者，有險者，有遠者。我可以往，彼可以來，曰通；通形者，先居高陽，利糧道以戰，則利。可以往，難以返，曰挂。挂形者，敵無備，出而勝之；敵若有備，出而不勝，難以返，不利。"是説戰區地形複雜，有地圖，才能取得戰爭的勝利。當時地圖多刻在木板上，内容包括山脉、河川、城鎮、道路等相關位置，具有粗略的比例，許多地圖的繪製應用了指南針。戰國末年，已有絹帛地圖，荆軻刺秦王"圖窮匕見"即爲例證。

古代地圖除實用功能外，亦被視爲權力之象徵。秦始皇統一中國時，秉承"掌天下之圖以掌天下之地"之觀念，命官員收集各地各類地圖，中央由管地圖的官司"大司徒"專門管理，地方派管地圖的官司"土訓"管理。至劉邦攻入咸陽，蕭何廣搜地圖存於堅固的資料庫裏，爲漢朝安邦理國提供了依據。地圖資料的積纍也促進了漢朝天文測量的進步。漢時人們已能運用勾、股、弦和相似三角形來推算距離，測量面積的方法也增多了，它促進了地圖測繪技術的發展。最能體現當時高超水準的是長沙馬王堆一號漢墓出土的地形圖。該圖是在兩千一百多年前隨葬入土的，而繪製的年代肯定更久遠。該圖中的山川走嚮、居民點位置與現代地圖比較相當、吻合，地圖符號設計也有一定的原則，甚至有了統一的圖例，比如縣治用方框表示，鄉里用圓櫃表示，細直綫表示道路，粗細曲綫表示河流，山脉也畫得相當形象和準確。該圖是世界上保存最早的古代地圖，比古埃及著名製圖學家繪製的地圖至少要早三百年。

裴秀是我國晋代杰出的地理學者和地圖專家，他創立的製圖學理論"製圖六體"，是我國最早系統闡述的地圖理論。裴秀三十四歲時隨司馬昭討伐諸葛誕，因功績卓著，升任尚書，進封魯陽鄉侯。後因參與立帝一事，進封縣侯（濟川侯），食邑千户。不久任司空，掌管全國工程、屯田、水利、交通等。由於裴秀常接觸秘府圖籍，使他對地圖的重要意義和地圖編繪中之存疑有了深刻的瞭解，這就爲他改革製圖方法，總結製圖理論奠定了基礎。之後，中國進入了形象畫法和計里畫方相結合的製圖階段。

明萬曆十年（1582）後，利瑪竇等西方傳教士相繼來華，帶來了西方地圖投影和經緯測量等製圖方法。清朝各代在全國組織了大規模的經緯度測量和三角測量，使中國地圖的繪製真正具有了科學性。

中國古籍中有大量以插圖形式存在的地圖，作爲插圖存在的地圖可以改變或者增進對於中國古代地圖學史的認識。僅《文淵閣四庫全書》《四庫全書存目叢書》《續修四庫全書》和《四庫禁毀書叢刊》中收錄的地圖就多達五千餘幅。現代人對中國古代輿圖的研究大都祇關注那些體現了"科學性"、看上去繪製"準確"的地圖。古籍中的地圖多數都是示意性的，遠遠談不上科學性，所以，諸多古地圖在以往整理與研究中基本被忽略了。但是，與繪本地圖以及那些所謂的重要刻本地圖集相比，古籍中作爲插圖存在的地圖也有着其自身的價值。它們真實記錄了當時所發生的史實，且跨越時代久遠，分布區域廣泛。一些保存至今的繪本地圖，大多數是因時因事而畫，具有較强的針對性。比如河工圖，流通範圍往往不廣，且繪製成本較高，也難以大量複製，故無法代表當時普通人所能看到的地圖。而古籍中的地理插圖，能保存至今的多爲刻本書籍中的地圖，印刷量通常較大，且收錄這些地圖的大都屬於士大夫重點關注的經、史類著作，在傳承地理和歷史文化方面，貢獻頗大。

四部分類法是中國古人對於圖書的一種分類體系。《隋書·經籍志》中首次以經、史、子、集四部命名分類，正式確立了四分法在古代目錄學中的地位。通過統計可以發現，古籍中的地圖在四部中的分布是極不平衡的。

經部中收錄有地圖的古籍約有三十種，收錄地圖四百六十多幅，集中在與《禹貢》有關的著作中，主要是通過地圖展現《禹貢》中所記載的山川位置、走嚮以及九州的範圍。與《春秋》有關的著作中也存在大量地圖，如《歷代地理指掌圖》中的"春秋列國之圖"就經常被引用；此外，與《詩》有關的著作中經常出現"十五國風地理圖"以體現"十五國風"的地理分布。因此，除了"左圖右史"之外，中國古代實際上還有"左圖右經"的傳統。

史部中收錄地圖的古籍有約一百七十種之多，收錄地圖近三千六百幅，主要集中在以《大清一統志》爲代表的地理志書、以《東吳水利考》爲代表的水利著作以及以《籌海圖編》爲代表的軍事著作中，基本屬於地理類作品。不過需要提及的是，在史部中以正史類、編年類、紀事本末類爲代表的那些所謂正宗的歷史類著作中，却基本都没附有地圖，祇是在對這些史書進行注釋或節錄的著作，如史鈔類的《十七史詳節》中附有一些地圖。另外，當今史學研究者經常使用的以譚其驤主編的《中國歷史地圖集》爲代表的歷史地圖集，并非首創，最晚在宋代就已經出現，如著名的《歷代地理指掌圖》以及明代的《今古輿地圖》等。這些歷史地圖集在史部屬於地理類。總體來看，無論收錄有地圖的古籍數量，還是收錄地圖的數量，史部都是四部中最多的。因此，古人所謂的"左圖右史"還是有一定道理的，祇是正統的史部著作中基本没有收錄地圖，似乎又與這一原則不太符合。

子部中收錄有地圖的古籍約有六十種，收錄地圖一千零一十多幅。雖然在數量上要遠遠超過經部，但子部古籍中的地圖大多數都集中於以明章潢《圖書編》、王圻等《三才圖會》爲代表的類書中；除去類書，子部中其餘的地圖主要集中在以《江南經略》《武備志》爲代表的兵家類軍事著作中。此外在術數類，也就是與算命有關的著作中，也收錄有一些地圖。

集部中收錄有地圖的古籍約有十八種，收錄地圖約七十八幅，是四部中數量最少的，而且在這些地圖中，僅葉春及的《石洞集》就收錄了二十八幅。

二、堪　輿

堪輿乃中國古代人們在對自然物觀察過程中概括出的一個概念。《周易·繫辭下》："古者包犧（伏羲）氏之王天下也，仰則觀象於天，俯則觀法於地，觀鳥獸之文，與地之宜。"其後，殷、周兩代文獻，亦多有遷都營邑相地相宅的記載。《漢書·揚雄傳上》："屬堪輿以壁壘兮，梢夔魖而抶獝狂。"顏師古注："張晏曰：'堪輿，天地總名也。'孟康曰：'堪輿，神名，造圖宅書者。'"漢揚雄《甘泉賦》："屬堪輿以壁壘兮。"李善注引漢許慎曰："堪，天道也；輿，地道也。"宋葉適《中塘梅林天下之盛也聊伸鄙述啓好游者》詩："物有據其會，感召驚堪輿。"明李東陽《植柘陳翁刲股卷》詩："茫茫堪輿内，此意誠苦辛。"堪輿也指"風水學"中的地勢，"堪"爲高處，"輿"爲下處。

堪輿術與天文學一樣，均起源於古代人們對大自然的觀測，遂形成觀測推演地理位置和分析地理環境的方法，稱爲"堪輿術"或"相地術"，俗稱"風水術"。其思維嚮度直指山形地勢、水脈氣象、坐嚮方位等自然因素，又與迷信相結合，遂成一門歷史悠久、運用一定方法和原則選擇合適地方的玄術。相傳風水創始人是九天玄女，而比較完善的風水學問起源於戰國時代。舊時風水學宣揚人與大自然之和諧，主要用於城垣、宮殿、住宅、村落、墓地的選址、建設等，對其地形、環境、結構、布局、擺設、坐嚮等進行測斷。

現存最早出現"風水"一詞的文獻爲晉郭璞《葬書》："氣乘風則散，界水則止。古人聚之使不散，行之使有止，故謂之風水。風水之法，得水爲上，藏風次之。"後世術家用"堪輿術"一詞代稱"風水"。堪輿術重視對地圖之標繪，涉及自然之物，又崇尚天人感應，因而深刻影響到古代中國區域地圖之製圖理念。

三、輿地圖

"輿"字原意表車底座，有"盡載百物"之含義，大地亦載物，故地謂之輿。《説文·車部》："輿，車輿也。"《周易·説卦》："坤爲地……爲大輿。"《淮南子·原道訓》："以地爲輿，則無不載也。"《史記·三王世家》："御史奏輿地圖。"張守節正義："天地有覆載之德，故謂天爲蓋，謂地爲輿，故地圖稱輿地圖。"因此，古稱地理學爲"輿地學"或"地輿學"，地圖也就被稱爲"輿圖"或"輿地圖"。古人製作地圖重視田野實地考察。

"輿"字作動詞用有乘交通工具奔馳於野外之含義，說明了那時人們測繪地圖時常常騎馬，或乘車船前往製圖的地域，憑藉簡單定嚮設備確定位置，再將親眼觀測之地物記錄下來，繪製於圖上。古代中國繪製輿地圖有三種基準：一是以山嶽脉絡爲基準，二是以行進路綫（內河水路、道路、海洋航綫等）爲基準，三是以客觀比例爲基準。

有效管理疆域，乃一國面臨之首要問題，而中國領土幅員廣袤，繪製全國輿圖就備受歷朝統治者之關注。自遠古至秦漢，疆域政區圖從原始圖畫、原始地圖逐漸發展到輿地圖。在中國古代，朝代更迭，先後經歷過各種行政制度，如傳說中的三皇五帝之"四嶽萬方制"和"巡守萬方制"、夏代之"九州制"和"五服制"、商代之"王畿制"和"方國制"、周代之"封建制"和"國野制"等。其中以"九州制"和"五服制"爲甚。"九州制"遵循了"山川形便"的原則，行政中心和自然區域差异之特徵并不明顯；"五服制"以王畿爲核心，向外圈層劃分區域等級，確立了"內外輕重"的原則。戰國時期，秦、楚兩國最先建立起"郡縣制"，秦統一天下後，又推廣到全國，此後的朝代，雖有反復，但均以"郡縣制"爲基礎。歷代政區制度的沿革對中國古代國土疆域區劃地圖（輿地圖）的製作和發展演變影響深遠。

先秦已有地圖一詞，《周禮·地官·土訓》云："掌道地圖，以詔地事。"《管子》有《地圖篇》，開篇曰："凡兵主者，必先審知地圖：轘轅之險、濫車之水、名山通谷、經川陵陸、丘阜所在、苴草林木、蒲葦所茂、道里遠近、城郭大小、名邑廢邑、困殖之地，必盡知之。"羅列了地圖中的諸多要素，并指出了地圖在軍事方面的重要作用。

輿地圖，省稱"輿圖"，是中國古代國家地圖和地域分區地圖之統稱，即近現代所稱國家地圖和區劃圖。輿地圖一詞最早出現於《史記·三王世家》，有"御史奏輿地圖""臣昧死奏輿地圖"諸句。又，唐司馬貞索隱引晋虞喜《志林》曰："輿地圖，漢家所畫，非出遠古也。"又云："謂地爲輿者，天地有覆載之德，故謂天爲蓋，謂地爲輿。故地圖稱輿地圖。疑自古有此名，非始漢也。"又，北周庾信《齊王進白兔表》有"臣聞輿圖欲遠，則玉虎晨鳴"，或是出現最早"輿圖"一詞的文獻。因成圖於不同時代，輿地圖實際名稱亦不盡同。如天下圖、華夷圖、混一圖、全覽圖等，表全國之地圖，又被稱爲"輿地總圖"；而表某一特定區域之輿地圖可分爲郡國圖、府州圖、縣域圖等。中國古代所繪輿地圖，雖缺失現代製圖的科學性，但對於研究當時當地之自然分布、歷史文化、政治軍事等有重要作用。

史載輿地圖以漢代《天下大圖》爲最早。西晋初年，裴秀在其門客協助下編繪的《地形方丈圖》，是在《天下大圖》的基礎上繪製的全國地圖。唐代貞元十七年（801）賈耽令繪工畫成《海内華夷圖》一軸。可惜上述地輿圖皆已失傳，祇能從其他史書上推知大致情況。能保留至今的輿地圖多爲碑刻、碑刻拓片、木刻版圖等形式。如北宋淳化四年（993）的《淳化天下圖》和宣和三年（1121）的《九域守令圖碑》，南宋初年的《華夷圖》和《禹迹圖》，宋淳祐七年（1247）黃裳所作的《地理圖》，南宋末年，還有一幅反映中國版圖的《輿地圖》。宋景定年間（1260—1264）志磐編撰的《佛祖統記》中，保留着一幅前人編繪的《東震旦地理圖》。元代有李澤民的《聲教廣被圖》和清濬的《混一疆理圖》，兩圖後被合成爲《混一疆理歷代國都之圖》。元代朱思本用計里畫方的方法繪製的《輿地圖》也已失傳，可從明代羅洪先的《廣輿圖》中略窺概貌。受其影響，明代洪武二十二年（1389）年繪製了《大明混一圖》《楊子器跋輿地圖》等，這兩幅地圖是中國古代地圖史上占有重要地位之精品，至清初一些地圖的繪製，均受其影響，如明嘉靖十五年（1536）刊行的《皇明一統地理之圖》，明萬曆二十二年（1594）刊印的王泮題識的《輿地圖》，明崇禎四年（1631）刊行的《皇明輿地之圖》等，萬曆年間汪作舟刊行的《廣輿考》，天啓年間程道生的《輿地圖考》，崇禎年間陳組綬的《皇明職方地圖》，吳學儼、朱紹本的《地圖綜要》，潘光祖的《輿圖備考》，顧祖禹的《輿地總圖》，薛鳳祚的《車書圖考》，等等。

清代康、雍、乾三朝經由實地測繪編製的全國地圖版本較多，主要有下列幾種。清初有著名的康熙《皇輿全覽圖》及由其派生而來的《康熙分省輿圖》。雍正年間擴大了製圖範圍，編繪成內容更詳細的《皇輿全圖》。乾隆年間編繪了《乾隆內府輿圖》，又稱《乾隆十三排皇輿全圖》。道光初年，董方立以康熙、乾隆兩朝地圖爲基礎，編繪《皇清地理圖》。道光十二年（1832），李兆洛又在此圖基礎上，編繪《皇朝一統輿地全圖》。這是經緯與計里畫方并存於同一地圖中的代表作。其後出版的一些地圖，有胡林翼、嚴樹森補訂的《大清一統輿圖》，同治三年（1864）編製的《皇朝之省府廳州縣全圖》等。

中國古地圖按不同標準，可分爲不同的類型。依載體之不同，疆域政區圖可以分爲木板圖、帛本圖、絹本圖、紙本圖、碑刻圖等；按繪製和刊印方式之不同，可以分爲繪本圖、刻本圖，其中刻本圖還可分爲墨印圖和多色套印圖；按表現區域大小之不同，可以分爲不同等級的區劃圖，包括天下圖、全國總圖、郡國圖、省圖、府州圖、縣圖等；按裝幀方式之不同，可以分爲單幅圖和圖集（冊），以及書卷插圖等類型；按是否參用西方的製圖方法，可分爲明清之後較精確的地圖和運用中國傳統繪圖技術繪製的地圖。

（一）巖繪圖。原始民族用礦物顏料在巖石壁上繪製的地圖。嚴格地説，這類地圖由於地圖要素較少，多爲一些形象化的地物，如鳥獸、人物等，故應視爲圖畫，或視爲地圖之原始雛形。雲南的滄源巖畫中繪製了一個居民點（村落）和幾條道路，以及房屋、牲畜、凱旋歸來的戰士等。

（二）帛本圖。一種在帛材料上通過中國傳統書法和繪畫技法繪製的地圖。帛爲一種白色絲織品，亦稱縑、素或繒，可在其上用筆墨和色彩顏料描繪地表山川河流、人物、走獸、飛鳥及神靈等形象圖畫。《漢書·食貨志》載："布帛廣二尺二寸爲幅，長四丈爲匹。"寫書繪圖時可隨意裁截。一塊帛書用畢，可用另一塊帛繼續書寫繪畫，然後粘起來。據考古資料，在殷周古墓中就發現絲帛之殘迹，可見那時絲織技術就相當發達。明確提及帛用於書寫、繪畫和繪圖，是在春秋戰國時期。《墨子·天志中篇》載："書之竹帛，鏤之金石。"漢代雖發明紙張，但"貴縑帛，賤紙張"，用紙張書畫之衆，大都買不起帛，而一般宮廷貴族還是習慣用帛書寫、繪畫和繪圖，民間則仍多用竹簡。史考記錄最早的縑帛輿地圖，乃漢代用縑八千匹畫成的《天下大圖》。

（三）絹本圖。以中國傳統書法和繪畫技法，在絹材料上繪製的地圖。絹與帛同，屬絲織品，亦可用於繪圖，約興起於春秋戰國時期。單根生絲織物謂"繒"，雙根謂"縑"，而"絹"則爲用更粗生絲織成。明李時珍曰："絹，疏帛也。生曰絹，熟曰練。"

（四）紙本圖。地圖繪製以紙爲基材，以中國傳統繪畫及書法技法繪成。《説文·糸部》云："紙，絮一苫也。"古人於水中製作絲織品時，殘餘廢絲纖維偶匯於席面，晾乾後，成薄薄一層，誘發出造紙之靈感。可見早期古紙製作材料曾是絲製品殘留之物，產量不多，價格昂貴，自然無法普遍使用。故漢時期人們大量應用植物纖維製成紙，應在蔡倫采用樹皮和麻頭等廉價材料製成紙張技術的發明之後。這種紙可大量生產且廉價，讓紙的使用普及，加快了社會文化之傳播和發展。紙本地圖的出現也應始於這一時期，在之後各代，涉地理之書籍，皆配有紙本圖。當時又隨印刷技術之發展，還出現了世界上第一幅印刷紙本地圖，即楊甲的《六經圖》。

（五）碑刻圖。通過雕刻技法刻製在石碑上的地圖。碑刻是記錄歷史的一種形式。千百年間，記錄文化歷史的材料包括甲骨、竹簡、絲帛、紙張等，但多經不起歲月的衝蕩而遺失毀壞，所幸有大量相對易於保存的碑記石刻成爲史料之載體。它們或散落山野，或埋藏於地下，或存檔於書院廟寺，因此許多史迹史事以及古地理信息得以保留。碑刻圖可製作成碑拓。中國碑拓始於南朝，惜無實物流傳。傳世最早拓片出於唐初，唯見敦煌藏經洞數件而已。

在四川榮縣發現宋宣和三年（1121）刻石的《九域守令圖碑》，碑高 156 厘米，寬 107 厘米，地圖縱 129 厘米，橫 101 厘米，現存四川省博物館。地圖上北下南，北部繪到北嶽恒山，東邊繪出大海，南至海南島，西達四川西部。地圖內容大部分完好可辨，用形象法繪出了各大湖泊以及五嶽等自然地理內容，海南島位置和形狀較正確，海岸綫標示較詳，黃河、長江的走嚮大體正確，河流主支流分明。地圖上標注了一千四百多個宋代地名，幾乎包括了北宋末年中央政權所管轄的全部州縣。比例尺在 1：180 萬左右，爲一寸折百里的地圖。

現在西安碑林中，有一塊宋紹興七年的刻石，陽面刻有《禹迹圖》，陰面刻有《華夷圖》，大約成圖於宋徽宗政和七年（1117）至宣和七年（1125）間。從碑刻圖上注記"唐賈魏公圖所載凡數百餘國，今取其著文拷載之"可以看出，兩圖皆據賈耽《海內華夷圖》轉繪，惜該圖失傳。

現置於山東濟南長清靈巖寺天王殿內，金明昌六年（1195）刻石上的《濟南府長清縣靈巖寺明昌五年上奏斷定田園記碑陰界至圖本》（簡稱界至圖），是山東現存最古之石刻地圖，距今已有八百餘年。現在的靈巖寺是宋代遺址，與界至圖所繪基本一致。界至圖屬專題地圖，對於研究地圖製圖的發展沿革有重要的參考價值。該圖碑總高 2.5 米，寬 0.97 米，碑面除幾處砸痕外，基本完好。正面鎸刻着鄉貢進士周弛撰寫的碑文《十方靈巖禪寺田園記》，背面上爲圖名，中爲地圖，下爲圖記，詳細記載了靈巖寺的四至，以明示寺界範圍。古地圖不像現代的地圖建立在數學基礎上，可以用經緯度與座標網格按比例直接標示各地物要素間的距離和方位，故祇好在圖以外，以冗長的文字來説明各地物間的方位及道路的遠近。這種圖文集於一碑的形式，在古地圖中是常見的，在上述石刻圖中表現得尤爲突出。

蘇州市碑刻博物館保存有一石刻全國性輿地圖，爲宋淳祐七年（1247）黃裳所作的《地理圖》。圖碑高 203 厘米，寬 106 厘米。該圖範圍，北到黑龍江，西達玉門關，南到海南島，東抵大海。宋末年，還有一幅反映中國版圖的《輿地圖》，原本已佚，而其拓本現藏日本京都栗棘庵。此圖約兩米見方，其繪法及風格與蘇州石刻《地理圖》有相同之處，未記作者和年代，僅中上方列“輿地圖”三字，左上方刻“諸路州府解額”（即科舉人數）。從圖上府州縣名推知，爲宋咸淳年間（1265—1274）所繪。地圖内容以宋代政區爲主體，周邊繪出了蒙古高原、契丹、女真、西夏、印尼諸島嶼等政權名稱。中國大陸州縣之間陸路交通記述尤爲詳盡。山脉、河流、湖泊、海洋、林木均用形象符號表示。

（六）繪本圖。以中國傳統繪畫技法在絹、帛、木板、巖石、紙張上繪製的地圖。中國傳統之繪畫、書法等技法，歷史悠久，對繪製地圖有相當大的影響。伴隨着繪畫技藝水準之不斷發展，繪本圖數量和品質亦不斷提高，所涉區域範圍、區域地理要素種類亦不斷豐富。從戰國算起至清朝末年，繪本圖有兩千餘年歷史，目前已見製圖年代最早之繪本圖，是在公元前 5 世紀。

（七）刻本圖。通過雕版印刷而成的地圖。亦稱刊本圖、槧本圖、鐫本圖。大多運用木板材料作爲主基板進行刻字雕畫，亦稱木板圖。中國雕版印刷術發明很早，唐代已經有雕版印刷的書籍和用於説明文本的各類圖，包括地圖。五代已由政府指令國子監校刻“九經”。至宋代，雕版印刷的書籍和圖大盛。旁及遼、金、西夏，直至元、明、清，前後盛行一千餘年。

除了以上按照繪圖材料不同劃分出的地圖類型之外，還可從區域大小、綜合程度、地理要素的差异、歷史演變以及運用科學製圖原理的角度，將地圖劃分爲如下類型。

（一）混一圖。元朝統一中國後，北部高原地區與中原合而爲一，不再强調“華夷之辨”，用“混一圖”“廣輿圖”等取代了“華夷圖”，成爲之後天下總圖的指代圖名。

（二）專題圖。儘可能完善、詳盡地表示製圖區内的一種或幾種自然或社會經濟（人文）要素的地圖。反映製圖區中自然要素之空間分布規律及其相互關係的地圖謂自然專題地圖，主要包括地質圖、地貌圖、地勢圖、地球物理圖、水文圖、氣象氣候圖、植被圖、土壤圖、動物圖、礦產分布圖、綜合自然地理圖（景觀圖）、天體圖、月球圖等。社會經濟（人文）專題地圖有反映製圖區中的社會、經濟等人文要素的地理分布、區域特徵和相互關係的地圖謂社會經濟地圖，主要包括人口圖、城鎮圖、行政區劃圖、交通圖、文化建設圖、歷史圖、旅游圖、科技教育圖、工業圖、農業圖、經濟圖等。有些專題地圖不宜直接劃歸自然或社會經濟地圖，而有專門用途，主要包括航海圖、宇宙圖、規劃圖、工程設計圖、軍用圖、教學圖等。古代中國的專題圖主要包括山川分布圖、江防和海防圖、軍事圖、城市布局圖、行政區域圖、水系圖、城郭圖、礦產圖、户籍圖、風水圖、墓穴布局圖、天象圖，等等。

（三）區劃圖。將地理事物劃分爲不同等級和不同類型區域的地圖。如行政區劃圖、地形區劃圖、氣候區劃圖、農業區劃圖、土壤區劃圖、綜合區劃圖等。區劃圖力求充分細緻表達某一區域在自然與社會方面之獨特屬性，以及與其他區域在自然或社會經濟方面之共性與差异性。現代區劃圖一般由地形圖作底圖編製而成，較爲精確。中國古代的區劃圖多爲行政區劃圖、綜合區劃圖，其中含有山嶽、河渠、聚落等地物，區域形態變形較大，地物位置誤差也較大。

（四）地形圖。通過現代科學之測繪方法，對某區域中所存自然及人文地物類型、地理位置、界綫範圍等進行綜合表達的普通地圖。地形圖乃現代地圖學的一種類型，并不單純表地形。地形圖常與"地形分布圖"的概念相混淆，前者强調綜合與精確，後者主要用來表示地表山脉、平原、高原、盆地以及地勢等要素的分布，是一種專題地圖。地形圖概念的特點是：①具有統一的數學基礎、統一的地圖投影、統一的大地坐標系統和高程系統、統一的比例尺系統、統一的分幅和編號系統。例如，我國就規定了地形圖比例尺的系列：1∶10000、1∶25000、1∶50000、1∶100000、1∶250000、1∶500000、1∶1000000。②按照國家統一的測量和編繪規範，通過實地測繪或遥感技術完成。③幾何精度高、内容綜合詳細。地形圖可作爲其他專題地圖的編製依據。有了科學精確的地形圖，就可以編製各種專題地圖了。相比之下，中國明清以前的輿地圖，大多祇是一些地理參考圖，繪製標準不統一，繪製精度也非常粗糙，不能稱爲具有科學意義的地形圖。

四、測　繪

在中國古代早期，人們對地理位置的感覺和表達大多出於直覺，之後發展出一些頗爲實用之繪圖技藝。虞舜後期，舜之重臣竪亥奉命丈量國土疆域。他率領手下數人，行旅四方，對中華大地進行了較精確之測量。他爲華夏民族之計量學創立了早期的技術理論，并設計出一批實用的測量儀器，因而有"左準繩，右規矩""行山表木，定高大山川"之説。其中"準""繩"是測定物體平、直的工具；"規"是矯正圓的工具；"矩"是畫方形的曲尺。同時也確定了步尺和量度的基本單位：尺、丈、里（華里）。在歷代所繪伏羲女媧圖中，大多繪出他們手拿"規""矩"的樣子，説明上古時期中華民族已對測量與繪製地圖非常重視了。

　　魏晉時期裴秀在《禹貢地域圖》序中提出的"製圖六體"應是中國最早的較爲系統的地圖學理論。唐賈耽對裴秀的"製圖六體"非常推崇，認爲"六體則爲圖之新意"，同時又大力提倡在製圖時要"尋研史牒"，采掇輿議，進行廣泛的調查采訪，整理采納古代文獻資料（見《舊唐書·賈耽傳》）。後來，宋沈括發展了裴秀的"製圖六體"，增加了"互同"，與現代地圖中使用的等高綫標記相仿，開始普遍使用"水準""望尺""幹尺"來測量高差。沈括做過大規模水準測量，發現了磁偏角的存在，使用二十四方位改裝了指南針。元郭守敬認識到："曆之本，在於測驗，而測驗之器，莫先儀表。"（見《元史·郭守敬傳》）他首先致力於創製儀表，有簡儀、高表、仰儀、立運儀、景符等十幾種專用儀器，還爲野外觀測設計了懸正儀、座正儀等儀器。明代，利瑪竇將西方地圖投影方法傳入了中國，爲中國近現代運用科學方法製圖奠定了基礎。

　　《山海經·海外東經》中説大禹曾派他的兩名助手大章和竪亥去測量世界的大小，"竪亥右手把算，左手指青丘北"。而《周髀算經》和《九章算術》證明，最遲到漢代，人們已經能使用多種方法測量山高、谷深以及兩地點之間的距離，其書已成地圖測繪之理論基礎。這時指南車和記里鼓車也相繼發明，爲大規模、長距離測量提供了有利條件。我國古代發達的天文學還爲人們提供了利用天象來定位的條件。漢代地圖之繪製已經達到了很高的水準，地圖之運用更加普遍，地圖之形式也變得多種多樣。

五、計里畫方

　　計里畫方是中國古代爲使地圖圖形縮小、尺寸正確而使用的一種按比例繪出網格的方法。繪圖時，先在圖上布滿方格，方格中邊長代表實地里數，相當於現代地形圖上的方里網格；然後按方格繪製地圖內容，以保證一定的準確性。在西方近代測繪技術傳入中國之前，用計里畫方繪製的地圖，科學性是最强的。

　　據文字記載，此法始於我國晉代裴秀提出的"製圖六體"原則。他曾以一分爲十里，一寸爲百里，編成《地形方丈圖》。然圖上之里程網格形式早已佚失，目前可見南宋紹興七年（1137）石刻《禹迹圖》，圖上有"計里畫方"的網格形式和"每方折地百里"的注記，圖面上縱橫等距、直綫交叉地劃滿了正方形小格。其圖每方折地百里，橫七十方，竪七十三方，共有五千一百一十方，是目前保存下來的最早用計里畫方之法繪製的地圖。此外還有唐代賈耽以每寸折百里的比例編製《海內華夷圖》；北宋沈括以二寸折百里編製《天下州縣圖》（又稱《守令圖》）；元代朱思本用計里畫方的方法繪製《輿地圖》；等等。此法沿用一千五百餘年，直到清初。

爲了配合計里畫方繪圖，古人發明了記里鼓車。這是用齒輪等機械原理製作的用於測量距離和確定方位的工具。此車每走一里，車上木偶擊鼓一下，走十里打鐲一次，車上的指南針則記錄着車子行走的方嚮。記里鼓車簡稱"記里車"，當首創於秦代。據《宋書・禮志五》記載："〔記里車〕三秦所獲，制如指南，其上有鼓，車行一里，木人輒擊一錘。"《宋史・輿服志一》對其原理記載得比較詳細，大體說記里鼓車外形是獨轅雙輪，車廂內有立輪、大小平輪、銅旋風輪等，輪周各出齒若干，"凡用大小輪八，合二百八十五齒，遞相鈎鎖，犬牙相

孝堂山漢代畫像中的記里鼓車

製，周而復始"。《西京雜記》"漢朝輿駕祠甘泉汾陰……記道車，駕四，中道"，可見漢代已使用這種可以計算道路里程的車。此後，《晉書・輿服志》《宋書・禮志》《南齊書》《隋書》《唐書》《宋史》《金史》等典籍中，皆有記里鼓車的記載。元楊維楨《記里鼓車賦》"木鳪象以正立，手潛奮以有攜。列鼓鐲於上下，各叩擊以司時"，說明元代人對於記里鼓車的構造還十分瞭解，此車亦絕非宮中物。

六、地圖投影

地圖投影是利用一定數學法則把地球表面的經、緯綫轉換到平面上的理論和方法。明代利瑪竇將西方地圖投影方法傳入中國，爲中國近現代運用科學方法製圖奠定了基礎。最早使用投影法繪製地圖的是公元前 3 世紀古希臘地理學家埃拉托色尼。在這之前地圖投影曾用來編製天體圖（不過天體圖的投影是從天球投影到平面，而不是從地球，但原理相同）。埃拉托色尼在編製以地中海爲中心的"世界地圖"時，應用了經緯綫互相垂直的等

距離圓柱投影。1569 年，比利時的地圖學家墨卡托首次采用正軸等角圓柱投影編製航海圖，使航海者可以不轉換羅盤方嚮，而采用大圓直綫導航。凱西尼父子設計的用於三角測量的投影及蘭勃特提出的等角投影理論和設計出的等角圓錐、等面積方位和等面積圓柱投影，使得 17—18 世紀的地圖投影具有了時代的特點。19 世紀，地圖投影主要保證大比例尺地圖的數學基礎，以適應軍事製圖發展和地形測量擴大的需要。19 世紀還出現了高斯投影，它是德國高斯設計提出的橫軸等角橢圓柱投影法；這種投影法經德國克吕格爾加以補充，成爲高斯—克吕格爾投影。19 世紀末期以後，俄國一些學者對投影做了較深入的研究，爲圓錐投影常數的確定提出了新見解，又提出了根據已知變形分布推求新投影和利用數值法求出投影座標的新方法。20 世紀 60 年代以來，美國學者根據對地圖投影的研究結果，提出空間投影、變比例尺地圖投影和多交點地圖投影，爲現代製圖提供了新的技術手段。

第二章　山經說

第一節　嶺嶽態勢考

　　本節主要彙集、考證有關山的古詞語，包括山的抽象概念、具體的山之態勢，以及山、丘之類別等。山字的甲骨文與當代漢字基本相似，表現了衆山的基本形狀。

　　中華大地分布着平原和山區，較之平原，山區占三分之二。大大小小的山嶺從洪荒時代延續至今，已存在演化了數十億年，祇是人類在其萬餘年内的文明時光中，將情感、信念、想象力、美感、事件融合了進來，使這些山嶺有了靈性，有了文化，有了意志，有了輝煌的歷史。而這些正是人類對山之讚嘆、欣賞、珍視、敬仰的原因。

　　從山之態勢看，古人用詞表達豐富，有高大之群山，也有秀美之小山。瘦尖的小山稱"巑岏""岑""岑樓""丹筍""瓊峰"等；雄偉的大山稱"地脊""山椒""丹梯""巒""岫""岑嶺"等。又按形態分，形狀像堂屋者謂之"堂密"；碾輪形圓柱體山者謂之"嵧"；形如纍積兩甀之山者謂之"陳"；四周險峻、山頂平緩之山者謂之"崮"；重叠三層之山者謂之"陟"；像屏障一樣聳立之山者謂之"障"；形如堤防般狹長之平山者謂之"盛"；等等。

古人對丘與山的概念有較大的區分。唐李曄《菩薩蠻》詩其一："渭水一條流，千山與萬丘。"丘從土，而山通石。丘也有高大和低矮之别，多數爲低矮者，也有表高大者之詞語，謂"隴""陸""椒丘""京""墟""椒阿"等。也有形態之分，如形似洲渚之小土山謂之"渚丘"；四周高中央低，可以受水之小土山謂之"魮丘"；形同車乘之小土山謂之"乘丘"；方形小土山謂之"胡丘"；呈三重形狀之小土山謂之"崑崙丘"；後高前低之小土山謂之"陵丘"；兩重小土山謂之"陶丘"；丘上還有丘，形如覆盂狀小土山謂之"敦丘"；等等。

山　勢

山 [1]

泛指地面上自然隆起的土石地形。在現代地理學術語中，山包括山地和丘陵。甲骨文和金文中，山之字形像山峰并立的形狀。《書·禹貢》："禹敷土，隨山刊木。"《書·旅獒》："爲山九仞，功虧一簣。"《周易·坎》："山川丘陵也。"《列子·湯問》："太行、王屋二山，方七百里，高萬仞。"《詩·小雅·天保》："如山如阜，如岡如陵。"《論語·雍也》："智者樂水，仁者樂山。"《荀子·賦篇第二十六》："生於山阜，處於室堂。"《周禮·地官·大司徒》："大司徒之職，掌建邦之土地之圖與其人民之數，以佐王安擾邦國。以天下土地之圖，周知九州之地域廣輪之數，辨其山林、川澤、丘陵、墳衍、原隰之名物。"《國語·周語》："山，土之聚也。"《九章·涉江》詩其二："山峻高以蔽日兮，下幽晦以多雨。"《説文·山部》："山，土有石而高。"漢四皓《歌》："莫莫高山。深谷逶迤。"

"山"（甲骨文）
（據 J3642）

晋王羲之《答許詢》詩其一："取歡仁智樂，寄暢山水陰。"鄭玄曰："積石曰山。"唐劉斌《咏山》詩："靈山峙千仞，蔽日且嵯峨。"清王筠《説文句讀》："無石曰丘，有石曰山。"

【山椒】

即山 [1]。《漢書·外戚傳上·孝武李夫人》："釋輿馬於山椒兮，奄修夜之不陽。"顏師古注引孟康曰："山椒，山陵也。"漢武帝《李夫人賦》："慘鬱鬱其蕪穢兮，隱處幽而懷傷；釋輿馬於山椒兮，奄修夜之不陽。"南朝陳庾肩吾《從皇太子出玄圃應令》詩："春光起麗譙，屣步陟山椒。"唐皎然《武源行贈丘卿岑》詩："荒營寂寂隱山椒，春意空驚故柳條。"宋蘇軾《去歲與子野游逍遥堂日欲没因并西山叩羅浮道院至已二鼓矣遂宿於西堂今歲索居儋耳子野復來相見作詩贈之》詩："鷄唱山椒曉，鐘鳴霜外聲。"元湯式《天净沙·小景》曲："翠岩嶢天近山椒，綠蒙茸雨漲溪毛。"明李昱《觀潮》詩："江上秋風八月潮，浪花吹雪過山椒。"清顧炎武《勞山歌》："何時結屋依長松，嘯歌山椒一老翁。"一説，指山頂。南朝宋謝莊《月賦》："洞庭始波，木葉微脱；菊散芳於山椒，雁流哀於江瀨。"李善注："山椒，山頂也。"

【岡】[1]

即山[1]。亦作"崗"，大大小小的山嶺。《詩・周南・卷耳》："陟彼高岡，我馬玄黃。"又，《詩・小雅・天保》："如山如阜，如岡如陵。"《管子・地員》："五位之土，若在岡在陵。"漢王逸《九思・守志》："陟玉巒兮逍遥，覽高岡兮嶢嶢。"洪興祖補注："山嶺曰岡。"漢曹操《齊却東西門行》："神龍藏深泉，猛獸步高岡。"《宋書・沈慶之傳》："朽老筋力盡，徒步還南崗。"北魏鄭道昭《於萊城東十里與諸門徒登青陽嶺太基山上四面及中嶺掃石置仙壇》詩："高壇周四嶺，中明起前崗。"唐王昌齡《出郴山口至疊石灣野人室中寄張十一》詩："疊沙積爲崗，崩剥雨露幽。"《舊五代史・唐書三・莊宗紀第一》："李克用破孟方立於邢州，還軍上黨，置酒三垂岡。"宋汪莘《感秋》詩其五："重崗複澗穿難盡，恍惚隨人月一痕。"元劉郁《題鵲山》詩其二："鵲山高與碧雲齊，渡水沿岡路欲迷。"《水滸傳》第二三回："三碗不過岡。"《三遂平妖傳》第一〇回："複嶺重岡，控溪扼洞。"清殷昇《開河行》："昨朝至河上，舊道咸岡阜。"

【崗】

同"岡[1]"。此稱南朝宋已行用。見該文。

【巒】[1]

即山[1]。《楚辭・九思・守志》："陟玉巒兮逍遥，覽高岡兮嶢嶢。"《漢書・司馬相如傳下》："依類託寓，諭以封巒。"顏師古注引文穎曰："巒，山也。"漢張衡《西京賦》："陵巒超壑，比諸東郭。"薛綜注："巒，山也。"南朝梁徐悱《古意酬到長史溉登琅邪城》詩："表裏窮形勝，襟帶盡巖巒。"唐杜牧《過華清宮絕句三首》之三："雲中亂拍禄山舞，風過重巒下笑聲。"清梁紹壬《荒冢行》："石馬無聲翁仲淚，空教遺恨滿林巒。"

【岑嶺】

即山[1]。晋木華《海賦》："岑嶺飛騰而反復，五嶽鼓舞而相磓。"張銑注："岑嶺，山也。"晋郭璞《南山經圖贊・桂》："桂生南裔，枝華岑嶺。"唐柳宗元《自衡陽移桂十餘本植零陵所住精舍》詩："道旁且不願，岑嶺況悠邈。"唐元結《惠公禪居表》："周流清泉，岑嶺複抱。"宋楊萬里《過烏沙望大塘石峰》詩："曹溪過了過岑嶺，不惟山粗石仍獷。"清毛奇齡《黃桂生紅桂賦》："欻秋高之緒風邁皋塗之窅窊兮，駕岑嶺之菁葱爰挺質於天關兮。"

【山陵】

即山[1]。《左傳・襄公十年》："兆如山陵，有夫出征，而喪其雄。"《商君書・徠民》："其山陵、藪澤、谿谷，可以給其材。"《管子・宙合》："山陵岑巖，淵泉閟流。"《逸周書・月令解》："行夏令，則民多疾疫，時雨不降，山陵不收。"漢劉向《列女傳・齊鍾離春傳》："一旦山陵崩弛，社稷不定，此一殆也。"晋葛洪《抱朴子・尚博》："合錙銖可以齊重於山陵，聚百十可以致數於億兆。"《北史・豆莫婁傳》："多山陵廣澤，於東夷之域，最爲平敞。"唐釋道世《法苑珠林・神衛部》："入山陵、溪谷，曠路抄賊自然不現。"宋曾公亮等《武經總要》："兵法：右背山陵，前左水澤。"明李攀龍《白雲謡》詩："白雲在天，山陵逶迤。"古亦指帝陵。《戰國策・周秦》："山陵，喻尊高也。崩，死也。”北魏酈道元《水經注·渭水三》：“秦名天子冢曰山，漢曰陵，故通曰山陵矣。”清顧炎武《復庵記》：“太行碣石之間，宮闕山陵之所在。”

【丹梯】

高入雲霄的山峰。代指山。南朝宋謝靈運《擬魏太子鄴中集詩八首·阮瑀》詩：“躧步陵丹梯，並坐侍君子。”南朝齊謝朓《游敬亭山》詩：“要欲追奇趣，即此陵丹梯。”李善注：“丹梯，謂山也。”《舊唐書·武宗紀》：“志欲矯步丹梯，求珠赤水。”宋王邁《閩嶺遥岑》詩：“天晴遥見七閩關，萬仞丹梯莫可攀。”元汪澤民《秋日同游敬亭得並字》詩：“晴嵐煖翠約花時，往覓丹梯登絶頂。”元郭鈺《寄宋時舉》詩：“崆峒元是神仙境，萬丈丹梯不可攀。”清李澄《望羅浮歌》：“何年蓬萊卷石浮海至，丹梯翠棧相鈎連。”一說，山峰入雲霞處。唐李白《夜泛洞庭尋裴侍御清酌》詩：“遇憩裴逸人，岩居陵丹梯。”王琦注引吕延濟曰：“丹梯，謂山高峰入雲霞處。”

【埵】[1]

本指土堆，喻山嶺。漢王充《論衡·説日》：“太山之高，參天入雲，去之百里，不見埵塊。”唐玄奘《大唐西域記》：“其山頂則東西長南北狹。臨崖西埵有磚精舍。”唐釋道世《法苑珠林·山量部》：“雪山埵出高百由旬，其山頂上有阿耨達池。”宋釋延一《廣清涼傳》：“五臺四埵，古聖行迹。”《資治通鑑·唐武宗會昌五年》“五臺僧多亡奔幽州”胡三省注引《靈記》云：“五臺山有四埵，去臺各一百二十里。”清邵長蘅《送董舜民游五臺山》詩：“東埵古雪峰，俛視見溟渤。”

【岫】[1]

指山巒、山峰。又稱“巖岫”“山岫”。三國魏嵇康《憂憤》詩：“采薇山阿，散髮巖岫。”晋陶潛《歸去來辭》：“雲無心以出岫，鳥倦飛而知還。”晋傅玄《又答程曉》詩：“洪崖歌山岫，許由嗟水濱。”南朝梁江淹《齊太祖高皇帝誄》：“躍馬山岫，泛舟河澨。”北魏酈道元《水經注·濕餘水》：“山岫層深，側道褊狹，林鄣邃險，路才容軌。”唐魏徵《述懷》詩：“鬱紆陟高岫，出没望平原。”唐戴叔倫《聽霜鐘》詩：“髣髴烟嵐隔，依稀岩岫重。”唐司空圖《楊柳枝壽杯詞》之十四：“隔城遠岫招行客，便將朱樓當酒旗。”宋朱弁《曲洧舊聞》：“在郡西，岩岫秀麗可愛，仙翁釋子多隱其中，圖經不著其名。”金劉著《月夜泛舟》詩：“浮世渾如出岫雲，南朝詞客北朝臣。”明于慎行《雨》詩：“片雲生遠岫，驟雨過重樓。”清施閏章《望衡嶽》詩：“水國風雷虚岫出，炎方冰雪半巖封。”

【巖岫】[1]

即岫[1]。此稱三國魏已行用。見該文。

【山岫】[1]

即岫[1]。此稱晋代已行用。見該文。

【峪】[1]

猶山[1]。以峪代山，衹爲古人一說，今稱峪爲山谷，謂山體形態之一。《玉篇·山部》：“峪，山也。”元王惲《沁水道中》詩：“蒼巔互出縮，峪勢曲走蛇。”按，“峪勢”可解爲“山勢”。清方正瑗《度秦峪嶺至商州與王刺史》詩：“梯雲數千級，忽登秦峪頂。”

【崦】

泛指山[1]。南朝梁江淹《雜體詩三十首》其十七：“崦山多靈草，海濱饒奇石。”唐顧非熊

《寄陸隱君》詩："定擬秋凉過南崦，長松石上聽泉聲。"唐李商隱《送從翁從東川弘農尚書幕》詩："一川虛月魄，萬崦自芝苗。"宋田錫《紅樹》詩："半露寺樓深崦裏，密籠漁舍夕陽間。"宋辛棄疾《滿庭芳・和章泉趙昌父》詞："西崦斜陽，東江流水，物華不爲人留。"元韓性《宛委山》詩："崦中孤起如炊烟，乘風騰上蒼厓巔。"明高啓《王七招飲余游紫藤塢值雪失期》詩："東崦題詩西崦醉，等閒忘却故人期。"清鄭文焯《鷓鴣天》詞其一："烟澹宕，月空冥。下崦蒙雨上崦晴。"

嶽

　　高大山體。亦作"岳"。"岳"字由甲骨文𥔿、小篆𡶴演變而來。"岳"先秦用於官名，主四方之祭，爲諸侯之長。《書・周官》："王乃時巡，考制度于四岳，諸侯各朝于方岳，大明黜陟。"孔傳："覲四方諸侯，各朝於方岳之下，大明考績黜陟之法。"《書・舜典》："四岳群牧。"孔穎達疏："《釋山》云：'泰山爲東嶽，華山爲西嶽，霍山爲南嶽，恒山爲北嶽。'"孔穎達將"岳"疏同"嶽"，通山，非"官名"。而自漢至南北朝文獻中已有通山之"岳"字出現，與"嶽"字并用於之後各代文獻之中。然《書》曾毀於秦、西晉，後代傳本中的"岳"字，抑或"嶽"字，是否爲先秦原文之字，存疑。《周禮・春官・大宗伯》："以血祭社稷、五祀、五嶽。"《爾雅・釋山》："山高而尊者嶽。唐虞四嶽，至周始有五嶽。"《詩・大雅・崧高》："崧高維嶽。"《詩詁》："山高而尊者嶽。"漢劉向《楚辭・九嘆・遠逝》："合五嶽與八靈兮，訊九魁與六神。"《說文》古篆作"𡽪"。又云："東岱、南霍、西華、北恒、中泰室，王者巡狩所至。從山，獄聲。"漢班固《白虎通》："嶽之爲言桷也。桷，考功德，定黜陟也。"漢揚雄《法言》："川有瀆，山有嶽。"漢張衡《思玄賦》："二女感於崇岳兮，或冰折而不營。"舊注："岳，五岳也。"《玉篇》："岳同嶽。"南朝梁劉勰《文心雕龍・銘箴》："至於始皇勒岳，政暴而文澤，亦有疏通之美焉。"按，此指東嶽泰山。南朝齊孔稚珪《北山移文》："偶吹草堂，濫巾北岳。"南朝梁江淹《雜體詩・顏特進延之侍宴》："氣生川岳陰，烟滅淮海見。"唐韓愈《喜雪獻裴尚書》詩："聚庭看嶽聳，掃路見雲披。"《集韻》："嶽，古作岳。"宋范仲淹《岳陽樓記》："日星隱曜，山岳潛形。"元周伯琦《六書正譌》："從丘，山，象形。岳、嶽，經傳通用。"明鄧世龍《國朝典故・三家世典》："巖巖山嶽之重，嬌嬌虎貔之猛。"清王夫之《哀管生永叙》詩："岳徑雲藏雪，洋泉月引凉。"徐珂《清稗類鈔・植物類》："藥材産於邱陵山嶽者甚多，而長白、太行之參，最稱珍品。"

"岳"（甲骨文）
（根據乙4641合14437繪製）

【岳】

　　同"嶽"。此稱殷商代已行用。見該文。

【喬嶽】[1]

　　本指泰山，泛指高山。亦作"喬岳"。《詩・周頌・時邁》："懷柔百神，及河喬嶽。"毛傳："喬，高也。高嶽，岱宗也。"三國魏曹植《七啓》："河濱無洗耳之士，喬嶽無巢居之民。"唐李紳《趨翰苑遭誣搆四十六韻》："墜劍悲喬岳，號弓泣鼎湖。"宋王炎《和王右司游南岳三絶》

詩其二："喬岳雄於楚粵間，衆丘迤邐釀高寒。"元楊載《寄維揚賈侯》詩："氣蒸雲霧藏喬嶽，聲轉滄溟放大河。"明王鼎《登泰山》詩："與客登喬嶽，肩輿烟靄中。"清顧炎武《華下有懷顧推官》詩："秋風動喬嶽，黄葉辭中林。"

【喬岳】

同"喬嶽[1]"。此體唐代已行用。見該文。

【阜】[1]

大山。《詩·小雅·天保》："如山如阜，如岡如陵。"《荀子·賦篇第二十六》："有物於此，生於山阜，處於室堂。"《楚辭·九嘆·遠逝》："阜隘狹而幽險兮，石嵾嵯以翳日。"晋左思《蜀都賦》："山阜相屬，含溪懷谷。"劉逵注："阜，大山也。"南朝齊謝朓《齊敬皇后哀策文》："翠帟舒阜，玄堂啓扉。"吕延濟注："阜，山也。"晋成公綏《行詩》："高岡碣崔嵬，雙阜夾長川。"唐孫魴《題梅嶺泉》詩："岡阜分明出，杉松氣概全。"宋文天祥《贈尅擇徐吉甫》詩："尋雲履高阜，湯湯俯長波。"元宋褧《菩薩蠻·偃師道中》詩："北邙古冢紛無數，崔嵬羅列成山阜。"明徐賁《晋冀紀行十四首·壽州》詩："平山帶孤城，一塔起高阜。"清毛澄《崇寧道中》詩："翠阜蜿蜒稻壟西，柴門芳草雨初齊。"

【介丘】

大山。亦作"介邱"。《史記·司馬相如列傳》："以登介丘，不亦恧乎？"裴駰集解《漢書》音義曰："介，大也；丘，山也。"南朝梁劉勰《文心雕龍·封禪》："歌之以禎瑞，贊之以介邱。"唐盧照鄰《登封大酺歌》之三："翠鳳逶迤登介丘，仙鶴裴回天上游。"唐張九齡《東封赦書》："皆用事於介邱，升中於上帝。"

宋王禹偁《北狄來朝頌》："可紀岱嶽，宜登介丘。"元吴萊《送俞觀光學正赴調京師》詩："齊秦相襲一介丘，梁魏何有真浮漚。"明黎民表《送何喬仲赴闕四首》其三："驅車燕趙郊，道由介丘陽。"清葉紹本《金縷曲試院示諸生三十五疊前韻》詞："高躅介邱觀巨瀚，莫黑風、羅鬼猙獰醜。"一説，小山。漢揚雄《法言·吾子》："升東嶽而知衆山之邐迤也，况介丘乎！"宋咸注："介，小也。"

【介邱】

同"介丘"。此體南朝梁已行用。見該文。

【岠】[1]

大山。《玉篇·山部》："岠，大山也。"北魏酈道元《水經注·汾水》："汾水又南逕汾陽縣故城東，川土寬平，岠山夷水。"唐杜甫《木皮嶺》詩："遠岠（一作岫）爭輔佐，千巖自崩奔。"明劉基《女兒割股詞爲徐勉之作》詩："青燈背壁月當户，岠山之禽夜啼苦。"清朱頖《淳水蘭》詩："班春曾税駕，攬轡登岌岠。"

【嶕嶢】

高山，亦指山之峻峭、高聳之貌。亦作"嶕嶤""嶢嶕"。《漢書·揚雄傳下》："泰山之高不嶕嶢，則不能浡滃雲而散歕烝。"顏師古注："嶕嶢，高貌也。"晋陶潛《擬挽歌辭》之三："四面無人居，高墳正嶕嶢。"晋陸雲《贈顧彦先》詩其三："陟升嶕嶢，降涉洪波。"南朝梁劉峻《始居山營室》詩："鑿户窺嶕嶢，開軒望嶄崟。"宋孔平仲《呈介之》詩："古柏青黄苦暗凋，怪松千尺老嶕嶢。"宋司馬光《送張太博肅知岳州》詩："波濤洶湧動寒野，樓閣嶕嶢壓暮雲。"宋余靖《贛石》詩："萬堆頑碧聳嶢嶕，壅遏江流氣勢驕。"明陳宏緒《寒夜録》

卷上：“山虛水深，萬籟蕭蕭，古無人蹤，惟石嶕嶢。”明危素《小孤山歌》詩：“滔滔逝水東流去，兩石嶣嶤屹天柱。”清周亮工《百丈巖瀑布同公蕃賦》詩：“雷耕石骨劈嶕嶢，波詭雲騰百丈高。”

【嶣嶤】

同“嶕嶢”。此體晋代已行用。見該文。

【嶢嶕】

同“嶕嶢”。此體宋代已行用。見該文。

【峭山】

陡峻的高山。單稱“峭”。峭或作“陗”。屈原《九章·悲回風》：“上高巖之峭岸兮，處雌蜺之標顛。”唐慧琳等《一切經音義》引《說文》曰：“峭，陵也。”按，陵，大山；峭，陡直的大山。《淮南子·脩務訓》：“上峭山，赴深溪，游川水。”高誘注：“峭山，高山。”南朝宋傅亮《演慎論》：“臨淵登峭，莫不惴慄。”唐馬戴《題石甕寺》詩：“蘚壁松生峭，龕燈月照空。”宋王洋《因與伯氏同一僧話武夷事作詩追寄之》詩：“直峰峭壁天半青，高簷張燈疑掛星。”明黄公輔《游西湖》詩：“碧潭蕩漾霞山峭，白日昭回嶽寺幽。”清鄭江《飛來寺》詩：“澄江綠瀞潔於苔，群峭摩天一綫開。”亦謂山高陡峻。晋張協《雜詩十首》其九：“朝登魯陽關，狹路峭且深。”元尹志平《一剪梅》詞：“峰巒峭拔，松檜成行。”

【峭】

即峭山。此稱先秦已行用。見該文。

【崧】

大而高的山。亦作“嵩”。《詩·大雅·崧高》：“崧高維嶽，駿極于天。”《爾雅·釋山》：“山，大而高曰嵩。”漢劉熙《釋名·釋山》：“山，大而高曰嵩。”《三國志·蜀書·秦宓傳》：“故貪尋常之高而忽萬仞之嵩，樂面前之飾而忘天下之譽。”唐白居易《重修香山寺畢題二十二韻以紀之》詩：“地圖鋪洛邑，天柱倚崧丘。”宋許及之《崧高齊上施參政壽》詩：“靈山鍾秀崧高齊，鹿苑名勝神所棲。”元王庭筠《舍利塔》詩：“崧山歸山夏秋雨，雨潦從衡歲相蕩。”明林大春《題蕭處士之居》詩：“圖開崧嶽丹霞古，夢入花源紫洞虛。”清陳恭尹《寄壽何慎思邑侯》詩：“部人歌令德，矯首咏高崧。”

【嵩】

同“崧”。此體漢代已行用。見該文。

【墟】[1]

高大山體。亦作“虛”。先秦宋玉《對楚王問》：“鯤魚朝發崑崙之墟，暴鬐於碣石，暮宿於孟諸。”南朝梁何遜《野夕答孫郎擢》詩：“山中氣色滿，墟上生烟露。”唐徐夤《憶潼關》詩：“洞壑雙扉入到初，似從深阱睹高墟。”元王惲《華不注歌》：“秦鞭有力驅不去，天遣一柱標齊墟。”明歸有光《自海虞還阻風夜泊明日途中有作》詩：“寒光冒明湖，朔風轉高墟。”

【虛】[1]

高大山體。同“墟[1]”。《山海經·海內西經》：“海內崑崙之虛，在西北，帝下之都。崑崙之虛，方八百里，高萬仞。”《詩·鄘風·定之方中》：“升彼虛矣，以望楚矣。”馬瑞辰通釋：“虛，本或作墟。”《爾雅·釋山》：“河出崑崙虛，色白。”《說文·丘部》：“虛，大丘也。崑崙丘謂之崑崙虛。”北魏酈道元《水經注·河水》：“崑崙虛在西北，去嵩高五萬里，地之中也，其高萬一千里。”晋孫綽《秋日》詩：“疏林積凉風，虛岫結凝霄。”唐韋莊《同舊韻》

詩:"遲客虚高閣,迎僧出亂岑。"宋文同《秋盡日陪諸友登白佛閣》詩:"危刹隱高皋,孤軒橫碧虚。"元許衡《病中雜言二首》其一:"磊落青山萬仞高,虚崖絶險駭猿猱。"明陶安《望皖公山》詩:"高虚有境藏仙洞,威武如神衛帝關。"清宋湘《説詩》詩:"好把臭皮囊洗净,神仙樓閣在高虚。"

【景山】

大山。《詩·鄘風·定之方中》:"望楚與堂,景山與京。"又,《殷武》:"陟彼景山,松柏丸丸。"毛傳:"景山,大山。"漢傅毅《七激》歌:"陟景山兮采芳苓。哀不慘傷,樂不流聲。"三國魏阮籍《咏懷》其十四:"瞻仰景山松,可以慰吾情。"晋成公綏《嘯賦》:"若乃遂崇崗,陵景山,臨巖側,望流川。"南朝齊丘巨源《咏七寶扇》詩:"畫作景山樹,圖爲河洛神。"唐陸龜蒙《添酒中六咏·酒鎗》其五:"景山實名士,所玩垂清塵。"宋蘇頌《次韻孫莘老司諫見寄》詩:"平日交情今楚越,徒勞瞻望景山松。"明陳獻章《和梅侍御見寄》詩:"景山千丈松,慰我冰雪皎。"清樊增祥《菩薩蠻·後院小屋三楹窗臨玉河偶拈小令寫之》詞:"景山殘照夕,羅袖當窗立。"

【嶕】

高山。亦稱"嶕嶢""嶢""巇嶢"。漢張衡《西京賦》:"直嶕嶢以高居。"唐杜甫《自京赴奉先縣咏懷五百字》詩:"凌晨過驪山,御榻在嶕嶢。"唐舊藏本《古文苑》:"諸徼嶢,五矼參差。"唐韓愈《豐陵行》:"逾梁下坂筇鼓咽,嶕嶢遂走玄宫閭。"又,唐韓愈《城南聯句》詩:"掘雲破嶕嶢,采月漉坳泓。"宋孔武仲《思南嶽呈運判承議》詩:"選勝危梯經巇嶢,登高餘

思憑欄干。"明楊慎《景川曹侯廟碑記》:"劃險爲平,通夷達華,航鯨波而梯鳥道,去嶕嶢而就夷庚。"清顧炎武《恭謁孝陵》詩:"九嵕超嶕嶢,原廟逼嶙岣。"清李斗《揚州畫舫録·草河録下》:"過橋沿小溪河邊折入山徑,嶕嶢難行。"《康熙字典》作"山突兀貌"。

【嶕嶢】

即嶕。此稱唐代已行用。見該文。

【嶢】

古同"嶕"。此稱唐代已行用。見該文。

【巇嶢】

即嶕。此稱宋代已行用。見該文。

【盤巖】

大山。晋郭璞《江賦》:"爾乃域之以盤巖,豁之以洞壑,疏之以沱汜。"劉良注:"盤巖,大山。言江以大山爲限界也。"唐方干《送永嘉王令之任二首》詩其二:"山間閣道盤巖底,海界孤峰在浪中。"宋文同《施公潭》詩:"盤巖復轉溪,磴道入雲微。"明楊慎《七星關新橋》詩:"架壑盤巖嵌碧空,驅山鞭石讓玄功。"

【嵩岫】

高山。晋葛洪《抱朴子内篇·暢玄》:"負步杖策,不以易結駟之駱驛也。藏夜光於嵩岫。"又《外篇·廣譬》:"北人、箕叟,棲嵩岫而得意焉。"又《外篇·任命》:"吾聞五玉不能自剖於嵩岫,騰蛇不能無霧而電征。"宋晁説之《留别延慶明智》詩:"行行招隱意,嵩岫解相思。"

山脉

成行列的群山,山勢起伏,朝一定方嚮延伸,狀似脉絡,故稱。唐方干《陸山(一作睦上)人畫水》詩:"毫末用功成一水,水源山脉

固難尋。"唐周繇《題東林寺虎掊泉》詩:"爪擡山脉斷,掌托石心拗。"宋葉適《著存亭》詩:"山脉迢迢繡峰住,墓氣騰騰縷雲去。"元汪鑫《泊瓜洲》詩:"山脉南來江欲斷,潮頭東去海相通。"明孫一元《休寧汊口十咏·龍山》詩:"蜿蜒山脉好,神物欲飛翔。"清丘逢甲《以攝影法成澹定村心太平草廬圖張六士爲題長句次其韻》詩:"昆崙山脉走南戎,萬水趨海朝祝融。"

【山文】

山的紋理。猶山脉。亦稱"山紋"。《後漢書·馬融傳》:"山罍常滿。"李賢注:"山罍,畫爲山文。"南朝宋鮑照《三日游南苑》詩:"騰蕏溢林疏,麗日曄山文。"南朝齊謝朓《奉和隨王殿下詩十六首》其八:"徒藉小山文,空揖章臺賦。"唐張九齡《林亭咏》詩:"苔益山文古,池添竹氣清。"宋王枼《白水山》詩:"高空重素練,界斷碧山紋。"明袁宏道《乍晴即事》詩:"山紋斜界露,樹影拗枝橫。"清王士禄《滿江紅·湖樓坐雨同顧庵用前韻再柬荔裳》詞其八:"烟雨憑欄,愛浮黛、遥山紋漲。"

山　紋
(參閱宋李公麟《山莊圖》)

【山紋】

同"山文"。此稱宋代已行用。見該文。

【地脉】[1]

地的脉絡,地形的延伸。抑或指山脉。亦可解釋爲地域的分界綫。《史記·蒙恬列傳》:"起臨洮屬之遼東,城塹萬餘里,此其中不能無絕地脉哉?此乃恬之罪也。"唐孟浩然《送吳宣從事》詩:"旌旆邊庭去,山川地脉分。"宋丁開《漂泊岳陽遇張中行晚宿君山聯句》:"元氣無根株,地脉有斷絕。"元張翥《贈地理家何玉泉》詩:"腹有丹光飛日月,眼窮地脉入雲烟。"《三國演義》第一一三回:"鄧艾先度了地脉,故留蜀兵下寨之地。"

【龍脉】

如龍形般綿延之山脉。舊時風水學術語。唐楊筠松《撼龍經》:"大率龍行自有真,星峯磊落是龍身……龍神二字尋山脉,神是精神龍是質。"元凌雲翰《南山紀事詩爲楊復初賦》詩:"偶讀青烏經,送識來龍脉。"明章潢《圖書編》:"恒山發祖,龍脉若從天降,下爲平陽,而大河三面環遶。"明何吾騶《贈曾魯朴山人》詩:"萬里行龍脉,千山奪虎頭。"明佚名《儒門崇理折衷堪輿完孝錄》:"謂龍脉有浮沉,水土有厚薄。"清胤禛《瞻仰盛京宮闕念祖宗創業艱難恭賦二十韻》詩:"逶迤龍脉遠,詄蕩鳳城雄。"清柯培元《噶瑪蘭志略》卷二:"其龍脉從蘇澳穿海而來,一路石礁隱現。"清傅澤洪等《行水金鑑》卷六四:"祖陵形勢,龍脉來自萬里蜿蜒盤結,拱山帶江。"

【來龍】

山脉主山,龍脉的來源。舊時風水學術語。晋郭璞《葬書》:"夫千里來龍,五尺入手,纔

差一指，盡廢前功，縱奇峯聳。"宋趙與峕《賓
退錄》："朱文公（熹）嘗與客談世俗風水之說，
因曰：'冀州好一風水，雲中諸山來龍也。'"
明吾丘瑞《運甓記》："此間前岡有塊好地，來
龍去脈，靠嶺朝山。"《徐霞客游記·粤西游日
記三》："西北有土山排列，北則來龍大脊，與
東南石峯分界東北去，循東南石峯。"明代人僞
托五代十國何溥之名所撰《靈城精義》卷下：
"砂頭自東趨西北，本是坤申來龍，然東南巽丙
上水來左右兩砂交牙。"清傅澤洪等《行水金
鑑》卷一六一："南門外有雲龍山、户部山。此
山來龍從湖廣發脈，由西南來。"清鄒一桂《小
山畫譜》卷上："山無來龍，水無脈絡，轉折向
背，遠近高下之不分。""來龍去脈"一詞原指
山勢如龍，從頭到尾都有如血脈連貫，現常用
來比喻事物的來歷或事情的前因後果。

【地脊】

山的別稱。山如大地之脊，故稱。褶皺山
脈往往呈脊狀向某一方嚮延伸。唐孟郊《登華
嚴寺樓望終南山贈林校書兄弟》詩："地脊亞爲
崖，聳出冥冥中。"宋王該《昭惠廟黄柏歌》：
"有時狂風盲雨嘷長巓，上徹天心下地脊。"元
周伯琦《渡黄河作》詩："太行橫地脊，河水貫
天心。"明王世貞《黄山歌題叔寶畫贈新安吳孝
父》詩："此山雖小據地脊，根壓天目排秋旻。"
清傅增湇《庚子春初自興義按試回雨雪載途連
日大霧道經關索嶺適值開霽俯仰流連偶然有作》
詩："崑崙地脊控八方，南分一幹支夜郎。上薄
昆明下五嶺，中間脈絡紛開張。"清傅澤洪等
《行水金鑑》："南旺汶河水分處，原係地脊，其
勢最高，於此而流分南北也。"

【分水嶺】

形成河水分流的山脈。古人言分水嶺，即
指分開河道的山嶺，而非一道嶺分隔兩個流域。
北魏酈道元《水經注·漾水》："《漢中記》曰：
'嶓冢以東，水皆東流；嶓冢以西，水皆西流。'
即其地勢源流所歸，故俗以嶓冢爲分水嶺。"唐
元稹《分水嶺》詩："崔嵬分水嶺，高下與雲
平。上有分流水，東西隨勢傾。"唐吳融《分水
嶺》詩："兩派潺湲不暫停，嶺頭長瀉别離情。"
宋蘇軾《和人回文五首》詩其二："東復西流分
水嶺，恨兼愁續斷弦琴。"元薩都剌《度閩關二
首》其一："曉度分水嶺，身在雲霧中。"明趙
完璧《次韻夜過分水嶺》詩："素娥迎暮嶺，青
女伴寒空。"清吳振棫《嘉陵江》詩："分水嶺
前江水長，朝天關下估帆張。"參閱清黄鼎《山
水圖》。

分水嶺
（參閱清黄鼎《山水圖》）

嶂

像屏障一樣聳立的山。亦作"障"。南朝梁

王筠《北寺寅上人房望遠岫玩前池》詩："閑牖聽奔濤，開窗延疊嶂。"南朝梁沈約《鍾山詩應西陽王教》："鬱律構丹巘，峻嶒起青嶂。"呂向注："山橫曰嶂。"《宋書·謝靈運傳》："尋山陟嶺，必造幽峻，岩嶂千重，莫不備盡。"北魏酈道元《水經注·沔水》："嶂遠溪深，澗峽險邃。"隋盧思道《贈劉儀同西聘》詩："極野雲峰合，遥嶂日輪低。"唐慧琳等《一切經音義》："障，或從山作嶂。"《增韻》："嶂，山峰如屏障也。"宋范成大《念奴嬌》詞："雙峰疊嶂，過天風海雨，無邊空碧。"宋范仲淹《漁家傲》詞："千嶂裏，長烟落日孤城閉。"元汪元量《漢州》詩："雲橫疊嶂吞殘日，風卷崇岡起曉烟。"明劉基《玉澗和尚西湖圖》詩："浮光吐景十里外，疊嶂湧出青芙蕖。"清佟鳳彩《晚登保安城西望小頂山》詩："碧嶂青青翠色橫，夕陽直射古荒城。"

【障】

同"嶂"。此體唐代已行用。見該文。

【山墻】

像墻一樣高聳的山嶺。唐杜牧《題武關》詩："山墻谷塹依然在，弱吐强吞盡已空。"宋何夢桂《和表露石庵韻》詩："九些招魂招不返，黃昏豺虎嘯山墻。"明李東陽《西山十首》

嶂
（參閱元方從義《雲山圖》）

詩其七："水流澗石叢中響，雲度山墻缺處來。"

【盛】

形如堤防般狹長的平山。亦稱"盛山"。《山海經·大荒東經》："有山，又有門戶山，又有盛山，又有待山。"《爾雅·釋山》："如防者，盛。"郭璞注："防，堤。"邢昺疏："盛讀如粢盛之盛，堤防之形，隨而高峻，若黍稷之在器，故其山形如堤防者亦名盛也。"舊題先秦師曠《禽經》："雉屬，出華嶽及盛山中，晴暘則頸出彩色作囊。"《漢書·郊祀志》："盛山斗入海，最居齊東北陽。"唐韋處厚《盛山十二詩·宿雲亭》："雨合飛危砌，天開卷曉窗。"宋張嵲《九日三首》詩其三："千年龍山盛，坐客看落筆。"《文獻通考·郊社考》："祠盛山，盛山斗入海。"明陳璉《蕭然室》詩："盛有山林趣，寧知處市廛。"清姚燮《過謝家塘少時故居感作六章》詩其六："東山盛簪紱，頗矜門第高。"按，《史記·封禪書》作"成山"。

【盛山】

即盛。此稱先秦已行用。見該文。

嶺 [1]

綿延而高平的山。領，意爲引導或領路；嶺，本意爲有路可通行之山，或山中的道路。《說文·山部》："嶺，山道也。"晉孫綽《游天台山賦》："或倒景於重溟，或匿峰於千嶺。"唐李周翰注："直上孤立曰峰，平高而長曰嶺。"南朝宋謝靈運《登上戍石鼓山》："日末澗增波，雲生嶺逾疊。"《北齊書·文宣帝紀》："甲辰，帝親踰山嶺，爲士卒先，指麾奮擊，大破之。"唐孟浩然《宿業師山房期丁大不至》詩："夕陽度西嶺，群壑倏已暝。"宋蘇軾《題西林壁》詩："橫看成嶺側成峰，遠近高低各不同。"

元丘處機《題天壇二首》其一："峨峨峻嶺接雲衢，古柏參差數萬株。"元王冕《天台行》詩："丹霞紫霧互吞吐，重岡複嶺青盤旋。"清胤禛《山氣日夕佳》詩："嶺銜斜照澹雲收，翠靄參差晚更幽。"參閲宋韓拙《論山》、宋趙黻《江山萬里圖》。

巖[1]

山體，亦指山峰，山的頂部。亦作"岊""嵓""巉"。按，"岊"字與其甲骨文字形極爲相似。自南朝至明清，文獻中常有"岊"字出現。《公羊傳·哀公十三年》："春，鄭軒達帥師取宋師于岊。"《楚辭·天問》："阻窮西徵，巖何越焉？"《説文·山部》："岊，山岊也。"漢劉向《列仙傳》："葱蓲密密覆巖嶺，山上棲隱如此人。"漢秦嘉《詩》："巖石鬱嵯峨。"三國魏張揖《廣雅》："巉，岑崟。"三國魏曹丕《浮淮賦》："仰嵓岡之崇阻兮，徑東山之曲阿。"《玉篇·山部》："巖，峰也。"《晉書·顧愷之傳》："愷之云：'千巖競秀，萬壑争流。'"南朝齊謝朓《宣城郡内登望》詩："威紆距遥甸，巉嵓帶遠天。"唐李白《夢游天姥吟留別》詩："千巖萬轉路不定，迷花倚石忽已暝。"唐杜牧《題池州弄水亭》詩："孤歌倚桂巉，晚酒眠松塢。"宋朱熹《屢游廬阜欲賦一篇而不能就六月中休董役卧龍偶成此詩》詩："千巖雖競秀，二勝終莫量。"宋汪藻《書寧川驛壁》詩："會將新濯滄浪足，踏遍千巉萬壑秋。"元許有壬《縋峪寄可行弟

巖
（漢華山廟碑）

詩："千巉萬壑鬱蒼蒼，葉正殷紅菊正黄。"明梁兆奇《寄懷何友竹師步來韻》詩："試問玲瓏巖上月，清輝曾續幾人游。"清唐建中《臨高臺》詩："碧蘚净孤渚，蒼雲陰半岊。"清弘曆《凉》詩："清曉晛天宇，霧氣消山巖。"清趙執信《聲調譜》："問君西游何時還？畏途巉巉不可攀。"

"岊"（甲骨文）
（簠地 30 甲）

【岊】[1]

同"巖[1]"。此體先秦已行用。見該文。

【嵓】[1]

同"巖[1]"。此體三國魏已行用。見該文。

【巉】

同"巖[1]"。此體三國魏已行用。見該文。

巒[2]

圓頂之山。宋戴侗《六書故·地理二》："巒，圓峰也。"宋韓拙《論山》卷二："洪谷子云：尖者曰峰，平者曰陵，圓者曰巒，相連者曰嶺。"

堂密

形狀像堂屋、方而高的山。亦稱"密"。《尸子·綽子》："松柏之鼠，不知堂密之有美樅。"《爾雅·釋山》："山如堂者，密。"郭璞注："形如堂室者。"郝懿行疏："《説文·山部》：'密，山如堂者。'"《禮記·檀弓》注："堂形四方而高。"南朝陳江總《攝山棲霞寺碑》："至如峰形甑累，岫勢堂密，亦烏足言哉。"宋范成大《休寧》詩："林園富瓜筍，堂密美杉柏。"元黄玠《題商山圖》詩："所以商山翁，深逃入堂密。"

清錢謙益《大同馬吉安茂明李公參贊留務序》："今之金陵，以荆襄爲牖户，江關浦口，堂密之間耳。"

【密】

即堂密。此稱先秦已行用。見該文。

崰[1]

四周險峻、山峰若輪、山頂平緩的山。亦稱"崮"。亦常作地名，或取本意。北魏酈道元《水經注·沂水》："又東南與甖崮水合，水有二源雙會東導一川，俗謂之汶水也。東逕蒙陰縣，注桑泉水。"《宋史·李全傳》："全得收餘衆保東海，劉全分軍駐崮上。霍儀攻沂州不下，霆自清河出徐州，斬儀，潰其衆。"元陳桱《通鑑續編》卷二一："引兵往救，又爲義斌所敗，全退保山崮。"元劉處玄《武陵春》詩："遙望崮山山正好，瑩瑩正芬芳。"明陳邦瞻《宋史紀事本末》："實攻信，殺之，復取青崖崮。"清岳濬等《山東通志》："土人以峯名崮山，多崮。"另，"崮"又特用於山東省泰沂山區地名。清穆彰阿等《大清一統志·兗州府》："君山，在嶧縣北六十里西，泇水發源於此，古名抱犢山，亦曰抱犢崮。"又如"紀王崮"，位於山東沂水縣城西北四十千米處。清道光《沂水縣志·輿

崮
（參閱宋王詵《漁村小雪圖卷》）

地》："相傳紀子大去其國居此，故名。"據考證，紀王是春秋時期的紀國國君。魯莊公四年即公元前 690 年，齊師伐紀，紀王遭饞失國後流亡居此。該崮頂現有紀王墓、金鑾殿、擂鼓臺等遺址二十多處。該崮以其規模之大，被譽爲"天下第一崮"。

【崮】

同"崰[1]"。此體北魏已行用。見該文。

【嵧】

碾輪形圓柱體狀山。猶崮。《集韻·平戈》："嵧，山形似碢者。"《字彙》："碢，碾輪也。"元耶律鑄《後騎吹曲詞九首·處月》詩："陳兵閬里黄蘆澱，轉戰斜車白草嵧。"清朱彝尊《日下舊聞·房山縣志》："嵧下有塘。"

岑樓

尖頂的山。亦作"岑嶁""岑嶁"。《孟子·告子下》："方寸之木，可使高於岑樓。"趙岐注："岑樓，山之銳嶺者。"晋孫楚《韓王臺賦》："邈迢遥以亢極，豈岑樓之能加。"《玉篇零卷·山部》："《孟子》：'一寸之木可使高於岑嶁。'劉熙曰：'岑嶁，小山銳頂者也。'"清王鴻妝《吾心四首寄姊丈郭春榆侍郎》其三："寸木生岑樓，反誚喬松卑。"亦謂似山之樓。宋王安石《哭梅聖俞》詩："貴人憐公青兩眸，吹噓可使高岑樓。"宋朱熹《孟子集注·告子章句下》："岑樓，樓之高銳似山者。"元周權《夏日偕友晚步飲聽泉軒》詩："樂彼泉上趣，幽構飛岑樓。"明楊承鯤《錢季梁山樓燕集》詩："花徑層層轉，岑樓宛宛登。"清方文《雨夜宿徐子九明府署中》詩："夜夜岑樓立，方知爲令艱。"

【岑嶁】

同"岑樓"。此體漢代已行用。見該文。

【岑嶅】

同“岑樓”。此體南朝梁已行用。見該文。

玉簪

喻高而尖的秀麗山岑，如簪之形，故稱。亦稱“瑶簪”。唐韓愈《送桂州嚴大夫》詩：“江作青羅帶，山如碧玉簪。”唐陸禹臣《贈吳生》詩：“露下瑶簪濕，雲生石室寒。”宋范成大《桂海虞衡志·志嚴洞》：“桂之千峰，玉筍瑶簪，森列無際。”宋辛棄疾《水龍吟·登建康賞心亭》詞：“遥岑遠目，獻愁供恨，玉簪螺髻。”元劉敏中《沁園春》詞：“驀地相看，茫然皓首，依舊華峰碧玉簪。”明孫賁《沙門島四首》詩其三：“立占滄溟碧玉簪，蜃樓高過百花岩。”清李宗瀛《少喬過訪留宿齋中談藝甚樂習日以詩奉柬兼寄鄉甫明江》詩：“桂林諸峰碧玉簪，仙乎與子驂鸞驂。”清陳學聖《九十九峰》詩：“誰將玉筍林林立，都把瑶簪插九霄。”

【瑶簪】

即玉簪。此稱唐代已行用。見該文。

【巑岏】

尖峰鋭貌之山。《楚辭·九嘆·憂苦》詩：“登巑岏以長企兮，望南郢而窺之。”王逸注：“巑岏，鋭山也。”宋玉《高唐賦》：“盤岸巑岏，裖陳磑磑。”南朝宋鮑照《登廬山望石門》詩：“嶄絶類虎牙，巑岏象熊耳。”南朝梁江淹《待罪江南思北歸賦》詩：“究烟霞之繚繞，具林石之巑岏。”唐李遠《過舊游見雙鶴愴然有懷》詩：“朱頂巑岏荒草上，雪毛零落小池頭。”宋文同《彭州南樓》詩：“回頭大岷雪，千仞玉巑岏。”元馮子振《贈鐵脚劉道人》詩：“盧溝月濕波蕩漾，太行雲崑峰巑岏。”明周滇《舟中望九華山》詩：“縹渺對雄標，巑岏發奇藴。”清

李斗《揚州畫舫録·小秦淮録》：“小屋三楹，屋旁小閣二楹，黄石巉岏，石中古木十數株。”參閲宋馬遠《踏歌圖》。

丹巘

赤色的峰巒。疑爲丹霞地貌。亦作“丹嶠”，又稱“丹崿”。南朝宋顏延之《侍宴》詩：“青林結冥濛，丹巘被葱蒨。”南朝梁沈約《游鍾山詩應西陽王教》：“鬱律構丹巘，崚嶒起青嶂。”南朝梁蕭綱《棗下何纂纂》詩：“垂花臨碧澗，結翠依丹巘。”唐錢起《奉和聖製登朝元閣》詩：“翠微回日馭，丹巘駐天行。”唐王勃《靈瑞寺浮圖碑》：“揆刹玄嶺，圖基丹嶠。”唐吳筠《竹賦》：“夾滄江，倚丹崿，蓄水霧之沉沉，搖岩烟之漠漠。”宋馮時行《天華寺亭二首》詩其二：“日色射丹巘，秋姿凝翠鬟。”宋韓淲《送野雲孔鍊師回永嘉》詩其二：“開元觀近水心寺，丹嶠濛鴻第幾峰。”元李孝光《題周耕雲爲蕭元泰畫龍虎仙岩圖》詩：“金宮蕊殿起寥廓，翠厓丹巘深回環。”明韓上桂《浮丘社壽桐柏山人》詩：“醉後凌丹巘，飄飄步欲仙。”明陳梿《青陽察院》詩：“飛流瀉玄厓，朝霞曜丹崿。”清陳苞《七里瀨和謝康樂韻》詩：“丹巘夾清源，水石互吞嘯。”清弘曆《恭和皇祖聖祖仁皇帝御製避暑山莊三十六景詩·泉源石壁》：“泉源丹嶠側，石壁玉河限。”

【丹嶠】

即丹巘。此體唐代已行用。見該文。

【丹崿】

即丹巘。此稱唐代已行用。見該文。

【丹筍】

猶丹巘。喻高聳的紅色的山巖。如笋，故稱。疑爲丹霞地貌。明周滇《舟中望九華山》

詩：“巖回氣如焚，峰去勢猶引。刻削冠青蓮，雕鏤蠱丹筍。”明劉仔肩《雅頌正音》：“氣如燼峰，去勢猶引刻削冠，青蓮雕鏤，蠱丹筍嶻霞上。”清屈大均《華嶽百韻》：“丹筍乾雲直，青柯拂雨涼。”

碧嶂

產玉之山。又指青綠色如屏障的山峰。山的美稱。南朝梁江淹《雜體詩》：“碧嶂長周流，金潭恒澄澈。”李善注：“碧嶂，出碧之障，即玉山也。”唐李白《憶襄陽舊游贈馬少府巨》詩：“開窗碧嶂滿，拂鏡滄江流。”宋范成大《致爽閣》詩：“碧嶂橫陳似斷鰲，畫闌相對兩雄豪。”元廼賢《送胥有儀南歸》詩：“立馬望華蓋，君家碧嶂東。”明丁鶴年《環翠樓歌》：“奔騰起伏奇觀不可狀，雲錦屏風金碧嶂。”

佛頭青

本指淨髮後佛頭的深青色，藉指頂部植被茂密的山巒。宋林逋《西湖》詩：“春水淨於僧眼碧，晚山濃似佛頭青。”宋白玉蟾《景泰晚眺》詩：“潮花人鬢白，山色佛頭青。”《西游記》第四一回：“〔好雨〕滿地澆流鴨頂綠，高山洗出佛頭青。”明黃英《闕題》詩：“一水淨涵僧眼碧，數峰高聳佛頭青。”清王士禛《題吳歷畫》詩：“蟹舍漁灣入杳冥，遠山都似佛頭青。”參閱宋范寬《溪山行旅圖》。

坏 [1]

一成（重）之山。一說，兩重的山丘。亦作“坯”“岯”“邳”。《爾雅·釋山》：“山再成曰坏。”郝懿行義疏：“成，猶重也……坏本作岯。”又，《爾雅·釋山》：“一成，坏。”李賢注：“《爾雅》云‘山一成曰岯’，《東觀記》作‘坏’，並音平眉反，流俗本或作‘杯’者，誤

也。”《史記·夏本紀第二》：“東過雒汭，至于大邳。”裴駰集解引孔安國曰：“洛汭，洛入河處。山再成曰邳。”司馬貞索隱引《爾雅》云：“山一成曰邳。”《説文·土部》：“坏，丘再成者也。”《集韻·旨韻》：“岯，山一成曰岯。”唐李世民《小山賦》：“啓一圍而建址，崇數尺以成岯。”宋范成大《長安閘》詩：“千車擁孤隧，萬馬盤一坏。”清阮元《爾雅注疏》：“山上更有一山重累者，名岯。”

【坯】 [1]

同“坏 [1]”。此體先秦已行用。見該文。

【邳】

同“坏 [1]”。此體漢代已行用。見該文。

【岯】

同“坏 [1]”。此體唐代已行用。見該文。

陟

重叠三層之山。《爾雅·釋山》：“山三襲，陟。”郭璞注：“襲，亦重。”郝懿行義疏：“襲，本重衣之名，故郭璞云：‘襲，亦重。’陟者，升也，登也。故三重之山以登陟爲名。”邢昺疏：“山之形若三山，重累者名陟。”《列子·湯問》：“四方悉平，周以喬陟。”《詩·魏風·陟岵》：“陟彼岵兮，瞻望父兮……陟彼屺兮，瞻望母兮……陟彼岡兮，瞻望兄兮。”按，陟，亦有“攀登”“跋涉”之含義。連續攀登岵、屺、岡，或指續登上三重之山，又逐表眷戀、難捨母親、父親和兄弟之情。此寫法，乃詩之表現形式也。

獻 [1]

形如纍積兩甗之山。亦作“巚”。甗是中國先秦時期的蒸食用具，可分爲兩部分：下半部是鬲（古代炊具，樣子像鼎，足部中空），用於

煮水；上半部是甑（是籠屜，甑底部本身爲網眼），用來放置食物，可通蒸汽。《爾雅·釋山》："重甗，隒。"郭璞注："謂山形如累兩甗。甗，甑也，山形狀似之，因以名云。"究其意，山的上部或有兩或三峰。《爾雅·釋畜疏》："善升甗者，登山隒也。"《廣韻·阮韻》："巘，山形如甑。"《詩·大雅·公劉》："陟則在巘，復降在原。"漢張衡《西京賦》："陵重巘，獵昆駼。"李善注引薛綜曰："山之上大下小者曰巘。"唐杜甫《西枝村尋置草堂地夜宿贊公土室二首》其一："把臂蘿澀先登，陟巘眩反顧。"清吳偉業《偕穆苑先孫浣心葉子聞允文游石公山盤龍石梁寂光歸雲諸勝》詩："重隒累甑甗，短柱增櫨梲。"清盛大士《游烏目山房記》："遥望西北諸峰，扈者、歸者、章者、隆者、隋者、隒者、庢者，遠近俯仰拱揖。"

【巘】[1]

即"隒"。此體南朝梁代已行用。見該文。

崔嵬[1]

有石的土山，後泛指高山，又如山高偉貌。亦作"崔巍"。《詩·周南·卷耳》："陟彼崔嵬，我馬虺隤。"毛傳："崔嵬，土山之戴石者。"《楚辭·九章·涉江》："帶長鋏之陸離兮，冠切雲之崔嵬。"漢東方朔《七諫·初放》："高山崔巍兮，水流湯湯。"《爾雅·釋山》："石戴土謂之崔嵬。"北魏酈道元《水經注·沁水》："秦坑趙衆，收頭顱，築臺於壘中，因山爲臺，崔嵬桀起。"唐李白《蜀道難》詩："劍閣崢嶸而崔嵬，一夫當關，萬夫莫開。"唐楊炯《青苔賦》："靈山偃蹇，巨壁崔巍。"宋辛棄疾《沁園春·有美人兮》詞："覺來西望崔嵬，更上有青楓下有溪。"金王渥《三門津》詩："他山亦

崔嵬，砥柱獨尊雄。"明郊韶《送僧游廬山將之西蜀謁玉泉尊者》詩："聞道山人廬阜去，遠從西蜀陟崔嵬。"清陳維崧《江城子·春雨新晴過吳城西禪寺次雲臣南水賦》詞："千尋佛閣倚崔巍，眺胥臺，漫生哀。"清張實居《王烟客先生長白山圖歌》詩："會仙崔嵬三千仞，峰巒劍立樹倒懸。"

【崔巍】

同"崔嵬[1]"。此體漢代已行用。見該文。

礨

多大石之山。亦作"𥔵""磊"。《爾雅·釋山》："〔山〕多大石，礨。"陸德明釋文："礨，當作磊。"郝懿行義疏："礨，磊也，大石之形磊磊然也。"《説文·山部》："𥔵，山多大石也。"段玉裁注："許所據字從山也。《廣韻》引《爾雅》字亦从山。"唐韓愈《會合聯句》："吟巴山舉礨，説楚波堆壘。"

【𥔵】

同"礨"。此體漢代已行用。見該文。

【磊】

同"礨"。此體唐代已行用。見該文。

磝[1]

多小石之山。亦作"嶅""嶅"。《爾雅·釋山》："多小石，磝。"郭璞注："多礓礫。"《説文·山部》："嶅，山多小石也。"漢劉熙《釋名·釋山》："山多小石曰磝。"晉木華《海賦》："或屑没於䵼䵝之穴，或挂胃於岑嶅之峰。"唐李白《鳴皋歌送岑徵君》詩："峰崢嶸以路絶，挂晨辰於巖嶅。"唐韓愈《别知賦》："山磝磝其相軋，樹蓊蓊其相摎。"宋宋祁等《集韻》："同嶅。"宋文同《送無演歸成都》詩："英溪磽磝磴道嶮，行客欷歔上嶅崒。"金趙秉文《靈巖

寺》詩:"陽坡青礧礧,陰崖白磑磑。"元吳萊《登岸泊道隆觀觀有金人闖海時斫柱刀迹因聽客話蓬萊山紫霞洞二首》詩其二:"幽芳岸嶁搜,修蟄高螯赴。"明黃在裘《馬鞍岡》詩:"礙礜嵯峨列,中巒儳削成。"清魏源《武林紀游呈錢伊庵居士》:"衆磊而小礫,小礙而大礜,我不暇校量,蟻方以爲嶽。"

【螯】

同"礙[1]"。此體漢代已行用。見該文。

【礉】

同"礙[1]"。此體晉代已行用。見該文。

岨

有土層的石山。亦作"岨"。《詩·周南·卷耳》:"陟彼岨矣,我馬瘏矣。"毛傳:"石山戴土曰岨。"《説文·山部》:"岨,石戴土也。"晉阮籍《咏懷》詩其七十二:"登彼列仙岨,采此秋蘭芳。"《宋書·謝靈運傳》:"山匪岨而是岵,川有清而無濁。"《藝文類聚·人部》:"困吳坂之峻岨。"宋王洙《重建峴山羊侯祠歌》詩:"岨巔矗矗戴危石,箕踞曼衍羅芳蓀。"宋陳舜俞《廬山記》卷四:"旅薄次山楹,千岩狀岨積。萬壑勢回縈,龍嵷高昔貌。"元宋褧《兩頭織織》詩其二:"膃膃膊膊雨跳珠,磊磊落落戴石岨。"《徐霞客游記·粤西游日記三》:"惟見樹杪叢叢出疊石間,岨懸嶂絶。"清李必恒《役者謳》:"輦石陟岨,山石齟齬。"一説,有石的土山。《爾雅·釋山》:"土戴石爲岨。"郭璞注:"土山上有石者。"《韻會》:"《詩詁》云:'土山戴石,行者以爲苦,故云馬瘏仆痡。'"

【岨】

同"岨"。此體漢代已行用。見該文。

瓊峰

山的美稱。亦稱"瓊巇""瓊岳""瓊嶽"。晉張協《七命》:"既乃瓊巇嶒峻,金岸岪嵽。"李善注:"瓊巇,玉山也。"南朝梁蕭綱《徵君何先生墓誌》:"氣高瓊岳,心虛谷神。"唐蕭穎士《登故宜城賦》:"烟回起於殘燎,鳥群飛於瓊巇。"一本作"絶巇"。唐李林甫《奉和聖製次瓊岳應制》:"更看瓊岳上,佳氣接神臺。"唐武則天《游九龍潭》詩:"山窗游玉女,澗户對瓊峰。"元余闕《賦得琵琶峰送人降香龍虎山》:"瓊峰毓奇態,高高出先天。"明安希範《山居雜咏》詩其一:"香閣瓊峰裡,嵐光夕易陰。"

【瓊巇】

即瓊峰。此稱晉代已行用。見該文。

【瓊岳】

即瓊峰。此稱南朝梁已行用。見該文。

【瓊嶽】

即瓊峰。此稱唐代已行用。見該文。

【玉山】 [1]

山的美稱。又稱"玉幢""玉筍"。晉張協《七命》:"既乃瓊巇嶒峻,金岸岪嵽。"李善注:"瓊巇,玉山也。"唐春臺仙《游春臺》:"玉幢亘碧虛,此乃真人居。"宋楊萬里《真陽峽》詩:"夾岸對排雙玉筍,此峰外面萬山青。"宋范成大《桂海虞衡志·志巖洞》:"桂之山峰皆旁無延緣,悉自平地崛然特立,玉筍瑤簪,森列無際,其怪且多如此。"元呂恂《湖光山色樓》詩:"二月玉山花正好,夢隨春水白鷗波。"明楊維楨《過沙湖書所見》詩:"故人相憶在樓上,坐對玉山懷草堂。"清汪懋麟《題金碧堂爲趙銀臺玉峰》詩:"盤江夾浦各環抱,金蓮玉筍疑飛翻。"

【玉幢】

即玉山。此稱唐代已行用。見該文。

【玉筍】

即玉山。此稱宋代已行用。見該文。

翠微

山的美稱。泛指青翠的山。亦表青翠的山色，形容山光水色青翠縹緲。亦指青翠掩映的山腰幽深處。《爾雅·釋山》："未及上，翠微。"郭璞注："近上旁陂。"郝懿行義疏："翠微者……蓋未及山頂孱顔之間，葱鬱葐蒕，望之谸谸青翠，氣如微也。"晋黄野人《羅浮吟》詩："雲意不知滄海，春光欲上翠微。"唐李白《贈秋浦柳少府》詩："摇筆望白雲，開簾當翠微。"宋司馬光《和范景仁謝寄西游行記》："八水三川路渺茫，翠微深處白雲鄉。"金劉鐸《春日》詩："翠微深處幾人家，風颭輕烟雨壓沙。"元陳鎰《游南巖寺》詩其一："蟾溪南畔小峨嵋，幽磴盤盤上翠微。"明區大相《佛手巖有竹林寺遺迹》詩："僧言翠微頂，剩有一巖幽。"清福存《過盤山古刹》："翠微幽遠處，樵徑接雲門。"

巒[3]

狹長之山。《爾雅·釋山》一作："巒，山隨。"邢昺疏："謂山形狹長，一名巒也。"晋左思《蜀都賦》："岡巒糺紛，觸石吐雲。"劉逵注："山長，而狹也。"晋陸機《苦寒行》："凝冰結重澗，積雪被長巒。"南朝宋謝靈運《登廬山絶頂望諸嶠》詩："巒隴有合沓，往來無蹤轍。"唐李賀《南園十三首》詩其十一："長巒谷口倚稀家，白晝千峰老翠華。"宋衛宗武《夜坐待月次日補吟》詩："連巒一色净，清輝千里播。"元丁復《題劉堯輔觀瀑圖》詩："長巒老樹翠蓋敧，轉瀑崩厓（一作岩）練花瀉。"明梁寅《和何彦正春耕十一首》詩其三："垂垂楊柳蔭柴扃，遠遠岩巒列錦屏。"清屈大均《咏懷》詩其十二："林巒亘千里，沅湘流湯湯。"

【隨山】

狹長之山，抑或山脉。亦稱"山隨"，單稱"隨"。《詩·周頌·般》："隨山喬嶽，允猶翕河。"毛傳："隨山，山之隨隨小者也。"陸德明釋文："字又作隨。"《爾雅·釋山》："巒山，隨。"郭璞注："謂山形狹長者，荆州謂之巒。"按，《爾雅·釋山》："巒，山隨。"邢昺疏："凡物狹而長謂之隨者，則此言山隨者，謂山形狹長，一名巒也。"《説文·山部》："隨，山之隨隨者。"段玉裁注："隨隨，狹長之貌。"《藝文類聚·地部》："雁浮平固之湖，隨山鵠之金印。"《太平御覽·叙山》："山狹而高曰巒，小曰隨。"宋衛宗武《夜坐待月次日補吟》詩："引脰延月華，吞吐隔翠隨。"清錢謙益《三月七日發灊口抵祥符寺》詩："山隨谷襲水見底，灘聲半出烟嵐裏。"

【山隨】

同"隨山"。此稱先秦已行用。見該文。

【隨】[1]

即隨山。此稱先秦已行用。見該文。

冰山

冰雪覆蓋的山。亦稱"瓊山""雪山"。唐釋道世《法苑珠林·引證部》："其羅刹城，四壁潔白，狀如珂雪，又如冰山。"唐花蕊夫人徐氏《宫詞》其五十七："御座垂簾繡額單，冰山重疊貯金盤。"《西游記》第四八回："果然冰山千百尺。萬壑冷浮銀，一川寒浸玉。

【瓊山】[1]

積之山。東魏《大魏征北將軍金紫光禄大夫南陽鄧恭伯夫人崔氏之墓誌銘》：“瓊山始葩，昏霜已。”宋沈瀛《念奴嬌》其四：“天外盡盡瓊山，溶溶銀海，上下光相接。”明胡文焕《泰和記・謝東山雪朝試兒女》：“瓊山隱隱，銀濤滾滾，雲時間封盡青黄。”

【雪山】[1]

積雪之山。南朝宋謝惠連《雪賦》：“臣聞雪宮建於東國，雪山峙於西域。”唐釋道世《法苑珠林・山量部》。唐杜甫《古柏行》詩：“雲來氣接巫峽長，月出寒通雪山白。”宋賀鑄《錢塘海潮》詩：“九軍雷鼓震玉壘，萬里墨雲驅雪山。”元薩都剌《喜壽里（一作題喜里）客廳雪山壁圖》詩：“五更凍合石頭城，霜風鼓寒冰柱裂。”明劉基《送陳庭學之成都衛照磨任》詩：“長夏雪山連太白，玄冬熱海蒸坤維。”

嵯峨

高聳峻貌的山。亦表事物屹立態。漢淮南小山《招隱士》：“山氣巄嵸兮石嵯峨，溪谷嶄巖兮水曾波。”王逸注：“嵯峨巁嶭，峻蔽日也。”漢佚名《越人土風歌》：“其山崔巍以嵯峨，其水溢沓而揚波，其人厽砢而英多。”晉王彪之《登會稽刻石山》詩：“隆山嵯峨，崇巒岧嶢。”唐白居易《太湖石》詩：“遠望老嵯峨，近觀怪嶔崟。”宋陸游《老學庵筆記》：“歐陽公謫夷陵時，詩云：江上孤峰蔽綠蘿，縣樓終日對嵯峨。”明梁辰魚《浣紗記・投吳》：“寶殿嵯峨對紫宸，簾櫳映碧雲。”

【歸】[1]

山勢高大堅固、獨存而屹立之狀。亦稱“歸巀”“歸嵬”“歸嶢”“歸巍”。《莊子・天下》：“歸然而有餘。”成玄英疏：“歸然，獨立之謂也。”漢班固《終南山賦》：“伊彼終南，歸巀嶙囷。”章樵注：“歸巀，高峻也。”唐劉禹錫《韓十八侍御見示岳陽樓別竇司直詩因令屬和重以自述故足成六十二韻》：“怒激鼓鏗訇，蹙成山歸嶢。”元劉祁《歸潛志》：“巖在西方丈西，數峰如嶄截，歸嵬磊砢相倚。”元劉敏中《敕賜太傅右丞相贈太師順德忠獻王碑》：“剛明正大，歸巍煒燁。”明楊慎《雲南山川志・雪山》：“雪山在麗江府西北二十餘里，一名玉龍山，條岡百里，歸巍十峰，上插雲漢，下臨麗水。”明郭奎《賦得雲夢澤黄鶴樓送李聖瑞之湖廣》詩其二：“飛棟何年搆，歸嵬跨楚天。”清魏源《中四明山》詩：“百里複溪山，一峰歸其內。”

【歸巀】

即歸。此稱漢代已行用。見該文。

【歸嶢】

即歸。此稱唐代已行用。見該文。

【歸嵬】

即歸。此稱元代已行用。見該文。

【歸巍】

即歸。此稱元代已行用。見該文。

【嵬嶪】

即歸[1]。山石參差、山勢高聳、險峻。宋王安石《再用前韻寄蔡天啓》：“照泉挹清泚，跂石緣嵬嶪。”宋沈括《筠州興國寺禪悦堂記》：“比三年，則山嘯木偃，複宮曼閣，嵬嶪於溪山之間，既定矣。”清姚燮《哭白華先生屬志一百二十韻》：“君魂漂浩蕩，我魂阻嵬嶪。”

【巖】[2]

形容高而險峻狀。亦作“巖巖”。《詩・魯

頌·閟宮》："泰山巖巖，魯邦所詹。"又，《小雅·節公南山》："節彼南山，維石巖巖。"《公羊傳·僖公三十三年》："又嶄巖，高峻貌。"《左傳·隱公元年》："制巖邑也。"宋史堯弼《大海水》詩："大海湯湯水所積，太山巖巖雲所出。"元劉躍《陟思樓爲雅言先生賦》："巖巖武姥山，湜湜汶溪水。"明吳寬《送張都水》詩："巖巖魯山下，平地多流泉。"清鄧輔綸《望廬山》詩："峨峨廬山高，巖巖太虛中。"

【巖巖】

同"巖 2"。此先秦已行用。見該文。

巒 4

綿亘迂曲、連綿不斷的山。南朝梁徐悱《古意酬到長史溉登琅邪城》詩："表裏窮形勝，襟帶盡巖巒。"唐柳宗元《懲咎賦》："攢巒奔以紆委兮，束洶湧之崩湍。"宋蜀僧《仙壇》詩："萬疊峰巒聳太清，麻姑曾此會方平。"元尹志平《無俗念·通仙觀作》詞："俯視峰巒千萬疊，隔斷紅塵消息。"明張自烈《正字通·山部》："聯山也，山迂回綿連曰巒。"清弘曆《再游盤山》詩："回巒複峰倍娟秀，幽林邃古時黌緣。"

【疊嶂】

重疊的山巒。亦作"複嶂"，亦稱"重嶂"。南朝梁蕭衍《直石頭》詩："夕池出濠渚，朝雲生疊嶂。"南朝梁任昉《贈郭桐廬出溪口見候余既未至郭仍進村維舟久之郭生方至》詩："疊嶂易成響，重以夜猿悲。"又《嚴陵瀨》詩："群峰此峻極，參差百重嶂。"隋薛道衡《豫章行》："前瞻疊嶂千重阻，却帶驚湍萬里流。"唐王勃《焦岸早行和陸四》："複嶂迷晴色，虛巖辨暗流。"唐孟浩然《經七里灘》詩："疊嶂數百里，

沿洄非一趣。"宋陸游《還家》詩："疊嶂出雲明客眼，澄江漲雨濯京塵。"《徐霞客游記·游廬山日記》："一徑循山，重嶂幽寂，非複人世。"《花月痕》第四二回："〔謖如〕到得山下，連峰疊嶂，壁立千仞。"清沈謙《夜合花·同毛稚黄湖心亭眺望》詞："複嶂籠煙，孤城卻月，中堆萬頃琉璃。"

【重嶂】

即疊嶂。此體南朝梁已行用。見該文。

【複嶂】

即疊嶂。此體唐代已行用。見該文。

【層巒疊嶂】

群山連綿，猶指山勢地形層疊。亦作"棱層""棱層疊嶂""層巒"，亦稱"重巒複嶂"。南朝梁蕭衍《游鍾山大愛敬寺》詩："棱層疊嶂遠，迤邐隥道懸。"唐岑參《出關經華嶽寺訪法華雲公》詩："開門對西嶽，石壁青棱層。"宋方岳《水調歌頭·壽吳尚書》詞："溯層巒，浮疊嶂，碧雲鄉。"宋劉敞《陰山》詩："陰山天下險，鳥道上棱層。"宋徐夢莘《三朝北盟會編》卷二〇："幽州之地，沃野千里，北限大山，重巒複嶂中有五關。"元程文表《南雄八景詩·靈巖龍瀑》："層巒疊嶂紫霞堆，中有飛泉百道來。"元馬祖常《鄢陵別南客》詩："棱層林表白浮圖，古鄢城高旅望孤。"明李孟璿《題山水圖》詩："大江之南多崇山，層巒疊嶂青回環。"明沈周《題畫》詩其一："秋山骨棱層，秋樹枝槎牙。"明李賢等《明一統志·金華府》："浦江縣東三十五里，重巒複嶂，高低不齊。"清俞士彪《蝶戀花》詞其一："遠岫棱層和恨疊，碧海迢迢。"清魏源《聖武記》卷一〇："出川陝即入楚，出楚即入川陝，層巒疊嶂，四

路可通。"清徐大鏞《秋日漫興》詩其一:"涼生斷角殘鐘裏,秋在層巒疊嶂間。"

【棱層疊嶂】

即層巒疊嶂。此體南朝梁已行用。見該文。

【棱層】

即層巒疊嶂。此體唐代已行用。見該文。

【層巒】

即層巒疊嶂。此體宋代已行用。見該文。

【重巒複嶂】

即層巒疊嶂。此體宋代已行用。見該文。

【嶧】[1]

相連接的山。《爾雅》:"衆山聯絡爲繹。"繹與嶧,通假字。《爾雅·釋山》:"屬者,嶧。"邢昺疏:"言山形相連屬,駱驛然不絶者名驛。"郭璞注:"言駱驛相連屬。"《書·禹貢》:"羽畎夏翟,嶧陽孤桐。"孔傳:"嶧山之陽,特生桐,中琴瑟。"《史記·夏本紀》:"嶧陽孤桐。"張守節正義引《鄒山記》:"鄒山,古之嶧山,言絡繹相連屬也。"宋王禹偁《八絶詩·陽冰篆》:"恐是嶧山孤峰絶頂上,萬歲不老之寒根。"元王奕《金餘元遺山來拜祖庭有紀行十首遂倚歌之先後殊時感慨一也·和元遺山一首》詩:"翠嶧倚天末,髣髴東南隅。"明于慎行《鄒縣謁孟廟寺在邑城北河上》詩:"洙流近映金鋪日,嶧嶂高含畫棟烟。"清林維朝《新高山》詩:"振衣萬仞岡,瞰盡神州嶧。"

坡坨[1]

山勢起伏之地貌形態。亦謂大地不平坦之貌,或參差崢嶸貌。亦作"坡陁",亦稱"陂陀"。《楚辭·招魂》:"文異豹飾,侍陂陀些。"王逸注:"陂陀,長陛也。……陁,一作陀。"洪興祖補注:"陂,音頗。陀,音馳。不平也。

《文選》:陂,音波。"漢王符《潛夫論》:"《爾雅·釋地》'陂者曰阪',郭注'陂陀不平'是也。"南朝梁蕭統《鍾山解講》詩:"虬紛八桂密,坡陁再城永。"唐杜甫《北征》詩:"坡陀望鄜畤,巖谷互出没。"唐樊綽《蠻書·六賧第五》:"烏蠻謂之'土山坡陀'者,謂此州城及大和城俱在陂陀山上故也。"宋蘇軾《次前韻答馬忠玉》:"坡陀巨麓起連峰,積累當年慶自鍾。"宋蘇頌《沙陀路》詩:"上得陂陀路轉艱,陷輪推馬苦難前。"《徐霞客游記·粵西游日記二》:"自周村來,山不甚高,水不成溪,然猶岡嶺間疊,陂陀盤繞。"清李調元《南越筆記》:"從水口而東,越陂陀三四里,有寺曰川山,旁倚危峰四五。"清弘曆《唐縣覽古》詩:"坡陁十里度逶巡,覽古偏遲行路人。"

【陂陀】[1]

同"坡陀[1]"。此稱先秦已行用。見該文。

【坡陁】[1]

同"坡陀[1]"。此體南朝梁已行用。見該文。

逶迤

表山及其他地物蜿蜒之地貌形態。秦四皓歌:"莫莫高山,深谷逶迤。"漢揚雄《甘泉賦》:"躡不周之逶迤。"南朝宋謝靈運《從斤竹澗越嶺溪行》:"逶迤傍隈隩,迢遞陟陘峴。"唐李白《荆門浮舟望蜀江》詩:"逶迤巴山盡,搖曳楚雲行。"唐杜甫《秋興八首》其八詩:"昆吾御宿自逶迤,紫閣峰陰入渼陂。"宋林東愚《秋興》詩:"落日江城動鼓鼙,江山千里轉逶迤。"元陳高《同諸友游宴豐山》詩:"徙倚巖邊憩,逶迤谷底行。"《水滸傳》第七二回:"逶迤按吳楚之邦,延亘接齊魯之境。"清劉獻廷《廣陽雜記》:"蛇山逶迤東去。"

崎[1]

山地高低不平，陡峭、險峻之地貌。亦作"崎嶇""崛崎""歸崎""嶔崎"。又喻道途艱難。先秦宋玉《高唐賦》："磐石險峻，傾崎崟隤。"漢王褒《九懷·昭世》詩其四："忽反顧兮西囿，睹軫丘兮崎傾。"漢張衡《南都賦》："上平衍而曠蕩，下蒙蘢而崎嶇。"漢司馬相如《上林賦》："巖陁甗錡，摧萎崛崎。"李善注引張揖曰："崛崎，斗絶也。"呂向注："摧崟、崛崎，嶮貌。"漢王延壽《王孫賦》："生深山之茂林，處嶄巖之嶔崎。"漢王褒《洞簫賦》："崛嶔歸崎，倚巇迤㠎。"晋陶潜《歸去來兮辭并序》："既窈窕以尋壑，亦崎嶇而經丘。"南朝宋謝靈運《山居賦》："上嶔崎而蒙蘢，下深沉而澆激。"《玉篇》："崎嶇，山路不平也。"唐元結《宿無爲觀》詩："九疑山深幾千里，峰谷崎嶇人不到。"《集韻》："歸崎，山貌。"宋王明清《揮麈後録》卷二："逾萬松之峻嶺，設兩關而嶔崎。"明朱謀㙔《駢雅》："崛崎斗辟、峚嵽㛢䂂，峭巇險絶也。"清彭孫貽《咏沈獻吉北山草堂九松十首·危六》詩："蟠根絶壑歷嶔崎，澗户相扶鳥道危。"

【崎嶇】

即崎[1]。此體漢代已行用。見該文。

【崛崎】

即崎[1]。此體漢代已行用。見該文。

【嶔崎】[1]

即崎[1]。此體漢代已行用。見該文。

【歸崎】

即崎[1]。此體漢代已行用。見該文。

扈

低而大的山。《爾雅·釋山》："山卑而大曰扈。"邢昺疏："言山形卑下而廣大者名扈。"唐張嘉貞《奉和早登太行山中言志應制》詩："明發扈山巓，飛龍高在天。"宋宋祁《懷三封墅》詩其二："泱泱雲抱岑，眇眇林鳴扈。"元王惲《鷓鴣天》詞："鏘劍佩，望蓬萊。翠華南扈拂天來。"明王慎中《東郊朝日壇》詩："扈扈崇壇冠景崗，翔梧灌梓鬱分行。"清盛大士《游烏目山房記》："遥望西北諸峰，扈者、歸者、章者、隆者、隋者、陳者、屼者，遠近俯仰拱揖。"《清史稿·覺羅武默訥傳》："遥望之，山修而扈。"

岑[1]

小而高的山。《爾雅·釋山》："山小而高，岑。"漢張衡《南都賦》："幽谷嶜岑，夏含霜雪。"三國魏阮籍《咏懷》之六："松柏翳岡岑，飛鳥鳴相過。"唐杜甫《西枝村尋置草堂地夜宿贊公土室二首》詩其一："出郭眄細岑，披榛得微路。"明楊基《舟入蔡河懷徐幼文》詩其一："相逢一笑怳自失，不異低岑仰高岱。"明唐文鳳《林泉歸隱圖爲王悦中賦》詩："紫雲近接眼，晴空露微岑。"秋瑾《梅》詩其十："冰姿不怕雪霜侵，羞傍瓊樓傍古岑。"

【峴】

山嶺小而高。南朝宋謝靈運《從斤竹澗越嶺西行》："逶迤傍隈隩，苕遞陟陘峴。"李善注："《聲類》曰：'峴，山嶺小高也。'"唐李百藥《王師渡漢水經襄陽》詩："臨谿猶駐馬，望峴欲霑裳。"唐杜甫《贈別鄭鍊赴襄陽》詩："地闊峨眉晚，天高峴首春。"明劉基《若耶溪杳郭深居精舍》詩："疏窗夜深啓，孤月掛遥峴。"一説，峻嶺。

峘 [2]

并峙列時高過大山的小山。《爾雅·釋山》："小山岌大山，峘。"郭璞注："岌謂高過。"岌，山高貌狀，岌岌可危也。邢昺疏："言小山與大山相並，而小山高過於大山者名峘。非謂小山名岌，大山名峘也。"清王拯《麓臺司農淺絳山水幀》詩："大山小山峘霍交，熊羆生蹲虎豹豪。"一說，古本《爾雅》"岌"作"馺"，"小山馺大山"即小山與大山如馬行相及。參閱清俞樾《群經平議·爾雅》。

嵺屼

山高聳且光秃貌。又稱"屼嵺"。宋李廌《濟南集》："嵺屼懸虛崖下，視黑潭鼉魚。"宋安如山《曹將軍》詩："浩蕩排烟旻，西極安屼嵺。"《徐霞客游記·游白嶽山日記》："回望傅岩，屼嵺雲際。"清智質等《屾峰憲禪師語錄》："崎崎嶇嶇嵺嵺屼屼。"

嵺　屼
（參閱清惲壽平《古木垂籮圖》）

【屼嵺】

同"嵺屼"。此稱宋代已行用。見該文。

【嵺】

山石兀自聳出狀。晋潘岳《晋潘黃門集》："九嵕截嵺，太一巃嵷。"唐韓愈《南山》詩："或亂若抽筍，或嵺若注灸。"宋文同《東山亭》詩："下臨絶澗走縈回，上聳巍亭飛嶽嵺。"《徐霞客游記·粵西游日記》："兩崖突石愈奇，其上嵺如翅雲斜劈。"

嵬岌

高大險峻之山。唐王灣《奉使登終南山》詩："數朝至林嶺，百仞登嵬岌。"清宋犖《西陂類稿》："緝風格樅，高並嵬岌。"清汪由敦《松泉集》："傑池碧城樹，嵬岌九朵蓮。"

【嵾峗】

即嵬岌。指高大險峻之山。漢《桂陽太守周憬功勳銘》："鉉莫涉兮禹不規，仰王禽兮又嵾峗。"清魏源《棧道雜詩》之五："蝸壘保嵾峗，鼠穴窮搜櫛。"

【嶔】

即嵬岌。亦稱"嶔岩""嶔岑""嶔崟""崎嶔""崿嶔"。指高大險峻之山。亦表山勢高峻之態。《公羊傳·僖公三十三年》："必于殽之嶔巖，是文王之所辟風雨者也。"漢淮南小山《招隱士》："嶔岑碕礒兮，硱磳磈硊。"晋木華《海賦》："若乃巉岊之隩，沙石之嶔。"李善注："嶔，沙石嶔岑也。"南朝梁沈約《奉華陽王外兵》詩："爛熳蜃雲舒，嶔崟山海出。"唐張九齡《赴使瀧峽》詩："溪路日幽深，寒空入兩嶔。"宋王安石《吳任道說應舉時事》詩："縣瓠城南陂水深，春泥滿眼路嶇嶔。"金蕭貢《靈石縣》詩："田翁樂豐歲，歌笑下崎嶔。"明劉基《寄江西黃伯善兄弟》詩："霞標日觀矗南斗，石門雙闕撑敬嶔。"《康熙字典》卷八："嶔，嶔崟，山勢聳立貌。"清蔡廷蘭《海南雜著》："復透迤前行，過三小嶺，悉崱崿嶔。"

【嶔岩】 [1]

即嶔。此稱先秦已行用。見該文。

【嶔岑】 [1]

即嶔。此稱先秦已行用。見該文。

【嶔岑】[1]

即嶔。此稱南朝梁代已行用。見該文。

【崎嶔】

即嶔。此稱金代已行用。見該文。

【崿嶔】

即嶔。此稱清代已行用。見該文。

【嶠】[1]

尖而高、險峻而長的山。先秦佚名《嶠》詩：“絕境越國，弗愁道遠。”《爾雅·釋山》：“銳而高，嶠。”郭璞注：“言鐵峻。”邢昺疏：“言山形鐵峻而高者名嶠。”郝懿行義疏：“《釋文》引《字林》作嶠，云山銳而長也。通作喬。”晋王彪之《登會稽刻石山》詩：“宅靈基阿，銘迹峻嶠。”《後漢書·鄭弘傳》：“弘奏開零陵、桂陽嶠道，於是夷通。”李賢注：“嶠，嶺也。”《玉篇·山部》：“嶠，峻也，形似橋。”《廣韻》：“嶠，形似橋，山銳而高。”南朝梁江淹《從蕭驃騎新亭》詩：“綿嶮冒戈堞，乘嶠架烽樓。”唐馬湘《登杭州秦望山》詩：“風動水光吞遠嶠，雨添嵐氣没高林。”宋韋驤《復以前韻示別》詩：“雪嶠初消玉，濤江遠震雷。”元柯九思《范寬江山秋霽圖》詩：“落葉入空江，清暉映丹嶠。”明丁鶴年《寓慈湖僧舍次龍子高提舉韻》詩：“疏鐘雲嶠迥，孤燭雨窗深。”《徐霞客游記·游黄山記》：“出爲碧嶠。”清翁方綱《題盱江書院壁》：“後賢嘗如何，崑嶠日剖玉。”

【嶔岑】[2]

高大、險峻之地貌形態。漢張衡《思玄賦》：“嘉曾氏之歸耕兮，慕歷陵之嶔岑。”張銑注：“嶔岑，高貌。”南朝梁沈約《奉華陽王外兵》詩：“爛熳屬雲舒，嶔岑山海出。”北魏酈道元《水經注·江水二》：“南岸有青石，夏没冬出，其石嶔岑，數十步中，悉作人面形。”唐駱賓王《帝京篇》：“桂殿嶔岑對玉樓，椒房窈窕連金屋。”宋彭次雲《松石峰》詩：“同登雲級上危巔，松石嶔岑掛晚烟。”元黃公望《管夫人竹窩圖》詩：“千枝萬蔓行蒼龍，嶔岑銳氣欲敵昆崙峰。”明劉崧《下馬》詩：“下馬度嶔岑，千溪複萬林。”清顧炎武《酬李處士因篤》詩：“先我入深巖，嶔岑剖重嶂。”

嵏

高大聚集的山，抑或數峰并峙的山。亦作“嵕”“嵸”。漢司馬相如《上林賦》：“凌三嵏之危。”《漢書·司馬相如列傳》：“夷嵕築堂，累臺增成。”顏師古注：“山之高聚者。”《史記·司馬相如傳》：“九嵏、巇崒，南山峨峨。”按，中國陝西、湖北等省均有以嵏字命名之山，皆呈現峰巒突兀、九梁環拱之勢。漢揚雄《校獵賦》：“虎路三嵏。”顏師古注：“三嵏山，言三峰聚也。”南朝齊謝朓《和蕭中庶直石頭》詩：“九河亘積岨，三嵏鬱旁眺。”南朝陳陳暄《紫騮馬》詩：“天馬汗如紅，鳴鞭度九嵏。”唐羅隱《中元甲子以辛丑駕幸蜀四首》詩其二：“跪望嵕山重啓告，可能餘烈不勝妖。”《集韻·東韻》：“嵏，或書作嵕。”元周伯琦《雪巢詩爲趙允升左司賦（京兆人）》詩：“玉井撫太華，陰崖瞰九嵏。”明平顯《光霽堂》詩其一：“美嵏堂既崇，爽塏塵不起。”明葉春及《石洞集》卷一○：“距米潭西至龍川江廣二百一十里，幅幾七百里，連嵕複嶂。”清弘曆《題翠雲山房二首》其二：“琴音淙曲峽，蓋影冪層嵏。”

【嵕】

同“嵏”。此體漢代已行用。見該文。

【嶕】

同"巀"。此體南朝陳已行用。見該文。

霍

小山居中，大山在外圍繞的山。《爾雅·釋山》："大山宮小山，霍。"郭璞注："宮，謂圍繞之。"邢昺疏："謂小山在中，大山在外圍繞之，山形若此者名霍。"漢班固《白虎通·巡狩》："南方霍山者。霍之爲言護也，言萬物護也。"宋晁補之《酬李唐臣贈山水短軸》詩："大山宮，小山霍，欲識山高觀石脚。"

霍
（明文徵明《吳中勝概圖》畫芯）

塠

小山。《玉篇·山部》："塠，小山也。"唐皮日休《二游詩·徐詩》其一："樓船若夏屋，欲載如垤塠。"唐竇庠《金山行》："西江中濡波四截，湧出一峰青蝶塠。"宋朱松《求道人自尤溪來三山出示同徐侯游龍門洞長篇因次其韻濟之時以檄走諸隘》詩："虛簷日偃仰，蒼壁對橫塠。"

【𡶇】

小山。《集韻》："都戈切，音拖。小山皃。"又云："𡶇，小山皃。"漢《桂陽太守周憬功勳銘》："鮌莫涉兮禹不規，仰王禽兮又𡶇𡾀。"清朱藢等《南平縣志》："其稍𡶇㞗㠪於前而銳者，爲小文筆峰。"清蔣溥《欽定盤山志》卷一一：

"岭岈幽茂復玲瓏，峭削龍嵷更崔巇，蒼茫萬象，但一氣九點齊州，真爾爾不見。"

【碕嶺】

小山。亦稱"峆崿"。因"峆"又通作"巖"，或"岩"，故又稱"巖崿""岩崿"。晉郭璞《江賦》："厓隒爲之泐嶵，碕嶺爲之峆崿。"呂延濟注："碕嶺，小山也。"南朝梁江淹《謝臨川靈運游山》詩："峆崿轉奇秀，峯岑還相蔽。"南朝梁沈約《和劉雍州繪博山香爐》詩："巖崿無攝土，樹木多瘦堅。"清稽曾筠《浙江通志》："浮玉如螺蕩漾，岩崿於空明藻荇間。"

【峆崿】

即碕嶺。此稱晉代已行用。見該文。

【巖崿】

即碕嶺。此稱南朝梁已行用。見該文。

【岩崿】

即碕嶺。此稱清代已行用。見該文。

【隋】[2]

小山。《玉篇·山部》："隋，小山也。"宋衛宗武《夜坐待月次日補吟》詩："引脰延月華，吞吐隔翠隋。"

【巒】[5]

小而尖的山。《楚辭·九章·悲回風》詩："登石巒以遠望兮，路眇眇之默默。"洪興祖補注："山小而銳曰巒。"《說文·山部》："巒，山小而銳。"唐韓愈《南山》詩："巖巒雖崒崪，軟弱類含酏。"唐權德輿《戲贈天竺靈隱二寺寺主》詩："山僧半在中峰住，共占青巒與白雲。"參閱《玉篇零卷·山部》。

【鮮】

與大山不相連的小山。亦作"巁""嶰"。《逸周書·和寤》："王乃出圖商，至於鮮原。"

孔晁注："近岐周之地也，小山曰鮮。"《詩·大雅·皇矣》："度其鮮原，居岐之陽。"陳奐傳疏："小山分析而不與大山連屬者是曰鮮。鮮謂山之小者。"又，馬瑞辰通釋："'度其鮮原'，即《公劉》詩'陟則在巘，復降在原'，特彼分言之，此合言之耳。"毛傳："巘，小山別於大山也。"《爾雅·釋山》："小山別大山，鮮。"郭璞注："不相連。"晉左思《吳都賦》："巘崿嶙峋，岡岵童。"李善注引《爾雅》："小山別大山曰巘。"

【巚】 [2]

同"鮮"。此體漢代已行用。見該文。

【嶻】 [1]

同"鮮"。此體晉代已行用。見該文。

巋 [2]

小而聚集的山。《爾雅·釋山》："小而聚衆，巋。"邢昺疏："言山小而衆叢蘋羅列者名巋。"又，郭璞注："小山叢羅。"清盛大士《游烏目山房記》："遙望西北諸峰，嵲者、巋者、章者、隆者、墮者、陳者、庌者，遠近俯仰拱揖。"

水口山

水口兩岸或水中之山。舊時風水學術語。亦稱"水口砂"。唐楊筠松《天玉經·外編》："羅星借在城闕間，時師喚作水口山。"唐楊筠松《撼龍經》："善論大地論關局，關局大小水口山。"五代黃妙應《博山篇》："水口之砂，最關利害。"明劉基《堪輿漫興》："水口之山形不齊，龜蛇獅象總云奇。"明徐善繼《人子須知·砂法》："水口砂者，水流去處兩岸之山也。必欲周密重疊，交節關鎖，狹而塞、高而拱。"清袁守定《地理啄蔗錄》卷六："把截方爲真，水口砂如大貴。"

【水口砂】

即水口山。此稱五代已行用。見該文。

【捍門】

屹立於水口處的相對之山，如門户之護捍。舊時風水學術語。《葬書》："捍門、華表、羅星之類，皆本身自帶，不可爲彼。"明劉基《堪輿漫興》："捍門華表清還貴，更有羅星是幅基。"明陶宗儀《説郛》卷六四上："順流行六七里抵龍山，山橫絶水口屹然，有一夫當關之勢，地理家所謂華表、捍門者也。"清郝玉麟等《福建通志·臺灣府·山川》："關渡山形如象鼻，形家謂之獅象捍門。"清周凱等《廈門志》卷二："會潮而出東南水口，則有虎頭山、龍頭山對峙關鎖，外有大、小擔兩嶼爲捍門。"

華表

位於出水口中間卓然挺立之奇峰。舊時風水學術語。華表起源於古代的一種"立術"。相傳在我國堯舜時代，人們在交通要道竪立木柱，作爲行路時識別方嚮的標志。亦作爲古代建築物中用於紀念標識的"立柱"。北魏楊衒之《洛陽伽藍記·城南》："南北兩岸有華表，舉高二十丈。華表上作鳳凰，似欲沖天勢。"明董越《朝鮮賦》："貴者乃擇形勢，有華表、石羊之類，然亦不見樹碑。"清汪志伊《堪輿泄秘》："水口砂、華表、捍門、北辰、羅星。"

【北辰】

水口間的峻巖石山，聳身而立，奇形怪异，當於中流。舊時風水學術語。北辰一詞，原指北斗星辰或天北極。《論語·爲政》："子曰：'爲政以德，譬如北辰，居其所而衆星共之。'"《爾雅·釋天》："北極謂之北辰。"唐楊筠松云："北辰之星天中尊，上將下相列分明，此星乾坤鎮國寶。”

【羅星】[1]

　　水口處的水中堆埠。原爲星象術語，後藉用到舊時風水學。唐楊筠松《撼龍經》：“城廓彎環生捍門，門外羅星當腰著。”又云：“兩山丙不作一關，更看羅星識先後。羅星亦自有首尾，首逆上頭尾拖水。”明徐善繼《人子須知·砂法》：“夫羅星者，水口關攔之中，有堆埠特起，或石或土，于平中突然當於門户之間，四面水遶者是也。石者爲上，土者次之，要居羅城之外爲貴。”萬曆《福州府志》：“羅星山，在馬江之中。”《金門志》卷五：“港内有董嶼，甚小，後浦之羅星也。”清蔣大鴻《地理辨正·寶照經》：“水口羅星鎖住門，似大將屯軍。”參見元盛懋《三峽瞿塘圖》。

岵

　　有草木的山。《詩·魏風·陟岵》：“陟彼岵兮，瞻望父兮。”《爾雅·釋山》：“多草木，岵。”《説文·山部》：“岵，山有草木也。”《宋書·謝靈運傳》：“山匪岨而是岵，川有清而無濁。”舊注：“山有林曰岵。”一説，無草木的山。毛傳：“山無草木曰岵，山有草木曰屺。”與《爾雅》互异。佚名《韓集注》卷二四引施士丐詩説：“山無草木曰岵。所以言‘陟彼岵兮’，無可怙也，以其無草木，故以譬之。”清段玉裁小箋：“岵，取瓠落之義。”

屺

　　無草木的山。《詩·魏風·陟岵》：“陟彼屺兮，瞻望母兮。”《説文·山部》：“屺，山無草木也。”唐駱賓王《久客臨海有懷》詩：“天涯非日觀，地屺望星樓。”唐蕭穎士《江有歸舟三章》詩：“稱觴燕喜，於岵於屺。”金元好問《謝鄧州帥免從事之辟》詩：“首丘自擬終殘喘，陟屺誰當辨苦音。”一説，有草木的山。

【峐】

　　猶屺，無草木的山。《爾雅·釋山》：“無草木，峐。”郝懿行義疏：“《説文解字》：‘岵，山有草木也。屺，山無草木也’……《釋文》引《三倉》《字林》《聲類》並云：峐猶屺字。《詩·陟岵》傳：‘山無草木曰岵，山有草木曰屺。’與此相反，正義以傳爲傳寫誤，是也。”宋黄裳《偕王道觀雪中聯句》詩其十三：“秦蛇伸瓦隴，卞璞暴山峐。”明劉崧《咏懷一首》詩：“繁雲接巉壤，殺氣侵崇峐。”明楊士奇《平胡》詩：“如霆如飆迅驚萬里，一瞬飛越峐峐。”清華藹《工所即事》：“夯聲震空谷，鋤隙及荒峐。”亦作“峐”。參閲宋韓拙《論山》卷二。

罡

　　山岡。一説，在較平坦地區較顯著的山岡或高地。漢焦贛《易林·遯之睽》：“南山高罡，回隤難登。”晋葛洪《抱朴子内篇·地真》：“左罡右魁，激波揚空。”北魏酈道元《水經注·浪水》：“裴淵《廣州記》曰：‘城北有尉佗墓，墓後有大岡，謂之馬鞍岡。’”《藝文類聚·山部上》：“過舊塢之高區，爾乃逾峻嶺，超連罡，一登九息。”唐獨孤及《爲江淮都統使奏破劉展兵捷書表》：“更登高罡，背山借勢。”

丘　阜

丘

泛指土山，形態渾圓者。亦指小土山、小嶺、高地、土堆等。亦作“邱”“坵”。《書·禹貢》：“九河既道……桑土既蠶，是降丘宅土。”孔傳：“地高曰丘。大水去，民下丘居平地，就桑蠶。”《周禮·地官·大司徒》：“辨其山林、川澤、丘陵、墳衍、原隰之名物。”鄭玄注：“土高曰丘，大阜曰陵。”《韓非子·喻老》：“紂爲肉圃，設炮烙，登糟邱，臨酒池。”賈公彦疏：“陵與丘高下異稱，皆無石者也。”《説文·丘部》：“丘，土之高也。”《漢書·司馬相如傳下》：“微夫斯之爲符也，以登介丘，不亦恧乎！”顏師古注引服虔曰：“丘，山也。”《漢書·晁錯傳》：“土山丘陵，曼衍相屬。”北魏楊衒之《洛陽伽藍記》：“丘作邱，漢魏本作坵，同。”按，關於“丘”多用“邱”字替之，或忌諱土丘低矮，有損孔子之尊。段注有云：“諱孔子名之字曰邱。”唐吕嵩《語録大觀》：“積過則如邱山，積功則如勺水。”唐李嶠《酒》詩：“會從玄石飲，雲雨出圓丘。”宋馮山《黃甘寄李獻甫》詩：“果山多果遍林丘，惟有黃甘格最優。”元薩都刺《次張舉韻題皖山金氏繡野亭》：“最喜園林動花竹，不妨城郭帶林丘。”《元史·郝經傳》：“聚如丘山，散如風雨。”《徐霞客游記·黔游日記二》：“東下爲州署，門廨無一完者。皆安酉叛時，城破鞠爲坵莽，至今未復也。”明克新《赴慧日寺途中寄繆同知》其二：“虚市殘民茅結

丘（甲骨文）
（明藏 395）

宇，空原枯骨草連丘。”清蔣士銓《桂林霜·私葬》：“殺氣如烟蔽林丘，孤城半掩無人鬭。”按，“林丘”指有樹林的土山。

【邱】

同“丘”。此體先秦已行用。見該文。

【坵】

同“丘”。此體北魏已行用。見該文。

【牡】

丘山。牡器挺出，因以稱代。可謂土山，亦可謂石山。《山海經·中山經》：“又西三百里曰牡山，其上多文石，其下多竹箭竹，其獸多牛、羬羊，鳥多赤鷩。”漢戴德《大戴禮記·易本命》：“丘陵爲牡，谿谷爲牝。”牡山、牡丘藉“牡”字成地名也。《春秋·僖公十五年》：“盟於牡丘。”

【壘】

丘山。《莊子·庚桑楚》：“北居畏壘之山。”漢王符《潛夫論·浮侈》：“今按鄗畢之郊，文武之陵，南城之壘，曾析之冢，周公非不忠也，曾子非不孝也。”晉葛洪《抱朴子外篇·吳失》：“玉燭不照，沈醴不湧；郊塝多壘，嘉生不遂。”

“丘”“壘”
（清蔣廷錫等《古今圖書集成》）

唐岑參《酬崔十三侍御登玉壘山思故園見寄》詩："玉壘天晴望，諸峰盡覺低。"宋寇準《再歸秦川》詩："返照明秋壘，孤村接暮濤。"明劉崧《九日感事三首》其二："鄉山孤壘在，成卒幾人歸。"清吳本泰《候舟》詩："長雲鴻沒影，古壘樹無枝。"

【部】

土山，土丘。漢應劭《風俗通・山澤》："謹按《春秋左氏傳》培塿無松柏，言其卑小部者，阜之類也。今齊魯之間田中少高卬，名之爲部矣。"唐李紓《唐德明興聖廟樂章・送神》："高丘緬邈，涼部透遲。"

【阰】

土山。阰通"岯"，小阜曰岯。《楚辭・離騷》："朝搴阰之木蘭兮，夕攬洲之宿莽。"南朝齊謝朓《春思》詩："茹藘發春水，阰山起朝日。"明歐大任《秋夜二首》其二："颯颯丘中桂，凄凄阰上蘭。"清戴亨《書懷》："阰牽蘭桂悲徒遠，芳樹蘺蘅恨未收。"一說，丘阜之阿曰阰。又說，水邊小山曰阰。另說，楚國古山名。參閱清周拱辰《離騷拾細》、清劉夢鵬《屈子章句》、清戴震《屈原賦注》。

【邛】

土山。《詩・陳風・防有鵲巢》："防有鵲巢，邛有旨苕。"毛傳："邛，丘也；苕，草也。"孔穎達疏："美草多生於高丘。"晋左思《三都賦・蜀都賦》："於是乎邛竹緣嶺，菌桂臨崖。"唐李義府《招諭有懷贈同行人》詩："不求綏嶺桃，寧美邛鄉蒟。"宋文彥博《太尉韓國文忠富公哀詞》其五："邛山土厚雖埋玉，遺烈餘芬萬古存。"明王世貞《哭李于麟一百二十韻》："叱回邛坂馭，歸作剡溪船。"

【阜】[2]

土山。亦稱"屯""土阜""丘阜""阜丘"。《詩・小雅・天保》："如山如阜，如岡如陵。"《國語・齊語》："陵、阜、陸、墐、井、田、疇均，則民不憾。"《莊子・至樂》："生於陵屯，則爲陵舃。"成玄英疏："屯，阜也。"《管子・地圖》："凡兵主者，必先審知地圖：轘轅之險、濫車之水、名山通谷、經川陵陸、丘阜所在。"《說文・𨸏部》："阜，大陸也。山無石者，象形。"《廣雅・釋丘》："無石曰阜。"漢劉熙《釋名・釋山》："土山曰阜。"晋王嘉《拾遺記》："以算歷劫之數，而成阜丘，亦不盡也。"唐李吉甫《元和郡縣圖志》卷二："後魏別立土門縣，以頻山有二土阜，狀似門，故曰土門。"唐劉禹錫《傷我馬詞》詩："生於磧礫善馳走，萬里南來困丘阜。"元方回《題會真道堂》詩："景仙幻斯堂，土阜高巉嵯。"《宋史・魏勝傳》："勝矢盡，救不至，猶依土阜爲陣。"明徐渭《涉江賦》："積土漸高，爲九仞臺；九仞一虧，終爲阜丘。"清顧祖禹《讀史方輿紀要・北直四》："金沙嶺，縣東四十里，以土阜參差而名，本無嶺也。"

【屯】

即阜[2]。此稱先秦已行用。見該文。

【丘阜】

即阜[2]。此稱先秦已行用。見該文。

【阜丘】

即阜[2]。此稱晋代已行用。見該文。

【土阜】

即阜[2]。此稱唐代已行用。見該文。

丘陵

獨立或連綿起伏低矮平緩的土山。今意爲

海拔在五百米之下，相對高度在二百米之内的山地。亦作"邱陵"。《周易·坎》："地險，山川丘陵也。"先秦佚名《丘陵歌》："登彼丘陵，峛崺其阪。"《周禮·地官·大司徒》："辨其山林、川澤、丘陵、墳衍、原隰之名物。"《淮南子·墬形訓》："邱陵爲牡，溪谷爲牝。"漢王褒《九懷·株昭》詩："丘陵翔儛兮，谿谷悲歌。"北魏賈思勰《齊民要術·種穀》："丘陵阪險不生五穀者，樹以竹木。"北周庾信《周祀方澤歌四首·昭夏》詩："川澤茂祉，丘陵容衛。"唐駱賓王《丹陽刺史挽詞三首》詩其二："城郭三千歲，丘陵幾萬年。"宋王安石《寄郎侍郎》詩："江漢但歸滄海闊，丘陵難學太山高。"元念常《佛祖通載》卷五："五嶽所以别於丘陵者，以其高大也。"明謝榛《寄贈張元洲中丞》詩："拔地丘陵新草莽，隔江風土舊京畿。"清鄧輔綸《飛山吟》："爲高因丘陵，飛勢落天外。"

【邱陵】

　　同"丘陵"。此體漢代已行用。見該文。

【卷阿】

　　屈曲的丘陵。《詩·大雅·卷阿》："有卷者阿，飄風自南。"朱熹注："卷，曲也；阿，大陵也。"鄭玄箋："大陵曰阿，有大陵卷然而曲。"漢王褒《九懷·株昭》："步驟桂林兮，超驤卷阿。丘陵翔舞兮，谿谷悲歌。"唐虞世南《北堂書鈔·酒食部》："瞻彼卷阿，實曰夕陽，厥生舜草，彌谷被岡。"宋李昂英《西樵岩》詩："巨石卷阿駕半天，樵山風景豈虚傳。"元劉躍《陟思樓爲雅言先生賦》："孤墳負卷阿，高樓屹相峙。"明許潮《龍山宴》："登臨無奈天何，徒倚倚杖，望卷阿。"清弘曆《奉皇太后出口

行圍撰吉起程即事十韻》："卷阿留勝迹，泉石待徜徉。"

嵱嵷

　　小土山。亦作"部婁""培塿""培婁"。《左傳·襄公二十四年》："部婁無松柏。"杜預注："部婁，小阜。"楊伯峻注："部婁，《説文解字》引作'附婁'，云：'小土山也。'"《説文·𨸏部》引作"附婁"。晋左思《魏都賦》："亦猶巒𪊽之與子都，培塿之與方壺也。"宋丘葵《新晴》詩："新晴登嵱嵷，欣此凍初解。"元陳賡《峴山秋晚圖》詩："太山高嵯峨，小山低嵱嵷。"《徐霞客游記·滇游日記三》："郭東嵱嵷，高僅丈餘，大不及五丈。"清劉獻廷《廣陽雜記》："三峰壁立與天接，衆山皆成培塿。"

【部婁】

　　同"嵱嵷"。此體先秦已行用。見該文。

【培塿】

　　同"嵱嵷"。此體晋代已行用。見該文。

【培婁】

　　同"嵱嵷"。此體清代已行用。見該文。

【塊】

　　即部婁。亦作"塊陵"。通"𨸏"。按，"𨸏"爲堆。《説文·𨸏部》："𨸏，小𨸏也。"段玉裁注："小𨸏曰𨸏。《國語》叚借塊字爲之……其字俗作堆，堆行而𨸏廢矣。"《國語·周語下》："夫周，高山、廣川、大藪也，故能生是良材；而幽王蕩以爲塊陵、糞土、溝瀆，其有悛乎？"韋昭注："小阜曰塊。"《通雅·地輿》："京山曰：'塊陵即丘陵。'"清黄宗羲《壽徐蘭生七十序》："妄人蕩高山廣川，使爲塊陵。"章炳麟《訄書·封禪》："夫國有嶠墮，不崇其高，塹之鑿之，赭之蕩之，以爲塊陵糞土，即有大

寇，其何以禦侮？"

【魁陵】

即魁。此體先秦已行用。見該文。

【阿丘】

一邊偏高的小土山。《詩·鄘風·載馳》："陟彼阿丘，言采其蝱。"《爾雅·釋丘》："偏高，阿丘。"郝懿行義疏："丘之一隅偏高，而不正當左右前後者曰阿丘。"元陳泰《別友》詩："曰吾愛子之館兮，阿丘之隅。"明鄭善夫《書望》詩："陟彼阿丘望欲迷，美人何處不勝悲。"

【崑崙丘】[1]

呈三重形狀的小土山。《爾雅·釋丘》："三成爲崑崙丘。"邢昺疏："《崑崙山紀》云'崑崙山一名崑丘，三重，高一萬一千里'是也。凡丘之形三重者，因取此名云耳。"郝懿行義疏："《爾雅》特借崑崙以定三重丘名，非指崑崙山也。"漢劉熙《釋名·釋丘》："三成曰崑崙丘，如崑崙之高而積重也。"

【昌丘】

省稱"昌"。有道路可從北面通過的小土山。《爾雅·釋丘》："途出其後，昌丘。"郭璞注："道出丘北。"《魏書·地形志二》："有昌丘、日山。"北魏酈道元《水經注·渭水上》："昌丘水出西南丘下，東北注武城水，亂流東北注渭水。"一說，指同道路正相對的小土山。《爾雅·釋詁》："昌，當也。"按，昌，當也，即相對直通。

【昌】

即昌丘。此稱先秦已行用。見該文。

【定丘】

左面即東面有水澤的小土山。《爾雅·釋丘》："左澤，定丘。"邢昺疏："謂丘之東有水澤者名定丘。"唐《大唐魯王故友漢王府故馬徐君墓誌銘》："葬於兗州任城縣黃山鄉定丘里范山之右。"《太平御覽·地部》："右澤，定丘。"

【泰丘】

亦作"太丘"。右面即西面有山陵的小土山。《爾雅·釋丘》："右陵，泰丘。"邢昺疏："謂丘之西有大阜者名泰丘。"《史記·六國年表》："宋太丘社亡。"宋李處全《減字木蘭花》詞："平生此客，復與太丘登醉白。"

【太丘】

同"泰丘"。此體漢代已行用。見該文。

【埒丘】

四周被水環繞，邊緣處有界塍的小土山。《爾雅·釋丘》："水潦所還，埒丘。"郭璞注："謂丘邊有界埒，水繞環之。"郝懿行義疏："言此丘中有界埒，外則水潦所環，形似稻田塍埒，因名埒丘矣。"清馬驌《繹史》："埒丘上，正章丘澤中。"

埒　丘
（清石濤《山水小景四幀》）

【垞】

猶丘，小土山。北魏酈道元《水經注·泗

水》："泗水南逕小沛縣東，縣治故城南垞上。"唐王維《南垞》詩："輕舟南垞去，北垞淼難即。"《集韻》："小丘名。"宋范成大《閏月四日石湖衆芳爛漫》詩："北垞南岡總是家，兒童隨逐任驪嘩。"清李斗《揚州畫舫錄·草河錄上》："南鄰北垞，園種户植。"

【胡丘】

方形小土山。《爾雅·釋丘》："方丘，都丘。"郭璞注："形四方。"邢昺疏："丘形四方者名胡丘。"一說，腹圓口方，似壺之小土山。唐李益《從軍夜次六胡北飲馬磨劍石爲祝殤辭》："聖君破胡爲六州，六州又盡爲胡丘。"

【都丘】

池澤中的小土山。《爾雅·釋丘》："澤中有丘，都丘。"郭璞注："在池澤中。"邢昺疏："都，水所聚也，言在池澤中者，因名丘。"漢劉熙《釋名·釋丘》："澤中有丘曰都丘，言蟲鳥往所都聚也。"

【宛丘】

四周高中央低的小土山。《詩·陳風·宛丘》："子之湯兮，宛丘之上兮。"毛傳："四方高中央下曰宛丘。"《爾雅·釋丘》："宛中，宛丘。"邢昺疏："李巡、孫炎亦皆云'中央下'。"又，"丘上有丘爲宛丘"。郝懿行義疏："即上宛丘。但其中間窊處復起一小部婁，是謂丘上有丘。從其本名，仍曰宛丘。"先秦佚名《東門之枌》："東門之枌，宛丘之栩。"宋向子諲《西江月·五柳坊中烟綠》："政和間，余卜築宛丘，手植衆鄉，自號薌林居士。"一說，指中央隆起的小土山。

【眂丘】

即宛丘。單稱"眂"。四周高中央低，可以受水的小土山。《爾雅·釋丘》："水潦所止爲眂丘。"郭璞注："頂上汙下者。"《説文·水部》："一曰，四方高中央下爲丘。"疑指眂丘。邢昺疏："丘形頂上汙下，潦水停止而成泥濘者名眂丘。"《説文·丘部》："眂，反頂受水丘。"桂馥義證引徐鍇曰："頂當高，今反下，故曰反頂。"

【眂】

即眂丘。此稱漢代已行用。見該文。

【旄丘】

前高後低的小土山。亦稱"堥"。《詩·邶風·旄丘》："旄丘之葛兮，何誕之節兮。"毛傳："前高後下曰旄丘。"陸德明釋文："《字林》作堥。"一說，前高後平的小土山。《玉篇·土部》："堥，前高後平丘名。"南朝宋謝靈運《撰征賦》："麥萋萋於旄丘，柳依依於高城。"《文選·班固〈答賓戲并序〉》："泰山懷汎濫而測深乎？"李善注引三國吳韋昭曰："濫音堥。堥音旄。"明劉基《寄陶中立郭秉心叙舊言懷》詩："藩垣久厭邊鄙報，旄丘載馳徒疾首。"

【堥】

即旄丘。此稱南朝梁已行用。見該文。

【臨丘】

右高左低的小土山。《爾雅·釋丘》："右高，臨丘。"郝懿行義疏："右高而左卑者名臨丘，地道尊右，於易地澤爲臨，此丘義亦同也。"

【咸丘】

左高右低的小土山。《爾雅·釋丘》："左高，咸丘。"郝懿行義疏："左高而右卑者名咸丘。"《太平御覽·地部》："左高，咸丘。"亦爲古地名，在今山東巨野縣南。《公羊傳·桓公七年》："春二月己亥，焚咸丘。……咸丘者何？邾婁之邑也。"宋彭郁《題萬壑風烟亭百韻》詩："或似魯國焚咸丘，助張狂吹勢難捽。"

【乘丘】

形同車乘的小土山。《爾雅・釋丘》："如乘者，乘丘。"郭璞注："形如車乘也。"漢劉熙《釋名・釋丘》："如乘曰乘丘。四馬曰乘，一基在後似車，四列在前似駕，馬車之形也。"一說，"乘"通"塍"，爲田塍，田埂。乘丘，即形似田塍的小土山。

【泥丘】

污泥濁水沉積形成的小土丘。《爾雅・釋丘》："水潦所止，泥丘。"漢劉熙《釋名・釋丘》："水潦所止曰泥丘，其止污水留不去成泥也。"宋葉庭珪《海錄碎事》："泥丘，丘形頂上污下，雨水停止而泥濘者爲泥丘。"

【陼丘】

形似洲渚的小土山。《爾雅・釋丘》："如陼者，陼丘。"邢昺疏："陼，水中可居之小者，丘形似之，名爲陼丘也。"漢劉熙《釋名・釋丘》："如陼之與反者曰陼丘，形似水中之高地隆高而廣也。"宋丁度《附釋文互注禮部韻略》："陼丘，水中高也，渚遮也，遮水使旁回也。"清段玉裁《說文解字注》："水陼有石者。陼丘，水中高者也。"清陳元龍《格致鏡原》："陼丘，水中小洲。"

【梧丘】

擋道的小土丘。亦作"梧邱"。先秦佚名《攻狄謠》："攻狄不能下，壘於梧丘。"《晏子春秋・內篇雜下三》："景公畋於梧丘。"《爾雅・釋丘》："當途，梧丘。"郭璞注："途，道。"孔穎達疏："途，道也；梧，遇也。當道有丘名梧丘，言若相遇於道路然也。"漢劉向《說苑・指武》："攻翟不能下，壘於梧邱。"清

查慎行《重經朱大司空花莊有感二首》詩其二："蕭蕭宰木拱梧丘，二十餘年奠醊休。"

【梧邱】

同"梧丘"。此體漢代已行用。見該文。

【陶丘】

兩重的小土山。其形重纍如陶器，故名。省稱"陶"。《書・禹貢》："東至于陶丘北。"孔穎達書引郭璞曰："今濟陰定陶城中有陶丘。"《爾雅・釋丘》："丘一成爲敦丘，再成爲陶丘。"邢昺疏："丘形上有兩丘相重累者，名陶丘。"又，郝懿行義疏："陶從匋，匋是瓦器，丘形重累似之。"又，郭璞注："成，猶重也。"漢劉熙《釋名・釋丘》亦云："陶丘，於高山上一重作之如陶竈然也。"《後漢書・明帝紀》："河汴分流，復其舊迹，陶丘之北，漸就壤墳。"李賢注引孫炎曰："形如累兩盂也。"清邵堂《宋瓷簫歌》詩："紅愁碧恨春無主，月冷陶丘蝕風雨。"

【陶】

同"陶丘"。此稱漢代已行用。見該文。

【敦丘】

丘上還有丘，形如覆盂的小土山。亦作"頓丘"。《詩・衛風・氓》："送子涉淇，至于頓丘。"毛傳："丘一成爲頓丘。"《爾雅・釋丘》："丘一成爲敦丘。"邢昺疏："言丘上更有一丘相重累者名敦丘。"又："如覆敦者，敦丘。"郭璞注："敦，盂也。"郝懿行義疏謂："'丘一成'，就其義而言，'如覆敦'，就其形而言。"宋張嵲《題均州超然亭》詩："軒窗四面瞰木杪，下顧衆宇如敦丘。"

【頓丘】

同"敦丘"。此體先秦已行用。見該文。

【陵丘】[1]

後高前低的小土山。《爾雅·釋丘》："左高，咸丘。右高，臨丘。前高，旄丘。後高，陵丘。"郝懿行義疏："丘之後高而前卑者名陵丘。"《墨子·節用上》："古者人之始生未有宮室之時，因陵丘堀穴而處焉。"北魏酈道元《水經注·滱水》："泉水流逕陵丘亭西，又西，重泉水注之，水出城西北平地。泉湧南流，逕陵丘亭西，西南注龍淵水。"

【負丘】

如負一丘於背上的小土山。《爾雅·釋丘》："丘背有丘爲負丘。"郭璞注："狀如負一丘於背上。"郝懿行義疏："背，猶北也。言丘之北復有一丘，若背負然，因名負丘。"《太平御覽·地部》："丘背有丘爲負丘。"

【寅邱】

有地下水的小土山。亦作"寅丘"。《淮南子·説林訓》："寅邱無壑，泉原不溥。"高誘注："言污小潦水名寅。寅之邱無大壑，故泉流不得溥。"一説，大土山。清俞樾《諸子平議·淮南內篇四》："寅丘，謂大丘也。《方言》：'夤，大也。'《廣雅·釋詁》同。寅即夤之叚字。"

【寅丘】

同"寅邱"。此體清代已行用。見該文。

【湝丘】

前面有水流過的小土山。亦稱"址丘"。《爾雅·釋丘》："水出其前，湝丘。"《説文·水部》："水出丘前謂之湝丘。"段玉裁注："湝丘亦爲楷丘。"漢劉熙《釋名·釋丘》："水出其前曰址丘。址，基址也，言所出然。"

【址丘】

即湝丘。此稱漢代已行用。見該文。

【畫丘】

道路自右而出，又四周環繞的小土山。《爾雅·釋丘》："途出其右而還之，畫丘。"邢昺疏："右謂西也，還，繞也，畫，規畫也。言道出丘西而復環繞之者，名畫丘，若爲道所規畫然也。"漢劉熙《釋名·釋丘》："道出其右曰畫丘。人尚右，凡有指畫皆用右也。"

【堥敦】

小丘。漢班固《答賓戲》："欲從堥敦而度高乎泰山，懷決濫而測深乎重淵。"唐李周翰注："堥敦，小丘也。"

【融丘】

兩重、尖頂的小土山。《爾雅·釋丘》："丘一成爲敦，再成爲陶丘，再成鋭上爲融丘，三成爲崑崙丘。"郭璞注："纖頂者。"晋陸機《白雲賦》："興曜曾泉，升迹融丘。"郝懿行義疏："漢劉熙《釋名》云：'鋭上曰融丘。融，明也；明，陽也。凡上鋭皆高而近陽者也。'按，融，炊氣上出也，宜兼高、長二義。長與高，即鋭上之意。"

【戴丘】

有道路可從南面通過的小土山。《爾雅·釋丘》："途出其前，戴丘。"郭璞注："道出丘南。"郝懿行義疏："謂道過丘南，若爲道負戴，故爲戴丘。"唐黄滔《薛推先輩啓》："雖慚陋質，粗抱丹心，既得地以戴丘，倍推誠而倚玉。"一説，指同道路正相對的小土山。戴，值也，即相對。又説，道側之丘。

【章丘】

平頂小土山。此稱秦漢典籍已載，今山東

濟南之章丘，即以市區南有平頂之山而得名。《爾雅・釋山》："山上正，章。"又，《爾雅・釋丘》："上正，章丘。"郭璞注："頂平。"邢昺疏："丘頂上平正者，名章丘。章亦平也。"明盧柟《謝華竹川酒肴二首》其二："燕國舊飲金盤露，章丘今見玉壺春。"

陵 [1]

高大的土丘。亦作"陵陸"。《詩・小雅・天保》："如山如阜，如岡如陵。"毛傳："大阜曰陵。"《墨子・節用上》："其爲舟車何？以爲車以行陵陸，舟以行川谷，以通四方之利。"《説文・𨸏部》："陵，大阜也。"《後漢書・馬融傳》："其植物則玄林包竹，藩陵蔽京。"李賢注引《爾雅》："大阜曰陵。"唐韓愈《咏雪贈張籍》詩："岸類長蛇攪，陵猶巨象豗。"宋劉敞《久雨三首》詩其一："衣冠亦泥塗，陵陸成深淵。"金元好問《木蘭花慢》詞："落日霸陵原上，野烟凝碧池頭。"明鄭善夫《初離京邑留別諸同志四首》詩其一："川河引舟楫，陵陸曠烟霧。"清張穆《除夕雨》詩其二："春風吹鬢花如夢，江月陵寒雨易成。"一説，爲深谷。《詩・小雅・十月之交》："高岸爲谷，深谷爲陵。"按，此句可解爲陵谷變遷。陵，古又指帝王墳墓。

【陵陸】

即陵[1]。此體先秦已行用。見該文。

【阿】[1]

大土山。亦作"阿丘"。《詩・小雅・菁菁者莪》："菁菁者莪，在彼中阿。"毛傳："大陵曰阿。"《詩・大雅・皇矣》："我陵我阿。"又，《詩・鄘風・載馳》："陟彼阿丘，言采其蝱。"《爾雅・釋地》："偏高曰阿丘。"《説文・𨸏部》：

"阿，大陵也。"宋陳襄《寄弟衮》詩："汝姑事恬尚，不忘在阿丘。"明鄭善夫《書望》詩："陟彼阿丘望欲迷，美人何處不勝悲。"

【阿丘】[2]

即阿[1]。此體先秦已行用。見該文。

【陵丘】[2]

大土山之丘。《爾雅・釋丘》："如陵，陵丘。"郭璞注："陵，大阜也。"郝懿行義疏："丘之如陵者名陵丘。陵，大阜也。體隆而勢平，與後高之陵丘名同義異。"三國魏曹植《鰕䱇篇》："駕言登五嶽，然後小陵丘。"

【壟】

高丘，高大的土山。亦作"隴"。《列子・天瑞篇》："逆之隴端。"《楚辭・東方朔・七諫沈江》："封比干之丘壟。"漢王逸注："壟小曰丘，大曰壟。"《説文・𨸏部》："隴，天水大阪也。"又云："阪，坡者曰阪。一曰澤障，一曰山脅。从𨸏。"因以代稱高丘。《漢書・劉向傳》："皆無丘隴之處。"晋木華《海賦》："澎濞灪㶖，碨磊山壟。"南朝齊孔稚珪《北山移文》："及其鳴騶入谷，鶴書赴隴。"唐李白《北上行》詩："汲水澗谷阻，采薪壟坂長。"宋洪興祖《楚辭補注》："壟，一作隴。"《徐霞客游記・滇游日記四》："其内桃樹萬株，被隴連塍。"清戈載《詞林正韻》："丘壟之壟，亦作隴。"

【隴】

同"壟"。此體先秦已行用。見該文。

【塬】

黃土高原地區因流水侵蝕形成的四邊陡、頂呈平臺狀的土丘。原爲當地方言詞，後引入地貌學，成爲黃土高原地貌類型的學名。唐《銀青光録大夫使持節涪州諸軍事行涪州刺史武當郡開國公楊府君（思）墓誌銘》：“洛州合宮縣之界内，北芒高塬爲宅田。”清劉于義修、沈青崖纂《陜西通志》：“甘井東塬、西塬各壹，座座各伍間。”清王洪緒《卜筮正宗·黄金策》：“如年稷生於姜塬，克岐克嶷也。”

【峁】

頂部渾圓、斜坡較陡的黄土丘陵。“塬、墚、峁”爲當地方言詞，後引入地貌學，成爲黄土高原地貌類型的學名。隋柳韻《天台國清寺智者禪師碑文》：“雨謡雲峁，鄞南之金庭。”宋李從訓《五馬山》詩：“嵯峨起東峁，沃洲兀墻堵。”宋陳起《觀羊吟》詩：“冗蹄求一飽，寒草嚙峁藏。”清顧祖禹《讀史方輿紀要·山西二》：“西盡老營堡東之地椒峁，爲中路之要害。”一説，指山嶽。《康熙字典》：“《集韻》：‘慈郎切，音藏。峁藏，山高貌。’《補遺》《寅集》《山字部》《五音集韻》：‘同嶽。’”

【陸】[1]

大土山，大阜。《詩·衛風·考槃》：“考槃在陸，碩人之軸。”孔穎達疏：“陸與阜類。”《楚辭·九嘆·憂苦》詩：“巡陸夷之曲衍兮，幽空虛以寂寞。”王逸注：“大阜曰陸。”參閲漢應劭《風俗通義》。

【大陸】[1]

高大平緩的土丘。《詩·小雅·天保》：“如山如阜。”毛傳：“高平曰陸，大陸曰阜。”《爾雅·釋地》：“廣平曰原，高平曰陸，大陸曰阜，大阜曰陵。”郝懿行義疏：“陸阜、陵阿，皆土山也，以高大而異名。”《説文·𨸏部》：“大陸，山無石者。”

【京】[1]

泛指高丘。《詩·鄘風·定之方中》：“望楚與堂，景山與京。”又，《詩·小雅·甫田》：“曾孫之庚，如坻如京。”毛傳：“京，高丘也。”《爾雅·釋丘》李巡注：“丘之高大者曰京。”《説文·京部》：“京，人所爲絶高邱也。”清桂馥義證：“謹案，《爾雅》邱之絶高大者爲京，謂非人力所能成，乃天地性自然也。”晋佚名《魏夫人與衆真吟詩二首》其二：“靈谷秀蘭榮，藏身棲岩京。”北魏高允《咏貞婦彭城劉氏》詩：“京野勢殊，山川乖互。”

【阬】[1]

大土山，土山岡。《管子·兵法第十七》：“凌山阬，不待鈎梯。歷水谷，不須舟楫。”《漢書·揚雄傳上》：“陳衆車於東阬兮，肆玉釱而下馳。”顔師古注：“阬，大阜也。讀與岡同。”《三國志·吳書·顧承傳》：“别得精兵八千人，還屯軍章阬。”《北史·燕慕容氏傳》：“帝帥師度蒙阬南四十里，逆擊興。”

【椒丘】

高丘，高大土山。亦稱“椒阿”。《楚辭·離騷》：“步余馬於蘭皋兮，馳椒丘且焉止息。”王逸注：“土高四墮曰椒丘……懷王遂馳高丘而止息。”漢司馬相如《上林賦》：“出乎椒丘之闕，行乎洲淤之浦。”南朝梁江淹《水上神女賦》：“迺唱桂櫂，凌衝波，背橘浦，向椒阿。”又，《雜三言五首·愛遠山》詩其五：“鰈餘馬於椒阿，漾餘舟於沙衍。”一説，有椒之丘。

【椒阿】

即椒丘。此稱南朝梁已行用。見該文。

【墟】[2]

大土丘。亦作“丘墟”“邱墟”。《吕氏春秋·貴直》：“有人自南方來，鮒人而鯢居，使人之朝爲草而國爲墟。”高誘注：“墟，邱墟也。”漢王褒《九懷·昭世》詩其四：“流星墜兮成雨，進瞵盼兮上丘墟。”宋劉敞《治渠》詩：“蚯蚓爲蛟龍，蟻封即丘墟。”一說，“邱墟”爲廢弃之地。晋陶潛《歸園田居·其四》詩：“試攜子侄輩，披榛步荒墟。”唐王勃《滕王閣序》：“蘭亭已矣，梓澤丘墟。”清斌良《商都雜興》詩其一：“滿目丘墟少禾黍，微茫草色接開平。”

【丘墟】[1]

即墟[2]。此體漢代已行用。見該文。

【邱墟】

即墟[2]。此體漢代已行用。見該文。

【京】[2]

特指人工堆積的土丘。《爾雅·釋丘》：“絶高爲之京。”晋郭璞注：“人力所作。”《説文·京部》：“京，人所爲絶高丘也。”又説，“京”與“丘”，“對文則人力所作者爲京，地體自然者爲丘；散文則亦通稱也”。《三國志·魏書·公孫瓚傳》：“爲圍塹十重，於塹裏築京，皆高五六丈，爲樓其上；中塹爲京，特高十丈，自居焉，積穀三百萬斛。”《後漢書·劉虞傳》：“瓚乃築京於薊城以備虞。”李賢注：“京，高丘也。”參閱清朱駿聲《説文通訓定聲》。

土骨堆

即土堆。省稱“骨堆”，亦作“孤堆”。唐韓愈《飲城南道邊古墓上逢中丞過贈禮部衛員外少室張道士》詩：“偶上城南土骨堆，共傾春酒三五杯。”宋釋曉瑩《羅湖野録》：“只道平地上休起骨堆，不知那個是佗平地。”宋周文璞《行歌四首》其一：“雪壓門外土骨堆，一番兩番春始回。”元佚名《盆兒鬼》第三折：“一個土骨堆，只管叫道有鬼無鬼。”元康進之《李逵負荆》第二折：“休怪我村沙樣勢，平地上起孤堆。”

【骨堆】

即土骨堆。此稱宋代已行用。見該文。

【孤堆】

即土骨堆。此體元代已行用。見該文。

【土豚】

多指一種人工做成的擋水土堆。亦代指土堆、聚成一體的土塊。豚，通“墩”。《三國志·魏書·蔣濟傳》：“豫作土豚，遏斷湖水，皆引後船，一時間遏入淮中。”清吴任臣《字彙補》：“土豚，土墩也。”《梁書·蔡道恭傳》：“又潛作伏道以决塹水，道恭載土豚塞之。”清顧祖禹《讀史方輿紀要·南直五》：“時十月水涸，戰船數千，皆滯不得行，魏主留船付蔣濟，濟鑿地聚船作土豚遏湖水，灌之入淮，即此處也。”

【堆阜】

小丘。亦作“塠阜”。南朝梁蕭衍《撰孔子正言竟述懷》詩：“白水凝澗谿，黄落散堆阜。”《舊唐書·俞文俊傳》：“人氣不和而疣贅生，地氣不和而塠阜出。”五代劉崇遠《金華子雜編》卷下：“北海縣中門前，有一處地形微高，若小堆阜隱起。”宋江休復《牟駝岡閱馬》詩：“駞岡似沙苑，堆阜帶川州。”參閱本卷“堆”條。

【塠阜】

同“阜”。此體唐代已行用。見該文。

【埵】[2]

土堆。亦作“垛”“垜”。《淮南子·説山訓》：“泰山之容，巍巍然高，去之千里，不見埵堁，遠之故也。”《説文·土部》：“埵，堅土也。”漢王充《論衡·書虚》：“太山之高，參天入雲，去之百里，不見埵塊。”北魏賈思勰《齊民要術·煮膠》：“取乾净盆，置竈埵上。”石聲漢注：“埵，是一個上面帶圓形的土堆。”唐慧琳等《一切經音義》：“‘土埵，引《字林》：聚土也。’”又，南朝宋何承天《纂文》：“吴人以積土爲垛也。”唐元稹《江邊四十韻》詩：“羅灰修藥竈，築垛閲弓弰。”清麟慶《河工四汛詩·凌汛》：“樁排雁齒參差掛，垛比魚鱗上鋪。”清陳寶《軍行雜咏》其十：“流潦不可止，師進垜石橋。”

【垛】

同“埵”。此體南朝宋代已行用。見該文。

【垜】

同“埵”。此體隋代已行用。見該文。

【丘垤】

低矮的小土堆。亦作“阜垤”。《孟子·公孫丑上》：“泰山之於丘垤，河海之於行潦，類也。”晋楊羲《雲林與衆真吟詩十一首》其九：“俯眄丘垤間，莫覺五嶽崇。”北齊劉晝《慎隟》：“故登峭坂而不跌墜者，慎於大也；跨阜垤而好顛蹶者，輕於小也。”唐韓愈《上襄陽於相君書》：“丘垤之山，高，不能踰尋丈。”宋衛宗武《夏秋積雨歲用大祲長言紀實》詩：“四月五月淫潦積，噬嚙丘垤吞原隰。”金元好問《箕山》詩：“至今陽城山，衡華兩丘垤。”明李之世《過石門訪王堯韭新居》詩：“滄海有日碾成塵，深谷須臾變邱垤。”明王立道《滄海篇贈陸原仲》：“倮身窮髮，一島萬里，纍纍焉若阜垤之麗太行。”清張晋《續李舒園元滬讀〈郁離子〉詩十二首》其二：“武城郭門外，阜垤集鸛鳥。”清鄭世元《感懷雜詩》之三：“泰山不自高，因丘垤以形。”

【阜垤】

同“丘垤”。此體北齊已行用。見該文。

【墩】

高大土堆。亦作“敦”。《詩·大雅·行葦》：“敦彼行葦，牛羊勿踐履。”《爾雅·釋丘》：“丘一成爲敦丘。”郭璞注：“今江東呼地高堆者爲敦。”漢班固《答賓戲》：“欲從堥敦而度高乎泰山，懷氿濫而測深乎重淵。”李善注：“敦，音頓，頓丘也。”唐虞世南《北堂書鈔》：“江東呼堆爲墩。”清商盤《起剥行》詩：“古城墩前春水涸，楚舸吴艘齊起剥。”

【敦】

同“墩”。此體先秦已行用。見該文。

【坨】[1]

土堆、土丘、沙堆等。明陳璉《王維輞川圖爲襄城伯李公賦》詩：“南坨北坨歸眺望，勝概咸誇輞口莊。”明湛若水《過梅嶺感興》其二：“屈指十五年，始踏鄉土坨。”清弘曆《二月十五日疊去歲盤山花朝韻》詩：“烟村柳坨亦足賞，榆火風箏將次賦。”《彰武縣鄉土志》：“二道河，發源于縣城東北六十里之沙坨内。”清抄本《譯語》：“自此多沙坨，漸見榆林烏鳶。”

雅丹

氣候乾旱地區形成的侵蝕土丘或石丘。亦稱“龍城”。在乾涸湖底，沉積土層裂開，風沿裂隙吹蝕，裂隙逐大，發育成不規則脊槽，謂之雅丹地貌，抑或稱“風蝕壟槽”。有外觀如古城堡者，俗稱“魔鬼城”。20世紀初，赴羅布泊考察的中外學者，在荒原中發現該地貌，當地嚮導按維吾爾語的稱呼答曰Yardangs，即“陡峻土丘”。北魏酈道元《水經注》中稱雅丹爲"龍城"，認爲其成因先是有水拍岸，然後又經受風的吹蝕，形成如龍脊之狀。《水經注·河水》云："河水又東注於泑澤，即《經》所謂蒲昌海也。水積鄯善之東北，龍城之西南。龍城，故姜賴之虛，胡之大國也。"《晋書·張軌傳》："地有龍形，故名臥龍城。"《南齊書·孔稚珪傳》："大事匈奴，遂連兵積歲，轉戰千里，長驅瀚海，飲馬龍城。"

【龍城】

即雅丹。此稱北魏已行用。見該文。

丘壟

人工堆起的墳丘。《禮記·月令》："〔孟冬之月〕塋丘壟之大小、高卑、厚薄之度，貴賤之等級。"孫希旦集解："墓域曰塋，其封土而高者曰丘壟。"《墨子·節葬下》："有喪者曰：棺槨必重……丘隴必巨。"《漢書·楚元王傳》："黃帝葬於橋山，堯葬濟陰，丘壟皆小，葬具甚微。"南朝梁江淹《恨賦》："綺羅畢兮池館盡，琴瑟滅兮丘壟平。"宋劉兼《春夕遣懷》詩："休把虛名撓懷抱，九原丘壟盡侯王。"元朱晞顏《呈魯子翬學士》詩："曾向南州拜高節，歸來丘壟倍思親。"明王世貞《鳴鳳記·拜謁忠靈》："丘隴頹，桑田變，天涯和鶴空悲咽。"清李長霞《哀哉行》詩："西風吹白草，蕭蕭丘壟寒。"

第二節　山體形貌考

本節主要對組成山體的地形名類進行考證。古人按山體不同部位劃分出山峰、山麓、山阿、山陂、山谷、脊、山崖、山洞等不同名類，又在不同名類中，衍生出一些含義相同、詞語相異的概念。

山峰用"山冢""山額""山顏""山朵""峰朵""岑""峰角""崔嵬""嶁領""嶕""巏"等詞語表達；山脊用"堐""岡""巒""坑""山肋"等詞語表達；山坡用"阪""坂""陂""坡坨""坻""山脅""衍"等詞語表達；山脚用"山足""山基""山根""山麓""山趾"等詞語表達；山中洞穴用"丹穴""窟穴""石竇""峒""岫""夯""空石""嵌竇"等詞語表達。就山谷而言，用詞更豐富，較寬闊的用"壑""坳""竉""矗""隝""崎""峪""天竉"等詞語表達；較深幽的用"阬岸""石峽""大壑""岈""峈""磎""虛牝""嵌"等詞語表達；兩岸巖嵊壁立的用"谷""峽""陿""陝"等詞語表達。

上述表達山體各個部分的詞語，其中有許多已在近現代口語以及地理學科用語中被淘汰，但仍有一些詞沿用至今。例如"麓"這一詞語，甲骨文字形結構是"叢林"加"鹿"，表鹿群出没的山脚林地；有的甲骨文字形結構是"林"加"录"，而"录"的甲骨文之原意之一是用井架打水，表示山麓地帶可鑿地穿井。觀其組字方式就可知道，該地域屬於山坡與平原交界之地，土壤較山體其他部位深厚，地勢較平坦，林木較茂密，水源充足，動物活動較頻繁，是圍獵的好場所。《詩·大雅·旱麓》："瞻彼旱麓，榛楛濟濟。"《説文·林部》："麓，林屬於山爲麓。"北魏酈道元《水經注·漳水》："麓者，林之大者也。"又例如"峽"字表兩山間空缺或夾水處，在現代地理學中，是一個重要的概念。《淮南子·原道訓》："逍遥於廣澤之中，而仿洋於山峽之旁。"高誘注："兩山之間爲峽。"《楚辭·九嘆·思古》："聊浮游於山陜兮，步周流於江畔。"洪興祖補注："與峽同。"《漢書·地理志下》："南山，松陜水所出。"顏師古注："陜，兩山之間也。"又例如"山崖"，古解釋爲山旁陡直的邊。《説文·山部》："崖，高邊也。"清王筠《説文句讀》："崖，岸，高邊也……此云高邊，崖則水之邊而峭高者也。"《荀子·勸學》："淵生珠而崖不枯。"《爾雅·釋丘》："望厓灑而高岸。"《左傳·襄公二十八年》："鄭伯有廷勞于黄崖。"《莊子·秋水》："涇流之大，兩涘渚崖之間，不辨牛馬。"《徐霞客游記·游黄山日記》："石崖側削。"現代地理學詞語爲"陡崖"，而"崖"字幾千年來内涵未變，一直行用至今。

山　體

麓

　　山坡和平地之間的過度地段，其水、土、動植物等綜合自然條件較好。亦作"山麓"。麓的甲骨文較複雜，其中有林木，亦有動物（鹿）。山麓是遠古人類活動的重要區域。《詩·大雅·旱麓》："瞻彼旱麓，榛楛濟濟。"《禮記·王制》："林麓川澤，以時入而不禁。"鄭玄注："麓，山足也。"《周禮·柞民》："掌攻草木及林麓。"又曰："林衡每大林麓。"鄭玄注："竹木生平地曰林，山足曰麓。"毛

"麓"（甲骨文）（根據"粹664"繪製）

傳："麓，山足也。"《説文·林部》："麓，林屬於山爲麓。"漢劉熙《釋名·釋山》："山足曰麓。麓，陸也。言水流順陸，燥也。"晋張協《七命》："携公子而雙游，時娛觀於林麓。"李善注引班昭《列女傳》注曰："竹木曰林，山足曰麓。"北魏酈道元《水經注·漳水》："麓者，林之大者也。"唐柳宗元《零陵三亭記》："零陵縣東有山麓，泉出石中，沮洳汙塗。"宋吳聿《觀林詩話》："穴在山麓，泉鍾其間，適與海平。"元張起巖《游金牛山》詩："遜矣古肥城，岱麓空翠環。"明王世貞《懷于麟》詩："雲横大麓低平野，天坼飛流墮濁河。"清段玉裁《説文解字注·林部》："麓，蓋凡山足皆得稱麓。"清唐

孫華《偕同年游西涇次友人韻》：“東山多市廛，往往背山麓。”一説，生長在山足的林木。

【山麓】

即麓。此體北魏已行用。見該文。

【山足】

即山麓。《詩·大雅·旱麓》：“瞻彼旱麓。”毛傳：“麓，山足也。”晋劉楨《失題二首》其一：“得託芳蘭苑，列植高山足。”南朝齊謝朓《治宅》詩：“迢遞南川陽，逶迤西山足。”唐徐浩《謁禹廟》詩：“山足靈廟在，門前清鏡流。”宋王灼《游空山》詩：“閲遍平川至山足，投鞭下馬緣山腹。”元華鎮《游惠山二首》其二：“百尺老龍卧山足，口吐清泉聲籔籔。”明文彭《茅山》詩：“盤回繞山足，望望山之椒。”清紀邁宜《初至泰郡望岱作》詩：“白雲縈山腰，城郭附山足。”

【山紀】

即山足、山麓。《詩·秦風·終南》：“有紀有堂”。毛傳：“紀，基也。”明陳子龍《遇天台望赤城》詩：“緩步升山紀，驅車降木杪。”清魏際瑞《禾上山莊》詩：“松蘿水竹石經門，山紀人居別一村。”

【山根】

即山麓。漢焦贛《易林·賁之明夷》：“作室山根，人以爲安。”南北朝王褒《送觀寧侯葬》詩：“餘輝盡天末，夕霧擁山根。”北魏酈道元《水經注·夷水》：“山根東有湧泉成溪，即丹水所發也。”唐樊綽《蠻書·山川江源》：“囊葱山在西洱河東隅，河流俯齧山根。”唐姚合《游終南山》詩：“天外浮烟遠，山根野水交。”宋王安石《信州回車館中作二首》其一：“太白山根秋夜静，亂泉深水繞床鳴。”金元好

問《丙辰九月二十六日挈家游龍泉》詩：“藤垂石磴雲添潤，泉漱山根玉有聲。”明徐賁《晋冀紀行十四首·沁水縣》詩：“一水隨山根，宛轉流出迥。”《清史稿·全慶傳》：“北山根，可墾田萬餘畝，命辦事大臣常清籌辦。”

【山基】

即山麓。漢班固《白虎通義》卷五：“下禪梁甫之山基廣厚也。”《爾雅·釋山》：“重甗隒。”邢昺疏：“孫炎云：‘山基有重岸也。’”南朝宋劉鑠《擬行行重行行》：“寒螿翔水曲，秋兔依山基。”唐柳宗元《掩役夫張進骸》詩：“既死給槥櫝，葬之東山基。”《藝文類聚·山部》：“去縣三十里，便見山基，至所登處，當百里許，山皆平敞極目。”清曾彦《吳趨行》：“哀哉萊氏偶，躬耕蒙山基。”

【山趾】

即山麓。亦作“山址”。漢焦贛《小畜之咸》：“原出陵足，行於山趾。”宋包恢《餞山泉吳守》詩：“泉從九江來，發自廬山趾。”宋陳與義《游峴山次韻三首》其一：“夜度一程雲，平明踏山趾。”元廼賢《仙居縣杜氏二真廟詩并序》詩：“夜雨奔流溢山趾，月黑溪深黯無底。”元鄧牧《伯牙琴雪竇游志》：“俯視山址，環湊不見來路。”明程敏政《寄題婺源沙陽宗家二書院》詩：“泠泠梓水源，鬱鬱青山趾。”

【山址】

即山趾、山麓。此體宋代已行用。見該文。

【石脚】

特指石山之山麓。唐李群玉《宿鳥遠峽化臺遇風雨》詩：“龍湫在石脚，引袂時一取。”宋馬存《寄范安道》詩：“西山石脚盤如城，芙蓉峰插龍泉精。”宋李廌《少林寺》詩：“山遮

石脚斜陽早，雲礙鐘聲出谷深。”元李孝光《雁山十記·觀石梁記》：“地上石脚空嵌，類腐木根。”《徐霞客游記·楚游日記》：“其水澄澈不流，兩崖俱穹壁列柱，而石脚匯水，不漏池中。”清吳歷《題畫》詩其八：“蕭疏竹木倚江濱，石脚披莎拂浪新。”

【峲嵼】

漸趨平緩的地勢形態。猶山麓地帶。晉張協《七命》：“既乃瓊轥嶒峻，金岸峲嵼。”李善注：“峲嵼，漸平貌也。”《集韻》：“峲嵼，山貌，一曰山足。”明王世貞《弇州山人四部稿》卷一五八：“峲嵼，一注漸平。”明丘濬《丘文莊公集》卷八：“岬崪峲嵼，孰知一脈透出於瀛海之外。”清弘曆《雨花室》詩：“峲嵼得畝平，精舍引奧詰。”《欽定南巡盛典》：“雞鳴山，峲嵼鬱鬱，城北區高出城頭，可望湖春風。”

【峽峍】

即山足、山麓。漢揚雄《太玄·增》：“崔嵬不崩，賴彼峽峍。”范望注：“峽峍，山足也。”《文選·左思〈魏都賦〉》：“山林幽峽烏朗切，川澤迴繚。”李善注：“峽，深邃也。”清錢載《天柱峰出雲歌》：“今朝峽峍道其左，桃花色雲驚所瞻。”清王念孫《讀書雜志·淮南子十二》“遯逃乎碑”引作“峽峍”。

【山陲】

泛指山的邊緣，猶山脚、山足、山基、山麓地帶。唐宋之問《送別》詩：“更以沈痼日，歸卧南山陲。”又，《終南別夜》詩：“中歲頗好道，晚家南山陲。”唐孟浩然《送謝録事之越》詩：“仙書倘相示，予在此山陲。”宋者庵惠彬《叢林公論》：“山陲海蕃之人謂生佛於世。”元陳基《夷白齋稿》：“我今有思乃在越山陲，越

山遥遥青入海。”元胡助《上京紀行詩·居庸關》：“民居亦棋布，機磑臨山陲。”明彭孫貽《昭君怨》：“嫖姚屢出塞，絕漠陰山陲。”明高啓《遷婁江寓館》詩：“去年宅山陲，今年徙江干。”清全軌《正月晦日作》詩其四：“驚聞馳一騎，暮踏荒山陲。”

阪

山坡。亦稱“阤”“隴阪”。《説文·𨸏部》：“〔阪〕一曰山脅。从阜，反聲。字亦作坂。”先秦無名氏《丘陵歌》：“登彼丘陵，峛崺其阪。”《詩·小雅·伐木》：“伐木于阪，釃酒有衍。”《周禮·考工記·輈人》：“及其登阤，不伏其轅。”鄭玄注：“阤，阪也。”三國魏曹植《公讌》詩：“秋蘭被長阪，朱華冒綠池。”南朝梁何遜《車中見新林分別甚盛》詩：“隔林望行幰，下阪聽鳴珂。”《後漢書·馮衍傳下》：“上隴阪，陟高岡，游精宇宙，流目八紘。”宋洪皓《過窮頭嶺》詩：“驅車陟峻阪，牛斃轍亦敗。”元宋褧《菩薩蠻·丹陽道中》詩：“西風落日丹陽道，竹岡松阪相環抱。”明章美中《初秋感懷》詩：“亭臯雲稍白，隴阪葉初黄。”清許傳霈《步東郊至盧宅》詩：“滿郊綠樹迎長阪，一帶平橋護短垣。”

【阤】

即阪。此稱先秦已行用。見該文。

【隴阪】[1]

即阪。此稱南朝宋已行用。見該文。又作地名，參閲本卷“關山”詞條。

【陂】[1]

即阪，指山坡。亦稱“陵陂”。《説文·𨸏部》：“陂，阪也。”先秦佚名《〈莊子〉引逸》詩：“青青之麥，生於陵陂。”《爾雅·釋地》：

"陂者曰阪。"郭璞注："陂陀不平。"唐杜甫《喜晴》詩："青熒陵陂麥，窈窕桃李花。"宋王安石《玉晨大檜鶴廟古松最爲佳樹》詩："秦山陂下今迷處，苦里宮中漫得名。"金秦略《悼亡》詩："荒陂何處墳三尺，老眼他鄉淚數行。"明徐賁《蜀山》詩："陟怯危礧欹，瞰訝頹岡陂。"清朱秉成《入山行》："車聲隆隆入山去，山徑漸仄陂不平。"

【陵陂】

即陂[1]。此稱先秦已行用。見該文。

【坂】

即阪，指山坡。亦作"岅"。亦稱"隴坂"。《集韻》："與岅阪同。或作'岅'。"本意指内有河道對稱分布的地勢較高的田地，轉意爲對稱山坡地。《山海經·中山經》："邛崍峻嶮，其坂九折。"《説文·𨸏部》："〔阪〕字亦作坂。"《説文·土部》："坡，阪也。"漢王褒《九懷·株昭》詩其九："驥垂兩耳兮，中坂蹉跎。"漢揚雄《羽獵賦》："殷殷軫軫，被陵緣岅。"《漢書·文帝紀》："帝從灞陵，欲西馳下峻坂，袁盎諫，乃止。"晉孫綽《三月三日》詩："縹萍漫流，綠柳蔭坂。"唐王維《送崔五太守》詩："黃花縣西九折坂，玉樹宮南五丈原。"唐李白《北上行》詩："吸水潤谷阻，采薪隴坂長。"王琦注："隴坂，謂山之崗壟坡阪。"唐元稹《當來日大難行》："前有坂，後有坑。"宋王安石《相送行效張籍》詩："但聞馬嘶覺已遠，欲望應須上前坂。"元趙孟頫《驚秋》詩："下坂牛羊知故道，親人魚鳥近幽情。"明王翰《途中》詩："落日下長坂，悲風捲驚沙。"清朱珪《鄂爾楚克哈達大營》詩："昨夜雨瀟瀟，五更月出坂。"

【岅】

同"坂"。此體漢代已行用。見該文。

【隴坂】[1]

即坂。此稱唐代已行用。見該文。又作地名，參閱本卷"關山"詞條。

【坡】[1]

即阪，指山坡。亦作"岥"。《淮南子·俶真訓》："是故百姓曼衍於淫荒之陂。"《説文·土部》："坡，阪也。"三國魏阮籍《咏懷》之二十六："朝登洪坡顚，日夕望西山。"晉支遁《八關齋詩三首》其三："解帶長陵岥，婆娑清川右。"唐駱賓王《聖泉詩序》："既而崇巒左岥，石礐前縈。"《新唐書·南蠻傳中》："以軍綴青溪關，密引衆伐木開道，徑雪岥，盛夏，卒凍死者二千人。"宋金韓道昭《五音集韻》："陂，岥。《博雅》：陂陁衺也。一曰山陂，或作岥。"元傅習《元風雅》："南山歌兩岥，何如陽春生。"

【岥】

同"坡[1]"。此體晉代已行用。見該文。

【山坡】

山頂與平地之間的傾斜面。唐王建《同于汝錫游降聖觀》詩："秦時桃樹滿山坡，騎鹿先生降大羅。"宋唐詢《華亭十咏·吴王獵場》詩："思人無復見，落日下山坡。"元耶律鑄《後凱歌詞九首·嵈峹》詩："畔敵休矜戰騎多，紛羅區落遍山坡。"《水滸傳》第五五回："秦明自把軍馬從左邊趲向山坡去。"《紅樓夢》第四八回："李紈、寶釵、探春、寶玉等聽得此信，都遠遠的站在山坡上瞧著他笑。"

【坡坨】[2]

即阪，指山坡。亦作"坡陀"。唐韓愈《送

惠師》詩:"崔崒没雲表,陂陀浸湖瀹。"唐張又新《華蓋山》詩:"一岫坡陀凝綠草,千重虛翠透紅霞。"唐韓偓《净興寺杜鵑一枝繁艷無比》詩:"一園紅艷醉坡陀,自地連梢簇蒨羅。"宋王灼《曲尺山雲居寺》詩:"循溪上坡坨,溪亦因山曲。"明陳璉《王維輞川圖爲襄城伯李公賦》詩:"南坨北坨歸眺望,勝概咸誇輞口莊。"清王士禛《池北偶談·談異七·厦門磚刻》:"夜坐,見籬外坡陀有光……因掘地,很古磚。"

【坡陀】[1]

即坡坨[2]。此體清代已行用。見該文。

【阿】[2]

即阪,指山坡。亦作"丘阿""山阿"。《穆天子傳》:"天子獵於鈃山之西阿。"郭璞注:"阿,山陂也。"《詩·小雅·綿蠻》:"綿蠻黄鳥,止于丘阿。"漢酈炎《見志詩二首》其一:"哀哉二芳草,不值泰山阿。"晋阮籍《咏懷》其十三:"登高臨四野,北望青山阿。"宋徐鉉《和鍾大監泛舟同游見示》詩:"潮溝橫趣北山阿,一月三游未是多。"宋文天祥《高沙道中》詩:"回首下山阿,七人相牽連。"宋黄庭堅《薛樂道自南陽來入都留宿會飲作詩餞行》詩:"丘阿無梧桐,曲直不在鳳。"元唐珙《澄碧堂》詩:"何如曹溪一滴水,太阿削平如礪砥。"明歐必元《雜詩十九首》其十九:"浮雲千里蔽,霜雪滿山阿。"清秦鳴雷《登越王臺》詩:"空餘一抔土,寂寞卧山阿。"

【丘阿】

即阿[2]。此體先秦已行用。見該文。丘或作"邱"。

【山阿】[1]

即阿[2]。此體晋代已行用。見該文。

【衍】[1]

即阪,指山坡。《史記·封禪書》:"〔秦〕文公夢黄蛇自天下屬地,其口止於鄜衍。"裴駰集解引李奇曰:"山阪曰衍。"唐皇甫冉《江草歌送盧判官》詩:"被遥隔兮經長衍(一作'阪'),雨中深兮烟中淺。"宋文同《邛州賞豐亭》詩:"其民喜施力,無歲不登衍。"清袁于令《月落蠻江冷》詩:"萋萋沿路草,踏殘旋復衍。"

【坻】[1]

山坡。《詩·小雅·甫田》:"曾孫之庾,如坻如京。"漢張衡《西京賦》:"右有隴坻之隘,隔閡華戎。"《漢書·揚雄傳》:"功若泰山,嚮若坻隤,唯其人之贍知哉。"南朝梁江淹《吴中禮石佛》詩:"常願樂此道,誦經空山坻。"唐李嶠《晚秋喜雨》詩:"野洽如坻咏,途喧擊壤謳。"宋葉適《吴江華嚴塔院贈了洪講師》詩:"尚見波濤驚,累然擁丘坻。"金趙秉文《猛虎行》詩:"埋魂九地底,壓以泰山坻。"明劉崧《題華川樵逸圖》詩:"川南春來花滿坻,黄精酒熟杯行遲。"清胡敬《牧牛歌》:"短牛遮骭來塯坻,吒吒驅牛聲不已。"

【阺】[1]

山坡。即"坻"。一説,土山坡。先秦宋玉《高唐賦》:"登巉巖而下望兮,臨大阺之稽水。"李善注引《説文解字》曰:"秦謂陵阪曰阺。"段注:"大阜曰陵,坡曰阪,秦人方言皆曰阺也。"按,阜、陵皆有土山、土丘、土堆之含義。《玉篇·土部》:"坻,《埤倉》云'阪也'。"《藝文類聚·人部九》:"響若阺隤,雖其人瞻智哉。"按,阺,或爲山坡,抑或爲傾斜而出的大石。《册府元龜·總録部·自述》:"山旁堆欲墮落曰阺。"按，山旁猶山坡，易滑坡；阺謂易滑坡之地，故爲山坡。清毛奇齡《古今通韻》："阺，隴阪。又揚雄解：嘲響若阺隤。注：山旁堆曰阺。"按，"山旁"謂山坡，"山旁堆"或謂山坡上風化而堆積的土礫；現代地貌學稱其爲倒石堆，極易滑坡。

【隥】

即阪，指山坡。《穆天子傳》："甲午，天子西征，乃絕隃之關隥。"郭璞注："隥，阪也。"南朝宋顏延之《三月三日曲水詩序》："左關巖隥，右梁潮源。"南朝梁蕭衍《游鍾山大愛敬寺》詩："棱層疊嶂遠，迤邐隥道懸。"北魏酈道元《水經注·河水》："有磐石之隥，道狹尺餘，行者騎步相持。"唐賀知章《奉和御製春臺望》詩："旗回五丈殿千門，連綿南隥出西垣。"

石阪

石坡，山坡的一種。唐孟郊《自商行謁復州盧使君虔》詩："商嶺莓苔滑，石阪上下頻。"唐武元衡《兵行褒斜谷作》詩："注意奏凱赴都畿，速令提兵還石阪。"宋曹勳《莫獨行》詩："莫獨行，風雨慘慘兮夜不得明。道有石阪兮，使汝車敗而馬驚。"明祝允明《家藏馬遠春山行樂大幅》詩："扶藤循石阪，楊柳共依依。"清穆彰阿等《大清一統志》："玉田洞，在瀘溪縣東十五里。洞中幽邃，左畔石阪上如田伏者千餘，俗呼爲千坵田。"

阮 2

大山坡。《呂氏春秋·孟冬紀》："葬于阪隰。"按，阪謂山坡。阪即阮。漢揚雄《羽獵賦》："跙巒阮，超唐陂。"李善注引《漢書音義》曰："阮，大阪也。"《文選·陸機〈辨亡論〉》："北據東阮。"李善注："東阮，在西陵

步闓城東北，長十餘里。"唐魏徵等《群書治要》："驅馳嶮阮之中。"《清史稿·地理志》："新興江，源出縣南六阮頂山，屈西北流，入東安。"

陽坡

嚮陽的山坡。亦作"山陽""向陽坡""向陽"，亦稱"南坡"。晋李充《嘲友人》詩："爾隔北山陽，我分南川陰。"唐耿湋《哭苗垂（一作李端詩）》詩："月斜鄰笛盡，車馬出山陽。"唐杜甫《秦州雜詩》之十三："瘦地翻宜粟，陽坡可種瓜。"仇兆鰲注引杜田曰："毛文錫《茶譜》：'宣州宣城縣有塢如山，其東爲朝日所燭，號曰陽坡。'"唐裴夷直《窮冬曲江閒步》詩："雪盡南坡雁北飛，草根春意勝春暉。"宋王安石《文師種松》詩："陽坡風暖雪初融，度谷遥看積翠重。"宋虞儔《南坡做牡丹壇二絕》其二："向陽姚魏動芳馨，傍砌尤宜架小亭。"明唐之淳《和南澗經然燈寺韻》詩："陰泉泪雨漪，陽坡蔭雲樹。"明程敏政《題鮑栗之通判所藏四景牛》其四："靄靄向陽坡，梅花點放蕚。"明吕恮《竹坡》詩："向陽不種邵平瓜，長坂風披翠色斜。"清薛始亨《再咏貧士》詩："躬耕南山陽，垂釣西城下。"清弘曆《拈題》詩："雉避風藏深草谷，鹿知寒下向陽坡。"

【山陽】

即陽坡。此體晋代已行用。見該文。

【南坡】

猶陽坡。此體唐代已行用。見該文。

【向陽】

即陽坡。此體宋代已行用。見該文。

【向陽坡】

即陽坡。此體明代已行用。見該文。

陰坡

山的北坡,背陰之坡。亦稱"山陰",亦稱"北坡"。三國魏阮籍《咏懷》詩其二十二:"修竹隱山陰,射干臨層城。"南朝梁沈約《少年新婚爲之咏》詩:"山陰柳家女,莫言出田墅。"唐儲光羲《鞏城東莊道中作》詩:"涯口度新雲,山陰留故雪。"唐許渾《晨自竹徑至龍興寺崇隱上人院》詩:"佛寺通南徑,僧堂倚北坡。"宋易性中《龍虎山》詩:"雲氣蓬萊近,山陰草樹香。"元于立《題松石》詩:"匡廬道士山陰住,繞屋青松個個長。"明李夢陽《正月望日繁臺寺集》詩:"陰坡氣觸娟娟雪,暖滓冰分細細流。"清弘曆《塞中即景》詩其一:"山陰雪凍山陽雨,谷尾溪喧谷口泉。"

【山陰】

即陰坡。此稱三國魏已行用。見該文。

【北坡】

猶陰坡。此稱唐代已行用。見該文。

【向陰】

即陰坡。此體宋代已行用。見該文。

羊腸阪

古阪道名,因其在山坡上崎嶇纏繞、曲曲彎彎、形似羊腸,故名。南起河南沁陽市常平村,北抵山西澤州縣碗城村,全長約4千米。《史記·孫子吳起列傳》:"夏桀之居,左河濟,右泰華,伊闕在其南,羊腸在其北。"裴駰集解引晉皇甫謐曰:"壺關有羊腸阪,在太原晉陽西北九十里。"又,《史記·魏世家》:"斷羊腸,拔閼與。"張守節正義:"羊腸阪道在太行山上,南口懷州,北口潞州。"金元好問《羊腸

阪》詩:"浩蕩雲山直北披,凌競羸馬不勝鞍。"明李維楨等《山西通志》卷二九:"石隥縈委若羊腸焉,故以爲名。今嵐州界羊腸阪是也。"清高士奇《春秋地名考略》卷五:"由是言之入孟門入白陘也,登太行登羊腸阪也。"

山脅[1]

山坡或山腰。亦作"峰脅"。《説文·𡴋部》:"坡者曰阪,一曰澤障,一曰山脅也。"漢馬第伯《封禪儀記》:"其道旁山脅,大者廣八九尺,狹者五六尺。"前蜀貫休《避寇上唐臺山》:"蒼黃緣鳥道,峰脅見樓臺。"宋王十朋《白若遇水以小舟從石門渡勢危甚因書數語示圖南文卿時八月二日也》詩:"壯哉龍伯宮,幽據雁山脅。"明方以智《通雅·地輿》:"山脅,今之衝坂也……韓信並山,謂傍山脅也,今山衝小坂是也。"清蔣超伯《包刺史棣園》詩:"湖心橫小艓,山脅出飛泉。"

【峰脅】

猶山脅[1]。此體唐代已行用。見該文。

【峰腰】

山坡或山腰。唐唐彥謙《游南明山》詩:"白雲鎖峰腰,紅葉暗溪嘴。"元《龍濟山野猿聽經雜劇》第二折:"推斜華嶽頂,扯倒玉峰腰。"《徐霞客游記·粤西游日記一》:"上登峰半,其洞穿然東向,透峰腰而西,徑十餘丈,高四丈餘。"清盛錦《過灘》詩:"長篙拄峰腰,遠纜走山脊。"

【山肋】

山坡或山腰。唐皮日休《上真觀》詩:"徑盤在山肋,繚繞窮雲端。"宋王得臣《麈史》卷下:"民言山肋有鼎痕十數,皆爲水所漂。"宋趙鼎臣《騎立山禱雨》詩其二:"馬足盤山肋,

泉聲漱石根。"

【嶺腹】

　　山腰。亦作"巖腹",亦稱"峰腹""嵒腹"。唐李世民《咏雨》詩:"低飛昏嶺腹,斜足灑巖阿。"唐鄭棨《開天傳信記》:"上賞望,嘉其高迥,欲於峰腹大鑿'開元'二字,填以白石,令百餘里望見。"唐沈傳師《次潭州酬唐侍御姚員外游道林嶽麓寺題示》詩:"相重古殿倚嵒腹,別引新徑縈雲根。"宋張侃《夏喜雨賦》:"紛紛乎屋山之捲茆蓋,瀝瀝乎嶺腹之摇松株。"宋程俱《同餘杭尉江仲嘉裹道人陳祖德良孫游洞霄宮》詩:"穿松酌水尋二洞,低隱巖腹高山巔。"宋方開之《定光南安巖》詩:"上有虛窗透碧霄,夜分明月歸巖腹。"明曹學佺《蜀中廣記》卷二二:"忽驚巫峽尾,岩腹有穿壙。"清王岱《游龍泉岩望海山達濠一帶》詩:"懸岩忽辟奇峰腹,窄徑斜穿亂石頭。"清朱彝尊《桐廬雨泊》:"一氣沉嶺腹,白鷺忽飛翻。"

【峰腹】

　　即嶺腹。此稱唐代已行用。見該文。

【嵒腹】

　　即嶺腹。此稱唐代已行用。見該文。

【巖腹】

　　即嶺腹。此體宋代已行用。見該文。

山脊

　　由山體相反斜坡組合而成的條形脊狀延伸的地貌形態。《爾雅·釋山》:"山脊,岡。"郭璞注:"謂山長脊。"郝懿行義疏:"《爾雅》正義引孫炎曰:'長山之脊也。'必言長者,脅脊骨長。"《説文·山部》:"岡,山脊也。"唐劉禹錫《莫猺歌》:"星居占泉眼,火種開山脊。"宋沈與求《與道按田至湖山有詩凡九章次其韻毛

公壇觀》詩:"山脊層壇古,松根曲徑微。"明俞貞木《題王孟端山水》詩:"山脊浮雲合,岩腰細路斜。"清姚燮《江上人日吟》:"將陰若晴色不辨,山腰樹碧山脊黄。"

【岡】 [2]

　　山脊。亦作"山崗""山梁",亦稱"岡脊"。《書·胤征》:"火炎崑岡,玉石俱焚。"孔傳:"山脊曰岡,岡,亢也,在上之言也。"《詩·大雅·公劉》:"乃陟南岡。"又,《詩·大雅·卷阿》:"梧桐生矣。"毛傳:"梧桐不生山岡。"漢王粲《七哀》詩其二:"山崗有餘映,巖阿增重陰。"晉嵇康《四言贈兄秀才入軍詩》詩:"我友焉之,隔兹山梁。"唐孔穎達疏:"乃又升彼南山岡脊之上,乃見其可居而爲都邑者於京之地。"唐杜甫《前出塞九首》詩其二:"捷下萬仞岡,俯身試搴旗。"宋朱熹《雲谷記》:"南循岡脊,下得橫徑,徑南即谷口小山。"明錢宰《長江霽雪圖》詩:"岷峨岡脊來蜿蜒,青城一峰高插天。"明葉子奇《草木子·管窺》:"〔崑崙〕天下岡脊至高之處。"《水滸傳》第四七回:"此間獨龍岡前面,有三座山岡,列著三個村坊。"明胡應麟《陳友定保閩粤師縛之爲七閩第十》詩:"七閩保岩阻,連亘皆山梁。"清李斗《揚州畫舫錄·小秦淮録》:"南接掃垢山,北接乎岡秋望,其上兩畔多名肆。"清江權《自劍州至蒼溪縣途中作》詩:"驛路絡山梁,古柏翼長坂。"

【山崗】

　　即岡[2]。此體漢代已行用。見該文。

【山梁】

　　即岡[2]。此體晉代已行用。見該文。

【岡脊】

即岡²。此稱唐代已行用。見該文。

【堲】¹

即山脊。古同"岡"。晋王浮《老子化胡經》："登嶽歷高堲。"晋陸雲《答車茂安書》："因民所欲，順時游獵，結置繞堲，密罔彌山。"南朝梁陶弘景《真誥》："截嶽斬堲。"《廣韻·平唐》："崗，又作堲。"宋佚名《新編五代史評話·梁史上》："前臨剪徑道，背靠殺人堲。"清穆彰阿等《大清一統志》："在縣東北二十里回堲。"

【坑】¹

即岡、山脊。音"岡"，意與"岡²"同。《楚辭·九歌·大司命》詩："吾與君兮齋速，導帝之兮九坑。"洪興祖補注："坑，音岡，山脊也。"蔣驥注："坑，崗同。"漢東方朔《七諫·初放》："高山崔嵬兮，水流湯湯。逝日將至兮，與麋鹿同坑。"

【巒】⁶

山脊、山梁、山岡。《爾雅·釋山》："山脊曰巒。"漢王逸《九思·守志》詩："陟玉巒兮逍遥，覽高岡兮嶢嶢。"舊注："山脊曰巒。"晋陸機《苦寒行》詩："凝冰結重澗，積雪被長巒。"南朝梁吳均《酬周參軍》詩："沈雲隱喬樹，細雨滅層巒。"唐張文琮《蜀道難》："飛梁駕絶嶺，棧道接危巒。"宋高善濂《洞庭晚望七首》其二："湖邊匯澤流千派，望裏長巒翠一桁。"明王廷相《秋日寧國言懷》詩其一："長巒亘邑曲，青畎循溪汭。"

【岡巒】

即山脊、山梁、山岡。晋盧諶《贈崔温》詩："平陸引長流，岡巒挺茂樹。"北魏《大魏□□□□□□墓誌銘》："山□石南據，岡巒聳翠。"宋朱熹《次牧馬侯廟》詩："雲樹葱蘢神女寶，岡巒連搶聖侯祠。"元成廷珪《題石林茅屋》詩："結茅不放風雨入，種樹乃與岡巒齊。"明郭奎《答人見寄滕王閣鐵柱觀》詩其一："憶昔滕王臨勝地，頻登飛閣俯岡巒。"清周龍藻《再登燕子磯》詩："起伏岡巒方湧浪，縱橫洲渚祇流杯。"

【崇崗】

高大的山岡。唐虞世南《北堂書鈔·樂部》："托峻嶽之崇崗。"宋鞏豐《迎暉亭》詩："崇崗層嶂屹亭在，似約老眼來窺東。"元王畦《次韻答倪雲林録似良夫》詩："攬衣陟崇崗，俯首臨澄淵。"明陳亮《賦得萬石岡爲宗獻劉君作》詩："聲名能與崇岡並，他日當爲萬石君。"清屈大均《爲頻陽田先生八十壽》詩："白雲橫陸海，瀑布落崇崗。"

峯

特指山頂。亦作"峰"。《説文·山部》："峯，山耑也。"按，耑，頂端。晋左思《蜀都賦》："梗柟幽藹於谷底，松柏蓊鬱於山峯。"晋佚名《夢蓬萊四真人作詩四首·石安慶先作詩一章》："靈山造太霞，竪巖絶霄峰。"南朝梁蕭統《示雲麾弟》詩："山萬仞兮多高峯，流九派兮饒江渚。"北魏酈道元《水經注·漾水》："漢水北，連山秀舉，羅峰競峙。"唐李白《蜀道難》詩："連峰去天不盈尺，枯松倒掛倚絶壁。"宋沈括《夢溪筆談·雜誌一》："予觀雁蕩諸峰，皆峭拔嶮怪，上聳千尺，窮崖巨谷。"宋蘇軾《題西林壁》詩："橫看成嶺側成峯，遠近高低各不同。"元汪元量《南嶽道中》詩其一："山中老柏滴寒翠，江上危峰撐夕陽。"明楊士奇《勤務堂記》："樓若干楹,前臨澈水,後枕椒峯。"清顧祖禹《讀史方輿紀要·陝西四》:"《地志》:岐山亦曰天柱山,其峰高峻,狀若柱然。"

【峰】

同"峯"。此體晉代已行用。見該文。

【石朶】

喻指山頭或山峰,峰之貌如花朵。即峯。亦作"山朵""山朶"。唐曹松《岳陽晚泊》詩:"湖影撼山朶,日陽燒野愁。"南唐李中《思九江舊居》:"檻底江流偏稱月,簷前山朶最宜秋。"明李維楨等《山西通志》:"浩山在縣西四十里,有石朶,山峰似花山,西爲老馬嶺沁水界。"清穆彰阿等《大清一統志》:"名石朶山,山峯如花。"清《御定月令輯要》:"《增名勝志》:春水,出鶴慶府東七里石朶和石阪中,至春月水益盛,和鹽梅椒末,飮之可以辟疾。"

【山朵】

即石朶。此體唐代已行用。見該文。

【山朶】

即石朶。此體南唐已行用。見該文。

峰　朶
（清查士標《雲容水影圖》）

【峰朶】

狀如花朵之山峰。唐李洞《智新上人話舊》詩:"金陵市合月光裏,甘露門開峰朶頭。"前蜀貫休《將入匡山宿韓判官宅》:"黛青峰朶孤吟後,雪白猿兒必寄來。"明李奎《游天竺寺有懷謝康樂》:"白雲嵌紫芝,峰朶開芙蓉。"《徐霞客游記·游雁宕山日記》:"諸峰朶朶,僅露一頂,日光映之,如冰壺瑤界。"

【山冢】

山頂、山峰。亦稱"山顔""山額"。《詩·小雅·十月之交》:"百川沸騰,山冢崒崩。"毛傳:"山頂曰冢。"唐張祜《賦昭君冢》詩:"萬里關山冢,明妃舊死心。"唐溫庭筠《菩薩蠻》詞其三:"蕊黃無限當山額,宿妝隱笑紗窗隔。"宋宋祁《提刑勸農使者還嘉州》詩:"棧路縈山顔,畲田耨巖腹。"宋陸游《泛小舟姑孰溪口》詩:"坡陀青山冢,斷碣卧道旁。"宋李彌遜《五石·水月巖》詩:"明泉落巖隈,滿月掛山額。"元姬翼《水調歌頭》詞:"霞卷鎮陽北,雲隱鶴山顔。"又姬翼《望海潮》詞:"顧雲問岫幌,月賁山顔。"元吳景奎《晚霽》詩:"烟抹林腰橫束素,日回山額半塗黃。"明周是修《白楊花》詩:"君不見百川沸騰山冢崩,高岸爲谷谷爲陵。"明陳鴻《臨封八景次韻·江口歸帆》詩:"波映山顔麗似苔,封江兩岸錦帆開。"明徐渭《次夕降搏雪徑滿鵝鴨卵余睡而復起燒竹照之八十韻》詩:"岩俱周處南山額,罷盡蘇卿北海羝。"清黃景仁《望匡山》詩:"去作青山冢,歸虛白首期。"清彭孫貽《埭溪眺月四首》其二:"露白出樵徑,雲霽開山顔。"

【山顏】

即山冢。此稱唐代已行用。見該文。

【山額】

即山冢。此稱唐代已行用。見該文。

【陵】[2]

即峯。《詩·小雅·正月》："謂山蓋卑，爲岡爲陵。"《孫子·軍争》："故用兵之法，高陵勿向。"《楚辭·九嘆·遠逝》詩："陵魧堆以蔽視兮，雲冥冥而闇前。"漢樂府《上陵》詩："上陵何美美，下津風以寒。"漢樂府《上邪》："山無陵，江水爲竭，冬雷震震，夏雨雪，天地合，乃敢與君絶。"

【岑】[2]

即峰。漢淮南小山《招隱士》詩："嶔岑碕礒兮，硱磳磈硊，樹輪相糾兮林木茂椔。"晉陸機《猛虎行》："靜言幽谷底，長嘯高山岑。"晉張協《雜詩十首》其六："朅來戒不虞，挺轡越飛岑。"南朝宋謝靈運《晚出西射堂》詩："步出西城門，遥望城西岑。"吕向注："岑，峰也。"宋王安石《和文淑》詩："天梯雲棧蜀山岑，下視嘉陵水萬尋。"清邢昉《九江城南樓晚眺》詩："登樓俯危檻，近見廬山岑。"

【峰角】

尖聳的山峰。峰或作"峯"。前蜀貫休《秋望寄王使君》詩："大月生峰角，殘霞在樹枝。"元李俊民《游青蓮》其二："翠揖雙峰角，清臨一水堂。"明賀復徵《文章辨體彙選》："從祠畔上磴扶石闌，轉峯角，皆石版布道。"清張祥河《道中書所見》："峰角花穠不可攀，峰根草長又誰删。"

【的】

尖聳的山峰。晉孫綽失題詩："超超雲端

月，的爍霞間星。"南朝梁宣帝《七山寺賦》："神嶨岊岊而獨立，仙的皎皎以孤臨。"北周庾信《北園射堂新成詩》詩："軒臺聊可習，仙的不難登。"北魏酈道元《水經注·漸江水》："又有射的山，遠望山的，狀若射侯，故謂射的。"唐杜牧《寄牛相公》詩："漢水横冲蜀浪分，危樓點的拂孤雲。"宋方岳《梅花十絶》詩其一："今年雪屋親曾見，的當南枝先着花。"元吴師道《九月廿三日城外紀游》："璣衡遺制此其的，衆環倚植森交柯。"明楊慎《藝林伐山·神嶨仙的》："壑之凸凹者曰嶨，峰之尖射者曰的。"

【崔嵬】[2]

山頂。《詩·小雅·谷風》："習習谷風，維山崔嵬。"毛傳："崔嵬，山巔也。"按，《玉篇零卷·山部》引《韓詩》作"岑崟"，亦解爲山巔。《楚辭·九章·涉江》詩："帶長鋏之陸離兮，冠切雲之崔嵬。"漢揚雄《太玄·增》："崔嵬不崩，賴彼峽岬。"晉佚名《行者歌》："青槐夾道多塵埃，龍樓鳳闕望崔嵬。"唐靈澈《天姥岑望天台山》詩："有時半不見，崔嵬在雲中。"宋方岳《次韻梅花》其二："天與此翁娱寂寞，日携扶老上崔嵬。"元栴堂《題徑山》詩："攀蘿把石上崔嵬，爲訪名師特到來。"明李東陽《與錢太守諸公游嶽麓寺》其一詩："衡嶽地蟠三百里，群峰將斷復崔嵬。"清張實居《王烟客先生長白山圖歌》："會仙崔嵬三千仞，峰巒劍立樹倒懸。"

【岣嶁】[1]

即峯。亦作"嶁領"，單稱"嶁"。《後漢書·馬融傳》："或輕訬趬悍，廋疏嶁領，犯歷嵩巒。"李賢注引《字林》："嶁，山顛也。"唐齊己《送禪者游南嶽》："漸臨瀑布聽猨思，却背岣嶁有雁行。"宋蘇軾《鳳翔八觀·石鼓歌》其一:"何人作頌比《嵩高》,萬古斯文齊岣嶁。"宋沈遘《五言送劉泌歸建州》詩:"何時過江望,家山見孤嶁。"元張仲深《贈徐仲裕》詩:"摩崖秦嶺空崢嶸,妙手須君鐫岣嶁。"明楊慎《送陳德潤還茂州》其二:"瑞恊宛委圖,輝映岣嶁曲。"清范咸《岣嶁碑》詩:"岣嶁山尖讀舊碑,赤文綠字蛟龍製。"清康熙《御定子史精華》卷八:"嶁領嵩巒。"清弘曆《熱》詩:"一雨當更佳,片雲已冪嶁。"

【嶁領】

即岣嶁[1]。此體南朝宋已行用。見該文。

【嶁】

即岣嶁[1]。此稱唐代已行用。見該文。

【嶕】

即峯。晉王劭之《靈壽杖銘》詩:"簟簟鮮幹,秀彼崇嶕。"晉庾闡《采藥》詩:"采藥靈山嶕。"晉郭璞《江賦》:"驪虯摎其址,梢雲冠其嶕。"李善注:"嶕,山巔也。"宋鄭厚《林嶕詩(一作登東山)》詩:"小雨上東山,層層著意看。"明伍瑞隆《匡廬山歌送陳時獻》:"七嶺重嶕莽相揖,九江九派東西流。"明薛瑄《友鶴軒》詩:"良璞在崑岡,清輝散巖嶕。"清弘曆《哨鹿》詩:"減從四五人,攀陟窮峰嶕。"

【巘】[3]

即峯。《詩·大雅·公劉》:"陟則在巘,復降在原。"朱熹注:"巘,山頂也。"漢張衡《南都賦》:"坂坻嶻嶭而成巘。"漢張衡《西京賦》:"赴洞穴,探封狐,陵重巘,獵崑駼。"薛綜注:"山之上人下小者曰巘。"《玉篇·山部》:"〔巘〕,謂山形如累兩甄兒。"南朝梁沈約《游鍾山詩應西陽王教》其二:"鬱律構丹巘,崚嶒

起青嶂。"南朝梁江淹《顏特進延之侍宴》詩:"青林結冥濛,丹巘被蔥茜。"唐杜甫《故秘書少監武功蘇公源明》詩:"時下萊蕪郭,忍饑浮雲巘。"宋王灼《次韻呂閬州錦屏之集》詩:"飛簪依絕巘,朱檻俯清流。"元陳文瑤《登金剛髻峰》詩:"眼闊滄溟窄,步高碧巘低。"明葉顒《幅巾杖屨晚游南北山間興賦》詩:"南峰翠凝黛,北巘青堆藍。"清王夫之《李廉訪攀龍》詩:"絕巘岩嶢接太清,登臨極目羽翰輕。"

【巖椒】

即峯。南朝陳江總《營涅槃懺還塗作詩并序》詩:"留連入澗曲,宿昔陟巖椒。"《宋書·謝靈運傳》:"慕棋高林,剝芰巖椒。"唐駱賓王《兵部奏姚州破賊設蒙儉等露布》:"凌石菌以開營,拒巖椒而峻壘。"陳熙晉注引《釋名》:"山頂曰冢,亦曰巔,亦曰椒。"《文苑英華》卷六四七:"巖椒而峻壘崇巒切。"金李經《雜詩五首》其四:"巖椒鬱雲,日夕生陰。"明王世貞《善權水洞一首》:"朱華嵌巖椒,白雲團衡壑。"清朱彝尊《謁孔林賦》:"復自田而之湖,回瞻巖椒之夕陽兮。"

嶔岑[2]

高峻的山峰,亦山勢高峻狀。漢淮南小山《招隱士》:"嶔岑碕礒兮,碅磳磈硊。"北魏酈道元《水經注·漾水》:"開山圖謂之仇夷,所謂積石、嵯峨、嶔岑阿者也。"隋釋智炫《游三學山》詩:"秀嶺接重烟,嶔岑上半天。"唐宋之問《送楊六望赴金水》詩:"借問梁山道,嶔岑幾萬重。"宋王當《德清宰俞居安自畫淵明圖》詩:"前窗面清泚,後户依嶔岑。"明胡應麟《擬李白蜀道難作梁父吟》:"潁川之水,咄嗟不足洗余耳,拂衣長嘯,直上岱宗之嶔岑。"

清成鷟《登太科峰頂》詩："愛山登陟不辭勞，直上嶔岑振敝袍。"

【群峰】

聚集的山峰。峰，或作峯。南朝梁《故侍中司空永陽昭王墓誌銘》："惟山峻極，群峰以構。"南朝梁任昉《嚴陵瀨》詩："群峰此峻極，參差百重嶂。"唐李白《流夜郎至西塞驛寄裴隱》詩："回巒引群峰，橫蹙楚山斷。"宋孫覿《裴公亭二首》其一："太行王屋群峰上，秦晋關河望處分。"元黃仲翁《香山八景詩·阜峰文筆》："群峰超絕處，特自起孤高。"清岳濬等《山東通志》卷六："大珠山在州南一百二十里，又名玉泉山，壁立千仞勢壓群峯。"

【孤峰】

獨立的山峰。峰，或作峯。唐王績《采藥》詩："時時斷嶂遮（一作橫），往往孤峰出。"唐張說《送梁六自洞庭山作》詩："巴陵一望洞庭秋，日見孤峰水上浮。"宋沈說《安石嶺》："不知身在孤峰頂，回首人家盡白雲。"明李賢等《明一統志·瀘州府》："月臺山在合江縣南五里，孤峯特立，小溪環繞，其麓形如月，因名。"清穆彰阿等《大清一統志》："《廬山記》：東南有香鑪山，孤峯獨秀起，游氣籠其上。"

谷

山谷之省稱，即山間及平原地面凹槽狀延伸地形。即河道、溝谷。《老子》："知其雄，守其雌，爲天下溪……知其榮，守其辱，爲天下谷。"《公羊傳·僖公三年》："無障谷。"何休注："水注川曰溪，注溪曰谷。"《爾雅·釋水》："水注谿曰谷，或從山。"《詩·小雅·十月之交》："高岸爲谷，深谷爲陵。"又，《伐木》："出自幽谷，遷於喬木。"秦四皓歌："莫莫高山，深谷逶迤。"晋司馬彪《贈山濤》詩："上凌青雲霓，下臨千仞谷。"晋左思《蜀都賦》："山阜相屬，含溪懷谷。"李善注："水……注壑曰谷。"南朝宋何承天《巫山高篇》其五："青壁千尋，深谷萬仞。"北魏酈道元《水經注·漾水》："水出西北天水郡黃盧山腹，歷谷南流。"唐王維《奉和聖製幸玉真公主山莊因題石壁十韻之作應制》詩："谷靜泉逾響，山深日易斜。"宋文彦博《登廣化閣》詩："谷迥傳清梵，川長沒遠鴻。"元楊載《招真觀圖》詩："谷幽疑鬼聚，峰巧類人鐫。"明倪瓚《贈墨生》詩："巖谷春風起，桐花落澗紅。"清易順鼎《讀〈老子〉札記》："溪、谷同意，皆水所歸。"

【山谷】

兩山間低凹而狹窄處，其間多有澗溪流過。即山區的谷地。《吕氏春秋·謹聽》："故當今之世，求有道之士，則于四海之內，山谷之中，僻遠幽閒之所。"漢蔡琰《悲憤詩二章》其二："山谷眇兮路漫漫，眷東願兮但悲歎。"晋陳琳《游覽二首》其一詩："蕭蕭山谷風，黯黯天路陰。"唐杜甫《南池》詩："峥嶸巴閬間，所向盡山谷。"宋陳傅良《淳熙三山志·公廨類三》：

臺峪（河流階地）
（清王雲《秋亭納涼圖》）

"熙寧元年五月，霖雨薦作，山谷百水争出。"金王特起《沁源山中》詩："隔林依約見燈火，山谷人家初夜寒。"明朱同《看雲生黄山采藥歌（江景榮丁巳）》詩："黄山之峰三十六，采藥行行遍山谷。"清姚鼐《連日清齋寫佛經偶作數句》詩："烟際東林鐘，月出山谷寺。"

【臺峪】

即河谷。今稱河流侵蝕臺地。《水滸傳》第四九回："便是那叔姪兩個最好賭的鄒淵、鄒潤，如今見在登雲山臺峪裏聚衆打劫。"按，我國北方山區中多見以"臺峪"爲地名的鄉村。明于慎行《登泰山記》："泉或峯圪片石拊膺而坐，舉觴屬可大曰：此非伯牙避雨巖乎！夫高山流水於予可遊聲矣，由御坪而下，憩於巖巖亭，折而左經臺峪。"明李維楨等《山西通志·潞安府·長治縣》："發鳩山二十五里有雍水，巔有白石形似佛頭，九臺峪在縣西二十五里。"清岳濬等《山東通志》卷三五一九："憩於巖巖亭，折而左經臺峪，經臺者在道左里許石壇。"

【壑】[1]

即谷。《國語·晉語八》："豁壑所盈，是不可厭也。"《爾雅·釋詁上》："壑，虛也。"郭璞注："壑，豁壑也。"《廣韻·入聲·鐸韻》："壑，谷也。"漢張衡《西京賦》："鼷兔聯狨，陵巒超壑。"李善注："壑，阬谷也。"《晉書·顧愷之傳》："千岩競秀，萬壑争流。"按，有水流之壑。唐李白《蜀道難》詩："飛湍瀑流争喧豗，砯崖轉石萬壑雷。"唐杜甫《咏懷古迹五首》詩其三："群山萬壑赴荆門，生長明妃尚有村。"宋佚名《驪龍》詩："大壑長千里，深泉固九重。"金任詢《憶郎山》詩："萬壑溪

流合，千峰木葉黄。"明葉顒《幽齋夜坐效山人體》詩："一邱一壑白雲深，一笛秋風一曲琴。"清尤怡《秋晚登樓》詩："萬木秋聲來大壑，亂山寒色上危樓。"

【岈】

即谷，抑或低洼地。亦作"谺"。音yá時多用作山名；音xiā時意思是深邃。南朝梁何遜《渡連圻詩二首》其二："糾紛上巃嵸，穿豁下岩岈。"北魏酈道元《水經注·漾水》："漢水又西，逕南岈北岈中，上下有二城相對，左右墳壠低昂，亘山被阜。古諺云：'南岈北岈，萬有餘家。'"唐柳宗元《始得西山宴游記》："其高下之勢，岈然窪然，若垤若穴，尺寸千里，攢蹙累積，莫得遯隱。"唐吳筠《秋日彭蠡湖中觀廬山》詩："穿崇石梁引，岈豁天門開。"《集韻》："谺或作岈。"宋趙鼎《陪王毅伯游柏梯寺次毅伯韻》："款步轉嶔岈，舉頭蒙樸薪。"明胡文路《雙髻嶺》詩："青蒼今古不摇落，岩岈天地空崔嵬。"清丘逢甲《蓮花山吟》詩："青鞋布襪意先往，泊舟徑欲窮嶀岈。"

【谺】[1]

同"岈"。此體宋代已行用。見該文。

【阬岸】

深谷。亦作"阬阬"，亦稱"硎岸""坑岸""阬谷""坑岾"，單稱"阬"。《爾雅·釋詁》："壑，阬阬。"郭璞注："阬阬，謂阬塹也。"邢昺疏："阬阬者，坎陷之虛也。"《禮記·王制》："製農田百畝。"孔穎達疏："除山川坑岸三十六萬井，定出賦者六十四萬井。"《莊子·天運篇》："在谷滿谷，在阬滿阬。"《史記·貨殖列傳》："弋射漁獵，犯晨夜，冒霜雪，馳阬谷。不避猛獸之害，爲得味也。"晉葛洪《抱朴子外

篇·酒誥》：“或奔車走馬赴阬谷而不憚，以九折之坂爲蟄封也。”《後漢書·朱穆傳》：“顛隊坑岸。”南朝梁王僧孺《太常敬子任府君傳》：“公叔之顛墜硎岸，無以異也。”北齊顏之推《顏氏家訓·文章》：“勿使流亂軌躅，放意填坑岍也。”王利器集釋：“盧文弨曰：‘坑岸，猶言坑塹。’”唐李德裕《離平泉馬上作》詩：“黑山永破和親虜，烏領全阬跋扈臣。”《廣韻》：“同坑，亦同硎。”《資治通鑑·唐太宗貞觀十六年》：“出行必整隊伍，前導者長呼，則人皆奔迸，不避阬谷，路絕行者，國人甚苦之。”

【阬】³

即阬岸。此稱先秦已行用。見該文。

【阬阬】

即阬岸。此體先秦已行用。見該文。

【阬谷】

即阬岸。此稱漢代已行用。見該文。

【坑岸】

同“阬岸”。此稱南朝宋已行用。見該文。

【硎岸】

即阬岸。此稱南朝梁已行用。見該文。

【坑岍】

同“阬岸”。此稱北齊已行用。見該文。

【空谷】

幽深的山谷。《詩·小雅·白駒》：“皎皎白駒，在彼空谷。”晉陸沖《雜詩二首》其一：“空谷回悲響，流風漂哀音。”唐杜甫《佳人》詩：“絕代有佳人，幽居在空谷。”唐李白《尋高鳳石門山中元丹丘》詩：“高松來好月，空谷宜清秋。”宋王炎《游東山·舒嘯》：“幽人獨坐空谷，最愛夜深月明。”元廼賢《歸途至金閣山懷虞侍講》詩：“空谷無人黃葉落，白雲如雪滿

溪流。”明李延興《雪》詩其二：“雲深空谷難尋路，風急虛窗亂打書。”清方殿元《章貢舟中作歌六首》其一：“空谷號風呼雨入，四山水落千灘急。”

【窮谷】

深谷。亦作“穹谷”。《左傳·昭公四年》：“其藏冰也，深山窮谷，固陰沍寒，于是乎取之。”漢班固《西都賦》：“其陽則崇山隱天，幽林穹谷，陸海珍藏，藍田美玉。”李善注引薛綜曰：“穹谷，深谷也。”晉陸機《擬涉江采芙蓉》詩：“上山采瓊蕊，穹谷饒芳蘭。”唐柳宗元《永州韋使君新堂記》：“將爲穹谷嶔巖淵池於郊邑之中，則必輦山石。”宋王庭珪《野外春日》詩：“地偏窮谷暖，雨過亂鶯飛。”宋司馬光《游噴玉潭》詩其二：“萬木吼穹谷，駑駘屹不前。”金元好問《發南樓度雁門關二首》詩其二：“棱磳石磴倚高梯，穹谷無人綠樹齊。”元胡天游《贈黃梅谷》詩：“高人卒歲守窮谷，自笑谷中無一物。”明林弼《贈溫縣尹》詩其一：“陽春布澤百里均，不問深山與窮谷。”明楊慎《東望樓》詩：“穹谷無足音，遠水無歸舟。”明羅貫中《三遂平妖傳》第一二回：“第一件擇地，或入深山窮谷，還有幽僻之所。”清張丹《白竹村》詩：“路盤白竹村，崎嶇探窮谷。”清姚燮《遣興五章》詩其五：“穹谷無斧樵，柏掛千年藤。”

【穹谷】

即窮谷。此體晉代已行用。見該文。

【谽谺】

空谷、幽深之谷。又謂山高谷深且犬牙交錯狀。亦作“谽呀”。單稱“谽”。“呀”，《康熙字典》注音“岈”，音xiā。《史記·司馬相如

列傳》："谽呀豁閜。"司馬貞索隱引司馬彪曰："豁閜，空虛也。"《漢書·司馬相如列傳》："巖巖深山之谾谾兮，通谷㕮乎谺谽。"師古曰："大開貌。"唐韓愈《陸渾山火和皇甫湜用其韻》詩："盫池波風肉陵屯，谽呀鉅壑頗黎盆。"唐獨孤及《招北客文》："其北則有劍山巉巉，天鑿之門，二壁谽谺，高岸嶙峋。"《集韻》："本作谽。谽谺，谷中大空貌。"宋李復《觀西華攉》詩："高山何時攉，谽谺作空谷。"元吳全節《中嶽廟投龍簡》詩："谽谺虎豹蹲，偃蹇蛟龍躍。"明王守仁《吊屈平賦》："山岑兮無極，空谷谽谺兮迥寥寂。"清吳偉業《林屋洞》詩："傳聞過險澀，谽呀來天風。"清弘曆《題錢維城歲寒三友山水畫》詩其二："竹虛松古谷谽谺，閤外寒梅又作花。"

【谽呀】

同"谽谺"。此體漢代已行用。見該文。

【谺】[2]

同"谽谺"。此體漢代已行用。見該文。

【嶰岈】

即谽谺。謂山高谷深且呈犬牙交錯狀。"岈"與"牙"音混同，音xiá。唐吳筠《游倚帝山二首》詩其一："絶地窮嶰岈，造天究磐磚。"宋孫因《越問·封疆》詩其二："洞天嶰岈以連雲兮，俯九垠其如芥。"明王恭《題南嶽夫人圖并序》詩："衡山巖巘，嶰岈層顛。"明顧璘《鰲張參戎園十首》詩其九："怪石嶰岈立，雄姿對吐吞。"又《飛來峰》詩："海雲結輪囷，嶰岈互勾控。"又《嘉善寺觀石壁》詩："巉巖負龍脊，嶰岈露鰲齒。"清繆公恩《劉守愚先生自海上得奇石因紀古風八韻余既次和未盡所言復爲長歌》："混沌既鑿開嶰岈，不周山倒愁女媧。"

【虛牝】

溪谷、山谷。單稱"牝"。漢戴德《大戴禮記·易本命》："溪谷爲牝。"晉殷仲文《南州桓公九井作》詩："爽籟驚幽律，哀壑叩虛牝。"唐韓愈《贈崔立之評事》詩："可憐無益費精神，有似黃金擲虛牝。"宋洪咨夔《普照僧生雲軒雲閑閣》詩："巖芳斂空華，谷響答虛牝。"元袁桷《彈琴峽》詩："虛牝納新雨，急促濁復清。"明帥機《秋懷》詩："八月金氣深，蕭瑟叩虛牝。"清陳子升《和惱公》詩："虛牝秋傳籟，羈雌月作籠。"清吳敦仁《擬沈休文宿東園》詩："谷飆叩虛牝，山月飛寒兔。"參閱宋吳曾《能改齋漫録·虛牝》。

【牝】

溪谷、山谷。亦稱"牝谷"。牝器內凹，故以稱代。漢戴德《大戴禮記·易本命》："丘陵爲牡，谿谷爲牝。"《晉書·王湛傳》："〔王湛〕叶宣尼之遠契，亹道韋編；遵伯陽之幽旨，含虛牝谷。"唐韓愈《贈崔立之評事》詩："可憐無意費精神，有似黃金擲虛牝。"宋張君房《雲笈七籤·經傳部》："其次牝谷幽林，隱景潛化。"明祝允明《贈道士》詩其二："玄牝谷中金母室，至陽門上玉皇家。"清魏源《嵩麓諸谷》詩："牝谷夏空濛，雄峰冬豁閜。"清任弘遠《趵突泉志·藝文志》："牝谷貯虛無，雪浪三層湧玉壺。"

【牝谷】

即牝。此稱唐代已行用。見該文。

【嵌谷】

深谷。唐武元衡《兵行褒斜谷作》詩："集旅布嵌谷，驅馬歷層澗。"《太平廣記·女仙六》："其下有寶玉五金、靈芝神草、三天所鎮之藥、太上所藏之經，或在石室洞臺、雲崖嵌谷。"宋居簡《善拳圓通閣記》："原隰窈窕，潤壑嵌谷。"

【谿】

通暢寬闊的山谷。《説文·谷部》："谿，通谷也。"漢張衡《西京賦》："駁娑、駘盪，熹昇桔桀，枌詣、承光，睒胅廤谿。"張銑注："駁娑、駘盪、枌詣、承光並臺名，餘皆高峻深邃

谿
（明《蒙古山水地圖》）

貌。"晋張協《七命》："畫長谿以爲限，帶流谿以爲關。"南北朝何遜《渡連圻詩二首》其二："斜紛上龍嶒，穿谿下巖岈。"唐韋應物《自鞏洛舟行入黃河即事寄府縣僚友》詩："夾水蒼山路向東，東南山谿大河通。"宋孔武仲《輻車館》詩："野闊天長入望青，眼中虛谿到鴻冥。"金趙秉文《過溽水》詩："夕陽山谿處，平照大河流。"明王守仁《泰山高次王内翰司獻韻》詩："天門石扇，谿然中開。"清彭孫貽《湖上晚眺》詩："孤懷賞幽谿，登陟窮眒睞。"

【塹谷】

低窪谷地。《新唐書·吐蕃傳下》："虜又剽汧陽、華亭男女萬人以畀羌渾。將出塞，令東向辭國，衆慟哭，投塹谷死者千數。"宋晁沖之《四兄諸人皆用屋字詩送一上人余獨留之》詩："孤僧雪中歸，白馬度塹谷。"

【丹谷】

絢麗的巖谷。疑爲丹霞地貌。晋張協《七命》之三："登翠阜，臨丹谷。"晋康僧淵《又答張君祖》詩："丹谷挺樛樹，季穎奮暉薪。"南朝梁江淹《從蕭驃騎新帝壘》詩："折日承丹谷，總駕臨青丘。"唐盧照鄰《奉使益州至長安發鍾陽驛》詩："落花赴丹谷，奔流下青嶂。"唐李白《西嶽雲臺歌送丹丘子》詩："三峯却立如欲摧，翠崖丹谷高掌開。"明張宇初《題華山仙掌圖歌》："儗招馬衛駕鹿升，翠崖丹谷知何許。"明胡奎《峴山樵隱歌爲二令劉克和賦》詩："石田可耕山可屋，瑶草金芝滿丹谷。"清金兆燕《靈山韶之臺聯》："佳氣浮丹谷，安歌送好音。"

【峪】[2]

山谷。宋沈遼《初創二山》詩："雨餘山更佳，春流漲平峪。"宋王質《舫舟》："碕回回兮峪漫漫，何楫兮何舟。"元李直夫《虎頭牌》："你可便久鎮著南邊，夾山的那峪前，統領著軍健，相持的那地面。"明程本立《春日值雪述道中鄙懷》詩："路驚深峪轉，衣索弊裘添。"清劉書年《劉貴陽説經殘稿》："兩山之間謂之峪，峪必有平地，數頃或數十頃不等。"

【大壑】[1]

大山谷。《楚辭·遠游》："上至列缺兮，降望大壑。"唐柳宗元《先侍御史府君神道表》："嘗經山澗，水卒至，流抵大壑，得以無苦。"宋釋正覺《禪人并化主寫真求贊》詩其二四七："遠山之雪兮發毛衰白，大壑之秋兮眼棱寒碧。"元周砥《題倪雲林畫》詩："一雨過大壑，百川會新流。"明黎民表《同公載公實思伯登白雲最高頂》詩其一："風生大壑諸峰應，潤落平田

眾水分。"清查揆《行武義縣山中所見起蛟處》詩:"谽谺大壑莽崩裂,想見鱗鬣挐空回。"

【峆】

大山谷。亦作"谽"。《廣韻·平覃》:"峆,大谷也。"《張衡·思玄賦》:"趨谽谺之洞穴。"《集韻》:"峆,大谷也。"呼含切,音醼。"宋李復《鯀廟》詩:"高山南北二千里,谽豁鑿斷龍門開。"明楊維楨《紀夢中作書遺報復元》詩:"潮蹴灧堆青不動,雨懸花洞氣長峆。"明劉基《大熱遣懷》詩:"雜氣若絳旍,飄颻散空峆。"清陳文述《讀詔寄都下諸侍御》詩其四:"遂令蕩平世,險阻生峆堪。"清弘曆《咏古》:"龍峆峪水白石堆,開闢以來待劫灰。"

【谽】

同"峆"。此體漢代已行用。見該文。

【盤壑】

峰崖環繞的山谷。宋陸游《治圃》詩:"老桂盤壑飽風霜,修篁當軒弄煙雨。"《徐霞客游記·滇游日記七》:"循南山之坡,曲折西下,三里,抵盤壑中,其處東、北、西三面皆崇峰,西北、東南二面皆墜峽,惟西南一脊如堵垣。"明王延陵《虎丘分咏得浮圖》:"鈴語振天外,龍光碟壑中。"明孫一元《黃山歌贈戴仲良》:"古松盤壑風吼地,蒼藤翠蔦,白日生雲烟。"清李光地《反鮑明遠放歌行》詩:"幽幽盤壑底,而無棟梁猜。"

【硎谷】

坑谷。相傳秦始皇坑儒之處。《尚書序》:"及秦始皇滅先代典籍,焚書坑儒。"孔穎達疏引漢衛宏《古文奇字序》:"秦改古文以爲篆隸,國人多誹謗。秦患天下不從,而召諸生,至者皆拜爲郎,凡七百人。又密令冬月種瓜於驪山

硎谷之中溫處。"明劉炳《咸陽懷古》詩:"坑儒硎谷灰才黑,繫頸咸陽火已紅。"清祁寯藻《灰堆相傳始皇焚書處》詩其一:"硎谷知何處,灰堆尚有灰。"

坳 [1]

低窪處,引爲山間低窪之地。亦作"山坳",亦稱"山坳""山凹"。《莊子·内篇》:"覆杯水於坳堂之上,則芥爲之舟。"郭慶藩集釋:"坳,污陷也。"唐長孫佐輔《山行書事》詩:"行行近破村,一徑欹還坳。"唐韓偓《登樓有題》詩:"待潮生浦口,看雨過山坳。"宋文天祥《至揚州》詩:"此去儂家三十里,山坳聊可避風塵。"《徐霞客游記·浙游日記》:"其嶺甚坦夷,蓋於潛之山西來過脉,東西皆崇山峻嶺,獨此峽中坳。"清徐蘭《燐火》詩:"別有火光黑比漆,埋伏山坳語啾唧。"清陶馨相《逃荒行》:"無錢旅店不肯歇,且向山凹宿明月。"參閱尚友堂題記明《蒙古山水地圖》。

【山坳】

即坳 [1]。此體唐代已行用。見該文。

【山坳】

即坳 [1]。此稱清代已行用。見該文。

【山凹】

即坳 [1]。此稱清代已行用。見該文。

【嚚】

山間窪地。南朝梁宣帝《七山寺賦》:"神嚚岊岊而獨立,仙的皎皎以孤臨。"宋梅堯臣《白鷳》詩:"春雲生嶺上,積雪在嚚間。"明梅膺祚《字彙·口部》:"山凹之地曰嚚。"一說,指凸凹不平的溝壑。明楊慎《藝林伐山·神嚚仙的》:"壑之凸凹者曰嚚,峰之尖射者曰的。"

【山陽】

山間低窪地，山坳。亦作"山塢"。唐羊士諤《山閣聞笛》詩："臨風玉管吹參差，山陽（一作塢）春深日又遲。"宋法宏等《禪宗雜毒海》："芒鞵竹杖爲尋君，山陽重重烟火村。"宋方岳《次韻梅花》詩其二："雲藏山塢塢藏梅，春意適從何許來。"《徐霞客游記·江右游日記》："北過狼湖，乃山塢村居，非湖也。"清田雯《題戴嵩畫》詩："白沙翠竹滿山陽，山風昏黑天欲雨。"《康熙字典》："塢、陽同。"

【山塢】

同"山陽"。此體宋代已行用。見該文。

峽

兩山間深谷，或又指深谷夾水處。亦作"陜""陝""硤"，亦稱"峽谷"。《楚辭·九嘆·思古》："聊浮游於山陜兮，步周流於江畔。"洪興祖補注："與峽同。"《淮南子·原道訓》："逍遥於廣澤之中，而仿洋于山峽之旁。"高誘注："兩山之間爲峽。"《漢書·地理志下》："南山，松陝水所出。"顔師古注："陝，兩山之間也。"又，《漢書·趙充國傳》："〔充國〕令軍勿擊，遣騎侯四望陜中。"顔師古注："山陗而夾水曰陜。"晋陶潛《述酒》詩："平王去舊京，峽中納遺薰。"南朝梁王泰《賦得巫山高》詩："谷深流響咽，峽近猿聲悲。"《宋書·顧覬之傳》："而逾峴之鋒，戰有獨克，出硤之師，舟無隻反。"北魏酈道元《水經注·滍水》："水出魯山北峽谷中，東南流逕魯山西。"唐張説《吊國殤文》："峽谷露芃芃，蔓草風蓁蓁。"唐王維《桃源行》詩："峽裏誰知有人事，世中遥望空雲山。"明羅懋登《三寶太監西洋記通俗演義》："硤深仰面窺天細，路險行吟得句奇。"

【陜】

同"峽"。此體先秦已行用。見該文。

【陝】

同"峽"。此體漢代已行用。見該文。

【硤】

同"峽"。此體南朝梁已行用。見該文。

【峽谷】

即峽。此稱北魏已行用。見該文。

【山峽】

兩山間的深谷。亦作"山狹"，亦稱山硤。《淮南子·原道訓》："逍遥於廣澤之中，而仿洋于山峽之旁。"《漢書·匈奴傳》："匈奴使右大都尉與衛律將五千騎，要擊漢軍於夫羊句山狹。"《後漢書·董卓傳》："《獻帝春秋》曰：'車駕出洛陽……操設伏兵要於陽城山峽中，大敗之。'"北魏酈道元《水經注·淮水》："淮水又北逕山硤中。"《魏書·靈徵志》："黄河之峽石，都是山峽，當然不在城中。"唐常袞《授柏貞節夔忠等州防禦使制》："山硤雄鎮，江關要衝，實籍兼才，俾膺兹任。"《金史·趙益傳》："大元兵入境，益鳩合土豪，保聚山硤，屢戰有功。"明薛瑄《游龍門記》："大河自西北山峽中來，至是，山斷河出。"

【山狹】

同"山峽"。此體漢代已行用。見該文。

【山硤】

同"山峽"。此稱北魏已行用。見該文。

【山脅】[2]

猶山峽。兩山之間的谷地。漢馬第伯《封禪儀記》："其道旁山脅，大者廣八九尺，狹者五六尺。"漢趙曄《吴越春秋·勾踐伐吴外傳》："伍子胥從海上穿山脅而持種去，與之俱浮於海。”宋衛宗武《下嶺》詩：“古樹藏山脅，幽泉漱石齦。”宋陸游《梅市暮歸》詩：“白雲橫谷口，綠簑穿山脅。”清陳維崧《憶少年秋日登保安寺佛閣》詩：“寺樓偏作勢，欲斜穿山脅。”

【石峽】

兩旁爲巖石的峽谷。《宋史·高麗傳》：“江居兩山間，束以石峽，湍激而下。”金元好問《游承天懸泉》：“雷車怒擊冰雹散，石峽峻滑蒼烟屯。”《徐霞客游記·游天台山日記後》：“第從潭中西望，見石峽之內，復有石峽；瀑布之上，更懸瀑布；皆從西北杳冥中來。”清張思憲《石峽清風》詩：“石峽新開武定關，東西流水南北山。”

天竈

古代兵家用語，指大峽谷口。《吳子·治兵》：“武侯問曰：‘三軍進止，豈有道乎？’起對曰：‘無當天竈，無當龍頭。’天竈者，大谷之口；籠頭者，大山之端。”唐易静《兵要望江南·占地第十五》詩：“龍頭天竈怎持兵，仔細與軍尋。”宋曾公亮、丁度《武經總要·前集》：“村墟落、荒城、古砦，謂之虛耗。川谷之口，乏水無草，謂之天竈窮隆。”宋吳郡等《虎鈐經》：“天竈，天竈者谷口也，不居。”宋歐陽修《代書寄尹十一兄楊十六王三》詩：“罍子與山口，呀險乃天竈。”明何良臣《陣紀》：“天竈無樓，龍頭無當，大谷之口，恐敵所衝尤防決水，無止大山之端，慮敵所圍不利水草，大將所處必從。”

畎[1]

山谷通水處。《書·禹貢》：“岱畎，絲、枲、鉛、松、怪石。”孔傳：“畎，谷也。”《廣雅·釋山》：“畎，谷也。”南北朝江淹《從蕭驃騎新亭》詩：“仄待飆霧晏，方從畎壑游。”唐王之渙《宴詞》：“長堤春水綠悠悠，畎入漳河一道流。”宋范純仁《次韻曼叔見寄》詩：“搜情引思勉欲和，畎溜豈合追湍瀧。”明劉基《若耶溪杳郭深居精舍》詩：“春花炫陽林，秋草馥陰畎。”明張自烈《正字通·田部》：“畎，山谷通水處曰畎。”清王士禛《奉政人夫刑部雲南清吏司郎中王公墓誌銘》：“使岱畎之水，涓滴皆入運河。”

溪[1]

特指無水的溝谷。亦作“谿”“磎”。《荀子·勸學》：“不臨深谿，不知地之厚也。”先秦宋玉《風賦》：“〔風〕侵淫谿谷，盛怒於土囊之口。”《呂氏春秋·慎行論》：“行不可不孰，不孰如赴深谿。”高誘注：“有水曰澗，無水曰谿。”《爾雅·釋山》：“山瀆無所通，谿。”郭璞注：“所謂窮瀆者，雖無所通，與水注川同名。”《說文·谷部》“谿”下朱駿聲通訓：“字亦作磎，作溪。”晋張協《七命》：“畫長谿以爲限，帶流谿以爲關。”清王連瑛《隋堤行》：“已幸生前見乾土，詎甘餓死塡溝谿。”一說，無水曰谷，有水曰谿。

【谿】[1]

同“溪[1]”。此體先秦已行用。見該文。

【磎】

同“溪[1]”。此體漢代已行用。見該文。

寒谷

寒冷的山谷。喻陰冷的山谷。亦稱“黍谷”。相傳爲戰國陰陽家鄒衍吹律生黍之處。漢劉向《七略別録·諸子略》：“鄒衍在燕，有谷地美而寒，不生五穀。鄒子居之，吹律而温至黍生，至今名黍谷。”漢王充《論衡·定賢》：

"夫和陰陽，當以道德至誠。然而鄒衍吹律，寒谷更温，黍穀育生。推此以况諸有成功之類，有若鄒衍吹律之法。故得其術也，不肖無不能；失其數也，賢聖有不治。"晋左思《魏都賦》："且夫寒谷豐黍，吹律暖之也。"南朝宋顔延之《秋胡》詩："椅梧傾高鳳，寒谷待鳴律。"明郭鈺《即事》詩："木落高秋懸殺氣，律回寒谷見陽春。"清陳恭尹《獻大司馬制府吳公一百韻》："會吹寒谷律，終解捧心蠻。"清玄燁《初寒》詩："何當吹遍鄒陽律，盡却人間黍谷寒。"亦山谷名，在今北京市密雲區。

【黍谷】

寒谷。此稱漢代已行用。見該文。

壷

山谷間兩岸夾水、壁立如門、使流水受阻之處。《詩·大雅·鳧鷖》："鳧鷖在壷，公尸來止熏熏。"毛傳："壷，山絶水也。"鄭玄箋："壷之言門也。"朱熹注："壷，水流峽中，兩岸如門也。"《後漢書·馬援傳》："諸種有數萬，屯聚寇鈔，拒浩壷隘。"李賢注："壷者，水流峽山間，兩岸深若門也。"《隋書·元景山傳》："賜爵文昌縣公，授壷川防主。"宋范成大《留簡伯俊》詩："嘉魚烝罩汕，鳧鷖在壷溹。"元張仲深《送陳子山待制》詩："蛟壷海色聚，秦望霜霧開。"明祁順《至黄凱》詩："小舟摇漾溯山壷，仰視青天綫一痕。"清弘曆《題張宗蒼江潮圖》詩："重壷束隘相吞吐，方諸應月信必赴。"一説，通"湄"，水涯、水邊。

三峽

河段，亦作峽谷。亦作"三硤"。位於長江幹流，西起重慶市奉節縣的白帝城，東至湖北宜昌市的南津關一段，全長 193 千米，由瞿塘峽、巫峽、西陵峽組成。《史記·夏本紀》："荆及衡陽維荆州。"張守節正義引《括地志》云："江水源出岷州南岷山，南流至益州，即東南流入蜀，至瀘州，東流經三硤，過荆州，與漢水合。"南朝宋盛弘之《荆州記》："巫峽（今瞿塘峽）、秭歸峽（今巫峽）、歸鄉峽（今西陵峽）。"兩宋時期叫西峽（今瞿塘峽）、巫峽（今巫峽）、歸峽（今西陵峽）。直到明清時期，纔固定爲今三峽通稱。晋左思《蜀都賦》："經三峽之崢嶸，躡五屼之寒瀨。"北魏酈道元《水經注·江水》："自三峽七百里中，兩岸連山，略無闕處。重巖疊嶂，隱天蔽日。"唐杜甫《閣夜》詩："五更鼓角聲悲壯，三峽星河影動摇。"《隋書·楊素傳》："及大舉伐陳，以素爲行軍元帥，引舟師趣三硤。"宋陸游《登樓》詩："歌聲哀怨傳三硤，行色凄涼帶百蠻。"元錢惟善《送曹克明員外之湖廣省》詩："三峽波濤下江漢，九疑雲霧接巫衡。"明王廷相《秋日巴中旅行》："江險深三峽，雲寒暗五溪。"清孔祥淑《漢江舟中》詩："荆門三峽盡，萬里送行舟。"

【三硤】

同"三峽"。此體唐代已行用。見該文。

三　峽
（明《名山勝概圖》）

關隘

在交通要道設立的用於防禦的設施或城池。一般位於峽谷等險要地段。《南齊書·蕭景先傳》:"惠朗依山築城,斷塞關隘,討天蓋黨輿。"唐杜甫《諸將五首》詩其二:"胡來不覺潼關隘,龍起猶聞晋水清。"宋劉克莊《雜興》詩其二:"自從失關隘,國蕩無藩籬。"宋華岳《翠微先生北征録》:"一曰山伏,謂山巖崎曲,關隘險阻。"《宋史·吴璘傳》:"吾軍遠在陝西,緩急不可追集,關隘不葺,糧運斷絶,此存亡之秋也。"《元史·鄭鼎傳》:"詔鼎統征西等軍,戍雁門關隘。"《三國演義》第一九回:"吾等緊守關隘,可勸主公深保沛城,乃爲上策。"清顧祖禹《讀史方輿紀要·北直人》:"無山谿、關隘之阻也。"清計六奇《明季南略》:"宜築關隘,重兵據之。"參閱尚友堂題記明《蒙古山水地圖》。

干 [1]

江南對山隴間狹長地段的稱謂。南朝梁吴均《和蕭洗馬子顯古意詩六首》其五:"妾家橫塘北,發艷小長干。"唐皎然《答李侍御問》詩:"入道曾經離亂前,長干古寺住多年。"唐李白《長干行》之一:"同居長干里,兩小無嫌猜。"宋孔武仲《舍轎馬而步》詩:"今吾異於此,千里干微禄。"宋方岳《烏衣園》:"吴宫晋苑半桑麻,路入長干野草花。"元方回《秋日古蘭花十首》詩其九:"一干一花山谷語,今蘭不是古時蘭。"明佘翔《長干行》詩:"莫愁貌如花,生長長干里。"清吴任臣《字彙補·干部》:"江南謂山壟之間曰干,故金陵有大長干、小長干、東長干,俱地名。"清黄與堅《金陵雜感》詩其一:"飄零故劍秋江上,回首長干冷暮鐘。"

阬 [4]

窪地、盆地。猶"坑"。《莊子·天運》:"在谷滿谷,在阬滿阬。"《爾雅·釋詁》:"阬,虚也。"《康熙字典》注:"謂阬塹也。"《史記·貨殖列傳》:"弋射漁獵,犯晨夜,冒霜雪,馳阬谷,不避猛獸之害,爲得味也。"晋葛洪《抱朴子外篇·仁明》:"赴阬阱而無猜,入罝羅而不覺。"《後漢書·馬融傳》:"彌綸阬澤。"宋洪興祖《楚辭補注》:"坑,一作阬。《文苑》作岡。"清汪楫《新安道中二十韻》:"險莫驚新嶺,行當慎考阬。"

【坑】 [2]

有陡壁的窪地。《玉篇·土部》:"坑,塹也,壑也。"唐盧仝《掩關銘》詩:"美言不可聽,深於千丈坑。"宋李光《贈裴道人(癸酉昌化軍作)》詩:"馬蹄去去穩著鞭,關山路永多坑谷。"明黄哲《游黄陂五十韻》詩:"深泥緣狹徑,積雨漲前坑。"《康熙字典》注引《倉頡》:"阬,壑也。"《廣東軍務記》:"或被坑水冲淹。"

【坎】 [1]

地面凹陷處。《周易·説卦》:"坎,陷

阬(窪地、盆地)
(清冷枚《避暑山莊圖》)

也。"《周易·象辭》："初六。習坎，入於坎窞。凶。"《周易·序卦》："坎者，陷也。"《儀禮·士喪禮》："甸人掘坎於階間，少西。"《禮記·檀弓下》："其坎深不至於泉。"《孟子·盡心上》："流水之爲物也，不盈科不行。"趙岐注云："盈，滿也；科，坎也。流水滿坎乃行。"《説文·土部》："坎，陷也。"《漢書·李廣蘇建傳》："鑿地爲坎。"《資治通鑑·唐憲宗元和十二年》："〔李祐、李忠義〕钁其城，爲坎以先登。"《新唐書·吳少誠傳》："坎垣入之，戍者不知也。"宋歐陽修《梅給事銘》："一失其塗，進退以坎。（通埳。別作轗軻輡。）"元劉基《再用前韻》詩："三足蟾驚入坎窞，八竅兔走罹罝畢。"明王鏊《寄韓司徒》詩："豈徒滅坎窞，固已絶畦町。"清屈大均《蹈冰操》詩："所入坎窞大如臼，冰開須臾合已久。"

山脅[3]

山兩旁。《説文·山部》："岪，山脅道也。"段玉裁注："脅者，兩膀也。山如人體，其兩旁曰脅。"《漢書·宣元六王傳》顔師古注："晋灼曰：'《漢注》作報山。山脅石一枚，轉側起立，高九尺六寸，旁行一丈，廣四尺。'"北魏酈道元《水經注·江水一》："《淮南子》曰：'徬徨於山岬之旁。'注曰：岬，山脅也。"漢淮南小山《招隱士》云："塊兮圠，山曲岪。"王逸注："盤結屈也。結屈，許書作詰诎。山脅之道然也。"宋陸游《梅市暮歸》詩："白雲横谷口，緑篠穿山脅。"一説，山峽。明查志隆《岱史》："其道旁山脅，仰視巖石松樹，鬱鬱蒼蒼。"清蔣超伯《包刺史棣園》詩："湖心横小艓，山脅出飛泉。"

【岬】[1]

山旁，山兩旁。《淮南子·原道訓》："'山

岬'作'山峽'，乃後人所改。"晋左思《吳都賦》："傾藪薄，倒岬岫。"李善注引《淮南子》注："岬，山旁。"張銑注："兩山間曰岬。"北魏酈道元《水經注·江水》："《淮南子》曰：'徬徨於山岬之旁。'注：'岬，山脅也。'"清王念孫《讀書雜志·淮南内篇第一》："〔岬、峽〕二字音義判然。後人誤以山脅之岬爲巫峽之峽，故改訓爲兩山之間。不知正文明言'山岬之旁'，則岬爲山脅而非兩山之間矣。"

夕陽

山的西面，被落日所照，故稱。《詩·大雅·公劉》："度其夕陽，幽居允荒。"孔穎達疏："夕陽者，總言幽人一國之所處也，其界在山之西。"《爾雅·釋山》："山西曰夕陽，山東曰朝陽。"郭璞注："暮乃見日，旦即見日。"晋支遁《五月長齋》："静晏和春暉，夕陽厲秋霜。"唐孫魴《老松》詩："子落生深澗，陰清背夕陽。"清朱彝《淳水蘭》詩："朝陽多栲樗，夕陽多稻穑。"

朝陽

山的東面。《詩·大雅·卷阿》："梧桐生矣，于彼朝陽。"《爾雅·釋山》："山東曰朝陽。"三國魏嵇康《述志詩二首》其一："慶雲未垂景，盤桓朝陽陂。"唐張祜《琴曲歌辭·司馬相如琴歌》："梧桐結陰在朝陽，濯羽弱水鳴高翔。"宋董天吉《梧》詩："誰教著在朝陽地，勾引丹山老鳳來。"元方一夔《春雪》詩："北海無書羝不乳，朝陽有路馬難前。"明許相卿《江泊寄金山僧》詩："詩留吞海誰應護，名刻朝陽石未刊。"清湯儲璠《揚州歌寄王霞九侍御》："鳴鳳在朝陽，北風煩寄語。"

山右[1]

山的西側。宋楊萬里《明發四望山過都昌縣入彭蠡湖》詩："閒來風不正，法當走山右。"宋喻良能《石井》詩："山右最佳處，有泉生石傍。"明謝肅《羊腸阪》詩："我本石門雲臥叟，偶客山東轉山右。"清陸求可《清平樂（雞鳴山）》："覆舟山右，鬱鬱峰巒秀。"清顧祖禹《讀史方輿紀要·南直十》："山左有水北入旌德，下流達大江，山右有水南入歙縣，下流達浙江。"

山左[1]

山的東側。北魏酈道元《水經注·江水三》："山左即沔水口矣，沔左有邵月城。"唐佚名《羅池石刻》："龍城柳，神所守。驅厲鬼，山左首。"宋陳舜俞《廬山記》卷一："北背重阜，前帶雙流，所背之山左有龍形。"宋洪适《番禺調笑·海山樓》詩其三："漁唱一聲山左，胡床邀月輕雲破。"元陳孚《馬平謁柳侯廟》詩："山左竟令驅厲鬼，庭中已悔乞天孫。"明貝瓊《丁一鶴》詩："偉哉高世士，結屋青山左。"《徐霞客游記·游廬山日記》："遙望山左脅，一瀑從空飛墜。"清和邦額《夜譚隨錄·某別駕》："某別駕之任嶺南，值大雨，借館於山左許氏家。"

碧霞

山上有烟霞的地方，即高山深處。唐李白《題元丹丘山居》詩："羨君無紛喧，高枕碧霞裏。"唐曹唐《小游仙詩九十八首》之六十三："方士飛軒駐碧霞，酒寒風冷月初斜。"宋榮樵仲《水調歌頭》詞："弄影碧霞裏，長嘯翠微間。"元長筌子《玩瑤臺·本名耍三臺》："跨彩鳳祥鸞玩太虛，歸來臥碧霞深處。"明陳秀民《山居雜咏》詩："尋仙碧霞裏，飛步白雲層。"清姚鼐《慧居寺》詩："山蟠句曲橫青靄，樹自深巖上碧霞。"

龍頭

大山之端，或起始處。常作古代兵家用語。先秦吳起《吳子·治兵》："天竈者大谷之口，龍頭者大山之端，必左青龍，右白虎，前朱雀，後玄武。"又云："武侯問曰：'三軍進止，豈有道乎？'起對曰：'無當天竈，無當龍頭。天竈者，大谷之口；龍頭者，大山之端。'"宋曾公亮等《武經總要·前集》："大山之口謂之死地，大山之端謂之龍頭，凡遇此，亟去無留常，令我遠之敵，近之我，迎之敵。"宋胡寅《示龍王長老法贊》詩："東峰峨龍頭，西嶺掉其尾。"明劉基《兵法心要》："丘陵之上，大山之口，謂之死地。大山之端，謂之龍頭。"清馬驌《繹史》："龍頭者，大山之端，必左青龍右白虎。"一說，龍頭謂氣脈如龍之山脈主峰（堪輿家語）。

山陬

猶山隅，山角落。唐張銳《喜度嶺》詩："迥沿炎海畔，登降閡山陬。"唐儲光羲《述華清宮五首》其三詩："今我神泉宮，獨在驪山陬。"宋孔平仲《城東作》詩："可望不可涉，裴徊倚山陬。"元周權《贈筆工王子玉兼能書》詩："興來忽駕錢唐舟，惠然訪我蒼山陬。"明高道素《上元賦》："洵山陬之寂寞，亦炎熱之喧填。"清畢著《紀事》詩："父髑輿櫬歸，薄葬荒山陬。"清李漁《意中緣·赴任》："料想那皇都，定不比山陬小邑。"

阿[3]

山的轉彎處。亦稱"山阿"。《詩·衛風·考槃》："考槃在阿，碩人之薖。"毛傳："曲陵曰阿。"《楚辭·九歌·山鬼》："若有人兮山之阿，被薜荔兮帶女蘿。"王逸注："阿，曲隅也。"《説文·自部》："大陵也。一曰曲也。"漢劉向《九嘆·逢紛》詩其一："徐徘徊於山阿兮，飄風來之洶洶。"三國魏王粲《七哀詩三首》其二："山岡有餘映，巖阿增重陰。"北周王褒《渡河北》詩："薄暮臨征馬，失道北山阿。"唐宋之問《謁禹廟》詩："林表祠轉茂，山阿井詎枯。"宋王柏《拜明招二先生墓有感》詩其七："竹輿侵曉出山阿，宿露清圓憶舊哦。"元屠性《山閣》詩："幽居只在碧山阿，高閣凌虚帶女蘿。"明王縝《上巳郊行》詩："屈曲山阿往復回，桃花將盡菜花開。"清顧炎武《一雁》詩："水枯清澗曲，風落介山阿。"

【山阿】[2]

即阿[3]。此稱漢代已行用。見該文。

【岴】

山的彎曲處（向下或凹進成深谷），抑或山與山之間的間斷處。亦稱"岊""節"。《詩·小雅·節南山之什》："節彼南山，維石巖巖。"按，此處《詩》用"節"，應是彎曲、間斷之義。有節，方能突顯出終南山的偉岸。《説文·山部》："陬隅，高山之節。"晋左思《吴都賦》："黿緣山嶽之岴，羃歷江海之流。"岴或作"岊""屺"。晋支遁《咏禪思道人》詩："雲岑竦太荒，落落英岴布。"南朝梁沈約《奉和竟陵王藥名》詩："丹草秀朱翹，重臺架危岴。"唐朱華《海上生明月》詩："漸出三山，將凌一漢横。"宋劉敞《西戎行》詩："太常請獻象功舞，史臣願勒西山岴。"元王寂《送張仲謀使三韓》詩："鴨江桃葉朝迎渡，岴嶺松花夜煮湯。"

明楊慎《赤岸山送別效謝靈運》詩："東嶣拾瑶草，西岴采香芸。"清張尚瑗《謁韓文公祠》詩："湖流漾清派，峰勢環飛岴。"

【節】

同"岴"。此稱漢代已行用。見該文。

【隈】[1]

山邊彎曲處。《管子·形勢》："大山之隈，奚有於深。"《楚辭·九章·思美人》："指嶓冢之西隈兮，與纁黄以爲期。"三國魏曹植《應詔》詩："涉澗之濱，緣山之隈。"晋華茂《蘭亭》詩："林榮其鬱，浪激其隈。"南朝宋鮑照《擬古詩八首》其四："鑿井北陵隈，百丈不及泉。"《後漢書·班固傳》："商洛緣其隈，鄠杜濱其足。"唐尹知章注："隈，山曲也。"宋司馬光《和端式十題·春塘冰》詩其一："春塘含薄冰，漸瀝隱隈曲。"元無名氏《喜遷鶯》："水曲山隈，烟村雲屋，隨分葛衣藜藿。"明王翰《柏塔寺》詩其一："嵓隈寺古極幽尋，石徑人稀苔蘚深。"清顧炎武《再謁孝陵》詩："再陟神坰下，還經禁嶺隈。"

【山崴】

山的彎曲處。唐許渾《歲暮自廣江至新興往復中題峽山寺》詩其一："樹隨山崴合，泉到石稜分。"宋林遹《安福縣途中作》詩："雲根道店多沽酒，山崴人家亦種田。"元馬致遠《黄粱夢》第三折："君子，你過的山崴兒，你望見草團標，你問那先生路去。"清吴偉業《梅花庵同林若撫話雨聯句》："挐舟浮磵曲，扶杖度山崴。"

陘

山脉中斷的地方。亦作"陘"。《爾雅·釋山》："山絶，陘。"郭璞注："連山中斷絶。"

《史記·趙世家》:"牛翦將車騎,趙希并將胡、代。趙與之陘,合軍曲陽。"裴駰集解引徐廣曰:"陘者,山絕之名。常山有井陘,中山有苦陘,上黨有閼與。"南朝宋謝靈運《從斤竹澗越嶺溪行》詩:"逶迤傍隈隩,迢遞陟陘峴。"《玉篇零卷·昌部》:"陘,《爾雅》:山絕。"唐韓愈《答張徹》詩:"洛邑得休告,華山窮絕陘。"宋王安石《雨花臺》詩:"盤互長干有絕陘,并包佳麗入江亭。"明劉基《雜詩四十首》其七:"豈比蜺與蜦,裂石摧巇陘。"清姚鼐《獲嘉渡河》詩:"北風忽出白陘口,吹渡秋河百川灌。"

【陘】

同"陘"。此體南朝梁已行用。見該文。

峰陰

山峰避光的一面,今稱背陰坡。亦稱"峰背"。唐吳融《題越州法華寺》詩:"寺在五峰陰,穿緣一徑尋。"唐杜甫《秋興》詩其八:"昆吾御宿自逶迤,紫閣峰陰入渼陂。"宋洪咨夔《中春望後一日登玲瓏》詩:"泉流澗級峻,雲起峰陰稠。"宋蘇軾《巫山》詩:"窮探到峰背,采斫黃楊子。"元韓性《天衣寺》詩:"春流雙澗深,曉色十峰陰。"明王履《水簾洞》詩:"隱在南峰背,如嫌世俗知。"明慧秀《仙巖山居》詩其三:"人語入雲盡,峰陰到水寒。"清錢載《過弋陽六七十里江山勝絕即目成歌》:"一溪落江橋隱藤,溪來峰陰百折曾。"

【峰背】

即峰陰。此稱宋代已行用。見該文。

崖[1]

山崖,多陡直。亦作"嵦""厓"。《說文·山部》:"崖,高邊也。"《爾雅·釋丘》:"望厓灑而高岸。"《說文·厂部》:"厓,山邊也。"《左

傳·襄公二十八年》:"伯有迁勞于黃崖。"《莊子·秋水》:"涇流之大,兩涘渚崖之間,不辨牛馬。"《莊子·山木》:"君其涉於江而浮於海,望之而不見其崖。"先秦宋玉《高唐賦》:"盤石險峻,傾崎崖隤。"吕延濟注:"皆山勢勝秀之貌。"漢馬融《長笛賦》:"惟鐘籠之奇生兮,於終南之陰崖。"南朝齊謝朓《游山》詩:"凌厓必千仞,尋谿將萬轉。"宋沈括《夢溪筆談·雜誌一》:"穿崖巨谷。"金劉迎《梁忠信平遠山水》詩:"懸崖高居誰氏宅,縹緲危欄蔭青樾。"《徐霞客游記·粤西游日記三》:"四眺重崖,皆懸絕無徑,而西崖尤爲峻峭。"清王邦畿《閒居》詩其九:"擬著梅花處,依崖結一庵。"

【嵦】

同"崖[1]"。此體先秦已行用。見該文。

【厓】[1]

同"崖[1]"。此體先秦已行用。見該文。

【壁】

高險如墙的山崖,亦即"崖"。亦作"峭壁""巖壁",亦稱"崖壁""涯壁"。漢枚乘《七發》:"有似勇壯之卒,突怒而無畏,蹈壁衝津,窮曲隨限。"吕向注:"壁,深岸也。"晋張翼《贈沙門竺法頵三首》詩其一:"峭壁溜靈泉,秀嶺森青松。"南朝梁庾肩吾《暮游山水應令賦得磧字》詩:"雲峰没城柳,電影開巖壁。"《隋書·豆盧勣傳》:"其山絕壁千尋,由來乏水。諸羌苦之。"唐靈澈《簡寂觀》詩:

巖、嵦
（泰山摩崖石刻）

"古松古柏巖壁間，猿攀鶴巢古枝折。"唐劉言史《瀟湘游》詩："青烟冥冥覆杉桂，崖壁凌天風雨細。"宋陳著《偶成寄吳竹修》詩："萬般巧計輸平實，笑殺當年復壁涯。"元周伯琦《二月廿六日到會稽》詩："七十長亭到會稽，危峰峭壁與雲齊。"明佘翔《同徐茂吳游白嶽信宿紫霄樓》詩其二："北斗天高不可從，靈巇壁立翠重重。"《徐霞客游記·游太華山日記》："華嶽以南，峭壁層崖，無可度者。"清金玉麟《波羅嶺早行》："夾道危巖壁立懸，青餘一綫望中天。"清顧祖禹《讀史方輿紀要·四川三》："《勝覽》云：'大劍絕頂，有玉女臺，峭壁千仞，下瞰古道，行人如蟻。'"

【峭壁】

即壁。此體晋代已行用。見該文。

【巖壁】

即壁。此體南朝梁已行用。見該文。

【崖壁】

即壁。此稱唐代已行用。見該文。

【壁涯】

即壁。此稱宋代已行用。見該文。

【嶈】

山崖。亦作"嵤""嵃"。漢張衡《西京賦》："坁嶈鱗眴，棧齴巉嶮。"李善注引《文字集略》曰："嶈，崖也。"晋支遁《述懷詩二首》其一："翔鷥鳴昆嶈，逸志騰冥虛。"南朝齊謝朓《登山曲》詩："天明開秀嵤，瀾光媚碧堤。"北魏酈道元《水經注·濁漳水》："石隥西陛，陟踵修上五里餘，嶈路中斷四五丈，中以木爲偏橋。"唐方干《登龍瑞觀北巖》詩："縱目下看浮世事，方知峭嶈與天通。"唐皮日休《霍山賦》："有洞而腹，有嶈而節。"宋孔武仲《彭澤山》詩："崖嶈盡成斤斧迹，當年誰與化工謀。"元陸仁《九月七日復游寒泉登南峰有懷龍門雲臺次玉山韻二首》其一："石拔兩關開岸嶈，雲迷萬竹秀聯娟。"《徐霞客游記·粤西游記二》："石嶈懸峭，片片飛雲綴空。"明楊承鯤《入四明山》詩："雲溪路周遭，岑嵤勢奔錯。"清姚燮《題韋光黻在山草堂圖即贈》詩："仙仙道氣抱逾古，絕俗鋒棱自寒嶈。"

【嵤】

同"嶈"。此體南朝齊已行用。見該文。

【嵃】

同"嶈"。此體唐代已行用。見該文。

【厂】

可以住人的山崖、山邊。亦作"厈"，亦稱"厓"。《説文·厂部》："山石之厓巖，人可居，象形。凡厂之屬，皆从厂。厈，籀文从干。"段玉裁注："厓，山邊也。巖者，厓也。人可居者，謂其下可居也。"《集韻》："此厂則直向山厓也。"又，《佳韻》："厓，或作崖。"《字彙·厂部》同"岸"："厈，水厓高也，俗作岸。"唐蜀太妃徐氏《題彭州陽平化》詩："風起半厓聞虎嘯，雨來當面見龍行。"宋陳宓《東湖四咏》其四："西山老禪叟，依厂安數椽。"元陳鎰《次韻邵本初題東巖》詩："崖厂削劍痕，石髓滴山雨。"明李之世《經高凉寄題李曰輔山亭用吳川樓先生韻》其一："鑿天分洞穴，翳閣厂藤蘿。"清聶鈫《泰山道里記》："轉而東，有石厂曰三陽洞。"清張尚瑗《彈子磯》詩沈德潛注："《漁洋南來志》云：'彈子磯，懸崖千仞，如洞如厂，斧鑿鐫讒，凝於鬼神。'"清廓露《與香山何師相邂逅近白門招游具區泛錢塘獻別》詩："陰厓煥陽榮，春膏薈繁植。"一説，

"岸"的古字，指河岸，水涯。

【厓】[2]

即厂。此稱漢代已行用。見該文。

【斥】

同"厂"。此體明代已行用。見該文。

【陳】[2]

層叠的山崖。《説文·自部》："陳，厓也。"晋郭璞《江賦》："厓陳爲之泐嵃，碕嶺爲之嵒崿。"《藝文類聚·居處部四》："羈結茨危，瞰臨涯陳。"宋蔡襄《泗州登馬子山觀漕亭》詩："唯餘汴渠利，直貫長淮陳。"明黄佐《江淮大水有感》詩："觸陳各趾折，集岸猶心驚。"明周瑛《游牛首山三十韻》："行行過叢薄，上上歷重陳。"清翁方綱《禮烈親王克勒馬圖歌》："此馬爾時倍趫捷，出入厓陳千萬重。"

【丹崖】

綺麗的巖壁。《漢書·揚雄傳》："北爌幽都，南煬丹崖。"三國魏秜康《琴賦》："丹崖嶮巇，青壁萬尋。"唐李白《送温外士歸黄山白鵝峰舊居》詩："丹崖夾石柱，菡萏金芙蓉。"《晋書·宋繊傳》："銘詩於石壁曰：丹崖百丈，青壁萬尋。奇木蓊鬱，蔚若鄧林。"宋方士繇《丹崖》詩："丹崖石氣凝高秋，碧溪上引天河流。"金元好問《水調歌頭》詞："翠壁丹崖千丈，古木寒滕兩岸，村落帶林丘。"明劉基《徐資深華山圖》詩："華嶽插天七千丈，丹崖翠壁開仙掌。"

【巖】[3]

巖質涯岸，抑或岸側嵌巖之處。亦作"岩""嵓""嵒"。按，"嵒"字與其甲骨文極爲相似。自南朝至明清，文獻中常有"嵒"字出現。漢淮南小山《招隱士》："谿谷嶄巖兮水曽波。"《説文·山部》："巖，岸也。"王筠句讀："《御覽》引作'厓也'。又，《申説》曰：'山邊謂之厓。'則舊本自是厓字。"漢揚雄《羽獵賦》："探巖排碕，薄索蛟螭。"三國魏曹植《洛神賦》："覩一麗人，於岩之畔。"晋何劭《洛水祖王公應詔》詩："嵩崖巖巖，洪流湯湯。"晋佚名《東林十八高賢傳》："嵒之傍，有石梯，度山迤邐而去。"南朝梁宣帝《游七山寺賦》："神罾嵒嵒而獨立，仙的皎皎以孤臨。"李善注："巖，岸側嵌巖之處也。"唐李白《春日歸山寄孟浩然》詩："嶺樹攢飛栱，嵒花覆谷泉。"宋魏慶之《詩人玉屑》卷之八："然二家言嵓崖間秋氣耳，猶未及江天水國氣象宏闊處。"《續資治通鑑長編·宋真宗咸平六年》："河東巖險之地，兵甲甚觿。"明楊士奇《送張鳴玉序》："巖壑深邃，瘴烟毒霧。"清毛奇齡《謁嵩嶽》詩："石酒龍精白，嵓花鳳首紅。"清楊捷《平閩紀》卷六："餘皆連海靠山，乃海巖峭壁。"

【嵒】[2]

同"巖[3]"。此體殷商代已行用。見該文

【岩】[1]

同"巖[3]"。此體三國魏已行用。見該文。

【嵓】[2]

同"巖[3]"。此體晋代已行用。見該文。

巖　穴

穴 [1]

洞穴,特指自然生成的山洞、巖洞。亦稱
"窟穴""岰""洞"。上古人爲避野獸和雨雪風
寒,常擇洞穴而居。從甲骨文看,"穴"應是上
有"石"支撐、立面結構的,容易進出,且堅
固防水。"洞"字無甲骨文。《周易·繫辭下》:
"上古穴居而野處,後世聖人易之以宫室。"
《詩·大雅·綿》:"古公亶父,陶復陶穴,未有
家室。"先秦宋玉《風賦》:"枳句來巢,空穴來
風。"《韓非子·説疑》:"此十二人者,或伏死
於窟穴,或槁死於草木,或飢餓於山谷,或沈
溺於水泉。"漢淮南小山《招隱士》:"憭兮栗虎
豹穴,叢薄深林兮人上慄。"王逸注:"穴,一
作岰。"李善注引王逸注:"嶛穿岰也。"《淮南
子·原道訓》:"木處榛巢,水居窟穴。"晋干寶
《搜神記·爰劍》:"秦時拘執爲奴隸,後得亡
去,秦人追之急迫,藏於穴中。"唐陸廣微《吴
地記·常熟縣》:"山有二洞穴,穴側有石壇,
周迴六十丈。"唐牛僧孺《李蘇州遺太湖石奇狀
絶倫因題二十韻奉呈夢得樂天》詩:"通身鱗甲
隱,透穴洞天明。"宋孔平仲《七月六日作》:
"蛟龍不能神,卷尾藏窟穴。"金元好問《天涯
山》詩:"八窗玲瓏透朝日,洞穴慘澹藏雷雨。
苔花錦石粲可喜,气與雲煙相媚嫵。"明鄭真
《咏四明山送丘太守》詩:"夜鶴林巒啼月露,
春龍窟穴吐雲煙。"清吴莭《西岩訪桂不果後十
日鳳岡登眺并尋山中古迹》詩:"陂陁犖確尋古
徑,巖穴别見開洞天。"

【窟穴】

即穴 [1]。此稱先秦已行用。見該文。

【岰】

即穴 [1]。此稱漢代已行用。見該文。

【洞】 [1]

即穴 [1]。山中巖穴,或有水自巖石裂隙滴落
或流出。漢佚名《南風操》詩:"擊石拊韶兮淪
幽洞微。"唐武則天《贈胡天師》詩:"碧岫窺
玄洞,玉竈鍊丹砂。"宋李濤(信臣)《贈山翁》
詩:"花間歸洞路,山下釣魚舟。"

【孔穴】

洞穴。單稱"孔"。《墨子·備城門》:"客
至,諸門户皆令鑿而冪孔。"《爾雅·釋詁》:
"孔,間也。"《周禮·冬官·考工記》:"視其
鑽空而窓。"漢班固《白虎通·情性》:"鼻出
入氣,高而有竅;山亦有金石累積,亦有孔
穴,出雲布雨。"北魏酈道元《水經注·泗水》:
"積石相臨,殆無土壤,石間多孔穴,洞達相
通,往往有如數間屋處。其俗謂之嶧孔。"唐元
稹《分水嶺》詩:"有時遭孔穴,變作嗚咽聲。"
《廣韻》"孔,孔穴也。又空也,甚也。"宋徐瑞
《九月廿一自虎林回同程曉崖游梅巖》詩:"下
有苔磴崝,上有孔穴穿。"元李鵬飛《三元參贊
延壽書》:"山有孔穴,采寶者惟三月、九月,
餘月山閉氣交,死也。"明袁宗與《玲瓏仙室》
詩:"似獸勝形從地起,如盤孔穴向明開。"清
劉天誼《杜林將軍墓》詩:"芻牧來牛羊,孔穴
走狐兔。"

【孔】

即孔穴。此稱先秦已行用。見該文。

【竅】

指洞穴。亦稱"空竅"。《淮南子·説山訓》:

"見竅木浮而知爲舟，見飛蓬轉而知爲車。"漢高誘注："竅，穴。"唐韓愈《游青龍寺贈崔大補闕》詩："南山逼冬轉清瘦，刻畫圭角出崖竅。"宋劉攽《走筆答郭子隆勾稽》詩："赫如千尺光，旁爍幽隙竅。"元袁桷《五月二十六日大寒二十二韻》："陰機堅積沍，空竅起荒埃。"明陸師道《玉女潭題贈吏史部恭甫》詩："厓顛虛竅存，猶蛻蜿蜒迹。"清錢儀吉《雨後過龍樹院示粟公》詩："凛冬看雪應絶奇，莫畏噫氣號空竅。"

【空竅】

即竅。此稱元代已行用。見該文。

【峒】

山洞。亦作"崬"。唐柳宗元《南省轉牒欲具江國圖令盡通風俗故事》詩："椎髻老人難借問，黃茆深峒敢留連。"《集韻·去送》："峒，山穴。"宋朱敦儒《卜算子》詞："慘黯蠻溪鬼峒寒，隱隱聞銅鼓。"元黃鎮成《贈何萬里》詩："瀧流繞郡山如戟，黃茅峒深秋霧黑。"明盧寬《彭峒水簾》詩："峒中舊有神仙宅，峒門迴與紅塵隔。"清吳檙《文斤山》詩："嵌空雙石峒，長對暮山橫。"清顧圖河《諸葛鋼鼓》詩："至今鋼鼓散山谷，崬户流傳尚誇侈。"

【崬】

同"峒"。此體清代已行用。見該文。

【㕡】

洞穴，抑或山旁窟穴。亦作"瀘""陷"。漢張衡《南都賦》："潛㕡洞出，没滑瀎㳁。"李善注："㕡，山傍穴也。言水洞出此穴。"晋郭璞《江賦》："鼓陷窟以漰渤，乃溢湧而駕隈。"李善注："陷，亦窟之類也。"《玉篇·厂部》："㕡，山傍穴。"唐顔真卿《鮮于氏離堆記》：

"其右有小石瀘焉，亦可蔭而踆據矣。"《集韻》："音女合。"又："山旁穴。"清王士禛《池北偶談·談獻三·蘇少公葬地》："先君之葬，在眉山之東，昔嘗約祔於其㕡。"

【陷】

同"㕡"。此體唐代已行用。見該文。

【瀘】

即㕡。此體唐代已行用。見該文。

【竇】 [1]

洞穴。《左傳·哀公元年》："後緡方娠，逃出自竇。"《漢書·五行志中之下》："長民者不崇藪，不墮山，不防川，不竇澤。"顔師古注："竇，穴也。"《禮記·禮運》："所以達天道、順人情之大竇也。"孔穎達疏："是竇孔穴也。孔穴開，通人之出入。"宋句龍緯《題惠泉寄知軍郎中》詩："陽岡盤氣勢，陰竇融液脉。"金元好問《竇嚴紀行》詩："遥遥金門寺，竇焰出岩竇。"明劉基《青蘿山房歌寄宋景濂》詩："幽泉發竇鏘玲瓏，六月赤日收蘊隆。"清蒲松齡《聊齋志異·三生》："自念不如死，憤投絶壁，顛莫能起，自顧則身伏竇中。"

【石竇】

石穴。南朝陳江總《入龍丘巖精舍》詩："風窗穿石竇，月牖拂霜松。"北魏酈道元《水經注·滱水》："簡王尊貴壯麗有加。始築兩宫，開四門，穿城北，纍石竇，通涿唐水，流於城中。"唐李華《雲母泉》："山門開古寺，石竇含純精。"宋蘇軾《巫山》詩："石竇有洪泉，甘滑如流髓。"元迺賢《玄圃爲上清周道士賦》詩："岩溜涓涓鳴石竇，松花細細落琴牀。"《徐霞客游記·楚游日記》："由其隙，皆可攀躋上，其上石竇一縷，直徹洞頂。"清吳蘭修《九曜石》詩："天然九朵芙蓉瘦，時有仙雲出石竇。"

【虚】[2]

洞穴。亦稱"墟"。先秦佚名《童謡》："北上包山入靈墟。乃造洞庭竊禹書。"《淮南子·氾論訓》："若循虚而出入，則亦無能履也。"高誘注："虚，孔竅也。"宋佚名《衆仙步虚詞六首》其五："空閒待三寶，虚中聞洞經。"金馬鈺《滿庭芳·贈趙抱玄》詞："空虚裏，有金童玉女，迎入仙家。"清王邦畿《鐘鼓巖》詩："虚室晝昏山乳濕，寒潭潮長石床平。"

【墟】[3]

同"虚[2]"。此稱先秦已行用。見該文。

【堀穴】

洞穴。亦作"崛穴"。《墨子·節用中》："古者人之始生，未有宫室之時，因陵丘堀穴而處焉。"又曰："聖王慮之，以爲堀穴曰：'冬可以辟風寒。'"《韓非子·猛狗與社鼠》："鼠穿其間，堀穴托其中，燻之則恐焚木，灌之。"漢劉向《新序·雜事三》："則士有伏死崛穴巖藪之中耳，安有盡精神而趨闕下者哉。"《漢書·鄒陽傳》作"堀穴"，顏師古注："堀，與窟同。"漢桓譚《新論·琴道》："出以野澤爲鄰，入用堀穴爲家，困於朝夕，無所假貸。"

【崛穴】

同"堀穴"。此體漢代已行用。見該文。

【窏】[1]

洞穴。《韓非子·詭使》："而士有二心私學，巖居窏處。"陳其猷集釋引劉文典曰："案'巖居'與'窏處'相對爲文。"唐韓愈《送無本師歸范陽》詩："衆鬼囚大幽，下覷襲玄窏。"唐李賀《假龍吟歌》："窏中跳沫截清涎，限儒卧水埋金爪。"《太平廣記·昆蟲》："又一穴，西

去二丈，磅礴空朽，嵌窏異狀。"元黃溍《重登雲黃山》詩："高尋指天路，幽矚極玄窏。"《徐霞客游記·粤西游日記三》："後有窏深陷，炬燭之，沈黑。"清趙文哲《大池灘》詩："一夫出應募，懸繩踏幽窏。"

丹穴

出産丹砂之礦穴，亦指煉丹修道的巖穴，亦泛指山洞。《吕氏春秋·貴生》："王子搜患之，逃乎丹穴。"高誘注："《淮南》云：丹穴，山穴也。"漢班固等《漢書·巴寡婦清傳》："巴寡婦清，其先得丹穴，而擅其利數世。"顏師古注："丹，丹砂也。穴者，山谷之穴出丹也。"三國魏曹植《飛龍篇》："南經丹穴，積陽所生。"唐王勃《益州錦竹縣武都山凈慧寺碑》："亦有山童采葛，入丹寶而忘歸。"唐錢起《登釜山遇道人》詩其二："山階壓丹穴，藥井通泆流。"宋孔平仲《七畫一首》："丹穴屯戎伍，朱衣走吏兵。"元李孝光《靈隱十咏·飛來峰》："石室藏素猿，丹穴養玄鸑。"明梅鼎祚《玉合記·卜居》："待功成還辭赤社，更歸丹穴。"清姚範《讀史》詩其四："王子逃丹穴，越人薰出之。"一説，指禹穴，禹葬地（參閱本書"會稽山洞"詞條）。明歸有光《浙省策問對二道》："王子搜之丹穴，即禹穴也。"

【丹寶】

即丹穴。此稱唐代已行用。見該文。

巖[4]

石窟、石山洞。亦作"巖穴"，亦稱"岩穴""嵒穴"。《韓非子·外儲説》："巖穴之士徒也，今巖穴之士徒皆私門之舍人也。"《楚辭·九思·怨上》："倚此兮巖穴，永思兮窈悠。"《增韻》："石窟曰巖，深通曰洞。"漢東方

朔《七諫·哀時命》：“處玄舍之幽門兮，穴巖石而窟伏。”王逸注：“巖，穴也。”南朝梁僧慧皎《高僧傳·釋法成十三》：“不餌五穀，唯食松脂，隱居巖穴，習禪爲務。”唐白居易《途中題山泉》詩：“決決湧巖穴，濺濺出洞門。”唐李頻《苑中題友人林亭》詩：“井邑藏嵓穴（一作洞），幽棲趣若何。”五代齊己《贈巖居僧》詩：“石如麒麟巖作室，秋苔漫壇净於漆。”宋陳宗古《游洞霄》詩：“溪山雖極遠，岩穴自相通。”金申萬全《病中遣懷》詩：“幾時真脱塵囂累，巖穴尋居不厭深。”《徐霞客游記·楚游日記》：“其下則中空成巖，容數百人。”《明史·太祖紀二》：“今賢士多隱巖穴，豈有司失於敦勸歟。”徐珂《清稗類鈔·孝友類》：“旁有小巖，可容一人，乃廬其中，晴則出。”

【巖穴】

即巖[4]。此體先秦已行用。見該文。

【嵓穴】

即巖[4]。此稱唐代已行用。見該文。

【岩穴】

即巖[4]。此稱唐代已行用。見該文。

【巖堂】

山洞、巖穴。北魏酈道元《水經注·河水二》：“懸巖之中多石室焉。室中若有積卷矣，而世士罕有津達者，因謂之積書巖。巖堂之内，每時見神人往還矣。”北魏鄭道昭《咏飛仙室》詩：“巖堂隱星霄，遥簷駕雲飛。”唐皮日休《太湖詩·包山祠》其十六：“白雲最深處，像設盈巖堂。”

【空岩】

山洞。亦稱“空巖”。唐張祜《游仙》詩：“空巖響深徹，臺觀凝碧冷。”宋方信孺《虎頭巖》詩：“絕壁空巖踞虎頭，鳥飛不渡野猿愁。”宋陸游《五月二十三夜記夢》詩：“空巖滴乳久化石，寶蓋珠瓔紛物象。”元段成己《崧陽歸隱圖》詩：“山鳥忽驚飛，花落空巖裹。”明金幼孜《冬日扈駕獵龍山同尚書蹇公學士胡公登斗首山佛窟寺偶成十詩奉簡》其一：“絕壁浮圖在，空岩佛窟開。”清弘曆《命張若澄圖葛洪山因題句》詩：“淙潺乳寶浴丹泉，老君爐在空巖裹。”一説，山谷。晋王嘉《拾遺記》卷三：“禹鑿龍關之山，亦謂之龍門，至一空巖深數十里，幽暗不可復行，禹乃負火而進。”隋楊素《山齋獨坐贈薛内史詩二首》其一：“深溪橫古樹，空岩卧幽石。”

【空巖】

同“空岩”。此稱宋代已行用。見該文。

【岫】[2]

山洞、巖穴。又稱“巖岫”“山岫”。《黄帝内經·素問·六元正紀大論》：“松吟高山，虎嘯巖岫。”《爾雅·釋山》：“山有穴爲岫。”郭璞注：“謂巖穴。”《説文·山部》：“岫，山穴也。”漢劉向《列仙傳》：“得意巖岫，寄歡琴

空　岩
（明戴進《達摩智慧能六代像》）

瑟。"三國魏曹植《七啓》："出山岫之潛穴,倚峻崖而嬉游。"晋左思《吳都賦》："王鮪岫居。"晋張協《七命》："臨重岫而攬轡,顧石室而迴輪。"李善注："仲長子《昌言》曰:'聞上古之隱士,或伏重岫之内,窟窮皋之底。'"北魏酈道元《水經注·汝水》："巖郭深高,山岫邃密,石徑崎嶇。"唐玄奘《大唐西域記·摩揭陀國下》："石室西南隅有巖岫,印度謂之阿素洛宫也。"南唐李煜《搗練子》詞："雲鬢亂,晚妝殘,帶恨眉兒遠岫攢。"宋韓拙《論山》："有穴曰岫,峻壁曰巖。"宋李清照《浣溪沙》詞:"遠岫出山催薄暮,細風吹雨弄輕陰。"宋高似孫《緯略》卷一:"山岫峭且深,凄風起東谷。"清沈謙《寶鼎現·月夜泛臨平湖同三兄羽階潘生雲赤男聖昭賦》詩:"烟濤暗擁,遠岫微露,深幽無極。"

【巖岫】[2]

即岫[2]。此稱先秦已行用。見該文。

【山岫】[2]

即岫[2]。此稱三國魏已行用。見該文。

【嵌巖】[1]

山洞。亦稱"嵌窟""嵌寶""巖嵌""嵌空",省稱"嵌"。唐盧照鄰《五悲·悲昔游》詩:"因嵌巖以爲室,就芬芳以列筵。"唐孟浩然《游明禪師西山蘭若》詩:"結廬就嵌窟,剪苔通逕行。"唐王建《奉同曾郎中題石甕寺得嵌韻》詩:"遥指上皇翻曲處,百官題字滿西嵌。"唐劉禹錫《海陽十咏·夢絲瀑》詩:"飛流透嵌隙,噴灑如絲夢。"唐無可《宿西嶽白石院》詩:"白石上嵌空,寒雲西復東。"唐王度《古鏡記》:"屬日暮,遇一嵌巖,有一石堂,可容三五人,勔棲息止焉。"宋司馬光《假山》詩:

"縹眇神仙宅,嵌空虎豹居。"宋仲并《題章伯深矓怪圖》詩其二:"何曾寂寞嵌巖裏,慣著風流廊廟人。"《太平廣記》引前蜀杜光庭《神仙感遇傳·二十七仙》:"尋所入而得嵌寶焉。石室寬博,中有石像二十七真。"元馬致遠《四塊玉·嘆世》:"還一間巖嵌房兒坐,淺斟著金曲卮。"明王履《贈玉泉道士》詩:"嵌巖窟裏尋三昧,神秀叢中見一班。"清弘曆《玉乳泉三首》詩其一:"嵌巖鐘乳滴淙淙,瀉入澄潭影漾溶。"

【嵌】[1]

即嵌巖[1]。此稱唐代已行用。見該文。

【嵌窟】

即嵌巖[1]。此稱唐代已行用。見該文。

【嵌空】

即嵌巖[1]。此稱唐代已行用。見該文。

【嵌寶】[2]

即嵌巖[1]。此稱宋代已行用。見該文。

【巖嵌】

同"嵌巖[1]"。此稱元代已行用。見該文。

【空石】

石穴,巖洞。亦稱"空穴"。《荀子·解蔽》:"空石之中有人焉,其名曰觙。"王先謙集解:"空石,石穴也。"先秦宋玉《風賦》:"臣聞于師:'枳句來巢;空穴來風。'"《淮南子·原道訓》:"喬木之下,空穴之中,足以適情。"高誘注:"空穴,巖穴也。"唐白居易《病中·初病風》詩:"朽株難免蠹,空穴易來風。"唐馬戴《下第再過崔邵池陽居》詩:"離雲空石穴,芳草偃郊扉。"宋李覯《賦江西(讀畫齋本作西江)隆上人瘦巖》詩:"巉巉一穴嵌空石,不是人間飯顆山。"明楊慎《瓦店潯塗峻嶺》:"屧

空　石
（明王圻等《三才圖會》）

齒穿空石，昆蹄陷弱泥。"明唐文鳳《樹中草》詩："野草附樹青，蟠根空穴裏。"清袁昶《飛來峰一綫天》詩："山囚鐵鎖木石精，風出空穴時一鳴。"

【空穴】

即空石。此稱先秦已行用。見該文。

【窚】

山巖間孔穴。《史記·衛將軍驃騎列傳》："以千三百户封賀爲南窚侯。"司馬貞索隱："或作窖……《字林》云：'大'下'卵'與'穴'下'卵'。"錢仲聯補釋："《史記·建元以來侯者年表》索隱引張揖曰：窚，空也……此詩窚字當作山巖間空穴解，謂敗竄之蜀兵争投山崖而死。"清朱錡《新饒歌·大金川》："投窚莫碎兮斫莫坼，時出剟兮噉何嚌。"一説，同"礛"，軍戰之石。

玉竇

山洞之美稱。南朝梁沈約《八咏詩·被褐守山東》："玉竇膏滴瀝，石乳室空籠。"宋郭祥正《寄題蘄州涵輝閣呈太守章子平集賢》詩："冰壺倒景露華洗，玉竇溶雪蟾光頹。"元陳樵《八咏樓賦》："金華玉竇處乎北際，鼎湖太鶴出於南中。"明張羽《送吕道士》詩："玉竇憑龍守，芝田借雨耕。"清康熙《御定子史精華》："玉龜疊翠獨秀，棲烟嬋雲風門，雷穴玉秀，玉竇銳雲，巢鳳雕琢渾成。"

石窗

山間石穴的雅稱。唐陸龜蒙《四明山·序》："今爲子語吾山之奇者，有峰最高，四穴在峰上，每天地澄霽，望之如牖户，相傳謂之石窗，即四明之目也。"宋張大直《題蓮華西洞》詩其一："道室只今丹竈在，石窗依舊碧蘿纏。"元陳旅《題竹石圖》詩："故人結屋傍幽崖，静愛石窗晴翠入。"明何絳《山居》詩其五："鳥依松榻寐，星倚石窗光。"清全祖望《石叟居》詩："石窗通萬山，石樓臨絶谷。"

星牖

山巖洞穴中透光小孔。宋祝穆《方輿勝覽》："在鄖鄉縣西南三里，其山北有崖號星牖。"元劉道明《武當福地總真集》："下有一巖，名曰白雲，虚寂軒豁。傍一石穴如星，名曰星牖。"明楊慎《藝林伐山·星牖月窗》："凡山洞巖穴，有竅通明，小者曰星牖，大者曰月窗。"清楊守敬《水經注疏》："補山北有崖，旁視之，有一穴甚明，號爲星牖十六字。"

月窗

山巖洞穴中透光大孔。亦作"月牖"。月窗的形成與地質作用有關，一曰：水流沿裂隙不斷進行侵蝕，崩塌成洞；二曰：地震引起崩塌。南朝陳江總《入龍丘巖精舍》詩："風窗穿

月　窗

石竇，月牖拂霜松。"唐許渾《秦樓曲》："秦女夢餘仙路遥，月窗風簟夜迢迢。"宋王之道《追和韓退之雪韻》："月牖潛争入，風簾静自摇。"宋劉子翬《巖桂》詩："山路不知處，月窗時夜聞。"宋朱元昇《月牖》詩："誰將造化手，開此混沌竅。"元白樸《浪淘沙令》："今古海山情，月牖雲扃。"明楊慎《藝林伐山·星牖月窗》："凡山洞岩穴，有竅通明，小者曰星牖，大者曰月窗。"《金瓶梅詞話》第一九回："也有那月窗雪洞，也有那水閣風亭。"

【月牖】

即月窗。此體南朝陳已行用。見該文。

鐘乳穴

石鐘乳洞。北魏酈道元《水經注·易水》："易水又東逕孔山北，山下有鐘乳穴，穴出佳乳。"唐李吉甫《元和郡縣圖志》卷一四："太白山，在縣南十里。山有鐘乳穴，其深不測，仰望穴中，乳如懸穗焉。"《藝文類聚·蟲豸部》："黄石山泄水東南五峴路口有鐘乳穴，中伏翼大如鵝鴨。"宋梁安世《秦碑一紙并古詩呈王梅溪太守》詩："吾意此如鐘乳穴，民昔畏擾相譸欺。"明李維楨等《山西通志》卷二一：

"嵬山有鐘乳穴，穴中乳滴如懸。"

【乳寶】[1]

石鐘乳洞。南朝宋鮑照《從登香爐峰》詩："旋淵抱星漢，乳寶通海碧。"唐宋之問《入崖口五渡寄李適》詩："時攀乳寶憩，屢薄天窗眠。"宋歐陽修《三游洞》詩："誰知一室烟霞裏，乳寶雲腴凝石髓。"明薛蕙《鄭繼之館内積雪爲小山戲作長句》詩："仄崖崩壁色悽愴，玉膏乳寶陰森爽。"清李秉禮《游鐵佛寺華景洞》詩："乳寶極深黝，仄徑盤曲折。"

【乳窟】

石鐘乳洞。亦稱"乳洞"。南朝梁任昉《述異記》卷下："荆州、清溪、秀壁諸山山洞，往往有乳窟。"唐李白《答族侄僧中孚贈玉泉仙人掌茶》詩："常聞玉泉山，山洞多乳窟。"宋洪邁《容齋隨筆》卷一〇："荆州玉泉寺近清溪諸山，往往有乳窟。"元陶宗儀《説郛》："荆州清溪秀壁諸山，山洞往往有乳窟，窟中多玉泉交流。"明程本立《乳石》詩："聞道山中乳窟多，乳泉流處石爲窠。"《西游記》第一回："乳窟龍珠倚掛，縈回滿地奇葩。"

【乳洞】

石鐘乳洞。亦作"石乳洞"。唐段公路《北户録》："全義之西南有山，曰盤龍山。有乳洞，乳洞有金沙龍盤魚，皆四足，修尾丹腹。"唐段成式《酉陽雜俎·支諾皋中》："有人游終南山一乳洞，洞深數里，乳旋滴瀝成飛仙狀。"宋范成大《興安乳洞》詩："向聞乳洞勝，出嶺更徘徊。"宋許及之《題石乳洞》詩："古怪洪陽清石乳，平章留與後人看。"《徐霞客游記·楚游日記》："水由下出，西合乳洞北流水，破西北山腹，出大巖堰。"明嚴嵩《鈐山堂集》："春日游石乳洞，躋險遘靈室賞勝。"清厲鶚《晚入靈隱寺》詩："佛坐莓巖遍，人行乳洞分。"清顧祖禹《讀史方輿紀要·江西五》："又石乳洞，在府東三十里，闊數丈，深一里許。"

【石乳洞】

即坑窴。此體宋代已行用。見該文。

【乳穴】

石鐘乳洞。南朝宋謝靈運《登廬山絶頂望諸嶠》詩："捫壁窺龍池，攀枝瞰乳穴。"唐柳宗元《零陵郡乳穴記》："且夫乳穴必在深山窮

乳　穴
（明仇英《桃源仙境圖》）

林。"唐楊筠松《天玉經外篇》："看此樣形臨局勢，中間乳穴是爲真。"宋陸游《自咏》詩："淘丹雲澗冷，采藥乳穴幽。"明李賢等《明一統志·汀州府》："寧化縣東北五十里，石筍屹立如門，有數石室，其一曰乳穴。"明李維楨等《山西通志》卷二二〇："魏光緒訪仙蹤於乳穴，剷玉藥。"清朱彝尊《兜率宮》詩："欲探乳穴勝，改著短後衫。"

土囊

大洞穴。先秦宋玉《風賦》："夫風生於地，起於青蘋之末，侵淫谿谷，盛怒於土囊之口。"李善注："土囊，大穴也。"南朝宋盛弘之《荊州記》："宜都佷山縣有山，山有穴，口大數尺，爲風井。土囊，當此之類也。"唐徐夤《風》詩："城上寒來思莫窮，土囊蘋末兩難同。"宋蘇軾《颶風賦》："襲土囊而暴怒，掠衆竅之叱吸。"元周霆震《虎墮井》詩："貫盈有兆此（一作兆此多）未悟，來者紛紛投土囊。"明黃佐《北風篇贈文衡山待詔》詩："吾聞風自土囊起，搖盪青蘋千萬里。"清戴亨《山行》詩："險路行山塢，陰風聒土囊。"

土口

土囊洞口。亦作"土囊之口""土囊口"。先秦宋玉《風賦》："〔風〕侵淫谿谷，盛怒於土囊之口。"李善注："土囊，大穴也。"唐杜甫《九成宮》詩："曾宮憑風回，岌嶪土囊口。"宋邵雍《秋懷》其三十五："土口風天行，雲罅日微漏。"宋晁公遡《比與鮮于東之游池上已而辱三詩見示因次韻》詩："惟予招則來，快出土囊口。"宋黃庭堅《再次韻呈明略并寄無咎》詩："夏雲涼生土囊口，周鼎湯盤見科斗。"明黃相《大風和伯固夏官》詩："土囊之口無結束，噫氣飄然萬籟作。"清王連瑛《隋堤行》："馮夷擊鼓河伯怒，豐隆決破土囊口。"清孫詒讓《墨子閒詁·墨子附錄》："申徒狄曰：'周之靈珪，出於土口……楚之明月，出口蚌蜃；五象出於漢澤，和氏之璧、夜光之珠、三棘六異，此諸侯之良寶也。'"

【土囊之口】

即土口。此體先秦已行用。見該文。

【土囊口】

即土口。此體唐代已行用。見該文。

坑窴

坑穴、深坑。又稱"坑阱"。晉潘岳《西征賦》："儒林塡於坑窴，詩書煬而爲烟。"李善

注：“《廣雅》曰：‘窜，阬也。’”《宋書·文九王傳》：“掘地爲坑阱。”唐劉知幾《史通·雜説中》：“苟自古著述其昏若此也，則知李斯之設坑窜。”《晋書·儒林傳》：“填儒林於坑窜，嚴是古之法，抵挾書之罪，先王徽烈，靡有子遺。”宋蘇軾《送蔡冠卿知饒州》詩：“横前坑阱衆所畏，布路金珠誰不裹。”元《杜牧之詩酒揚州夢》雜劇：“陷入坑阱。咱兩個口説無憑。”明鍾芳《遂初卷》詩：“俄然利口眩黑白，危機觸處皆坑阱。”《明史·葉旺傳》：“旁設坑窜，伏兵以伺。”清李漁《凰求鳳·翻卷》：“非聘，被人勾引入天臺，原不是自投坑阱。”清陳宏謀《學仕遺規》卷一：“虎豹在前，坑阱在後。號呼求救，惟恐不免。”

【坑阱】

同“坑窜”。此稱南朝梁已行用。見該文。

【坎窞】

坑穴、深坑。又稱“窞井”。一作“井窞”。《周易·上經》：“入於坎窞，凶。”孔穎達疏：“既處坎底，上無應援，是習爲險難之事無人應援，故入於坎窞而至凶也。”王弼注：“入坎窞者也，處重險而復入坎底。”南朝梁僧祐《弘明集》卷三：“自得於窞井者，則怪游溟之量。”唐皮日休《太湖詩·入林屋洞》其三：“試足值坎窞，低頭避峥嶸。”唐韓愈《守戒》：“今人有宅於山者，知猛獸之危害，則必高其柴楥，而外施窞窜以待之。”宋吕祖謙《尚書汪公得請奉祠餞者十有四人分韻賦詩某得敢字》詩：“向來功名人，勇進忘坎窞。”宋何夢桂《和耘岩讀易傳來韻》詩：“況復坐井窞，周旋類鮍鯰。”元周霆震《虎墮井》：“千夫駭汗手莫措，造次坎窞侔干將。”明石寶《雨後》詩：“跳踏集坎窞，

取樂無高卑。”清蒲松齡《聊齋志異·鍾生》：“舅乃非人！此彌天之禍，不可爲謀，乃不明言，而陷我於坎窞。”清查慎行《二月杪南歸涿州道中遇雪十八韻》：“幾曾填窞井，特爲顯峰巒。”

【窞井】

即坎窞。此稱唐代已行用。見該文。

【井】[1]

井形的坑洞。可供備戰、開采。《墨子·備穴》：“穿井城内，五步一井……令陶者爲罌，容四十斗以上，固幎之以薄鞈革，置井中，使聰耳者伏罌而聽之。”《漢書·程鄭》：“擅鹽井之利。”唐杜佑《通典·兵五》：“地聽：于城内八方穿井，各深二丈。”徐珂《清稗類鈔·鑑賞》：“井在萬山中，攀援陟降而後入。”

穴 [2]

孔，俗作“窟窿”。《孟子·滕文公下》：“不由其道而往者，與鑽穴隙之類也。”先秦宋玉《高唐賦》：“陬互横啎，背穴偃蹠。”李善注：“穴，孔也。”《廣韻·入屑》：“穴，窟也。”唐李洞《雪》詩：“細填蟲穴滿，重壓鶴巢敧。”唐元稹《有鳥二十章（庚寅）》詩其十：“有鳥有鳥名爲鴉，深藏孔穴難動摇。”宋石介《獵》詩：“雉守一節死，兔緣三穴藏。”《西游記》第四二回：“行者叫兩次，見不開門，心中大怒，舉鐵棒，將門一下打了一個窟窿。”《老殘游記》第一回：“今年治好這個，明年別處又潰幾個窟窿。”清林占梅《潛園適興六十韻》：“穴土挖成室，誅茅構數椽。”

【穹】

孔、空隙。《詩·豳風·七月》：“穹窒熏鼠，塞向墐户。”朱熹注：“穹，空隙也；窒，塞

也。"又,《東山》:"灑掃穹窒,我征聿至。"朱熹注:"穹,窒。"明張自烈《正字通·穴部》:"穹,孔也。"

【窒】[1]

孔,小洞。《楚辭·哀時命》:"珪璋雜於甑窒兮。"王逸注:"窒,甑土〔下〕孔。"《說文·穴部》:"窒,甑空也。"

【漏】

孔、小洞。《淮南子·脩務訓》:"禹耳參漏,是謂大通。"高誘注:"漏,穴也。"南北朝王金珠《子夜四時歌·春歌》:"吹漏不可停,斷弦當更續。"唐韓愈《進學解》:"捕苴罅漏,張皇幽眇。"宋文瑩《玉壺清話》:"三漏之籬,七漏之笛,八漏之簏。"明邵亨貞《後庭花·擬古》詞其一:"銅壺更漏殘。紅妝春夢闌。"清商景蘭《畫樓春·夜闌聞雨》:"城樓吹漏聲長,玉爐寶篆生光。"

窌

地窖。亦作"窖"。《周禮·考工記·匠人》:"葺屋參分,瓦屋四分,囷、窌、倉、城。"鄭玄注:"穿地曰窌。"《管子·四時》:"開久墳,發故屋,辟故窌,以假貸。"《荀子·議兵》:"若是,則必發夫稟窌之粟以食之。"楊倞注:"地藏曰窌。"《禮記·月令》:"穿竇窖。"鄭玄注:"橢曰竇,方曰窖。"《說文·穴部》:"窖,地藏也。"又云:"窌,窖也,從穴。"段玉裁注:"皆作窖。"《漢書·蘇武傳》:"乃幽武置大窖中,絕不飲食。"顏師古注:"舊米粟之窖而空者。"唐杜佑《通典·食貨典》:"積藏囷窌之粟,皆歸於君。"宋蔡襄《姑胥行》詩:"囷窌不夕儲,勢若偷生爲。"明黎民表《從化山水六咏·劉仙巖》詩:"窌藏金粟暗,書積紫苔昏。"

清彭孫貽《雜詩六首》其三:"荒邑有窌藏,高衢無停軌。"

【窖】

同"窌"。此體漢代已行用。見該文。

【竇】[2]

橢圓形地窖。《禮記·月令》:"〔仲秋之月〕可以築城郭,建都邑,穿竇窖,修囷倉。"鄭玄注:"入地隋曰竇,方曰窖。"孔穎達疏:"隋者似方非方,似圓非圓,以其名竇,與窖相似故。云'隋曰竇,方曰窖'者,竇既爲隋圓,故以窖爲方也。"

砑[1]

呈弧形的孔洞。通"拱"。宋熊邦彥《石砑》:"萬壑雲霾凝不消,橫空突起老龍腰。"《徐霞客游記·楚游日記》:"其巖東向,中空上連,高砑若橋。"又,《粵西游日記三》:"江自東而西,有西梁其長而整,下開五砑,橫跨北上江水。"清顧祖禹《讀史方輿紀要·江西四》:"〔鳳凰山〕其南五里爲石梁,突起數十丈,橫跨兩巖下,平廣可容數千人,謂之石砑。"清劉繹《題梧陰書屋圖》詩:"曾借鸞棲寄舊氊,未游石砑尚情牽。"

窪[1]

亦作"窐"。地面凹陷處,或能積水之地。《老子》:"曲則全,枉則直,窪則盈,敝則新,少則得,多則惑。"《莊子·齊物論》:"似窪者,似污者。"《呂氏春秋·任地》:"子能以窪爲突乎?子能藏其惡而揖之以陰乎?"高誘注:"窪,容污下也。"彭耜釋文:"'窪,李烏瓜切也。地窪則水滿,喻謙德常盈。'"《馬王堆漢墓錦書老子甲本·道經》:"窪則盈。"北魏賈思勰《齊民要術》:"脅肋欲大而窪。"唐杜佑《通典·樂典》："深，謂窐之也。"唐元稹《酬翰林白學士代書一百韻》詩："坳窐饒壚矮，游惰壓庸緇。"唐白居易《湖亭晚望殘水》詩："流注隨地勢，窐坳無定質。"宋黎靖德《朱子語類·朱子十八》："如初間大水瀰漫，少間水既退，盡落低窐處，方是入窠槽。"宋張君房《雲笈七籤》："高下相臨，山隆谷窐，差以尋常。"明宋應星《天工開物·甘嗜》："將蔗砍伐，去杪與根，埋藏土內。土忌窐聚水濕處。"《徐霞客游記·粵西游日記二》："州廨內外，多茅舍蕭條，其東即窐而下，居民之廬托焉。"清陳芳生《捕蝗考》："凡地方有湖蕩、墊窐、積水之處，遇霜降水落之後，即親臨勘視本年潦水所至到。"

【窐】²

同"窐¹"。此體先秦已行用。見該文。

【洼】

即窐¹。地面凹陷處，或能積水之地。《淮南子·覽冥訓》："澤無洼水。"《漢書·武帝紀》："馬生渥洼水中。"《廣韻》："音窊，同窐。"

【宆】

地上低窐處。《爾雅·釋地》："下濕曰隰。"《說文·穴部》："宆，污邪下也。"段玉裁注："凡下皆得謂之宆。"漢王弼《老子道德經校釋·第二十二章》："'宆'為'窐'之古文。《說文解字》：'宆，污邪下也。'《廣雅》釋詁：'宆，下也。'夏竦《古文四聲韻》卷二引古《老子》作'宆'。"《玉篇·穴部》："一曰宆也。"《藝文類聚·果部下》："楚人宆而希灌，其瓜惡。"宋魏泰《東軒筆錄》："其婢執箕箒治地，至堂前，熟視地之宆處，惻然泣下。"宋朱熹《孟子集注·梁惠王章句上》："宆下之地，水所聚也。"明宋濂《看松庵記》："有四旁奮起

而中宆下者，狀如箕筐，人因號之爲'匡山'。"

【硎】¹

凹陷地。通"坑"。南朝宋謝靈運《山居賦》："擲飛枝於窮崖，踔空絕於深硎。"北周庾信《哀江南賦》："荒谷縊於莫敖，冶父囚於群帥。硎穽摺拉，鷹鸇批攢。"《南史·宋宗室及諸王傳下》："驃騎失控，馬重驚，觸松樹墜地落硎中。"遼僧行均《龍龕手鑑·石部》："硎，坑墊陷也。"

嵌²

坑坎旁的孔穴，亦指孔穴。《玉篇·山部》："嵌，坎旁孔也。"唐劉禹錫《梦絲瀑》詩："飛流透嵌陳，噴灑如絲梦。"唐元稹《有鳥·二十章》詩其十一："春風吹送廊廡間，秋社驅將嵌孔裏。"宋朱熹《次二友石井之作》詩其三："泉嵌側畔一川明，水石縈迴更有情。"

窞²

坎中小穴。《周易·坎》："習坎，入於坎窞，凶。"王弼注："入坎窞者也，處重險而復入坎底。"《說文·穴部》："窞，坎中小坎也。"徐鍇繫傳："坎中復有坎也。"漢馬融《長笛賦》："坎窞巖。"唐皮日休《太湖詩·入林屋洞》其三："試足值坎窞，低頭避崢嶸。"宋王十朋《題一覽亭》詩："肩輿躡崢嶸，眼界驚坎窞。"一說，指坎底。

窪²

小水坑。《老子》："窪則盈，敝則新。"陸德明釋文："顧（歡）云：'洿'"《玉篇·水部》："窪，牛蹄迹水也。"北齊劉晝《劉子·妄瑕》："牛躅之窪，不生魴鱮。"清談遷《北游錄·紀程》："東城中坎然窪然，猶沈竈產蛙也。"

穴³

蟲蟻鳥獸栖宿處。亦稱"窟"。《荀子·勸學》："蟹六跪而二螯，非蛇蟺之穴無可寄托者，用心躁也。"《韓非子·喻老》："千丈之堤，以螻蟻之穴潰。"漢劉向等《戰國策·齊策四》："狡兔有三窟，僅得免其死耳。"《三國志·吳書·呂蒙傳》："不探虎穴，安得虎子。"清蒲松齡《聊齋志異·耳中人》："小人聞之，意甚張皇，繞屋而轉，如鼠失窟。"

【窟】¹

即穴³。此稱先秦已行用。見該文。

【礨空】

蟻穴小洞。《莊子·秋水》："計四海之在天地之間也，不似礨空之在大澤乎？"成玄英疏："礨空，蟻穴也。"陸德明釋文："空音孔。礨孔，小穴也……一云蟻冢也。"宋楊時《送胡康侯使湖南》詩："寄之天地間，大澤礨空耳。"清張之洞《石鍾山拜水師昭忠祠坐芸芍齋》詩："靈旗月閃驚棲鶻，礨空波鳴起睡龍。"

【蟄戶】

昆蟲伏藏的洞穴。《後漢書·馬融傳上》："刊重冰，撥蟄戶，測潛鱗，踵介旅。"北周庾信《奉和法筵應詔》詩："早雷驚蟄戶，流雪長河源。"又，北周《祀圜丘歌·登歌》："乘長日，坏蟄戶，列雲漢，迎風雨。"唐徐夤《寄天台陳希敗》詩："陰山冰凍嘗迎夏，蟄戶雲雷只待春。"宋曾鞏《多雨》詩："嗟江之濱地多雨，冬雷不收開蟄戶。"

壑²

猶坑、水溝。《詩·大雅·韓奕》："實墉實壑，實畝實籍。"孔穎達疏："壑，即城下之溝。"《孟子·滕文公上》："其親死，則舉而委

之於壑。"趙岐注："路傍坑壑也。"《禮記·郊特牲》："土反其宅，水歸其壑。"鄭玄注："壑猶坑也。"

窟²

用泥土製作的居所，抑或在土中挖掘用以居住的洞穴。亦特指原始人地上居住處。後代隱士亦常造土窟居住。亦稱"土窟""土空"。《禮記·禮運》："昔者先王未有宮室，冬則居營窟，夏則居橧巢。"《晉書·孫登傳》："〔孫登〕無家屬，於郡北山爲土窟居之。"元陳澔《禮記集說》："營窟者，營累其土以爲窟穴也。地高則穴於地中，地卑則於地上累土爲窟也。"《舊唐書·高祖二十二子傳》："元吉謂建成曰：'待至宮所，當興精兵襲取之。置土窟中，唯開一孔以通飲食耳。'"宋魏泰《東軒筆錄》卷一五："有張師雄者，西京人……一夕，賊馬至界上，忽城中失雄所在。至曉，方見師雄重衣披裘，伏於土窟中，已癡矣。西人呼土窟爲空。"宋魏泰《臨漢隱居詩話》："會官塞上，一夕，傳虜犯邊，師雄倉惶震恐，衣皮裘兩重伏土窟中。秦人呼土窟爲土空。"宋范成大《范陽驛》詩："郵亭逼仄但宜冬，恰似披裘坐土空。"《東周列國志》第三〇回："使軍士遍處搜尋，聞土窟中有哼聲，趨往視之。"

【土窟】

即窟²。此稱唐代已行用。見該文。

【土空】

即窟²。此稱宋代已行用。見該文。

【土室】

用泥土製作的居所，抑或在土中挖掘用以居住的洞穴。《史記·匈奴列傳》："嗟！土室之人，顧無多辭。"《後漢書·袁閎傳》："閎遂散

髮絶世，欲投迹深林。以母老不宜遠適，乃築土室，四周於庭，不爲户，自牖納飲食而已。”南朝梁劉孝標《辯命論》：“瑶臺夏屋，不能悦其神。土室編蓬，未足憂其慮。”唐杜甫《西枝村夜宿贊公土室》詩之二：“土室延白光，松門耿疏影。”清夏燮《中西紀事·粤民義師》：“自相國去後，英人自恃其積年之狼戾，見後至者，以爲土室懦夫，易而侮之。”一説，古時天子明堂的中央室。唐孔穎達疏：“今中央室稱大室者，以中央是土室。土爲五行之主，尊之故稱大……周之明堂亦應土室在中央，大於四角之室也。”

【複穴】

古人穴居的土窟。平地曰複，高地曰穴。《禮記·月令》：“其祀中霤祭先心。”鄭玄注：“古者複穴，是以名室爲霤。”孔穎達疏：“複穴者，古窟居也。古者窟居，隨地而造，若平地則不鑿，但累土爲之，謂之爲複，言於地上重複爲之也。若高地則鑿爲坎，謂之爲穴。其形皆如陶竈。”《公羊傳·哀公六年》：“而至於中霤。”徐彦疏引南朝宋庾蔚之曰：“複穴皆開其上取明，故雨霤之，是以因名中室爲中霤也。”參閲明王圻等《三才圖會·地理卷·善卷洞圖》。

嶧孔

山東嶧山的石孔。孔洞相通，廣如數間屋，人可居。北魏酈道元《水經注·泗水》：“〔嶧山〕山東西二十里，高秀獨出，積石相臨，殆無土壤。石間多孔穴，洞達相通，往往有如數間屋處，其俗謂之嶧孔。”宋高似孫《緯略》：“高秀獨出，積石相臨，殆無壤土，石間多孔穴，洞達相通，俗謂之嶧孔。”

十大洞天

道教用語。中國道教修煉地。洞天者，以洞爲名，領神靈仙道之修煉境域也。東晋道經《道蹟經》臚列十大山洞及與此相應的十大洞天，後爲唐司馬承禎《上清天地宫府圖經》和前蜀杜光庭《洞天福地記》《洞天福地嶽瀆名山記》等道書所據。唐司馬承禎《上清天地宫府圖經》：“十大洞天者，處大地名山之間，是上天遣群仙統治之所。”第一，王屋山洞，亦稱“小有清虚天”，在王屋縣（今山西垣曲、陽城和河南濟源等縣市之間）；第二，委羽山洞，亦稱“大有空明天”（“空”，一作“虚”），在黄巖縣（今屬浙江）；第三，西城山洞，亦稱“太玄總真天”，南朝梁陶弘景《登真隱訣》疑在終南太一山，杜光庭云在蜀州；第四，西玄山洞，亦稱“三元（一作‘玄’）極真天”，亦莫知其所在，杜光庭云在金州；第五，青城山洞，亦稱“寶仙九室天”，在青城縣（今四川都江堰市）；第六，赤城山洞，亦稱“上玉清平山”，《上清天地宫府圖經》作“上清玉平之洞天”，在唐興縣（今浙江天台縣）；第七，羅浮山洞天，亦稱“朱明耀真天”（“耀”，一作“輝”），在博羅縣（今屬廣東）；第八，句曲山洞，亦稱“金壇華陽天”，在句容縣（今屬江蘇）；第九，林屋山洞，亦稱“左神幽虚天”，《上清天地宫府圖經》作“龍神幽虚之洞天”，在洞庭湖口，又稱在蘇州吳縣（今屬江蘇）；第十，括蒼山洞，亦稱“成德隱玄天”，在樂安縣（今浙江仙居縣。主峰在臨海市境内）。

王屋山洞

洞穴名。亦稱“小有清虚天”。位於河南濟源市，是道教十大洞天之首。晋魏華存《清虚真人王君傳》稱其師王褒得道後，被封爲"太素清虛真人"，"領小有天王、三元四司、右保上公，治王屋山洞天之中"。故王屋山又稱小有清虛之天，被列爲十大洞天之首。唐司馬承禎《上清天地宮府圖經·十大洞天》："第一王屋山洞，周回萬里，號曰小有清虛之天，在洛陽河陽兩界，去王屋縣六十里，屬西城王君（王褒）治之。"前蜀杜光庭《天壇王屋山聖迹記》："元始天王曰：夫小有洞天者，是十大洞天之首，三十六小洞天之總首也。"《太平御覽·道部》："王屋山洞周回萬里，名曰小有清虛天。"宋陳巖《雲門峰》詩："兩崖對聳三千丈，上倚清虛小有天。"明李孫宸《游觀音巖》詩："石床千尺倚雲根，小有清虛敞洞門。"

【小有清虛天】

即王屋山洞。此稱晋代已行用。見該文。

委羽山洞

洞穴名。亦稱"大有空明天"（"空"，一作"虛"）。位於浙江黃巖南約二千米處。傳漢高祖劉邦後裔劉奉林曾在此修道成仙。仙鶴白日飛升，三繞其山，鶴墜羽翮，故而得名委羽山。北周武帝《無上秘要》："小有清虛天、大有空明天、太玄總真天、三玄極真天、寶仙九室天、上玉清平天、朱明耀真天、金壇華陽天、左神幽虛天、成德隱玄天。"唐司馬承禎《上清天地宮府圖經·十大洞天》："第二委羽山洞，周回萬里，號曰大有空明之天，在台州黃巖縣，去縣三十里，青童君治之。"唐顧況《委羽山》詩："昔人乘鶴玉京游，翮遺仙洞何悠悠。"前蜀杜光庭《洞天福地記》："第二委羽洞，大有虛明天，周回萬里。"《太平御覽·道部》："大有者，謂委羽山洞天大有宮中之書法，彼人當

有服之者。"又云："委羽山洞周回萬里，名曰大有空明天，司馬季主在其中。"宋李景文《游委羽山》詩："冰融溪上日，花發洞門春。"宋范宗尹《游大有空明洞》詩："暫到山中禮法壇，空明雲氣逼面寒。"明徐渭《黃君書舍在委羽山洞索賦》："委羽本名山，尤奇是洞天。"

【大有空明天】

即委羽山洞。此稱北周已行用。見該文。

西城山洞

洞穴名。亦稱"太玄總真天"。疑在終南太一山。北周武帝《無上秘要》："小有清虛天、大有空明天、太玄總真天、三玄極真天、寶仙九室天、上玉清平天、朱明耀真天、金壇華陽天、左神幽虛天、成德隱玄天。"前蜀杜光庭《洞天福地記》："西城山洞，周回三千里，號曰太玄惣真之天，未詳所在，登真隱訣云，疑終南太一山是，屬上宰王君治之。"宋張君房《雲笈七籤·洞天福地部》："第三西城山洞，周迴三千里，號曰太玄總有之天。"《太平御覽·道部》："名太玄總真天，司命君之所處也。"

【太玄總真天】

即西城山洞。此稱北周已行用。見該文。

西玄山洞 [1]

洞穴名。亦稱"三玄極真天"，玄或作元。道教十大洞天的第四洞天。一說，位於徽州、杭州、睦州三地交界處的昱嶺關；另說，位於北京門頭溝區西玄山桃花谷。南北朝佚名《上清太上九真中經絳生神丹訣》："西玄山洞臺中，有此二經，刻以玉簡，書以金字。"北周武帝《無上秘要》："小有清虛天、大有空明天、太玄總真天、三玄極真天、寶仙九室天、上玉清平天、朱明耀真天、金壇華陽天、左神幽虛天、

成德隱玄天。"前蜀杜光庭《洞天福地記》："第四西玄山洞，周回三千里，號三元極真洞天，恐非人迹所及，莫知其所在。"《太平廣記·女仙五》："山前有白陽池，就是太上老君游宴之處，山後有登真洞，與青城、峨眉、青衣山、西玄山洞府相通，所以成爲二十四化之首。"

【三玄極真天】

即西玄山洞[1]。此稱北周已行用。見該文。

青城山洞

洞穴名。亦稱"寶仙九室天"。位於四川青城山。又分爲天師洞、朝陽洞、聖母等。北周武帝《無上秘要》："小有清虛天、大有空明天、太玄總真天、三玄極真天、寶仙九室天、上玉清平天、朱明耀真天、金壇華陽天、左神幽虛天、成德隱玄天。"前蜀杜光庭《洞天福地記》："第五青城山洞。周回二千里，名曰寶仙九室之洞天，在蜀州青城縣，屬青城丈人治之。"《太平御覽·道部》："《五嶽圖》曰：青城山洞周二千里，蜀郡界黃帝拜五爲岳丈人。"《永樂大典》："夜及青城山洞天觀止宿，自正路歸城。"明董斯張《廣博物志》："上青城山洞周圍二千里，昔洪崖先生服琅玕之花而隱，代爲青城真人。"清張百熙《青城山歌題易中實觀察舊游圖册》："青城第五之洞天，真籙紀自軒皇年。寶仙九室此福地，上司嶽瀆蟠西川。"

【寶仙九室天】

即青城山洞。此稱北周已行用。見該文。

赤城山洞

洞穴名。亦作"上玉清平天"。唐司馬承禎《上清天地宫府圖經》作"上清玉平之洞天"。位於浙江天台縣西北赤城山，山有石洞十二，以紫雲洞和玉京洞最著。北周武帝《無上秘要》："小有清虛天、大有空明天、太玄總真天、三玄極真天、寶仙九室天、上玉清平天、朱明耀真天、金壇華陽天、左神幽虛天、成德隱玄天。"前蜀杜光庭《洞天福地記》："赤城山洞，周迴三百里，名曰上清玉平之洞天。在台州唐興縣，屬玄洲仙伯治之。"清沈宗敬等《御定駢字類編》："山洞周圍三百里名曰上清玉平之洞天。支遁《天台山銘序》：往天台山，當由山爲道徑。"

【上清玉平天】

即赤城山洞。此稱北周已行用。見該文。

羅浮山洞天

洞穴名。亦稱"朱明耀真天"。"耀"，一作"輝"。位於廣東博羅縣西北的羅浮山。北周武帝《無上秘要》："小有清虛天、大有空明天、太玄總真天、三玄極真天、寶仙九室天、上玉清平天、朱明耀真天、金壇華陽天、左神幽虛天、成德隱玄天。"《白孔六帖》卷五："朱明洞天，寶初詔道士申大芝祭山，欲尋朱明洞。"前蜀杜光庭《洞天福地記》："羅浮山洞，周回五百里，名曰朱明曜真之洞天，在循州博羅縣，屬青精先生治之。"

【朱明耀真天】

即羅浮山洞天。此稱北周已行用。見該文。

【朱明洞天】

即羅浮山洞天。此稱唐代已行用。見該文。

【朱明洞】

即羅浮山洞天。此稱唐代已行用。見該文。

林屋山洞

洞穴名。亦稱"左神幽虛天"。唐司馬承禎《上清天地宫府圖經》作"龍神幽虛之洞天"。位於洞庭湖口，而杜光庭稱在蘇州吳縣

（今蘇州吳中區、相城區）。北周武帝《無上秘要》："小有清虛天、大有空明天、太玄總真天、三玄極真天、寶仙九室天、上玉清平天、朱明耀真天、金壇華陽天、左神幽虛天、成德隱玄天。"前蜀杜光庭《洞天福地記》："林屋山洞周迴四百里，號曰尤神幽虛之洞天。在洞庭湖口，屬北嶽真人治之。"

【左神幽虛天】

即林屋山洞。此稱北周已行用。見該文。

括蒼山洞

洞穴名。亦稱"成德隱玄天"。在樂安縣（今浙江仙居縣）。傳漢時，太極法師徐來勒到括蒼洞，管轄括蒼洞周圍三百里，總管水旱罪福。到東晉穆帝永和三年，仙居單獨建縣（始名樂安縣），首任樂安縣令羊忻（湖北襄陽人）弟羊愔在四川夾江縣當縣尉，後罷官來隱居括蒼洞修道，得道成神仙。唐玄宗李隆基於748年，得奏括蒼洞口出現一種似烟非烟，像雲非雲，鬱鬱紛紛的氣雲覆蓋洞口，以爲是吉祥之兆，即頒布詔書，建造洞宮，賜名爲"成德隱元"。宋真宗賜名"凝真宮"。宋徽宗奏聞仙居縣括蒼洞真徐來勒治理成效卓著，應予昭報，追封爲"靈應真人"。其封令《台州仙居縣括蒼洞徐真人封靈應真人制》："台州仙居縣括蒼洞徐真人，至德之人，用心若鑑，損虛靈應，下視無方，加惠吾民，在所昭報，申之顯號，茲謂國章，尸而祝之，俾永承事，可特封靈應真人。"北周武帝《無上秘要》："小有清虛天、大有空明天、太玄總真天、三玄極真天、寶仙九室天、上玉清平天、朱明耀真天、金壇華陽天、左神幽虛天、成德隱玄天。"前蜀杜光庭《洞天福地記》："第十，括蒼山洞，周迴三百里，號

曰成德隱玄之洞天，在處州樂安縣，屬北海公涓子治之。"宋楊萬里《送喻叔奇工部知處州》："括蒼山水名天下，工部風烟入筆端。"

【成德隱玄天】

即括蒼山洞。此稱北周已行用。見該文。

句曲山洞

洞穴名。亦稱"金壇華陽天"。在句容市（今屬江蘇）。南朝梁陶弘景《真誥・稽神樞》："句曲山洞，周迴一百五十里，名曰金壇華陽之天。"北周武帝《無上秘要》："小有清虛天、大有空明天、太玄總真天、三玄極真天、寶仙九室天、上玉清平天、朱明耀真天、金壇華陽天、左神幽虛天、成德隱玄天。"前蜀杜光庭《洞天福地記》："句曲山洞，周迴一百五十里，名曰金壇華陽之洞天，在潤州句容縣，屬紫陽真人治之。"元張天雨《茅山志》："句曲山洞泉銘，泰定甲子歲玉虛子造。"明陳耀文《天中記》："句曲山洞宮之中，本有神仙人郭四朝者治其宮，亦司三官，領羅酆，師晨候。四朝，燕人也，兄弟四人得道，四朝是長兄也。"參閱明王圻等《三才圖會・地理卷》。

【金壇華陽天】

即句曲山洞。此稱南朝梁已行用。見該文。

句曲山洞（華陽洞）
（明王圻等《三才圖會》）

三十六小洞天

道教用語。中國道教修煉地。自東晋、南北朝至宋代，古籍中總結的三十六小洞天的位置與名稱大同小异。南朝梁陶弘景《真誥·稽神樞》：“大天之内，有地中之洞天三十六所。”唐司馬承禎《上清天地官府圖經》及前蜀杜光庭《洞天福地記》：“太上曰：其次三十六小洞天，在諸名山之中，亦上仙所統治之處也。”前蜀杜光庭《洞天福地嶽瀆名山記·序》引《龜山玉經》：“〔三十六洞天〕別有日月星辰靈仙宮闕，主御罪福，典録死生，有高真所據，仙王所理。”三十六洞天一詞始見於東晋上清派道書。據載，它們是：第一，霍桐山洞，名“霍林洞天”，在福州長溪縣（今福建霞浦縣南）；第二，東嶽太山洞，名“蓬玄洞天”，在兖州乾封縣（今山東泰安市），自漢以來認爲係考校死魂鬼神處；第三，南嶽衡山洞，名“朱陵洞天”，在衡州衡山縣（今屬湖南）；第四，西嶽華山洞，名“總仙洞天”，亦稱“極真洞天”，在華州華陰縣（今華陰市，屬陝西）；第五，北嶽常山洞，名“總玄洞天”，在恒州曲陽縣（今屬河北），明清以後改祀於山西渾源；第六，中嶽嵩山洞，名“司馬洞天”，在登封（今屬河南）；第七，峨眉山洞，名“虛陵洞天”，在嘉州峨眉縣（今四川峨眉山市）；第八，廬山洞，名“洞靈真天”，在江州德安縣（今江西九江市）；第九，四明山洞，名“丹山赤水天”，在越州上虞縣（今紹興上虞區，山實在寧波市西南）；第十，會稽山洞，名“極玄大元天”，在越州山陰縣（今浙江紹興市）鏡湖中，或云爲蜀郡陽平山；第十一，太白山洞，名“玄德洞天”，在京兆府長安縣（實在今陝西周至、眉、

太白等縣間）；第十二，西山洞，名“天柱寶極玄天”，在洪州南昌縣（今江西南昌市）；第十三，小㵲山洞，名“好生玄上天”，在潭州醴陵縣（今醴陵市，屬湖南），按，小㵲山洞，一作大圍山；第十四，潜山洞，名“天柱司玄天”，在舒州懷寧縣（晋置，今安徽潜山縣）；第十五，鬼谷山洞，名“貴玄司真天”，在信州貴溪縣（今貴溪市，屬江西），傳爲張陵煉丹處；第十六，武夷山洞，名“真昇化玄天”，在建州建陽縣（今福建南平市武夷山市，晋屬建陽縣，南唐置崇安場）；第十七，玉笥山洞，名“太玄法樂天”，在吉州永新縣（今屬江西）；第十八，華蓋山洞，名“容成大玉天”，周迴四十里，在温州永嘉縣（今屬浙江温州），按，此與江西華蓋山同名异地；第十九，蓋竹山洞，名“長耀寶光天”，在台州黄巖縣（今屬浙江）；第二十，都嶠山洞，名“寶玄洞天”，在容州普寧縣（今廣西容縣）；第二十一，白石山洞，名“秀樂長真天”，在鬱林州（今廣西玉林市）南海之南，或云在和州含山縣（今屬安徽）；第二十二，句漏山洞，名“玉闕寶圭天”，在容州北流縣（今屬廣西），傳爲葛洪煉丹處；第二十三，九疑山洞，名“朝真太虛天”，在道州延唐縣（今湖南寧遠縣）；第二十四，洞陽山洞，名“洞陽隱觀天”，在潭州長沙縣（今湖南瀏陽市西北）；第二十五，幕阜山洞，名“玄真太元天”，在鄂州唐年縣（今湖南、湖北、江西三省交界處）；第二十六，大酉山洞，名“大酉華妙天”，在辰州（今湖南沅陵市）西北；第二十七，金庭山洞，名“金庭崇妙天”，在越州剡縣（今浙江嵊州市）；第二十八，麻姑山洞，名“丹霞天”，在撫州南城縣（今屬江西）；第

二十九，仙都山洞，名"仙都祈仙天"，在處州
緙雲縣（今屬浙江）；第三十，青田山洞，名
"青田大鶴天"，在處州青田縣（今屬浙江）；第
三十一，鍾山洞，名"朱日太生天"，在潤州
上元縣（今屬江蘇南京）；第三十二，良常山
洞，名"良常放命洞天"，在潤州句容縣（今屬
江蘇），近小茅山；第三十三，紫蓋山洞，名
"紫玄洞照天"，在荊州當陽縣（今屬湖北）；第
三十四，天目山洞，名"天蓋滌玄天"，在杭
州餘杭縣（今屬浙江）；第三十五，桃源山洞，
名"白馬玄光天"，在玄洲武陵縣（今湖南桃源
縣）；第三十六，金華山洞，名"金華洞元天"，
在婺州金華縣（今屬浙江）。

霍桐山洞

洞穴名。又稱"霍林洞天"。位於今福建寧
德市霍童山。前蜀杜光庭《洞天福地記》："第
一霍桐山洞，周迴三千里，名霍林洞天，在福
州長溪縣，屬仙人王緯玄治之。"前蜀杜光庭
《洞天福地嶽瀆名山記》："謹按本教《龜山白玉
上經》具列所在去處。第一洞，霍桐山，周迴
三千里，名霍林，在福州長溪縣，有三清觀及
游仙湖。"宋潘自牧《記纂淵海》："第一霍桐
山洞，高三千四百丈，周迴三千里，名霍林之
天，即鄭思遠、韓衆、許映真人爲司命，府君
所理，在福州長溪縣。"還注明不同之處："《雲
笈》云'仙人王緯治之'。"宋祝穆《方輿勝
覽》："霍童山，在寧德北七十里，《洞天記》所
謂'霍林洞天'是也。唐武后時，司馬煉師於
此修煉，後駕鶴昇天，遂賜名鶴林。"明李賢等
《明一統志·福州府》："霍童山，在寧德縣北
七十里，神仙霍童所居，《洞天記》謂'霍林洞
天'是也。唐司馬承禎於此修煉，後駕鶴飛昇，

遂名鶴林。"參閱宋張君房《雲笈七籤·洞天福
地部》。

【霍林洞天】

即霍桐山洞。此稱五代已行用。見該文。

東嶽泰山洞

洞穴名。又稱"蓬玄洞天"。在兗州乾封縣
（今山東泰安市）。前蜀杜光庭《洞天福地記》：
"東嶽太山洞，周迴一千里，名曰蓬玄洞天，在
兗州乾封縣，屬山圖公子治之。"前蜀杜光庭
《洞天福地嶽瀆名山記》："太山蓬玄洞天，一千
里，在兗州乾封縣。"金王處一《西嶽華山志》：
"第二東嶽泰山洞，周迴三千里，名蓬玄洞天。"
參閱宋張君房《雲笈七籤·洞天福地部》。

【蓬玄洞天】

即東嶽泰山洞。此稱唐代已行用。見該文。

南嶽衡山洞

洞穴名。又稱"朱陵洞天"。在衡州衡山
縣（今屬湖南）。唐佚名《三皇內文遺秘》："南
嶽衡山，荊州之鎮，號曰朱陵洞天。"前蜀杜光
庭《洞天福地記》："南嶽衡山洞，周迴七百里，
名曰朱陵洞天，在衡州衡山縣，仙人石長生治
之。"宋張邦基《墨莊漫錄》："臣昔與希真游衡
山朱陵洞天，過古蘭若基，野客留宿庵下，有
聞類狗吠，希真謂此非人境，安得有是。"宋陳
田夫《叙唐宋得道異人高僧》："前洞是朱陵洞
天之東門也。"又，《題白雲堂》詩："我愛瀟湘
境，朱陵後洞天。"元衞琪《玉清無極總真文昌
大洞仙經》："今衡山上應軫宿，下鎮離宮，有
朱陵洞天，乃三十六洞天之第三也。"清王初桐
《觀磨崖碑作》詩："焦山鶴銘鼎銘何足數，庶
與朱陵洞天岣嶁銘相方。"參閱宋張君房《雲笈
七籤·洞天福地部》。

【朱陵洞天】

即南嶽衡山洞。此稱五代已行用。見該文。

西嶽華山洞

洞穴名。亦作"西玄山洞[2]""總仙洞天"，亦稱"三元極真洞天"。在華州華陰市（今屬陝西）。前蜀杜光庭《洞天福地記》："第四西嶽華山洞。周迴三百里，名曰惣仙洞天，在華州華陰縣，真人惠車子主之。"宋張君房《雲笈七籤·洞天福地部》："第四西玄山洞，周迴三千里，號三元極真洞天，恐非人迹所及，莫知其所在。"金王處一《西嶽華山志》："西嶽華山洞，周迴三百里，名總仙洞天。素靈真人贊曰：墜石爲仙號七星，五門日月配玄程。"清傅澤洪《行水金鑑》："山腹有總仙洞天洞口，有石如丹青畫像，冠帔衣服無不周備。"清陳元龍《格致鏡原》："太空洞天，華山，名太極總仙洞天。"清潘昶《金蓮仙史》："只見極真洞天，祥雲瑞氣繽紛，鶯歌鶴唳。"

【西玄山洞】[2]

即西嶽華山洞。此體稱宋代已行用。見該文。

【三元極真洞天】

即西嶽華山洞。此稱宋代已行用。見該文。

【總仙洞天】

即西嶽華山洞。此體金代已行用。見該文。

北嶽常山洞

洞穴名。亦稱"總玄洞天"。"常山"特指古北嶽恒山（大茂山、神仙山）。在恒州曲陽縣（今屬河北），明清以後改祀於山西渾源縣。唐司馬承禎《上清天地宫府圖經》："北嶽常山洞，周迴三千里，號曰總玄洞天，在恒州常山曲陽縣，真人鄭子真治之。"前蜀杜光庭《洞天福地嶽瀆名山記》："常山總玄洞天，一百里，在北

嶽。"唐宋佚名《三皇內文遺秘》："北嶽恒山，之鎮，號曰總玄洞天。"金安岳常《大茂山總真洞修殿記》："夫五嶽者，實洞天之所也。……維北嶽恒山，號爲大茂山，前與太行相連，而至淤河右，亦廣間爲輔，而入與海上。"參閲宋張君房《雲笈七籤·洞天福地部》。

【總玄洞天】

即北嶽常山洞。此稱唐代已行用。見該文。

中嶽嵩山洞

洞穴名。亦稱"司馬洞天""嵩山司真洞天"。在登封縣（今屬河南）。前蜀杜光庭《洞天福地記》："中嶽嵩山洞，周迴三千里。"前蜀杜光庭《洞天福地嶽瀆名山記》："嵩山司真洞天，三千里，在中嶽。"宋張君房《雲笈七籤·洞天福地部》："中嶽嵩山洞，周迴三千里，名曰司馬洞天。在東都登封縣，仙人鄭雲山治之。"

【司馬洞天】

即中嶽嵩山洞。此稱唐代已行用。見該文。

【嵩山司真洞天】

即中嶽嵩山洞。此稱五代已行用。見該文。

峨嵋山洞

洞穴名。亦稱"虛陵洞天""虛陵太妙洞天"。在嘉州峨眉縣（今四川峨眉山市）。前蜀杜光庭《洞天福地記》："峨嵋山洞，周迴三百里，名曰虛陵洞天，在嘉州峨嵋縣，真人唐覽治之。"前蜀杜光庭《洞天福地嶽瀆名山記》："峨嵋山虛陵太妙洞天，三百里，在嘉州峨嵋縣。"明陶宗儀《説郛》引《洞天福地記》："第七洞峨眉山，周迴三百里，名'靈陵太妙之天'，在蜀嘉州。"宋張君房《雲笈七籤·洞天福地部》："〔峨眉山〕周迴三百里，名虛陵洞

天。在嘉州峨眉縣，真人唐覽治之。"在純陽殿的"千人洞"，即第七洞天的洞府遺址。又，"北有龍穴地道通峨眉山，上有松，昔郭子聲得道之處也"。清胡世安《登峨山道里紀》："最奇者，莫如九老仙人洞。昔黃帝訪廣成子天真皇人，游此，遇一叟於洞外，詢有侶乎，答以九人，今名以此。"

【虛陵洞天】

即峨嵋山洞。此稱唐代已行用。見該文。

【虛陵太妙洞天】

即峨嵋山洞。此稱五代已行用。見該文。

廬山洞

洞穴名。又稱"洞靈真天""虛咏真洞天"。在江州德安縣（今江西九江市）。前蜀杜光庭《洞天福地記》："廬山洞，周迴一百八十里，名曰洞靈真天，在江州德安縣，真人周正時治之。"唐白居易《同微之贈別郭虛舟煉師五十韻》："師從廬山洞，訪舊來於斯。"前蜀杜光庭《洞天福地嶽瀆名山記》："廬山洞虛咏真洞天，三百里，在江州得陽縣，九天使者。"宋孔武仲《李公擇山房》詩其二："松篁入路水濺濺，自是廬山小洞天。"《御定佩文齋書畫譜》："廬山洞中禹刻在廬山上，霄峰七十二字。周必大《廬山後錄》云：歸宗後峰半右石室中有夏禹刻字百餘，僅有鴻荒漾樺六字可辨。"《御定淵鑑類函》："《茅君內傳》曰：廬山洞，名山靈咏真之天。"參閱宋張君房《雲笈七籤·洞天福地部》。

【洞靈真天】

即廬山洞。此稱五代已行用。見該文。

【虛咏真洞天】

即廬山洞。此稱五代已行用。見該文。

四明山洞

洞穴名。亦稱"丹山赤水天""丹山赤水洞天"。在越州上虞縣（今紹興上虞，位於寧波市西南）。前蜀杜光庭《洞天福地記》："四明山洞，周迴一百八十里，名曰丹山赤水天，在越州上虞縣，真人刁道林治之。"前蜀杜光庭《洞天福地嶽瀆名山記》："四明山丹山赤水洞天，一百八十里，在越州餘姚縣。劉樊得道。"明鄭真《再用韻三首》其二："金堂玉室真仙窟，赤水丹山有洞天。"明清陳恭尹《送左襄南督學試竣還都奉命命視河》詩："我聞丹山赤水之洞天，地脉暗與蓬瀛連。"參閱宋張君房《雲笈七籤·洞天福地部》。

【丹山赤水天】

即四明山洞。此稱五代已行用。見該文。

【丹山赤水洞天】

即四明山洞。此稱五代已行用。見該文。

太白山洞

洞穴名。亦稱"玄德洞天""德玄洞天"。在京兆府長安縣（實在今陝西周至、眉、太白等縣間）。前蜀杜光庭《洞天福地記》："太白山洞，周迴五百里，名曰玄德洞天，在京兆府長安縣，連終南山，仙人張季連治之。"前蜀杜光庭《洞天福地嶽瀆名山記》："方白山德玄洞天，五百里，在京兆盩厔縣，太上所現壇。"參閱宋張君房《雲笈七籤·洞天福地部》。

【玄德洞天】

即太白山洞。此稱五代已行用。見該文。

【德玄洞天】

即太白山洞。此稱五代已行用。見該文。

西山洞

洞穴名。亦稱"天柱寶極玄天""天寶極玄

洞天"。在洪州南昌縣（今江西南昌市）。前蜀杜光庭《洞天福地記》："第十二西山洞，周迴三百里，名曰天柱寶極玄天，在洪州南昌縣，真人唐公成治之。"前蜀杜光庭《洞天福地嶽瀆名山記》："西山天寶極玄洞天，三百里，在洪州南昌縣，洪崖所居。"宋潘自牧《記纂淵海》："西山洞周迴三百里，名天寶極真之天，即洪崖先生煉丹得道處。"參閱宋張君房《雲笈七籤·洞天福地部》。

【天柱寶極玄天】

即西山洞。此稱五代已行用。見該文。

【天寶極玄洞天】

即西山洞。此稱五代已行用。見該文。

小溈山洞

洞穴名。亦稱"好生玄上天""好生上元洞天"。在潭州醴陵縣（今屬湖南）。一作大圍山好生上元洞天。前蜀杜光庭《洞天福地記》："小溈山洞，周迴三百里，名曰好生玄上天，在潭州澧陵縣，仙人花丘林治之。"前蜀杜光庭《洞天福地嶽瀆名山記》："大圍山好生上元洞天，三百里，在潭州醴陵縣，傳天師所居石室仙壇。"參閱宋張君房《雲笈七籤·洞天福地部》。

【好生玄上天】

即小溈山洞。此稱五代已行用。見該文。

【好生上元洞天】

即小溈山洞。此稱五代已行用。見該文。

會稽山洞

洞穴名。亦稱"極玄大元天""禹穴"。在越州山陰縣（今浙江紹興市）鏡湖中，或云爲蜀郡陽平山。《史記·太史公自序》："二十而南游江淮，上會稽，探禹穴。"裴駰集解引張

晏曰："禹巡狩至會稽而崩，因葬焉。上有孔穴，民間云禹入此穴。"南朝宋謝靈運《游山》詩："幸游建德鄉，觀奇經禹穴。"唐李白《越中秋懷》詩："何必探禹穴，逝將歸蓬丘。"前蜀杜光庭《洞天福地記》："會稽山洞，周迴三百五十里，名曰極玄大元天，在越州山陰縣鏡湖中，仙人郭華治之。"前蜀杜光庭《洞天福地嶽瀆名山記》："會稽山極玄陽明洞天，三百里，在越州會稽縣。夏禹探書。"一另説，會稽山洞指會稽宛委山。相傳禹於此得黃帝之書而復藏之。唐李白《送二季之江東》詩："禹穴藏書地，匡山種杏田。"王琦注："賀知章《纂山記》曰：黃帝號宛委穴爲赤帝陽明之府，於此藏書。大禹始於此穴得書，復於此穴藏之，人因謂之禹穴。"禹於宛委山得黃帝金簡書之説，見漢趙曄《吳越春秋·越王無余外傳》。宋陸游《秋雨初霽徙倚門外有作》詩："前身已預蘭亭會，老眼曾窺禹穴書。"清王譽昌《舟泊武林城外因憶新安會稽之勝賦呈確慶夫子志別》詩："學溯考亭開霧障，書探禹穴破雲封。"另説，相傳爲夏禹決漢水時的住處。在今陝西旬陽

會稽山洞（禹穴）
（明王圻等《三才圖會》）

市東。清穆彰阿等《大清一統志·興安府·古迹》："禹穴在洵陽縣東一百三十里。高八尺，深九尺。旁鐫'禹穴'二字。穴右有泉，味甚清冽。世傳禹決漢水時居此。"參閱宋張君房《雲笈七籤·洞天福地部》、明王圻等《三才圖會·地理圖會》。

【禹穴】

即會稽山洞。此稱漢代已行用。見該文。

【極玄大元天】

即會稽山洞。此稱唐代已行用。見該文。

【極玄陽明洞天】

即會稽山洞。此稱五代已行用。見該文。

潛山洞

洞穴名。亦稱"天柱司玄天""天柱司玄洞天"。在舒州懷寧縣（晉置，今安徽潛山縣）。前蜀杜光庭《洞天福地記》："灊山洞，周迴八十里，名曰天柱司玄天，在舒州懷寧縣，仙人稷丘子治之。"前蜀杜光庭《洞天福地嶽瀆名山記》："潛山天柱司玄洞天，一千三百里，在舒州桐城縣，九天司命。"宋孫僅《題潛山》詩："地勝塵寰隔，天深洞府寬。"宋楊傑《潛山行》："石牛一臥叱不起，白鹿還歸深洞裏。"參閱宋張君房《雲笈七籤·洞天福地部》。

【天柱司玄天】

即潛山洞。此稱五代已行用。見該文。

【天柱司玄洞天】

即潛山洞。此稱五代已行用。見該文。

鬼谷山洞

洞穴名。亦稱"貴玄司真天""貴玄思真洞天"。在信州貴溪縣（今屬江西），傳爲張道陵煉丹處。前蜀杜光庭《洞天福地記》："鬼谷山洞，周迴七十里，名曰貴玄司真天，在信州貴溪縣，真人崔文子治之。"前蜀杜光庭《洞天福地嶽瀆名山記》："鬼谷山貴玄思真洞天，七十里，在信州貴溪縣。"宋潘自牧《記纂淵海》："鬼谷山洞周迴七十里，名太元師真之天，即正一真人張天師煉丹得道處，在信州貴溪縣。《雲笈》云：名貴司真天，真人崔文子治之。"宋張繼先《懷鬼谷山思真洞天》詩："思真洞兮雲水深，道人居兮鬼神欽。"參閱宋張君房《雲笈七籤·洞天福地部》。

【貴玄司真天】

即鬼谷山洞。此稱五代已行用。見該文。

【貴玄思真洞天】

即鬼谷山洞。此稱五代已行用。見該文。

武夷山洞

洞穴名。亦稱"真昇化玄天""昇真化玄洞天"。在建州建陽縣（今福建南平市武夷山市，晉屬建陽縣，南唐置崇安場）。前蜀杜光庭《洞天福地記》："武夷山洞。周迴一百二十里，名曰真昇化玄天，在建州建陽縣，真人劉少公治之。"前蜀杜光庭《洞天福地嶽瀆名山記》："武夷山昇真化玄洞天，百二十里，在建州建陽縣，毛竹武夷君。"宋潘自牧《記纂淵海》："武夷山洞，周迴一百二十里，名昇玄化真之天，山高三百仞，是武夷君所理，在建州崇安縣。"宋孟晉《游武夷山洞天》詩："好景游歸晚，簫聲縹緲中。"明曹學佺《石倉歷代詩選》詩："停車遙見武夷山，洞府烟霞第一關。"參閱宋張君房《雲笈七籤·洞天福地部》。

【真昇化玄天】

即武夷山洞。此稱五代已行用。見該文。

【昇真化玄洞天】

即武夷山洞。此稱五代已行用。見該文。

玉笥山洞

洞穴名。亦稱"太玄法樂天""太秀法樂洞天"。在吉州永新縣（今屬江西）。前蜀杜光庭《洞天福地記》："玉笥山洞，周迴一百三十里，名曰太玄法樂天，在吉州永新縣，真人梁伯鸞主之。"前蜀杜光庭《洞天福地嶽瀆名山記》："玉笥山太秀法樂洞天，百二十里，在吉州新淦縣。"宋潘自牧《記纂淵海》："玉笥山洞高三千里，周迴一百八十里，名太秀法樂小有之天，古名群玉峯，昔漢武建壇授上清籙，感天降玉笥，因而名之，洞中有木鬱杏花之塢太秀。"參閱宋張君房《雲笈七籤·洞天福地部》。

【太玄法樂天】

即玉笥山洞。此稱五代已行用。見該文。

【太秀法樂洞天】

即玉笥山洞。此稱五代已行用。見該文。

華蓋山洞

洞穴名。亦稱"容成大玉天""容城太玉洞天"。周迴四十里，在溫州永嘉縣（今屬浙江溫州）。按，此與江西華蓋山同名异地。前蜀杜光庭《洞天福地記》："華蓋山洞，周迴四十里，名曰容成大玉天，在溫州永嘉縣，仙人羊公修治之。"前蜀杜光庭《洞天福地嶽瀆名山記》："華蓋山容城太玉洞天，四千里，在溫州永嘉縣。"參閱宋張君房《雲笈七籤·洞天福地部》。

【容成大玉天】

即華蓋山洞。此稱五代已行用。見該文。

【容城太玉洞天】

即華蓋山洞。此稱五代已行用。見該文。

蓋竹山洞

洞穴名。亦稱"長耀寶光天""長耀寶光洞天"。在台州黃巖縣（今屬浙江）。前蜀杜光庭《洞天福地記》："蓋竹山洞，周迴八十里，名曰長耀寶光天，在台州黃巖縣，屬仙人商丘子治之。"前蜀杜光庭《洞天福地嶽瀆名山記》："蓋竹山長耀寶光洞天，八十里，在台州黃巖縣，葛仙公所居。"宋左緯《送方尉還任》詩："流花洞口春將近，蓋竹山頭雪已晞。"參閱宋張君房《雲笈七籤·洞天福地部》。

【長耀寶光天】

即蓋竹山洞。此稱五代已行用。見該文。

【長耀寶光洞天】

即蓋竹山洞。此稱五代已行用。見該文。

都嶠山洞

洞穴名。亦稱"寶玄洞天""太上寶玄洞天"。在容州普寧縣（今廣西容縣）。前蜀杜光庭《洞天福地記》："都嶠山洞，周迴一百八十里，名曰寶玄洞天，在容州普寧縣，仙人劉根治之。"前蜀杜光庭《洞天福地嶽瀆名山記》："都嶠山太上寶玄洞天，八十里，在容州。"參閱宋張君房《雲笈七籤·洞天福地部》。

【寶玄洞天】

即都嶠山洞。此稱五代已行用。見該文。

【太上寶玄洞天】

即都嶠山洞。此稱五代已行用。見該文。

都嶠山
（清佚名《天下名山圖》）

白石山洞

洞穴名。亦稱"秀樂長真天""秀樂長真洞天"。在鬱林州（今廣西玉林市）南海之南，或云在和州含山縣（今屬安徽）。前蜀杜光庭《洞天福地記》："白石山洞，周迴七十里，名曰秀樂長真天，在鬱林州南海之南也，又云，和州含山縣，是白真人治之。"前蜀杜光庭《洞天福地嶽瀆名山記》："白石山秀樂長真洞天，七十里，在容州，北源。"明李賢等《明一統志·梧州府·蒼梧》："白石山洞，在鬱林州，周迴七百里。"參閱宋張君房《雲笈七籤·洞天福地部》。

白石山
（清佚名《天下名山圖》）

【秀樂長真天】

即白石山洞。此稱五代已行用。見該文。

【秀樂長真洞天】

即白石山洞。此稱五代已行用。見該文。

句漏山洞

洞穴名。亦稱"玉闕寶圭天"。在容州北流縣（今屬廣西），傳爲晋葛洪煉丹處。前蜀杜光庭《洞天福地記》："岣漏山洞，周迴四十里，名曰玉闕寶圭天，在容州北流縣，屬仙人錢真人治之。"前蜀杜光庭《洞天福地嶽瀆名山記》："句漏山玉闕寶圭洞天，三十里，在容州。有石

句漏山
（清佚名《天下名山圖》）

室丹井。"參閱宋張君房《雲笈七籤·洞天福地部》。

【玉闕寶圭天】

即句漏山洞。此稱五代已行用。見該文。

九疑山洞

洞穴名。亦稱"朝真太虛天""湘真太虛天"。在道州延唐縣（今湖南寧遠縣）。前蜀杜光庭《洞天福地記》："九疑山洞，周迴三千里，名曰朝真太虛天，在道州延唐縣，仙人嚴真青治之。"前蜀杜光庭《洞天福地嶽瀆名山記》："九疑山湘真太虛洞天，三十里，在道州延唐縣。"《上清高上金元羽章玉清隱書經》："世玄，即秦穆公侍郎，今受號爲鬱絕真人，治在九疑山洞室之中。"參閱宋張君房《雲笈七籤·洞天福地部》。

【朝真太虛天】

即九疑山洞。此稱五代已行用。見該文。

【湘真太虛天】

即九疑山洞。此稱五代已行用。見該文。

洞陽山洞

洞穴名。亦稱"洞陽隱觀觀天""洞陽隱觀洞天"。在潭州長沙縣（今湖南瀏陽市西北）。前蜀杜光庭《洞天福地記》："洞陽山洞，周迴

一百五十里，名曰洞陽隱觀天，在潭州長沙縣，劉真人治之。"前蜀杜光庭《洞天福地嶽瀆名山記》："洞陽山洞陽隱觀洞天，百五十里，在潭州長沙縣。"宮夢仁《讀書紀數略》："洞陽山洞，陽隱觀之天，潭州長沙縣。"參閱宋張君房《雲笈七籤·洞天福地部》。

【洞陽隱觀天】

即洞陽山洞。此稱唐代已行用。見該文。

【洞陽隱觀洞天】

即洞陽山洞。此稱五代已行用。見該文。

幕阜山洞

洞穴名。亦稱"玄真太元天"。在鄂州唐年縣（今湖南、湖北、江西三省交界處）。前蜀杜光庭《洞天福地記》："幕阜山洞，周迴一百八十里，名曰玄真太元天，在鄂州唐年縣，屬陳真人治之。"前蜀杜光庭《洞天福地嶽瀆名山記》："幕阜山玄真太元洞天，二百里，在鄂州唐軍縣，吳猛上昇處。"《太上靈寶朝天謝罪大懺》："志心朝禮，玄真太元天尊。"參閱宋張君房《雲笈七籤·洞天福地部》。

【玄真太元天】

即幕阜山洞。此稱五代已行用。見該文。

大酉山洞

洞穴名。亦稱"大酉華妙天""大酉華妙洞天"。在辰州（今湖南沅陵縣）西北。唐李吉甫《元和郡縣圖志》："大酉山有洞，名大酉。"前蜀杜光庭《洞天福地記》："大酉山洞，周迴一百里，名曰大酉華妙天，去辰州七十里，尹真人治之。"前蜀杜光庭《洞天福地嶽瀆名山記》："大酉山大酉華妙洞天，一百里，在辰州界。"清徐國相等《湖廣通志》："大酉洞在縣東大酉山。《雲笈七籤》：大酉山洞名曰大酉華

妙洞天，尹真人治之。"參閱宋張君房《雲笈七籤·洞天福地部》。

【大酉華妙天】

即大酉山洞。此稱五代已行用。見該文。

【大酉華妙洞天】

即大酉山洞。此稱五代已行用。見該文。

金庭山洞

洞穴名。亦稱"金庭崇妙天"。在越州剡縣（今浙江嵊州市）。前蜀杜光庭《洞天福地記》："金庭山洞，周迴三百里，名曰金庭崇妙天，在越州剡縣，屬趙仙伯治之。"前蜀杜光庭《洞天福地嶽瀆名山記》："金庭山金庭崇妙洞天，三百里，在越州剡縣，褚伯玉、沈休文居之。"清汪灝、張逸少等《御定佩文齋廣群芳譜》："金庭山洞天皆有，《續竹譜》云毛竹生。"參閱宋張君房《雲笈七籤·洞天福地部》。

【金庭崇妙天】

即金庭山洞。此稱五代已行用。見該文。

麻姑山洞

洞穴名。亦稱"丹霞天""丹霞洞天"。在撫州南城縣（今屬江西）。前蜀杜光庭《洞天福地記》："麻姑山洞，周迴一百五十里，名曰丹霞天，在撫州南城縣，屬王真人治之。"前蜀杜光庭《洞天福地嶽瀆名山記》："麻姑山丹霞洞天，一百五十里，在撫州南城縣，麻姑上昇。"宋潘自牧《記纂淵海》："麻姑山洞，周迴一百五十里，名丹霞之天，即南極王方平真人會麻姑於此，蔡經宅並上昇處。"參閱宋張君房《雲笈七籤·洞天福地部》。

【丹霞天】

即麻姑山洞。此稱五代已行用。見該文。

【丹霞洞天】

即蔴姑山洞。此稱五代已行用。見該文。

張公洞

洞穴名。亦稱"庚桑洞"。位於宜興城西南孟峰山麓。相傳漢代張道陵曾在此修道，唐代張果老在此隱居，故稱張公洞。又傳兩千多年前得老聃真傳的庚桑楚退隱此洞，後得道進入

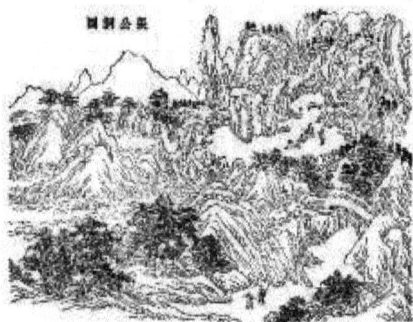

張公洞
（清蔣廷錫等《古今圖書集成》）

仙界，故張公洞又被爲稱庚桑洞。唐方干《游張公洞寄陶校書》："由來委曲尋仙路，不似先生換骨丹。"宋鄒浩《又得敷文書》："張公洞裏花流水，揚子江邊雪滿山。"明楊維楨《堯市山》詩："丹房夜宿庚桑洞，古寺重詢堯市山。"《徐霞客游記・閩游日記》："與張公洞由暗而明者一致，蓋洞門斜啓玄朗映徹，猶未覩天碧也。"明文徵明《張夏山輓詞》其三："春風陽羨百花明，携手張公洞裏行。"清王士禎《池北偶談》："宜興張公洞有大銀杏樹數株，相傳數百年物也。"參閱明王圻等《三才圖會・地理圖會》。

【庚桑洞】

即張公洞。此稱明代已行用。見該文。

仙都山洞

洞穴名。亦稱"仙都祈仙天""仙都祈仙洞天"。在處州縉雲縣（今屬浙江）。前蜀杜光庭《洞天福地記》："仙都山洞，周迴三百里，名曰仙都祈仙天，在處州縉雲縣，屬趙真人治之。"前蜀杜光庭《洞天福地嶽瀆名山記》："仙都山仙都祈仙洞天，三百里，在處州縉雲縣，黃帝上昇。"宋丁宣《仙都山》詩："世上洞天三十六，縉雲第二十九區。"參閱宋張君房《雲笈七籤・洞天福地部》。

【仙都祈仙天】

即仙都山洞。此稱五代已行用。見該文。

【仙都祈仙洞天】

即仙都山洞。此稱五代已行用。見該文。

青田山洞

洞穴名。亦稱"青田大鶴天"。在處州青田縣（今屬浙江）。前蜀杜光庭《洞天福地記》："青田山洞，周迴四十五里，名曰青田大鶴天，在處州青田縣，屬傅真人治之。"前蜀杜光庭《洞天福地嶽瀆名山記》："青田山青田大鶴洞天，四十里，在處州青田縣，葉天師居之。"參閱宋張君房《雲笈七籤・洞天福地部》。

【青田大鶴天】

即青田山洞。此稱的已行用。見該文。

鍾山洞

洞穴名。亦稱"朱日太生天"。在潤州上元縣（今屬江蘇南京）。前蜀杜光庭《洞天福地記》："鍾山洞，周迴一百里，名曰朱日太生天，在潤州上元縣，屬龔真人治之。"前蜀杜光庭《洞天福地嶽瀆名山記》："鍾山朱湖太生洞天，一百里，在潤州上元縣。"明朱元璋《又賡易毅韻》："鍾山洞口彩霞長，萬壑雲生濟至陽。"參閱宋張君房《雲笈七籤・洞天福地部》。

【朱日太生天】

即鍾山洞。此稱五代已行用。見該文。

金華山洞

洞穴名。亦稱"金華洞元天"。在婺州金華縣（今屬浙江）。前蜀杜光庭《洞天福地記》："金華山洞，周迴五十里，名曰金華洞元天，在婺州金華縣，屬戴真人治之。"前蜀杜光庭《洞天福地嶽瀆名山記》："金華山金華洞元洞天，五十里，在婺州金華縣，有皇初平赤松觀。"宋陳顯微《周易參同契解》："有宋端平改元夏五月朔旦，金華洞元天璧壺道人鄭伯謙拜手謹叙。"明胡應麟《將入金華諸山述游五十韻》詩："咫尺金華山洞天，列吾婺霞氣連赤城。"參閱宋張君房《雲笈七籤·洞天福地部》。

【金華洞元天】

即金華山洞。此稱五代已行用。見該文。

良常山洞

洞穴名。亦稱"良常放命洞天"。在潤州句容縣（今屬江蘇），近小茅山。前蜀杜光庭《洞天福地記》："良常山洞，周迴三十里，名曰良常放命洞天，在潤州句容縣，屬李真人治之。"前蜀杜光庭《洞天福地嶽瀆名山記》："良常山良常方會洞天，三十里，在茅山東北，中茅君所居。"參閱宋張君房《雲笈七籤·洞天福地部》。

【良常放命洞天】

即良常山洞。此稱五代已行用。見該文。

桃源山洞

洞穴名。亦稱"白馬玄光天""白馬玄光洞天"。在武陵縣（今湖南桃源縣）。前蜀杜光庭《洞天福地記》："桃源山洞，周迴七十里，名曰白馬玄光天，在玄洲武陵縣，屬謝真人治之。"前蜀杜光庭《洞天福地嶽瀆名山記》："桃源山白馬玄光洞天，七十里，在朗州武陵縣。"清弘

桃源洞
（明王圻等《三才圖會》）

曆等《御批歷代通鑑輯覽》："桃源，山洞名，在饒州府。"參閱宋張君房《雲笈七籤·洞天福地部》、明王圻等《三才圖會·地理圖會》。

【白馬玄光天】

即桃源山洞。此稱五代已行用。見該文。

【白馬玄光洞天】

即桃源山洞。此稱五代已行用。見該文。

紫蓋山洞

洞穴名。亦稱"紫玄洞照天"。在荆州當陽縣（今屬湖北）。傳道士葛玄結茅煉丹於此。南朝宋盛弘之《荆州記》："玄慕長生不死之道，始修真于石門縣北二十里石室，後煉丹于邑之紫蓋山。"前蜀杜光庭《洞天福地記》："紫蓋山洞，周迴八十里，名曰紫玄洞照天，在荆州當陽縣，屬公羽真人治之。"參閱宋張君房《雲笈七籤·洞天福地部》。

【紫玄洞照天】

即紫蓋山洞。此稱五代已行用。見該文。

天目山洞

洞穴名。亦稱"天蓋滌玄天""大滌洞""太微元蓋洞天"。在杭州餘杭縣（今屬浙江）。《洞天福地記》："天目山洞，周迴一百里，名曰天蓋滌玄天，在杭州餘杭縣，屬姜真

人治之。"宋張君房《雲笈七籤 · 閭丘方遠傳》："禮謁於餘杭大滌洞築室宇以安之,列行業以表之。"宋何洞清《大滌洞天留題》詩："潛山霍山大滌山,天柱插雲人莫企。"宋鄧牧《洞霄圖志》卷二："杭山水之勝莫如天目,天目之勝莫如大滌洞天。"元《伯牙琴 · 補遺》:"天目大溪上十有八里曰洞霄宮者,是爲大滌洞天,又餘杭最勝處也。"宋潛説友《咸淳臨安志》卷二四:"伏虎巖,在大滌洞西南峻壁間,若環堵之室,南有路下涉。"清嵇曾筠《浙江通志 · 杭州府 · 臨安縣》:"天目山洞,週一百里,名太微元蓋洞天。"參閱宋張君房《雲笈七籤 · 洞天福地部》。元鄧牧心《大滌洞天記》。

【天蓋滌玄】

即天目山洞。此稱唐代已行用。見該文。

【大滌洞】

即天目山洞。此稱宋代已行用。見該文。

【太微元蓋洞天】

即天目山洞。此稱清代已行用。見該文。

菱湖魚澄洞

洞穴名。治今雲南省姚安縣西北舊城。前蜀杜光庭《洞天福地記》:"第六十三菱湖魚澄洞,在西古姚州,始皇先生曾隱此處。"又,唐司馬承禎《上清天地宮府圖經》:"菱湖魚澄洞,在西古姚州。"

第三節　歷史名山考

本節主要考證史録文化名山。中國幅員遼闊,山區面積占全國面積的三分之二,人類活動遍及各大山區,史書記載者無數,本節僅選取一些書證較多者,難免挂一漏萬。

在命名上,古今有差异,古代各朝亦有差异。有一名多山,同名者也。例如"舜耕於歷",語出春秋戰國的古籍文獻。當年大舜足迹遍布中華大地,對相同事件發生地點的記載不盡相同,又記録在之後各地史志之中,故"歷山"之名,散見各地。又如天柱山,各地重名者也頗多。又如霍山,就有北鎮霍山、古南嶽霍山、湖南霍山(衡霍)以及杭州附近的霍山等。所以,在進行考證時要格外注意史料所載,以免張冠李戴。以霍山爲例,元黄公紹《競渡棹歌》其八:"朝了霍山朝嶽帝,十分打扮是杭州。"這是指杭州附近的霍山。《周禮 · 夏官 · 司馬》:"河内曰冀州,其山鎮曰霍山。"這是指山西的霍山。《爾雅 · 釋山》:"霍山爲南嶽。"宋何洞清《大滌洞天留題》詩:"潛山霍山大滌山,天柱插雲人莫企。"這是指安徽的霍山,古亦稱衡山、南嶽。隋文帝詔改江南衡山爲南嶽,之前所稱南嶽在江北,即天柱山,亦稱"古南嶽"。

在時間上,最早頻繁被文獻記載的山,大都分布在中原地區,其他,距離越遠,朝代越早，記載漸少。史録文獻與人類活動範圍和自然條件相關，雖因戰亂等因素有所遺失，但絕無斷載。其頻繁記載之範圍大致爲向西到昆侖山、葱嶺（最早見於先秦），向南到五嶺、海南諸山（最早見於漢唐），向北到陰山（最早見於漢代），向東到長白山、武夷山及古東海諸山島。在空間上，可分爲七個大面積山地區域，大致是三條、四列、五鎮、崑岡、五嶽、五嶺等，相互之間有重叠。當然，《山海經》所記載的山之分布，或遍及全世界。

在山地區域分布中，以五嶽分布最廣，又分爲東嶽、西嶽、北嶽、南嶽、中嶽。五嶽之稱源於先秦。《書·禹貢》：“〔禹〕奠高山、大川。”孔傳：“高山，五嶽。”《周禮·春官·大宗伯》：“以血祭祭社稷、五祀、五嶽。”

五嶺亦稱“五嶠”，即大庾嶺、越城嶺、騎田嶺、萌渚嶺、都龐嶺等，位於湘贛粵桂之交，爲長江流域與珠江流域的分水嶺。《史記·張耳陳餘列傳》：“北有長城之役，南有五嶺之戍。”《漢書·張耳傳》作“五領”。

五鎮或四鎮，包括東鎮青州沂山、西鎮雍州吴山、中鎮冀州霍山、南鎮揚州會稽山、北鎮幽州醫巫閭山。《周禮·春官·大司樂》：“凡日月食，四鎮五嶽崩。”鄭玄注：“四鎮，山之重大者，謂揚州之會稽山、青州之沂山、幽州之醫無閭、冀州之霍山。”

崑岡，昆侖山的別名，亦稱“崑山”“崑崚”“崑崖”“崑嶺”“崑嶽”，爲中原以西之荒遠之地，早有中原文化浸入，各朝歷代史書均有記載。昆侖是我國西部大山，跨越西藏、青海、新疆，多雪峰冰川。《書·胤征》：“火炎崑岡，玉石俱焚。”孔傳：“崑山出玉。”《史記·李斯列傳》：“今陛下致崑山之玉，有隨和之寶。”漢桓驎《西王母傳》：“洎九聖七真，凡得道授書者，皆朝王母於崑崚之闕焉。”晋張華《擬古》詩：“東南望河尾，西北隱崑崖。”晋郭璞《游仙》詩其十：“璿臺冠崑嶺，西海濱招摇。”南朝齊王儉《靈丘竹賦》：“振芳條乎崑岳，敷緑采於高岑。”

四列，指禹治水時由南至北把山分成的四列。《書·禹貢》：“導岍及岐，至于荆山。”孔穎達疏：“鄭玄以爲四列：導岍爲陰列，西傾爲次陰列，蟠冢爲次陽列，岷山爲正陽列。”《史記·夏本紀》：“道九山。”司馬貞索隱引鄭玄注以蟠冢爲陽列，岷山爲次陽列，餘同。

五 嶽

五嶽

五大名山，古帝王嶽祭之處。即東嶽泰山、南嶽衡山、西嶽華山、北嶽恒山、中嶽嵩山。亦作"五岳""五山"。《周禮·春官·大司樂》："凡日月食，四鎮、五嶽崩。"又，《大宗伯》："以血祭祭社稷、五祀、五嶽。"鄭玄注："五嶽，東曰岱宗，南曰衡山，西曰華山，北曰恒山，中曰嵩高山。"《史記·封禪書》《漢書·郊祀志》說同。《書·禹貢》："〔禹〕奠高山、大川。"孔傳："高山，五嶽。"漢張衡《思玄賦》："二女感於崇岳兮，或冰折而不營。"李善注："岳，五岳也。"三國魏曹植《吁嗟篇》詩："飄飄周八澤，連翩歷五山。"晋楊羲《方丈臺昭靈李夫人詩三首》其一："策景五嶽阿，三素晌君房。"晋傅玄《雲中白子高行》詩："齊駕飛龍驂赤螭，逍遥五嶽間。"《後漢書·馮衍傳》："疆理九野，經營五山。"李賢注："五山，即五嶽也。"唐徐堅《初學記·地理上》引《纂要》："嵩、泰、衡、華、恒，謂之五嶽。"一說，有霍山，無衡山，餘同。又說，有嶽山，無嵩山，餘同。唐皮日休《七愛詩·李翰林》其五："五嶽爲辭鋒，四溟作胸臆。"唐韓愈《讀東方朔雜事》詩："簸頓五山踣，流漂八維蹉。"宋張九成《懷汪聖錫》詩："森森列五嶽，浩浩朝百川。"金馬鈺《十報恩》詩："三光並秀超三昧，五嶽同峰出五行。"明朱希晦《贈國恕先生客中識面始見如故》詩："五岳之中泰華尊，下視群山俱培塿。"清季芝昌《蓬萊閣觀海》詩："斗室不懸五嶽圖，尺水不容萬斛艣。"

【五岳】

同"五嶽"。此體漢代已行用。見該文。參閱本卷"嶽"條目。

【五山】[1]

即五嶽。此體三國魏已行用。見該文。

【山】[2]

特指五嶽。《書·禹貢》："〔禹〕奠高山、大川。"孔傳："高山，五嶽。"《國語·周語中》："以供上帝、山川百神之祀。"三國吳韋昭注："山川，五嶽河海也。"南朝宋顏延之《三月三日曲水詩》序："晷緯昭應，山瀆效靈。"李善注："山，五嶽也。"

【山川】

以五嶽領銜的中華山嶺江河。今泛指山嶺江河。《書·舜典》："望于山川，遍于群神。"孔傳："九州名山大川，五嶽、四瀆之屬，皆一時望祭之。"《詩·小雅·漸漸之石》："山川悠遠，維其勞矣。"晋陶潛《形贈影》詩："天地長不没，山川無改時。"唐李白《自廣平乘醉走馬六十里至邯鄲登城樓覽古書懷》詩："入郭登高樓，山川與雲平。"

四嶽

東嶽泰山、西嶽華山、南嶽衡山、北嶽恒山之合稱。《左傳·昭公四年》："四嶽、三塗、陽城、大室、荆山、中南，九州之險也，是不一姓。"杜預注："東嶽岱，西嶽華，南嶽衡，北嶽恒。"《詩·大雅·崧高》："崧高維嶽，駿極于天。"毛傳："嶽，四嶽也。東嶽岱，南嶽衡，西嶽華，北嶽恒。"鄭玄注："嶽，四嶽也。東嶽，岱；南嶽，衡；西嶽，華；北嶽，恒。"

《史記·封禪書》:"故嵩高爲中嶽,而四嶽各如其方。"晋支遁《咏懷詩五首》其四:"靈溪無驚浪,四嶽無埃塵。"《北史·魏愷傳》:"雖復零雨自天,終待雲興四嶽,公豈得言不知?"唐高適《同李太守北池泛舟宴高平鄭太守》詩:"雲從四嶽起,水向百城流。"宋王應麟《詩地理考》:"諸書皆以岱、衡、華、恒爲四嶽,《爾雅·釋山》岱、泰、衡、霍,二文不同,一山而二名也。"明鄧雲霄《游嵩山詩十二首并序》其三:"四岳按方皆就列,中央之帝獨稱尊。"清柯維楨《游嵩山》詩:"勢壓三川横地軸,位尊四嶽表天中。"

泰山

山名。亦作"喬嶽""太山""泰嶽""太嶽"。位於山東中西部,周迴一千餘里,主峰玉皇頂在泰安市北。《詩·魯頌·閟宫》:"泰山巖巖,魯邦所詹。"《詩·周頌·時邁》:"懷柔百神,及河喬嶽。"毛傳:"喬,高也。高嶽,岱宗也。"《爾雅·釋山》:"泰山爲東嶽。"漢張衡《四愁詩》:"我所思兮在太山。"《史記·五帝本紀》:"雷首至於太嶽。"《文選·漢王粲〈登樓賦〉》:"五嶽闕載於常典。"李賢注:"《爾雅》曰:'太山爲東嶽,衡山爲南嶽,華山爲西嶽,

東嶽泰山
(清蔣廷錫等《古今圖書集成》)

恒山爲北嶽,嵩山爲中嶽。'"唐李白《游泰山六首》詩其一:"天門一長嘯,萬里清風來。"宋楊萬里《誠齋詩話》:"太學生姚孝寧《祭李清卿文》首句云:'皇穹將傾,天柱必折;大地欲仆,泰嶽必蹶。'"元楊雲鵬《秋晚登憲陵臺》詩:"泰山雲盡千峰出,汶水霜晴一雁來。"清戴梓《送某往山東祝某壽》詩:"泰山蒼翠接穹窿,五老松聲拂空。"

【喬嶽】[2]

即"泰山"。此體先秦已行用。見該文。

【太山】

同"泰山"。此體漢代已行用。見該文。

【太嶽】

同"泰山"。此體漢代已行用。見該文。

【泰嶽】

即"泰山"。此體宋代已行用。見該文。

【東嶽】

即泰山。亦作"東岳""山宗",亦稱"天齊""天孫"。雄踞中國之東,黄海之右。《禮記·祭法》:"埋少牢於泰昭。"孔穎達疏引《古尚書》曰:"河爲水宗,海爲澤宗,岱爲山宗。"漢揚雄《法言·吾子》:"觀書者,譬諸觀山及水,升東嶽而知衆山之邐迤也。"三國魏曹植《上責躬詩表》詩:"願蒙矢石,建旗東嶽。"《京兆康王之第四子廣平内史前河間王元泰安諱定君墓誌銘》:"當春競綵,陵秋擢穎,輟袞東岳。"唐盧照鄰《中和樂九章歌諸王·第七》詩:"星陳帝子,嶽列天孫。"唐韓翃《祭嶽回重贈孟都督》詩:"封作天齊王,清祠太山下。"按,唐玄宗封泰山神爲天齊王,故稱山爲天齊。《唐會要·郊議》:"議夫泰山者,聖帝受天官之宫,天孫總人靈之府。"明李夢陽《鄭生至自泰

山》詩：“昨汝登東岳，何峰是絕峰？”

【山宗】

即東嶽。此體漢代已行用。見該文。

【天孫】

即東嶽。此稱晉代已行用。見該文。

【東岳】

同“東嶽”。此體北魏已行用。見該文。參
閱本卷“嶽”條目。

【天齊】

即東嶽。此稱唐代已行用。見該文。

【岱宗】

泰山的別名。亦作“岱山”“岱嶽”“東
岱”“中岱”，又稱“岱嶺”“岱泰”“泰岱”，單
稱“岱”。歷代帝王多於此瞻拜祭祀。《周禮·夏
官·職方氏》：“河東曰兗州，其山鎮曰岱山。”
《書·舜典》：“〔舜〕東巡守至于岱宗。”孔傳：
“岱宗，泰山，爲四岳所宗。”又，《禹貢》：“海
岱惟青州。”陸德明釋文：“〔岱〕，泰山也。”
《淮南子·墜形訓》：“中央之美者有岱嶽，以
生五穀桑麻。”高誘注：“岱嶽，泰山也。”《史
記·封禪書》：“歲二月，東巡狩，至於岱宗。
岱宗，泰山也。……皆如岱宗之禮。”張守節正
義引《括地志》云：“泰山，一曰岱宗，東嶽
也，在兗州博城縣西北三十里。”漢班固《白虎
通》：“東方爲岱宗者。”《後漢書·皇甫規傳》：
“自鳥鼠至於東岱，其病一也。”李賢注：“東
岱，謂泰山。”南朝宋謝莊《上封禪儀注疏》：
“升文中岱，登牒天關，耀冠榮名，摛振聲號。”
陸德明釋文：“齊者，太師呂望所封之國也。其
地少皞爽鳩氏之墟，在《禹貢》青州、岱嶺之
陰，濰淄之野，營丘之側。”《春秋左傳·昭公
四年》“四嶽、三塗……”杜預注：“東嶽岱，

西嶽華，南嶽衡，北嶽恒。”孔穎達疏：“岱
泰、衡霍，二文不同者。”《文選·漢張衡〈東
京賦〉》：“登岱，勒封。”李善注：“登，上
也；岱，泰山也。”唐王勃《廣州寶嚴寺舍利塔
碑》：“岱嶺寒松，排風飆已成性。”唐杜甫《望
嶽》詩：“岱宗夫如何，齊魯青未了。”《太上黃
庭中景經》：“岱宗東嶽，青州。”宋徐鹿卿《酬
衆士友》詩其一：“岱嶽宗衆山，渤澥傾百川。”
宋項安世《有感韓曾一首》詩：“山瞻泰岱巖巖
聳，河出崑崙混混流。”元傅若金《送孔惟中再
謁祖林》詩：“岱嶽遙臨海，河流遠自天。”明
劉基《送道士張玄中歸桐柏觀》詩：“追龍入醫
閭，訪鶴凌岱泰。”清段玉裁《說文解字注》：
“作太，作泰皆俗。釋山曰泰山爲東嶽。毛傳曰
東嶽，岱。《堯典》至於岱宗。《封禪書》《郊祀
志》曰岱宗，泰山也。《禹貢》《職方》皆曰岱。
在今山東泰安府泰安縣北。”

【岱山】

即岱宗。此體先秦已行用。見該文。

【岱】

即岱宗。此稱先秦已行用。見該文。

【岱嶽】

即岱宗。此體漢代已行用。見該文。

【中岱】

即岱宗。此體南朝宋代已行用。見該文。

【東岱】

即岱宗。此體南朝宋已行用。見該文。

【岱泰山】

即岱宗。省稱“岱泰”。此稱唐代已行用。
見該文。

【岱嶺】

即岱宗。此稱唐代已行用。見該文。

【泰岱】

即岱宗。此稱宋代已行用。見該文。

嵩山

山名。亦作"嵩高""嵩岳""嵩丘""嵩岑""嵩邱""嵩嶽",又稱"嵩構""嵩室"。位於河南登封市北。三峰并峙:東爲太室山,中爲峻極山,西爲少室山。《史記·封禪書》:"昔三代之居,皆在河洛之間,故嵩高爲中嶽。"漢劉向《列仙傳》:"養息嵩山之中,游戲漫步仙庭。"漢楊孚《桂》詩:"匪桂植,在乎嵩嶽。"《後漢書·馬融傳》:"右彎三塗,左概嵩嶽。"晉陸雲《登遐頌》:"服食中岳,練形嵩岑。"晉潘岳《懷舊賦》:"前瞻太室,傍眺嵩丘。"《宋書·符瑞志》:"木連理生嵩山。"《魏書·裴衍傳》:"伏見嵩岑極天,苞育名草,修生救疾,多游此岫。"北齊裴讓之《公館燕酬南使徐陵詩》:"嵩山表京邑,鐘嶺對江津。"南朝宋謝莊《山夜憂》詩:"身無厚於蜩毚,恩有重於嵩丘。"南朝齊王儉《褚淵碑文》:"嵩構雲頹,梁陰載缺。"呂向注:"嵩山,中嶽也。"北魏酈道元《水經注·洛水》:"水出嵩山北麓,逕白馬塢東,而北入羅水。"唐鄭谷《讀故許昌薛尚書詩集》詩:"難忘嵩室下,不負蜀江濱。"唐李白《贈嵩山焦鍊·序》:"嵩丘有神人焦鍊師者,不知何許婦人。"又,《送裴十八圖南歸嵩山二首》詩:"君思潁水綠,忽復歸嵩岑。"唐白居易《八月十五日夜同諸客玩月》詩:"嵩山表裏千重雪,洛水高低兩顆珠。"唐賈島《病起》詩:"嵩邱歸未得,空自責遲回。"宋司馬光《和堯夫首尾吟》詩:"嵩山洛水長相見,秋月春風不失期。"金劉昂《山中雨》詩:"嵩高山下逢秋雨,破傘遮頭過野橋。"明謝榛《送王侍御按河南》詩:"天連嵩嶽寒雲盡,馬渡黃河春草生。"明王圻等《三才圖會·地理圖會》:"《白虎通》云:'中央之嶽獨加高字者何?嶽居四方之中而高,故曰嵩。'漢武帝登中嶽,聞有呼萬歲聲,於是以三百户封奉祠,命曰崇高邑。至後漢靈帝復改崇高爲嵩高焉。"清王紫綬《登嵩嶽絶頂》詩:"獨倚中天覽大荒,西來秋色更蒼蒼。"

嵩　岳
(明王圻等《三才圖會》)

【嵩高】

即嵩山。此體漢代已行用。見該文。

【嵩岳】

即嵩山。此體漢代已行用。見該文。

【嵩丘】

即嵩山。此體晉代已行用。見該文。

【嵩岑】

即嵩山。此體晉代已行用。見該文。

【嵩嶽】

即嵩山。此體南朝宋已行用。見該文。

【嵩構】

即嵩山。此稱南朝梁已行用。見該文。

【嵩邱】

即嵩山。此體唐代已行用。見該文。

【嵩室】

即嵩山。此稱唐代已行用。見該文。

【崧嶽】

即嵩山。亦作“崧高”“崧岳”，又稱“崧鎮”。《詩·大雅·崧高》：“崧高維嶽，駿極于天。”唐孔穎達：“崧，高貌，山大而高，曰崧嶽。”又爲一方鎮山，故稱崧鎮。唐王勃《乾元殿頌序》：“爾其左肩崧鎮。”宋釋正覺《禪人并化主寫真求贊其六十三》詩：“瀛涵崧鎮，深兮高兮。”元傅若金《壽陳景讓都事四十韻》詩：“地迥瞻崧嶽，天清見斗杓。”明何景明《昔游篇》詩：“回首向崧嶽，少室高嶙峋。”清龔自珍《阮尚書年譜第一序》：“竊以爲輕塵難語於崧嶽之高，爝火奚裨於陽烏之照者也。”

【崧高】

即崧嶽。此體先秦已行用。見該文。

【崧鎮】

即崧嶽。此稱唐代已行用。見該文。

【崧岳】

同“崧嶽”。此體元代已行用。見該文。

【中嶽】

即嵩山。亦作“中岳”。居神州五嶽之中，因稱。《史記·封禪書》：“昔三代之居，皆在河洛之間，故嵩高爲中嶽。”漢牟融《理惑論》：“原夫佛之所以夷迹於中岳，曜奇於西域者，蓋有至趣，不可得而縷陳矣。”北魏楊衒之《洛陽伽藍記》：“嵩高總名，即中嶽也。”南朝齊王儉《褚淵碑文》：“嵩構雲頹，梁陰載缺。”吕向注：“嵩山，中嶽也。”《晉書·禮志下》：“宜宣大典，禮中嶽，封泰山。”《北堂書鈔》卷一六〇：“《白虎通》云：‘中央之嶽獨加高字者何？中央居四方之中而高，故曰嵩高。’”漢武帝登

中嶽，聞有呼萬歲聲。”宋王禹偁《感興》詩：“東山大夫松，中嶽金雞樹。”元蒲理翰《中嶽投龍簡》詩：“歸途巖壑清風響，疑是當年萬歲聲。”明胡應麟《與詹東圖別十載餘邂逅近武林邸中乞余所著詩藪余拉其繪事爲報戲贈此章》詩：“中岳亂雲秋夢遠，少林深雪夜禪勞。”《明史·地理志三》：“北有嵩山，即中嶽也，亦曰太室山。”清田文鏡《河南通志》卷七：“嵩高山，《詩》曰嵩高維嶽是也，上有中嶽廟。”

【中岳】

即中嶽。此體漢代已行用。見該文。

【嶽宗】

嵩山的別名。亦作“岳宗”。號山之宗也。漢揚雄《太玄·棿》：“五嶽宗有太山，四瀆長先大川。”晉郭璞《爾雅圖贊·少室山》：“嵩惟嶽宗，華岱恒衡，氣通元漠，神洞幽明。”南朝梁周興嗣《千字文》：“百郡秦並嶽宗泰岱。”唐徐堅《初學記·地理上》：“奄有淮岱，謹薦于岳宗之靈。”明余翔《贈劉大參》詩：“文垂海岳宗齊魯，氣合延津射斗牛。”明憨山德清《游海門》詩：“嶽宗朝會古來聞，此日尋源到海門。”明查志隆《岱史》：“今大化既同，奄有淮岱，謹薦于嶽宗之靈，尚饗。”清梅清《東嶽》詩其一：“乃惟群嶽宗，盤礴臨東隅。”

【岳宗】

同“嶽宗”。此體唐代已行用。見該文。

【少室山】

山名。亦稱“季室山”“季室”，省稱“少室”。海拔1512米，爲嵩山最高峰，主要建築爲少林寺。位於今河南登封市西北。據說，禹的第二個妻子塗山氏栖於此，人於山下建少姨廟敬之，故山名謂“少室”。原有唐代廟宇斷垣

殘壁和數通古碑存在，歷過破壞，已片迹不存。《漢書·地理志上》："武帝置，以奉太室山，是爲中嶽。有太室、少室山廟。"《淮南子·説山訓》："江出岷山，河出昆侖，濟出王屋，潁出少室，漢出嶓冢，分流舛馳，注於東海。"《晋書·天文志中》："少室氣如白兔青尾，恒山氣如黑牛青尾。"南朝陳張正見《從永陽王游虎丘山》詩："地靈伴少室，塗艱像太行。"《魏書·釋老志十》："詔於少室山陰，立少林寺而居之，公給衣供。"北魏酈道元《水經注·漸江水》："西南有少室，東北有太室。"《舊唐書·禮儀志三》："嵩山舊有夏啓及啓母、少室阿姨神廟，咸令預祈祭。"宋張君房《雲笈七籤·符圖部一》："中嶽嵩高山君，少室武當佐命。"明陳耀文《天中記》卷八："玉膏陽城西谷名季室，亦曰少室。"明王圻等《三才圖會·地理圖會》："戴延之《西征記》云：'其山東謂太室，西謂少室，相去十七里，嵩其總名也，謂之室者，以其下各有石室焉。'"清顧祖禹《讀史方輿紀要·河南三》："潘岳云：'少室山有十八疊，周百里。'"《御定韻府拾遺》："季室山，《海經》注陽城西谷。"

【少室】

同"少室山"。此稱漢代已行用。見該文。

少室山
（明章潢《圖書編》）

【季室】

即少室山。此稱明代已行用。見該文。

【季室山】

即少室山。此稱清代已行用。見該文。

【太室山】

嵩山的別名。亦稱"大室"，省稱"太室"。位於河南登封市北，爲嵩山之東峰，海拔 1440 米，距少室山約 10 千米。據傳，禹王的第一個妻子塗山氏生啓於此，山下建有啓母廟，故稱之爲"太室"（室，妻也）。《左傳·昭公四年》："四嶽、三塗、陽城、大室、荆山、中南，九州之險也，是不一姓。"陸德明釋文："大室，即中嶽嵩高山也，在豫州。《疏正義》曰：大室，即嵩高也。《釋山》云：嵩高爲中嶽。郭璞云：大室山也，别名外方，今在河南。"《書·禹貢》："熊耳外方桐柏，至于陪尾。"孔穎達疏："嵩高山，在潁川嵩高縣，古文以爲外方山。"《史記·楚世家》："幽王爲太室之盟。"裴駰集解引杜預曰："太室，中嶽也。"又，《孝武本紀》："天下名山八，而三在蠻夷，五在中國。中國華山、首山、太室、泰山、東萊。"漢劉向《列仙傳》："至數百年，往來入太室山中，有卧石床枕焉。"北魏酈道元《水經注·潁水》："縣，漢武帝置，以奉太室山，俗謂之崧陽城。"隋無名氏《享廟樂辭十八首·登歌樂》詩其六："太室宿宿，神居宿設。"唐宋之問《使至嵩山尋杜四不遇慨然復傷田洗馬韓觀主因以題壁贈杜侯》詩："洛橋瞻太室，期子在雲烟。"宋邵雍《和魏教授見贈》詩："游山太室更少室，看水伊川又洛川。"宋宋庠《孟津歲晚十首》詩其七："大室東南望，分明鷺鶴飛。"金蔡松年《朝中措》："星明南極，天開太室，收拾殊勳。"

金元好問《太室同希顔賦》詩："雨入秦川黑，雲開楚岫青。"清洪亮吉《天山歌》："南條北條等閒爾，太乙太室輸此奇。"

【大室】

即太室山。此稱先秦已行用。見該文。

【太室】

同"太室山"。此稱漢代已行用。見該文。

衡山

山名。亦稱"衡嶺""衡嶠""衡峰"。位於湘中，綿亙於衡陽、湘潭兩盆地間。古帝舜、禹皆嘗至此。據《甘石星經》記載，因其位於星座二十八宿的軫星之翼，"變應璣衡""銓德鈞物"，猶如衡器，可稱天地，故名衡山。漢應劭《風俗通・山澤・五嶽》："南方衡山，一名霍山。"晋桓玄《南游衡山詩序》："歲次降婁夾鐘之初，理檝將游於衡嶺。"南朝陳陰鏗《侍宴賦得夾池竹》詩："湘川染別淚，衡嶺拂仙壇。"南朝宋顏延之《和謝監靈運詩》："跂予間衡嶠，曷月瞻秦稽。"唐李白《將游衡嶽留別族弟浮屠談皓》詩："寄書訪衡嶠，但與南飛鴻。"唐宋之問《自衡陽至韶州謁能禪師》詩："湘岸竹泉幽，衡峰石困閉。"唐杜甫《朱鳳行》："君不見，瀟湘之山衡山高，山巔朱鳳聲嗷嗷。"唐宋之問《自衡陽至韶州謁能禪師》詩："湘岸竹泉

南嶽衡山
（清蔣廷錫等《古今圖書集成》）

幽，衡峰石困閉。"《通玄真經》："以元和四載，投迹衡峯。"宋胡宏《碧泉書院上梁文》詩："拋梁南衡峰，雲碧净潭潭。"元許謙《題曹提領湘靈廟聞樂見燈詩卷》詩："黛凝衡山雲，淚染湘江竹。"明藍智《爲衡陽周宰作》詩："題詩對湘江，目洗衡山翠。"清黄培芳《羅浮放歌》詩："曠觀五嶽鎮中原，衡山乃在諸夏半。"清黄景仁《武昌雜詩》詩："西上荆門江一綫，南來衡嶺雁千群。"

【衡峰】

即衡山。此稱先秦已行用。見該文。

【衡嶺】

即衡山。此稱晋代已行用。見該文。

【衡嶠】

即衡山。此稱南朝宋已行用。見該文。

【衡霍】

衡山的別名。亦稱"霍山"。《爾雅・釋山》："霍山爲南嶽。"邢昺疏："衡山一名霍……而云衡霍，一山二名者，本衡山，一名霍山。"漢應劭《風俗通・山澤・五嶽》："南方衡山，一名霍山。"晋袁宏《三國名臣序贊》："志掩衡霍，恃戰忘敵。"南朝陳陰鏗《侍宴賦得夾池竹》詩："湘川染別淚，衡嶺拂仙壇。"唐杜甫《送王十六判官》詩："衡霍生春早，瀟湘共海浮。"宋謝翺《寄所知》詩："携琴上衡霍，玄髮向風梳。"元傅若金《歸舟阻風》詩："沅湘九道白波立，衡霍千峰玄霧交。"明藍智《湘江晚泊簡孟原僉憲》詩："山秋衡霍空，江晚瀟湘净。"清周茂源《贈總憲龔芝麓先生》詩："楚江涵遠潤，衡霍動靈光。"參閱本書"古南嶽"詞條。

【霍山】[1]

即衡霍。此稱先秦已行用。見該文。

【衡嶽】

即衡山。五嶽之一。亦作“南嶽”“南岳”，亦稱“衡岳”“壽岳”。《書·舜典》：“五月，南巡守，至于南岳，如岱禮。”孔傳：“南岳，衡山。”《楚辭·天問》：“吳獲迄古，南嶽是止。”《漢書·郊祀志上》：“〔舜〕五月，巡狩至南嶽。南嶽者，衡山也。”晋左思《吳都賦》：“指衡嶽以鎮野，目龍川而帶坰。”唐許渾《送盧先輩自衡嶽赴復州嘉禮》之二：“萬重嶺嶠辭衡岳，千里山陂間竟陵。”五代齊己《迴雁峰》詩：“壯堪扶壽嶽，靈合置仙壇。”宋胡宏《題上封寺》詩：“瀟湘水與蒼梧通，環繞衡嶽青冥中。”宋佚名《莊獻明肅皇后恭謝太廟》詩其三：“帝圖宏，壽岳永嶢崢。”元傅若金《同孔學敏游仙游觀》詩：“湘江竹暗連春雨，衡嶽花開隔暮雲。”明李東陽《次韻答攸縣陳翁鉞》詩：“十年衡岳雁書遲，縱有高懷説向誰。”清顧炎武《懷人》詩：“嶔崟七十有二峰，紫蓋獨不朝衡嶽。”清魏源《衡嶽吟》：“唯有南嶽獨如飛，朱鳥展翅垂雲大。”參閲本卷“古南嶽”詞條。

【南嶽】

即衡嶽。此體先秦已行。見該文。

【南岳】

即衡嶽。此體先秦已行用。見該文。

【衡岳】

即衡嶽。此稱晋代已行用。見該文。

【壽岳】

即衡嶽。此稱五代已行用。見該文。

【岣嶁】[2]

即衡山。《史記·夏本紀》：“汶山之陽至衡山。”司馬貞索隱引《廣雅》云：“岣嶁，謂之衡山。”又，《秦始皇本紀》：“乃西南渡淮水，

之衡山。”張守節正義引《括地志》云：“衡山，一名岣嶁山，在衡州湘潭縣西四十一里。”唐韓愈《岣嶁山》詩：“岣嶁山尖神禹碑，字青石赤形模奇。”宋劉克莊《謁南嶽》詩：“石廩先呈身，岣嶁俄見脊。”元張翥《衡山福嚴寺二十三題爲梓上人賦·天柱峰》詩：“寒過岣嶁遠，勢敵祝融高。”明張子翼《途中次同年黃韋軒游南嶽不果韻》詩：“祝融尚未登峰碧，岣嶁無由見《字倉》。”清蔣祥墀《望衡圖爲熊兩溟題》詩：“岣嶁禹碑掃蘚讀，石青字赤多模糊。”一説，特指衡山岣嶁峰。岣嶁峰爲南嶽七十二峰之一。地處衡陽市區北部，距衡陽市中心 25 千米。

恒山

山名。亦作“太恒山”，古稱“玄嶽”。位於山西大同市渾源縣城南。主峰天峰嶺位於渾源縣境内，是道教全真派聖地。《書·禹貢》：“太行、恒山，至于碣石，入于海。”《爾雅·釋山》：“恒山爲北嶽。”漢東方朔《七諫·其五·自悲》詩：“凌恒山其若陋兮，聊愉娱以忘憂。”三國魏程咸失題詩：“奕奕恒山，作鎮冀方。”晋葛洪《元始上真衆仙記枕中書》：“顓頊氏爲黑帝，治太恒山。”晋佚名《太上九赤班

恒　山
（明王圻等《三才圖會》）

符五帝内真經》："始可涉歷於玄嶽。"晋佚名《太上玉佩金璫太極金書上經》："登玄嶽，以青金告誓九天下關五靈。"《靈寶無量度人上品妙經》："玄嶽鬱嵯，仙都玉京。"南北朝佚名《洞真上清龍飛九道尺素隱訣》："於玄嶽立壇。"北魏酈道元《水經注・㶟水》："縣南面玄嶽，右背崞山，處二山之中，故以崞張爲名矣。"宋黄庭堅《長短星歌》："七月猴，恒山八命列封侯。"元王惲《望海潮》詞："龍沙王氣，恒山秀色，德星光動南州。"明李維楨等《山西通志》："晋葛洪《枕中書》：顓頊氏爲黑帝，治太恒。山巔名天峯嶺，最高，下建北嶽觀。"清顧炎武《霍山》詩："東環太行趨，北負恒山坐。"

【太恒山】

即恒山。此體晋代已行用。見該文。

【玄嶽】[1]

即恒山。此稱晋代已行用。見該文。

【崞山】

猶恒山。位於山西省渾源縣西北。春秋戰國時期，郭姓氏族（源於虢）守城郭於恒山。故去耳填山，成"崞"字，音同。又傳趙武靈王命名崞山。《魏書・穆崇傳》："曾從世祖田於崞山，有虎突出，顗搏而獲之。"《九域志》有崞山。清段玉裁《説文解字注》："山也，在雁門。《地理志》雁門郡領縣十四。有崞縣，蓋以山名縣也。不言某縣者，略也。今崞縣故城在山西直隸代州崞縣西三十五里，崞山在縣西南四十里。"

【高是山】

猶恒山。亦作"高氏山"。一説，位於即今山西渾源縣。另説，位於今山西靈丘縣。又説，位於江西省吉安市永新縣。也有位於山東境内的説法。按，第一、二種説法與廣義恒山位置相符。自古雖一直有"高是山"之説，但多不能證明"高是山"爲恒山。《山海經・北山經》："又北三百里，曰高是之山。滋水出焉，而南流注於虖沱。其木多椶，其草多條。滱水出焉，東流注於河。"又《東山經》云："又南四百里，曰高氏之山，其上多玉，其下多箴石。諸繩之水出焉，東流注于澤，其中多金玉。"《水經》："滱水出代郡靈丘縣高氏山。"酈道元注："滱水自縣南流入峽，謂之隘門。"唐李吉甫《元和郡縣圖志》："枚回嶺與高是山連麓接勢。"宋釋契嵩《游南屏山記》："推高是山雖瀕湖，千巖萬壑莫出其右者。"明金瑶《周禮述注》卷一九："山西大同府蔚州靈丘縣西北高是山。"《明史・地理志》："靈丘……東南有隘門山，西北有槍峰嶺，即高是山也，嘔夷水出焉。又有枚回嶺，滋水出焉。"清穆彰阿等《大清一統志》："滱水出其東麓，一名高氏山，亦作高是山。《水經》：高是之山，滱水出焉。"

【高氏山】

猶恒山。此體先秦已行用。見該文。

【北嶽】

即恒山。五嶽之一。亦作"北岳"。北嶽指恒山，但恒山有兩處。自明代，山西渾源恒山被列爲北嶽，而此前古籍記載的北嶽爲河北曲陽恒山（後行政區劃變更，位於阜平縣、唐縣、淶源三縣交界處），隋唐後曲陽恒山改稱大茂山。清初，北嶽國家祭祀也逐漸由河北曲陽移至渾源恒山，北嶽文化融入渾源恒山文化。渾源恒山道教始於西漢，北魏始興盛，成爲主流全真派聖地。西漢初年，渾源恒山就建有寺廟，又經北魏、唐、金、元代重修，至明清時，形成了較大規模的恒山寺廟群，人們稱之爲"三寺四祠九亭閣，七宫八洞十二廟"。可惜後來遭到破壞，所剩不多。《山海經·北山經》："又北二百里，曰北嶽之山，多枳棘剛木。"《書·舜典》："十有一月朔，巡守至于北岳。"孔傳："北岳，恒山。"按，《書》曾毁於秦代、西晋，其中"岳"字，抑或"嶽"字，存疑。《禮記·王制》："十有一月，北巡守至於北嶽，如西巡守之禮。"《爾雅·釋山》："恒山爲北嶽。"《史記·趙世家》："攻取丹丘、華陽、鴟之塞。"張守節正義引《括地志》云："北岳有五别名：一曰蘭臺府，二曰列女宫，三曰華陽臺，四曰紫臺，五曰太一宫。"張守節云："北岳恒山，在定州恒陽縣北百四十里。"晋無名氏《張公神碑歌》詩："驂白鹿兮從仙僮，游北嶽兮與天通。"《魏書·靈徵志》詩："我與東海、四瀆、太山、北嶽神共行淮北，助汝二將蕩除已定。"《舊唐書·禮儀志四》："封中嶽神爲中天王，南嶽神爲司天王，北嶽神爲安天王。"元陳孚《偕翰林學士劉東崖禮部侍郎李兩山登憫忠寺閣》詩："北嶽瑶符出，南溟瘴霧收。"明周炳謨《登雞鳴山寺》詩："山疊亂峰來北嶽，水連千峽入桑乾。"清屈大均《舜廟》詩："虞帝時巡北岳還，翠華南駐雁門山。"一説，《舜典》所言"北岳"爲先秦一方官員。參閲明王圻等《三才圖會·地理圖會》。

【北岳】

同"北嶽"。此體先秦已行用。見該文。

【大茂山】

即恒山。亦稱"大茂山""太茂""大茂"。《隋書·地理志中》："有大茂山、歲山。"宋沈括《夢溪筆談·雜誌一》："北嶽常山，今謂之大茂山是也，半屬契丹，以大茂山分脊爲界。"金趙秉文《謁北嶽》詩："四大神儀一，群山太茂尊。"金元好問《登恒山》詩："大茂維岳古帝孫，太樸未散真巧存。"清顧祖禹《讀史方輿紀要·北直五》："大茂山，縣東北七十里，即恒山之嶺。"宫夢仁《讀書紀數略》："北嶽五别名，《括地志》或名太茂山、蘭臺府、列女宫、華陽臺、紫微宫。"

【大茂】

即大茂山。此稱元代已行用。見該文。

【太茂】

即大茂山。此稱金代已行用。見該文。

【華陽臺】

即北嶽。省稱"華陽"，亦稱"蘭臺府""列女宫""紫臺""太一宫""太乙宫"。《史記·趙世家》："合軍曲陽，攻取丹丘、華陽、鴟之塞。"張守節正義引《括地志》云：'北嶽有五别名，一曰蘭臺府，二曰列女宫，三曰華陽臺，四曰紫臺，五曰太一宫。'"晋佚名《洞真太上素靈洞元大有妙經》："上治素靈宫蘭臺府，下治兆身絳宫之中。"晋佚名《洞真太一帝君丹隱書洞真玄經》："畢，又存司命下至六合中，詣太一宫，司命合形太一，太一復上請帝君，度兆符籍。"《藝文類聚·靈異部上》："紫臺高不極，清溪千仞餘。"《宋史·真宗紀二》："乙未，甘州回鶻來貢。己亥，幸太一宫。陝州黄河清。"宋文天祥《胡笳曲·七拍》詩："一去紫臺連朔漠，月出雲通雪山白。"元劉因《宿華陽臺》詩："太行東北三千里，盡借晴嵐染鬢華。"明董説《七國考》："華陽臺，疑即陽華臺也。史無明文，姑並存之。"清陳元龍《格致鏡原》："太乙宫，或云大茂山。"清朱筠《涿州道中·華陽臺》:"城隅西北華陽臺,鎮日猶吹燕國灰。"

【華陽】

即華陽臺,亦即北嶽。此稱漢代已行用。見該文。

【太一宮】

即華陽臺,亦即北嶽。此稱漢代已行用。見該文。

【蘭臺府】

即華陽臺,亦即北嶽。此稱漢代已行用。見該文。

【列女宮】

即華陽臺,亦即北嶽。此稱漢代已行用。見該文。

【紫臺】

即華陽臺,亦即北嶽。此稱漢代已行用。見該文。

【太乙宮】

即華陽臺,亦即北嶽。此稱清代已行用。見該文。

華山 [1]

五嶽之一。即西嶽。《書·禹貢》:"導河至于華陰,即華山之北矣。"《山海經·西山經》:"太華之山,削成而四方,高五千仞,廣十里,

華　山
(明王圻等《三才圖會》)

遠而望之,若華然,故曰華山。"《爾雅·釋地》:"西南之美者,有華山之金石焉。"漢班固《白虎通》:"西方華山,少陽用事,萬物生華也。"《書·禹貢》載華山爲"軒轅黃帝會群仙之所",後人推測應該是黃帝在此與各部落酋長會盟。此後,華山聲名日隆。三國魏嵇康《四言贈兄秀才入軍》詩:"息徒蘭圃,秣馬華山。"唐白居易《旅次華州贈袁右丞》詩:"渭水綠溶溶,華山青崇崇。"宋蘇軾《送王伯敭守虢》詩:"華山東麓秦遺民,當時依山來避秦。"

【西嶽】[1]

亦稱"西岳",即華山。一說周平王東遷,華山在東周王國之西,故稱"西嶽"。《書·舜典》:"八月西巡狩,至于西岳。"孔穎達疏:"西岳,華山。"存疑,《舜典》所言西岳或爲先秦一方官員。三國魏曹植《苦思行》:"鬱鬱西嶽巔,石室青蔥與天連。"南朝梁江淹《望荊山》詩:"南關繞桐柏,西嶽出魯陽。"唐杜佑《通典》:"八月西巡狩,至於西嶽。"唐李白《西嶽雲臺歌送丹丘子》詩:"西嶽崢嶸何壯哉!黃河如絲天際來。"宋王禹偁《酬種放徵君一百韻》詩:"靡暇謁南山,征途望西嶽。"元方回《俞鑒山月歌》詩:"或謂高山去天近,好登東嶽陟西嶽。"明王世貞《張公洞懷李于麟》詩:"峰峰西嶽雲間掌,朵朵郇公字裏花。"清陸震《滿江紅·贈秦人李淑先》詞:"西嶽嶙峋,拔地起、奇峰千丈。其上有明星玉女,蓮華仙掌。"

【西岳】

即西嶽[1]。此稱先秦已行用。見該文。

【蓮花山】[1]

即西嶽華山。因其有蓮花、落雁、朝陽、

玉女、五雲諸峰，形如五瓣蓮花，故名，亦特指其主峰蓮花峰。北魏酈道元《水經注·渭水》："其高五千仞，削成四方，遠而望之，又若花狀。"古"花"通"華"，故"華山"即"花山"。唐李白《古風五十九首》之十九："西上蓮花山，迢迢見明星。"元黃鎮成《樵陽八咏用陳教和周東圃韻·樵嵐秋稼》詩："樵溪水出蓮花山，平疇穉稺白雲寒。"明唐文鳳《望蓮花山》詩："峩峩蓮花山，萬仞高崔嵬。"清嚴遂成《宋學士濂》詩："嗚呼蓮花山下秋風多，鬼些楚辭白馬歌。"

【太華】

即西嶽華山，五嶽之一。在陝西華陰市南。亦作"嶽華"，亦稱"泰華"。《山海經·西山經》："太華之山，削成而四方，其高五千仞，其廣十里。"《書·禹貢》："西傾朱圉鳥鼠，至于太華。"漢劉向《熏爐銘》："上貫太華，承以銅盤。"《史記·孫子吳起列傳》："夏桀之居，左河濟，右泰華。"晉陸雲《盛德頌》："乃凌河海，河海無梁；乃仆高山，嶽華不重。"南朝梁蕭綱《臨後園》詩："隱淪游少海，神仙入太華。"《魏書·禮志四》："立廟於恒嶽、華嶽、嵩嶽上。"唐玄宗《華嶽銘》："雄峰峻削，菡萏森爽。是曰靈嶽，衆山之長。偉哉此鎮，崢嶸中土。高標赫日，半壁飛雨。"宋辛棄疾《臨江仙·戲爲山園蒼壁解嘲》詞："有心雄泰華，無意巧玲瓏。"元丘處機《木蘭花慢》詞："奇峰狀如太華，靄稜層、峻極染空青。"明楊基《送魏萬之安西》詩："雲散嶽蓮開泰華，月寒郊樹隱新豐。"清顧祖禹《讀史方輿紀要·陝西一》："秦中險塞，甲於天下，豈不以踐華爲城，因河爲池，山川之雄，泰華巍然稱首哉！"一説，泰山與華山并稱。清陳康祺《郎潛紀聞》："斯真泰華兩峰，同標峻絶矣。"

【泰華】

同"太華"。此稱漢代已行用。見該文。

【嶽華】

即太華。此體晉代已行用。見該文。

衆　山

三條

北條山、中條山、南條山的合稱。始於漢代，沿用至今。《書·禹貢》："導岍及岐，至于荆山。"孔穎達疏："舊説以爲三條。《地理志》云《禹貢》：北條荆山，在馮翊懷德縣南，南條荆山，在南郡臨沮縣東北，是舊有三條之説也。故馬融、王肅皆爲三條。導岍北條，西傾中條，嶓冢南條。"唐皎然《送沈居士還太原》詩："浪花飄一葉，峰色向三條。"宋司馬光《送冲卿通判河中府（校理吳充）》詩："寒光一曲秋河轉，翠嶺三條夕照移。"明楊慎《太華山歌送陳子學》詩："三條鼎立當中央，直與鴻濛奠清濁。"清譚嗣同《隴山》詩："三條飛舞趨大海，山筋水脉交相通。"

三山[1]

五嶽之外的三座名山。"三山五嶽"一詞中的三山，原爲傳説中的海上仙山，後演義爲陸上三座名山。一説，爲安徽黃山、江西廬山、浙江雁蕩山。另説，爲安徽黃山、江西廬山、四川峨嵋山。魏晉佚名《南風操》詩："反彼三山兮商嶽嵯峨，天降五老兮迎我來歌。"唐王勃《尋道觀》詩："玉笈三山記，金箱五嶽圖。蒼虬不可見，空望白雲衢。"宋圜悟克勤《圜悟佛果禪師語録》："崩倒三山五嶽。"

另外，三山指一些地方相距較近的三座山或山峰。如在今山東萊州市北五十里之三山島，而在《漢書·郊祀志》中却説三山在今萊州市東北："祠三山八神於曲城。"又曰："四曰陰主，祠三山。"戰國、秦漢時，帝王祭祀"八神"中的第四神"陰主"於此。《史記·封禪書》："四曰陰主，祠三山。"又如，在今江蘇南京市西南，長江東岸板橋浦西的三山。太康元年，王濬伐吳，《晋書·王濬傳》："順流鼓棹，徑造三山。"唐李白《登金陵鳳凰臺》詩："三山半落青天外。"六朝都建康（今南京市），三山爲其西南江防要隘，故又稱護國山。《太平寰宇記》卷九〇："〔三山〕其山孤絶，面東，西絶大江。按《輿地志》云：'其山積石濱於大江，有三峰，南北接，故曰三山。'"又如福建福州市的别稱爲三山。宋曾鞏《道山亭記》："城中凡有三山，東曰九仙，西曰閩山，北曰越王，故郡有三山之名。"明王重等《寰宇通志》：

三　山
（明王圻等《三才圖會》）

"九仙、烏石、越王三山俱在城中，故名。"明劉基《送黄生沍祀福建》詩："風清五嶺烟霞肅，春到三山雨露匀。"

四列

禹治水時由南至北把山分成的四列。鄭玄創此説。《書·禹貢》："導岍及岐，至于荆山。"孔穎達疏："鄭玄以爲四列，導岍爲陰列，西傾爲次陰列，蟠冢爲次陽列，岷山爲正陽列。"《史記·夏本紀》："道九山，汧及岐，至於荆山，逾於河。"司馬貞索隱引鄭玄注以蟠冢爲陽列，蚊山爲次陽列，蚊同"岷"，餘同。宋魏了翁《觀亭記》："三江九河之水，三條四列之山，皆自西北注乎。"宋張耒《登高》："四海分，芥浮坤，四列峙分，嵩中蹲牽連脉絡。"清朱彝尊《經義考》卷九四："三條四列地派臚分，兩漢九河源流靡訂，此不離經生之耳。"

四鎮

古對會稽山、沂山、醫無閭、霍山四座鎮山的合稱。鎮，可安一方之地的名山、大山。《周禮·春官·大司樂》："凡日月食，四鎮五嶽崩。"鄭玄注："四鎮，山之重大者，謂揚州之會稽山、青州之沂山、幽州之醫無閭、冀州之霍山。"隋佚名《老君十六變詞》其十五："遷神涅槃歸紫微，四鎮安穆和我神。"《舊唐書·禮儀志四》："五嶽、四鎮、四海、四瀆，年别一祭，各以五郊迎氣日祭之。"《唐會要·雜郊議下》："分祭郊廟社稷嶽瀆等，其四海四鎮，及名山嶽瀆，使有道路由過者，亦宜便祭。"《金史·輿服志》："蓋鎮圭以鎮天下，以四鎮山爲飾。"明歐大任《薊門行送周民部元孚餉邊》詩："四鎮藩籬在朵顔，黄龍歲有捷書還。"清張懷泗《九藤杖》詩："青城大峨花冥冥，五嶽四鎮蒼然青。"

五鎮

五嶽以外的五座鎮山：東鎮青州沂山、西鎮雍州吳山、中鎮冀州霍山、南鎮揚州會稽山、北鎮幽州醫巫閭山。《周禮·春官·大司樂》："四鎮五嶽崩。"賈公彦疏："五州五鎮，得入嶽名。"據此，周朝就已有"四鎮"之説。正如五嶽一開始衹有四嶽一樣，五鎮起先少中鎮。一直到唐朝時，在國家祀典中還衹有四鎮。《舊唐書·禮儀志四》："五嶽、四鎮、四海、四瀆，年別一祭，各以五郊迎氣日祭之。東鎮沂山，祭於沂州；西鎮吳山，於隴州；北鎮醫無閭山，於營州；祀官以當界都督刺史充。"到了宋朝，有中鎮確切山名霍山的記載。《宋史·禮志五》："其五鎮，沂山舊封東安公，政和三年封王；會稽舊封永興公，政和封永濟王；吳山舊封成德公，元豐八年封王；醫巫閭舊封廣寧公，政和封王；霍山舊封應聖公，政和封應靈王。"又，《宋史·禮志五》："立春日祀東嶽岱山於兗州，東鎮沂山於沂州，東海於萊州，淮瀆於唐州。立夏日祀南嶽衡山於衡州，南鎮會稽山於越州，南海於廣州，江瀆於成都府。立秋日祀西嶽華山於華州，西鎮吳山於隴州，西海、河瀆並於河中府，西海就河瀆廟望祭。立冬祀北嶽恒山、北鎮醫巫閭山並於定州，北鎮就北嶽廟望祭，北海、濟瀆並於孟州，北海就濟瀆廟望祭。"元朝時，五嶽都被封爲"帝"，五鎮無封。明朝則一視同仁。《明史·禮志·嶽鎮海瀆山川之祀》："今依古定制，並去前代所封名號。五嶽稱東嶽泰山之神、南嶽衡山之神、中嶽嵩山之神、西嶽華山之神、北嶽恒山之神。五鎮稱東鎮沂山之神、南鎮會稽山之神、中鎮霍山之神、西鎮吳山之神、北鎮醫無閭山之神。"又

云："《周官》兆四望於四郊。《鄭注》四望爲五嶽、四鎮、四瀆。"清陳康祺《郎潛紀聞》："凡四海、五鎮、五嶽、四瀆、闕里、長白山、帝王陵，共五十九處。"

五嶺

山嶺名。亦作"五領"，亦稱"五嶠"。即大庾嶺、越城嶺、騎田嶺、萌渚嶺、都龐嶺。位於湘贛粵桂之交，爲長江流域與珠江流域的分水嶺。《史記·張耳陳餘列傳》："北有長城之役，南有五嶺之戍。"司馬貞索隱引《廣州記》云："大庾、始安、臨賀、桂陽、揭陽，斯五嶺。"漢王逸《九思》："超五嶺兮嵯峨，觀浮石兮崔嵬。"《漢書·張耳傳》："北爲長城之役，南有五領之戍。"顏師古注引鄧德明《南康記》曰："大庾領一也，桂陽騎田領二也，九真都龐領三也，臨賀萌渚領四也，始安越城領五也。"唐岑參《送楊瑗尉南海》詩："海暗三山雨，花明五嶺春。"唐張九齡《荔枝賦》："山五嶠兮白雲，江千里兮青楓。"《唐會要·祥瑞上》："五嶺之外，翔雁不到。"元與恭《回雁峰》詩："南分五嶺雲天遠，雁到衡陽亦倦飛。"元王冕《夜坐》詩："蠻烟迷五嶺，王氣屬三京。"清全祖望《經史問答·諸史問目答董秉純》："當宇文時，五嶠阻隔，安得粵人北仕者。"參閲北魏酈道元《水經注·溱水》；又，《湘水》《耒水》《鍾水》。

【五領】

同"五嶺"。此體漢代已行用。見該文。

【五嶠】

即五嶺。此稱唐代已行用。見該文。

【嶠】[2]

特指五嶺。亦作"嶠"。南朝梁江淹《知己

賦》："僕乃得罪嶠外，遐路窈然。"宋沈遘《廣南西路鈐轄皇城使宋定可兼知宜州》："嶠外夷獠，數叛不賓。"明張寧《畫舫清游》詩："朝披越嶠雲，暮聽吳門雨。"清汪彥博《紀柳州楊太守勸民開墾荒地事》："楊侯才多抱偉略，建旗避嶠新分符。"

【嶠】

同"嶠 [2]"。此體宋代已行用。見該文。

【嶺】 [2]

特指五嶺。《漢書·嚴助傳》："入越地，輿轎而隃嶺。"《廣韻·上靜》："嶺，裴淵《廣州記》云：'大庾、始安、臨賀、桂陽、揭陽爲五嶺。'"清宋翔鳳《蔴風院》詩："嶺表有異疾，卑濕感毒淫。"清丁若鏞《東茶記》："茶之生多在山中多石處，聞嶺南則家邊竹林處處有之。"

昆侖山

山名。亦作"崑崙""崑侖""昆崙山""昆崙""昆侖""崑岡"，亦稱"昆侖虛""昆崙墟"。《山海經·海內東經》："蒼梧在白玉山西南，皆在流沙西，昆侖虛東南。昆侖山在西胡西，皆在西北。"《穆天子傳》："疑皆説昆崙山上事物，乃至於崑崙之丘。"《莊子·外篇·天地》："登乎昆侖之丘而南望，還歸，遺其玄珠。"《楚辭·離騷》："遭吾道夫崑崙兮，路修

崑崙山
（清蔣廷錫等《古今圖書集成》）

遠以周流。"又，《楚辭·九嘆·遠游》："登崑崙而北首兮，悉靈圉而來謁。"漢焦贛《易林》："墻高蔽目，崑侖翳日。"《漢書·地理志》："西有須抵池，有弱水、昆侖山祠。"又云："織皮崑崙、析支、渠叟，西戎即叙。"《後漢書·郡國志》："臨羌有昆侖山。"晋干寶《搜神記·火烷布》："崑侖之墟，地首也。"唐李白《雜言用投丹陽知己兼奉宣慰判官》詩："客從昆崙來，遺我雙玉璞。"唐儲光羲《雜詩二首》其一："西游昆崙墟，可與世人違。"宋邵雍《謝君實端明》詩："人説昆崙多美玉，世傳滄海有明珠。"宋王禹偁《酬安秘丞見贈長歌》："二十把筆疏辭源，黃河傾落昆崙山。"元宋無《天馬歌》："兩目夾明月，蹄削昆崙山。"元丁復《題小兒高馬圖》詩："朝晞若木津，夕秣昆崙虛。"明王世貞《昆溟歌·贈楚人曾生麟兆》："我聞西有昆崙山，山高不可測，天地垂欲合。"明吳斌《天馬歌》："天馬西下昆崙墟，騰驤振迅將焉如。"清傅澤洪《行水金鑑》："若以河源崑侖推之崑侖山脊以西，人迹所未到。"清段玉裁《説文解字注》："水，出焞煌塞外昆侖山，發原注海。"清王先謙《莊子集解·內篇》："日月得之，終古不息；堪壞得之，以襲昆侖。"參閲明王圻等《三才圖會·地理圖會》。

【昆侖虛】

即昆侖山。此稱先秦已行用。見該文。

【崑崙】

同"昆侖山"。此體先秦已行用。見該文。

【昆侖】

即昆侖山。此體先秦已行用。見該文。

【昆崙山】

同"昆侖山"。此體先秦已行用。見該文。

【崑侖】

即昆侖山。此體漢代已行用。見該文。

【昆崙】

同"昆侖山"。此體漢代已行用。見該文。

【昆崙虛】

即昆侖山。此稱唐代已行用。見該文。

【崑岡】

昆侖山的別名。亦稱"崑山""崑崚""崑崖""崑嶺"。我國西部大山，跨越西藏、新疆、青海多地，其山高大，多雪峰冰川。《吕氏春秋·重己》："人不愛崑山之玉，江漢之珠，而愛己之一蒼璧小璣。"《書·胤征》："火炎崑岡，玉石俱焚。"孔傳："崑山出玉。"《史記·李斯列傳》："今陛下致崑山之玉，有隨和之寶。"漢桓驎《西王母傳》："洎九聖七真，凡得道授書者，皆朝王母於崑崚之闕焉。"晋潘尼《贈侍御史王元貺》詩："昆山積瓊玉，廣厦構衆材。"晋張華《擬古》："東南望河尾，西北隱崑崖。"晋郭璞《游仙》詩之一○："璿臺冠崑嶺，西海濱招摇。"南朝梁劉勰《文心雕龍》："璿璧産於崑岡。"金王處一《勸衆内外動修》詩："一朵金蓮離垢穢，兩般玉貌出崑岡。"《藝文類聚·職官部六》："崑岡神嶽崩潰，蘭艾同爨，玉石俱碎。"宋謝枋《送黄六有歸三山序》："登徂徠可以觀松烈火息，而登崑岡可以觀玉。"明朱諫《東昆爲盤城張君賦》詩："昆岡原在盤城東，璠璵吐綵如長虹。"清穆彰阿等《大清一統志》："喀什噶爾葉爾羌諸河，即所謂自撥换南而東經崑岡，渡赤河也。"參閲明王圻等《三才圖會·地理圖會》。

【崑山】

即崑岡。此稱先秦已行用。見該文。

【崑崚】

即崑岡。此稱漢代已行用。見該文。

【崑崖】

即崑岡。此稱晋代已行用。見該文。

【崑嶺】

即崑岡。此稱晋代已行用。見該文。

【崑嶽】

即昆侖山。亦作"崑岳"。晋阮籍《咏懷》其七十二："濯髮暘谷濱，遠游崑岳傍。"南朝齊王儉《靈丘竹賦》："振芳條乎崑岳，敷緑采於高岑。"北齊《王諱淯墓誌銘》："曜帝之精，崑嶽之靈，昨祉大國，多才降生。"唐王勃《益州德陽縣善寂寺碑》："火炎崑岳，高臺與雁塔俱平。"唐徐夤《寄盧端公同年仁烱時遷都洛陽新立幼主》詩："崑岳有炎瓊玉碎，洛川無竹鳳皇飢。"宋釋道融《叢林盛事》："覷崑嶽方偶，遽投金燧。"《御定淵鑑類函》卷四一七："崑嶽敷緑，采於高岑。"

【崑岳】

即昆侖山。此體晋代已行用。見該文。

【瓊山】[2]

山名。指昆侖山。晋張協《七命》："大梁之黍，瓊山之禾。"李善注："瓊山禾，即崑崙之山木禾。《山海經》曰：'崑崙之上有木禾，長五尋，大五圍。'"南朝梁庾肩吾《謝東宫賚米啓》："渟水鳴蟬，香聞七里。瓊山含穎，租歸十縣。"

【崑崙丘】[2]

昆侖山的別名。亦作"崑崙之丘""崑丘""無熱丘""崑邱"，亦稱"昆崙丘""昆崙邱"。《莊子·外篇·天地》："登乎昆侖之丘而南望，還歸，遺其玄珠。"昆侖或作"崑崙"。

漢王逸《楚辭章句·楚辭》："登乎崑崙之丘。"南朝梁沈約《梁雅樂歌六首·誠雅》其七："地德溥，崑丘峻。"北魏酈道元《水經注·河水一》："而今以後乃知崑崙山爲無熱丘，何云乃胡國外乎？"北魏《魏故威遠將軍凉州長史長樂侯王君墓誌銘》："崑丘英緒，丹陵妙枝。"《隋書·音樂志下》："原載垂德，崑丘主神。"唐王績《古意》詩其一："材抽嶧山榦，徽點崑丘玉。"唐高適《同薛司真諸公秋霽曲江俯見南山作》詩："若臨瑶池間，想望崑崙丘。"宋袁褧《楓窗小牘》卷上："龍取崑丘，鳥發玄圃。"宋華鎮《高郵張生出所得詩畫一軸求余作詩因書》："金咮未應甘腐鼠，霜翎時自下崑邱。"宋劉跂《送劉貢甫貶衡州》詩："會登昆崙丘，遂索玄珠遺。"元陳謙《勉學》詩："黃河西北來，云是昆崙丘。"明何景明《登樓鳳縣作》詩其二："如聞乘八駿，早晚向崑邱。"明王洪《納扇》詩："若爲西上昆崙邱，一灑執熱蒼生愁。"清屈大均《將歸省母留別諸友人》詩其一："尋仙蓬壺中，謁帝昆崙丘。"

【崑崙之丘】

即"崑崙丘"。此體先秦已行用。見該文。

【崑丘】

即崑崙丘。此體南朝梁已行用。見該文。

【無熱丘】

即崑崙丘。此體北魏已行用。見該文。

【崑邱】

即崑崙丘。此體宋代已行用。見該文。

【昆崙丘】

同"崑崙丘"。此稱宋代已行用。見該文。

【昆崙邱】

同"崑崙丘"。此稱明代已行用。見該文。

荆山 [1]

亦作"荆岑"。山名。泛指古楚國境内的高山。語出漢王粲《登樓賦》："蔽荆山之高岑。"唐張說《岳州九日宴道觀西閣》詩："凉雲霾楚望，蒙雨蔽荆岑。"唐王維《送李太守赴上洛》詩："丹泉號略，白羽抵荆岑。"宋宋祁《答安陸王工部早春郡圃見寄次韻》詩："荆岑漢滸聯形勝，渚月颺風遞宴游。"明區大相《峴山懷古》詩："雍臺臨漢水，樊口接荆岑。"清周壽昌《書張江陵傳後》詩其二："尚有文孫死奇烈，荆山桂嶺兩嶙峋。"

【荆岑】

即荆山 [1]。此體唐代已行用。見該文。

廬山

山名。在江西九江市南。亦稱"廬岳""康廬"。單稱"廬"。《通典》以爲在今江西德安縣；朱熹《九江彭蠡辯》認爲敷淺原即今江西廬山。《詩·小雅·信南山》："中田有廬。"《史記·河渠書論》："余南登廬山，觀禹疏九江。"晋廬山夫人女婉《撫琴歌》："登廬山兮鬱嵯峨，晞陽風兮拂紫霞。"北魏酈道元《水經注·廬江水》："俗兄弟七人皆好道術，遂寓精於宮庭之山。故世謂之廬山。"唐李白《望廬山瀑布》詩："日

廬　山
（清蔣廷錫等《古今圖書集成》）

照香爐生紫烟，遥看瀑布掛前川。飛流直下三千尺，疑是銀河落九天。"前蜀韋莊《洪州送西明寺省上人游福建》詩："遠自稽山游楚澤，又從廬岳去閩川。"宋梅堯臣《送少卿張學士知洪州》詩："穩去先應望廬岳，暫來誰復見龍泉。"宋蘇軾《題西林壁》詩："不識廬山真面目，只緣身在此山中。"宋辛棄疾《賀新郎·題傳岩叟悠然閣》詞："是中不減康廬秀。倩西風，爲君喚起，翁能來否？"鄧廣銘箋注："蓋廬亦名匡山，亦稱匡廬，宋人避趙匡胤諱，故改稱康廬也。"參閱本書"匡廬"條目。參閱宋陳舜俞《廬山記·總叙·山》

【廬】

即廬山。此稱先秦已行用。見該文。

【廬岳】

即廬山。此稱前蜀已行用。見該文。

【康廬】

即廬山。此稱宋代已行用。見該文。

【南阜】

即廬山。亦稱"廬阜"。晋陶潛《游斜川一首》詩序："彼南阜者，名實舊矣，不復乃嗟嘆。"逯欽立注："南阜，南山，指廬山。"南朝梁劉孝綽《酬陸長史倕》詩："廬阜擅高名，岩岩凌太清。"唐李頎《裴尹東溪別業》詩："庭竹垂卧内，村烟隔南阜。"唐張又新《謝廬山僧寄谷簾水》詩："消渴茂陵客，甘凉廬阜泉。"宋陸游《幽居》詩："因鋤衰草通南阜，偶洗叢篁見北村。"宋孔平仲《曹亭三絶句》其一："廬阜收白雲，南浦浸明月。"元薩都剌《送僧還江西》詩："雲深廬阜青松老，風細鄱湖白浪生。"元虞集《南鄉一剪梅·招熊少府》詞："南阜小亭臺，薄有山花以次開。"明于慎行

《哭弟三首》詩其二："屏營望南阜，攬涕下沾裳。"明唐桂芳《送從子之江西》詩其三："大江波浩蕩，廬阜與天齊。"清彭孫貽《湖口望鄱湖》詩："南去洞庭青草合，回看廬阜白雲生。"

【廬阜】

即廬山。此稱南朝梁已行用。見該文。

【南障山】

即廬山。元揭傒斯《天華萬壽宫碑》："承天宫西南十五里，南障山葆光觀有吉州閣使君別墅。"明陳耀文《天中記》："廬山，出三天子都，一曰天子鄣山；《海經》古名天子三嶂山；《洞集》古名南障山。"明佚名《搜神記》："周武王時師老聃，得長生之道，結茅南障山虎溪之上隱焉。"清厲荃《事物異名録·坤輿·諸名山》："《郡國志》：廬山古名南障山。"

【敷淺原】

即廬山。《書·禹貢》中："岷山之陽，至于衡山。過九江，至于敷淺原。"按，"淺"亦表山區水花飛濺的流水聲，音jiān。唐張九齡《歲初巡屬縣登高安南樓言懷》詩："揭來彭蠡澤，載經敷淺原。"宋王阮《題東林一首》詩："屏迹敷淺原，注目香爐峰。"明沈周《廬山高》詩："謂即敷淺原，嶔嶁何敢争其雄？"清何紹基《林少穆丈出石庵相國書廬山記卷子書後》詩："淵哉書意遠，氣如敷淺原。"

【三天子都】

廬山的別稱。亦稱"天子障""三天子障"。《山海經·海内東經》："廬江出三天子都，入江。彭澤西。一曰天子障。"《太平御覽·周郡部》："《山海經》所謂三天子障，亦曰天子都。"宋葉廷珪謂爲廬山异名。參閱宋葉庭珪《海録碎事·地》。明胡應麟《寄吴希學徵士兼懷啓

元茂才》詩：“別三天子障，吟五大夫松。”另外，海内稱三天子都（障）者有多處。清錢謙益《游黄山記序》：“貴池其峰曰天都，天所都也，亦曰三天子都。……黄山有最高峰曰三天子都，東西南北皆有郡。婺有三天子郡，南郡也。匡廬亦稱三天子郡，西郡也。續溪有大郡，東北郡也。”

【天子障】

即三天子都。此稱先秦已行用。見該文。

【三天子障】

即三天子都。此稱宋代已行用。見該文。

【匡廬】

即廬山。亦稱“匡俗山”“匡岳”“匡嶺”“匡山”“匡阜”。相傳殷周時匡俗兄弟七人結廬隱居於此，故稱。晉釋慧遠《廬山記》：“有匡續先生者，出自殷周之際，遯世隱時，潛居其下。或云續受道於仙人，而適游其巖，遂託室巖岫，即巖成館，故時人謂其所止爲神仙之廬，而名焉。”按，匡續，或誤稱爲匡廬。《梁書・張續傳》：“眄匡嶺以躊躇，想霞裳於雲仞。”《梁書・劉慧斐傳》：“嘗還都，途經尋陽，游於匡山。”《陳書・張正見傳》：“屬梁季喪亂，避地於匡俗山。”隋煬帝《遣使往匡山參書》：“進至匡岳，結夏安居。”唐齊己《荆渚逢禪友》詩：“社思匡岳無宗炳，詩憶揚州有鮑昭。”唐孟浩然《彭蠡湖中望廬山》詩：“中流見匡阜，勢壓九江雄。”唐白居易《草堂記》：“匡廬奇秀，甲天下山。”宋徐鉉《送龔員外赴江州幕》詩：“元規樓迥清風滿，匡俗山春畫障開。”元傅若金《送楊翼之還清江》詩：“道瞻匡阜雨，山背薊門烟。”明歐大任《登快閣遂謁山谷祠和石刻十韻》詩：“千峰匡嶽亭亭立，萬里澄江滾

滾來。”清張祖同《泊九江》詩：“帆落匡廬近，天低溢浦流。”

【匡岳】

即匡廬。此稱隋代已行用。見該文。

【匡嶺】

即匡廬。此稱唐代已行用。見該文。

【匡山】

即匡廬。此稱唐代已行用。見該文。

【匡俗山】

即匡廬。此稱唐代已行用。見該文。

【匡阜】

即匡廬。此稱唐代已行用。見該文。

【廬霍】

廬山和霍山的并稱。南朝宋謝靈運《初發石首城》詩：“游當羅浮行，息必廬霍期。”李善注：“廬、霍，二山名也。”唐皇甫冉《送康判官往新安》詩：“猿聲比廬霍，水色勝瀟湘。”宋釋道潛《寄王元均奉議昆仲》詩：“雲山列千里，廬霍尤岧嶤。”元吳澄《和桃源行效何判縣鍾作（丙子十二月）》詩：“冀州以北健蹄馬，一旦群嘶廬霍下。”明丁鶴年《次小孤山》詩：“山聯廬霍朝三楚，水落荆揚限九江。”清姚鼐《左仲郛序》：“出三峽，濟乎洞庭，窺乎廬霍，循東海而歸。”

太行山

山名。亦作“五行山”。亦稱“天下脊”“王母”“女媧”，省稱“太行”。在山西高原與河北平原間。從東北向西南延伸。《書・禹貢》：“底柱、析城至于王屋；太行、恒山至于碣石，入于海。”《淮南子・氾論訓》：“武王克殷，欲築宫於五行之山。”高誘注：“五行山，今太行山也。”漢曹操《苦寒行》詩：“北上太行山，艱

哉何巍巍。”南朝宋謝靈運《擬魏太子鄴中集詩八首·平原侯植》詩：“西顧太行山，北眺邯鄲道。”《宋書·五行志》：“魏元帝咸熙二年二月，太行山崩。”北魏酈道元《水經注·沁水》：“武王欲築宮於五行之山，周公曰：五行險固，德能覆也，内貢回矣，使吾暴亂，則伐我難矣。”唐李白《雜曲歌辭·行路難三首》其一：“欲渡黄河冰塞川，將登太行雪暗天。”宋莊季裕《鷄肋編》卷中：“夫河北方二千里，太行横亘中國，號爲天下脊。”金李汾《汴梁雜詩四首》其三：“天塹波光摇落日，太行山色照中原。”明張昱《送張丞之湯陰》詩：“萬樹秋風古臺路，數峰晴雪太行山。”清萬荃《事物異名録·坤輿·山》：“《十道山川考》：‘太行山爲天下之脊。一名王母，一名女媧。’”清顧祖禹《讀史方輿紀要·河南一》引晉郭緣生《述征記》：“太行首始河内，北至幽州，凡百嶺，連亘十三州之界，有八陘。”又，《北直一》：“西阻太行，太行中分冀州之界，圍環數千里。”參閱清代刻本木版畫集《天下名山圖·太行山圖》。

【五行山】

即太行山。此體漢代已行用。見該文。

【太行】

同“太行山”。此稱唐代已行用。見該文。

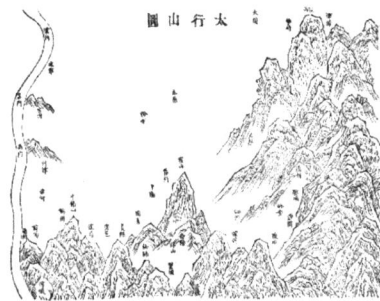

太行山
（清佚名《天下名山圖》）

【王母】

即太行山。山名。此稱清代已行用。見該文。

【女媧】

即太行山。此稱清代已行用。見該文。

【天下脊】

即太行山。《史記·張儀列傳》：“主明以嚴，將智以武，雖無出甲，席卷常山之險，必折天下之脊，天下有後服者先亡。”司馬貞索隱：“常山於天下在北，有若人之背脊也。”唐杜牧《東兵長句十韻》詩：“上黨争爲天下脊，邯鄲四十萬秦坑。”宋蘇軾《次韻滕大夫三首·雪浪石》詩：“飛狐上黨天下脊，半掩落日先黄昏。”元岑安卿《送張巡檢滿任歸冀寧》詩：“蓬萊海中雲，太行天下脊。”明顧璘《平寧藩後上喬司馬》詩：“太行西横天下脊，降神昭代生喬公。”清沈用濟《太行山》詩：“巍巍天下脊，元氣結鴻濛。”

巫山十二峰

即望霞、翠屏、朝雲、松巒、集仙、聚鶴、净壇、上升、起雲、飛鳳、登籠、聖泉諸峰的合稱，位於渝鄂之際巫峽兩岸，爲巫山最爲秀拔挺出者。唐李端《巫山高》詩：“巫山十二峰，皆在碧虚中。”亦稱“十二碧峰”“十二峰”。唐劉禹錫《松滋渡望硤中》詩：“十二碧峰何處所？永安宫外是荒臺。”唐李涉《竹枝詞》：“十二峰頭月欲低，空聆灘上子規啼。”一説，爲獨秀、筆峰、集仙、起雲、登龍、望霞、聚鶴、棲鳳、翠屏、盤龍、松巒（巒）、仙人十二峰。參閱宋范成大《假十二峰》、宋祝穆《方輿勝覽》、元劉壎《隱居通議·十二峰名》、明曹學佺《蜀中廣紀·夔州府·巫山縣》、清顧祖禹《讀史方輿紀要・四川・巫山》。

【十二碧峰】

即巫山十二峰。此稱唐代已行用。見該文。

【十二峰】

即巫山十二峰。此稱唐代已行用。見該文。

【巫陽】

指巫山。宋蘇軾《朝雲》詩：“丹成逐我三山去，不作巫陽雲雨仙。”明無心子《金雀記・玩燈》：“俺只見荷花燈上浴鴛鴦，恰便似神女會巫陽。”《再生緣》第六九回：“鼉寫可憐紅更小，襄王何時到巫陽。”亦指巫山的南面，藉指巫峽。唐白居易《送蕭處士游黔南》詩：“江從巴峽初成字，猿過巫陽始斷腸。”宋范成大《假十二峰》詩：“巴東三峽數巫陽，山入西陵更鬱蒼。”

女媧山

山名。位於陝、鄂、渝三省市交界處，安康市平利縣。前蜀杜光庭《太上洞淵神咒經》：“女媧山亦是古之聖人住處，在詳川，周時有三萬仙人居此山上。”《新唐書・地理志》：“大曆六年省入西城，長慶初復置。有女媧山。”宋孔平仲《題女媧山女媧廟》詩其一：“浮嵐長作雨，冷氣不知春。”宋劉光祖《女媧山》詩其一：“女媧山下少人行，澗谷聲中一鳥鳴。”《文獻通考・輿地考七》：“西城，舜所居媯，唐縣有女媧山、治水、吉水，平利（唐縣）。”明劉克平《羅浮絶頂放歌》：“共工怒觸愚公愚，女媧山神無所需。”清劉于義修、沈青崖纂《陝西通志》卷四八：“女媧山，在平利。《長安志》云：驪山有女媧。”一説，位於太行山。《太平寰宇記》卷五二：“太行山，相傳皇母山也，或名女媧山。其上有祠，民祈福而歲禱焉。其山起於邑界。”另説，在湖北竹山縣。《康熙字典》：“女媧山，在鄖陽竹山縣西，相傳煉石補天處。”

吳山[1]

山名。又稱“吳岳”“吳嶽”。本條目指陝西隴縣西南之吳山。五大鎮山之一。《史記・封禪書》：“自華以西，名山七，名川四。曰華山、薄山……岳山、岐山、吳岳、鴻冢、瀆山。”漢張衡《西京賦》：“吳嶽爲之陀堵。”李善注引郭璞云：“吳岳別名。”《晉書・地理志上》：“汧吳山在西，古文以爲汧山。”南北朝江淹《寄丘三公》詩：“安得明月珠，攬涕寄吳山。”北魏酈道元《水經注・渭水》：“汧水又東，會一水，水發南山西側。俗以此山爲吳山……《地理志》曰：吳山在縣西，古文以爲汧山也。”裴駰集解引徐廣曰：“在汧也。”《隋書・禮儀志二》：“並准西鎮吳山造神廟。”唐李商隱《九成宮》詩：“吳嶽曉光連翠巇，甘泉晚景上丹梯。”宋文天祥《相陳宜中第十六》詩：“蒼生起謝安（宴王使君宅），翠華擁吳岳（壯游）。”《文獻通考・郊社考》：“吳山在今隴州吳山縣。”明邵寶明《盧侍御師邵言文正公除夕之夢》詩：“鳳衰吳嶽遠，竹老楚江深。”清王翃《十二時・和柳七秋夜》詩：“故國吳山，他鄉楚水，遠緒何緣起。”

【吳岳】

即吳山。此稱漢代已行用。見該文。

【吳嶽】

即吳山。此稱漢代已行用。見該文。

勞山[1]

山名。位於陝西北部。《山海經・西山經》：“北五十里，曰勞山，多茈草。”又云：“勞山，弱水出焉，而西流注於洛。”宋張君房《雲笈七籤·道教本始部》："登勞山，復得之奉崇。"

醫巫閭

山名。亦稱"醫無閭""醫毋閭""北鎮"，今稱閭山。在遼寧北鎮市城西北。綿亘百里，掩抱六重，巖洞泉壑，種種奇勝。相傳舜時把全國分爲十二州，每州各封一座山作爲一州之鎮，醫巫閭山被封爲北方幽州的鎮山。《周禮·夏官·職方氏》："東北曰幽州，其山鎮曰醫無閭。"《爾雅·釋地》："東方之美者，有醫無閭之珣玗琪焉。"《淮南子·墜形訓》中："東方之美者有醫毋閭之珣玗琪焉。"《説文·玉部》："醫無閭之珣玗琪，《周書》所謂夷玉也。"段玉裁注："珣玗琪，合三字爲玉名……蓋醫無閭、珣玗琪皆東夷語。"《魏書·天象志》："蠕蠕阿那瓌失國，詔北鎮師納之。"隋開皇十四年（594），詔定爲北鎮。《後漢書·郡國志》："徒河故屬遼西，無慮有醫無慮山。"《舊唐書·禮儀志四》："五嶽、四鎮、四海、四瀆，年別一祭……北鎮醫巫閭山，在營州。"金蔡珪《醫巫閭》詩："幽州北鎮高且雄，倚天萬仞蟠天東。"明釋函可《阿字行後作七首》其二："爰登千山頂，翹望醫巫閭。"清胤禛《望醫巫閭山》詩："翠黛滿雲封，遥看北鎮雄。"參閲清顧祖禹

醫巫閭山
（清佚名《天下名山圖》）

《讀史方輿紀要·山東八》、清代刻本木版畫集《天下名山圖·醫巫閭山圖》。

【醫無閭】

同"醫巫閭"。此稱先秦已行用。見該文。

【醫毋閭】

同"醫巫閭"。此稱漢代已行用。見該文。

【北鎮】

即醫巫閭。此稱北齊已行用。見該文。

梵净山

山名。亦作"三山谷""辰山"，又稱"月鏡山"。梵净山是武陵山脈主峰，位於貴州銅仁市，烏江與沅江的分水嶺，爲中國五大佛教名山中唯一的彌勒菩薩道場。《漢書·地理志上》："辰陽，三山谷，辰水所出，南入沅，七百五十里。"北魏酈道元《水經注·沅水》："水出縣三山谷，東南流，獨母水注之。"唐李吉甫《元和郡縣圖志·黔州》："三山谷，一名辰山，在縣西南八百三十五里。"明代該山佛教興盛，寺刹林立，爲梵天净土，始稱"梵净山"，并又稱"九龍山""飯甑山""大佛山""大靈山"。明萬曆《敕賜梵净山重建金頂序碑》："竊見梵净山壁立黔南之境，軸連楚蜀之間。"清《貴州通志》："梵净山在烏羅司北，一名月鏡山……皆立梵宇。"一説，"月鏡山"特指梵净山之老金頂。

【三山谷】

即梵净山。此體漢代已行用。見該文。

【辰山】

即梵净山。此體唐代已行用。見該文。

【月鏡山】

即梵净山。此稱清代已行用。見該文。

商山

山名。因"四皓"得名。傳説秦代四位博士因避秦始皇焚書坑儒的暴政而隱居此山。原泛指秦漢上雒、商（縣）之間的南山。又專指位於陝西省商洛市丹鳳縣商鎮南一公里，丹江南岸，因形似"商"字的山。晋陶潛《贈羊長史并序》詩："路若經商山，爲我少躊躇。"北周庚信《謹贈司寇淮南公詩》："商山隱士石，丹水鳳凰磯。"唐温庭筠《商山早行》詩："因思杜陵夢，鳧雁滿回塘。"元黄玠《題商山圖》詩："所以商山翁，深逃入堂密。"

尼山

山名。亦作"尼丘""尼丘山"，亦稱"峗丘""峗丘山"，省稱"峗"。海拔僅340多米。位於山東曲阜市城東南30千米。孔夫子降生於此山，因孔子名"丘"，爲避其諱，故易名"尼山"。《史記·孔子世家》："禱於尼丘得孔子。"晋杜預《春秋釋例》："沂水出魯城東南尼丘山，流逕魯縣故城南，右注泗水者也。"北魏酈道元《水經注·沂水》："沂水出魯城東南尼丘山西北，山即顏母所祈而生孔子也。"唐李隆基、邢昺《孝經注疏》："徵在既往廟見，以夫年長，懼不時有男，而私禱尼丘山以祈焉。孔子故名丘，字仲尼。"《禮記·檀弓上》："孔子

尼　山
（清蔣廷錫等《古今圖書集成》）

之父耶叔梁紇與顏氏之女徵在野合而生孔子。"孔穎達正義："《論語緯·撰考》云：'叔梁紇與徵在禱尼丘山，感黑龍之精以生仲尼。'"《集韻·脂韻》："峗，山名。顏氏禱於峗丘，生孔子，通作尼。"明陳鎬《闕里志·尼山》："在尼山之西五里，史載孔子生魯昌平鄉，即此，今名魯源村。"清岳濬等《山東通志》："魯國夫人之故殿，殿西而南向者，尼山毓聖。"明代梅膺祚《字彙》："峗，也單作尼。"清孔繼汾《闕里文獻考》："後周顯德中，以尼山爲孔子發祥地，始創廟。"清戴光《鄒縣地理志》："尼丘山去城東六十里，在魯源社、魯源村。昔啓聖王夫人顏氏禱於此，而生孔子者也，其山五峰連峙，中峰之麓有孔子廟。"志書中并把尼山列爲古鄒十六景之一"尼山毓聖"。《康熙字典》："《説文解字》：峗，山名。反頂受水丘。從山尼聲。言頂當高反下，故曰反頂。引顏氏禱於峗丘生孔子，頭象峗丘山，四方高，中央窊下。"

【尼丘】

即尼山。此體漢代已行用。見該文。

【尼丘山】

即尼山。此體晋代已行用。見該文。

【峗】

即尼山。此稱宋代已行用。見該文。

【峗丘】

即尼山。此稱宋代已行用。見該文。

【峗丘山】

即尼山。此稱清代已行用。見該文。

嶧山 [1]

又稱"繹山""東山""嶧陽""鄒嶧山""鄒山"，單稱"嶧"，山名。位於山東鄒城東南10千米處。《詩·魯頌·閟宮》："保有鳧繹。"

毛傳："繹，山也。"《孟子·盡心上》："孔子登東山而小魯，登泰山而小天下。"一説，東山指蒙山；另説，東山指魯山。《史記·夏本紀》："泗濱浮磬。"張守節正義引《括地志》："'嶧山，在兗州鄒縣南二十二里。'《鄒山記》云：'鄒山，古之嶧山，言絡繹相連屬也。今猶多桐樹。'"北魏酈道元《水經注·泗水》："漷水又逕魯國鄒山東南，而西南流，《春秋左傳》所謂嶧山也，邾文公之所遷。"又云："嶧山在鄒縣北，繹邑之所依以爲名也。山東西二十里，高秀獨出，積石相臨，殆無土壤，石間多孔穴，洞達相通，往往有如數間屋處，其俗謂之嶧孔。"《藝文類聚·木部上》："《鄒山記》曰：鄒山，古之嶧陽，魯穆公改爲鄒，今鄒山嶧陽，猶多桐樹。"唐李吉甫《元和郡縣圖志》卷一一："嶧山，一名鄒山。"唐杜甫《李潮八分小篆歌》詩："嶧山之碑野火焚，棗木傳刻肥失真。"宋鄭樵《六經奧論》卷二："嶧陽，今兗州陽南也。"宋石介《送奉符縣監酒税孟執中借職》詩："鄒嶧山藏孟子宅，海棠花落蜀王家。"《資治通鑑·晋安帝義熙四年》："司馬叔璠自蕃城寇鄒山，魯郡太守徐邕棄城走，車騎長史劉鍾擊卻之。"元吳當《致亭》詩其一："瞻彼繹山，緜緜其麓。"明烏斯道《贈楊允銘小篆》

嶧 山
（明《名山勝概圖》）

歌》："繹山秦望石皆裂，餘者散失如飄烟。"清方以智《孟廟作》詩："陽關愁北望，草落嶧山空。"

【嶧】[2]

即嶧山。此稱先秦已行用。見該文。

【東山】[1]

即嶧山。此稱先秦已行用。見該文。

【繹山】

即嶧山。此稱漢代已行用。見該文。

【鄒山】

即嶧山。此稱漢代已行用。見該文。

【嶧陽】[1]

即嶧山。此稱唐代已行用。見該文。

【鄒嶧山】

即嶧山。此稱宋代已行用。見該文。

嶧山 [2]

山名。古稱"嶧陽（山）""葛嶧山"，俗稱"天柱山"。古亦云位於江蘇下邳（今江蘇睢寧縣北附近）之西。《書·禹貢》："嶧陽孤桐。"《史記·夏本紀》："泗濱浮磬。"裴駰集解引孔安國曰："嶧山之陽特生桐，中琴瑟。"又引鄭玄曰："《地理志》：嶧山在下邳。"《漢書·地理志上》："下邳葛嶧山在西，古文以爲嶧陽。"《後漢書·郡國志三》："葛嶧山，本嶧陽山。"北魏酈道元《水經注·漸江水》："嶧陽山在下邳縣之西。"唐虞世南《北堂書鈔》卷三一："厥《貢》嶧陽孤桐，《尚書》徐州之嶧山。"宋林之奇《尚書全解》："嶧陽者，嶧山之南也。《地理志》云：東海下邳縣西。《志》云：東海下邳縣西有葛嶧山，古文以爲嶧陽。"清岳濬等《山東通志》卷三："嶧縣邑有葛嶧山，因以爲名，即《禹貢》所謂嶧陽孤桐也。"清穆彰阿等《大清一統志》：“葛嶧山在邳州南八十里，亦名嶧陽山。”清秦蕙田《五禮通考》卷二〇二：“《郡國志》：‘下邳東海縣有葛嶧山，本嶧陽山。’劉昭補注云：‘山出名桐。’”一說，位於山東棗莊市嶧城區東南。

【嶧陽】²

即嶧山²。此稱先秦已行用。見該文。

【葛嶧山】

即嶧山²。此稱漢代已行用。見該文。

【嶧陽山】

即嶧山²。此稱南朝宋已行用。見該文。

梁山¹

山名。古稱“良山”，因春秋時期附近有良邑而得名。位於山東梁山縣。由虎頭峰、雪山峰、郝山峰、小黃山等七支脈組成。漢文帝十二年（公元前168），文帝封第二子劉武爲梁王，曾獵於此山，死後并葬於山北麓，“良山”遂易名“梁山”。梁山，最早見於《詩·大雅·韓奕》：“奕奕梁山，維禹甸之，有倬其道。”《史記·梁孝王世家》：“〔梁王〕三十五年冬，復朝。上疏欲留，上弗許。歸國，意忽忽不樂。北獵良山，有獻牛，足出背上，孝王惡之。六月中，病熱，六日卒，諡曰孝王。”唐李商隱《彭城公薨後贈杜二十七勝李十七潘二君並與愚同出故尚書安平公門下》詩：“梁山兗水約從公，兩地參差一旦空。”宋陳師道《梁山泊》：“私憂地軸脫，已分梁山沒。”元吳存《過大野》詩：“梁山泊裏雨濛濛，借得鷗沙過短篷。”明汪廣陽《梁山泊》詩：“河水濤濤闊，梁山奕奕雄。”清王建衡《赴沛不果》：“帆開汶水移花岸，路入梁山問酒樓。”除此之外，曰梁山者有多處。一，位於今陝西韓城市境。二，位於今陝西乾縣境。三，位於今安徽和縣、當塗縣之間。和縣境者曰西梁山；當塗縣境者爲東梁山，原名博望山。兩山隔江對峙如門闕，故亦名天門山。四，位於今陝西南鄭縣境。五，位於四川劍閣縣境，又名劍門山（參見本卷“劍門山”詞條）。

【良山】

即梁山¹。此稱漢代已行用。見該文。

嶗山

山名。亦稱“勞山”“牢盛山”“勞盛山”“牢山”。位於山東青島市東部，是中國海岸綫第一高峰。道教發祥地之一。漢代稱“不其”“勞盛山”，晉代及南北朝稱“牢”，始稱“嶗山”，唐代又有“大勞”“小勞”和“輔唐”之稱，明清兩代使用較亂，以“勞”“嶗”爲主，“牢”“鰲”兼而用之，至近代專用“嶗”字。“勞”字最早出自《詩·小雅·漸漸之石》：“山川悠遠，維其勞矣。”有山石險要，攀登勞頓之意。後沿用於山勢險峻的嶗山。漢王充《論衡·書虛》：“當二十七年游天下，到會稽至琅琊，北至勞盛山，並海，西至平原津而病，到沙丘平臺，始皇崩。”晉法顯《佛國記》：“即便西北行求岸，晝夜十二日，到長廣

嶗山（勞山）
（清蔣廷錫等《古今圖書集成》）

郡界牢山南岸，便得好水菜。”晋葛洪《神仙傳》卷二：“其藥，老者返少，小者不老。乃入海，登勞盛山而仙去也。”“嶗山”之名最早見於《南齊書・明僧紹傳》：“隱長廣郡嶗山，聚徒立學。”《後漢書・郡國志三》“琅邪”李賢注引《史記》：“秦始皇徙黔首三萬户琅邪臺下。傳有勞山。”《隋書・地理志中》：“有大勞山、馬山，有田横島。”唐李白《寄王屋山人孟大融》詩：“我昔東海上，勞山餐紫霞。”五代王松年《仙苑編珠》：“服之，老者少壯，少者不老，登勞盛山仙去。”宋寇宗奭《圖經衍義本草》：“生郿州、利州、太山、嶗山諸山。”《太平御覽・地部》：“《齊地記》曰：嶗山東北五里入海，有管彦島。”《太平寰宇記》卷二〇：“古老相傳云：秦始皇幸瑯琊，因至牢盛山望蓬萊。蓋立馬於此，又遣石人驅牢山不得。”元于欽《齊乘・山川》：“秦始皇至牢盛山望蓬萊，立馬此山，遣石人驅牢山不動，因立於此石。”又，《齊乘・山川》：“大小二勞山，即墨東南六十里岸海名山也，又名勞盛山。”元戴良《望大勞山》詩：“稍入東膠界，即見大勞山。”明沈德符《萬曆野獲編》卷二七：“勞山，亦名牢盛山。”清王士禎《池北偶談・嶗山道士》：“嶗山又名勞山，在即墨界。”清尤淑孝、李元正《即墨縣志》：“春秋時，吳王夫差嘗登勞山得《靈寶度人經》。”清于敏中《日下舊聞考・郊坰》：“七真之迹，皆在東海嶗山。”

【勞盛山】

即嶗山。此稱漢代已行用。見該文。

【牢山】

即嶗山。此稱晋代已行用。見該文。

【牢盛山】

即嶗山。此稱五代已行用。見該文。

【勞山】[2]

即嶗山。此稱唐代已行用。見該文。

【不其山】

山名。亦稱“不其”“輔唐山”，即嶗山。一説，不其位於山東嶗山西北部。《漢書・武帝紀》：“太始四年，夏四月，幸不其。”顏師古注：“音基，不其山，名因以爲縣。”《三國志・魏書・崔琰傳》：“徐州黄巾賊攻破北海，玄與門人到不其山避難。”北魏酈道元《水經注・濰水》：“萌，縣人也，少有大節，耻給事縣亭，遂浮海至遼東，復還，在不其山隱學。”唐牛素《紀聞》：“改牢山爲輔唐山，許昱居之。”《文獻通考・輿地考三》：“有古不其城、牢山、不其山、天寶山、活水。”《金史・地理志中》：“即墨有牢山、不其山、天室山、沽水、曲里鹽場。”清顧炎武《不其山》詩：“荒山書院有人耕，不記山名與縣名。爲問黄巾滿天下，可能容得鄭康成。”清同治《即墨縣志》：“不其山，縣東南二十里，一名鐵旗山。”

【不其】

同“不其山”，即嶗山。此稱漢代已行用。見該文。

【輔唐山】

即不其山，亦即嶗山。此稱唐代已行用。見該文。

【鰲山】[1]

即嶗山。山名。元丘處機《獅子峰》詩：“鰲山東面海浮空，日出扶桑照海紅。”又，鰲山位於湖南省常德市北。明李賢等《大明一統志・常德府》：“鰲山，在府城北七十里，本名獸齒山（注：南朝梁鮑堅《武陵記》作虎齒山）。相傳昔有僧宣鑒、義存、文邃三人同游此悟道，故其徒稱'鰲山悟道'。"又，鰲山位於秦嶺的主脉。參閱本卷"武功山"詞條。

玲瓏山

山名。在山東青州城西南。北魏時期書法家鄭道昭"魏碑"真迹留存於此。《白雲堂題名》"熒陽鄭道昭白雲堂中解易老也"十三字，刻在山前通天洞内的西壁，蒼勁樸茂。《北峰山題名》共九字："熒陽鄭道昭解衣冠處。"《白駒谷題名》共十九字："中岳先生熒陽鄭道昭遊槃之山谷也此白駒谷。"

大珠山

山名。位於山東青島市黄島區東南部海濱。唐日僧圓仁《入唐求法巡禮行記》："自此北行一日，於密州管東岸，有大珠山。今得南風，更到彼山修理船。"清顧祖禹《讀史方輿紀要・山東七》："大珠山，州南百二十里，濱海，上有石室。"清胡德琳、王尚珏《山東海疆圖記》："南逕大珠山，有古齊長城環臨海崖，旁爲小珠山。"清超永《五燈全書》："黿畫溪聲同瀚海，大珠山色共彌盧。"參閱《齊乘》《掖海叢書》《膠州志》。

于兹山

山名。省稱"于兹"。位於山東鄒平市城南。據漢伏生《尚書大傳》記載，古于兹山上有一種珍奇的動物叫"虞"。據傳，商朝末年，周文王遭到奸佞誣陷，被商紂王囚禁。大臣散宜生等人焦急萬分，千方百計營救。知商紂王和受他寵倖的妲己喜歡珍奇异寶，散宜生騎快馬從西岐來到于陵國，向于陵王逢伯陵求援。得虞后，又匆匆趕往商朝國都朝歌獻寶救人。

商紂王看到美麗的于兹山奇珍之後，立即釋放了周文王。于兹，語出《書・盤庚上》："我王來，既爰宅于兹。"孔傳："言祖乙已居於此。"唐柳宗元《古聖賢碑・箕子碑》："貞元十二年孟秋，旱甚。皇帝遇灾悼懼，分命禱祀，至于兹山。"清王漁洋《長白山錄》："于兹山與長白斷而復連，上有于兹仙翁祠。"清岳濬等《山東通志》卷三〇："黄山西峪得道家書，結茅於鄒平之于兹山。"道光《鄒平縣志》曰："于兹山，城南十里，屏列三峰，秀入雲表。西帶沙溪，東繞白條溝……上有于兹仙人祠。"清張實居《于兹山懷古》詩："窈窕于兹列翠岑，中藏玉洞白雲深。"清成兆豐《于兹山》詩："寒山高與印臺齊，下有清流是黛溪。"

齊烟九點

山名。位於山東濟南市區的九座獨立的小山，又各有歷史文獻記載。唐李賀《夢天》詩："遥望齊州九點烟，一泓海水杯中瀉。""齊烟九點"即由此詩句演化而來。金元好問《念奴嬌》詞："九點齊州，一杯滄海，半落天山雪。"詩中"齊州"本指中國，清代人因濟南古稱齊州，便藉用該詩句描繪濟南的山景。清王鵬運《尉遲杯・次漚尹寄弟韻》詞："誰念舊日神州，看青暗、齊烟九點寒凝。"清吳保初《與子言聯句》："夢中忽跨白麟去，齊烟九點光熹微。""九點"所指山體有出入，"九"亦并非確數，泛指山多。清郝植恭《游匡山記》："自鵲華而外，如歷山、鮑山、崛山、粟山、藥山、標山、匡山之屬，蜿蜒起伏，如兒孫環列，所謂'齊州九點烟'也。"今多指自千佛山"齊烟九點"坊處北望所見卧牛山、華山、鵲山、標山、鳳凰山、北馬鞍山、粟山、匡山、藥山等多座孤立的山頭。

卧牛山：清道光《濟南府志》："韓信破歷下，嘗駐於此。"又，馬舉墓誌中有多處武后創造的文字，内有"與其夫人合葬流山"之語。"牛""流"音近，據此，今"牛"字可能是"流"字的訛傳。清朱照《錦秋老屋筆記》："卧牛山，在齊州，九點烟之一，雖不及鵲、華高峻，然迴環有勢。"

華山：見本卷"華不注山"條。

鵲山：見本卷"鵲山"條。

北馬鞍山：又名"日月輪山"。魯成公二年（公元前589），齊頃公親率大軍在今濟南北馬鞍山下擺上陣勢，與晋軍進行決戰，即春秋時期四大著名戰役之一的"齊晋鞌之戰"。《左傳·成公二年》："六月……師陳于鞌。"參見本卷"靡笄"詞條。

匡山：在濟南城區西北隅。因山形似筐，故名筐山，元後改爲"匡"。山寺院後有"李白讀書堂"。金元好問《濟南行記》："匡山，齊河路出其下，世傳李白讀書於此。"元王惲《匡山》詩："匡山説有舊茅廬，李白當年此讀書。"山腰處立一巨石，上有"太白讀書處"五個大字，爲某清末秀才因爲敬仰李白，於1924年刻石。山之東麓立有清康熙五十三年（1714）石碑，上有"唐謫仙青蓮先生越千里到兹肄業"之句。

粟山：在城郊西北，較小，喻爲"粟"。有真武廟，大殿坐北朝南，并有偏殿相配。

標山：位於濟南城區北部。元張養浩在《標山記》："蓋土人以旁無他山，惟此若標可望，故以名之。"

鳳凰山：與標山相臨，兩山古亦同稱標山。元張養浩《標山記》："綽然亭西三里有雙山，曰'標'。"

藥山：又名"盧山""齊山""雲山""九頂蓮花山""陽起山"。昔日，山下洞中産"陽起石"，可入藥，故名"藥山"。此石礦脉甚微，開采困難，宋朝時列爲貢品。元于欽《齊乘》："藥山，出陽起石，極佳。"傳扁鵲曾采藥於此。

鮑山：春秋時代齊國大夫鮑叔牙的食邑，鮑叔牙墳即在山之東北隅，距山約500米。

鵲山

山名。在山東濟南市古濟水（今黃河）北岸，是濟南"齊烟九點"景觀之一。唐宋時，山下碧波蕩漾，稱"鵲山湖"。山坳中，古有磚砌矮墻，墻上挂有蒿帘，内有爐竈，相傳爲先秦名醫扁鵲煉丹藥處。并傳扁鵲死後葬此，故名"鵲山"。扁鵲墳尚存於山的西側，爲一土丘，前立康熙三年（1664）石碑，上刻"春秋盧醫扁鵲之墓"八字。唐李白《陪從祖濟南太守泛鵲山湖三首》其一："初謂鵲山近，寧知湖水遥。"宋蘇轍《和孔教授武仲濟南四咏·鵲山亭》其三："築臺臨水巧安排，萬象軒昂發塵埋。"宋孔平仲《曾子固令咏齊州景物作二十一詩以獻·鵲山亭》詩："千秋陵谷變，塵起鵲山湖。"宋曾鞏《鵲山亭》詩："灤水飛綃來野岸，鵲山浮黛入晴天。"金元好問《贈別孫德謙》詩："鵲山一帶傷心碧，羨殺孫郎馬首東。"又，《濟南行記》："鵲山，每歲七八月間，烏鵲群集其上，故名鵲山。"元宋褧《渡濟河馬上初見近城諸山》詩："華山高聳鵲山東，一帶烟霏翠接空。"清李希聖《論詩絶句四十首·漁洋》其三十九："鵲山寒食明湖柳，寫入烏痕燕影中。"參閲元趙孟頫《鵲華秋色圖》。

靡笄山

山名。古稱"靡笄",單稱"靡"。即今濟南北馬鞍山。傳爲春秋"齊晋鞌之戰"時擺下軍陣之地。《左傳·成公二年》:"六月壬申,師至于靡笄之下。"《國語·晋語五》:"靡笄之役,韓獻子將斬人……靡笄,齊山名。"《韓非子·難一》:"桓公不知仁義,靡笄之役,晋伐齊也。靡笄,山名。"《史記·晋世家》:"平公元年,伐齊,齊靈公與戰靡下,齊師敗走。"一説,華不注山爲靡笄山。清顧祖禹《讀史方輿紀要·山東二》:"司馬貞曰:華不注山,一名靡笄山。"清《四庫全書總目提要·史部二十四》:"華不注爲靡笄山,以臺城爲在濟南東北十三里,顧炎武《山東考古録》皆嘗辨之。"又説,靡笄山指濟南西南郊小峨嵋山。《金史·地理志中》:"長清劇有劘笄山。"靡,或訛作劘。

【靡笄】

即靡笄山。此稱先秦已行用。見該文。

【靡】 [1]

即靡笄山。此稱漢代已行用。見該文。

【劘笄山】

同靡笄山。此稱元代已行用。見該文。

華不注山

山名。又稱"華山""金輿山""華峰"。"不",音同斧;一説,音同夫。位於山東濟南市東北。六朝時四周水域稱"蓮子湖",宋以前又稱"鵲山湖"。春秋時代的古戰場,齊晋"鞌之戰"即發生於此。《左傳·成公二年》:"六月……師陳于鞌,齊師敗績,逐之,三周華不注。"杜預注:"華不注,山名。"魯成公二年(公元前589),齊頃公親率大軍在今濟南北馬鞍山下擺上陣勢,與晋軍進行決戰。齊頃公驕傲輕敵,言稱"滅此而朝食",不給戰馬披上鎧甲,結果"齊師敗績"。齊頃公被晋軍追逼,"三周華不注",幸得大臣逢丑父輿之更衣換位,并佯命其到山脚"華泉"取水,始得趁機逃脱。《詩·小雅·常棣》:"常(棠)棣之華,鄂不韡韡。""華"即"花","鄂不"即"蕚跗",謂花蒂。"華不注",意爲此山如花跗着於水中。北魏酈道元《水經注·濟水二》:"濟水又東北,華不注山單椒秀澤,不連丘陵以自高;虎牙桀立,孤峰特拔以刺天,青崖翠發,望同點黛。"唐李白《古風五十首》之二:"昔我游齊都,登華不注峰。兹山何峻拔,緑翠如芙蓉。"唐杜佑《通典·州郡十》:"歷城有華不注山,其山直上如筍。"宋曾鞏《北渚亭雨中》詩:"泉聲漸落石溝澗,雲氣迥壓金輿山。"又,《北渚亭雨中》詩:"泉聲漸落石溝澗,雲氣迥壓金輿山。"金元好問《咏華山》詩:"華山真是碧芙蕖,湖水湖光玉不如。"元趙孟頫《鵲華秋色圖》題款:"公謹父,齊人也。余通守齊州,罷官歸來,爲公謹説齊之山川,獨華不注最知名。"又,《趵突泉》詩:"雲霧潤蒸華不注,波濤聲震大明湖。"元王惲《華不注歌》:"齊州山水天下無,濼源之峻華峰孤。"元于欽《齊乘·華不注》卷

華不注山
(元趙孟頫《鵲華秋色圖》)

二："大明湖水出而注之，東北至華不注山，合華泉……注大清。"明于慎行《登華不注絶頂》："中峰帶湖水，華頂留寒雪。"明李攀龍《送右史之京》詩其七："金輿山下小清河，河上朱樓疊素波。"明王思任《游歷下諸勝記》："華不注、大明湖、趵突泉，濟南之三譽也。"清高士奇《春秋地名考略》："此山孤秀如跗之著於水也，今亦名金輿山，四面峻削。"

【金輿山】

即華不注山。此稱宋代已行用。

【華山】[2]

即華不注山。此稱金代已行用。見該文。

【華峰】

即華不注山。此稱元代已行用。見該文。

歷山[1]

山名。亦作"歷丘"。依"舜耕歷山"之説，中國名爲歷山者有二十餘。《山海經·中山經》："又東十里，曰歷山，其木多槐，其陽多玉。"又云："又東二十里，曰歷兒之山，其上多橿，多櫔木。"《墨子·尚賢中》："古者舜耕歷山，陶河濱，漁雷澤。"《管子·版法解》："舜耕歷山，陶河濱，漁雷澤，不取其利，以教百姓，百姓舉利之。此所謂能以所不利利人者也。"戰國楚簡《容成氏》："昔舜耕於歷丘，漁於雷澤，孝養父母，以善其親，乃及邦。"《吕氏春秋·長攻》："舜耕於歷山，陶於河濱，釣於雷澤，天下説之，秀士從之，人也。"《淮南子·原道訓》："昔舜耕於歷山，期年而田者爭處境埓，以封壤肥饒相讓；釣於河濱，期年而漁者爭處湍瀨，以曲隈深潭相予。"《史記·五帝本紀》："舜耕歷山，漁雷澤，陶河濱，作什器於壽丘，就時於負夏。"漢樂府《古艷歌》：

"行行隨道，經歷山陂。"晋佚名《思親操》："陟彼歷山兮崔嵬，有鳥翔兮高飛。"南朝宋顔延之《應詔觀北湖田收》詩："周御窮轍迹，夏載歷山川。"唐于頔《和丘員外題湛長史舊居》詩："蕭條歷山下，水木無氛滓。"宋袁甫《和晋齋兄韻》："歷山舜耕，雷澤舜漁。"《古今圖書集成·歷山部彙考》："天下稱舜耕之歷山有八，在山東者三，在山西者一，在浙江者三，在直隸者一。"

【歷丘】

即歷山[1]。此體先秦已行用。見該文。

歷山[2]

山名。亦稱"舜山""舜耕山""千佛山"。位於山東濟南市。隋朝年間，佛教盛行，依山沿壁鐫刻較多石佛，故亦稱"千佛山"。濟南古稱歷下，因歷山而得名。舜耕於濟南的歷山，歷代盛傳，多見於記載。《吕氏春秋·長攻》："舜耕於歷山，陶於河濱，釣於雷澤，天下説之，秀士從之，人也。"北齊魏收《七月七日登舜山》詩："述職無風政，復路阻山河。"按，舜山即歷山，此詩是魏收在濟南做齊州太守時所賦。北魏酈道元《水經注·濟水》："〔歷城〕城南對山，山上有舜祠……《書》舜耕歷山，亦云在此。"清阮元《歷山銘》："山棲壽佛，臺降飛仙。後之來者，亦百千年。"春秋戰國時，設"歷下邑"，歷山稱謂當早於春秋戰國。濟南歷山之麓有泉，有湖澤，有河流，有坡地、有古城垣，可陶、可漁、可耕、可商，亦多表現在古詩詞中。《漢書·魏豹田儋韓信傳》："軍歷下以距漢。"顔師古注："張晏曰：'濟南，歷山之下。'"唐封演《封氏聞見記》："齊州城東有孤石，平地聳出，俗謂之歷山。"《太平寰宇記》卷一九：“歷城縣，古齊歷下城，對歷山之下，韓信渡河破齊歷下之師，即此也。”宋蘇轍《答文與可以六言詩相示因道濟南事作十首》其二：“舜井溢流陌上，歷山近在城頭。”宋歐陽修《留題齊州舜泉》詩：“歷山之下有寒泉，向此號泣於旻天。”元吳萊《題毗陵承氏家藏古錢》詩：“歷山鑄金史靡紀，泉府職幣開其前。”元于欽《齊乘》：“濟南山，歷山，府南五里一名舜耕山。”明黎貞《舜井歌》：“歷山峨峨濟水綠，幾處桑田變陵谷。”明邊貢《九日登千佛山寺五首》詩其一：“南山空崒嵂，野老倦登臨。”清施閏章《趵突泉送嚴子餐都諫北還》詩：“傳聞此泉來王屋，伏流倒湧歷山麓。”清吳俊《陸太守朗夫招飲賦謝》詩：“歷山城頭亂撾鼓，一綫凉蟾漏秋雨。”清顏光敏《送朱錫鬯之濟南（在撫軍署）》詩：“携手河橋悵去塵，歷山遙望柳條春。”清任弘遠《趵突泉志》：“夜色泉聲誰是主，憑欄相對歷山孤。”清《古今圖書集成·方輿彙編·山川典·歷山部彙考之一》：“按，孟子稱舜生於諸馮，遷於負夏，卒於鳴條，東夷之人也。耕處應與始生之地相去不遠，自當以在山東者爲是。今濟南府歷城縣

以山得名相沿甚久，似尤爲可信。”又云：“〔歷山〕在今濟南府城南五里，一名舜耕山，一名大佛頭山，一名千佛山。”清顧祖禹《讀史方輿紀要·山東二》：“山南有危石矗立也，亦名千佛山。”《老殘游記》第二回：“歷山山下古帝遺蹤，明湖湖邊美人絕調。”又云：“那千佛山的倒影映在湖裏，顯得明明白白。”一說在濟南老城東。唐封演《封氏聞見記》：“齊州城東有孤石，平地聳出，俗謂之歷山。”

【舜山】

即歷山[2]。此稱北齊已行用。見該文。

【舜耕山】

即歷山[2]。此稱元代已行用。見該文。

【千佛山】

即歷山[2]。此稱明代已行用。見該文。

歷山[3]

山名。位於山東臨沂市費縣，或菏澤市鄄城。兩地相隔不遠，歷史滄桑，很難考證具體地點。《史記·五帝本紀》：“舜耕歷山，漁雷澤，陶河濱，作什器於壽丘，就時於負夏。”張守節正義：“濮州雷澤縣有歷山、舜井，又有姚墟，云舜生處也。”《太平寰宇記》卷一四：“濮州，今治鄄城縣。古昆吾舊壤，顓頊遺墟。”按，古

歷城縣歷山
（清蔣廷錫等《古今圖書集成》）

費縣歷山
（清蔣廷錫等《古今圖書集成》）

濮州位於今菏澤市鄄城縣一帶。谷林、河濱、雷澤、歷山均在菏澤境内。雷澤即古菏澤，今已因河流多次改道沉積被淤平。鄄城境内現有境内現存有堯王墓、舜耕歷山等古迹遺址。歷山舜廟建於何時，已無法考證。自漢以後，歷代官吏爲其修廟祭拜。元張須《舜祠記》："須來游於鄄，知帝廟在雷澤之北，瓠河所經是爲姚墟，亟往拜焉。"今菏澤舜耕歷山遺址位置與歷代史籍的記載頗爲相符。據傳，今鄄城縣閭什鎮姚劉莊有姚墟，爲堯帝出生地。兩相對應，此處或爲舜耕歷山實地。

蒙山

山名。古稱"東蒙""東山""龜蒙"，單稱"蒙"。地處山東臨沂市西北。蒙山歷史上屬於東夷文明，是祭山文化的發祥地之一。《周易·蒙卦》："山下出泉，蒙。"王弼注："退則困險，進則閡山，不知所適，蒙之義也。"又云："山下出泉，未知所適，蒙之象也。"《書·禹貢》："淮沂其乂，蒙羽其藝。"《詩·魯頌·閟宫》："奄有龜蒙，遂荒大東。"《論語·季氏》："夫顓臾，昔者先王以爲東蒙主。"邢瑞疏："蒙山在東，故曰東蒙。"唐杜甫《與李十二白同尋范十隱居》詩："余亦東蒙客，憐君如弟兄。"宋孔平仲《途中口占》詩："望見蒙山思馬耳，路經沂水憶河淇。"蒙山南麓建於宋代的玉虛觀（今萬壽宫）石碑碑文《蒙山祈雨記》引道書《靈寶經》《嶽瀆洞天圖》描述蒙山形勢曰："東蒙，靖廬福地，東浮雲氣口接於蓬萊，西根連於三宫空洞之天，南隸衡嶽爲佐命，北重艮坎爲蒙卦，中有靖廬仙宫，神仙僚佐萬衆，主校罪福生死之籍。"明宋濂《畫山水圖歌》詩："豈非東蒙山中舊隱士，面目猶帶河朔風塵頑。"清玄燁《蒙陰曉雪》詩："馬蹄踏碎瓊瑶路，隔斷蒙山頂上峰。"清玄燁《蒙山》詩："蜿蜒一氣結蒙山，巋崒堂皇重見此。"

【東蒙】

即蒙山。此稱先秦已行用。見該文。

【東山】[2]

即蒙山。此先秦已行用。見該文。

【龜蒙】

即蒙山。此先秦已行用。見該文。

【蒙】

即蒙山。此稱先秦已行用。見該文。

魯山[1]

山名。亦稱"東山"。孔子曾登臨絶頂。位於山東淄博市東南部。春秋時期，齊魯兩國以此山爲界，山南爲魯國，故稱魯山。海拔1108米。《孟子·盡心上》："孔子登東山而小魯，登泰山而小天下。"孫奭疏："孟子言孔子登魯國之東山而覽者大，故小其魯國，以魯國莫大於東山也。"朱熹注："東山，蓋魯城東之高山。"唐皮日休《七愛詩·元魯山》："只飲魯山泉，只采魯山薇。"宋梅堯臣《魯山山行》詩："適於野情愜，千山高復低。"明吴寬《送張都水》

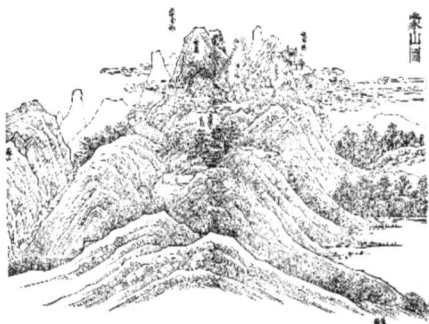

蒙　山
（清蔣廷錫等《古今圖書集成》）

詩："巖巖魯山下，平地多流泉。"清孫廷銓《顏山雜記》："魯山在鎮東六十里，孔子登東山小魯處。"

【東山】[3]

即魯山[1]。此稱先秦已行用。見該文。

五指山

山名。位於海南島中南部。宋趙汝適《諸蕃志》卷下："而今黎人，乃多姓王。淳熙元年，五指山生黎洞首王仲期率其傍八十洞丁口千八百二十歸化。"《元史·史懷德傳》："五指山楊趙奴獨固守不下，天祥擊之。"明李賢等《大明一統志》："〔五指山〕極高大，屹立瓊、崖、儋、萬之間，爲四州之望……一名黎婺山，方言訛爲黎母云。"這部地理志，已認識到五指山爲海南島最高峰。明邢宥《瓊臺雜興七首》其三："五指山光勝九華，版圖曾奏漢王家。"《明史·沈希儀傳》："瓊州五指山熟黎素畏法，供徭賦，知州邵潙虐取之。"《明史·地理志五》："西南有新城，在五指山下，太祖癸卯年，李文忠所築。"又："有五指山峒，黎人雜居。外有三州、十縣、一衛、十一所。"清屈大均《廣東新語·山語》："五指山在瓊海中，亭亭直立，上參霄漢，若端人正笏峨冠之象。"

黎母山

山名。亦作"黎婺""黎母嶺"，亦稱"頭平嶺"。現代地理指海南島的中列山脈爲黎母山山脈，黎母山位於黎母山山脈東北端，是黎母山山脈主峰。關於黎母山與五指山兩山是否爲一山，史上方志解釋不一。黎母山其名最早似可追溯到晉代。宋《諸蕃志》："〔海南〕按《晉書》分野屬婺女分，謂黎牛婺女星降現，故名曰黎婺，音訛爲黎母。"又，宋祝穆《方輿勝覽》轉引北宋《瓊州圖經》："黎母山，《圖經》：島上四州，以黎母山爲主山，特高。每日辰巳後，雲霧收斂，則一峰聳翠插天。申酉間，復蔽不見。此必所謂南極星芒所降之地也。"《文獻通考·四裔考八》："黎峒，唐故瓊管之地，在大海南，距雷州泛海一日而至。其地有黎母山，黎人居焉。"明張燮《東西洋考》卷九引《圖經》云："婺女星見此山，因名黎婺，後訛呼黎母。"元明之間認爲五指山就是黎母山。明李賢等《大明一統志》："黎母山，在定安縣南四百里。山有五峰，又名五指山。極高大，屹立瓊、崖、儋、萬之間，爲四州之望……一名黎婺山，方言訛爲黎母云。"明唐胄《瓊臺志》："黎母即五指，志傳沿書久矣。近訪熟黎村者，皆言身涉其地，五指居中。其地南界陵水、崖州、感恩諸處，土色皆浮白，北來者多赤。旁有黎婺山，尤甚峻。一水湍急，流出鎮川。據此，則黎婺當別爲一山無疑。"康熙《定安縣志》首次給出黎母山與五指山明確里程："黎母嶺，即光螺嶺，《通志》誤作二山，在縣西南，屬生黎地，距城二百八十里。大五指山，在縣正南思河都界外，屬生黎地，距縣城四百三十餘里，其高際天，其廣莫測，五峰如指。"康熙《皇輿全圖》標繪海南四座大嶺：五指山、縱橫嶺（今南茂嶺）、黎母嶺（今鸚哥嶺），方位都準確。黎母嶺最早作爲"頭平嶺"，見諸明唐胄《瓊臺志》："頭平嶺，在（瓊山）縣之西南三百二十里許西黎都。四畔皆山，延綿凡數十里。中峙起一峰，特高而頂平，樹木陰翳。"

【黎婺】

即黎母山。此體宋代已行用。見該文。

【頭平嶺】

即黎母山。此稱明代已行用。見該文。

【黎母嶺】

即黎母山。此體清代已行用。見該文。

【光螺嶺】

即黎母山。此體清代已行用。見該文。

瓊山 [3]

山名。位於海南瓊山縣南。宋白玉蟾《種桃齋寫神贊》詩："南海瓊山子，香山居士孫。"宋彭龜年《送王仲顯赴瓊州》詩："日影倒亂摩旌旗，瓊山太守行赤帷，父老出餞相扶携。"明劉崧《二月二十九日三更渡海之瓊府》詩："南望瓊山一點平，三更津吏報舟行。"明傅汝楫《送王甥春先省親之瓊州》詩："庾嶺遲梅使，瓊山少雁書。"《清史稿·地理志十九》："瓊山（縣）南瓊山，縣以是名。"

荊山 [2]

山名。位於湖北南漳縣西部。山有抱玉巖，傳爲楚人卞和得璞處。《書·禹貢》："導嶓冢，至于荊山。"孔傳："荊山在荊州。"北魏酈道元《水經注·江水二》："《禹貢》：'荊及衡陽惟荊州。'蓋即荊山之稱，而制州名矣。故楚也。"故有荊山楚源之說。唐李白《將游衡嶽過漢陽雙松亭留別族弟浮屠談皓》詩："本是楚家玉，還來荊山中。"宋李廌《龐德公宅》詩："荊山雲蒼蒼，漢水波瀰瀰。"清佚名《湖廣總督署大堂聯》："北起荊山，南包衡嶽，中更九江合流，形勝稱雄，楚尾吳頭一都會。"

荊山 [3]

山名。位於今陝西西安市閻良區、咸陽市三原縣、渭南市富平縣三地交界處。亦稱"荊原"。相傳禹鑄鼎於此。《書·禹貢》："導岍及岐，至于荊山。"孔穎達疏："《地理志》云：《禹貢》北條荊山，在馮翊懷德縣南。"《後漢書·郡國志一》"雲陽"，劉昭注引晉皇甫謐《帝王世紀》："禹鑄鼎於荊山，在馮翊懷德之南。"按，西漢高帝時置懷德縣，故址在今陝西富平縣華朱鄉懷陽城附近。唐韓愈《次潼關先寄張十二閣老使君》詩："荊山已去華山來，日出潼關四扇開。"宋文同《嘲中條》詩："荊山赴太華，百萬如走駝。"明李昌祺《留別王教諭士敬》詩其三："黃河幾曲繞荊山，楊柳陰中帶暝灣。"清乾隆《臨潼縣志》："荊原爲邑北界，綿亘數十里，與驪山南北相望，陂陀擁護，如屏障然。"

荊山 [4]

山名。位於今河南靈寶市閿鄉縣南。相傳黃帝采首山銅鑄鼎於此。亦稱覆釜山。荊山下的黃帝鑄鼎原現存有《軒轅黃帝鑄鼎原碑銘并序》，是現存最早的記載有黃帝鑄鼎內容的碑刻。《史記·五帝本紀》："黃帝采首山銅，鑄鼎於荊山下。"唐李淳風《乙巳占》引《書》："荊河唯豫州。"或指豫州位於黃河與荊山之間，荊就是靈寶荊山。唐李吉甫《元和郡縣圖志·河南道》："荊山，在縣南，即黃帝鑄鼎之處。"

荊山 [5]

山名。位於今安徽懷遠縣西南。亦稱"楚山 [1]"，亦有抱璞巖、抱玉巖。亦傳楚人何氏得玉璞於此山中。《韓非子·和氏》："楚人和氏得玉璞楚山中，奉而獻之厲王。"《文選·顏延之〈北使洛詩〉》："振楫發吳州，秣馬陵楚山。"李善注："韓子曰：'楚和氏得璞玉于楚山之中。'"北魏酈道元《水經注·淮水》："《郡國志》曰：'平阿縣有當塗山，在濠州鍾離縣西八十三里，即梁武帝築堰之地，今懷遠軍正治山。"唐李白《答杜秀才五松見贈》詩："銅井炎爐歊九天，赫如鑄鼎荊山前。"按，據本詩題注，五松山在南陵銅坑西五六里。南陵位於河南。《資治通鑑・後周世宗顯德四年》："帝馳至荊山洪，距趙步二百餘里。"胡三省注："荊山，在濠州鍾離縣西八十三里，即梁武帝築堰之地。今懷遠軍正治荊山。"元洪焱祖《荊山》詩："淮水西來千騎捷，渦河北下九天閒。"明汪廣洋《荊山》詩："荊山有玉名天下，玉去山存縣治幽。"按，本詩題注曰："懷遠縣舊志：九澗八河，旁繞此山。"清康熙《鳳陽府志》："〔荊山〕高一百八十五丈，周圍十七里，東有卞和洞。"

【楚山】[1]

即荊山[5]。此稱先秦已行用。見該文。

白鹽山

山名。亦作"白鹽崖"，省稱"白鹽"。山巖高峻，色若白鹽，因名。位於重慶市奉節縣東十七里長江南岸，亦即長江從四川盆地進入三峽的夔門。隔江與赤甲山相對，中夾江爲瞿塘峽，爲蜀之咽喉。北魏酈道元《水經注・江水》："北岸山上有神淵，淵北有白鹽崖，高可千餘丈，俯臨神淵，土人見其高白，故因名。"唐劉禹錫《雜曲歌辭・竹枝》："白帝城頭春草生，白鹽山下蜀江清。"唐杜甫《白鹽山》詩："卓立群峰外，蟠根積水邊。"又，《入宅三首》其一："奔峭背赤甲，斷崖當白鹽。"宋祝穆《方輿勝覽・夔州》："〔白鹽山〕在城東十七里。崖壁五十餘里。其色炳耀，狀若白鹽。"明黃玠《題趙仲穆山水圖歌》詩："赤甲白鹽江影空，青天芙蓉五老峰。"清顧祖禹《讀史方輿紀要・四川四》："明初伐蜀，湯和分軍出赤甲、

白鹽兩山間，遂克夔州。"

【白鹽崖】

同"白鹽山"。此體北魏已行用。見該文。

【白鹽】

同"白鹽山"。此稱唐代已行用。見該文。

赤甲山

山名。省稱"赤甲"。位於長江從四川盆地進入三峽的夔門（瞿塘關）。夔門兩側的高山，南名"白鹽山"，北曰"赤甲山"，拔地而起，高聳入雲。近江兩岸則壁立如削，恰似天造地設的大門。白鹽山因黏附在巖石上的水漬物質主要含鈣質，色似白鹽而得名；赤甲山因含有氧化鐵的水溶液黏附在風化的巖層表面，此山土石呈紅色，如人祖背，故名。唐徐堅《初學記・州郡部》："《水經注》曰：白帝山，北接緣馬嶺，南接赤甲山。"唐杜甫《夔州歌十絕句》其四："赤甲白鹽俱刺天，閭閻繚繞接山巓。"宋喻汝礪《八陣圖》詩："赤甲山前春雪深，白帝城下扁舟艤。"明陳洪謨《白帝城》詩："赤甲山高雲接天，蒼厓翠壁排重關。"清高層雲《瞿唐》詩："赤甲與白鹽，開闔似屏障。"

【赤甲】

同"赤甲山"。此稱唐代已行用。見該文。

靈源山

山名。又稱"太平山""吳明山""吳山"。位於福建晉江安海鎮北面。南朝齊孔稚珪《游太平山》詩："石險天貌分，林交日容缺。"《晉書・隱逸傳》："謝敷，字慶緒，會稽人也。性澄靖寡欲，入太平山十餘年。"宋仁宗嘉祐元年（1056），御史吳中復、吳中純昆仲隱居并終老於此，故稱"吳明山"。又，宋時，因見山中"時涌靈源"，人稱"靈源山"。金冀國公主《朝

中措·游靈源山》詞："倦游蹤迹查無憑，寥落過山城。"清顧祖禹《讀史方輿紀要·福建五》："上有靈泉，大旱不竭，一名太平山，以山頂平正也。亦曰吳山。"按，號吳山者有多處，位於陝西隴縣西南、浙江杭州西湖東南等。又，常泛指江南諸山。

【太平山】

即靈源山。此稱南朝齊已行用。見該文。

【吳明山】

即靈源山。此稱清代已行用。見該文。

【吳山】²

即靈源山。此稱清代已行用。見該文。

歷山⁴

山名。位於山西永濟市（古蒲州）南的中條山西端，黃河之東，距離孟津不遠，傳爲舜所耕處。此區域附近也傳爲上古唐虞時代虞建都處。今歷山村在（今劃歸芮城縣）。永濟歷山是古籍記載最早之歷山。《山海經·中山經》："薄山之首，曰甘棗之山。……又東二十里，曰歷兒之山。"清畢沅曰："此薄山即山西蒲州山。"《史記·五帝本紀》："舜耕歷山，歷山之人皆讓畔；漁雷澤，雷澤上人皆讓居；陶河濱，河濱器皆不苦窳。"張守節正義引《括地志》："蒲山，亦名歷山。"鄭玄曰："歷山在河東。"按，漢代山西南部爲河東郡。北魏酈道元《水經注·河水四》："然陶城在蒲坂城北，城即舜所都也，南去歷山不遠，或耕或陶，所在則可，何必定陶方得爲陶也？舜之陶也，斯或一焉。孟津有陶河之稱，蓋從此始之。"按，蒲坂即今山西永濟市。唐李泰《括地志·蒲州》："河東縣南二里故蒲坂城，舜所都也。城中有舜廟，城外有舜井及二妃壇。"參閱清代刻本木版畫集《天下名山圖·歷山圖》。一說，位於山西南部垣曲縣、翼城縣、陽城縣、沁水縣交界處。主峰舜王坪，爲山西南部第一高峰。清穆彰阿等《大清一統志》："歷山在翼城縣東南七十里，相傳舜耕於此，上有舜王坪。西北屬翼城縣，西南屬絳州垣曲縣，東屬澤州府陽城、沁水二縣，爲四縣之交。"一說，位於媯州（今河北省涿鹿縣西南）。《史記·五帝本紀》："舜，冀州之人也。"張守節正義引《括地志》云："媯州有媯水，源出城中。耆舊傳云即舜釐降二女於媯汭之所。外城中有舜井，城北有歷山，山上有舜廟，未詳。"

呂梁山

山名。山西省西部山脉，南北延長約400

蒲州歷山
（清蔣廷錫等《古今圖書集成》）

呂梁山
（清蔣廷錫等《古今圖書集成》）

千米。黄河與其支流汾河的分水嶺，中段稱關帝山，南段稱五鹿山，北段分爲東西平行的兩列，東爲雲中山，西爲蘆芽山與管涔山，中夾静樂盆地。晋左思《三都賦》："奔龜躍魚，有祭吕梁。"北魏酈道元《水經注·河水》："河水左合一水，出善無縣故城西南八十里，其水西流，歷於吕梁之山，而爲吕梁洪。"唐張九齡《夏日奉使南海在道中作》詩："吕梁有出入，乃覺非虚詞。"金元好問《水調歌頭·賦三門津》詞："峻似吕梁千仞，壯似錢塘八月，直下洗塵寰。"《明史·地理志三》："西有梁山，一名吕梁山，濱大河。東北有龍門山，夾河對峙。"明張充《和吏部尚書湛若水》詩："何人名此玉湖硯？吕梁之石瓊瑶片。"

五臺山

山名。亦稱"紫府"，省稱"五臺"。位於山西五臺縣，與浙江普陀山、安徽九華山、四川峨眉山共稱"中國佛教四大名山"。漢永平年間，始建寺廟，歷代增修，蔚爲大觀，遂有"文殊道場"之稱。《史記·蘇秦列傳》："南有嘑沱、易水。"張守節正義："嘑沱出代州繁時縣，東南流經五臺山北，東南流過定州，流入海。"晋葛洪《仙經》："五臺山，名爲紫府，常

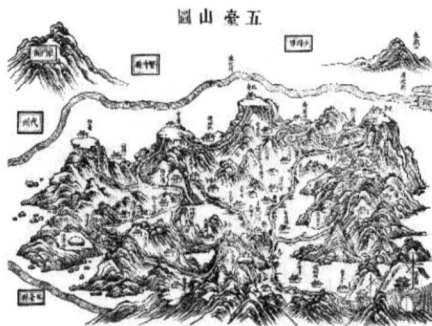

五臺山
（清蔣廷錫等《古今圖書集成》）

有紫氣，仙人居之。"南朝宋謝靈運《名山志》："五臺山五峰聳立，高出雲表，山頂無林木，有如壘土之臺，故曰五臺。"唐杜佑《通典》："隋改昀夷縣爲五臺，有五臺山。"唐杜荀鶴《贈祖肩和尚》詩："才聞錫杖離三楚，又説隨緣向五臺。"宋白玉蟾《見浙翁琰禪師》詩："謂師有道國人皆，何必文殊更五臺。"元念常《佛祖通載卷》："收舍利塔於五臺。"《送聞師之五臺》詩："丹陽纔洗鉢，又入五臺游。"明董斯張《廣博物志》卷五："代州東南五臺山，方三百里，極巉巖崇峻。"清稽曾筠《五臺山》詩："昔人一覽五臺勝，謂可不須五嶽游。"參閱明王圻等《三才圖會·地理圖會》。

【紫府】

即五臺山。此稱晋代已行用。見該文。

【五臺】

同"五臺山"。此稱唐代已行用。見該文。

定軍山

山名。位於陝西勉縣西南。兩峰對峙，山上有平坂。東漢末年劉備部將黄忠大敗曹操軍於此。山下有諸葛亮陵墓及廟宇。《三國志·蜀書·黄忠傳》："建安二十四年，於漢中定軍山擊夏侯淵。淵衆甚精，忠推鋒必進……一戰斬淵。"晋常璩《華陽國志》："蜀丞相諸葛亮葬定軍山。"唐杜佑《通典》："蜀先主適兵漢中，次於陽平關，南渡沔水，沿山稍前，於定軍山勢作營。"《後漢書·郡國志五》："沔陽，《華陽國志》曰：'有定軍山。'"宋陸游《游諸葛武侯書臺》詩："定軍山前寒食路，至今人祠丞相墓。"《宋史·劉子羽傳》："玠遽邀子羽去，子羽不可，而留玠同守定軍山，玠難之，遂西。"《明史·地理志四》："其東爲定軍山，又有大樓山，

上有太平關，亦曰樓山關。"清戴明説《蜀還行送楊莪蒿入都》詩："漢川城中有拜臺，定軍山下生蒿萊。"

鹿門山

山名。位於鄂西北襄陽城東南約 15 千米處，瀕臨漢江，與同是文化名山的峴山隔江相望。漢末名士龐德公，唐代著名詩人孟浩然、皮日休相繼在此隱居。《後漢書·逸民傳》："後遂携其妻子登鹿門山，因采藥不反。"唐白居易《游襄陽懷孟浩然》詩："南望鹿門山，藹若有餘芳。"唐孟浩然《登鹿門山》詩："漸至鹿門山，山明翠微淺。"宋王禹偁《送夏侯正言襄陽迎親》詩："峴首碑前留馬足，鹿門山下宿僧居。"元趙孟頫《送孟仲則游荆湖兼往襄漢》詩："伏龍鳳雛在何處？鹿門山色還蒼蒼。"明伍瑞隆《望小鹿門山》詩："龐公棲隱處，聞道鹿門山。"清徐國相等《湖廣通志》："孟浩然故居在縣東南鹿門山。"參閱明王圻等《三才圖會·地理圖會》。

鹿門山
（明王圻等《三才圖會》）

武當山

省稱"武當"，亦稱"太和山""嵾上山""仙室""謝羅山"，古亦有"玄嶽"之稱。山名。在湖北丹江口市南。漢高祖五年（公元前 202），置武當縣。《漢書·地理志》"棘陽"應劭注曰："在棘水之陽，武當。"晋佚名《太上玉佩金璫太極金書上經》："當以本命太歲之日，按法書文，登玄嶽。"晋佚名《靈寶無量度人上品妙經》："玄嶽鬱嵯，仙都玉京。"北魏酈道元《水經注·沔水》："水導源縣南武當山，一曰太和山，亦曰嵾上山，山形特秀，又曰仙室……亦曰謝羅山焉。"《史記·夏本紀》："又東爲蒼浪之水。"張守節正義："《括地志》云：'均州武當縣有滄浪水。"唐權德輿《和職方殷郎中留滯江漢初至南宮呈諸公並見寄》詩："十載別文昌，藩符寄武當。"宋胡叔陽子《題壁二首》其一："兒女損休都管盡，明春速入武當山。"宋陸游《老學庵筆記》："舅氏唐居正，文學氣節爲一時師表，建炎初，避兵武當山中。"元杜本《武當山張真人奉詔禱雨有應》詩："武當真人張洞淵，爲道有心如鐵堅。"明陶宗儀《送道士葉道心游武當》詩："均陽雄鎮武當山，金關宏開縹緲間。"明王洪《武當山瑞應祥光》詩："武當靈山自古聞，七十二峯鬱璘珣。"參閱唐戴叔倫《題武當逸禪師蘭若》、宋李曾伯《滿江紅（丁丑登均州武當山）》、清顧祖禹《讀史方輿紀要·湖廣五》。

武當山
（明王圻等《三才圖會》）

【武當】

　　即武當山。此稱漢代已行用。見該文。

【玄嶽】 2

　　即武當山。此稱晉代已行用。見該文。

【太和山】

　　即武當山。此稱北魏已行用。見該文。

【嵾上山】

　　即武當山。按，嵾音或同"參"，《集韻》同參。此稱北魏已行用。見該文。

【仙室】

　　即武當山。此稱北魏已行用。見該文。

【謝羅山】

　　即武當山。此稱北魏已行用。見該文。

大伾山

　　山名。亦作"大岯"，亦稱"黎陽山""清澶山"。位於河南浚縣城東南。《書·禹貢》："東過洛汭，至于大伾。"《漢書·溝洫志》："及盟津、雒內，至于大伾。"張晏注曰："成皋縣山又不一成也。今黎陽山臨河，豈是乎？"北魏酈道元《水經注·河水》："劉禎《黎陽山賦》曰：'南陰黄河，左覆金城，青壇承祀，高碑頌靈。'"《魏書·地形志》："〔黎陽縣〕有黎陽山。"唐李吉甫《元和郡縣圖志》卷一六：

"〔黎陽縣〕古黎侯國，漢以爲黎陽縣，在黎陽山北。"又云："大伾山正南去縣七里，即黎山也。"宋范成大《舊滑州》詩："大伾山麓馬徘徊，積水中間舊滑臺。"《金史·地理志》："黎陽有大伾山。"明宗臣《寄盧少梗》詩："大伾山頭花滿烟，春來竟日酒鑪眠。"《明史·地理志》："東有大伾山，一名黎陽山，又名清澶山。"

【大伾】

　　即大伾山。此體先秦已行用。見該文。

【黎陽山】

　　即大伾山。此稱漢代已行用。見該文。

【清澶山】

　　即大伾山。此稱清代已行用。見該文。

霍山 2

　　山名。山西霍山，即古冀州霍山，九州五大鎮山之一，又名霍太山、太岳山。按，中國號霍山者有九：山西霍州市霍山；安徽霍山縣霍山，又稱天柱山、南嶽；河南鞏義市霍山；河南汝州市霍山，亦稱霍陽山；湖北竹山縣霍山；福建閩侯縣霍山；福建寧德市霍山，又稱霍童山；廣東龍川縣霍山。《周禮·夏官·司馬》："河內曰冀州，其山鎮曰霍山。"鄭玄

大伾山
（清蔣廷錫等《古今圖書集成》）

霍　山
（清蔣廷錫等《古今圖書集成》）

注：“霍山在彘陽。”按，彘陽，後漢時改永安縣，即今山西霍州。《山海經·中山經》：“又北四十里，曰霍山，其木多楮。”《爾雅》：“西方之美者，有霍山之多珠玉焉。”《史記·秦本紀》：“晋大旱，卜之曰：‘霍太山爲祟。’”北魏酈道元《水經注·汾水》：“霍水入焉，水出霍太山。”隋代始稱霍山爲“中鎮”。《霍州志》：“隋制祀四鎮，以霍爲中鎮，是爲五鎮。”《唐六典·尚書户部》：“霍山在晋州。”唐杜佑《通典·州郡典》：“有霍山，即職方冀州之鎮，一名太岳山，《禹貢》所謂岳陽。”唐元稹《悟禪三首寄胡果》其三：“春游晋祠水，晴上霍山岑。”元楊奐《送靳才卿之平陽》詩：“汾水野烟白，霍山寒霧深。”明徐賁《晋冀紀行十四首·霍山》詩：“霍山古北鎮，勢尊出群麓。”清顧祖禹《讀史方輿紀要·山西一》：“霍山，在平陽府霍州東南三十里，亦曰太岳，亦曰霍太山。”

【霍太山】

即霍山[2]。此稱漢代已行用。見該文。

【太岳山】

即霍山[2]。此稱唐代已行用。見該文。

天山

山名。一説，因傳説是西王母居所，故猶稱“玉山”。世界七大山系之一，位於歐亞大陸腹地，東西橫跨中國、哈薩克斯坦、吉爾吉斯斯坦和烏兹别克斯坦四國，是世界上最大的獨立緯嚮山系，也是距離海洋最遠的山系和全球乾旱地區最大的山系。有距今四千年前月氏、烏孫等早期游牧民族活動的遺迹。據《穆天子傳》記載，三千餘年前的周穆王曾乘坐“八駿馬車”西行天山，西王母在天池接見了他。穆王贈送大批錦綢美絹等中原特産，西王母則回贈了天山的奇珍瑰寶，并邀請穆王游覽天山名勝。《山海經·西山經》：“又西三百五十里，曰玉山，是西王母居所也。”郭璞注：“此山多玉石，因以得名。”南朝梁王僧孺《白馬篇》詩：“不許跨天山，何由報皇德。”隋盧思道《從軍行》：“白雲初下天山外，浮雲直向五原間。”唐岑參《天山雪歌送蕭治歸京》詩：“天山雪雲常不開，千峰萬嶺雪崔嵬。”唐李白《關山月》詩：“明月出天山，蒼茫雲海間。”宋陸游《謝池春》詞：“似天山、凄凉病驥。”元于立《題墨雁》詩：“黄沙衰草羽氄氄，八月天山冷不堪。”明鄧雲霄《燕京春懷八首》之八：“宛馬天山肥苜蓿，宣房春水漲桃花。”清屈大均《夢馬歌》詩：“彎弓欲射天山月，拔劍難斬被頭星。”

【玉山】[2]

即天山。此稱先秦已行用。見該文。

吴山[3]

江南諸山。唐皎然《武源行贈丘卿岑》詩：“昔年群盗阻江東，吴山動摇楚澤空。”宋史浩《代上孫仲益尚書生日》詩：“吴山高分江水長，江山鬱鬱蟠光芒。”明陳基《福山港口待潮》詩：“吴山如畫楚江平，消得孤帆半日程。”

魯山[2]

山名。位於秦嶺餘脉，伏牛山東端，河南魯山縣東北，汝州市東南。魯山縣城先建於山陰，後建於山陽，故古名魯陽。漢置魯陽縣，唐始名魯山縣。北魏酈道元《水經注·滍水》：“滍水又東逕魯陽縣故城南，城即劉累之故邑也，有魯山，縣居其陽，故因名焉。”《新唐書·蕭宗本紀》：“乙酉，來瑱及史思明戰於魯山，敗之。”《元史·王磐傳》：“金人遷汴，乃渡河，居汝州之魯山。"《夏商野史》第一一回："劉累恐孔甲殺他，遂奔向魯山藏身去了。魯山今汝州地也。"清顧祖禹《讀史方輿紀要・河南六》："山高聳，迴生群山，爲一邑巨鎮，縣（魯山縣）以此名。"河南魯山之名早於山東魯山。公元前 1066 年，周公在平定武庚、管叔、蔡叔的叛亂之後，便揮師東進，繼續攻打東方叛亂各國。東征勝利後，封周公長子伯禽以奄國舊地，成立魯國，賜殷民六族，後有齊魯兩國之界山，曰魯山。

阿爾泰山

山名。位於中國新疆北部和蒙古西部。"阿爾泰"在蒙古語中意爲"金山"，從漢朝就開始在此開采金礦，至清朝在山中淘金的人曾多達五萬人。很多年前，阿爾泰山及其周邊地區就被一些國外學者認爲是"人類真正原始的、最爲古老的文化發祥地"。《莊子・逍遙游》中記載有一個極北之國，名曰"窮髮"，即光頭人國，而在阿爾泰山南北，都曾發現過神秘的光頭石人；在古希臘學者希羅多德的《歷史》中，也提到有"禿頭人"。另外，《淮南子》《山海經》等書記載阿爾泰山深處有"一目民"，而在新疆青河大山中發現了"獨目人"巖畫。

砥石山

山名。省稱"砥石"。位於遼水發源地。《荀子・成相》："契玄王，生昭明，居於砥石，遷於商。"楊樹達注："砥石，地名，未詳所在。"《呂氏春秋・有始覽》："何謂六川？河水、赤水、遼水、黑水、江水、淮水。"高誘注："遼水出砥石山，自塞北東流直至遼東之西南，入海。"《淮南子・墜形訓》："遼出砥石。"高誘注："山名，在塞外，遼水所出。"《淮南鴻烈解》卷四："砥石，山名，在塞外遼水所出，南入海。"北魏酈道元《水經注・大遼水》："遼水亦言出砥石山，自塞外東流，直遼東望平縣西，王莽之長說也。"

【砥石】[1]

即砥石山。此稱先秦已行用。見該文。

長白山

山名。亦稱"不咸山""從太山""徒太山"。位於吉林東南部，東南與朝鮮毗鄰。白頭山等主要山峰多白色浮石與積雪，因稱。《山海經・大荒北經》稱"不咸山"，北魏稱"徒太山"，唐稱"太白山"。有廣義和狹義之分。長白山（狹義），是東北第一高峰，號稱"東北屋脊"，位於今日中國吉林省東南部和朝鮮兩江道三池淵市。廣義之長白山是指長白山脈，是一條西南至東北走嚮綿延上千千米的一系列山脈，橫亘於中國的吉林、遼寧、黑龍江三省的東部及朝鮮兩江道交界處。狹義之長白山則單指其主峰。《山海經・大荒北經》："大荒之中，有山名不咸，有肅慎氏之國。"《魏書・勿吉傳》："〔勿吉〕國南有從太山，魏言大白。"《晋書・四夷傳》："肅慎氏一名挹婁，在不咸山北，去夫餘可六十日行。東濱大海，西接寇漫汗國，

長白山
（清蔣廷錫等《古今圖書集成》）

北極弱水。其土界廣袤數千里，居深山窮谷，其路險阻，車馬不通。"《北史·勿吉傳》："勿吉國南有徒太山者，華言太皇，俗甚敬畏之。"唐齊己《贈劉五經》詩："往年長白山，發憤忍饑寒。"宋馬端臨《文獻通考·四裔考三》："其國在不咸山北，在夫餘東北千餘里，濱大海，南與北沃沮接，不知其北所極。"《金史·高麗傳》："黑水靺鞨居古肅慎地，有山曰白山，蓋長白山，金國之所起焉。"明儲巏《大房金源諸陵二首》詩其一："長白山高朔漠連，金源風致故依然。"清弘曆《駐蹕吉林境望叩長白山》詩："吉林真吉林，長白鬱嶔岑。"參閱清代刻本木版畫集《天下名山圖·長白山圖》。

【不咸山】

即長白山。此稱先秦已行用。見該文。

【從太山】

即長白山。此稱北齊已行用。見該文。

【徒太山】

即長白山。此稱唐代已行用。見該文。

岐山

山名。又稱"地乳"，上古稱"岐"。狀其高聳如大地之乳峰。位於陝西岐山縣境。《孟子·梁惠王下》："昔者大王居邠，狄人侵之，

岐　山
（清蔣廷錫等《古今圖書集成》）

去之岐山之下居焉。非擇而取之，不得已也。"《周易·井卦》："王用亨於岐山，吉，無咎。"《書·禹貢》："導岍及岐，至于荊山。"孔傳："三山皆在雍州。"《詩·大雅·緜》："率西水滸，至于岐下。"晋佚名《岐山操》詩："狄戎侵兮土地遷移，邦邑適於岐山。"漢張衡《西京賦》："岐、梁、汧、雍。"薛綜注引《說文》："岐山在長安西美陽縣界，山有兩岐，因以名焉。"南朝宋何承天《鼓吹鐃歌十五首·君馬篇》："赦彼岐山盜，實濟韓原師。"北魏酈道元《水經注·易水》："徐水又東，左合曹水，水出西北朔寧縣曹河澤，東南流，左合岐山之水，水出岐山，東徑邢安城北，又東南入曹河。"唐孔穎達《春秋左傳正義》："周之興也，鸑鷟鳴於岐山。"《藝文類聚》引《河圖》："岐山在崑崙東南，爲地乳，上爲天麋星。"唐王勃《九成宮頌序》："峰橫地乳，景戴天麋。"《舊唐書·地理志一》："貞觀八年，廢入岐山縣。天授二年，復分岐山置虢縣。"《太平御覽·地部》："《河圖括地象》曰：岐山在崑崙山東南，爲地乳，上多白金。"《論語·子罕》："鳳鳥不至，河不出圖，吾已矣夫！"朱熹注："鳳，靈鳥，舜時來儀，文王時鳴於岐山。"清顧祖禹《讀史方輿紀要·陝西四》："岐山在崑崙東南，爲地乳。"

【岐】

同"岐山"，此稱先秦已行用。見該文。

【地乳】

即岐山。此稱唐代已行用。見該文。

賀蘭山

山名。省稱"賀蘭"，古稱"賀賴""駁馬"。位於寧夏與內蒙古交界處，北起巴彥敖包，南至毛土坑敖包及青銅峽，山勢雄偉，若

群馬奔騰。《晋書・四夷傳》："〔北狄〕其入居者有屠各種……賀賴種……凡十九種。"《隋書・趙仲卿傳》："開皇三年，突厥犯塞，以行軍總管從河間王弘出賀蘭山。"唐李吉甫《元和郡縣圖志》："山多樹林，青白望如駮馬，北人呼駮爲賀蘭。"唐盧汝弼《和李秀才邊庭四時怨》："半夜火來知有敵，一時齊保賀蘭山。"唐韋蟾《送盧潘尚書之靈武》詩："賀蘭山下果園成，塞北江南舊有名。"唐顧況《梁司馬畫馬歌》："仰秣如上賀蘭山，低頭欲飲長城窟。"唐王維《老將行》詩："賀蘭山下陣如雲，羽檄交馳日夕聞。"宋呂南公《黃九游河州》詩："黃河東背賀蘭山，回望塵沙萬里寬。"宋岳飛《滿江紅・寫懷》詞："臣子恨，何時滅！駕長車，踏破賀蘭山缺。"《資治通鑑・晋孝武帝二十一年》胡三省注："蘭、賴語轉耳。"明顧炎武《天下郡國利病書》："寧夏亦朔方地，賀蘭山環其西北，黃河其東南。"清穆彰阿等《大清一統志》："賀蘭山，在磁州西北四十里，相傳賀蘭真人居此……賀蘭河，在磁州西北三十里，源出賀蘭山。"

【賀蘭】

同"賀蘭山"。此稱唐代已行用。見該文。

【賀賴】

即賀蘭山。此稱唐代已行用。見該文。

【駮馬】

即賀蘭山。此稱唐代已行用。見該文。

大別山

山名。省稱"大別"，亦稱"檀公峴""翼際山""魯山"。位於安徽、湖北、河南交界處，西接桐柏山，東延爲天柱山、張八嶺。其主要部分海拔 1500 米左右，連綿千餘千米，爲淮河和長江的分水嶺。山南麓水流入長江，北麓水流入淮河，南北坡氣候環境截然不同，植物、土壤也差別也很大，爲濕潤、半濕潤和亞熱帶、暖溫帶重要的地理分界綫。《書・禹貢》："導嶓冢，至于荆山；内方，至于大別。……嶓冢導漾，東流爲漢，又東，爲滄浪之水，過三澨，至于大別，南入于江。"《漢書・地理志下》："大別山在西南，莽曰美豐。"北魏酈道元《水經注・決水》："決水出廬江雩婁縣南大別山，俗謂之爲檀公峴，蓋大別之異名也。"又，《江水》云："江水又東，逕魯山南……古翼際山也逕魯山南，古翼際山也。"宋夏竦《送王端公充荆湖北路轉運》詩："錦衣聽馬好還家，大別山邊漢水斜。"《明史・地理志五》："大別山在城東北，一名翼際山，又名魯山。"清顧祖禹《讀史方輿紀要・川瀆一》："大別山，在今漢陽府城東北百步，詳《湖廣名山・大別》。漢水自西北來，經其東而南入于江。"參見清洪亮吉《釋大別山》。

【檀公峴】

即大別山。此稱北魏已行用。見該文。

大別山
（明王圻等《三才圖會》）

【翼際山】

即大別山。此稱北魏已行用。見該文。

【魯山】[3]

即大別山。此稱北魏已行用。見該文。

【大別】

即大別山。此稱北魏已行用。見該文。

三祖山

山名。在今安徽潛山縣西北。南朝梁高僧志公隱居於此。唐尅符道者《三祖山谷麟》詩："妙音流四海，瑞氣溢三山。"宋祝穆《方輿勝覽》卷三九："三祖山在郡西，有唐三祖禪師志公塔。"宋王之道《題三祖山》："群峰聳遥翠，一水漲深碧。"宋阮閱《詩話總龜》卷一六："舒州三祖山，因芟薙蘿蔓，峭壁間得詩，乃杜牧之《金陵懷古》。"明歐大任《青口驛遇鄉僧介公同登三祖山望灊皖天柱諸峰》詩："地布黃金玉作岑，西來三祖古禪林。"

小孤山

山名。省稱"小孤"，訛爲"小姑""小姑山"。位於安徽宿松縣城東南60公里的長江中

小孤山
（明王圻等《三才圖會》）

的獨立山峰。周圍一里，海拔78米。唐顧況《小孤山》詩："大孤山盡小孤出，月照洞庭歸客船。"宋歐陽修《歸田録》卷二："江南有大、小孤山……俚俗轉孤爲姑。江側有一石磯，謂之澎浪磯，遂轉爲彭郎磯。云彭郎者，小姑婿也。"宋謝枋得《小孤山》詩："人言此是海門關，海眼地涯駭衆觀。"宋孫應時《小孤山曉望》詩："維舟小孤下，終夜風水聲。"宋白玉蟾《丫頭巖》詩："小姑聘與彭郎磯，至今波眼而浪眉。"宋楊萬里《過鳥石大小二浪灘俗呼爲郎因戲作竹枝歌二首》詩其二："誰爲行媒教作贅，小姑山與大姑山。"金張斛《小孤山》詩："天圍秋漲闊，山背夕陽孤。"明邵寶《小孤山》詩："小孤乃是江砥柱，特起不與群山同。"《明史·地理志一》："小姑山在縣南大江中，與江西彭澤縣界，有小姑山巡檢司。"清張曾鼎《江中望小孤山》詩："峰巒夾岸相對出，小孤突兀凌中央。"

【小孤】

同"小孤山"。此稱唐代已行用。見該文。

【小姑山】

同"小孤山"。此稱宋代已行用。見該文。

【小姑】

同"小孤山"。此稱宋代已行用。見該文。

大孤山

山名。省稱"大孤"，訛爲"大姑""大姑山"。因山形似鞋，故又稱"鞋山"。在江西鄱陽湖出口處。又名鞋山。唐顧況《小孤山》詩："大孤山盡小孤出，月照洞庭歸客船。"宋孫光憲《北夢瑣言》卷一二："西江中有兩山孤拔，號大者爲大孤，小者爲小孤……後人語訛，作姑姊之姑，創祠山上，塑像艷麗。"明陳謨《次

瑶支石望鞋山》詩:"舟人云是大姑娘,一掬弓彎曾墮此。"清顧祖禹《讀史方輿紀要·江西三》:"大孤山在府東南四十里……西面洪濤,一峰獨聳。唐顧況云'大孤山盡小孤出',蓋彭澤之小孤山與此山相望也。山形似鞋,一名鞋山。明初陳友諒敗於康郎山,欲退保鞋山,即此。"《醒世姻緣傳》第八七回:"今晚可到得到九江,這彭蠡湖中,有一座大姑山,天下有名的勝景。"清吳象弼《舟行雜詩》詩:"鞋山相望處,終日對彭郎。"

【大孤】

同"大孤山"。此稱宋代已行用。見該文。

【大姑】

即大孤山。此稱宋代已行用。見該文。

【大姑山】

即大孤山。此稱宋代已行用。見該文。

【鞋山】

即大孤山。此稱清代已行用。見該文。

陰山

山名。即今内蒙古中部山脉,東西走嚮。5世紀北魏時,陰山巖畫被地理學家酈道元發現,并在《水經注》中做了詳細的記述。《管子·揆度》:"陰山之礝磻,一筴也。燕之紫山白金……於輕重矣。"又云:"桓公問於管子曰:'陰山之馬,具駕者千乘,馬之平賈萬也。'"《漢書·匈奴傳》:"臣聞北邊塞至遼東,外有陰山,東西千餘里,草木茂盛,多禽獸,本冒頓單于依阻其中,治作弓矢,來出爲寇,是其苑囿也。"晋陸機《飲馬長城窟行》:"驅馬陟陰山,山高馬不前。"南朝梁江淹《古意報袁功曹》詩:"從軍山隴北,長望陰山雲。"北朝樂府民歌:"敕勒川,陰山下,天似蒼穹,籠蓋四野。天蒼蒼,野茫茫,風吹草低見牛羊。"東魏《閭儀同墓誌銘》:"陰山峻極,瀚海滢渟,昌源不已,世載民英。"唐王昌齡《出塞二首》詩其一:"但使龍城飛將在,不教胡馬度陰山。"唐李世民《元日》詩:"瀚海百重波,陰山千里雪。"《唐會要·北突厥》:"四年二月,李靖襲破突厥於陰山。"元郝經《居庸行》詩:"陰山火起飛蟄龍,背負斗極開洪荒。"元王冕《漫興四首》詩其一:"雲合陰山黑,天垂瀚海青。"清納蘭性德《沁園春·試望陰山》詞:"試望陰山,黯然銷魂,無言排徊。"

龍門山

山名。省稱"龍門"。位于山西河津市與山西韓城市之間。一說,位於四川盆地西北邊緣,四川省廣漢、都江堰之間。傳大禹就誕生在龍門山。《書·禹貢》:"導河積石,至于龍門。"孔傳:"龍門山,在河東之西界。"《史記·夏本紀》:"浮于積石,至于龍門西河。"司馬貞索隱:"龍門山,在左馮翊夏陽縣西北。"張守節正義引《括地志》云:"龍門山,在同州韓城縣北五十里。"《漢書·司馬遷傳》:"遷生龍門山。"顏師古注:"龍門山其東則在今欽州龍門縣北,其西則在今同州韓城縣北。"北魏酈道元《水經注·汾水》引三國魏佚名《魏土地記》:"梁山北有龍門山,大禹所鑿,過孟津河……巖際鐫跡,遺功尚存。"唐杜佑《通典·州郡典》:"龍門古耿國,有龍門山,即大禹所鑿。"唐白居易《贈蘇少府》詩:"何當挈一榼,同宿龍門山。"元段成己《臨江仙〈繼遞庵兄韻〉》詞:"十載龍門山下路,夢魂不到京華。"明郭翼《送秀石芝上人請龍門禪老住奉聖寺》詩:"龍門山高開翠微,兩厓峽束雷龍垂。"

龍門山
（清蔣廷錫等《古今圖書集成》）

清張玉綸《呈彭寶臣學使》詩其三："千尺龍門山萬仞，先登今已近華簪。"按，神州號龍門山名者有多處。《北史·祖珽傳》："龍門山在平陽西南，陽平即今山東館陶縣。"《資治通鑑·漢成帝二年》"行游龍門"胡三省注："師古曰：龍門山，在今蒲州龍門縣北。"又云："《魏土地記》曰：梁山北有龍門山，大禹所鑿，通孟津河口。"又云："龍州江油縣東二十里有龍門山。"又云："龍門山，在洛州河南縣界。"《新唐書·地理志》："龍門山東抵天津，有伊水石堰，天寶十載，尹裴迴置。"故上述書證所云待考。

【龍門】

即"龍門山"。此稱先秦已行用。見該文。

劍門山

山名。省稱"劍門"。亦稱"大劍山"。位於四川盆地西北部劍閣縣境。北魏酈道元《水經注·漾水》："小劍戍北，西去大劍山三十里，連山絕險，飛閣通衢，謂之劍閣。"《通典·州郡六》："有梁山，亦曰大劍山，有姜維拒鍾會故壘。"唐杜甫《劍門》詩："惟天有設險，劍門天下壯。"宋歐陽忞《輿地廣記·利州路》："中下，劍門縣。晉桓溫平蜀，分晉壽置劍門縣……有大劍山、劍門峽、劍門關、劍閣道。"

元耶律鑄《述實錄（四十韻）》詩："飛閣尤非地上行，劍門呼似天中裂。"明貝瓊《蜀山圖》詩："石出劍門皆北向，水通鹽澤自西流。"清洪錫爵《聞洋船入川議成感賦》詩："北峙劍門山，蕃部西南萃。"

【大劍山】

即劍門山。此稱北魏已行用。見該文。

【梁山】[2]

即劍門山。此稱唐代已行用。見該文。

烏鞘嶺

山名。亦作"洪池嶺"，亦稱"烏稍嶺""烏梢嶺"。東晉時稱洪池嶺，明清稱烏稍嶺、烏梢嶺、烏鞘嶺，民國時稱烏沙嶺，1945年以後通稱烏鞘嶺。屬祁連山脉北支冷龍嶺的東南端，爲隴中高原和河西走廊的天然分界。古絲綢之路中河西走廊通往長安的重要關隘。歷史上漢張騫出使西域，唐玄奘西天取經，都曾經過此地。關於烏鞘嶺，史書多有記載。《史記·貨殖列傳》贊其"畜牧爲天下饒"。《漢書·地理志下》贊其"地廣民稀，水草宜畜牧，故涼州之畜爲天下饒"。北魏崔鴻《十六國春秋》："越洪池嶺，至於曲柳。"《晋書·苻堅載記》："天錫又遣將軍掌據率衆三萬，與馬建陣于洪池。"《古今圖書集成·職方典》："烏鞘嶺雖盛夏風起，飛雪彌漫，寒氣砭骨。"清林則徐《荷戈紀程》："又五里烏稍嶺，嶺不甚峻，惟其地氣甚寒。西面山外之山，即雪山也。是日度嶺，雖穿皮衣，却不甚（勝）寒。"清馮竣光《西行日記》："又五里登烏梢嶺，嶺爲往來孔道，平曠易登陟。十里至山巔。"清許容等《甘肅通志》："《唐志》：涼州有洪池嶺，又姑臧有二嶺，南曰洪池嶺，西曰删丹嶺。"

【洪池嶺】

即烏鞘嶺。此體北魏已行用。見該文。

【烏稍嶺】

同“烏鞘嶺”。此稱清代已行用。見該文。

【烏梢嶺】

同“烏鞘嶺”。此稱清代已行用。見該文。

鷄翅山

山名。亦作“鷄頭山”，今稱“鷄公山”。位於河南省信陽市境内，桐柏山以東，大別山最西端。北魏酈道元《水經注・淮水考》：“水出鷄翅山，溪澗潆委，沿逆九渡矣，其猶零陽之九渡水，故亦謂之九渡焉。”按，九渡（水）即今九曲河，位於鷄公山西麓，流向西北，注入淮河。明陶宗儀《説孚》：“江水又東逕小軍山南，江水又東逕鷄翅山北。”清顧祖禹《讀史方輿紀要・河南五》：“〔九度河〕在州南六十里，源出鷄翅山。”清張鉞修《信陽州志》卷一：“〔鷄翅山〕南七十里，上有怪石，名鷄公石。一名鷄頭山。”《重修信陽縣志》卷三：“鷄公山在縣南七十里，南新店東十四里，縣與湖北應山自頂分界，怪石特起，峭拔凌雲，狀類鷄公。”

【鷄頭山】[1]

即鷄翅山。此體北魏已行用。見該文。

【鷄公山】

即鷄翅山。此稱民國已行用。見該文

鷄籠山

山名。夏朝稱“亭山”，秦稱“歷山”，唐、五代謂“鷄籠山”，宋、明曰“鳳臺山”。位於安徽馬鞍山市境内。道家謂之“四十二福地”之一。戰國《竹書紀年》：“夏桀放逐南巢，卒於亭山。”故傳桀之荒冢留於此。前蜀杜光庭《洞天福地記》：“鷄籠山，在和州歷陽縣，屬郭真人治之。”《太平寰宇記》卷一二四：“《淮南子》云麻湖初陷時有一老母提一鷄籠登此山，因化爲石……故名。”宋楊萬里《舟過鵝行口回望和州鷄籠山》詩：“萬峰送我都回去，祇有鷄籠未肯辭。”元李孝光《登鷄籠山》詩：“騎馬出北關，去上鷄籠山。”明朱元璋《登鷄籠山》：“罷獵西山坐擁旗，一山出地萬山卑。崔巍巨石如天柱，撑著老天天自知。”明王希文《履迹亭》詩：“誰謂金丹可駐顔，空遺亭像鳳臺山。”清顧祖禹《讀史方輿紀要・南直十一》：“鷄籠山，州西北四十里。峰巒連亘，雄踞西北，上有巨石，寬平約四丈許，削立山巔，爲一州奇勝。”

【亭山】

即鷄籠山。此稱先秦已行用。見該文。

【鳳臺山】

即鷄籠山。此稱宋代已行用。見該文。

熊耳山 [1]

山名。省稱“熊耳”。秦嶺東段規模較大的山脈之一，長江流域和黄河流域的分水嶺，西起盧氏縣，向東北綿延至伊川縣折而向東，南接伏牛山系，北鄰崤山。位於河南省宜陽縣一帶。此地屬遠古中華文明重要活動區域，符合

熊耳山
（清蔣廷錫等《古今圖書集成》）

《禹貢》言導洛之區域。《書·禹貢》：“導洛自熊耳。”孔傳：“在宜陽西。”漢讖緯《河圖括地象》：“熊耳山，地門也，其精上爲畢附耳星。”《後漢書·劉盆子傳》：“積兵甲宜陽城西，與熊耳山齊。”明岳岱《送客歸盧氏》詩：“歸時射雁如相憶，熊耳山高隔暮雲。”清楊揆《熊耳山》詩：“名山古熊耳，禹迹詳記載。”一説，在河南盧氏縣東南。《漢書·地理志》：“〔弘農郡盧氏縣〕熊耳山在東，伊水出。”北魏酈道元《水經注·洛水》：“洛水之北有熊耳山，雙巒兢舉，狀同熊耳。此自別山，不與《禹貢》‘導洛自熊耳’同也。昔漢光武破赤眉樊崇，積甲仗與熊耳平，即是山也。”

【熊耳】[1]

同“熊耳山[1]”。此稱先秦已行用。見該文。

熊耳山[2]

山名。省稱“熊耳”。單稱“熊”。名熊耳山者有多處，本條所考位於今陝西商州。《漢書·地理志》弘農郡上雒縣（今商州）：“熊耳、獲輿山在東北。”《史記·五帝本紀》：“南至于江，登熊。”張守節正義引《括地志》：“熊耳山，在商州上洛縣西十里。”

【熊】

即熊耳山[2]。此稱漢代已行用。見該文。

四明山

山名。亦作“四明峰”。位於浙江東部。《魯春秋·監國紀》：“魯敗，遁四明山中。”晋葛洪《神仙傳·淮南王》：“入四明山，路值虎，以面向地，不敢仰視。”唐杜佑《通典·州郡》：“餘姚，漢舊縣，又有漢上虞縣故城，在西，有四明山。”唐劉長卿《游四窗》詩：“四明山絶奇，自古説登陸。”《舊唐書·地理志三》：“乾元元年，復爲明州，取四明山爲名。”《南史·隱逸傳上》：“道徽父佑至行通神，隱於四明山。”唐徐堅《初學記·地理上》：“孔曄《會稽記》曰：四明山高峰軼雲，連岫蔽日。”宋蘇頌《本草圖經·木部下品》：“又有一種小天蓼，生天目山、四明山，木如栀子，冬不凋。”宋彭汝礪《次中丞韻》詩：“一水北鄰千里海，萬峰南揖四明山。”宋李思聰《三十六洞天》：“四明山，二百八十峰，洞周迴一百八十里。”元丁復《贈送擇中記室東游》詩：“東道佳勝方蓬萊，不獨四明與天台。”明王鏊《送張時學知遂安任叔順知定海》詩：“七里灘摇江月冷，四明山壓海天低。”清洪繻《與金陵士人話所過山水》詩：“郭外常看四明峰，剡中遥擁千溪碧。”

【四明峰】

同“四明山”。此體清代已行用。見該文。

四明山
（清蔣廷錫等《古今圖書集成》）

峨眉山

山名。省稱“峨眉”。位於四川樂山市境內，四川盆地西南部，中國佛教四大名山之一。山名早見於西周，素有“峨眉天下秀”之稱。晋左思《蜀都賦》：“帶二江之雙流，抗峨眉之重阻。”北魏酈道元《水經注·青衣水》：“《益州記》曰：平鄉江，東逕峨眉山，在南安縣界，去成都南千里。”唐李白《峨眉山月歌》：“峨眉山月半輪秋，影入平羌江水流。"又，《蜀道難》詩："西當太白有鳥道，可以橫絕峨眉巔。"唐杜甫《贈別鄭煉赴襄陽》詩："地闊峨眉晚，天高岷首春。"宋吳淵《峨眉山》詩："一帶天分南北限，兩眉烟鎖古今愁。"宋蘇軾《臨皋聞題》："臨皋亭下八十數步，便是大江，其半是峨眉雪水，吾飲食沐浴皆取焉，何必歸鄉哉！"元張可久《梧葉兒·夏夜即席溯》詩："梨雲褪，柳絮飛，歌斂翠峨眉。"明王弘誨《寄題陳玉壘太史清華樓居集句四首》其三："峨眉山月半輪秋，烽火城西百尺樓。"清納蘭性德《沁園春·試望陰山》詞："又何必、平生多恨哉。只凄凉絕塞，峨眉遺冢。"參閱清代刻本木版畫集《天下名山圖·峨眉山圖》。又，山東、河南、安徽、福建、廣西等省亦有形如蛾眉，以"峨眉"命名之山。

【峨眉】

同"峨眉山"。此稱晉代已行用。見該文。

峨眉山
（清佚名《天下名山圖》）

仙都山

山名。古又稱"縉雲山""縉雲嶺"，省稱"仙都""縉雲"。傳黃帝時縉雲氏封地位於浙江縉雲縣境內，故名。《北史·徐則傳》："初在縉雲山，太極真人徐君降之。"《隋書·地理志》："括蒼有縉雲山。"唐初爲全國十道名山之一。唐李德裕《思平泉樹石雜咏一十首》其三："常愛仙都山，奇峰千仞懸。"唐吳筠《題縉雲嶺永望館》詩："人驚此路險，我愛山前深。"唐李吉甫《元和郡縣圖志》："縉雲山，一名仙都，一曰縉雲，黃帝煉丹於此。"宋李建中《題仙都山》詩："巖巖仙都山，肅肅黃帝宮。"宋馮時行《題毛祖房屋壁》詩："卜築縉雲山下村，縉雲山色青滿門。"宋祝穆《方輿勝覽》卷九："仙都山，在縉雲東三十里。謝靈運《名山記》：山傍有孤石屹然，高二百，三面臨水，周圍一百六十丈，山頂有湖。"元陳旅《縉溪道士》詩："縉雲溪上縉雲山，春水流出桃花灣。"明王逢《覽周左丞伯温壬辰歲拜御史扈從集感舊傷今敬題五十韻》詩："縉雲峰立曉，蒳月水涵宵。"清朱彝尊《雲中至日》詩："去歲山川縉雲嶺，今年雨雪白登臺。"參閱道光《縉雲縣志》。

【縉雲山】

即仙都山。此稱唐代已行用。見該文。

【縉雲嶺】

即仙都山。此稱唐代已行用。見該文。

【仙都】

即仙都山。此稱唐代已行用。見該文。

仙都山
（清蔣廷錫等《古今圖書集成》）

【縉雲】

即仙都山。此稱唐代已行用。見該文。

崦嵫

山名。又稱"齊壽山""崦嵫山"。位於甘肅天水市秦州區東南 30 千米處，海拔 1951 米，是西漢水之源頭。古時常用來指日没的地方。齊壽山之名，相傳爲黄帝向廣成子問與天地齊壽之道而得；傳唐李淵誕生於此，故改崦嵫爲齊壽山。《山海經·西山經》："奄山，即崦嵫山也。"又云："鳥鼠同穴山西南三百六十里曰崦嵫之山。"郭璞注："日没所入之山也。"《楚辭·離騷》："吾令羲和弭節兮，望崦嵫而勿迫。"王逸注："崦嵫，日所入山也。"漢樂府《古八變歌》："浮雲多暮色，似從崦嵫來。"南朝梁江淹《秋夕納涼奉和邢獄舅》詩："虚堂起青藹，崦嵫生暮霞。"北魏酈道元《水經注·漸江水》："亦言出鍾山，西行極崦嵫之山，在西海郡北。"唐裴迪《南垞》詩："落日下崦嵫，清波殊淼漫。"唐武元衡《順宗至德大聖皇帝挽歌詞三首》其一："崑浪黄河注，崦嵫白日頹。"宋趙與峕《賓退録》卷七："陰山以下，至于崦嵫之山，凡十九山，糈以稻米。"宋王安石《江亭晚眺》詩："日下崦嵫外，秋生沍碭間。"元林靈真《靈寶領教濟度金書》："嵩岱摩霄，齊壽山之峻極。"明桑悦《和朱文公讀道書》其四："崦嵫山萬仞，日落風凄凄。"清顧祖禹《讀史方輿紀要》："又秦州西五十里有崦嵫山，或謂之昧谷，亦謂之兑山。"一説，爲海中仙山。《文選·南朝梁江淹〈郭弘農璞游仙〉》："崦山多靈草，海濱饒奇石。"王逸曰："崦嵫，山也。"另説，爲西王母之山。宋姚寬《西溪叢語》卷下："《穆天子傳》云："天子升於奄山，

即西王母之山也。奄山，即崦嵫山也。"

【崦嵫山】

同"崦嵫"。此稱先秦已行用。見該文。

【齊壽山】

即崦嵫。此稱元代已行用。見該文。

【兑山】

山名。亦稱"落棠""落棠山""八充山"。即崦嵫。《史記·五帝本紀》："申命和仲居西土，曰昧谷。"裴駰集解引漢鄭玄曰："西者，隴西之西，今人謂之兑山。"南朝梁沈約《齊故安陸昭王碑文》："怨天德之無厚，痛棠陰之不留。"李善注："《淮南子》曰：'日朝發扶桑，入於落棠。'高誘曰：'扶桑日所出，落棠山日所入也。'"宋李石《續博物志》："日入崦嵫（原注：落棠山），經細柳入虞泉之地。"明彭大翼《山堂肆考》："崦嵫，亦曰落棠山，日所入山也。"明李賢等《明一統志·鞏昌府》："兑山，在成縣東廢栗亭縣境……鄭康成曰'西者隴西之西'。""栗亭縣"，北魏正始年間置，明時久廢。據所引鄭注可知，即崦嵫也。或稱"八充山"，當是"兑山"之形訛。清徐文静《管城碩記·楚辭集注一》引唐梁載言《十道四蕃志》："昧谷在秦州西南，亦謂之兑山，亦謂之崦嵫。"清惠棟《九經古義·尚書古義》："'宅西曰柳谷'，今文《尚書》云'度西曰柳谷'……日出於暘谷，入於柳谷。西者，隴西西縣之八充山（原注：一曰'兑山'）。"

【落棠】

即崦嵫。此稱漢代已行用。見該文。

【落棠山】

即崦嵫。此稱漢代已行用。見該文。

【八充山】

即崦嵫。此稱清代已行用。見該文。

【嶓冢】

山名。亦作“幡冢”，又稱番冢。疑指“崦嵫”。在今甘肅天水市與禮縣之間。古人稱是漢水上源。漢水源頭爲陝西寧强縣大安鎮的漢王山，亦稱嶓冢山，因也説嶓冢山位於陝西寧强縣，也説崦嵫山（疑嶓冢）位於秦州區東南30千米處。三地距相距不遠，在200千米之内。孰是孰非，或疑古人之誤。《山海經·西山經》：“嶓冢之山，漢水出焉，而東南流注於沔；囂水出焉，北流注於湯水。”《楚辭·九章·思美人》：“指嶓冢之西隈兮，與纁黄以爲期。”洪興祖補注：“指嶓冢之西隈，言日薄於西山也。”南朝梁江淹《扇上彩畫賦》：“空青出峨嵋之陽，雌黄出嶓冢之陰。”北魏酈道元《水經注·漾水》：“《漢中記》曰：嶓冢以東水皆東流，嶓冢以西水皆西流，即其地勢源流所歸。故俗以嶓冢爲分水嶺。”唐元稹《渡漢江》詩：“嶓冢去年尋漾水，襄陽今日渡江濆。”宋陸游《思遠游》詩：“嵯峨青城雲，慘澹嶓冢樹。”元傅若金《漢江銜山圖》詩：“地雄縹緲連嶓冢，天險微茫帶洞庭。”

【幡冢】

同“嶓冢”。此體漢代已行用。見該文。

【番冢】

山名。同“嶓冢”。疑指“崦嵫”。《書·禹貢》：“番冢導漾，東流爲漢。”按，根據《漢語大字典》，“番”作地名時音盤。古有番須谷，位於甘肅天水市附近。《後漢書·來歙傳》：“從番須、回中徑至略陽。”李賢注：“番須、回中，並地名也。番，音盤。”

嵫山

山名。位於山東兖州城西15千米處，屬於泰山餘脉，是兖州唯一的山，歷代備感珍稀。直到民國末年，嵫山上仍有豐富的地面遺存，歷代碑刻、亭臺衆多。摩崖石刻二處，爲北朝時物，蒼松翠柏簇擁。經過幾十年的伐木采石，嵫山慢慢消失，殘石狼藉，多處成深谷。北齊《妃姓敬墓誌銘》：“永延嬪德，長祚姆師，嵫山尚遠，石火已謝。”隋牛弘等奉詔作《朝日夕月歌二首·朝日誠夏》其一：“扶木上朝暾，嵫山沉暮景。”明梅鼎祚《古樂苑》：“朝日誠夏扶木上，朝暾嵫山沈暮景。”清岳濬等《山東通志》：“滋陽縣嵫山，在縣西北三十里，縣在山之陽，故曰滋陽。”清穆彰阿等《大清一統志》：“嵫山，在滋陽縣西三十里，高一里，廣三里，上有神祠。”《清史稿·志三十六》：“嵫山，西北三十里。東有泗水，自曲阜入。”參見白雲鵬著《金石索》。

葱嶺

山名。亦稱“波謎羅川”。位於帕米爾高原，多野葱或山崖葱翠，因稱。古絲綢之路在此經過，地處中亞東南部、中國的西端，横跨塔吉克斯坦、中國和阿富汗，是亞洲多條主要山脉的會集處。漢王褒《九懷·思忠》：“駕玄螭兮北征，曏吾路兮葱嶺。”又云：“朝發兮葱嶺，夕至兮明光。”《漢書·西域傳上》：“其河有兩原：一出葱嶺山，一出于闐。”《北史·西域傳》：“從莎車西行一百里至葱嶺，葱嶺西一千三百里至伽倍，爲一道；自莎車西南五百里，葱嶺西南一千三百里至波路，爲一道焉。”唐玄奘《大唐西域記》：“國境東北，踰山越谷，經危履險，行七百餘里，至波謎羅川。”波謎羅川即帕米爾，抑或葱嶺。宋黄庭堅《漁家傲》詞：“隻履提歸葱嶺去，君知否，分明忘却來時路。”元朱德潤《送李益齋之臨洮》詩：“長城岸阻玉關陋，于闐葱嶺河凉高。”明梵琦《獨石站西望》詩：“去路多嫌葱嶺礙，歸途半受雪山遮。”清牛燾《隴頭水》詩：“不是黄河流斷漸，定知葱嶺融殘雪。”

【波謎羅川】

即葱嶺。此稱唐代已行用。見該文。

壽山

山名。位於福建福州市北郊晉安區與連江縣、羅源縣交界處。壽山石産地。唐鄭谷《入閩》詩：“壽山晴靉靆，顥氣暖連延。”宋陳傅良等《淳熙三山志》：“壽山石潔净如玉，大者可一二尺。”宋廖剛《天寧節致語口號》詩：“千仞壽山封祝意，年年峻極與天齊。”宋王十朋《哭純老》詩：“壽山僧中傑，蕭灑如晋人。”另有同名壽山，位於湖北廣水市西南部。同治《應山縣志》“山下之民，常有壽至百餘歲者”，故名。相傳李白之《静夜思》，就是游歷此壽山時而作。

巫山

山名。指四川盆地東部重慶、湖北、湖南交界一帶南北走嚮的連綿群峰。名稱源自上古時代今山西晉南一帶的“巫咸山”神話。隨着“晋巫”（即山西巫文化）的傳播，很多地方都曾有過“巫山”記載。其中，長江三峽地區的“巫山”，唐宋之前實際是古奉節的“巴東（郡）之山”。漢代長江三峽都叫“巫山”，三國之後開始分段命名，但名稱叫法各异，并不固定。如《水經》稱“廣溪峽（今瞿塘峽）、巫峽、西陵峽”。北魏酈道元《水經注·江水》引漁歌：“巴東三峽巫峽長，猿鳴三聲淚沾裳。”意指（奉節）巴東郡有三個峽，其中巫峽最長。又云：“江水歷峽東逕新崩灘……其下十餘里有大巫山。”酈道元首先把長江三峽“巫峽”段的山稱爲“巫山”；唐宋及以後巫山，指古奉節的“夔州之山”。唐宋時期，奉節夔州控制下的長江三峽已是中國南方最繁榮的水上交通走廊。經衆多唐詩宋詞的演繹傳播，纔使得“夔州之山（即唐宋三峽巫山）”成了後世聞名的“巫山”。現在“巫山”的地理詞義，就是依古代奉節夔州的範圍定義的。先秦宋玉《高唐賦》：“巫山赫其無疇兮，道互折而曾累。”漢司馬相如《子虚賦》：“緣以大江，限以巫山。”南朝梁蕭綱《蜀道難》詩其二：“巫山七百里，巴水三回曲。”唐李白《宿巫山下》詩：“昨夜巫山下，猿聲夢裏長。桃花飛緑水，三月下瞿塘。”唐王勃《相和歌辭·江南弄》詩：“江南弄，巫山連楚夢，行雨行雲幾相送。”唐元稹《離思五首》詩其四：“曾經滄海難爲水，除却巫山不是雲。”唐杜甫《秋興八首》詩其一：“玉露凋傷楓樹林，巫山巫峽氣蕭森。”五代毛文錫《巫山一段雲·雨霽巫山上》詩：“雨霽巫山上，雲輕映碧天。”宋蘇軾《江城子》詞：“今夜巫山真個好，花未落，酒新篘。”

莫干山

山名。位於浙江德清縣西部，原屬武康縣，爲天目山分支。莫干山名，出自干將、莫邪二人鑄劍於此的古代傳説。宋白玉蟾《題莫干山》詩：“封到半天烟靄間，一卷仙書一粒丹。”清顧祖禹《讀史方輿紀要·浙江三》：“莫干山，府西南百五十里。上有鑄劍池，旁有磨石，相傳吳王鑄劍處。”清齊召南《水道提綱》：“經莫干山西麓而二派復合，總曰龍溪河。"金兆蕃《金縷曲》詞："還寫破、莫干山翠。後約東湖春風棹，嘆仙樓、依舊玄珠碎。"

敬亭山

山名。亦作"昭亭山"，省稱"昭亭"。位於安徽宣城市區北郊水陽江畔，原名昭亭山，西晋時爲避文帝司馬昭名諱，改稱敬亭山。屬黃山支脉，山勢呈西南—東北走嚮，大小山峰六十座，最高峰翠雲峰海拔 324.1 米。中國歷代吟頌敬亭山的詩、文、詞、畫達千數，遂被稱爲"江南詩山"。南朝齊謝朓《游敬亭山》詩："兹山亘百里，合遝與雲齊。"唐白居易《重陽日》詩："敬亭山外人歸遠，峽石溪邊水去斜。"唐李白《獨坐敬亭山》詩："衆鳥高飛盡，孤雲獨去閒。相看兩不厭，只有敬亭山。"宋呂本中《景德北窗》："更憐昭亭山，相向有佳色。"宋梅堯臣《昭亭山》詩："昭亭非峻峰，雄雄若蹲虎。"宋劉宰《奉送符伯壽尉太平》詩："敬亭山下有臞仙，耕雲釣雪老林泉。"元

敬亭山
（明王圻等《三才圖會》）

鄭元祐《宣城姚秀才棄舉業爲道士于昇州》詩："娟娟月出敬亭山，曾照書聲竹樹間。"明郭奎《寄陳教授敏》詩其一："敬亭山下故人家，穀雨晴時正摘茶。"明鍾芳《翠雲庵》詩："昭亭連翠巘，幽庵湛孤清。"清朱筠《尋昭亭故址》詩："卓午登山去欲曛，昭亭路外看孤雲。"

【昭亭山】

即敬亭山。此體宋代已行用。見該文。

【昭亭】

即敬亭山。此稱宋代已行用。見該文。

五洩山

山名。省稱"五洩"。五洩，謂瀑布之意。瀑從五洩山巔崇崖峻壁間飛流而下，折爲五級。位於今浙江諸暨市西五洩鎮。唐貫休《送僧入五洩》詩："五洩江山寺，禪林境最奇。"宋周鏞《諸暨五洩山》詩："天分五溜寒傾北，地秀諸峰翠插西。"元申屠徵《五洩山》詩："東源壁立萬仞崖，五級水自銀河來。"明沈鍊《游五洩山五首》詩其一："流泉五道吐奇芬，秀色遙憐少室雲。"清嵇曾筠《浙江通志》卷一五："五洩山，《水經注·漸江水》：諸暨縣洩溪中道有兩高山夾溪，造雲壁立。"

萬歲山 [1]

山名。又稱"艮嶽山""艮嶽"。位於汴京（今河南開封市）景龍門內以東，封丘門（安遠門）內以西，東華門內以北，景龍江以南，周長約六里，面積約爲七百五十畝。艮嶽突破秦漢以來宮苑"一池三山"的規範，把詩情畫意移入園林，以典型、概括的山水創作爲主題，在中國園林史上是一大突破。艮爲地處宮城東北隅之意。宋徽宗政和七年（1117）造，歷時六年落成，是北宋皇家園林。宋徽宗趙佶寫有

《御製艮嶽記》。宣和六年（1124），改名壽峰。詳見《宋史·地理志一》及宋張淏《艮嶽記》。宋王安中《重和春宴口號》："午夜雷霆來艮嶽，東風未耜出天田。"宋蔡京《紹聖春宴口號》詩其二："三春樂奏三春曲，萬歲聲連萬歲山。"宋洪邁《容齋隨筆》卷一三："《政和宮室》載：'其後復營萬歲山、艮嶽山，周十餘里，最高一峰九十尺，亭、堂、樓、館不可殫記。'"《水滸傳》第一〇一回："那艮嶽在京城東北隅，即道君皇帝所筑。"又，萬歲山爲位於潛山縣西部的天柱山（見本卷"天柱山"條目）。又，位於北京景山。明永樂年間修建皇宮時根據青龍、白虎、朱雀、玄武四個星宿，北面玄武的位置必須有山的説法，將挖掘紫禁城筒子河和太液池南海的泥土堆積成山，成爲大內"鎮山"，取名萬歲山。

【艮嶽山】

即萬歲山[1]。此稱宋代已行用。見該文。

【艮嶽】

即萬歲山[1]。此稱宋代已行用。見該文。

括蒼山

山名。位於浙東中南部，爲靈江水系與甌江水系的分水嶺。晉葛洪《抱朴子内篇·暢玄》："今中國名山不可得至，江東名山之可得往者，有霍山，在晉安；長山太白，在東陽；四望山、大小天台山、蓋竹山、括蒼山，並在會稽。"唐杜佑《通典·州郡》："〔臨海郡〕西南到括蒼山足七十里，極大山。"唐劉昭禹《括蒼山》詩："白雲隨步起，危徑極天盤。"宋楊萬里《送喻叔奇工部知處州》詩："括蒼山水名天下，工部風烟入筆端。"元趙孟頫《題括蒼山成德隱玄洞天》詩："冥冥隱玄洞，峨峨括蒼山。"明龔敩《吳伯舟歸養》詩："括蒼山下白雲飛，漢水江頭綵鷁歸。"清顧祖禹《讀史方輿紀要·浙江一》："括蒼、括蒼山，在台州府西南四十里，處州府縉雲縣東南百里。"清嵇曾筠《浙江通志》："先生負豪傑之才，以春秋學登進士第，世不能用，遂隱括蒼山中，以耕食爲樂。"

青城山

山名。位於四川都江堰市西南，東距成都市區 68 千米。中國四大道教名山之一。唐賈島《送靈應上人》詩："五月半間看瀑布，青城山裏白雲中。"唐楊鼎夫《記皀江墮水事》詩：

青城山
（清蔣廷錫等《古今圖書集成》）

"青城山峭皀江寒，欲度當時作等閒。"《太平御覽·地部》引晉郭璞《玄中記》："蜀郡有青城山，有洞穴潛行，分道爲三，道各通一處，西北通昆侖。"元曹文晦《和山居六咏》其五："白石歌殘牛飯早，青城山下鶴書遲。"明鄭善夫《小岷山歌》："平生負此滄海志，少年訪道青城山。"清鐵保《蜀鏡詞》："青城山下人如玉，彭聲震破《甘州》曲。"參閱清代刻本木版畫集《天下名山圖·青城山圖》。

會稽山

山名。單稱"會稽""會稽"，省稱"稽山""會山"。"稽"或作"稽""稽"。位於浙江紹興北部，跨越柯橋區、越城區、諸暨市、新昌縣、嵊州市、上虞區等地，主峰在嵊州市西北。傳説三過家門而不入的上古治水英雄大禹，一生行迹中的四件大事：封禪、娶親、計功、歸葬，都發生在會稽山。春秋戰國時期，會稽山一直是越國軍事腹地堡壘。漢以後，這裏成爲佛道勝地。明代王守仁在此築室隱居，創"陽明學派"。《山海經·海内東經》："會稽山，在大楚南。"《史記·秦始皇本紀》："上會稽，祭大禹。"晋王彪之《登會稽刻石山》詩："隆山嵯峨，崇巒岩嶢。"南朝梁到洽《答秘書丞張率》："會稽竹箭，嶧陽孤莖。"《晋書·隱逸傳·夏統》："先公惟寓稽山，朝會萬國。"唐元稹《送王十一郎游剡中》詩："百里油盆鏡湖水，千峰細朶會稽山。"唐李白《訕張司馬贈墨》詩："今日贈予蘭亭去，興來灑筆會稽山。"又，《送友人尋越中山水》詩："聞道稽山去，偏宜謝客才。"宋陸游《沈園》詩之二："此身行作稽山土，猶吊遺蹤一泫然。"宋文天祥《贈尪擇徐吉甫》詩："東望會稽山，穆陵鬱岩嶢。"《册府元龜·總録部·游説》："越王勾踐棲於會稽，復滅彊吴。"元劉鶚《寄士彦僉憲十絶》其七："會稽山與白雲齊，海闊誰憐雁過稀？"明汪睿《雜賦》詩："我游會稽嶺，復登秦望山。"

清彭孫貽《會稽山》詩："爲訪名山至，山游雨亦靈。"一説，《山海經》中所描述的"會稽山"不是今會稽山，而是四明山脉中的茅山、塗山、岐山、宛委山（在鄞州原岐陽村附近）。

【會稽】

同"會稽"。此稱漢代已行用。見該文。

【稽山】

即會稽山。此稱唐代已行用。見該文。

【會嵇】

即會稽山。此稱宋代已行用。見該文。

【會山】

即會稽山。此稱清代已行用。見該文。

九華山

山名。古稱"九子山""九華峰""陵陽山"，省稱"九華"。中國佛教四大名山之一。位於安徽青陽縣境内。《魯春秋》："遂令胡代餘覓便帆，將渡江出池州，登九華山，徐圖歸計。"《隋書·地理志》："〔涇縣〕有蓋山、陵陽山。"《通典·州郡十一》："〔涇縣〕漢舊縣，故城在今縣東，南有涇水、陵陽山。"唐神穎《和

會稽山
（清蔣廷錫等《古今圖書集成》）

九華山
（明王圻等《三才圖會》）

王季文題九華山》詩："衆嶽雄分野，九華鎮南朝。"唐李白《望九華贈青陽韋仲堪》詩："昔在九江上，遙望九華峰。天河掛綠水，秀出九芙蓉。"五代王松年《仙苑編珠》："探五脂，服之三年，龍來迎上陵陽山也。"宋王十朋《九華山》詩其三："如今漸覺鄉山近，已見芙蓉吐九華。"元馬臻《栽孤松爲九華山鍾道士作》詩："九華何崔嵬，融結本真宰。"明宋應星《天工開物·粹精》："江北石性冷膩，而產於池郡之九華山者美更甚。以此石製磨，石不發燒。"明西亭凌雪《南天痕》："國亡棄官，隱九華山，與邑人孫象壯謀起兵。事覺被執。"明陳耀文《天中記》："《九華山録》：雲峯巒異狀，其數有九，故號九子。"明佚名《搜神記》："當三國時兵戈擾攘，相與隱遁於青陽之九子山，即今之九華山是也。既歿，顯靈發聖爲民災。災捍……德之，爲立二廟分祀二神，一在九華山之東，一在九華山之西。"《明史·地理志》："〔青陽〕西有五溪水，出九華山，又南有臨城河，俱會流大通河入江。"清顧祖禹《讀史方輿紀要·南直九》："舊名九子山。山有九峰如蓮華，唐李白游此，改今名。"

【九子山】

即九華山。此稱晉代已行用。見該文。

【陵陽山】

即九華山。此稱隋代已行用。見該文。

【九華峰】

即九華山。此稱唐代已行用。見該文。

【九華】

即九華山。此稱唐代已行用。見該文。

九嶷山

山名。亦稱"蒼梧"，單稱"九嶷"。位於

九嶷山
（清佚名《天下名山圖》）

湖南南部寧遠縣境内，南接羅浮山，北連衡嶽。《山海經·海内南經》："蒼梧之山，帝舜葬於陽，帝丹朱葬於陰。"《山海經·海内經》："南方蒼梧之丘，蒼梧之淵，其中有九嶷山，舜之所葬。"《楚辭·離騷》："朝發軔於蒼梧兮，夕餘至乎縣圃。"又云："百神翳其備降兮，九疑繽其並迎。"《史記·五帝本紀》："舜年二十以孝聞。"張守節正義："舜南巡崩於蒼梧之野，葬於江南九嶷。"北魏酈道元《水經注·湘水》："蒼梧之野，峰秀數郡之間，羅巖九舉，各導一溪、岫壑負阻，異嶺同勢。游者疑焉，故曰九嶷山。"唐徐氏《丈人觀謁先帝御容》："旋登三徑路，似陟九嶷山。"《太平御覽·地部》引《郡國志》："九疑山有九峰。"元劉祁《征婦詞》："君不見重瞳鳳駕游九疑，蒼梧望斷猶不歸。"清屈大均《綵來曲》詩其二："魂夢滿三楚，雲山紛九疑。"

【蒼梧】

即九嶷山。此稱先秦已行用。見該文。

【九嶷】

同"九嶷山"。此稱先秦已行用。見該文。

齊雲山

山名。古稱"白岳""白嶽"。位於安徽休寧縣城西約 15 千米處，是一處以道教文化和丹霞地貌爲特色的國家重點風景名勝區，歷史上有"黃山白嶽甲江南"之稱。與黃山、九華山并稱爲皖南三大名山；與武當山、龍虎山、青城山并稱中國道教四大名山；還與武當山、龍虎山、青城山、景福山合稱五大仙山。唐沈既濟《枕中記》："生齊雲山及琅琊。"宋釋贊寧等《宋高僧傳》："至明年告歸齊雲山。"宋朱晞顔《白嶽寄懷》詩："静思世上千年事，不值山中一局棋。"元李齊賢《巫山一段雲·白岳晴雲》詞："曉過青郊驛，春游白岳山。"明唐寅《題齊雲山石室壁》詩："齊雲山與碧雲齊，四顧青山座座低。"明陳履《齊雲山中别萬伯武》詩："白嶽山中足幽趣，雲窩每有仙人住。"明張正常《漢天師世家》："本年詔往齊雲山，建報謝禱禳大醮。"《明史·地理志一》："休寧府西，東北有松蘿山，西有白嶽山，東南有率山，率水出焉，新安江别源也。"清洪亮吉《寧國府志·輿地志冢墓》："魯肅墓，在縣南八十里齊雲山左。"

【白嶽】

即齊雲山。此稱宋代已行用。

白岳（齊雲山）
（明王圻等《三才圖會》）

【白岳】

即齊雲山。此稱元代已行用。

嶽麓山

山名。省稱"嶽麓"。嶽或作"岳"。位於湖南省長沙市嶽麓區。唐李吉甫《元和郡縣圖志·地理二》："本漢臨湘縣，屬長沙國，隋改爲長沙縣，屬潭州。嶽麓山在縣西南，隔湘江水六里，蓋衡山之足也，故以麓爲名。"唐杜甫《岳麓山道林二寺行》："玉泉之南麓山殊，道林林壑争盤紆。"宋侯寘《水調歌頭·題嶽麓法華臺》詞："曉霧散晴渚，秋色滿香山。"元陳泰《南山歌》："嶽麓山前一葉舟，夜看明月湘江流。"明楊基《望嶽麓》詩："爲愛嶽麓山，繫舟城邊柳。"《徐霞客游記·楚游日記》："南嶽周迴八百里，回雁爲首，嶽麓爲足。"清歐陽厚基《嶽麓愛晚亭》詩："一亭幽絶費平章，峽口清風贈晚凉。"清劉獻廷《廣陽雜記》卷二："三桂軍長沙西，連營嶽麓山，亘數十里，軍容之盛，近古未有也。"

【嶽麓】

即嶽麓山。此稱宋代已行用。見該文。

堯山

山名。位於河南魯山縣西部，地處伏牛山東段。因堯孫劉累爲祭祖立堯祠而得名。《山海經·中山經》："又東北百里，曰大堯之山。"又云："大堯之山，其木多松、柏，多梓、桑；其草多竹；其獸多豹、虎、麢、麝。"《説文·水部》："滍水出南陽魯陽堯山東北，入汝。"漢張衡《南都賦》："奉先帝而追孝，立唐祀乎堯山。"北魏酈道元《水經注·汝水》："水流兩分，一水東徑堯山南，爲滍水也，即《經》所言滍水出堯山矣。"唐李嘉祐《夜聞江南人家賽神因題即事》詩："帝女凌空下湘岸，番君隔浦向堯山。"宋王存等《元豐九域志》："汝州魯山縣有堯山。"宋楊萬里《高宗聖神武文憲孝皇帝挽詩二首》其二："堯山鄰禹穴，松雪蔚争青。"明王慎中《伯氏曾漸溪先生奉使册靖江王敬上四十四韻》詩："堯山澆桂酒，舜廟擷芳筌。"清齊召南《水道提綱》："沙河即古滍水，俗曰沙水。源出魯山縣西境之堯山。"

六盤山

　　山名。廣義的六盤山位於寧夏西南部、甘肅東部。傳成吉思汗征服西夏時曾在這裏休養生息，整肅軍隊，後病逝於此。《宋史·王仲寶傳》："與西羌戰六盤山，俘馘數百人。"《元史·五行志一》："四年夏，六盤山隕霜殺稼五百餘頃。"明陳子龍《皇明經世文編》卷二三四："唐之中葉，雖六盤山外，亦爲土番所據。"明劉大夏《過六盤山遇雪寄西涯閣老》詩："緑野誤違三品地，白頭今到六盤山。"清王柏心《登六盤山作歌》："迤南六盤勢尤雄，卓然踞地朝群峰。"清顧炎武《天下郡國利病書·陝西一》："西北通固原，以走寧夏西南，過六盤山走甘肅，亦要地也。"狹義的六盤山爲六盤山脉的第二高峰，位於固原市原州區境内，海拔 2928 米，山路曲折險狹，須經六重盤道纔能到達頂峰，因名。

大巴山

　　山名。亦稱"巴山""巴嶺"。由米倉山、大巴山（狹義，或是古詩文所指）、大神農架、武當山、荊山等組成，呈西北—東南走嚮。《晋書·杜預子錫傳》："舟夜渡，以襲樂鄉，多張旗幟，起火巴山，出於要害之地，以奪賊心。"晋常璩《華陽國志·巴志》："其地東至魚復，西至僰道，北接漢中，南極黔涪。"《宋書·符瑞志中》："元嘉十三年二月丁卯，甘露降上明巴山。"北魏酈道元《水經注·江水》："與决水同出一山，故世謂之分水山，抑或曰巴山。"唐李商隱《夜雨寄北》詩："何當共剪西窗燭，却話巴山夜雨時。"唐武元衡《酬李十一尚書西亭暇日書懷見寄十二韻之作》詩："巴嶺雲外没，蜀江天際流。"宋陸游《夏夜起坐南亭達曉不復寐》詩："曲闌影外巴山月，畫角聲中楚塞愁。"元文矩《次元復初韻送虞伯生代祠江瀆二首》詩其二："蜀道連雲春繫馬，巴山踏月夜聞鷄。"明黃哲《次韻仲衍巫峽秋懷》詩："白帝孤城蜀漢間，錦江秋色隔巴山。"清曾暐《鷄頭關》詩："漢水原通蜀，巴山不過秦。"清顧祖禹《讀史方輿紀要·陝西五》："巴嶺，山在府西南一百九里，亦曰大巴山。"

【巴山】

　　同"大巴山"。此稱南朝梁已行用。見該文。

【巴嶺】

　　即大巴山。此稱唐代已行用。見該文。

蘇門山

　　山名。省稱"蘇門"。位於河南省新鄉市輝縣市百泉鎮百泉風景區内，屬於太行山的一道支脉。北魏酈道元《水經注·洛水》："……言在蘇門山……孫盛《魏春秋》亦言在蘇門山。"唐房玄齡等《晋書·阮籍傳》："籍嘗於蘇門山遇孫登，與商略終古及棲神導氣之術，登皆不應，籍因長嘯而退。"唐杜甫《上後園山脚》詩："敢爲蘇門嘯，庶作梁父吟。"宋陸游《山中飲酒》："清嘯蘇門山，曠度交公休。"宋高似孫《緯略》："阮籍游蘇門山，山有隱者，莫知其姓名。"清汪琬《聞劉主事移疾將往蘇門賦贈》詩：“蘇門自昔多幽趣，曾是孫登長嘯處。”

【蘇門】

即蘇門山。此稱唐代已行用。見該文。

關山

山名。亦稱“隴山”“隴坻”“隴阪”“隴坂”“隴首”。位於甘肅張家川回族自治縣境。古代的軍防重地，也是古代絲綢之路關隴大道的必經之地。《書・禹貢》：“因桓是來。”孫星衍注引鄭玄曰：“桓是，隴坂名，其道盤桓旋曲而上。”漢劉向等《戰國策》：“秦右隴蜀。”漢張衡《四愁》詩：“我所思兮在漢陽，欲往從之隴阪長。”李善注：“應劭曰：‘天水有大阪，名曰隴阪。’《秦州記》曰：‘隴阪九曲，不知高幾里。’”漢張衡《西京賦》：“右有隴坻之隘，隔閡華戎。”《漢書・地理志下》“隴西郡”顏師古注：“隴坻，謂隴阪，即今之隴山也。”晉張華失題詩：“清晨登隴首，坎壈行山難。”北周王褒《贈周處士》詩：“雲生隴坻黑，桑疏薊北寒。”南朝梁徐陵《關山月》詩：“關山三五月，客子憶秦川。”南朝陳謝燮《隴頭水》詩：“隴坂望咸陽，征人慘思腸。”隋虞世基《出塞》詩其二：“揚桴度隴阪，勒騎上平原。”唐馬雲奇《九日同諸公殊俗之作》詩：“不見書傳青海北，只知魂斷隴山西。”唐王勃《滕王閣序》：“關山難越，誰悲失路之人。”唐李白《雜曲歌辭長相思三首》其三：“天長路遠魂飛苦，夢魂不到關山難。”唐王昌齡《從軍行七首》詩其一：“更吹羌笛關山月，無那金閨萬里愁。”唐李賀《南園十三首》詩其五：“男兒何不帶吳鈎，收取關山五十州。”唐杜甫《登岳陽樓》詩：“戎馬關山北，憑軒涕泗流。”《太平御覽・地部十五・隴山條》：“天水有大阪，名隴山……其

阪九回，上者七日乃越。”金趙秉文《飲馬長城窟行》詩：“單于吹落關山月，茫茫原上沙如雪。”明何景明《送賈君博之階州》詩：“隴阪盤雲上，秦城向斗看。”清屈大均《送人之塞上》詩：“射獵不須留白羽，關山一任塞飛狐。”參閱元王蒙《關山蕭寺》古山水畫。

【隴坻】

即關山。此稱漢代已行用。見該文。

【隴阪】[2]

即關山。此稱漢代已行用。見該文。

【隴首】

即關山。此稱晉代已行用。見該文。

【隴坂】[2]

即坂。此稱南朝陳已行用。見該文。

【隴山】

即關山。此稱唐代已行用。見該文。

太白山[1]

山名。秦嶺山脉最高峰，也是青藏高原以東第一高峰。現代地理定義的太白山，包括太白山、鰲山以及連接二者的西跑馬梁等。《漢書・地理志》：“縣有太一山，古又以爲终南。”杜預注曰：“太白山，在武功縣南，去長安二百里，不知其高幾何。”《晉書・帝紀第四》：“顒乘單馬，逃於太白山。”晉葛洪《抱朴子内篇・金丹》：“又按仙經，可以精思合作仙藥者，有華山、泰山、霍山、恒山、嵩山、少室山、長山、太白山、終南山。”北魏酈道元《水經注・渭水》：“杜彦達曰：‘太白山，南連武功山，於諸山最爲秀傑，冬夏積雪……尸不寒，後忽出櫟南門及光門上，而入太白山。’”唐韋莊《聞再幸梁洋》詩：“遥思萬里行宮夢，太白山前月欲低。”宋張君房《雲笈七籤・續仙

太白山
（清蔣廷錫等《古今圖書集成》）

傳》：“周宣帝時，以王室多事，隱於太白山學道，煉氣養形，求度世之術。”《太平御覽·地部五》：“太白山《辛氏三秦記》曰：‘太白山在武功縣南，去長安三百里，不知高……鳴鼓角，則疾風暴雨兼至也。’《周地圖記》曰：‘太白山甚高，上恒積雪，無草木。’”明薛瑄《過武功縣》詩：“渭河水遠波聲小，太白山高樹影重。”清周京《武功縣望太白山》詩：“百里武功縣，明當太白山。”

龜山

山名。名龜山者有多處分布，最著名者當屬位於今山東新泰市西南四十里之龜山。《詩·魯頌·閟宮》：“奄有龜蒙。”按，龜蒙，指龜山和蒙山。《春秋左傳·定公十年》：“齊人來歸鄆、讙、龜陰田。”杜注：“泰山博縣北有龜山。”孔子曾感懷魯國政亂，登此山作《龜山操》：“予欲望魯兮，龜山蔽之。手無斧柯，奈龜山何！”後成著名的琴操名。北魏酈道元《水經注·汶水》：“龜山在博縣北十五里，昔夫子傷政道之陵遲，望山而懷操，故琴操有《龜山操》焉。”唐李白《紀南陵題五松山》詩：“龜山蔽魯國，有斧且無柯。”唐韓愈作《龜山操》：“龜之氣兮不能雲雨，龜之木兮不中樑柱，龜之大兮只以奄魯。”

又，位於今江蘇盱眙縣東北三十里。宋王象之《輿地紀勝》卷四四：“〔龜山〕在盱眙縣北三十里。其西南上有絕壁，下有重淵。《廣記》：龜山，禹治水以鐵鎖鎖淮渦水神無支奇於龜山之足。唐永泰中，李湯以牛五十引鎖出之，鎖末有一青猿，高五丈許，復拽牛没水。”清顧祖禹《讀史方輿紀要·南直三》：“〔盱眙縣龜山〕《志》云，山有二：上龜山在縣治西南，下龜山在此。……宋嘉定十二年，山東賊時青來附，處之龜山。”

又，在今江蘇銅山區東北。《魏書·地形志》：“彭城有龜山。”清穆彰阿等《大清一統志·徐州府一》引《舊志》：“〔龜山〕在州東北三十餘里。有石洞深晦莫測，俗稱仙人洞。”

又，亦名怪山。即今浙江紹興市西南塔山。《越絕書》卷八：“龜山者，句踐起怪游臺也。東南司馬門，因以炤龜。又仰望天氣，觀天怪也……一曰怪山。怪山者，往古一夜自來，民怪之，故謂怪山。”北魏酈道元《水經注·漸江水》：“〔怪山〕遠望此山，其形似龜，故亦有龜山之稱。”

又，一名龜洋山。位於今福建莆田市西二十里。《新定九域志》卷九：“〔龜山〕《院圖經》云，僧無了嘗隱於此，遇一神龜，躡四小龜而行，無了異之，遂居其地爲院。”

又，位於今江西安福縣西。《輿地紀勝》卷三一：“〔吉州龜山〕在安福縣西。有石屹然，望之如伏龜。龍泉縣亦有龜峰。”清穆彰阿等《大清一統志·吉安府一》：“〔龜山〕多奇石，其下一山，狀如斧劈，兩岸垂下如帷幄，惟亭午見日。一名九日巖，一名壁峽。後有洞，虛曠可容數十人。”

又，在今湖南辰溪縣西南一里，沅江南岸丹山。清顧祖禹《讀史方輿紀要·湖廣七》："〔辰溪縣龜山〕在縣西隔江。山盤礴高聳，下鐘鼓洞，深里許。"

又，在今廣東樂昌市南。清穆彰阿等《大清一統志·韶州府》："〔龜山〕在樂昌縣南半里。環抱縣治，橫截武水，爲一邑關鍵。"

又，在今四川合川區東嘉陵江南岸。明萬曆《合州志》卷一："〔龜山〕在州治東過江十里，與釣魚山相對，如龜形，故因名。元憲宗攻合州，駐蹕於此。"

又，一名三臺山。即今重慶涪陵東北雨臺山。《輿地紀勝》卷一七四："〔龜山〕本涪州東岸之山，今州治一小山，其形如龜。龜陵之稱，得非取此。"

又，今云南石林彝族自治縣東南圭山。清顧祖禹《讀史方輿紀要·雲南三》："州西南七十里有龜山，極高峻，去（廣西）府城亦七十里，爲夷伢之藪。萬曆四十八年築土城於此，週一里有奇，謂之督捕城，府通判駐守其地。"

又，在今云南師宗縣西。清穆彰阿等《大清一統志·廣西州》："〔龜山〕在師宗縣西七十里。山極高大，爲苗伢之藪。明萬曆四十八年，築督捕城，通判駐紮於此。今廢。"

又，在今陝西富縣西。清顧祖禹《讀史方輿紀要·陝西六》："〔鄜州龜山〕在州城西。"

又，在今甘肅天水市東四十里。清穆彰阿等《大清一統志·秦州一》："〔龜山〕週五里，中間突起如龜背，南臨渭水，右濱清水。其麓爲社樹坪。有阜自山南循藉水而西，止於州東十里，謂之沙隴。"

黃山

山名。又稱"黃海"，古稱"天子都"，或"三天子都"。《山海經·海內東經》："浙江出三天子都，在其東。"到秦代，因山體巖石青玄，遙望蒼黛，稱其爲"黟山"。因傳軒轅黃帝曾在此煉丹，唐玄宗於是在天寶六載（747）改"黟山"爲"黃山"，取"黃帝之山"之意。唐李白《送溫外士歸黃山白鵝峰舊居》詩："黃山四千仞，三十二蓮峰。"唐劉允濟《經廬岳回望江州想洛川有作》詩："地入天子都，巖有仙人藥。"《黃山圖經》成書於北宋景祐年間（1034—1037），原作者不詳，是黃山目前已知最早的一部志書。經曰："黃山舊名黟山，……唐天寶六年六月十七日敕改爲黃山。"宋黃庭堅《宿黃山》詩："白首同歸人不見，黃山依舊月明中。"元何儒行《輿嶺汪公仲雲松樓》詩："黃山插天紫翠浮，三十六峰明素秋。"明李東陽《咏黃山寄程太守式之》詩："懷君舊是雲中守，歸去黃山尚臥雲。"清黃景仁《黃山尋益然和尚塔不得》詩："迎之返黃海，卓錫觀雲濤。"吳翌鳳箋注："王存《九域志》：新安黃山，有雲如海，稱黃海。一稱雲海。"萬曆四十四年（1616）徐霞客登臨黃山時，面對黃山之秀麗，贊云："薄海內外之名山，無如徽之黃山。登黃山，天下無山，觀止矣！"（語出清閔麟嗣《黃山志定本》）後被當地人引申爲："五嶽歸來不看山，黃山歸來不看嶽。"

【天子都】

即黃山。此稱先秦已行用。見該文。

【黟山】

即黃山。此稱先唐已行用。見該文。

【黄海】[1]

即黄山。此清代已行用。見該文。

天柱山

山名。亦稱"潛山""灊山"，單稱"灊"。位於安徽潛山縣西部。爲大别山東延餘脉。《史記・封禪書》："登禮灊之天柱山，號曰'南嶽'。"按，指古南嶽。《漢書・地理志》："灊，天柱山在南。有祠。沘山，沘水所出，北至壽春入芍陂。"晋盧諶《贈劉琨詩》詩其十六："先民頤意，潛山隱幾。"北魏酈道元《水經注・禹貢山水澤地所在》："霍山爲南嶽，在盧江灊縣西南，天柱山也。"唐王越賓《使至灊山》詩："碧塢烟霞晝未開，游人到處盡裴回。"唐吴筠《舟中遇柳伯存歸潛山因有此贈》詩其二："君歸潛山曲，我復廬山中。"宋劉敞《同梅聖俞送尹郎中監舒川靈仙觀》詩："藏書天禄閣，卜居天柱山。"明王猷《過潛山哭諫議丁年兄》詩："清時忽報哲人摧，駐馬潛山淚滿腮。"清顧祖禹《讀史方輿紀要・南直八》："灊山：縣西北二十里。綿亘深遠，與六安州霍山縣接界，即霍山矣。"參閱本卷"古南嶽"詞條。

【灊】

即天柱山。此稱漢代已行用。見該文。

灊山（天柱山）
（清蔣廷錫等《古今圖書集成》）

【潛山】

即天柱山。此稱魏晋已行用。見該文。

【灊山】

即天柱山。此稱唐代已行用。見該文。

【萬山】

山名。亦稱"萬歲山"，即天柱山。《九家舊晋書輯本・臧榮緒〈晋書〉》："一沈萬山之下，一立峴山之上。"按，臧榮緒爲南朝齊人。《宋書・袁顗傳》："道存遣將王式民、康元隆等迎擊於萬山，世隆大敗，還郡自守。"唐崔道融《鑾駕東回》詩："君王謙讓泥金事，蒼翠空高萬歲山。"

【萬歲山】[2]

即天柱山。此稱唐代已行用。見該文。

【皖公山】

山名。亦稱"皖山"，即天柱山。唐李白《江上望皖公山》詩："清宴皖公山，巉絶稱人意。"《太平御覽・釋部》："達磨傳惠可，惠可傳僧璨，隱於皖山。"宋龍衮《江南野史》卷七："至趙屯，因輟樂停艑，比望皖公山。"宋孔武仲《雁翅夾作》詩："起見皖山曲，沈沈夕烟生。"元陳孚《泊安慶府呈貢父》詩："共擁旄幢度百蠻，今朝忽過皖公山。"明胡應麟《送李内翰入都》詩："亂雲揚子渡，殘雪皖公山。"清顧祖禹《讀史方輿紀要・南直八》："以地言之，則曰皖山，謂皖伯所封之國也，或謂之皖公山，亦曰皖伯臺。"

【皖山】

即天柱山。此稱宋代已行用。見該文。

【古南嶽】

山名。亦稱"霍山"，即天柱山。位於皖南。漢元封五年（公元前106），漢武帝劉徹行南巡狩，自潯陽順江而下，經盛唐（今安慶市盛唐灣）入皖口（今懷寧縣山口鎮），溯水而上，法駕谷口（今天柱山野人寨），登禮天柱，"號曰南嶽"。《爾雅·釋山》："霍山爲南嶽。"邢昺疏："衡山一名霍……而云衡霍，一山二名者，本衡山，一名霍山。"郭璞注："〔霍山〕即天柱山。"郝懿行義疏："霍山在今廬江灊縣，灊水出焉。別名天柱山。漢武帝以衡山遼曠，故移其神於此。今其土俗人皆呼之爲南嶽……以霍山即南柱，亦止得爲漢武之南嶽，而不得爲《爾雅》之南嶽矣。"《史記·孝武本紀》："上巡南郡，至江陵而東。登禮灊之天柱山，號曰南嶽。"《漢書·郊祀志上》："〔舜〕五月，巡狩至南嶽。南嶽者，衡山也。"古南嶽在隋文帝詔改前亦稱"衡山"，直到隋文帝詔改現在衡山爲南嶽。其間七百年，所稱南嶽，即皖南天柱山。南嶽稱號南移至衡山後，世稱天柱山爲"古南嶽"。參閱本卷"衡山"詞條。

【霍山】[3]

即古南嶽。此稱先秦已行用。見該文。

壺公山

山名。位於莆田市荔城區新度鎮境內。傳漢代有胡姓道人隱居山上，後來得道成仙，山因胡公而得名；也有人認爲山形似壺，因形得名。唐黃滔《壺公山》詩："瓊津流乳竇，春色駐芝田。"宋祝穆《方輿勝覽》："壺公山在城南二十里，頂有泉脈通海，視潮盈縮。"明李賢等《明一統志·興化府》："凈巖在壺公山絕頂，莆中風物之勝。"明胡應麟《霞林樵隱歌爲梁太學賦》："七閩孕奇秀，秀出壺公山。"明陶宗儀《説郛》卷一五："壺公山有蟹泉，在嵌嵓之側一穴，大可容臂。"

沂山

山名。古稱"海岱""海岳"，抑或"海嶽"，位於山東臨朐縣城南45千米處，爲中國東海向內陸的第一座高山，有"大海東來第一山"之説，素享"沂山爲五鎮之首"之盛名。古代十朝十六位皇帝登封於此，從而留下名垂青史的"東鎮碑林"。《山海經·北山經》："又北二百里，曰沂山。般水出焉，而東流注於河。"《周禮·夏官·職方氏》："正東曰青州，其山鎮曰沂山。"鄭玄注："沂山，沂水所出也。"《史記·三皇本紀》載，黃帝曾登封沂山。舜肇州封山，定沂山爲重鎮。漢武帝親臨至其下，令禮官祀之。隋、唐、宋、元、明、清歷代屢有增封，祀典不廢。南朝宋鮑照《喜雨》詩："平灑周海嶽，曲潦溢川莊。"又，《擬古詩八首》其五："海岱饒壯士，蒙泗多宿儒。"北魏酈道元《水經注·沂水》："鄭玄云出沂山，抑或云臨樂山。"唐王維《贈房盧氏琯》詩："將從海岳居，守靜解天刑。"唐杜甫《洗兵馬》詩："已喜皇威清海岱，常思仙仗過崆峒。"唐儲光羲《登戲馬臺作》詩："泗水南流桐柏川，沂山北走瑯琊縣。"宋蘇軾《和李邦直沂山祈雨有應》詩："半年不雨坐龍慵，共怨天公不怨

沂　山
（清蔣廷錫等《古今圖書集成》）

龍。"金党懷英《穆陵道中二首》詩其一:"沂山一何高,群峰鬱屚顔。"明邵寶《郊壇分獻東鎮退而有述》詩:"沂山望海岱,其高薄雲天。"清魏源《中條山王官谷雙瀑吟》詩:"游人登峰不尋谷,沂山雙瀑横雲霄。"

【海岳】

即沂山。此稱唐代已行用。見該文。

【海嶽】

即沂山。此稱南朝宋已行用。見該文。

【海岱】[1]

即沂山。此稱南朝宋已行用。見該文。

武夷山

山名。省稱"武夷"。三教名山。位於福建武夷山市南郊,屬典型的丹霞地貌。相傳,閩越族的一支族首領叫武夷君,故名。又相傳彭祖有兩子,名彭武、彭夷,造福百姓,死後代之以山名。早在新石器時期,古越人就已在此繁衍生息。如今懸崖絶壁上遺留的"架壑船"和"虹橋板",就是古越人特有的葬俗。漢時,漢武帝曾遣使者到武夷山用乾魚祭祀武夷君。唐玄宗大封天下名山大川,武夷山也受到封表,并刻石記載。前蜀杜光庭《洞天福地記》中把武夷山列爲天下三十六洞天之一,稱爲"第

武夷山
（清蔣廷錫等《古今圖書集成》）

十六昇真元化洞天"。宋紹聖二年(1095)禱雨獲應,又封武夷君爲顯道真人。自秦漢以來,武夷山就爲羽流禪家栖息之地,留下了不少宫觀、道院和庵堂故址。武夷山還曾是儒家學者倡道講學之地。唐徐凝《武夷山仙城》詩:"武夷無上路,毛徑不通風。"唐李商隱《武夷山》詩:"武夷洞裏生毛竹,老盡曾孫更不來。"唐張紹《冲佑觀》詩:"惟彼武夷,實曰洞天。"唐徐夤《尚書惠蠟面茶》詩:"武夷春暖月初圓,采摘新芽獻地仙。"宋謝明遠《踏莎行》:"人意傷離,物華驚换。武夷此去如天遠。"宋蘇軾《荔枝嘆》詩末云:"君不見武夷溪邊粟粒芽,前丁後蔡相寵加。"元黄元實《武夷山二首》其一:"三十六峰秋色裏,月明人倚玉闌干。"明劉基《望武夷山作》詩:"飲馬九曲溪,遥望武夷峰。"清林佶《游武夷登一覽亭》詩:"吾聞武夷山,乃是昇真元化之洞天。"

【武夷】

即武夷山。此稱唐代已行用。見該文。

燕山[1]

山名。位於中國北部。西起洋河,東至山海關,北接壩上高原,南側爲河北平原,高差大。甲骨文記載了北京地區有名爲偃的方國。商代,有兩個燕姓國家在這一帶附近,因稱。《山海經·北山經》:"北百二十里,曰燕山,多嬰石。"南北朝佚名《木蘭辭》:"不聞爺娘唤女聲,但聞燕山胡騎鳴啾啾。"南朝陳徐陵《出自薊北門行》:"薊北聊長望,黄昏心獨愁。燕山對古刹,代郡隱城樓。"唐李白《北風行》詩:"燕山雪花大如席,片片吹落軒轅臺。"宋周密《高陽臺·送陳君衡被召》詞:"酒酣應對燕山雪,正冰河月凍,曉隴雲飛。"元王惲《龍

吟·送焦和之赴西夏行省》詞：“回首燕山，月明庭樹，兩枝烏繞。”明王恭《春雁》詩：“春風一夜到衡陽，楚水燕山萬里長。”清屈大均《送人之燕中》詩其一：“萬里燕山勢，長蛇帶塞雄。”一說，燕山爲今蒙古國境內杭愛山。另說，古昆侖山即燕山。參閱明王圻等《三才圖會·地理圖會》。

燕然山

山名。亦作“燕然”“燕山”。今蒙古國境內杭愛山。漢班固《封燕然山銘》：“遂逾涿邪，跨安侯，乘燕然，躡冒頓之區落，焚老上之龍庭。”北周庾信《楊柳歌》：“君言丈夫無意氣，試問燕山那得碑？”唐王維《使至塞上》詩：“蕭關逢候騎，都護在燕然。”唐徐堅《奉和聖製送張說巡邊》詩：“燕山應勒頌，麟閣佇名揚。”唐李賀《馬詩》其五：“大漠沙如雪，燕山月似鈎。”唐王維《使至塞上》詩：“蕭關逢候騎，都護在燕然。”宋范仲淹《漁家傲》詞：“燕然未勒歸無計。”元張玉娘《塞上曲（橫吹曲辭）》：“勒兵嚴鐵騎，破虜燕然山。”明謝榛《送李侍御化甫巡邊》詩：“一夜壓倒燕然山，

白日不照北海上。”清汪仲洋《燕然山》詩：“燕然山色鬱蒼蒼，此地曾爲古戰場。”

【燕然】
即燕然山。此體唐已行用。見該文。

【燕山】[2]
即燕然山。此體唐代已行用。見該文。

雁蕩山

省稱“雁蕩”。山名。位於浙江樂清市境內。南朝時期，梁國昭明太子在芙蓉峰下建寺造塔，爲雁蕩山開山之始。唐代時期，西域高僧諾詎那仰慕雁蕩山“花村鳥山”之美名，率弟子三百來此弘揚佛教。其人被奉爲雁蕩山開山鼻祖。宋代時期爲雁蕩山發展鼎盛時期。前蜀貫休《諾詎羅贊》詩：“雁蕩經行雲漠漠，龍湫宴坐雨濛濛。”宋沈括《夢溪筆談·雜誌一》：“溫州雁蕩山，天下奇秀，然自古圖牒未嘗有者。”元王義山《賀新郎·乙亥春題雁蕩山》詞：“險怪嶕嶢稱雁蕩，爭秀群山第一。”元薩都剌《寄浙東聶經歷》詩：“夜深婺女明如鏡，雁蕩山前雁盡回。”明林弼《題危中書所藏和靖墨迹》詩其二：“明朝飛錫知何處，雁蕩山中一片雲。”清汪楫《送張振九之永嘉司馬任》詩：“雁蕩山頭瀑絕奇，藥公常爲我言之。”

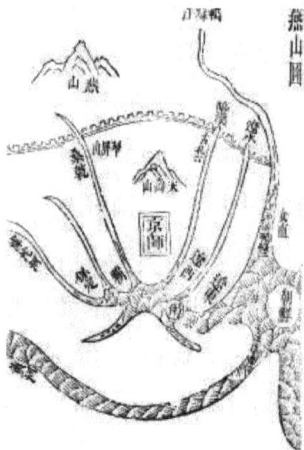

燕　山
（明王圻等《三才圖會》）

雁蕩山
（清蔣廷錫等《古今圖書集成》）

【雁蕩】

即雁蕩山。此稱唐代已行用。見該文。

嶻嶭

山名。亦作"嶻嶭"。又稱"嵯峩山""慈峩山""嵯峨山"。在今陝西涇陽、三原、淳化三縣交界處。傳説黄帝曾鑄鼎於此。《史記·司馬相如列傳》："九嵏、嶻嶭，南山峨峨。"裴駰集解引蕭該《漢書音義》曰："嶻嶭山，在池陽縣北。"顔師古注："嶻嶭，即今俗呼嵯峨山是也。"漢揚雄《長楊賦》："左太華而右褒斜，椓嶻嶭而爲弋，紆南山以爲罝。"《宋書·謝靈運傳》："連岡則積嶺以隱嶙，舉峰則群竦以嶻嶭。"唐李吉甫《元和郡縣圖志》："嵯峨山，一名嶻嶭山，在縣東北十里。"宋歐陽修《和韓學士襄州聞喜亭置酒》詩："嶻嶭高城漢水邊，登臨誰與共躋攀。"《資治通鑑·秦始皇三十五年》"直抵南山"胡三省注："關中有南山、北山：自甘泉連延至嶻嶭、九嵏爲北山。"《太平寰宇記》卷三一："嶻嶭山，在縣東北十里，一名慈峩山，俗名嵯峩山。"明歐大任《蒲州張公紆勝園》詩："爲園歷山田，太華南嶻嶭。"清劉于義修、沈青崖纂《陝西通志》卷九："嵯峨山，一名嶻嶭山，一名慈峩山，在縣北五十里。"清段玉裁《説文解字注》："嶻嶭山，在馮翊池陽，從山截聲，才葛切。嶭，山也，從山，薛聲，五葛切。"

【嶻嶭】

同"嶻嶭"。此體漢代已行用。見該文。

【嵯峨山】

即嶻嶭。此稱唐代已行用。見該文。

【嵯峩山】

即嶻嶭。此稱宋代已行用。見該文。

【慈峩山】

即嶻嶭。此稱宋代已行用。見該文。

盤山

山名。亦作"田盤山"。位於天津市薊州西北15千米處，有"京東第一山"之譽。唐高適《同吕員外酬田著作幕門軍西宿盤山秋夜作》詩："磧路天早秋，邊城夜應永。"宋劉辰翁《法駕導引壽胡盤居》詩："我與盤山疏一月，黄花滿意繞荒城。"金王志謹《盤山棲雲王真人語録》："時師在盤山。"明王世貞《與高大夫游盤山歌》："高侯挾我游盤山，下盤已見凌大荒。"清陳恭尹《送王立安歸都門》詩："田盤山下好林皋，賢人隱處德星高。"參閲清代刻本木版畫集《天下名山圖·盤山圖》。

【田盤山】

即盤山。此稱清代已行用。見該文。

盤　山
（清蔣廷錫等《古今圖書集成》）

峴山[1]

亦作"峴首""峴首山"。峴山，俗稱三峴，包括峴首山（下峴）、紫蓋山（中峴）、萬山（上峴），位於湖北襄陽市南。東臨漢水，爲襄陽南面要塞。《晋書·李矩傳》："矩墜馬卒，葬襄陽之峴山。"南朝梁沈約《襄陽蹋銅蹄歌三首》其一："分手桃林岸，送別峴山頭。"唐李白《雜歌謠辭·襄陽曲》詩："峴山臨漢江，水淥沙如雪。"唐孟浩然《峴山送朱大去非游巴東》詩："峴山南郭外，送別每登臨。"《唐六典》："峴山，在襄州襄陽縣。"唐韓愈《送李尚書赴襄陽八韻得長字》詩："風流峴首客，花艷大堤倡。"宋韋居安《梅澗詩話》卷上："羊叔子鎮襄陽，嘗與從事鄒湛登峴山，慨然有'湮沒無聞'之嘆，峴山因是以傳。"宋蘇轍《送王恪郎中知襄州》詩："峴首重尋碑墮淚，習池還指客橫鞭。"元陳賡《峴山秋晚圖》詩："峴首真在襄陽西，遙觀漢水含風漪。"元黃鎮成《李氏妹夫仲章歸自襄陽》詩："襄陽耆舊更安在，峴首風流今有誰。"明成鷲《題雲臺摩漢圖贈馬卧仙移鎮漢中》詩："粵人欲借寇雍侯，峴首長思羊叔子。"明區大相《峴山懷古》詩："雍臺臨漢水，樊口接荆岑。"清尹會一《郡齋咏懷》詩："峴山淚墮嶙峋碣，漢水風留蔽芾棠。"

又，在浙江湖州市南有山名峴山。原名顯山，後避諱唐中宗（李顯），改名峴山。蘇軾任湖州太守時，曾登此山。

又，浙江吳興市南等地亦有山稱爲峴山。原名三丘山。晉義熙間殷仲文守東陽，常登此山。後人比之羊祜，故名。前蜀貫休《送盧舍

峴　山
（明王圻等《三才圖會》）

人三首》詩其一："勸君不用登峴首山，讀羊祜碑。"

又，位於河南汝陽縣城南十幾公里處之霍陽山（參見本卷"霍陽山"詞條）。

【峴首】

即峴山。此體唐代已行用。見該文。

【峴首山】

即峴山。此體唐代已行用。見該文。

箕山

山名。亦作"許由山"。山上平如簸箕，故名箕山；又因遠望如枕頭，俗稱枕頭山。名箕山者有多處。一説，位於今河南登封市東南。相傳堯時許由、巢父曾隱居於此。堯讓天下於許，許堅辭不受，洗耳於潁濱。時巢父牽牛來飲，知其故，嫌水污牛口，又牽牛至上游。《孟子·萬章》："益避禹之子於箕山之陰。"《呂氏春秋·慎行論》："箕山之下，潁水之陽，耕而食。"張守節正義引皇甫謐《高士傳》云："許由歿，葬此山，亦名許由山。"一説，位於山東莒縣沭水上游。北魏酈道元《水經注·沭水》："〔箕山之水〕東出諸縣西箕山……其水西南流注于沭水也。"另説，位於今山西左權縣東。唐李吉甫《元和郡縣圖志》卷一三："〔遼山縣〕箕山，在縣東四十五里。"唐武德八年改遼州爲箕州，因箕山爲名。又説，位於今山東青州市東五十里香山。《隋書·地理志》北海郡都昌縣下作"箕山"。又説，今山東鄆城縣東北三十里箕山。清顧祖禹《讀史方輿紀要》卷三四："〔箕山〕在州東五里。俗訛爲許由辭位避居處。"又説，在今山西平陸縣東北約四十里。清穆彰阿等《大清一統志·解州》："〔箕山〕在平陸縣東北，接夏縣界。山形如箕。相傳即許由

隱處。"其他如位於四川營山縣、河北行唐縣或正定縣（古稱真定府）、山西和順縣、河南范縣等地的箕山，都有史料記載。

【許由山】

即箕山。此體唐代已行用。見該文。

霍陽山

山名。亦稱"峴山"。位於汝陽縣城南十幾千米處。《左傳·哀公四年》："襲梁及霍。單浮餘圍蠻氏，蠻氏潰。"杜預集解："梁南有霍陽山，皆蠻子之邑。"晋司馬彪《續漢書·郡國志》："河南尹梁縣有霍陽山。"北魏酈道元《水經注·汝水》："〔霍陽山水〕出南山。其水東北流徑霍陽聚東，霍陽山水又逕梁城西……今置治城縣，治霍陽山"。又云："京相璠曰：霍陽山，在周平城東南者也。"《太平寰宇記》卷八："霍陽山，俗謂峴山。"

【峴山】[2]

即霍陽山。此稱宋代已行用。見該文。

羅浮山

山名。省稱"羅浮"。素有嶺南第一山之稱。位於廣東東江之濱，離惠州市博羅縣城35千米，與增城、龍門兩地接壤。山有二峰，一峰羅生，一峰浮山，二山合體，稱爲"羅浮"。

傳東晋葛洪在此修道煉丹，著書立說，留下了《抱朴子》內外篇七十卷以及《肘後備急方》《神仙傳》《集異傳》《金匱藥方》和碑咏詩賦六百多篇。晋黄野人《羅浮吟》詩："雲意不知滄海，春光欲上翠微。"晋王叔之《游羅浮山》詩："菴藹靈嶽，開景神封。"南朝陳徐陵《奉和山地》詩："羅浮無定所，鬱島屢遷移。"唐劉恂《嶺表録異》卷中："南海以竹爲甑者，類見之矣，皆羅浮之竹也。"宋蘇軾《惠州一絶》詩："羅浮山下四時春，盧橘楊梅次第新。日啖荔枝三百顆，不辭長作嶺南人。"元王冕《題墨梅送宋太守之山東運使》詩："羅浮山遠雲水隔，瑪瑙玻璃霜月白。"明葉顒《復次前人緑萼梅韻》詩："喚回庾嶺春風夢，染出羅浮月夜芳。"清屠宸楨《疏影》詞："酒醒黄昏，看足香痕，好夢羅浮重省。"參閱《太平御覽·地部·羅浮山》、元陳汝言《羅浮山樵圖》古山水畫。

【羅浮】

即羅浮山。此稱南朝陳已行用。見該文。

鍾山

山名。亦作"金陵山""蔣山"，亦稱"紫金峰""紫金山""紫金"。位於江蘇南京市玄

羅浮山
（明王圻等《三才圖會》）

金陵山
（明王圻等《三才圖會》）

武區中山門外。《山海經》中有"鍾山"之名。《山海經·西山經》:"黃帝乃取崟山之玉榮,而投之鍾山之陽。"一說,漢代稱鍾山,因古時風水先生稱此山爲龍脉,爲王氣所鍾之處,即王氣集中積聚的地方,故名。漢末又稱"蔣山"。漢莊忌《哀時命》:"願至崑崙之懸圃兮,采鍾山之玉英。"《太平御覽·道部八》引《抱朴子》:"周武王時,學道於鍾山北河,經七試而不過者,由淫泆鄙滯敗其試耳。"晋干寶《搜神記·感應篇》:"轉號鍾山爲蔣山,以表其靈,今建康東北蔣山是也。"隋徐孝克《仰同令君攝山棲霞寺山房夜坐六韻》詩:"戒壇青石路,靈相紫金峰。"唐馬戴《送僧歸金山寺》詩:"金陵山色裹,蟬急向秋分。"唐李白《登梅岡望金陵贈族姪高座寺僧中孚》詩:"鍾山抱金陵,霸氣昔騰發。"《資治通鑑·晋顯宗咸和三年》"令負擔登蔣山"胡三省注:"蔣山即鍾山,在今上元縣東北十八里。《輿地志》曰:古曰金陵山,縣名因此。又名蔣山,漢末秣陵尉蔣子文討賊,戰死于此。吳大帝爲立廟,子又祖諱鍾,因改曰蔣山。"宋王安石《泊船瓜洲》詩:"京口瓜洲一水間,鍾山祇隔數重山。"宋劉宰《奉送諸兄謁府》詩:"紫金山迥連三島,甘露樓高俯八荒。"宋李清照《浪淘沙令》詞:"回首紫金峰,雨潤烟濃。"元念常撰《佛祖通載》:"秦始時,望氣者云:吳金陵山五百年後,當出天子。始皇忌之,因發兵鑿金陵山斷。"元王潤《莫春郭南》詩:"紫金山下斜陽暮,萬里川光照雲樹。"明余象斗《北游記》卷一:"成安國王聽知大哭,即備棺槨葬紫金山。"《永樂大典殘卷》:"譬鍾山玉、泗濱石、纍璧不爲之盈。采浮磬不爲之索。"明李攀龍《送大司寇之金陵》

詩:"曳履春雲高北斗,迴車秋色照鍾山。"《四庫全書總目提要·史部》:"靈谷寺在江寧鍾山之左,明太祖遷梁寶志塔於此,改賜今名,而號其山曰'紫金'。"

【蔣山】

即鍾山。此體晋代已行用。見該文。

【金陵山】

即鍾山。此體南朝陳已行用。見該文。

【紫金峰】

即鍾山。此稱隋代已行用。見該文。

【紫金山】

即鍾山。此稱宋代已行用。見該文。

【紫金】

即鍾山。此稱清代已行用。見該文。

嵩梁山

山名。亦作"松梁山",今稱"天門山"。因其山有自然奇觀天門洞而得名。一名"石門"。位於今湖南張家界市南。《宋書·州郡志》:"充縣有松梁山,山有石,石開處數十丈,其高以弩仰射不至,其上名'天門',因此名郡。"北魏酈道元《水經注·澧水》:"武陵郡嵩梁山,高峰孤竦,素壁千尋,望之苕亭,有似香爐。其山洞開,玄朗如門,高三百丈,廣二百丈,門角上各生一竹,倒垂下拂,謂之天帚。"宋潘自牧《記纂淵海》:"天門山,一名嵩梁山,在慈利,有六十峰。"元余闕《天門山(保寧知府楊丹作記)》詩:"但言隱彌匪,崇冠峙嵩梁。"清穆彰阿等《大清一統志》:"古松梁山,一名嵩梁山。《吳錄》:松梁山山石開處,容數十丈。"

【松梁山】

同"嵩梁山"。此體南朝梁已行用。見該文。

【天門山】

即嵩梁山。此稱元代已行用。見該文。

天平山

山名。省稱"天平"。位於江蘇蘇州市西靈巖山、支硎山之間。山高頂平,多林木泉石。唐白居易《白雲泉》詩:"天平山上白雲泉,雲自無心水自閑。"宋蘇舜欽《游山》詩:"踰嶺到天平,上觀石屋危。"明陶宗儀《次韻寧熙中上人姑蘇紀游十首·游天平》詩:"天平山水真佳矣,文正祠堂亦壯哉。"清王嘉祿《由支硎至天平》詩:"前望天平山,身隨白雲到。"

【天平】

即天平山。此稱唐代已行用。見該文。

鄧尉山

山名。位於江蘇蘇州城西南,吳中區光福鎮西南部。因東漢太尉鄧禹曾隱居於此而得名。唐陸廣微《吳地記》:"光福山,山本名鄧尉山,屬光福里,因名。"元鄭元祐《舟中望鄧尉山》詩:"橋橫水木已秋色,寺倚雲峰更晚晴。"明謝晋《七寶泉》詩:"鄧尉山中七寶泉,味如沆瀣色如天。"明王鏊《姑蘇志》:"鄧尉山,在光福里,俗名光福山。"清彭孫貽《冒雨登虎丘千頃雲望天平諸山》詩其二:"虎丘寺冷蒼苔閉,

鄧尉山
(《江南省行宫座落并各名勝圖》)

鄧尉山高過雨遲。"

玄墓山

山名。亦作"萬峰山"。位於鄧尉山南1.2千米。唐陸廣微《吳地記》:"光福山……其玄墓山,亦名萬峰山。"明王鏊《姑蘇志》:"玄墓山,相傳郁泰玄葬此,故名。在鄧尉西南,一名萬峰山。"郁泰玄,東晋時曾任青州刺史。明方太古《玄墓山上方》詩:"危欄倦倚帶斜陽,今夜禪牀借上方。"清陳子升《玄墓山探梅》詩:"日照寺微紺,湖涵梅盡白。"清顧祖禹《讀史方輿紀要·南直六》:"其玄墓山,亦名萬峰山,南面太湖。"

【萬峰山】

即玄墓山。此體唐代已行用。見該文。

虎丘山

山名。亦作"海湧山",省稱"虎丘"。位於今江蘇蘇州市郊。海拔34.3米,面積0.19平方千米。傳春秋時吳王闔閭既葬之後,金精之氣化而爲虎,踞其墳,故名。一説,丘如蹲虎,以形爲名。《宋書·武三王傳》:"東至吳郡,登虎丘山,又登無錫縣烏山以望太湖。"南朝陳張正見《從永陽王游虎丘山》詩:"地靈侔少室,塗艱像太行。"唐釋道世《法苑珠林·唄讚》:"少出家精苦蔬食,偈吳虎丘山。"《藝文類聚·山部下》:"先名海湧山。《吳越春秋》曰:闔廬死,葬於國西北,名虎丘。穿土爲川,積壤爲丘。發五都之士十萬人,共治千里,使象搏土。塚池四周,水深丈餘。槨三重,傾水銀爲池。池廣六十步,黃金珠玉爲鳬雁,扁諸之劍、魚腸三千在焉。葬之已三日,金精上陽,爲白虎據墳,故曰虎丘。"宋龔明《中吳紀聞》卷二:"虎丘,舊名海涌山,闔閭王既葬之后,

金精之气化爲虎，踞其墳，故號虎丘。”宋范成大《吴郡志》：“虎丘，虎丘山，又名海涌山，在郡西北五里遥望平田中一小丘。”明蔣一葵《堯山堂外紀》卷五二：“嘗言過姑蘇不游虎丘，不謁閭丘，乃二欠事。”明袁宏道《虎丘》：“虎丘去城可六七里，其山無高巖邃壑，獨以近城故，簫鼓樓船，無日無之。”

【海湧山】

即虎丘山。此體唐代已行用。見該文。

【虎丘】

即虎丘山。此稱唐代已行用。見該文。

孟門山

山名。省稱“孟門”。位於距壺口瀑布下游5000米處。相傳此處的兩個小島原爲一山，阻塞河道，引起洪水四溢，大禹治水時，把此山一劈爲二，導水暢流。此二島，遠眺如舟，近觀似山，俯視若門。又傳説古時，孟家兄弟的後代被河水冲走，曾在這裏獲救，故將此二島稱爲孟門山。《山海經·北山經》：“孟門之山，其上多金玉，其下多黄堊涅石。”《淮南子·本經訓》：“龍門未闢，吕梁未鑿，河出孟門之上，大溢逆流，無有丘陵、高阜滅之，名曰洪水。大禹疏通，謂之孟門。”《史記·齊太公世家》：

孟門山
（清蔣廷錫等《古今圖書集成》）

“上太行，入孟門。”裴駰集解引賈逵曰：“孟門、太行皆晋山隘也。”司馬貞索隱：“孟門山，在朝歌東北。”晋佚名《穆天子傳》：“北發孟門九河之礚。”唐李益《雜曲》詩：“遥望孟門山，殷勤報君子。”唐張九齡《始興南山下有林泉嘗卜居焉荆州卧病有懷此地》詩：“世路少夷坦，孟門未嶇嶔。”《太平御覽·地部五》：“黄河自峯山西四十里南出孟門山，北經禹鑿，廣峽崇深，傾崖及捍巨石，臨危若墜。”元丘處機《自金山至陰山紀行》詩：“羊腸孟門壓太行，比斯大略猶尋常。”明王世貞《入太行遇風雨回望中原即景有述》詩：“百盤天益孟門雄，趙魏山川指掌中。”清穆彰阿等《大清一統志·太原府二》：“河南孟門山，即龍門之上口也，實爲黄河之巨阨。”

【孟門】

即孟門山。此稱漢代已行用。見該文。

射的

山名。位於今浙江紹興市。北魏酈道元《水經注·漸江水》：“又有射的山，遠望山的，狀若射侯，故謂射的。”唐李白《送紀秀才游越》詩：“仙人居射的，道士住山陰。”《太平御覽·穀部》：“會稽有射的山，遠望如射侯。”宋施宿等《嘉泰會稽志》卷九：“射的山，在縣南一十五里。舊經云：山西石室乃仙人射堂也，東峯有射的，遥望山壁有白點，如射侯，土人常以占穀貴賤，故語云射的。”清屈大均《答祁七苞孫其一》詩：“耶溪水淺難垂釣，射的山高且掛弓。”又，《登陶晏嶺作》詩：“射的雲中出，樵風溪上來。”

焦山

山名。又稱“浮玉”。位於江蘇鎮江市東

北，是長江中一座四面環水的島嶼。東漢末年，焦光隱居在此，漢獻帝曾三次下詔書請他出山做官，但他不願和腐敗朝廷同流合污，拒不應召。他在山上采藥煉丹，治病救人。後人爲了紀念他，改樵山爲焦山。焦山西側峭壁摩崖石刻環集，氣勢磅礴，歷代書法家的碑刻甚多，其中有晋王羲之書《破邪論序》，刻於南朝梁（傳）天監十三年（514）《瘞鶴銘》，摩崖唐刻《金剛經偈句》、顔真卿《題多寶塔五言詩》三十首共四十四塊，宋刻米芾摩崖題銘、陸游《踏雪觀瘞鶴銘》、黄庭堅《蓄狸説》、蘇軾《題文同墨竹跋》及《墨竹自題》，元趙子昂小楷石刻二塊，清成親王書《歸去來辭》七塊。“浮玉”作爲山名，出自《山海經·南山經》：“又東五百里，曰浮玉之山，北望具區東望諸毗。”唐李白《焦山望寥山》詩：“石壁望松寥，宛然在碧霄。”宋蘇軾《自金山放船至焦山》詩：“焦山何有有修竹，采薪汲水僧兩三。”宋史浩《喜到鎮江復用前韻》詩：“浮玉林巒隨指顧，平山欄檻尚依稀。”宋米芾《焦山普濟禪院碑贊》詩：“五穀蕃生土地肥，萬靈常躋仁壽域。”《宋史·馮去非傳》：“歸舟泊金、焦山，有僧上謁，去非不虞其爲大全之人也，周旋甚款。”元陶

焦　山
（清蔣廷錫等《古今圖書集成》）

宗儀《説郛》卷九七引釋惠凱《金山志》：“客問：何爲浮玉？答云：此出仙經。上仙居浮玉山，朝上帝，則山自浮去，因金、焦俱在水上，故名。”《水滸傳》第一一一回：“焦山有座寺，藏在山凹裏，不見形勢，謂之山裏寺。”明張岱《陶庵夢憶·焦山》：“一日，放舟焦山，山更紆藫可喜。”《徐霞客游記·浙游日記》：“又十里爲焦山，居市頗盛。”清弘曆《游焦山作歌疊舊作韻》：“焦山似羲之，偃臥東牀袒其腹。”又，焦山位於蘇州市西郊，靈巖山以北，地處吳中區木瀆鎮，又名大焦山。民國《吳縣志》：“在靈巖山西北，上爲白鶴頂。自明嘉靖後采石迄今數百年，剗鑿越甚。”1967年，白鶴頂被毀。2000年後停止開山采石。又，指位於太湖中的兩個小島，其中較大的稱爲焦山，較小者稱爲小焦山。又名夫椒或椒山。相傳，此椒山曾是古代吳越兩國水陸大戰的戰場。《左傳·哀公元年》：“吳王夫差敗越于夫椒。”夫椒之戰，椒山被大火燒焦，故後人又稱此山爲“焦山”。

【浮玉】

即焦山。此稱先秦已行用。見該文。

雲龍山

山名。又作石佛山。位於徐州市城南。上有北魏大石佛，唐宋摩崖石刻，宋代的放鶴亭、招鶴亭等古迹。宋蘇軾《登雲龍山》詩：“歌聲落谷秋風長，路人舉目東南望，拍手大笑使君狂。”董其昌《彭城雲龍山重修放鶴亭記》説：“按，《史記》稱秦始皇東游厭王氣，漢祖心自疑，避匿山中。吕后嘗得之，曰季所居有雲成五彩云。而赤帝子斬白帝子，蓋龍德也。彭城之有雲龍山，其得名當以此。”宋潘自牧《記纂

淵海》卷一七："雲龍山，在州城東南，有項羽及宋武戲馬臺。"明章潢《圖書編》卷六〇："雲龍山上有放鶴亭，蘇軾有記。"清查慎行《蘇詩補注》卷一五："《志》云：龍山在徐州城西二里，山出雲氣蜿蜒如龍，故名。"清穆彰阿等《大清一統志》："雲龍山，在銅山縣南二里，常有雲氣蜿蜒如龍，故名。"

武功山 [1]

山名。古稱"垂山"，省稱"武功"，亦作"鰲山"。位於太白山以西，秦嶺中段陝西太白縣境内，又稱其爲西太白，秦嶺第二高峰。相傳唐代名醫孫思邈曾在此多年深居，精研醫藥，著書立説。秦佚名《三秦民謡》："武功太白，去天三百。孤雲兩角，去天一握。"《漢書・地理志》："垂山，古文以爲敦物。皆在縣東。"北魏酈道元《水經注・渭水》："杜彦達曰：'太白山，南連武功山，於諸山最爲秀傑，冬夏積雪。'"唐杜佑《通典・禮典》："《地理志》：'武功無嶽，但有垂山。'"唐杜荀鶴《贈聶尊師》詩："蟾桂雲梯折，鰲山鶴駕游。"宋佚名《金盞子令》："巍峨鳳闕，起鰲山萬仞，争聳雲涯。"明王漸逵《别周雲匡遠游十首・終南山》詩："太白武功俱在望，欲乘黄鵠更相期。"

武功山
（清蔣廷錫等《古今圖書集成》）

【武功】

即武功山[1]。此稱秦代已行用。見該文。

【垂山】

即武功山[1]。此稱漢代已行用。見該文。

【鰲山】[2]

即武功山[1]。此體唐代已行用。見該文。

武功山 [2]

山名。位於江西中西部，居羅霄山脉北支。據史書記載，東漢葛玄、東晉葛洪先後來此修身煉丹；道教自三國吴赤烏年間在山上設立道場，至今一千七百餘年；晉武氏夫婦遠道來此修煉，以武功名山；陳武帝即位後，更名爲武功山；宋文天祥書贈"葛仙觀"巨匾。明徐弘祖《游武功山》詩："千峰嵯峨碧玉簪，五嶺堪比武功山。"《徐霞客游記・江右游日記》："武功山東西橫若屏列。正南爲香爐峰，香爐西即門家坊尖峰，東即箕峰。"清顧炎武《天下郡國利病書》："武功山，自萍鄉諸山蜿蜒而來，特起二峯，曰瀘，曰瀟。"

老君山

山名。亦稱"景室山"，集八百里伏牛美景於一室之意。位於洛陽欒川縣城東南 3000 米處，是八百里伏牛山的主峰。傳老子完成《道德經》後，因"守藏室史"，告别函谷關的關令尹喜，騎青牛而去，歸隱於洛陽景室山，即老君山。又傳孔子曾千里迢迢地來到老君山向老子請教、問禮。北魏時在山中建廟紀念老子。唐貞觀年間受皇封修建"鐵頂老君廟"，唐太宗賜名爲"老君山"，沿襲至今。明萬曆十九年頒賜老君山道經詔諭，封爲"天下名山"。唐吕嵒《吕祖全書》："昔太上居景室山，與五老上帝，闡發天地陰陽。"宋吴淑《事類賦》卷一五：

《拾遺記》曰：昔老君居景室山，與老叟五人共談天地之數，撰經書。"金于道顯《游老君山》詩："飄飄風袖出山門，回首青山似老君。"明高出《登景室山賦》："余至盧氏，聞境有山，巍峨際天，俗傳爲老子之居，即以老君名之。"清蔣薰《望老君山》："老君山在眼，日夕起秋烟。"清楊守敬《水經注疏》卷二九："今曰湍河，源出嵩縣西南，老君山南麓。"一説，太室山爲景室山。

【景室山】

即老君山。此稱唐代已行用。見該文。

王屋山

山名。省稱"王屋"。位於河南西北部的濟源市、山西晉城市陽城縣、運城市垣曲縣等縣市間。《列子·湯問》："太行、王屋二山，方七百里，高萬仞。"晋魏華存《清虛真人王君傳》："太素清虛真人，領小有天王、三元四司、右保上公，治王屋山洞天之中。"唐元稹《使東川·慚問因》詩："尚平村落擬連買，王屋山泉爲別游。"唐張籍《胡山人歸王屋因有贈》詩："君歸與訪移家處，若箇峰頭最較幽。"宋陸游《自嘲》詩："太行王屋何由動，堪笑愚公不自量。"明汪廣洋《山中清隱圖》詩："王屋山前

雲氣多，濯濯水流幽澗阿。"清施閏章《趵突泉送嚴子餐都諫北還》詩："傳聞此泉來王屋，伏流倒湧歷山麓。"參閲明王圻等《三才圖會·地理圖會》。

【王屋】

即王屋山。此稱先秦已行用。見該文。

惇物

山名。一説位於陝西武功縣東；一説位於陝西華陰市西南。《書·禹貢》："終南、惇物，至于鳥鼠。"孔傳："三山名，言相望。"孔穎達疏："《地理志》云：扶風武功縣有太一山，古文以爲終南；垂山，古文以爲惇物，皆在縣東。"惇或作"敦"。北魏酈道元《水經注·禹貢山水澤地所在》："華山爲西嶽，在弘農華陰縣西南，古文之惇物山也。"又云："隴山、終南山、惇物山，在扶風武功縣西南也。"明何景明《述歸賦》："極崤函之重塞兮，由惇物於太華。"

終南山

山名。亦作"地肺山""中南山""周南山"，單稱"終南""南山"。位於秦嶺山脉中段。"道文化""佛文化""孝文化""壽文化""鍾馗文化""財神文化"的重要發祥地。

王屋山
（清蔣廷錫等《古今圖書集成》）

終南山
（清蔣廷錫等《古今圖書集成》）

《書·禹貢》:"謂之終南雍州,終南享物。"
《詩·秦風·終南》:"終南何有?有條有梅。"
漢東方朔《諫起上林苑》:"南山,天下之阻也。
南有江淮,北有河渭,其地從河隴以東,商洛
以西,厥壤肥饒。"《漢書·地理志》:"南山出
玉石、金、銀、銅、鐵良材,百工所取給,萬
民所仰足也。"《史記·夏本紀》:"終南、敦物,
至于鳥鼠。"張守節正義引《括地志》:"終南
山,一名地肺山。"按,地肺山又是多座山的
別稱,包括河南靈寶市枯樅山(參閱《東關漢
記》)、陝西商洛市商山(參閱《高士傳》)、江
蘇句容茅山(參閱《真誥》)。唐柳宗元《終南
山祠堂碑》:"惟終南據天之中,在都之南,西
至於褒斜,又西至於壠首。"唐李白《望終南山
寄紫閣隱者》詩:"出門見南山,引領意無限。"
唐杜牧《長安秋望》詩:"南山與秋色,氣勢兩
相高。"前蜀杜光庭《錄異記》:"金星之精,墜
於終南圭峰之西,其精化白石若美玉,時有紫
氣復之,故名。"宋《長安縣志》:"終南橫亘關
中南面,西起秦隴,東至藍田,相距八百里。"
明楊維楨《大健兒》詩:"何如短衣疋馬射猛
虎,老死不出終南山。"清宋徵輿《贈張燕客》
詩:"西走咸陽北走燕,終南太行相接連。"參
閱明王圻等《三才圖會·地理圖會》。

【終南】

　　同"終南山"。此稱先秦已行用。見該文。

【南山】

　　即終南山。此稱漢代已行用。見該文。

【地肺山】

　　即終南山。此體唐代已行用。見該文。

【中南山】

　　即終南山。亦作"秦山""周南山""終隆

山""楚山""橘山",省稱"中南"。《左傳·昭
公四年》:"四嶽、三塗、陽城、大室、荆山、中
南。"晋潘岳《關中記》:"終南山,一名中南,
言在天中,居都之南,故曰中南山。"晋張載
《擬四愁詩四首》其三:"我所思兮在隴原,欲往
從之隔秦山。"晋庾闡《登楚山》詩:"拂駕升西
嶺,寓目臨浚波。"唐李泰《括地志》:"終南山,
一名中南山,一名太一山,一名周南山,一名地
肺山,一名楚山,一名橘山,一名秦山。"唐劉
禹錫《洛濱病卧户部李侍郎見惠藥物謔以文星之
句斐然仰謝》詩:"周南留滯商山老,星象如今
屬少微。"嘉靖《陝西通志·土地·山川》:"終
南山乃關中南山,西起隴鳳,東逾商洛,绵亘千
里有餘。"清顧祖禹《讀史方輿紀要·陝西五》:
"自駱谷出扶風,間以中南山,其間有三嶺也。"

【中南】

　　同"中南山"。此稱先秦已行用。見該文。

【秦山】

　　即中南山。此體漢代已行用。見該文。

【周南山】

　　即中南山。此體漢代已行用。見該文。

【終隆山】

　　即中南山。此體漢代已行用。見該文。

【楚山】²

　　即中南山。此體唐代已行用。見該文。

【橘山】

　　即中南山。此體唐代已行用。見該文。

【太一山】

　　即終南山。亦作"太白山",亦稱"太乙"。
《史記·夏本紀》:"終南、敦物,至于鳥鼠。"
司馬貞索隱按,"太一山,古文以爲終南。"晋
郭璞《釋天地圖贊》詩:"氣升太乙,精涣九

淵。”北魏酈道元《水經注·渭水》：“《地理志》曰：縣有太一山，古文以爲終南。杜預以爲中南也。亦曰太白山，在武功縣南，去長安二百里。”《晉書·帝紀第四》：“顒乘單馬，逃於太白山。”唐王維《終南山》詩：“太乙近天都，連山接海隅。”宋王應麟《通鑑地理通釋》：“《西京賦》以終南、太一並列；《唐六典》又以終南、太白並立，明非一山。蓋終南，南山之總名，太一、太白，此山之別號。”明鄭善夫《太乙山歌》：“吾聞終南太乙峰，乃在於天都陸海之中。”清李寄《登西五臺》詩：“渭城春滿人皆綠，太乙雲生山欲浮。”

【太白山】 [2]

即終南山。此稱北魏已行用。見該文。

【太乙】

即終南山。一說，指終南山主峰。此稱唐代已行用。見該文。

桐柏山

山名。省稱“桐柏”，亦稱“大復山”“餘山”“楚山[3]”。位於河南、湖北交界地區。《書·禹貢》：“導淮自桐柏”。《山海經·海內東經》：“淮出餘山”。《漢書·地理志》：“《禹貢》桐柏大復山，在東南，淮水所出，東南至淮浦入海。”《後漢書·郡國志》：“桐柏，大復山，淮水出。有宜秋聚。”南朝梁江淹《望荊山》詩：“南關繞桐柏，西嶽出魯陽。”北魏酈道元《水經注·淮水》：“《風俗通》曰：南陽平氏縣桐柏大復山在東南，淮水所出也。”唐錢起《過桐柏山》詩：“秋風過楚山，山靜秋聲晚。”唐李吉甫《元和郡縣圖志》卷二一：“漢平氏縣之東界也，梁於此置義鄉縣，隋開皇十八年改爲桐柏，取桐柏山爲名也。”宋寇宗奭《圖經衍義本草》：“生桐柏山谷。”明歐大任《訪觀漢碑至淮瀆廟與繼上人鄧道士望大復山》詩：“桐柏山頭客未歸，深棲真與世情違。”清顧祖禹《讀史方輿紀要·河南六》：“元帝元延二年，置縣於大復山之陽，因名。”

【桐柏】

即桐柏山。此稱先秦已行用。見該文。

【餘山】

即桐柏山。此稱先秦已行用。見該文。

【楚山】 [3]

即桐柏山。此稱唐代已行用。見該文。

【大復山】

即桐柏山。此稱南朝宋已行用。見該文。

鷄足山

山名。位於雲南賓川縣境内。中國佛教名山之一。蜀漢時始建小庵，唐代擴建，興盛於明清。明徐弘祖（字振之，號霞客）曾兩上鷄足山，并編撰《鷄山志略》云：“绝頂四觀：東日、西海、南雲、北雪。觀之有四，分於張直指，而實開闢以來，即羅而至之。四之中，海内得其一，已爲奇絕，而況乎全備者耶？此不特首鷄山，實首海内矣。”鷄足山是僧人嚮往的一塊净地，明代僧人静聞的事迹具有一定的典型意義。據馮志《仙釋傳》，静聞原爲江蘇迎福

鷄足山
（清蔣廷錫等《古今圖書集成》）

寺蓮舟法師的法嗣，禪誦達二十年，刺血寫成《法華經》，發願將此經供於鷄足山。崇禎九年（1636），他同徐弘祖結伴西游至湘江，不幸遇盜墮水，但將寫經舉在頭頂，獨不遺失。後創病，死於途中。臨終前囑徐弘祖將其骨灰帶至鷄足山埋葬，以了其生前之願。徐弘祖帶着静聞的骨灰和血寫的經書，輾轉數千里來到鷄足山，將其經供之於悉檀寺，并在山上爲之建塔埋骨。徐弘祖吟詩《哭静聞禪侶》以悼念。宋吕渭老《漁家傲·鷄足山》詞："拈花冤道頭陀笑，鷄足山中眠未覺。"元覺岸《釋氏稽古略》："念自衰老，宜入定於鷄足山以待彌勒。"明盛時泰《擬古詩七十首·支道人遁贊佛》："巍巍鷄足山，衆寶何嵯峨。"《徐霞客游記·游廬山日記》："復有赤脚短髮僧從崖間下，問之，乃雲南鷄足山僧燈，有徒結茅於内。"清鄂爾泰《雲南通志》："鷄足山，在城西北百里，一頂三支，宛如鷄。"

太華山

山名。位於雲南昆明。明徐弘祖《有太華山記》："間山頂黑龍池道，須北向太華中，乃南轉。"清穆彰阿等《大清一統志·雲南府》："太華山環擁蒼秀。"又，稱太華山者，全國有多處，如四川江油、江蘇宜興、廣東信宜等地，皆有山被稱爲太華山。明徐中行《登太華山昆明池》中的太華山指的是西嶽華山。

雪竇山

山名。亦作"雪竇峰"，亦稱"應夢山"，省稱"雪竇"。位於浙江寧波市奉化區溪口鎮西北，屬四明山支脉。位於山心的雪竇寺創於晋，興於唐朝，盛於宋朝，至今已有一千七百餘年歷史。唐崔道融《雪竇禪師》詩："雪竇峰前一

派懸，雪竇五月無炎天。"唐方干《登雪竇僧家（一作書竇雲禪者壁）》詩："登寺尋盤道，人烟遠更微。"宋釋惠洪《僧竇傳》："它日大作佛事，惜吾不及見耳。初說法於雪竇山。"宋釋智愚《寄雪竇性首座》詩："祝融峯下燒紅葉，應夢山中看白雲。"宋贊寧《筍譜》："木玄虚著《四明山記》云：'雪竇山北崙，生石乳，其峯，非人可升。有毛竹銀筍。'"元念常《佛祖通載》："初住明州雪竇山，學侣臻湊。"明王守仁《雪竇山》詩："窮山路斷獨來難，過盡千溪見石壇。"清顧祖禹《讀史方輿紀要·浙江四》："雪竇山，在縣西北六十里，亦四明之別阜，名勝錯列。宋理宗夢游此，賜名應夢山。"

雪竇山
（明王圻等《三才圖會》）

【雪竇】

即雪竇山。此稱唐代已行用。見該文。

【雪竇峰】

即雪竇山。此體唐代已行用。見該文。

【應夢山】

即雪竇山。此稱宋代已行用。見該文。

丹霞山

山名。位於廣東仁化縣境内。世界丹霞地貌中發育最典型的分布區之一。元佚名《薩真人夜斷碧桃花》雜劇："此處離城三十里丹霞

山，有一道者，乃是薩真人，行五雷正法，好生靈應。"明郭棐、清郝玉麟《廣東通志》："丹霞山之樹，如枇杷葉，亦相類，異果也。"清屈大均《廣東新語》卷三："〔丹霞山〕倒生石腹，朵朵可攀摘，蓋鍾乳所爲。"清李調元《南越筆記》："丹霞山，從別傳寺右折爲錦石巖。巖中多石花，如千瓣芙蕖，大小黄白紅緑不一。"清玄燁《幾暇格物編》："《嶺南雜記》云：韶州仁化縣丹霞山産仙米，遍地所生，粒如粟而色緑，煮熟如米，其味清腴。"清佚名《啁啾漫記》："復以言事獲譴，遂披緇入桂林山中，又入羅浮，自號澹歸上人。後移遷於仁化之錦崖，改額曰丹霞山。"

驪山

山名。亦作"藍田山""驪戎之山"。位於陝西西安市臨潼區城南，是秦嶺山脈的一個支脉。係西周時驪戎國地，因稱。自周、秦、漢、唐以來，這裏長期是皇家園林地。傳説上古時期，女媧曾在這裏"煉石補天"；西周末年，周幽王在此上演了"烽火戲諸侯"；秦始皇將他的陵寢建在驪山脚下。《國語·晋語》："驪戎，西戎之別在驪山者也。"《竹書紀年·周武王》：

驪　山
（清蔣廷錫等《古今圖書集成》）

"離戎來賓約。按，離戎，驪山之戎也。"漢劉向等《戰國策·秦策三》：《秦紀》：明年太后薨，葬芷陽驪山。"《史記·秦始皇本紀》："盡閉工匠臧者，無復出者。"張守節正義引《關中記》云：'始皇陵在驪山。'"又，《周本紀》："幽王舉烽火徵兵，兵莫至。遂殺幽王驪山下。"張守節正義引《括地志》云："驪山，即藍田山。"南北朝釋亡名《五盛陰》詩："茂陵誰辨漢，驪山詎識秦。"北魏酈道元《水經注·渭水》："秦始皇大興厚葬，營建冢壙於麗戎之山，一名藍田。其陰多金，其陽多玉，始皇貪其美名，因而葬焉。"《北史·隋本紀上》："夏四月己亥，幸驪山，親勞旋師。"唐上官婉兒《駕幸新豐温泉宫獻詩三首》其二："隱隱驪山雲外聳，迢迢御帳日邊開。"宋陸游《夜夢游驪山》詩："驪山冢破已千年，至今過者無傷憐。"《金史·地理志下》："臨潼有驪山、渭水、戲水。"又云："藍田有藍田山、蕢山、灞水。"元朱德潤《題唐明皇幸驪山圖》詩："驪山西北高，萬乘東南至。"明王褘《長安雜詩十首》其三："坡陁驪山下，零落茂陵旁。"清吳杖《咸陽懷古》詩："渭水東流通砥柱，驪山西折走咸陽。"

【藍田山】

即驪山。此體漢代已行用。見該文。

【麗戎之山】

即驪山。此體北魏已行用。見該文。

崑嵛山

亦稱"姑餘山""崑嵛"。山名。山東烟臺市境内最高山。相傳仙女麻姑在此修煉，道成飛升。此山還是全真教的發祥地，王重陽與其弟子北七真在此創教布道。北魏崔鴻《十六國春秋》云崑嵛山爲"海上諸山之祖"。元丘處機

崑崳山
（清蔣廷錫等《古今圖書集成》）

《磻溪集》："游崑崳山，遇重陽子王害風，一言而道合，遂師事之。"元馬鈺《繫裙腰》詞："崑崳山上丹陽子，真得得，遇風仙。"元于欽《齊乘》："大崑崳山，州東南四十里嵎夷岸海名山也，秀拔爲群山之冠。仙經云：姑餘山，麻姑於此修道上昇，餘趾猶存，因名‘姑餘’，後世以‘姑餘’‘崑崳’聲相類，而訛爲‘崑崳’。然今東夷人止名崑崳，又有小崑崳，與之相連。"《元史·札八兒火者傳》："有丘真人者，有道之士也，隱居崑崳山中。"清王士禎《池北偶談》："文登崑崳山有山市，恒在清晨，遥望之，山化爲海，惟露島，島外悉波濤瀰漫，舟船往來。"清岳濬等《山東通志》："今寧海州姑餘山，一名崑崳山，仙迹具存。"

【崑崳山】

同"崑崳山"。此稱元代已行用。見該文。

【姑餘】

即崑崳山。此稱元代已行用。見該文。

崤山

山名。省稱"殽"，又稱"嶔崟山"。以古崤縣得名。在河南西部，洛寧縣西北。天下"九塞"之一。《春秋·僖公三十三年》："晉敗秦師於殽。"杜預注："殽，在弘農澠池縣西。本又作崤。"《左傳·僖公三十二年》："晉人禦師必于崤。崤有二陵焉，其南陵，夏后皋之墓也；其北陵，文王之所避風雨也。必死是間，予收爾骨焉。"杜預注："在弘農澠池縣西，道在二崤間南谷中，谷深委曲，兩山相嵌，故可避風雨。魏武帝西討巴、漢，惡其險而更開北山高道焉。"《公羊傳·僖公三十三年》："必於肴（崤）之嶔巖，是文王之所辟風雨者也，吾將尸爾焉。"《穀梁傳·僖公三十三年》："師行，百里子（百里奚）與蹇叔子送其子，而戒曰：‘女（汝）死必於崤之巖唫之下，吾將尸女於是。’"《史記·封禪書》："自殽以東，名山五。"司馬貞索隱："殽即崤山。杜預云‘崤在弘農澠池縣西南’。"元王應麟《通鑑地理通釋》引《吕氏春秋》："九塞，殽其一也。"按，古代將崤山與函谷關并稱爲"崤函"之塞，其坂坡峻陡，深谷如函。自春秋時代就發生過多次重大戰役。《後漢書·光武帝紀上》："馮異與赤眉戰於崤底。"李賢注："崤，山名；底，坂也。一名嶔岑山。"唐元結《引極三首·望仙府》詩："山鑿落兮眇嶔岑，雲溶溶兮木杳杳。"唐

崤　山
（清蔣廷錫等《古今圖書集成》）

温庭筠《鴻臚寺有開元中錫宴堂樓臺池沼雅爲勝絶荒凉遺址僅有存者偶成四十韻》詩:"殽函與府寺,從此俱荒凉。"宋文天祥《沛歌》:"盧王舊封地,今日殽(原誤作殺)函關。"金朱自牧《自鄜州罷任歸宿澠池道中有虎爲暴》詩:"崤山之阿澠之涘,行路蕭條正艱阻。"清洪亮吉《自河南入關所經皆秦漢舊迹車中無事因仿香山新樂府體率成十章·崤山》詩:"逼仄復逼仄,西經二崤山。"

【殽】

即崤山。此稱先秦已行用。見該文。

【嶔崟山】

即崤山。此稱南北朝已行用。見該文。

積石山

山名。省稱"積石"。語出《書·禹貢》:"浮于積石。"又云:"導河積石。"關於積石山,後人有兩種説法,一是指青海境内阿尼瑪卿山,一是指甘青交界的積石山。史界有學人認爲,大禹是從此處黄河峽谷積石關開始治理黄河水患的。《史記·夏本紀》:"浮于積石,至于龍門西河。"裴駰集解引孔安國曰:"積石山,在金

積石山
(清孫家鼐等《欽定書經圖説》)

城西南,河所經也。"顔師古曰:"積石河,在金城河關縣西南羌中。"唐温庭筠《鴻臚寺有開元中錫宴堂樓臺池沼雅爲勝絶荒凉遺址僅有存者偶成四十韻》詩:"西覃積石山,北至窮髮鄉。"清丘逢甲《重九日游長潭六首(乙未稿,清光緒二十一年)》詩其三:"嘗讀大禹書,導河始積石。"

祁連山

山名。簡稱"祁連",亦稱"白山""祁連天山""雪山""折羅漫山""折羅漢山"。狹義祁連山指祁連山脉最北的一條山嶺(其主峰在河西走廊南山西端,海拔5547米)。廣義祁連山,稱"祁連山脉",是甘肅西部和青海東北部交界山地的總稱。地處甘肅、青海兩省交界處,東起烏鞘嶺的松山,西到當金山口,北臨河西走廊,南靠柴達木盆地。《史記·李將軍列傳》:"貳師將軍李廣利將三萬騎,擊匈奴右賢王於祁連、天山。"張守節正義引《括地志》云:"祁連山,在甘州張掖縣西南二百里。"魏晋佚名《匈奴歌》:"亡我祁連山,使我六畜不蕃息。失我焉支山,使我婦女無顔色。"南朝齊陸厥《蒲坂行》:"流泊祁連山,飄飖高闕下。"唐陶翰《出蕭關懷古》詩:"孤城(一作山)當瀚海,

祁連山(雪山)
(清蔣廷錫等《古今圖書集成》)

落日照祁連。"唐栖白《奉贈河西真法師》詩："郡去五天多少地，丕騰得見雪山無。"唐王昌齡《從軍行七首》其四："青海長雲暗雪山，孤城遥望玉門關。"唐杜佑《通典·州郡四》："西北到折羅漫山一百四十六里，其山北有大川遥大磧，入金山哥羅禄住處。"《舊唐書·地理志》："天山，在州北一百二十里，一名白山，胡人呼折羅漫山。"宋高似孫《緯略》卷九："祁連山冬夏寒涼，宜牧牛羊，充肥，乳酪好。"《册府元龜》："祁連山，一名雪山，又名折羅漢山，在伊州。"元耶律鑄《送玄之》詩："一朝別我出祁連，黑山風雪十月天。"明陶宗儀《說郛》卷六上："白山謂之天山，過此皆下拜焉，杜詩注天山，即祁連山，在伊州，一名雪山。"清吳山濤《西塞詩二首》其一："紫塞長城路極天，祁連山勢接居延。"

【祁連天山】

即祁連山。此稱漢代已行用。見該文。

【雪山】²

即祁連山。此稱唐代已行用。見該文。

【祁連】

即祁連山。此稱唐代已行用。見該文。

【折羅漫山】

即祁連山。此稱唐代已行用。見該文。

【折羅漢山】

即祁連山。此稱宋代已行用。見該文。

【白山】

即祁連山。此稱明代已行用。見該文。

三危山

山名。又作"卑羽山"，省稱三危。在甘肅敦煌市東南，屬祁連山脉。三峰聳峙，其勢欲墜，故名。西與大沙山間有著名的敦煌石窟。《書·堯典》："竄三苗于三危。"《史記·五帝本紀》："遷三苗于三危，以變西戎。"張守節正義引《括地志》云："三危山有三峰，故曰三危，俗亦名卑羽山，在沙州敦煌縣東南三十里。"晋陶潛《讀山海經》詩其五："朝爲王母使，暮歸三危山。"北魏酈道元《水經注·禹貢山水澤地所在》："三危山，在燉煌縣南。"唐敦煌人作《敦煌廿咏·三危山咏》其一："三危鎮群望，岫嶂凌穹蒼。"《新唐書·地理志四》："東四十七里有鹽池，有三危山。"宋王庭珪《夜郎東歸黃去非自雙井來惠以新詩妙畫次韻三絶句贈別》其一："竄逐三危山盡頭，出門入門誰與游。"元牟巘《奉寄沈公介石老仙》詩："三危露下聞清唳，九鎖山中斷俗緣。"明黃省曾《效陶淵明讀山海經二十四首》詩其十八："巢巢三危山，何復棲其首。"清顧祖禹《讀史方輿紀要·陝西十三》："三危山，沙州東南二十里。其山三峰峭絶。"一説，傳説中的仙山。《山海經·西山經》："又西二百二十里，曰三危之山，三青鳥居之。"

【三危】¹

即三危山。此稱先秦已行用。見該文。

【卑羽山】

即三危山。此稱唐代已行用。見該文。

雲臺山

山名。亦稱寧北山。即今河南焦作修武縣北雲臺山。修武縣古稱爲"寧"。漢劉向《列仙傳》："視其炭燼猶有其骨，時人共葬於寧北山中。"劉協禪讓帝位於魏王曹丕，封山陽公，死後葬於雲臺山南麓，後人稱這裏爲古漢山。魏晋時期，"竹林七賢"在此隱聚。著名畫家顧愷之曾畫"竹林七賢"，書《畫雲臺山記》。東晋始稱雲臺山。唐代亦稱覆釜山，東部稱天門山。唐錢起《天門谷題孫逸人石壁》詩："崖石亂流處，竹深斜照歸。"明于慎行《游雲臺山》詩："高臺初日上嶙峋，芝草琅玕別有春。"清代稱小北頂，見修武北關祖師廟"金頂聖會"碑記。清李鍇《氣出唱（仙游）》詞："寧北山，有人上下，五色隨飛煙謝。"又，神州號稱雲臺山者尚有多處：湖南安化縣雲臺山、貴州施秉縣雲臺山、山東濟南萊蕪雲臺山、四川閬中市雲臺山、江蘇南京市江寧區雲臺山、湖北大冶市雲臺山、江西貴溪市雲臺山、陝西藍田縣雲臺山、廣西凌雲縣雲臺山、山西晋城市雲臺山、四川宜賓市雲臺山、四川南充市雲臺山、河北獻縣雲臺山、江蘇鎮江市雲臺山、江蘇連雲港市雲臺山、四川蒼溪縣雲臺山、廣西資源縣雲臺山。

【寧北山】

即雲臺山。此稱漢代已行用。見該文。

雲臺山
（清蔣廷錫等《古今圖書集成》）

天台山

山名。省稱"天台""瓊台"。位於浙江天台縣城北，西南連仙霞嶺，東北遙接舟山群島，爲曹娥江與甬江的分水嶺。歷史上的天台山特指浙江天台山，因隋代高僧在此山創立了中國佛教宗派天台宗而名揚天下。古籍文獻中出現

的天台山多指此。又因佛教興盛，全國各地以"天台"命名其山者有多處，以示尊崇及傳承。如在河北遵化市，河南光山縣，陝西千陽縣、華陰市，四川羅江區，貴州安平縣等地都有分布。上述各地天台山中的"台"字皆讀tāi。晋孫綽《天台山賦》："天台山者，蓋山嶽之神秀者也。"晋支遁《咏懷詩五首》其三："尚想天台峻，髣髴巖階仰。"唐靈澈《天姥岑望天台山》詩："天台衆峯外，華頂當寒空。"唐李白曾在天台山結廬居住，現留有太白讀書堂舊址。唐李白《瓊台》詩："龍樓鳳闕不肯住，飛騰直欲天台去。"唐白居易《新樂府·繚綾念女工之勞也》詩："應似天台山上月明（一作明月）前，四十五尺瀑布泉。"宋丁謂《送張無夢歸天台山》詩："瓊台刻宸藻，千古耀名山。"元李士瞻《前過台州代州人董生安車秀才而作石橋州之所有勝迹也》詩："天台山水妙南州，是我垂髫舊所游。"明張昱《送徐生還台州》詩："黃葉盡時尋雁蕩，丹霞起處望天台。"明代徐弘祖三上天台山，寫下二篇游記，標於《徐霞客游記》篇首。清王晋之《登天台山》詩："到頂嫌山小，回頭覺路難。"參閱明王圻等《三才

天台山
（明王圻等《三才圖會》）

圖會·地理圖會》。另外，還有山東日照市天臺山，四川邛崍市天臺山，河南信陽市天臺山和貴州平壩縣天臺山，其“臺”字音tái，意謂山巔平坦，如登天之臺。

【天台】

即天台山。此稱晉代已行用。見該文。

【瓊台】

即天台山。此稱唐代已行用。見該文。

覆釜山

山名。歷代有不同位置之記載，涉及陝西、河南、山東、浙江、廣西、雲南、福建等地。北魏酈道元《水經注·漸江水》：“覆釜山之中，有金簡玉字之書，共帝之遺識也。”《魏書·地形志》：“新城，太和二十二年置，有覆釜山、赤石山。”唐王維《飯覆釜山僧》詩：“果從雲峰裏，顧我蓬蒿居。”唐錢起《夕游覆釜山道士觀因登玄元廟》詩：“鳴磬愛山静，步虛宜夜凉。”按，錢起言覆釜山即焦作雲臺山。宋張君房《雲笈七籤·紀傳》：“其書金簡玉字，黃帝之遺識也夏禹得之，亦仙化去。又云藏之於會稽覆釜山中也。”《太平御覽·地部十二》：“《郡國志》曰：台州覆釜山，雲夏帝登此得龍符處。”元于欽《齊乘》：“北沙河，出東阜下，北來入焉，又北至臨朐城東，逕覆釜山。”明章潢《圖書編》卷六七：“覆釜山有七十二峯，高險峻絶，凌摩霄漢。”明黃仲昭《八閩通志》卷七：“壽溪在縣南四十都。源出覆釜山，縈紆二十餘里，溉田三十餘畝。”明焦竑《國朝獻征錄》：“有才而不及用，周廣順中徙于義烏，隱居覆釜山。”清顧祖禹《讀史方輿紀要·廣西二》：“覆釜山，州西八十二里，跨湖廣新寧縣界。”又，《雲南五》：“二州皆元

置，屬鶴慶府，明初省。覆釜山，府西五里，爲郡鎮山。”

釜山

山名。位於河北淶水縣城西北婁村西，海拔460米，山形如覆釜得名。相傳黃帝在此發明了舟車，伶倫在此作五律、製十二鐘。《史記·五帝本紀》：“北逐葷粥，合符釜山，而邑於涿鹿之阿。”唐王瓘《廣黃帝本行記》：“帝又合符瑞於釜山，奉事太一元君，受易形變化，藏於空同之巖。”《北史·魏本紀·太宗》：“秋七月甲申，大獮于牛川，登釜山，臨殷繁水，南觀於九十九泉。”宋張君房《雲笈七籤·紀傳》：“黃帝合符瑞於釜山，得不死之道。”明顧炎武《日知錄》卷二二：“釜山，塞上之小山也，而黃帝以之合符。”

崆峒山

山名。省稱“崆峒”“空同”“空桐”。本條所指崆峒山位於今甘肅平凉市西。相傳是黃帝問道於廣成子之所。又傳爲伏羲故里。秦漢時期，崆峒山是中西要道鷄頭道的必經之地，東連關中，西接隴右，地理位置十分重要，許多歷史名人和封建帝王曾經過此地并登臨。《爾雅·釋地》：“北戴斗極爲空桐。”《史記·封禪

崆峒山
（清蔣廷錫等《古今圖書集成》）

書》："至隴西，西登崆峒。"晋庾闡《游仙詩十首》其三："崆峒臨北户，崑吾眇南陸。"唐李吉甫《元和郡縣圖志》："笄頭山，一名崆峒山。在縣西一百里，即黄帝謁廣成子學道之處。"宋鄭文寶《蕭關議》："高嶺崆峒，山川險阻，雄視三關，控扼五原。"《文獻通考·輿地考》："崆峒山自山旁洮而東，即秦之臨洮境。"清吴玉《別雅》："空同、空桐，崆峒也。"一説，崆峒山在山西臨汾市。《山海經·海内東經》："温水出崆峒。崆峒山在臨汾南。"一説，在河南臨汝縣西南。《莊子·在宥》："黄帝立爲天子，十九年，令行天下，聞廣成子在於空同之上，故往見之。"一説，在江西贛州市章貢區，即今峰山。宋文天祥《過章貢·第七十九》詩："驚回清風枕簟冷，赤霞夾日崆峒山。"其他以"崆峒"命名者，分布於四川及山東等地。

【空同】

同"崆峒山"。此稱先秦已行用。見該文。

【崆峒】[1]

同"崆峒山"。此稱漢代已行用。見該文。

【空桐】

同"崆峒山"。此稱清代已行用。見該文。

【鷄頭山】[2]

即崆峒山。亦作"千頭山""笄頭山"省稱"鷄頭"。《山海經·西山經》："今涇水出安定朝那縣西笄頭山，東南經新平、扶風，至京兆高陵縣入渭。"《史記·秦始皇本紀》："始皇巡隴西、北地，出鷄頭山，過回中焉。"又，《夏本紀》："涇水，源出原州百泉縣西南，笄頭山涇谷。"又，《五帝本紀》："登雞頭。"張守節正義引《括地志》云："笄頭山，一名崆峒山，在原州平高縣西百里，《禹貢》涇水所出。"宋晁説

之《聞圓機游山歸作》詩："何人龍尾道前出，獨自鷄頭山裏歸。"明談遷《北游録》："西圭峰，如屏環，而圭峰獨壁立，亦曰笄頭山，又曰鷄頭。《十六國春秋》云石生兵敗潛鷄頭山是也。"清傅恒《平定準噶爾方略》："千頭山東購騾一千頭，山西購騾二千頭，統於今歲九月趲解肅州，均毋遲悮。"

【笄頭山】

即鷄頭山。此體先秦已行用。見該文。

【鷄頭】

同"鷄頭山"。此稱先秦已行用。見該文。

【千頭山】

即鷄頭山。此體清代已行用。見該文。

景福山

山名。位於陝西隴縣西北陝甘交界處西北的温水鎮境内，屬昆侖山脉中支，北接六盤山，綿亘千餘里。是道教名山聖地和龍門道派的發源地，五大仙山之一。相傳漢代，關内侯婁景於此處修行幽居。元代前亦稱龍門山，元世祖忽必烈下詔，命擔任道教隴西路提點的張志寬和副提點賀志真率道衆趙大全等來此山，以繼承丘處機香火，并祈國家景福，命名此山爲景福山。元丘處機《自亭川回路次望龍門山》詩："南望龍門一豁開，東遷鶴馭再頭回。"清顧祖禹《讀史方輿紀要·陝西四》："景福山，在州西北百五十里。一名龍門山。"

三清山

山名。亦稱"少華山""丫山"。位於江西玉山縣與德興市交界處。因玉京、玉虚、玉華三峰宛如道教玉清、上清、太清三位尊神列坐山巔而得名。三清山道教文化開始於晋代葛洪。唐李端《與蕭遠上人游少華山寄皇甫侍御》詩：

"少華山雲當驛起,小敷溪水入城流。"宋沈庭瑞《華蓋山浮丘主郭三真君事實》:"白鶴觀,距縣東北三十里,地名譚坊,又名三清山。"宋祝穆《方輿勝覽》:"橫山,在揚子西三十里,與丫山、方山鼎峙。"《文獻通考・郊社考》:"僖宗乾寧五年,敕封少華山爲祐順侯。"明楊慎《贈簡西鄂》詩:"好吞雲夢澤,莫擎少華山。"明謝旻《江西通志》:"經戰伐,土瘠廢耕耘,雨暗丫山樹,天低橫浦雲,黍苗今漸熟,碩鼠漫成群。"清顧祖禹《讀史方輿紀要・江西一》:"又有三清山,《志》云與懷玉並峙。《名勝志》:山高七百餘丈,周迴二百餘里,江、浙之水蓋源於此。"又,《江西五》:"清瀝江,在府西南六十里,源出老山,經府西三十里之羣溪,又經府西十五里之丫山。"清齊召南《水道提綱》:"有大溪合諸水,東自德興縣來會,大溪自源界山西南流,即三清山水。"

【少華山】

即三清山。此稱唐代已行用。見該文。

【丫山】

即三清山。此稱宋代已行用。見該文。

危山

山名。因二十八星宿中的危星而得名,有多處。《漢書・宣元六王傳》:"哀帝時,無鹽危山土自起覆草,如馳道狀,又瓠山石轉立。"按,《漢書》之危山位於今山東汶上縣西北。本卷所指危山距山東濟南市 36 千米。葬於危山的王侯有濟南王劉辟光和齊孝王劉將閭,皆有碑文記載。唐瞿曇悉達《開元占經》:"《二十八宿山經》曰:'虛山、危山相連,在齊臣首山中坐,虛危星神。'"《太平御覽・地部》:"危山、報山、尼丘山、羽山、華不注山……尤竦

之山。"元于欽《齊乘》:"危山,章邱東北五里。《寰宇記》云:漢文帝十六年,封齊悼惠王子爲齊孝王。景帝三年,孝王與吳楚通謀,自殺,葬於此。"明李開先《醉游危山鐵墓頂》詩:"數尺飛藤手字攀,須臾身在白雲間。"清顧祖禹《讀史方輿紀要・山東二》:"危山,在縣西南四十里。漢景帝時,齊孝王與吳楚通謀,自殺,葬於此山之巔,俗呼爲鐵墓。"

麥積山

山名。亦作"麥積崖",省稱"麥積"。位於甘肅天水市麥積區,因山形似麥垛而得名。麥積山石窟始建於 384—417 年。現存造像中以北朝造像居多。《魏書・李苗傳》:"別命偏師精兵數千,出麥積崖以襲其後,則汧岐之下,群妖自散。"《北史・后妃傳》:"鑿麥積崖爲龕而葬。"唐王仁裕《題麥積山天堂》詩:"絶頂路危人少到,古巖松健鶴頻棲。"五代王仁裕《玉堂閒話》:"麥積山者,北跨清渭,南漸兩當,五百里岡巒,麥積處其半,崛起一石塊,高百萬尋,望之團團,如民間積麥之狀,故有此名。"宋普濟《五燈會元》:"麥積山老僧與應乾寺魯和尚者善,嘗欲從魯游方。"宋晁公遡《近承琛上人問訊甚勤老懶不能作書以偈答之》詩其二:"何時麥積崖邊路,説法重來要度人。"清顧祖禹《讀史方輿紀要・陝西八》:"麥積山,州東南九十里。狀如麥積,爲秦地林泉之冠。中又有豆積山,一名麥積崖。"按,豆積山在天水市麥積區麥積鎮草灘村北,位於麥積山以西偏北處,與香積山、麥積山呈三足鼎立之勢。清吳西川《麥積烟雨》詩:"最宜秋雨後,兼愛暮時烟。"參閲北周庾信《秦州天水郡麥積崖佛龕銘并序》。

【麥積崖】

即麥積山。此體唐代已行用。見該文。

【麥積】

即麥積山。此稱清代已行用。見該文。

天目山

山名。省稱"天目"。地處浙江杭州西北部臨安境内，浙皖兩省交界處。多奇峰、竹林，爲浙西名勝地。最高峰爲龍王山，高 1587 米，在西天目山。東晋升平年間，竺法曠將佛教傳入西天目山，成爲西天目山佛教的開山始祖。北魏酈道元《水經注·漸江水》："水出吴興郡於潜縣北天目山。山極高峻，崖嶺竦疊，西臨峻澗。"《南史·沈德威傳》："梁太清末，遁於天目山，築室以居。"唐徐堅《初學記·地理上》："峨眉信重險，天目本仙居。"唐李吉甫《元和郡縣圖志》："天目山……有兩峰，峰頂各一池，左右相對，故曰天目。"宋李曾伯《沁園春·送洪漕使憲閩》詞："天目山房，洪崖老仙，親授一燈。"元黄玠《高伯雨苕溪漁隱歌》："吾聞天目山中乃有千尺之懸泉，下赴大谷爲奔川。"明史謹《寄題平仲微松雨軒》詩："錢塘水闊吞鯨海，天目山高冠虎林。"清袁昶《游靈隱次日作詩記之》："餘杭之勝天目最，靈脉奔

淳此山會。"參閲宋張君房《雲笈七籤》、清代刻本木版畫集《天下名山圖·天目山圖》。

【天目】

即天目山。此稱唐代已行用。見該文。

新甫山

山名。亦稱"宫山""蓮花山"。主體在今山東新泰市西北的泉溝鎮。新甫得名源於西周。據考當時失國的甫國人東遷居此，故稱新甫。秦皇、漢武東巡泰山封禪，在此駐蹕。漢武帝建離宫於其上，因改名宫山，明清改名蓮花山。《詩·魯頌·閟宫》："徂徠之松，新甫之柏。"《毛詩》："徂徠之松，新甫之柏。是斷是度，是尋是尺。徂來山也，新甫山也。"《魏書·地形志二》："有桑杜丘、新甫山、岷山、春舒城、汶陽城。"唐張籍《宫山祠（一作宿山祠）》詩："秋草宫人斜裏墓，宫人誰送葬來時。"《大明會典》卷一五六："汶河，一出新泰縣宫山之下，曰小汶河。"清岳濬等《山東通志》卷六："宫山在縣南四十里，即新甫山。"又，卷三五云："踏月休松寮，相對泯言説，偕友人游蓮花山。"清江乾達《新泰縣志·古迹》："臺以西北宫山上，漢武帝東巡駐蹕新甫山，見仙人迹，因築臺以望之。"

天目山
（明王圻等《三才圖會》）

新甫山
（清蔣廷錫等《古今圖書集成》）

【宮山】

即新甫山。此稱唐代已行用。見該文。

【蓮花山】 [2]

即新甫山。此稱明清代已行用。見該文。

龍虎山

山名。位於江西鷹潭市西南20千米處，具有典型的丹霞地貌特徵，是中國道教發祥地之一。東漢中葉，正一道創始人張道陵（張天師）曾在此煉丹。據清婁近垣《龍虎山志》："本名雲錦山，第一代天師於此煉九天神丹，丹成而龍虎見，因以山名。"張道陵第四代孫張盛在三國或西晉時赴龍虎山定居，此後張天師後裔世

龍虎山
（清蔣廷錫等《古今圖書集成》）

居龍虎山，至今承襲，歷經一千九百多年。一說，龍虎山因山形分兩支，環抱狀若龍盤虎踞，故名。唐李翔《獻龍虎山張天師》詩："東漢天師直下孫，久依科戒住玄門。"宋王銍《寓龍虎山示張錬師》詩："蓮盂送別萬峰雲，龍虎山前過小春。"元陳旅《先天觀》詩："龍虎山南古澗阿，幽人住處白雲多。"《元史·英宗本紀》："癸丑，以天壽節，預遣使修醮於龍虎山。"

武關山

山名。亦稱"少習"，省稱"武關"。又以"地門"代稱之，言其如大地之門。位於陝西丹鳳縣東南丹江旁。爲自楚入秦要隘。山前關隘，

春秋曰"少習"，戰國改"武關"，故名武關山。《左傳·哀公四年》："將通于少習以聽命。"杜預注："少習，商縣武關也。"《史記·屈原賈生列傳》："入武關，秦伏兵絕其後，因留懷王，以求割地。"《漢書·地理志上》："嶓冢道漾，東流爲漢。"顔師古注："漾水出隴西氐道，東流過武關山南爲漢。"《後漢書·劉玄劉盆子傳》："更始二年冬，崇、安自武關，宣等從陸渾關，兩道俱入。"李賢注："《河圖括地象》曰：'武關山爲地門，上爲天齊星。'"《後漢書·郡國志五》："《南都賦》注曰：漢水源出隴西，經武都至武關山，歷南陽界，出沔口入江。"北魏酈道元《水經注·丹水》："丹水自商縣東南流注，歷少習，出武關。"《藝文類聚》引《河圖》："武關山爲地門，上爲天高星，主圖圉。"唐寶庠《奉酬侍御家兄東洛閒居夜晴觀雪之什》詩："應念武關山斷處，空愁簿領候晨鷄。"清畢沅《關中勝迹圖志》卷一五："武關山，在商州東百八十里，《通志》即少習山。"一説，熊耳山爲地門。

【少習】

即武關山。此稱先秦已行用。見該文。

【武關】

即武關山。此稱漢代已行用。見該文。

【地門】

即武關山。此稱唐代已行用。見該文。

九嵕山 [1]

山名。亦稱"九崚山"。陝西、湖北等地均有。本條所言九嵕山位於關中平原北部，東西走嚮，與關中平原南部的秦嶺山脉遥相對峙。《説文·山部》："九嵕山，在馮翊谷口，从山。"《史記·高祖本紀》："高祖常縣咸陽。"裴駰集

解引應劭曰：“名咸陽者，山南曰陽，水北亦曰陽，其地在渭水之北，又在九峻諸山之南，故曰咸陽。”《漢書·地理志》：“九嵕山，在西，有天齊公五牀山僊人五帝祠。”《三輔黃圖·三輔沿革》：“咸陽在九峻山，渭水北。”《通典·州郡三》：“醴泉，漢谷口縣地，故城在今縣北。西魏置寧夷郡，後周改爲秦郡。有九峻山。隋改爲醴泉縣，有蘇武墓。”《唐會要·陵議》：“古者因山爲墳，此誠便事。我看九峻山孤聳回繞，因而傍鑿，可置山陵處。”《資治通鑑·唐太宗貞觀十年》：“今因九峻山爲陵，鑿石之工纔百餘人，數十日而畢。不藏金玉，人馬、器皿，皆用土木，形具而已，庶幾姦盜息心，存没無累。”《太平寰宇記》卷三五：“塞外烽火照甘泉，即今渭北九峻山。”清劉于義修、沈青崖纂《陝西通志·醴泉縣》：“鄭國渠逕仲山渠上有橋，謂之仲橋，在九峻山之東。”

【九嵕山】

同“九峻山[1]”。此稱漢代已行用。見該文。”

九峻山[2]

山名。亦稱“九宗山”。位於今湖北省境内。因此山環阜疊嶂、九峰并峙，故名。南朝宋劉澄之《宋永初山水記》：“吉陽縣西有九宗山。”按，治所在今湖北竹溪縣西五十里。宋王存等《元豐九域志》：“開寶二年，省吉陽縣入孝感，縣在德安府東南一百三十里，有澴河鎮。有九宗山。”宋祝穆《方輿勝覽》卷三一：“九峻山在孝感縣，疊嶂深林，景物幽邃。”明李賢等《明一統志·德安府》：“在孝感縣，東北八十五里，又名九宗山，其山環阜疊嶂，林麓深杳。”清顧祖禹《讀史方輿紀要·湖廣三》：“九峻山，縣東北八十五里。一名九宗。環阜疊

嶂，林麓深杳，溪澗盤曲，擬于長安九峻。其東曰黃草山，險峻孤峭。《志》云：上有鎮陽城，壘石爲固，周圍數里，四面陡絕，一徑僅通，亦昔時守禦處。又有雙峰山，在縣東北九十里，兩峰挺峙，飛瀑懸流，登之可盡江漢之勝。”清袁枚《子不語》卷一二：“湖北孝感縣張息村明府，葬先人於九峻山。”

【九宗山】

同“九峻山[2]”。此稱南朝宋已行用。見該文。

丹崖山

山名。位於山東半島北岸蓬萊市境内。山巔之蓬萊閣名聞天下。宋潘自牧《記纂淵海》：“丹崖山，在州城北，上有蓬萊閣。”明章潢《圖書編·東嶽總序》：“丹崖山，府城北，東西二面，石壁巉巖，上有蓬萊閣。”《明史·地理志二》：“北有丹崖山，臨大海。”清玄燁《幾暇格物編》：“巒嶺重疊，至金州旅順口之鐵山，而龍脊時伏時現，海中皇成、鼉磯諸島皆其發露處也。接而爲山東登州之福山、丹崖山，海中伏龍於是乎陸起。”《清史稿·地理志三十六》：“西北自黃迤東爲欒家口、西山口，又東丹崖山，古蓬萊島，水城環之，黑水入。”參閱本卷“蓬萊山”詞條。

琅邪山[1]

山名。亦稱“琅琊山”“琅琊”“琅邪”。位於山東東部青島膠南。面臨黃海，下有港灣，海拔183.4米，三面臨海。公元前219年，秦始皇東游登此，建琅邪臺和石碑。這裏有琅邪臺故址。據史書記載，琅邪山爲越王勾踐入霸中國之所都。山上原是勾踐建築的觀臺所在，秦始皇時進一步修築，刻石頌秦德，并尊琅邪爲八神之一的“四時主”，於臺上行禮祭祀。《竹

書紀年》："元年癸酉，於越徙都琅邪。"《山海經·海内東經》："琅邪臺，在勃海間，琅邪之東是也。"《管子·戒篇》："桓公將東游，問於管仲曰：我游猶軸轉斛，南至琅邪。"《孟子·梁惠王下》："昔者齊景公問於晏子曰：'吾欲觀於轉附、朝儛，遵海而南，放於琅邪。'"《史記·秦始皇本紀》："始皇二十八年，南登琅邪，留三月，徙黔首三萬户琅邪山下，作琅邪臺，立石刻頌秦德。"司馬貞索隱："蓋海畔有山，形如臺，在琅邪，故曰琅邪臺。"又，《封禪書》："上遂東巡海上，行禮祠八神。"司馬貞索隱引韋昭云："四時主，祠琅邪。"又，《齊太公世家》："吾適齊，自泰山屬之琅邪，北被於海，膏壤二千里。"《戰國策》："蘇秦説齊宣王：齊南有泰山，東有琅邪。"北魏酈道元《水經注·濰水》："〔琅邪臺〕孤立特顯，出於衆山，上下周二十里餘……臺基三層，層高三丈，上級平敞，方二百余步，高五里。刊石立碑，紀秦功德。臺上有神淵，淵主靈焉。"唐李吉甫《元和郡縣圖志》卷一二："琅邪山在縣東南百四十里，《史記》曰：始皇二十六年滅齊遂登琅邪，作層臺于山上，謂之琅邪臺。"漢袁康、吳平《越絕書·記地傳》："勾踐伐吳，霸關東，

琅邪山（青州）
（清蔣廷錫等《古今圖書集成》）

從琅邪起觀臺。臺周七里，以望東海。死士八千人，戈船三百艘。"按，據林華東考證，膠南琅邪夏河城應是越國北上經營霸業的立足地，是帶有軍事性質的屯兵城堡，或爲越國陪都。漢袁康、吳平《越絕書》："勾踐既滅吳，欲霸中國，徙都琅邪，立觀臺於山上，周七里，以望東海今山在海濱，蓋築以望遠耳。"晋郭璞注《山海經》云："今琅邪在海邊，有山嶕嶢特起，狀如高臺，此即琅邪臺也。琅邪者，越王勾踐入霸中國之所都。"北魏酈道元《水經注·濰水》："琅邪，山名也，越王勾踐之故國也。勾踐並吳，欲霸中國，徙都琅邪。"一説，琅邪在今山東臨沂市。北魏酈道元《水經注·泗水》："《郡國志》曰：琅邪有臨沂縣，故屬東海郡。"《宋書·后妃傳》："孝武文穆王皇后，諱憲嫄，琅邪臨沂人。"清顧棟高《春秋大事表》："春秋時琅邪，爲今山東沂州府。"清顧祖禹《讀史方輿紀要·山東一》："琅邪、琅邪山，在青州府諸城縣東南百四十里。"

【琅琊】

　　即琅邪山[1]。此稱先秦已行用。見該文。

【琅邪】[1]

　　即琅邪山[1]。此稱先秦已行用。見該文。

【琅琊山】[1]

　　即琅邪山[1]。此稱唐代已行用。見該文。

琅邪山[2]

　　山名。亦稱"琅琊山""琅邪"。位於在安徽滁州市西南約 5 千米。滁縣之琅琊始稱於晋，因兩晋所封建的琅琊國君曾經游息於此而得名。唐韋應物《同越琅琊山》詩："石門有雪無行迹，松壑凝烟滿衆香。"唐李幼卿《題琅琊山寺道標道揖二上人東峰禪室時助成此□□築

斯地》詩："佛寺秋山裏，僧堂絶頂邊。"《太平寰宇記》卷一二八："東晋元帝爲瑯琊王，避地此山，因名。"宋歐陽修《醉翁亭記》："西南諸峰，林壑尤美，望之蔚然而深秀者，琅邪也。"宋王禹偁《滁州官舍》詩其二："失職金鑾假一麾，琅邪山色繞城池。"明史謹《題琅邪山圖》詩："緑樹陰陰石徑斜，諸峰羅立帶琅邪。"

琅琊山（滁州）
（清蔣廷錫等《古今圖書集成》）

【琅琊山】[2]

同"琅邪山[2]"。此稱唐代已行用。見該文。

【琅邪】[2]

即琅邪山[2]。此稱宋已行用。見該文。

丸山

山名。亦稱"凡山""禪丸山"。位於山東臨朐縣柳山鎮。《史記·五帝本紀》："（黄帝）東至於海，登丸山，及岱宗。"裴駰集解引徐廣曰："丸，一作凡。"裴駰案：《地理志》曰：丸山，在郎邪朱虛縣。"張守節正義："丸音桓。"又引《括地志》云："丸山，即丹山，在青州臨朐縣界朱虛故縣西北二十里，丹水出焉。"張守節案："《地志》唯有凡山，蓋凡山、丸山是一山耳。諸處字誤，或丸，或凡也。"《漢書·郊祀志》："禪丸山。"顏師古注："在朱虛，亦與《括地志》相合，明丸山是也。"

【凡山】

即丸山。此稱漢代已行用。見該文。

【禪丸山】

即丸山。此稱漢代已行用。見該文。

芒碭山

山名。省稱"芒碭"。位於豫、皖、蘇、魯四省結合部的河南永城市芒山鎮。芒碭山因漢高祖劉邦斬蛇起義而聞名於世；秦末農民起義領袖陳勝亦埋葬於此；傳孔子曾在此避雨講學，留下了夫子崖、夫子山等景觀；現存西漢梁王墓群；有傳承千年的芒碭山古廟會。《漢書·樊噲傳》："樊噲，沛人也，以屠狗爲事。後與高祖俱隱於芒碭山澤間。"唐李淳風《乙巳占》序："芒碭之異氣常存，春陵之火光不絶。"唐高適《和崔二少府登楚丘城作》詩："雲散芒碭山，水還睢陽郭。"宋文天祥《沛歌》："白雲落荒草，隱隱芒碭山。"元胡天游《題幼安濯足圖》詩："青山未改漢家色，焉知不有芒碭雲。"明任道《孟秋陪祀》詩："鍾離樹老幻宫壯，芒碭山高王氣浮。"清鍾啓韶《渡黄河》詩："是時北風刮河堤，芒碭山色迷東西。"

【芒碭】

此稱唐代已行用。見該文。

寒山[1]

山名。位於江蘇蘇州，支硎山之支峰。明處士趙宧光曾隱居於此。唐張繼《楓橋夜泊》："姑蘇城外寒山寺，夜半鐘聲到客船。"一説，在江蘇省徐州市東南。《晋書·劉遐傳》："詔遐領彭城内史，與徐州刺史蔡豹、太山太守徐龕共討撫，戰於寒山，撫敗走。"另説，位於廣西玉林市西北三十里。參閲《九域志》。

九宮山

山名。位於湖北東南部通山縣境内，横亘鄂贛邊陲的幕阜山脉中段，鄂贛兩省交界處，是我國五大道教名山之一，與青島嶗山、江西龍虎山、四川青城山、湖北武當山等山齊名。《太平御覽・地部》："九宮山，西北陸路去州五百八十里，其山晋安王兄弟九人造九宮殿。"宋董嗣杲《留九宮山封道士飯因贈》詩："孤鶴出自九宮山，雙眸如鶻步如鹿。"宋朱或《萍洲可談》："九宮山有金星、銀星鯉，不居水中，鑿山者於堅土内得之。"明宋濂《送黄尊師西還九宮山》詩："崔崔九宮山，翠蕤倚層青。"《明史・地理志》："鶴源水，源發九宮山，下流合修水。"

荆門山

山名。亦作"荆門"。位於湖北省宜昌市西北、長江南岸，上有盤亘雄踞的荆門山十二碏，下有銀潢倒泄的虎牙灘；南與五龍山的群峰相接，北和虎牙山隔江相峙。因"上合下開，其狀如門"，故名。《三國志・魏書・鍾繇華歆王朗傳》："鄢、郢既拔，荆門自開。席捲巴、蜀，形勢已成。"晋郭璞《江賦》："虎牙礫竪以屹碎，荆門闕竦而磐礴。"《宋書・袁湛傳》："今三陝之隘，在我境内，非有岑彭荆門之險。彌入其阻，平衢四達，實無鄧艾綿竹之艱。山川之形，抑非曩日，攻守難易，居然百倍。"北魏酈道元《水經注・江水》："江水又東，歷荆門、虎牙之間，荆門在南，上合下開，暗徹南山，有門象；虎牙在北，石壁色紅，間有白文，類牙形，並以物象受名。此二山，楚之西塞也。"唐李白《渡荆門送别》詩："山隨平野盡，江入大荒流。"唐杜甫《咏懷古迹五首》其三："群山萬壑赴荆門，生長明妃尚有村。"宋寇準《縣齋春書十二韻》："江到荆門闊，山連蜀國深。"元吴萊《次韻傅適道虎陂閘舟中》詩："虎陂閘裏水生烟，荆門山頭星照船。"明徐三重《送友掌教射洪》詩其一："江流欲盡是巴西，巫峽荆門烟樹迷。"清王德撰《登鎮境山樓》詩："環山連蜀道，帶水繞荆門。"

【荆門】

即荆門山。此體晋代已行用。見該文。

嵇山

山名。位於今安徽濉溪縣南。相傳三國魏嵇康曾居此地而得名。《晋書・嵇康傳》：〔嵇康〕"其先姓奚，會稽上虞人，以避怨，徙焉。銍有嵇山，家於其側因而命氏。"北魏酈道元《水經注・淮水》："又東逕嵇山北，嵇氏故居。嵇康本姓奚，會稽人也。先人自會稽遷於譙之銍縣，故爲嵇氏，取'稽'字以上以爲姓，蓋志本也。引《嵇氏譜》曰：'譙有嵇山，家於其側，遂以爲氏。'"一說，位於位於河南省修武縣西北；一名"秋山"，在今河南焦作市東。亦相傳三國魏嵇康曾居此地而得名。《太平寰宇記》卷五三："山陽城北有秋山，即嵇康之園宅。"另說，位於今湖南長沙望城區。明李賢等《明一統志・長沙府》："〔長沙府嵇山〕俗傳（唐時）嵇真人所居。"清顧祖禹《讀史方輿紀要・湖廣六》："〔寧鄉縣嵇山〕上有田數畝。有仰天湖，雖旱不涸。"

塗山

山名。亦稱"當塗山""當塗"。位於安徽懷遠縣榴城鎮東南，淮河東岸，與荆山隔河對峙。傳聞夏禹曾在這裏劈山導淮，召會諸侯，并娶塗山氏女。西周中期，周穆王曾在塗山會見諸侯，稱塗山之會。《左傳・哀公七年》："禹會諸侯于塗山，執玉帛者萬國。"杜預注："塗山在壽春東北。"《吕氏春秋·季夏紀》："禹行功，見塗山之女。禹未之遇而巡省南土。塗山氏之女乃令其妾待禹於塗山之陽。"《史記·夏本紀》："禹曰：'予娶塗山，癸甲生啓，予不子，以故能成水土功。'"司馬貞索隱："皇甫謐云'今九江當塗有禹廟'，則塗山在江南也。"漢趙曄《吴越春秋·越王無余外傳》："禹三十未娶，行到塗山，恐時之暮，失其度制。"《後漢書·張法滕馮度楊傳》："築營於當塗山中。"《隋書·地理志》："開皇初改縣曰塗山，廢郡。有當塗山。"宋釋居簡《謝江東丘少卿漕使》詩："宣城阡陌連當塗，山田瘦瘠圩田腴。"元趙孟頫《送朱仲陽太平教授》詩："教官雖冷實清選，當塗山川如畫圖。"明張元凱《雜詩二十首》其一："長揖當塗客，去矣歸空山。"雍正《懷遠縣志·山川》："塗山，亦名當塗山。"參閱《太平寰宇記·濠州》。

【當塗山】

即塗山。此稱南朝宋已行用。見該文。

【當塗】

即塗山。此稱唐代已行用。見該文。

原山

山名。亦作"飴山"，因上有石并舉雙聳，如馬耳，故亦稱"馬耳山"；又傳禹王治水登臨，有禹王殿，亦稱"禹王山"。位於山東中部，淄博市博山區西境。《史記·樂毅列傳》："薊丘之植，植於汶篁。"張守節正義："又汶水源出兗州博城縣東北原山，西南入沛。"北魏酈道元《水經注·淄水》："《地理志》曰：原山，淄水所出。故《經》有原山之論矣。《淮南子》曰：水出自飴山，蓋山別名也。東北流，徑萊蕪谷，屈而西北流，逕其縣故城南。"《水經注·濟水》："巨合水又北合關盧水，水導源馬耳山，北逕博亭城西，西北流至平陵城，與武原水合。"唐李泰《括地志》："淄州淄川縣東北七十里原山，淄水所出。"唐徐堅《初學記·州郡部》："《水經注》曰：馬耳山高百丈，上有石並舉雙聳，如馬耳。"《太平廣記·女仙四》："宋元徽四年丙辰，馬耳山道士徐道盛暫至蒙陰。"清趙國華《游峨嶺遂至趙秋谷飴山舊園》詩："四山松影罨城廬，一路泉聲曳筍輿。"清顧祖禹《讀史方輿紀要·山東二》："《淮南子》：淄水出飴山，即原山别名也。"清趙執信《原山考》："鎮城西十餘里，有大山橫亘，一方之鎮也。其來西南自泰岱，連綿將二百里，至而特起，聳拔雄秀……今博考而細按之，蓋所謂原山者也。"

【飴山】

即原山。此體先秦已行用。見該文。

【馬耳山】

即原山。此稱北魏已行用。見該文。

【禹王山】

即原山。此稱清代已行用。見該文。

堯王山

山名。位於山東青州市城區西北1.5千米的邵莊鎮仁馬村境内。山原有堯廟，稱堯山祠，初建於南北朝以前。北魏酈道元《水經注·淄水》："《從征記》曰：廣固城北三里，有堯山祠。堯因巡狩登此山，後人遂以名山。"光緒《益都縣圖志》載："〔堯山祠〕舊在山頂，後廢，今在山麓。"一說，南燕皇帝慕容德被稱堯王，堯王山名即因慕容德登臨而來。

徂徠山

山名。亦稱"尤徠"，省稱"徂徠"。位於山東泰安市化馬灣鄉與徂徠鎮境內。《詩·魯頌·閟宮》："徂來之松，新甫之柏。是斷是度，是尋是尺。"北魏酈道元《水經注·汶水》："又西南流逕徂徠山，西山多松柏，《詩》所謂'徂徠之松'也。"又云："自號尤徠三老矣。"唐李白《魯郡東石門送杜二甫》詩："秋波落泗水，海色明徂徠。"宋石介《徂徠山齋熟寢家童報征西府從事田集賢書至開緘讀之因題書後》詩："徂徠山下一枕睡，經略府中三紙書。"明陳耀文《正楊》卷四："父爲任城尉因家焉，少與魯中諸生隱徂徠山，號竹林六逸。"又，明陳耀文《天中記》卷五一："徂徠山，在平父奉高博三縣界，猶有美松，亦曰尤徠之山也。"

徂徠山
（清蔣廷錫等《古今圖書集成》）

【尤徠】

即徂徠山。此稱北魏已行用。見該文。

【徂徠】

即徂徠山。此稱唐代已行用。見該文。

雲門山

山名。中國號雲門山者有多處，本條所言雲門山位於山東青州城南 2.5 千米處。雲門山斷崖峭壁間，遍布歷代文人名士的摩崖題刻和碑碣。明嘉靖年間爲衡王朱載圭祝壽，衡王府内掌司冀陽周全，以"壽比南山"之意，在山陰處摩崖上鐫刻了國内外罕見的大"壽"字以討好衡王。唐趙居貞《雲門山投龍》詩："曉登雲門山，直上一千尺。"宋黃庶《游雲門山》詩："唯作酩酊歸，山月吐半璧。"元于欽《齊乘》："齊人郭大夫相水土，勸羊穆之築東陽城爲青州，後人爲大夫立廟於雲門山前。"明王世貞《送袁子年守青州蓋僕三十年宦游地也曾題詩刻石雲門山侍御毛君近爲亭覆之》詩："如聞臺使登臨地，洗石重拓舊墨痕。"明章潢《圖書編·東嶽總序》："雲門山，府城南五里，上方號大雲頂，有通穴如門，可容百餘人。"清劉塑《晚登雲門山》詩："扶桑壹任天鷄叫，石洞希夷眠清峭。"康有爲《游雲門山》："雲門岌嶪俯青州，千里青葱禾黍油。"

雲門山（青州）
（清蔣廷錫等《古今圖書集成》）

石門山 [1]

山名。省稱"石門"。位於山東曲阜市東北。因兩山對峙如門，故名。傳孔子曾在此撰寫《易經》繫辭，唐李白、杜甫結伴游齊魯時於此宴別，清孔尚任出仕前後兩次隱居於此，現有孔子繫《易》處、李杜宴別處、秋水亭、孔尚任隱居處等遺迹。唐李白《魯郡東石門送杜二甫》詩："何時石門路，重有金樽開。秋波落泗水，海色明徂徠。"又，位於今山東青島市崂山區東北。清穆彰阿等《大清一統志·萊州府一》："山狀如門，天欲雨，則雲自門出。"又，位於今山東蓬萊市西十里。清顧祖禹《讀史方輿紀要·山東七》："〔蓬萊縣石門山〕山口礜石，爲驛路所經。"

【石門】[1]

同"石門山[1]"。此稱唐代已行用。見該文。

石門山[2]

山名。省稱"石門"。位於今遼寧朝陽縣西南。《後漢書·公孫瓚傳》："瓚追擊，戰于屬國石門，虜遂大敗"。李賢注云："石門，山名，在今營州柳城縣西南。"又，位於今遼寧遼陽市東南。明《遼東志》卷一：〔石門山在〕"（遼陽）城東南四十里。"清顧祖禹《讀史方輿紀要·山東八》："有石門山在司東南四十里。舊有石門砦，萬曆中，李如松救朝鮮，道出於此。"又，位於今吉林省延边朝鲜族自治安圖縣東南石門鎮。清末立邊務督辦吳禄貞書"石門山"碑。

【石門】[2]

同"石門山[2]"。此稱南朝宋已行用。見該文。

石門山[3]

山名。省稱"石門"。位於今安徽含山縣南。宋王象之《輿地紀勝》卷四八："〔和州石門山〕在含山縣南二十里。有谷道十里許，商旅經行，其壁峭立如門。"又，位於今安徽銅陵縣南。清顧祖禹《讀史方輿紀要·南直九》："〔銅陵縣石門山〕在縣南十五里。兩山石壁，

對峙如門。"又，位於今安徽黟縣東南二十里，章水東岸。清顧祖禹《讀史方輿紀要·南直十》："〔黟縣石門山〕在縣東南二十里。鑿石爲門，下瞰溪潭，壁立千仞。沿岩鑿路，名曰棧閣，僅可通人，斷處以木濟之，古號石門。"現已闢爲公路，爲縣南主要通道。又，位於今安徽東至縣東南。《太平寰宇記》卷一〇五："〔建德縣石門山〕在縣東南八十里。雙壁聳峙，望之如門。"又有記載，石門山位於今江蘇溧陽市西南。《讀史方輿紀要·南直二》："〔江寧府溧陽縣石門山〕在縣西南二十里，有兩山相拒如門。"

【石門】[3]

同"石門山[3]"。此稱北魏已行用。見該文。

石門山[4]

山名。省稱"石門"。位於今浙江嵊州市西北二十五里。有石洞、龍湫、沸泉諸勝。又西北九十里亦有山名石門，兩石峭立如門。南朝宋謝靈運《登石門最高頂》："疏峰抗高館，對嶺臨回溪。"清穆彰阿等《大清一統志·紹興府一》："〔石門山〕在嵊縣西北二十五里。有石洞、龍湫、沸泉諸勝。又縣西北九十里亦有山名石門，兩石峭立如門。"又，位於今浙江永嘉縣南。清穆彰阿等《大清一統志·溫州府》："〔石門山〕在永嘉縣北十五里，上多名勝。謝靈運嘗游此。"又，位於今浙江青田縣西。唐李白《送王屋山人魏萬還王屋》詩："縉雲川谷難，石門最可觀。"宋王存《元豐九域志》卷五："〔處州青田縣〕有石門山。"清顧祖禹《讀史方輿紀要·浙江六》："〔青田縣石門山〕在縣西七十里。兩峰壁立，相對如門，石洞幽深，飛瀑噴瀉，上有軒轅丘，道書以爲第三十

洞天。"又，位於今浙江安吉縣遞鋪鎮北。南朝梁吳均《與顧章書》："梅溪之西，有石門山者，森壁爭霞，孤峰限日……遂葺宇其上。"又，位於今浙江江山市南石門鎮。清顧祖禹《讀史方輿紀要·浙江五》："〔江山縣石門山〕在縣南三十里。往來者皆道出山麓，謂之石門街。"

【石門】 [4]

同"石門山 [4]"。此稱南朝宋已行用。見該文。

石門山 [5]

山名。位於江西省北部。唐權德輿《洪州開元寺石門道一禪師塔碑銘》："海昏南鄙有石門山。"又，位於今江西靖安縣北四十里。宋王象之《輿地紀勝》卷二六："〔石門山〕在靖安縣北四十里。"又，位於今江西瑞金市西。清顧祖禹《讀史方輿紀要·江西六》："〔贛州府瑞金縣石門山〕在縣西四十里。巨石峻峭如門，止容一騎。"又，位於今江西金溪縣西南。清穆彰阿等《大清一統志·撫州府一》："〔石門山〕在金溪縣西南四十里。旴水與清江水合流，環其四面，山屹立中流。"又，石門山位於今江西婺源縣東。清顧祖禹《讀史方輿紀要·南直十》："〔徽州府婺源縣石門山〕在縣東九十五里，與大鱅相接。山巔有石巖，空洞若門。"

石門山 [6]

山名。亦作"石門灘"，亦稱"蜀口山"，今名"官渡口"。位於今湖北巴東縣東北，巫峽出口位置，江面僅寬80米，兩岸山崖陡峭，形若石門，故名。北魏酈道元《水經注·江水》："江水又東逕石門灘。灘北岸有山，山上合下開，洞達東西，緣江步路所由。劉備爲陸遜所破，走逕此門，追者甚急，備乃燒鎧斷道。"《太平寰宇記》卷一四八："石門山，在縣東北三十五里，山有石徑，深若重門。"《湖北通志》："蜀口山，縣西四十九里，舊名石門山，唐天寶六年改名，今名官渡口。"按，《湖北通志》編纂始於清光緒，刻書於民初，今又新版整理。清顧祖禹《讀史方輿紀要·湖廣四》："縣西四十九里有石門山。唐天寶間改名蜀口山，亘巫山縣界。"又，位於今湖北石首市東南。《太平寰宇記》卷一四六："〔石首縣石門山〕梁邵陵王綸崇奉道士張京於此，置觀以處之。鑿石開徑，其狀若門，因名石門山。"又，石門山位於今湖北鄖西縣東南。清顧祖禹《讀史方輿紀要·湖廣五》："〔鄖西縣石門山〕在縣東南十五里。"又，位於今湖北恩施市西南。清顧祖禹《讀史方輿紀要·湖廣八》："〔石門山〕司南一里。"又，位於今湖北鄂州市東五里。清顧祖禹《讀史方輿紀要·湖廣二》："〔壽昌軍石門山〕兩石對峙如門。唐武昌令馬安與元次山同游，石刻存焉。"

【石門灘】

即石門山 [6]。此稱北魏已行用。見該文。

【蜀口山】

即石門山 [6]。此稱唐代已行用。見該文。

石門山 [7]

山名。省稱"石門"。位於今陝西旬邑縣東南。山頂有兩峰，對峙如門，中有大道直通淳化、耀州。以漢武帝於此立關爲名。峰上有扶蘇廟，傳爲秦太子扶蘇授國典三物處。《史記·秦本紀》："〔獻公二十一年〕與晋戰于石門。"唐李吉甫《元和郡縣圖志》卷三："〔三水縣石門山〕在縣東五十里。峰巖相對，望之似門。"

【石門】 [5]

同"石門山 [7]"。此稱漢代已行用。見該文。

石門山 [8]

山名。位於今湖南張家界市南三十里。省稱 "石門"。《太平寰宇記》卷一一八: "此山在澧水之陽，望之如香爐之狀，今名石門。吳永安六年自然洞開，玄朗如門，高三百丈，門角上各生一竹，倒垂下拂，謂之天帝。孫休以爲嘉祥，置郡因山爲名。" 又，位於今湖南桂陽縣西南六十里，接嘉禾縣界。宋王象之《輿地紀勝》卷六一: "〔桂陽軍石門山〕有巖穴如門，歸水自藍山穿石門西注，舟筏皆經其下。" 清穆彰阿等《大清一統志》: "〔桂陽軍石門山〕俗呼爲仙人橋。" 又，位於今湖南華容縣東三十里。明李賢等《明一統志·岳州府》: "〔嶽州府石門山〕一名仙廬山。有七峰，甚高。將雨則雲起峰上，霽則雲復歸中。" 又，位於今湖南新邵縣北。清顧祖禹《讀史方輿紀要·湖廣七》: "石門山在府（今邵陽市）北六十里。橫亘數十里，兩山相夾如門，爲郡水口。" 又，在今湖南石門縣西二十五里。清顧祖禹《讀史方輿紀要·湖廣三》: "〔石門縣石門山〕巖石壁立如門，縣以此名。"

【石門】 [6]

同 "石門山 [8]"。此稱宋代已行用。見該文。

石門山 [9]

山名。省稱 "石門"。在今廣東廣州市西北石門。《史記·南越列傳》: "元鼎六年冬，樓船將軍將精卒先陷尋陝，破石門，得越船粟。" 司馬貞索隱引《廣州記》: "在番禺縣北三十里。昔呂嘉拒漢，積石鎮江，名曰石門。" 宋王象之《輿地紀勝》卷八九: "〔廣州石門〕在州西北二十里。兩山對峙，橫截巨浸，據南北往來之衝，屹若門闕。" 《元史·周全傳》: "〔至元十三年〕，以游騎巡廣中，過靈星海、石門，敵勢甚張，全奮戈殺敵。" 又，位於今廣東中山市西四十里。清顧祖禹《讀史方輿紀要·廣東二》: "〔廣州府香山縣石門山〕中有洞，宋末嘗拒元兵於此。" 又，位於今廣東徐聞縣西北。清顧祖禹《讀史方輿紀要·廣東五》: "〔徐聞縣石門山〕縣西北六里。高十餘丈，周圍十里。上有巨石，聳峙如門。山巔有潭，四時不竭。一名石門嶺。"

【石門】 [7]

同 "石門山 [9]"。此稱漢代已行用。見該文。

【石門嶺】 [1]

即石門山 [9]。此稱清代已行用。見該文。

石門山 [10]

山名。亦稱 "石門嶺"。位於今廣西柳州融水苗族自治縣西北。宋王象之《輿地紀勝》卷一一四: "〔融州石門山〕在縣西十八里。其山相對如門，曰上石門山。縣北有下石門山。懷遠縣南亦有石門嶺。" 清顧祖禹《讀史方輿紀要·廣西四》: "兩峰夾峙江岸，岩石峻削若門，土人謂之上石門。其在懷遠縣境者曰下石門。" 又，位於今廣西三江侗族自治縣西南。《明史·地理志》: "〔懷遠縣〕西北有九曲山，山南爲石門山，兩山夾峙。" 清穆彰阿等《大清一統志·柳州府》: "〔石門山〕在懷遠縣西北七十里，大江濱，左右兩山夾峙，峭壁如門，亦曰下石門。" 又，位於今廣西富川瑤族自治縣東。清顧祖禹《讀史方輿紀要·廣西二》: "〔富川縣石門山〕四圍峭壁，有門僅容一人，其中平原曠野，居民百餘家。"

【石門嶺】 [2]

即石門山 [10]。此稱宋代已行用。見該文。

石門山 [11]

山名。省稱"石門"。位於今四川江油市東北、平武縣東南界上之龍門山。晉左思《蜀都賦》："緣以劍閣，阻以石門。"唐李吉甫《元和郡縣圖志》卷三三："在縣東一百三里。有石門戍，與氐分界。"《太平寰宇記》卷八四："《漢水記》云：與氐分界于石門。仇池城去石門四百餘里。……顧野王《輿地志》云：石門在褒中之北，漢中之西。今按，其山兩邊有石壁相對，望之如門，鄧艾伐蜀歷此。"又，位於今重慶開州北。《太平寰宇記》卷一三七："〔萬歲縣石門山〕在縣東北十里。"按，唐初開縣曾名萬歲縣。宋祝穆《方輿勝覽》卷五九："〔開州石門山〕在清水縣東北十里。有石穴至深。"清顧祖禹《讀史方輿紀要·四川四》："〔開縣石門山〕在縣北百里。山有石穴，名盤頭洞。洞有水，出嘉魚。"又，位於今四川高縣西北。《明史·地理志》："南有石門山。石門，江經其下。"《四川通志》卷一三："〔石門山〕在縣南五里，即古石門道也。"

【石門】 [8]

同"石門山 [11]"。此稱晉代已行用。見該文。

石門山 [12]

山名。省稱"石門"。在今雲南陸良縣西。清穆彰阿等《大清一統志·曲靖府》引《陸良州志》："州西平壤之上，有石門山，石筍森密，參差不齊，周匝十餘里，行者穿其中，故曰石門。"又，在今雲南建水縣東北。清穆彰阿等《大清一統志·臨安府》："〔石門山〕在建水縣東北百里。箐口鑿石爲門，以通車馬。下臨曲江，臨隘可守。"又，在今貴州貴陽市東六十里。明曹學佺《名勝志》："山石對峙如門，故名。"

【石門】 [9]

同"石門山 [12]"。此稱清代已行用。見該文。

石門山 [13]

山名。亦作"石門口"。亦稱"皋蘭""皋蘭山"。位於今甘肅臨夏市南。《漢書·衛青霍去病傳》："遣驃騎將軍霍去病出隴西，至皋蘭。"顏師古引孟康曰："山關名也。"又注："皋蘭，山名也。"北魏酈道元《水經注·河水》："灕水又東北逕石門口，山高險峻絕，對岸若門，故峽得厥名矣。"唐李吉甫《元和郡縣圖志》卷三九："〔石門山〕在縣東北二十八里。山高險絕，對岸若門，即皋蘭山門也。"宋蘇軾《和陶答龐參軍》詩："一見勝百聞，往鏖皋蘭山。"明王禕《趙將軍歌》："皋蘭山下大河上，嚴城屹立開重闉。"清龔景瀚《九日登皋蘭山作》："皋蘭山，遠在焉支之西千餘里，金城城外安有此。"又，在今甘肅臨潭縣東南。清穆彰阿等《大清一統志·鞏昌府一》："〔石門山〕在洮州廳南十里。兩山相對如門，山即古疊州之地，今爲蕃界，俗名石門金鎖，限隔羌夷。"又，位於今甘肅武山縣東北五十里。又，位於甘肅天水市城區東南。因南、北兩峰對峙似門得名。全山尚有小南峰、小北峰，四峰筆立，陡巖峭壁，險峻懸絕。《秦川志》："石門山東南百餘里，其山壁立千仞，蒼翠欲滴。四周峭壁無徑，中通路若門，因號石門，蓋天險也。"

【皋蘭】

即石門山 [13]。此稱漢代已行用。見該文。

【石門口】

即石門山 [13]。此體北魏已行用。見該文。

【皋蘭山門】

即石門山 [13]。此稱唐代已行用。見該文。

石門山 [14]

位於今山西晋城高平市。《魏書·地形志》：
"〔泫州高平縣〕有石門山。"

青原山

山名。亦作"青原臺""青原岡""清原"。
位於江西吉安市青原區河東鎮東。漢朝張天師
（道陵）考察天下名山365座，青原山即列其
中。唐代鑑真和尚第五次東渡日本受阻，折回
途中路過吉州，下榻於此。晋嵇康《四言詩》
詩其七："長嘯清原，惟以告哀。"《魏書·高祖
紀上》："戊子，幸魚池，登青原岡。"宋楊萬里
《送蔡定夫提舉正字使廣東》詩："我家江西更
西處，白鷺洲對青原山。"宋周必大《錢守青原
瑞靄圖》詩："青原臺成知幾春，倚欄但愛江山
新。"元陳泰《偕猶溪諸公同游青原山謁七祖塔
步韻并序》詩："夢裏青原四十年，六朝來觀塔
中仙。"明李賢等《明一統志·吉安府》："青原
山，在府城東南一十五里，中有駱駝峰、鷓鴣
嶺，勢甚喬聳。"《徐霞客游記·江右游日記》：
"其北涯有道，可徑往青原。"清高咏《游青原
山寺》詩："青原山半寺，積雨長苔痕。"清穆
彰阿等《大清一統志·吉安府》："青原山，在
廬陵縣東南十五里，山勢紆盤。"

【清原】

即青原山。此稱晋代已行用。見該文。

【青原臺】

即青原山。此體宋代已行用。見該文。

【青原岡】

即青原山。此體唐代已行用。見該文。

魚山

山名。亦作"吾山""漁山"。位於山東東
阿縣城西南，屬泰山餘脉。海拔82.1米，占地
八十餘公頃。相傳，漁姑是掌管魚族的天界神
明，是玉皇大帝的義女，因迷戀世間錦綉山河，
下凡來到人世間，定居魚山。又傳，魚山係大
禹爲放乾西海大澤，疏通黃河，開挖河道堆積
而成。《山海經·大荒北經》："大荒之中有山，
名曰先檻大逢之山，河濟所入，海北注焉。其
西有山，名曰禹所積石。"按，禹所積石或爲魚
山。《史記·河渠書》："瓟爲河兮地不得寧，功
無已時兮吾山平。"裴駰集解引徐廣曰："東郡
東阿有魚山，或者是乎？"漢武帝《瓠子歌》：
"吾山平兮鉅野溢。"按，按照王國維，"吾山"
音yúshān。曹植曾受封東阿王，卒後，葬於魚
山西麓。《三國志·魏書·曹植傳》："登魚山，
臨東阿，喟然有終焉之心。"傳曹植在魚山，聞
聽梵音、創作梵唄音樂，故佛家十分推崇他對
梵唄音樂之貢獻。晋郭緣生《述征記》："西至
濟北漁山下陷，上遙望曲道頭有車馬，似智瓊
果。"北魏酈道元《水經注·濟水》："馬頰水
又東北流逕魚山南。山即吾山也。"北齊高延
宗《經墓興感》詩："獨有魚山樹，鬱鬱向西
傾。"唐梁載言《十道志》："漁山一名吾山，漢
武帝過漁山。"唐王維《魚山神女祠歌》："坎
坎擊鼓，魚（一作漁）山之下。吹洞簫，望極
浦。女巫進，紛屢舞。"唐劉禹錫《夔州竇員外
使君見示悼妓詩顧余嘗識之（一作面）因命同
作》詩："寂寞魚山青草裏，何人更立智瓊祠。"
唐李商隱《奉寄安國大師兼簡子蒙》詩："魚山
羨曹植，眷屬有文星。"宋葛立方《余居吳興汎
金溪上暇日率同志挐小舟載魚鱉蝦》詩："經翻
流水篇，梵起魚山唄。"元于欽《齊乘》卷二：
"汶水又北逕漁山東，即《瓠子歌》之吾山。"
王國維《鬼方昆吾玁狁考》："古魚、吾同音。

《史記·河渠書》:'功無已時兮吾山平。'吾山,亦即魚山也。"

【吾山】

即魚山。此稱漢代已行用。見該文。

【漁山】

即"魚山"。此稱晉代已行用。見該文。

大檻山

山名。今名大寨山,亦稱"狼山"。位於山東平陰縣城西南洪範池鎮。《山海經·大荒北經》:"大荒之中有山,名曰先檻大逄之山,河濟所入,海北注焉。"按,遠古渤海水域較大,海岸應距離平陰地區的山地不遠,濟河湯湯,鄰山而過,注入北邊渤海。《山海經》所言"先檻大逄之山",或爲大檻山。北魏酈道元《水經注》卷八:"狼水,出東南大檻山狼溪。"清楊守敬《水經注疏》:"〔《水經注》〕稱狼水出大檻山,則狼山即大檻之北阜也。"

【先檻大逄之山】

即"大檻山"。此稱先秦已行用。見該文。

【狼山】

即"大檻山"。此稱清代已行用。見該文。

靈巖山 [1]

山名。亦稱方山,省稱靈巖。位於山東濟南市長清區,地處泰山西北,現爲世界自然與文化遺產泰山的重要組成部分。靈巖寺始建於東晉,於北魏孝明帝正興元年開始重建,至唐代達到鼎盛。內有唐李邕撰書《靈巖寺碑頌并序》及浮雕造像、經文,北宋蔡卞《圓通經》碑及金、元、明、清各代的銘記題刻等。唐代李吉甫編纂的《十道圖》中,把靈巖寺與浙江天台山的國清寺、江蘇南京的栖霞寺和湖北荊州的玉泉寺譽爲"域內四絕"。唐玄奘曾住在

靈巖山寺內翻譯經文。隋楊廣《謁方山靈巖寺》詩:"抗迹禪枝地,發念菩提心。"宋釋仁欽《靈巖十二景·朗公山》詩:"萬象森羅古此峰,傳來幾世朗公容。"金趙秉文《靈巖寺》詩:"一徑入靈巖,十里行竿籟。"明于慎行《游靈巖絕頂却望泰山玉皇觀》詩:"珠林丹嶂倚秋曛,絕頂開尊俯雁群。"清聶鈫《泰山道里記·跋》:"靈巖是泰山背最幽勝處,游泰山而不至靈巖不成游也。"一說,語出明王世貞。

【方山】

即靈巖山 [1]。此稱隋代已行用。見該文。

【靈巖】 [1]

即靈巖山 [1]。此稱宋代已行用。見該文。

靈巖山 [2]

山名。省稱"靈巖"。位於江蘇蘇州市西南。春秋時代吳王夫差館娃宮的舊址,也是越國獻西施的地方。宋王之道《和韋蘇州游靈巖山寺韻呈言上人》詩:"閶門十日雨,不得歷虎丘。"元馬麟《虎丘燕集送□□□之秣陵分賦涵空閣》詩:"步游靈巖山,陟彼涵空閣。"元陳方《靈巖山》詩:"客吳十五載,始上靈巖山。"明謝應芳《和靈巖虎丘感事二首》其一:"霜落吳天香徑冷,斷猿啼月不勝哀。"明王蒙《姑蘇

靈巖山
(清高晉等《南巡盛典》)

懷古（和陳惟寅韻）》其一："崔嵬靈巖山，突兀姑蘇臺。"清龔自珍《百字令·蘇州晤歸夫人佩珊索題其集》詞："遙望靈巖山下氣，識有仙才人住。"按，名靈巖山者有多處，分布在南京、雁蕩山、都江堰、濟南等地。

【靈巖】[2]

即靈巖山[2]。此稱明代已行用。見該文。

岷山

山名。亦作"嶓山"，亦稱"瀆山""汶阜"。褶皺山脉，自甘肅西南部延伸至四川北部，大致呈南北走嚮。全長約 500 千米。主峰雪寶頂位於四川松潘縣境内，海拔 5588 米。是長江水系的岷江、涪江、白水河與黄河水系的黑水河的分水嶺。《書·禹貢》："岷山之陽，至于衡山。"又曰："岷山導江。"《楚辭·九章·悲回風》詩："馮昆崙以瞰霧兮，隱岷山以清江。"《荀子·子道》："江出於嶓山，其始出也，其源可以濫觴。"《説文·水部》："沱，江别流也，出嶓山東。"《史記·河渠書》："西瞻蜀之岷山及離碓。"《河圖括地象》："岷山之精，上爲井絡。古蜀謡云，汶阜之山，江出其腹。"北魏酈道元《水經注》："岷山即瀆山。水曰瀆

岷　山
（清蔣廷錫等《古今圖書集成》）

水，又謂之汶阜山，即隴山之南首也，故稱隴蜀。"晋張載《登成都白菟樓》詩："西瞻岷山嶺，嵯峨似荆巫。"南朝宋吴邁遠《櫂歌行》："岷山高以峻，燕水清且寒。"唐杜甫《奉觀嚴鄭公廳事岷山沱江畫圖十韻》詩："沱水流（一作臨）中座，岷山到此（一作北）堂。"宋文天祥《過揚子江心》詩："長江盡處還如此，何日岷山看發源。"元李源道《次韻送虞伯生使蜀降香》詩："六月岷山猶有雪，三春雲棧迥無泥。"清黎兆勲《自瀘州東歸》詩："岷山遠夾雙江流，奇秀直到江陽收。"

【嶓山】

同岷山。此體先秦已行用。見該文。

【瀆山】

即岷山。此稱北魏代已行用。見該文。

【汶阜】

即岷山。此稱北魏代已行用。見該文。

【蜀山】

即岷山。亦泛指蜀地之山。先秦史籍記載，黄帝妻嫘祖爲其子昌意娶蜀山氏女，便在岷山。其地理位置在今四川茂縣疊溪。漢戴德《大戴禮記·帝繫》："昌意娶於蜀山氏，蜀山氏之子謂之昌濮氏，産顓頊。"《史記·三代世表》："蜀王，黄帝後世也。"司馬貞索隱案："黄帝與子昌意娶蜀山氏女，生帝嚳，立，封其支庶於蜀，歷虞、夏、商。"晋常璩《華陽國志》卷一二："蠶叢氏所居之丘，與蜀山氏之蜀山同義。"南朝梁李膺《益州記》："岷山宇廟西有姜維城，又有蜀山氏女居，昌意妃也。"唐伍喬《觀華夷圖》詩："關路欲伸通楚勢，蜀山俄聳入秦青。"宋扈仲榮等《成都文類》："岷爲蜀山之傑，俯瞰井絡於天西維者，皆平川也。"明鄭

樸《蜀王本紀》："天爲蜀王生五丁力士，能徙蜀山。"又，位於合肥市境內，係大別山餘脉。據《爾雅·釋山》："蜀者，獨也。"此山獨起，無岡阜連屬。"蜀"是"獨"的意思，因蜀山無岡阜連屬，衹是孤單單的一座山，故稱。宋祝穆《方輿勝覽》："大蜀山，在合肥縣西二十里。"康熙《廬州府志》："有蜀僧於此結廬，偶思鄉水以錫卓地，泉汩汩而出，嘗之有瞿塘峽味，因名爲'蜀井'，故名蜀山。"

珠穆朗瑪峰

山名。亦作"拉齊"，亦稱"朱母朗馬阿林""朱母拉馬山""珠穆朗瑪阿林""珠木朗瑪""聖母峰"。位於青藏高原南巔邊緣的喜馬拉雅山脉，是世界最高峰。藏語爲第三女神之意。宋《蓮花遺教》稱"拉齊"。柯劭忞《新元史·列傳》第一百二十五："進至喜馬拉雅山之南，聞撒馬爾罕盜起，乃班師。"徐珂《清稗類鈔·地理類》："西藏東西距五千里，南北距二千里，南境即喜馬拉雅山，爲世界第一高嶺。"1714—1715 年，清政府派理藩院主事勝住、喇嘛楚爾沁藏布和蘭本占巴，入藏測繪地圖。他們采用經緯圖法和梯形投影法，對珠穆朗瑪峰的位置和高度進行了初步測量。在康熙五十六年（1717）完成的《皇輿全覽圖》上，采用了他們的測量結果，明確標注珠穆朗瑪峰的位置，并定名爲"朱母朗馬阿林"。這份地圖 1719 年製成滿文銅版，1721 年製成漢文木版，1733 年又在歐洲製成法文版。這份地圖，是珠穆朗瑪峰最早之歷史文獻。另，1744 年的《大清一統志》上也載有"朱母拉馬山"，1761 年的《水道提綱》載有"朱母郎馬"，1760—1770 年的《乾隆十三排圖》上標爲"珠穆朗瑪阿林"，1795 年的《衛藏通志》爲"珠木朗瑪"，1822 年的《皇朝地理圖》和 1844 年的《大清一統輿圖》上都標名爲"珠穆朗瑪"。參閱孫冬虎《清代對西勣地理的考察與記載》。

【拉齊】

即珠穆朗瑪峰。此稱宋代已行用。見該文。

【朱母朗馬阿林】

即珠穆朗瑪峰。此稱清代已行用。見該文。

【珠穆朗瑪阿林】

即珠穆朗瑪峰。此稱清代已行用。見該文。

【朱母拉馬山】

即珠穆朗瑪峰。此稱清代已行用。見該文。

【珠木朗瑪】

即珠穆朗瑪峰。此稱清代已行用。見該文。

高黎貢山

山名。亦稱"昆侖隅""西嶽""昆侖岡""高良公山""高黎共山"，省稱"高黎"。屬青藏高原南部，橫斷山脉西部斷塊帶，印度洋板塊和歐亞板塊相碰撞及板塊俯衝的縫合綫地帶，是著名的深大斷裂縱谷區。南詔國封高黎貢山爲西嶽。"貢"爲景頗語，"山"的意思。高黎貢原意爲"高黎家族的山"。唐樊綽《蠻書·山川江源第二》："高黎共山在永昌西，下臨怒江。"宋佚名《高黎貢山謠》："冬日欲歸來，高黎貢山雪。"明楊慎《南詔野史》："高黎貢山，一名昆侖隅，在騰越、潞江之間。爲西嶽。"明章潢《圖書編》："昆崙岡，夷語，訛爲高良公山，極高峻。"《明史·侯璡傳》："遂由高黎貢山兼程夜行，會大軍，壓其巢。"清王昶《經高黎貢山》詩："舉頭巒影高垂義，如蛇之路山腰敧。"清顧祖禹《讀史方輿紀要·雲南一》："高黎共山，在永昌府騰越州東北

一百二十里。一名昆侖岡，土語訛爲高良公山，
亦作高黎貢山。"

【高黎】

　　即高黎貢山。此稱唐代已行用。見該文。

【昆侖隅】

　　即高黎貢山。此稱明代已行用。見該文。

【昆侖岡】

　　即高黎貢山。此稱明代已行用。見該文。

【高良公山】

　　即高黎貢山。此稱明代已行用。見該文。

【西嶽】[2]

　　即高黎貢山。此稱明代已行用。見該文。

【高黎共山】

　　即高黎貢山。此稱清代已行用。見該文。

第三章　水經說

第一節　水態崖渚考

本節主要考證古人關注的四個有關地表水的問題。第一，水之本質；第二，水體之形態；第三，水域之時空分布；第四，水岸崖渚。

古人認爲，水乃五行之一，是組成萬物之本。《管子·水地》："是以水者，萬物之準也，諸生之淡也，違非得失之質也；是以無不滿，無不居也，集於天地，而藏於萬物，産於金石，集於諸生，故曰水神。""水"之甲骨文字形，中間表水脉，兩旁表水流，既有源流，又有形態。

表水形態之詞語非常豐富：有迴旋之水，用"泶、洄、漩渦、過辨、回川"等詞語表達；有激流之水，用"洞、急流、湍、淢、瀨"等詞語表達；有風吹水皺之態，用"小波、淪漣、漣漪大波、大浪、瀾、濤"等詞語表達；就水的體量而言，有大、小水之別，用"甘潦、大浸、泽水、汕、涓、漻瀨、鴻水"等詞語表達；表風平浪静之水，就用"鏡、天鏡、玉鏡、玉奩"等詞語表達；就水的純净度而言，有乾净和污濁之分，用"生水、冰華、淥水、泚、淳淖、潃淳、淖、膽水、乳膏、清漣"等詞語表達。

古人表水之形態，亦表其空間分布。

“汭”，表兩河交匯處。《書·禹貢》：“東過洛汭，至于大伾。”孔傳：“洛汭，洛入河處。”《説文·水部》：“汭，水相入也。”

“浦”，指有小口通往他處的大水。《風土記》云：“大水有小口，別通曰浦。”

“隈”，表水流彎曲處。《淮南子·覽冥訓》：“田者不侵畔，漁者不爭隈。”高誘注：“隈，曲深處，魚所聚也。”

“灣”，亦表河流彎曲處。南朝宋裴松之注引晉張勃《吳録》：“如湖水灣澳之灣。”

“汜”，謂幹流分出後又注入幹流的水。《詩·召南·江有汜》：“江有汜，之子歸，不我以。”《爾雅·釋水》：“決復入爲汜。”

“水府”，指水域深處。晉木華《海賦》：“爾其水府之内，極深之庭。”

“埒”，指山上的水流。《爾雅·釋山》：“山上有水，埒。”

“瀨”，指從沙上流過的水。《説文·水部》：“瀨，水流沙上也。”

“水脉”，特指地下水，水潛流地下，如脉絡貫穿，故稱。晉張華《博物志·史補》：“駱駝知水脉，遇其處輒停不肯行。”

古人表水，亦常用與季節有關的詞語加以區分。例如“竹筒水”，指夏秋之時山洪雨潦形成的凶猛水流；“桃花水”，泛指春水；“神水”，指立春日收貯之水；“春液”，猶春水，因春水稀少珍貴，故稱“液”；冬季之水多有凝固，就用“水骨”“寒片”“凝瑛”“冰溜”“冰澌”等詞語表達。

水涯非水，是控制水流又被水流侵蝕形成的一種地貌形態，其形亦多樣，被古人用各種詞語表達，包括“坻”“岸”“岑”“厓”“皋”“濱”“干”“汜”“汭”“芮”“陂阿”“水裔”“沜”“津”“島潊”“涘”“浦”“崖”“涘”“隈”“渚”“潊”“潊浦”“浦潊”“湄厲”“湝”“汧”“碼頭”“洲”“州”“湑”“濆”“隤”“潯”“澁”“靡”，等等。這些詞語，基本内涵相同，但亦有差异，表現出古人對地理現象觀察之細緻，以及較高的分類辨識能力。

水　態

水[1]

泛指水域。《詩·秦風·蒹葭》：“所謂伊人，在水一方。”漢曹操《觀滄海》詩：“水何澹澹，山島竦峙。”晉衛恒《四體書勢》：“是故遠而望之，若翔風屬水。”唐王勃《滕王閣序》詩：“落霞與孤鶩齊飛，秋水共長天一色。”宋蘇軾

《何公橋》詩："天壤之間，水居其多。"按，水域大於陸地面積。金吳激《句》詩其三："山侵平野高低樹，水接晴空上下星。"元唐珙《題龍陽縣青草湖》詩："醉後不知天在水，滿船清夢壓星河。"明梵琦《送宜禪人之姑蘇》詩："洞庭一望水漫漫，去路遙隨眼界寬。"清萬壽祺《夜棹》詩："蒼茫烟水外，涼月送人行。"

"水"（甲骨文）
（據 J24048）

水府 [1]

水域深處，或深處之水。晋木華《海賦》："爾其水府之內，極深之庭。"隋虞世基《奉和幸江都應詔》詩："澤國翔宸駕，水府泛樓船。"唐李朝威《柳毅傳》："水府幽深，寡人暗昧，夫子不遠千里，將有爲乎？"唐韓愈《貞女峽》詩："懸流轟轟射水府，一瀉百里翻雲濤。"唐姚合《莊居野行》詩："采玉上山顛，探珠入水府。"清鄭珍《汎昆明池至近華浦大觀樓》詩："何人搆層樓，倒映水府居。"一說，神話傳說中水神或龍王所住的地方。北魏酈道元《水經注·溱水》："果有二人出外取書，並延入水府，衣不霑濡。"唐劉禹錫《和牛相公題姑蘇所寄太湖石》詩："初辭水府出，猶帶龍宮腥。"

水 [2]

一種物質，或組成物質的基本元素。五行之一。五行爲形成萬物之基本元素，也是萬物運行之必須。五行包括"金""木""水""火""土"。水組萬物，也潤萬物。《書·洪範》："五行一曰水。"《道德經》："上善若水，水善利萬物而不爭。"《禮記·曲禮》："水曰清滌。"

《孫子·虛實》："故兵無常勢，水無常形。"《淮南子·天文訓》："積陰之寒氣爲水。"《論語·陽貨》："惡紫之奪朱也。"邢昺疏："黑是北方正，紫是北方間。北方水，水色黑。水克火，火色赤，故紫色赤黑也。"北魏酈道元《水經注序》中引晋郭璞《玄中記》曰："天下之多者，水也，浮天載地，高下無所不至，萬物無所不潤。"唐張懷瓘《書斷》："美玉天姿，可謂冰寒於水也。"宋歐陽修《醉翁亭記》："水落而石出者，山間之四時也。"《文獻通考·象緯考四》："天下有水，則星墜爲土。"明陸時雍《詩鏡總論》："拂拂如風，洋洋如水。"清張岱《夜航船》："繩鋸木斷，水滴石穿。"

【汋】

指水。按《集韻》："弋灼切，音藥。"亦指自然涌出的水，發出聲響的水。《莊子·田子方》："夫水之於汋也，無爲而才自然矣。"成玄英疏："汋，水也。"王先謙集解："汋乃水之自然湧出。"《左傳·成公十六年》："鄭子罕伐宋，宋將鉏、樂懼敗諸汋陂。"《文子·老子想爾注》："令如冰見日散汋。"《楚辭·九章·哀郢》："外承歡之汋約兮，諶荏弱而難持。"《說文·水部》："汋，激水聲也。"《釋名·釋宮室》："汋，有水聲汋汋也。"《梁書·馮道根傳》："汋均水迅急，難進易退。"明貝瓊《凌霄花》詩："纏綿欣有托，淖汋静無妖。"

【坎】 [2]

指水。八卦之一，代表水。《周易》六十四卦中第二十九卦："習坎。有孚，維心亨，行有尚。《象》曰：水洊至，習坎。"《周易·坎》："水流而不盈。"《周易·象辭》："坎爲水，水長流不滯。"《說卦》："坎者，水也，正北方之卦也。"《周禮》引《周易·比卦》曰:"《象》曰:先王以建萬國,親諸侯。"賈公彥疏疏:"坤爲土,坎爲水,水得土而流,土得水而柔,是水土和合。"《禮記·禮運》:"瀆之言藝也。"孔穎達疏:"坎爲水,山下出泉,是物之蒙昧童蒙之象也。"

【下節】

指水。據陰陽五行說,水屬陰性,因用以指代皇后。南朝宋顏延之《宋文皇帝元皇后哀策文》:"下節震騰,上清朓側。"呂向注:"下節謂水也,上清謂月也。皆陰德,故比於后也。震騰、朓側,謂皇后將崩之徵也。"

【壬公】

指水。亦稱"夫壬"。據五行說,壬癸爲陰,與水相配,故以"壬公"代水。又,五行說以"丁女"代火,故亦以"夫壬"代水,以與之相對。《漢書·天文志》:"占曰:'外内有兵與喪,改立壬公。東井,秦也。'"宋蘇軾《真一酒歌》:"壬公飛空丁女藏,三伏遇井了不嘗。"《千金裘·人部》釋曰:"蘇軾詩:'壬公飛空丁女藏。'〔注〕壬公,水也。"宋華岳《翠微先生北征錄》:"以故甲日亦戰,乙日亦戰,不知夫壬遁之爲何術也。"清王文誥輯注引趙次公曰:"壬公,言水也。"一說,掌溫泉的水神。

【夫壬】

即壬公。此稱宋代已行用。見該文。

【玄】[1]

水的代稱。古五色中,黑與五行中水相配,玄即黑,因以稱代。《楚辭·九章·惜往日》:"臨遠湘之玄淵兮,遂自忍而沈流。"按,"玄淵",此處可解爲水之深淵,深淵至黑,黑而深邃;"沈流",可解爲沉入玄淵之底。漢劉向《九

嘆·離世》:"玄輿馳而並集兮,身容與而日遠。"王逸注:"玄者,水也。言己以水爲車與船,並馳而流,故身容與日以遠也。"

【津】[1]

指水、汁液。《三倉》:"津,液也,汁也。"晋雲林右英夫人《七月十八日夕雲林右英夫人授詩》:"彎景落滄浪,騰躍青海津。"南朝梁沈約《新安江水至清淺深見底貽京邑游好》詩:"滄浪有時濁,清濟涸無津。"李善注:"津,液也。"宋洪适《擬古十三首·西北有高樓》詩:"願作南溟鳥,夕飲玉池津。"金趙秉文《過長安二首》其二:"茂陵玉碗苔痕土,魏帝金盤月泫津。"明梁寅《鳳洲上同劉仲修到郡城》詩:"寺近松關微雨送,津浮蘭艇好風催。"清王夫之《見諸生咏瓶中芍藥聊爲儷句示之(庚申)》詩:"碧葉凝雲緑,珊枝帶海津。"

【滋】[1]

猶水。《漢書·揚雄傳上》:"方將上獵三靈之流,下決醴泉之滋。"漢鄒陽《酒賦》:"流光醳醳,甘滋泥泥。"晋左思《魏都賦》:"墨井鹽池,玄滋素液。"唐李昂《暮春喜雨》詩:"風雲喜際會,雷雨遂流滋。"宋郊廟朝會歌辭《雍熙享先農六首》詩其一:"先農播種,九穀務滋。"金雷淵《月下同飛伯觀畦丁灌園得畦字》詩:"生意續夜氣,甘滋浹新萸。"明劉永之《題趙子深山水》詩其一:"木含滋兮競秀,雲欲雨兮畫陰。"清陳子升《庚子元日》詩:"嫣紅欲醉桃開户,微緑含滋柳向塘。"

【碧虛】

水的代稱。瑩潔如碧而中虛,故名。南朝梁吳均《咏雲》其一:"飄飄上碧虛,藹藹隱青林。"唐劉禹錫《吕八郎中》詩:"湘江含碧虛,

衡嶺浮翠晶。"唐杜甫《秋野》詩其一："秋野日疏蕪，寒江動碧虛。"唐李賀《釣魚》詩："斜竹垂清沼，長綸貫碧虛。"王琦彙解："碧虛，水也。"宋王禹偁《寄題義門胡氏華林書院》詩："水閣山齋架碧虛，亭亭華表映門閭。"元張翔《岳陽樓》詩："朗吟仙子無人識，騎鶴吹簫上碧虛。"明王延陵《王太史張比部同登翠微閣》詩："玉斝浮金液，珊闌俯碧虛。"清薛時雨《明月逐人來中秋前一夕偕黃孝侯太史同年鈺步月》："碧虛縹緲，天遠清光近。"

【靈淵】

指水。漢揚雄《太玄・去》："初一，去此靈淵，舍彼枯園。"范望注："一爲水，最在下，故稱靈淵。"晉張協《七命》："靈淵之龜，萊黃之鮐。"唐李周翰注："靈淵，深淵也。"宋宋庠《詔下有感》詩："丹穴皆來鳳，靈淵並躍鱗。"元龔璛《擬游仙》詩："朝餘鑒靈淵，夕餘擷芳洲。"明袁華《匡山五咏・清高亭》詩："層巒壁亭北，靈淵匯亭西。"清李友棠《辰陽關》詩："湍激石齒齒，靈淵滴潺溜。"

【太陰】[1]

指水。晉李顒《感冬篇》詩："蜿虹潛太陰，文雉化淮汜。"唐杜甫《灩澦》詩："灩澦既没孤根深，西來水多愁太陰。"仇兆鰲注引朱瀚云："水，即太陰也。"宋曾豐《題李子權江月亭》詩："太陰元是水之精，與水相宜妙莫名。"宋高似孫《緯略》："蜿虹常依陰雲而晝，見於日衝，無雲不見，太陰亦不見，率以日西見于東方。"金趙秉文《明惠皇后挽歌詞四十首》其二十六："風急搖寒樹，虹蜺薄太陰。"明劉基《夏中病瘧戲作呈石末公》詩："玄冰結太陰，河海溢銀汞。"清奕繪《摸魚兒》詞：

"墨淋灘、太陰雷雨，壁間雲氣深窈。"

【玉水】[1]

水的美稱。南朝梁王僧孺《朱鷺》詩："因風弄玉水，映日上金堤。"唐白居易《寄崔少監》詩："彈爲古宮調，玉水寒泠泠。"宋楊萬里《戲咏陳氏女剪綵花二絕句・拒霜》："染露金風裹，宜霜玉水濱。"又，《解舟上饒明暉閣前》詩："玉水風船擘岸開，一帆飛到雨花臺。"金元好問《玉泉》詩之二："玉水泓澄古殿隅，又新名第不關渠。"元李孝光《靈隱十咏・靈隱寺》："玉水生虹蜺，金樞孕初月。"明郭之奇《秋齋獨對閱張曲江集追和感遇詩八作》其二："黃山飛晚翠，玉水動秋清。"清奕繪《念奴嬌六首》詞其四："耕織圖邊，繡漪橋下，玉水尤澄澈。"

【水神】

水的別名。古人認爲水有神靈，藏於萬物，并爲萬物之準，故稱。《管子・水地》："是以水者萬物之準也，諸生之淡也，違非得失之質也；是以無不滿，無不居也，集於天地，而藏於萬物，產於金石，集於諸生，故曰水神。"唐尹知章注："莫不有水焉，不知其所，故謂之神也。"

【潤下】

謂滋潤萬物之水。《書・洪範》："水曰潤下，火曰炎上。"孔傳："言其自然之常性。"孔穎達正義引三國魏王肅曰："水之性潤萬物而退下。"即水往低處奔流，能夠滋潤萬物。《書・洪範》又曰："潤下作鹹。"按，即水溶鹽可鹹。唐杜佑《通典・樂典》："太陰爲智，爲水，水曰潤下。"宋王禹偁《鹽池十八韻》詩："潤下終資國，靈長任蠢哦。"明方文照《徐仙真録》："潤下滋枯槁，涵濡澤萬生。"

波 [1]

流動的水。波爲水常態，因指代。《爾雅·釋水》：“大波爲瀾，小波爲淪，直波爲徑。”《書·禹貢》：“導弱水至于合黎，餘波入于流沙。”孔傳：“弱水餘波西溢入流沙。”南朝宋鮑照《登大雷岸與妹書》：“旅客貧辛，波路壯闊，始以今日食時，僅及大雷。”唐杜牧《阿房宮賦》：“長橋臥波，未雲何龍。”金王潤《雜詩七首》詩其三：“金絲柳底洲沙没，數尺流波拍野橋。”明丁鶴年《送鐵佛寺盟長老還襄陽》詩：“襄漢揚波日，江湖避地時。”明丁鶴年《采蓮曲》詩：“不學青萍葉，隨波東復西。”清魏裔介《薤露歌》：“波流湯湯，逝不竭兮。”

生水

自然之活水。如河水、溪水、井水、泉水、庫水等。銀雀山漢墓竹簡《孫臏兵法·地葆》：“東注之水，生水也；北注之水，死水。不留（流），死水也。”北魏賈思勰《齊民要術·作酢法》：“時時汲冷水遍澆甕外，引去熱氣，但勿令生水入甕中。”北魏酈道元《水經注·河水》：“《山海經》曰：‘生水東流注於河。河水又南，陵水注之。’”唐舒元輿《履春冰》詩：“鳥照微生水，狐聽或過人。”宋張至龍《齊雲寺》詩：“接竹通生水，搴蘿補壞牆。”明何景明《中秋》詩：“遏雲催玉管，生水弄金盤。”明《曇花記》第三四齣：“小生此輩貪習生水，結水爲冰，合入寒冰、吒吒、波波、羅羅等。”清屈大均《廉州雜詩》其五：“玟瑉乘生水，蚺蛇吐毒雲。”

小水 [1]

指面積、體量較小的水域、河溝或水體，爲相對而言。《呂氏春秋·有始》：“小水萬數。”《魏書·李冲傳》：“且伊洛境内，小水猶尚致難，況長江浩汗，越在南境。”唐徐堅《初學記·地部中》引《山海經》：“按西海大海之東，小水名海者，則有蒲昌海、蒲類海、青海。”唐白居易《重戲答》詩：“小水低亭自可親，大池高館不關身。”唐杜甫《過南鄰朱山人水亭》詩：“幽花欹滿樹，小水細通池。”宋徐瑞《九月四日偕弟可玉外甥張敏修吾孫棟游西山》詩：“寂寞石函橋，小水清淺流。”元楊載《贈吾子行》：“長衢方淖潦，小水亦風波。”

【汀瀅】

即小水、淺水。亦作“汀淡”。晋葛洪《抱朴子内篇·極言》：“不測之淵，起於汀瀅。”南朝梁沈約《郊居賦》：“決渟洿之汀淡，塞井甃之淪坳。”《梁書·沈約傳》：“決渟洿之汀淡，塞井甃之淪坳。”唐韓愈《奉酬盧給事雲夫四兄曲江荷花行見寄并呈上錢七兄（徽）閣老張十八助教》詩：“玉山前却不復來，曲江汀瀅水平杯。”《集韻·徑韻》：“汀，汀瀅，小水。”宋蘇轍《次韻文務光秀才游南湖》詩：“料峭東風助臘寒，汀瀅白酒借衰顏。”清段玉裁《説文解字注》：“汀淡，小水也。引字林淡，絶小水也。按《甘泉賦》之瀶淡，《七命》之汀濘，皆謂小水也。”亦作水質清澈貌。清洪繻《賦贈林十》詩：“旗鼓分兩峰，雲濤相汀瀅。”

【汀淡】

同“汀瀅”。此體南朝梁已行用。見該文。

【汀濘】

即小水、淺水。晋張協《七命》：“愁洽百年，苦溢千歲，何異促鱗之游汀濘，短羽之棲鷽？”李周翰注：“汀濘，淺水也。”《文選·晋張協〈七命〉》："何异促鱗之游汀濘，短羽之棲翳薈。"李周翰注："汀濘，淺水也。"李周翰注："濘，絕小水也。"宋毛滂《擬秋興賦》："霧霾呀嗟兮僕將行乎四方，汀濘不可以浮舟。"明劉基《吊祖豫州賦》："污池汀濘兮蛙黽樂之，大鵬天游兮燕雀謂女奚爲？"一説，泥淖，稀泥漿。漢張升《與任彥堅書》："今將老弱，處於窮澤，漸漬汀濘，當何聊賴。"

【潗湄】

即小水。又指水草交接之處。晋左思《魏都賦》："况河冀之爽塏，與江介之潗湄。"吕向注："潗湄，小水也。"唐康駢《劇談錄·崔道樞食井魚》："此雨龍也，若潜伏於江海潗湄，雖爲人所食，即無從而辨矣。"明何喬遠《皇明文徵》："客曰：夫黔之爲言暗昧也，其道險棘，其水潗湄。"

【洫】

即小水。漢揚雄《太玄·達》："大達無畛，不要止洫。"范望注："洫，小水也。"晋左思《三都賦》："溝洫脉散，疆里綺錯。"北周庾信《周五聲調曲二十五首》："烝民播植重，溝洫劬勞多。"唐張南史《獨孤常州北亭》詩："北洫敞高明，憑軒見野情。"明李延興《江皋圖》詩："穀苗含惠澤，井洫交新流。"清陳恭尹《蒿花》詩："理畦猶畫井，疏洫漸成濠。"

【潦澥】

即小水、小流水。漢張衡《西京賦》："澤虞是濫，何有春秋？擿潦澥，搜川瀆。"薛綜注："潦澥，小水別名。"宋毛滂《擬秋興賦》："乃悒悒於潦澥間，菜畦麥隴之下，朝噓暮呵，僅足相濡者，其稼曾不滿眦。"

汨

上涌深水，或作涌波。猶泉水。《列子·湯問》："於百仞之淵，汨流之中。"《莊子·達生》："與汨皆出，從水之道。"郭象注："回伏而涌出者，汨也。"又，陸德明釋文："汨，司馬云：湧波也。"漢司馬相如《上林賦》："汨乎混流，順阿而下，赴隘狹之口，觸穿石，激堆埼，沸乎暴怒，洶湧澎湃。"晋束晳《補亡》詩其一："凌波赴汨，噬舫捕鯉。"李善注引《字林》曰："汨，深水也。"唐徐彥伯《淮亭吟》詩："山埼礒兮隈曲，水涓漣兮洞汨。"宋劉弇《同楊方士（存）弡楫圓潭漩因賦詩即事》詩："春容送日月，汨溯亂昏曉。"元吴澄《次韻楊司業》詩："古來蹈道如蹈水，與汨與齊偕出没。"明于慎行《石寶泉》詩："涵汨入回淵，欲去復疑却。"清屠紳《阿井泉》詩："始疑禹導菏，靈脉隱滃汨。"

冰華

潔白的水流，或泛起的素白水花。亦稱"冰華"。唐李隆基《千秋節賜群臣鏡》詩："臺上冰華徹，窗中月影臨。"唐鮑溶《玉山謠奉送王隱者》詩："水玉丁東不可聞，冰華皎潔應如待。"《藝文類聚·人部二》："氣象之可譬焉，影響而能陳，故仙藻靈葩冰華，玉儀其始見也。"宋陳允平《倒犯》："百尺鳳皇樓，碧天暮雲初掃，冰華散縞，雙鸞駕鏡懸空窈。"元黄鎮成《石橋山》詩："懸瀑瀉層崖，冰華垂空飄。"清高士奇《江村銷夏錄》卷三："一枝鐵幹如龍角，幾箇冰華傍玉臺。"

【氷華】

同"冰華"。此稱唐代已行用。見該文。

水脉[1]

地表江河的分布。《後漢書·方術列傳》："建武中，太守鄧晨欲修復其功，聞楊曉水脉，召與議之。"南北朝劉孝威《釣竿篇》："斂橈隨水脉，急槳渡江湍。"南北朝蕭綱《隴西行三首》其二："沙長無止泊，水脉屢縈分。"《魏書·爾朱兆傳》："爾朱家欲渡河，用爾作灅波津令，爲之縮水脉。"宋黎靖德《朱子語類·易》："山、澤一高一下，而水脉相爲灌輸也。"明徐光啓《農政全書》："及有湖泖港汊，又慮私鹽船往來，多行塞斷，所有水脉不通，清水日弱，渾潮日盛，沙泥日積，而吳淞江日就淤塞。"清譚嗣同《隴山》詩："三條飛舞趨大海，山筋水脉交相通。"清楊捷《平閩紀》卷之八："因詢及紳衿耆老，知水脉枯涸，乃倡議修導。"

汜[1]

由幹流分出後又注入幹流的水。《詩·召南·江有汜》："江有汜，之子歸，不我以。"毛傳："決復入爲汜。"《爾雅·釋水》："決復入爲汜。"郭璞注："水出去復還。"《說文·水部》："汜，水別復入水也。"晉木華《海賦》："爾其枝岐潭瀹，渤蕩成汜。"南朝宋謝莊《懷園引》詩："辛勤越霜霧，聯翩溯江汜。"北魏酈道元

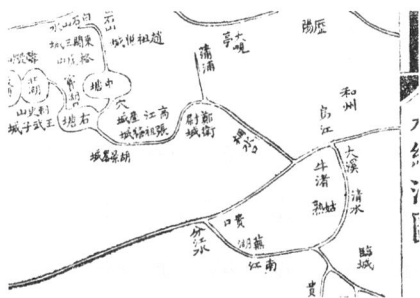

汜
（清刻本《水經注圖》）

《水經注·沮水》："江津豫章口東有中夏口，是夏水之首，江之汜也。"唐李白《送王屋山人魏萬還王屋》詩："逸興滿吳雲，飄飄浙江汜。"唐劉希夷《江南曲八首》："城臨大江汜，迴映洞浦清。"清洪繻《下車入偃師縣游嵩山不至》詩："伊水入洛河，在此如江汜。"

埒

山上的水流。《爾雅·釋丘》："水潦所還埒丘。"郭璞注："丘邊有界，埒水繞環之。"《爾雅·釋山》："山上有水，埒。"郭璞注："有停泉。"邢昺疏："謂山巔之上有停泉，名埒。"《列子·湯問》："〔滋穴〕有水湧出，名曰神瀵……一源分爲四埒，注於山下。"張湛注："山上水流曰埒。"漢劉熙《釋名·釋山》："山上有水曰埒。埒，脫也，脫而下流也。"南朝梁沈約《奉和竟陵王藥名》詩："垂景迫連桑，思仙慕雲埒。"宋包恢《天臺石橋》詩："石梁擬倫固未易，龍湫埒美猶良艱。"明劉崧《八月三日晚聖駕夕月清凉山上陪祀禮成喜賦》詩："方垓開地埒，圓帳翼山椒。"清王士禛《米海嶽研山歌爲朱竹垞賦》："峰獨者蜀屬者嶧，上泉有埒下有瀵。"

涓

小水流。亦表水流細緩貌。《說文·水部》："涓，小流也。"晉張載《贈司隸傅咸》詩："彼海湯湯，涓流所歸。"《後漢書·酷吏傳》："夫涓流雖寡，浸成江河。"北魏酈道元《水經注·河水》："北坎室上有微涓石溜，豐周瓢飲，似是棲游隱學之所。"唐杜甫《野望》詩："惟將遲暮供多病，未有涓埃答聖朝。"宋子言庵主《石庵成日偈》詩："清凉無暑氣，涓潔有甘泉。"元許謙《題曹提領湘靈廟聞樂見燈詩

卷》詩："誰能寫新聲，如彼涓在濮。"明李質《樵雲五景·枕流瓊響》詩："微涓混混無晨夕，此去終當大海潮。"清朱錦琮《穿井謠》："入夏天不雨，徹底無微涓。胡不掘爲井，水當來九淵。"

【涓澮】

猶涓，指細小的水流。亦指小河。晋郭璞《江賦》："網絡群流，商搉涓澮。"李善注："涓澮，小流也。"南朝宋謝靈運《白石巖下徑行田》詩："洲流涓澮合，連統塍埒即。"南朝齊謝朓《高松賦》："夫江海之爲大，實涓澮之所歸。"北魏酈道元《水經注·濁漳水》："漳津故瀆水斷，舊溪東北出，涓流濛注而已。"《魏書·儒林傳·孫惠蔚》："高祖曾從容言曰：'道固既登龍門，而孫蔚猶沈涓澮，朕常以爲負矣。'"唐王勃《入蜀紀行詩序》："游涓澮者，發江湖之思。"《册府元龜·邦計部·河渠第二》："若量其逶迤穿鑿，涓澮分立……使地有金隄之堅水，有非常之備鉤連相注多置水口，從河入海，遠邐逶通瀉。"明徐元太《喻林》卷七四："運舟歸於積水，致遠在於逸足，未有涓澮之流，可成奔飛之用駑蹇之乘？"清梅曾亮《吳淞口驗功記》："巨阜連隴，神移鬼推，盤猛涓澮，雲解天動。"

【涓涓】

小水流或小水流貌。《荀子·法行》："詩曰：涓涓源水，不雝不塞。"唐馬總《意林》引太公《六韜》："涓涓不塞，將成江河。"晋陶潛《歸去來兮辭》："木欣欣以向榮，泉涓涓而始流。"唐杜甫《秋日夔府咏懷奉寄鄭監李賓客一百韻》詩："縛柴門窄窄，通竹溜涓涓。"宋蘇軾《哨遍》詞："步翠麓崎嶇，泛溪窈窕，涓

涓暗谷流春水。"元段成己《暇日意行姑射山下奉借遁庵先生山堂聽雨韻簡詩社諸君》詩："戀戀蝶繞衣，涓涓泉入耳。"明區大相《登少室絶頂》詩："曳曳雲觸石，涓涓溪亂流。"清段玉裁《説文解字注》："凡言涓涓者，皆爲細小之流。"清金德瑛《登雲龍山見黄河北徙》詩："當官隱諱冀苟免，涓涓弗塞匪崇朝。"

湊

水流匯聚。《管子·度地》："當秋三月，山川百泉踊，雨降下，山水出，海路距，雨露屬，天地湊汐。"《楚辭·九嘆·逢紛》："順波湊而下降。"宋洪興祖補注："湊，聚也。"《説文·水部》："湊，水上人所會也。"《廣韻·侯韻》："湊，水會也。"唐薛逢《潼關河亭》詩："天地併功開帝宅，山河相湊束龍門。"《續資治通鑑長編·宋太宗至道元年》："凡梁、宋之地，畎澮之水，湊流此渠以成其深。"元郝經《秋思四首》其二："湖湘湊遠浸，巴蜀動餘淰。"明唐文鳳《考滿舟經十八灘因分各灘名賦詩·小蓼灘》詩："岐而群派分，匯而衆流湊。"清張夏《驀山溪·湖泛偕尤悔菴劉易臺》詞："四面絶紅塵，撲青蒼、山攢水湊。"

汭 [1]

河流交匯處。又作"汭口"。《書·禹貢》："東過洛汭，至于大伾。"孔傳："洛汭，洛入河處。"《周禮·夏官·司馬》："汭，其浸渭、洛。"《左傳·昭公二十七年》："令尹子常以舟師及沙汭而還。"《説文·水部》："汭，水相入也。"北魏酈道元《水經注·渠水》："沙水東流，注於淮，謂之沙汭。"宋喻良能《由上饒之貴溪舟中書事》詩："汭口真蕭鎮，錢倉豈舊爐。"明徐繼善《人子須知》："汭，又有伊、

洛、瀍、澗、汾之會於底柱，所泄惟汝、泗二流。”清顧炎武《哭歸高士》詩：“中年共墨衰，出入三江汭。”

【汭口】

即汭。此體宋代已行用。見該文。

灣澴

指水流旋曲匯聚處。唐杜甫《萬丈潭》詩：“黑知灣澴底，清見光炯碎。”仇兆鰲注：“《玉篇》：澴，聚流也。”宋周文璞《法華小隱》詩：“灣澴合巨澗，橫橋傍蒲柳。”宋韓淲《寄鄭一》詩：“人烟知井絡，鳥雀見灣澴。”清王槐《轉漕行》：“海運有故道，島嶼分灣澴。”

汪 [1]

水聚之態，水充盈的樣子。亦常用“汪汪”加強語氣。漢揚雄《方言》：“楚謂之汪，閩謂之洋。”漢服虔《通俗文》：“停水曰汪。”漢王褒《九懷·蓄英》詩其六：“臨淵兮汪洋，顧林兮忽荒。”《淮南子·俶真訓》：“汪然平静，寂然清澄。”晉佚名《樊氏陂諺》詩：“陂汪汪，下田良。”晉王韶之《宋四廂樂歌廿首》其十六：“天覆地載。流澤汪濊。”《後漢書·班彪傳》：“汪汪若千頃陂，澄之不清，淆之不濁，不可量也。”唐杜牧《偶游石盎僧舍》詩：“鳧浴漲汪汪，雛嬌村冪冪。”宋周紫芝《夜宿長林明日游仙壇宮》詩：“水流自汪灣，山亦甚雄偉。”元袁桷《蔣商卿叙其先人客金陵與先子事契末章復以見屬次韻》：“願爲汪汪深，勿作翁翁附。”明李埈《海潮行》詩：“潮冲盡破浦頭船，漲入汪汪浸浦田。”清紀邁宜《登獨石口邊城遠望作》詩：“寬仁高百王，汪澤唐虞比。”

浦 [1]

有小水通往大水之處，抑或河道支流匯合處。或曰河流注入幹流與湖海的口子。例如“浦口”指小河入江之處；“海浦”指江河入海之處。《戰國策·秦策》：“還爲越王禽于三江之浦。”晉王嘉《白帝子歌》：“滄湄海浦來栖息。”《玉篇·水部》：“浦，水源枝注江河曰浦。”漢張衡《西京賦》：“光炎燭天庭，囂聲震海浦。”薛綜注：“海浦，四瀆之口。”唐孟雲卿《汴河阻風》詩：“出浦風漸惡，傍灘舟欲橫。大河噴東注，群動皆窅冥。”《廣韻·姥韻》：“浦，《風土記》云：‘大水有小口別通曰浦。’”宋歐陽修《送祝熙載之東陽主簿（景祐元年）》詩：“吳江通海浦，畫舸候潮歸。”金任詢《浙江亭觀潮》詩：“西興浦口又斜暉，相望會稽雲半赤。”元宋無《虎丘》詩：“池水暗通浦海入，巖扉寒枕白雲開。”明丁鶴年《遷葬後還四明途中寄武昌親友》詩：“潮生別浦江雲白，塵起征途野日黃。”清魏源《東南七郡水利略叙》：“江所不能遽泄者，則亞而爲浦、爲港、爲渠、爲瀆，爲洪、涇、浜、漊，凡千有奇。”

潨 [1]

指小水與大水交匯之處，抑或指衆水相匯之處。《詩·大雅·鳧鷖》：“鳧鷖在潨，公尸來燕來宗，既燕于宗，福禄攸降。”《毛傳》：“潨，水會也。”《說文·水部》：“潨，小水入大水曰潨。”唐陸德明《經典釋文》：“潨，在公反毛水會也，文云：小水入大水也。”唐丘丹《奉使過石門瀑布》詩：“嵯潨滿山響，坐覺炎氛變。”清徐榮《嶺南勸耕》詩其六：“潨頭荔枝熟，菱藕皆森然。”

客水 [1]

泛指外來之水。高麗時代僧一然《三國遺事》：“《討論三韓集》云：鷄林土内有客水二條，逆水一條。其逆水、客水二源，不鎮天災。"宋劉敞《古寺》詩："坳堂客水腥，壞堨苔蘚積。"宋蘇舜欽《屯田郎滎陽鄭公墓誌》："大中祥符八年夏四月，暴雨十日不絕，山谼客水鍾於河。"元佚名《海道經》："如重載船，則頻頻點看水倉，怕有客水侵入，隨處劏艙。"明潘季馴《兩河經略》："伏秋暴漲之時，水增陸尺有餘，則客水消落之後，不免仍存本體矣。"清海寧《晋政輯要》："查河東鹽池自乾隆二十二年，客水漫入受淤之後，產鹽不旺。"清劉源溥《錦州府志》："第一奇峰冠以觀音閣，有水自洞中潛流懸巖而下，夏秋間客水助之，作瀑布狀，澎湃聲數里。"清顧祖禹《讀史方輿紀要·川瀆一》："欲正主水，先清客水。"

漤闈

無阻流水，輸水順暢的大江大河。亦作"漤辟"。《爾雅·釋水》："漤闈，流川。"郭璞注："通流。"邢昺疏："漤闈者，則通流大川之別名也。"南唐徐鍇《說文繫傳》："漤辟，流水處也。"明朱謀㙔《駢雅》："流川曰漤辟。"清王士禛《雲根清壑集序》："其嗜古也若汲深，然其發而爲詩也若漤闈。"清紀昀等《茗柯文初編》："漤闈會流，交注群輸，泣泣潼潼上合。"

【漤辟】

同"漤闈"。此體南唐已行用。見該文。

溜[1]

水流。《禮記·檀弓下》："涉內溜，卿大夫皆辟位，公降一等而揖之。"漢杜篤《首陽山賦》："青蘿落漠而上覆，穴溜滴瀝而下通。"晋陸機《招隱》詩："山溜何泠泠，飛泉漱鳴玉。"唐杜甫《柏學士茅屋》詩："晴雲滿户團傾蓋，秋水浮階溜決渠。"唐王維《輞川集·欒家瀨》詩："颯颯秋雨中，淺淺石溜瀉。"宋姜夔《霓裳中序第一》："墜紅無信息，漫暗水，涓涓溜碧。"金張斛《高寺》詩："石峻溜聲急，月高松影圓。"明葉顒《再次前韻二律喜其寄傲僧廬深得幽寂之趣》詩其二："繞屋鋤雲多種竹，鑿池分溜廣澆瓜。"清康熙《閩河長歌》："未終二年永定成，泥沙黃溜直南傾。"

【流澌】

指流水。漢劉歆《遂初賦》："激流澌之潺湲兮，窺九淵之潜淋。"唐元稹《江陵三夢》詩其一："寂默深想像，淚下如流澌。"清張景崧《弄潮兒歌》："錢塘江上弄潮兒，放船拉槳乘流澌。"清吳兆騫《謫寧古塔記》："其石岡闊三十里，長三百餘里，嵌空玲瓏，下有流澌潺湲。"

寒潮

寒冷的水流、潮流。今又爲西伯利亞寒冷空氣南侵的專用詞。南朝梁蕭綱《蒙預懺直疏》詩："早烟藏石磴，寒潮浸水門。"唐李群玉《廣江驛餞筵留別》詩："夜雨寒潮水，孤燈萬里舟。"宋陸游《功名》詩："連娟落月依山盡，寂寞寒潮醮岸平。"明文彭《柱山》詩："寒潮初拍岸，凉月已生明。"

【寒流】

寒冷的水流。又多指清冷的小河或小溪。今又爲寒洋流的專用詞。南朝梁朱超《別劉孝先》詩："陰凝變遠色，落葉泛寒流。"唐王維《答裴迪輞口遇雨憶終南山之作》詩："淼淼寒流廣，蒼蒼秋雨晦。"宋田錫《七里灘》詩："清泚寒流走白沙，釣臺蒼翠遠嵯峨。"元薩都剌《送人兄弟相別》詩："櫓聲搖夜月，帆影障寒流。"明廣潤《黎嶺曉行懷范東生》:"烟石寒流細,沾裳白露多。"清馮譽駒《和陳鶚秋表弟冬日晚眺原韻》詩:"翠壓疏林藏古寺,寒流斷澗抱孤城。"

瀵[1]

大水漫溢成的小水,或水涌又散衍開來狀。《爾雅·釋水》:"潁爲沙,汝爲瀵。"郭璞注:"皆大水溢出,別爲小水之名。"《藝文類聚·水部下》:"向井拜,爲吏請禱,有頃,井泉瀵出。"宋李常《解雨送神曲》詩其一:"神龍兮靈壑,挹清波兮幽瀵。"明劉侗等《帝京景物略》:"過橋,水亦已深,偶得瀵衍,遂湖焉。"明田藝蘅《煮泉小品》:"泉湧出曰瀵。"清阮元《晋水》詩:"下有百斛泉,瀵湧出空洞。"

濚[1]

極小的水。漢韓嬰《韓詩外傳》:"濚澤之水無吞舟之魚。"《説文·水部》:"濚,絶小水也,从水,熒省聲。"字亦作"濴""瀅"。《淮南子·泰族訓》:"故秋阜不能生雲雨,濚水不能生魚鼈。"唐錢起《送馬使君赴鄭州》詩:"膏雨帶濚水,歸人耕圃田。"宋王質《挽虞丞相》:"秀氣横連霍,洪恩沆溢濚。"明岳正《代祀海瀆紀成樂章有序·大濟詩·降神》:"發爲沇兮溢爲濚,注流顯伏勢愈雄。"清王念孫《讀書雜志·淮南内篇二》:"濚水,小水也。"

瀟注

淺水。北魏酈道元《水經注·濁漳水》:"漳津故瀆,水斷舊溪東北出,涓流瀟注而已。"明方以智《通雅·地輿》:"瀟注,淺水也。"清岳濬等《山東通志》卷一九:"今在運右則爲壑,韓莊一脉僅涓流瀟注耳。"

溇

丘陵間的流水。《爾雅·釋山》:"山夾水,澗;陵夾水,溇。"郭璞注:"别山陵間有水者之名。"明鄭文康《訪錢君濟》詩:"大溇近在小溇西,此地君家水竹居。"清王士禎《米海嶽研山歌爲朱竹垞賦》:"峰獨者蜀屬者嶧,上泉有垳下有溇。"或作"虞"。

大水[1]

降雨坡面水流形成的洪水。亦泛指較大的河流、湖泊以及海洋等水域。《書·微子》:"今殷其淪喪,若涉大水,其無津涯。"《禮記·月令》:"季秋行夏令,則其國大水,冬藏殃敗,民多鼽嚏。"《公羊傳·莊公七年》:"星實如雨。何以書?記異也。秋,大水。無麥苗。"《西京雜記》:"京師大水。祭山川以止雨。"《宋書·天文志》:"〔太元十四年〕七月,旱。八月,諸郡大水,兗州又蝗。"北魏酈道元《水經注·沔水》:"元嘉六年,大水破墳,墳崩,出銅不可稱計。"唐《占四時甲子雨》:"鵲巢下地,其年大水。"《舊唐書·五行志》:"文明元年七月,温州大水,漂流四千餘家。"《宋史·河渠志》:"詢之土人,云自慶曆八年後,大水七至,方其盛時,游波有平堤者。"《元史·程思廉傳》:"衛輝、懷孟大水,思廉臨視賑貸,全活甚衆。"明黄佐《泰泉鄉禮·鄉社》:"若雨不止及大水,則縈朱繩於社,伐鼓攻之。"

【大浸】[1]

泛指大水[1]。《莊子·逍遥游》:"之人也,物莫之傷,大浸稽天而不溺;大旱金石流,土山焦而不熱。"唐劉禹錫《蘇州上後謝宰相狀》:"伏以當州縣大浸之後,物力蕭然。"唐李華《雲母泉》詩序:"大浸不盈,大旱不耗。"南唐

270　中華博物通考·地輿卷

劉崇遠《金華子雜編》："不數年後，大浸滔天，九有無復息肩。"《續資治通鑑長編·宋孝宗淳熙十年》："遇大浸則啓之以出外，遇旱暵則用之以溉水。"元余闕《湘陰州鎮湘橋記》："春夏時水潦降而洞庭漲，則湘水不能入湖，因以淡漫爲大浸。"明歸有光《光禄署丞孟君浚河記》："三吴江海之界，而群山之水又犇注於其間，爲大浸所謂太湖也。"《明史·李侃傳》："時山西大浸，廷議以陝西用兵，令預徵芻餉，轉輸榆林。"清徐國相等《湖廣通志》："墨山有泉，發源如乳，大浸不盈，大旱不竭。"清張宮《泛洞庭湖》詩："大浸數五湖，莫大於洞庭。"

【洪水】

大水[1]。亦作"洪""鴻水""洪波"。《詩·商頌·長發》："洪水芒芒，禹敷下土方。"《吕氏春秋·愛類》："昔上古龍門未開，吕梁未發，河出孟門，大溢逆流，無有丘陵沃衍平原高阜，盡皆滅之，名曰鴻水。"《山海經·海内經》："洪水滔天。鯀竊帝之息壤以堙洪水，不待帝命。"《韓非子·飾邪》："昔者舜使吏決鴻水，先令有功而舜殺之。"《孟子·滕文公上》："洪水横流，氾濫於天下。"《漢書·司馬相如傳下》："夏后氏戚之，乃堙洪原，決江疏河。"漢昭帝《淋池歌》："秋素景兮泛洪波，揮纖手兮折芰荷。"《三國志·吴書·吴主傳》："丹陽、句容及故鄣、寧國諸山崩，鴻水溢。"晉棗腆《答石崇》詩："乃溯洪流，泛身餘艎。"唐王勃《常州刺史平原郡開國公行狀》："鴻水稽誅，扶桑落日之濱；妖朋蟻結，孤竹尋雲之際。"唐佚名《洛城五鳳樓中歌》："天津橋畔火光起，魏王堤上看洪水。"宋蘇軾《與梁先舒焕泛舟得臨釀字》詩其二："河洪忽已過，水色綠可

釀。"元吴當《述感十五首》詩其五："帝患湮洪水，人思鑿鉅河。"明徐光啓《農政全書》卷一一："諺云：冬至前後，鴻水不走。"元李翀《日聞録》："餘杭武康山中，一時洪水泛漲，山石崩裂數十餘處。"明韓雍《桂山》詩："洪水滔天流，壅土日消墜。"清顧祖禹《讀史方輿紀要·浙江四》："後溪堤在縣西十里，萬曆中增築，以遏洪水。"

【鴻水】

同"洪水"。此體先秦已行用。見該文。

【洪】

即洪水。此體漢代已行用。見該文。

【洪波】

即洪水。此體漢代已行用。見該文。

【沈菑】

洪水之代稱。《漢書·揚雄傳上》："灑沈菑於豁瀆兮，播九河於東瀕。"顏師古注："〔菑〕，古灾字也。沈灾，洪水也。""沈"，或作"沉"。宋羅泌《路史》："然夏商周之授田一矣，而其數不同者，則伯禹之時，沉菑未遠九州之土。"明王世貞《弇州山人四部稿》卷一六九："沈菑，洪水。曰沈菑，古灾也，太折方澤之形，四曲折也。"清盛昱《雪屐尋碑録》："持節東南，澹沉菑、夷巨盗，曾不一動其聲色。"

【洚水】

即洪水。《孟子·滕文公下》："《書》曰：'洚水警余。'洚水者，洪水也。"趙岐注："水逆行洚洞無涯，故曰洚水也。洪，大也。"唐皮日休《奉和魯望讀陰符經見寄》詩："禹本刑人後，以功繼其嗣。得之賊帝舜，用以平洚水。"宋王安石《送裴如晦宰吴江》詩："三江斷其二，洚水何由寧？"元李孝光《同靳從矩宿雁

山天柱院》詩：“浲水縮地入，萬鬼拔山出。”明祝允明《九憫九首》其三：“四月浲水麥不秋，五月插秧水不收。”清周長發《江南潮災嘆》詩：“巨浪倒立翻長風，蕩滴浲水連天洪。”

【潢潦】

指洪水，淹没態。一説，污泥濁水。另説，地上流淌的雨水，亦即坡面流。晋陸機《贈尚書郎顧彦先詩二首》其二：“豐注溢修霤，潢潦浸階除。”三國魏曹植《鰕鮂篇》詩：“鰕鮂游潢潦，不知江海流。”北魏酈道元《水經注·涑水》：“惟山水暴至，雨潢潦（一作‘甘潦’）奔洪，則鹽池用耗，故公私共竭水徑，防其淫濫，故謂之鹽水。”唐徐夤《休説》詩：“時來不怕滄溟闊，道大却憂潢潦深。”《抱朴子外篇·喻蔽》：“無扶桑之林，潢潦之源。”宋文天祥《彭城行》詩：“故河蓄潢潦，荒城翳秋蓬。”元郝經《儀真館中暑一百韻》：“麋蕪没洲渚，潢潦漫陂塘。”明童冀《漁蕩行》：“常時風色黃塵起，一夜雨聲潢潦流。”清陳匪石《戚氏》詩：“怕緇塵未濯，潢潦方長，回顧人寰。”

【潦】

降雨坡面流水，抑或雨後大水、積水。《詩·召南·采蘋》：“于彼行潦。”毛傳：“行潦，流潦也。”《禮記·曲禮上》：“水潦降，不獻魚鱉。”《韓非子·外儲·説右上》：“天雨，廷中有潦。”《莊子·秋水》：“禹之時，十年九潦。”按，又表“澇”之意。《説文·水部》：“潦，雨水大貌。”南朝梁顧野王《玉篇·水部》：“潦，雨水盛也。”唐王勃《滕王閣序》：“潦水盡而寒潭清。”宋陸游《過小孤山大孤山》：“秋深潦縮。”宋王安石《上徐兵部書》：“登舟而南，並江絶湖，綿二千里。風波

勁悍，雨潦湍猛，窮兩月乃抵家。”元廼賢《龍門》詩：“暴雨忽傾注，淫潦怒奔決。”《徐霞客游記·滇游日記二》：“上則重茅偃雨下則停潦盈蹊。”清康熙《高郵湖見居民田廬多在水中因詢其故惻然念之》詩：“煢煢赤子民，棲棲卧深潦。”

【澇】[1]

水淹成灾。北魏酈道元《水經注·穀水》：“五龍泄水，南注瀉下，加歲久湫齧，每澇即壞。”《三國志·魏書·鄭渾傳》：“郡界下濕，患水澇，百姓飢乏。”《宋書·文帝紀》：“詔曰：“經寇六州，居業未能，仍值灾澇，饑困薦臻。”《晋書·袁甫傳》：“雨久成水，故其域恒澇也。”《書·洪範》：“雨以潤物，暘以乾物。”唐孔穎達等《尚書正義》：“雨多則澇，雨少則旱，是備極亦凶，極無亦凶。”唐丁仙芝《贈朱中書》詩：“十年種田濱五湖，十年遭澇盡爲蕪。”《廣韻·號韻》：“澇，淹也。”宋王安中《次韻和彭少逸送晁以道》詩：“否泰等時雨，春旱必秋澇。”元陳樵《雨》詩其三：“稚麥應傷澇，嬌花不耐寒。”《明史·河渠志》：“永樂三年，河決温縣堤四十丈，濟、澇二水交溢，淹民田四十餘里，命修堤防……諸水從之而泄，堤以潰，渠以淤，澇則溢，旱則涸，漕道由此阻。”清顧祖禹《讀史方輿紀要·南直一》：“外有門閘。旱則開閘，引江水之利；澇則閉閘，拒江水之害。”

【湯湯】

水勢浩大、水流很急的樣子。《書·堯典》：“湯湯洪水方割，蕩蕩懷山襄陵，浩浩滔天。”孔傳：“湯湯，流貌。”《詩·衛風·氓》：“淇水湯湯，漸車帷裳。”毛傳：“湯湯，水盛貌。”

《史記・五帝本紀》："堯又曰：'湯湯洪水滔天，浩浩懷山襄陵，下民其憂，有能使治者？'"《後漢書・班彪傳》："乃流辟雍，辟雍湯湯。"宋范仲淹《岳陽樓記》："銜遠山，吞長江，浩浩湯湯，橫無際涯。"元王惲《挽漕篇》詩："湯湯汶水波，西鶩復東注。"清李振裕《祠闕里雅》詩："泗水湯湯，孔林蒼蒼。"

【浸】[1]

水淹没、漫溢、漸滋（抑或漬）滲入之態。《詩・曹風・下泉》："洌彼下泉，浸彼苞稂。"《詩・小雅・白華》："滮池北流，浸彼稻田。"《論語・顏淵》："浸潤之譖。"《淮南子・原道訓》："上漏下濕，潤浸北房。"南朝梁皇侃《皇疏》："浸淵，猶漸漬也。"南朝梁蕭綱《和湘東王後園迴文》詩："枝雲間石峰，脉水浸山岸。"北魏酈道元《水經注・丹水》："永嘉中，丹水浸没，至永和中，徙治南鄉故城。"唐毛文錫《攤破浣溪沙》詩："春水輕波浸綠苔，枇杷洲上紫檀開。"宋呂渭老《聖求詞》："望處凄迷，半篙綠水浸斜橋。"《文獻通考・田賦考》："今日此渠高於河水二丈三尺，又河水浸射，往往崩頹。渠既高懸，水不得上，雖復……田旁漢古堤，壞決凡二處，每夏則爲浸溢。"《元史・河渠志》："泰定四年八月，都水監言：八月三日至六日，霖雨不止，山水泛溢，沖壞甕山諸處笆口，浸没民田。"清顧祖禹《讀史方輿紀要・北直五》："元大德十年，決堤浸城。至大初，復漂南關百餘家。"

竹筒水

山民稱夏秋之時山洪雨潦形成的凶猛水流。元念常《佛祖通載》："公云：撥轉竹筒，水歸何處。"清嚴如熤《三省邊防備覽・策略》："山內陵巒峻大，溪澗亦多，當夏秋雨潦即降，山漲暴發，波濤之急，山民名之曰'竹筒水'。"

汛

江河季節定期漲水態。《漢書・溝洫志》："河湯湯兮激潺湲，北渡回兮迅流難。"晋陸機《豫章行》："汛舟清川渚，遥望高山陰。"南朝梁江淹《雜體詩三十首・謝法曹惠連贈別》其二十五："汛濫北湖游，苕亭南樓期。"《晋書・石勒傳》："漳泜汛溢，沖陷山谷。"唐席豫《江行紀事二首》詩其二："江汛春風勢，山樓曙月輝。"《北史・賀若敦傳》："俄而秋水汛溢，江路遂斷。"《舊唐書・張儉傳》："儉軍至遼西，爲遼水汛漲，久而未渡，太宗以爲畏懦，召還。"宋吳淵《滿江紅・雨花臺再用弟履齊鳥衣園韻》詞："江近蘋風隨汛落，峰高松露和雲滴。"元楊維楨《富春夜泊寄張伯雨》詩："春江大汛潮水長，布帆一日上桐廬。"明孫承宗《春懷六首》其二："江近蘋風隨汛落，峰高松露和雲滴。"清顧祖禹《讀史方輿紀要・四川四》："水激而奔汛，天下瑰瑋絶特之觀，至是殫矣。"

霤[1]

下注之水。亦作"溜"。《周禮・考工記・輪人》："上欲尊而宇欲卑，上尊而宇卑，則吐水疾而霤遠。"漢揚雄《法言》："溪谷之水，回繞而霤也。"《漢書・枚乘傳》："泰山之溜穿石，殫極之綆斷幹。"晋束皙《補亡》詩其三："奕奕玄霄，濛濛甘霤。"李善注："凡水下流曰霤。"晋左思《魏都賦》："齊龍首而湧霤，時梗概於滮池。"唐獨孤及《初晴抱琴登馬退山對酒望遠醉後作》詩："寒泉得日景，吐霤鳴湔湔。"宋衞宗武《夏秋積雨歲用大祲長言紀實》詩：

"勢如陣馬奔不停，銀溜浪浪欲穿石。"金張斛《高寺》詩："石峻溜聲急，月高松影圓。"明劉基《涇縣束宋二編修長歌》："崩湍湧溜汩奔會，平地碾齧作臼窪。"清郝玉麟《福建通志》卷一三："嚴上懸石若龍，有泉下注，因石爲簷，霤下。"

【溜】[2]

同"霤[1]"。此體宋代已行用。見該文。

濫車之水

能使車漂浮的大水。《管子·地圖》："凡兵主者，必先審知地圖：轘轅之險、濫車之水、名山通谷、經川陵陸、丘阜所在。"唐尹知章注："其水深渺，能泛車。"唐杜佑《通典·兵典》："濫車之水，其水深渺，能汎車。"宋田錫《制策》："濫車之水，伏兵之道。"清顧炎武《天下郡國利病書》："沂水爲邑，自穆陵而下，山谷盤錯歷百里，而後爲縣。其地緣岡阜之間，無濫車之水。"

瀨 [1]

從沙上流過的水。《楚辭·九章·抽絲》："長瀨湍流，溯江潭兮。"《說文·水部》："瀨，水流沙上也。"漢司馬相如《上林賦》："逾波趨浥，莅莅下瀨。"三國魏曹植《洛神賦》："攘皓腕於神滸兮，采湍瀨之玄芝。"唐張繼《題嚴陵釣臺》詩："鳥向喬枝聚，魚依淺瀨流。"唐李冶《從蕭叔子聽彈琴賦得三峽流泉歌》："回湍曲瀨勢將盡，時復滴瀝平沙中。"宋徐鉉《和陳洗馬山莊新泉》詩："便疏淺瀨穿莎徑，始有清光映竹林。"元段克己《乙巳清明游青陽峽》詩："平灘淺瀨乍可揭，溪路曲折隨峰轉。"明區元晉《秋日漫興呈潘別駕余郡博》詩："遠水兼葭明淺瀨，夕陽紅紫散孤村。"清王慧《山陰道中》詩之三："沙瀨清且淺，水底見竹色。"

泉 [1]

江河湖海等所有地表水體。泛指江河湖海之水。《吕氏春秋·功名》："水泉深則魚鼈歸之，樹木盛則飛鳥歸之。"《逸周書·文傳》："魚鼈歸其泉，鳥歸其林。"唐范攄《雲溪友議》卷一："分千樹一葉之影，即是濃陰；減四海數滴之泉，便爲膏澤。"

春液

猶春水。因春水稀少珍貴，故稱"液"。南朝宋顏延之《從軍行》："嶠霧下高島，冰沙固流川，秋飆冬未至，春液夏不涓。"清包世臣《奉同太宰節使朱先生和郭景純游仙九首次其韻》其七："畔草逐風偃，弓角及春液。"清莫友芝《養雲移歌爲子佩作》詩："香乳流春液，瑤花倚歲寒。"清姚燮《迎大官》："江之豚洞庭鯽，縱橫方丈高一尺，奇氣芬菹盎春液。"

桃花水 [1]

指泛指春季之雨水、河水。亦稱"桃花流水""桃花浪""桃花春水"。"花"或作"華"。《漢書·溝洫志》："如使不及今冬成，來春桃花水盛，必羨溢，有填淤反壤之害。"顏師古注："蓋桃方花時，既有雨水，川谷冰泮，衆流猥集，波瀾盛長，故謂之桃花水耳。"南朝陳張正見《公無渡河》詩："棹折桃花水，帆橫竹箭流。"北周王褒《燕歌行》："初春麗晃鶯欲嬌，桃花流水没河橋。"唐孟浩然《送元公之鄂渚尋觀主張驂鸞》詩："桃花春水漲，之子忽乘流。"唐杜甫《南征》詩："春岸桃花水，雲帆楓樹林。"又，《春水》詩："三月桃花浪，江流復舊痕。"宋王質《送清堅老人宰辰陽四首》其二：

"苦楝風方作，桃花水未生。"宋張元幹《滿江紅》詞："春水迷天，桃花浪，幾番風惡。"元牟巘之《送婁伯高游吳》詩："桃花水暖清明前，長堤柳色青如烟。"明李昱《鼓枻圖》詩："楊柳風生綠嫋嫋，桃花水動紅粼粼。"清康熙《潞河三首》詩其一："潞河三月桃花水，正是乘舟薦鮪時。"

【桃花流水】

即桃花水[1]。此稱北周已行用。見該文。

【桃花浪】

即桃花水[1]。此稱唐代已行用。見該文。

【桃花春水】[1]

即桃花水[1]。此稱唐代已行用。見該文。

湯[1]

熱水。猶温泉水。《論語·季氏》："見善如不及，見不善如探湯。"《楚辭·九歌·雲中君》："浴蘭湯兮沐芳，華采衣兮若英。"《孔子家語·王言解》："則民之棄惡，如湯之灌雪焉。"《説文·水部》："湯，熱水也。"北周庾信《周祀五帝歌十二首·配帝舞》其十二："沐蕙氣浴蘭湯，匏器潔水泉香。"唐佚名《西江月·賀人生子》詞："此日蘭湯新浴，他年桂苑同携。"宋馬之純《半陽湖（一名半湯湖）》詩："湯泉是處雖多有，鍾阜斯池特廣長。"金趙秉文《仿太白登覽》詩："朅來鷄山下，共浴桃花湯。"明張昱《寄湯水嚴仲原處士》詩："情忝姻家亦是緣，人來無不問湯泉。"清吳存楷《犁田行》："又不見稻田六月水如湯，赤足踏車日當午。"

盲湯

未沸熱水的代稱。其時無泡眼出現，故名。宋龐元英《談藪》："俗以湯之未滾者爲盲湯，

初滾曰蟹眼，漸大曰魚眼，其未滾者無眼，所語盲也。"明王志堅《表異錄》："煎茶初滾曰蟹眼，漸大曰魚眼，故俗以未滾曰'盲湯'。"

蟹眼

沸水的代稱。沸水之泡，似蟹眼，故名。宋黃庭堅《西江月·茶》詞："兔褐金絲寶碗，松風蟹眼新湯。"宋張元幹《浣溪沙》詞："蟹眼湯深輕泛乳，龍涎灰暖細烘香。"清草衣禪師《茶神傳》："如蝦眼、蟹眼、魚目珠，皆爲萌湯，直至湧沸，如騰波鼓浪，水氣全消，方是純熟。"

【魚眼】

沸水的代稱。其時水泡似魚眼，因名。北魏賈思勰《齊民要術·白醪麴》："釀白醪法，取糯米一石，冷水净淘，漉出著甕中，作魚眼沸湯浸之。"唐白居易《睡後茶興憶楊同州》詩："沫下曲塵香，花浮魚眼沸。"宋白玉蟾《茶歌》："蟹眼已没魚眼浮，壯壯松聲送風雨。"也喻水中泛起的水泡。清董元愷《望江南·啜茶十咏》詩其七："旋沫翻成魚眼動，騰波聲作老龍聽。"

涗

温水。亦作"湄"。《周禮·考工記·㡛氏》："㡛氏湅絲，以涗水漚其絲七日。"鄭玄注："故《書》'涗'作'湄'，鄭司農云：'湄水，温水也。'"《玉篇·水部》："涗，財晶水也。"《説文·水部》："涗，温水也。"一說，以灰所泲水，即清灰水。明袁華《謝陳彦廉惠綿》詩："欄灰涗水實澤器，繰絲緶繢寒冰光。"

【湄】[1]

即涗。此體漢代已行用。見該文。

寒漿

清冷之水。《樂府詩集・舞曲歌辭三・淮南王篇》："後園鑿井銀作牀，金瓶素綆汲寒漿。汲寒漿，飲少年，少年窈窕何能賢。揚聲悲歌音絕天。"明張景岳《景岳全書》："强中湯，九二，治生冷寒漿有傷脾胃，遂成脹滿，有妨飲食，甚則腹痛。"

潦

地上積雨、積水。《淮南子・氾論訓》："夫牛蹄之潦，不能生鱣鮪。"又，《俶真訓》："夫牛蹄之潦，無尺之鯉。"高誘注："潦，潦水也。"晋郭璞《游仙詩十九首》其九："東海猶蹄潦，崑崙螻蟻堆。"唐皮日休《雜體詩・苦雨雜言寄魯望》："吳中十日潦潦雨，歊蒸庳下豪家苦。"明楊慎《湛潦同字》："潦水不能生魚鱉。潦水，行潦也。"

蹄潦

本指牛馬足迹中的積水（見"潦"條目），後引申爲小面積的淺水。亦稱"蹄窪""窪"。晋郭璞《游仙》詩："東海猶蹄潦，崑崙若蟻堆。"北齊劉晝《劉子・觀量》："蹄窪之內，不生蛟龍。"又，《妄瑕》："牛躅之窪，不生魴鱮。"《玉篇・水部》："窪，牛蹄迹水也。"唐羅隱《題潤州妙善前石羊》詩："遇有市鄽沽酒客，雀喧鳩聚話蹄潦。"清焦袁熹《經生歌》："蹄潦之水，不生淪漣；覆簣之山，那有雲烟。"

【蹄窪】

即蹄潦。此稱北齊已行用。見該文。

【窪】[3]

即蹄潦。此稱北齊已行用。見該文。

鹵[1]

鹹水，可提取鹽。亦作"滷"。《玉篇・水部》："滷，鹹水。"宋沈括《夢溪筆談・辯證一》："蓋巫咸乃濁水，入滷中則淤澱滷脉，鹽遂不成。"明宋應星《天工開物・作鹹》："俟潮滅頂衝過，鹵氣由沙滲下坑中，撤去沙葦，以燈燭之，鹵氣衝燈即滅，取鹵水煎煉。"

【滷】

同"鹵"。此體南朝梁已行用。見該文。

膽水

含膽礬之水，古可用以煉銅。《宋史・食貨志下》："浸銅之法，以生鐵鍛成薄片，排置膽水槽中浸漬數日，鐵片爲膽水所薄，上生赤煤，取刮鐵煤入爐，三煉成銅。"宋沈括《夢溪筆談・雜誌二》："信州鉛山縣有苦泉，流以爲澗。挹其水熬之，則成膽礬。烹膽礬則成銅；熬膽礬鐵釜，久之亦化爲銅。水能爲銅，物之變化，固不可測。"宋周輝《清波雜志》："信州鉛山膽水自山下注，勢若瀑布，用以浸銅，鑄冶是賴。雖乾溢繫夫旱潦，大抵盛於春夏，微於秋冬。古傳一人至水濱，遺匙鑰，翌日得之，已成銅矣。"宋李心傳《財賦》："銅鐵鉛錫坑冶。膽銅者，蓋以鐵爲片，浸之膽水中，後數十日即爲銅。"《宋史・食貨志下》："信州膽銅古坑二：一爲膽水浸銅，工少利多，其水有限；一爲膽土煎銅，土無窮而爲利寡。"參閱宋李心傳《建炎以來朝野雜記甲集・財賦三》、明謝肇淛《五雜俎・地部》。

礎汗

柱基石受潮凝成的水珠。宋范成大《次韻漢卿舅即事二絕》詩："晚來礎汗南風壯，會有溪雲載雨過。"一本作"礎汗"。宋陳宓《復堂獨坐》詩："南風回礎汗，小雨駐爐烟。"宋葛天民《雨中》詩："歊書厨烟出，占晴礎汗收。"

明郭輔畿《春夕感雨》詩："濕生礎汗暮雲屯，夜雨丁丁已浹旬。"

水痕

水在物表留的痕迹。亦指水體。《三國志·魏書·鄧哀王冲傳》："置象大船之上，而刻其水痕所至，稱物以載之，則校可知矣。"唐皮日休《臨頓爲吳中偏勝之地陸魯望居之不出郛郭曠若郊墅余每相訪款然惜去因成五言十首奉題屋壁》其六："水痕侵病竹，蛛網上衰花。"宋楊萬里《過沙頭》詩："暗潮已到無人會，祇有篙師識水痕。"元趙孟頫《至元庚辰縣集賢出知濟南暫還吳興賦詩書懷》詩其一："雲影時移半山黑，水痕新漲一溪渾。"明林光《峽口》詩："沿堤處處露榕根，潦去江深見水痕。"清王承祖《當關吏》詩："旁有大賈舟，水痕乾斛強。"

御水

皇家宮苑曲池之水。南朝陳陳叔寶《洛陽道五首》詩其五："青槐夾馳道，御水映銅溝。"《後漢書·宦者傳》："多蓄財貨，繕修第舍，連里竟巷。盜取御水以作魚釣，車馬服玩擬於天家。"李賢注："水入宮苑爲御水。"唐賈島《送于總持歸京》詩："出家初隸何方寺？上國西明御水東。"唐李洞《吊曹監》詩："吟魂醉魄歸何處，御水鳴鳴夜繞門。"宋王安石《和御製賞花釣魚二首》其二："蔽虧玉仗宮花密，映燭金溝御水清。"元李溥光《平城秋郊懷古》詩："御水了無喬木在，金陵猶見野花開。"明夏完淳《一剪梅·咏柳》詞："金溝御水自西東，昨歲陳宮，今歲隋宮。"清馮志沂《悼潤臣》詩："南客相逢御水濱，言君消息共沾巾。"

潃

臭水、污水、尿液之類。《荀子·勸學》："蘭槐之根是爲芷，其漸之潃，君子不近，庶人不服。"楊倞注："潃，溺也。"《淮南子·人間訓》："申菽杜茝，美人之所懷服也。及漸之於潃，則不能保其芳矣。"高誘注："潃，臭汁也。"唐韓偓《有感》詩："融風漸暖將迴雁，潃水猶腥近斬蛟。"宋劉克莊《寄題趙尉若鈺蘭所六言四首》其二："志潔真飲露者，性惡似漸潃來。"《夏商野史》第一四回："得稍睬微命，長侍君王之側。雖爲承潃受溺之婢，亦幸矣！"清王夫之《咏史二十七首》其十九："桂蠹何傷芳樹，蘭芽不染潃根。"

【汪】[2]

聚臭水。《左傳·桓公十五年》："祭仲殺雍糾，尸諸周氏之汪。"《說文·水部》："汪，池也。"桂馥義證："《通俗文》：'亭水曰汪。'池之泥濁者也。"《漢書·禮樂志》："澤汪濊。"漢服虔《通俗文》："停水曰汪，池之污濁者。"《廣韻·宕韻》："汪，水臭也。"《集韻·宕韻》："汪，停水臭。"

淳淖

渾濁的死水。唐程晏《蕭何求繼論》："暑牛之渴也，豎子飲之淳淖之污。牛渴已久，得淳淖之污，寧顧清泠之水乎！"宋佚名《歷代名賢確論》："暑牛之渴也，孺子飲之淳淖之污。牛渴已久，得其淳淖之污，寧圖於清泠之水乎？設使孺子牽之於清泠之水，則滌乎腹中之泥也，牛然後知，淳淖之污不可終日而飲之。百姓罹秦之渴已久矣。"

地漿

泥漿水。亦稱"土漿"。傳以新汲水注入

黄土坑，攪渾，待水清後用之，可袪毒。晋張華《博物志·異草木》：“楓樹生者啖之，令人笑不得止，治之，飲土漿即愈。”《宋史·方技傳上》：“半天河、地漿，皆水也。”明李時珍《本草綱目·水二·地漿》〔釋名〕引陶弘景曰：“此掘黄土地作坎，深三尺，以新汲水沃入攪濁，少頃取清用之，故曰地漿，亦曰土漿。”明張景岳《景岳全書·宙集古方八陣》：“解服丹毒二三二，地漿服之爲上。”明李昌祺《續海棠吟奉教作》詩：“地漿滋培養根本，轆轤灌溉樊籬遮。”清紀昀《閱微草堂筆記·槐西雜志四》：“張華《博物志》、陶弘景《名醫別録》并載地漿解毒法。”

【土漿】

即地漿。此稱晋代已行用。見該文。

漚

水上浮泡。《黄帝内經·靈樞》：“余聞上焦如霧，中焦如漚，下焦如瀆，此之謂也。”漢趙曄《吴越春秋·勾踐歸國外傳》：“水静則無漚瀷之怒，火消則無熹毛之熱。”唐白居易《想東游五十韻》詩：“幻世春來夢，浮生水上漚。”宋韓琦《觀魚軒》詩：“喜擲舟前翻亂錦，静潜波下起圓漚。”宋蘇軾《九日黄樓作》詩：“去年重陽不可説，南城夜半千漚發。”清邵陵《江天寺》詩：“半空蜃氣結樓臺，漚裏須彌亦壯哉。”清查慎行《閘口觀暨魚者》詩：“爾生亦覺太局促，漂漚散沫沉復浮。”

地溲

山溝澗壑中水面泛起的泡沫。帶油性，色如黄金，味奇腥。據説冬月收取後，燒紅的柔鐵點蘸兩三次，鋼鋒可斷玉。明宋應星《天工開物·五金》：“凡倭夷刀劍，有百煉精純、置日光簷下則滿室輝曜者，不用生熟相和煉，又名此鋼爲下乘云。夷人又有以地溲淬刀劍者，云鋼可切玉，亦未之見也。”明方以智《物理小識·地類》：“冬收地溲以柔鐵入之，煅可截玉。地溲者，溝水面如油，或作金色，如鏽水之類是也。”清陳元龍《格致鏡原》：“地溲，冬月收取，以柔鐵燒赤，投之二三次，剛可切玉。”

瀑[1]

激起的水沫。《説文·水部》：“瀑，一曰沫也。”晋郭璞《江賦》：“揮弄灑珠，拊拂瀑沫。”南唐徐鍇《説文繫傳》：“《詩》曰‘終風且瀑’，一曰沫也。”宋張孝祥《湖湘以竹車激水粳稻如云書此能仁院壁》詩：“横江鎖巨石，濺瀑疊城鼓。”

涓滴

小水滴。晋李顒《經渦路作》詩：“亢陽彌十旬，涓滴未暫舒。”晋孫綽《孫綽子》：“時雨霶乎地中，涓滴可潤。”南朝宋鮑照《遇銅山掘黄精》詩：“銅溪晝深沈，乳竇夜涓滴。”唐杜甫《倦夜》詩：“重露成涓滴，稀星乍有無。”宋韋驤《和唐韋相國盛山十二咏·上士瓶泉》詩：“倘餘涓滴潤，可救衆焦枯。”元宋無《枯魚過河泣》詩：“垂涎向海若，能濟涓滴無。”明張翀《滴水巖二首》其二：“滄波起于涓滴，萬化生乎一心。”清孫灝《汴城開渠浚壕紀事》詩：“城中之渠利用鑿，涓滴入地曲折隨。”

玉塵

比喻細小的水珠。唐譚用之《河橋樓賦得群公夜宴》詩：“杯黏紫酒金螺重，談轉珊瑚玉塵空。”元張可久《〈中吕〉紅繡鞋次崔雪竹韻》：“冰梅棲翠羽，水藻漾金魚，雪松摇玉塵。”明張憲《贈張習之》詩：“燕泥侵玉塵，

蛛網掛牙籤。"清屈大均《懷懸公》詩:"飛泉
爲玉塵,明月滿松關。"

滋 [2]

汁液、液滴。先秦屈原《九章·惜誦》:
"播江離與滋菊兮,願春日以爲糗芳。"漢蘇武
《留別妻》詩:"握手一長歎,淚爲生別滋。"唐
李白《琴曲歌辭·秋思二首》詩其一:"坐愁
群芳歇,白露凋華滋。"唐張九齡《望月懷遠》
詩:"滅燭憐光滿,披衣覺露滋。"宋林逋《園
池》詩:"一徑橫門數畝池,平湖分張草含滋。"
宋李清照《南歌子·天上星河轉》詞:"天上星
河轉,人間簾幕垂,涼生枕簟淚痕滋。"金党懷
英《西湖晚菊》詩:"鮮飆散幽馥,晴露墮餘
滋。"明郏經《婁東述懷寄示龍門上人玉山居
士》詩:"後凋霜柏古,亂點石苔滋。"清李斗
《揚州畫舫録·草河録上》:"揚州染色,以小東
門街戴家爲最……玄滋素液,赤草紅花,合成
師昧,經緯艷異。"

乳泉 [1]

鐘乳石滴水。唐陸羽《茶經·煮》:"其山
水,揀乳泉、石池漫流者上,其瀑湧湍漱,勿
食之。"唐段成式《酉陽雜俎續集·貶誤》:"巖
中有丹竈盆,乳泉滴瀝。"明曹隨《雨花臺》
詩:"花明子石出,潤滴乳泉來。"《徐霞客游
記·游嵩山日記》:"中有乳泉、丹竈、石榻諸
勝。"清孫嘉淦《南游記》:"巖壑空幻,石骨玲
瓏,乳泉滴瀝,積而成池。"

乳溜 [1]

石鐘乳巖洞中的滴水。唐盧綸《陳翃中丞
東齋賦白玉簪》詩:"漠漠水香風頗馥,涓涓乳
溜味何濃。"唐李渤《南溪詩·序》:"其洞室並
乳溜凝化,詭勢奇狀。"唐張説《游洞庭湖湘》

詩:"滴石香乳溜,垂崖靈草植。"明沈周《游
張公洞》詩:"元氣不蒸雨,五色變乳溜。"清
王夫之《宿明溪寺山僧導游珍珠巖》詩:"蒼崖
乳溜漬苔乾,陰壑埋光生夏寒。"

乳膏

鐘乳石滴瀝的膏脂狀鈣質溶液。唐李渤
《南溪》詩:"玉池似無水,玄井昏不測。仙户
掩復辟,乳膏凝更滴。"

玉水 [2]

產玉之水。《文選·顔延之〈贈王太常〉》
詩:"玉水記方流,璇源載圓折。"李善注:
"《尸子》曰:'凡水,其方折者有玉,其圓折者
有珠也。'"唐李商隱《玉山》詩:"玉山高與
閬風齊,玉水清流不貯泥。"

水紋

水的波紋。亦作"水文"。漢劉歆《西京雜
記》:"漢諸陵寢,皆以竹爲簾,皆爲水紋及龍
鳳之像。"漢劉熙《釋名·釋水》云:"'淪,倫
也。水文相次,有倫理也。'淪,本謂水之文
理。"南朝梁蕭繹《晚景游後園》詩:"日移花
色異,風散水紋長。"北魏酈道元《水經注·河
水三》:"縣有龍泉,出允街谷,泉眼之中,水
文成交龍,或試撓破之,尋平成龍。"北齊《齊
故齊滄二州刺史高公墓銘》:"庭燃百枝,風清
曲沼,水文千葉,牀施象席。"北周庾信《咏畫
屏風詩二十五首》其二:"水紋恒獨轉,風花
直亂迴。"唐許敬宗《奉和秋日(一作月)即
目應制》詩:"鵲度林光起,鳧没水文圓。"唐
上官婉兒《游長寧公主流杯池二十五首》其
十七:"石畫妝苔色,風梭織水文。"前蜀李珣
《南鄉子》詞之二:"蘭棹舉,水紋開。"宋歐陽
修《魚》詩:"秋水澄清見髮毛,錦鱗行處水紋

摇。"元周砥《絕句四首奉答惟寅高士見贈》詩其二："列岫供秋色，遥風散水文。"明鄧雲霄《春江花月夜》詩："月色偏能泛水紋，水紋不解流花影。"

【水文】[1]

同"水紋"。此體北魏已行用。見該文。

【風腳】

波紋的代稱。唐王維《山水訣》："石看三面，路看兩頭，樹看頂顆，水看風腳。"宋李覯《五龍塘》詩："風腳斗回波面黑，向人渾似逞嚴威。"元吳鎮《漁父》詞："風腳動，浪頭生。聽取虛篷夜雨聲。"明袁宏道《夏日劉元定邀同顧升伯沈仲潤李長卿丘長孺集城西荷亭是日熱甚得暴雨乃解》詩："黑雲蟠墨濕崔嵬，雨頭未展風腳回。"清彭孫貽《舟行雜詩十首·自就李出吳關抵揚子津》詩："帆行風腳正，人坐水車平。"

汦

水紋聚集。晋木華《海賦》："驚浪雷奔，駭水迸集。開合解會，瀼瀼濕濕。葩華踧汦，颥灣漵潘。"《廣韻》："踧汦，水文聚。"清段玉裁《説文解字注》："《海賦》踧汦，注云：蹙，聚也。《廣韻》云：踧汦，水文聚。踧踧同。按《廣韻》上聲人九切，引《説文》同。入聲女六切，云水文聚。"清錢大昕《潛研堂文集·答問》："汦爲水吏，何也？曰水吏不見於經典，當是水文之譌。《廣韻》：'踧汦，水文聚。'於《易》物相雜爲文，凡從丑之字粗，皆爲雜飯，則汦爲水文審矣。木華《海賦》'葩華踧汦'李善注：'踧汦，蹙聚也。'踧汦，即踧汦。"

瀲灩

水波蕩漾貌，或有波光閃動。南朝梁何遜《行經范僕射故宅》詩："瀲灩故池水，蒼茫落日暉。"唐方干《題應天寺上方兼呈謙上人》詩："勢横綠野蒼茫外，影落平湖瀲灩間。"唐羅隱《皇陂》詩："皇陂瀲灩深復深，陂西下馬聊登臨。"宋司馬光《龍女祠更相酬和》詩："荷花折盡不歸去，瀲灩扁舟不易勝。"明唐寅《題畫》詩其一："秋老芙蓉一夜霜，月光瀲灩蕩湖光。"清屈大均《寒塘曲》詩："共照寒塘秋瀲灩，波心恨殺芙蓉占。"一説，水滿相連之貌。晋木華《海賦》："浟湙瀲灩，浮天無岸。"李善注："瀲灩，相連之貌。"

文光

波紋漾出的光影。唐李賀《竹》詩："入水文光動，抽空綠影春。"唐皮日休《寄題玉霄峰葉涵象尊師所居》詩："曉案瓊文光洞壑，夜壇香氣惹杉松。"宋趙良坡《雪水菴咏雪二十韻》詩："文光偏得月，點綴易爲花。"明郭鈺《送龍光庭赴都》詩："星回東壁文光動，日麗中天王氣浮。"明藍仁《賡張宗翰舟過武夷述懷》詩其二："年代已隨川上水，文光無復斗間虹。"清鄂洛順《故人芳履安子昆季同時入泮詩以勵之》詩："世澤從來瑞應殊，文光今見耀雙珠。"

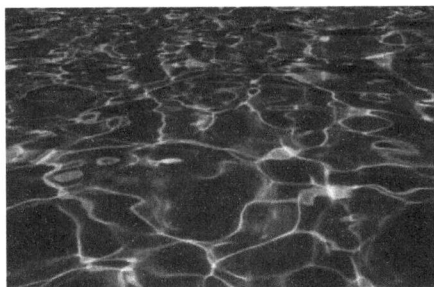

文　光

川華

猶浪花。宋朱翌《宣城書懷》詩："川華冰片合，山曲卧屏紆。"宋陳與義《寒食日游百花

280 中華博物通考·地輿卷

亭》詩："雲移樹陰失，風定川華收。"元黃溍《曉行湖上》詩："沙暄芷芽動，春遠川華亂。"清曹龍樹《七十二過澗》詩："聞言我且宿邸家，次曉紅旭弄川華。"

涇

直流的水波。《詩·大雅·鳧鷖》："鳧鷖在涇，公尸來燕來寧。"馬瑞辰通釋："在涇，正泛指水中有直波處，非涇渭之涇。"字亦作"徑""俓"。《爾雅·釋水》："小波爲淪，直波爲徑。"陸德明釋文作"俓"。一說，無風而起之波。清馬驌《繹史》卷一五五："直波爲徑。"

洦柏

小波浪。晋木華《海賦》："洌洦柏而迤揚，磊匉匐而相豗。"李善注："洦柏，小波也。"唐李周翰注："言小波疾而邪起，猶大波而重疊相擊。"明朱謀㙔《駢雅》："泉湧出曰濫泉，溜下曰沃泉，仄出曰氿泉，一盈一涸曰瀱汋，流川曰濳辟，迴川曰過辨，小波曰洦柏，濁泥曰澱滓。"

淪漣

水上微波，水波紋。亦作"漣淪"。漢鄭康成《易緯乾坤鑿度》卷上："洌涉淪漣，上下無息。"南朝梁劉孝綽《望月》詩："流光照滯濛，波動映淪漣。"唐柳宗元《晋問》："其有乘化會神，振拔漣淪，摛奇文，出怪鱗，騰飛濤而上逸，生雷電於龍門者，猶仰綸飛繳，頓踏而取之。"唐朱休《春水綠波》詩："漲漾滋蘭杜，淪漣長芰荷。"宋陳炳《泛秋浦辭》詩："窈其深兮莫測，微波湧兮淪漪。"元劉詵《滿庭芳·次韻賦萍》詞："青不住，乳鴛行破，一瞬淪漪。"明楊慎《春泛昆陽海口》詩："錦紋浮澹淡，金碧映淪漣。"清弘曆《雨後御園即景》詩其一："一趁晚凉聞放艇，紅霞香度碧漣淪。"清焦袁熹《經生歌》："蹄涔之水，不生淪漣；覆簣之山，那有雲烟。"

【漣淪】

同"淪漣"。此體唐代已行用。見該文。

【淪漪】

水上微波，水波紋，即"淪"或"漣"。晋曹攄《答趙景猷》詩："遰遰淪漪，滔滔洪波。"唐柳宗元《南澗中題》詩："羈禽響幽谷，寒藻舞淪漪。"宋丘葵《倚杖》詩："歸牛行礫磛，幽鳥語淪漪。"元吳師道《信饒道中雪》詩："錦溪何淪漪，芝山亦清妍。"明郭鈺《芹寓爲安成彭伯圻賦》詩："淪漪映寒翠，光風泛微薰。"清彭孫貽《秋泛篇》："寒光積水生，空籟吹淪漪。"

【漣】

水上微波，水波紋。《詩·魏風·伐檀》："坎坎伐檀兮，寘之河之干兮，河水清且漣猗。"毛傳："風行水成文曰漣。"《爾雅·釋水》引"漣"作"瀾"或"灡"。南朝宋謝靈運《過始寧墅》詩："白雲抱幽石，綠篠媚清漣。"唐陸龜蒙《江南曲》："魚戲蓮葉北，澄陽動微漣。"《集韻·僊韻》："漣，風行水成文曰漣。"宋孔武仲《次韻和鄧愼思與太守同登清湘樓》："前峰綠霧藏丹葉，別浦平沙襯碧漣。"金王庭筠《內鄉浙江張浮休窟尊爲二兄賦》詩："風如惜花影，不肯生微漣。"明鄧雅《題楊妃出浴圖》詩："温泉之水清且漣，凝脂洗盡爭春妍。"清屈大均《春水》詩："雨多榕葉溪流塞，細撥文漣下釣絲。"參閱漢劉熙《釋名·釋水》。

【淪】

水上微波，水波紋。《詩·魏風·伐檀》：

“坎坎伐輪兮，寘之河之滽兮，河水清且淪漪。”毛傳：“小風水成文，轉如輪也。”《爾雅·釋水》：“小波爲淪。”《説文·水部》：“淪，小波爲淪。”南朝梁吳均《王侍中夜集詩》：“文淪見緑水，參差隱翠微。”唐韓愈《送惠師》詩：“崔崒没雲表，陂陀浸湖淪。”宋文天祥《出海》詩其一：“著我扁舟了無礙，分明便作混淪看。”元許有壬《咏徐氏竹溪之景八首·溪上樓》：“一曲清波不受塵，倚闌長日玩斎淪。”明劉基《次韻歲菊》詩：“天虚沆瀣流清氣，月過青冥動細淪。”清丘上儀《千齡社集詩》詩：“孤村冒雨墊綸巾，一棹冲寒破水淪。”

【漪】

水波。《詩·魏風·伐檀》：“坎坎伐輪兮，寘之河滽兮，河水清且漣漪。”亦作“猗”。後傳爲紋路似錦的水波。晋李顒《涉湖》詩：“窈窕尋灣漪，迢遞望巒嶼。”晋陸機《贈弟士龍》詩：“陸陵峻阪，川越洪漪。”南朝齊王融《齊明王歌辭七首·渌水曲》：“遵渚泛蘭觴，乘漪弄清曲。”唐徐堅《初學記·地部中》：“水波如錦文曰漪。”宋衛宗武《和黄山秋吟》詩：“有山静而秀，有水清且漪。”元楊果《村居二首》其二：“春波澹澹卷寒漪，長日蕭蕭静竹扉。”明楊維楨《春草軒》詩：“草生西堂下，沱水含清漪。”清嚴我斯《嘹水謡》：“嘹之水兮清且漪，使君郊外多耕犁。”

【漣漪】

水面微波。亦作“漣猗”。亦稱“漪漣”“連漪”。“漣”本意爲波紋，“漪”意爲水波動。《詩·魏風·伐檀》：“坎坎伐輪兮，寘之河滽兮，河水清且漣猗。”毛傳：“風行水成文曰漣。”孔穎達疏：“猗，皆辭也。”陸德明釋文：“猗，本亦作漪。”“漣”“漪”常連用，遂凝爲一詞，指水面漾起的波紋。晋左思《吳都賦》：“剖巨蚌於回淵，濯明月於漣漪。”南朝宋謝靈運《發歸瀨三瀑布望兩溪》詩：“沫江免風濤，涉清弄漪漣。”唐陸龜蒙《奉和襲美登初陽樓寄懷北平郎中》詩：“無限恩波猶在目，東風吹起細漪漣。”宋孔武仲《泊趙屯》詩：“重來此地畏洶湧，藏舟别浦看漪漣。”宋王禹偁《西暉亭》詩：“一水漪漣媚，千巖木葉紅。”元汪用敬《送楊好古浙東憲掾》詩：“石室嵐烟凝紫翠，蘭溪梅雨漲漣漪。”明胡奎《送王河泊》詩：“江渚清漣漪，江風吹客衣。”清惠周惕《從赤城至國清寺》詩：“寺外澄潭一鏡圓，漣漪倒浸青蒼山。”

【漣猗】

即“漣漪”。此體先秦已行用。見該文。

【漪漣】

即漣漪。此稱唐代已行用。見該文。

【連漪】

即“漣漪”。此稱清代已行用。見該文。

【瀾漪】

即“漣漪”。亦作“漪瀾”。《爾雅·釋水》引作“河水清且瀾漪”。《史記·五帝本紀》：“旁羅日月星辰水波。”司馬貞索隱：“水波，瀾漪也。”晋左思《吳都賦》：“雕啄蔓藻，刷蕩漪瀾。”劉達注：“漪瀾，水波也。”唐白居易《府西池北新葺水齋即事招賓偶題十六韻》詩：“清淺漪瀾急，黄緣浦嶼幽。”唐蘇源明等《元包經傳》：“瀾漪，風之動水之流也。”宋張嵲《過楊村溪》詩：“細雨川上來，瀾漪滿沿溯。”宋謝逸《送鹿好古》詩：“銅龍曉鼓鳴，畫舸揚漪瀾。”金蔡珪《荷香如沉水》詩：“新荷翠參差，十畝藏漪瀾。”元曇噩《新脩科分六學僧傳》：“見池闊甚。瀾漪浩渺無際涯，下布天影。”明陶宗儀《輟史》卷一五五：“河水清且瀾漪。大波爲瀾，小波爲淪，直波爲逕。”明陳縝《烟雨樓》詩：“嵐光滴翠水漪瀾，碧射危樓六月寒。”清陳遒《和惠山三唐人詩三首》詩其一：“千秋陸羽聲，一鑒漪瀾光。”清弘曆《瀾碧樹》詩：“綺榭蘭階臨碧池，春風拂水縐瀾漪。”

【漪瀾】

即“瀾漪”。此體晋代已行用。見該文。

【微瀾】

水上微波，水波紋。晋陸機《招隱詩二首》其一：“芳蘭振蕙葉，玉泉湧微瀾。”唐韓愈《南山》詩：“微瀾動水面，踴躍躁猱狖。”宋張耒《舟行六絶》其三：“初驚波面微瀾起，已覺風前細雨來。”元李泂《留別金門知己》詩：“蒼梧倒影三湘寒，赤城霞氣生微瀾。”明汪廣洋《朝日何瞳瞳》詩：“清芬散川原，微瀾動浦溆。”清陳子升《寄吳門故人》詩：“茂苑初鶯啼雜樹，太湖春水溢微瀾。”

【汰】

指水波，波濤。亦作“汰”。《楚辭·九章·涉江》：“乘舲船余上沅兮，齊吳榜以擊汰。”王逸注：“汰，水波也。”《廣雅·釋水》：“濤、汰，波也。”王念孫疏證：“濤、汰，一聲之轉。”《集韻》：“他計切，音替。水波也。”《荀子·仲尼》：“其事行也若是，其險污淫汰也。”唐杜甫《上韋左相二十韻〈見素〉》詩：“沙汰江河濁，調和鼎鼐新。”唐韓愈《秋雨聯句》：“塊圠游峽喧，飍飂卧江汰。”宋王安石《送吳叔開南征》詩：“摻袂不勝情，犀舟擊汰行。”元耶律楚材《和平陽張彦升見寄》詩：

“清濁自沙汰，精粗任揚簸。”明王廷陳《溪泛咏水中月影》詩：“擊汰珠光碎，沿流璧彩隨。”清許賡皞《西溪漁莊》詩：“擊汰弄虛影，水木相青蒼。”

【汏】

同“汰”。此體先秦已行用。見該文。

渨淣

水波鱗次貌。亦稱“渨”。晋郭璞《江賦》：“渨淣濆瀑，龍鱗結絡。”李善注云：“渨，助側淣淢。瀑，助謹渭於窨。”又注云：“渨淣濆瀑，參差相次也。龍鱗結絡，如龍之鱗，連結交絡也。”明黃宗羲《明文海》：“或盪爛分流，或瀹濆相激，百潭滋而淵渟，千谿劃而渨淣，池不墨而成黔泉。”明盧柟《鑪昆山賦》：“竟纏山之縞帶，汩渨淣其瀺鱗兮，興聲之瀨瀨溢瑚珊而長兮。”

【渨】

即渨淣。此稱晋代已行用。見該文。

【石鱗】

水流經石上漾起的魚鱗狀漣漪。宋蘇軾《八月七日初入贛過惶恐灘》詩：“長風送客添帆腹，積雨浮舟減石鱗。”宋王安中《靈巖山》詩：“石鱗映水玻璨皺，山勢凌空翡翠浮。”明劉基《釣竿》詩：“石鱗激水溪毛動，玉燕回翔竿尾重。”明袁宏道《送蜀僧往南海》詩：“一踏峨眉二十春，冰花破處石鱗鱗。”清王鵬運《水龍吟·惠山酌泉》詞：“濺沫跳珠，清聲瀉玉，石鱗荒翠。”

碧漣

碧綠的水波，水波的美稱。唐杜牧《奉和僕射相公春澤稍愆聖君軫慮嘉雪忽降品彙昭蘇即事書成四韻》詩：“飄來鷄樹鳳池邊，漸壓瓊枝凍碧漣。”宋孔武仲《次韻和鄧憤思與太守同登清湘樓》詩：“前峰綠霧藏丹葉，別浦平沙襯碧漣。”宋王十朋《縣學落成百韻》：“方沼分寒溜，明窗瞰碧漣。”元黃溍《寒食舟中》詩：“東風溪水碧漣漣，溪上青蘿獨繫船。”明王世貞《方與客談園池之樂而有索書戚大將軍者因縱筆戲贈》詩：“碧漣朱舫幕青油，千騎何須擁上頭。”清許青麟《兩竹》詩：“瀟湘一枕夢初圓，千個團欒濯碧漣。”

【玉麟】

比喻清碧的水波，水波的美稱。形如麟，因以稱代。宋侯寘《驀山溪（建康郡圃賞芍藥）》詞：“玉麟春晚，綠篇甘棠蔭。可是惜花深，旋移得、翻階紅影。”宋范成大《望金陵行闕》詩：“石虎蹲江蟠王氣，玉麟湧地鎮神皋。”

【清漣】

指水清而有波紋。《詩·魏風·伐檀》：“坎坎伐輪兮，寘之河漘兮，河水清且漣猗。”後指清澈水流。南朝宋謝靈運《過始寧墅》詩：“白雲抱幽石，綠篠媚清漣。”唐元結《演興四首·訟木魅》詩：“禪濟水之清漣，將封灌乎善木。”唐白居易《京兆府新栽蓮》詩：“昔在溪中日，花葉媚清漣。”宋劉仲堪《南山十咏·鳴絃峰》詩：“直上數百仞，倒影浮清漣。”元陸仁《春草池綠波亭》詩：“游魚蕩清漣，細藻承落英。”明王立道《湖上山閣夜眺》詩：“丹楓不辨色，翳翳隨清漣。”清安念祖《白蓮》詩：“不嫌澹泊無人賞，獨向清漣展素心。”

【涼波】

水面波紋。猶水流。唐李賀《江南弄》詩：“江中綠霧起涼波，天上疊巘紅嵯峨。”唐李商隱《令狐舍人説昨夜西披玩月因戲贈》詩：“涼波衝碧瓦，曉暈落金莖。”宋晏殊《浣溪沙》詞：“小閣重簾有燕過，晚花紅片落庭莎，曲闌干影入涼波。”宋歐陽修《臨江仙》詩其一：“燕子飛來窺畫棟，玉鈎垂下簾旌。涼波不動簟紋平。”元潘伯脩《積水》詩：“衝風自散涼波上，落日猶明高樹端。”明德祥《秋塘》詩：“蟬聲送風葉，鳥影度涼波。”清丘逢甲《寄懷黃公度二首》其一：“茫茫遠道九秋思，渺渺涼波萬頃陂。”

春波

春水的波瀾。亦指春水。南朝宋謝靈運《孝感賦》：“夷柔葉於枯木，起春波於寒川。”唐張泌《春晚謠》：“蕭關夢斷無尋處，萬疊春波起南浦。”唐杜牧《送張判官歸兼謁鄂州大夫》詩：“江雨春波闊，園林客夢催。”宋王安石《元珍送綠石硯》詩：“久埋瘴霧看猶濕，一取春波洗更鮮。”

秋波

秋水的波瀾。南朝梁虞義《見江邊竹子》詩：“秋波漱下趾，冬雪封上枝。”唐李白《魯郡東石門送杜二甫》詩：“秋波落泗水，海色明徂徠。”唐温庭筠《蘇武廟》詩：“茂陵不見封侯印，空向秋波哭逝川。”宋辛棄疾《菩薩蠻》詞：“不似遠山橫，秋波相共明。”

濕銀

比喻月下水波。唐李商隱《河陽》詩：“濕銀注鏡井口平，鸞釵映月寒錚錚。”注：古銅鏡不平整，望之恍如月下水波。宋范成大《頃乾道辛卯歲三月望夜與周子充内翰泛舟石湖松江之間夜艾歸宿農圃。……賦詩紀事》：“三更半醉吹笛去，櫂入濕銀天鏡中。”宋蔡肇《冬日游甘露寺》：“大江伏槎卧長劍，萬頃濕銀寒不結。"明汪珂玉《珊瑚網》卷一五："島嶼縱橫一鏡中，濕銀盤浸紫芙蓉。"明鄭真《早雪飯後行舟暮至越城》詩："厓影動雲衣，濕銀界光浮。"清鍾大源《中秋玩月憶舊游作歌》："生綃萬幅忽倒卷，濕銀千頃還低浮。"

湍

急流。《楚辭·九章·抽思》："長瀨湍流，泝江潭兮。"王逸注："湍亦瀨也。"《說文·水部》："湍，疾瀨也。"《淮南子·說山訓》："稻生於水，而不能生於湍瀨之流。"《史記·河渠書》："禹以爲河所從來者高，水湍悍。"裴駰集解引韋昭曰："湍疾。悍，强也。"北魏酈道元《水經注·江水二》："春冬之時，則素湍淥潭，迴清倒影。"唐韋應物《送閭寀赴東川辟》詩："上陟白雲嶠，下冥玄壑湍。"宋文天祥《闡山寄朱約山》詩："洞天福地深數里，石壁湍流清四時。"金張公藥《許下三庚劇暑甚於他州懷思故鄉嶧山山水真清凉境界也感而作詩》："千峰開玲瓏，絶澗瀉湍激。"明楊維楨《謝呂敬夫紅牙管歌》詩："滄江一夜風雨湍，水族千頭嘯悲激。"清王鳴盛《蘆溝橋》詩："臥虹終古枕桑乾，決溠渾河走急湍。"

逆流

與主流相反的流水。《管子·七法》："不明於決塞，而欲敺衆移民，猶使水逆流。"《管子·禁藏》："漁人之入海，海深萬仞，就彼逆流，乘危百里，宿夜不出者，利在水也。"晉佚名《長干曲》詩："逆流故相邀，菱舟不怕搖。"唐李翺《江州南湖堤銘》："漭漭南陂，冬乾夏溢，九江漲潮，潛潛逆流。"宋梅堯臣《細雨樵行》："波上女兒飛輕橈，逆流自與郎去樵。"元顧瑛《雪夜泊楓橋》詩："花急風翻去，潮生水逆流。"明劉昌臣《捉刀泉》詩："敧空亂石欲吞舟，河泆山高水逆流。"清阮元《小滄浪雜詩》卷一："濟水縱能伏流，斷不能逆流上山。"

【瀨】[2]

急流。即湍。《楚辭·九歌·湘君》："石瀨兮淺淺，飛龍兮翩翩。"王逸注："瀨，湍也。"洪興祖補注："石瀨，水激石間則怒成湍。"《淮南子·本經訓》："抑減怒瀨，以揚激波。"高誘注："瀨，急流也。"唐岑文本《安德山池宴集》詩："雕楹網蘿薜，激瀨合填篪。"宋丁逢《勸農香山》詩："映屋畫圖花遠近，接畦湍瀨水高低。"元陳鎰《武陵餞別劉元朗府推》詩："放舟桐江瀨，繫馬虎林驛。"明區懷瑞《入靈羊峽》詩："何事塵途險，虛將湍瀨驚。"清陳壽祺《仙霞關》詩之二："越王臺上海雲馳，曾憶將軍下瀨師。"

【玉馬】

奔涌起伏的水波、激流。《北齊書·樊遜傳》："遜對曰：'臣聞彫獸畫龍，徒有風雲之勢；金舟玉馬，終無水陸之功。'"宋孔平仲《熊伯通阻風未發拿舟就謁留飲數杯》詩："鐵山重疊雲垂地，玉馬騰驤浪駕空。"元湯式《一枝花·題崇明顧彥昇洲上居》套曲："潮生玉馬來，沙湧金鰲動。"明林大春《便面二首》其二："萬壑寒來凝玉馬，六花飛盡見瓊枝。"清弘曆《過玉蝀橋》詩："迤邐蝀橋過玉馬，漣漪春水漾銀灣。"古畫中所繪玉馬（水浪）可參閱東晉顧愷之《洛神賦圖》。

【減】

急流。即湍。抑或有流水的溝渠。《詩·大雅·文王有聲》："築城伊淢，作豐伊匹。"《說文·水部》："淢，疾流也。"《史記·夏本紀》：

“卑宮室，致費於溝減。”裴駰集解引包氏説：“十里爲成，成間有減，減廣深八尺。”《淮南子·本經訓》：“抑減怒瀨，以揚激波。”高誘注：“減，怒水也。”漢張衡《南都賦》：“長輸遠逝，潧淢減汨。”李善注引《説文解字》曰：“減，疾流也。”宋彭汝礪《暴雨》詩：“衣挈脚芒看溝減，有惻忞徒老荆棘。”明岑徵《耒陽謁龐士元先生祠》詩：“水減方圓折，鴻寶不終藏。”清柳是《秋思賦》詩：“誃百官兮韜紊響，廓垠減兮彪族詳。”清曾國藩《經史百家雜鈔·哀祭之屬》：“汩減輆以永逝兮，注平皋之廣衍。”一説，逆水。參閲《淮南子》劉文典集解。

減
（明宋應星《天工開物》）

【洞】 2

急流。即湍。《説文·水部》：“洞，疾流也。”明楊慎《譚苑醍醐·蜀江水路》：“江自嘉州至荆門，名灘險地，凡千百餘，舟人一一能言之。其灘之外，有洞有磧，凡數十……洞，疾流也。”自注：“江中有達洞、枏木洞。”

【瀧】

急流。即湍。漢郭蒼《神漢桂陽太守周府君碑銘》：“俯瀧淵兮怛以悲，岸參天兮無路

蹊。”南北朝吳均失題詩：“秋風瀧白水，雁足印黃沙。”唐元結《欸乃曲》：“下瀧船似入深淵，上瀧船似欲昇天。”清吳昇《繩橋》詩：“上無一髮可援手，下則百尺奔驚瀧。”一説，南人稱水爲瀧。唐李紳《逾嶺嶠止荒陬抵高要》詩：“瀧夫擬檝劈高浪，瞥忽沈浮如電隨。”原注：“南人謂水爲瀧。”《廣韻·江韻》：“瀧，南人名湍。”《集韻·疆韻》：“瀧，奔湍。”《通雅·地輿》：“嶺南急流謂之瀧。”參閲清屈大均《廣東新語·水語》。一説，雨滴的樣子。《説文·水部》：“雨，瀧瀧貌。”

【潕】 2

急流。即湍。唐李白《送王屋山人魏萬還王屋》詩：“鬼谷上窈窕，龍潭下奔流潕。”明徐繼善《人子須知》：“西江彭蠡潕匯，而越之紹、寧、杭、台、嘉、湖，閩之福、興、泉、漳，廣之廣、惠、潮、海等處，皆以得水而人才淵藪矣。”清李重華《劍閣》詩：“其間鬱叢箐，其底亂潕射。”

【潧淢】

水流疾貌狀。漢劉歆《遂初賦》：“激流澌之潧淢兮，窺九淵之潛淋。”漢張衡《南都賦》：“長輸遠逝，潧淢減汨。”張銑注：“潧淢減汨，疾流貌。”清高晋等《欽定南巡盛典》：“潧淢奔騰難狀寫，洞心駭目不可視。”清弘曆《題鄒一桂花卉山水小册各二十四種》其二十九：“過亭雲白隱山青，漱崖江浪翻潧淢。”

【積流】 1

急流。即湍。一説河水。唐張喬《漁家》詩：“擁棹思悠悠，更深泛積流。”唐李頻《自黔中東歸旅次淮上》詩：“夕靄垂陰野，晨光動積流。”宋黃大受《公安》詩：“積流增巨漲，

飄突萬馬驚。"清張文光《南高峰》詩:"苔乾積流痕,悵望疑濺瀑。"

浪

本意爲大水波。亦作"波浪"。《玉篇》:"浪,波浪也。"晋左思《吳都賦》:"長鯨吞航,修鯤吐浪。"晋佚名《魏夫人與衆真吟詩二首·十二月一日夜南嶽夫人作與許長史》:"解脱疑波浪,登此眇眇清。"《晋書·張華傳》:"須臾光彩照水,波浪驚沸,於是失劍。"唐李紳《溯西江》詩:"空闊遠看波浪息,楚山安穩過雲岑。"唐杜甫《郪城西原送李判官兄等赴成都府》詩:"遠水非無浪,他山自有春。"《水滸傳》第三七回:"正是慌不擇路,走了一個更次,望見前面滿目蘆花,一派大江,滔滔浪滾。"

【波浪】

即浪。此體晋代已行用。見該文。

【濤】

大波浪。《淮南子·人間訓》:"〔江水〕經丹徒,起波濤,舟杭一日不能濟也。"《説文·水部新附》:"濤,大波也。"《漢書·揚雄傳上》:"何必湘淵與濤瀨。"漢張衡《思玄賦》:"水泫沄而涌濤。"《後漢書·班彪傳上》:"揚波濤於碣石。"晋郭璞《江賦》:"激逸勢以前驅,乃鼓怒而作濤。"唐李白《夢游天姥吟留别》詩:"海客談瀛洲,煙濤微茫信難求。"唐柳宗元《饒娥碑》:"蒸蒸在家,其父世漁。飲酒不節,死於風濤。"宋蘇軾《念奴嬌·赤壁懷古》詞:"亂石穿空,驚濤拍岸。"金王寂《覺華島(并引)》詩:"雲奔霧湧白浪捲,一葉掀舞洪濤中。"明丁鶴年《長江萬里圖》詩:"斷石雲屯山擁蜀,驚濤雪立海吞吳。"清屈大均《浮湘作》其一:"山色淡分秋雨外,濤聲寒落曉風前。"一説,涌起之浪爲波,回落之浪爲濤。

【鯨波】

巨浪。即"濤"。似鯨魚掀起之波,故稱。南北陳江總《秋日游昆明池》詩:"蟬噪金堤柳,鷺飲石鯨波。"唐杜甫《舟中出江陵南浦奉寄鄭少尹審》詩:"溟漲鯨波動,衡陽雁影徂。"唐劉禹錫《送張源中丞充新羅冊立使》詩:"烟開鰲背千尋碧,日落鯨波萬頃金。"宋文天祥《夜走》詩:"鯨波萬里送歸舟,倏忽驚心欲白頭。"元鄭元祐《題夷僧寫蘭卷》詩:"老禪昔從日本來,足踏萬里鯨波開。"明高遜志《送宋時中還海昌兼簡王好問提舉》詩:"鯨波日落千尋碧,鶴嶺雲開萬疊青。"清余延良《臺陽八景》詩:"晨曦瀲灔恰東升,萬里鯨波曉霧蒸。"

【瀾】

大波浪。即"濤"。《孟子·盡心上》:"觀水有術,必觀其瀾。"漢趙岐注:"瀾,水中大波也。"《爾雅·釋水》:"大波爲瀾,小波爲淪。"《正字通·水部》:"瀾與涣、淪、漣音别意同,蓋游波之旁爲瀾。"按,據《正字通·水部》,波浪的邊緣爲瀾。漢王褒《四子講德論》:"天下安瀾。"唐韓愈《進學解》:"回狂瀾於既倒。"宋范仲俺《岳陽樓記》:"至若春和景明,波瀾不驚。"宋王安石《送程公闢守洪州》詩:"九江左投貢與章,揚瀾吹漂浩無旁。"金張斛《武陵春雪》詩:"天風吹雪滿千山,不見桃花汎碧瀾。"明丁鶴年《題餘姚葉敬常州判海堤卷(補先兄太守遺缺)》詩:"海堤蜿蜒如削壁,橫截狂瀾三萬尺。"清陳子升《西樵大科峰》詩:"策杖觀朝日,浮瀾動海門。"

【澇】[2]

大波浪。即"濤"。晋木華《海賦》："飛澇相礴，激勢相沏。"李善注："澇，大波也。"唐宋昱《樟亭觀濤》詩："激流起平地，吹澇上侵空。"宋梅堯臣《和張士曹應之晚景》詩："凉飈虛枕席，漲澇起汀洲。"明區元晋《喜雨》詩其一："黑雲排白雨，奔澇溢清沱。"清李懷民《登洞庭湖洲》詩："想當飛澇下，凹凸盡汩没。"

【皇波】

大波。即"濤"。漢揚雄《吊屈原文》："淑周楚之豐烈兮，超既離虖皇波，因江潭而沚記兮，欽吊楚之湘纍。"顏師古注引晋灼曰："皇，大也。"唐王勃《梓州飛烏縣白鶴寺碑》："喜皇波之普泛，縱還舟於苦海。"《藝文類聚·水部上》："泛洪潭之皇波，仰巖崗之隆阻。"又云："溯淮水而南邁，泛洪潭之皇波。"《文苑英華》卷八五○："皇波之普泛，縱還舟於苦，海驚浪旋。"明盧柟《盧昆山賦》："顓頊之嬋媛兮，皇波沚乎姬姜。"

【鷺濤】

即濤。濤涌如白鷺之飛翔，故稱。典出漢枚乘《七發》："衍溢漂疾，波湧而濤起。其始起也，洪淋淋焉，若白鷺之下翔。"唐駱賓王《夏日游德州贈高四》詩："鷺濤開碧海，鳳彩綴詞林。"宋林逋《即席送江夏茂才》詩："一點風帆若為望，海門平闊鷺濤秋。"明胡應麟《送艾都閫督餉淮上》詩："獨坐黃龍舸，長驅白鷺濤。"清李鳳翥《過峽江》詩其二："和雨鷺濤雙峽起，侵嵐雉堞半山分。"

潰[2]

涌浪、波濤。一說，峽中湍浚擊石忽發之浪。《楚辭·九嘆·逢紛》詩："譬彼流水，紛揚磕兮，波逢洶湧，潰壅滂兮。"唐杜甫《最能行》："欹帆側舵入波濤，撇漩捎潰無險阻。"仇兆鰲注引左峴曰："蜀諺云：'潰起如屋，漩下而井。'蓋潰高湧而中虛，旋急轉而深没。潰可避，漩不可避。行舟者遇漩則撇開，遇潰則捎過也。"《藝文類聚·地部、州部、郡部》："有峽，中有大石，郭塞水流。春夏輒潰溢，敗壞城郭。"宋王周《自喻》："潰向江底發，水在石中沸。"宋范成大《吳船錄》卷下："波濤大洶，潰淖如屋，不可梢船。"明張元凱《山中遲客》詩："晞髮凌青壁，嗽齒度碧潰。"清周亮工《書影》卷四："如海水天風，渙然相遭，潰薄吹蕩，渺無涯際。"

水頭[1]

洪峰。《續資治通鑑長編·宋仁宗嘉祐元年》："或云河口決千百步闊，或云水頭高三四丈餘。"宋錢易《南部新書·庚》："未大水前，預夢告求飲食。至其日，率其類過水頭，並不衝圮。"明談遷《北游錄》："前溪分水流，不似溝水頭。"清包世臣《籌河芻言》："用高五尺，底寬二丈，頂寬七八尺，以過水頭。"《老殘游記》第一四回："往年倒口子，水下來，初起不過尺把高；正水頭到了，也不過二尺多高，沒有過三尺的；總不到頓把飯的功夫，水頭就過去了。"清賴紹堯《游八堡圳水源感作》詩："朝溯濁水頭，暮沿濁水流。"

旋渦

四周高、中間低的螺旋形水流。亦作"漩渦""渦漩"。宋黎靖德《朱子語類·理氣下》："或疑百川赴海而海不溢。曰：'蓋是乾了，有人見海邊作旋渦吸水下去者。'"宋釋紹曇《澔眼》詩："萬派奔流觸斷崖，渦漩一竅絕安排。"

宋朱繼芳《舟到梅雨暴漲》詩："側岸無牽路，中流有旋渦。"元譚處端《搗練子》詞："早脫離，出漩渦，兩輪日月疾如梭。"元袁桷《播州宣撫楊資德》詩："教民風偃草，撫俗水旋渦。"明孫蕡《次歸舟》詩："柁工鳴板避漩渦，櫓聲搖上黃牛峽。"明黃衷《海語》卷中："漩渦數里，舶顛頓久之。"清郭元釪《十八灘》詩之二："青螺層層如抱擁，石插旋渦各森聳。"清左宗植《初至新化贈張蓉裳學博》詩："粼粼溪流清，觸石蹙渦漩。"

【渦漩】

同"旋渦"。此體宋代已行用。見該文。

【漩渦】

同"旋渦"。此體元代已行用。見該文。

【洑】

亦作"洑流"。迴旋的水流。即漩渦。南朝宋鮑照《還都道中》詩："鳥還暮林喧，潮上水結洑。"南朝梁何遜《渡連圻》詩之一："洑流自洄糾，激瀨視奔騰。"唐李白《姑孰十咏·牛渚磯》詩："亂石流洑間，迴波自成浪。"唐李咸用《江行》："魚依沙岸草，蝶寄洑流槎。"《廣韻·入屋》："洑，迴流也。"宋蘇轍《醒心泉》詩："洑流去不見，落澗聲鏘然。"元黃溍《秋懷五首》詩其五："弱蔓縈敧石，空槎臥洑流。"明李時勉《流水曲》詩："曲岸多洑流，好爲操舟渡。"清許承欽《琉璃河》詩："洑流摧古墓，烽堠斷漁家。"

【洑流】[1]

即洑。此體南朝梁已行用。見該文。

【洄】

指旋轉的流水。即漩渦。《詩·秦風·蒹葭》："溯洄從之，道阻且長。溯游從之，宛在水中央。"《子華子》卷下："洄洑潊溶。"漢郭蒼《神漢桂陽太守周府君碑銘》："石縱橫兮流洄洄，波隆隆兮聲若雷。"晉庾闡《三月三日臨曲水》詩："高泉吐東岑，洄瀾自凈縈。"《宋書·張興世傳》："江有洄洑，船下必來泊，岸有橫浦，可以藏船舸，二三爲宜。"唐孟浩然《北澗泛舟》詩："沿洄自有趣，何必五湖中。"唐張說《同趙侍御乾湖作》詩："暑來寒往運洄洑，潭生水落移陵谷。"唐孟郊《峽哀》詩其一："峽水聲不平，碧沱牽清洄。"宋孔武仲《奉酬李時發嶽麓見寄》詩："渌水帶縈洄，青烟絲一縷。"金元好問《觀浙江漲》詩："憑陵如藉勢，洄洑各有態。"明陸采《懷香記·青瑣柑窺》："管弦聲沸興方來，池面波溶返照洄。"《徐霞客游記·滇游日記七》："然其境水石瀠回，峯崖倒突。"清屈大均《秋日自廣至韶江行有作》其三十四："峽盡清江曲曲開，白沙深映碧瀠洄。"

"洄""旋"
（宋張擇端《清明上河圖》）

【洄洑】

即洑。此稱先秦已行用。見該文。

【瀠洄】

即洑。此稱宋代已行用。見該文。

【過辨】

即漩渦。旋流迴轉之水。亦稱"迴川"。

《爾雅·釋水》："過辨，迴川。"郭璞注："﹝迴川﹞，旋流。"邢昺疏："言川水之中，有迴旋而流者名過辨。"郝懿行義疏引釋文："過，本或作渦。"南朝梁蕭綱等《曲水聯句》："迴川入帳殿，列俎間芳洲。"唐李白《蜀道難》詩："上有六龍迴日之高標，下有冲波逆折之迴川。"《藝文類聚》引晋張載《贈虞顯度》詩："離居一何闊，結思如迴川。"宋程垓《菩薩蠻》詞："曉烟籠日浮山翠，春風著水迴川媚。"

【迴川】

即過辨。此稱先秦已行用。見該文。

【漩】

旋轉的水流。即漩渦。《説文·水部》："漩，迴泉也。"段玉裁注："﹝漩﹞，謂峽中迴流大者，其深不測，舟遇之則旋轉而入。"唐元稹《遭風二十韻》："龍歸窟穴深潭漩，屢作波濤古岸隤。"唐杜甫《最能行》詩："欹帆側柁入波濤，撇漩捎濆無險阻。"宋張耒《通海夜雨寄淮上故人》詩："黃沙渾渾水滿川，奔流爭岸虎眼漩。"金段克己《乙巳清明游青陽峽》詩："突爲瀑布出山口，流沫成輪浪成漩。"明孫蕡《發忠州》詩："搖船夜半發忠州，漩深浪緊船欲立。"清盧九圍《鹿耳連帆》詩："帆帶晚風隨浪起，舟依曲港避沙漩。"

【渦】

指旋轉的水流。即漩渦。晋郭璞《江賦》："盤渦谷轉，浚濤山頹。"李善注："渦，水旋流也。"唐皮日休《河橋賦》："濁不可鑑，巘不可見。渦若驚風，浪如狂電。"清欽善《龍潭水嬉歌》："竪尾昂頭攫珠戲，一渦水作千百盤。"宋朱松《休寧村落間有奇石如彈子渦所出者宜養石菖蒲程德藻許以饋我以詩督之》詩："渦間石

無數，水礧相蕩磨。"清盛錦《過灘》詩："江渦衆壑趨，厓口亂石積。"

【盤渦】

水流迴旋成的深渦。即漩渦。亦作"團渦"。晋郭璞《江賦》："盤渦谷轉，凌濤山頹。"張銑注："盤渦，言水深風壯，流急相冲，盤旋作深渦。"唐杜甫《梅雨》詩："竟日蛟龍喜，盤渦與岸迴。"宋華鎮《銅陵阻風》詩："昨日始張帆，騰凌越盤渦。"宋吕本中《廣陵》詩："柳色團渦岸，春風揚子橋。"元惟則《吴松江觀閘》詩："閘上盤渦萬陣分，閘下狂瀾萬騎奔。"明張昱《送馮以清知事赴成都右衛幕府》詩："三峽盤渦轉殷雷，萬壑啼猿響空翠。"清張遠《下建溪諸灘》詩："若匪衆盤渦，閩溪高可瀉。"

【團渦】

即盤渦。此體宋代已行用。見該文。

【濆淖】

巨大的漩渦。即漩渦。宋李曾伯《和周晛仲過踏洞灘》詩："堪憐濆淖上舟難，爭似山坳住舍安。"宋范成大《刺濆淖》詩："不愁灘瀧來，但畏濆淖見。"又該詩《序》："濆淖，盤渦之大者，峽（長江三峽）江水壯則有之，或大如一間屋。相傳水行峽底，遇暗石則濆起，已而下旋爲渦。"

【澆】

旋轉的水波。漢劉向《九嘆·離世》："波澧澧而揚澆兮，順長瀨之濁流。"王逸注："回波爲澆也。"漢張衡《南都賦》："汰瀺灂兮船容裔，陽侯澆兮掩鳧鷖。"晋郭璞《江賦》："駭浪暴灑，驚波飛薄；迅澓增澆，湧湍疊躍。"一説，澆通"澆"，謂之急流。

【淵】[1]

打漩的水。即漩渦。《説文·水部》：“淵，迴水也。”《管子·度地》：“水出地而不流，命曰淵水。”《莊子·應帝王》：“鯢桓之審爲淵，止水之審爲淵，流水之審爲淵。”舊題先秦師曠《禽經》：“飲啄於澄瀾洄淵之側。”先秦宋玉《招魂》詩：“旋入雷淵，爢散而不可止些。”南朝梁柳惲《擣衣》詩其五：“泛艷回烟彩，淵旋龜鶴文。”唐李商隱《燕臺·夏》詩：“綾扇喚風闔闔天，輕帷翠幕波淵旋。”宋文同《東谷沿小澗樹木叢蔚中有圓潭愛之久坐書所見》詩：“野水瀉古穴，石岸盤回淵。”元王惲《小邊行一百五日同總尹張彥亨赴小邊口相視河流回馬上偶作此詩》詩：“今年築堤捍潲水，明年捲掃防洄淵。”明宋濂《篇海類編·地理類·水部》：“淵，水盤旋處爲淵。”清承齡《贈黎蕚齋茂才》詩：“培塿無大木，潆流成回淵。”

【潘】

即漩渦。亦作“蟠”。《列子·黃帝》：“鯢旋之潘爲淵，止水之潘爲淵。”殷敬順釋文：“本作蟠，水之盤迴之盤。今作潘，恐寫之誤。”明梅膺祚《字彙·水部》：“潘，水之盤旋曰潘。”字亦作“審”“瀻”。參閱《莊子·應帝王》郭慶藩集釋。

【蟠】

同“潘”。此體唐代已行用。見該文。

方水

水流作直角狀轉折。傳説其下有玉。亦作“方流”“方折”。南朝宋顏延之《贈王太常》詩：“玉水記方流，琁源載圓折。”南朝梁江淹《遷陽亭》詩：“方水埋金膄，圓岸伏丹瓊。”南朝梁王揖《在齊答弟寂》詩：“方流孕

“方水”“方流”
（明謝時臣《秋巖觀瀑圖》）

玉，圓波産珠。”《藝文類聚》卷八引《尸子》：“凡水，其方折者有玉，其圓折者有珠。”唐白居易《玉水記方流》詩：“尹孚光灩灩，方折浪悠悠。”宋郭茂倩《樂府詩集·郊廟歌辭八·宋章廟樂舞歌》：“圓火夕耀，方水朝清。”宋蘇軾《次韻錢穆父王仲至同賞田曹梅花》：“浮光風宛轉，照影水方折。”宋薛田《成都書事百韻》詩：“清江瀉勢方流巽，大面盤形正壓乾。”明黎民表《游西山玉泉池》詩：“圓渟知異脉，方折紀靈蹤。”明區大相《又和董玄宰玉河冰泮閣試之作》詩：“玉泉漸瀉方流出，銀漢才通一道來。”清弘曆《題董邦達葛洪山八景·璿源谷》詩：“飲水遥知方折源，佳哉山色罨巡轅。”清陳恭尹《送王紫詮使君觀察川南兼以爲壽》詩：“絕壑長空青，方流饒水碧。”

【方流】

即方水。此體南朝宋已行用。見該文。

【方折】

即方水。此體唐代已行用。見該文。

鏡

水質清潔且平靜微波或無波的湖、池、潭、塘、井等水面。唐劉禹錫《望洞庭》詩：“湖光秋月兩相和，潭面無風鏡未磨。”宋姚闢《游

山門呈知府大卿》詩："行行明鏡中，兩岸翠如幄。"宋陳與義《夏日集葆真池得静字》詩："聊將兩鬢蓬，起照千丈鏡。微波喜摇人，小立待其定。"宋陳傅良《淳熙三山志·地理類一》："疏鑿得蒙泉，澄明睹秦鏡。"明王守仁《四明觀白水二首》其二："千丈飛流舞白鷺，碧潭倒影鏡中看。"清黄宗羲《明儒學案·泰州學案三》："譬之蒼洱海水，其來或有從瀑而下者，亦有從穴而湧者，今則澄匯一泓，鏡平百里，更無高下可以分别。"清顧祖禹《讀史方輿紀要·江西五》："山周百里，上有石池，泓澄如鏡。"

【鏡水】

指水質清潔且平静微波或無波的湖、池、潭、塘、井等水面。唐白居易《酬微之誇鏡湖》詩："一泓鏡水誰能羨，自有胷中萬頃湖。"唐孟郊《送淡公》詩："鏡芳步步緑，鏡水日日深。"宋施樞《奉和龜翁送别》詩："雨洗秦山曉，波明鏡水春。"元趙友蘭《題海嶽後人烟嵐曉景圖》詩："月明鏡水秋無影，照見長虹貫客船。"明王恭《新秋有懷》詩："梧桐覆金井，鏡水澄秋碧。"清王夫之《訴衷情近·秋望》詩："乍臨鏡水摇空，又向蓮峰弄影。"

【天鏡】

平静清澈的水面。宋陸游《病後往來湖山間戲書》詩："結茅所幸得佳處，石帆天鏡無纖塵。"元薩都剌《走筆贈燕孟初》詩："西湖天鏡碧墮地，吳山蛾眉春入窗。"清盧德嘉《鳳山縣采訪册·癸部》："水碧浮天鏡，霞紅照玉臺。"

【玉鏡】

平静、明瑩的水面。亦稱"玉奩"。奩，指鏡。唐無名氏《白雪歌》詩："鳥啄冰潭玉鏡開，風敲簷溜水晶折。"唐李白《陪族叔刑部侍郎曄及中書賈舍人至游洞庭》詩之五："淡掃明湖開玉鏡，丹青畫出是君山。"宋汪藻《汴中放船歸陽羨》詩："遥遥烟堤護玉鏡，混混雲海浮金鉦。"宋劉弇《莆田雜詩二十首》其四："玉奩深貯月，雲乳暖藏春。"元郝經《湖水來》詩："鷗鳥静盡波不起，澄清無瑕玉鏡開。"明王寵《旦發胥口經湖中瞻眺》詩："金屏匝地軸，玉鏡開天容。"

【玉奩】

即玉鏡。此稱宋代已行用。見該文。

渌水

清水。漢張衡《東京賦》："於東則洪池清籞，渌水澹澹。"晋佚名《樂府詩集·清商曲辭一·子夜四時歌》："青荷蓋渌水，芙蓉葩紅鮮。"《南史·庾杲之傳》："庾景行汎渌水，依芙蓉，何其麗也！"唐李白《夢游天姥吟留别》詩："謝公宿處今尚在，渌水蕩漾清猿啼。"宋邵雍《天津感事》詩其十二："渌水悠悠際碧天，平蕪更與遠山連。"元于立《泊閶門次玉山韻》："渌水秋風蕩槳船，白蘋洲上月初弦。"明張昱《題海濱渌繞軒》詩："遠山對面如小畫，渌水繞軒清不渾。"清尤侗《水龍吟·咏白蓮》詞："誰家渌水銀塘，凌波扶出霓裳女。"

【泚】

清水。《詩·邶風·新臺》："新臺有泚，河水瀰瀰。"《説文·水部》："泚，清也。"唐韋應物《雲陽館懷谷口》詩："清泚階下流，雲自谷口源。"唐杜甫《狄明府》詩："虎之飢，下巉巖；蛟之横，出清泚。"唐李白《安州應城玉女湯作》詩："濯纓掬清泚，晞髮弄潺湲。"唐白居易《和夢游春詩一百韻》詩："池流渡清泚，草嫩蹋緑蓐。"宋田錫《七里灘》詩："清泚寒流走白沙，釣臺蒼翠遠嵯峨。"元陳旅《安福李氏臨溪亭》詩："滌硯弄寒泚，鳴琴寫潺湲。"明朱浙《寄竹坡施先生昆玉》詩："七寶白雲淳，石井劍池泚。"

【玉水】[3]

澄碧瑩澈之水。亦稱"玉冰""玉乳"。南朝梁王僧孺《朱鷺》詩："因風弄玉水，映日上金堤。"唐常建《古意》詩："井底玉冰洞地明，琥珀轆轤青絲索。"唐白居易《酬吴七見寄》詩："似漱寒玉冰，如聞商風弦。"唐譚用之《送僧中孚南歸》詩："琵琶峽口月溪邊，玉乳頭佗憶舊川。"宋歐陽修《聖節五方老人祝壽文・西方老人》："漱流玉乳之泉，枕石雲陽之洞。"金元好問《玉泉》詩之二："玉水泓澄古殿隅，又新名第不關渠。"清奕繪《念奴嬌六首》其四："耕織圖邊，繡漪橋下，玉水尤澄澈。"

【玉冰】

即玉水[3]。此稱唐代已行用。見該文。

【玉乳】[1]

即玉水[3]。此稱唐代已行用。見該文。

泓[1]

水清且深之貌。亦稱"泓澄"。《説文・水部》："泓，下深皃。"晋郭璞《江賦》："極泓量而海運，狀滔天以淼茫。"南朝梁蕭綱《玩漢水》詩："雜色崑崙水，泓澄龍首渠。"南朝宋謝靈運《山居賦》："瀰瀰平湖，泓泓澄淵。"唐方干《路支使小池》詩："一泓春水無多浪，數尺晴天幾箇星。"宋衛涇《金鰻井》詩："鰻井由來歲月深，泓澄一鏡絶塵侵。"元郝經《乙卯秋月十九日登泰山太平頂》詩："泓澄寒溜浸太古，翠壁細瀉珠璣圓。"明張萱《南旺湖作》詩："空闊平開鏡，泓澄寒浸雲。"清黄宗羲《明儒學案・河東學案上》："風埃些子無由入，寒玉一泓清更多。"

【泓澄】

即泓[1]。此體南朝梁已行用。見該文。

【漻】

水清澈貌。又，水之静止、安静、停聚之態。《莊子・天地》："夫道，淵乎其居也，漻乎其清也。"《淮南子・兵略訓》："滔滔如春，曠曠如夏，湫漻如秋，典凝如冬。"《説文・水部》："漻，清深也。"《史記・司馬相如列傳》："悠遠長懷，寂漻無聲，肆乎永歸。"顔師古注："言長流安静。"《文選・佚名〈九辯〉》："泬漻兮天高而气清，寂寥兮收潦而水清。"王逸注："溝無溢潦，百川静也。"唐李賀《南山田中行》："秋野明，秋風白，塘水漻漻蟲嘖嘖。"宋劉子翬《潭溪十咏・醒心泉》："携瓢酌清甘，漻然瑩心神。"元王禮《喜遷鶯》詞："最好處，似冰壺玉露，十分清漻。"明劉基《送龍門子入仙華山辭》詩："蜚梁連蜷兮登降峛崺，幽漻闃礋兮敞晃譎詭。"清姚燮《風颼颼辭四章》其一："風颼颼其颶乎，水漻漻其汩乎。"

【瀏】

水流，清深貌。《詩・鄭風・溱洧》："溱與洧，瀏其清矣。"毛傳："瀏，深貌。"《説文・水部》："瀏，流清皃。"漢揚雄《太玄・減》："次八，瀏漣漣，減於生根。"范望注："瀏，汙（流）也。"北魏酈道元《水經注・湞水》："〔温水〕其熱可以爓鷄，洪瀏百餘步；冷若寒泉，東南流注於湞水。"一説，瀏，通"潦"，水深而清澈。

玄酒

古代祭祀代酒用之清水。亦稱"玄尊""玄清"。《儀禮·士冠禮》："玄酒在西，加勺南枋。"鄭玄注："玄酒，新水也。"《禮記·禮運》："故玄酒在室，醴醆在户。"孔穎達疏："玄酒，謂水也。以其色黑，謂之玄。而太古無酒，此水當酒所用，故謂之玄酒。"《吕氏春秋·適音》："大饗之禮，上玄尊而俎生魚。"高誘注："玄尊，明水也。"陳其猷校釋："尊爲酒器，因假爲酒之稱，故玄尊即玄酒。"漢張衡《七辯》："玄清白醴。"唐韓愈《袁氏先廟碑附詩》："肩臑胉骼，其樽玄清，降登受胙，于慶爾成。"

【玄尊】

即玄酒。此稱先秦已行用。見該文。

【玄清】

即玄酒。此稱漢代已行用。見該文。

玉花

清澈、激揚四濺的水花。宋蘇軾《戲作放魚》詩："縱橫争看銀刀出，濺濺初驚玉花碎。"清查爲仁《蓮坡詩話》引無名氏詩："坐愛春泉響翠微，玉花吹濕薜蘿衣。"

霤 [2]

屋檐所瀉水流。亦作"溜"。《楚辭·大招》詩："夏屋廣大，沙堂秀只。南房小壇，觀絶霤只。"《淮南子·氾論訓》："今夫霤水足以溢壺榼，而江河不能實漏巵。"晋潘岳《悼亡詩三首》其一："春風緣隙來，晨霤承簷滴。"晋潘岳《寡婦賦》："霤泠泠以夜下兮，冰謙瀑以微凝。"李善注引《説文·雨部》曰："霤，屋水流也。"唐劉謙《對雨》詩："幽庭凝碧亦漣漪，簷霤聲繁聒夢歸。"《藝文類聚·天部上》："早

曦照庭，餘雪盡映，簷溜滴垂。"宋孔平仲《題贛州嘉濟廟祈雨感應》詩："江東禱雨真靈迹，香火未收簷溜滴。"元陳鎰《次韻周子符中秋賞月》詩："杜門獨酌風雨來，簷溜瀟瀟聲不斷。"明劉基《秋懷》詩其二："涓涓屋溜瀉，汩汩街泥深。"清王夫之《續哀雨詩四首（辛丑）》其一："簷溜漸疏鷄唱急，殘燈炷落損征衣。"清陳恭尹《送譚天水入燕》詩："冰簪屋霤玲瓏曉，雪照宫桃婀娜春。"

【溜】 [3]

同"霤 [2]"。此體唐代已行用。見該文。

石溜 [1]

石上或石間清流。南朝齊王融《移席琴室應司徒教》詩："潺湲石溜寫，綿蠻山雨聞。"南朝梁王筠《望夕霽》詩："石溜正漎漎，山泉始澄汰。"北魏酈道元《水經注·河水四》："北坎室上，有微涓石溜，豐周瓢飲，似是棲游隱學之所。"唐王維《欒家瀨》詩："颯颯秋雨中，淺淺石溜瀉。"宋蘇轍《萬杉寺》詩："涓涓石溜供厨足，矗矗山屏遶寺開。"元陳旅《題秋山圖》詩："靈溪鳴石溜，野屋負層岑。"明周履靖《錦箋記·泛月》詞："試聽殿鈴隱隱，石溜漎漎，總把游情逗。"清盧槐《游石碧山》詩："屏蘿欺繪筆，石溜送琴絲。"

汗

喻物表層濕漉似汗出之狀。漢應劭《風俗通》："新竹有汗，善朽蠹，凡作簡者，皆於火上炙乾之。"唐段成式《寺塔記》："桐至夏有汗，污人衣如輠。"《舊唐書·曆志二》："雲交擾擾，光景渾亂，忽極令諸乳卒竭，月濕如汗狀，日形段裂無光。"

水文 [2]

古指對江河、湖、海、泉、井等水體及其現象的總稱。省稱"水"。抑或指對自然界水體時空分布、變化規律探索的一門學問。《洞玄靈寶河圖仰謝三十六天齋儀》："齋竟送天文維上，埋地文墠中，水文投流水，簡各隨之。"

【水】[3]

即水文 [2]。此稱晋代已行用。見該文。

神水

立春日收貯之水，相傳以之釀酒不壞。唐韓鄂《歲華紀麗》："雁序南回，斗衡東指，貯神水以祥。"舊注："立春日貯水，謂之神水，釀酒不壞。"一說，農曆五月五日降雨，砍伐之竹中即有之，可入藥。明李時珍《本草綱目・水一・神水》引《金門記》云："五月五日午時有雨，急伐竹，竿中必有神水，瀝取爲藥。"

涯　渚

岸

水陸交接處高出水面的陸地。亦作"屵"。《詩・衛風・氓》："淇則有岸，隰則有泮。"《爾雅・釋丘》："望厓灑而高，岸。"郭璞注："厓，水邊；灑，謂深也。梘厓峻而水深者曰岸。"《說文・屵部》："岸也。从山嚴聲。"又云："岸，水厓而高者。从屵干聲。"朱駿聲通訓定聲："假借爲屵。"晋陶潛《桃花源記》："忽逢桃花林，夾岸數百步，中無雜樹，芳草鮮美，落英繽紛，漁人甚異之。"南朝梁沈君攸《采蓮曲》詩："衣香隨岸遠，荷影向流斜。"唐皎然《春日對雨聯句一首》："林低山影近，岸轉水流急。"南唐徐鍇《說文繫傳》："屵，山岸也，依山而居。"宋王安石《泊船瓜洲》詩："春風又綠江南岸，明月何時照我還？"金元好問《鷓鴣天・薄命妾辭》詞："鴛鴦隻影江南岸，腸斷枯荷夜雨聲。"明葉顒《贈牧童》詩："幾回芳草岸，高臥月明中。"清王連瑛《隋堤行》："丈人試看堤邊柳，雨岸蕭蕭禿似帚。"

【屵】

同"岸"。此體漢代已行用。見該文。

【岑】[3]

河岸。《莊子・徐無鬼》："夜半於無人之時，而與舟人鬥，未始離於岑，而足以造於怨也。"郭象注："岑，岸也。"陸德明釋文："〔岑〕謂崖岸也。"宋辛棄疾《水龍吟・登建康賞心亭》詞："楚天千里清秋，水隨天去秋無際。遙岑遠目，獻愁供恨，玉簪螺髻。"宋黄庭堅《兩同心》詞："秋水遙岑，妝淡情深。"按，詞句中"岑"可解爲遠山，也可解爲遠岸。

奥

水邊涯岸深曲之地，亦即水涯向内彎曲地帶。亦作"隈""隩"。通"澳"。《詩・衛風・淇奥》："瞻彼淇奥，綠竹猗猗。"毛傳："奥，隈也。"《詩・大雅・公劉》："芮鞫之即。"鄭玄箋："水之内曰隩。"《禮記・大學》引作"澳"，陸德明釋文："澳，本又作隩。"《爾雅・釋丘》："隩，隈。厓内爲隩，外爲隈。"南朝宋謝靈運《從斤竹澗越嶺溪行》："逶迤傍隈隩，苕遞陟陘峴。"晋潘岳《西征賦》："憑高望之陽隈，體川陸之污隆。"李善注："隈，崖也。"唐吕巖《七言》詩："誰信華池路最深，非遐非邇奥難尋。"

宋朱熹《詩集傳》：“於六反。奥，隈也。”元祖銘《宿徑山娑羅林二首》其二：“星河累明滅，崖溜落淵奥。”《正韻》：“音韻，隈也。水内曰奥。”《徐霞客游記·滇游日記十一》：“其水漸且出峽，當前坳尖山之隩矣。”清沈德潜《哀愚民》詩：“轉粟楚蜀間，屯積遍涯隩。”

【隈】[3]

即奥。此稱先秦已行用。見該文。

【隩】

即奥。此稱先秦已行用。見該文。

【崎】[2]

指曲折的河岸。《楚辭·高唐賦》：“盤岸巑岏，裖陳皚皚。磐石險峻，傾崎崖。”《晋書·衞恒傳》：“崔瑗作《草書勢》曰：‘……方不中矩，員不副規；抑左揚右，望之若崎。’”南朝梁江淹《山中楚辭六首》其四：“溪崎嶬兮石架阻，颷飂飀兮木道寒。”唐徐夤《潤屋》詩：“玉爍火光争肯變，草芳崎岸不曾秋。”《廣韻·平微》：“崎，曲岸。”元鄧玉賓《〈正宫〉端正好·俺便似畫圖》曲：“青天白日藤葛籠籠葱葱障，朝雲暮雨山水崎崎嶇嶇當。”明余繼登《田夫謡送馬瑞河父母之沾益》詩：“中復經巫峽，崟崎摩蒼天。”清顧宗泰《永安舟次遇南陵王春臺同年出示湖上讀書圖屬題因賦贈》詩：“朗陵叠翠仙螺環，崎湖蕩碧香流曲。”

【涯】

水岸，抑或高聳的水岸。亦作“崖”“厓”。《書·微子》：“今殷其淪喪，若涉大水，其無津涯。”《詩·魏風·伐檀》：“坎坎伐檀兮，寘之河之干兮。”毛傳：“干，厓也。”《莊子·山木》：“君其涉於江而浮於海，望之而不見其崖。”《荀子·勸學》：“玉在山而草木潤，淵生

珠而崖不枯。”楊倞注：“崖，岸。”《爾雅·釋丘》：“望厓灑而高岸。”漢揚雄《解嘲》：“譬若江湖之崖，渤澥之島，乘雁集不爲之多，雙鳧飛不爲之少。”晋郭璞《江賦》：“觸曲厓以縈繞，駭崩浪而相礧。”吕延濟注：“浪觸曲岸則環旋。”《玉篇·厂部》：“厓，水邊也。或作涯。”唐韓愈《送温處士赴河陽軍序》：“洛之北涯曰石生，其南涯曰温生。”唐孟郊《病客吟》：“大海亦有涯，高山亦有岑。”金元德明《山中雨後》詩：“繞屋湍聲轉，臨崖老樹摧。”明劉永之《海屋爲蕭君賦》詩：“結屋青海上，弄影滄江涯。”清王夫之《望湘人·歸雁》詞：“烟水無涯，關河何處，長是夢魂飛繞。”清王筠《説文句讀》：“崖，岸。高邊也。……此云高邊，崖則水之邊而峭高者也。”參閲明王圻等《三才圖會·地理圖會》。

【崖】[2]

同“涯”。此體先秦已行用。見該文。

【厓】[3]

同“涯”。此體漢代已行用。見該文。

【水涯】

水岸，即涯。晋雲林右英夫人《九月六日

涯
（宋夏圭《溪山清遠圖》）

夕雲林喻作與許侯》詩:"相期白水涯,揚我葜蕤珠。"《晋書·五行志下》:"〔升平〕漢中城固縣水涯有聲若雷,既而岸崩。"唐宋之問《太平公主山池賦》:"烟岑水涯,繚繞逶迤。"唐齊己《渚宮莫問詩一十五首》:"莫問閑行趣,春風野水涯。"宋謝枋得《武夷山中》詩:"十年無夢得還家,獨立青峰野水涯。"元黃九高《寓居》詩:"借屋城南住,清流枕水涯。"明嚴嵩《送顧使君華玉赴全州》詩:"吳客孤帆楚水涯,碧雲千里度長沙。"清彭孫貽《埭溪眺月四首》其三:"雨歇春事盡,扁舟橫水涯。"

【坻】 [2]

水岸,即涯。《詩·秦風·蒹葭》:"溯游從之,宛在水中坻。"漢司馬相如《上林賦》:"臨坻注壑。"漢張衡《南都賦》:"坂坻嶔巇而成甗,谿壑錯繆而盤紆。"李善引郭璞《上林賦》注:"坻,岸出。"漢賈誼《鵩鳥賦》:"乘流則逝兮,得坻則止。"唐白居易《代書詩一百韻寄微之》詩:"繁張獲鳥網,堅守釣魚坻。"宋葉適《吳江華嚴塔院贈了洪講師》詩:"尚見波濤驚,累然擁丘坻。"元袁桷《次韻瑾子過梁山濼三十韻》詩:"蓮根漲新圩,蒲芽護荒坻。"明鄧雲霄《天坐歌》:"乘流而逝兮遇坻則止,日落潮生兮海風又起。"清曾習經《姚君愨秋園》詩:"一舸乘流暫得坻,南園北第起參差。"

【沂】

水岸,即涯。《漢書·敘傳上》:"齊寧激聲於康衢,漢良受書於邳沂。"顏師古注引晋灼曰:"沂,崖也,下邳水之崖也。"晋支遁《咏利城山居》詩:"玉潔箕巖下,金聲瀨沂濱。"唐李義府《在巂州遙叙封禪》詩:"岧嶢臨渤澥,隱嶙控河沂。"宋石介《留守待制視學》詩

其四:"春早沂風暖,芹生泮水深。"明王鏊《送徐季止還南雍》詩:"夜鐙對照南國雨,春服同行沂上風。"清陳淑均《蘭陽八景》詩:"地經秋雨真浮海,人悟春風此浴沂。"

【隈】 [2]

水岸,即涯。晋潘岳《西征賦》:"憑高望之陽隈,體川陸之污隆。"李善注:"隈,厓也。"晋陸機《贈武昌太守夏少明》詩:"悠悠武昌,在江之隈。"唐王維《桃源行》:"山口潛行始隈隩,山開曠望旋平陸。"唐劉禹錫《雜曲歌辭·浪淘沙》:"日照澄洲江霧開,淘金女伴滿江隈。"元劉詵《和蕭天叙山行》詩:"人家山澗隈,往覓漿水遲。"明李延興《春日》詩:"柳外旗亭傍水隈,花前留客倒金杯。"清惲格《孤山遠眺》詩其一:"振衣空翠裏,悵望水天隈。"

【濱】

水岸,亦即涯。湖、河、海的水邊陸地、海灘地帶。亦作"瀕""賓""頻"。《書·禹貢》:"〔青州〕厥土白墳,海濱廣斥。"孔傳:"濱,涯也。"《詩·國風·采蘋》:"于以采蘋,南澗之濱。"又,《大雅·召旻》詩:"池之竭矣,不雲自頻。"毛傳:"頻,厓也。"鄭玄箋:"頻當作濱。"又,《小雅·北山》:"率土之濱,莫非王臣。"毛傳:"濱,涯也。"《說文·水部》:"浦,瀕也。"按,浦即水岸。《史記·屈原賈生列傳》:"屈原至於江濱。"《漢書·地理志上》:"厥土白墳,海瀕廣潟"。唐李世民《冬狩》詩:"心非洛汭逸,意在渭濱游。"宋丁謂《蓮》詩:"千葉松風畔,雙花柳渚瀕。"元王艮《追和唐詢華亭十咏·柘湖》詩:"湖瞰平林外,波搖斷崖濱。"元袁凱《京師歸別業》詩:"游絲牽木

杪，孤鶯鳴水賓。"明劉永之《游承天宫》詩：
"石橋流水隔飛塵，古木蒼蒼繞澗濱。"清屈大
均《對月》詩："暮雨過天末，秋光出水濱。"
《字彙補·貝部》："賓，與濱同。"

【頻】

同"濱"此體先秦已行用。見該文。

【瀕】

同"濱"。此體漢代已行用。見該文。

【賓】

同"濱"。此體宋代已行用。見該文。

【步】[1]

即涯。吳楚人對水濱、水渚的稱呼。北魏
酈道元《水經注·贛水》："步，水渚也。"唐故
臺城妓失題詩："那堪回首處，江步野棠飛。"
宋吳處厚《青箱雜記》："閩中謂水涯爲步。"金
朱自牧《清河道中暮歸》詩："十里烟霞隨野
步，兩崖禾黍撼秋聲。"明葉顒《幽棲》詩：
"步隨青草遠，興與白鷗飛。"

【干】[2]

水岸，亦即涯。《周易·漸》："鴻漸於干。"
孔穎達疏："干，水涯也。"《詩·魏風·伐檀》：
"坎坎伐檀兮，置之河之干兮。"毛傳："干，厓
也。"孔穎達疏："身自斬伐檀木，置之於河之
厓。"《管子·小問》："昔者吳干戰。"唐房玄齡
注："干，江邊地也。"《西京雜記》卷四："白
鳥朱冠，鼓翼池干。"《史記·春申君傳》："而
不知干隧之敗。"司馬貞索隱："干，水邊也。"
唐杜甫《有客》詩："豈有文章驚海内，漫勞
車馬駐江干。"宋文天祥《候船難》詩："待船
三五立江干，眼欲穿時夜漸闌。"元永彝《題仲
穆看雲圖》詩："靄靄晴雲擁碧巒，清分秋影落
江干。"明徐賁《古別離》詩："清晨戒嚴裝，

送別河之干。"《明史·林日瑞傳》："日瑞聞賊，
急急結西羌兵以待，而率副將郭天吉等扼守河
干。"清洪亮吉《宗忠簡祠》詩："六百年來氣
不磨，江干遺廟鬱嵯峨。"

【句廉】

河岸曲折有鋒棱之處。《漢書·趙充國傳》：
"以七月二十二日擊罕羌，入鮮水北句廉上。"
顏師古注："句廉，謂水岸曲而有廉棱也。"明
葉春及《惠安政書》："復轉而南迤爲沙堤，表
裏環海，句廉斗入突，有小岞島嶼。"

【水曲】

曲折的水岸。又，水流曲折處。《周禮·地
官·保氏》："四曰五馭。"鄭玄注引鄭衆曰：
"五馭：鳴和鸞，逐水曲，過君表，舞交衢，逐
禽左。"南朝宋劉鑠《擬行行重行行》："寒蟬翔
水曲，秋兔依山基。"唐李賀《昌谷北園新筍四
首》詩："今年水曲春沙上，笛管新篁拔玉青。"
唐駱賓王《疇昔篇》："遨遊灞水曲，風月洛城
端。"宋楊傑《幽谷吟上歐陽内翰》詩："自疑
身是武陵客，誤逐桃花迷水曲。"元虞集《至正
改元辛巳寒食日示弟及諸子侄》詩："山舍墓田
同水曲，不堪夢覺聽啼鵑。"明佘翔《舟次懷
人》詩："山限水曲抱烟嵐，露月霜風酒半酣。"
清商景蘭《更漏子·閨中四景詞·春》詞："艷
陽天，流水曲。處處鶯啼柳綠。"

【水裔】

猶水岸，即涯。《楚辭·九歌·湘夫人》：
"麋何食兮庭中？蛟何爲兮水裔？"王逸注：
"蛟當在深淵而在水涯。"漢馬融《長笛賦》：
"鱓魚喁於水裔，仰駟馬而舞玄鶴。"晉劉楨
《公燕》詩："靈鳥宿水裔，仁獸游飛梁。"《藝
文類聚·雜文部》："采芳岸之靈芝，遇游女於

水裔。"宋曹勳《秋色》詩:"空烟翔水裔,海月飛冰輪。"元馬祖常《壯游八十韻》詩:"蛟龍逐電鼉,鱗介滿水裔。"明楊士奇《漢江夜泛》詩:"凝霜飛水裔,迴飆蕩微瀾。"清弘曆《闓福寺大佛詩用去歲真定隆興寺禮大佛詩韻》詩:"翼然五亭臨水裔,勝國遺迹今猶存。"

【汜】²

水岸,亦即涯。《楚辭·天問》:"出自暘谷,次於蒙汜。"王逸注:"汜,水涯也。"南朝宋謝惠連《西陵遇風獻康樂》詩其四:"曲汜薄停旅,通川絕行舟。"唐皎然《奉和顏魯公真卿落玄真子舴艋舟歌》:"滄浪子後玄真子,冥冥釣隱江之汜。"元朱德潤《次方叔淵先生自趙屯歸城中韻》詩:"扁舟轉重灘,棹激浪還汜。"明王偁《晚宿雙峰驛樓與故人陳哲言別》詩:"扁舟泊江汜,候吏欣相迎。"清秦大士《江寧蔡邑侯救圩歌》:"侯聞倉黃出郭視,浮天一望連江汜。"

【汭】²

亦作"芮"。水岸,亦即涯。《詩·大雅·公劉》:"止旅乃密,芮鞫之即。"毛傳:"芮,水厓也。"陸德明釋文:"芮,本又作汭。"晋木華《海賦》:"雲錦散文於沙汭之際,綾羅被光於螺蚌之節。"唐李白《題瓜州新河·餞族叔舍人賁》詩:"海水落斗門,湖平見沙汭。"元馬祖常《壯游八十韻》:"千畝開靈潢,馴象浴其汭。"明何景明《贈望之四首》詩其一:"嫋嫋孤生楊,迢迢河水汭。"清王士禎《蠡勺亭觀海》詩:"菱苔沈綠紛塘坳,螺蚌搖光散沙汭。"

【芮】

同"汭"。此體先秦已行用。見該文。

【陂】¹

水岸,亦即涯。《詩·陳風·澤陂》:"彼澤之陂,有蒲與荷。"《國語·越語下》:"故濱於東海之陂。"韋昭注:"陂,涯也。"《漢書·禮樂志》:"〔《郊祀歌》〕騰雨師,灑路陂。"唐耿湋《送姚校書因歸河中》詩:"古陂無茂草,高樹有殘陽。"宋王安石《初夏即事》詩:"石梁茅屋有彎碕,流水濺濺度兩陂。"宋孔武仲《至白湖驛寄四弟》詩:"江頭言別頗匆匆,暮止荒陂破屋中。"金密璹《思歸》詩:"遥想翠雲亭下水,滿陂青草鷺鷥雙。"明區大相《游宗謙至自塞上別歸莆》詩:"木蘭陂上客,還泛木蘭舟。"清陳恭尹《送羅仲牧移家車陂》詩:"陂上家家好,清溪帶緑筠。"

【沜】¹

水岸,亦即涯。《康熙字典》引《玉篇》曰:"古文泮字。義與《詩》'隰則有泮'之泮同。沜,猶滸也。"又引《唐書·王維傳》曰:"輞川有芙蓉沜。"南唐劉崇遠《金華子雜編》卷上:"〔杭州〕其俗端午習競渡於錢塘湖。每先數日,即於湖沜排列舟舸。"《廣韻·去換》:"沜,水涯。"宋吳汝一《游石仙分韻得觀字》詩:"何不葬山原,不然棄江沜。"元貢師泰《題王維輞川圖》詩:"竹館翠陰晚,荚沜紅實秋。"明陳獻章《次韻定山先生種樹》其三:"花時風日美新晴,北沜南垞迤邐行。"清查慎行《擬玉泉山大閱二十韻》詩:"地闢丹棱沜,天開裂帛湖。"

【津】²

水岸,亦即涯。《書·微子》:"今殷其淪喪,若涉大水,其無津涯。"《吕氏春秋·求人》:"禹東至榑木之地,日出九津青羌之野。"高誘注:"津,崖(涯)也。"《荀子·子道》:"昔者江出於岷山,其始出也。其源可以濫觴;及其至江之津也,不放舟,不避風,則不可涉也,非維下流水多邪？”漢枚乘《七發》：“初發乎或圍之津涯，芡軫谷分。”漢樂府《上陵》詩：“上陵何美美，下津風以寒。”唐佚名《非所寄王都護姨夫》詩：“蓬轉已聞過海畔，莎居見説傍河津。”宋徐鉉《聽霓裳羽衣曲送陳君》詩：“清商一曲遠人行，桃葉津頭月正明。”金朱之才《謝孫寺丞惠梅花》詩：“念昔客江南，千樹臨江津。”明朱希晦《簡彦明趙徵君》詩：“野岸風微柳花白，江津水暖蒲芽青。”清張廷玉《題漁樂圖》詩：“秋江渺渺無津涯，江邊漁父船爲家。”

【崖涘】

水岸，亦即涯。“崖”通“涯”，亦作“涯涘”。《莊子·秋水》：“今爾出於崖涘，觀於大海，乃知爾醜。”漢枚乘《七發》：“虹洞兮蒼天，極慮乎崖涘。”唐韓愈《寄盧仝（憲宗元和六年河南令時作）》詩：“先生固是余所畏，度量不敢窺涯涘。”宋邢恕《題愚溪》詩：“蘋藻翳泓澄，松竹蔭崖涘。”元王惲《秋澗記》：“漲痕在而流沫空，沙尾平而崖涘峻。”明孟洋《天馬行同唐荆川太史游普濟寺作》詩：“往往飛花下石壇，呦呦馴鹿臨崖涘。”清顧我錡《趵突泉》詩：“流丹百仞映涯涘，飛沫萬點噴簪楹。”

【渚】[1]

水岸，亦即涯。《楚辭·九歌·湘君》：“鼉馳鶩兮江皋，夕弭節兮北渚。”王逸注：“渚，水涯也。”唐王勃《滕王閣序》：“滕王高閣臨江渚，佩玉鳴鸞罷歌舞。”宋衛宗武《過安吉縣梅溪二首》其二：“鳴鴻歸別渚，倦鵲立寒林。”金吳激《同兒曹賦蘆花》詩：“天接蒼蒼渚，江涵嫋嫋花。”元丁復《送人省親》詩：“沙鳥行秋渚，江豚拜午湍。”明楊慎《臨江仙·滾滾長

江東逝水》詞：“白髮漁樵江渚上，慣看秋月春風。”清方中發《田家苦》詩：“渚蒲芽青山杏紅，家家曉起催農功。”

【涘】

水岸，亦即涯。《詩·大雅·大明》：“在洽之陽，在渭之涘。”又，《詩·王風·葛藟》：“緜緜葛藟，在河之涘。”又，《詩·王風·蒹葭》：“蒹葭采采，白露未已。所謂伊人，在水之涘。”《爾雅·釋丘》：“涘爲厓。”郭璞注：“謂水邊。”《莊子·秋水》：“涇流之大，兩涘渚崖之間，不辨牛馬。”《説文·水部》：“涘，水厓也。”晉石崇《楚妃嘆》詩：“西撫巴漢，東被海涘。”隋王胄《酬陸常侍》詩：“君留五湖曲，余去三河涘。”唐韓愈《李花贈張十一署》詩：“風揉雨練雪羞比，波濤翻空杳無涘。”宋孔平仲《和常父寄經父》詩：“錢塘與海接，浩渺無涯涘。”元周權《八里莊渡淮入黃河水渾不可飲過徐入清河水方澄潔信筆閒記》詩：“黃河不復行故道，下注清淮通海涘。”明趙汸《故人》詩：“故人別我秋江涘，幾載重逢春夢裏。”清錢大昕《清河道中》詩：“居人傍遥堤，柴門臨水涘。”

【浦】[2]

水岸，亦即涯。《詩·大雅·常武》：“率彼淮浦，省此徐土。”毛傳：“浦，涯也。”《呂氏春秋·本味》：“江浦之橘。”《楚辭·湘君》：“望涔陽兮極浦。”《説文·水部》：“浦，瀕也。”按，瀕，義爲靠水，引伸爲水邊區域。漢張衡《思玄賦》：“載太華之玉女兮，召洛浦之宓妃。”李善注：“《楚辭》：‘迎宓妃於伊浦。’”唐馬戴《江行留別》詩：“返照開嵐翠，寒潮蕩浦沙。”宋孟貫《宿故人江居》詩：“漁舟歸舊浦，鷗鳥

宿前汀。"金元德明《同侯子晋賦雁》詩："沈沈江浦雲,浩浩朔漠雪。"元于立《湖光山色樓口占四首》其四："晚烟晴樹繞樓臺,別浦荷花遠近開。"明丁鶴年《枯木竹石》詩："何人歌竹枝,遥隔瀟湘浦。"清秋瑾《水仙花》詩："洛浦凌波女,臨風倦眼開。"

【極浦】

遥遠的水濱。《楚辭·九歌·湘君》："望涔陽兮極浦,横大江兮揚靈。"王逸注："極,遠也;浦,水涯也。"南朝梁江淹《效謝惠連〈贈別〉》："停艫望極浦,弭棹阻風雪。"唐許渾《凌歊臺送韋秀才》詩："帆勢依依投極浦,鐘聲杳杳隔前林。"宋孫光憲《菩薩蠻》詞其五："極浦幾回頭,烟波無限愁。"元耶律鑄《春晴極寒登池樓書事》詩："目斷野烟横極浦,心懸明月入高樓。"明于慎行《秋日有懷朱長君可大》詩："素月芳尊成遠夢,長天極浦足離愁。"清曹寅《過燕子磯》詩："峭帆的的空濛去,極浦回聞十里鐘。"

【溆浦】[1]

水岸,亦即涯。單稱"溆",亦稱"浦溆"。南朝齊王融《渌水曲》："日霽沙溆明,風動泉花燭。"《玉篇·水部》："溆,浦也。"南朝梁何遜《贈江長史別》詩："長飆落江樹,秋月照沙溆。"又,《咏白鷗兼嘲別者》詩："孤飛出溆浦,獨宿下滄洲。"隋薛道衡《渡北河》詩："連旌映溆浦,疊鼓拂沙洲。"唐皎然《早秋陪韓明府泛阮元公溪》詩："早凉生浦溆,秋意滿高低。"唐杜甫《戲題王宰畫山水圖歌》："舟人漁子入浦溆,山木盡亞洪濤風。"宋方岳《漁父詞》其三："煙波渺渺一輕篷,浦溆生寒蘆荻風。"元李孝光《寒汀小景圖爲去疾監丞作》

詩："綿綿溆浦間,水乾見塗泥。"清納蘭性德《河瀆神》詞之二："今夜冷紅浦溆,鴛鴦棲向何處。"清吳錫麒《游西山記》："追歡於林溆之地。"一説,"溆浦"爲水名。清顧祖禹《讀史方輿紀要·湖廣》:"《漢志》作序水。一名溆溪,又名溆川。"另説,"溆浦"爲地名,位於湖南省西部。

【浦溆】

同"溆浦[1]"。此稱隋代已行用。見該文。

【溆】

即溆浦[1]。此稱南朝梁已行用。見該文。

【湄】[2]

水岸,亦即涯。《詩·秦風·蒹葭》："所謂伊人,在水之湄。"晋左思《三都賦》:"況河冀之爽墑,與江介之湫湄。"唐李白《九日登山》詩："築土按響山,俯臨宛水湄。"又,《大鵬賦》:"然後六月一息,至於海湄。"唐柳宗元《哭連州凌員外司馬》詩："出守烏江滸,左遷湟水湄。"宋伍喬《寄史處士》:"長羨閒居一水湄,吟情高古有誰知。"元宗衍《楞伽寺得月臺》詩："月出湖水湄,清輝映林屋。"明王紳《寄叔雍舍侄三首》詩其一："百畝良田不間畦,息耕亭畔曲江湄。"清黄景仁《太白墓》詩："與君同時杜拾遺,窆石卻在瀟湘湄。"一説,亦水亦草處。《爾雅·釋水》:"水草交爲湄。"

【水頭】[2]

水岸,亦即涯。兩漢樂府《白頭吟》:"今日斗酒會,明旦溝水頭。"唐元稹《紫躑躅》詩："去年春別湘水頭,今年夏見青山曲。"唐姚合《辭白賓客歸後寄》詩："千騎紅旗不可攀,水頭獨立暮方還。"宋陸游《偶與客飲客去戲作》詩："平生自計亦已熟,惟有釣魚湖水頭。”宋釋元肇《徑山冬日》：“怕有梅花發，因行到水頭。”元鄭元祐《梅隱》詩：“不見梅花已悽怨，況聞笛聲湖水頭。”清汪懋麟《寄櫟園少司農兼送雪客歸金陵》詩：“我別先生江水頭，相逢令子燕山陌。”

【厲】[1]

水岸，亦即涯。《詩·衛風·有狐》：“有狐綏綏，在彼淇厲。”毛傳：“深可厲之旁。”陳奐傳疏：“厲本涉水之名，因之水旁可涉，亦謂之厲也。”《廣雅·釋詁一》：“厲，方也。”王念孫疏證：“厲謂水厓也。厲之言浖也。《廣雅·釋丘》云：‘隒、浖，厓也。’此云：隒、厓、厲，方也。屬與浖聲近義同。”清王引之《經義述聞》：“厲謂水厓也……水旁謂之側，亦謂之厲；水厓謂之厲，亦謂之側。”

【滸】[1]

水岸，即涯。亦作“水滸”，亦稱“汻”。《詩·大雅·綿》：“率西水滸，至于岐下。”《詩·王風·葛藟》：“綿綿葛藟，在河之滸。”毛傳：“滸，水厓也。”《爾雅·釋丘》：“岸上，滸。”又，《釋水》：“滸，水厓。”《説文·水部》：“汻，水厓也。从水午聲。呼古切。臣鉉等曰：今作滸，非是。”桂馥義證：“經典作滸。”唐王勃《九成宫頌》序：“獲秦餘於故兆，地擬林光；訪周舊於遺風，山連水滸。”南唐徐鍇《説文繫傳》：“江之汻，忽午反，水崖枯土也。”宋楊萬里《浯溪賦》：“乃迹故步，還至水滸。”元楊載《次劉師魯韻》詩：“飛雁至江滸，北風天始凉。”明何景明《津市打魚歌》：“野人無船住水滸，織竹爲梁數如罟。”清譚嗣同《鸚鵡洲吊禰正平》詩：“側聞漢水之南，湘水之滸，桂旗靡烟赴簫鼓。”

【水滸】

即滸[1]。此體先秦已行用。見該文。

【汻】

同“滸[1]”。此稱漢代已行用。見該文。

【漘】

水岸，亦即涯。《詩·魏風·伐檀》：“坎坎伐檀兮，寘之河之漘兮。”毛傳：“漘，厓也。”《説文·水部》：“漘，水厓也。”唐杜甫《寄薛三郎中》詩：“青草洞庭湖，東浮滄海漘。”唐元稹《代曲江老人百韻》詩：“琳琅鋪柱礎，葛藟茂河漘。”《集韻·平諄》：“漘，或省作漘。”宋王之道《次韻劉春卿書懷》詩：“大厦烟焚突，長堤蟻潰漘。”元張仲深《溪上次岸上人五絶句》其一：“柳風松雨滿溪漘，風雨催殘二分春。”明孫作《送徐總管入杭》詩：“駿馬好陪丞相後，《竹枝》歌吹繞湖漘。”清齊彦槐《龍尾車歌》：“伐輪百部寘河漘，畚鍤興工日可計。”

【潯】

水岸，亦即涯。《説文·水部》：“潯，厓深也。”段玉裁注：“今人用此字，取義於‘旁’。”《淮南子·原道訓》：“故雖游於江潯海裔，馳要褭，建翠蓋。”高誘注：“潯，厓也。”漢枚乘《七發》：“弭節乎江潯。”南朝宋謝莊《郊游》詩：“凉葉照沙嶼，秋榮昌水潯。”南朝齊王融《侍游方山應詔》詩：“日羽鏡霜潯，雲旗落風甸。”唐于頔《郡齋卧疾贈晝上人》詩：“雪水漾清潯，吴山横碧岑。”宋孫覿《雨中泊蜀山見漁人自山半負樵入舟鼓棹而去》詩：“一嶂横青靄，千漚起碧潯。”金趙秉文《雜擬十首》其五：“猗猗竹與桐，並生江之潯。”明劉永之《送吴德基赴安化令》詩：“春江望不極，芳草绿江潯。”清周凖《題秦餘女史所畫〈楚辭〉圖》詩：“繞堂烟浪洞庭深，芳杜幽蘭遍水潯。”

【溢】

水岸，亦即涯。《左傳·宣公四年》：“王（楚莊王）以三王之子爲質焉，弗受，師于漳溢。”杜預注：“漳溢，漳水邊。”南朝宋謝靈運《游山》詩：“且汎桂水潮，映月游海溢。”唐王勃《倬彼我繫》詩：“粤自太原，播徂江溢。”宋王安石《愛日》詩：“雁生陰沙春，冬息陽海溢。”元葉峴《罷穀稅詩三首》詩其三：“太山之陽兮，長川之溢。”明孫承恩《雨中過顏東郊五首》其四：“斜陽漏微明，返照在水溢。”清萬壽祺《將歸南村留別諸公》詩：“策杖發西溢，載過東城湄。”

【靡】[2]

水岸，亦即涯。漢司馬相如《上林賦》：“明月珠子，的皪江靡。”李善注引張揖曰：“靡，厓也。”司馬貞索引應劭曰：“靡，邊也。”《華嚴經·賢首品二》：“泉池陂澤器中水，眾寶河海靡不現。”唐王維《送友人歸山歌二首（離騷題作山中人）》其二：“水驚波兮翠菅靡，白鷺忽兮翻飛。”清朱駿聲《說文通訓定聲·隋部》：“靡，叚借爲湄。”

【濆】[3]

水岸，亦即涯。亦作“隤”。《詩·大雅·常武》：“鋪敦淮濆，仍執醜虜。”又，《小雅·白華》：“英英白雲，在澗之濆。”毛傳：“濆，涯。”《管子·地員》：“五粟之土，若在陵，在山，在隤，在衍。”郭沫若等集校引王紹蘭注：“隤，當爲墳，墳即濆之借字。”唐韓愈《應科目時與人書》：“天地之濱，大江之濆。”唐陳子

昂《入東陽峽與李明府舟前後不相及》詩：“出没同洲島，沿洄異渚（一作汀）濆。”元丁復《送蒙古學正朱伯新》詩：“朱君海邦彦，貳教秦淮濆。”明徐賁《采蘭》其二：“采蘭江之濆，蘭葉何靡靡。”清陳子升《豐湖》詩其一：“橫橋微向合江分，流水淙淙出淺濆。”

【隤】

同“濆[3]”。此體先秦已行用。見該文。

【水濆】

指江河水涯，或沿江一帶。亦稱“河濆”“江濆”。晉羊徽《答丘泉之詩》：“悠悠岱陰，滔滔江濆。”晉陸雲《答吳王上將顧處微九章》詩之四：“於時翻飛，虎嘯江濆。”北魏酈道元《水經注·河水》詩：“余案河之南畔，夾側水濆有津，謂之洰津。”唐張濯《題舜廟》詩：“古都遺廟出河濆，萬代千秋仰聖君。”唐李白《贈張公洲革處士》詩：“每將瓜田叟，耕種漢水濆。”宋林逋《西湖舟中值雪》詩：“西湖舟中值雪浩蕩彌空闊，霏霏接水濆。”宋劉雪崖《村居即事》詩：“數聲雞犬自相聞，借得茅廬住水濆。”元岑安卿《二月二日大雪偶賦時寓州郭》詩：“何如孤舟釣魚叟，一蓑獨釣寒江濆。”元陳鎰《題劉平妻殺虎圖》詩：“役車在中野，月落沙河濆。”明劉永之《送羅與敬歸西昌》詩：“愛子不忍別，送子到水濆。”明唐順之《贈江陰陳君》詩：“幽棲選地傍江濆，高士風流宿所聞。”清林占梅《由石門過圭柔山道中口號》詩：“歷過峰巒又水濆，岡田萬頃一溪分。”清弘曆《收復岳州作》詩：“鐵騎驍騰擁楚雲，霓旌閃爍連江濆。”

【江濆】

即水濆。此稱晉代已行用。見該文。

【河濱】

即水濱。此稱唐代已行用。見該文。

【江濱】

指江河水涯。《吕氏春秋·本味》：“江浦之橘，雲夢之柚。”高誘注：“浦，濱也。”北周庾信《謝趙王示新詩啓》：“藏之山巖，可使雲霧鬱起；濟之江浦，必當蛟龍繞船。”唐岑參《題金城臨河驛樓》詩：“忽如江浦上，憶作捕魚郎。”唐張説《晦日》詩：“晦日嫌春淺，江浦看湔衣。”唐杜甫《鷗》詩：“江浦寒鷗戲，無他亦自饒。”明高啓《虎丘行次朱賞静見寄韻》詩：“秋風今朝動江浦，掛席正是當年期。”

島漵

島嶼涯岸。宋王安石《答曾子固南豐道中所寄》詩：“大江秋正清，島漵相縈彎。”宋狄遵度《白雲》詩：“烟蘿自翳薈，島漵徒縈曲。”宋吳中復《衆樂亭二首》詩：“一片湖光分島漵，四邊山色入樓臺。”宋吕祖謙《越中記》：“因寺廢地葺治之十六七成矣。最勝者梅坡，繞亭皆梅，前對蒲澗、橘洲，野水灣環，島漵掩映，如在江湖。”

水陽

水的北岸。古以山南水北爲陽，山北水南爲陰。晋佚名《李陵録別詩二十一首》其十二：“陟彼南山隅，送子淇水陽。”唐白居易《渭村退居寄禮部崔侍郎翰林錢舍人詩一百韻》詩：“聖代元和歲，閑居渭水陽。”宋黄庭堅《同孫不愚過昆陽》詩：“田園恰恰值春忙，驅馬悠悠昆水陽。”金趙秉文《和淵明飲酒二十首》其十五：“憶我滏水陽，經營五畝宅。”明王逢《歲星漸高贈王伯統進士》詩：“歲星輔日照八極，還種祭田汾水陽。”清顧祖禹《讀史方輿紀要·湖廣三》：“三陽，湖州西三里。東曰朝陽，南曰南陽，北曰水陽，故曰三陽。”

洲[1]

水中陸地。由泥沙土石淤積而成，人可居。亦作“淤”，亦稱“州”“洲島”。《詩·周南·關雎》：“關關雎鳩，在河之洲。”《爾雅·釋水》：“水中可居者曰洲，小洲曰陼（同渚），小陼曰沚，小沚曰坻。人所爲，爲潏。”《説文·川部》：“水中可居曰州。”南朝宋謝靈運《入彭蠡湖口》詩：“洲島驟回合，圻岸屢崩奔。”唐李世民《冬狩》詩：“獸忙投密樹，鴻驚起礫洲。”宋文天祥《合江樓》詩其一：“春風千萬岫，秋水兩三洲。”金邊元鼎《花開人散二首》其二：“閑花閑草滿芳洲，春水無人自在流。”明李時珍《本草綱目·介部·真珠》：“海中有洲島，島上有大池，謂之珠池。”清宋犖《海山雜》：“倚闌聊咏志，俊鶻下荒洲。”

【州】

同“洲[1]”。此稱漢代已行用。見該文。

【洲島】

即洲[1]。此稱南朝宋已行用。見該文。

【淤】[1]

即洲[1]。漢揚雄《方言》：“水中可居爲洲，三輔謂之淤。”《史記·司馬相如列傳》：“出乎椒丘之闕，行乎洲淤之浦。”宋蘇軾《河復》詩：“楚人種麥滿河淤，仰看浮槎棲古木。”

【壇陸】

指水中洲渚。《莊子·至樂》：“夫以鳥養養鳥者，宜棲之深林，游之壇陸。”成玄英疏：“壇陸，湖渚也。”郭慶藩集釋：“壇，本作‘澶’，音但，水沙澶也。”宋褚伯秀《南華真經義海纂微》：“宜柄之深林，游之壇陸，浮之江湖，食之鱠徽。"宋王安石《乞宮觀表四道》："壇陸之鳥，無眩視之悲。"明謝肇淛《東方三大賦》："山處於崇，不能逮於下衝，海處於窪，不能侔於壇陸。"一說壇應讀作坦，壇陸，謂平闊之地，猶坦陸。

【大渚】[1]

水中陸地。《文選·潘岳〈河陽縣作詩〉》："歸雁映蘭畤，游魚動圓波。"李善注："薛君曰：大渚曰沚。"按，畤，古通"沚"。唐陳叔達《後渚置酒》詩："大渚初驚夜，中流沸鼓鼙。"宋華岳《翠微北征錄》："所凡小洲、大渚、沙嶼、石磧，水勢環繞，人所不到之地，皆水寨也。"明童軒《久雨一百韻》："浮大渚，立荒陲。"

【河洲】

特指河中沙洲。《書·說命下》："既乃遯于荒野，入宅于河。"孔傳："遯居田野河洲。"孔穎達疏："水不可居，而云入宅於河，知在河之洲也。"《史記·外戚世家》："河洲降淑，天曜垂軒。"《淮南子·墬形訓》："宵明、燭光在河洲，所照方千里。"南朝宋謝靈運《擬魏太子鄴中集詩八首》其七："河洲多沙塵，風悲黃雲起。"《梁書·張纘傳》："雜雲霞以舒卷，間河洲而斷絕。"南朝宋謝靈運《緩歌》："娥皇發湘浦，宵明出河洲。"宋司馬光《和之美河洲四詩》其四："漠漠河洲雨，依稀辨村聚。"元廼賢《送王子克歸金華》詩："天高落日遠，驂騑駐河洲。"明王恭《仲秋送人之塞上》詩："河洲始鳴雁，白露沾我衣。"清廓露《文選樓眺望》詩："雜花開陌樹，歸雁隔河洲。"

【洲嶼】

江中沙洲。漢劉歆《西京雜記》："積沙為洲嶼，激水為波潮。"《宋書·張興世傳》："沔水自襄陽以下，至於九江，二千里中，先無洲嶼。"南朝梁沈約《八詠詩·夕行聞夜鶴》詩："海上多雲霧，蒼茫失洲嶼。"南朝梁蕭繹《玄覽賦》："張素蓋而縈洲嶼，馳白馬而赴江沱。"唐韋述《晚渡伊水》詩："迢遞望洲嶼，逶迤亙津陌。"宋金君卿《清江臺》詩："金沙洗淘洲嶼出，紅紫錯雜圍春城。"明吳實《四月初一到和州府家城驛》詩："芳草迷洲嶼，垂楊暗渡津。"清鄧輔綸《劉希陶丈放舟水月洞餞別梁君少亭臨流惘然若在歧路賦此自廣亦以叙離》詩："林光散洲嶼，窈靄含煙滋。"

【渚】[2]

一般指水中沙洲，亦指突入水中三面環水的小塊陸地，猶小半島。例如，太湖無錫梅梁湖東段環太湖岸綫上的十二渚。亦作"陼"。《詩·大雅·鳧鷖》："鳧鷖在渚，公尸來燕來處。"《詩·召南·江有汜》："江有渚，之子歸，不我與。"毛傳："渚，小洲也。"《爾雅·釋水》："小洲曰陼。"先秦佚名《烏鵲歌》："集洲渚兮優恣。"先秦佚名《成相雜辭》："北決九河。通十二渚疏三江。"《國語·齊語》："渠弭於有渚。"漢莊忌《哀時命》詩："鑿山楹而為室兮，下被衣於水渚。"晉張華《情詩五首》其五："蘭蕙緣清渠，繁華蔭綠渚。"南北朝鮑照《贈傅都曹別詩》詩："落日川渚寒，愁雲繞天起。"唐馬戴《湘川吊舜》詩："雁集蒹葭渚，猿啼霧露山。"宋馬致恭《送孟賓於》詩："行隨秋渚將歸雁，吟傍梅花欲雪天。"金馬定國《村居五首》詩其三："樶花落盡紅英細，沙渚鴛鴦半引雛。"明克新《赴慧日寺途中寄繆同知》詩其一："蓼花帶雨紅連渚，黍穗迎秋翠委波。"清納蘭性德《摸魚兒·午日雨眺》詞："蓁葭渚，不减瀟湘深處。"清沈廷芳《十三經注疏正字》："小洲曰渚。小誤，水渚亦作陼。"

【陼】[1]

同"渚"。此體先秦已行用。見該文。

【洲渚】

水中小塊陸地。先秦佚名《烏鵲歌》："仰飛鳥兮烏鳶。凌玄虚兮號翩翩。集洲渚兮優恣。"《楚辭·九章·悲回風》："望大河之洲渚兮，悲申徒之抗迹。"晋左思《吳都賦》："島嶼綿邈，洲渚馮隆。"晋陶潜《於王撫軍座送客》："洲渚四緬邈，風水互乖違。"南朝梁江淹《應劉豫章別》詩："洲渚一揚袂，殞意元氣前。"唐杜甫《暮春》詩："暮春鴛鷺立洲渚，挾子翻飛還一叢。"宋王安石《送項判官》詩："斷蘆洲渚落楓橋，渡口沙長過午潮。"元揭傒斯《題王山仲所藏瀟湘八景圖卷走筆作·平沙落雁》詩："天寒關塞遠，水落洲渚闊。"明王鏊《春波書屋爲屠司寇賦》詩："平湖渺渺春波緑，榆柳低垂洲渚曲。"清許夢麒《秋江晚渡》詩："落日澹洲渚，揚帆破晚烟。"

【沚】

水中小塊陸地。亦作"坻""止""阯"。《詩·召南·采蘩》："于以采蘩，于沼于沚。"又，《邶風》詩："湜湜其沚。"《穆天子傳》："用伸口八駿之乘，以飲於枝沚之中。"郭璞注："沚，小渚也。音沚。"《説文·水部》："沚，小渚曰沚。"漢張衡《西京賦》："迺有崑明靈沼，黑水玄阯。"李善注："小渚曰阯。"唐韋應物《始至郡》詩："洪流蕩北阯，崇嶺鬱南圻。"宋林希逸《題江貫道山水四言》詩："彼坻彼沚，彼瀑彼洪。"元范梈《貽字亢魯翀編修》詩：

"碧草蒙潤沚，青霞冠雲鬟。"明徐賁《晋冀紀行十四首·河口山登高》詩："浮雲起天末，鳴鴻在中沚。"清朱駿聲《説文通訓定聲·頤部》："址，叚借爲沚。"清王夫之《摸魚兒·瀟湘大八景詞（瀟湘夜雨）》詞其一："清絶地，故是蕙汀蘭沚。"

【坻】

同"沚"。此體先秦已行用。見該文。

【阯】

同"沚"。此體漢代已行用。見該文。

【止】

水中小洲。同"沚"。清朱珔《説文叚借義證·止部》："《水部》：'湜'字下引《詩》'湜湜其止'，《玉篇》及《集韻》《類篇》皆作'止'，此毛詩舊本也。《傳》亦用'止'義。今《詩》作'止'，《箋》云：'小渚曰沚，喻君子守初如止然不動摇。'則以止爲沚之省借矣。"

【玄阯】

小洲，水中小塊陸地。以其四周水深而色黑，故稱。亦作"玄沚"。漢張衡《西京賦》："迺看崑明靈沼，黑水玄阯。"李善注："水色黑，故曰玄阯也。"晋陸機《七徵》："於是登漸臺，理俊音，鏡玄沚，望長林。"唐許敬宗《奉和執契静三邊應詔》詩："清臺映羅葉，玄阯控瑤池。"明楊慎《亭前引水名曰墨池》詩："何如玄阯水，分作墨池瀾。"明楊慎《春郊得紫字張惟信同賦》詩："園翹豐緑荑，水葉牽玄阯。"

【玄沚】

同"玄阯"。此體晋代已行用。見該文。

【坁】[3]

水中小洲或高地，抑或河湖中島。亦作"汸"。《詩·國風·蒹葭》："溯游從之，宛在水中坻。"《爾雅·釋水》:"水中可居者曰洲,小洲曰渚,小渚曰沚,小沚曰坻。"《詩·小雅·甫田》:"曾孫之庾,如坻如京。"鄭玄箋:"坻,水中之高地也。"《説文·土部》:"坻,小渚也。"《史記·屈原賈生列傳》:"得坻則止。"漢王褒《九懷·陶壅》詩:"浮溺水兮舒光,淹低個兮京沶。"王逸注:"小渚曰沶,小沶曰沶。"《集韻·平脂》:"坻,或作沶。"唐白居易《東溪種柳》詩:"野性愛栽植,植柳水中坻。"唐柳宗元《永州八記》:"近岸,卷石底以出,爲坻,爲嶼,爲嵁,爲巖。"宋蘇軾《山坡陀行》:"藐余望兮水中坻,頎然而長者黄冠而羽衣。"元孫唐《題荷花卷送季山甫》詩:"徘徊水中坻,佳期未雲暮。"明鄧雲霄《天坐歌》:"乘流而逝兮遇坻則止,日落潮生兮海風又起。"清弘曆《二月朔日初游潭柘岫雲寺作》詩:"嵁巖莫遁隱,坻嶼相鬱盤。"

【沶】

同"坻³"。此體漢代已行用。見該文。

【沙渚】

水中低矮沙質陸地。南朝梁江淹《從冠軍建平王登廬山香爐峰》詩:"日落長沙渚,曾陰萬里生。"南朝宋謝惠連《泛湖歸出樓望月》詩:"哀鴻鳴沙渚,悲猿響山椒。"唐許渾《題靈山寺行堅師院》詩:"龍在石潭聞夜雨,雁移沙渚見秋潮。"宋趙處澹《和韻》:"飛鷺起沙渚,何人移短篷。"元劉鶚《關武行》:"盈盈野水抱城郭,莽莽寒蕪翳沙渚。"明許繼《石林道中》詩:"岸繞野塘色,潮吞沙渚痕。"清岑澂《羅浮望海作》詩:"下臨弱水一萬丈,沙渚漠漠吹寒烟。"

夾岸

水域的兩岸及其所夾水面的區域,或可泊船。單稱"夾"。晋陶潛《桃花源記》:"忽逢桃花林,夾岸數百步,中無雜樹,芳草鮮美,落英繽紛。"北魏酈道元《水經注·河水》:"此石經始禹鑿,河中漱廣,夾岸崇深,傾崖返捍,巨石臨危,若墜復倚。"唐杜牧《隋堤柳》詩:"夾岸垂楊三百里,祇應圖畫最相宜。"宋陸游《長歌行》:"朝浮杜若洲,暮宿蘆花夾。"元丁復《送僧歸鄱陽》詩:"舟行夾岸轉青嶂,風定滿湖皆白波。"明袁宏道《滿井游記》:"高柳夾堤。"《明史·海瑞傳》:"喪出江上,白衣冠送者夾岸,酹而哭者百里不絶。"

【夾】

即夾岸。此稱宋代已行用。見該文。

峙

水中或兩岸屹立的山崖。漢班固《東都賦》:"散似驚濤,聚似京峙。"漢張衡《西京賦》:"散似驚波,聚以京峙。"李善注:"京,高也,水中有土曰峙。"漢曹操《觀滄海》詩:"東臨碣石,以觀滄海,水何澹澹,山島竦峙。"晋王豐之《蘭亭》詩:"感興魚鳥,安居幽峙。"唐韋應物《漢武帝雜歌三首》詩其一:"金莖孤峙兮凌紫烟,漢宮美人望杳然。"宋黄庭佐《水調歌頭》詞:"西北雨峰峙,端與壽山侔。"明王鏊《秉之作且適園有詩和之》其一:"萬頃烟波蒼玉峙,畫船摇曳夜仍宜。"清弘曆《江月》詩:"焦山及象山,對峙海門虛。"

水界

猶水域,或水域的界限。唐段成式《支諾皋上》:"島中有國名陀汗,兵强,王數十島,水界數千里。"《華嚴經·升須彌山頂品》:"觀察衆生界、法界、世界，觀察地界、水界、火界、風界。"《太平御覽·地部》："〔沭水〕俗名爲紅花水，東流入泗州漣水界。"又，《禮儀部》："平地之下一丈二尺爲土界，又一丈二尺爲水界，各有龍守之。"清蔣大鴻《天元五歌》："豈知地氣水邊流，流到水邊逢水界，平原灝氣盡兜收。"

江脣

江心。北魏酈道元《水經注·若水》："昔縣人有隗叔通者，性至孝，爲母給江脣水，天爲出平石至江脣中。"清楊守敬《水經注疏》："江脣，江心也，脣字不誤。"明方以智《通雅·地輿》："江脣，猶言江心也。"王先謙合校引全祖望曰："江脣，江心也。"清康熙《御定分類字錦》："江脣水天爲手而碎出平。"

汭[3]

水的北面。《書·禹貢》："弱水既西，涇屬渭汭。"孔傳："水北曰汭。"陸德明釋文："汭，本又作内。"孔穎達疏："鄭云'汭之言内也'，蓋以人皆南面望水，則北爲汭也。且涇水南入渭而名爲渭汭，知水北爲汭。"又云："至於龍門西河，會於渭汭。"孔傳："自渭北涯逆水西上。"

渡口

有船或筏子擺渡的地方。《北史·隋本紀上》："行軍總管李晃破突厥於摩那渡口。"唐岑參《巴南舟中夜市（一作夜書事）》詩："渡口欲黃昏，歸人爭渡喧。"宋韓維《送兄弟還都至長葛河上四首·晚步》詩其二："夕陽照渡口，急急水紋亂。"金楊雲翼《戴松畫牛》詩："春草原頭雨濕烟，夕陽渡口水吞天。"元宋褧《江上夜泊遇京使迴却寄都下諸公》詩："橫江渡口晚潮退，采石磯頭凉月生。"《明史·地理志四》："東有嘉陵江，其津口曰桔柏津，渡口關在焉。"清朱令昭《瓜步》詩："渡口斜風吹細雨，春帆無數過江來。"

【津】[3]

即渡口。亦稱"津渡"。《論語·微子》："孔子過之，使子路問津焉。"何晏集解引鄭玄注："津，濟渡處。"《書·禹貢》："又東至于孟津。"《説文·水部》："津，水渡也。"《漢書·趙充國傳》："有詔將八校尉與驍騎都尉、金城太守合疏捕山間虜，通轉道津渡。"三國魏曹植《當墻欲高行》："君門以九重，道遠河無津。"北魏酈道元《水經注·河水五》："自黃河泛舟而渡者皆爲津也。"唐王勃《送杜少府之任蜀州》詩："城闕輔三秦，風烟望五津。"《資治通鑑·魏明帝景初元年》："好不經之舉，開拔奇之津，將使天下馳騁而起矣。"胡三省注："津，江河濟渡之要，故以爲喻。"宋馬之純《栅塘》詩："關防直可防津渡，緩急徒能禦盜兵。"《金史·胥鼎傳》："已而北兵果由三門、集津北渡而去。"元王冕《過京口》詩："瓜洲正對西津渡，金山焦山江水中。"《明史·食貨志》："關津私擅抽税，罔利病民。"清方殿元《泊京口懷諸弟》詩："歸程客上西津渡，懷古人登北固樓。"

【津渡】

即津[3]。此稱漢代已行用。見該文。

【津頭】

即渡口。唐王昌齡《送薛大赴安陸》詩："津頭雲雨暗湘山，遷客離憂楚地顏。"唐杜甫《春水生二絶》詩其二："南市津頭有船賣，無錢即買繫籬旁。"宋陸游《次韻師伯渾見寄》

詩：“眉山漢嘉東西州，估船日日到津頭。”元楊雲鵬《送張雄飛赴河陽令》詩：“祖帳行將出汝州，先聲已過孟津頭。”明顧瑛《和韻二首》其一：“南市津頭無酒旆，東湖渡口有魚船。”清王夫之《蝶戀花·瀟湘十景詞》其八：“打鼓津頭知野戍。萬里歸舟，認得雲中樹。”

【濟】

猶渡口。亦稱“津濟”。《詩·邶風·匏有苦葉》：“匏有苦葉，濟有深涉。”朱熹注：“濟，渡處也。”《孔子家語·致思》：“魚鱉黿鼉不能居也，意者難可濟也。”先秦卜子夏《易傳·乾下坎上》：“是以利涉大川，而無險不濟也。”《史記·秦本紀》：“封殽中尸。”張守節正義引《左傳》云：“濟河焚舟，晉人不出，遂自茅津濟，封殽尸而還。”按，津濟，即今山西省平陸縣茅津渡。漢王粲《登樓賦》：“川既漾（水流長）而濟深。”晉陸雲《答兄平原》詩：“南津有絶濟，北渚無河梁。”南朝宋顔延之《北使洛》詩：“伊濲絶津濟。”北魏酈道元《水經注·河水三》：“河水於二縣之間，濟有君子之名……濟在雲中城西南二百餘里。”《舊唐書·職官志》：“津令各掌其津濟渡舟梁之事。”清王夫之《和龜山此日不再得》詩：“關閩有津濟，但自理舟航。”

【津濟】

即渡口。此稱漢代已行用。見該文。

【涉】

猶渡口。亦稱“津涉”。《詩·邶風·匏有苦葉》：“匏有苦葉，濟有深涉。”鄭玄箋：“匏葉苦而渡處深。”晉郭璞《〈爾雅〉序》：“〔《爾雅》〕誠九流之津涉，六藝之鈐鍵。”邢昺疏：“津涉者，濟渡之處名。”宋徐夢莘《三朝北盟會編》：“守之長江之衝，列置水軍而駐於南岸津涉之地。”《宋史·徐徽言傳》：“建炎二年冬，自蒲津涉河圍之。”明張羽《雜詩十一首并序》其五：“一朝各異路，隔涉吳與閩。”清王夫之《寒雨歸自別峰庵寄同游諸子》詩：“遥遥相送情，恨恨念寒涉。”

【津涉】

即涉。此稱晉代已行用。見該文。

港口 [1]

位於海、江、河、湖、水庫沿岸，具有水路聯運設備以及條件，可供船舶停泊、裝卸貨物、上下旅客的場所。宋吳自牧《夢粱錄》卷一二：“若有出洋，即從泉州港口至岱嶼門，便可放洋過海。”清吳河光《宿水東驛》詩：“渡頭夜火喧漁市，港口生風報海潮。”

【步】 [2]

即港口。水津渡口或碼頭爲步，通“浦”“埠”。南朝梁任昉《述異記》卷下：“瓜步在吳中，吳人賣瓜於江畔，用以名焉。吳江中又有魚步、龜步，湘中有靈妃步。昉案：吳楚間謂浦爲步，語之訛耳。”唐柳宗元《永州

港　口
（明仇英《江漢勝覽圖》）

鐵爐步志》："江之滸……上下者曰步。"宋陸游《幽居初夏四首》詩之三："江步橫新舸，茅簷弄幼孫。"清翟灝《通俗編·地理》："人渡船處。俗謂間渡處曰埠頭。據諸書當作步字，而《宋史》皆從俗作埠。"

【步頭】

即港口。亦作"埠頭"。河岸泊船處或渡口。唐樊綽《蠻書·雲南城鎮》："從步頭船行，沿江三十五日（日當爲里），出南蠻。"宋蘇舜欽《寄王幾道同年》詩："步頭浴鳧暖出没，石側老松寒交加。"宋陸游《秋晚村舍雜咏》之二："步頭橫畫舫，柳外出朱橋。"元吕誠《竹枝詞三首》其一："長興步頭候糧去，紅闌街裏買薪來。"明唐寅《松陵晚泊》詩："晚泊松陵繫短蓬，埠頭燈火集船叢。"清王鳴盛《虎牙灘》詩："桅鐙步頭艤，旅篝悲鬖髵。"

【埠頭】

同"步頭"。此體明代已行用。見該文。

【馬頭】

即港口。亦作"碼頭"。唐李頻《雲開見華山》詩："夾道人家水竹間，馬頭山色畫應難。"《新五代史·梁臣傳》："梁兵攻淮南，遣捍先之淮口，築馬頭下浮橋以渡梁兵。"宋張孝芳《句》其三："發舟馬頭岸，駐車牛尾驛。"宋梅堯臣《次韻和馬都官宛溪浮橋》詩："馬頭分朱欄，水底裁碧天。"《資治通鑑·唐穆宗長慶二年》："又於黎陽築馬頭，爲度河之勢。"胡三省注："附河岸築土、植木，夾之至水次，以便兵馬入船，謂之馬頭。"元傅若金《書陽羅堡》詩："微雨蕭蕭濕行李，馬頭即見長江水。"清李斗《揚州畫舫録·橋東録》："廊下開門爲水馬頭，額曰綠楊灣。"

【碼頭】

即步頭。此體清代已行用。見該文。

南浦

原指南面水涯，亦泛指水濱。《楚辭·九歌·河伯》："子交手兮東行，送美人兮南浦。"王逸注："願河伯送己南至江涯。"北周王褒《别陸子雲詩》："解纜出南浦，征棹且凌晨。"唐杜甫《野望》詩："西山白雪三城戍，南浦清江萬里橋。"宋王禹偁《遣興》詩："波平南浦堪垂釣，日滿東窗尚掩關。"元張翥《摸魚兒》曲："正匆匆、楚鄉秋晚，孤鴻飛過南浦。"明文徵明《寄許仲貽》詩："落日橫塘折楊柳，秋風南浦夢芙蓉。"一説，水邊送别之渡口，引申爲送别之地。南朝梁江淹《别賦》："送君南浦，傷如之何？"張銑注："南浦，送别之處。"唐白居易《南浦别》詩："南浦凄凄别，西風嫋嫋秋。"清高岑《暮春送别》詩："飛花萬點撲征衣，南浦依依怨落暉。"

灣

港灣，水曲。江、河、湖、海沿水岸凹進處。北周庾信《望渭水》詩："樹似新亭岸，沙如龍尾灣。"唐杜荀鶴《春日登樓遇雨》詩："風趁鷺鶿雙出葦，浪催漁父盡歸灣。"《南史·夷貊傳上·中天竺國》："循海大灣中正西北入，歷灣邊數國，可一年餘到天竺江口。"《廣韻·刪韻》："灣，水曲。"宋孔平仲《發青陽驛》詩："悠悠驅馬汴河灣，幾處郵亭略解鞍。"金劉從益《宋樓道中》詩："馬頭忽轉青林角，綠繞人家水一灣。"《宋史·河渠志三》："令就畫定港灣，對開直河。"明倪瓚《題秋江圖》詩："七十二灣明月夜，荻花楓葉覆漁船。"清王夫之《廣落花詩三十首》其十五："才過楊柳陰陰岸，又度茱萸曲曲灣。”

【港】[1]

即灣。水曲。可以停泊的河灣、湖灣、海灣。南朝梁何遜《送韋司馬別詩》：“暧暧入塘港，蓬門已掩扉。”唐李商隱《景陽宮井雙桐》詩：“秋港菱花乾，玉盤明月蝕。”宋文同《守居園池雜題寒蘆港》詩：“兩岸雪烟昏，鳧鷗出深港。”宋葉夢得《卜算子·又（并澗頃種木芙蓉九月旦盛開）》詞：“曲港照回流，影亂微波淺。”

【港澳】

即灣。水曲。單稱“澳”。晋鄭豐《答陸士龍詩四首·南山》詩：“瞻彼江澳，言咏其潭。”南朝梁伏挺《行舟值早霧》詩：“漁人惑澳浦，行舟迷溯沿。”唐張九齡《歲初巡屬縣登高安南樓言懷》詩：“深俯東溪澳，遠延南山樊。”唐趙冬曦《和燕公別瀰湖》詩：“灣澳陪臨泛，巖嵋共踐窺。”宋周去非《嶺外代答·地理門》：“若廣西海岸皆砂土，無多港澳，暴風卒起，無所逃匿。”宋程大昌《好事近》詞：“只恨風衝雁序，使分飛限澳。”《宋史·河渠志六》：“呂城堰常宜車水入澳，灌注堰身以濟舟。”又云：“鎮江府傍臨大江，無港澳以容舟檝，三年間覆溺五百餘艘。”明邊貢《送秦用中文學》詩：“五老峰前看秋瀑，有時芒鞋步江澳。”清顧祖禹《讀史方輿紀要·廣東六》：“又縣有鋪前、木欄、抱虎、七星港澳，皆與瓊山連洋，大海賊船易入。”又，《廣東四·惠州府》：“〔歸善縣〕海濱有船澳。宋祥興中文天祥移師處，即湧船澳矣。”清尹士俍《臺灣志略》：“閩省沿海港澳可以出兵進剿者，在在皆是。”《清史稿·兵志九》：“福建東南沿海凡二千餘里，港澳凡三百六十餘處，要口凡二十餘處。”

【澳】

即港澳。此體晋代已行用。見該文。

【隈】[4]

水流彎曲處。《爾雅·釋丘》：“厓内為隩，外為隈。”《淮南子·覽冥訓》：“田者不侵畔，漁者不爭隈。”高誘注：“隈，曲深處，魚所聚也。”三國魏嵇康《琴賦》：“爾奔突，狂赴爭流，觸巖觝隈，鬱怒彪休。”李善注：“隈，水曲也。”清岳端《題閨秀朱柔則寄外沈用濟書卷》：“柳下柴門傍水隈，夭桃樹樹又花開。”一說，水崖外表。

【沱】[1]

水曲。亦作“沲”。水流彎曲處，可停船。多用於地名。四川有朱家沱、石盤沱等。南朝梁蕭綱《和湘東王陽雲樓簷柳》詩：“潭沱青帷閉，玲瓏朱扇開。”唐杜甫《醉歌行》：“春光澹（一作潭）沱秦東亭，渚蒲牙白水荇青。”宋王十朋《過三沱》詩：“舟從三峽過三沱，柳岸人家轉盼過。”宋韋驤《次韻和鄧德夫再和書懷別用三十韻》詩：“引脰鄰於鶴，離腸迴若沱。”元李材《過黃陵廟》詩：“沅有汜兮湘有沱，洞庭水落生層波，徘徊獨咏騷人歌。”明區元晋《喜雨》詩其一：“黑雲排白雨，奔潦溢清沱。”清黃遵憲《櫻花歌》：“墨江澂綠水微波，萬花掩映江之沱。”

【沲】[1]

同“沱[1]”。此體南朝梁已行用。見該文。

【枉渚】

形狀彎曲的潭淵。《九章·涉江》詩其二：“朝發枉陼兮，夕宿辰陽。”晋孫綽《蘭亭詩二首》其二：“流風拂枉渚，停雲蔭九皋。”北魏酈道元《水經注·穀水》："其中引水，飛罩傾瀾，瀑布或枉渚，聲溜潺潺不斷。"唐歐陽詹《陪太原鄭行軍中丞登汾上閣》詩："城槐臨枉渚，巷市接飛梁。"唐杜甫《兩當縣吳十侍御江上宅》詩："鸊鶒號枉渚，日色傍阡陌。"宋葉廷珪《海録碎事·地部上》："'枉渚，弭棹薄枉渚。'注：曲渚也。"元薛漢《枉渚》詩："枉渚倚孤棹，意行隨杖藜。"明吳與弼《宿萬石渡示璿慶及諸生》詩："枉渚平林烟雨昏，一篙春漲泊柴門。"清馬春田《漱六自句容赴沭陽寄詩與余遥别答之》詩："枉渚依蘆眠塞雁，涼風吹浪起沙鷗。"

【汭】[4]

河流彎曲處。亦作"内"。《左傳·閔公二年》："虢公敗犬戎于渭汭。"杜預注："水之隈曲曰汭。"《左傳·昭公二十四年》："越大夫胥犴勞王于豫章之汭。"《孫子·行軍》："勿迎之于水内，令半濟而擊之。"歐陽修集注引杜牧曰："内，乃汭也。"唐魏奉古《奉酬韋祭酒偶游龍門北溪忽懷驪山别業因以言志示弟淑奉呈諸大僚之作》詩："踐臨伊水汭，想望灞池邊。"

【内】

即汭[4]。此體先秦已行用。見該文。

【阿】[4]

河流彎曲處。《穆天子傳》："天子飲於河水之阿。"郭璞注："阿，水崖也。"《左傳·襄公二十八年》："濟澤之阿，行潦之蘋藻。"漢司馬相如《上林賦》："汨乎混流，順阿而下。"《漢書·禮樂志》："沛施祐，汾之阿，揚金光，橫泰河。"金元好問《論詩三十首·十九》："萬古幽人在澗阿，百年孤憤竟如何？"

水栅

在水中設置的栅欄。《南齊書·周山圖傳》："山圖斷取行旅船板，以造樓櫓，立水栅，旬日皆辨。"《梁書·王僧辯傳》："賊又於艦上豎木桔橰，聚茅置火，以燒水栅，風勢不利，自焚而退。"《陳書·章昭達傳》："俄而暴雨，江水大長，昭達放筏衝突寶應水栅，水栅盡破。"又，《韋載傳》："高祖聞文育軍不利，乃自將征之，剗其水栅。"唐張籍《江南行》詩："娼樓兩岸蹤水栅，夜唱竹枝留北客。"《舊唐書·武宗本紀》："況到橫水栅下，殺戮至多。"

水則

水位變化標記。相傳秦蜀郡太守李冰修建都江堰工程時，在灌縣離堆山鬥鷄臺下石崖上鑿出十一個等距離的標記。水位到第九時，獲益最大；水位超過十一時，會造成水灾。《宋史·河渠志五》："景祐二年，懷敏知雄州，又請立木爲水則，以限盈縮。"

堤

河堤、海堤、湖堤或其他擋水的堤壩。亦作"堤防"。《禮記·月令》："命百官，始收斂，完堤防，謹壅塞，以備水潦。"《荀子·王制》："修堤梁，通溝澮，行水潦，安水臧，以時决塞，歲雖凶敗水旱，使民有所耘艾。"楊倞注："堤，所以防水；梁，橋也。"《左傳·昭公二十六年》："遂軍圍澤，次于堤上。"《孫子·行軍》："丘陵堤防，必處其陽，而右背之。"《穀梁傳·定公九年》："惡得之？得之堤下。"三國魏王粲《從軍詩五首》其四："逍遥河堤上，左右望我軍。"北周庾信《忝在司水看治渭橋》詩："平堤石岸直，高堰柳陰長。"《宋書·文帝紀》："築北堤，立玄武湖，築景陽山於華林園。"唐李白《贈清漳明府侄聿》詩："河堤繞綠水，桑柘連青雲。"《舊唐書·李昭德傳》："臣聞蟻穴壞堤。"宋朱熹《孟子集注·告子章句下》："趙氏曰：'當時諸侯有小水，白圭爲之築堤，壅而注之他國。'"金史肅《道傍柳》詩："長堤隱落月，駐馬一回首。"明丁鶴年《題餘姚葉敬常州判海堤卷（補先兄太守遺缺）》詩："堤內耕桑堤外漁，民物欣欣始生息。"清尤侗《菩薩蠻·無題八首》詞其四："殘月杏花堤，曉鶯恰恰啼。"

【堤防】

即堤。此體先秦已行用。見該文。

【埵防】

猶堤。《淮南子·説林訓》："榛巢者處林茂，安也；窟穴者托埵防，便也。"又，《齊俗訓》："狟貉得埵防，弗去而緣。"高誘注："埵，水埒也；防，堤也。"明王世貞《弇州山人四部稿》卷一六九："埵防，埵水埒也，防土刑也。"

【堤梁】

亦堤亦橋。《荀子·王制》："修堤梁，通溝澮，行水潦，安水臧，以時決塞，歲雖凶敗水旱，使民有所耘艾。"楊倞注："堤，所以防

堤　梁
（明戴進《春游晚歸》）

水；梁，橋也。"北周庾信《明月山銘》："霜朝喚鶴，秋夜鳴猿，堤梁似堰，野路疑村。"明李維楨等《山西通志》卷三二："正德初，知縣朱麟增築又建碾河橋，於其尾十二年，河漲決堤梁。"

【堙】[2]

即堤壩。《藝文類聚·水部》："縣城東南大路，過長堙五里。"明歸有光《三吳水利錄》："而欲拯復古制，建置沿海堙身、堙門。"《吳郡志》卷一九："而瀕海之地特高於他處，謂之堙身。堙身之西又與常州地形相等。"《明史·河渠志三》："總河尚書舒應龍議：築堙城壩，遏汶水之南，開馬踏湖月河口，導汶水之北。"

【塘】[1]

即堤。《説文·土部》："塘，隄也。"《莊子·達生》："數百步而出，被髮行歌而游於塘下。"晉陸機《塘上行》："被蒙風雨會，移居華池邊。"《後漢書·方術傳》："起塘四百餘里，數年乃立，塘堤堰水也。"李賢注："塘，堤堰水也。"唐元結《游潓泉示泉上學者》詩："築塘列圃畦，引流灌時蔬。"元馬臻《聞蟬》詩："年年古柳官塘路，催得行人白盡頭。"宋王庭珪《懷故人留題》詩："人行古木橫塘路，門掩長江上水船。"明徐弘祖《徐霞客游記·粵西游日記》："溯流一里，至分水塘。塘以巨石橫絶中流，南北連亙以斷江身。"清吳偉業《揚州》詩："只今八月觀濤處，浪打新塘戰鼓聲。"

【迴塘】

曲折的堤岸。或作"回塘"。漢張衡《南都賦》："收歡命駕，分背迴塘。"李善注引《廣雅》："塘，堤也。"宋謝惠連《西陵遇風獻康樂》詩："迴塘隱艫枻，遠望絶形音。"呂延濟

注：“迴塘，曲岸也。”金師拓《郡城南郭早望》詩：“曉立回塘上，何人逸興同。”明張寧《芙蓉二絶》其二：“水繞迴塘晚色荒，褰衣人在水中央。”清彭孫貽《子木招飲項氏尤圃公餞西蜀劉快閣明府共四首》其二：“小籬縈短榭，奇石疊迴塘。”

【堰】

即堤。多指擋水低堤。《廣雅》：“堰，潛堰也，潛築土以壅水也。”北魏酈道元《水經注·漳水》：“魏襄王以史起爲鄴令，又堰漳水以灌鄴田，咸成沃壤，百姓歌之。魏武王又堨漳水，回流東注，號天井堰。”《晋書·孔愉傳》：“愉自巡行，修復故堰，溉田二百餘頃，皆成良業。”《北齊書·杜弼傳》：“又於州東帶海而起長堰，外遏鹹潮，内引淡水。”《舊唐書·文宗本紀》：“河陽修防口堰，役工四萬。”宋范成大《吳船録》卷上：“西川夏旱，支江水涸，即遣使致禱，增堰壅水，以入支江，三四宿，水即遍，謂之攝水。”元汪大淵《島夷誌略》：“其地堰瀦，田肥美，一歲三收穀。”《元史·阿里海牙傳》：“静江以水爲固，乃築堰斷大陽、小溶二江，以遏上流。”清顧祖禹《讀史方輿紀要·山東七》：“澤在縣北二十里，高密水與濰水散流注之，蓄堰以溉田，凡萬餘頃。”

【土】[1]

指土堤。《禮記·郊特牲》：“土反其宅，水歸其壑。”孔穎達疏：“土，即坊也；反，歸也；宅，安也。土歸其安，則得不崩。”元無名氏《大戰邳彤》：“主公，便好這兵來將敵，水來土掩。”

【墊】

用於擋水的土埂或副堤。《老殘游記》第一七回：“一路走著，不知不覺已出了城門，便是那黃河的堤墊了。”

【壩】[1]

即堤。亦作“坝”“堤壩”“障水堰”。指攔截江河水流以抬高水位或調節流量的擋水土石堆積物。或多指擋水高堤。宋鄭獬《水淺舟滯解悶十絶》其四：“壩上春流滑滑來，行人相語笑相催。”宋田況《成都遨樂詩二十一首·二日出城》詩：“青疇隱遥壩，弱柳垂芳津。”宋單鍔《吳中水利書》：“其河自西壩至東壩十六里有餘。”元薩都剌《宿長安驛》詩：“壩北壩南河水平，客船争纜水雲腥。”《徐霞客游記·粤西游日記一》：“出兩山峽口，有壩堰水甚巨，曰上官壩。”明梅膺祚《字彙·土部》：“壩，障水堰也。”清劉銘傳《劉壯肅公奏議·設防略》：“大甲溪經前任撫臣嶺毓英督修石壩，以阻漫流。”清傅澤洪《行水金鑑》卷一六八：“由三河口入運河，再於夏鎮之南築壩，使水仍由呂壩入湖。”

【坝】[1]

同“壩[1]”。此體宋代已行用。見該文。

【堤壩】

即壩[1]。此體明代已行用。見該文。

【障水堰】

即壩[1]。此體明代已行用。見該文。

【壩堰】

即壩[1]。《續資治通鑑長編·宋仁宗天聖六年》：“立橋梁，置壩堰，踰年而畢，遷貽慶官。”《宋史·河渠志》：“乞修砌上水、烏金諸處壩堰，仍選清彊能幹職官，專一提督。”元王惲《輓漕篇（一作拖舟謡）》詩：“今復起壩堰，壅積百方禦。”《大明會典·黄河》：“一由亳縣渦河會於淮。又從黃陵岡至楊家口、築壩堰十餘。並築大名府三尖口等處長堤二百餘里。"明徐光啓《農政全書》卷八："而陂塘、壩堰之利修築不時，疏通無法，以致雨驟則狂瀾。"

【坎】[3]

擋水小土堤或土埝。如土坎、田坎。《儀禮·既夕禮》："甸人築垼坎。"晋嵇康《四言詩》其七："淵淵綠水，盈坎而頹。"北魏賈思勰《齊民要術·種柳》："至春凍釋於山陂河坎之旁，刈取箕柳三寸。"唐鄭太昊《浮漚賦》："逼濼流而細起，乘川則逝，遇坎則止。"宋蘇軾《哨遍》詞："且乘流、遇坎還止。"元劉元《木蘭花慢·和陳思濟》詞："一任流行坎止，又何須、汨汨利名間。"明鄺璠《便民圖纂》："三坎者捉一季，五坎者捉兩季，七坎者捉三季，九坎者捉四季。"明丁鶴年《行素軒》詩："流行坎止，一聽於天。"

都江堰

位於四川都江堰市（原灌縣）境內，是世界上歷史最長、保存完好、沿用至今的引水工程。又稱"湔堋""都安堰""金堤"。始建於秦昭王末年（約公元前256—前251），秦蜀守李冰主持興建。都江堰旁有玉壘山，秦漢以前叫"湔山"。當地氐、羌人把堰叫作"堋"，故都江堰初期被稱"湔堋"。三國蜀漢時期，都江堰地區設置都安縣，因縣得名，稱"都安堰"。又作"金堤"。唐代，都江堰改稱爲"楗尾堰"。因爲當時用以築堤的材料和辦法，主要是"破竹爲籠，圓徑三尺，以石實中，累而壅水"，即用竹籠裝石，稱爲"楗尾"。從宋代開始，把整個都江堰水利系統的工程概括起來，叫都江堰，一

直沿用至今。晋左思《蜀都賦》："西踰金隄，東越玉津。"北魏酈道元《水經注·江水》："李冰作大堰於此，壅江作堋。堋有左、右口，謂之湔堋，江入郫江、檢江以行舟。"又，《江水》云："《益州記》曰：'江至都安堰，其右檢，其左其正流遂東，郫江之右也。'"又，《江水》云："都安大堰，亦曰湔堰，又謂之金堤。"一說，金堤指今四川都江堰一帶岷江的江堤。唐李吉甫《元和郡縣圖志》卷三一："楗尾堰，在縣西南二十五里。李冰作之，以防江決。"宋葉適《行狀》："永康軍都江堰者，彭、漢、永康、成都、蜀郡之田所資以漑也。"《宋史·趙不息傳》："永康軍歲治都江堰，籠石蛇絕江遏水，以灌數郡田。"明楊慎《全蜀藝文志》："北舊無江，冰鑿以避沫水之害，中爲都江堰，少東爲大小釣魚，又東跨二江爲石門。"清代《四川通志》卷一三："成都府灌縣之都江堰，其水源來自松潘之上流。"清顧祖禹《讀史方輿紀要·四川二》："以爲民利，其塘堰多民自修，獨離堆設立都江堰，在岷江中流，官費歲至巨萬。"清代段玉裁《說文解字注》："其上游據酈氏云：湔水入江，有湔堋、湔堰、湔澳諸偁。故今謂中水爲沱江，但秦李冰所造，非禹故道，漢志亦不謂湔爲沱。"

【湔堋】

即都江堰。此稱先秦已行用。見該文。

【金堤】

即都江堰。此稱晋代已行用。見該文。

【都安堰】

即都江堰。此稱三國蜀已行用。見該文。

第二節　江河湖池考

　　本節主要考證古代河流、湖泊、塘池之名類及其分布。一謂空間分布，二謂時間分布。時空分布又可從歷史分布和季節分布兩方面考證。中國古代河流，都有特定名稱，"江"指長江，"河"指黄河，其他多不加江河之後綴詞，各條河流被古代學者考察、注記，形成不同的區域徑流系統。按照江河的一般概念與具體區域分布的劃分，應將江河徑流的一般概念放在第一節的"水態"部分，本卷爲了閲讀方便，將其編入本節的"江河"部分；湖泊概念也仿照徑流做如此安排。

　　就中華大區而言，有"四瀆"，亦稱"四涇"，爲江、河、淮、濟四水的合稱。《爾雅·釋水》："江、河、淮、濟爲四瀆。四瀆者，發源注海者也。"《管子·輕重戊》："疏三江，鑿五湖，道四涇之水。"郭沫若等集校："'四涇之水'即四經水，亦即四瀆也。"《史記·殷本紀》："東爲江，北爲濟，西爲河，南爲淮，四瀆已修，萬民乃有居。"北魏酈道元《水經注·河水五》："自河入濟，自濟入淮，自淮連江，水徑周通，故有四瀆之名也。"

　　古關中地區分布"八川"，亦稱"八水"，即涇、渭、灞、滻、豐、鎬、潦、潏八條河流。《史記·司馬相如列傳》："終始霸滻，出入涇渭，酆鄗潦潏，紆餘委蛇，經營乎其内。蕩蕩兮八川分流，相背而異態。"張守節正義："涇、渭、灞、滻、豐、鎬、潦、潏爲八。"唐徐堅《初學記·地部中》引晋戴祚《西征記》："關内八水：一涇，二渭，三灞，四滻，五澇，六潏，七灃，八滈。"唐駱賓王《帝京篇》："五緯連影集星躔，八水分流横地軸。"

　　亦有"九川"之説，是古代對弱、黑、河、瀁、江、沇、淮、渭、洛等九條河流的合稱；亦有"六川"之説，是古代對江、河、淮、赤、遼、黑六條河流的合稱。

　　以上皆是從中華全域的角度對徑流分布所進行的總結。

　　南方及西南有"五溪"，爲古雄溪、樠溪、潕溪、酉溪、辰溪等五河之合稱，在今湖南西部、貴州東部。《後漢書·馬援傳》："四萬餘人征五溪。"李賢注："酈元注《水經》云武陵有五溪，謂雄溪、樠溪、酉溪、潕溪、辰溪。"一説，爲雄溪、蒲溪、酉溪、沅溪、辰溪（參閲北魏酈道元《水經注·沅水》）。

　　除徑流，作爲濕地（陸地上水域的總稱）的主要組成部分還有湖泊、池塘等水域。古代分布的具體湖池，一些已經消失，有存者，其水域也多已變小或位置發生改變。古人對湖泊之稱謂，面積廣大之水域用"澤""陂""藪""雝""浸""夢""泖""澱""沼澤""澤國"等詞語表達;面積較小的水域用"池""汪""汧""玉甃""潢""泮水""湫""泓""淵""塘""潭""地窌"等詞語表達。從古代地圖上看,這些表達方式亦常被混用,行用名類詞語混雜,例如亦用"池""塘"來表湖泊等。參閱清代刻本木版畫集《水經注圖》。

江　河

徑流

在重力作用下沿地表或地下流動的水流。亦作"逕流""河流"。按流動方式,可分地表徑流和地下徑流。地表徑流又分坡面流與河流。河流一詞在唐代以前,多指黃河,唐代以後泛指一般江河。南朝宋鮑照《松柏篇》詩:"撤閑晨逕流,輟宴式酒濡。"唐李白《相和歌辭·公無渡河》詩:"披髮之叟狂而癡,清晨徑流欲奚爲。"唐孟郊《石淙(一作五淙十首)》詩其一:"朔風入空曲,涇(一作徑)流無大波。"唐玄奘《大唐西域記》卷七:"從此順殑伽河流東行三百餘里,至戰主國。"又,卷一〇:"其樹雖多彌復珍貴,河流、湖陂交帶城邑。"唐樊綽《蠻書·山川江源》:"囊葱山在西洱河東隅,河流俯礙山根。"宋歐陽修《鞏縣初見黃河(明道二年)》詩:"河決三門合四水,徑流萬里東輸海。"明章潢《圖書編》:"江水雖徑流,而山多巇嶮。"清張鵬翮《旗山鍾秀》詩:"群山積翠當窗見,二水中分繞徑流。"清穆彰阿等《大清一統志》:"果子溝嶺下出泉,匯爲大河,徑流谷中。"清顧祖禹《讀史方輿紀要·北直五》卷一四:"其地有柏山巖,河流繞其下,一名冶河。其上源出山西平定州。"

【逕流】

即徑流。此體南朝宋已行用。見該文。

【河流】[1]

即徑流。此體唐代已行用。見該文。

【江】[1]

古代南方人對河流的通稱。又特指長江(參閱本卷"長江"條目)。今通作河流。從金文、戰國文字、篆文到隸書、楷書,江的字形都是從水、工聲。《書·禹貢》:"九江孔殷。"孔穎達疏:"江以南,水無大小,俗人皆呼爲江。"《荀子·勸學》:"不積跬步,無以至千里;不積小流,無以成江海。"先秦佚名《成相雜辭》詩:"通十二渚,疏三江。"唐李白《渡荆門送別》:"山隨平野盡,江入大荒流。"宋宋祁《宋景文公筆記·釋俗》:"南方之人謂水皆曰江。"宋曾鞏《道山亭記》:"福州治侯官……其地於閩爲最平以廣,四出之山皆遠,而長江在其南,大海在其東。"按,此處言長江,非通常所説的長江。金張斛《迴文二首》其一:"夜江清汎月,秋草碧連天。"元龔璛《送宋梅隱》:"流水青蘋杏華影,晴江綠漲蒲萄醅。"明梵琦《金山》詩:"半江湧出金山

"江"(金文)
(郭·老甲·2)

寺，一簇樓臺兩岸船。”清尤侗《由君山入黄山》詩：“帆影忽來千樹裏，江聲若出萬峰間。”

【河】[1]

古代北方人對河流的通稱。又特指黄河（參閱本卷“黄河”條目）。甲骨文中有“涉于河東”等。先秦佚名《成相雜辭》詩：“北決九河。”《詩·國風·關雎》：“關關雎鳩，在河之洲。”《漢書·司馬相如傳上》：“罷池陂陁，下屬江河。”顔師古注引文穎曰：“南方無河也，冀州凡水大小皆謂之河。”漢王逸《楚辭章句》：“崑崙山有青河、白河、赤河、黑河，環其墟。”唐王績《泛船河上》：“白雲銷向盡，黄河曲復流。”宋宋祁《宋景文公筆記·釋俗》：“北方之人謂水皆曰河。”金元好問《續小娘歌十首》其六：“雁雁相送過河來，人歌人哭雁聲哀。”明張昱《題二馬圖二首》詩其二：“春明仰首一長嘶，莫説河冰迸玉蹄。”清尤侗《汪涵夫使君招同張公選范赤生泛舟秦淮感舊有作》詩：“河畔柳枝新繫馬，渡頭桃葉舊吹簫。”

"河"（甲骨文）（前 4·46·4 合 86 09）

【江河】

指河流，亦泛指大河流，亦謂黄河、長江之統稱。《六韜·守土》：“涓涓不塞，將爲江河。”《荀子·禮論》：“江河以流，萬物以昌。”《漢書·司馬相如傳上》：“罷池陂陁，下屬江河。”漢樂府《古辯異博游》：“衆星累累如連貝，江河四海如衣帶。”晉傅玄《雲中白子高行》詩：“雲漢隨天流，浩浩如江河。”北魏酈道元引《河圖》：“帝王之階，圖載江河、山川、州界之分野。”唐尅符道者《三祖山谷麟》詩：“祖地江河闊，隨天日月閒。”宋王令《再寄滿子權二首》詩其一：“非獨辭源長，瀉海爲江河。”《文獻通考·選舉考八》：“江河所趨，百川赴焉，蛟龍生之。”《宋史·食貨志下》：“州縣督捕加峻，私小黄錢投委江河，不敢復出。”《警世通言·旌陽宫鐵樹鎮妖》：“老翁有緣，幸遇小生相救。不然，今日是個屋舍，後日是個江河，君家且葬魚腹矣。”

【水】[4]

特指河流。古稱河流多後綴“水”字，如漢水、沂水、渭水、遼水等。《詩·秦風·蒹葭》：“在水之湄。”按，湄，河岸，水與草交接之地。先秦佚名《夏人歌》：“江水沛兮，舟楫敗兮。”唐李白《宣州謝朓餞别校書叔雲》詩：“抽刀斷水水更流，舉杯消愁愁更愁。”南唐李煜《虞美人·春花秋月何時了》詞：“問君能有幾多愁，恰似一江春水向東流。”宋王周《采桑女》詩其一：“渡水采桑歸，蠶老催上機。”金王革《寄答劉京叔》詩：“水浮落日流無盡，山礙行雲斷不飛。”明梵琦《開平書事》詩其六：“野外山橫塞，天涯水繞羌。”清王邦畿《送吕梅實還閩中》詩：“遠水微分岸，流雲不住溪。”

【流】[1]

河流、徑流。《莊子》：“順流而東行，至於北海。”《周易·坎》：“水流而不盈，行險而不失其信。”《史記·周本紀》：“武王渡河，中流，白魚躍入王舟中。”漢王充《論衡·異虚》：“源發，流安得不廣？”漢佚名《大招》詩：“螭龍並流，上下悠悠只。”三國魏王粲《從軍詩五首》其五：“蘆蒲竟廣澤，葭葦夾長流。”南朝梁劉孝威《蜀道難》詩：“雙流逆巇道，九阪澀陽關。”南朝梁劉勰《文心雕龍·熔裁》：“辭如川流，溢則汜濫。”唐劉禹錫《西塞山懷古》

詩:"人世幾回傷往事,山形依舊枕寒流。"宋無名氏《沁園春》詞:"望一枝穎脱,寒流林外,爲傳春信,風定香浮。"金劉從益《題蘇李合畫淵明濯足圖》詩:"臨流想有詩,滄浪元非漁。"元廼賢《陵州》詩:"日落陵州路,沿流古岸傍。"明葉顒《題泉石高情圖》詩:"流水閑雲外,青山落照中。"《明史·海瑞傳》:"瑞鋭意興革,請浚吳淞、白茆,通流入海,民賴其利。"清葉燮《原詩·内篇》:"因流而溯源,循末以返本。"

【川】¹

指大江大河,亦指奔流入海的衆河流,亦指山嶺間溝谷。亦作"川原"。《書·禹貢》:"奠高山大川。"《論語·子罕》:"子在川上曰:'逝者如斯夫,不舍晝夜。'"《管子·度地》:"水之出於他水,溝流於大水及海者,命曰川水。"《周禮·地官·遂人》:"萬夫有川。"鄭玄注:"萬夫,四縣之田。遂、溝、洫、澮,皆所以通水於川也。"《周易·需》:"利涉大川。"《詩·小雅·十月之交》:"百川沸騰。"又,《小雅·天保》:"如川之方至。"《左傳·宣公十二年》:"川壅爲澤。"《説文·川部》:"川,貫穿通流水也。"《漢書·溝洫志》:"中國川原以百數,莫著於四瀆,而河爲宗。"漢蔡邕《月令章句》曰:"衆流注海曰川。"漢劉熙《釋名·釋水》曰:"川,穿也,穿地而流也。"唐柳宗元《小石城山記》:"土斷而川分。"宋王安石《晚歸》:"岸迴重重柳,川低渺渺河。"金王啓《王右轄許送酒久而不到以詩戲之》詩:"不如便約開東閣,一看長鯨吸百川。"金

"川"(甲骨文)〔佚727(甲)〕

元好問《放言》詩:"悠悠復悠悠,大川日東流。"明丁鶴年《咏雪三十韻》詩:"何當紅日升暘谷,盡化流澌赴百川。"清屈大均《咏懷》其十三:"長鯨吹海波,百川皆倒流。"按,甲骨文"川"字兩邊的曲綫,形象地描畫出河流的兩岸。有的在兩綫間繪出幾個小點,指河水;有的繪出一條綫,像衆水并流。金文和小篆沿襲了甲骨文的寫法,隸書和楷書進一步將筆畫平直化。

【川原】¹

即川¹。此體漢代已行用。見該文。

【干】³

指江河。南朝梁范雲《之零陵郡次新亭》詩:"干遠樹浮,天末孤烟起。江天自如合,烟樹還相似。"南朝梁徐悱《白馬篇》詩:"妍蹄飾鏤鞍,飛輊度河干。"南朝陳江總《贈賀左丞蕭舍人》詩:"行舸方境逝,去棹艤江干。"唐虞世南《相和歌辭·飲馬長城窟行》:"馳馬渡河干,流深馬渡難。"宋戴復古《小孤山阻風因成小詩適舟中有浦城人寫寄真西山》詩:"屹立大江干,仍能障狂瀾。"元丁復《次韻江南》其三:"長干城南越王臺,長干橋下客船來。"明楊維楨《海客行》:"三月發長干,六月下淮揚。"清屈大均《口占送人還德慶》詩:"江干十月嘉魚美,白舸隨君返故鄉。"

【積刑】

猶河川、水澤。《淮南子·墜形訓》:"凡地形,東西爲緯,南北爲經,山爲積德,川爲積刑。"高誘注:"山仁,萬物生焉,故爲積德。川水智,智制斷,故爲積刑也。"《白孔六帖》:"禹治名川,三百支川,三千積刑。"明方以智《物理小識·總論》:"川爲積刑,丘陵爲牡。"

清陳維崧《徵萬柳堂詩文啓》："積德、積刑，潛仁知之胸，樂山樂水。"

【穴】[4]

水道，河流。晋木華《海賦》："江河既導，萬穴俱流。"唐李周翰注："導，理也；萬穴，水道也，言江河既理，水道俱流。"北齊劉晝《劉子·思順》："禹善治水，鑿穴川，不能迴水西流，逆地勢也。"唐杜甫《三川觀水漲二十韻》："不有萬穴歸，何以尊四瀆？"宋李吕《登賦堂（爲樊守作）》詩："茫茫巨浸擘山開，萬穴魚龍寄深廣。"明王世貞《自天津南所經由亡不陸沈者聊成短述兼志憂年得十六韻》詩："脉湧中原破，堤平萬穴趨。"

【玉川】

河水的美稱，又表清澈的河水。唐白居易《和李相公六韻》："似從銀漢下，落傍玉川西。"宋孫覿《鄭惇老謙老寄示四賦小詩爲謝》詩："溶溶注銀海，浩浩瀉玉川。"金元好問《濟南廟中古檜同叔能賦》詩："青餘玉川潤，根入鐵岸西。"又，《論詩三十首·十三》詩："萬古文章有坦途，縱橫誰似玉川盧？"元汪元亨《（中吕）朝天子·歸隱》："訪壺公洞天，謁盧仝玉川，住潘岳河陽縣。"明郭之奇《榕城八景·繞窣棉陰》詩："玉川如帶繞城陰，入眼叢青翠影侵。"清屈大均《觀神江諸水作》詩："玉川三疊雪，更在夢魂中。"

【没里】

契丹語。指河流。《新五代史·四夷附錄一》："契丹，自後魏以來，名見中國……其居曰梟羅箇没里。没里者，河也。"《遼史·興宗紀一》："庚戌，又魚於率没里河。"《契丹國志·契丹國初興本末》："本其風物，地有二水。

曰北乜里没里，復名陶猥思没里者，是其一也，其源流出自中京西馬盂山，東北流，《華言》所謂土河是也。曰梟羅箇没里，復名女古没里者，又其一也，源出饒州西南平地松林，直東流，《華言》所謂潢河是也。"

瀆[1]

大河，大川。《韓非子·五蠹》："中古之世，天下大水，而鯀禹决瀆。"先秦佚名《河激歌》："罰既釋兮瀆乃清，妾持楫兮操其維。"晋潘安《西征賦》："我徂安陽，言涉陝郛，行乎漫瀆之口，憩乎曹陽之墟。"《爾雅·釋水》："江、淮、河、濟爲四瀆。"《周易·蒙卦》："再三瀆。"漢劉熙《釋名·釋水》："天下大水，謂之四瀆。"唐水神《雪溪夜宴》詩其九："賢臻江湖叟，貴列川瀆王。"宋蘇轍《次韻侄過江漲》詩："陰淫夏爲秋，雨暴溪作瀆。"元釋大訢《送趙公子去疾侍平章魯公歸蜀》詩："會靈奔嶽瀆，移次動星辰。"明照影《蘭舟渡》詩："蘭舟古渡已茫然，雲外山横百瀆烟。"清王士禄《司徒廟歌》："我聞祀事有國之所崇，嶽瀆秩視侯與公。"

溪[2]

泛指小河、水溝。晋佚名《前溪歌七首》其二："爲家不鑿井，擔瓶下前溪。"晋陶潛《桃花源記》："緣溪行，忘路之遠近。"南朝陳曇瑗《游故苑》詩："春溪度短葛，秋浦没長莎。"北魏酈道元《水經注·沅水》："武陵有五溪，謂雄溪、橘溪、無溪、酉溪、辰溪其一焉。"唐柳宗元《愚溪詩序》："灌水之陽有溪焉，東流入瀟水。"宋王安石《暮春》詩："無限殘紅著地飛，溪頭烟樹翠相圍。"金吴激《晚春言懷寄燕中知舊》詩："閑雲泄泄日暉暉，林斧溪春響翠微。"明葉顒《贈牧童》詩："烟迷青嶂雨，雲度小溪風。”清方維儀《春庭》詩：“一度空庭人寂寞，不知溪上落梅花。”

【干】[4]

即山澗。《周易・漸》：“初六，鴻漸於干。”陸德明釋文：“干，王肅云：‘山間澗水也。’”《詩・小雅・斯干》曰：“秩秩斯干，幽幽南山。”又，《魏風・伐檀》：“坎坎伐檀兮，寘之河之干兮。”毛傳：“干，澗也。”唐盧照鄰《早度分水嶺》詩：“重溪既下漱，峻峰亦上干。”另，亦指較大河川，參閱本卷“干[2]”條目。

【嶰】[2]

即山澗、溪谷。《後漢書・馬融傳》：“窮浚谷，底幽嶰。”李賢注：“嶰，謂山澗也。”晋左思《三都賦》：“梢雲無以逾，嶰谷弗能連。”南朝陳張正見《賦得山中翠竹》詩：“莫言棲嶰谷，伶倫不復吹。”唐虞世南《賦得臨池竹應制》詩：“龍鱗漾嶰谷，鳳翅拂漣漪。”《廣雅・釋山》：“嶰，谷也。”唐魚玄機《和友人次韻》詩：“蓬山雨灑千峰小，嶰谷風吹萬葉秋。”《廣韻・山部》：“嶰，山間澗。”宋朱熹《通鑑綱目》：“黃帝命伶倫取竹於嶰溪之谷。”明劉永之《墨竹》詩其一：“白石蒼苔嶰谷秋，疏篁古木共清幽。”清馮溥《秋日飲酒》詩：“況有吹簫人，取材谷之嶰。”

【溪】[3]

山間的小河溝。本作“谿”，也作“嵠”。《說文・山部》：“嵠，山瀆無所通者。”《墨子・親士》：“是故溪狹者速涸。”《左傳・文公十六年》：“子越自石溪。”《呂氏春秋・察微》：“若高山之與深谿。”《爾雅・釋水》：“水注川曰谿。”邢昺疏：“杜預曰：‘谿，亦澗也。’李巡曰：‘水出於山入於川曰谿。’”《左傳・隱公三

年》：“澗谿沼沚之毛。”毛注：“谿亦澗也。”漢司馬相如《上林賦》：“振溪通谷，蹇產溝瀆。”明丁鶴年《卜居二首》詩其一：“雨苔蘸水溪魚上，風葉墮階山犬鳴。”清王夫之《絕句八首》其六：“宿鳥波流影，孤螢冷度溪。”參閱明王圻等《三才圖會・磻溪圖》

【谿】[2]

同“溪[3]”。此體先秦已行用。見該文。

【嵠】

同“溪[3]”。此體漢代已行用。見該文。

【澗】

山間溝谷及流水。亦作“磵”。《詩・召南・采蘩》：“于以采蘩，于澗之中。”《爾雅・釋山》：“山夾水，澗。”漢劉熙《釋名・釋水》：“澗，間也，言在兩山之間也。”漢佚名《青青陵上柏》詩：“青青陵上柏，磊磊磵中石。”唐王維《鳥鳴澗》詩：“月出驚山鳥，時鳴春澗中。”宋沈括《夢溪筆談・雜誌一》：“今成皋、陝西大澗中，立土動及百尺，迥然聳立，亦雁蕩具體而微者，但此土彼石耳。”金王渥《潁亭》詩：“九山西絡烟霞去，一水南吞澗壑流。”明葉顒《題扇面景物》詩：“峰巔涼月上，澗底白雲深。”清潘耒《華峰頂》詩：“峰巒一一插霄漢，澗瀑處處奔虹雷。”一說，指山間水溝。

【磵】

同“澗”。此體漢代已行用。見該文。

畎[2]

田間水溝。又泛指溪流、溝渠。亦作“甽”“𤰄”，亦稱“畎澮”“圳澮”。《書・益稷》：“予決九川距四海，浚畎澮距川。”孔傳：“一畝之間，廣尺、深尺曰畎。”鄭玄注：“畎澮，田間

溝也。"《莊子·讓王》："居於畎畝之中。"《漢書·楚元王傳》："欲終不言，念忠臣雖在畎畝，猶不忘君，惓惓之義也。"顏師古曰："畎者，田中之溝也……字或作甽，其音同爾。"

一畝三畎之圖
（明王圻等《三才圖會》）

《漢書·李尋傳》："今汝潁畎澮皆川水漂涌，與雨水并爲民害。"顏師古注："畎澮，小流也。"三國魏阮籍《亢父賦》："圳澮不暢，垢濁實臻。"唐皎然《送顧處士歌》："知君別業長洲外，欲行秋田循畎澮。"宋王之道《秋日訪程元明喜雨而作》詩："俛仰忽再秋，秋旱畎澮乾。"元劉詵《秧馬歌和蕭養吾》詩："方畦曲畎翠分路，意會規矩無差池。"元吳萊《方景賢回聞吳中水潦甚戲效方子清儇言》詩："屋扉蚌蛤上，畦畎魚龍争。"明光徐啓《農政全書》："浚畎及川，乂之以播種也。"明孫承恩《喜雨奉郡伯喻惕庵》詩："黍禾青被隴，畎澮綠盈川。"清顧炎武《常熟縣耿侯橘水利書》詩："畎澮遍中原，粒食詒百姓。"

【畎】
同"畎²"，此體先秦已行用。見該文。

【畎澮】
即畎²。此稱先秦已行用。見該文。

【甽】
同"畎²"，此體漢代已行用。見該文。

【圳澮】
即畎²。此稱三國魏已行用。見該文。

【畦畎】
田間河溝、水渠。《陳書·宣帝本紀》："畦畎相望，連宇高甍，阡陌如繡。"元吳萊《方景賢回聞吳中水潦甚戲效方子清儇言》："屋扉蚌蛤上，畦畎魚龍争。"

【澮】
田間河溝水渠。亦稱"溝澮"。《爾雅·釋水》："水注川曰谿，注谿曰谷，注谷曰溝，注溝曰澮，注澮曰瀆。"《孟子·離婁下》："七八月之間雨集，溝澮皆盈。"《周禮·考工記·匠人》："深二仞爲之澮。"賈公彥疏："澮，釋曰：井田之法，畎縱遂橫，溝縱洫橫。"《續資治通鑑長編·宋神宗元豐四年》："靈州繞城舊有黃河分水大渠三重及溝澮縱橫貫注，水所溉田約二十里。"明袁凱《早出田所》詩："大澤含澄瀾，溝澮皆滿盈。"清費揚古《雜詩》其三："野雀集蓬蒿，蛙聲滿溝澮。"

【溝澮】
即澮。此稱先秦已行用。見該文。

【溝洫】
田間河溝、水渠。《周禮·考工記·匠人》："匠人爲溝洫……九夫爲井，井間廣四尺，深四尺，謂之溝。方十里爲成，成間廣八尺，深八尺，謂之洫。"鄭玄注："主通利田間之水道。"晋左思《蜀都賦》："溝洫脉散，疆里綺錯，黍稷油油，稉稻莫莫。"北周庾信《周五聲調曲》："烝民播植重，溝洫劬勞多。"唐杜甫《與任城許主簿游南池》詩："秋水通溝洫，城隅進小船。"宋王安石《苦雨》詩："平時溝洫今多廢，下户京困久已

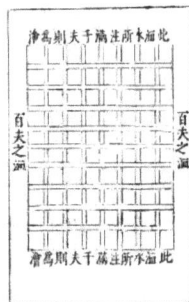

貢法溝洫之圖
（明王圻等《三才圖會》）

空。"宋蔡戡《隆興府勸農文》:"今茲土膏脉起,農事方興,出入田疇,浚治溝洫,盡力耕耘,相與勉人事、順地利,以應天時。"元鄭元祐《題曹松巡家譜》詩:"春雨丘園花結子,夜潮溝洫浪留痕。"明周瑛《視茭陂》詩:"周官叙溝洫,漢史志河渠。"清屈大均《西臺雨後行田》詩:"盡力志溝洫,開荒喜草昧。"

【瀆】[2]

指水溝、小渠。亦稱"溝瀆"。《周易·説卦》:"坎爲水,爲溝瀆。"《論語》:"自經於溝瀆而莫之知也。"《荀子·修身》:"開其瀆。"《周禮·雍氏》:"掌溝瀆澮池之禁。"《韓非子·五蠹》:"有決瀆於殷周之世者,必爲湯武笑矣。"《説文·水部》:"瀆,溝也。一曰邑中溝。"《史記·屈原賈生列傳》:"彼尋常之污瀆兮。"司馬貞索隱:"小渠也。"宋李綱《自鵝城乘舟至河源風雨日作江流湍激以寸步進感歎有作》詩:"及茲困溝瀆,更覺水石壯。"明邵經邦《弘道錄》:"水泉開通溝瀆,起水門提關,凡數十處,以廣溉灌。"清李慈銘《苦雨謡》其三:"傭書力賃三間屋,流潦滿庭帶溝瀆。"

【溝瀆】

即瀆[2]。此稱先秦已行用。見該文。

乾河

指河流在枯水季節,河水斷流、河床裸露;豐水季節,形成水流,甚至洪水奔騰。今稱"間歇性河流""季節河""時令河"。這類河流通常流經高溫乾旱的區域,而且年平均流量較小,但因暴雨、融雪引發的洪峰却很大。《山海經·北山經》:"教水出焉,而南流注於河。是水冬乾夏流,實惟乾河也。"《後漢書·郡國志》:"聞喜邑,本曲沃。"李賢注:《史記》曰:'伐韓到乾河。'郭璞曰:'縣東北有乾河口,但有故溝處,無復水。'"南朝陳張正見《紫騮馬》詩:"影絶乾河上,聲流水竇中。"唐溫庭筠《過西堡塞北》詩:"淺草乾河闊,叢棘廢城高。"《太平寰宇記》卷四七:"酈善長《水經注》云:'紫谷水東出白馬川,西逕熒庭城南,而西出紫谷,與乾河合,即教水之支川也。'"宋釋居簡《苦旱》詩:"黄塵陸漲草樹暗,積水戽乾河港枯。"明鐘惺《夏商野史》第五回:"是水冬乾而夏流,名乾河。"楊守敬《水經注疏》:"乾河在城谷西南三里,或以爲即泛水也。今故流漸湮,漢江水漲,則乾河與古洋河相通,水落則乾,因名。"

海溝[1]

沿海水道,河汊。明黄淮、楊士奇等《歷代名臣奏議》:"亦用官民船張耀,以防敵由海溝入之路。"《遼海叢書·東北輿地釋略》卷二:"今白城東北二十餘里有大海溝、小海溝,二水

沿海海溝、河汊
(清《黄河萬里圖》)

合流入阿勒楚喀河。"清顧炎武《天下郡國利病書》:"淯河至齊東縣入大清河處,深而且闊,奔駛無滯,號爲陳海溝,足以容水。"

經水

發源於高山而流入大海的河水。如衆水之經,或曰如人之經脉,故稱。《黄帝内經·素問·離合真邪論》:"夫聖人之起,度數必應於

天地，故天有宿度，地有經水，人有經脉。"王冰注："經水者，謂海水、瀆水、渭水、湖水、沔水、汝水、江水、淮水、漯水、河水、漳水、濟水也，以其内合經脉，故名之經水焉。"《管子·度地》："水有大小，又有遠近，水之出於山而流入於海者，命曰經水。"尹知章注："言爲衆水之經。"唐蕭倣《郊廟歌辭·享太廟樂章·懿宗室舞》詩："海瀆常晏，波濤不揚。"參閱戰國史崧《靈樞經·經水》、北魏酈道元《水經注·河水一》、清陳元龍《格致鏡原》。

源

水出之地，河流源頭。亦作"源頭"。《詩·衛風·竹竿》詩："淇水在右，泉源在左。"《國語·晋語一》："塞水不自其源，必復流。"漢賈誼《惜誓》詩："水背流而源竭兮，木去根而不長。"晋傅玄《秋胡行》："源流潔清，水無濁波。"又："清濁必異源，鳧鳳不並翔。"北魏荀濟《贈陰梁州》詩："海曲窮地表，江源渺天際。"北周庾信《周五聲調曲》其一十九："落其實者思其樹，飲其流者懷其源。"唐羅虬《比紅兒》詩其二十："戲水源頭指舊蹤，當時一笑也難逢。"宋朱熹《觀書有感二首》詩其一："問渠那得清如許，爲有源頭活水來。"

【源頭】

即源。此體唐代已行用。見該文。

【原】[1]

猶源。河水發源區域。先秦佚名《書井》詩："原泉滑滑，連旱則絶。"《詩·大雅·公劉》："逝彼百泉，瞻彼溥原。"《左傳·昭公九年》："猶衣服之有冠冕，木水之有本原。"《漢書·西域傳上》："其河有兩原：一出葱嶺山，一出于闐。"《説文·水部》："〔原〕泉，水泉本也。"段玉裁注："〔後人〕别製'源'字爲本原之原。"《淮南子·原道訓》："原流、泉浡。"《漢書·食貨志》："猶塞川原爲潢洿也。"顔師古曰："原，謂水泉之本也。"宋司馬光《初除中丞上殿札子》："澄其原則流清，固其本則末茂。"明趙汸《遣懷寄程明遠》詩："河原萬折通銀漢，不廢仙槎自在尋。"清陳子升《井》詩："導得江河原伏地，貯來涓滴盡通天。"

【淵】[2]

猶源。亦稱"淵源"。《漢書·董仲舒傳贊》："〔仲舒〕爲群儒首，然考其師友淵源可漸。"唐元結《引東泉作》詩："衆源發淵竇，殊怪皆不同。"唐吕巖《滿庭芳》詞："大道淵源，高真隱秘，風流豈可知聞。"宋豐芑《題御史袁公像》詩："天地鍾英應有任，第爲濂洛浚淵源。"宋文天祥《書汪水雲詩後》詩："雲之漢兮水之淵，佳哉斯人兮水雲之仙。"元王惲《南鄉子》詞："溥水淵源慶未央。"明楊維楨《盤所歌并叙》詩："盤之泉漁不竭淵，盤之阻外禦其侮。"清陳恭尹《漫興三首》其二："淵源洙泗遠，磊落楚雲高。"

【淵源】

即淵[2]。此稱漢代已行用。見該文。

【川】[2]

特指河流上源。亦作"川原"。《國語·周語下》："且絶民用以實王府，猶塞川原而爲潢污也，其竭也無日矣。"《楚辭·招魂》："川谷徑複，流潺湲些。光風轉蕙，氾崇蘭些。經堂入奥，朱塵筵些。砥室翠翹，掛曲瓊些。"王逸注："流源爲川。"

【川原】[2]

即川[2]。此體先秦已行用。見該文。

上流[1]

江河上游河段。亦稱"上源""上水"。《左傳・襄公十四年》："秦人毒涇上流，師人多死。"《三國志・吳書・甘寧傳》："羽號有三萬人，自擇選銳士五千人，投縣上流十餘里淺瀨，云欲夜涉渡。"北魏賈思勰《齊民要術・水稻》："稻無所緣，唯歲易爲良，選地宜近上流。"南朝梁任昉《述異記》卷上："吳故宮亦有香水溪，俗云西施浴處，人呼爲脂粉塘。吳王故宮人濯妝於此溪上源，至今馨香。"宋范鎮《東齋記事・佚文》："承昭乞紉布囊括土，投上流以塞之，不設板築，可成巨防。"宋沈括《夢溪筆談・辯證二》："震澤上源，皆山環之，了無大川。"《二十年目睹之怪現狀》第五一回："只見遠遠的一艘輪船，往上水駛來。"

【上源】

即上流[1]。此稱南朝梁代已行用。見該文。

【上水】

即上流[1]。此稱清代已行用。見該文。

下流

河流下游河段。亦稱"下溜頭""下流頭"。《荀子・子道》："昔者江出於岷山，其始出也。其源可以濫觴；及其至江之津也，不放舟，不避風，則不可涉也，非維下流水多邪？"漢劉向《列女傳・楚子發母》："客有獻醇酒一器，王使人注江之上流，使士卒飲其下流。"唐張九齡《高齋閑望言懷》詩："取路無高足，隨波適下流。"元關漢卿《西蜀夢》第一折："殺的那東吳家死屍骸堰住江心水，下溜頭淋流著血汁。"《三國演義》第四〇回："至來日三更後，

只聽下流頭人喊馬嘶。"明汪廣洋《涼州曲》詩："琵琶初調古《涼州》，萬壑風泉指下流。"清姚鼐《爲周期才題春江歸棹圖》詩："下流爭避龍船來，一瀉飛翎脫雕弩。"

【下溜頭】

即下流。此稱元代已行用。見該文。

【下流頭】

即下流。此稱元末明初已行用。見該文。

【委】

末流匯聚之處，支流匯聚主流處，或在下游河段，如海河。《禮記・學記》："三王之祭川也，皆先河而後海，或源也，或委也，此之謂務本。"鄭玄注："源，泉所出也；委，流所聚也。"漢王褒《九懷・昭世》："余悲兮蘭生，委積兮從橫。"漢司馬相如《上林賦》："終始灞滻，出入涇渭；酆鎬潦潏，紆餘委蛇，經營乎其內。"唐杜甫《月圓》詩："委波金不定，照席綺逾依。"唐溫庭筠《和友人傷歌姬》詩："更能何事銷芳念，亦有濃華委逝川。"宋沈括《夢溪筆談・雜誌一》："胡人言黑水原下委高，水曾逆流。"

【流】[2]

江河的下游。一說，江河之源以下的河段，相對源而言。《論語》："是以君子惡居下流，天下之惡皆歸焉。"漢王充《論衡・異虛》："源發，流安得不廣？"《後漢書・傅燮傳》："臣之所懼，在於治水不自其源，末流彌增其廣耳。"《廣雅・釋詁一》："流，末也。"王念孫疏證："水本曰源，末曰流。"清葉燮《原詩・內篇》："因流而溯源，循末以返本。"

幹流

水系中匯集全流域來水的最大徑流，注入

海洋或較大湖泊。明張内藴等《三吳水考》："所謂治農者,非止於水利也,如低鄉畏潦則急於築圩岸,高鄉畏涸則急於濬陂塘,幹流病於淤塞也。"清弘曆《河南巡撫胡寶瑔奏報豫省秋收豐稔詩以志慰》詩："大疏橫直幹,引支入幹流。"清顧祖禹《讀史方輿紀要·川瀆三》："枝流既散,幹流遂微。"

【江干】

多指水系的主幹。漢佚名《題海鹽侯陸禪墓》："帝命作鎮,龍嘯江干。"南朝梁范雲《之零陵郡次新亭》詩："江干遠樹浮,天末孤烟起。"南朝梁吳均《答蕭新浦》詩："問子行何去,高帆艤江干。"唐王勃《羈游餞別》詩："客心懸隴路,游子倦江干。"前蜀貫休《晚春寄張侍郎》詩："應知窗下夢,日日到江干。"宋佚名《浣溪沙》詞其二:"苒苒飛雲橫畫闌,黃昏烟雨滿江干。"元張翥《聞笛》詩："何人吹笛傍江干,木落淮南夜色寒。"明劉崧《承曾子碩自洪歸贛道次太和以故人曠伯逵書問見及臨別悵然詩以送之》詩："閣下帆初落,江干雨正疏。"清劉獻廷《廣陽雜記》卷四:"〔王國良〕至江干爲渡船所苦,遂露宿江滸,平明始得渡歸。"

【河干】

多指水系的主幹。《詩·魏風·伐檀》："坎坎伐檀兮,寘之河之干兮。"南北朝徐悱《白馬篇》詩："妍蹄飾鏤鞍,飛韝度河干。"唐皎然《從軍行五首》其三:"馳馬渡河干,流深馬渡難。"宋宋祁《送馮彭寺丞長興知縣》詩："天外仙鳧鳥影翻,河干畫鷁桌聲喧。"元龔璛《春日寄懷書臺》詩："二月東風吹暮寒,追送百里間河干。"明盧龍雲《次清源值龔侍御行部過談舟中》詩："維舟當日暮,有客過河干。"清彭孫貽《雨泊魯港》詩："河干搖落日,照水明環璨。"

支流

匯入另一條河流或水域而不直接入海的河流。或曰匯入幹流的河流。古亦稱"枝流"。《列子·楊朱》："吞舟之魚,不游枝流;鴻鵠高飛,不集污池。"晋阮籍《咏懷》其七十六:"臨川羨洪波,同始異支流。"北魏酈道元《水經注·潁水》："縣西有故堰,堰石崩褫,積基尚存,舊遏潁枝流所出也。"唐劉禹錫《曆陽書事七十韻》詩："遠岫低屏列,支流曲帶縈。"宋陸游《娥江市》詩："小聚依江近,支流入浦分。"《新唐書·南蠻傳下》："有江,支流三百六十。"元張雨《風雪中得金陵諸公書二首》詩其二:"落木從風靡,支流趁谷斜。"明王廷陳《自三臺河泛舟至鳳巖》詩："曲岸行逾近,支流入轉多。"《徐霞客游記·江右游日記》："溪至此稍逐而南,瀕城乃復浚支流爲濠,下流復與溪合。"清秦昌焯《牧雲庵觀龍縫泉因

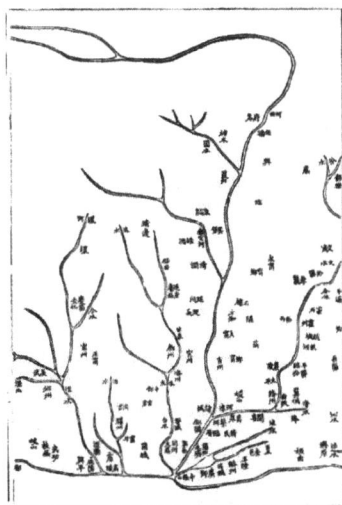

幹流、支流示意圖
(清刻本《水經注圖》)

懷碧山吟社》詩："支流匯成淵，形似半規月。"

【枝流】

同"支流"。此稱先秦已行用。見該文。

【枝水】

即支流。亦稱"枝津""枝渠""枝瀆""枝川""枝河"。《管子·度地》："水有大小，又有遠近，水之出於山而流入於海者，命曰經水；水別於他水，入於大水及海者，命曰枝水。"北魏酈道元《水經注·河水五》："故瀆又東北逕平原縣，枝津北出，至安陵縣遂絕。"又，"枝渠右出，至安德縣遂絕"。又，《沁水》："蓋沛水枝瀆條分。所在布稱，亦兼丹水之目矣。"又，《澮水》："西逕熒庭城南，而西出紫谷與乾河合，即教水之枝川也。"清錢泳《履園叢話·臆論·水利》："一鄉之人言之保長，將水車數十百具，移至大河有水處，車進枝河以灌苗田。"

【枝津】

即枝水。此稱北魏已行用。見該文。

【枝渠】

即枝水。此稱北魏已行用。見該文。

【枝瀆】

即枝水。此稱北魏已行用。見該文。

【枝川】

即枝水。此稱北魏已行用。見該文。

【枝河】

即枝水。此稱清代已行用。見該文。

【沱】[2]

江水支流，抑或小水入大水處。亦作"沲"。《詩·召南·江有汜》："江有沱，之子歸，不我過。"毛傳："沱，江之別者。"漢劉向《九嘆》詩："凌黃沱而下低兮，思還流而復反。"

南朝梁費昶《贈徐郎》詩："晨瞻洛汭，夕望江沱。"晋郭璞《江賦》："豁之以洞壑，疏之以沲沱。"唐孟郊《峽哀》詩其一："峽水聲不平，碧沲牽清洄。"《集韻》："沱，或作沲。"宋蘇軾《鵲橋仙·七夕和蘇堅韻》詞："乘槎歸去，成都何在，萬里江沱漢漾。"清李希聖《劉幼雲編修自天津詩來爲別作此寄之》詩："九派潯陽江有沱，江上綠柳如綠莎。"清黃遵憲《櫻花歌》："墨江潑綠水微波，萬花掩映江之沱。"清徐文靖《管城碩記》卷三："南郡枝江有沱，水然其流入。"

【沲】[2]

同"沱[2]"。此體晉代已行用。見該文。

【派】

江河支流。亦作"泒"。《說文·水部》："派，別水也。"晋郭璞《江賦》："源分二於崛嵊，流九派呼潯陽。"晋左思《吴都賦》："百川派別，歸海而會。"劉逵注引《字説》曰："水別流爲派。"唐徐堅《初學記·地部中》："水別流曰派，大水有小口別通曰浦。"唐李世民《春日望海》詩："積流橫地紀（一作軸），疏派引天潢。"《宋史·河渠志七》："秦淮之水流入府城，別爲兩派。"元長筌子《絳都春》詞："心如江海。納百川萬派，澄清無礙。"明陳繼儒《珍珠船》："谷簾水，在廬山被崑而下三十泒，其廣七十尺。"泒，亦謂古水名。

【泒】

即派。此體明代已行用。見該文。

【別流】

即支流。亦稱"別瀆"。《書·禹貢》："東爲滄浪之水。"孔傳："別流在荊州。"北魏酈道元《水經注·淇水》："又東北溥沱，別瀆注焉，謂之合口也。"隋楊素《贈薛播州》詩其二："漳滏爾連沼，涇渭餘別流。"唐孟浩然《經七里灘》詩："彩翠相氛氳，別流亂奔注。"唐蕭穎士《趙載同游焦湖夜歸作》詩："東江輸大江，別流從此縣。"唐梁洽《觀漢水》詩："一道入溟渤，別流爲滄浪。"宋張侃《潮》詩："君看沙漲潮頭回，却向別流亂冲去。"元于欽《齊乘》卷二："齊有三汶，清河爲大。《述征記》：泰山郡水皆名汶，有北汶、嬴汶、柴汶、牟汶，皆源別流同。"明何景明《雙雁篇》詩："飄沙戀故浦，別流思故河。"清顧祖禹《讀史方輿紀要·廣西三》："《志》云：永通峽内有南淥水，黔江別流也，合大隍水，仍流入黔水。"

【別瀆】

即別流。此稱北魏已行用。見該文。

【港】[2]

河流支流。《玉篇·水部》："港，水派也。"南朝梁蕭繹《登堤望水》詩："高岸翻成浦，曲港反通舟。"北魏酈道元《水經注·江水》："港水東南流注於江，謂之洋口。"唐韓愈《送王秀才序》："道於楊、墨、老、莊、佛之學，而欲之聖人之道，猶航斷港絕瀆，以望至於海也。"唐杜荀鶴《送人游吳》詩："古宮閑地少，水港小橋多。"唐慧琳等《一切經音義》引《字略》："港，水分流也。"《宋史·河渠志七》："沿河下岸，涇港極多。"宋王十朋《泊桐廬分水港》詩："港從分水出，亭瞰合江流。"《續資治通鑑·宋孝宗乾道二年》："支港相貫，西北可入於江，東南可達於海。"《宋史·食貨志上一》："已行新法縣分，田土頃畝、川港陂塘之類……並乞開圍田，浚港瀆。"《明史·地理志四》："環城西北出，復分爲二，俱入鄱陽湖，亦名雙

港水。"清黃宗羲《明儒學案·蕺山學案》："隨處是絕流斷港，安得打合一貫。"

【港汊】

小河的分支。宋張孝祥《東壩》詩："浙近風烟好，春回港汊通。"《宋史·趙範傳》："然有淮則有江，無淮則長江以北港汊蘆葦之處，敵人皆可潛師以濟。"又，《河渠志七》："自春徂夏不雨，令官吏發卒開淘沙觜及浚港汊。"《明史·河渠志六》："若常熟白茆諸港，崑山千墩等河，長洲十八都港汊。"明徐光啓《農政全書》："及有湖泖港汊，又慮私鹽船往來，多行塞斷，所有水脉不通，清水日弱，渾潮日盛，沙泥日積，而吳淞江日就淤塞。"《水滸傳》第七八回："只見茫茫蕩蕩，盡是蘆葦兼葭，密密遮定港汊。"清齊召南《書〈吳鑑齋傳〉後》："自從吳淞外，港汊有若無。青籠既以湮，白鶴亦已枯。"

【潢】[1]

即港汊。唐韓愈《宋王秀才序》："猶航斷港絕潢以望至於海也。"明顧炎武《天下郡國利病書》："海道多潢，猶陸地多岐。"

【滸】[2]

淮水溢出的支流。《爾雅·釋水》："淮爲滸，江爲沱。"郭璞注："皆大水溢出別爲小水之名。"郝懿行義疏："《水經注》云：淮水於縣枝分，北爲游水。引《爾雅》曰：淮別爲滸。游水亦枝稱者也，是游即滸矣。"

水口

水流的入口和出口。北魏酈道元《水經注·湘水》："湘水又北逕黃陵亭西，右合黃陵水口，其水上承大湖，湖水西流。"又，《夷水》："民至秋，闌斷水口，得魚，大者長四五

尺，骨軟肉美。"唐崔國輔《雜曲歌辭·今別離》詩："送別未能旋，相望連水口。"宋范成大《峽州至喜亭》詩："斷崖卧水口，連岡抱城樓。"明王逢《江邊竹枝詞八首》其五："儂是小山漁泊户，水口風門過一生。"清齊召南《題畫用康樂道路憶山中韻》詩："水口回層巒，峭削如岸斷。"又爲風水學術語。明繆希雍《葬經翼》："夫水口者，一方衆水總出處也。"

【港口】²

支流匯入幹流的出口，或港灣出入口。北魏酈道元《水經注·江水》："江之右岸有雍口，亦謂之港口。"宋蘇軾《石鐘山記》："舟回至兩山間，將入港口，有大石當中流，可坐百人。"明孫蕡《峽山寺三首》詩其一："山從中宿城邊去，水自連州港口來。"清胡健《到澎湖境》詩："四角仔，金龜觜，港口如門屹山峙。"清俞萬春《蕩寇志》第一三四回："天彪按覽輿圖，見那後泊有四條港口。"清顧祖禹《讀史方輿紀要·湖廣六》："西南繞安樂湖，達接港口入沅江。"

尾閭¹

河流入海口處。《莊子·秋水》："尾閭泄之，不知何時已而不虛。"唐李德裕《漏潭石》詩："及此聞溪漏，方欣驗尾閭。"宋葛勝仲《中秋和韻》："珠盛輝兹水，潮高壯尾閭。"明胡奎《望海》詩："千年木石勞精衞，百谷波流會尾閭。"明談遷《北游録·記咏上》詩："誰能挽東海，不彼尾閭積。"明徐威《樂丘短歌》："君不見泰華峰頭涓涓溜，直到尾閭天盡頭。"清徐仁鑄《送言謇伯之天津》詩："析津形勢控南北，黄河萬里此尾閭。"又指泄海水之處。《莊子·秋水》："尾閭泄之，不知何時已而不虛。"

灤

滲漏入地之水。亦作"漏流"。《戰國策·魏策二》："昔王季歷葬於楚山之尾，灤水齧其墓，見棺之前和。"姚宏續注："墓爲漏流所滋，故曰灤水齧其墓。"《説文·水部》："灤，漏流也。"《廣雅》："灤，漬也。"注："滲入流漬。"唐李白《早過漆林渡寄萬巨》詩："漏流昔吞翁，遒浪競奔注。"明蕅益智旭《妙法蓮華經台宗會義》："煩惱漏流，其源久竭，不復墮落二乘及凡夫地。"

【漏流】

即灤。此體漢代已行用。見該文。

地脉²

地下水。亦作"壤脉"。水於地下四處潛行，如脉絡之分布，故稱。漢班彪《北征賦》："何夫子之妄説兮，孰云地脉而生殘。"南朝宋鮑照《登廬山詩二首》詩其一："洞澗窺地脉，聳樹隱天經。"唐吕巖《七言》詩："天綱運轉三元净，地脉通來萬物生。"唐皮日休《奉和魯望春雨即事次韻》詩："山容洗得如烟瘦，地脉流來似乳肥。"宋蘇軾《贈姜唐佐生》詩："滄海何曾斷地脉，白袍端合破天荒。"元陸友仁《研北雜志》："吴興人説：久雨遇雷，地脉必開，山爲之發洪。"明劉基《鈴山龍泉》詩："石骨入海眼，地脉通混茫。"《西游記》第二八回："烟波蕩蕩接天河，巨浪悠悠通地脉。"清顧炎武《鄒平張公子萬斛園上小集各賦一物得桔槔》詩："壤脉涓涓出，川流挹挹升。"

【壤脉】

即地脉²。此體清代已行用。見該文。

【水脉】²

地下水。水潛流地下，如脉絡貫穿，故稱。

晋張華《博物志·史補》：“駱駝知水脉，過其處輒停不肯行，以足蹋地，人於其蹋處掘之，輒得水。”晋常璩《華陽國志》：“水脉穿廣都鹽井。”南朝梁劉孝綽《釣竿篇》：“斂橈隨水脉，急槳渡江湍。”唐李賀《章和二年中》詩：“健犢春耕土膏黑，菖蒲叢叢沿水脉。”唐丁用晦《芝田録·李德裕》：“貧道所謁相公者，爲足下通常州水脉。京都一眼井，與惠山寺泉脉相通。”前蜀杜光庭《録異記》：“漢州赤水有湧泉焉，水脉五六，自山下湧出，因成大池。”宋張君房《雲笈七籤·道教靈驗記》：“夏，大水泛濫，乃泝流至什邡縣興道觀後，水脉甚小，不知其所來之由。”元羅霆震《大青羊澗》：“水脉應連洛洞中，滿溪怪石是癡龍。”明徐光啓《農政全書》：“今欲知此地水脉安在，宜掘一地窖，於天明辨色時，人入窖以目切地，望地面有氣如烟騰騰上出者，水氣。氣所出處，水脉在其下。”徐珂《清稗類鈔·名勝類》：“前有高水湖，後有裂帛湖，距玉泉咫尺，水脉暗通。”又，指地表江河的分布（參閲本卷水脉[1]條目）。

【泉脉】

地下水脉系。南朝齊謝朓《賦貧民田》詩：“察壤見泉脉，覘星視農正。”南朝梁劉峻《始居山營室》詩：“泉脉洞杳杳，流波下不極。”唐王維《春中田園作》詩：“持斧伐遠揚，荷鋤覘泉脉。”唐白居易《南池早春有懷》詩：“泥煖草芽生，沙虛泉脉散。”唐丁用晦《芝田録·李德裕》：“京都一眼井，與惠山寺泉脉相通。”宋梅堯臣《汝州後池聽水》詩：“春水泉脉動，分巖臨澗源。”元許有壬《秋露白酒熟卧聞槽聲喜而得句可行當同賦也》詩：“日華煎露成真液，泉脉穿巖咽細流。”明朱孟烷《九峰寺》詩：“松陰深入寺，泉脉遠通池。”清趙俞《踏車曲》詩：“前年井底泉脉枯，去年甌窶長荄蘆。”

【伏流】

地下徑流。亦作“伏流河”“伏流水”。北魏酈道元《水經注·清水》：“又東，長泉水注之，源出白鹿山東南，伏流逕十三里，重源潛發於鄧城西北，世亦謂之重泉水也。”《淮南子·墬形訓》：“河出積石。”漢高誘注：“河源出崑崙，伏流地中方三千里，禹導而通之，故出積石。”北魏酈道元《水經注·河水》：“其水重源又發，南至西馬頭山東截坡下，又伏流南十餘里，復出，又謂之伏流水，南入於河。”唐鄭綮《開天傳信記》：“自爾旆然伏流，於今百餘年矣。”唐戴叔倫《下鼻亭瀧行八十里聊狀艱險寄青苗鄭副端朔陽》詩：“因隨伏流出，忽與跳波隔。”宋吕本中《游會勝寺蒙泉》詩：“伏流尚數步，暗與溪相通。”元袁桷《觀物》詩：“黃河不信從天下，濟水那知有伏流。”明楊慎《廿一史彈詞》：“自是又伏流河中，截河南出，溢而爲滎。”清施閏章《趵突泉送嚴子餐都諫北還》詩：“傳聞此泉來王屋，伏流倒湧歷山麓。”

【伏流水】

同“伏流”。此體北魏已行用。見該文。

【伏流河】

同“伏流”。此體明代已行用。見該文。

【沃流】[2]

水潛流地下。指地下徑流。唐錢起《登覆釜山遇道人》詩之二：“山階壓丹穴，藥井通沃流。”宋秦觀《寄題傅欽之草堂》詩：“河陽有沃流，經營太行根。”金元好問《黃華峪十絶句》之九：“也應嫌被紅塵涴，才近山門便洑流。”元王惲《玉堂嘉話》卷六：“太行山水皆洑流地中，關中諸水皆行流地上。”明區大相《舟中雜咏》其二：“洑流幾千里，往往見清川。”明崔子忠《西山滴水巖二首》其一：“洞腹藏元氣，山根養洑流。”清錢謙益《贈雙白居士序》：“水行地中，洑流旁湧。”

九川

弱、黑、河、瀁、江、沇、淮、渭、洛等九條河流的合稱。一說，九州有名的河流。《國語·周語下》：“決汨九川，陂障九澤。”《書·益稷》：“予決九川，通之四海。”孔傳：“決九州名川。”又說，九州的河流。《書·禹貢》：“九川滌源。”孔傳：“九州之川已滌除，泉源無壅塞矣。”《史記·夏本紀》：“道九川。”司馬貞索隱：“弱、黑、河、瀁、江、沇、淮、渭、洛。”北周庾信《燕射歌辭·羽調曲》：“滌九川而賦稅，乘三危而納錫。”《藝文類聚·居處部》：“彭蠡吞江，荊牙吐瀨，赴三峽之隘，洞九川之會，泮五嶺而分流。”宋黎靖德《朱子語類·尚書二》：“九川盡通，則導河之功已及八分。”元念常《佛祖通載》詩：“西河通九道，陂九澤，度九山，決九川，堯錫玄圭，告厥成功。”明程敏政《明文衡》：“決九川，平九垓。”清龔自珍《阮尚書年譜第一叙》：“九川行地，溯學海而波澄；三臺燭天，指文星而度正。”參閱《通雅·地輿》。

八川

古關中地區涇、渭、灞、滻、豐、鎬、潦、潏等八條河流的合稱。亦稱“八水”。《史記·司馬相如列傳》：“終始霸滻，出入涇渭，酆鄗潦潏，紆餘委蛇，經營乎其内。蕩蕩兮八川分流，相背而異態。”張守節正義：“涇、渭、灞、滻、豐、鎬、潦、潏爲八。”南朝梁蕭統《講席將畢賦三十韻詩依次用》詩：“八水潤焦芽，三明啓群目。”隋虞世基《秋日贈王中舍》詩：“雙崤飛暗雨，八水凍寒流。”唐徐堅《初學記·地部中》引晉戴祚《西征記》：“關内八水：一涇，二渭，三灞，四滻，五潦，六潏，七豐，八鎬。”唐駱賓王《帝京篇》詩：“五緯連影集星躔，八水分流横地軸。”唐楊炯《宴族人楊八宅序》：“望望八川，苔發璜溪之水。”宋蘇籀《咸陽縣令求清渭樓詩和何子應長句》詩：“八川分流皆異態，七澤胸中無芥蒂。”明何景明《渡涇渭》詩：“湮沈九州會，雄壯八川名。”清姚鼐《效西昆體四首·咸陽》：“蕲年宫外八川流，輦道環通遍雍州。”

【八水】

即八川。此稱南朝梁已行用。見該文。

六川

古代對江、河、淮、赤、遼、黑六條河流的合稱。亦稱“六水”。《吕氏春秋·有始覽》：“天有九野，地有九州，土有九山，山有九塞，澤有九藪，風有八等，水有六川。”又云：“何謂六川？河水、赤水、遼水、黑水、江水、淮水。”高誘注：“河水，崑崙東北陬；赤水，出其東南陬；遼水，出砥石山，自塞北東流，直至遼東之西南，入海；黑水，出崑崙西北陬；江水，出岷山，在蜀西徼外；淮水，出桐柏山，在南陽平氏縣也。”《淮南子·墜形訓》：“何謂六水？曰河水、赤水、遼水、黑水、江水、淮水。”清齊翀《九日登紫陽山頂》詩：“六川透迤到，雙虹揚回瀾。”《禪林寶訓順朱》：“川，有三川、四川、六川、八川、九川、百川、萬川。皆指江河、諸州、衆路而言也。”

【六水】

即六川。此稱先秦已行用。見該文。

五溪 [1]

雄溪、橫溪、潕溪、酉溪、辰溪等五河之合稱。在今湖南西部、貴州東部。《後漢書·馬援傳》：“〔馬援〕將十二郡募士及弛刑四萬餘人征五溪。”李賢注：“酈元注《水經》云武陵有五溪，謂雄溪、橫溪、酉溪、潕溪、辰溪。”唐李白《聞王昌齡左遷龍標遥有此寄》詩：“楊花落盡子規啼，聞道龍標過五溪。”楊齊賢注：“武陵有五溪，曰雄溪、蒲溪、酉溪、沅溪、辰溪。”唐杜甫《咏懷古迹五首》詩其一：“三峽樓臺淹日月，五溪衣服共雲山。”唐方干《送僧南游》：“三秋萬里五溪行，風裏孤雲不計程。”宋韓元吉《水龍吟》詞：“五溪深鎖烟霞，定知不是人間世。”宋文彦博《雷簡夫自辰溪還除國子博士鹽鐵判官以書見謝並寄杜鵑鳥一隻偶成二章答之》詩其一：“三部共推《鹽鐵論》，五溪曾製虎貔師。”元曹伯啓《舟行辰沅江中小詞數闋·呈建中御史·浣溪沙》詞：“解纜西南杳靄間，萬重烟水間雲山，櫓聲摇盪五溪蠻。”明區大相《東魯豪士行》詩：“一朝時事改，避難五溪深。”清林則徐《贈沅陵知縣某君聯》詩：“一縣好山留客住，五溪秋水爲君清。”一説，爲雄溪、蒲溪、酉溪、沅溪、辰溪。參閲北魏酈道元《水經注·沅水》。

四瀆

江、河、淮、濟四水的合稱。亦稱“四涇”。《爾雅·釋水》：“江、河、淮、濟爲四瀆。四瀆者，發源注海者也。”《風俗通義·山澤》引《尚書大傳》《禮三正記》：“瀆者，通也，所以通中國垢濁，民陵居，殖五穀也。江

者，貢也，珍物可貢獻也。河者，播也，播爲九流，出龍圖也。淮者，均，均其務也。四瀆濟者，齊，齊其度量也。”《禮記·王制》：“天子祭天下名山大川，五嶽視三公，四瀆視諸侯。”《管子·輕重戊》：“疏三江，鑿五湖，道四涇之水。”郭沫若等集校：“‘四涇之水’即四經水，亦即四瀆也。”漢司馬遷《史記·封禪書》：“四瀆者，江、河、淮、濟也。”又，《殷本紀》：“東爲江，北爲濟，西爲河，南爲淮，四瀆已修，萬民乃有居。”北魏酈道元《水經注·河水》：“自河入濟，自濟入淮，自淮連江，水逕周通，故有四瀆之名也。”元陸文圭《渡黄河舟子作難久之乃渡》詩：“四瀆水中大，尋源河最長。”明邵寶《焦山歌》詩：“君不見百川四瀆先江河，安流争似驚濤多。”清洪亮吉《渡淮》詩：“洪纖巨細絡諸水，匯此四瀆通八垓。”

【四涇】

即四瀆。此稱先秦已行用。見該文。

長江

河流名。發源於青藏高原唐古拉山脉各拉丹東峰西南側的沱沱河。中國第一大河。“長江”之稱始於三國，春秋之前單稱“江”，因“江”在後世多作大川的通稱，故特稱爲“大江”“長江”。《後漢書·傅燮傳》：“昔樊噲願以十萬之衆橫行匈奴，季布面折其短，今欲越長江，涉虜庭，亦向時之喻也。”魏晋無名氏《吳鼓吹曲十二曲·關背德》詩：“溯涉長江，神武一何桓桓，聲烈正與風翔。”晋石崇《思歸嘆》詩：“登城隅兮臨長江，極望無涯兮思填胸。”北魏酈道元《水經注·漸江水》：“沿湖開水門六十九所，下溉田萬頃，北瀉長江。”又，《江水》：“東西北三面皆帶傍深谷，南臨大江，故

夔國也。"唐白居易《得行簡書聞欲下峽先以詩寄》詩:"欲寄兩行迎爾淚,長江不肯向西流。"唐杜甫《登高》詩:"無邊落木蕭蕭下,不盡長江滾滾來。"金蕭貢《古采蓮曲》詩:"洋洋長江水,渺渺漲平湖。"元趙孟頫《巫山一段雲·净壇峰》詞:"疊嶂千重碧,長江一帶清。"元王冕《別金陵》詩:"黄葉亂隨秋雨落,長江空帶楚天流。"清董俞《虞美人·渡江述懷》詞:"長江笑我往來頻,況是早春時候,倍愁人。"

【江】²

上古特指長江。後世或襲用。先秦亦稱大江,三國以後才稱爲長江。然當時僅指今湖北境内一段。《書·禹貢》:"岷山導江,東別爲沱。"孔傳:"江東南流,沱東行。"《詩·周南·漢廣》:"漢之廣矣,不可泳思。江之永矣,不可方思。"《詩·昭南·江有汜》:"江有汜,之子歸,不我以。"先秦佚名《夏人歌》:"江水沛兮,舟楫敗兮。"先秦佚名《楚童謠》:"楚王渡江得萍實。"《孟子·滕文公下》:"水由地中行,江、淮、河、漢是也。"《楚辭·招魂》詩:"湛湛江水兮,上有楓,目極千里兮,傷春心。"《説文·水部》:"江,水,出蜀湔氐徼外岷山,入海。"按,崏或作"岷"。北魏酈道元《水經注·江水》:"漢元延中,岷山崩壅,江水三日不流。"金施宜生《感春》詩:"江南地暖先花發,塞北天寒遲雁歸。"元耶律楚材《和張敏之詩七十韻三首》詩其一:"江左將擒楚,河陽已滅商。"明丁鶴年《長江萬里圖(將歸武昌自賦)》詩其二:"長嘯還江國,遲回別海鄉。"清顧祖禹《讀史方輿紀要·川瀆五》:"周匝西垂,吞吐百川,江誠浩博矣哉,是焉江紀。"

【楚江】

即長江。古楚國位於長江流域上的湖北、湖南地區,并一直向東擴展,至戰國時相繼滅了長江流域各國,幾乎占據了整個長江流域,故古人亦稱長江爲楚江。南朝宋鮑照《采菱歌七首》其五:"烟曀越嶂深,箭迅楚江急。"南朝梁劉孝綽《棹歌行》:"日暮楚江上,江深風復生。"唐李白《望天門山》詩:"天門中斷楚江開,碧水東流至北迴。"宋吳文英《澡蘭香·淮安重午》詞:"莫唱江南古調,怨抑難招,楚江沉魄。"金劉昂《上平西·泰和南征作》詞:"天兵小試,百蹄一飲楚江干。"元吳全節《題葉氏四愛堂》詩:"千古高風猶一日,迢迢歸夢楚江長。"明顧瑛《送鄭同夫歸豫章分題得洞庭湖》詩:"鴻雁來時木葉下,送君晨發楚江船。"清王九徵《長沙曉發由趙口分道入沅江》詩:"雲隨沙雁斷,天入楚江低。"一説,楚國境内的江河。

楚　江
(明王圻等《三才圖會》)

【大江】

即長江。《楚辭·九歌·湘君》:"望涔陽兮極浦,横大江兮揚靈。"又云:"君不行兮夷猶。"王逸注:"言湘君所在:左沅湘,右大江,苞洞庭之波,方數百里。"漢司馬相如《子虛

賦》："緣以大江，限以巫山。"晋阮籍《論詩
三十首》詩其二："老阮不狂誰會得，出門一笑
大江橫。"唐李白《廬山謠寄盧侍御虛舟》詩：
"登高壯觀天地間，大江茫茫去不還。"唐杜甫
《旅夜書懷》詩："星垂平野闊，月湧大江流。"
宋蘇軾《念奴嬌·赤壁懷古》詞："大江東去，
浪淘盡，千古風流人物。"宋文天祥《揚子江》
詩："幾日隨風北海游，回從揚子大江頭。"明
高啓《登金陵雨花臺望大江》詩："大江來從萬
山中，山勢盡與江流東。"清顧祖禹《讀史方
輿紀要·川瀆五》："川之大者，大河而外，莫
如大江。"清曹貞吉《風流子·金陵懷古》詞：
"大江流日夜，寒潮急，寂寞打空城。"

黄花水

長江春夏暴漲之水。宋陸游《南唐書·後
主紀》："每歲，大江春夏暴漲，謂之黄花水。"
清厲鶚《董源龍宿郊民圖跋》："而黄花水皺，
金陵之廟社爲墟也哉。"疑長江汛期與江南黄
花、黄花菜等植物花期具共時性，故名。

黄河

河名。古人認爲源發昆侖。今探明，上源
稱卡日曲，源出青海巴顔喀拉山脉北麓約古宗
列盆地，東流入渤海。戰國末期又稱濁河，漢
初年始稱黄河。《漢書·高惠高后文功臣表》：
"使黄河如帶，泰山若厲，國以永存，爰及苗
裔。"三國魏阮籍《咏懷》其四十八："泰山
成砥礪，黄河爲裳帶。"晋成公綏《大河賦》：
"覽百川之弘壯兮，莫尚美於黄河。"南朝齊王
融《齊明王歌辭七首·長歌引》其六："紫烟四
時合，黄河萬里清。"南朝梁沈君攸《桂楫泛
河中》詩："黄河曲注通千里，濁水分流引八
川。"北齊《陰縣開國伯戎安縣開國子趙公墓誌

銘》："及大樹已顛，黄河不塞。"唐王之涣《登
鸛雀樓》詩："白日依山盡，黄河入海流。"唐
李白《公無渡河》詩："黄河西來決崑崙，咆
哮萬里觸龍門。"宋王十朋《梁太祖》詩："可
憐千尺黄河水，投盡清流始滅唐。"金趙秉文
《東軒老人河山形勝圖》詩："黄河發昆侖，匣
怒不敢乖。"《明史·河渠志一》："黄河，自唐
以前，皆北入海。"清屈大均《哭顧亭林處士》
詩："皓首悲難待，黄河忽已清。"（原按，甲子
河清）

【河】[2]

上古特指黄河，後世或襲用。春秋前單稱
"河"，《詩》中二十七處提"河"而不言"黄"，
《史記》全篇亦不見"黄"字，説明當時北方
河流，包括黄河及其支流流域的植被茂密，地
面侵蝕較弱，河水泥沙較少，水質清亮。先秦
佚名《河激歌》："升彼河兮而觀清，水揚波兮
冒冥冥。"《詩·魏風·伐檀》："河水清且漣
猗。"又："河水清且直猗。"又："河水清且
淪猗。"《左傳·襄公八年》鄭國子駟引《逸周
詩》："俟河之清，人壽幾何！"《書·禹貢》：
"伊洛瀍澗，既入于河。"又云："導河積石，至
于龍門。"按，此句應是描寫黄河上源的景觀。
"積石"位於青海省循化撒拉族自治縣附近的
阿尼瑪卿山，離黄河源頭還有距離。《詩·周
頌·般》："陟其高山，墮山喬嶽，允猶翕河。"
《孟子·滕文公下》："水由地中行，江、淮、
河、漢是也。"《爾雅·釋水》："河出昆侖，色
白，所渠並千七百一川，色黄。"按，《漢書》
中始有黄河一詞，《爾雅》雖可能是先秦典籍，
但録於《漢書·藝文志》中，故言"黄"。《説
文·水部》："河，水，出焞煌塞外昆侖山，發

原注海。"唐杜甫《塞蘆子》詩："五城何迢迢,迢迢隔河水。"仇兆鰲注："五城,在黃河之北,故曰隔河水。"金馮璧《河山形勝圖》詩："地形西控三秦遠,河勢南吞二華秋。"明梵琦《開平書事四首》其二："河冲秦日塞,地接漢時關。"清顧祖禹《讀史方輿紀要·川瀆三》:"昔人謂河不兩行,余謂自漢以來,河殆未嘗獨行矣。"

【河流】[2]

黃河徑流。晋傅咸失題詩："淫雨彌旬日,河流若奔渠。"南朝宋傅亮《爲宋公至洛陽謁五陵表》:"河流遄疾,道阻且長。"《宋書·朱超石傳》:"河流迅急,有漂渡北岸者,輒爲虜所殺略。"北周王褒《和庾司水修渭橋》詩:"使者開金堰,太守擁河流。"唐齊己《送人游塞》詩:"雁聚河流濁,羊群磧草膻。"宋方鳳《題鄭氏義門》詩:"人愛渭水清,畢竟河流渾。"金師拓《浩歌行送濟夫之秦行視田園》詩:"河流洶洶昆崙來,蓮峰秀拔青雲開。"明戴良《北海郡》詩:"野色北連三晋遠,河流東注兩淮清。"清屈大均《黃河舟中作》詩:"河流黃日月,萬里客愁中。"《清史稿·河渠志一》:"自河流改道,直隸隄工應並歸河督管轄。"

【濁河】

即黃河。戰國末期稱黃河爲濁河。《韓非子·初見秦第一》:"齊之清濟、濁河,足以爲限。"按,可見,戰國時期,由於黃土高原上的墾牧活動加劇,導致水土流失,黃河變得混濁。《史記·蘇秦列傳》:"天時不與,雖有清濟、濁河,惡足以爲固!"南朝齊謝朓《始出尚書省》詩:"紛虹亂朝日,濁河穢清濟。"北魏酈道元

《水經注·河水一》:"河水濁,清澄一石水,六斗泥……是黃河兼濁河之名矣。"隋楊素《贈薛播州》詩其三:"五緯連珠聚,千載濁河清。"唐高蟾《感事》詩:"濁河從北下,清洛向東流。"宋黎靖德《朱子語類·本朝五》:"是時已遣王倫以二十事使虜,約不稱臣,以濁河爲界。此便是講和了。"宋洪适《過黃河用上介龍深甫遷居舊韻》詩:"水瀉濁河橋甚壯,沙連遠塞路何長。"元吳萊《滄州》詩:"百里齊封滄海接,千年禹迹濁河非。"明劉基《次韻和謙上人秋興七首》其七:"濁河日夜東流去,腸斷霓旌影駃娑。"清吳偉業《風流子·爲鹿城李三一壽送張編修督學河南》詞:"嵩嶽出雲,鬱葱千仞,濁河天際,屈注西來。"

【大河】

古特指黃河。亦稱"太河"。《詩》所言"河"常作中國北方地表徑流之通稱,故於"河"前加"大"字,以示專指。或因古人認爲其爲衆河之最,氣勢宏大,故稱。今人亦將較大河流稱爲大河。《楚辭·九章·悲回風》:"望大河之洲渚兮,悲申徒之抗迹。"《史記·孫子吳起列傳》:"常山在其北,太河經其南。"漢劉向《說苑·貴德》:"殷紂之國,左孟門而右太行,常山在其北,太河經其南,修政不德,武王伐之。"漢班固《東都賦》:"遂超大河,跨北嶽,立號高邑,建都河、洛。"北魏酈道元《水經注·河水二》引《西征記》:〔函谷關〕北臨大河,南對高山。"唐盧綸《送暢當》詩:"四望無極路,千里流大河。"《太平御覽·兵部》:"束甲辭京洛,負戈事烏孫。後軍濟太河,築壘黎陽屯。"金王渥《三門津》詩:"大河三門險,神禹萬世功。"元龔璛《復雨》詩:"野色歸長

夜，簪聲決大河。”明謝肅《吕梁》詩：“野曠天低山踴躍，吕梁横截大河奔。”清顧祖禹《讀史方輿紀要·河南一》：“底柱山，亦曰三門山，在今河南府陝州城東南十里、山西平陸縣東南五十里大河中。”

【太河】

即大河。此稱漢代已行用。見該文。

【九折河】

黄河的别名。亦稱“九曲”。河道多彎曲，故稱。裹挾泥沙，混濁不清，故亦稱濁河。《淮南子·覽冥訓》：“河九折注於海而流不絶者，崑崙之輸也。”漢王褒《九懷·危俊》其三：“徑岱土兮魏闕，歷九曲兮牽牛。”唐崔鉉《進宣宗收復河湟》詩：“烟塵永息三秋戍，瑞氣遥清九折河。”唐黄滔《融結爲河嶽賦》：“三門九曲，競呈升没之源；太華維嵩，交闘奔衝之路。”宋王珪《送何聖從龍圖將漕河東》詩：“平明捧詔未央宫，全晉山河九曲東。”元潛真子《蘇幕遮》詞其二：“一派東流，九曲濁連底。”明龔敩《元日見馬御史貫》詩：“光分雲漢三秋月，派出昆崙九折河。”清王士元《元旦書事（辛丑除夕前得邸報）》詩其二：“太華三峰迥，渾河九曲浮。”

【九曲】

即九折河。此稱漢代已行用。見該文。

【大川】

指黄河。古人謂黄河自昆侖而下，奔騰入海，故稱。《書·武成》：“予小子其承厥志，底商之罪，告于皇天后土，所過名山大川。”孔傳：“大川，河。”成玄英疏：“大川，黄河也。”《左傳·定公三年》：“蔡侯歸，及漢，執玉而沈曰：‘余所有濟漢而南者，有若大川。’”《莊子·大宗師》：“堪壞得之以襲崑崙，馮夷得之以游大川。”唐楊巨源《同薛侍御登黎陽縣樓眺黄河》詩：“倚檻恣流目，高城臨大川。”唐祖咏《觀華嶽》詩：“作鎮當官道，雄都俯大川。”唐儲光羲《夜到洛口入黄河》詩：“中宵大川静，解纜逐歸流。”宋岳珂《米元章書簡帖贊》詩：“巁巁喬嶽，洋洋大川。草木風雲，波濤蛟黿。”金元好問《放言》：“悠悠復悠悠，大川日東流。”明李夢陽《豫章行》詩：“黄河雖大川，所嗟源不清。”清姚燮《悲來行》詩：“大川東下兮西日徂，草木黄落兮千山枯。”一説，較大的江河皆爲大川。《周禮·冬官·考工記》：“凡天下之地埶，兩山之間，必有川焉，大川之上，必有涂焉。”另説，特指漢水。

【南河】

指黄河。或因在堯都之南而得名。《書·禹貢》：“浮于江沱潛漢，逾于洛，至于南河。”孔傳：“河在冀州南，東流，故越洛而至南河。”《史記·五帝本紀》：“舜讓辟丹朱於南河之南。”張守節正義：“河在堯都之南，故曰南河。”一説，九河之最南者。

【洪河】

古多指黄河。疑以其常泛濫而得名。漢班固《西都賦》：“右界褒斜、隴首之險，帶以洪河、涇渭之川。”李善注：“《尚書》曰：‘導河自積石，南至於華陰。’”唐杜甫《三川觀水漲二十韻》詩：“交洛赴洪河，及關豈信宿。”宋許景衡《王義夫召飯鼈山亭》詩：“平野連天闊，洪河繞塞流。”元楊載《冬至次韻張宣撫二首》詩其二：“落日依平嶂，洪河入大荒。”明文徵明《道出淮泗舟中閲高常侍集有自淇涉黄河十二首因次其韻》詩其十：“明月照古堰，夜泊洪河濱。"清仇兆鰲注："洪河，黃河也。"

【德水】

黃河之別稱。秦統一天下後所改。取秦五行之德應水義，故稱。《史記·秦始皇本紀》："始皇推終始五德之傳，以爲周得火德，秦代周德，從所不勝。方今水德之始……更名河曰德水。"唐李嶠《河》詩："德水千年變，榮光五色通。"宋郭茂倩《樂府詩集·鼓吹曲辭五·賀聖歡》："四海皇風被，千年德水清。"元耶律鑄《凱樂歌詞曲九首·取和林（恢復皇居也）》其二："龍飛天府玉瀯春，德水清流復舊痕。"明黎民表《銅瓦厢謁大禹廟》詩："德水千年在，誰能忘禹功。"清許汝霖《贈湯宗伯潛庵先生》詩："靈山拔嵩少，德水交伊洛。"

【靈源公】

黃河之別稱。唐玄宗封黃河爲靈源公。《舊唐書·玄宗本紀》："嶽既已封王，四瀆當昇公位，封河瀆爲靈源公，濟瀆爲清源公，江瀆爲廣源公，淮瀆爲長源公。"金代長荃子《洞淵集》："河瀆源山崑崙之墟，係顯聖靈源公所理，廟在河中府。"明陳耀文撰《天中記》："天寶六載，河瀆封爲靈源公。"

河源

黃河之源。發源於青海省巴顏喀拉山麓。一爲扎曲，二爲約古宗列曲，三爲卡日曲。《山海經·北山經》："敦薨之水流入泑澤，出於昆侖之東北隅，實惟河源。"按，《山海經》認爲黃河源頭乃羅布泊（泑澤），伏流於地下，又從昆侖山東北隅重現於地上。《書·禹貢》："導河積石，至于龍門。"按，《禹貢》認爲河源出積石山。"積石"位於青海省循化撒拉族自治縣附近的阿尼瑪卿山，離黃河源頭還有距離。積

石山祇是大禹治水起點，并非真正的河源。《史記·大宛列傳》："太史公曰：《禹本紀》言：'河出崑崙。崑崙其高二千五百餘里，日月所相避隱爲光明也。其上有醴泉、瑤池。'今自張騫使大夏之後也，窮河源，惡睹《本紀》所謂崑崙者乎？"裴駰集解引鄧展曰："《尚書》曰'導河積石'，是爲河源出於積石，積石在金城河關，不言出於崑崙也。"司馬貞索隱："河源本崑崙而潛流至于闐，又東流至積石始入中國。"晋成公綏《大河賦》："潛昆侖之峻極兮，出積石之嵯峨。"元潘昂霄《河源志》："河源在土蕃朵甘思西鄙，有泉百餘泓，沮洳散渙，弗可逼視。方可七八十里，履高山下瞰，燦若列星，以故名火敦腦兒。火敦，譯言星宿也。群流奔輳，近五七里，匯二巨澤，名阿剌腦兒。"明萬斯同《昆侖河源考》："〔《唐書·吐谷渾傳》〕唐師之征吐谷渾，追亡逐北，其時至俇倉也，乃望磧石山，覽觀河源。"清齊召南《水道提綱》明確說："黃河源出星宿海西、巴顏喀拉山之東麓。"

拽白

古稱黃河水澄清處。亦稱"明灘"。《宋史·河渠志一》："〔黃河〕水猛驟移，其將澄處，望之明白，謂之拽白，亦謂之明灘。"參閱《停驂録摘鈔》《讀史方輿紀要》、清岳濬等《山東通志》。

淪捲水

浪擊黃河岸之上土，使岸崩潰。《宋史·河渠志一》："浪勢旋激，岸土上隤，謂之淪捲。水侵岸逆漲，謂之上展。順漲，謂之下展。"參閱清岳濬等《山東通志》、清傅澤洪《行水金鑑》、清沈宗敬等《御定駢字類編》。

河水九名

古人據物候，爲不同季節的黄河水定的九個名稱：正月，凌解水；二、三月，桃花水；四月，麥黄水；五月，瓜蔓水；六月，礬石水；七、八月，荻苗水；九月，登高水；十月，復槽水；十一、十二月，蹙凌水。或作十二名，具體名目大同小异。明王志堅《表異録·地理》："正月解凍水，二月白蘋水，三月桃花水，四月瓜蔓水，五月麥黄水，六月山礬水，七月豆花水，八月荻苗水，九月霜降水，十月復槽水，十一月走凌水，十二月蹙凌水。"參閲《宋史·河渠志一》、元沙克什《河防通議·釋十二月水名》、清陳元龍《格致鏡原》、清陳康祺《郎潛紀聞》。

凌解水

亦稱"解凍水"。農曆正月之黄河水。其時冬盡春初，冰凌解凍，水激漸浮，故稱。宋葉廷珪《海録碎事》："凌解水，黄河正月水名。"宋陳元靚《歲時廣記》："凌解水，《水衡記》：黄河水正月名凌解水。"明王志堅《表異録·地理》："正月解凍水。"

【解凍水】

"凌解水"的别稱。此稱明代已行用。見該文。

白蘋水

農曆二月之黄河水。明王志堅《表異録·地理》："正月解凍水，二月白蘋水，三月桃花水，四月瓜蔓水，五月麥黄水……"清沈辰垣《御選歷代詩餘》："白蘋水釅蓼花，風暮烟中一漁翁。"

豆花水

農曆七月之黄河水。亦作"荳花水"。其時豆花方開，故稱。《宋史·河渠志一》："七月菽豆方秀，謂之豆花水。"明王志堅《表異録·地理》作"荳花水"。明王世貞《藝苑卮言》："闞駰《九州記》：'正月解凍水，二月白蘋水，三月桃花水，四月瓜蔓水，五月麥黄水，六月山礬水，七月豆花水，八月荻苗水，九月霜降水，十月後槽水，十一月走凌水，十二月蹙凌水。'"明孫承宗《漁家》詩之六："攬月批風抱一梭，荳花水長鯉魚多。灘頭秔熟原堪醉，不爲家貧乞監河。"

【荳花水】

同"豆花水"。此體明代已行用。見該文。

苽蔓水

農曆五月之黄河水。適時瓜實延蔓，故稱。亦作"瓜蔓水"。宋葉廷珪《海録碎事》："苽蔓水，五月苽延蔓，故以名。"《宋史·河渠志一》："五月瓜實延蔓，謂之苽蔓水。"元李俊民《送史邦直入洛》詩："征棹不霑瓜蔓水，歸裝莫待菊花秋。"明王志堅《表異録》作"瓜蔓水"。清嚴烺《送春帆之潞河兼呈吳視堂師》詩："遲我鄉心瓜蔓水，送君詩興木蘭舟。"

【瓜蔓水】

同苽蔓水。此體明代已行用。見該文。

信水

立春後之黄河水。古人根據立春後到來的黄河水量大小，測知夏秋水情之大小，頗爲信驗，故稱。亦稱"水信"。宋劉子翬《同詹明誠傅茂元游晞真館有詩因次其韻》："晴沙散策隨山遠，夜月迴船信水流。"《宋史·河渠志一》："自立春之後，東風解凍，河邊入候水，初至凡一寸，則夏秋當至一尺，頗爲信驗，故謂之信水。"明陸深《續停驂録摘鈔》："黄河水異，凡立春後凍解，候水初至凡一寸，則夏秋當之一尺，謂之水信。"

【水信】

同"信水"。此稱唐代已行用。見該文。

客水 [2]

汛期之外突發之黃河水。《宋史·河渠志一》："黃河隨時漲落，水信有常，率以爲準。非時暴漲，謂之客水。"宋蘇舜欽《屯田郎滎陽鄭公墓志》："暴雨十日不絕，山谼客水鍾於河。"明潘季馴《兩河經略》："臣等看得伏秋暴漲之時，水增陸尺有餘，則客水消落之後，不免仍存本體矣。"

桃花水 [2]

農曆二、三月之黃河水。發於桃花開放之時，故稱。省稱"桃花""桃汛"，亦稱"桃花春水"。漢桓譚《新論·離事》："河水濁，一石水，六斗泥。而民競引河溉田，令河不通利。至三月桃花水至則河決，以其噎不泄也。"南朝陳江總《烏棲曲》："桃花春水木蘭橈，金羈翠蓋聚河橋。隴西上計應行去，城南美人啼著曙。"北魏酈道元《水經注·河水》："桃花水至則河決，以其噎不泄也。"唐杜甫《南征》詩："春岸桃花水，雲帆楓樹林。"宋蘇軾《次韻王定圓南遷回見寄》詩："相逢爲我話留滯，桃花春漲孤舟起。"《宋史·河渠志一》："二月、三月，桃花始開，冰泮雨積，川流猥集，波瀾盛長，謂之桃花水。"清麟慶《河工四汛詩·桃汛》詩："垂楊遙映春旂綠，秀麥低連汛水黃。"原注："麥黃汛在桃汛後。"

【桃花春水】 [2]

即桃花水 [2]。此稱南朝陳已行用。見該文。

【桃花】

即桃花水 [2]。此稱宋代已行用。見該文。

【桃汛】

即桃花水 [2]。此稱清代已行用。見該文。

荻苗水

農曆八月之黃河水。其時蘆荻抽穗，故稱。《宋史·河渠志一》："八月荻亂華，謂之荻苗水。九月以重陽紀節，謂之登高水。十月水落安流，復其故道，謂之復槽水。"宋程珌《用柏梁體題式敬齋》詩："荻苗水長問歸船，而君胡爲華此扁。"明陳階《日涉編》卷八："黃河是月水名荻苗水。"宋陳元靚《歲時廣記》卷三："荻苗水，《水衡記》：黃河水，七八月名荻苗水，荻花正開也。"

麥黃水

農曆四月之黃河水。其時麥秀泛黃，因以稱水。亦稱"麥黃汛"。宋葉廷珪《海錄碎事》："麥黃水，四月水名。"《宋史·河渠志一》："四月末壟麥結秀，擢芒變色，謂之麥黃水。"明陳子龍《皇明經世文編》："肆月麥黃水數尺耳。"清麟慶《河工四汛詩·桃汛》原注："麥黃汛在桃汛後。"

【麥黃汛】

即麥黃水。此稱清代已行用。見該文。

菜華水

春末黃河水名。亦作"菜花水"。其時蕪菁花開，故稱。《宋史·河渠志一》："春末蕪菁華開，謂之菜華水。"清陳康祺《郎潛紀聞》卷一〇："〔黃河水信〕春杪曰菜花水。"

【菜花水】

同"菜華水"。此體清代已行用。見該文。

復槽水

農曆十月之黄河水。亦作"伏槽水"。其時水勢收斂，復其河槽，因稱。宋王質《題寶伯山小隱詩六首》詩其五："瘦水微皺漸復槽，秋楓脱葉下江皋。"《宋史·河渠志一》："十月水落安流，復其故道，謂之復槽水。"清陳康祺《郎潛紀聞》卷一〇："〔黄河水信〕十月曰伏槽水。"一説，河水暴漲，疑誤。

【伏槽水】

同"復槽水"。此體清代已行用。見該文。

登高水

農曆九月之黄河水。其月值重陽登高節，故稱。亦稱"霜降水"。《宋史·河渠志一》："九月以重陽紀節，謂之登高水。"明陳堦《日涉編》卷九："黄河是月水名登高水。"明王志堅《表異録》："九月霜降水。"清張岱《夜航船·天文部》："九月霜降水，十月復槽水。"清顧祖禹《讀史方輿紀要·川瀆三》："九月以重陽紀節，謂之登高水。"又云："宜候霜降水落，開清水鎮河，築縷堤一道，以遏漲水，使大河復循故道。"清董穀士《古今類傳》："〔《集》〕登高水，〔《一統志》〕黄河名九月九日水爲千秋堂。"

【霜降水】

即登高水。此稱後晋已行用。見該文。

伏汛

農曆入伏後到來的黄河汛。清陳康祺《郎潛紀聞》："〔黄河〕伏汛以入伏始。"《老殘游記》第三回："河面窄，容不下，衹是伏汛幾十天；其餘的時候，水力甚軟，沙所以易淤。"原注："指黄河在夏季水流湧漲。伏是'三伏'的'伏'。"《清史稿·范時繹傳》："覆命協理河務，

豈意伏汛危急，時繹安坐於旁，置國事弁髦，視民命草芥。"

濟水

古河流。發源於河南濟源市王屋山上的太乙池。《山海經·海内東經》："濟水出共山南東丘，絶鉅鹿澤，注勃海。"《書·禹貢》："導水東流爲濟，入于河，溢爲滎，東出于陶丘北，又東至于菏，又東北會于汶，又北東入于海。"《戰國策·秦策一》："濟水自鄭以東，貫滑、曹、鄆、齊、濟、青以入於海。"《史記·項羽本紀》："大司馬怒，渡兵汜水。"司馬貞索隱："古濟水當此截河而南，又東流，溢爲滎澤。"三國魏曹丕《釣竿行》："東越河濟水，遥望大海涯。"南朝梁吳均《酬別江主簿屯騎》詩："濟水有清源，桂樹多芳根。"唐李頎《與諸公游濟瀆泛舟》詩："濟水出王屋，其源來不窮。"唐白居易《效陶潛體詩十六首》其十六："濟水澄而潔，河水渾而黄。"宋劉攽《傅堯俞草堂歌》："太行之上無高山，濟水之外無清源。"元袁桷《觀物》詩："黄河不信從天下，濟水那知有伏流。"明黎貞《舜井歌》："歷山峨峨濟水緑，幾處桑田變陵谷。"清翁壽麟《行路難》詩："不見齊州九點烟痕青，但見濟水七分清泠泠。"

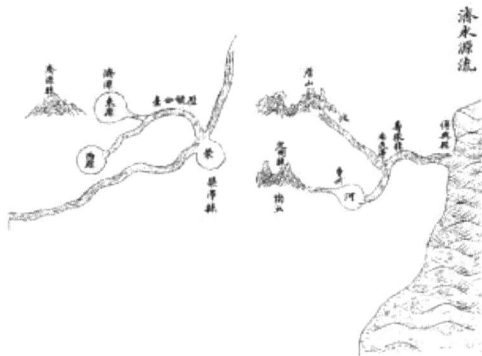

濟水源流圖
（明章潢《圖書編》）

汶水 [1]

河流名。發源於山東省萊蕪北，古代流入濟水。今主流西注東平湖，北入黃河。省稱"汶"，亦稱"大汶河"。《書·禹貢》："浮于汶，達于濟。"《論語·雍也》："季氏使閔子騫為費宰。閔子騫曰：'善爲我辭焉！如有復我者，則吾必在汶上矣。'"《詩·齊風·載驅》："汶水滔滔，行人儦儦。"《淮南子·墜形訓》："汶出弗其。"高誘注："弗其，山名，在朱虛縣東。"《漢書·地理志》："琅邪郡朱虛縣東泰山，汶水所出，東至安丘入濰。"北魏酈道元《水經注》引《地理風俗記》曰："朱虛縣東四十里有郚城亭，故縣也。汶水逕郚城北，又北過淳于縣西。濰水過縣東，其城東北則兩川交會也。"又引《山海經》曰："環水出泰山，東流注於汶。即此水也。環水又左入於汶水。汶水數川合注，又西南流逕徂徠山西。"又，《漢書·地理志》："汶水出，西南入沛。"按，沛，《玉篇》："古文濟字。"按，汶水西南入沛，即入濟水。《水經》："汶水，出泰山萊蕪縣原山西南，過壽張縣，至安民亭入於濟。"按，據《梁山縣水利志》記載："源出萊蕪縣城北七十里之原山。"原山，位於淄博市博山區西境。又據《博山縣志》記載："汶水西注，淄水東流，皆源於此。"唐李白《沙丘城下寄杜甫》詩："思君若汶水，浩蕩寄南征。"元楊雲鵬《秋晚登憲陵臺》詩："泰山雲盡千峰出，汶水霜晴一雁來。"《正字通》："汶水，今《一統志》列爲三，曰塹汶、徐汶、青汶。"《明史·河渠·運河》："汶河有二，小汶河出新泰宮山下，大汶河由泰山仙臺嶺南又出萊蕪原山陰。"清朱彝尊《分水廟酬高大》詩："行人莫唱思歸調，汶水南來已北流。"

【汶】 [1]

即汶水 [1]。此稱先秦已行用。見該文。

【大汶河】

即汶水 [1]。此稱清代已行用。見該文。

沇水

古河名。濟水的別稱。源出河南，流經山東入渤海。《書·禹貢》："導沇水，東流爲濟，入于河。"《僞孔傳》："泉源爲沇，流去爲濟。"《史記·夏本紀》"道沇水，東爲濟，入于河"司馬貞索隱："《水經》云：'自河東垣縣王屋山東流爲沇水，至溫縣西北爲濟水。'"以上皆專指黃河北岸濟水的發源處爲沇水。但據《禹貢》，兗州一作沇州，即得名於沇水，而州境在黃河以南濟水中下游。《漢書·地理志》敘沇水自發源至入海，并未提到發源以後即改稱濟水，則沇水的古義實指濟水全流。近世黃河北岸的濟水亦通稱沇河，不限於溫縣以上。

淄水

古河名。源出山東萊蕪，東北流，由淄河口入海。《墨子》卷一二："子墨子不聽，遂北，至淄水，不遂而反焉。"《戰國策·齊策》"〔蘇秦〕過於淄上"鮑彪注："淄水出太山萊蕪原。"《史記·管晏列傳》："晏子冢在臨菑城南，淄水南，桓公冢西北。"漢桑欽《水經》："淄水出泰山萊蕪縣原山。又東北，過臨淄縣東。"北魏酈道元《水經注·淄水》："淄水出泰山萊蕪縣原山，淄水出縣西南山下，世謂之原泉。"唐佚名《高苑令歌》："高苑之樹枯已榮，淄川之水渾已澄，鄒邑之民仆已行。"元方一夔《前梁父吟》詩："琅山藹空青，淄水漲寒綠。"明邊貢《送殷近夫謝病歸壽張二首》其一："杏田淄水北，草閣汶陽東。"清傅澤洪《行水金鑑》卷八七：

"淄水又西，逕陽關城南，西流注於汶水。"

沬水

古河名。源出山西，流至天津入海。《三國志·魏書·武帝紀》："公將征之，鑿渠，自呼沱入泒水。"《太平御覽·地部》："蓋恒嶽之別名，泒水從西來，甚大，至茂山之西，沈伏於地，過山而復出，其大如初。"

洛水

古河名。單稱"洛"，亦稱"雒水"。今稱"洛河""北洛河"，爲渭河最長支流，發源於陝西定邊縣西白于山最高處魏梁之南麓（草梁山），在三河口附近注入渭河，河長680千米。《詩·小雅·瞻彼洛矣》："瞻彼洛矣，維水泱泱。"《山海經·中山經》："洛水東北流，注於玄扈之水是也。"漢劉向《列仙傳》："笙歌伊洛，擬音鳳響。浮丘感應，接手俱上。"《漢書·郊祀志下》："以四時祠江海雒水，祈爲天下豐年焉。"北魏酈道元《水經注·河水三》："洛水自上洛縣東北，於拒陽城西北，分爲二水。枝渠東北出，爲門水也。門水又東北歷陽華之山，即《山海經》所謂陽華之山，門水出焉者也。"唐白居易《浪淘沙九首》詩其一："洛水橋邊春日斜，碧流輕淺見瓊砂。"《太平寰宇記·物産》："雒水性鋼，宜淬刀。雒字原從

洛水源流圖
（明章潢《圖書編》）

水，漢火德，忌水，故改雒。"《舊唐書·則天皇后紀》："秋七月，大雨，洛水泛溢，漂流居人五千餘家，遣使巡問賑貸。"

洛河是一條古籍記載較多而又混淆較多的河流。一是與南洛河相混淆。漢李尤《洛水銘》："洛出熊耳，東流會集。"按，熊耳山位於河南，此處"洛"指南洛河。南朝梁劉勰《文心雕龍·正緯》："榮河溫洛，是孕圖緯。"范文瀾注引《易乾鑿度》曰："帝盛德之應，洛水先溫，六日乃寒。"南朝梁任昉《九日侍宴樂游苑》詩："時來濁河變，瑞起溫洛清。"《隋書·天文志序》："昔者榮河獻籙，溫洛呈圖。"按，古代傳説謂王者如有盛德，則洛水先溫，故稱"溫洛"，此處"洛河"指南洛河。《廣韻·鐸韻》："《書·禹貢》'導洛自熊耳'，《漢書》：'洛，本作雒。'"清王筠《説文句讀補正》："許君（漢許慎）但説陝西、甘肅之洛，是河南之雒本不從水也。"清段玉裁《小箋》："自魏黃初以前，雍州渭洛字作'洛'，豫州伊雒字作'雒'，絕無混淆，黃初以後乃亂矣。"三國魏魚豢《魏略》："魏以行次爲土，水之壯也，水得土而乃流，土得水而柔，故除'隹'加'水'，變'雒'爲'洛'。"已將渭洛的洛河改稱北洛河，以別於伊洛的南洛河。二是與石川河（漆水、沮水）相混淆。《書·禹貢》曰："導渭自鳥鼠同穴，東會于灃，又東會于涇，又東過漆沮，入于河。"毛傳："漆、沮，二水名，亦曰洛河。"

【洛】

即洛水。此稱先秦已行用。見該文。

【雒水】

同"洛水"。此稱漢代已行用。見該文。

肥水

古河流。源出安徽合肥市西北將軍嶺，爲今東肥河和南肥河的總稱。東肥河又稱金城河，西北流經壽縣入淮；南肥河古名施水，俗稱金斗河，東南流經合肥市入巢湖。肥水兩岸自古即爲用兵之地。亦作"淝水""肥泉"，單稱"肥"。《詩·邶風·泉水》："我思肥泉，兹之永歎。"毛傳："所出同，所歸異爲肥泉。"《爾雅·釋水》："歸異，出同，流（曰）肥。"按，東淝河與南淝河匯合後流入巢湖，二水皆曰淝，合於一源，分而爲二，故云异出同歸之水。北魏酈道元《水經注·河水》："肥水又東北流，違泉水注焉。"《北史·裴叔業傳》："叔業登壽春城，北望肥水。"《舊唐書·地理志三》："夏水出城父東南，至此與肥水合，故曰合肥。"唐李羽《獻江淮郡守盧公》詩："塞詔東來淝水濱，時情惟望秉陶鈞。"《文獻通考·田賦考》："建安十四年，曹操引水軍自渦入淮，出肥水，軍合肥，開芍陂屯田。"宋何去非《宋武帝論》："晋人有能乘燕秦相弊之餘，因淝水克敵之勢，選師擇將而命二軍。"宋張孝祥《水調歌頭·和龐佑父》詞："憶當年，周與謝，富春秋……赤壁磯頭落照，肥水橋邊衰草，渺渺唤人愁。"明薛蕙《送毛敬父之廬州》詩："霍山分嶽鎮，肥水混濡須。"參閱《三國志·魏書·滿寵傳》《晋書·謝玄傳》。

【肥】

即肥水。此稱先秦已行用。見該文。

【肥泉】

即"肥水"。此稱先秦已行用。見該文。

【淝水】

同"肥水"。此體唐代已行用。見該文。

黑水

古河名。即今張掖黑河。《山海經·大荒西經》："西海之南，流沙之濱，赤水之後，黑水之前，有大山，名崑崙。"《書·禹貢》："黑水、西河惟雍州。"三國魏王粲《贈文叔良》詩："瞻彼黑水，滔滔其流。"北魏酈道元《水經注·洞過水》："黑水西出山，三源合舍，同歸一川，東流南屈，逕受陽縣故東。"唐劉禹錫《酬令狐相公使宅別齋初栽桂樹見懷之作》詩："清淮南岸家山樹，黑水東邊第一栽。"唐岑參《過梁州奉贈張尚書大夫公》詩："錯落北斗星，照耀黑水湄。"宋方岳《夢余義夫以劍請銘》詩："黑水梁州百二關，青天蜀道古云難。"明周光鎬《秋懷》詩："靈關秋色白榆多，九月霜飛黑水河。"清顧祖禹《讀史方輿紀要·歷代州域形勢一》："山川之形，千古不易。所以《禹貢》分州，必以山川定疆界。使兗州可移，而濟、河之兗不能移；梁州可遷，而華陽、黑水之梁不能遷。是故《禹貢》爲萬世不易之書。"

涇水

古河名。今稱涇河。渭水是黃河最大的支流，發源於甘肅，經陝西而入黃河；涇水又是渭水的支流，發源於寧夏。二水在陝西西安市高陵區船張村相匯。涇水全程流經的是黃土高原水土流失嚴重的地區，涇清而渭濁，有涇渭分明之說。《詩·谷風·邶風》："涇以渭濁，湜湜其沚。"《周禮·夏官·司馬》："正西曰雍州，其山鎮曰嶽山，其澤藪曰弦蒲，其川涇、汭，其浸渭、洛，其利玉石，其民三男二女，其畜宜牛、馬，其穀宜黍、稷。"《山海經·西山經》："又西五十五里，曰涇谷之山。涇水出焉，東南流，注於渭，是多白金、白玉。"《管子·輕重乙》："管子對曰：'涇水十二空，汶、淵、洙、浩滿。三之於。乃請以令使九月種麥，日至而穫，則時雨未下而利農鼓矣。'"《書·禹貢》："黑水、西河惟雍州。弱水既西，涇屬渭汭，漆沮既從，灃水攸同。"《漢書·地理志下》："《禹貢》涇水所出，東南至陽陵入渭，過郡三，行千六十里，雍州川。……始皇之初，鄭國穿渠，引涇水溉田，沃野千里，民以富饒。"晋佚名《鄭白渠歌》："涇水一石，其泥數斗。"唐李白《幽歌行上新平長史兄粲》詩："幽谷稍稍振庭柯，涇水浩浩揚湍波。"唐杜甫《秋雨嘆三首》詩其二："去馬來牛不復辨，濁涇清渭何當分。"宋陸游《老學庵井》："嗚呼！涇水一石泥數斗，正使逢時亦何有。"《資治通鑑·秦始皇帝元年》："韓欲疲秦人，使無東伐，乃使水工鄭國爲間於秦，鑿涇水自仲山爲渠，並北山，東注洛。"元楊弘道《投鄧州節副劉光甫祖謙》詩："仲秋八月離平涼，隴月光寒涇水黃。"明鍾渤《參浙出灣次林南川韻》

詩："涇水何堪逐渭流，凄凄風雨暗生愁。"清俞正燮《癸巳存稿·詩涇見謂濁申箋義》："七月啓涇口，引涇水灌地，則春、秋、冬皆清。"參閲清代刻本木版畫集《水經注圖》。

渭水

古河名。簡稱"渭"。今稱渭河。黃河的最大支流。發源於甘肅渭源縣鳥鼠山，至陝西潼關匯入黃河。《山海經·西山經》："瀚次之山，漆水出焉，北流注於渭。蓋自北而南矣。"先秦佚名《甘泉歌》："運石甘泉口，渭水不敢流。"南朝梁蕭賁《長安道》詩："前登灞陵道，還瞻渭水流。"北魏酈道元《水經注·渭水》："其水又東北，與南川水合，水出西南山下，東北合北水，又東北注於渭水。渭水又東，逕武城縣西，武城川水入焉。"又："霸水又北，入於渭水。渭水又東，會成國故渠。"唐元稹《春六十韻》詩："華山青黛撲，渭水碧沙蒙。"唐盧象《駕幸溫泉》詩："千官扈從驪山北，萬國來朝渭水東。"宋方惟深《漁父》詩："蓑披殘雪湘江晚，鈎拂紅塵渭水秋。"元譚處端《南柯子》詩："雲去南山静，風來渭水寒。"明鄧雲霄《仲夏望夕藩臬僚長南樓玩月三首》詩其三：

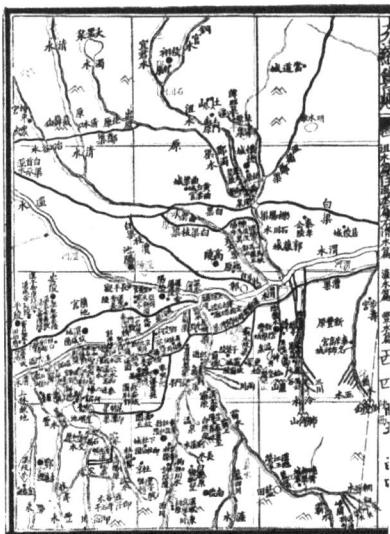

渭水與涇水水系示意圖
（清刻本《水經注圖》）

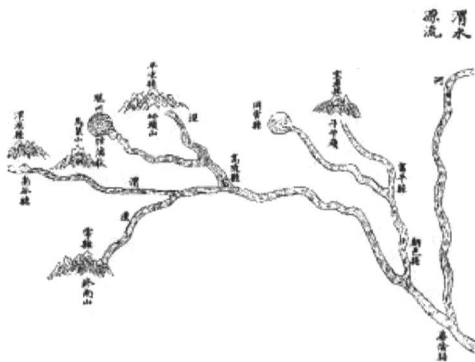

渭水源流示意圖
（明章潢《圖書編》）

"漢宮唐苑總成塵，往事消沈渭水濱。"清吳栻《咸陽懷古》詩："渭水東流通砥柱，驪山西折走咸陽。"參閱清代刻本木版畫集《水經注圖》。

弱水

古河名。上源指今甘肅山丹河，下游即山丹河與甘州河合流後的黑河，入內蒙古境後，稱額濟納河。《書·禹貢》："黑水、西河惟雍州，弱水既西。"又，"導弱水至於合黎"。孫星衍注疏："鄭康成曰：'弱水出張掖。'"此外，古人認爲水弱不能載舟，因稱弱水，故古時許多河流皆被稱弱水。《山海經·西山經》："勞山，弱水出焉，而西流注於洛。"指今陝西北部洛水上游某支流。《山海經·大荒西經》："〔崑崙之丘〕其下有弱水之淵。"《漢書·地理志下》："金城郡……臨羌。"原注："西有須抵池，有弱水、崑崙山祠。"疑指今青海。《史記·大宛列傳》："安息長老傳聞，條支有弱水、西王母，而未嘗見。"《後漢書·西域傳·大秦》："〔大秦國〕西有弱水、流沙，近西王母所居處。"所指皆在西方遠處以至國外。《後漢書·東夷傳·夫餘》："北有弱水。"當在今黑龍江境內。《資治通鑑·宋文帝元嘉六年》："魏主循弱水西行，至涿邪山。"當在今蒙古國境內。《新唐書·西域傳上·東女》："有弱水南流。"當在今青海或西藏境。又，《新唐書·北狄傳·奚》："以奚阿會部爲弱水州。"當在今內蒙古東境。漢東方朔《海內十洲記·鳳麟洲》："鳳麟洲在西海之中央，地方一千五百里，洲四面有弱水繞之，鴻毛不浮，不可越也。"漢莊忌《哀時命》詩："弱水汩其爲難兮，路中斷而不通。"三國魏曹植《游仙》詩："東觀扶桑曜，西臨弱水流。"唐杜甫《送韋十六評事充同谷郡防禦判官》詩：

"西扼弱水道，南鎮枹罕陬。"宋蘇軾《金山妙高臺》詩："蓬萊不可到，弱水三萬里。"宋王令《效古》詩："流沙不勝車，弱水不載舟。"宋危積《送劉帥歸蜀》詩："萬水朝東弱水西，先生歸去老峨眉。"

沂水

古河名，即今沂河。晉佚名《信立退怨歌》："悠悠沂水，經荆山兮。"南朝梁范雲《古意贈王中書》詩："岱山饒靈異，沂水富英奇。"北魏酈道元《水經注·泗水》："泗水自城北，南逕魯城西南，合沂水。沂水出魯城東南尼丘山西北，山即顏母所祈而生孔子也。"唐白居易《送兖州崔大夫駙馬赴鎮》詩："魯侯不得辜風景，沂水年年有暮春。"宋孔平仲《途中口占》詩："望見蒙山思馬耳，路經沂水憶河淇。"元方回《次韻趙朴翁赴衍聖公嶧山書院之招》詩："同源泗水別沂水，接壤嶧山連泰山。"明李昌祺《送龍生歲貢之北京》詩："陶山過雨青浮黛，沂水驚風白湧波。"

淮水

古水名。又稱"淮河"。《詩·小雅·鼓鍾》："鼓鍾將將，淮水湯湯，憂心且傷。淑人君子，懷允不忘。鼓鍾喈喈，淮水湝湝，憂心且悲。淑人君子，其德不回。"漢樂府《巫山高》詩："巫山高，高以大。淮水，難以逝。"南朝梁蕭綱《和蕭侍中子顯春別詩四首》其三："可憐淮水去來潮，春堤楊柳覆河橋。"北魏酈道元《水經注·淮水》："淮水又東北，申陂枝水注之。水首受陂水於深丘北，東逕釣臺南。臺在水曲之中，臺北有琴臺。又東逕陽亭南，東南合淮。淮水又東逕淮陰亭北，又東逕白城南，楚白公勝之邑也。"唐孫逖《淮陰夜宿二首》詩其二：

"秋風淮水落，寒夜楚歌長。"唐儲光羲《貽王侍御出臺掾丹陽》詩："伊洛不敢息，淮河任沿溯。"《新唐書‧德宗紀》："六月，淮水溢。"宋文天祥《維揚驛》詩："三年別淮水，一夕宿揚州。"宋楊萬里《舟中不寐》詩："淮水打船千浪雪，燕鴻叫月滿天霜。"元陳鎰《中秋感懷呈松學諸友》詩："我昔扁舟泛淮水，萬頃琉璃月光裏。"《宋史‧喬維岳傳》："淮河西流三十里曰山陽灣，水勢湍悍。"《元史‧劉通傳》："九月，領兵巡邏泗州，至淮河九里灣，遇宋軍，戰勝。"明危素《送吳德謙游京兼問草廬先生起居》詩："雲連朔漠瞻天近，秋滿淮河見水清。"明史鑑《秦淮夜泊》詩："滿地月明淮水流，帝城南畔大航頭。"清顧祖禹《讀史方輿紀要‧川瀆一》："《漢志》：南陽平氏縣，桐柏、大復山在東南，淮水所出。大復山，在桐柏山之東三十餘里。《志》云：淮出桐柏，又潛流出於大復山。《水經》：淮水出胎簪山，東北過桐柏山。胎簪山，在桐柏山西北三十里。"又："呂山縣南六十里，山有石室，其南爲石竇，有泉湧出，即淮水之源也。"又："淮水，自南陽府桐柏縣，流經信陽州北，又東歷羅山縣北、確山縣南，

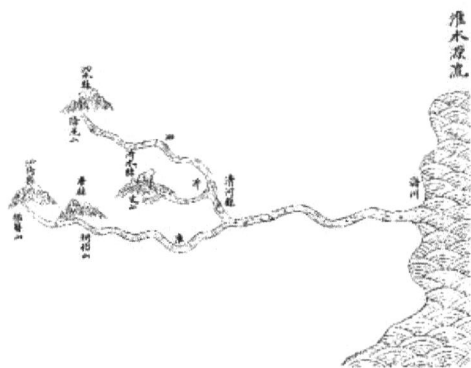

淮水源流示意圖
（明章潢《圖書編》）

又東流經真陽縣、息縣南及光山縣、光州、固始縣北，而入南直潁州界。"清姚燮《重客南園即事呈黃丈安濤三章》其三："層冰阻淮河，朔雪飛渾渾。"

【淮河】

　　即淮水。此稱唐代已行用。見該文。

海河

　　河流名。又稱"直沽""大沽河"。位於京津冀地區。潮白河、永定河、大清河、子牙河、南運河（在海河流域爲漳衞河）在天津合流後稱海河。海河之名稱始見於明末。據考古調查，在五千多年前，天津附近還是一片汪洋大海，海河各支流及黃河均分流入海。這些河流發源於山區，從山區沖下來的大量泥沙，逐漸在山前形成若干洪積扇，繼而形成了華北平原。各河順地勢流向最低的天津附近入海。海河河道明代以前被黃河襲奪多次。《唐會要‧考功員外郎》："杜元穎等奏：渤竇直沽名，動多狂躁。"元察伋《送別曲》詩："遠寄平安書，十日到直沽。"元王冕《下直沽》詩："拍河健櫓比長驅，百尺飛帆下直沽。"明何喬遠《名山藏》卷四九："復穿小渠，抵海豐縣大沽河入海。"清顧祖禹《讀史方輿紀要‧川瀆二》："清河謂淇水口，柳口即今直沽口也。"又，《北直八》："四十里至堂兒上海口，又四十里則大沽海口也。"

【直沽】

　　即海河。此稱宋代已行用。見該文。

【大沽河】

　　即海河。此稱明代已行用。見該文。

易水

　　河流名。單稱"易"，亦稱"故安河"。源出河北省易縣境內蚍蜉嶺，在定興縣注入南拒

馬河（古稱淶），又東南注入大清河，終入渤海。《周禮·夏官·職方氏》："并州，其浸淶、易。"先秦《荊軻歌》詩："風蕭蕭兮易水寒，壯士一去兮不復還。"《史記·刺客列傳》："燕太子丹使荊軻刺秦王，太子及賓客知其事者，皆白衣冠以送之，至易水之上。"《戰國策·蘇秦將爲從北說燕文侯》："燕東有朝鮮、遼東，北有林胡、樓煩，西有雲中、九原，南有滹沱、易水。"南朝梁吳均《渡易水》詩："揚鞭渡易水，直至龍城西。"北魏酈道元《水經注·易水》："易水出涿郡故安縣閻鄉西山，易水出西山寬中谷，東逕五大夫城南。"又《水經注·易水》引闞駰云："太子丹遣荊軻刺秦王，與賓客知謀者，祖道于易水上。"又《水經注·易水》："今水被城東南隅，世又謂易水爲故安河。"按，易水分南易水、北易水、中易水。南易水，《水經注》中稱鮑水，今稱瀑河；今北易水在《水經注》中稱濡水；《水經注》所稱易水應指今中易水。唐韓翃《奉送王相公緝赴幽州巡邊》詩："雙旌過易水，千騎入幽州。"唐李吉甫《元和郡縣圖志》卷第十八："易水，一名故安河，出縣西寬中谷。"宋歐陽澈《醉吟》詩："試拂青蛇歌易水，溪山應有鬼神愁。"清屈大均《咏古》詩其十三："悲歌空慷慨，易水咽無聲。"

【易】

即易水。此稱先秦已行用。見該文。

【故安河】

即易水。此稱北魏已行用。見該文。

浙江

河流名。單稱"浙""漸"，亦作"制河"，亦稱"羅刹江""漸江"。因江有急轉彎，曲折狀，呈"之"字形，故俗謂"折江""之江""曲江"等。浙江上游稱新安江，桐廬至蕭山聞堰稱富春江，聞堰至杭州閘口稱之江，閘口以下稱錢塘江。《莊子·外物篇》："任公子得若魚，離而腊之，自制河以東，蒼梧已北，莫不厭若魚者。"《山海經·海內東經》："浙江出三天子都，在其東，在閩西北入海，餘暨南。"《漢書·地理志》："〔浙江〕水出丹陽黟縣南蠻中。"《後漢書·地理志》："浙江出歙縣。"《說文·水部》："漸，漸水出丹陽黟南蠻中，東入海。"段玉裁注："漸水出黟南之蠻夷中，則今錢塘江之北源，南源皆見矣。""漸江水出丹陽黟南蠻中，謂今錢唐江也。"又《說文·水部》："江水東至會稽山陰，爲浙江。"按，古河亂道，不可考。《史記·項羽本紀》："秦始皇帝游會稽，渡浙江。"司馬貞索隱："韋昭云：'浙江在今錢塘。'浙音'折獄'之'折'……蓋其流曲折。"晋陸機《爲顧彥先贈婦詩二首》其一："願假歸鴻翼，翻飛浙江汜。"北魏酈道元《水經注·漸江水》："漸江，《山海經》謂之浙江也。"唐韓愈《送惠師》詩："回臨浙江濤，屹起高峨岷。"唐羅隱《錢塘江潮》詩："怒聲洶洶勢悠悠，羅刹江邊地欲浮。"明陶宗儀《輟耕錄·浙江潮候》："浙江，一名錢唐江，一名羅刹江。所謂羅刹者，江心有石，即秦望山脚，橫截波濤中。商旅船到此，多值風濤所困而傾覆，遂呼云。"清顧祖禹《讀史方輿紀要·浙江一》："亦曰羅刹江。《志》云：取風濤險惡之意。"清陳子升《贈吕半隱常博》詩："巴江隱隱流，豈是淛江秋。"《康熙字典·巳集上·水部》："《集韻》：或作漸。《水經》：漸江，即浙江也。"

【制河】

即浙江。此體先秦已行用。見該文。

【漸】

　　即浙江。此稱漢代已行用。見該文。

【漸江】

　　即浙江。此稱漢代已行用。見該文。

【羅刹江】

　　即浙江。此稱唐代已行用。見該文。

【錢塘江】

　　浙江下游杭州段稱謂。省稱"錢江""錢塘"。錢塘江之名演變與古縣名"錢唐縣"有關，也與海塘的建設有關。錢塘是中國浙江省杭州地區的一個舊縣名。公元前 222 年，秦始皇設置錢唐縣，至隋代，隸屬於會稽郡。唐代爲避國號諱，改錢唐爲錢塘，故流經古錢唐縣的浙江亦改名爲錢塘江。一説，錢塘江之名與修建海塘有關。北魏酈道元《水經注》引《錢唐記》稱在東漢時期："防海大塘，在縣東一里許，郡議曹華信家議立此塘，以防海水。始開募有能致一斛土者，即與錢一千，旬日之間，來者雲集。塘未成而不復取，於是載土石者，皆棄而去，塘以之成，故改名錢塘焉。"這是我國見於文獻記載的第一條海塘，地點大約在今杭州錢塘門到清波門一帶。唐宋之問《錢江曉寄十三弟》詩："曉泊錢塘渚，開簾遠望通。"唐王昌齡《浣紗女》詩："錢塘江邊（一作畔）是誰家，江上女兒全勝花。"唐施肩吾《錢塘渡口》詩："錢塘渡口無錢納，已失西興兩信潮。"宋蘇軾《八聲甘州·寄參寥子》詞："問錢塘江上，西興浦口，幾度斜暉。"宋孔平仲《和常父寄經父》詩："錢塘與海接，浩渺無涯涘。"元陳孚《鳳凰山》詩："惟有錢塘江上月，年年隨雁過寒汀。"明楊維楨《征南謠》詩："錢塘江頭點行軍，大艘金鼓聲殷殷。"清施閏章《渡錢塘留寄毛稚黃》詩："秋雨淫淫木葉黃，我游甌海渡錢塘。"

漢水

　　長江支流。單稱"漢"，又稱漢江。在湖北武漢市漢口龍王廟匯入長江。河長 1577 千米，流域面積 1959 年前爲 17.43 萬平方千米，位居長江水系各流域之首。現代水文認爲有三源：中源漾水、北源沮水、南源玉帶河，均在秦嶺南麓陝西寧强縣境內。流經勉縣稱沔水，東流至陝西漢中市段始稱漢水；自陝西安康市至湖北丹江口市段古稱滄浪水，襄陽以下別名襄江、襄水。《書·禹貢》："嶓塚導漾，東流爲漢，過三澨，又東爲滄浪之水，至于大別，南入于江。"《史記·伍子胥傳》："〔闔廬〕與楚夾漢水而陣。"晋荀濟《贈陰梁州》詩："淹留漢水曲，契闊渝川涘。"南朝梁劉遵《從頓還城應令》詩："漢水深難渡，深潭見底清。"《梁書·王僧辯傳》："衆軍若集，吾便直至漢江。"唐宋之問《渡漢江》："嶺外音書斷，經冬復歷春。"唐劉長卿《送李録事兄歸襄鄧》詩："漢水楚雲千萬里，天涯此別恨無窮。"宋吳珠《煙波亭》詩："漢水連天闊，江雲護曉

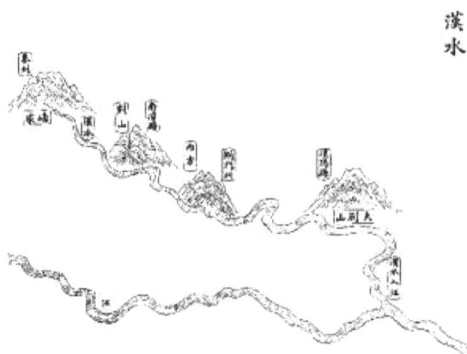

漢水示意圖
（明章潢《圖書編》）

寒。"元郭翼《擬杜陵秋興八首其七》詩:"荒城並與煙蕪没,故國空餘漢水流。"明申欽《寄友》詩:"廣陵三月已飛花,漢水孤帆落日斜。"清喻文鏊《沙市》詩其二:"大江吞漢水,落日湧平沙。"

【漢】

即漢水。此稱先秦已行用。見該文。

【漢江】

即漢水。此體唐代已行用。見該文。

岷江

長江上游支流。亦稱"瀆江""汶江"。岷或作"嶓"。"汶"與"岷"通。汶江,省稱"汶",即今岷江。發源於岷山。明代以前曾長期被認爲是長江正源。《書·禹貢》:"岷山導江。"此句意即長江發源於岷山,即爲岷江。按,岷江與金沙江匯流處,古人或以此處始稱長江。明代徐霞客通過實地探查,改金沙江爲長江正源。《戰國策·燕策》:"蜀地之甲,輕舟浮於汶,乘夏水而下江。"鮑彪注:"汶江水出岷山。"吳師道補:"汶,眉貧反,即岷。"晉常璩《華陽國志》卷十二引《括地志》:"大江,一名汶江。"以上皆見古人認爲岷江(汶江)是長江(大江)正源。北魏酈道元《水經注·江水》:"岷山即瀆山也,水曰瀆水。"又曰:"汶江道汶,出徼外嶓山。"唐杜甫《別李義》詩:"重問子何之,西上岷江源。"宋晁公遡《四月堰水甚小一雨灌田方足》詩:"岷江惟清流,涇水惟濁泥。"《資治通鑑·魏明帝四年》"觀汶水之流"胡三省注:"汶水即嶓江水也。"明鄭善夫《小岷山歌》:"溯騰入汶江,萬里滄溟收。"宋祝穆《方輿勝覽·嘉定府》:"瀆江,即岷江也。"清楊守敬《水經注疏》卷二四:"《史記》

汶與岷同,謂汶江也。"一作"汶水"。《三國志·蜀書·後主傳》:"後主至湔,登觀阪,看汶水之流。"

【汶】[2]

即岷江。此稱漢代已行用。見該文。

【汶水】[2]

即岷江。此稱晉代已行用。見該文。

【汶江】

即岷江。此稱晉代已行用。見該文。

【瀆水】

即岷江。此稱北魏已行用。見該文。

【瀆江】

即岷江。此稱宋代已行用。見該文。

沱江

長江上游支流。省稱"沱"。發源於岷山山系九頂山南麓。《書·禹貢》:"岷山導江,東別爲沱。"按,別,支流。沱,指位於岷江東邊的沱江,爲長江支流。《説文·水部》:"沱,江別流也。出嶓山。"唐杜甫《贈別何邕》詩:"綿谷元通漢,沱江不向秦。"宋王洋《以詩問欽父病五首》其四:"相如病起忘消渴,一任沱江過錦城。"一説,沱,長江支流泛稱。宋王應麟《詩地理考》:"蔡氏曰:南郡枝江縣有沱水,其流入江,而非出於江也。華容縣有夏水,首出於江,尾入於沔,亦謂之沱。此荆州之沱,蜀郡郫縣江沱在東,西入大江。汶江縣江沱在西南,東入江,此梁州之沱。戴侗曰:沱名不一,梁州之沱,特其大者耳。"清代段玉裁《説文解字注》:"江別流也。《召南》曰:江有沱。《釋水》曰:水自江出爲沱。毛傳曰:沱,江之別者。按今《説文》衍流字。宜刪。沱爲江之別。如勃澥爲海之別。"

【沱】³

即沱江。此稱先秦已行用。見該文。

漾水

古水名。亦作"瀁水"，單稱"漾"。漢水上流，源出陝西寧强縣北嶓冢山。《書·禹貢》："嶓冢導漾，東流爲漢。"古人誤以西漢水爲漢水，故《漢書·地理志》把甘肅西漢水某一支流稱瀁水。《水經》又以西漢水上源爲漾水，皆與《禹貢》不符。《説文·水部》："漾水，出隴西相氏道，東至武都爲漢。"《儀禮注疏》："孔傳云：'泉始出山爲漾水，南東流爲沔水，至漢中東行爲漢水。'"《史記·夏本紀》："嶓冢道漾，東流爲漢。"裴駰集解引鄭玄曰："《地理志》瀁水出隴西氐道，至武都爲漢。"司馬貞索隱引《水經》云："《山海經》亦以漢出嶓塚山。故孔安國云：'泉始出山爲瀁水，東南流爲沔水，至漢中東流爲漢水。'"北魏酈道元《水經注·漾水》："漾水出崑崙西北隅，至氐道，重源顯發，而爲漾水。又言，隴西西縣，嶓冢山在西，漢水所出，南入廣魏白水。又云：漾水出獂道，東至武都入漢。許慎、吕忱並言，漾水出隴西獂道，東至武都爲漢水，不言氐道。"唐元稹《渡漢江》詩："嶓冢去年尋漾水，襄陽今日渡江濆。"《新唐書·吐蕃傳》："詔靈武監軍右臺御史唐九徵爲姚嶲道討擊使，率兵擊之（吐蕃）。虜以鐵絙梁漾、濞二水，通西洱蠻，築城戍之。"清楊守敬《水經注疏》："蓋瀁水輟流，不與漢水相屬，由來久矣。"

【漾】

即漾水。此稱先秦已行用。見該文。

【瀁水】

即漾水。此體漢代已行用。見該文。

遼水

今遼河的古稱。遼水爲中國古稱六川之一。《山海經·海内東經》："遼水出衞皋東。"《漢書·地理志下》："大遼水出塞外，南至安市入海，行千二百五十里。"南朝梁王訓《度關山》詩："遼水深難渡，榆關斷未通。"北魏酈道元《水經注·小遼水》："〔小遼〕水出遼山，西南流逕遼陽縣與大梁水會。"又，"小遼水又西南，逕襄平縣，爲淡淵，晋永嘉三年涸。小遼水又逕遼隊縣，入大遼水"。又，"遼水亦言出砥石山，自塞外東流"。又，"大遼水出塞外衞白平山，東南入塞，過遼東襄平縣西"。唐王宏《從軍行》："秦王築城三千里，西自臨洮東遼水。"宋馮時行《關山月》詩："胡笳吹斷朔風起，霜結層冰斷遼水。"元吴當《送徐仁遼陽教官》詩："遼水東臨海，榆關北際燕。"《遼史·地理志二》："遼河出東北山口爲范河，西南流爲大口，入於海……渾河在東梁與范河之間。"清顧祖禹《讀史方輿紀要·山東八》："渾河在司西北，一名小遼水，源出塞外，西南流。"明謝榛《送馬德甫罷官歸遼陽》詩："關城路斷秦雲渺，海甸秋生遼水深。"清胤禛《渡句驪河》詩："遼水東西岸，寒雲接渺茫。"清穆彰阿等《大清一統志》卷三八："唐時，遼水已合東西二源言之。"金毓黻《奉天通志》："大遼水即今遼河，小遼水即今渾河。"

赤水

古河名。《山海經·海外南經》："在八隅之巖，赤水之際，非仁羿莫能上岡之巖。"又，"赤水出東南隅，以行其東北"。又，《海内經》："河水出焉而南流，東注於無達。赤水出焉而東南流，注於氾天之水。洋水出焉而西南流，注於醜塗之水。黑水出焉而西流於大杆。是多怪鳥獸。"《山海經·海內西經》："有阿山者。南海之中，有氾天之山，赤水窮焉。赤水之東，有蒼梧之野，舜與叔均之所葬也。"《莊子·天地》："黃帝游乎赤水北，登乎崑崙之丘而南望，還歸遺其玄珠。"《楚辭·離騷》："忽吾行此流沙兮，遵赤水而容與。"晉陶潛《讀〈山海經〉十三首》詩其七："粲粲三珠樹，寄生赤水陰。"晉庾闡《游仙詩十首》其七："乘彼六氣渺芒，輶駕赤水崑陽。"唐天然《弄珠吟》詩："黃帝曾游於赤水，視聽爭求都不遂。"宋王十朋《過白溪》詩："嶺上回頭觀赤水，山川五色望中迷。"明梁寅《題赤水霞棲圖》詩："故人家居赤水上，二百八十峰嵯峨。"明孫承恩《清溪》詩："朝方辭赤水，暮已宿清溪。"

漯水

古河名。古黃河下游主要支流之一，其故道自河南武涉縣，經河北至山東，東注於海。《書·禹貢》："浮於濟漯，達于河。"唐孔穎達正義："浮於濟漯，達於河，從漯入濟，從濟入河。"又："高唐縣，桑欽言漯水所出。"《漢書·地理志上》："東武陽，禹治漯水，東北至千乘入海，過郡三，行千二十里。"元薩都剌《高堂劉侯定齋野友亭》詩："歸來買地築小亭，漯水爲鏡山爲屏。"清胡渭《禹貢錐指》："以今輿地言之，浚縣、滑縣、開州、清豐、觀城、濮州、范縣、朝城、莘縣、堂邑、聊城、清平、博平、禹城、臨邑、濟陽、章丘、鄒平、齊東、青城、高苑諸州縣界中，皆古漯水之所經，自宋世河決商胡，朝城流約，而舊迹之存者鮮矣。"一說，漯水出雁門陰館縣，東北過代郡桑乾縣南。參閱北魏酈道元《水經注·漯水》。

灞水

河流名。古亦作滋水。春秋時秦穆公不斷向外擴張，稱霸西戎後改名霸水。後來在"霸"字旁加上三點水，即爲灞水。《戰國策·趙策二》："其言秦者在雍州萬年縣東北，去霸水百步。"《史記·秦始皇本紀》："楚將沛公破秦軍入武關，遂至霸上。"裴駰集解引應劭曰："霸水上，地名，在長安東三十里。古名滋水，秦穆公更名霸水。"三國魏佚名《水經》："又東，過霸陵縣北，霸水從縣西北流注之。"北魏酈道元《水經注·渭水》："古曰滋水矣，秦穆公霸世，更名滋水爲霸水，以顯霸功。"《宋書·符瑞志下》："晉懷帝永嘉六年二月壬子，玉龜出灞水。"南朝佚名《三輔黃圖·關中八水》："霸水出藍田谷，西北入渭。"唐趙元一《奉天錄》卷三："列陣於滻水之陽，灞水之陰。"《北史·柳弘傳》："倔人謂弘曰：'來日至藍田，正逢滋水暴長，所賚國信，溺而從流。'"唐李白《灞陵行送別》："送君灞陵亭，灞水流浩浩。"唐儲光羲《蘇十三瞻登玉泉寺峰入寺中見贈作》詩："朝沿霸水窮，暮矚藍田徧。"元劉辰翁《冬景·梅蕊驚眼》詩："別君從灞水，舉目在揚州。"《文獻通考·物異考》："四年八月，灞水暴溢。"明秦康王《送名醫凌漢章還苕三首》詩其一："一尊酒盡傷離思，目斷南鴻灞水東。"清錢孟鈿《漢通天臺銅人歌》："移經灞水亦傷別，回頭立盡東關烟。"

【霸水】

同"灞水"。此體先秦已行用。見該文。

【滋水】

即灞水。此稱漢代已行用。見該文。

豐水

古河名。在陝西西安市鄠邑區東南，注入渭水。《詩·大雅·文王有聲》："豐水東注，維禹之績。"《史記·司馬相如列傳》："酆鄗潦潏，紆餘委蛇，經營乎其內。"司馬貞索隱引張揖云："豐水出鄠縣南山豐谷，北入渭。"《史記三家注·秦本紀第五》："豐，大、特。"裴駰集解引徐廣曰："今武都故道有怒特祠，圖大牛，上生樹本，有牛從木中出，後見豐水之中。"《後漢書·班彪列傳》李賢注："豐水出鄠縣南山豐谷，霸水出藍田谷。"宋陳普《古田女》詩："冀方古當塗，豐水今漣灡。"元趙由儕《述祖》詩："眷焉吾宗，豐水居多。"明劉麟《恭遇冊立中宮》詩："洽陽渭涘祥何定，豐水岐山數已先。"《明史·地理志一》："大河在南，北有豐水，即泡河也。"

鎬水

古河名。在今陝西西安市西，上承鎬池，北流入渭。唐後鎬池涸廢，鎬水遂絕。《史記·司馬相如列傳》："酆鄗潦潏，紆餘委蛇，經營乎其內。"司馬貞索隱引張揖云："豐水出鄠縣南山豐谷，北入渭。鎬在崑明池北。"又引郭璞云："鎬水，豐水下流也。"《後漢書》李賢注："鎬在酆水東，酆在鎬水西，相去二十五里。"北魏酈道元《水經注·渭水》："鎬水上承鎬池於昆明池北。"南朝佚名《三輔黄圖·關中八水》："鎬水在昆明池北。"《通志·地理》："鎬水出鄠縣界，至長安入清渠。"清劉于義修《陝西通志·渭水》："納終南諸谷之水西北流，合樊川御宿及鎬水諸水，西流合于灃水。"清朱鶴齡《詩經通義》："鄭云豐鎬之間水北流。《水經注》：鎬水又北流，西北注與滮池。"清顧棟高《春秋大事表》："豐鎬二水自南入焉，《水經注》又東豐水從南來注之，又東北與鎬水合，又東北經渭城南，潏水注之，東豐水出鄠縣東南，自今長安縣界西北流經咸陽縣南三里，注於渭鎬水。"

澇水

亦稱"潦水"。古河名。在陝西西安市鄠邑區境內（原爲户縣、周至兩縣分界），源出秦嶺，北流入渭。《史記·司馬相如列傳》："酆鄗潦潏，紆餘委蛇，經營乎其內。"李善注："潦，澇水也。"《説文·水部》："澇水，出扶風鄠，北入渭。"南朝佚名《三輔黄圖·關中八水》："澇水亦名潦水，源出鄠縣澇谷，北流經縣西二里流入咸陽界。"北魏酈道元《水經注·渭水》："澇水北注甘水，而亂流入於渭。"《集韻》："澇，或作潦。"又，汾水支流。唐張祜《江南雜題》詩其二十三："澇水聞歌女，枯枝見宛童。"宋宋敏求《長安志·長安》："澇水來自鄠縣界北，流入渭。"《太平御覽·地部》："《説文解字》曰：澇水出扶風鄠北入渭。《山海經》曰：牛首之山，澇水出焉，下注于潏水。"《明史·地理志二》："西有浮山。北有澇水，東南有潏水，下流俱入汾。"又，潦河指遼寧之遼河。又，潦河在中國河南西南部。亦稱"垢河"。又，潦河爲江西修河最大支流，又稱上繚水。

【潦水】

同"澇水"。此稱漢代至南北朝已行用。見該文。

潏水

古河名。發源於陝西西安市長安區秦嶺北坡的大峪。一作沇水，或訛作沈水。上游即今陝西西安市長安區東南的潏河上游。自縣南皇子陂以下，漢、晋時故道大致即今皂河。唯古潏水在漢長安城西南支分爲三：正流穿城西建章宫區，北流入渭；支流一東流從章門入城，經未央宫、桂宫、長樂宫，出青門，又東注漕渠，稱沇水支渠；另一北流折東北繞城西、城北又北入渭，稱沇水支津。今皂河下游有一道，即古沇水支津。隋、唐時遏潏水西流匯交水，又遏交水西流匯豐水，後世遂統指自皇子陂西至秦渡鎮入豐一段爲潏河下游。南朝佚名《三輔黄圖・關中八水》："潏水在杜陵，從皇子陂西流，經崑明池入渭。"北魏酈道元《水經注・汾水》："《山海經》曰：牛首之山，勞水出焉，西流注于潏水。疑是水也。潏水，即巢山之水也。"唐杜甫《贈李八（一作公）秘書別三十韻》詩："杜陵斜晚照，潏水帶寒淤。"唐杜牧《秋晚與沈十七舍人期游樊川不至》詩："杜村連潏水，晚步見垂鈎。"《舊唐書・郭子儀傳》："師於潏水之西，與賊將安太清、安守忠戰，王師不利，其衆大潰，盡委兵仗於清渠之上。"《新唐書・地理志三》："永徽二年，刺史李寬自東二十五里夏柴堰引潏水溉田，令陶善鼎復治百金泊，亦引潏水溉田。"宋李復《杜城陳文惠公園》詩："杜曲西游訪物華，門前潏水渌涵沙。"《明史・地理志三》："又西北有鎬水，合潦水，又南有潏水。"

滻水

古河名。亦稱滻，今名滻河。源出陝西藍田縣西南秦嶺山中，北流匯庫峪、石門峪、荆峪諸水，至西安市東入灞水。又藍田縣西北有長水，北魏以來誤認爲滻水。《説文・水部》："滻，潼水也。出京兆藍田谷，入霸。"南朝梁徐悱《古意酬到長史溉登琅邪城》詩："金溝朝

灞滻，甬道入鴛鸞。"北魏酈道元《水經注・渭水》："長水出自杜縣白鹿原，西北流，謂之荆溪，又西北左合狗枷川，北入霸水，俗謂之滻水，非也。"隋楊廣《捨舟登陸示慧日道場玉清玄壇德衆》詩："江滻各自遥，東西並興歎。"唐白居易《江南喜逢蕭九徹因話長安舊游戲贈五十韻》詩："去住青門外，留連滻水傍。"宋蘇洵《送李才元學士知邛州》詩："白馬渡滻水，紅旌照蜀山。"明陳璉《登驪山有感》詩："終南亘太華，滻灞通渭涇。"

溠水

古河名。即今湖北隨州市東漂水。《吕氏春秋・古樂》："禹立，勤勞天下，日夜不懈，通大川，決壅塞，鑿龍門，降通溠水以導河，疏三江五湖，注之東海，以利黔首。"北魏酈道元《水經注・溠水》："溠水出江夏平春縣西。溠水北出大義山，南至厲鄉西，賜水入焉。水源東出大紫山，分爲二水，一水西逕厲鄉南，水南有重山，即烈山也。"《太平御覽・樂部四》："禹之勤勞天下，日夜不角，通大川，決壅塞，鑿龍門，降通溠水以道河。"宋歐陽忞《輿地廣記・荆湖北路上》："按，《水經》：溠水出江夏平春縣西南，過安陸入於涢。"清傅澤洪《行水金鑑》卷一五四："溠水自西北而東南，至孝感縣折而西至雲夢。"

漵水

古河名。古名序水，又稱"漵浦""漵川""序溪""漵溪""雙龍江"。源出湖南省漵浦縣東南山中，西北流，至漵浦縣城東南，又折向西流入沅江。《楚辭・九章・涉江》："入漵浦余儃佪兮，迷不知吾之所如。"王逸注："漵浦，水名。"《漢書・地理志》："義陵鄜梁山，

序水所出，西入沅。"南朝宋謝靈運《過瞿溪山飯僧》詩："迎旭凌絕嶝，映泫歸溆浦。"南朝梁陸倕《思田賦》："出郭門而東鶩，入溆浦而南迴。"北魏酈道元《水經注·沅水》："沅水又東，與序溪合，水出武陵郡義陵縣鄜梁山。"唐張九齡《故辰州瀘溪令趙公碣碑銘》序："辰陽於遠，溆浦迴遭。"宋歐陽忞《輿地廣記·荆湖北北路下》："溆溪，其水出鄜梁山，西北注于沅，《楚詞》所謂'入溆浦余遭迴兮，迷不知吾之所如'，即此水也。"明嚴嵩《雁峰寺易太史計使君集》詩："衡陽溆浦水煙通，落日來登回雁峰。"清穆彰阿等《大清一統志》："序水，序亦作叙，亦名序溪，又名雙龍江，亦曰溆川。"

【溆浦】[2]

即溆水。此稱先秦已行用。見該文。

【序水】

即溆水。此稱漢代已行用。見該文。

【序溪】

即溆水。此稱北魏已行用。見該文。

【溆川】

即溆水。此稱清代已行用。見該文。

【雙龍江】

即溆水。此稱清代已行用。見該文。

巴江

古水名。指今四川嘉陵江。亦作"嘉陵江"。唐盧綸《秋中野望寄舍弟綏兼令呈上西川尚書舅》詩："蜀道藹松筠，巴江盛舟楫。"唐元稹《使東川·江樓月》詩："嘉陵江岸驛樓中，江在樓前月在空。"唐楊憑《巴江雨夜》詩："五嶺天無雁，三巴客問津。"宋馮山《瞿塘峽》詩："巴江深洞穴，蜀主舊門庭。"宋張方平《過嘉川驛》詩："嘉陵江上嘉川峽，古

木雲蘿千萬峰。"金楊興宗《出劍門》詩："夢回蜀棧雲千片，醉枕巴江月一船。"《文獻通考·輿地考》："巴江自古集來，派於郡治之右，狀如巴字，又曰字江。"明曹學佺《蜀中廣記》卷二五："《輿地廣記》云：巴江源出大巴山。"明沈守正《署中懷人十絕》其四："無緣共聽巴江雨，懷袖常存蜀道書。"明楊慎《嘉陵江》詩："嘉陵江水向西流，亂石驚灘夜未休。"《清史稿·地理志》："駱駝川水北自州境來入之，西迤縣南，納小水二，西南入陝西略陽，嘉陵江上游也。"又，巴江屬珠江水系南盤江左岸一級支流（亦名板橋河），上游是舉世聞名的世界地質公園石林。

【嘉陵江】

即巴江。此體先秦已行用。見該文。

武陵溪

河流名。亦作"武陵源""武陵川"，亦稱"五溪""武溪"。位於湖南常德。漢馬援《武溪深》："滔滔武溪一何深，鳥飛不渡，獸不能臨。嗟哉！武溪多毒淫！"晉干寶《晉紀》："武陵、長沙、廬江郡夷，盤瓠之後也，雜處五溪之內。"唐宋之問《宿清遠峽山寺》詩："寥寥隔塵事，何異武陵源。"唐孟浩然《武陵泛舟》詩："武陵川路狹，前棹入花林。"唐朱長文《酬寶大閒居見寄》詩："來自三湘到五溪，青楓無樹不猿啼。"唐王之渙《惆悵詞》其十："晨肇重來路已迷，碧桃花謝武陵溪。"唐杜甫《水宿遣興奉呈群公》詩："丹心老未折，時訪武陵溪。"宋劉敞《武溪深》詩："武溪之水兮，日夜而東流。"元曾瑞《留鞋記》第一折："有緣千里能相會，劉晨曾入武陵溪。"明劉基《感時述事（十首）》其六："五溪舊三苗，蛇蚓相

雜處。"明湯顯祖《牡丹亭·尋夢》:"爲甚呵,玉真重溯武陵源?也則爲水點花飛在眼前。"清蔣平階《送李分虎之滇黔》詩:"萬里南征路,春風入五溪。"明唐順之《廣德道中》詩:"倘遇秦人應不識,只疑誤入武陵川。"清屈大均《奉送吳大司馬還京》詩其四:"武溪思北發,瀧水怨西征。"

【武溪】

即武陵溪。此稱漢代已行用。見該文。

【五溪】 ²

即武陵溪。此稱晉代已行用。見該文。

【武陵源】

即武陵溪。此體唐代已行用。見該文。

【武陵川】

即武陵溪。此體唐代已行用。見該文。

雄溪

古河名。古武陵郡境內五溪之一。雄一作"熊"。即今湖南沅水的支流巫水。漢、魏、兩晉、南朝時"五溪蠻"的一支即聚居在此。《宋書·夷蠻傳》:"所在多深險,居武陵者有雄溪、樠溪、辰溪、酉溪、舞溪,謂之五溪蠻。"北魏酈道元《水經注·沅水》:"武陵有五溪,謂雄溪、樠溪、無溪、酉溪、辰溪其一焉。夾溪悉是蠻左所居,故謂此蠻五溪蠻也。"《南史·夷貊傳下》:"居武陵者有雄溪、樠溪、辰溪、酉溪、武溪,謂之五溪蠻。"又《武陵縣·柱水》:"〔雄溪〕源出武山,流入沅水。"清顧祖禹《讀史方輿紀要·湖廣八》:"《志》云:'原出寶慶府界,即九溪中之雄溪也。'"清楊守敬《水經注疏》:"武陵有五溪,謂雄溪、樠溪、無溪、酉溪、辰溪其一焉。朱樠溪下衍力溪二字。箋曰:《宋書》說五溪曰雄溪、樠溪、酉溪、潕

溪、辰溪,而無力溪二字。"

樠溪

古河名。位於武陵山區。北魏酈道元《水經注·沅水》:"武陵有五溪,謂雄溪、樠溪、無溪、酉溪、辰溪其一焉。夾溪悉是蠻左所居,故謂此蠻五溪蠻也。"宋朱輔《溪蠻叢笑》:"武陵有雄溪、樠溪、酉溪、潕溪、辰溪,悉是蠻夷所居,故謂五溪。蠻在今辰州界者是也。"

潕溪

古河名。亦作"無溪"。位於武陵山區。北魏酈道元《水經注·沅水》:"武陵有五溪,謂雄溪、樠溪、無溪、酉溪、辰溪其一焉。"宋朱輔《溪蠻叢笑》:"章懷太子注稱武陵有雄溪、樠溪、西溪、潕溪、辰溪,悉是蠻夷所居,故謂五溪蠻。"《明史·地理五》:"西有武溪,即潕溪也,下流合於沅水。"清顧祖禹《讀史方輿紀要·湖廣七》:"《水經注》:'五溪,曰雄溪、樠溪、酉溪、潕溪、辰溪。'"清楊守敬《水經注疏》:"顧熊氏之爲此說,或因《荊州記》五溪有武溪,無潕溪,故遂以武溪當潕溪與。不知五溪之名,出入不一。武溪之不能當潕溪,猶潕溪之不能當沅溪也。"清費以矩《送溫陵張永卿都督遷官成都》詩:"潕溪芳樹望迢遥,酒酌驪歌送客舲。"《康熙字典》:"又潕溪,武陵五溪之一。《後漢·馬援傳》注:'潕,一音武。今溪在辰州界。'"

【無溪】

同"潕溪"。此體北魏已行用。見該文。

酉溪

古河名。位於武陵山區。《宋書·夷蠻傳》:"所在多深險,居武陵者有雄溪、樠溪、辰溪、酉溪、舞溪,謂之五溪蠻。"《南齊書·豫章文

獻王傳》："時沈攸之責賧，伐荆州界内諸蠻，遂及五溪，禁斷魚鹽。群蠻怒，酉溪蠻王田頭擬殺攸之使，攸之責賧千萬，頭擬輸五百萬，發氣死。"北魏酈道元《水經注·沅水》："武陵有五溪，謂雄溪、樠溪、無溪、酉溪、辰溪其一焉。"《通典·邊防典》："長沙、黔中五溪蠻皆是也。一辰溪，二酉溪，三巫溪，四武溪，五沅溪。"宋陳宓《聞延平水沴》詩其三："人言辛酉溪流漲，更減今年丈二痕。"明顧璘《五溪曲六首》其五："春陵達酉溪，士卒聯部伍。"清穆彰阿等《大清一統志》："南流謂之漫水，其上流亦名車溪，亦謂之酉溪。"

辰溪

古河名。位於武陵山區。《宋書·夷蠻傳》："所在多深險，居武陵者有雄溪、樠溪、辰溪、酉溪、舞溪，謂之五溪蠻。"北魏酈道元《水經注·沅水》："辰水又右會沅水，名之爲辰溪口。"《南史·夷貊傳下》："居武陵者有雄溪、樠溪、辰溪、酉溪、武溪，謂之五溪蠻。"《通典·邊防典》："長沙、黔中，五溪蠻皆是也。一辰溪，二酉溪，三巫溪，四武溪，五沅溪。"唐權德輿《送黔中裴中丞閣老赴任》詩："辰溪分浩淼，樊道接縈迴。"《舊唐書·地理志》："隋改辰陽爲辰溪，仍分置沅陵縣，仍置沅陵郡。"宋鄭獬《寄題辰州沅陽館》詩："辰溪俯洞夷，登臨少佳況。"明薛瑄《辰溪二首》詩其二："辰溪縣裏駐華驄，人俗雖殊景物同。"清尤維雄《辰溪》詩："秀絶辰溪縣，岡巒列市闤。"

湘水

河名。又作湘江。湖南最大河流。一説湘江發源於廣西靈川縣的海洋山（古稱海陽山）。《史記·屈原賈生列傳》："過湘水，投書以吊屈原。"漢東方朔《七諫·哀命》："測汨羅之湘水兮，知時固而不反。"漢劉向《列仙記》："取禹餘糧餌，賣之於蒼梧、湘江間。"《三國志·吳書·周瑜傳》："備遂割湘水爲界，於是罷軍。"南北朝王筠《有所思》詩："曖曖巫山遠，悠悠湘水深。"北魏酈道元《水經注·資水》："言大舜之陟方也，二妃從征，溺於湘江。"隋孫萬壽《遠戍江南寄京邑親友》詩："賈誼長沙國，屈平湘水濱。"唐皎然《杼山禪居寄贈東溪吳處士馮一首》詩："澄澈湘水碧，沉寥楚山（一作天）青（一作清）。"唐《與崔渥冥會雜詩》其三："若是不留千古恨，湘江何事竹猶斑。"宋衛宗武《劉錦山自衡州歸復書仍貽之》詩："淼淼湘水波，浩浩衡山雲。"元丁復《王將軍歌送瑞卿之荔浦巡檢》詩："百丈牽船上湘水，蒼梧九疑雲旖旎。"明李祁《奉題朱澤民先生畫山水圖》詩："洞庭之南湘水東，青山奕奕蟠蒼龍。"清楊守敬《水經注疏》："湘水出零陵始安縣陽海山。"清錢邦芑《湘水考》："湘水，源出廣西桂林府興安縣海陽山，山居靈川、興安之界上，多奇峰絶壑，泉水之始出也，其流僅可濫觴。"清王夫之《竹枝詞十首（丁未）》其四："洞庭湖北漢水橫，青草湖南湘水清。"

【湘江】

即湘水。此體漢代已行用。見該文。

【瀟湘】

湘江與瀟水的并稱。瀟水是湘江水系的較大支流，古人將湘江與瀟水并稱瀟湘。《山海經·中山經》："帝之二女居之，是常游於江淵。澧沅之風，交瀟湘之淵。"三國魏曹植《雜詩七首》其四："朝游江北岸，夕宿瀟湘沚。"南朝齊謝朓《新亭渚別范零陵》詩："洞庭張樂池，瀟湘帝子游。"李善注引王逸曰："娥皇女英隨舜不返，死於湘水。"北魏酈道元《水經注·湘水》："神游洞庭之淵，出入瀟湘之浦。瀟湘者，水清深也。"唐李白《臨江王節士歌》詩："吳雲寒，燕鴻苦，風號沙宿瀟湘浦。"宋范仲淹《嶽陽樓記》："北通巫峽，南極瀟湘。"元李冶《瀟湘夜雨》詩："遠寺孤舟墮渺茫，雨聲一夜滿瀟湘。"明徐禎卿《古意》詩："帝子葬何處，瀟湘雲正深。"清陳子升《擬高常侍送李少府貶峽中王少府貶長沙》詩："三峽建瓴奔灩澦，九疑如黛望瀟湘。"瀟湘，亦多藉指今湖南地區。

靈渠

古河渠名。省稱"渠"。初名"秦鑿渠"，後因灘水上游爲零水，稱"零渠"，唐以後多稱靈渠，明清又稱"陡河"，因在廣西興安縣內，又名興安運河，近代又名湘桂運河。全長約33千米，建成於秦始皇三十三年（公元前214）。與都江堰、鄭國渠并稱爲秦代三大水利工程，爲世界上最古老的運河之一。流嚮由東向西，溝通湘江、灘江，連接長江和珠江兩大水系。《淮南子·人間訓》："使監祿無以轉餉，又以卒鑿渠而通糧道。"《史記·貨殖列傳》："使監祿鑿渠運糧。"唐魚孟威《桂林重修靈渠記》："重爲疏引，仍增舊迹，以利行舟。遂鏵其堤以扼旁流，斗其門以級直注。"宋周去非《嶺外代答》："秦城，湘水之南，靈渠之口，大融江、小融江之間，有遺堞存焉。"宋劉克莊《鏵觜》詩："世傳靈渠自秦始，南引灘江會湘水。"《資治通鑑·唐懿宗咸通四年》："靈渠在桂之興安縣，秦始皇戍嶺時，史祿鑿此……上建瓴而

下，千斛之舟，亦可往來，治水巧妙，無如靈渠者。"《太平御覽·地部三十》："西北流至縣西南合零渠五里，始分爲二水。"《宋史·李師中傳》："桂州靈渠故通漕，歲久石窒舟滯，師中即焚石，鑿而通之。"明鄺露《赤雅》："靈渠自北而南三十二陡，由灘通鏡鼓水自東徂西入，永福六陡，六陡冬月涸絶。"又，《浮湘禮三閭墓田尋買生故宅》詩："浮湘孤月下靈渠，牢落殘魂伴索居。"清陳元化《重建靈渠石堤陡門碑記》："夫陡河雖小，實三楚，兩粵之咽喉，行師饟糧，以及商賈百貨之流通，爲此一水是賴。"

【渠】

同"靈渠"。此稱漢代已行用。見該文。

【陡河】

即靈渠。此稱明清代已行用。見該文。

鄭國渠

古河渠名。又稱"鄭渠"。位於今陝西涇陽縣西北25千米的涇河北岸。它西引涇水東注洛水，長達三百餘里（灌溉面積號稱四萬頃）。鄭國渠在戰國末年由秦國穿鑿。公元前246年（秦王政元年），秦國穿鑿，韓國水工鄭國主持，約十年後完工。《史記·河渠書》："渠成，注填淤之水，溉澤鹵之地四萬餘頃（折今一百一十萬畝），收皆畝一鍾（折今一百公斤），於是關中爲沃野，無凶年，秦以富强，卒並諸侯，因命曰'鄭國渠'。"又云："〔鄭國渠〕鑿涇水自中山西邸（抵）瓠口爲渠。"《漢書·溝洫志》："〔鄭國渠〕穿渠引涇水，首起谷口……歌之曰：'田於何所？池陽谷口。鄭國在前，白渠起後。'"北魏酈道元《水經注·沮水》："鑿涇引水，謂之鄭渠。渠首上承涇水於中山西瓠

口，所謂瓠中也。"唐楊思玄《奉和聖製過溫湯》詩："地接幽王壘，塗分鄭國渠。"唐李吉甫《元和郡縣圖志》："使就渠既成，溉澤鹵之地四萬頃畝皆一鍾，關中無凶年，命爲鄭國渠。"明李賢等《明一統志·西安府上》："鄭國渠在富平縣南二十里。"清屈大均《酒泉子·三原元夕》詞："鄭國渠邊，寶馬亂嘶秦月，滿城燈掛白楊枝。"

【鄭渠】

即鄭國渠。此稱北魏已行用。見該文。

沅江

長江流域洞庭湖支流。亦作"沅水"。單稱"沅"。流經貴州省、湖南省。《山海經·中山經》："又東南一百二十里曰洞庭之山……帝之二女居之，是常游于江淵。澧、沅之風，交瀟、湘之淵，是在九江之間，出入必以飄風暴雨。"南朝梁范雲《別詩·孤煙起新豐》："折桂衡山北，摘蘭沅水東。"《水經注·沅水》："沅水出牂柯且蘭縣，爲旁溝水，又東至鐔成縣，爲沅水。"唐王昌齡《送吳十九往沅陵》詩："沅江流水到辰陽，溪口逢君驛路長。"唐李吉甫《元和郡縣圖志》卷第三十："溯沅水入武溪擊之。山深水急，舟船不得上。"五代王定保《唐摭言·自負》："袁州出舉人，亦猶沅江出龜甲九肋者，蓋稀矣。"宋洪興祖《楚辭補注》卷二："沅有茝兮醴有蘭，言沅水之中有盛茂之茝，澧水之內有芬芳之蘭。"金元好問《湘夫人咏》詩："秋風秋月沅江渡，波上寒煙引輕素。"明孫蕡《湘妃曲》詩："沅江木葉下，洞庭秋水多。"清王士禎《懷翁庵中丞沅州》詩："渺渺沅江路，悠悠楚塞窮。"

【沅】

即沅江。此稱先秦已行用。見該文。

【沅水】

即沅江。此體南朝梁已行用。見該文。

冉溪

河流名。亦稱"愚溪"。在湖南零陵縣愚溪東北。唐柳宗元貶謫至此，自嘲"以愚觸罪"，故更冉溪之名爲愚溪。唐柳宗元《愚溪詩序》："入冉溪二三里，得其尤絶者家焉。"唐柳宗元《雨晴至江渡》詩："江雨初晴思遠步，日西獨向愚溪渡。"宋王十朋《樸鄉釣隱圖》詩："迴隱如愚溪，窈深若盤谷。"元王寂《方山聞有代者坐中或至潸然》詩："恨無遺愛寬齊市，空有餘愚污冉溪。"明程敏政《愚樂庵爲傅曰川太史乃尊賦》其一："不辭提甕灌山畦，繞屋江聲似冉溪。"明顧璘《游通真巖與數子商作思柳亭》詩："緬懷柳愚溪，千載寄幽想。"清喬萊《湘口》詩："探幽更向愚溪去，野性偏宜鷗鷺群。"

【愚溪】

即冉溪。此稱唐代已行用。見該文。

黎母水

河流名。亦稱"黎母江"。今稱"南渡江"。位於海南省北部。宋王象之《輿地紀勝·瓊州》："〔黎母水〕在瓊山縣東三里。"宋王存《元豐九域志》："黎母水，源出黎母山。"明李之世《秋雨遣懷效白香山》詩其二："黎母江前潮嘴長，颶風祠下浪頭平。"明郭棐《廣東通志》："入澄邁曰龍安江，至定安曰建江，瓊山曰南渡江。"《明史·地理志》："澄邁府西，北濱海，南有黎母江，東有澄江。"清顧祖禹《讀史方輿紀要·廣東六》："〔黎母水〕源出黎母山，北流入海"。清穆彰阿等《大清一統志·瓊州府》："瓊山縣南六十里爲白石河，又東南十里爲南渡江。"

【黎母江】

即黎母水。此稱宋代已行用。見該文。

【南渡江】

即黎母水。此稱明代已行用。見該文。

灕水

屬珠江流域西江水系，爲支流桂江上游河段的通稱，位於廣西東北部。亦稱"灕江"，單稱"灕"。傳統意義上的灕水起點爲桂江源頭越城嶺猫兒山，現代水文學定義爲興安縣溶江鎮靈渠口，終點爲平樂三江口。灕，本義爲滲漏。語出漢劉向《戰國策·東周》："灕，滲流貌。"北魏酈道元《水經注》："灕水亦出陽海山。"又云："湘灕同源，分爲二分，南爲灕水，北則湘川。"唐柳宗元《答劉連州邦字》詩："崩雲下灕水，劈箭上潯江。"《舊唐書·懿宗紀》："湘、灕泝運，功役艱難，軍屯廣州乏食。"宋范成大《桂海虞衡志》："湘灕二水，皆出靈川之海陽，行百里，分南北而下。北曰湘……南曰灕……"宋劉克莊《鑴觜》詩："世傳靈渠自秦始，南引灕江會湘水。"《資治通鑑·唐懿宗咸通四年》："江西、湖南餽運者皆泝湘江入澪渠、灕水，勞費艱澀，諸軍乏食。"元李質《題董相生青山白雲齋》詩："歲寒桂嶺松凋後，秋晚灕江石出時。"《徐霞客游記·粵西游日記》："行一里，抵灕山。山之東即灕江也，南有千手觀音庵。"金朱之才《南越行》詩："樓船戈鋌師四起，或出桂陽下灕水。"明區大倫《舟汎灕江之石室游》詩："日動灕江色，風含楚岸秋。"明何喬遠《名山藏》卷四九："灕江源出海陽山，南流五里，與永州湘水北分爲二，故曰灕。"明王士

性《廣志繹》卷五："府江者，灕江也，灕水源興安之海陽山，一水相灕，北入楚爲湘江，南入桂爲灕江。"明嚴嵩《興安縣》詩其一："興安城郭枕高丘，湘灕水分南北流。"清嚴永華《隨宦桂林未遂攬勝之願匆匆去阻雨愆期因挈馬甥瑞熙女壽慈兩兒瑞琳瑞麟登疊彩山盤桓竟日賦此留題》詩："灕江波似鏡，倒影青芙蓉。"清查禮《海陽山湘灕水源歌》詩："咫尺同源異千里，北曰湘水南灕水。湘過巴丘入於江，灕至蒼梧注鬱止。"

【灕】

即灕水。此稱北魏已行用。見該文。

【灕江】

即灕水。此稱宋代已行用。見該文。

汴河

泗水的重要支流。亦作"汳水"，亦稱"汴渠""汴水"。春秋時期以前，汴河爲天然河流，史稱丹水，源於孟渚澤（今河南省商丘東北），終匯入泗河。漢桑欽《水經》："汳水出陰溝於浚儀縣（今開封城西北）北。"《後漢書》李賢注："三月，河南尹薛昭下獄死。夏四月，汴渠成。"北魏酈道元《水經注·淮水》："漢平帝之世，河汴決壞，未及得修，汴渠東侵，日月彌廣。"唐韓愈《宋汴州監軍事俱文珍序并詩》："奉使羌池静，臨戎汴水安。"唐李吉甫《元和郡縣圖志》卷五："汴渠，在縣南二百五十步，亦名蒗蕩渠。"唐宋之問《初宿淮口》詩："孤舟汴河水，去國情無已。"《舊唐書·黃巢傳》："翌日，營汴水北。是日，復大雨震電，溝塍漲流。"宋馮山《和湖州文同與可學士見寄》詩："京塵收馬足，汴水放船頭。"宋歐陽修《答聖俞》詩："汴渠千艘日上下，來及水門猶未知。"

《宋史·河曲志》：“詔：京城内汴河兩岸，各留堤面丈有五尺，禁公私侵牟。”《文獻通考·國用考》：“〔江、汴、河、渭〕四河所運，惟汴河最重。”清同治《徐州府志》：“由淮入泗，由泗入汴者，此五代末之運道也。”清顧祖禹《讀史方輿紀要·河南五》：“汴河舊在城南，自開封府杞縣東流。”又云：“汴水在縣南。又東流入開封城南。今淤。”

【汳水】

即汴河。此體漢代已行用。見該文。

【汴渠】

即汴河。此稱南朝宋已行用。見該文。

湖　池

五湖[1]

江南五大湖總稱。近代通謂洞庭、鄱陽、巢湖、洪澤、太湖，然史録有别。《史記·三王世家》：“大江之南，五湖之間，其人輕心。”司馬貞索隱：“五湖者，具區、洮滆、彭蠡、青草、洞庭是也。”洮滆，今江蘇長蕩湖、西滆湖。彭蠡，今鄱陽湖。青草，今洞庭湖東南部。南朝宋謝靈運《述祖德詩二首》其二：“高揖七州外，拂衣五湖裏。”唐皎然《陪顔使君餞宣諭蕭常侍》詩：“暮色生千嶂，秋聲入五湖。”元佚名《地理通釋·十道山川考》中，五湖名稱是彭蠡、洞庭湖、巢湖、太湖、鑒湖（彭蠡即鄱陽湖。鑒湖到了清代被洪澤湖代替）。明楊慎《丹鉛總録·地理》：“王勃文‘襟三江而帶五湖’，則總言南方之湖。洞庭一也，青草二也，鄱陽三也，彭蠡四也，太湖五也。”一説，爲洞庭湖（見本卷“洞庭湖”條目）；另説，爲古代吴越地區湖泊（見本卷“五湖[2]”詞條）。參閲清石濤《巢湖圖》畫軸、清代刻本木版畫集《水經注圖》。

五湖[2]

江南吴越地區的湖泊。所指不同。一説，指太湖。《國語·越語下》：“果興師而伐吴，戰於五湖。”韋昭注：“五湖，今太湖。”晋郭璞《江賦》：“注五湖以漫漭，灌三江而漰沛。”李善注引張勃《吴録》：“五湖者，太湖之别名也。”漢劉向《九嘆·遠游》其九：“漎楊舟於會稽兮，就申胥於五湖。”另説，五湖位於太湖之南。《周禮·夏官·職方氏》：“東南曰揚州……其澤藪曰具區，其川三江，其浸五湖。”鄭玄注：“具區、五湖在吴南。”具區，即太湖。又説，太湖及附近四湖。漢趙曄《吴越春秋·夫差内傳》：“入五湖之中。”徐天佑注引韋昭曰：“胥湖、蠡湖、洮湖、滆湖，就太湖而五。”北魏酈道元《水經注·沔水二》：“南江東注於具區，謂之五湖口。五湖謂長蕩湖、太湖、射湖、貴湖、滆湖也。”又説，五湖爲太湖附近的五個湖，非太湖也。《史記·夏本紀》：“震澤致定。”張守節正義：“五湖者，菱湖、游湖、莫湖、貢湖、胥湖，皆太湖東岸五灣爲五湖，蓋古時應别，今並相連。”參閲本卷“太湖”詞條及《三才圖會·太湖圖》。

七澤

先秦兩漢楚地包括雲夢在内的七處湖澤。漢司馬相如《子虚賦》：“臣聞楚有七澤，嘗見其一，未睹其餘也。臣之所見，蓋特其小小者耳，名曰雲夢。"後泛指楚地湖澤。《南齊書·謝朓傳》："東泛三江，西浮七澤。"唐靈澈《聽鶯歌》："三江七澤去不得，風烟日暮生波濤。"唐李白《自漢陽病酒歸寄王明府》詩："嘯起白雲飛七澤，歌吟渌水動三湘。"《太平御覽·飲食部》："九河之水，不足以漬麴蘗，八藪之木，不足以爲蒸薪，七澤之麋，不足以充庖俎。"元林靈真《靈寶領教濟度金書》："四瀆四海，九江三河，十二溪真，五湖七澤，一切水府真司，同前式至。"明何景明《吳偉江山圖歌》："去雁遥知七澤中，落花誤認桃源口。"清徐國相等《湖廣通志》卷二〇："漢唐以來代苦水患……七澤受水之地漸湮，三江流水之道漸狹，而隄其所築之隄防亦漸潰塌。"清王士禎《池北偶談》卷一一："浮湘七澤下靈渠，牢落殘雲伴索居。"

八澤

古代大澤。大渚、元澤、浩澤、丹澤、泉澤、海澤、寒澤等八大水澤的合稱。猶中原周邊大湖澤。《淮南子·墜形訓》："自東北方曰大澤，曰無通；東方曰大渚，曰少海；東南方曰具區，曰元澤；南方曰大夢，曰浩澤；西南方曰渚資，曰丹澤；西方曰九區，曰泉澤；西北方曰大夏，曰海澤；北方曰大冥，曰寒澤。凡八殥，八澤之雲，是雨九州。"《漢書·司馬相如傳》："降集乎北紘。"張揖引《淮南子》曰："九州之外曰八澤，八澤之外乃有八紘。"三國魏曹植《吁嗟篇》："飄飄周八澤，連翩歷五山。"南朝陶弘景《真誥》："日月不足以曜其目，八澤不足以游其足。"唐虞世南《北堂書鈔》卷一五七："八澤：方千里，自東北方曰大澤，曰元通；東方曰大渚，曰少海；東南方曰具區，曰厄澤；南方曰大夢，曰浩澤。"前蜀杜

光庭《墉城集仙録》："五嶽十山、九江八澤，皆有仙曹靈府。"明梅鷟《古易考原》："山通氣於西北，其別八山皆通氣於西北。澤通氣於東南，其別八澤皆通氣於東南。"清康熙《御定分類字錦》卷九："八澤、九溝、二池、三固，周流原野，表界境内。"

八藪

古代大野、大陸、楊陓、孟諸、雲夢、具區、海隅、圃田等八大名湖。《周禮》："大澤大藪。"李光坡注："《禹貢》曰九澤，既陂；《爾雅》有八藪。"《漢書·嚴助傳》："陛下以四海爲境，九州爲家，八藪爲囿。"顏師古注："八藪，謂魯有大野，晋有大陸，秦有楊陓，宋有孟諸，楚有雲夢，吳越之間有具區，齊有海隅，鄭有圃田。"晋葛洪《抱朴子·廣譬》："升水不能救八藪之燔熱，撮壤不能遏砥柱之沸騰。"《宋書·索虜傳》："七澤八藪，禽獸豐碩，虞候蒐算，義非所吝。"《太平御覽·飲食部》："九河之水不足以漬麴蘗，八藪之木不足以爲蒸薪。"《册府元龜·宗室部·忠諫》："四海爲境，九州爲家，八藪爲囿，江漢爲池。"清李鍇《尚史》卷九六："禹所謂十藪者也，周有八藪。"

九皋

古指深遠的湖澤。皋或作"皐"。《詩·小雅·鶴鳴》："鶴鳴于九皋，聲聞于野。"毛傳："皋，澤也。言身隱而名著也。"鄭玄箋："皋，澤中水溢出爲坎，自外數至九，喻深遠也。鶴在中鳴焉，而野聞其鳴聲……喻賢者雖隱居，人咸知。"陸德明釋文："《韓詩》云：'九皋，九折之澤。'"先秦佚名《鶴鳴》詩："鶴鳴於九皋，聲聞於野。魚潛在淵，或在於渚。"漢桓寬《鹽鐵論·西域》："茫茫乎若行九皋，未知

所止。"《晋書·趙至傳》:"徘徊九皋之内,慷慨九皋之顛,進無所由,退無所據。"北魏宗欽《贈高允》詩:"戢翼九皋,聲溢宇宙。"唐杜甫《臨邑舍弟書至苦雨黄河泛溢堤防之患簿領所憂因寄此詩用寬其意》詩:"螺蚌滿近郭,蛟螭乘九皋。"唐李遠《失鶴》詩:"秋風吹却九皋禽,一片閒雲萬里心。"宋魏了翁《虞簡州生日(水調歌頭)》詞:"清淚九皋鶴,唤起夢魂惺。"元張養浩《惜鶴十首·挽鶴》詩:"九皋空有恨,四野欲無春。"明方孝孺《春和》詩其三:"幽谷遷鶯語,九皋孤鶴聲。"清王連瑛《隋堤行》:"始看盤渦没蓬蒿,漸見蛟龍來九皋。"《鏡花緣》第四〇回:"九皋有路招雲鶴,三匝無枝泣夜烏。"一説,彎彎曲曲的湖沼。

九澤[1]

中華大地上古九大湖澤。具體名目,説法不一。《書·禹貢》:"九澤既陂,四海會同。"孔穎達疏:"九澤,九州之澤。"《書·禹貢》作大陸、雷夏、大野、孟豬、彭蠡、云夢、菏澤、震澤、滎澤。《周禮·夏官·職方氏》澤、藪并稱,作具區、雲夢、圃田、望諸、大野、弦圃、貕養、陽紆、昭餘祁。《漢書·地理志》:"九川滌原,九澤即陂。"顔師古曰:"九州陂澤,皆已遏障,無決溢。"唐王若岊《試越裳貢白雉》詩:"歲月三年遠,山川九澤長。"明何吾騶《寄梁生》詩:"閒來欹枕時作夢,夢同宋玉游九澤。"參閲《爾雅·釋地》。

九澤[2]

特指北方湖澤。《淮南子·時則訓》:"北方之極,自九澤窮夏晦之極,北至令正之谷。"高誘注:"九澤,北方之澤。"宋王初《送葉秀才》詩:"層冰春近蟠龍起,九澤雲閒獨鶴飛。"按,

北方水域有冰期。宋米芾《壯觀後詩同二公游壯觀上呈府公工部》詩:"寒潮不生九澤凍,行膠與子約再來。"明尹臺《臘一日雪》詩:"白日八埏渾一象,玄冰九澤洰成陰。"一説,特指北方大湖昭餘祁因淤塞形成的九個小湖泊。《漢書·地理志》:"九澤在(鄔縣)北,是爲昭餘祁,并州藪。"清王先謙《漢書補助》:"陂澤連接,其藪有九,故謂之九澤,總名曰昭餘祁。"

九澤[3]

泛指湖澤,或指代衆多湖澤。《書·禹貢》:"九澤既陂。"孔傳:"九州之澤已陂障,無決溢矣。"按,陂,指湖泊,《禹貢》云"九澤既陂",或爲九澤皆謂湖泊之意。晋王齊之《薩陀波倫贊》:"龍潛九澤,文明未接。"唐王若岊《試越裳貢白雉》詩:"歲月三年遠,山川九澤長。"宋曾鞏《一鶚》詩:"勢疑空山竭九澤,殺氣已應太白高。"宋程俱《癸巳歲除夜誦孟浩然歸終南舊隱詩有感戲效沈休文八咏體作·松月夜窗虚》詩:"遥知迷九澤,似欲卷三江。"宋釋文珦《堯任舜禹行》:"四海會同,九澤具陂。"元陳宜甫《謝張疇齋惠筆》詩:"黑雲蒸九澤,硯水捲滄溟。"

九區[1]

古代湖澤。《淮南子·墜形訓》:"東南方曰具區,曰元澤;南方曰大夢,曰浩澤;西南方曰渚資,曰丹澤;西方曰九區,曰泉澤。"《藝文類聚·内典部》:"自不宜游十地,擁接九區,豈有導覺水之塞源,拯法雲於落仞。"唐李白《贈崔諮議》詩:"長嘯向清風,倏忽凌九區。"宋韓琦《難老泉》詩:"膏澤被九區,靈德潛山麓。"元黄玠《贈永上人》詩:"高蹈萬古隘九區,繞屋青青種春蔬。"清王用臣《幼學歌》:

"渚資丹澤在西南，西曰九區泉澤連。"

十藪

古代十大湖澤。藪，澤之別名。《爾雅・釋地》："〔十藪〕魯有大野，晉有大陸，秦有楊陓，宋有孟諸，楚有雲夢，吳越之間有具區，齊有海隅，燕有昭餘祁，鄭有圃田，周有焦護。"《春秋左傳注疏》："正義曰：《釋地》云十藪，宋有孟諸。郭璞云：今在梁國睢陽縣東。"《舊唐書・崔融傳》："且如天下諸津，舟航所聚，旁通巴、漢，前指閩、越，七澤十藪，三江五湖，控引河洛，兼包淮海。"清顧鎮《虞東學詩》卷六："《爾雅》十藪之一也，在西安府涇陽縣北，郭璞謂之瓠。"清秦蕙田《五禮通考》："《爾雅》十藪，鄭有圃田澤，多產麻黃。"又云："《爾雅》十藪，宋有孟豬。"又云："《爾雅》十藪，魯有大野。"又云："《爾雅》十藪，楚有雲夢。"又云："《爾雅》十藪，吳越之間曰具區。"清宮夢仁《讀書紀數略》卷一一目錄："九澤、十藪，諸國之水。"

湖

較大面積的積水窪地，有一定深度。先秦佚名《烏鵲歌》："何居食兮江湖。"《書・禹貢》："震澤底定。"孔穎達疏："大澤畜水，南方名之曰湖。"《説文・水部》："湖，大陂也。"段玉裁注："大陂，謂大池也。池以鍾水，湖特鍾水之大者耳。"《周禮・夏官・職方氏》："揚州浸有五湖。浸，川澤所仰以灌溉也。"《漢書・元帝紀》："江海陂湖園池。"顏師古注："深水也。"晉佚名《子夜四時歌》："泛舟芙蓉湖，散思蓮子間。"唐劉禹錫《望洞庭》詩："湖光秋月兩相和，潭面無風鏡未磨。"宋孫光憲《漁歌子》其一："草芊芊，波漾漾，湖邊草

色連波漲。"金劉仲尹《西溪牡丹》詩："我欲禪居净餘習，湖灘枕石看游魚。"明克新《次韻顧仲瑛遷居》詩："畫舸載書隨蚤春，平湖雪消楊柳新。"清柳樹芳《苦旱行》："白渠溉田決爲雨，蘇堤衛水湖澄清。"

【海】[1]

特指湖泊。《漢書・西域傳上》："蒲昌海，一名鹽澤者也，去玉門、陽關三百餘里，廣袤三百里。其水亭居，冬夏不增減。"唐尉符道者《毗盧印》詩："仙舸獨游華藏海，無邊川澤喜歸心。"宋程大昌《北避備對・四海》："〔西北二虜〕有西海、柏海、青海、蒲類海、蒲菖海、居延海、白亭海、鮮水海，皆嘗並海立稱矣……衆水鍾爲大澤如洞庭、彭蠡之類，故借海以名之，非真海也。"金元德明《過鳳皇山（在雁門）》詩："想得松聲滿巖谷，秋風無際海波寒。"清王夫之《洞庭秋三十首》其二十五："吳天海色遙迎送，楚霜蜀凍交消凝。"清穆彰阿等《大清一統志・京師四・苑囿》："匯爲大池，池上跨長橋。橋北稱北海，橋南稱中海，瀛臺以南稱南海。"

【海子】

即湖。北方方言，指水泊。唐齊己《貽徐生》詩："可能東海子，清苦在貧居。"宋沈括《夢溪筆談・雜誌一》："中山城北園中亦有大池，遂謂之海子，以壓鎮之潭園。"元王艮《和敬仲韻》："憶子曾陪翠輦過，朔風海子起層波。"

【浸】[2]

湖澤之總名。《周禮・夏官・職方氏》："〔揚州〕其川三江，其浸五湖。"鄭玄注："浸，可以爲陂灌溉者。"陸德明釋文："浸，本又作

寢。"《漢書·地理志上》作"寤"。唐齊己《懷瀟湘即事寄友人》詩："浸野淫空澹蕩和，十年鄰住聽漁歌。"宋鄧肅《再次前韻二首》其二："閣臨巨浸南溟近，簾捲晴空北極高。"元周權《夜泊吳江》詩："瀰茫巨浸無坤軸，溶溶一鏡天東北。"明王逢《寄桃浦諸故知即事五首》詩其二："閈園不入烟火境，巨浸盡漂桃上梗。"

【泊】

猶湖，聚水之處。《楚辭·九辯》："蹇充倔而無端兮，泊莽莽而無垠。"漢樂府《日出入》詩："泊如四海之池。"北周庾信《望野》詩："水向蘭池泊，日斜細柳園。"唐崔令欽《教坊記》："坊南西門外，即苑之東也。其間有頃餘水泊，俗謂之月陂。"宋毛滂《下渚湖》詩："此身萍梗爾，泊處即吾鄉。"元丁復《扶桑行送銛仲剛東歸》詩："海服遠來貢，大泊凌廣洋。"明胡廣《六書故·地理三》："泊，北人以止水爲泊。"清平步青《霞外攟屑·説稗·梁山泊》："泊者，眾水之所聚也。"

【池】[1]

猶湖、海等集水之區域。先秦無名氏《黃澤謡》："黃之池，其馬噴沙。"《詩·大雅·召旻》："池之竭矣，不云自頻。"漢郭蒼《神漢

昆明池
（明王圻等《三才圖會》）

桂陽太守周府君碑銘》："汎舟楫兮有不避，沉躬軀兮有玄池。"晉佚名《日出入》詩："泊如四海之池。"南朝齊劉瑱《上湘度琵琶磯》詩："陵池激楚浪，紛糺絶宛風。"南朝梁朱超《贈王僧辯》詩："故人總連率，方舟下漢池。"南朝陳江總《秋日侍宴婁苑湖應詔》詩："玉軸崑池浪，金舟太液張。"唐王維《靈雲池送從弟》詩："自歎鶺鴒臨水別，不同鴻雁向池來。"宋文天祥《早起偶成》詩其一："澹澹池光曙，沉沉野色秋。"金張斛《迴文二首》其二："曲池風碎月，敧岸雨摧沙。"明楊維楨《游净池》詩："汾水南頭第幾灣，净池初曉鏡光寒。"清王夫之《咏雪（癸丑）》其三："池雲壓頂團魚陣，松粉鋪翎散鶴衣。"

【衍】[2]

指水澤。猶水域蔓延之態。《管子·七臣七主》："春無殺伐，無割大陵，倮大衍，伐大木，斬大山，行大火。"《穆天子傳》："天子乃遂東征，南絶沙衍。"郭璞注："沙衍，水中有沙者。"漢孔鮒《小爾雅·廣器》："澤之廣者謂之衍。"漢劉向《九嘆·憂苦》："巡陸夷之曲衍兮，幽空虛以寂寞。"王逸注："衍，澤也。"唐張説《三月三日定昆池奉和蕭令得潭字韻》詩："廣樂逶迤天上下，仙舟摇衍鏡中醋。"宋文同《子駿運使八咏堂·寶峰亭》其一："嘉陵抱江回，平衍出橫潨。"元鄧牧《雪竇游志》："寺前秧田羨衍，山林所環，不異平地。"明陳棍《題百牛圖》詩："大地郊原衍，方春水草宜。"清丁澎《浪淘沙·春宮怨》詞："衍波題就曉寒詞。正值鴛鴦殘月白，偏冷銅墀。"

【陂】[2]

猶"湖泊"，古亦指塘、池。亦作"波"。

《淮南子·説林訓》："十頃之陂，可以灌四十頃。"《漢書·灌夫傳》："家累數千萬，食客日數十百人。波池田園，宗族賓客爲權利，橫潁川。"顔師古注："波，讀曰陂。"《説文·昌部》："陂，一曰池也。"又，《説文·水部》："湖，大陂也。"《世説新語·德行》："叔度汪汪如萬頃之陂，澄之不清，擾之不濁。"《後漢書·黄憲傳》："叔度汪汪若千頃陂，澄之不清，淆之不濁，不可量也。"唐岑參《郊行寄杜位》詩："近寺聞鐘聲，映陂見樹影。"宋陸游《西村》詩："桑麻滿野陂水深，遥望人家不知路。"元馬鈺《浣溪沙·過渼陂道友索詞》詞："若非雲游到渼陂，争知此處隱瑶池，人人怪我不留題。"明文彭《鵁林八景詩爲趙都諫賦四首》其四："荻花飛盡晚蒼蒼，月照陂塘秋露凉。"清納蘭性德《南鄉子·秋暮村居》詞："一片烟籠十里陂。吠犬雜鳴鷄，燈火熒熒歸路迷。"參閲清代刻本木版畫集《水經注圖》。

【波】[2]

同"陂[2]"。此體漢代已行用。見該文。

古圖中用陂、澤、淀、澤等代稱湖泊
（清刻本《水經注圖》）

【泖】

猶湖，大積水泊。唐陸龜蒙《奉和襲美吳中書事寄漢南裴尚書》："三泖凉波魚蔎動，五茸春草雉媒嬌。"宋洪适《朝中措·黄帥憲侍兒倩奴》詞："嘉禾一別十經春，清泖記垂綸。"宋何薳《春渚紀聞·泖茆字異》："今觀所謂三泖，皆漫水巨浸，春夏則荷蒲演迤，水風生凉，秋冬則葭葦蒹蕸，魚嶼相望。"元王綸《水深嘆》詩："巨泖崩堤匯爲一，雨不崇朝先汎溢。"明文震亨《長物志·蔬果》："〔菱芰〕吳中湖泖及人家池沼皆種之。"清祝德麟《淞江水·潴河無擾美守令也》："淞江水，緯湖經泖貫海門。"一説："江東稱停潴不湍之水爲泖。"

【都居】

猶湖。亦稱"瀦"。水所匯聚之處。《管子·水地》："人皆赴高，己獨赴下，卑也。卑也者，道之室，王者之器也。而水以爲都居。"北魏酈道元《水經注·文水》："臨湖又有一城，名瀦城。水澤所聚，謂之都，亦曰瀦，蓋即以水名城也。"唐尹知章注："都，聚也。水聚居於下，卑也。"郭沫若等集校："安井衡云：都、瀦通《禹貢》'大野既瀦'，又云'被孟瀦'，《夏本紀》並作'都'。水停曰瀦，言水以卑下爲渟居之所也。"

【瀦】

即都居。此稱北魏已行用。見該文。

【大渚】[2]

指湖澤。《淮南子·墜形訓》："自東北方曰大澤，曰無通；東方曰大渚，曰少海；東南方曰具區，曰元澤；南方曰大夢，曰浩澤；西南方曰渚資，曰丹澤；西方曰九區，曰泉澤；西北方曰大夏，曰海澤；北方曰大冥，曰寒澤。"

唐陳叔達《後渚置酒》詩："大渚初驚夜，中流沸鼓鼙。"

【夢】[1]

湖澤。《楚辭·招魂》："與王趨夢兮課後先，君王親發兮憚青兕。"王逸注："夢，澤中也。楚人名澤中爲夢。"洪興祖補注："夢，楚謂草澤曰夢。"唐長孫鑑《句》詩："霜露雲夢千巖雪，雁度吳江萬木秋。"宋無名氏之散句詩："雲夢幾行去，瀟湘一夜空。"金王仲通《送客》詩："西歸萬里夢，今夕到君船。"明王逢《秋感六首》詩其一："三楚樓臺餘夢澤，兩京形勢自甘泉。"清王夫之《春興》詩其二："夢裏白蘋洲上月，遙遙北渚接黃陵。"按，《春興》中"夢"雙關，甚美。

【藪】[1]

大澤，大湖。《周禮·夏官·職方氏》："其澤藪曰具區。"鄭玄注："大澤曰藪。"《漢書·地理志》："東南曰揚州，其山曰會稽，藪曰具區，川曰三江，浸曰五湖。"顏師古注："藪，大澤也。"晋傅玄《歌》："鸞鷟樂山林，龍蛇安藪穴。"宋王之道《和鞏興宗題回峰寺贈明山主》詩："江共烟雲遠，山連藪澤長。"元傅玉立《絳守居園池》詩："卉木均雨露，藪澤樂禽魚。"明霍與瑕《洗兵馬行》："泛舟復泛舟，何處有雲藪。"清黃本騏《新峰寺元鐘》詩："古懷觸我思茫然，寒籟蕭蕭下林藪。"

【澱】[1]

淺水湖泊。亦作"淀"。《玉篇》："淀，淺水也。"晋郭璞《江賦》："栫澱爲涔，夾潀羅筌。"李善注引劉逵《吳都賦》注曰："淀，如淵而淺。淀，與澱古字通。"南朝齊謝脁《將游湘水尋句溪》詩："瑟汩瀉長淀，潺湲赴兩岐。"

北魏酈道元《水經注·汶水》："汶水又西合一水，西南入茂都澱。澱，陂水之異名也。亦與淀通。"北齊顏之推《顏氏家訓·歸心》："江陵高偉隨吾入齊凡數年，向幽州淀中捕魚。"趙曦明注："淀，今北方亭水之地也。"《北史·李靈傳》："高陽舊多陂淀，繪至後，淀水皆涸，乃置農正，專主勸課，墾田倍增，家給人足。"《宋史·食貨志上》："凡雄莫霸州、平戎順安等軍興堰六百里，置斗門，引淀水灌溉。"宋蘇轍《論開孫村河札子》："況黃河之性，急則通流，緩則淤澱，既無東西皆急之勢，安有兩河並行之理？"《宋史·河渠志二》："去淺澱，則河必北流。"元張翥《早發潞陽驛》詩："風林泥泥秋多露，野淀棱棱曉有澌。"明方以智《通雅·地輿》："湖淀波之漾者曰澱。"明張昱《同謝別駕過澱山湖登普光寺閣次壁間馬郎中詩韻》詩："風行澱水搖深碧，雨過松花落細金。"清顧祖禹《讀史方輿紀要·直隸三》："莫州有九十九淀，今縣境以淀名者不一處。"

【淀】

同"澱[1]"。此體南朝梁已行用。見該文。

澤

地勢低窪水聚之處，深淺不一。亦指水草叢雜之濕地。先秦佚名《蜡辭》："崑蟲勿作，草木歸其澤。"《詩·國風·澤陂》："彼澤之陂，有蒲與荷。"又，"鴻雁于飛，集于中澤"。《楚辭·離騷》："芳與澤其雜糅兮，唯昭質其猶未虧。"《書·禹貢》："九川滌源，九澤既陂。"漢劉熙《釋名·釋地》："下而有水曰澤。"漢應劭《風俗通》："水草交厝名之爲澤。言其潤澤萬物以阜民用也。"晋阮籍《咏懷》詩其五十："翱翔觀彼澤，撫劍登輕舟。"南朝梁江洪《咏荷》

詩:"澤陂有微草,能花復能實。"隋佚名《企喻歌》其二:"放馬大澤中,草好馬著臕。"唐皎然《武源行贈丘卿岑》詩:"昔年群盜阻江東,吳山動搖楚澤空。"宋衛宗武《之雪》詩:"澤竭魚龍困,林空鳥雀稀。"金蔡松年《庚申閏月從師還自潁上對新月獨酌十三首》詩其五:"我本山澤人,孤烟一輕蓑。"一說,水草參互處。清王夫之《仿昭代諸家體三十八首·鄭稽勳善夫送客》詩:"乾坤帶甲無終日,草澤紆籌幾駿才。"

【下】

特指澤藪。《書·舜典》:"帝曰:'若予上下草木鳥獸。'"孔傳:"上謂山,下謂澤。"孔穎達疏:"言'上下草木鳥獸',則上之與下各有草木鳥獸。"《國語·周語下》:"藪,物之歸也……夫天地成而聚於高,歸物於下。"三國吳韋昭注:"下,藪澤也。"

【斥澤】[1]

含鹽鹼的沼澤。《管子·輕重乙》:"去菹菜、鹹鹵、斥澤、山閒壏不爲用之壞,寡人不得籍斗升焉。"《孫子·行軍》:"絕斥澤,惟亟去無留。"賈林注:"鹹鹵之地,多無水草,不可久留。"宋劉敞《送懷安李使君屯田》詩:"老驥甘道路,黃鵠羞斥澤。"元吳澄《大瀛海道院記》:"荒厓斥澤之間,浮沙淺水之上。"明張弼《送王清夫》詩:"斥澤鷦鷯羞奮翼,康莊騏驥尚逡巡。"清馬驌《繹史》卷八九:"軍於斥澤之中,必依水草而背衆樹,此處斥澤之軍也。"一說,指小澤。《莊子·逍遙遊》:"斥鴳笑之。"成玄英疏:"鴳雀小鳥,縱任斥澤之中,騰躍踴躍,自得蓬蒿之內。"《淮南子·精神訓》:"而況斥鴳乎。"高誘注:"斥澤之鷃雀,飛不出頃

畝。"晉孫楚《井賦》:"倚崇丘以鑿井兮,臨斥澤之淫污。"

【藪】[2]

水淺草茂的湖澤。《詩·鄭風·大叔于田》:"叔在藪,火烈具舉。"毛傳:"藪,澤,禽之府也。"《周禮·地官·澤虞》:"每大澤大藪。"鄭玄注:"水希曰藪。"《楚辭·九章·昔往日》詩:"君無度而弗察兮,使芳草爲藪幽。"《孔子家語·致思》:"鑄劍戟以爲農器,放牛馬於原藪。"北魏賈思勰《齊民要術序》:"蓋食魚鱉,而藪澤之形可見,觀草木,而肥磽之勢可知。"《水滸傳》第二四回:"觸目晚霞桂林藪,侵入冷霧彌穹蒼。"

【雝】

水澤。亦作"雍"。《詩·周頌·振鷺》詩:"振鷺于飛,于彼西雝。"毛傳:"雝,澤也。"鄭玄箋:"白鳥集於西雝之澤。"陳奐傳疏:"雍即雝之隸變。"先秦佚名《大唐歌》:"舟張辟雝,鶬鶊相從。"《淮南子·時則訓》:"止流水,雝。"唐羅隱《岐王宅》詩:"雲低雝時祈年去,雨細長楊從獵歸。"唐李白《叙舊贈江陽宰陸調》詩:"泰伯讓天下,仲雍揚波濤。"宋方岳《次韻陳祭酒直舍木犀》詩:"西雝夜直秋風底,斷是龍涎不敢香。"一說,水被雝塞形成的池沼。

【雍】

同"雝"。此體漢代已行用。見該文。

澤國

多水的地區、國度,抑或水鄉。《周禮·地官·掌節》:"凡邦國之使節,山國用虎節,土國用人節,澤國用龍節,皆金也。"隋虞世基《奉和幸江都應詔》詩:"澤國翔宸駕,水府泛

樓船。"唐杜牧《題白雲樓》詩："江村夜漲浮天水，澤國秋生動地風。"宋吳則禮《水龍吟》詩："秋生澤國，無邊落木，又作蕭蕭下。"元劉祁《句》："玄猿哭處江天暮，白雁來時澤國秋。"明于慎行《送楊廬山之官鹽城》詩："澤國魚鹽多負海，春城烟雨半通潮。"清錢泳《履園叢話·水學·總論》："三吳，澤國也，萬水所歸。"

雲夢澤

古澤名。省稱"雲夢""雲瞢""雲林"，亦稱"大夢""巴丘湖"，單稱"雲""夢"。其範圍，《漢陽志》云："雲在江之北，夢在江之南。"《地理今釋》云："東抵蘄州，西抵枝江，京山以南，青草以北，皆古之雲夢。"漢魏之前所指雲夢澤範圍并不很大，晋以後的經學家纔將雲夢澤的範圍越說越廣，把洞庭湖都包括在內。《周禮·夏官·職方氏》："正南曰荆州，其山鎮曰衡山，其澤藪曰雲瞢。"鄭玄注："衡山在湘南，雲瞢在華容。"《書·禹貢》："雲土夢作乂。"孔傳："雲夢之澤，在江南。"孔穎達疏："此澤亦得單稱'雲'，單稱'夢'。"《左傳·昭公三年》："子産乃具田備，王以田江南之夢。"《爾雅·釋地》："楚有雲夢。"郝懿行義疏："《太平寰宇記》引宋永初《山川古今記》：'雲夢澤，一名巴丘湖是也。'"《史記·司馬相如列傳》："名曰雲夢。雲夢者，方九百里，其中有山焉。"郭璞曰："華容縣又有巴丘湖，俗云即古雲夢澤也。"漢司馬相如《子虛賦》："雲夢者，方八九百里。"《淮南子·墜形訓》："南方曰大夢。"漢枚乘《七發》："游涉乎雲林，周馳乎蘭澤。"劉良注："雲林，雲夢澤也。"北魏酈道元《水經注·沮水》："郭景純言華容縣東

南巴丘湖，是也。"《晋書·杜預子錫傳》："又巴丘湖，沅湘之會，表裏山川，實爲險固，荆蠻之所恃也。"南朝陳張正見《賦得韓信》："淮陰總漢兵，燕齊擅遠聲……所悲雲夢澤，空傷狡兔情。"唐李頻《湘口送友人》詩："去雁遠衝雲夢雪，離人獨上洞庭船。"唐蘇頲《餞鄆州李使君》詩："楚有章華臺，遥遥雲夢澤。"宋王子昭《咏練川》詩："何須尋訪武陵溪，不必思吞雲夢澤。"元吾丘衍《長江巨浪圖》詩："笑我氣吞雲夢澤，更將椽筆起波濤。"明歐大任《鄱湖歌九首》其一："彭蠡若爲雲夢澤，匡廬應作劍門山。"清安道《桃花水泛舟二首》詩其一："青草欲迷雲夢澤，澄波似泛洞庭湖。"一說，雲夢澤位於兩湖平原。清王夫之《擬阮步兵咏懷·二十四首》其十六："湘水千里來，東下巴丘湖。"清孔尚任《桃花扇·哭主》："你看浩浩洞庭，蒼蒼雲夢，控西南之險，當江漢之冲。"

【雲】

即雲夢澤。此稱先秦已行用。見該文。

【夢】[2]

即雲夢澤。此稱先秦已行用。見該文。

【雲夢】

即雲夢澤。此稱先秦已行用。見該文。

【雲瞢】

即雲夢澤。此稱先秦已行用。見該文。

【雲林】

即雲夢澤。此稱漢代已行用。見該文。

【大夢】

即雲夢澤。此稱漢代已行用。見該文。

【巴丘湖】[1]

即雲夢澤。此稱漢代已行用。見該文。

洞庭湖

湖名。省稱"洞庭"。一說，古爲雲夢的一部分。今位於湖南北部長江中游荊江南岸。湘、資、沅、澧四水匯流於此，在岳陽城陵磯入長江。先秦佚名《包山謠》詩："禹得金簡玉字書，藏洞庭包山湖。"唐李白《洞庭湖五首》詩其二："且就洞庭賒月色，將船買酒白雲邊。"唐劉禹錫《望洞庭湖》詩："遙望洞庭山水色，白雲盤裏一青螺。"《湘妃廟記略》："洞庭，蓋神仙洞府之一也，以其爲洞庭之庭，故曰洞庭。後世以其汪洋一片，洪水滔天，無得而稱，遂指洞庭之山以名湖，曰洞庭湖。"宋孔平仲《至日阻風飲於轉運行衙呈經父》詩："雲低岳陽市，雪滿洞庭湖。"元柯九思《題李息齋畫竹》詩其四："何似小窗橫幅好，青鸞雙過洞庭湖。"明徐元《八義記・山神點化》："三醉岳陽人不識，朗吟飛過洞庭湖。"清王夫之《南嶽摘茶詞十首（己亥）》其二："一似洞庭烟月夜，南湖北浦釣魚船。"

洞庭湖
（明王圻等《三才圖會》）

【洞庭】

即洞庭湖。此稱先秦已行用。見該文。

【二湖】

洞庭湖的別稱。亦稱"炎湖""重湖""五湖"。由洞庭、青草兩湖組成，故稱。内有沙洲間隔，別爲兩重，故亦稱重湖。唐呂溫《岳陽懷古》詩："二湖谿南寖，九派駛東流。"唐齊己《送陳霸歸閩》詩："鄉程過百越，帆影遶重湖。"唐杜甫《歸雁》詩："年年霜露隔，不過五湖秋。"朱鶴齡注："雁至衡陽則回。此五湖當指洞庭湖言。"宋楊億《閶門廖舍人知袁州》詩："烟波莫歎重湖遠，桑梓仍將別墅鄰。"清顧祖禹《讀史方輿紀要・洞庭湖》："或謂之重湖。重湖者，一湖之内，南名青草，北名洞庭，有沙洲間之也。"參閱五代南唐董源《瀟湘圖》。

【炎湖】

即二湖，亦即洞庭湖。此稱唐代已行用。見該文。

【重湖】

即二湖，亦即洞庭湖。此稱唐代已行用。見該文。

【五湖】[3]

即二湖，亦即洞庭湖。此稱唐代已行用。見該文。

青草

古五湖之一。亦作"青草湖"，亦稱"巴丘湖"。在今湖南岳陽市西南，和洞庭湖相連。因南岸有青草山而得名。一說湖中多青草，冬春水涸，青草彌望，故名。唐宋時湖周二百六十五里，北有沙洲與洞庭湖相隔，水漲時則北通洞庭，南連湘水。詩文中多與洞庭并稱。《史記・三王世家》："五湖之間。"司馬貞索隱："五湖者，具區、洮涌、彭蠡、青草、洞庭是也。"南朝梁陳陰鏗《渡青草湖》詩："洞庭春溜滿，平湖錦帆張。"北魏酈道元《水經注·湘水》："北對青草湖，抑或謂之爲青草山也。"唐元稹《送友封二首》詩其一："瘴雲拂地黃梅雨，明月滿帆青草湖。"宋張泌《洞庭阻風》詩："青草浪高三月渡，綠楊花撲一溪烟。"《資治通鑑·梁武帝太清三年》"譽軍於青草湖"胡三省注："祝穆曰：青草湖，一名巴丘湖。"明唐珙《題龍陽縣青草湖》詩："西風吹老洞庭波，一夜湘君白髮多。"清姚鼐《道中迴寄長沙諸君》詩："別離倏忽真成老，青草湖邊對暮秋。"

【青草湖】

即青草。此體南朝梁陳已行用。見該文。

【巴丘湖】[2]

即青草。此稱元代已行用。見該文。

西湖[1]

湖名。又作"明聖湖""錢塘湖""上湖"。又稱西子湖。按，西子指春秋越國美女，後人常用西子比喻美好的事物。如南朝梁蕭綱《雙桐生空井》詩："還看西子照，銀牀繫轆轤。"宋代蘇軾"欲把西湖比西子"的名句，使西湖

浙江西湖
（明章潢《圖書編》）

得名西子湖。由古潟湖演變而來。位於浙江杭州市西部。唐代以前亦稱"明聖湖"，唐代始稱西湖。2000多年前，西湖還是錢塘江的一部分，由於泥沙淤積，在西湖南北之吳山和寶石山山麓逐漸形成沙嘴，此後兩沙嘴逐漸靠攏，最終毗連在一起成爲沙洲，在沙洲西側形成了一個內湖，即爲西湖，此時大約爲秦漢時期。北魏酈道元《水經注·禹貢山水澤地所在》："縣南江側，有明聖湖，父老傳言，湖有金牛，古見之，神化不測，湖取名焉。"唐白居易《杭州回舫》："欲將此意憑回棹，報與西湖風月知。"唐元稹《酬樂天雪中見寄中》詩："錢塘湖上蘋先合，梳洗樓前粉暗鋪。"唐顧況《上湖至破山贈文周蕭元植》詩："湖上非往態，夢想頻虛結。"宋蘇軾《飲湖上初晴後雨》詩："欲把西湖比西子，淡妝濃抹總相宜。"宋楊萬里《曉出净慈寺送林子方》詩："畢竟西湖六月中，風光不與四時同。"宋張眇《寓錢塘得鄉人消息》詩："西子湖邊放鶴仙，幾回同醉木蘭船。"宋歐陽修《采桑子》詞："輕舟短棹西湖好，綠水逶迤。"元楊載《悼鄰妓二首》其一："西子湖邊楊柳花，隨風飄泊到天涯。"明林升《題臨安邸》："山外青山樓外樓，西湖歌舞幾時休。"明田汝成《西湖游覽志·西湖總叙》："西湖，故明聖湖也……漢時，金牛見湖中，人言明聖之瑞，遂稱明聖湖。以其介於錢塘也，又稱錢塘湖。以其輸委於下湖也，又稱上湖。以其負郭而西也，故稱西湖云。"清孫衣言《今昔行贈徐惇士同年》詩："西湖六月紅藕花，扁舟逐浪隨傾斜。"我國古代以"西湖"名者甚多，多以其在某地之西爲義。在廣東惠州市西有湖名西湖，又名豐湖。宋楊萬里《惠州豐湖亦名西湖》

詩："三處西湖一色秋，錢塘潁水更羅浮。"在河南許昌市城外有湖名西湖。金元好問《約嚴侯泛舟》詩："風物當年小洞庭，西湖此日展江亭。"在福建福州市市區西有湖名西湖，有開化寺、宛在堂、桂齋（林則徐讀書處）等勝迹。在安徽阜陽縣西北亦有西湖。唐許渾《潁州從事西湖亭餞》詩："西湖清宴不知回，一曲離歌酒一杯。"在山東濟南城中有湖名西湖，又名大明湖。宋蘇轍《和孔教授武仲濟南四咏・北渚亭》其二："西湖已過百花汀，未厭相携上古城。"

【明聖湖】

即西湖[1]。此稱北魏已行用。見該文。

【錢塘湖】

即西湖[1]。此體唐代已行用。見該文。

【上湖】

即西湖[1]。此體唐代已行用。見該文。

【西子湖】

即西湖[1]。此稱宋代已行用。見該文。

太湖

湖名。古稱"具區""笠澤""震澤""五湖"。古爲吳越之地，位於長江三角洲的南緣。《山海經・南山經》："又東五百里，曰浮玉之

太　湖
（明王圻等《三才圖會》）

山，北望具區，東望諸毗。"《呂氏春秋・有始》："吳之具區，楚之雲夢，秦之陽華，晉之大陸，梁之圃田，宋之孟諸，齊之海隅，趙之鉅鹿，燕之大昭。"又云："雲夢之芹，具區之菁。浸淵之草，名曰土英。"《左傳・哀公十六年》："三月，越子伐吳，吳子禦之笠澤，夾水而陣。"《漢書・地理志上》："其山曰會稽，其藪曰具區。"顏師古注："具區澤在西，揚州藪，古文以爲震澤。"晉李顒《涉湖》詩："震澤爲何在，今惟太湖浦。"南朝梁吳均《山中雜詩三首》其三："具區窮地險，嵇山萬里餘。"《北史・酷吏傳》："伐陳之役，以爲行軍總管，率水軍自東萊傍海入太湖，取吳郡。"唐陸廣微《吳地記》："按，《漢書志》云：'《爾雅・釋地》曰：'吳越之間有具區。'郭璞云：'今吳縣西南太湖，即震澤也。中有包山，去縣一百三十……地脉。又有大小二雷山。'按，《越絕書》曰：'太湖周迴三萬六千頃，亦曰五湖。'虞翻云：'太湖有五道之別，故謂之五湖。'《國語》曰：'……一湖耳。'張勃《吳錄》云：'五湖者，太湖之別名，以其周行五百里，以五湖爲名。'周曰：'舜漁澤之所也。'《揚州記》曰："太湖一名震澤，一名洞庭，今湖中包山有石穴。'"《通典・州郡典》："藪曰具區，川曰三江，浸曰五湖。"唐無可《題崔駙馬林亭》詩："更買太湖千片石，疊成雲頂綠嶻峨。"唐皮日休《初夏即事寄魯望》詩："具區包地髓，震澤含天英。"又，《奉和魯望漁具十五咏》詩："從浮笠澤烟，任卧桐江月。"唐儲光羲《采菱詞》詩："潮没具區藪，潦深雲夢田。"《舊唐書・敬宗紀上》："浙西水壞太湖堤，水入州郭，漂民廬舍。"宋毛开《水龍吟登

吳江橋作》詩："渺然震澤東來，太湖望極平無際。"宋葉茵《次七夕游松江韻》詩："剗兹笠澤區，萬頃混空碧。"《宋史・食貨志上》："緣溪山諸水並歸太湖，自太湖分二派：東南一派由松江入於海，東北一派由諸浦注之江。"清方文《昆陵與何次德同舟至吳門》詩："將歸笠澤買吳舠，畫舫青簾過驛橋。"清趙翼《讀史》詩其一："范蠡既霸越，一舸笠澤中。"

【具區】

即太湖。此稱先秦已行用。見該文。

【笠澤】

即太湖。此稱先秦已行用。見該文。

【五湖】[4]

即太湖。此稱先秦已行用。見該文。

【震澤】

即太湖。古湖澤名。《書・禹貢》："三江既入，震澤底定。"晋李顒《涉湖》詩："震澤爲何在，今惟太湖浦。"《漢書・司馬相如傳》："東注大湖，衍溢陂池。"顏師古注："大湖在吳縣，尚書所謂震澤也。"唐杜佑《通典・州郡典》："震澤，吳南太湖名，今吳興郡界。"唐

太湖（震澤）位置示意圖
（清刻本《水經注圖》）

白居易《松江亭携樂觀漁宴宿》詩："震澤平蕪岸，松江落葉波。"宋陸游《隔浦蓮近拍》詞其二："震澤秋萬頃，烟霏散，水面飛金鏡。"明郎瑛《七修類稿・天地類》："太湖在蘇州，其名不一。《禹貢》曰震澤。《爾雅》曰具區。《國語》曰太湖。《吳越春秋》曰笠澤。《周官・職方氏》曰五湖。"《明史・地理志》："又東有同里，南有平望，西南有震澤，東南有簡村、汾湖五巡檢司。"又："北至松陵驛，由吳江至三里橋，北有震澤，南有黃天蕩，水勢渺湃，夾浦橋屢建。"

陽紆

古湖澤名。亦作"楊紆""楊陓""陽盱"。上古時屬冀州，故址當在今河北石家莊市附近。《周禮・夏官・職方氏》："冀州藪曰楊紆。"《爾雅・釋地》："魯有大野，晋有大陸，秦有楊陓，宋有孟諸，楚有雲夢，吳越之間有具區，齊有海隅，燕有昭餘祁，鄭有圃田，周有焦護。"《淮南子・脩務訓》："是故禹之爲水，以身解於陽盱之河。"又，《淮南子・墜形訓》："秦之陽紆。"高誘注："陽紆蓋在馮翊池陽。"漢應劭《風俗通義・山澤》："魯有泰野，晋有泰陸，秦有陽紆，宋有孟諸，楚有雲夢，吳有具區，齊有海隅，燕有昭餘祁，鄭有圃田，周有焦漢漊。"《三國志・蜀書・郤正傳》："陽盱靖而洪災息，桑林禱而甘澤滋。"北魏酈道元《水經注・河水》："《淮南子》曰：昔禹治洪水具禱陽紆蓋於此也，高誘以爲陽紆秦藪，非也。"清楊守敬疏："又以形近錯出，勃以陽盱即陽紆，故直引作陽紆。"唐駱賓王《久戍邊城有懷京邑》詩："灞池遥夏國，秦海望陽紆。"明黃佐《送林惟承掌教安福》詩："黃河發陽紆，源從天稷

來。"清陳啟源《毛詩稽古編》:"《爾雅》秦有楊陓,注云:在扶風汧縣西,楊陓與焦穫各居十藪之一。"袁珂《山海經校注》:"陽紆、陵門其地皆當在秦,故《淮南子》云:'昔禹治洪水,具禱陽紆。'高誘注云:'陽紆,秦藪。'是也。"

【楊紆】

　　同"陽紆"。此體先秦已行用。見該文。

【楊陓】

　　同"陽紆"。此體先秦已行用。見該文。

【陽盰】

　　即陽紆。此體漢代已行用。見該文。

弦蒲

　　古湖澤名。亦稱"弦圃"。古址當在今陝西隴縣西。《周禮・夏官・職方氏》:"正西曰雍州,其澤藪曰弦蒲。"又云:"揚州具區,荊州雲夢,豫州圃田,青州孟諸,兗州大野,雍州弦蒲,幽州貕養,冀州楊紆,并州昭餘祁。"《漢書・地理志》:"北有蒲谷鄉弦中谷,雍州弦蒲藪。水出西北,入渭。"《爾雅・釋山》:"汧出不流注,水泉潛出。"邢昺疏:"雍州弦蒲藪。汧出西北,入渭。以其初出不流,停成弦蒲澤藪,故曰'出不流'也。其終則入渭也。"北魏酈道元《水經注・渭水》:"水出汧縣之蒲谷鄉弦中谷,決爲弦蒲藪。"《明史・地理志》:"西有弦蒲藪,汭水出焉,下流合於涇水。"清楊守敬《水經注疏》:"因汧水與弦蒲藪相通,變文作爲弦蒲藪耳。"

【弦圃】

　　即"弦蒲"。此稱宋代已行用。見該文。

昭餘祁

　　古湖澤名。又稱"大昭""漚澤""鄔澤""九澤""鄔城泊"。上古屬并州,故址當在今太原盆地中部,方圓數百里,比肩楚之雲夢(洞庭湖),吳之具區(太湖)。《周禮・夏官・職方氏》:"并州藪曰昭餘祁。"《太平御覽・地部》引《呂氏春秋》曰:"昭餘祁,一名大昭,又名漚澤。"把昭餘祁稱爲全國的九藪之一。北魏酈道元《水經注・汾水》:"近鄔縣(今介休縣東北)者爲鄔澤,俗名鄔城泊,近祁縣者爲祁藪。"又曰:"汾水於(大陵)縣左迤爲鄔澤。"又曰:"太谷水,出谷西北,流逕祁縣故城南,自縣連延,西接鄔澤,是爲祁藪也,即《爾雅》所謂昭餘祁矣。"將原昭餘祁分成爲"祁藪"和"鄔澤",并記載其水源,分別用"迤爲"和"連延",説明古湖的淤積情況。清王先謙《漢書補注》:"陂澤連接,其藪有九,故謂之九澤,總名曰昭餘祁。"此解釋説明昭餘祁大湖,已淤澱成九個較小湖泊。明李維楨等《山西通志》:"民浚得細水爲昭餘池,歲溉民田及浸隄下樹木。"約在元代,大湖已演變成池,昭餘祁從太原盆地上消失了。

【大昭】

　　即昭餘祁。此稱先秦已行用。見該文。

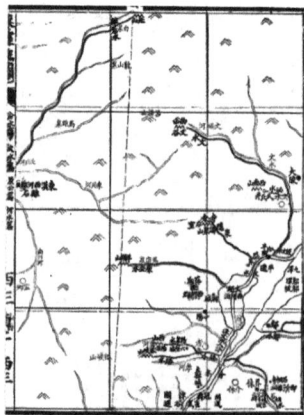

昭餘祁(鄔澤)位置示意圖
(清刻本《水經注圖》)

【漚澤】

　　即昭餘祁。此稱先秦已行用。見該文。

【九澤】⁴

　　即昭餘祁。此稱漢代已行用。見該文。

【鄔澤】

　　即昭餘祁。此稱北魏已行用。見該文。

【鄔城泊】

　　即昭餘祁。此稱北魏已行用。見該文。

大陸²

　　古湖澤名。又稱"巨鹿""廣阿澤"。故址當在今河北隆堯、巨鹿、任澤三地之間。《書·禹貢》："北過降水，至于大陸。"《吕氏春秋》："趙之鉅鹿。"高誘注："廣阿澤也。"《爾雅·釋地》："晋有大陸。"北魏酈道元《水經注·汾水》："《地理志》曰：九澤在北，并州藪也。《吕氏春秋》謂之大陸。又名之曰漚洓之澤，俗渭之鄔城泊。"又，"大陸即吳澤矣"。《舊唐書·地理志》："隋改廣阿爲大陸。"《宋史·河渠志》："《書》所謂北過澤水，至于大陸，澤水即濁漳，大陸則邢州鉅鹿澤。"明王世貞《與于麟別二三子即席分韻》詩："中原莽星斗，大陸驟風濤。"又，《信陽王子祖嫡過訪王子能文章談詩而不飲酒》詩："流徵雜清商，大陸揚素波。"明石珤《大陸行》："大陸澤水秋泠泠，葦花初白荷蓋青。"清顧祖禹《讀史方輿紀要·北直五》："舊時冶河自平山縣東南流經此，又南經寧晋縣入大陸澤。"《明史·地理志》："又東北有大陸澤，亦曰廣阿，漳水所匯。"《清史稿·河渠志》："鄂爾泰又言：'詳勘漳河故道，一自直隸魏縣北，經山東丘縣城西，至效口村會滏陽河，入大陸澤，下會子牙河，由天津入海。'"

【鉅鹿】

　　即大陸²。此稱先秦已行用。見該文。

【廣阿澤】

　　即大陸²。此稱漢代已行用。見該文。

彭蠡

　　古湖澤名。亦作"彭澤"，亦稱"鄱陽""鄱陽湖"。爲鄱陽湖古稱。鄱陽湖在古代有過彭蠡湖、彭蠡澤、彭澤、彭湖、揚瀾、宫亭湖等多種稱謂。《書·禹貢》："淮海惟揚州，彭蠡既豬（瀦），陽鳥攸居。"又："嶓塚導漾，東流爲漢，……南入于江，東匯澤爲彭蠡。"《吕氏春秋·愛類》："禹於是疏河決江，爲彭蠡之障。"《淮南子·人間訓》亦云："禹決江疏河，鑿龍門，辟伊闕，修彭蠡之防。"《漢書·地理志·豫章郡彭澤》："彭澤鄱陽。"顏師古注："《禹貢》彭蠡澤在西。鄱陽，武陽鄉右十餘里有黄金采。鄱水西入湖漢。"晋湛方生《帆入南湖》詩："彭蠡紀三江，盧嶽主衆阜。"唐白居易《彭蠡湖晚歸》詩："彭蠡湖天晚，桃花水氣春。"五代貫休《春過鄱陽湖》："百慮片帆下，風波極目看。"宋王安石《彭蠡》詩："茫茫彭蠡春無地，白浪春風濕天際。"元丁復《送陳子

彭蠡湖（鄱陽湖）
（明王圻等《三才圖會》）

英縣尹之崇仁》詩："江回彭蠡天與碧，路入臨川山復蒼。"明王世貞《送周中丞允文邁撫江西二首》詩其一："水從彭蠡連吳潤，山到匡廬帶楚新。"清張之洞《江行望廬山先約陳伯潛同游陳不到游亦輟》詩："從來倔强五嶽外，彭蠡作杯江爲帶。"清傅澤洪《行水金鑑》卷七三："彭蠡，今鄱陽湖也。"一説，爲巢湖古稱。《漢書》將"彭蠡"判爲鄱陽湖，後代學者認爲有誤，朱熹和蔡沈首辨此誤（參見《書經集傳》）。清李光地《尚書解義》："彭蠡即今巢湖。"清李恩綬主編《巢湖志》開卷即聲明："巢湖，一云'彭蠡'。"另説，位於今長江北岸鄂東、皖西的瀕江一帶，長江等河流冲積而成。《史記・封禪書》："浮江，自尋陽出樅陽，過彭蠡。"按，尋陽即今樅陽，在長江以北。

【彭澤】

即彭蠡。此體漢代已行用。見該文。

【鄱陽】

即彭蠡。此稱唐代已行用。見該文。

【鄱陽湖】

即彭蠡。此稱五代已行用。見該文。

莫愁湖

湖名。省稱"莫愁"。位於江蘇南京市建鄴區，爲六朝勝迹，清時號稱"金陵第一名勝"。隋唐以前，長江沿南京城西側流過，與秦淮河匯合於石頭城下，後長江改道北移，留下大片淤積地與一系列沼澤、池塘與湖泊，莫愁湖即其中最大者。南唐時稱横塘，因其依傍石頭城，故亦稱石城湖。《太平寰宇記》："莫愁湖在三山門外，昔有妓盧莫愁家此，故名。"宋高觀國《竹屋癡語》："欲訪莫愁何處，旗亭在、畫橋側。"明于慎行《江南曲》詩："桃葉江前對明月，莫愁湖上起西風。"清孔尚任《桃花扇・聽稗》："孫楚樓邊，莫愁湖上，又添幾樹垂楊。"清袁枚《和松雲太守莫愁湖詩二十首》其十二："欲將西子莫愁比，難向烟波判是非。"

【莫愁】

即莫愁湖。此稱宋代已行用。見該文。

瘦西湖

湖名。亦稱"保障湖"。位於江蘇揚州市城西北郊。由隋、唐、五代、宋、元、明、清等不同時代的城濠連綴而成的帶狀景觀，并始終與大運河保持水源相通的互動關係。清吳綺《揚州鼓吹詞序》："城北一水通平山堂，名瘦西湖，本名保障湖。"清李斗《揚州畫舫録》卷一二："每逢山溪水發，急趨保障湖，一片紅霞，汩没波際，如掛帆分波。"乾隆元年（1736），錢塘（杭州）詩人汪沆慕名來到揚州，在飽覽了這裏的美景後，與家鄉的西湖做比較，賦詩道："垂楊不斷接殘蕪，雁齒虹橋儼畫圖。也是銷金一鍋子，故應唤作瘦西湖。"

【保障湖】

即瘦西湖。此稱清代已行用。見該文。

菏澤

古湖澤名。上古九澤之一。位於今山東菏澤市定陶區一帶。菏澤及雷夏澤、大野澤、孟渚澤等相鄰諸澤原係天然古澤，漢以後，由於黃河泛淤，逐漸淤淺。宋代，黃河常於曹、濮一帶潰决，金代，四澤徹底淤爲平地。《書・夏書》："導菏澤，被夢豬。"漢桑欽《水經》："菏澤在定陶縣東，雷澤在濟陰成陽縣西北。"《史記・夏本紀》："道菏澤，被明都。"司馬貞索隱："菏澤，在濟陰定陶縣東。"張守節正義引《括地志》云："菏澤，在曹州濟陰縣東北九十里，定陶城東。"北魏酈道元《水經注·濟水》："濟水自是東北流出菏澤。"唐李吉甫《元和郡縣圖志》卷一一："菏澤，在縣東北九十里，故定陶城東北。其地有菏山，故名其澤爲菏澤。"《通典·州郡七》："菏澤，在今魯郡方與縣。孟瀦亦澤名，在今睢陽郡虞城縣，即孟瀦澤也。言菏澤水衍溢則使被及孟瀦，不常入也。"宋朱熹《詩經集傳》："其地在《禹貢》兗州陶丘之地、雷夏菏澤之野。"宋錢時《融堂書解》："蓋菏澤之水，本不入孟豬，今散其水而被於孟豬者，乃一時權宜，以殺其勢，非水之正道。"明李賢等《明一統志·兗州府》："菏澤在曹州境内。《禹貢》導菏澤，被孟瀦。又，濟水東至於菏。"清蔣廷錫《尚書地理》："菏澤，古濟水所匯，當在今山東兗州府曹州東，南及定陶縣界。"一説菏澤位於今江蘇沛縣古胡陵一帶。《書·夏書》："導菏澤，被夢豬。"孔傳："菏澤在胡陵。"《史記·夏本紀》："道菏澤，被明都。"裴駰集解引孔安國曰："菏澤在胡陵。"《漢書·地理志》："道菏澤，被盟豬。"顏師古注："菏澤在湖陵……菏音歌。"

【雷夏】

古湖澤名。亦稱"雷澤""雷夏澤"。按，或爲菏澤一部分水域。宋代黄河常於曹、濮一帶潰决，雷夏爲黄河泥沙淤涸。《書·禹貢》："九河既道，雷夏既澤，灉、沮會同。"《山海經·海内東經》："雷澤中有雷神，龍身而人頭，鼓其腹。"《淮南子·墜形訓》："雷澤有神，龍身人頭，鼓其腹而熙。"高誘注："雷澤，大澤也。鼓，擊也；熙，戲也。"《史記·夏本紀》："雷夏既澤。"裴駰集解引鄭玄曰："在濟陰城陽縣西北。"又，《五帝本紀》曰："舜耕歷山，漁

雷澤。"北魏酈道元《水經注·瓠子河》："瓠河又右逕雷澤北，其澤藪在大成陽縣故城西北十餘里，昔華胥履大迹處也。"北周庾信《喜晴應詔敕自疏韻》詩："雷澤昔經漁，負夏時從販。"唐李泰《括地志》曰："雷夏澤，在濮州雷澤縣郭外西北，雍、沮二水在雷澤西北平地也。"唐高適《送虞城劉明府謁魏郡苗太守》詩："長路出雷澤，浮雲歸孟諸。"宋王孝嚴《石門洞》詩："老龍底事不知倦，雷澤千年無斷續。"明于慎行《泉林歌》："雷澤萬頃波，澎渤如萬馬。"《隋唐演義》第三九回："即將所有金銀，犒賞三軍，涕泣起行，退居濮州雷夏澤中，變姓埋名，農樵爲樂。"清顧祖禹《讀史方輿紀要·山東四》："舜耕於歷山，漁於雷澤。州北境有雷夏澤，因以此山爲舜所耕之歷山云。"

【雷澤】

即雷夏。此稱先秦已行用。見該文。

【雷夏澤】

即雷夏。此稱唐代已行用。見該文。

大野 [1]

古湖澤名。亦稱"巨野澤"，省稱"巨野"。巨，或作"鉅"。上古九澤之一。故址在今山東巨野縣北。宋代黄河常於曹、濮一帶潰决，大野爲黄河泥沙淤涸。《書·禹貢》："大野既瀦。"《周禮·夏官·司馬》："河東曰兗州，其山鎮曰岱山，其澤藪曰大野。"《爾雅·釋地》："魯有大野，晋有大陸，秦有楊陓，宋有孟諸，楚有雲夢，吴越之間有具區，齊有海隅，燕有昭餘祁，鄭有圃田，周有焦護。"《左傳·哀公十四年》："西狩于大野。"《史記·彭越列傳》："〔彭越〕常漁鉅野澤中。"北魏酈道元《水經注·禹貢山水澤地所在》："大野澤，在山陽鉅野縣東

北。”又,《濟水》:“其一水東南流,其一水從縣東北流,入鉅野澤。南爲菏水,北爲濟瀆,逕乘氏縣與濟渠、濮渠合。”宋王柏《題玉澗八景八首》詩其六:“落日下大野,江邊漁事收。”宋晁補之《維夫君兮桂舟一首送梁正受歸汶陽》:“大野兮始波,翔鶬鷁兮嗥駕鵝。”元于欽《齊乘》:“《水經注》濟枯渠注巨野澤,澤北則清水。巨野,今梁山泊也。”明李夢陽《贈鮑演二首》詩其一:“携手眺大野,滄波杳出没。”清《皇朝經世文續編·工政五河防四》:“惟安山以上至曹州府境,二百餘里。地形較窪,爲古巨野澤,即宋時八百里之梁山泊也。”

【鉅野澤】

即大野[1]。此稱漢代已行用。見該文。

梁山泊

古湖澤名。位於今山東梁山縣北。從五代到北宋末,黄河曾經有三次大的決口,河水傾瀉到梁山脚下,并與古巨野澤連成一片,號稱“八百里梁山泊”,即《水滸傳》中所描繪梁山泊。《資治通鑑·後周世宗六年》:“〔後周顯德〕六年浚五丈渠,東過曹濟、梁山泊,以通青鄆之漕。”《宋史·河渠志》:“天禧三年六月乙未夜,滑州河溢城西北天臺山旁,俄復潰於城西南,岸摧七百步,漫溢州城,歷澶、濮、曹、鄆,注梁山泊;又合清水、古汴渠東入於淮,州邑罹患者三十二。”《水滸傳》第一〇回:“山東濟州管下一個水鄉,地名梁山泊,縱横河港一千條,四下方圓八百里。”清顧炎武《天下郡國利病書·山東上》:“石晋開運元年,滑州河決,侵汴、曹、濮、單、鄆五州之境,環梁山合于汶水,此全河南徙之始也。梁山,在今壽張東平之間,汶水自東北來,與濟水會於梁山之北,而決河之水彌浸潰溢,環梁山而會於汶,則宋之所謂濼矣。”

孟諸

古湖澤名。亦作“孟豬”“望諸”“孟瀦”。上古九澤之一。春秋屬宋,戰國時爲齊地,後歸趙。故地在今河南睢縣與山東菏澤市之間。《爾雅·釋地》:“魯有大野,晋有大陸,秦有楊陓,宋有孟諸。”《書·禹貢》:“導菏澤,被孟豬。”《左傳·僖公二十八年》:“余賜女孟諸之麋。”杜預注:“孟諸,宋澤藪。”《周禮·夏官·職方氏》:“青州,其山鎮曰沂山,其澤藪曰望諸。”《史記·樂毅列傳》:“趙封樂毅於觀津,號曰望諸君。”司馬貞索隱:“望諸,澤名,在齊。”唐張守節正義:“《周禮·職方氏》:‘青州藪曰望諸。’鄭玄云:‘望諸,孟瀦也。’”漢司馬相如《子虛賦》:“浮渤澥,游孟諸。”晋陸機《齊謳行》:“孟諸吞楚夢,百二伴秦京。”唐李筌《太白陰經·人謀上·國有富强篇》:“宋之孟瀦,此地之良也。”唐杜甫《秋日荆南送石首薛明府辭滿告別奉寄薛尚書頌德叙懷斐然之作三十韻》詩:“烟雨封巫峽,江淮略孟諸。”宋蘇軾《去杭十五年復游西湖用歐陽察判韻》詩:“誰憐寂寞高常侍,老去狂歌憶孟諸。”宋陳經《陳氏尚書詳解》卷六:“澤藪曰望諸者,蓋職方之青州,在豫之東,故得兼有孟豬之澤。”明王鏊《送孫廷憲訓導之夏邑》詩:“春歸孟瀦野,雲散碭山陰。”清勞伯言《書憤》詩之二:“石填滄海殊精衛,敵縱鄰封作孟豬。”參閱《周禮·夏官·職方氏》。

【孟豬】

同“孟諸”。此體先秦已行用。見該文。

【望諸】

即孟諸。此體先秦已行用。見該文。

【孟瀦】

同“孟諸”。此體唐代已行用。見該文。

巢湖

湖名。亦稱“居巢”“焦湖”。位於安徽中部。巢湖之稱始於秦朝。《魯春秋·北征紀略》：“或有回蕪湖者，或有入焦湖者。”漢趙曄《吳越春秋·王僚使公子光傳》：“吳使光伐楚，拔居巢、鍾離。”《三國志·吳書·三嗣主傳》：“冬十月，太傅恪率軍遏巢湖，城東興。”北魏酈道元《水經注·施水》：“施水又東逕湖口戍，東注巢湖，謂之施口也。”《北齊書·封子繪傳》：“陳武帝曾遣其護軍將軍徐度等，率輕舟從柵口歷東關入巢湖，徑襲合肥，規燒船舫。”《南史·荀朗傳》：“侯景之亂，據巢湖，無所屬。”《陳書·韋載傳》：“及大軍東下，載率三郡兵自焦湖出柵口，與僧辯會於梁山。”《隋書·地理志下》：“有巢湖、彭蠡湖。”唐杜荀鶴《送人歸澭上》詩：“巢湖春漲喻溪深，繞過東關見故林。”唐伶人《戲爲冥吏判》詩：

巢　湖
（明王圻等《三才圖會》）

“焦湖百里，一任作獺。”宋王之道《法雲寺和湯立賢留題》詩：“昨朝恰别居巢長，又喜新詩在壁間。”《宋史·劉錡傳》：“河通巢湖，廣二丈，錡命曳薪壘橋，須臾而成，遣甲士數隊路橋臥槍而坐。”《文獻通考·輿地考四》：“夏水出城父東南，與淝水合入巢湖。”元廼賢《巢湖述懷寄四明張子益》詩：“明年歸來賀山下，與君共讀巢湖歌。”明倪岳《喜雨謠》詩：“相逢盡道水脉涸，巢湖有路行人通。”《明史·地理志》：“巢湖在西，西北有柘皋河流入焉。”清江雲龍《二女篇贈李仲仙布政》詩：“巢湖如洗鏡，孤山如點黛。”清范軾《過巢湖賦呈萊山侍郎》詩：“我慚腕弱不能舉，諸君大筆歌居巢。”清顧祖禹《讀史方輿紀要·南直八》：“巢湖府東五十里，亦曰焦湖，亦曰巢湖。”一説，漢代的巢湖稱“彭蠡”。

【焦湖】

即巢湖。此稱先秦已行用。見該文。

【居巢】

即巢湖。此稱漢代已行用。見該文。

滎澤

古湖澤名。亦作“滎波”。亦稱“滎播”，省稱“滎”。形成於史前，後因黄河之泛濫和濟水之沉澱，導致滎澤在漢代湮塞。古址當在今山東西部。《書·禹貢》：“滎波既瀦。”又云：“導水東流爲濟，入於河，溢爲滎。”《戰國策·魏策三》：“秦有鄭地，得垣雍城，從滎澤決溝，歷雍灌大梁也。”《史記·夏本紀》：“滎播既都。”司馬貞索隱：“播是水播溢之義，滎是澤名。故《左傳》云‘狄及衛戰於滎澤’。鄭玄云：‘今塞爲平地，滎陽人猶謂其處爲滎播。’”《漢書·地理志》：“川曰滎、雒，穴浸曰波。"顏師古注:"滎即沇水所溢者也。波即上《禹貢》所云滎波者也。"《後漢書·孝順孝沖孝質帝紀》:"今遣侍中王輔等,持節分詣岱山、東海、滎陽、河、洛,盡心祈焉。"李賢注:"濟水,四瀆之一,至河南溢爲滎澤,故於滎陽祠焉。"北魏酈道元《水經注·河水》:"泲沇之水,與滎播澤出入自此。"又引《晉地道志》云:"濟自大伾山入河,與河水斗,南溢爲滎澤。"唐杜佑《通典》:"滎澤在今滎陽郡滎澤縣也。"唐王維《早入滎陽界》詩:"汎舟入滎澤,茲邑乃雄藩。"《唐會要·行幸》:"《禹貢》導沇水東流爲濟,入於河,自此潛流地下。過河而南,侵出爲滎澤。又潛流至曹濮之間,散出平地,漸合而東流爲汶水。"明羅欽順《次滎澤》詩:"星蓋風帷夜復晨,日中滎澤偶停輪。"清陳維崧《滿江紅·汴京懷古十首》詞其三:"滎澤波痕寒疊雪,成皋山色愁凝黛。"

【滎波】

即滎澤。此體先秦已行用。見該文。

【滎】[2]

即滎澤。此稱先秦已行用。見該文。

【滎播】

即滎澤。此稱漢代已行用。見該文。

玄武湖

湖泊名。因位於燕雀湖和宮城之北,亦作"後湖""北湖",亦稱"秣陵湖""桑泊""元武湖"等,前後共有十三個名字。金陵四十八景之一。最早可追溯至先秦時期。秦始皇曾命人開鑿方山,使淮水流貫金陵,把"王氣"泄散,并將金陵改爲秣陵,此時的湖泊更名爲"秣陵湖"。後又因漢時秣陵都尉蔣子文葬地湖畔,孫吳時孫權爲避祖父孫鍾名諱,遂名"蔣陵湖"。

從東晉到梁代,玄武湖先後有過"昆明湖""飲馬塘""練湖""習武湖""練武湖"等名稱。又傳說劉宋元嘉二十五年(448)湖中兩次出現"黑龍",因而又稱玄武湖。隋唐時期大書法家顏真卿任升州刺史時,改玄武湖爲"放生池"。"桑泊"之名始見宋《太平御覽·地部》:"玄武湖本桑泊,晉元帝創爲北湖,宋以隸舟師。"清初因避康熙帝玄燁名諱,改玄武湖爲"元武湖"。晉代佚名《孟珠(八曲)》詩其一:"暫出後湖看,蒲菰如許長。"晉代佚名《子夜四時歌·夏歌二十首》其十:"鬱蒸仲暑月,長嘯北湖邊。"南朝齊蕭子良《後湖放生》詩:"釋焚曾林下,解網平湖邊。"《宋書·顏竣傳》:"以竣兼領軍義宣,質諸子藏匿建康秣陵湖。"《宋書·符瑞志中》:"元嘉二十五年五月戊戌,黑龍見玄武湖東北隈,揚州野吏張立之以聞。"南朝陳陳叔寶《幸玄武湖餞吳光太守任惠》詩:"寒雲輕重色,秋水去來波。"唐張九齡《經江寧覽舊迹至玄武湖》詩:"南國更數世,北湖方十洲。"唐李商隱《南朝》詩:"玄武湖中玉漏催,雞鳴埭口繡襦迴。"唐李白《金陵》詩其二:"空餘後湖月,波上對江州。"南唐朱存《玄武湖》詩:"驚起黑龍眠不得,狂風猛雨不多時。"宋王安石《憶金陵》詩:"覆舟山上龍光寺,玄武湖上五龍堂。"《文獻通考·物異考》:"梁武帝大同十年,帝幸朱方,至四塼中,及玄武湖,魚皆驤首見於上,若望乘輿者。"清顧祖禹《讀史方輿紀要·南直二》:"一名蔣陵湖,一名秣陵湖,亦曰後湖,以在故臺城後也。"清弘曆《後湖即景》詩:"太平門外進蘭舟,元武湖中撰勝游。"清趙宏恩《江南通志》卷一一:"中有黑龍見,改爲武湖,又名蔣陵湖、秣陵湖、習武湖及昆明池、飲馬塘、放生池諸名。"

【後湖】

即玄武湖。此體晋代已行用。見該文。

【北湖】

即玄武湖。此體晋代已行用。見該文。

【秣陵湖】

即玄武湖。此稱南朝梁已行用，抑或行用於秦代。見該文。

【桑泊】

即玄武湖。此稱宋代已行用。見該文。

【元武湖】

即玄武湖。此稱元代已行用。見該文。

大明湖

湖泊名。北魏稱"歷水"，亦有"大明湖"之稱；唐之前至六朝亦稱"蓮子湖"，唐又稱"鵲山湖"抑或"鵲湖"，指當時大明湖以北的水域；宋代稱"西湖"；金或元代之後廣稱"大明湖"。匯集衆泉而成，恒雨不漲，久旱不竭。宋元以前，大明湖南至濯纓湖，北至鵲山，東北至華不注山，與現在的五龍潭、北園相連，湖闊數十里，平吞濟濼。北魏酈道元《水經注·濟水》："《書》舜耕歷山，亦云在此，所未詳也。其水北爲大明湖，西即大明寺，寺東北兩面側湖，此水便成净池也。"又云："西北爲陂，謂之歷水，與濼水會。"唐李白《陪從祖濟南太守泛鵲山湖三首》："水入北湖去，舟從南浦回。"唐段成式《酉陽雜俎》："歷城北二里，有蓮子湖，周環二十里。"唐李賀《夢天》詩："遥望齊州九點烟，一泓海水杯中瀉。"此詩將大明湖喻爲"一杯海水"。《太平寰宇記》卷一六："歷水陂在縣城北。"按，縣城在今日濟南歷城區。宋蘇轍《和孔教授武仲濟南四咏·北渚亭》其二：

"西湖已過百花汀，未厭相携上古城。"宋曾鞏《西湖納涼》詩："問吾何處避炎蒸，十頃西湖照眼明。"又，《北湖》詩："當時泛西湖，已覺烟水永。"按，曾鞏修築百花堤後，大明湖被分成東、西兩湖，"西湖"一詞遂頻現於他的詩歌中。金元好問《泛舟大明湖》詩："大明湖上一杯酒，昨日繡江眉睫間。"又，《濟南行記》："湖曰大明。"元張養浩《登匯波樓》："濃妝淡抹坡仙句，獨許西湖恐未公。"按，匯波樓位於大明湖畔。元趙孟頫《趵突泉》詩："雲霧潤蒸華不注，波濤聲震大明湖。"元馬可·波羅贊大明湖曰："園林美麗，堪悦心目，山色湖光，應接不暇。"清岳濬等《山東通志》："大明湖，在府城内西北隅，一名西湖。"清弘曆《珍珠泉》詩："卓冠七十二，分匯大明湖。"清劉鳳誥聯："四面荷花三面柳，一城山色半城湖。"清蒲松齡《重建古歷亭》詩："大明湖上一徘徊，兩岸垂楊蔭緑苔。"《老殘游記》第四回："請幾位體面客，明兒帶到大明湖上去吃。"

【歷水】

即大明湖。此稱北魏已行用。見該文。

【鵲山湖】

即大明湖。此稱唐代已行用。見該文。

【蓮子湖】

即大明湖。此稱唐代已行用。見該文。

【西湖】[2]

即大明湖。此稱宋代已行用。見該文。

北海[1]

或今貝加爾湖。亦作"北冥"。《莊子·逍遥游》："北冥有魚，其名爲鯤，鯤之大，不知其幾千里也。"德清注："'北冥'即北海，以曠遠非世人所見之地，以喻玄冥大道。"冥亦作

"溟"，海之意。《山海經·海內經》："北海之內，有山名曰幽都之山，黑水出焉。其上有玄鳥、玄蛇、玄豹、玄虎、玄狐蓬尾。有大玄之山，有玄丘之民。有大幽之國。有赤脛之民。"按，《山海經》云北海區域有禽獸出没，有人居，説明遠古北海區域的氣候條件較適宜生物生存。西伯利亞曾出土猛獁象化石。《漢書·蘇武傳》："〔匈奴〕乃徙武（蘇武）北海上無人處，使牧羝。"隋楊素《出塞二首》其二："握手河梁上，窮涯北海濱。"唐權徹《題沈黎城》詩："蘇子卧北海，馬翁渡南洲。"唐柳宗元《樂府雜曲鼓吹鐃歌·曲十二篇·鐵山碎》其八："鐵山碎，大漠舒。二虜勁，連穹廬。背北海，專坤隅。歲來侵邊，或傅於都。"宋吳仁傑《兩漢刊誤補遺》卷八："周日用曰：聞蘇武牧羊之所，祇一池，號北海。"宋文天祥《感懷二首》詩其二："北海風沙漫漢節，浯溪烟雨暗唐碑。"元劉因《幼安濯足圖》詩："爲問蘇家好兄弟，萬古北海誰真龍。"明金涓《蘇武》詩："北海寒深雪滿天，邊雲漠漠漢雲連。"清顧炎武《千官》詩："千官白服皆臣子，孰似蘇生北海邊。"一説，抑或爲北冰洋。

【北冥】[1]

即北海[1]。此體先秦已行用。見該文。

青海[1]

湖名。亦作"西海"。位於青藏高原，國内最大的内陸鹹水湖。《山海經·西荒經》："西海之中，流沙之濱，赤水之後，黑水之前，有大山，名昆侖之丘。"晋《雲林右英夫人授詩》："彎景落滄浪，騰躍青海津。"唐李白《關山月》詩："漢下白登道，胡窺青海灣。"《北史·史寧傳》："木汗將分兵追之，令俱會於青海。"《舊

唐書·玄宗紀上》："辛丑，凉州都督王君㚟破吐蕃於青海之西，虜輜車、馬羊而還。"《文獻通考·四裔考十》："儀鳳中，工部尚書劉審禮又率兵十八萬，敗殁於青海。"明王世貞《爲吳舍人題匈奴出獵圖》詩："嘶鳴欲追青海日，蹴踏亂起祁連風。"清色他哈《和白曉月題半山庵壁》詩："塞外馬嘶青海月，閨中人動白頭悲。"參閲本卷"西海[2]"條目。

【西海】[1]

即青海[1]。此體先秦已行用。見該文。

羅布泊

湖泊名。古稱"幼澤""泑澤""鹽澤""蒲昌海"。位於中國新疆東南部。《山海經·北山經》："其上多椶、柟，其下多茈草，敦薧之水焉，而西流注於泑澤。"《史記·大宛列傳》："泑澤，即鹽澤也，一名蒲昌海。"《漢書·地理志》："正西關外有白龍堆沙，有蒲昌海。"南朝陳江總《濟黃河》詩："葱山淪外域，鹽澤隱遐方。"北魏楊衒之《洛陽伽藍記》："宋雲、惠生之往西域，乃經今青海而至羅布泊，不由普通所行嘉峪關之大道也。"北魏酈道元《水經注·河水》："《山海經》曰：'敦薧之水，西流注於泑澤。'"又云："西接鄯善，東連三沙，爲海之北隘矣。故蒲昌亦有鹽澤之稱也。"又云："蒲昌海溢，蕩覆其國，城基尚存而至大。"《北史·宇文弼傳》："時西羌内附，詔弼持節安集，置鹽澤、蒲昌二郡而還。"唐岑參《北庭作》詩："雁塞通鹽澤，龍堆接醋溝。"《文獻通考·四裔考》："北流七百里，入計戍水，一名計首水，即葱嶺南河，同入鹽澤，或云阿耨達即崑崙山。"元潘昂霄《河源志》："《山經》曰敦薧之水西流注於泑澤，出於昆侖之東北陬，

實惟河源，而《水經》載河出昆侖，經十餘國乃至泑澤。”清趙翼《廿二史劄記》：“自敦煌西至鹽澤起亭障，屯田於輪臺、渠黎。”清潘天成《治河》：“班固《西域傳》云：‘黄河源出昆侖，潛行地中，合葱嶺之水，出于闐國，合於泑澤，復分而歧出，即蒲昌海也。’”清弘曆《和闐漢玉歌》：“昆崙泑澤多玉石，即今包貢猶堪徵。”

【幼澤】

即羅布泊。此稱先秦已行用。見該文。

【鹽澤】

即羅布泊。此稱漢代已行用。見該文。

【蒲昌海】

即羅布泊。此稱漢代已行用。見該文。

【泑澤】

即羅布泊。此稱唐代已行用。見該文。

【輔日海】

即羅布泊。亦稱“洛普池”“穿蘭”“牢蘭”“臨海”。《史記·大宛列傳》：“鹽澤潛行地下，其南則河源出焉。”張守節正義引《括地志》云：“蒲昌海一名泑澤，一名鹽澤，亦名輔日海，亦名穿蘭，亦名臨海，在沙州西南。”清齊召南《水道提綱》卷二八：“土魯番之南三百里，洛普池淳而不流，東西長，南北狹，周百餘里。”《御批歷代通鑑輯覽》：“土魯番西南有澤，名羅卜淖爾，周五百里，葱嶺東北之水皆入焉，蓋自古鹽澤舊志亦謂之洛普池也。”清穆彰阿等《大清一統志》：“古蒲昌海，一名泑澤，一名鹽澤，又名輔日海、臨海、捕魚兒海，又名牢蘭海。”清傅澤洪《行水金鑑》卷六：“蒲昌海，一名泑澤，一名鹽澤，一名輔日海，一名穿蘭，亦名臨海。”

【穿蘭】

即輔日海。此稱唐代已行用。見該文。

【牢蘭】

即輔日海。此稱唐代已行用。見該文。

【臨海】

即輔日海。此稱唐代已行用。見該文。

【牢蘭海】

即輔日海。此稱清代已行用。見該文。

瀚海[1]

漢魏六朝指北方大湖，疑今呼倫湖、貝加爾湖等。亦稱“翰海”。《史記·衛將軍驃騎列傳》：“〔霍去病〕封狼居胥山，禪於姑衍，登臨翰海。”司馬貞索隱引崔浩曰：“北海名，群鳥之所解羽，故云翰海。”南朝齊孔稚珪《白馬篇》詩：“橫行絕漠表，飲馬瀚海清。”《宋書·後廢帝紀》：“夷胥山之險，澄瀚海之波。”之後，唐代或指北方沙漠，或是蒙古高原大沙漠以北及其以西今準噶爾盆地一帶廣大地區的泛稱。唐任華《懷素上人草書歌》：“又如翰海日暮愁陰濃，忽然躍出千黑龍。”唐王維《燕支行（時年二十一）》詩：“疊鼓遥翻瀚海波，鳴笳亂動天山月。”宋孫覿《樞密周府君挽詞》：“飲馬直須臨瀚海，洗兵端欲挽天河。”元貢奎《雜言四首》其一：“飢飽燕山雪，渴飲瀚海冰。”明李夢陽《帝京篇十首》其五：“天皇按劍拂金鞍，飲馬追胡瀚海乾。”明藍智《寄伯穎元帥》詩：“風行瀚海鯨波静，雲壓秋城鳥陣高。”清玄燁《雁棲沙磧》詩：“征夫欲度陰山外，北雁偏棲瀚海邊。”清洪吉亮《松樹塘萬松歌》：“我疑黄河翰海地脉通，何以戈壁千里非青葱。”

【翰海】[1]

同“瀚海[1]”。此稱漢代已行用。見該文。

洱海

湖泊名。亦稱“葉榆澤”“葉榆”“葉榆河”“昆彌川”“西洱河”“洱河”“西洱海”“西二河”“西耳”。位於雲南大理，呈狹長狀，古常以河稱之。《漢書・地理志》“葉榆”顏師古注：“葉榆澤在東，貪水首受青蛉，南至邪龍入僕，行五百里。”北魏酈道元《水經注・葉榆河》：“縣之東有葉榆澤，葉榆水所鍾而爲此川藪也。”唐代以後出現“洱河”“西洱河”稱謂。《舊唐書・南詔傳》：“其後破洱河蠻，以功策授雲南王。”《通典》：“西洱河，一名昆彌川。漢武象其形，鑿池以習水戰，非滇池也。古有昆彌國，亦以此名。”又云：“松外諸蠻，大唐貞觀末爲寇，遣兵從西洱河討之。”按，洱海，其河之西稱“西洱河”，河之東稱“東洱河”。因洱海地區人們主要生活在洱河西部，且史上重大事件亦多發生在此，所以隋唐以後習慣上又以“西洱河”指洱河全境，出現“洱河”“西洱河”并用的現象。唐王奉宗、張順等《南詔中興畫卷》：“西耳河者，西河如耳，即大海之耳也。”唐初時的漢文典籍裏還出現“西二河”一詞。《隋史・史萬歲傳》：“度西二河，入渠濫川。”唐李白《書懷贈南陵常贊府》詩：“至今西二河，流血擁僵屍。”明楊慎《南詔野史》：“金馬山換作點蒼山，昆明海改作西洱海。”明楊慎《甲午臨安除歲》詩：“去年除夕葉榆澤，今年忽在臨安城。”明楊慎《滇海曲》詩其四：“葉榆巨浸環三島，益部雄都控百蠻。”明歐大任《送馬憲副晬卿赴滇中》詩：“諸葛城邊臨虎豹，葉榆河上駕黿鼉。”“洱海”一詞出現在明朝中葉。明章潢《圖書編》：“西洱海，在府城東古葉榆河也，一名洱海，又名西洱。”清黃宗羲《今水經》：“洱海，即古葉榆河也。”古籍中的洱海不言“澤”而言“河”，是因爲當時南中原住民把湖泊稱作“河”。梁蜀李膺《益州記》：“陷湖，土人謂之陷河。”

【葉榆】

即洱海。此稱漢代已行用。見該文。

【葉榆澤】

即洱海。此稱唐代已行用。見該文。

【昆彌川】

即洱海。此稱唐代已行用。見該文。

【西洱河】

即洱海。此稱唐代已行用。見該文。

【西二河】

即洱海。此稱唐代已行用。見該文。

【洱河】

即洱海。此稱五代已行用。見該文。

【西洱海】

即洱海。此稱明代已行用。見該文。

【西洱】

即洱海。此稱明代已行用。見該文。

滇池

湖泊名。亦稱“昆明池”“崑明池”“昆池”“滇南澤”“滇海”。今稱昆明湖。位於雲南昆明市。《史記・西南夷列傳》：“始楚威王時，使將軍莊蹻將兵循江上，略巴、黔中以西。莊蹻者，故楚莊王苗裔也。蹻至滇池，方三百里，旁平地，肥饒數千里。”晋常璩《華陽國志・南中志》：“下流淺狹，如倒流，故曰滇池。”漢佚名《三輔黃圖・漢昆明池》：“越巂昆明國有滇池，方三百里，故作昆明池以象之，以習水戰。”

北魏酈道元《水經注·沔水》："有家在滇池者，識其馬毛色，云其父所乘，馬對之流涕。"唐樊綽《蠻書·山川江源第二》："碧雞山在昆池西岸，與柘東城隔水相對。"唐儲光義《同諸公送李雲南伐蠻》詩："昆明濱滇池，蠢爾敢逆常。"宋孫覿《卓持者手持筇竹見遺書六言一偈》詩："滇池赤藤使者，太乙青藜老仙。"宋區仕衡《書事》詩："胡塵不謂飛滇海，鬼火何因暗鄂州。"元馬祖常《送王參政上京奏選二首》詩其一："滇池細馬踏龍沙，宰相朝天路不賒。"明王禹聲《送鄧翠屏僉憲督學滇南》詩："鑒懸秋水滇池月，帳動春風閩海雲。"清錫縝《竹珊以滇南方伯抗疏爲伊犁參贊壯哉行也歌以送之》詩："壯志縱橫九萬里，葱嶺滇池咫尺耳。"清顧祖禹《讀史方輿紀要·雲南一》："滇池，在雲南府城南。一名昆明池，亦曰滇南澤。"

又，昆明池位於西安城西灃水、潏水之間（今陝西西安西南斗門鎮東南），現十餘平方千米。公元前 120 年，漢武帝因使者阻於昆明部族之事，徵調人力在首都長安開挖了一個人工

滇池（昆明池）
（明章潢《圖書編》）

湖，名之爲"昆明湖"，訓練水軍，準備征討洱海地區，即所謂"漢習樓船"。

又，昆明湖位於北京的頤和園內，它的面積約爲頤和園總面積的四分之三。原爲北京西北郊衆多泉水匯聚成的天然湖泊，曾有"七里濼""大泊湖"等名稱。因"漢習樓船"記載於司馬遷的《史記》中，清朝乾隆皇帝景仰漢武帝開疆拓土的功業，把北京頤和園西湖也改名爲"昆明湖"。

【昆明池】

即滇池。此稱南北朝已行用。見該文。

【崑明池】

即滇池。此稱南朝梁已行用。見該文。

【昆池】

即滇池。此稱唐代已行用。見該文。

【滇海】

即滇池。此稱宋代已行用。見該文。

【滇南澤】

即滇池。此稱清代已行用。見該文。

撫仙湖

湖泊名。亦稱"仙湖""羅伽湖"。位於雲南澄江、江川、華寧之間。元李京《雲南志略輯校》："羅伽湖，亦名青魚戲月湖，周迴二百里，東南流合南盤江。"《徐霞客游記·滇游日記二》："滇山惟多土，故多壅流而成海，而流多渾濁，惟撫仙湖最清。"明章潢《圖書編》："瞰撫仙湖，波光涵浸如碧玉。"《明史·地理志七》："北有羅藏山。南有撫仙湖，一名羅伽湖。"清鄂爾泰《雲南通志》卷一三："山畔泉流三派，東者入撫仙湖；南者入星雲湖；西者流灌州轄永寧鄉田。"清李應綏《仙湖夜月》詩："萬頃平湖一鑒清，誰教皓魄湧波明。"

【羅伽湖】

即撫仙湖。此稱元代已行用。見該文。

【仙湖】

即撫仙湖。此稱清代已行用。見該文。

池塘

面積較小的水域，如自然形成或人工修葺的水塘、石潭等。三國魏曹植《妾薄命行》："釣臺蹇産清虚，池塘觀沼可娱。"南朝宋謝靈運《登池上樓》詩："池塘生春草，園柳變鳴禽。"唐馮延巳《鵲踏枝》詩："秋入蠻蕉風半裂，狼籍池塘，雨打疏荷折。"宋方岳《山中其二》詩："溪村楊柳好藏鴉，春水池塘已吠蛙。"金劉仲尹《浣溪沙》詞其三："簾幕風柔飛燕燕，池塘花暖語鶯鶯。"明倪瓚《東林隱所寄陸徵士》詩："一夜池塘春草綠，孤村風雨落花深。"清沈善寶《憶江南早春》詞："楊柳烟開青似染，池塘水暖綠生波。"

【池】[2]

即池塘。如自然形成或人工修葺的水塘、石潭等，常見石質邊岸。《詩·大雅·召》："池之竭矣。"又《小雅·無羊》："或飲于池。"《禮記·月令》："穿地通水曰池。"陸德明音義："停水曰池。"《周禮·秋官·司寇》："掌溝、瀆、澮、池之禁。"賈公彦疏："……有放溢奔流爲害者，則禁之。"《國語·周語》："囿有林池。"晋陶潛《桃花源記》："有良田、美池、桑竹之屬。"北齊杜弼《檄梁文》："城門失火，殃及池魚。"唐李商隱《夜雨寄北》詩："君問歸期未有期，巴山夜雨漲秋池。"唐賈島《題李凝幽居》詩："鳥宿池邊樹，僧敲月下門。"《廣韻》："池，停水曰池。"宋万俟紹之《風入松》詩："欄漾金魚池水，鈎閑紫燕簾風。"金密璹

《池蓮》詩："輕輕姿質淡娟娟，點綴圓池亦可憐。"明丁鶴年《送信立庵長老住靈巖寺》詩："殘紅掩冉迷香徑，空翠溟濛落硯池。"清王鳴雷《聞角》詩："卧聽秋水下秋池，畫角何人相對吹。"參閱明王圻等《三才圖會·仇池山圖》。

【沼】

古指水池。即池塘。《詩·召南·采蘩》："于以采蘩，于沼于沚。"毛傳："沼，池。"又《小雅·正月》："魚在于沼，亦匪克樂。"《禮記·禮運》："黿龍在宮沼。"《左傳·隱公三年》："澗溪沼沚之毛。"《孟子·梁惠王上》："王立於沼上。"《淮南子·原道訓》："射沼濱之高鳥。"漢司馬相如《上林賦》："日出東沼，入乎西陂。"北魏酈道元《水經注·穀水》："御坐前建蓬萊山，曲池接筵，飛沼拂席。"唐慧琳等《一切經音義》引《說文·水部》曰："沼，小池也。"唐白居易《過駱山人野居小池》詩："茅覆環堵亭，泉添方丈沼。"宋方惟深《答公權晚春》詩："風條初脱絮，露沼欲生萍。"元張嗣德《題葉氏四愛堂》詩："東籬秋色净，芳沼晚花滋。"明伍瑞隆《村居》詩其一："萍開碧沼見藤影，花落閑窗聞杜鵑。"清陳恭尹《感懷十七首》之三："空房乳狐兔，荒沼游蛇虺。"一説，特指曲形池。圓爲池，曲爲沼。一説，指沼中之水。

【塘】[2]

即池塘。指面積較小、水較淺的集水區域。《廣雅·釋地》："塘，池也。"漢劉向《九嘆·遠游》："枉玉衡於炎光兮，委兩館於咸唐。"王逸注："咸唐，咸池也。"《說文·口部》"唐"，段玉裁注："凡陂塘字古皆作唐，取虚而多受之意。"晋劉楨《贈徐幹》詩："細柳夾

道生，方塘含清源。"南朝宋劉義恭《登景陽樓》詩："象闕對馳道，飛廉矚方塘。"唐韋應物《月晦憶去年與親友曲水游讌》詩："雨歇林光變，塘緑鳥聲幽。"宋草堂後人《春日田園雜興》詩："麥風初暖燕爭壘，林雨忽晴蛙滿塘。"金趙秉文《和韋蘇州二十首·琅邪萬壽寺》詩："宿雲不歸山，野水自成塘。"明張昱《秋水軒爲陳惟真賦》詩："雪點荷塘看鷺下，烟銷沙渚見鷗眠。"清王夫之《續哀雨詩四首（辛丑）》其三："藤花夜落寒塘影，雁字雲低野水波。"

【回塘】

指迴曲的水塘。南朝梁蕭綱《入溆浦》詩："泛水入迴塘，空枝度日光。"迴或作"回"。唐温庭筠《商山早行》詩："因思杜陵夢，鳧雁滿回塘。"宋王安石《薔薇》詩之三："北山輸緑漲橫陂，直塹回塘灩灩時。"元馬祖常《春雲》詩："依風拂回塘，波纈光影注。"清陶貞懷《天雨花》第一三回："桐葉蕭蕭秋氣清，回塘曲水菱蘆長。"明區大相《春塘曲》詩："歌罷采芳人不見，落花無數點回塘。"清吳藻《臺城路》詞："曲渚撈蝦，回塘放鴨，萬緑濛濛圍住。"

【汪】[3]

小池塘。《左傳·桓公十五年》："周氏之汪。"杜預注："汪，池也。"《説文·水部》："汪，池也。"段玉裁注："今俗語謂小水聚曰汪。"漢服虔《通俗文》："亭水曰汪。"宋蔡襄《和答孫推官久病新起見過》詩："一水汪灣暮日浴，千巖轉側朝雲嘔。"清李斗《揚州畫舫録·小秦淮録》："注水最深之地，謂之王家汪……汪中昔有怪，每夜火出旋轉如球。"

【汧】

水流自蓄而不外溢之池塘。《爾雅·釋水》："汧，出不流。"郭璞注："水泉潛出，便自停成污池。"郝懿行義疏："水出於地，便自停蓄，而不通流，猶人慳吝，不肯施散，厥名曰汧。汧之爲慳也。"《爾雅·釋水》："水決之澤爲汧。"郭璞注："水決入澤中者亦名爲汧。"先秦佚名《石鼓詩十首·汧殹篇》其二："汧殹沔沔，烝烝別淖淵。"南朝梁陶弘景《水仙賦》："隨雲濯金漿之汧，追霞采建木之實。"宋蘇軾《次韻子由除日見寄》詩："北池近所鑿，中有汧水碧。"明吳伯宗《送章允明赴山西僉憲》詩："水落石汧秋漠漠，山連秦隴樹蒼蒼。"一説，指分岔後流入澤中之水。

【湫】

即池塘、水潭。漢揚雄《蜀都賦》："火井龍湫。"按，龍湫指下有水潭的瀑布。唐慧琳等《一切經音義·不空羂索經》："《説文》云：湫隘，下也，從水，秋聲。"唐白居易《想東游五十韻》："紫洞藏仙窟，玄泉貯怪湫。"唐杜甫《乾元中寓居同谷縣作歌》詩其六："南有龍兮在山湫，古木龍從枝相樛。"《集韻》："北人呼水池爲湫。"元柳貫《浦陽十咏·白石湫雲》詩："白石靈山望贊皇，湫潭此復見蒼蒼。"明宋濂《憶與劉伯温章三益葉景淵三君子同上江表五六年間人事離合不齊而景淵已作土中人矣慨然有賦》詩："落日慘平楚，悲風吟古湫。"清阮元《大龍湫歌用禁體》詩："山迴路斷溪谷窮，靈湫陰閟龍所宫。眼前無石不卓立，天上有水皆飛空。"一説，湫，讀jiǎo，亦作"湫隘"。指地勢低窪，易於積水之地。《左傳·昭公元年》："子之宅近市，湫隘囂塵，不可以居。"按，即嘈雜，又低窪潮濕之地，不易居住。晋曹攄《贈王弘遠》詩："窮巷湫隘，環堵淺局。"

【潢池】[1]

即池塘。漢郭憲《洞冥記》："女國有潢池，浴之而孕。"《漢書·循吏傳》："陛下之兵於潢池中耳。"一說，"天潢"的别稱，本星名，衍義爲天池，藉指皇家。唐元稹《紀懷贈李六户曹崔二十功曹五十韻》詩："每想潢池寇，猶稽赤族懲。"宋王同祖《時事感懷》詩其四："蜀又交侵淮又危，江湖風浪沸潢池。"元丁復《祖孝子行（祖生名浩然字養吾）》詩："潢池盜弄赤子耳，胡乃官軍甘殺擄。"明唐順之《海上凱歌贈湯將軍》："自吒一身都是膽，欲將巨海作潢池。"清多敏《龍幺妹歌》詩："昔年小醜生潢池，碧雞無聲金馬癡。"

【陂塘】

蓄水的池塘。陂爲池，塘爲堤。陂以蓄水，塘以止水外溢。《國語·周語下》："陂塘汙庳，

陂 塘
（明王圻等《三才圖會》）

以鍾其美。"南朝梁劉遵《四時行生回》詩："三月三日咄泉水，七月七日芍陂塘。"唐元稹《再酬復言》詩："不然豈有姑蘇郡，擬著陂塘比鏡湖。"宋王炎《豐年謡五首》其四："睡鴨陂塘水慢流，離離禾稼滿平疇。"金邢安國《楊花》詩："陂塘回首浮萍滿，依舊春風擺翠條。"明王禎《農書》："陂塘，《説文》曰：'陂，野池也，塘，猶堰也，陂必有塘，故曰'陂塘'。《周禮》：'以瀦蓄水，以防止水。'説者謂：瀦者，蓄流水之陂也；防者，瀦旁之堤也。"清劉敦元《永晝》詩："剩羨陂塘雙白鷺，也知緩步向風荷。"參閱明徐光啓《農政全書》。

【窪】[4]

較深的池塘。《莊子·齊物論》："大木百圍之竅穴，似鼻，似口，似耳，似枡，似圈，似臼，似窪者，似污者。"漢揚雄《方言》："窪，洿也。自關而東或曰窪。"《説文·水部》："窪，深池也。"南朝陳張正見《君馬黄二首》詩其二："唯騰渥窪水，不飲長城窟。"唐元稹《酬翰林白學士代書一百韻》詩："坳窪饒墟壠矮，游惰壓庸緇。"宋曾鞏《墨池記》："新城之上，有池窪然而方以長，曰王羲之之墨池者。"元王惲《游百家巖雜詩》詩："月池懸溜落蒼窪，巖寶分居可百家。"《水滸傳》第五五回："務要肅清山寨，掃盡水窪，擒獲衆賊。"清弘曆《董邦達萬木森秋》詩："凸者棱棱凹者窪，經霜錦繡絢岹岈。"

【陂池】

即池塘。《左傳·哀公元年》："今聞夫差次有臺榭陂池焉。"《禮記·月令》："〔仲春之月〕毋漉陂池，毋焚山林。"唐白居易《咏所樂》詩："獸樂在山谷，魚樂在陂池。"宋句昌泰《題新

繁句氏盤溪》詩其一："花木風光早，陂池烟雨秋。"宋陸游《初寒示鄰曲》詩："陂池幽處有茅堂，井臼蕭條草樹荒。"一説，江旁小水。

【潢】²

小積水池，或積水窪地，即池塘。亦稱"潢池"。《左傳·隱公三年》："潢污行潦之水，可薦于鬼神。"孔穎達疏引服虔云："畜小水謂之潢。"《説文·水部》："潢，積水池。"《漢書·龔遂傳》："海瀕遐遠，不沾聖化，其民困於饑寒而吏不恤，故使陛下赤子盗弄陛下之兵於潢池中耳。"晋木華《海賦》："乃鑱臨崖之阜陸，決陂潢而相浚。"唐張九齡《感遇十二首》詩其六："孤鴻海上來，池潢不敢顧。"宋周密《齊天樂》詞："仙潢咫尺。想翠宇瓊樓，有人相憶。"明王世貞《壽少司寇何公（代應公）》詩："春回太嶽千家雨，秋壓潢池一劍霜。"清陳子升《避寇》詩："氛起潢池接野烟，秋生皂帽失遼田。"一説，港汊。

【潢池】²

即潢²。此稱漢代已行用。見該文。

【坳塘】

即池塘，亦稱"塘坳"。或積於于山中。"坳"或作"坳"；"塘"或作"堂"。唐浩虛舟《盆池賦》："方行潦而不濁，比坳塘而則深。"唐杜甫《茅屋爲秋風所破歌》詩："高者掛罥長林梢，下者飄轉沈塘坳。"仇兆鰲注："塘坳，水塘作坳垤形也。"宋陸游《題齋壁四首》其一："隔葉晚鶯啼谷口，唼花雛鴨聚塘坳。"元貢師泰《過仙霞嶺》詩："幽谷噪怪禽，坳塘落鸂鶒。"明張邦奇《題畫牛》詩："坳塘初注水，平野正肥荷。"清潘際雲《淮河嘆》詩："淮河四月風怒號，捲起白浪翻塘坳。"

【塘坳】

即坳塘。此稱唐代已行用。見該文。

【城】

指蓄水池塘。通"鹼"。坎的異體字。《説文·土部》："坎、陷也。"故而可蓄水。《淮南子·主術訓》："若發城決唐，故循流而下，易以至。"高誘注："城，水鹼也；唐，堤也。皆以畜水。"宋林逋《出曹川（四庫本作州）》詩："雨瀯生新城，茅叢夾舊槎。"元李孟《偶成》詩："城侵苔徑滑，風吹毳袍寒。"清周凱《施將軍井歌》："澎民鑿井苦難竟，水鹼砂頑石扐勁。"

【橫塘】

泛指水塘。魏晋佚名《團扇郎六首》其五："御路薄不行，窈窕決橫塘。"唐溫庭筠《池塘七夕》詩："萬家砧杵三篙水，一夕橫塘似舊游。"前蜀牛嶠《玉樓春》詞："春入橫塘搖淺浪，花落小園空惆悵。"宋陸游《秋思絶句》詩："黃蛺蝶輕停曲檻，紅蜻蜓小過橫塘。"元吳存《橫塘秋晚圖》詩："折葦枯荷綠一窪，游魚戲蟹小生涯。"明虞堪《橫塘》詩："越來溪頭暮雨，姑蘇城外橫塘。"清彭孫貽《蒲亭十咏·蒲塘古有廢驛》詩："亂山疲馬經殘驛，小雨橫塘剪綠蕪。"

泮水

古代學宮南面的水池。亦稱"泮池"。南有北無，半有半無，故稱。一説，古學宮泮宮之水，故稱。《詩·魯頌·泮水》："思樂泮水，薄采其芹。"鄭玄箋："泮之言半也。半水者，蓋東西門以南通水，北無也。"陸德明釋文："泮，半也。半有水，半無水也。"毛傳："泮水，泮宮之水也。天子辟雍，諸侯泮宮。"陸德明釋文："泮宮，諸侯之學也。"《晋書・江逌傳》："魯僖修泮水之營，采芹有思樂之頌。"宋蘇軾《答臨江知軍王承議啓》："泮水受成，繆膺桑梓之敬。"宋王安中《安陽好・九首並口號破子》詞其四："安陽好，泮水盛儒宮。金字照碑光射斗，芸香書閣勢凌空。"元汪克寬《泮宮賦》："步前除以徜徉兮，睹泮池之澄碧。"明區越《親舊贈履兒應貢赴京和答》詩其二："泮池春滿杏壇春，紫水賓賢總出群。"清陳廷瑚《泮池荷香》詩："泮水澄如鏡，荷花鬱滿池。"

【泮池】

即泮水。此稱宋代已行用。見該文。

石潭

山石間自然形成的水池。北魏酈道元《水經注・潁水》："暢旱輟津，而石潭不耗，道路游憩者，惟得餐飲而已。"唐温庭筠《郭處士擊甌歌》："佶傈金虬石潭古，勺陂瀲灩幽修語。"宋劉放《早行》詩："石潭轉旋蛟龍窟，巖壁冥蒙虎豹迹。"元迺賢《天壽節送倪仲愷翰林代祀龍虎山》詩其一："夜奏玉函丹篆濕，曉投金簡石潭涼。"明葉顒《玩月》詩："烏棲烟樹冷，蟾浴石潭清。"清弘曆《清涼寺》詩："石潭空禪性，松籟發仙音。"

泮[2]

半月形的水池。通"泮"。《新唐書・王維傳》："別墅在輞川，地奇勝，有華子岡、欹湖、竹里館、柳浪、茱萸泮、辛夷塢。"宋李綱《題成士毅所藏輞川雪圖》詩："椒園柳浪眇安在，髣髴猶認芙蓉泮。"明程敏政《月波樓爲吳孟實題》詩："橘林晚霜過，荷泮微風發。"清李斗《揚州畫舫錄・岡西錄》："鑿池半規如初月，植芙蓉，畜水鳥，跨以略約，激湖水灌之，四時

不竭，名初月泮。"

瓊池

池之美稱。魏晋佚名《方諸宮東華上房靈妃歌曲》："月宮生蕊淵，日中有瓊池。"南朝齊張融《海賦》："瓊池玉壑，珠岫珊岑。"唐張果《玄珠歌》其二十四："玄珠到處無能染，寶滿瓊池達上清。"宋郭祥正《德化默亭觀雪呈鄭令》詩："又疑夢向瓊池過，王母樓殿高嵯峨。"元陳樵《月庭賦》："細柳分榮，瓊池增色。"明唐文鳳《鶴嘆》詩："低鳴曉飲璚池水，舞影夜棲琪樹園。"清李含章《擬古》詩其二："飲以瓊池水，翼以白玉欄。"

【玉甃】[1]

池的美稱。唐白居易《題廬山山下湯泉》詩："驪山温水因何事，流入金鋪玉甃中。"唐李家明《元宗釣魚無獲進》詩："玉甃垂鈎興正濃，碧池春暖水溶溶。"唐和凝《宮詞百首》其十五："玉甃蓮池春水平，小魚雙並錦鱗行。"宋周密《西江月》詞："波影暖浮玉甃，柳陰深鎖金鋪。"明張憲《大腹兒》詩："華清玉甃湯作泉，洗兒果撒黄金錢。"清納蘭性德《湯泉應制》詩："金鋪照日初涵影，玉甃生烟別作香。"

【鳧鷖水】

池沼的美稱。其爲鳧鷖所在，故稱。唐張喬《曲江春》詩："一片鳧鷖水，千秋輦轂塵。"宋李龏《刈田》詩："一片鳧鷖水，羞來鑑白髭。"

天池[1]

山頂之池，有面積之大者，屬湖泊類。亦稱"瑶池"。我國稱天池的山有多個，但都不是真正的天池山。例如，北京天池山祇是在山峰之上有泉水一眼；蘇州天池山祇在半山腰有

池；河南天池山衹是山間修建的一座水庫；等等。真正的天池山有兩座，頂部有天池焉：一是新疆天山之天池，二是吉林白頭山之天池。《莊子·逍遥游》："窮髮之北有冥海者，天池也，有魚焉。"又云："是鳥也，海運則將徙於南冥。南冥者，天池也。"漢王逸《九思》："瀰滄海兮東游，沐鹽浴兮天池。"《宋書·樂志》："禮繁樂富，穆穆皇皇。沔彼流水，朝宗天池。"北魏酈道元《水經注·漯水》："池在山原之上，世謂之天池。"唐李白《白紵辭三首》詩："因出天池泛蓬瀛，樓船蹙遝波浪驚。"唐李商隱《瑶池》詩："瑶池阿母綺窗開，黄竹歌聲動地哀。"唐杜甫《天池》詩："天池馬不到，嵐壁鳥纔通。"仇兆鰲注引朱鶴齡曰："天池，山頂上有池也。"唐白居易《山中五絶句·澗中魚》詩："海水桑田欲變時，風濤翻覆沸天池。"《北史·固子休之傳》："神武幸汾陽之天池，池邊得一石，上有隱起字。"明鄧豁渠《南詢録》："因王東崖指引，間湖州府武康縣天池山禮月

天　池
（明王圻等《三才圖會》）

泉。"清屈大均《天池》詩："天池深不測，萬仞嶽雲中。"

【瑶池】[1]

即天池。此稱唐代已行用。見該文。

沛[1]

古江浙一帶對蓄水池塘之稱。《孟子·盡心上》："若決江河，沛然莫之能禦也。"明都卬《三餘贅筆·淫沛》："浙中水少，人家多於山上置閘蓄水，遇旱歲，開以灌田，名之曰沛。"唐日本僧人遍照金剛《文鏡秘府論》："平原沛沛，下隰湯湯。"

七女池

池名。在今陝西城固縣北。相傳漢項伯歿後，七女爲之挖地起墳，地低處遂積水成池，故稱。北魏酈道元《水經注·沔水》："壻水又東逕七女冢……元嘉六年，大水破墳，墳崩出銅，不可稱計。得一磚刻，云：'項氏伯無子，七女造墭。'世人疑是項伯冢。水北有七女池。"一説："昔人無男，養七女。父死，女負土爲冢，因成此池。"清劉于義修、沈青崖纂《陝西通志》："在縣東北縣圖壻，水東逕七女冢，水北有七女池。"

上林十池

漢武帝宮苑上林苑中十個池塘。故址在今陝西省西安市西及周至、鄠邑界。《後漢書·百官志》："上林十池監，胞人長丞宦者。"南北朝佚名《三輔黄圖·池沼》："十池。上林苑中有初池、糜池、牛首池、蒯池、積草池、東陂池、西陂池、當路池、大臺池、郎池。"《玉海》："漢上林十池，《百官表》少府有上林中十池監。"參閱清顧祖禹《讀史方輿紀要·陝西一》。一説，十七池：承靈池、崑靈池、天泉池、龍

池、魚池、蒯池、困池、鶴池、西陂池、當路池、東陂池、太一池、牛首池、積草池、麋池、舍利池、百子池。

九龍池

池名。位於北京市昌平區西，南翠屏山下。穴出九泉，因穴鑿石爲龍，水出龍口，蓄而爲池，故稱。元黃鎮成《贈曾鍊師》詩："醮罷每棲雙鶴樹，丹成時浴九龍池。"明趙貞吉《九龍池》詩："九龍池傍帝陵隈，群竅泉澄寶鏡開。"參閱明劉侗等《帝京景物略·九龍池》《大清一統志·順天府二》。

影娥池

本漢武帝宮苑池沼，藉指清澈秀美之水池。漢郭憲《洞冥記》："帝於望鵠臺西起俯月臺，臺下穿池，廣千尺，登臺以眺月，影入池中，使仙人乘舟弄月影，因名影娥池。"南北朝佚名《三輔黃圖·影娥池》："影娥池，武帝鑿池以玩月，其旁起望鵠臺以眺月，影入池中，使宮人乘舟弄月影，名影娥池，亦曰眺蟾臺。"唐上官儀《咏雪應詔》詩："花明棲鳳閣，珠散影娥池。"宋晏幾道《清平樂》詞其六："醉弄影娥池水，短簫吹落殘梅。"宋呂渭老《水龍吟》詞："群玉峰頭，影娥池畔，烟霞飛動。"元凌雲翰《陸本高鏡奩紅梅》詩："紅艷一枝誰爲寫，倚闌人在影娥池。"元周巽《清平調三首》詞其一："武皇開宴影娥池。侍宴阿嬌新寵時。"明顧璘《擬夏日宮中行樂詞》詩其二："玉面朱唇映月明，影娥池畔繞花行。"清納蘭性德《清平樂·上元月蝕》詞："影娥忽泛初弦，分輝借與宮蓮。"

孤樹池

池名。故址在今陝西西安市。相傳此池在漢未央宮北太液池西。漢劉歆《西京雜記》："太液池西，有一池名孤樹池，池中有洲，上黏樹一株，六十餘圍，望之重重如蓋，故取爲名。"《太平御覽·木部》："太液池中有小池，名孤樹池，池中有一洲，洲上有黏樹一株，十餘圍，望之如車蓋，故取名之。"

蔴池

池名。亦稱"漚蔴池"。故址在今山西榆社縣。後趙石勒貧賤時曾與李陽爭奪之。《晋書·石勒傳》："初，勒與李陽鄰居，歲常爭蔴池，迭相毆擊。"南朝宋何法盛《晋中興書》："石勒與李陽相近，陽性剛愎，每爭漚蔴池，共相撲打，互有勝負。"唐李吉甫《元和郡縣圖志·儀州》："石勒漚蔴池，在縣北三十里。"唐白居易《閑坐》詩："漚蔴池水裏，曬棗日陽中。"宋王炎《至灌溪予璪老二首》詩其一："莫道漚蔴池水淺，千尋飛瀑吼春雷。"元嚴士貞《漚蔴池》詩："一沼寒光寶鑒開，禪人於此獨徘徊。"明葉顒《題石勒參佛圖澄手卷六首》詩其四："推恩忘怨漚蔴池，便是劉郎就縛時。"

【漚蔴池】

即蔴池。此稱晋代已行用。見該文。

天之目

池沼名。在浙江杭州臨安西石洞中。原名龍池，後喻爲天的一隻眼，因稱。宋葉廷珪《海録碎事》："臨安縣西有石洞中有龍池，云是天之一目。"明李賢等《明一統志·湖州府》："界山極高，險嶺有泉水甚美，東南有瀑布下注數里，名蛟龍池，上有左右兩池爲天之目。"清褚人穫《天目地肺》："杭州臨安有天目山。山有兩峯，峯頂各一池，左右相對，爲天之目。河州歷陽縣，亦有天目山。

雷池

在今安徽望江縣。晋庾亮《報温嶠書》："吾憂西陲，過於歴陽，足下無過雷池一步也。"《文選·晋郭璞〈江賦〉》："其旁則有雲夢雷池，彭蠡青草。雲夢，澤名也。吳録曰：雷池，在皖。"南朝宋謝莊《自潯陽至都集道里名爲詩》："觀道雷池側，訪德茅堂陰。"《宋書·謝靈運傳》："遇雷池而振曜，次彭蠡而殲滌。"《周書·庾信傳》："雷池栅浦，鵲陵焚戍。"《太平寰宇記·淮南道》："大雷水至望江積而爲池，謂之雷池。"宋洪适《滿庭芳（再作寄景盧）》詞："尚記乘舟西溯，樓卷雪、曾到雷池。"明劉基《浣溪沙》詞："過雨郊原啼布穀，始雷池沼出鳴蛙。"清釋敬安《雷池晚眺》詩："萬古雷池月，泠然鑑我心。"

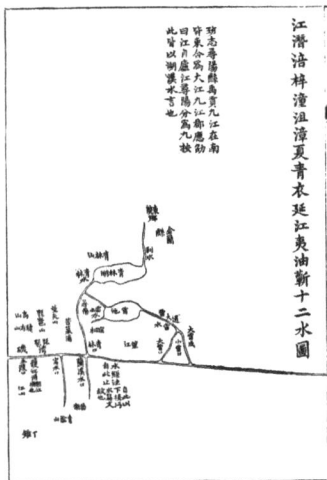

"雷池"位置示意圖
（清刻本《水經注圖》）

右軍墨池

池名。亦作"洗硯池"，省稱"墨池"。相傳爲晋書法家王羲之洗硯之池。因其曾任右軍將軍，故稱。浙江會稽、永嘉，江西廬山、臨川，湖北蘄水，山東臨沂（古琅邪）等處皆傳有其遺址。南朝梁范雲《四色詩四首》其四："烏林葉將賣，墨池水就乾。"唐李白《草書歌行》："墨池飛出北溟魚，筆鋒殺盡中山兔。"宋蘇易簡《文房四譜》："越州戒珠寺，即羲之宅，有洗硯池，至今歲常色黑。"宋曾鞏《墨池記》："臨川之城東，有地隱然而高以臨於溪，曰新城。新城之上，有池窪然而方以長，曰王羲之之墨池者。"又云："〔墨池之上〕書'晋王右軍墨池'之六字於楹間以揭之。"明謝遷《越城覽勝六首·次雪湖韻》："戒珠寺古遺荒逕，洗硯池深映遠空。"清穆彰阿等《大清一統志》："墨池在山陰縣西南二十五里，即王右軍墨池遺迹。"參閲宋《太平寰宇記·越州》。

【墨池】

即右軍墨池。此稱南朝梁已行用。見該文。

【洗硯池】

即右軍墨池。此體宋代已行用。見該文。

澠池

古池名，位於河南省三門峽市澠池縣，已沉積荒廢。歷史上因池而成地名。據史料記載，澠池，古又稱黽池，爲雒都邊邑。在西漢又稱彭池，新莽曰陝亭，三國魏始稱澠池，唐謂天池，金名韶州，金、明間又稱澠池、沔池。又，河川名，位於河南省洛陽縣西北。源自崤山，東流經澠池縣、新安縣，至洛陽注入洛水。《史記·廉頗藺相如列傳》："秦王使使者告趙王，欲與王爲好，會於西河外澠池。"北魏酈道元《水經注·洛水》："洛水之北，有熊耳山……山際有池，池水東南流，水側有一池，世謂之澠池矣。"唐韓愈《殿中侍御史李君墓誌銘》："葬河南洛陽縣，距其祖澠池令府君僑墓十里。"宋蔡沈《禹貢注》曰："澠，當作'黽'，水蟲也

（即金綫蛙，又名土鴨）。城西有池，注水即生，因名灑池。"清顧祖禹《讀史方輿紀要・河南三》："崤底，在縣（永寧縣）西北七十里，即崤谷之底也。亦曰崤陂，一名灑池。"

剪刀池

池名。在今湖南岳陽市東北。傳說池中有鼎，耳高數尺，腹可容人，善泅者曾見之。宋范致明《岳陽風土記》："剪刀池，在郡城東北隅。"清陳元龍《格致鏡原》卷一〇："《白澤圖》：故池之精名意狀如豚，《楚地記》剪刀池。"《古今圖書集成》："盈盈有畫尺。《妝樓記》：剪刀池，昔車引讀書於此，婦以女紅佐之，落剪刀於此池。"參閱清穆彰阿等《大清一統志・湖南》。

灞池

池名。故址在今陝西西安市漢文帝灞陵墓上，故稱。南朝齊謝朓《休沐重還道中》："灞池不可別，伊川難重違。"李善注："《枚乘集》有《臨灞池遠訣賦》……潘岳《關中記》曰：'灞陵，文帝陵也。上有池，有四出道以寫水。'"唐楊炯《送李庶子致仕還洛》詩："灞池一相送，流涕向烟霞。"宋劉敞《送彭待制知瀛州》詩："灞池送目邯鄲道，倚瑟空多惜別聲。"《永樂大典殘卷》卷一九六三六："灞池謂西京，伊川謂東京，言此二京不可遠別者，以喻丹陽亦不可斬去也。""灞"或作"霸"。

石泓

凹陷的石坑形成的小潭。唐柳宗元《石渠記》："踰石而往，有石泓，菖蒲被之，青鮮環周。"宋許景衡《招隱堂》詩："石泓泉滴瀝，竹徑月徘徊。"宋歐陽修《幽谷晚飲》詩："山勢抱幽谷，谷泉含石泓。"明程敏政《分得惠山泉送張公實參議還浙江》詩："蒼蘚絡深罅，濺濺流石泓。"清弘曆《六一泉》詩："孤山側畔石泓深，泉以人傳可用斟。"

地喙

比喻深淵大潭。唐盧肇《海潮賦》："孰觀地喙乎，深泉之涯；孰指天吭乎，巨海之窟。既無究於茲源，寧有因其呼吸而騰勃者哉！"清沈宗敬《御定駢字類編》："官人餽酒窜，地喙，盧肇《海潮賦》。"

潭

深淵，較深的水坑。《楚辭・九章・抽思》："長瀨湍流，泝江潭兮。"王逸注："潭，淵也。楚人名淵曰潭。"《廣雅・釋水》："潭，淵也。"晉左思《吳都賦》："崖岡潭淵。"南朝宋謝靈運《述祖德》："隨山疏浚潭。"唐王勃《滕王閣序》："閑雲潭影日悠悠，物換星移幾度秋。"宋張泌《秋晚過洞庭》："溪風送雨過秋寺，澗石驚龍落夜潭。"金李之翰《題密雲州學壁》詩："因憶林泉歸去好，一燈幽夢繞春潭。"明丁鶴年《寄龍門海禪師》詩："遠岫孤雲歸薄暮，澄潭一月印清秋。"清納蘭性德《憶秦娥・山重疊》詞："陰森潭底蛟龍窟。蛟龍窟。興亡滿眼，舊時明月。"

【泓】[2]

深潭。《説文・水部》："泓，下深皃。"《廣雅・釋訓》："泓泓，深也。"唐杜甫《劉九法曹鄭瑕丘石門宴集》詩："晚來橫吹好，泓下亦龍吟。"唐權德輿《贈廣通上人》詩："客至上方留盥漱，龍泓洞水晝潺潺。"唐徐夤《新葺茆堂》詩："階前一片泓澄水，借與汀禽活紫鱗。"唐元稹《說劍》詩："留斬泓下蛟，莫試街中狗。"宋文天祥《題高君寶紺泉》詩："淳淳巖下泓，澄碧落梧影。”金趙渢《盆池荷花》詩：“一泓寒碧蘸波光，雨後妖紅獨自芳。”明陸容《菽園雜記》：“望泓面有烟雲之氣，飛走不定。”清胡敬《林少穆中丞治蘇新政·詩以紀之》：“源白天自來，於此匯一泓。”一説，猶湖池。

【淵】[3]

即深潭。《詩·小雅·鶴鳴》：“魚在于渚，或潛在淵。”先秦佚名《龍蛇歌》：“龍反其淵，安寧其處。”《孔子家語·困誓》：“竭澤而漁，則蛟龍不處其淵；覆巢破卵，則鳳凰不翔其邑，何則？”先秦卜子夏《易傳·坎下乾上》：“不利涉大川，入於淵也。”先秦宋玉《招魂》詩：“懸人以娭，投之深淵些。”先秦屈原《九章·昔往日》其七：“不畢辭而赴淵兮，惜壅君之不識。”漢莊忌《哀時命》詩：“務光自投於深淵兮，不獲世之塵垢。”晋王粲《贈蔡子篤》詩：“潛鱗在淵，歸雁載軒。”晋盧諶《贈劉琨》詩其十九：“如川之流，如淵之量。”南朝梁沈約《奉和竟陵王郡縣名》詩：“清淵皎澄徹，曾山鬱葱茜。”唐白居易《別氈帳火爐》詩：“如魚入淵水，似兔藏深穴。”宋佚名《和別駕蕭世範贈玉巖詩四首》詩其二：“淵底縱鱗誇水泳，林間宿鳥樂巢居。”金吳激《夜汎渦河龍潭》詩：“淵沈三千丈，湛碧寒無波。”明王行《虎丘春霽圖》詩：“劃開千尺厓，下見清泠淵。”清陳子升《端研》詩：“萬古雲凝處，淵深不可知。”

【九淵】

即深潭。亦謂神話傳説中的九個神泉。先秦時期黃老道家的代表列子以九泉比喻達到終極圓滿的九種人生境界與修道方法。語出《莊子·列禦寇》：“夫千金之珠，必在九重之淵，

而驪龍頷下。”《周禮·春官·大司樂》：“以樂舞教國子。”賈公彥疏：“少昊之樂曰《九淵》。”《列子·黃帝》：“鯢旋之潘爲淵，止水之潘爲淵，流水之潘爲淵，濫水之潘爲淵，沃水之潘爲淵，氿水之潘爲淵，雍水之潘爲淵，汧水之潘爲淵，肥水之潘爲淵，是爲九淵焉。”《史記·屈原賈生列傳》：“襲九淵之神龍兮，沕深潛以自珍。”漢賈誼《吊屈原文》詩：“襲九淵之神龍兮，沕深潛以自珍。”三國魏嵇康《四言詩》其四：“斂弦散思，游釣九淵。”晋葛洪《抱朴子·清鑑》：“掇懷珠之蚌於九淵之底，指含光之珍於積石之中。”唐元結《補樂歌十首·九淵》其四：“聖德至深兮，奫奫如淵。”宋張耒《龜山祭淮詞二首·迎神》：“木梟梟兮蒼山巔，回㳊重深兮其下九淵。”元行端《次晦機和尚韻送悟上人歸徑山》詩：“高高解窮千仞巔，深深能極九淵底。”明袁華《鄭德明李廷璧同集顧仲瑛書畫舫分韻得天字》詩：“棲烏驚柝翻叢竹，潛鯉聽琴出九淵。”清唐甄《潛書·抑尊》：“雖有善燭者，不得照於九淵。”

【九泉】[1]

即深潭。晋葛洪《抱朴子·名實》：“是以竊華名者，螻蜥騰於雲霄；失實賈者，翠虬淪乎九泉。”晋鄒湛《游仙》詩：“潛穎隱九泉，女蘿緣高松。”南朝齊王融《贈族叔衛軍儉》詩：“龍潛九泉，鳳棲百仞。”又喻陰間。《晋書·皇甫謐傳》：“籠潛九泉，磛焉執高。”宋王之望《上曾二丈仲成》詩其三：“不孤雖有山公在，恐逐龍舒下九泉。”

【龍淵】

即深潭。古人以淵爲龍潛身之處，故名。《尸子》卷下：“清水有黃金，龍淵有玉英。”漢

揚雄《甘泉賦》:"漂龍淵而還九垠兮,窺地底而上回。"《淮南子·墜形訓》:"清水有黃金,龍淵有玉英。"北魏酈道元《水經注·丹水》:"〔析水〕又東入析縣,流結成潭,謂之龍淵,清深神異。"唐劉禹錫《傷我馬詞》:"金臺已平骨空朽,投之龍淵從爾友。"宋黃庭堅《戲答宣叔頌》:"探龍淵,履虎尾。別狐貉,辨蚖虺。"宋蘇軾《次韻楊次公惠逕山龍井水》:"空煩遠致龍淵水,寧復臨池似伯英。"元袁桷《送趙虛一道士降香南海諸名山》詩:"矯矯蕭徵君,珠貝藏龍淵。"明李賢等《明一統志·鞏昌府》:"馬山有淵池,龍馬所生又名龍淵。"《昌國州圖志》:"去州東三十里,父老相傳有白龍乘雲而下,雙睛駐地,遂成龍淵。"清曹寅《東城泛舟至齋僧館》詩:"清吟徹龍淵,狂笑脫狗砦。"

【重淵】

即深潭。《莊子·列禦寇》:"千金之珠,必在九重之淵。"後遂以"重淵"指深淵。漢班固《答賓戲》:"欲從整敦而度高乎泰山,懷氿濫而測深乎重淵。"晋陸機《文賦》:"於是沉辭怫悅,若游魚銜鉤而出重淵之深。"晋棗據失題詩:"魚動起重淵,鳥驚奮高林。"晋孫拯《贈陸士龍》詩:"有淮重淵,載清其波。"唐道世《頌六十二首》其十九:"愚戀失正路,漂沒入重淵。"宋文天祥《山中立夏用坐客韻》詩:"夏氣重淵底,春光萬象中。"元趙觀《靜安八咏錄三·赤烏碑》詩:"高閣消殘雪,重淵動蟄雷。"明陸深《春早》詩:"秋風生大野,斜月墮重淵。"清姚燮《同葉上舍元址讀書觀海衛回龍庵兩月攬景興懷托以歌咏無倫次也共得二十六章》詩其九:"高鳥窺重淵,戀影故遲回。"

【旋淵】

深潭,水深呈玄色,故稱。亦作"玄淵"。淵字甲骨文爲水被圍在岸中的樣子,像一個中間有水洄流的深潭。《楚辭·九章·惜往日》:"臨沅湘之玄淵兮,遂自忍而沉流。"又云:"蛟龍潛於旋淵兮,身不掛於罔羅。"《淮南子·俶真訓》:"湍瀨旋淵,呂梁之深,不能流也。"高誘注:"旋淵,深淵也。"漢嚴忌《哀時命》:"蛟龍潛於旋淵兮,身不掛於罔羅。"洪興祖補注:"《淮南》云:'藏志乎九旋之淵。'注云:'九回之淵至深也。'"晋葛洪《抱朴子·君道》:"窈若玄淵之萬仞,則近不能以少多量焉。"南朝宋鮑照《從登香爐峰》詩:"旋淵抱星漢,乳竇通海碧。"唐慧琳等《一切經音義·妙門由起》:"朝會萬神,玄淵峨岑,太音彌芬。"宋蘇頌《和胡俛學士游西池書事》詩:"旋淵齊出没,桅檣競跳躑。"元揭傒斯《題陳所翁雙龍圖》詩:"愛龍畫掣玄淵開,萬物顛倒隨雲雷。"明高叔嗣《叙懷》詩:"升龍假玄淵,鳴鳳托芳條。"明于慎行《題睢陽魯夫人貞壽卷》詩:"皎如旋淵玉,吐耀干長虹。"清釋潮音通旭《普陀列祖錄》:"玄淵及盡,是以金針密處,不露光芒。"

【玄淵】

同"旋淵"。此體先秦已行用。見該文。

霜潭

水溫極近冰點的寒凉之潭。《周書·明帝紀》:"霜潭漬晚菊,寒井落疏桐。"唐耿湋《送崔明府赴青城》詩:"霜潭浮紫菜,雪棧繞青山。"唐徐凝《廬山瀑布》詩:"溶溶浸濕一潭霜,滴滴結凍千年乳。"宋劉弇《夜泊建溪豐樂驛前三首》詩其二:"霜潭傲險蒼虯嘯,月磧牽波翠篠團。"

桃花潭

　　水潭名。位於安徽涇縣以西，南臨黄山、西接九華山，與太平湖緊緊相連。唐李白《贈汪倫》："桃花潭水深千尺，不及汪倫送我情。"宋楊傑《太白桃花潭》詩："桃花潭似武陵溪，太白仙舟去路迷。"元潘伯脩《李伯時畫太白泛舟小像》詩："一笑掀髯緣底事，桃花潭上見汪倫。"明宗臣《涇縣望桃花潭》詩："桃花潭水近陵陽，潭上春風滿石梁。"清甘運源《酒肆走筆戲贈汪蒼巖》詩："今日座中無李白，桃花潭水向誰深。"

第三節　泉瀑井甃考

　　本節對泉、井、瀑布的類型、形態，以及各地名泉、古井等名類進行考證。

　　泉字在甲骨文亦常見。在漫長的歷史進程中，生成了諸多"泉"字的代稱，如"瓊津""瓊乳""氿濫""瀵""乳竇""泌""㳿"等。

　　泉有直涌之泉，也有側涌之泉。側涌之泉古人用"氿泉""屚泉""懸泉""沃泉"等詞語表達；直涌之泉，若涌水量較大，呈凸起狀，古人用"瀵""瀵魁""沸泉""湧泉""直泉""檻泉"等詞語表達；言泉生成之位置，或生成處地表物質性狀，古人則用"山源""石泉""砂泉"等詞語來表達；言具有較高溫度的泉水，古人則用"溫泉""湯井""溫谷""湯池""溫湯""湯泉""沸水""暖流""仙液""沸泉"等詞語表達。

　　井，亦作"井泉"。一般井水位低於地表面數尺，地下水脉流速緩慢，故井水不會溢出，而泉的水位接近或高於地表，地下水能自流出來。有些井因地下水涌流量較大，故亦常與泉混稱，或曰"井泉"。

　　從井中取水，在甲骨文中已有反映。"录"的甲骨文分爲兩部分，上部爲一個支架，下部爲水，謂用支架或轆轤等工具從井下汲水。參閲本卷"录"條目。

　　瀑布中的"瀑"字在小篆體中出現，本意爲暴雨，後用於表巖壁跌水之態。本節所録與瀑布同含義的詞語包括"玉簾""天紳""水屏""飛溜"等，今日這些詞語多已不再行用。

泉　瀑

泉 [2]

自地下流出的水源。亦作"泉水""水泉""泉流"。《周易・蒙》："山下出泉，蒙。"《左傳・隱公元年》："君何患焉？若闕地及泉，隧而相見，其誰曰不然？"《荀子・榮辱》："短綆不可以汲深井之泉。"《詩・國風・泉水》："毖彼泉水，亦流于淇。"又《小雅・節南山之什》："如彼泉流，無淪胥以敗。"又《大雅・召旻》："泉之竭矣，不云自中。"毛傳："泉水從中以益者也。"又，《大雅・文王之什》："無飲我泉，我泉我池。"《爾雅・釋水》："水泉，泉一見一否爲瀸。"《禮記・月令》："行春令，則蝗蟲爲敗，水泉咸竭，民多疥癘。"又，《學記》："三王之祭川也，皆先河而後海，或源也，或委也，此之謂務本。"鄭玄注："源，泉所出也。"《淮南子・原道訓》："原流、泉浡。"《說文・泉部》："泉，水原也。象水流出成川形。字亦作洤。"又，"水泉本也，一日池也"。晋陶潛《歸去來兮辭》詩："木欣欣以向榮，泉涓涓而始流。"唐李白《夢游天姥吟留別》詩："熊咆龍吟殷巖泉，栗深林兮驚層巔。"宋歐陽修《醉翁亭記》："釀泉爲酒，泉香而酒洌。"宋王安石《游褒禪山記》："其下平曠，有泉側出，而記游者甚衆，所謂前洞也。"金党懷英《題張維中華山圖》詩："有田泰山下，繞屋皆泉石。"明袁宏道《滿井游記》："游人雖未盛，泉而茗者，罍而歌者，紅裝而蹇者，亦時時有。"清顧炎武《復庵記》："太華之山，

"泉"（甲骨文）（林 2・22・10 合 8134）

懸崖之顚，有松可蔭，有地可蔬，有泉可汲，不稅於官，不隸於宮觀之籍。"

【泉水】

即泉 [2]。此體先秦已行用。見該文。

【水泉】

即泉 [2]。此體先秦已行用。見該文。

【泉流】

即泉 [2]。此體先秦已行用。見該文。

【泌】

泉水。亦作"毖"。《詩・陳風・衡門》："泌之洋洋，可以樂飢。"毛傳："泌，泉水也。"又《邶風・泉水》："毖彼泉水，亦流于淇。"漢郭蒼《神漢桂陽太守周府君碑銘》："遏泌汨兮散其波，威怒定兮混瀾瀾。"唐李賀《昌谷》詩："亂條迸石嶺，細頸喧島泌。"元張簡《鼉石篇》詩："泌水生石精，鼉之以爲糧。"明王慎中《月夜同姚在明濟上觀水》："泌沸千淙珠比色，澄泓一曲鑒爲光。"清魏源《武林紀游》詩之九："衡門下有泌，洋洋可樂飢。"

【毖】

同"泌"。此體先秦已行用。見該文。

玉泉 [1]

清泉的美稱。晋陸機《招隱》詩其一："芳蘭振蕙葉，玉泉湧微瀾。"南朝梁任昉《述異記》卷下："荆州清溪、秀壁諸山，山洞往往有乳窟，窟中多玉泉交流。"唐李白《答族姪僧中孚贈玉泉仙人掌茶》詩："茗生此中石，玉泉流不歇。"唐白居易《夜題玉泉》詩："玉泉潭畔松間宿，要且經年無一人。"宋蘇舜欽《天平山》詩："石竇落玉泉，泠泠四時雨。"元張雨

《仲敬畫華陽草堂圖》詩:"珠樹風來學鳳鳴,玉泉雨過作琴聲。"明田汝《贈律山隱者》詩:"萬籟流雲壑,千山響玉泉。"清甘汝來《雜詩》其一:"白雲出其巔,玉泉流其麓。"又,中國有多處山曰玉泉山,山中之泉曰玉泉。

玉泉山之玉泉
(明王圻等《三才圖會》)

【瓊津】

清泉的美稱。亦稱"瓊乳"。唐黃滔《壺公山》詩:"瓊津流乳竇,春色駐芝田。"宋蘇轍《巫山廟》詩:"泊然沖虛眇無營,朝餐屑玉嚥瓊乳。"宋蘇頌《謝太傅杜相公惠吳柑》詩:"瓊津融不竭,塵慮滌還醒。"宋林景熙《游九鎖山大滌洞天》:"褰衣下側逕,層嵐結瓊乳。"元迺賢《孔林瑞槐歌》:"密樹蟠空擁翠雲,深根貫石結瓊乳。"明李時行《游上天竺遂登諸峰絕頂》詩:"璚津芬可挹,石髓會應逢。"清林啟東《嘉義八景》詩:"瓊乳濺酸春剝綠,玳膚蒸熟夏無黃。"

【瓊乳】

即瓊津。此稱宋代已行用。見該文。

【乳泉】[2]

泉水的美稱。似乳液般甘美,故稱。唐章

孝標《題碧山寺塔》詩:"紫砌乳泉梳石髮,滴松銀露洗牆衣。"宋鄭瑤等《景定嚴州續志·祠廟》:"山有乳泉,溉田甚多。"宋周紫芝《阮郎歸·西湖摘楊梅作》詞:"連翠葉,擁金盤。玉池生乳泉。"元郝經《橄欖(南人謂之格覽)》詩:"島嶼出乳泉,造化亦若茲。"明謝應芳《寄徐伯樞》詩:"松牽女蘿補茅屋,童引乳泉澆藥園。"清丘逢甲《南巖均慶寺詩四首》其一:"巖腹蓄乳泉,時作天花墮。"

【玉溜】[1]

清泉的美稱。北周庾信《道士步虛詞·十首》其二:"春泉下玉溜,青鳥向金華。"唐李世民《冬日臨昆明池》詩:"石鯨分玉溜,劫燼隱平沙。"唐錢起《登覆釜山遇道人二首》其一:"攀崖到天窗,入洞窮玉溜。"宋王安中《安陽好·九首並口號破子》詞其六:"擁砌翠筠侵坐冷,穿亭玉溜落池喧。"明黎民表《和端州太守王君宗魯七星巖二十景》詩:"丹霞爲闕石爲扉,玉溜淙淙欲濕衣。"

【醴泉】

甘泉的美稱。其味如醴,故稱。《莊子·秋水》:"夫鵷鶵發於南海,而飛於北海。非梧桐不止,非練實不食,非醴泉不飲。"成玄英疏:"醴泉,泉甘味如醴也。"《禮記·禮運》:"故天降膏露,地出醴泉。"漢樂府《上陵》詩:"醴泉之水,光澤何蔚蔚。"《藝文類聚·水部》:"在湖縣有鹽泉,煮則爲鹽,有醴泉,用之愈疾。"宋夏元鼎《西江月·答王和父送□錯認水酒》詞:"甘露醴泉天降,瓊漿玉液仙方。"《宋書·王弘傳》:"陛下聖哲御世,光隆中興,宜休徵表祥,醴泉迭湧。"明李雲龍《雜興》詩其四:"相呼浴醴泉,群飛啄瓊英。"清李調元

《南越筆記》卷一六：“在龍川霍山之青華觀，泉甘如飴，曰醴泉。”清陳元龍《格致鏡原》引《瑞應圖》：“醴泉者，水之精也，味甘如醴，泉出流所及，草木皆茂。”一說，謂甘露。漢王充《論衡·是應》：“醴泉乃謂甘露也。”

【珠泉】

清泉之美稱。有冒氣泡的珠泉，又稱珍珠泉；有向下滴瀝的小泉。南朝梁沈約《高松賦》：“攡柔情於黃圃，湧寶思於珠泉。”唐張說《奉和聖製喜雨賦》詩：“瀉如銀漢之屑落，散似珠泉之歕澆。”唐鮑溶《巫山懷古》詩：“銀箭暗凋歌夜燭，珠泉頻點舞時衣。”宋劉子寰《荊門蒙泉》：“珠泉凝白玉泉碧，含彩揚輝以其物。”元吳澄《雪巖》詩：“晴霰撒珠泉噴薄，暮烟凝翠石崚嶒。”明薛蕙《曉出東田遂游溪上》詩：“折芳順蘅薄，涉水弄珠泉。”《徐霞客游記·粵西游日記》：“其前正對玉柱，有小乳下垂，珠泉時時一滴。”清弘曆《玉泉山雜咏十六首·迸珠泉》：“最是松風蘿月下，夜深仿佛見鮫人。”

玉井水

山谷產玉處泉水，傳服食可益壽。省稱“玉水”。晉王嘉《拾遺記·崑崙山》：“崑崙山有柰，冬生子碧色，以玉井水洗食之，骨輕柔能騰虛也。”南朝宋顏延之《贈王太常》詩：“玉水記方流，琁源載圓折。”李善注引《尸子》：“凡水，其方折者有玉，其圓折者有珠也。”明李時珍《本草綱目·水二·玉井水》引陳藏器曰：“諸有玉處山谷水泉皆是也。山有玉而草木潤，身有玉而毛髮黑。……太華山有玉水溜下，土人得服之，多常生。”

【玉水】[4]

即玉井水。此稱南朝宋已行用。見該文。

井泉

井中水脈旺盛，常與井混稱。井泉之水位低於地表面數尺，不溢出，涌水量較大，水交換快，別於一般水井。亦作“井”，亦稱“泉井”。《呂氏春秋·本味》：“水之美者，三危之露，崑崙之井。”高誘注：“井，泉。”《禮記·月令》：“天子命有司，祈祀四海、大川、名源、淵澤、井泉。”晉左思《招隱詩二首》其二：“前有寒泉井，聊可瑩心神。”唐高適《同呂員外酬田著作幕門軍西宿盤山秋夜作》詩：“上將頓盤坂，諸軍徧泉井。”唐張籍《送流

井　泉
（濟南市舜井）

人》詩：“擁雪添軍壘，收冰當井泉。”宋劉敞《太一齋居》詩：“地偏塵土少，人遠井泉甘。”宋馬之純《應潮井》詩：“有井無冬亦無夏，與潮俱往又俱還。”元王潤《雜詩七首》其四：“却汲井泉澆藥圃，更疏陂水灌麻畦。”明高明《琵琶記·義倉賑濟》：“將身赴井泉，思量左右難。”明文震亨《長物志·鑿井》：“鑿井須於竹樹之下，深見泉脈，上置轆轤較引汲，不則盞一小亭覆之。”清屈大均《蜀岡懷古》詩其一：“幽幽一井泉，中有古日月（謂大明泉）。”按，位於濟南舜井街的舜井以及濟南明府城內民居家中的井，屬於典型的井泉。

【井】[2]

即井泉。此體先秦已行用。見該文。

【泉井】[1]

同"井泉"。此稱晋代已行用。見該文。

山源

山泉源頭名。亦作"山泉",亦稱"嶺泉"。《管子·短語六》:"雖在山泉而藏,人猶知而取之,况在於人懷善。"南朝齊謝脁《忝役湘州與宣城吏民別詩》:"閭沃盡地區,山泉諧所好。"北魏酈道元《水經注·漸江水》:"而諸儒之論,水陸相半,又無山源出處之所。"《隋書·盧愷傳》:"帝悦其山泉,留宴三日。"唐賀知章《望人家桃李花》詩:"山源夜雨渡仙家,朝發東園桃李花。"唐劉禹錫《傷秦妹行》:"秦聲一曲此時聞,嶺泉嗚咽腸堪斷。"宋劉子翬《山源》詩:"泪泪山源水,分流去若馳。"宋吴處厚《游五泄山》詩:"烟霞一塢兩山源,石壁寒垂瀑布泉。"《宋史·禮志十六》:"此水出於山源,清澄甘潔。"宋周文璞《梅梁歌》其二:"低頭下吸菲嶺泉,奮髯直入陽明洞。"明冼桂奇《初謁四賢祠》詩:"山源久湮没,重此湢淵泉。"清顧祖禹《讀史方輿紀要·河南二》:"河無山源,以潦涸爲盈竭。"

【山泉】

即山源。此體先秦已行用。見該文。

【嶺泉】

即山源。此稱唐代已行用。見該文。

【石泉】

出自山石中的泉水。《楚辭·九歌·山鬼》:"山中人兮芳杜若,飲石泉兮蔭松柏。"晋左思《招隱》:"石泉漱瓊瑶,纖鱗或浮沈。"唐方干《游竹林寺》詩:"曙月落松翠,石泉流梵聲。"宋孟貫《贈棲隱洞譚先生》詩:"石泉春釀酒,松火夜煎茶。"元李俊民《一字百題示商君祥·琴》詩:"陰壑鳴松籟,空巖響石泉。"《徐霞客游記·江右游日記》:"由會仙南面石磴而下,至山半,甫有石泉一泓,由其山峭拔無水泉,故山下之溪亦多涸轍耳。"清林占梅《宿擺接山家》詩:"秋深山月冷,夜静石泉幽。"

寒泉[1]

清冽的泉或泉井。《詩·邶風·凱風》:"爰有寒泉,在浚之下。有子七人,母氏勞苦。"唐獨孤及《初晴抱琴登馬退山對酒望遠醉後作》詩:"寒泉得日景,吐雷鳴湔湔。"宋余靖《再簡伯恭》詩:"今朝郭外尋僧話,坐聽寒泉繞竹籬。"清趙培徵《咏阿膠井》:"阿井傳來不記年,清流澈底一寒泉。"

寒 泉
(明刊《食物本草》)

汍濫

小泉。單稱"汍""濫"。漢班固《答賓戲》:"欲從堥敦而度高乎泰山,懷汍濫而測深乎重淵,亦未至也。"李周翰注:"汍濫,小泉也。"《後漢書·黃憲傳》:"奉高之器,譬諸汍濫,雖清而易挹。"《宋書·謝靈運傳》:"汍濫異形,首毖終肥。"明杜麟徵《幾社壬申合稿》卷三:"清露湢而若汍。"清金農《吉祥寺泉上十韻》詩:"汍出浸淺莎,濫時破重蘚。"清李天根《爝火録》:"宜興兩汍見古井街衢。"一説,汍即汍泉;濫即濫泉。

【汍】[1]

即汍濫。此稱明代已行用。見該文。

【濫】

即氿濫。此稱清代已行用。見該文。

氿泉

從側面流出的泉水。亦作“厬泉”“懸泉”“汍泉”，省稱“氿”“厬”“汍”。《詩·小雅·大東》：“有洌氿泉，無浸獲薪。”《爾雅·釋水》：“氿泉穴出。穴出，仄出也。”邢昺疏引漢李巡曰：“水泉從旁出名曰氿。”漢劉熙《釋名·釋水》：“側出曰汍泉。汍，軌也，流狹而長，如車軌也。”《説文·厂部》：“厬，仄出泉也。”《後漢書·馬融傳》：“氿泉穴出，穴出側出也。”北魏酈道元《水經注·江水》：“絕巘多生怪柏，懸泉瀑布，飛漱其間，清榮峻茂，良多趣味。”唐白居易《游坊口懸泉偶題石上》詩：“危磴上懸泉，澄灣轉坊口。”唐宋叔鈞《窄潤谷蕭文禪房記》：“厬泉自出，環流鏡清。”宋洪邁《容齋隨筆》：“沃泉下出，氿泉穴出。”宋蘇轍《題李公麟山莊圖》詩：“蒼壁立精鐵，縣泉瀉天紳。”明朱謀㙔《駢雅》：“泉湧出曰濫泉，溜下曰沃泉，仄出曰氿泉，一盈一涸曰瀾汋，流川曰溪辟，回川曰過辨，小波曰泊柏，濁泥曰澱滓。”清黃遵憲《游箱根》詩其三：“氿泉日穴出，泆流失歸向。”

【氿】[2]

即氿泉。此稱漢代已行用。見該文。

【汍】

即氿泉。此稱漢代已行用。見該文。

【厬】[1]

即氿泉。此稱漢代已行用。見該文。

【汍泉】

即氿泉。此體漢代已行用。見該文。

【懸泉】[1]

即氿泉。此體北魏已行用。見該文。

【厬泉】

同“氿泉”。此體唐代已行用。見該文。

沃泉

指自上往下流的泉水。《爾雅·釋水》：“沃泉縣出。縣出，下出也。”郭璞注：“從上溜下。”郝懿行義疏：“《釋名》云：‘縣出曰沃泉，水從上下，有所灌沃也。’《詩·下泉》傳：‘下泉，泉下流也。’正義引李巡曰：‘水泉從上下溜出。’是下泉即沃泉，‘沃’與‘下’義相成。”漢王充《論衡·是應》：“沃泉懸出，懸出，下出也。”宋梅堯臣詩題：“又郡西蘇田山土沃泉美，久不墾，有劉叟者闢而居之。”明顧清《題菜贈楊翁普能時年七十三斷肉六十年矣》詩：“上沃泉甘野水邊，烏菘紫芥各紛然。”清楊雲松《池南雜興》詩：“鑿石通幽澗，連筒納沃泉。”

噴泉

從地下噴涌出的泉水。亦稱“機泉”。唐荆浩《畫山水圖答大愚》詩：“巖石噴泉窄，山根到水準。”宋楊萬里《寒食雨中同舍人約游天竺得十六絶句呈陸務觀》詩：“三峰小石一方池，下有機泉仰面飛。”宋李質《艮嶽百咏·濯龍峽》：“山束蒼烟細路通，噴泉飛雨灑晴空。”元白樸《梧桐雨》第四折：“似噴泉瑞獸臨雙沼，刷刷似食葉春蠶散滿箔。”明陶宗儀《説郛》引宋韓拙《山水純全集·論水》：“湍而漱石者謂之湧泉，山石間有水澤潑而仰沸者謂之噴泉。”清沈梧《題畫二十四首》詩其十：“樹杪噴泉引客吟，空山壑響助清音。”

【機泉】

即噴泉。此稱宋代已行用。見該文。

【飛泉】[1]

即噴泉。先秦屈原《遠游》詩：“吸飛泉之微液兮，懷琬琰之華英。”漢王褒《九懷·通路》詩其二：“北飲兮飛泉，南采兮芝英。”晋陸機《招隱》詩：“山溜何泠泠，飛泉漱鳴玉。”《後漢書·耿恭傳》：“聞昔貳師將軍拔佩刺山，飛泉湧出。”魏曹丕《典論》曰：“饑湌瓊蕊，渴飲飛泉。”晋郭璞《游仙》詩：“放情陵霄外，嚼蕊挹飛泉。”唐齊己《舟中晚望祝融峯》詩：“巨石凌空黑，飛泉照夜明。”宋王灼《葛仙化》詩：“叢木開錦帳，飛泉鳴玉琴。”金趙秉文《夢登華山》詩：“道人洗我心，相與掬飛泉。”元鄧文原《閻立本〈秋嶺歸雲圖〉二首》詩其二：“百丈飛泉雲外落，一林霜葉九秋時。”明烏斯道《游獅子山龍潭》詩：“風攬飛泉晴亦雨，雲封洞口到猶迷。”清馮雲驤《雲棧》詩：“山頭舊冰雪，閃閃掛飛泉。”

直泉

噴涌直上之泉水。《公羊傳·昭公五年》：“濆泉者何？直泉也。直泉者何？湧泉也。”徐彦疏：“謂此泉直上而出。”唐白居易《商山路有感》詩：“杓直泉埋玉，虞平燭過風。”宋陳傅良等《淳熙三山志》：“越王山之北，石壁峭，直泉出其下。”明楊基《興安道中》：“猺洞諸峯，直泉入灘江兩分。”《寂光豁禪師語錄》：“金峰突兀秀，疊嶂破雲煙，鷲嶺排空外，直泉瀉碧淵。”清湯貽汾《畫筌析覽》：“長泉莫宜，直泉莫連。短泉少曲，曲泉少掩。”

【濆】

從地底深處噴涌出的泉水。《爾雅·釋水》：“濆，大出尾下。”邢昺疏：“尾，猶底也。言源深大出於底下者名濆。”郭璞注：“今河東汾陰縣有水，口如車輪許，濆沸湧出，其深無限，名之爲濆。馮翊合陽縣復有濆，亦如之，相去數里而夾河。河中渚上又有一濆……尾，猶底也。”唐徐彦伯《奉和幸新豐温泉宮應制》詩：“湧疑神濆溢，澄若帝臺漿。”宋晁公遡《四月堰水甚小一雨灌田方足》詩：“舊傳江發源，濆湧出沈黎。”元吳萊《病起讀〈列子真經〉》詩其一：“神濆湧滋穴，巨鰲戴蓬丘。”明楊慎《豐祿縣西蘭谷》詩：“瑶渦玉喋湧神濆，綠葉紫莖涵帝漿。”清陳皋《食黃精歌》：“三春鉶鎡基，午夜濾濆泉。”一説，源頭不同流合爲一的水。《爾雅》：“異出同流爲濆水。”又説，山頂之泉曰濆。《列子·湯問》：“〔壺領山〕頂有口，狀若員環，名曰滋穴。有水湧出，名曰神濆。”

【濆魁】

即濆。噴涌之泉。北魏酈道元《水經注·河水四》：“水出汾陰縣南四十里，而去河三里，平地開源，濆泉上湧，大幾如輪，深則不測，俗呼之爲濆魁。”《爾雅·釋水》：“濆，大出尾下。”邢昺疏：“濆魁者，魁師也，首也，以其水源，故謂之魁也。”明錢謙益《湯池》：“蒸池匪檻湧，濆魁徒澶漫。”清姚鼐《從千佛寺回過趵突泉暮飲張氏園》詩：“流穿山骨軸中出，人遠濆魁輪外行。”

【沸水】[1]

從地下噴涌而出，沸揚如湯濆、濆魁、沸泉、涌泉、直泉、檻泉等之泉水。亦稱“沸泉”。《呂氏春秋·求人》：“丹粟漆樹，沸水漂漂。”北魏酈道元《水經注·淯水》：“東源方七八步，騰湧若沸，故世名之騰沸水。”《南齊書·祥瑞志》：“〔季子廟〕舊有湧井二所，廟祝列云：舊井北忽聞金石聲，即掘，深三尺，得沸泉。”唐錢起《秋霖曲》詩：“鳳凰池裏沸泉騰，蒼龍闕下生雲根。”宋梅堯臣《淚》詩：“瀉出愁腸苦，深於浸沸泉。”明謝宗鍇《宿影江閣》詩：“沸泉新茗味，澄月遠江光。”清梁清標《望江南》詞：“窗色弄晴來燕子，簷花飛片落棋枰。竹裏沸泉聲。”

【沸泉】[1]

即沸水[1]。此稱南朝梁已行用。見該文。

【檻泉】[1]

即直泉。亦作“濫泉”。向上涌出的泉水。“檻”假藉爲濫，泛濫之意。《詩·大雅·瞻卬》：“觱沸檻泉，維其深矣。”又，《小雅·采菽》：“觱沸檻泉，言采其芹。”毛傳：“檻泉，正出也。”朱熹集傳：“檻泉，泉上出者。”《爾雅·釋水》：“濫泉，正出；正出，湧出也。”郭璞注：“《公羊傳》曰：‘直出，直猶正也。’”漢王充《論衡·是應》：“檻泉正出。正出，湧出也。”陸德明釋文：“瀵泉，踴泉也。”晋潘岳《金谷集作》詩：“濫泉龍鱗瀾，激波連珠揮。”宋《大中祥符朝會五首·皇帝舉酒用醴泉》：“觱沸檻泉，寒流清泚。”元王惲《游玉泉山記》：“遂舍騎而步，歷佛閣，觀檻泉。”明李時珍《本草綱目·水二·山巖泉水》：“水正出曰濫泉，懸出曰沃泉。”清胤禛《春夜永春亭作》詩：“折蕉戲寫題花句，接竹斜通傍檻泉。”參閱明劉侗《帝京景物略·滿井》。

【濫泉】

同“檻泉”。此體先秦已行用。見該文。

【湧泉】

上涌之泉。亦作“踴泉”。即直泉。漢劉熙《釋名·釋水》：“水上出曰湧泉、瀵泉。”《漢書·武帝紀》：“秋七月，地震，往往湧泉出。”漢王充《論衡·是應》：“檻泉正出。正出，湧出也。”唐陸德明釋文：“瀵泉，踴泉也。”《魏書·靈徵志》：“延昌三年八月辛巳，兗州上言：‘泰山崩，頹石湧泉十七處。’”唐賈島《寄滄州李尚書》詩：“天涯生月片，嶼頂湧泉源。”《舊唐書·地理志》：“平泉，漢牛鞞縣地，後魏置婆潤縣。隋移縣治於賴黎池，仍改爲平泉縣，縣之旁地湧泉故也。”元余寅《湧泉》詩：“趵突回江脉，跳珠薄梵纓。”《明史·五行志》：“成化十三年二月甲午，浙江山陰湧泉如血。”清朱仕玠《小琉球漫志》：“朝夕輒有湧泉，溢出如潮水，時刻不差。”

【踴泉】

同“湧泉”。此體唐代已行用。見該文。

【瀵泉】

上涌之泉，亦即直泉、涌泉。亦作“賁泉”“蚡泉”。《左傳·昭公五年》：“戊辰，叔弓帥師敗莒師于蚡泉。”《公羊傳·昭公五年》：“瀵泉者何？直泉也。直泉者何？湧泉也。”《穀梁傳·昭公五年》：“戊辰，叔弓帥師敗莒師于賁泉。狄人謂賁泉失台，號從中國，名從主人。”漢何休《春秋公羊解詁》：“瀵泉，湧泉也。左氏作蚡泉，穀梁作賁泉。”北魏酈道元《水經注·河水四》：“汾陰縣南四十里，西去河三里，平地開源，瀵泉上湧。”《文獻通考·封建考三》：“叔弓敗諸蚡泉，莒未陳也。”明邊貢《王封君輓詩》詩：“生前不受豸史封，空見龍光賁泉下。”清王晫《今世說》卷六：“如澒流瀵泉觸地湧出。”清葉圭綬《續山東考古錄》：“蚡泉邑在（沂水）縣西南。春秋昭公五年叔弓敗莒師於蚡泉。縣西南百二十里有盆泉，縣志謂即蚡泉。"一説，地名。北方乾旱少雨，有泉水的地方常常就是人們聚居處。亦爲兵家必争之地。

【賁泉】

即濆泉。此體先秦已行用。見該文。

【蚡泉】

即濆泉。此體先秦已行用。見該文。

【冰泉】[1]

結冰之泉。唐元稹《和李校書新題樂府十二首·五弦彈》詩："嗚嗚暗溜咽冰泉，殺殺霜刀澀寒鞘。"宋王質《江城子》詞其二："滴露飛霜，雪壑注冰泉。"元傅玉立《吉州道中三首》詩其一："黄堂屢聽鳴琴者，萬斛冰泉瀉碧秋。"明薛瑄《喜雪》詩："自天來素節，匝地結冰泉。"清施閏章《蒼梧雲蓋寺訪無可上人》詩："與君坐對成今古，嘗盡冰泉舊井茶。"

泉眼

泉水冒出的洞穴。北魏酈道元《水經注·河水二》："〔允街〕縣有龍泉，出允街谷。泉眼之中，水文成交龍。"唐皮日休《聞魯望游顔家林園病中有寄》："細挑泉眼尋新脉，輕把花枝嗅宿香。"宋蘇軾《别子由三首兼别遲》之二："又聞緱山好泉眼，傍市穿林瀉冰玉。"元楊弘道《玉泉院》詩："暗渠出泉眼，細徑通山根。"明王縝《南山潘孔修先生學甚純正事母至》詩："井通泉眼風波定，月到天心夜氣清。"清金朝觀《題佟松泉小照》詩："松崖懸瀑布，泉眼近雲壇。"

【乳竇】[2]

即泉眼。泉自穴出，清冽似乳，故稱。南朝梁江淹《雜體詩三十首·謝臨川靈運游山》詩："乳竇既滴瀝，丹井復寥泬。"唐元結《説洄溪招退者》詩："長松亭亭滿四山，山間乳竇流清泉。"宋蘇軾《觀大水望朝陽巖作》詩："春泉濺濺出乳竇，青沙白石半涔途。"元張翥《衡山福嚴寺二十三題爲梓上人賦·藏雪寮》詩："石厓穿乳竇，海岸疊潮沙。"明王世貞《游惠山酌泉次唐人韻》詩其一："乳竇溢清漪，杲日媚其光。"清黄子雲《舟行望南詔諸山》詩："乳竇濺瀑絲，一泓耿幽白。"

【嵌竇】[2]

指泉穴。唐杜甫《園人送瓜》詩："竹竿接嵌竇，引注來鳥道。"仇兆鰲注："嵌竇，謂泉穴。"宋蘇軾《菩薩泉銘》："有泉出於嵌竇間，色白而甘，號菩薩泉。"《太平廣記》引前蜀杜光庭《神仙感遇傳·二十七仙》："忽有白兔出於林中，徑入崖下，尋所入而得嵌竇焉。石室寬博，中有石像二十七真。"元柳貫《鄭景明載醪携餉招游在溪山》詩："蒸霞作嵐霏，泄雲出嵌竇。"明陸粲《游大酉洞天》詩："盤渦嵌竇深不測，鳴流泄瀨驚奔涌。"清史密《武曲峽》詩："崩雲泄嵌竇，滲陰漏時雨。"

【海眼】

即泉眼。古人認爲井泉水脉與海相通，隨

泉 眼
（明文俶《金石昆蟲草木狀》）

潮漲落，故稱。唐皮日休《太湖詩·太湖石》詩其十八："斷處露海眼，移來和沙鬃。"唐杜甫《太平寺泉眼》詩："石門見海眼，天畔縈水府。"南唐劉崇遠《金華子雜編》："僅深尺餘，東西衺延，西面際乃得一記，云'此是海眼'，故鑄錢以鎮壓之。"宋釋重顯《和頌》詩："海眼通列泉，天心聳危嶺。"元黃鎮成《金原先塋之側湧泉甘潔》詩："穴通海眼魚龍沸，波溢田膏雨霧蒸。"明胡奎《贈醫士長律十首·橘井》詩其八："德洽人心終有濟，泉通海眼不曾枯。"清弘曆《再游盤山》詩："缽泉恍惚有海眼，潮井呼噏通百川。"清仇兆鰲注引《成都記》："距石筍二三尺，每夏月大雨，陷作土穴，泓水湛然。以繩繫石投其下，愈投而愈無窮。凡三五日，忽然不見，故曰海眼。"

砂泉

砂石中涌出的泉水。唐方干《侯郎中新置西湖》詩："砂泉遶石通山脉，岸木黏萍是浪痕。"元陳櫟《黃山堂賦》詩："既白懸於布水，亦紅益於砂泉。"明李時珍《本草綱目·水部》："有泉砂泉，見於新安黃山。"

【沙泉】

奪沙而出之泉。唐賈島《送唐環歸敷水莊》詩："松徑僧尋藥，沙泉鶴見魚。"宋蘇軾《渚宮》詩："沙泉半涸草堂在，破窗無紙風颼颼。"元揭傒斯《題胡虔汲水蕃部圖應制》詩："沙磧茫茫塞草平，沙泉下馬滿囊盛。"《宋史·呂公弼傳》："麟州無井，唯沙泉在城外，欲拓城包之，而土善陷，夏人每至圍城，人皆憂渴死。"明劉炳《荆州護衛指揮陳公伯英鞍馬之暇焚香吟詩高懷雅量令人起敬賦詩承教》詩："衘枚榆塞金瘡苦，洗箭沙泉戰血膻。"舊傳遼陽有沙泉，泉涌沙出，其沙可磨寶石。參閱清陳元龍《格致鏡原》。

黃泉

地下泉水。喻人死後所往之地。《孟子·滕文公下》："夫蚓，上食槁壤，下飲黃泉。"焦循注："地中之泉，故曰黃泉。黃泉至清而無濁，槁壤至潔而無污。"漢樂府《豫章行》："上葉摩青雲，下根通黃泉。"唐元稹《酬樂天雨後見憶》詩："黃泉便是通州郡，漸入深泥漸到州。"宋釋道璨《題饒德操關子長紫芝詩軸》詩："苦心實竹誰賞識，青山重疊黃泉深。"元行端《擬寒山子詩二首》詩其二："黃泉只見有人去，不見一人曾得回。"明李之世《蟠木幾歌》："樹蟠根幾許年，此根入土淪黃泉。"清弘曆《雨（五月廿一日）》詩："其根至黃泉，不雨猶可支。"參閱《荀子·勸學》《淮南子·說山訓》。

溫泉

從地下自然涌流出的熱水，可沐浴祛疾。亦稱"湯井""溫谷""湯池"。漢董仲舒《雨雹對》："水極陰而有溫泉，火至陽而有凉焰。"晉潘岳《西征賦》："南有玄灞素滻，湯井溫谷。"李善注："湯井，溫湯也。《雍州圖》曰：'溫湯在新豐縣界。'溫谷，即溫泉也。《雍州圖》曰：'溫泉在藍田

溫泉
（明薛己《食物本草》）

縣界。'"唐鄭處誨《明皇雜録》："元宗幸華清池，新廣湯池，製作宏麗。"宋陳師道《寄潭州張芸叟》詩："宣室來何暮，蒸池得借留。"宋張舜民《溫泉》："岧嶢華清宫，下有溫泉水。"元曹之謙《臨潼溫泉》："琢玉爲池浴太真，芙蓉花暖水生春。"明黄哲《王孫挾彈圖二首》詩其二："温泉樹晚歌鐘起，人識開元富貴春。"明錢謙益《牧齋初學集·湯池》："蒸池匪檻湧，灙魅徒澶漫。"清屈大均《贈友》詩其七："黄山有温泉，日月所流精。"

【温谷】

　　即温泉。此稱晋代已行用。見該文。

【湯井】

　　即温泉。此稱晋代已行用。見該文。

【湯池】

　　即温泉。此稱唐代已行用。見該文。

【蒸池】

　　即温泉。此稱宋代已行用。見該文。

【温湯】

　　即温泉。亦稱"湯泉"，單稱"湯"。《楚辭·九歌》："雲中君，浴蘭湯兮沐芳。"晋葛洪《抱朴子内篇·論仙》："水性純冷，而有温谷之湯泉；火體宜熾，而有蕭丘之寒焰。"北魏酈道元《水經注·灅水》："其山在縣西二十里，右出温湯，療治萬病。"唐封演《封氏聞見記·温湯》："海内温湯甚衆，有新豐驪山湯、藍田石門湯、岐州鳳泉湯、同州北山湯。"宋張俞《題温湯驛》詩其二："昨夜過温湯，夢與楊妃浴。"元葉蘭《南閩即興》詩："五月山田收火米，四時泉水浴温湯。"明歐大任《憩和州香泉館》詩："何代温湯館，今依浴院開。"清程之鵕《黄山》詩："黄山三十六芙蓉，浴罷湯泉曳

短筇。"清吴偉業《贈遼左故人》詩其四："盡有温湯堪療疾，恰逢靈藥可延年。"

【湯】[2]

　　即温湯。此稱先秦已行用。見該文。

【湯泉】

　　即温湯。此稱晋代已行用。見該文。

【沸水】[2]

　　即温泉。亦稱"暖流""仙液""沸泉"。晋王嘉《拾遺記·蓬萊山》："有冰水沸水，飲者千歲。"唐李貞《奉和聖製過温湯》詩："坎德疏温液，山隈派暖流。"唐李頎《送李回》詩："歲發金錢供御府，畫看仙液注離宫。"清郁永河《硫穴》詩其一："造化鍾奇構，崇岡湧沸泉。"

【暖流】

　　即沸水。此稱唐代已行用。見該文。

【仙液】

　　即沸水。此稱唐代已行用。見該文。

【沸泉】[2]

　　即沸水。此稱明代已行用。見該文。

榮泉

　　清泉。《漢書·禮樂志》："象載瑜，白集西，食甘露，飲榮泉。"顔師古注："榮泉，言泉有光華。"《藝文類聚·靈異部上》："層嶺外峙，遂宫内映。冗穴旁通，榮泉遠鏡。"宋葉廷珪《海録碎事·地部上》："'食甘露，飲榮泉'，言泉有光華也。"明劉基《芳樹》詩："景風盡拂，榮泉夜滋。"《清史稿·樂志》："榮泉瑞露兮，慶無疆。"一説，指美泉。

一斗泉

　　泉名。省稱"斗泉"。在北京市房山區上方山東北。本由石鐘乳滴水匯成。傳説爲飛龍

遺水斗許而成。明曹學佺《游房山記》："峀下有泉，深三尺，廣倍之。面一平臺，又十倍之。相傳開山時，有龍占此。禪師叱之避，盡挈其山泉以去。師飛錫擊其尾，留泉僅滿斗。今山即名斗泉也。"明劉侗《帝京景物略·上方山》："峰下泉，曰一斗泉。泉於峰爲下，於上方寺，高踞百尺也。"清李慶辰《醉茶志怪》："一斗泉，房山山上有泉，名一斗。"參閱《畿輔通志·輿地十二·房山縣》。一說，在山西陵川縣東。其泉挹之旋滿，不挹亦不溢，故名一斗水泉。參閱清穆彰阿等《大清一統志·澤州府·山川》。又說，泉在山西廣靈縣西北九層山。泉僅斗許，可供百餘家，故名一斗泉。參閱《大清一統志·大同府·山川》。

【斗泉】

即一斗泉。此稱唐代已行用。見該文。

二泉

泉名。亦稱"惠泉"。在江蘇無錫市惠山麓，故稱"惠泉"。開鑿於唐，陸羽品爲"天下第二泉"，故稱。唐李德裕《惠泉》詩："明璣難秘彩，美玉詎潛珍。"宋蘇軾《惠山謁錢道人烹小龍團登絕頂望太湖》詩："獨携天上小明月，來試人間第二泉。"宋句龍緯《題惠泉寄知軍郎中》詩："作詩頌惠泉，勉哉君子德。"明袁宏道《皇甫仲璋邀飲惠山上》詩其一："白石青松如畫裏，臨流乞得惠泉茶。"清納蘭性德《夢江南》詞其六："江南好，水是二泉清。"清弘曆有《惠泉》詩。

【惠泉】

即二泉。此稱唐代已行用。見該文。

七泉

泉名。亦稱"漹泉"。指唐道州（今湖南道縣）東郊漹泉、㳫泉、洴泉、渼泉、洔泉、漫泉、東泉等七眼天然泉水。泉清而自古荒弃，至唐代元結始加修葺，供人休暇，并爲泉逐一命名撰銘。唐元結《七泉銘序》："道州東郭，有泉七穴。或吐於淵竇，或縈於嵌臼，皆澄清流漪，旋沿相奏……自古荒之。乃修其水木，爲休暇之處。"

漹泉

泉名。在湖南道縣東郊。七泉之一。唐人元結命名并撰銘文。"漹"通"惠"，泉惠於物，故稱。唐元結《七泉銘·漹泉》："於戲漹泉，清不可濁。惠及於物，何時竭洄？"又，《游漹泉示泉上學者》詩："每到漹泉上，情性可安舒。"

洔泉

泉名。在湖南道縣東郊。七泉之一。唐代元結命名并撰銘文。"洔"通"孝"，取孝敬義。唐元結《七泉銘·洔泉》："沄沄洔泉，流清源深。堪勸人子，奉親之心。"《徐霞客游記·楚游日記》："按元次山《道州詩題》，石則有五如、窊樽，泉則有漹、漫等七名，皆在州東，而泉經一洔而可概其餘。"又云："〔十八日〕過東門，又東半里，有小橋，即洔泉入江處也。"清徐國相等《湖廣通志》："洔泉、洴泉、渼泉，欲來者飲漱其流，有所感發矣。"

渼泉

泉名。在湖南道縣東郊。七泉之一。唐代元結命名并撰銘文。"渼"通"直"，取正直義。唐元結《七泉銘·渼泉》："曲而爲王，直蒙戮辱。寧戮不王，直而不曲。我頌斯曲，以命渼泉。將戒來世，無忘直焉。"清徐國相等《湖廣通志》："洔泉、洴泉、渼泉，欲來者飲漱其流，有所感發矣。"

沇泉

泉名。在湖南道縣郊外。七泉之一。唐人元結命名并撰銘文。"沇"通"方",取方正之義。唐元結《七泉銘·沇泉》:"古之君子,方以全道。吾命沇泉,方以終老。欲令圓者,飲吾沇泉。知圓非君子,能學方惡圓。"清徐國相等《湖廣通志》:"渟泉、沇泉、湞泉,欲來者飲漱其流,有所感發矣。"

八泉

泉名。在廣東翁源縣靈池山上。其山壁立千仞,巔有石池,池有八泉:涌泉、温泉、香泉、甘泉、震泉、籠泉、乳泉、玉泉。下流匯成翁溪。南朝梁蕭綱《游光宅寺詩應令》詩:"輕槐拂慧風,八泉光綺樹。"明陳耀文《天中記》:"靈池山在翁源縣,上有八泉。"清屈大均《廣東新語·山語》:"翁山,山高千餘仞,四面有崇山宮之,襟羅江而帶雷溪,延袤三百餘里。上有八泉,會合于靈池中……分爲飛流而下,入于湞江。"清郝玉麟《廣東通志》:"翁山,一名靈池山,在城東一百二十里。壁立千仞,周圍四十里接連。舊治銀梅地方山頂有靈池,池有八泉。"參閲清顧祖禹《讀史方輿紀要·廣東三》。

天齊淵

泉名。亦稱"天齊泉"。在山東臨淄城南。《史記·封禪書》:"天齊淵水,居臨菑南郊山下者。"司馬貞索隱顧氏案:"解道彪《齊記》云:'臨菑城南有天齊泉,五泉並出,有異於常,言如天之腹齊也。'"北魏酈道元《水經注·淄水》:"淄水自山東北流逕牛山,西又東逕臨淄縣故城南,東得天齊水口,水出南郊山下,謂之天齊淵,五泉竝。"元于欽《齊乘》卷一:"齊所以爲齊,以天齊也,蓋臨淄有天齊淵,以此建國命名耳。"《明史·地理志》:"又有南郊山,其下爲天齊淵。"清岳濬等《山東通志》卷二一:"龍泉寺在縣東南天齊淵側,寺有三石佛,各高一丈八尺。"一説,江深五里,海深十里,此泉與天齊,故稱。

【天齊泉】

即天齊淵。此稱唐代已行用。見該文。

中泠水

泉名。亦作"中濡水",省稱"中泠",亦稱"南零""中泠第一泉"。在今江蘇鎮江市西北金山西。唐陸羽評爲國内第七,稍後劉伯芻評爲第一,從此有"天下第一泉"之稱。宋陸游《將至京口》詩:"銅瓶愁汲中濡水,不見茶山九十翁。"宋蘇軾《游金山寺》詩:"中泠南畔石盤陀,古來出没隨濤波。"明許次紓《茶疏·擇水》:"古人品水,以金山中泠爲第一泉。"清王文誥輯注引程縯曰:"揚子江有中泠水,爲天下點茶第一。"又引明曹學佺《名勝志》曰:"中泠亦曰南零。"清納蘭性德《夢江南》詞之六:"〔二泉〕名高有錫更誰争,何必讓中泠?"清張一鳴《登金山》詩:"晚來擬放江心棹,欲試中泠第一泉。"天下號第一泉者有四,除中泠水之外,還有北京玉泉、濟南趵突泉、江西廬山谷簾泉等。

【中濡水】

同"中泠水"。此體宋代已行用。見該文。

【中泠】

即中泠水。此稱宋代已行用。見該文。

【南零】

即中泠水。此稱明代已行用。見該文。

【中泠第一泉】

即中泠水。此稱清代已行用。見該文。

玉泉 [2]

泉名。位於北京西郊玉泉山上，明時已列爲“燕京八景”之一。明清兩代，均爲宮廷用水水源。據傳，清乾隆帝爲驗證水質，命太監特製一個銀品質斗，用以秤量全國各處送京名泉水樣，其結果：北京玉泉水每銀斗重一兩，爲最輕；濟南珍珠泉水每斗重一兩二錢；鎮江中泠泉水每斗重一兩三錢；無錫惠山泉、杭州虎跑泉水均每斗重一兩四錢。乾隆自定評名泉標準是水質輕。玉泉水含雜質最少，水清質好，傳長飲可袪病益壽。清弘曆《玉泉山天下第一泉記》：“則凡出於山下，而有冽者，誠無過京師之玉泉，故定爲天下第一泉。”

谷簾泉

泉名。在盧山主峰大漢陽峰南面康王谷中（今江西盧山市境內）。宋王十朋《題康王觀》詩：“星子地分天上宿，谷簾泉占酒中名。”宋魏了翁《丙申携客自康王觀東北行十里觀谷簾泉》詩：“正喜昔聞今見之，泉稱第一更何疑。”宋王禹偁《谷簾泉序》：“其味不敗，取茶煮之，浮雲散雪之狀，與井泉絶殊。”宋白玉蟾《谷簾下》詩其一：“紫巖素瀑展長霓，草木幽深霧雨凄。竹裏一蟬闐竹外，溪東雙鷺過溪西。步入青紅紫翠間，仙翁朝斗有遺壇。竹梢露重書猶濕，松裏雲深夏亦寒。”清屈大均《題畫》詩其一：“半掛峰端作數折，人言絶勝谷簾泉。”清高心夔《谷簾泉》詩：“纖葛寒濛青，雪沫四飛颺。”

六一泉 [1]

泉名。省稱“六一”。在浙江杭州市孤山西南麓。歐陽修與西湖僧惠勤相善，二人殁後，蘇軾守杭州，時有清泉出惠勤講堂之後，爲紀念歐，遂取其晚年亦稱“六一居士”以名之。宋蘇軾《喜劉景文至》詩：“新堤舊井各無恙，參寥六一豈念吾。”宋楊萬里《以六一泉煮雙井茶》：“細參六一泉中味，故有涪翁句子香。”元張雨《書懷二十韻奉呈虞集賢》詩：“酒間餘杭姥，泉尋六一翁。”參閱《六一泉銘序》。

【六一】

即六一泉。此稱宋代已行用。見該文。

六一泉 [2]

泉名。省稱“六一”。亦與歐陽修有關。在安徽滁縣西南醉翁亭畔。本稱玻璃泉，因歐陽修曾任滁州太守，晚年號六一居士，後人遂改稱爲六一泉。清薛時雨《孟夏五日獨游醉翁亭得詩四律留贈慧參和尚》其二：“我來合許陪輿從，六一泉鄰薛老橋。”參閱《大清一統志·滁州·山川》。

冰泉 [2]

泉名。在廣西梧州市。泉清而甘，寒若冰，故稱。唐大曆三年（768）詩人元結經由此地，命名并撰《冰泉銘》：“火山天火，冰泉天冰。唯彼泉源，甘寒可徵。”唐元稹《琵琶歌》：“淚垂捍撥朱弦濕，冰泉嗚咽流鶯澀。”宋毛滂《屬者觀池檻清明泉激石立蘆叢交碧文禽並絢儵》詩：“冰泉噴激珠成貫，繡羽沈浮花作團。”

冷泉

泉名。在浙江杭州市靈隱寺前飛來峰下。泉水自潭底石罅涌出，繞山環流，爲西湖畔勝迹。唐元英曾於水中築亭，亦稱“冷泉亭”。後湮廢多年，今修復。唐白居易《冷泉亭記》：“〔東南山水〕由寺觀言，冷泉亭爲甲。亭在山下，水中央，寺西南隅。"五代徐夤《游靈隱天竺二寺》詩："丹井冷泉虛易到，兩山真界實難明。"宋王之望《關子東約中秋游天竺再用前韻有詩和之》詩："水過冷泉雙澗合，石飛天竺一峰來。"

范公泉

泉名。在山東博山縣境。宋范仲淹知青州有德政，洋溪中有醴泉涌出，民感戴懷思，因稱。宋張元孝《醴泉歌》："君不見齊城城西范公泉，曾照當年范公影。"金元好問《太常引》詞："衣冠人物渺翩翩，天地一臞仙，來自范公泉。"參閱宋王闢之《澠水燕談錄·事志》、清岳濬等《山東通志·疆域·山川》。

虎跑泉

泉名。西湖勝景之一。在浙江杭州市南山大慈定慧禪院（今虎跑寺）。相傳寺本無水，後有神人預告"明日當有水"，是夜二虎刨地作穴，泉水涌出，清冽異常，因稱。唐成彥雄《煎茶》詩："岳寺春深睡起時，虎跑泉畔思遲遲。"宋蘇軾《虎跑泉》詩："虎移泉眼趁行脚，龍作浪花供撫掌。"元凌雲翰《鑑仲明上人畫》詩："老禪曾隱虎跑泉，筆底山林似巨然。"《明一統志·杭州府·山川》："虎跑泉，在府城西南虎跑寺。"清徐釚《游虎跑泉寺》詩："山路馥幽花，探泉入谿谷。"參閱宋周密《武林舊事·湖山勝概·虎跑泉》、明宋濂《虎跑泉寺碑記》。

咄泉

泉名。在安徽鳳臺縣北。泉與地平，無波浪。人至泉旁，大喊則大涌，小喊則小涌，若咄之，涌益甚。俗亦稱珍珠泉。南朝梁劉遵《四時行生回》詩："三月三日咄泉水，七月七

日夸陂塘。"明鄺露《赤雅》："三泉靈異，可與壽州咄泉、茅山喜（一本作嘉）客泉、撫掌泉、無爲州笑泉，併入靈品。"清穆彰阿等《大清一統志》："此咄泉在鳳臺縣北五里，《寰宇記》其泉與地平無波浪，若人至其旁大葉即大湧，小叫即小湧，若咄之湧彌甚，因名咄泉。《壽州志》一名珍珠泉。"

七十二泉

泉群名。分布於濟南市區及周邊。《春秋·桓公十八年》："公會齊侯于濼。"記述魯桓公與齊襄公在濼水相會之事。濼水之源，即今七十二泉等濟南諸泉。北魏酈道元《水經注·濟水二》："濼水出歷（城）縣故城西南，泉源上奮，水湧若輪。"山東濟南城內分布趵突泉、黑虎泉、珍珠泉、五龍潭、百脉泉五大泉群，有名泉七十二之説；此説源於元于欽《齊乘》所載金代《名泉碑》，歷代諸家所記不盡相同。明代山東按察司僉事晏璧作《濟南七十二泉詩》，對七十二泉逐一吟咏，詩中有十三個泉名不同於《名泉碑》。清郝植恭作《濟南七十二泉記》，文中有二十七個泉名別於《名泉碑》與《濟南七十二泉詩》。明方一元《江上老漁行爲贈大司農白陽畢老年丈請告榮歸》詩："猶嫌未若泰山下，七十二泉泉上耕。"明孫蕡《別妓》詩："七十二泉縈別恨，濟南煙樹綠幽幽。"清施閏章《趵突泉送嚴子餐都諫北還》詩："君不見濟南七十二泉皆在眼，那堪溝水東西流。"《老殘游記》第四回："當初黃河未併大清河的時候，凡城裏的七十二泉泉水，皆從此地入河，本是個極繁盛的所在。"清傅澤洪《行水金鑑》卷八三："濟南《名泉碑》論七十二泉，遠至中宮靈巖諸泉。"

華泉

泉名。濟南七十二名泉之一。亦作"淵泉"。有關華泉之最早史事，是公元前589年發生的齊晋鞍之戰。兩軍交戰，齊軍大敗而逃，晋軍緊追不放。齊頃公危急之中繞華不注山轉了三圈，仍不能脱逃。這時，大臣逢丑父讓齊頃公脱下錦袍綉甲，與自己更换衣服。晋軍追近後，齊頃公佯裝到華泉取水，鑽進草叢中逃脱了性命。《左傳·成公二年》："癸酉，師陳于鞌，邴夏御齊侯，逢丑父爲右……丑父使公下，如華泉取飲。鄭周父御佐車，宛茷爲右，載齊侯以免。"《史記·齊太公世家》："丑父使頃公下取飲。"張守節正義引《左傳》云："及華泉，驂絓於木而止。"北魏酈道元《水經注·濟水》："華泉，華不注山下泉水也。"《魏書·地形志》："歷城二漢、晋屬。有黄臺、華不注山、華泉、匡山、舜山祠、娥姜祠。"元于欽《齊乘》卷二："大明湖水出而注之東北至華不注山，合華泉……注大清。"明邊貢《卜山居成有作》詩："久定華山約，今來始卜居。夢游曾屢到，心賞復何如？圍巷環高柳，淵泉抱古墟。"清岳濬等《山東通志》："華泉，在城北十里華不注山下，深莫測。泉甘而冽，《左傳》鞌之戰逢丑父使公下車'取飲以免'即此也。"清秦蕙田《五禮通考》："華不注山，在濟南府城東北十五里，下有華泉伏。"

【淵泉】

即華泉。此體明代已行用。見該文。

百脉泉

泉名。位於山東濟南市章丘區，是濟南五大泉群之一，亦爲濟南七十二名泉之一。亦稱"百脉水""百脉"。北魏酈道元《水經注》卷八："水源方百步，百泉俱出，故謂之百脉水。……又東北流注於濟，濟水。"唐李吉甫《元和郡縣圖志》卷一〇："百脉水，出縣東北平地，水源方百步，百泉俱合流，故名之。"傳宋曾鞏曾云："岱陰諸泉，皆伏地而發，西則趵突爲魁，東則百脉爲冠。"《金史·地理志中》："章丘有長白山、東陵山、百脉水、楊緒水。"元于欽《齊乘》："蓋歷下衆泉，皆岱陰伏流所發，西則趵突爲魁，東則百脉爲冠。"明鄭潛《濟南名泉歌》詩："長生滿井流不竭，百脉雙桃難共提。"清岳濬等《山東通志》卷三五："淯河，一名繡江，在章邱東一里，源出會仙山下，合百脉泉、東西二麻灣泉，西北匯爲白雲湖。"

【百脉水】

即百脉泉。此稱北魏已行用。見該文。

【百脉】

即百脉泉。此稱唐代已行用。見該文。

黑虎泉

泉名。位於山東省濟南市歷下區。每日最大涌水量四萬餘立方米，僅次於趵突泉。黑虎泉之名，始見於金代《名泉碑》。因岸上原有一"黑虎廟"，故稱。一説，泉爲一天然洞穴，内有一巨石盤曲伏卧，上生苔蘚，顯得黑蒼蒼，如猛虎深藏，泉水從巨石下涌出，激湍撞擊，若遇半夜朔風吹入石隙，酷似虎嘯，故稱。又，相傳黑虎泉原名太平泉，泉中住着一條爲非作歹的青龍。爲了剷除惡龍，家住泉邊的黑哥和虎妹與惡龍展開決戰，最後與惡龍同歸於盡，爲紀念其英勇事迹，就將太平泉改名爲"黑虎泉"。明晏璧《歷乘》："〔黑虎泉〕崖下水出，匯爲一池，汩汩有聲，流入城壕，其清可鑒眉鬚。"明胡瓚宗《踏城南諸泉》詩："濟水城南黑虎泉，一泓瀉出玉田田。"明晏璧《濟南七十二泉》詩："石瓓水府色蒼蒼，深處渾如黑虎藏。半夜朔風吹石裂，一聲清嘯月無光。"參見清郝植恭《七十二泉記》《老殘游記》。

趵突泉

泉名。古稱"濼""濼水""爆流泉""檻泉""娥姜水"，俗稱"爆漱泉"。位於山東濟南市舊城西門外。濟南七十二名泉之首。商代末期，帝乙、帝辛（紂）剋東夷時，甲骨文卜辭中的"濼"字即趵突泉。據此推算，趵突泉有文字記載的歷史可以上溯至公元前 1542 年。《詩·大雅·瞻卬》："觱沸檻泉，維其深矣。"按，金代元好問在《濟南行記》中記載道："立檻泉坊，取詩義而言。然土人呼爆流。"《山海經·東山經》："濼水出焉，東流注於澤。"按，濼水，古水名，源出今山東濟南市西南，北流至濼口入古濟水。古亦常指代趵突泉。《春秋·齊桓公十八年》："春正月，公會齊侯于濼。公與夫人姜氏遂如齊。"公元前 694 年，魯桓公和齊襄公就在濼畔（趵突泉）相會。《説文·水

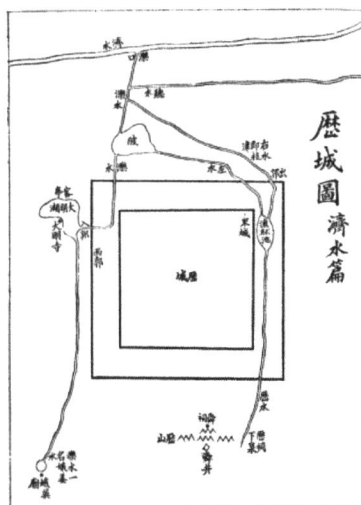

趵突泉位置示意圖
（清刻本《水經圖注》）

部》："濼，齊魯間水也。"晉杜預注："濼水，在濟南歷城縣西北，入濟。"北魏酈道元《水經注·濟水》："謂爲濼水之源。"又云："泉源上奮，水湧若輪……俗謂之爲'娥姜水'，以泉源爲舜妃娥英廟故也。"宋曾鞏《齊州二堂記》中始有趵突之名，云："自（渴馬）崖以北，至歷城之西，蓋五十里，而有泉湧出，高或至數尺，其旁之人名之曰'趵突'之泉。"又，《趵突泉》詩："滋榮冬茹溫常早，潤澤春茶味更真。"宋蘇轍《檻泉亭》詩："連山帶郭走平川，伏澗潛流發湧泉。"宋敖陶孫《再用韻酬陳秘校來詩有擊楫清中原之志故中間多及之》詩："齊紈魯縞我山東，指日戎車會于濼。"金元好問《濟南行記》："爆流泉，在城之西南……又立檻泉坊。"元張養浩《趵突泉》詩："三尺不消平地雪，四時嘗吼半天雷。"《正字通·足部》："趵，跳躍貌；突，出現貌。"明晏璧《濟南七十二泉》詩："濟南七十泉流乳，趵突獨稱第一泉。"明汪廣洋《趵突泉》詩："濟南泉有七十二，趵突泉當第一流。"清施閏章《趵突泉送嚴子餐都諫北還》詩："傳聞此泉來王屋，伏流倒湧歷山麓。寒光噴雪復飛雲，大聲奔雷小碎玉。"清任弘遠《趵突泉志》："此泉出現跳躍，下直上出，故名趵突云。"清蒲松齡《趵突泉賦》："海内之名泉第一，齊門之勝地無雙。"清王鍾霖《第一泉記》引齊郡唐際武云："吾行幾遍天下，所謂第一、第二泉者，皆不及吾濟諸泉，惜陸羽未品之耳。"清玄燁《趵突泉》詩："突兀泉聲湧净波，東流遠近浴羲和。"康熙親品泉水後，加封趵突泉爲"天下第一泉"。清顧我錡《趵突泉》詩："流丹百仞映涯涘，飛沫萬點噴簪檻。"濟南古亦曾稱"歷城"，城西南爲"濼"，即趵

突泉，西北爲大明湖，南有歷山（今千佛山），北有陂，城中東北有池。"瀆"字出自《爾雅》："江、淮、河、濟爲四瀆。""趵突泉"爲濟瀆源頭之一；又因濟南土語一直將"突"發音爲"瀆"，故謂之"爆瀆泉"。參閱清岳濬等《山東通志・疆域・山川》、清楊守敬《水經注圖・歷城圖》。

【檻泉】[2]

即趵突泉。此稱先秦已行用。見該文。

【瀑】

即趵突泉。此稱先秦已行用。見該文。

【瀑水】

即趵突泉。此稱先秦已行用。見該文。

【娥姜水】

即趵突泉。此稱北魏已行用。見該文。

【爆流泉】

即趵突泉。此稱金代已行用。見該文。

妬女泉

泉名。在山西平定縣東。泉色青碧。傳說婦人艷服遇此，必興雨雹，故稱。南朝梁任昉《述異記》卷上："并州妬女泉，婦人不得艷妝彩服至其地，必興雲雨。"《太平廣記・神一》："并州石艾、壽陽二界，有妬女泉，有神廟。泉瀑水深沈，潔澈千丈。"明李維楨等《山西通志》："樂平郡有妬女泉及祠。"參閱唐張鷟《朝野僉載》。

滋泉

泉名。亦作"玆泉"。在渭水，傳爲姜太公垂釣處。《呂氏春秋・謹聽》："太公釣於滋泉，遭紂之世也，故文王得之而王。"北魏酈道元《水經注・渭水一》："渭水之右，磻溪水注之。水出南山玆谷，乘高激流，注於溪中。溪中有泉，謂之玆泉。泉水潭積，自成淵渚……即《呂氏春秋》所謂太公釣玆泉也。"唐李世民《秋暮言志》詩："抽思滋泉側，飛想傳巖中。"明王恭《題林能畫竹》詩："白頭已遂滋泉釣，擬待秋風寄一枝。"

【玆泉】

同"滋泉"。此體北魏已行用。見該文。

貪泉

泉名。亦稱"廣州泉"。在廣州市西北之石門，今南海區境內。俗亦稱"石門水""沈香浦""投香浦"。相傳飲此水則生貪。《晋書・吳隱之傳》："地名石門，有水曰貪泉，飲者懷無厭之欲。隱之既至，語其親人曰：'不見可欲使心不亂，越嶺喪清，吾知之矣。'乃至泉所，酌而飲之，因賦詩曰：'古人云此水，一歃懷千金。試使夷齊飲，終當不易心。'"北魏荀濟《贈陰梁州》詩："驅車趨折坂，匡坐酌貪泉。"唐王勃《滕王閣序》："酌貪泉而覺爽，處涸轍以猶歡。"宋范仲淹《酬和黃太傳》詩："酌以廣州泉，不易伯夷志。"參閱《世說新語・德行》"吳道助附子兄弟居丹陽"南朝梁劉孝標注引《晋安帝紀》。

【廣州泉】

即貪泉。此稱宋代已行用。見該文。

愚泉

泉名。亦稱"冉溪""愚溪"。在湖南零陵愚溪東北。唐柳宗元貶謫至此，自嘲"以愚觸罪"，故更冉溪之名爲愚溪。愚溪旁所買丘命名爲愚丘，所買泉稱爲愚泉。凡六泉眼，皆出山下平地。宋汪炎昶《次韻補柳子厚八愚・咏愚泉》詩："詎知愚所樂，適與智者同。"宋祝穆《方輿勝覽》卷二五："愚丘東北行六十步得泉焉，又買居之爲愚泉，愚泉凡六穴皆出山下平地，蓋上出愚也。"明周倫《易州有本亭作》詩："愚泉意殊薄，蘭亭樂堪擬。"參閲《愚溪詩序》。

除泉

泉名。在湖南郴州。相傳其水冷暖各半，分除不同，故稱。北魏酈道元《水經注·耒水》："〔除泉〕水出縣南湘陂村。村有圓水，廣圓可二百步，一邊暖，一邊冷。冷處極清緑，淺則見石，深則見底；暖處水白且濁。玄素既殊，涼暖亦異，厥名除泉，其猶江乘之半湯泉也。"清屈大均《廣東新語·水語》："冷處清緑甚深，暖處白而渾，玄素既殊，涼燠亦異，是名除泉，亦猶江乘之半湯泉也，此皆五金八石之水所分也。"清徐國相等《湖廣通志》："厥名除泉，其猶江乘之半湯泉也。"參閲元趙文《八聲甘州·胡存齋除泉府大卿》。

盗泉

古泉名。故址在山東泗水縣境。傳説孔子、曾子因惡其名，皆不飲其水。《尸子》："〔孔子〕過於盗泉，渴矣而不飲，惡其名也。"《淮南子·説林訓》："曾子立廉，不飲盗泉。"晋陸機《猛虎行》："渴不飲盗泉水，熱不息惡木陰。"《後漢書·列女傳》："河南樂羊子之妻者，不知何氏之女也。羊子嘗行路，得遺金一餅，還以與妻。妻曰：'妾聞志士不飲盗泉之水，廉者不受嗟來之食，况拾遺求利以污其行乎！'羊子大慚，乃捐金於野，而遠尋師學。"唐李白《贈宣城宇文太守兼呈崔侍御》詩："迴車避朝歌，掩口去盗泉。"《舊唐書·趙隱王徽等傳論》："徽志吐盗泉，脱身虎口，功名不墜，君子多之。"元程自修《王猛墓》詩："君不見渴虎不

飲盗泉水，始吾虞君今已矣。"明劉炳《百哀詩（六十七首并序）》其四十八："渴不飲盗泉，饑或借鄰米。"清彭孫貽《猛虎行》詩："寧酌盗泉水，不飲洗耳流。"參閲清穆彰阿等《大清一統志·兖州府·山川》。

雙蟹泉

泉名。在福建莆田南壺公山上，出石穴中。傳説水脉通海，視潮盈縮。中宛若有雙蟹，故稱。宋方信孺《卓錫泉》詩："欲識海潮連地脉，祇今雙蟹出泉中。"參閲清顧祖禹《讀史方輿紀要·福建二》。

懸泉水

泉名。在甘肅敦煌市東。唐李吉甫《元和郡縣圖志·肅州》："懸泉水，在縣東一百三十里。出龍勒山腹，漢將李廣利伐大宛還，士衆渴乏，引佩刀刺山，飛泉湧出，即此也。水有靈，車馬大至即出多，小至即出少。"唐包佶《答竇拾遺卧病見寄》詩："瓶開枸杞懸泉水，鼎鍊芙蓉伏火砂。"元張撝《初夏》詩："便汲懸泉水，閒烹廢寺茶。"《甘肅通志》卷六："懸泉水，在敦煌縣東一百三十里，出懸泉山。"

酒泉

泉名。位於酒泉市，古城以泉得名。《左傳·莊公二十一年》："虢公爲王宫于玤，王與之酒泉。"《史記·衛將軍驃騎列傳》："遂開河西酒泉之地，西方益少胡寇。"晋趙整《酒德歌》："地列酒泉，天垂酒池。"晋司馬彪《九州春秋》："地列酒泉之郡，人有旨酒之德，故堯不千鍾無以成其聖。"《宋書·符瑞志下》："晋武帝泰始二年六月壬申，白鴿見酒泉延壽，延壽長王音以獻。"《藝文類聚·水部》："應劭《漢官儀》曰：酒泉城下有金泉，泉味如酒，故

曰酒泉。"唐杜甫《飲中八仙歌》:"道逢麴車口流涎,恨不移封向酒泉。"宋陸游《予以淳熙戊戌歲自蜀歸時年五十四今三十有二年矣猶復強健得小詩自賀》詩:"入玉門關到酒泉,昔人想望若登天。"《文獻通考·物異考》:"三年自秋至明年春,酒泉表氏地八十餘動,湧水出,城中官寺民舍皆頓,縣易處,更築城郭。"明王世貞《涼州曲》其一:"聞道酒泉香似酒,不煩銀甕貯葡萄。"清史善長《進嘉峪關》詩:"酒泉明日到,小憩盡殘杯!"

廣孝泉

泉名。在山西永濟市東南。城中有舜井兩眼,南北相通。其他井脉皆鹹,此水獨甘。宋大中祥符四年(1011),真宗車駕臨觀,賜名廣孝泉。《續資治通鑑長編·宋真宗大中祥符四年》:"幸舜廟,賜舜井名廣孝泉,親作贊。"宋羅泌《路史》卷一一:"觀賜泉名,廣孝泉,蒲頻河地鹵水鹹,此獨甘美。"元王思誠《河中形勝》詩:"朱甍傑構重華殿,翠琰穹題廣孝泉。"清穆彰阿等《大清一統志·蒲州府一》:"宋大中祥符四年,駕如汾陰,賜名廣孝泉,命王欽若撰碑文。"

廉泉

泉名。廉或作"濂"。同名者有多處,本卷謂之廉泉,位於江西,被稱爲"章貢第一泉"。宋徐鉉《送錢先輩之虔州》詩:"贛石連雲秀,廉泉帶月秋。"宋蘇軾《虔守霍大夫監郡許朝奉見和復次前韻》詩:"贛水雨已漲,廉泉春未流。"宋趙必大《和張竹處韻餞陳匜峰之濂泉》詩:"庭草池蓮總春意,詩人只合住濂泉。"明王鏊《送同年何汝玉知贛州府》詩:"章貢今朝人盡喜,廉泉先已爲君清。"清余治《得一錄》:

"或酌廉泉之水,挹注成渠,或分懸杖之錢,百千慨助,總期多多之益善。"

雲母泉

泉名。位於湖南華容縣。唐李華《雲母泉》詩序:"洞庭湖西玄石山,俗稱墨山。山南有佛寺,倚松嶺。松嶺下有雲母泉。泉出石,引流分渠,周遍庭宇。發源如乳渾,末派如淳漿,烹茶、析蒸、灌園、漱齒皆用之,大浸不盈,大旱不耗。"宋祝穆《方輿勝覽·岳州》曰:"雲母泉,在華容大雲寺。"明萬曆《華容縣志》:"自墨山而出,爲雲母泉,溉田數十畝。唐故有大雲寺。"

阪泉

北方乾旱少雨,有泉水的地方常常就是人們聚居處,故常以泉名作區域的地名。《列子·黃帝》:"黃帝與炎帝戰於阪泉之野,帥熊、羆、狼、豹、貙、虎爲前驅,雕、鶡、鷹、鳶爲旗幟。"《大戴禮記·五帝德》:"(黃帝)與赤帝(炎帝)戰於阪泉之野,三戰,然後得行其志。"按,阪泉其地所在有三說。一說,在山西解州。宋沈括《夢溪筆談·辯證一》:"解州鹽澤方一百二十里。久雨,四山之水悉注其中,未嘗溢;大旱未嘗涸。鹵色正赤,在阪泉之下,俚俗謂之蚩尤血。"另說,在今河北省涿鹿縣。《史記·五帝本紀》:"以與炎帝戰於阪泉之野。"張守節正義引《括地志》曰:"阪泉,今名黃帝泉,在媯州懷戎縣東五十六里。"另說,在今北京市延慶區。唐李泰《括地志》:"阪泉,今名黃帝泉,在媯州懷戎縣東五十六里。"媯州因媯水河而得名。媯水河是永定河的支流,發源於北京延慶區永寧鎮上磨村黃龍潭和黑龍潭,流嚮自東向西,匯入官廳水庫。今延慶區張山營鎮有兩個村莊，分別叫上板泉和下板泉。它們在過去原本是一個村莊，叫作阪泉村。這裏平地出泉，附近有大小泉眼十幾個，即使在冬季，依然有極大的水量。

瀑　溜

瀑 [2]

從陡崖下落之水。北魏酈道元《水經注·廬江水》："水道雙石之中，懸流飛瀑，近三百許步，下散漫十許步，上望之連天，若曳飛練於霄中矣。"《集韻·屋韻》："瀑，懸水。"唐徐堅《初學記·歲時部》："瀑流還響谷，猿啼自應虛。"宋賾藏主《古尊宿語録》："智辯猶雷發，雲漢瀑瀉懸崖。"金王世昌《過華州》詩："拔地三峰冷翠微，落岩飛瀑噴珠璣。"明袁宏道《飲渭南郭外水亭》詩："清響落銀塘，崖高瀑自長。"《徐霞客游記·游雁宕山日記》："乃下山涉溪，回望洞之右脅，崖卷成罅，瀑從罅中直墜，下搗於圓坳，復躍出坳成溪去。"清王鳴雷《題頓公鐵壁崖》詩："瀑高千尺水，秋落萬重雲。"

【瀑布】

即瀑。亦稱"瀑水""瀑溜""瀑流""瀑練"。從懸崖陡壁傾瀉而下之水流。狀如垂布，

古畫中的瀑布、玉簾、天紳、水屏、飛溜、龍湫、懸流等

故稱。晋孫綽《游天台山賦》："赤城霞起而建標，瀑布飛流以界道。"南朝梁蕭綱《招真館碑》："瀑水懸流，雜天河而俱灑。"唐劉斌《咏山》："石梁高鳥路，瀑水近天河。"唐上官婉兒《游長寧公主流杯池二十五首》其七："瀑溜晴疑雨，叢篁晝似昏。"唐李白《蜀道難》詩："飛湍瀑流争喧豗，砯崖轉石萬壑雷。"唐陸龜蒙《奉酬襲美先輩吳中苦雨》詩："千家漾瀑練，忽似好披拂。"宋范祖禹《送道純歸南康》詩其一："晴空天池溢，瀑布銀河翻。"元梁信《游白鶴觀》詩："羅浮瀑布九百八，惟是五龍潭水清。"明鄭岳《玉泉院對華峰有懷見素大司寇》詩："懸巖瀑溜垂千條，流出亂石如素練。"《水滸傳》第一回："瀑布斜飛，藤蘿倒掛。"清陳子升《破寺》詩："瀑水交流山路斷，蕭蕭孤寺半峰藏。"清屈大均《明月寺作》詩："萬壑梅花亂，千峰瀑布流。"清閔麟嗣《空水閣》詩："欲窮瀑水源，峽束忽無路。"參閲清梅清《黄山圖軸》。

【瀑水】

即瀑布。此稱南朝梁已行用。見該文。

【瀑流】

即瀑布。此稱唐代已行用。見該文。

【瀑溜】 [1]

即瀑布。此稱唐代已行用。見該文。

【瀑練】

即瀑布。此稱唐代已行用。見該文。

【布水】

即瀑。亦稱“垂水”“布泉”。瀑布的代稱。唐李邕《嵩嶽寺碑》：“菱鏡漾於玉池，金虬飛於布水。”唐柳宗元《零陵三亭記》：“爰有嘉木美卉，垂水藂峰，瓏𤥿蕭條。”宋陳善《捫虱新話・論孟子之書有巧妙處》：“吾謂此一章如布泉懸水，下注萬仞，怒沫狂瀾，乍起乍伏，澒洞洶湧。”宋朱熹《再用韻題翠壁》詩：“翠壁何年懸布水，緑陰經雨墮危花。”元貢師泰《天台林氏山齋瀑布泉》詩：“怒驅萬壑雷，散作半空雪。”《永樂大典殘卷》卷一二〇四三：“緑楊萬縷垂水涓，小桃破萼嬌睛姿。”清蔣士銓《開先瀑布》詩：“銀花下散布水臺，混沌鑿破山根限。”

【垂水】

即布水。此稱唐代已行用。見該文。

【布泉】

即布水。此稱宋代已行用。見該文。

【水簾】

即瀑。亦作“水嗛”，亦稱“玉簾”。瀑布的别名。如垂簾之水，故稱。唐沈彬《蔴姑山》詩：“花洞路中逢鶴信，水簾巖底見龍眠。”又見唐柳宗元詩《界圍巖水簾》。宋范成大《甘雨應祈三絶》詩：“今朝健起巡簷看，恰似廬山看水簾。”宋王沂孫《摸魚兒》詞：“玉簾寒翠痕微，浮空清影零碎。”金元好問《游黄華山》詩：“黄華水簾天下絶，我初聞之雪溪翁。”明鄧雲霄《游衡山詩十二首》詩其九：“水簾斜掛黄姑渚，天柱高撑白玉樓。”清閻若海《題大上方》詩：“潭落水嗛成瀑布，石漂星渚像支機。”

【玉簾】

即水簾。此稱南朝梁已行用。見該文。

【水嗛】

同“水簾”。此體清代已行用。見該文。

【天紳】

即瀑布。亦稱“泉紳”。紳，下垂之帶，喻瀑布。唐韓愈《送惠師》詩：“是時雨初霽，懸瀑垂天紳。”又，《答張徹》詩：“泉紳拖修白，石劍攢高青。”唐陸龜蒙《奉和襲美太湖詩二十首・上真觀》詩：“松蓋蔭日車，泉紳垂天鱒。”宋蘇軾《次韻王定國得潁倅二首》詩其一：“一噫固應號地籟，餘波猶足掛天紳。”元王奕《水簾洞》詩：“密織多因雨綫添，泉紳高掛月鈎纖。”元揭傒斯《游麻姑山五首・飛練亭》：“神工擲天紳，掛之兩崖間。”明蘇葵《同前奉和江景吴寅長韻》詩：“啼鳥四郊張野樂，垂虹一道落天紳。”清顧我錡《趵突泉》詩：“吾聞匡廬瀑，天紳倒掛雙峰麓。”

【泉紳】

即天紳。此稱唐代已行用。見該文。

【水屏】

喻指瀑布。如水構之屏障，又若水之屏風，故稱。唐吴融《奉和御製》詩：“玉漱穿城水，屏開對闕山。”宋趙蕃《寄李晦庵》詩：“水屏供倦息，枕流絶緇磷。”明王思任《雁蕩山記》：“從左嶺繞下，一溪頭瀉八尺水屏，聲聲月佩。”

【玄泉】

即瀑。亦作“懸泉”。玄，通“懸”。漢張衡《東京賦》：“陰池幽流，玄泉洌清。”薛綜注：“水色黑，故曰玄泉。”唐舊藏本《古文苑・班固〈終南山賦〉》：“玄泉落落，密蔭沈沈。”章樵注：“玄泉，瀑布泉也。”唐韋應物《尋簡寂觀瀑布》詩：“躡石攲危過急澗，攀崖迢遞弄懸泉。”唐孟郊《送草書獻上人歸廬山》

詩之二："手中飛黑電，象外瀉玄泉。"宋劉敞《和楊彦文嵩山》詩："懸泉落崖瀉萬丈，震雷發地聲隆隆。"元馬祖常《壯游八十韻》詩："飛閣舒鳥翼，懸泉瀉珠琲。"明黄玠《高伯雨苕溪漁隱歌》："吾聞天目山中乃有千尺之懸泉，下赴大谷爲奔川。"清屈大均《王夫人殉節》詩："玄泉引杳冥，素華四相濺。"一説，黑泉，深暗的泉水。

【懸泉】²

即玄泉。此體唐代已行用。見該文。

【立泉】

即瀑。漢班固《終南山賦》："傍吐飛瀨，上挺修林，立泉落落，密蔭沈沈。"《通雅·地輿》："立泉，瀑布也。"參閱"玄泉"。宋晁公遡《中巖十八咏·玉泉亭》詩其十："徘徊立泉上，誰敢酌寒清。莫解金鑿落，且聽玉琤琮。"

【瀑布泉】

即瀑布。亦作"泉瀑"，省稱"瀑泉"。唐白居易《繚綾·念女工之勞也》詩："應似天台山上月明（一作明月）前，四十五尺瀑布泉。"仇兆鰲注引《山海經》："廬山有瀑布泉。"唐太宗《下鹿苑寺》詩："雨花石上成玞坐，瀑布泉邊悟水觀。"唐杜甫《陪鄭廣文游何將軍山林》詩之六："風磴吹陰雪，雲門吼瀑泉。"宋梅堯臣《送天台李令庭芝》詩："雲雷反在下，泉瀑反在上。"清李斗《揚州畫舫録·岡東録》："橋外修竹斷路，瀑泉吼噴，直穿巖腹，分流竹間。"

【瀑泉】

即瀑布泉。此稱唐代已行用。見該文。

【泉瀑】

即瀑布泉。此體宋代已行用。見該文。

【淙瀨】

瀑布的代稱。單稱"淙"。南朝梁沈約《守山東》："萬仞倒危石，百丈注玄淙。"唐戴公懷《奉和郎中游仙山四瀑泉》詩："淙瀨瀉三四，奔騰千萬秋。"宋歐陽修《廬山高贈同年劉中允歸南康》詩："千巖萬壑響松檜，懸崖巨石飛流淙。"宋戴侗《六書故·地理三》："淙，飛流也。"清李斗《揚州畫舫録·岡東録》："是園聱巧石，磊奇峰，瀦泉水，飛出巔崖峻壁，而成碧淀紅渟，此石壁流淙之勝也。"

【淙】

即淙瀨。此稱南朝梁已行用。見該文。

【洩】

瀑布的俗語稱謂。其稱得自洩溪，溪在浙江諸暨境内，有五級瀑布次第下洩，因稱。北魏酈道元《水經注·浙江水》："溪廣數丈，中道有兩高山夾溪，造雲壁立，凡有五洩……望若雲垂，此是瀑布，土人號爲洩也。"

【飛瀑】

即瀑。亦稱"飛泉"。亦有古人言飛泉，實爲飛瀑。如飛而下，故稱。唐司空圖《詩品·典雅》："眠琴綠陰，上有飛瀑。"南朝陳江總《明慶寺》詩："幽厓聳絕壁（《文苑》作壑），洞穴瀉飛泉。"明袁宏道《越中雜記·五泄》："飛瀑從巖顛掛下，雷奔海立，聲聞數里，大若十圍之玉。"

【飛泉】²

即飛瀑。此稱南朝陳已行用。見該文。

【飛溜】

即瀑布。亦稱"山溜""瀑溜""激溜"。晉陸機《招隱》詩："山溜何泠泠，飛泉漱鳴玉。"北魏酈道元《水經注·溫水》："其崖小水羃麗，常吐飛溜，或雪霏沙漲，清寒無底。"唐元結《招陶別駕家陽華作》詩："巖高曖華陽，飛溜何潺潺。"唐王勃《益州綿竹縣武都山净惠寺碑》："飛泉瀑溜，蕩滌峰崖。"唐理瑩《送戴三徵君還谷口舊居》詩："層崖懸瀑溜，萬壑振清飆。"宋蘇軾《徑山道中次韻答周長官兼贈蘇寺丞》詩："空巖側破甕，飛溜灑浮磬。"宋周密《志雅堂雜鈔·圖畫碑帖》："雲錦淙者，蓋激溜攢衝，傾石叢倚，鳴湍疊躍，噴若風雷，詭暉分麗，焕如雲錦。"

【山溜】

即飛溜。此稱晋代已行用。見該文。

【瀑溜】[2]

即飛溜。此稱唐代已行用。見該文。

【激溜】

即飛溜。此稱宋代已行用。見該文。

【懸水】

瀑布的别名。亦稱"懸瀨""懸淙""懸布"。《孔子家語·致思》："孔子自衛反魯，息駕於河梁而觀焉。有懸水三十仞，圜流九十里，魚鼈不能道，黿鼉不能居。"南朝梁陶弘景《水仙賦》："絕壁飛流，萬丈懸瀨。"南朝梁沈約《被褐守山東》詩："萬仞倒危石，百丈注懸淙。"唐孟郊《擢第後東歸書懷獻座主吕侍御（一作郎）》詩："舊游期再踐，懸水得重抱。"宋范成大《龍門峽》詩："瀑流懸布不知數，亂落嵌根飛百雨。"元大欣《黄河阻風》詩："九域重尋禹迹荒，喜聽懸水夜浪浪。"清張文光《聞僧話浙東山水》詩："峭壁遥懸水，長松半掛藤。"

【懸瀨】

即懸水。此稱南朝梁已行用。見該文。

【懸淙】

即懸水。此稱南朝梁已行用。見該文。

【懸布】

即懸水。此稱宋代已行用。見該文。

【懸流】

即瀑布。亦稱"懸溜"。晋郭璞《江賦》："淵客築室於巖底，鮫人構館於懸流。"晋陶潛《祭從弟敬遠文》："淙淙懸溜，曖曖荒林。"北魏酈道元《水經注·澬水》："澬水又南，懸流奔壑，崩注丈餘，其下積水成潭。"唐駱賓王《宿山莊》詩："林虛宿斷霧，礙險掛懸流。"宋劉敞《大雨行》詩："日中驟雨海上來，懸流滂沱正奔猛。"金趙秉文《游崆峒四絕》詩其四："只欠懸流二千尺，天風吹下翠屏山。"明沈德符《野獲編·河漕·吕梁洪》："孔子觀瀾處，稱爲懸流三千仞，流沫四十里者，即其地也。"清俞樾《茶香室三鈔·杭嘉水路古今不同》："唐以前，自杭至嘉，皆懸流。"

【懸溜】

即飛溜。此稱晋代已行用。見該文。

【懸河】

即瀑布。《宋書·樂志》："夜光徹地，翻霜照懸河。"北魏酈道元《水經注·清水》："瀑布乘巖，懸河注壑，二十餘丈。"唐赵符道者《毗盧印》詩："天中慈月三峰逈，指外懸河萬派深。"宋范浚《李修撰哀輓二首》："矯首西山下，懸河淚已傾。"元貢奎《度吕梁洪》詩："吕梁開險關，懸河傾奔號。"明劉竑《次前韻》詩："花擅佳山水，懸河飛巉蠹。"清施騰輝《送陳香谷明府入蜀》詩："雲棧排空擁雪行，懸河百丈落灘聲。"今多指地上河，如黄河下游段。

【龍湫】

即瀑。《隋書·禮儀志一》:"鹿角生於楊樹，龍湫出於荆谷。"唐杜荀鶴《送吳蜕下第入蜀》詩:"鳥徑盤春靄，龍湫發夜雷。"五代貫休《諾矩羅贊》詩:"雁蕩經行雲漠漠，龍湫宴坐雨濛濛。"元李孝光《龍湫行送軒宗冕歸山》詩:"大龍湫，小龍湫，青天倒瀉銀河流。"明張自烈《正字通·水部》:"湫，懸瀑水曰龍湫。"清顧炎武《五臺山記》:"北臺最高，後人名之葉斗峯。有龍湫，其東二十里爲華嚴嶺。"參閲宋沈括《夢溪筆談·雁蕩山》。一説，上有懸瀑下有深潭，謂之龍湫。

冰瀑

挾冰而下的瀑布。宋釋惟鳳《與行肇師宿廬山棲賢寺》詩:"宿廬山棲賢寺，冰瀑寒侵室，圍爐静話長。"宋李昂英《蒲澗滴水巖觀瀑》:"冰瀑簾雨後籠山潤，不許塵埃俗耳聽。"明王弘誨《水簾洞》詩:"幽洞懸流作雨飛，一簾冰瀑濺珠璣。"明成鷲《仙牛嶺阻雪即事》詩其六:"猿投斷澗敲冰瀑，鳥宿危巢擁氄衣。"明黄道周《黄石齋先生大滌函書·集録》:"太白峰西冰瀑飛。"清魏源《天台石梁雨後觀瀑歌》:"雨瀑、月瀑那如冰瀑妙……前冰已裂後冰乘，一日玉山百頽倒。"

廬山瀑布

瀑布名。位於江西九江。廬山瀑布群的主要瀑布有三叠泉瀑布、開先瀑布、石門澗瀑布、黄龍潭和烏龍潭瀑布、王家坡雙瀑和玉簾泉瀑布等。唐李白《望廬山瀑布》詩:"日照香爐生紫烟，遥看瀑布掛前川。飛流直下三千尺，疑是銀河落九天。"宋范仲淹《廬山瀑布》詩:"萬丈巖崖坼，一道林巒濕。"元吾丘衍《觀水》詩:"憑誰掛起三千尺，試作廬山瀑布看。"明王恭《送衲子游方》詩:"蜀道峨眉遠，廬山瀑布懸。"清屈大均《三叠泉》詩:"廬山瀑布皆千尺，三叠飛泉勢更長。"

三叠泉

瀑布名。又稱"三叠泉"。位於江西廬山風景區中。瀑水由大月山、五老峰的澗水匯合，從大月山流出，經過五老峰背，由北崖懸口注入大磐石上，又飛瀉到二級大磐石，再噴灑至三級磐石，形成三叠，故名。南宋紹熙辛亥（1191），三叠泉纔被人發現。宋劉過《觀三叠泉》詩:"一朝何事失扃鑰，樵者得之人共傳。"宋白玉蟾《三叠泉》詩:"九層峭壁劃青空，三叠鳴泉飛暮雨。"明胡應麟《夜泊金閶寄奠王敬美先生八首》詩其六:"九疑峰憶帆前墮，三叠泉猶杖底鳴。"清屈大均《追答王學士〈廬山篇〉見贈之作》詩:"淵明醉石横溪邊，九叠屏風三叠泉。"清陳廷敬《午亭文編》卷七:"五老峰邊三叠泉，飛流三叠落九天。"

黄果樹瀑布

瀑布名。位於中國貴州鎮寧縣，屬珠江水系西江幹流南盤江支流、北盤江支流打幫河的支流可布河下游白水河段水系，爲黄果樹瀑布群中規模最大的一級瀑布。瀑布高度爲77.8米，其中主瀑高67米；瀑布寬101米，其中主瀑頂寬83.3米。黄果樹瀑布最早見諸文字，是明朝弘治年間的《貴州圖經新志》，其次是明嘉靖年間的《貴州通志》《貴州山泉志》和《貴州名勝志》。曾名"黄葛墅""黄桷樹""白水河"。黄果樹瀑布之名始於明代旅行家徐霞客。《徐霞客游記·黔游日記一》:"透隴隙南顧，則路左一溪懸搗，萬練飛空，溪上石如蓮葉下覆，中剜三門，水由葉上漫頂而下，如鮫綃萬幅，橫罩門外，直下者不可以丈數計，搗珠崩玉，飛沫反湧，如煙霧騰空，勢甚雄屬；所謂'珠簾鈎不卷，匹練掛遙峰'，俱不足以擬其壯也。"

明謝三秀《疊水上小憩因作短歌》："素影空中飄匹練，寒聲天上落銀河。"清田雯《白水河放歌》："銀漢倒傾三疊而後下，玉虹飲澗百丈那可探。"

井　甃

井 [3]

一種用來從地下取水的垂直形態的深洞，古代居民生活之必備。亦作"水井""泉井"。古傳由伯益發明。井水來自地下活水，分潛水脉和承壓水脉兩種補給，後者更清澈甘冽。《周易·井》："改邑不改井。"孔穎達疏："古者穿地取水，以瓶引汲，謂之爲井。"《周易·井》："《象》曰：木上有水，井。"孔穎達疏："井之爲義，汲養而不窮。"先秦卜子夏《易傳》："君子保德，猶井之不渝也，德遷而及民養而不窮，井之德也，施而不求其報，君子之義也。"晉左思《招隱詩二首》其二："前有寒泉井，聊可瑩心神。"南朝梁湯僧濟《咏渫井得金釵》詩："昔日倡家女，摘花露井邊。"唐白居易《井底引銀瓶》詩："井底引銀瓶，銀瓶欲上絲繩絕。"五代毛文錫《贊成功》詞："昨夜微雨，飄灑庭中，忽聞聲滴井邊桐。"宋朱熹《讀機仲景仁別後詩語因及詩傳綱目復用前韻》詩："解頤果值得水井，鑑古亦會朝宗川。"元王禎《農書·農器圖譜集·灌溉門》："井，穴地出水也。《説文》曰'清也'。故《易》曰：'井冽寒泉食。'甃之以石，則潔而不泥；汲之以器，則養而不窮。井之功大矣！按，《周書》云'黃帝穿井'。又，《世本》云'伯益作井'。"明袁可立《陳發兵出海之期疏》："且三岔沃野百里，井泉茂林，即

充國之金城不是過之。"明文震亨《長物志·鑿井》："鑿井須於竹樹之下，深見泉脉，上置轆轤引汲，不則蓋一小亭覆之。"

【泉井】 [2]

即井 [3]。此體晉已行用。見該文。

【水井】

即井 [3]。此體宋代已行用。見該文。

【幕井】

即有蓋之井。古亦指軍用井。語出《周易·井》："井收勿幕。"按，井口爲收，遮蓋爲幕。唐杜甫《秦州雜》詩十九："候火雲峰峻，懸軍幕井乾。"仇兆鰲注引盧世㴶曰："凡軍旅所在，必資井泉。漢時耿恭整衣拜井，水泉湧出。曰'幕井乾'，水竭可知。"清連斗山《周

水　井
（明宋應星《天工開物》）

易辨畫》：“幕井蓋也，不汲，則掩之。”《香艷叢書·十國宮詞》：“宋兵入城，繼衝以肩輿幕井上，給內人入輿，多墮井死。”一本作“暮井”。

【涼潭】

“井”的代稱。唐賈島《題山寺井》詩：“藏源重嶂底，澄翳大空隅。此地如經劫，涼潭會共枯。”明張寧《柳塘爲吳江題》詩：“青藜杖緩簹陰合，白苧衣涼潭氣清。”清王采薇《幻夢》詩：“鶴度涼潭去，鐘穿薄霧來。”

【玉井】[1]

井的美稱。晋葛洪《抱朴子內篇·微旨》：“玉井泓邃，灌溉匪休。”南朝梁謝舉《凌雲臺》詩：“勢高凌玉井，臨迴度金波。”唐羅隱《臺城》詩：“玉井已乾龍不起，金甌雖破虎曾爭。”宋梅堯臣《晨起》詩：“玉井傳新汲，金爐換宿灰。”金元好問《鷓鴣天》詞：“醉來獨跨蒼鸞去，太華峰高玉井寒。”明王世貞《支簡亭學憲謝病歸間訊之》詩：“清秋五嶺倦炎蒸，一疏天回玉井冰。”清朱彝尊《七月晦日賜藕恭紀》詩之一：“白蒻金門教遍及，青泥玉井訝新淘。”

【二八】

“井”之隱稱。爲“二八三八”之省，合爲“五八”，與井字由“四十”組成相契，因稱。宋邵博《聞見後錄》：“錢昭度有《食梨》詩云：‘西南片月充腸冷，二八飛泉繞齒寒。’予讀《樂府解題》‘井謎’云：二八三八，飛泉仰流。蓋二八三八爲五八，五八四十也，四十爲井字。”

录

用支架或轆轤從井下汲水。抑或井中汲水的裝置。逐演化爲録取、録用、采録等含義。录的甲骨文上部表井的汲水支架，下部像裝水之器。字形表示用支架和水袋或陶罐從井里打水。有的甲骨文將水袋寫成裝滿水的形狀，水袋中的一點表示袋中有水，或表示濕漉漉的水袋底部滴着水。

“录”（甲骨文）
（坊間3·70）

甃[1]

本指井壁，代稱井。語出《易·井》：“甃無咎。”干寶注：“以磚壘井曰甃。”《説文·瓦部》：“甃，井壁也。”南朝宋鮑照《侍郎報滿辭閣疏》：“身弱涓甃，地幽井谷。”唐杜甫《解悶詩十二首》詩十一：“翠瓜碧李沈玉甃，赤梨蒲萄寒露成。”宋文同《琵琶泉》詩：“古蘚甃碧潤，寒泉灑清滴。”金趙秉文《游晋祠》詩：“素月落圓甃，青天入方塘。”明沈鯨《雙珠記·遇淫持正》：“只見那石甃一泓清，晃然玉檻玲瓏映。”清吳偉業《偕穆苑先孫浣心葉子聞允文游石公山盤龍石梁寂光歸雲諸勝》詩：“石困封餱糧，天厨甃涓潔。”參閲南朝梁張縞《籠樓寺碑》。一説，以磚壘井。甃，亦治也。

【井甃】

指用磚石砌成的井壁。單稱“甃”。也作修井之意。《周易·井》：“井甃無咎。”孔穎達疏引《子夏傳》：“甃，亦治也。以塼壘井，修井之壞，謂之爲甃。”《莊子·秋水》：“入休乎缺甃之崖。”成玄英疏：“甃，井中累磚也。”南朝梁沈約《郊居賦》：“決渟洿之汀濚，塞井甃之淪坳。”唐李商隱《井泥四十韻》詩：“他日井甃畢，用土益作堤。”宋翁宏《句》詩：“漏光殘井甃，缺影背山椒。”元俞琰《周易集説》：“井甃無咎，修井也，物壞然後修，修然後完，井壞而甃完之，則舊井爲新井矣。”明張天賦

《題蕉溪井因復過蕉溪而作》詩："願加井甃功，井井期蟬聯。"清陳元龍《格致鏡原》引唐徐堅《初學記・地部下》："井甃，聚磚修井也。"清曹寅《使院種竹》詩："井甃既加甓，小徑通軒前。"

【甃】[2]

即井甃。此稱先秦已行用。見該文。

【甏】

磚砌井壁。《漢書・陳遵傳》："一旦壞礙，爲甏所輨。"顏師古注："甏，井以磚爲甃者也。"宋陳師道《次韻蘇公西湖徙魚三首》詩其三："同生異趣有如此，瓶懸甏間終一碎。"《集韻》："井以瓴爲甃者。"明楊慎《辯義井》詩："且從投轄飲，休傷輨甏賦。"

玉甃 [2]

井的美稱。唐李嶠《井》詩："玉甃談仙客，銅臺賞魏君。"唐杜甫《解悶・十二首》詩其十一："翠瓜碧李沈玉甃，赤梨葡萄寒露成。"宋文彥博《井上桐》詩："發華臨玉甃，倒影覆銀牀。"宋曾豐《陳良臣之子正功肯學能文求余印可》詩："學探玉甃千仞井，筆扛龍文百斛鼎。"元余闕《賦得君子泉送彭公權爲黃州教》詩："銀牀駁故蘚，玉甃落寒桐。"明梁蘭《井有仁人》詩："玉甃碧蘚合，銀牀秋葉繁。"清劉藻《惠山用東坡和王武陵寶群朱宿三詩韻》詩其二："石徑松鱗古，玉甃泉流新。"一說，井壁之美稱。南朝梁江淹《井賦》："穿重壤之千仞兮，搆玉甃之百節。"

碧甃

青綠色的井壁。唐盧照鄰《樂府雜詩序》："紫樓金閣，雕石壁而鏤群峰；碧甃銅池，俯銀津而橫衆壑。"唐白居易《答微之見寄》詩：

"更對雪樓君愛否，紅欄碧甃點銀泥。"宋毛滂《蝶戀花》詞其五："三疊闌干鋪碧甃。小雨新晴，才過清明後。"元段克己《滿江紅・登河中鸛雀樓》詞："夢斷繁華無覓處，朱甍碧甃空陳迹。"明盧龍雲《聖井有引》詩："銀床倒映冰壺冷，碧甃長涵水鏡平。"清楊汝諧《紅橋倏禊和盧運使韻》詩其四："碧甃朱欄夾鏡明，巷中春脚賣花聲。"

井欄

井邊圍欄。亦作"井檻""井闌"。《晋書・四夷傳・林邑國》："女嫁之時，著迦盤衣，橫幅合縫如井欄，首戴寶花。"唐李賀《惱公》詩："井檻淋清漆，門鋪綴白銅。"唐薛奇童《怨》詩其一："楊葉垂陰砌，梨花入井闌。"宋蘇軾《夫人閣四首》其四："欲曉銅瓶下井欄，鏗鍠金殿發清寒。"宋李建中《直宿》詩："春風夜急銅龍漏，淡月半斜金井闌。"金趙秉文《游上清宮二首》其一："霜葉蕭蕭覆井欄，朝元閣上玉笙寒。"元陳高《絕句二首・其一》詩："井闌行小蟻，蛛網掛飛蚊。"明于慎行《陽春曲》詩："綺疏旭日春風寒，風吹落花飄井欄。"明黎遂球《竹》詩："美人停梭擲春思，井闌日午簪陰翠。"清郁植《烏夜啼》詩："乳烏啼嘶斷井欄西，閨中一夜青絲老。"清沈世良《再疊前韻和青皋並呈蘭甫丈》詩："松陰格破苔低補，井檻泥窟菌寄生。"清周之琦《丁香結・雙柏堂偶述用周美成韻》詞："屋角烟疏，井闌人寂，纖影月娥低隕。"

【井檻】

同"井欄"。此體唐代已行用。見該文。

【井闌】

同"井欄"。此體唐代已行用。見該文。

【井幹】

指構木所成的架，亦指水井四周的圍欄，即井欄。古爲四角形或八角形。亦稱"井桁"，單稱"幹"。"幹"或作"榦"，一作"干"。《莊子·秋水》："東海之鱉曰：'吾樂與！出跳梁於井幹之上，吾跳梁乎井幹之上。'"漢揚雄《太玄·法》："井無幹，水直衍。"《漢書·郊祀志下》："立神明臺、井幹樓。"顏師古注："井幹者，井上木欄也。其形或四角，或八角。"晋夏侯湛《寒苦謡》："霜皚皚以被庭，冰溏瀡於井幹。"南朝梁沈約《和陸慧曉百姓名》詩："井幹風雲出，柏梁星漢齊。"《集韻》："幹，井垣也。"元熊忠《韻會》："幹，井上木欄也。其形四角，或八角。"明梅膺祚《字彙·干部》："幹，井上欄也。其形四角或八角。"明方以智《東西均·生死格》："跳踉乎井幹之桁，歌笑自若。"明高啟《雨中曉卧》詩："井桁烏啼破曙烟，輕寒薄被落花天。"清朱錦琮《穿井謡》："井榦取質實，收綆轆轤圓。"

【井桁】

即井幹。此稱明代已行用。見該文。

【幹】

即井幹。此稱明代已行用。見該文。

【井石】

井口石欄。即井欄。唐靈一《贈別皇甫曾》詩："紫苔封井石，綠竹掩柴關。"明張詡《劉王花塢》詩："野獸觸宮羊吐珠，井石立行百步餘。"清沈岸登《祝英臺近·寄蕅圃兼懷耕客》詞："添他井石玲瓏，紅泥亭外，颭一鏡、晚秋疏蓼。"參閱本卷"井欄"條目。

【井鈿】

以金銀珠貝等鑲嵌的井上圍欄。唐代聚斂之臣王鉷奢侈無度，第宅不計其數。《新唐書·王鉷傳》："以寶鈿爲井幹，引泉激雷，號'自雨亭'。"清趙翼《感事》詩："窖金已錮藏舟壑，井鈿兼裝激溜池。"

【井牀】

即井欄。單稱"牀"。牀，或作"床"。漢樂府《淮南王》詩："後園鑿井銀作牀，金瓶素綆汲寒漿。"唐唐彦謙《紅葉》詩："薜荔垂書幌，梧桐墜井牀。"宋陸游《秋思》詩："黄落梧桐覆井牀，莎根日夜泣寒螿。"元馬祖常《治書再和復次韻》詩："月移桂樹通階石，芝發銅池謝井牀。"明袁宏道《再和散木韻》詩其四："夜雨沈丹竈，秋花蔽井牀。"清訥爾樸《席竟送客過圖逸叟蔬圃觀静涵逸叟弈復共問亭閣案頭説鈴日暮始歸》詩："散步井牀苔徑滑，觀棋鄰圃柳陰凉。"

【牀】

同"井牀"。此體漢代已行用。見該文。

【銀牀】

對井幹的美稱。即"井床"。南朝梁庾肩吾《九日侍宴樂游苑應令》詩："玉醴吹巖菊，銀牀落井桐。"唐杜甫《冬日洛城北謁玄元皇帝廟》詩："風筝吹玉柱，露井凍銀牀。"仇兆鰲注："朱注：'舊以銀牀爲井欄。'"宋文彦博《井上桐》詩："發華臨玉甃，倒影覆銀牀。"宋寧參《縣齋十咏·載榮桐》詩其七："玉甃青初滿，銀牀綠乍齊。"元柯九思《題汲水美人圖》詩："汲水立銀牀，照見紅妝影。"一説轆轤架。清黄摩西《長相思和太白韻》詩："銀缸影淡秋滿堂，井梧一葉飄銀牀。"明周祈《名義考·金井銀牀》："銀牀乃轆轤架，非井欄也。"

漆井

井欄塗漆之井。北魏酈道元《水經注·沔水一》："大城周四十二里，城內有小城，南憑津流，北結環雉，金墉漆井，皆漢所修築。"唐李賀《相和歌辭·安樂宮》："漆井桐烏起，尚復牽清水。"元楊弘道《贈呂鵬翼》詩："如君古漆井，澄湛已無波。"清趙宏恩等《江南通志》卷三三："舊州治西南有項羽井，州北有漆井，相傳石崇所鑿。"清田文鏡《河南通志》卷七："漆井，在鄢陵縣西七里漢陳寔祠前。"清方濬師《蕉軒隨錄》卷五："約會固陵，君方避威漆井；圍困滎陽，臣竟赴難東闕。"

金井

宮廷或林苑中雕欄之井的美稱。南朝梁費昶《行路難》："唯聞啞啞城上烏，玉闌金井牽轆轤。"唐李白《長相思》詩："長相思，在長安，絡緯秋啼金井闌。"唐李賀《河南府試十二月樂詞》詩："雞人罷唱曉瓏瓏，鴉啼金井下疏桐。"唐王昌齡《長信秋詞》："金井梧桐秋葉黃，珠簾不捲夜來霜。"南唐馮延巳《拋球樂》詩："燒殘紅燭暮雲合，飄盡碧梧金井寒。"宋范成大《脂井三首》詩其一："春色已從金井去，月華空上石頭來。"元劉基《次韻和十六夜月》詩："玉階桂影翾翾薄，金井苔花漸漸添。"明馮彬《舟中秋日感懷》詩其三："金井月凉梧影瘦，瑤颸風冷桂香浮。"清陳煒卿《七夕》詩："梧桐金井露華秋，瓜果聊因節物酬。"

井谷

井中和井底容水之處。《周易·井》："井谷射鮒，甕敝漏。"高亨注："王引之曰：'《說文》：壑字從谷，谷猶壑也。《莊子·秋水篇》說埳井之蛙曰：擅一壑之水，而跨跱埳井之樂。

壑即谷也。井中容水之處也。'"晋左思《吳都賦》："雖復臨河而釣鯉，無異射鮒於井谷。"晋葛洪《抱朴子外篇·博喻》："澄視於三辰者，不遑纖鑒於井谷，清聽於《韶》《濩》者，豈暇垂耳於桑閒。"《魏書·安定王燮傳》："今州之所在，豈唯非舊，至乃居岡飲澗，井谷穢雜，升降劬勞，往還數里。"《開元占經》："《述異記》曰：'姚興永和十年，華山東界地燃，廣百餘步，草木烟枯，井谷沸竭，置生物皆熟，民殘之徵也。'"宋陳襄《祈雨》詩："菑田揚飛塵，井谷無寸泉。"元吳當《福泉亭》詩："潤借桑麻秀，寒分井谷清。"明劉基《次韻和石末公春雨見寄》詩："街衢溢黃潦，井谷生狂瀾。"清張英《易經衷論》："井谷漸通泉也，曰井渫，不停污，而井潔矣。"一說，喻低下之處。

井湄

井口的邊沿。亦作"井眉"。漢揚雄《酒箴》："觀瓶之居，居井之湄，處高臨深，動常近危。"《漢書·游俠傳》："觀瓶之居，居井之眉。"顏師古注："眉，井邊地，若人目上之有眉。"宋蘇軾《偶與客飲孔常父見訪方設席延請忽上馬去而已有詩戲用其韻答之》詩："揚雄他文不皆奇，獨稱觀瓶居井眉。"宋晁補之《同魯直和普安院壁上蘇公》詩："散篆縈簾額，留

井　眉

雲暗井眉。"金李俊民《醉黎賦》："井眉之瓶，不以近危而不居。"元成廷珪《題何永孚瓶齋》詩："井湄須問揚雄酒，松下空藏智永書。"明歐大任《許奉常見示八十自述四首次韻奉壽》詩其二："松子舊封江上鼎，鴟夷長傍井湄瓶。"清金衍宗《晋永嘉磚硯歌》："居民曉起争汲泉，轆轤井眉雙瓶懸。"

【井眉】

同"井湄"。此體漢代已行用。見該文。

井渫

已浚治清潔之井。語出《周易·井》："井渫不食，爲我心惻。"王弼注："渫，不停污之謂也。"孔穎達疏："井渫而不見食，猶人修己全潔而不見用。"漢王粲《登樓賦》："懼匏瓜之徒懸兮，畏井渫之莫食。"晋陸機《與趙王倫箋薦戴淵》："〔戴淵〕砥節立行，有井渫之潔。"《宋書·劉義慶傳》："處士南郡師覺，才學明敏，操介清修，業均井渫，志固冰霜。"《晋書·戴若思傳》："安窮樂志，無風塵之慕，砥節立行，有井渫之潔。"宋陳亮《與吕伯恭正字書》之三："何不警其越俎代庖之罪，而乃疑其心測井渫不食乎？"明王逢《曹雲西山水》："池廢餘野鴇，井渫摇青蘋。"清錢謙益《策第三問》："當懷王之時，井渫不食，不知其主之不悟，而憂思彷徨，睠顧宗國。"

井花水

清晨井中首汲之水。省稱"井花""井華""升花水"。古人認爲集天地精氣，功效異常，可藥用。北魏賈思勰《齊民要術·法酒》："秫米法酒：糯米大佳。三月三日，取井花水三斗三升，絹篩過濾，曲末三斗三升，秫米三斗三升。"石聲漢注："清早從井裏第一次汲出來的水。"唐杜甫《大雲寺贊公房》詩之四："童兒汲井花，慣捷瓶在手。"宋蘇軾《贈常州報恩長老》詩其一："碧玉盌盛紅瑪腦，井花水養石菖蒲。"宋楊萬里《六月十三日立秋》詩其一："旋汲井花澆睡眼，灑將荷葉看跳珠。"《警世通言·金明池吴清逢愛愛》："〔小員外〕遂取所存玉雪丹一粒，以新汲升花水，令其送下。"嚴敦易注："升花水，井水。"明李時珍《本草綱目·水二·井泉水》集解引汪穎曰："井水新汲，療病利人。平旦第一汲爲井華水，其功極廣，又與諸水不同。"

【井花】

同"井花水"。此稱唐代已行用。見該文。

【升花水】

即井花水。此稱明代已行用。見該文。

【井華】

即井花水。清晨井中首汲之水。《宋書·劉懷慎傳》："平旦開城門，取井華水服。"唐白居易《早服雲母散》詩："曉服雲英漱井華，寥然身若在烟霞。"宋司馬光《其夕宿獨樂園詰朝將歸賦》："平曉何人汲井華，轆轤聲急散春鴉。"元耶律鑄《茶後偶題》詩："嫩香新汲井華調，簪脚浮花碗面高。"《本草綱目·水二·井泉水》〔集解〕引汪穎曰："井水新汲，療病利人，平旦第一汲爲井華水，其功極廣，又與諸水不同……井華水氣味甘平，無毒，主治酒後熱痢，洗目中膚。"明湯珍《寺門》詩："僧穿松徑去，童汲井華還。"清趙翼《兩臂風痹復發》詩："辟寒須用暖湯浴，復汲井華煮滿斛。"

丹井

煉丹汲水之井。南朝梁江淹《雜體詩三十首》其二十三："乳竇既滴瀝，丹井復寥泬。"

唐顧況《山中》詩:"野人愛向山中宿,況在葛洪丹井西。"宋白玉蟾《端午述懷》詩:"夜半蟾蜍落丹井,琪林深鎖寒葉暝。"元馬祖常《寄舒真人》詩:"丹井泉偏冽,銅盤露未晞。"明劉基《題紫虛觀用周伯温韻》詩:"丹井石牀纏地絡,瓊窗翠戶出天風。"清朱爾邁《葛洪丹井西尋唐顧逋翁讀書臺舊址》詩:"至今丹井間,紅泉漱白石。"

坎井

淺井,亦作"埳井"。亦稱"井坎""阱坎"。廢井。《荀子·正論》:"淺不足與測深,愚不足與謀知,坎井之鼃,不可與語東海之樂,此之謂也。"《莊子·秋水》:"子獨不聞夫埳井之鼃乎?"又曰:"且夫擅一壑之水,而跨跱埳井之樂,此亦至矣。"成玄英疏:"埳井,猶淺井也。又説爲廢井。"《後漢書·杜篤傳》:"彼埳井之潢污,固不容夫吞舟。"李賢注:"埳井,喻小也。"成玄英疏:"埳井,猶淺井也。"《陳書·姚察傳》:"至於《九流》《七略》之書,名山、石室之記,汲郡、孔堂之書,玉箱、金板之文,莫不窮研旨奧,遍探坎井,故道冠人師,搢紳以爲准的。"唐李商隱《酬令狐郎中見寄》詩:"土宜悲坎井,天怒識雷霆。"宋王令《聞太學議》詩:"鰡蝦陷阱坎,莫與江海争。"元王惲《溥沱秋漲行》:"望洋東視誇海若,似憤蛙比跳躍井坎湫。"明胡奎《呈卜博士》詩:"自笑鹽車驥,真如坎井蛙。"一説,"陷井",通"阱",喻艱難險阻。清紀昀《閱微草堂筆記·灤陽續録一》:"〔鬼〕或隱入坎井,人過乃徐徐出。"另説,壞井。參閱《荀子·正論》楊倞注引司馬彪語。

【埳井】

同"坎井"。此稱先秦已行用。見該文。

坎兒井

井名。亦稱"井渠""龍首渠"。由暗渠和多個串聯的豎井組成,是開發利用山麓地下水的一種古老方式。陝西稱"井渠",山西稱"水巷",甘肅稱"百眼串井",維吾爾語稱"坎兒孜"。《莊子·天地》:"子貢南游於楚,反於晉,過漢陰,見一丈人,方將爲圃畦,鑿隧而入井,抱甕而出灌,搰搰然用力甚多,而見功寡。子貢曰:'有械於此,一日浸百畦,用力甚寡而見功多,夫子不欲乎?'"按,子貢介紹當時的先進灌溉提水工具桔槔,而圃者答以"吾非不知,羞而不爲也"。他害怕因使用機巧工具而亂了思想,堅持遵古法鑿隧取水。可見在春秋時期,鑿隧取水已是一項古老技術,而將這種技術運用於坡度較大地段,就可挖成坎兒井。《管子·樞言》:"井渠,麓豐林木,澤任蒲魚。"《史記·河渠書》:"於是爲發卒萬餘人穿渠,自徵引洛水至商顏下。岸善崩,乃鑿井,深者四十餘丈。往往爲井,井下相通行水。水穨以絶商顏,東至山嶺十餘里間。井渠之生自此始。穿渠得龍骨,故名曰龍首渠。"又,《五帝本紀》:"瞽叟又使舜穿井,舜穿井爲匿空旁出。舜既入深,瞽叟與象共下土實井。舜從匿空出去。"按,舜所穿井匿空出,謂穿井渠也。南朝宋盛弘之《荊州記》:"隋郡北界有厲鄉村,村南有重山、山下有一穴,父老相傳云:神龍所生林西有兩重塹,内有周圍一頃二十畝地,中有九井,神農既育,九井自穿。"《太平御覽·地部》:"乃鑿井深四十丈,井下相通,井渠自此始。"清陳澹然《遷都建藩議》：“至乃鑿褒斜徑，南陽通沔，開井渠引洛水以達商顔，其地輒視中州爲關鍵。”王國維《西域井渠考》：“西域本無此法，及漢通西域，以塞外乏水，且沙土善崩，故以井渠法施之塞下。”

【井渠】

即坎兒井。此稱先秦已行用。見該文。

【龍首渠】

即坎兒井。此稱漢代已行用。見該文。

沸井

水波翻騰的井。亦稱“沸潭”。南朝宋劉敬叔《異苑》：“句容縣有延陵季子廟。廟前井及瀆，恒自湧沸，故曰沸井，於今猶然。亦同沸潭。”《南齊書·豫章文獻王傳》：“〔嶷〕還過延陵季子廟，觀沸井。”南朝陳張正見《行經季子廟》詩：“野藤侵沸井，山雨濕苔碑。”《藝文類聚·地部》：“句容縣東三十里，有龍崗，崗頂有龍沸潭，周十三丈，聞人聲，水便沸動。”唐劉禹錫《歷陽書事七十韻》詩：“沸井今無湧，烏江舊有名。”元鄧牧心《大滌洞天記》：“清泉沸井，祥光燭天。”清趙宏恩等《江南通志》：“沸井在句容縣東三十里，聞人聲則沸。”清酈露《何夫子拜命元揆詩以趣裝》詩其三：“歷陽沸井尋常見，唯問滎河幾度清。”一説，井名沸井，井旁潭名沸潭。《文選·南朝宋謝惠連〈雪賦〉》：“沸潭無湧，炎風不興。”李善引北魏酈元《水經注》曰：“曲阿季子廟前，井及潭常沸，故名井曰沸井，潭曰沸潭。”

浪井[1]

不鑿而井生，非人工開鑿的喧沸、涌動之井。晉張僧鑑《潯陽記》：“井甚深，大江有風浪，此井輒動，土人呼爲浪井”《南齊書·祥瑞志》引《瑞應圖》：“浪井不鑿自成，王者清静，則仙人主之。”南朝梁宗懍《麟趾殿咏新井》詩：“當爲醴泉出，先令浪井開。”南朝陳徐陵《孝義寺·碑》：“嘉禾自秀，浪井恒清。”宋蘇轍《江州五咏·浪井》詩其二：“胡爲井中泉，湧浪時驚發。”元于欽《齊乘》：“閣下有獅子洞，洞前有泠然泉，古稱浪井。潮生浪起則没水，退則甘冽。”清湯右曾《曉游朝陽巖》詩：“探奇下幽窟，潛蛟舞浪井。”參閱《太平御覽》。

冰井[1]

結冰之井，抑或水質清冽之井。三國魏曹植失題詩：“從容冰井臺，清池映華薄。”北魏酈道元《水經注·河水》：“朝廷又置冰室於斯皁，室内有冰井……城内有一石甚大，城西門名冰井門，門内曲中，冰井猶存。”《新唐書·百官志》：“季冬，藏冰千段，先立春三日納之冰井。”宋馬之純《藏冰井》：“冬時室内收藏早，夏日宫中給賜新。”《文獻通考·郊社考》：“惟季冬藏冰，則享司寒於冰井務。”《金史·地理志》：“達葛山，大定二十九年更名胡土白山。有冰井。”明左國璣《林居簡高蘇門》詩：“冰井已凍合，風林長夜鳴。”清朱彝尊《夏初臨·天龍寺是高歡避暑宫舊址》詞：“霜應自去，青雀空飛，畫樓十二，冰井無痕。”

眢井

無水枯井。天旱少雨，地下水位下降，導致井枯。《左傳·宣公十二年》：“目于眢井而拯之。”杜預注：“廢井也。”《字林》：“井無水也。”唐劉禹錫《三閣辭四首》詩其四：“三人出眢井，一身登檻車。”宋孫覿《和劉守林宗喜晴二首》詩其二：“麴窮不用號眢井，呫囁庚詞笑小儒。”元洪希文《枕簟入林僻》詩：“茂林無珍禽，眢井空譁蛙。”明鄭真《次韻王文祥見寄》詩：“眢井水枯憐宿草，蕭關路杳盼行雲。”清黄與堅《功臣山》詩：“雅噪斷橋腰嫋絶，草埋眢井轆轤荒。”

【窮井】

亦稱“枯井”。水已乾涸之井。《易經・彖》：“井養而不窮也。”按，井水養育人而不枯竭。先秦卜子夏《易傳》：“民養而不窮，井之德也。”唐駱賓王《靈泉頌》：“昔漢臣忠烈，窮井飛於一言；姜婦孝思，潛波移於七里。”唐元稹《連昌宮詞》：“莊園燒盡有枯井，行宮門閉樹宛然。”宋徐鉉《稽神録・雞井》：“〔林主簿〕一日將殺雞，雞走，其女自逐之，雞入舍北枯井中。”明李一楫《月令采奇》：“此月勿下枯井，及深阱，多毒氣。”《三國演義》第四一回：“糜夫人抱著阿斗，坐於墻下枯井之傍啼哭。”《水滸傳》第五四回：“宋江聽了，慌忙著蘭仁引入，直到後牢枯井邊。”清釋敬安《安貧吟・代南溪山人作》詩：“寒巖竈常冷，窮井雪難填。”

【枯井】

即窮井。此稱唐代已行用。見該文。

陰井

背陽之井。陰井或作“陰井”。南朝梁任昉《述異記》卷下：“甜溪水，其味如蜜。東方朔得以獻武帝，帝乃投於陰井中，井水遂甜而寒。”唐杜甫《橋陵三十韻呈縣内諸官》詩：“空梁簇畫戟，陰井敲銅瓶。”仇兆鰲注：“宮女奉盥，故銅瓶汲井。”宋釋惠崇《句》詩其一：“陰井生秋早，明河轉曙遲。”《太平御覽・居處部》：“去虞淵八千里有甜溪，水如蜜，東方朔游此水，還將數斛以獻帝，帝投陰井，井裏遂

恒甜。”元胡布《母音遺響》：“丹屋回風，鍊大還飛，光繞陰井。”明李夢陽《華嶽二十韻》詩：“陰井邀雷取，陽崖起電鞭。”

無根水

省稱“無根”。從井中汲出未着地之水。元魯明善《農桑衣食撮要》卷上：“合醬法：約量用鹽四十斤，無根水二擔。”明朱橚等《普濟方》：“酸石榴皮，東引無根水濃煎。”明方以智《物理小識・天類》：“井水反酌而傾曰倒流，出甖未放曰無根。”清蔡廷蘭《海南雜著》：“洞上垂石乳，有無根水時一滴，滴處皆融結爲石理，亦奇矣。”清李光地《御定月令輯要》：“取風落小胡桃，每日午時食飽以無根水吞下，偃卧覺鼻孔中有泥腥氣爲度。”

【無根】

即無根水。此稱明代已行用。見該文。

井脉

地下水脉。唐周賀《山居（一作舍）秋思》詩：“泉流通井脉，蟲響出墻陰。”唐方干《書吳道隱林亭》詩：“橘枝亞路黃苞重，井脉牽湖碧甃深。”宋朱繼芳《十暑》詩：“帶雨厨烟重，通潮井脉鹹。”《宋史・鄭文寶傳》：“城中舊乏井脉。”明吳璉《桃源八景九首》詩其一：“井脉連江水自清，橋拖嵐氣碧雲凝。”清何鞏道《和李祈年幽居二首》其一：“竇口濕雲通井脉，案頭乾雀踏花塵。”

九井[1]

井名。其井有九，汲其一，則八井皆動，傳説神農、老子生於此，故又稱“老子井”。位於今安徽淮北市東南，又説在湖北隨州市北。《後漢書・郡國志》注引《荆州志》：“縣北界有重山，山有一穴，云是神農所生。又有周迴

一頃二十畝地，外有兩重塹，中有九井。相傳神農既育，九井自穿，汲一井則衆井動，即此地爲神農社，常年祠之。”南朝梁殷芸《殷芸小説》：“襄邑縣南八十里曰瀨鄉，有老子廟，廟中有九井。或云每汲一井，而八井水俱動。”北周庾信《至老子廟應詔》詩：“三門臨苦縣，九井對靈谿。”北魏酈道元《水經注·瀙水》：“〔瀙水〕西逕厲鄉南，水南有重山，即烈山也。山下有一穴，父老相傳，云是神農所生處也，故《禮》謂之烈山氏。水北有九井，子書所謂‘神農既誕，九井自穿’，謂斯水也。又言‘汲一井則衆水動’。井今堙塞，遺迹仿佛存焉。”又云：“水北有九井，子書所謂神農既誕，九井自穿，謂斯水也。又言汲一井則衆水動，井今堙塞，遺迹仿佛存焉。”宋羅泌《路史·後紀二》：“厲鄉山，神農生此，老子亦生於此。”明陳耀《天中記》卷一〇：“老子井，襄邑縣南瀨鄉老子之舊鄉也，有老子廟廟中有九井。”清顧祖禹《讀史方輿紀要·南直八》：“縣西北百里，接羅田縣界。上有九井，常多雲氣，因名。説者曰：縣境之山最險……三十里西源山中。其山自麓至頂，有九井相貫，層巖峭壁，險固可恃。”參閲晋殷仲文《南州桓公九井作》詩。

【老子井】

即九井 [1]。此稱明代已行用。見該文。

九井 [2]

古謂昆侖山之九井。《山海經·海内西經》：“面有九井，以玉爲檻。”《淮南子·墜形訓》：“〔崑崙虚〕有九井，玉横維其西北之隅。北門開以内不周之風，傾宫、旋室、縣圃、凉風、樊桐在崑崙閶闔之中，是其疏圃。”北魏酈道元《水經注·河水》：“崑崙之墟，方八百里，高萬

仞，上有木禾，面有九井，以玉爲檻，面有九門，門有開明獸守之，百神之所在。”

三皇井

井名。在浙江温州市仙巖鎮大羅山西麓。大羅山，古名“泉山”。大羅山之名始於五代末，傳説黄帝修煉於此，丹井、石壇於今俱存。山巔有黄帝池，約五百畝，水分八派，注爲溪潭，高下相屬，道書以爲第二十九福地。南朝宋謝靈運《舟向仙巖尋三皇井》詩：“仙蹤不可即，活活自鳴泉。”唐姚揆《仙巖銘》：“維仙之居，既清且虚；一泉一石，可待可圖。”前蜀杜光庭《洞天福地記》：“三皇井，在温州横陽縣，真人鮑察所治處。”

三潮井

井名。位於江西贛州市。藏於深巷中，與“章貢第一泉”廉泉相距不遠，始建於宋代。據史料記載，每天早、中、晚三個時段，井水會陡然震動，蕩起波紋，驟然間，井水溢滿。每天三漲，而且時辰不誤，天天如此，該井便被世人稱爲三潮井。明李賢等《明一統志·贛州府》：“三潮井在府治南四里，水日三潮，潮則溢井口。”參閲清同治《贛縣志》。一説，位於北京市通州南。《畿輔通志·輿地十三·通州》：“三潮井，在通州舊郭縣北門外，朝清、午緑、晚紅，故曰三潮。”

五龍井

井名。位於河北晋州城外。宋乾德中鑿，四時澄澈。舊傳有龍潛此，禱雨輒應。宋劉放《五龍井禱雨》詩：“石井無多水，泥蟠詎有神。”元劉因《五龍井》詩：“池龍聞説卧滄州，一禱曾分一郡憂。”明李賢等《明一統志·真定府》卷三：“五龍井，在晋州城東，宋乾德中

鑿，井口徑廣一，尋髶爲八角，以象八卦，四時澄澈，上有五龍廟。"參閱《畿輔通志·輿地十八》。又，位於湖南道縣。明佚名《搜神記》："道州五龍神廟，在道州五龍井側，按晏殊《類要》云，唐陽城出守……居，曰：居城西北五里。至則訪焉，惟有五龍井帛猶存。"明陳耀《天中記》卷五六："〔五龍井〕城西北五里，至則訪焉，惟有五龍井縑帛尚存，因爲立廟，時貞元十九年也。"清穆彰阿等《大清一統志》："五老山，在道州西北五里，下有泉名五龍井。"

天井

古井名。位置待考，或位於安徽宣城市宣州區境内黃山餘脉的柏梘山（存疑）。《山海經·中山經》："〔梘山〕其上多韭。有井焉，名曰天井。夏有水，冬竭。"《爾雅·釋水》："《山海經》云：天井，夏有水，冬無水。"邢昺疏："《孫子兵法》云地陷曰天井。然則非人爲之者曰天井。云'即此類也'者，以此經但言井，《山海經》言天井，非正相當，故云'類也'。"按，凡地陷爲坑者，歸爲"天井"一類。

司馬井

井名。在河南光山縣舊縣學内。傳宋司馬光父司馬池爲光山縣令，光降生後，曾汲此井水浴之，故稱。明李賢等《明一統志·汝寧府》："司馬井，在光山縣學内，世傳宋司馬光生時，汲井水以浴之，因名。上有亭，金綫泉。"清田文鏡《河南通志》："司馬井，在光山縣學内，世傳宋司馬光生時汲井水浴之，因名，井上又有碑。"清穆彰阿等《大清一統志》："司馬井，在光山縣學内，井上有亭、名勝志。司馬光父池爲光山令，生光於此，汲井水浴之，因名。"

文君井

井名。位於今四川邛崍。傳爲漢文學家司馬相如與卓文君開設臨邛酒肆時的舊井。文君汲水則甘香，沐浴則"滑澤鮮好"，他人汲水則與常井無別，故稱文君井。元伊士珍《瑯嬛記》卷下引《采蘭雜志》："卓文君閨中庭内有一井，文君手汲則甘秀，用以沐浴則滑澤鮮好；他人汲之與常井等，沐浴亦不少異。至今尚存，即文君井也。"按，傳四川邛崍古有文君酒，即汲此井水釀成。宋陸游《文君井》詩："落魄西川泥酒杯，酒酣幾度上琴臺。青鞋自笑無拘束，又向文君井上來。"明李賢等《明一統志·嘉定州》："文君井，在卭縣南二里。"清趙熙《百字令·寄聖傳》詞其五："月圓花好，料文君井畔，鴛鴦名泊。"

厄井

井名。在河南滎陽市境。《魏書·地形志》："有厄井、漢高祖壇、汜水、成皋城。"唐徐堅《初學記·居處部》："戴延之《西征記》曰：板渚津，津南原上有厄井。父老云：漢祖與楚戰，敗走逃此井。追軍至，見兩鳩從井中出，故得免厄，因名厄井。"清宋犖《西陂類稿》："水門偶讀南豐記，厄井頻過大舜祠。"

丹砂井

井名。亦稱"廖井"。位於今湖南常德市附近。指晉臨沅縣廖家之井，傳說下有丹砂，飲而長壽，故稱。晉葛洪《抱朴子内篇·仙藥》："此縣有廖氏家，世世壽考，或出百歲，或八九十。後徙去，子孫轉多夭折……疑其井水殊赤，乃試掘井左右，得古人埋丹砂數十斛。去數尺，此丹砂汁因泉漸入井，是以飲其水而得壽。"唐王維《林園即事寄舍弟紞》詩："徒思赤筆書，詎有丹砂井。”宋蘇軾《和陶讀〈山海經〉》詩之八：“廖井窨丹砂，紅泉湧尋常。”元佚名《滿江紅》詞：“丹砂井，黃金菊。靈芝草，琅玕竹。”明孫蕡《幽居雜咏七十四首》詩其七十：“寒雲不鎖丹砂井，一夜虹光徹太虛。”清葉志詵《神農本草經贊》：“宜家壽考，廖井澄華。”

【廖井】

“丹砂井”的別稱。此稱宋代已行用。見該文。

丹陽井

井名。位於陝西西安鄠邑。相傳道教全真道北七真之一、全真道遇仙派的創立者馬丹陽曾取此水煉藥，因稱。宋張耒《贈翟公巽》詩：“我昔出守來丹陽，江流五月如探湯。……千年藥根蟠井底，靈液浸灌通寒漿。”明李賢等《明一統志·西安府上》：“丹陽井，在鄠縣東三十里，俗傳元馬丹陽取此水煉藥，故名。”清劉于義修、沈青崖纂《陝西通志》：“丹陽井，在縣東三十里，相傳爲元真人馬丹陽取水煉藥處。”參閱清穆彰阿等《大清一統志·陝西·西安府一》。

玉井[3]

一説，指太華山上的玉井。唐韓愈《古意》詩：“太華峰頭玉井蓮，花開十丈藕如船。”《水滸傳》第五九回：“傍人遙指，雲池波内藕如船；故老傳聞，玉井水中花十丈。”另説，指華山西峰之下的深潭。參閱明袁宏道《華山後記》。又説，位於福建永泰縣樟城鎮柯厝邊，元末明初時建，是城關七井之一，井方形，井口至底衹1.6米左右，石砌，現尚完好。

六井

錢塘六井。即相國井、西井、金牛井、方井、白龜井、小方井等六眼井。故址在今浙江省杭州市内。唐杭州刺史李泌爲改善居民用水而穿，後白居易、蘇軾等皆嘗修治，今多湮廢。《新唐書·白居易傳》：“〔居易〕復浚李泌六井，民賴其汲。”宋潛説友《咸淳臨安志》卷三三：“相國井，在甘泉坊側。”宋蘇軾《錢塘六井記》：“唐宰相李公長源始作六井，引西湖水以足民用。其後刺史白公樂天治湖浚井，刻石湖上，至於今賴之始長源。六井其最大者在清湖中，爲相國井。”《宋史·河渠志六》：“初，杭近海，患水泉鹹苦，唐刺史李泌始導西湖，作六井，民以足用。及白居易復浚西湖……軾（蘇軾）復以餘力全六井，民獲其利。”參閱明楊慎《記蘇堤始末》。

巫支祈井

井名。在江蘇盱眙縣東北下龜山寺後。相傳禹治水時鎖淮渦水神巫支祈於此，故稱。俗又傳僧伽降水母於此，故亦稱聖母井。清梁章鉅等《楹聯叢話全編》：“巫支祈井底深潛，瀾恬洪澤。”清薛福成《庸盦筆記·軼聞·四千五百餘年元鶴》：“今洪澤湖濱之龜山有井，名曰巫支祈井，相傳神禹鎖巫支祈於此。有大鐵鍊繫於井欄，垂入井中，其下深黑，莫窺其底。明季及國初，嘗有人拖鐵鍊出而視之，蓋一老猴也。”

吳山井

古井名。亦作“寒泉”。在浙江杭州市内。傳説春秋吳越時穿鑿。水味爲錢塘第一。淳祐丁未（1247）大旱，城中諸水皆涸，獨此井如常。宋樓鑰《吳山井》詩：“寒泉迸溢清且甘，發自靈源匪分派。”明李賢等《明一統志·杭州府》：“吳山井在吳山，北迸溢，清甘汲。”清嵇曾筠《浙江通志》卷一〇一：“吳山井，有五色大魚數十，時出游，泳人不敢取。"一說，在今湖南祁陽境內。參閱清穆彰阿等《大清一統志·杭州府一·山川》。

【寒泉】[2]

即吳山井。此體宋代已行用。見該文。

浪井[2]

井名。故址在江西九江市。相傳漢建安中孫權命人在溢口城（九江）穿井，井極深。溢江如有風浪，井水隨之波動，故稱。又傳，井在之溢口城，爲漢灌嬰築，故亦稱"灌嬰井"。《南齊書·祥瑞志》："謹案《瑞應圖》：'浪井不鑿自成，王者清静，則仙人主之。'"唐李白《下尋陽城泛彭蠡寄黃判官》詩："浪動灌嬰井，尋陽江上風。"宋吳曾《能改齋漫錄》："灌嬰井，張僧鑑《潯陽記》云：溢口城，漢灌嬰所築。漢建安中，孫權經此城，命鑿井，適中古甃得石函，銘曰漢六年潁陰侯開。下云三百年當塞，塞後不滿百年，當爲應運者所開。權欣然以爲己瑞。井極深，溢江有風浪，井水輒動，邦人因號浪井。"明胡廣《胡文穆雜著》："灌嬰井，潯陽城內有井，謂與江通江，有風浪井水輒漂動，土人名之曰浪井。《寰宇記》以爲漢高帝六年潁陰侯灌嬰所開。"明李攀龍《寄懷余德甫》詩："江通灌嬰井，山到越王城。"參閱明董斯張《廣博物志》。

【灌嬰井】

即浪井[2]。此稱唐代已行用。見該文。

甄官井

井名。省稱"甄井"。故址在今河南洛陽市東南。漢末亂世，傳孫堅入洛屯兵於此，并於井中探得漢傳國璽。《三國志·吳書·孫堅傳》："卓（董卓）所發掘。"裴松之注引《吳書》："堅入洛，掃除漢宗廟，祠乙太牢。堅軍城南甄官井上，旦有五色氣，舉軍驚怪，莫有敢汲。堅令人入井，探得漢傳國璽。"三國吳張悛《爲吳令謝詢求爲諸孫置守冢人表》："破董卓於陽人，濟神器於甄井。"宋莊綽《雞肋編》卷中："孫堅入洛，屯軍城南甄官井上，旦有五色氣，令人入井，探得傳國璽。"明程敏政《明文衡》："董卓之亂，帝辯出走失璽，孫堅得於城南甄官井中。"清顧祖禹《讀史方輿紀要·河南三》："甄官井，在故雒陽城中。甄官掌琢石、陶土之事……卓，敗之，進至雒陽，得傳國璽于城南甄官井中，即此。"

【甄井】

"甄官井"的省稱。此稱三國吳已行用。見該文。

傾井

井名。在今河北新集（原束鹿縣）西南。傳說光武帝劉秀軍行過此，極渴，得井無水。此井忽傾欹，泉水自溢，不煩縻汲，故稱。清穆彰阿等《大清一統志》："安王光武廟，在束鹿縣西南二十里傾井村。"參閱清穆彰阿等《大清一統志·保定府二·山川》。

滿井

井名。在北京市安定門外。該井常年滿而四溢。明劉侗等《帝京景物略·滿井》："出安定門外，循古壕而東五里，見古井，井面五尺，無收有榦。榦石三尺，井高於地，泉高於井，四時不落，百畝一潤，所謂濫泉也。"清談遷《北游錄》："二十里回龍觀，七里半壁店，四里滿井，井潴水高於地。"《遼海叢書》卷二："滿井，在利州南十里鳳翼莊，其水清冷，冬溫夏涼，晝夜外湧。至中夏正午，澄澈見底。"

郭婆井

井名。亦作"郭璞井"。位於吴山脚下，是杭州歷史悠久的古井之一。宋潛説友《咸淳臨安志》卷三七："郭婆井，在鐵冶嶺北。"宋程公許《移住郭婆井官廨二絶句》詩其一："絶知傢俱少於車，伴我賓士幾篋書。"宋吴自牧《夢梁録》卷一一："鐵冶嶺北有郭婆井。"明郎瑛《七修類稿·天地類》："浙西半歲無雨，井泉俱竭，惟吴山郭婆井。"清梁詩正等《西湖志纂》："郭璞井，在鐵冶嶺北，《錢塘縣志》舊傳爲璞所開。"《杭州市志》："郭璞井，在吴山東北，介螺蛳山、鐵冶嶺之中。"一説，郭璞井位於杭州廣濟橋南岸。相傳，此井係東晋文學家郭璞所開。郭璞精通陰陽八卦，井址選中了地下水脉，水位高出塘河水位約六尺，其味甘洌，冠於諸井。

【郭璞井】

即郭婆井。此體清代已行用。見該文。

淮井

井泉名。又稱"淮源"。應爲二井，一曰"大淮井"，二曰"小淮井"。爲淮水之源。在河南省桐柏縣西北三十里許。自胎簪山潛行地下數十里，涌出三泉，遂爲井，稱淮井。《書·禹貢》："〔禹〕導淮于桐柏。"桐柏淮井是淮河正源。南朝梁沈炯《長安還至方山愴然自傷詩》詩："淮源比桐柏，方山似削成。"唐李乂《餞唐州高使君赴任》詩："淮源之水清，可以濯君纓。"宋司馬光《送王殿丞（恪）西京簽判》詩："挺生如玉樹，不竭似淮源。"明章潢《圖書編》："南爲桐柏淮源，以達于淮西諸山，此中絡也。"明徐善繼《人子須知》："又南，爲桐柏、淮源，以達于淮西諸山。"清元成《續

纂淮關統志》："桐柏縣西胎簪山之陰，有泉曰'淮井'。"清傅澤洪《行水金鑑》："《桐柏縣志》云：縣西三十里有淮井，石砌水池，方七尺許，有泉三處湧出。"清蔣廷錫《尚書地理今釋》："淮水，源河南南陽府桐柏縣桐柏山，山下有淮井泉源所出，《水經》云出胎簪山者，即桐柏之支峰也。"清楊守敬《水經注疏》："《桐柏縣志》云：縣西三十里有淮井，有泉三處湧出，伏流地中，經六七里成川，今俗名淮河。"參閱北魏酈道元《水經注·淮水》。

【淮源】

即淮井。此稱唐代已行用。見該文。

臙脂井

井名。亦作"胭脂井"，亦稱"景陽寒井""辱井"。在江蘇南京市玄武湖側。南朝陳禎明三年（589），隋兵南下入宫，陳後主與張、孔二妃逃入景陽井（胭脂井）藏匿，至夜被執，因稱"辱井"。舊傳井欄有石脉，以帛拭之，作胭脂痕；或説，淡紅漫布欄上，乃張、孔二妃脂澤所染，故稱。唐温庭筠《題望苑驛》詩："景陽寒井人難到，長樂晨鐘曉自知。"宋王安石《次韻登微之高齋有感》詩："臺殿荒墟辱井堙，豪華不復見臨春。"宋程大昌《演繁露·辱井》："陳後主入景陽井，隋軍出之，因號其井爲辱井。井口石欄有鑴字曰：'辱井在斯，可不戒哉。'"宋周必大《二老堂雜志·記金陵登攬》："辱井者，三人俱投之井也，在寺之南。甚小而水可汲，意其地良是，而井則可疑。世傳二妃將墜，淚漬石欄，故石脉類臙脂，俗又呼臙脂井。"元薩都剌《滿江紅·金陵懷古》詞："玉樹歌殘秋露冷，胭脂井壞寒螀泣。"明張憲《桃花夢》詩："美人夜出胭脂井，骨醉

香肌春不醒。"清舒位《梅花嶺吊史閣部》詩："狎客秋聲蟋蟀堂，君王政事胭脂井。"參閱《陳書·張貴妃傳》《陳書·後主紀》。

【景陽寒井】

即臙脂井。此稱唐代已行用。見該文。

【辱井】

即臙脂井。此稱宋代已行用。見該文。

【胭脂井】

同"臙脂井"。此體元代已行用。見該文。

阿井

井名。故址位於山東東阿鎮附近。明代因河流改道而淤廢。阿井水是最早發現的適於熬煮阿膠的水，所煮阿膠色質尤佳，爲內府貢品。北魏酈道元《水經注·河水》："〔東阿縣〕大城北門內西側皐上有大井，其巨若輪，深六七丈，歲嘗煮膠以貢天府，《本草》所謂阿膠也，故世俗有阿井之名。"唐元稹《賽神》詩："阿膠在末派，罔象游上源。"宋趙汝礪《北苑別錄·研茶》："膠之於阿井。"宋王讜《唐語林》卷八："齊人以阿井煎膠，其井比旁井重數倍。"《金史·地理志》："東阿有吾山、穀城山、黃河、阿井。" 明謝肇淛《五雜俎·地部一》："易州、湖州之鏡，阿井之膠，成都之錦，青州之白丸子，皆以水勝耳。"明李時珍《本草綱目·水部》："醪滄鹵能鹽，阿井能膠。"清唐海宗《本草問答》："阿膠得阿井伏流之水，

阿　井
（明刊《補遺雷公炮製便覽》）

性能伏水中之陽。"清趙培徵《咏阿膠井》詩："阿井傳來不記年，清流澈底一寒泉。"清費伯雄《醫方論》："阿膠一味，所重者在井水，而不在驢皮。因濟水伏流，惟阿井通於濟，故有平肝滋腎之功。"參閱清王應奎《柳南續筆·阿膠》、清孫星衍《重修阿井碑記》。

李斯井

井名。位於河南省上蔡縣城西南李斯樓。秦國丞相李斯出身平民，未顯時雖然當上楚國管倉庫的小吏，得空時仍在自己院中種些蔬菜，參加勞動。其故居處有一口澆菜的水井，後人尊稱爲"李斯井"。唐賈島《李斯井》詩："井存上蔡南門外，置此井時來相秦。"清田文鏡《河南通志》卷五二："李斯故宅在上蔡縣城西南，中有李斯井。"

燕家井

井名。在河南濟源西王屋山中。相傳有燕真人號烟蘿子，常於此井洗參食之，故稱。明李維楨等《山西通志》："燕家井，縣西王屋里燕真人號烟蘿子，嘗於此洗參食之。"明李賢等《明一統志·懷慶府》："刺史平鑒俯井而祝之，泉乃湧出，故名燕家井。"清穆彰阿等《大清一統志·懷慶府一》："魏時，刺史平鑒祝井得水，故名燕家井。"

薛濤井

井名。俗亦稱"玉女津"。故址在今四川成都市錦江南岸百花潭上。傳唐名妓薛濤曾居此井旁，故稱。據傳，此井水極清洌，薛曾汲以造紙，時稱"薛濤箋"。每年三月初三，井水浮溢，當地百姓携紙向水面拂過，均作嬌紅色，但祇得十二張，閏年則得十三張，後遂絕，無顏色。明楊慎《別周昌言黃孟至》詩："重露桃

花薛濤井，輕風楊柳文君壚。"明胡定有《薛濤井》詩："好事至今傳井渫，年年飛入九重天。"詩後附注："蜀殿下取此井水造爲萬壽箋云。"明曹學佺《蜀中廣記》："予庚戌秋過此，詢諸紙房，吏云：'每歲三月三日汲此井水，造箋二十四幅，入貢十六幅，餘者留存。'"又："薛濤井，舊名玉女津，在錦江南岸。"明馮任修等《成都府志》："薛濤井，舊名玉女津，在錦江南岸，水極清澈，石欄周環，爲蜀王製箋處，有堂室數楹，令卒守之。"徐珂《清稗類鈔·地理類》："城外有薛濤井，水可造紙。"

【玉女津】

即薛濤井。此稱明代已行用。見該文。

雌雄井

井名。在四川長寧縣北。明李賢等《明一統志·叙州府》："在長寧縣治東，昔人見小女出入井間，坐石上以理髮，故名淯井。在長寧縣治北泉有二脉，一鹹一淡，取以煎鹽，塞其一則皆不流，又謂之雌雄井。"清顧祖禹《讀史方輿紀要·四川五》："泉有二脉，一鹹一淡，取以煎鹽，塞其一，則皆不流。又謂之雌雄井。宋置淯井監，以收鹽利。"

鴿井

井名。在江蘇常熟故城原致道觀後。相傳井有藏丹，俗亦稱丹井。宋治平中道士李正則浚井，得藏丹石磑，開啓後有雙紅鴿飛入尚湖，故稱。今井湮廢。明盧龍雲《海虞十二景·玄林鴿井》詩："群飛天外羽，幾就洞中丹。"清穆彰阿等《大清一統志·蘇州府一》："相傳井有藏丹，宋治平中道士李正則浚井，得藏丹石磑，啓之，化爲雙紅鴿飛入尚湖，又名鴿井，明學士宋濂撰銘井上。"

舜井

井名。亦稱"舜泉"。位於山東濟南市歷下區舜井街中段西側。因虞舜掘井出泉的傳説而得名。《濟南舊迹志》中有一條中關於"舜井碑"的介紹，大體意思爲，虞帝廟内舜華殿前之西有"神在"碑刻，碑後面有一方形井，正是北魏酈道元《水經注》與《太平寰宇記》等所記載的舜井。根據《歷城縣志·金石考一》，"神在"碑刻原在城南泰山廟東廊壁上，世傳爲郭世先（五代後周郭忠恕）之筆；宋元豐二年，兵部尚書郎中王臨題跋，并模刻立石於舜井前。宋代習稱爲舜泉。金《名泉碑》、明《七十二名泉》、清《七十二泉記》均收録。北魏酈道元《水經注·濟水》："歷城城南對山，山上有舜祠，山下有大穴，謂之舜井，抑亦茅山禹井之比矣。"唐封演《封氏聞見記》："齊州城東有孤石，平地聳起，俗謂之歷山，以北有泉，號舜井；東隔小街，又有石井，汲之不絶，云是舜東家之井。"按，唐封演所言舜井原在一居民院中的東屋裏，衝門大方桌下，水面上露出一塊不足一米的山頭。1976年濟南市冶金局建設宿舍時，此古迹已湮滅。宋蘇轍《奉使契丹二十八首·舜泉》詩其二十七："歷山巖巖，虞舜宅焉。虞舜徂矣，其神在天。其德在人，其物在泉。"宋曾鞏贊舜泉曰："山麓歸耕謎故壟，井幹餘汲見飛泉。"明談遷《棗林雜俎》："舜井在歷山下，綠牀朱綆，婦子牽挽，數十步不止也。深十五丈，左圓右方，或棄物於井，則從西出。"明陳璉《游惠山》詩："秋草荒歷山，露葉垂舜井。"明黎貞《舜井歌》："歷山峨峨濟水緑，幾處桑田變陵谷。"《老殘游記》第二回："先到南門内看了舜井。又出南門，到歷山脚下，看看相傳大舜昔日耕田的地方。"按，全國號舜井者有多處。參見《水經注·河水》《水經注·瓠子河》《水經注·泗水》《孟子》等。

【舜泉】

即舜井。此稱宋代已行用。見該文。

鹽井

能製取鹽鹵的井。東晋常璩《華陽國志·蜀志·邛縣》記載，秦始皇時，四川臨邛縣"井有二水，取井火煮之，一斛水得五斗鹽"。《漢書·程鄭傳》："擅鹽井之利，期年所得自倍。"唐張守節正義："鹽州和烏池，猶出三色鹽，有井鹽、畦鹽、花鹽。"唐杜甫《鹽井》詩："鹵中草木白，青者官鹽烟。"宋沈括《夢溪筆談·權智》："陵州鹽井，深五百餘尺，皆石也。"宋陸游《老學庵筆記》卷五："蜀食井鹽，如仙井大寧猶是大穴，若榮州則井絕小，僅容一竹筒，真海眼也。"《宋史·楊佐傳》："〔陵〕州有鹽井深五十丈，皆石也，底用柏木爲榦……秋患於淫潦，煦築東隄以禦之。赤水縣鹽井涸，奏蠲其賦。"《大明會典》卷三四："正德二年令四川、雲南鹽井，遇有商人支鹽、過期不與支者，提該……去冠帶住俸。正德二年令雲南、四川鹽井官吏，各井鹽課務要逐年完納。"

鹽　井
（明宋應星《天工開物》）

伯禽井

井名。亦稱"甘井"。位於山東曲阜市東北。宋王奕《金餘元遺山來拜祖庭有紀行十首遂倚歌之先後殊時感慨一也·和元遺山》詩："照影吊伯禽，抱渴空望綆。"明李賢等《明一統志·兗州府》："伯禽井，在曲阜縣宣聖廟東北三里，魯公故基內，亦名車輞井，水清白而甘，俗呼爲漿水井。"清穆彰阿等《大清一統志·兗州府一》："伯禽井，在曲阜縣東北三里周公廟東南。水清冽而甘，亦名甘井。"

【甘井】

即伯禽井。此稱清代已行用。見該文。

扳倒井

井名。在我國有多處"扳倒井"，多傳說爲劉秀、李世民、趙匡胤、康熙等征戰或私訪時，因飢渴難耐，將水井扳倒，水自流出，方便取水。故事大同小异，涉及項城、東平、青山關、高青、方城、建昌、濟南等多地。在鄒城市田黃鎮宋山頭村中央亦有扳倒井。傳孔母顏氏懷抱孔子，經顏母山後回娘家，酷熱難忍，行至山東邊發現一口井，伸手汲水而不得，就面向西山祈禱："若井歪斜，水自然流出，必感恩上蒼。"話音未落，覺井口緩緩傾斜，水自井中流出。顏氏携子欣然飲之。後人曰此井爲"扳倒井"，又曰"聖井"。在今湖北當陽市境（參見《讀史方輿紀要》）。明李賢等《明一統志·汝寧府》："扳倒井，在信陽縣南，井水欹流，若扳倒然。"明于謙《題光武扳倒井》詩："天相中興不偶然，等閑平地湧清泉。"詩題注此井在裕州北四十里。清繼昌《行素齋雜記》："去河南裕州二十里，地名扳倒井，漢光武遺迹也。"裕州，今河南方城。清王奕曾《錦縣志》："城東北一百里上有寶林寺，寺前有扳倒井，相傳爲唐太宗征遼遺迹。"錦縣，今遼寧凌海市。清岳濬等《山東通志》："嶧縣西北三泉，許由泉在縣北四十里，温水泉在縣西北五十里，扳倒泉在縣西北六十里。以上三泉匯流，西南入滕縣，至彭口新支河入運。"嶧縣，今魯南、蘇北一帶。清徐國相《湖廣通志》："扳倒井，縣南八十里。"

第四節　水骨凌澌考

古人關於"冰"的表述，涉及形態、形狀、運動狀態等諸多方面。例如冰厚者曰"玄冰"，因厚而呈現玄黑色，故稱；冰堅者曰"壯冰""狐冰"；冰面上天然形成的洞窟曰"凌眼"；隨水漂流的冰曰"凌澌"；雨、雪、霧、露遇冷後在樹上結的冰曰"木介""樹稼"；下垂如乳狀之冰曰"玉溜""乳冰"；背陽之冰曰"陰冰"；見日之冰曰"陽冰"；等等，不一而足。

冰川是現代地理學研究的一個重要課題。"冰川"一詞早在魏晉南北朝時期就見諸文字。晉佚名《子夜四時歌·冬歌十七首》其七："寒雲浮天凝，積雪冰川波。"這説明魏晉時期，中原文化已滲透到西域的高原冰川地帶。

水　骨

冰

水凍結而成的固體。從仌，從水。金文作"仌"。金文字形表示水凝成冰後，體積增大，表面上漲（上拱）。小篆繁化，增加"水"，變成從"仌"從"水"的會意字。《説文·仌部》："凍也，象水凝之形。"又："冰，水堅也。"《周易·坤》："履霜堅冰至。"《詩·小雅·匏有苦葉》："迨冰未泮。"又，《小雅·小宛》："戰戰兢兢，如履薄冰。"《楚辭·九歌·湘君》詩："桂櫂兮蘭枻，斲冰兮積雪。"《禮記·月令》："〔冬季之月〕冰方盛，水澤腹堅，命取冰。"《荀子·勸學》："冰，水爲之而寒於水。"《管子·五行》："冰解而凍釋。"《漢書·五行志》："冰者，陰之盛而水滯者也。"《左傳·昭公二十五年》："公徒釋甲，執冰而踞。"晉王廙《春可樂》詩："冰泮涣以微流，土冒橛而解剛。"南朝梁劉孝威《奉和湘東王應令詩二首·冬曉》詩："天寒硯冰凍，心悲書不成。"唐李白《雜曲歌辭·行路難三首》其一："欲渡黃河冰塞川，將登太行雪暗天。"宋佚名《念奴嬌》詞："日暮天寒，獨自倚修竹，冰清玉潔。"金趙秉文《桃花島回寄王伯宜》詩："冰破村橋擁，春寒旅雁低。"明楊基《瀟湘八景·江天暮雪》詩："凍僵業漁者，歸載一船冰。"清王夫之《遣懷》詩："溪水冰融隨岸闊，天風霜起任桑枯。"

【凍】

猶冰。液態物凝結成固體。亦作動詞用。《莊子·庚桑楚》："是乃所謂凍解冰釋者，能乎？"《說文·仌部》："凍，仌（冰）也。"唐韓愈《人日城南登高》詩："靄靄野浮陽，暉暉水披凍。"宋無名氏《尉遲杯》詞："朝來凍解霜消，南枝上，香英數點微露。"金張公藥《往鄆州》詩："埽凍村童燒積葉，趁春田婦鬻新蔬。"明徐賁《晋冀紀行十四首·太陰山》詩："凍深草木堅，僵立勢難撓。"清陳恭尹《送劉顯之歸蜀》詩："靈渠雪淺冬無凍，巫峽春新浪未高。"一說，冰壯曰凍，即凍得堅硬的冰。

【冰凍】

即冰。亦作結冰；使之冷凍之意。《禮記·月令》："〔季冬之月〕冰凍消釋。"漢王逸《九思·憫上》詩："霜雪兮灌澄，冰凍兮洛澤。"南北朝劉孝威《奉和湘東王應令詩二首·冬曉》詩："天寒硯冰凍，心悲書不成。"唐徐寅《寄天台陳希畋》詩："陰山冰凍嘗迎夏，蟄戶雲雷只待春。"宋郭祥正《觀怡亭序銘》詩："冰凍垂瓦石，犀尖利刀劀。"金趙秉文《早出新安》詩："冰凍寒流狹，天衢遠路低。"明嘉靖《象山縣志》卷一三："〔弘治十四年〕十一月，大寒冰凍，草木皆死，百姓饑寒，死者相枕。"《明史·王竑傳》："頃冬春之交，雪深數尺，淮河抵海，冰凍四十餘里，人畜僵死萬餘。"

【寒凍】

指冰。亦指寒冷、凍結。《史記·秦始皇本紀》："是月，寒凍，有死者。"漢桓寬《鹽鐵論·輕重》："邊郡山居谷處，陰陽不和，寒凍裂地。"宋歐陽修《乞罷上元放燈劄子》："今自立春以來，陰寒雨雪，小民失業，坊市寂寥，寒凍之人，死損不少，薪炭食物，其價增倍，民憂凍餓。"元王哲《黃河清》詞："轉加溫暖，悉屏嚴凝寒凍。"明胡偕行《離亭燕·白下懷葉君實師》詞："踏遍長安何用，滿目烟雲寒凍。"明楊士奇《論勾補南北邊軍》："補役者，彼此不服水土，南方之人死於寒凍，北方之人死於瘴癘。"清劉于義修、沈青崖纂《陝西通志》卷四六："秦始皇初即位，冬雷。《漢書·五行志》：九年四月，寒凍有死者。"

【冰凌】

即冰，冰塊。亦作"凌冰"。唐孟郊《戲贈無本》詩其一："瘦僧臥冰凌，嘲（一作朔）咏含金痍。"宋陸游《客中夜寒戲作長謠》："寢衣觸體起芒粟，鼻息噓潤成冰凌。"元吳萊《送俞觀光學正赴調京師》詩："北溯衡漳冰凌浮，溥沱磝石帶白溝。"明葉溰《侄宗侯邀游七星巖偕張副憲歷觀巖洞奇勝盡夕而還謾賦二十六韻》詩："鍔鍔柱凌冰，層層空積雪。"明袁宏道《古樹》詩："百遍閱春風，冰凌傲石磈。"清弘曆《題唐岱仿各家山水畫册·萬峰瑞雪》詩："寒澀溪流斷，冰凌楓葉凋。"

【凌冰】

同"凌冰"。此體明代已行用。見該文。

【寒片】

冰塊的代稱。亦稱"玉板"。宋王禹偁《東風解凍》詩："淥波歸舊水，寒片漾和風。"宋范成大《愛雪歌》："長篙斲冰陰火進，玉板破碎凝不流。"宋郭祥正《寄劉繼鄴秀才》詩："玉板斜開厚冰裂，鴛鴦索拍秋波橫。"

【玉板】

即寒片。此稱宋代已行用。見該文。

【水骨】

冰的代稱。漢崔寔《四民月令·附農諺》："犁星没，水生骨。"唐張碧《題祖山人池上怪石》詩："寒姿數片奇突兀，曾作秋江秋水骨。"宋方岳《苻堅之苻從竹者非載賡呈似》詩："冰肌起粟愁雲母，水骨浮槎立雪姑。"元姬翼《雨中花慢》詞："别時好在，雲根水骨，相對怡顔。"明黎遂球《戲贈》詩："春風浸水骨，秋月冷蛾眉。"清鈕琇《觚賸·西山五七言》："《曉寒》云：'霖花驕古木，水骨壓狂流。'"

冰結

水遇冷凝結成冰。南朝梁蕭綱《大同十年十月戊寅詩》："雲飛乍想閣，冰結遠疑紈。"唐鄭巢《和姚郎中題凝公院》詩："葉侵經上字，冰結硯中泉。"宋釋了演《偈頌十一首》其八："臘月一，雪凍草枯，水寒冰結。黄河絶流，虚空迸裂。"金丘處機《漁家傲》詞："船行慢，水流冰結梨花綻。"正德《淮安府志》卷一五："〔正德三年〕冬，清河以上至宿遷一帶冰結，俱有文如花樹樓臺圖畫之狀，數日方解。"康熙《邳州志》卷一："〔正德三年〕冬，邳、宿一帶冰結，俱有文如花樹樓臺圖畫之狀。"

【結冰】

指水遇冷凝結成冰。南朝齊謝朓《阻雪連句遥贈和》詩："飛雲亂無緒，結冰明曲池。"《晋書·郭璞傳》："光武寧亂，呼沱結冰。"唐白居易《夜招晦叔》詩："庭草留霜池結冰，黄昏鐘絶凍雲凝。"宋陸游《獨夜》詩："村路泥淹雪，虚簷水結冰。"明李孫宸《折楊柳歌》其二："飲馬孟津河，河水凍結冰。"順治《河南府志》卷三："〔嘉靖十二年〕三月，雨雪，草木結冰，樹果不實，二麥盡傷。"

【凝凍】

指水遇冷凝結成冰。《漢書·司馬相如列傳》："其北則盛夏含凍裂地，涉冰揭河。"顔師古注："言其土地氣寒，當暑凝凍，地爲之裂，故涉冰而渡河也。"漢王逸《楚辭章句》："言大海之涯，多霧惡氣，天常甚雨，如注壅水，冬則凝凍。"晋常璩《華陽國志·蜀志》："〔汶山郡〕土地剛鹵，不宜五穀，惟種麥，而多冰寒，盛夏凝凍不釋，故夷人冬則避寒入蜀。"《新唐書·五行志一》："永徽二年十一月甲申，陰霧凝凍封樹木，數日不解。"宋羅大經《鶴林玉露》卷三："《詩》注謂螽斯一産八十一子者，即蝗之類也。其子入地，至來年禾秀時乃出，旋生翅羽。若臘雪凝凍，則入地愈深。"正德《瑞州府志》卷一一："〔建文元年〕春二月，雨雹，碎屋瓦。冬十一月，雨雪凝凍。"清楊玉銜《解語花·游宜興善卷洞》："珠閣驪攤，乳泉凝凍。"

【凍結】

指水遇冷凝結成冰。北魏《魏故貴华恭夫人墓誌銘》："壙路陰重，泉户凍結，玄扉一淨，幽座燈滅。"宋王沂孫《齊天樂·贈秋崖道人西歸》詞："江雲凍結。算只有梅花，尚堪攀折。"元白樸《踏莎行·咏雪》詞："凍結南雲，寒風朔吹。"明郎瑛《七修類稿·天地類》："東風解凍，凍結於冬，遇春風而解散。"乾隆《直隸通州志》卷二二：“〔景泰五年〕正月，大雪，竹木多凍死。二月，復大雪，冰厚三尺，海濱水亦凍結，草木萎死。”清高晋《欽定南巡盛典》卷四五：“因時屆嚴寒，黃河凍結冰凌，恐水底水流微弱，難資冲刷。”

【水冰】

水結冰。《黃帝内經·靈樞》：“寒則地凍水冰。”《吕氏春秋·孟冬季》：“水始冰，地始凍。”高誘注：“立冬，水冰地凍也。”《漢書·五行志》：“〔元鼎三年〕三月水冰，四月雨雪，關東十餘郡人相食。”宋王安石《送裴如晦即席分題三首》其二：“十月潁水冰，問君行何爲。”明何景明《歲晏行》詩：“徭夫河邊行且哭，沙寒水冰凍傷骨。”嘉靖《皇明天長志》卷七：“〔正德十二年〕冬水冰，皆成竹樹花草。”清姚燮《青玉案·集一得軒銷寒分賦雪意》詞：“雲頹水冰，樹昏山暝，風穩篩殘照。”

【寒凝】

水寒凝結成冰。亦作“凝寒”。語出《莊子·在宥》：“其熱焦火，其寒凝冰。”晋劉楨《贈送從弟詩三首》詩其二：“豈不罹凝寒，松柏有本性。”唐孫欣《奉試冷井》詩：“色湛青苔裏，寒凝紫綆邊。”唐李白《秋夜板橋浦泛月獨酌懷謝朓》詩：“長川瀉落月，洲渚曉寒凝。”宋李洪《冬至前》詩：“南枝春信應先透，北陸寒凝勢更堅。”宋杜範《用韻作歡喜語》詩：“冰雪凝寒萬木空，我今正欲轉春風。”《文獻通考·兵考十三》：“水寒凝之時，辨析其漆，雖其乾稍遲，而漆愈堅，則堅固也。”元周霆震《冰盤雪藕》詩：“凝寒色映瑤華脆，真白絲連翠袖香。”明陶宗儀《題楊士賢山水二首·雪林行旅》詩其二：“積雪寒凝晝不消，瓏林琪樹聳

孤標”。明盧龍雲《迎春》詩：“臘盡凝寒午未開，喜聞青帝隔年回。”清王鵬運《尉遲杯·次漚尹寄弟韻》詞：“誰念舊日神州，看青暗、齊煙九點寒凝。”清高士奇《念奴嬌五首》詞其一：“積素凝寒天未轉，滿地亂瓊鋪屑。”

【凝寒】

同“寒凝”。此體南朝梁已行用。見該文。

【水凝】

寒水凝結成冰。語出南朝梁蕭衍《撰孔子正言竟述懷》詩：“白水凝澗溪，黃落散堆阜。”按，白水即水。《西游記》第四八回：“重衾無暖氣，袖手似揣冰。此時敗葉垂霜蕊，蒼松掛凍鈴。地裂因寒甚，池平爲水凝。”又：“雪積如山聳，雲收破曉晴。寒凝楚塞千峰瘦，冰結江湖一片平。”

【地凍】

大地結冰。亦稱“地冰”。猶凍土。《黃帝内經·靈樞》：“寒則地凍水冰。”《吕氏春秋·孟冬紀》：“水始冰，地始凍。”高誘注：“立冬，水冰地凍也。”南北朝張正見《征虜亭送新安王應令》詩：“地凍斑輪響，風嚴羽蓋輕。”《後漢書·卓魯魏劉傳》：“時盛冬地凍，中使督促，數罰縣吏以厲霸。”唐齊己《己卯歲值凍阻歸有作》詩：“河冰連地凍，朔氣壓春寒。”宋趙祺《題諸色扇》詩其一：“履霜知地凍，賞雪念民寒。”元周伯琦《九月一日還自上京途中紀事十首》詩其二：“草枯人少聚，地凍路無泥。”《文獻通考·物異考》：“〔建炎元年〕正月丁酉，大雪，天寒甚，地冰如鏡，行者不能定立。”明徐光啓《農政全書》卷二八：“食不盡者，地凍時出於暖處收藏，來年春透可栽。”《景岳全書·天集雜證謨》：“天寒地冰，

而其面不衣何也？”清黃文儀《冬景八首》詩其七：“綠落苔枯山露骨，冰堅地凍水無聲。”

【地冰】

即地凍。此稱唐代已行用。見該文。

凌眼

冰面上天然形成的洞窟。又稱“冰窟”“冰洞”。或圓或方，大小不一。大者如桌面，小者如甕口。其色澤與周圍之冰極相近，倘不注意，易陷落其中。唐李賀《静女春曙曲》詩：“冰洞寒龍半匣水，一隻商鷥逐烟起。”宋程俱《謝張敏叔餉陸子泉》詩：“身寄吳門聲利益，更思冰洞濯塵衣。”元郝經《儀真館中暑一百韻》詩：“群雄奮冰窟，六合入氈囊。”明黎遂球《水碓》詩：“催却鮫人頻爲織，冰窟成衣雲臼食。”《西游記》第四八回：“八戒道：‘你不曾走過冰凌，不曉得。凡是冰凍之上，必有凌眼……脱將下去，若没横擔之物，骨都的落水，就如一個大鍋蓋蓋住，如何鑽得上來！須是如此架住方可。’”清李鍇《雪》詩：“穿屨行吟客孤絶，黄鵠東來啄冰窟。”

【冰洞】

即凌眼。此稱唐代已行用。見該文。

【冰窟】

即凌眼。此稱元代已行用。見該文。

【冰穴】[1]

河水成冰結成中空的洞穴。宋劉敞《負暄四首》詩其一：“潛魚離冰穴，無數游清源。”明崇禎《文安縣志》卷一一：“〔正德十年〕七月，河水忽僵，直立凍結爲柱，高圍可五丈，中空而旁穴。數日，流賊過，鄉民入冰穴中避之，賴以保全者頗多，人謂之河僵，倆亦前史所罕見也。”清周長庚《玉山》詩：“或云此山寒冰穴，壓盡盤古以前雪。”

春冰

春天的冰，薄而易裂。《書·君牙》：“心之憂危，若蹈虎尾，涉于春冰。”南朝齊王融《三月三日曲水詩序》：“念負重於春冰，懷御奔於秋駕。”唐劉禹錫《代讓同平章事表》：“退思塵忝，如履春冰。”宋蘇軾《梨》詩：“未嘗蠲夏渴，長見助春冰。”宋晁冲之《梅》詩：“影寒垂積雪，枝薄帶春冰。”元姬翼《望海潮》詞：“春冰初泮，長川洶湧，桃花碧漲波瀾。”明楊士奇《進善侄南歸書此與之爲别到家賓幾老弟亦可觀也》詩：“正月春冰解，桃杏鮮花繁。”清弘曆《薊州道中》詩其一：“應緣谷口春冰解，已有新波到野橋。”

夏冰

夏天的冰。亦作“夏凌”。夏天結冰是一種非常特殊而罕見的氣候景象，或出現在極北之凍土地，或出現在高山雪綫之上，或出現在深井、洞穴之中。《竹書紀年》：“三苗將亡，天雨血，夏有冰，地坼及泉，青龍生于廟，日夜出，晝日不出。”《墨子·非攻》：“夏冰，地坼及泉。”晋傅玄《瓜賦》：“若夫濯以寒水，淬以夏凌。”唐韋應物《夏冰歌》：“出自玄泉杳杳之深井，汲在朱明赫赫之炎辰。”宋孔武仲《食冰》詩：“冬冰冽冽雖可畏，

盛夏民間買賣冰塊情景
（明薛己《食物本草》）

夏冰皎皎人共喜。"元李鵬飛《三元延壽參贊書》:"夏冰止可隱映飲食,不可打碎食之。"明李時珍《本草綱目·水部》:"〔夏冰〕亦名凌。氣味甘、冷、無毒。主治去熱煩……冬天掘冰窖藏冰,備夏日之用。身上瘢痕,用夏冰時時熨抹,能消去。"明劉基《贈道士蔣玉壺長歌》:"翼以六蜺前五螣,風輪蕭蕭生夏凌。"乾隆《綏德州直隸州志》卷二:"〔嘉靖七年〕夏冰。秋霜,八月,饑,人相食。"

【夏凌】

即夏冰。此體晋代已行用。見該文。

宿凍

夜晚凝結的冰。唐李隆基《早登太行山中言志》詩:"澗泉含宿凍,山木帶餘霜。"唐張說《相州冬日早衙》:"朝光曜庭雪,宿凍聚池寒。"宋陸游《入城》:"宿凍迷車轍,晨霜縞瓦溝。"

大冰

大數量的冰,大塊頭的冰。《白孔六帖》卷三:"伏中,取大冰,琢成山,周圍宴席坐客。"唐高彥休《唐闕史》卷上:"黃河流激,大冰既合。"《舊五代史·李襲吉傳》:"襲吉墜河,得大冰承足,沿流七八里,還岸而止。"《宋史·宗室傳二》:"慶曆三年冬,大雨雪,大冰,陳、楚之地尤甚。"明葉盛《水東日記》:"大冰負土,夏冷而冬冽,東北方極高寒處也。"《常熟縣志》卷一:"〔成化十二年〕冬十二月,大冰,是年寒甚,冰堅,船不行者逾月,雖太湖亦然。夏復潦。"清南懷仁《坤輿圖說》:"此河開凍時,有大冰如山嶽,衝擊樹木,排至兩岸旁溢一千二百里。"

壯冰

堅硬的冰。《禮記·月令》:"〔仲冬之月〕冰益壯。"晋杜預《春秋經傳集解》:"壯冰,因風寒而堅壯。"北周庾信《擬詠懷詩二十七首》詩其十五:"壯冰初開地,盲風正折膠。"《隋書·盧思道傳》:"氄毛將落,和鳴順風,壯冰雲厚,矯翅排空。"《太平御覽》引漢應劭《風俗通》:"積冰曰凌,壯冰曰凍。"《月令解》卷一二:"水始冰,水則冰矣而未壯冰。益壯冰,則壯矣而未盛,至是則無處不冰。"明謝應芳《石箭頭歌》:"沉沙不隨戈戟折,太陰玄精壯冰結。"明歸有光《壬戌紀行》卷上:"以連日寒,冰雪乍凝,非復壯冰,特船人畏怯時止。"

【堅冰】

本意爲堅硬的冰,後多以喻積過成禍,困難重重。《周易·坤》:"初六,履霜堅冰至。《象》曰:履霜堅冰,陰始凝也;馴致其道,至堅冰也。"王弼注:"始於履霜,至於堅冰,所謂至柔而動也。剛陰之爲道,本於卑弱而後積著者也。"《魏書·天象志》:"自劉氏(劉裕)之霸,三變少微以加南宮矣……馴而三積,堅冰至焉。"晋陸機《飲馬長城窟行》:"仰憑積雪巖,俯涉堅冰川。"隋盧思道《從軍行》:"流水本自斷人腸,堅冰舊來傷馬骨。"唐麴信陵《過真律師舊院》詩:"堅冰銷盡還成水,本自無形何足傷。"宋陸游《雷》詩:"堅冰積雪一朝盡,風搖天邊斗柄回。"元楊允孚《灤京雜咏一百首》詩其十九:"堅冰怪石澗邊路,殘月疏星馬上詩。"明李維楨等《山西通志》卷二六:"〔嘉靖三十六年〕霍州、汾西歲稔,平陸黃河堅冰,自砥柱至潼關數月不解。"康熙《巢縣志》卷四:"〔嘉靖四十五年〕十二月,大風雪,巢河湖水堅冰，行人凍死者衆，逾月，冰未解。"

【狐冰】

指堅硬之冰。相傳狐性多疑，當聽到冰下無流水聲時方始渡冰，因以稱。事見北魏酈道元《水經注·河水一》、北齊顏之推《顏氏家訓·書證》。唐許渾《經故丁補闕郊居》詩："死酬知己道終全，波暖狐冰且自堅。"唐徐堅《初學記·居處部》："風射狐冰千片斷，氣衝魚鎖九關開。"宋梅堯臣《次韻和韓持國京師雪》詩："狐冰疑在耳，狸玉刻成蹄。"明許三階《節俠記·再貶》："狐冰須慎聽，鵬翮莫凌風。"明陶安《釋疑》詩："狐冰疑自釋，魚水樂相知。"

【腹堅】

堅固凸出如腹之冰。《禮記·月令》："〔季冬之月〕冰方盛，水澤腹堅，命取冰。"鄭玄注："腹，厚也。"孫希旦集解："腹，謂水之深處，言其在水之中，若人之腹然，由上以漸及於下，至是月而水澤之腹皆凝結而堅固。"《逸周書·時訓》："水澤腹堅。"朱右曾校釋："腹堅，言冰堅固凸出如腹。"漢張皓《藏冰賦》："履在歲之窮紀，知層冰之腹堅。"明歸有光《壬戌紀行》上："聞白河冰尚腹堅，遂皆陸行。"康熙《常州府志》卷三："〔正德八年〕十二月，嚴寒，震澤冰，腹堅，成人物形；無錫溪河水冰，數日不解，人行冰上如履平地，七日後乃解。"康熙《桐鄉縣志》卷二："〔成化十二年〕冬恒寒，水澤腹堅，太湖亦然。"

冰楞

有棱角的冰塊。亦作"冰稜""冰棱"。晉袁崧《後漢書》："因爲七言謠曰：'不畏强禦陳仲舉，九卿直言有陳蕃……天下英秀王叔茂，天下冰楞丁秀陵。……'"《北齊書·盧詢祖傳》："謗毀日至，素論皆薄其爲人。長廣太守邢子廣目二盧云：'詢祖有規檢禰衡，思道無冰稜文舉。'後頗折節。"唐許棠《過分水嶺》詩："風兼雨氣吹人面，石帶冰稜礙馬蹄。"唐齊己《謝人惠十才子圖》詩："丹青妙寫十才人，玉峭冰稜姑射神。"宋許必勝《憶舊游》其一："及來愁病侵，瘦骨冰稜峭。"宋釋紹曇《偈頌一百零二首》其五十八："赤脚走冰稜，力負千鈞重。"元袁桷《育王珙禪師示寂二紀嶴上人回山中因寄塔主》詩："石塔累荒土，月落冰稜稜。"明夏完淳《五子詩·陸鯤庭》詩："舍人餐霞姿，冰稜簡遐質。"明徐燉《送人之燕》詩："短衣粘雪片，孤棹觸冰稜。"明真本説等編《古瓶山牧道者究心録》："冰楞上走馬，劍刃上翻身。"清邊浴禮《渡永定河口號》詩："層冰當路如斷山，冰稜齒齒銜空船。"

【冰稜】

同"冰楞"。此體唐代已行用。見該文。

【冰棱】

同"冰楞"。此體明代已行用。見該文。

重冰

指厚的冰層。漢馬融《廣成頌》："刊重冰，撥蟄户。"晉夏侯湛《薺賦》："鑽重冰而挺茂，蒙嚴霜以發鮮。"北魏崔鴻《十六國春秋·後秦録》："擢翠翹於寒條之上，曜扶渠於重冰之上。"宋朱翌《大雪》詩："鴻似帶燕山書，重冰怕結黃河浪。"明陳沂《除歲書懷》詩："車前斷深塹，舟際陷重冰。"清高錫恩《西湖打冰詞用梅村韻同賓梅作》詩："舟行順勢倍曲折，船頭又阻重冰白。"

【層冰】

猶厚冰。宋辛棄疾《念奴嬌・和南澗載酒見過雪樓觀雪》詞："便擬明年，人間揮汗，留取層冰潔。"元袁桷《渝州老人歌》："渴飲古澗之層冰，暮宿古松之危枝。"《東周列國志》第五五回："看看殺至青草坡中間，杜回忽然一步一跌，如油靴踏著層冰，立腳不住，軍中發起喊來。"清劉大櫆《金節母傳》："〔太恭人〕獨身孤立於層冰積雪之中。"《西游記》第四八回："魔弄寒風漂大雪，僧思拜佛履層冰。"

【玄冰】

厚冰。玄，黑色。冰厚則色近玄，故稱。漢李陵《答蘇武書》："胡地玄冰，邊土慘裂。"劉良注："冰厚故色玄。"東晉葛洪《抱朴子外篇・广譬》："抱朴子曰：玄冰未結，白雪不積，則青松之茂不顯。"南朝梁劉孝威《苦暑》詩："玄冰術難驗，赤道漏猶長。"唐韋應物《答徐秀才》詩："清詩舞艷雪，孤抱瑩玄冰。"宋馮時行《游君山值冰合不得進》詩："仙人未熟長生酒，故遣玄冰凍湖口。"元于立《贈松崖隱者》詩："上有六月天風聲，下有百尺之玄冰。"明劉基《夏中病瘧戲作呈石末公》詩："玄冰結太陰，河海溢銀汞。"清龔自珍《水仙華賦》："玄冰薦月，感雅蒜而先花。"

【九冰】

厚積的冰。宋范成大《豐都觀》詩："暉景下墮鑠九冰，塞絕苦道升無形。"又，《丙午新正書懷》詩之七："肅肅九冰妨發育，溫溫三火護恢臺。

輕冰

薄冰。南朝梁蕭統《錦帶書十二月啓・太簇正月》："飄飄餘雪，入簫管以成歌；皎潔輕冰，對蟾光而寫鏡。"南北朝朱超《夜泊巴陵》詩："迴風折長草，輕冰斷細流。"唐杜甫《龍門鎮》詩："細泉兼輕冰，沮洳棧道濕。"唐王翰《和體方立春日暄晴》詩："輕冰向暖難成凍，殘雪經銷不作團。"宋王禹偁《後土廟瓊花詩（二首并序）》詩其一："誰移琪樹下仙鄉，二月輕冰八月霜。"元周砥《元日試墨二首》詩其一："輕冰生硯沼，餘雪綴寒條。"清李鸂娤《立春後三日試筆》詩："簾垂晝永覺春融，硯釋輕冰暈碧泓。"

陽冰

見日之冰。抑或水上之冰。《晏子春秋・內篇・雜上》："陰冰厥，陽冰厚五寸。"王念孫《讀書雜志・晏子春秋二》："陰冰者，不見日之冰也；陽冰者，見日之冰也。言不見日之冰皆凝，見日之冰則但厚五寸也。"吳則虞集釋引黃以周曰："按王讀是也，而義又未盡。陰冰者，陰寒之冰，凍於地下者也；陽冰者，陽烜之冰，結於水上者也。"晉木華《海賦》："陽冰不冶，陰火潛然。"唐林滋《陽冰賦》："考庶物於朱垠，得陽冰於碧海。"明黎遂球《登太山上天門作》詩："石壁翻瑤浪，陽冰溜晴潦。"清王念孫《讀書雜志・陰水厥》："陽冰者，見日之冰也。"一說，結於水上之冰。《晏子春秋集釋》："陽冰者，陽烜之冰，結於水上者也。"

陰冰

背陽之冰，地下之冰。亦泛指冰。《晏子春秋・內篇・雜上》："陰冰厥，陽冰厚五寸。"南朝宋鮑照《登廬山詩二首》詩其一："陰冰實夏結，炎樹信冬榮。"唐韋應物《酬韓質舟行阻凍》詩："中獲辛苦奏，長河結陰冰。"《新唐書・王求禮傳》："今陽氣僨升，而陰冰激射，此天災也。"明謝于教《准提淨業·密呪利益》："黃鐘十一月律。得冬氣故，凝陰冰凍。"清王念孫《讀書雜志·陰水厥》："陰冰者，不見日之冰也。"一說，陰寒之冰，凍於地下者。我國北方和青藏高原一些區域，有季節性凍土層，也有常年凍土層。

琅玕 [1]

冰的美稱。亦稱"玉膏"。本義爲似珠玉的美石。《書·禹貢》："厥貢惟球、琳、琅玕。"孔傳："琅玕，石而似玉。"宋周邦彥《紅林檎近》詞："樹杪墮飛羽，簷牙掛琅玕。"宋范成大《雪後苦寒》詩："旋融簷滴凍琅玕，風力如刀刮面寒。"明胡文煥《群音類選·臥冰記》："冷透了皮囊髓毛，溶化了瓊漿玉膏，漸漸棱層消耗。"明董斯張《廣博物志》："上青城山洞，周圍二千里，昔洪崖先生服琅玕之花而隱，代爲青城真人。"

【玉膏】

冰的美稱。唐李欣《送王道士還山》詩："玉膏清泠瀑泉水，白雲溪中日方此。"唐吳筠《游廬山五老峰》詩："玉膏正滴瀝，瑤草多蓄茸。"元袁桷《灤河》詩："寒光澄玉膏，甘冽過牛乳。"明薛蕙《鄭繼之館内積雪爲小山戲作長句》詩："仄崖崩壁色悽愴，玉膏乳竇陰森爽。"清彭孫遹《延露詞·河傳》詞："冬缸凝玉膏。"

寒玉

寒冷的冰塊。冰的美稱。亦指清流、明月、翠竹等秀美的事物。唐李賀《江南弄》詩："吳歈越吟未終曲，江上團團帖寒玉。"宋石公弼《游日山》詩："風敲寒玉驚僧睡，巖落漸冰認雨聲。"元趙孟頫《燕脂駿圖歌》："霜蹄蹙踏寒玉響，霧鬣振動秋風涼。"明李雲龍《題笑忙園》詩："芳草當階漾綠雲，清池開鏡飄寒玉。"清陳世祥《念奴嬌·次其年韻戲柬西樵司勳》詞："認是桃源迷去路，冷隔千溪寒玉。"

常堅冰

傳古西域所産之冰，酷暑不化。唐蘇鶚《杜陽雜編》卷上："順宗皇帝即位歲，拘弭國貢却火雀（一雄一雌）、履水珠、常堅冰、變畫草……常堅冰，云其國有大凝山，其中有冰，千年不釋。及齎至京師，潔冷如故，雖盛暑赫日，終不消。嚼之即與中國冰凍無異。"明陳耀文《天中記》："劉宗初，拘弭國貢常堅冰。"

冰花

冰覆物上狀如花朵。冰的美稱。水蒸氣遇冷凝華成的小冰晶，在平滑表面凝結成冰片，似無數花朵鑲嵌而成，故稱。亦稱"冰有花"。五代錢俶《宮中作》詩："西第晚宜供露茗，小池寒欲結冰花。"《文獻通考·自序》："若冰花，乃冰有異而結花，其咎不在花也，而《唐志》以冰花爲華孽。"宋蘇軾《和錢四寄其弟和（補編）》詩："昨夜冰花猶作柱，曉來梅子已生人。"《二刻拍案驚奇》卷一九："識者道：'此盆結冰成花，應著萬家之富，猶如冰花一般，原非堅久之家，乃是不祥之兆。'"明崇禎《吳縣志》卷一一："〔正德十四年〕正月朔，冰有花，陰處數日不解，連雪嚴寒。夏秋大水，米價騰湧。民大饑，疫。"清康熙《仁和縣志》卷二五："〔正德十四年〕春正月朔，冰有花。"

【冰有花】

即冰花。此稱明代已行用。見該文。

冰霜

冰與霜，二者在寒天常相伴而生。漢張衡

《西京賦》:"於是孟冬作陰,寒風肅殺,雨雪飄飄,冰霜慘烈,百卉具零。"三國魏蔡琰《胡笳十八拍》:"冰霜凜凜兮身苦寒,饑對肉酪兮不能餐。"《宋書·樂志四》:"冰霜晝夜結,蘭桂摧爲薪。"《藝文類聚·居處部》:"孟冬作陰,寒風肅殺,雨雪飄颻,冰霜慘烈。"宋普濟《五燈會元》卷九:"朗月當空掛,冰霜不自寒。"宋畢仲游《送范德孺使遼》詩:"桑乾地寒氈作屋,冰霜滿(殿本作漫)野飛鴻鵠。"元丁復《題花宿雁圖二首》其二:"江漢月中白,冰霜天上寒。"明葉顒《癸丑新正試筆二首》其一:"雪霽冰霜盡,泥牛喜著鞭。"清吳文溥《故西川將軍奎公林挽歌》其二:"祁連山遠冰霜古,蜀國風悲草木春。"

冰川

現代科學指在重力作用下沿地表呈緩慢運動狀態的天然冰體。古多指大面積結冰的冰原。南朝樂府民歌《子夜四時歌·冬歌》其七:"寒雲浮天凝,積雪冰川波。"晋陸機《飲馬長城窟行》:"仰憑積雪巖,俯涉堅冰川。"唐盧照鄰《晚渡渭沱敬贈魏大》詩:"津谷朝行遠,冰川夕望曛。"宋蘇軾《張先生并叙》詩:"脱屣不妨眠糞屋,流澌爭看浴冰川。"宋饒節《送梅郎一首》詩:"我亦數奇困竿累,玉山冰川失眼底。"明羅洪先《有喜》詩:"憶昔暗塵辭旅舍,三更羸馬踏冰川。"

雨冰

雹。《黄帝内經·素問·至真要大論》:"太陽之復,厥氣上行。水凝雨冰,羽蟲乃死。"王冰注:"雨冰,謂雹也,寒而遇雹,死亦其宜。"宋吕南公《立春雪凍有懷道先賢良展誦臘除見寄長篇輒反其韻爲詩奉寄》詩:"餘寒忽作雨冰怪,似有陰沴相呼招。"宋李綱《聞建寇逼境携家將由樂沙縣以如劍浦》詩:"風吹霧雨冰,草木盡矛戟。"

窖冰

窖藏之冰。宋陳巖《邃谷巖》詩:"千古嘗留一窖冰,女蘿籜竹鎖寒陰。"清潘榮陛《帝京歲時紀勝》:"窖冰,臘八日御河起冰貯窖,通河運冰貯内。"《皇清開國方略》卷八〇:"凡邊城滿洲,每年有窖冰之役,迎接新附之呼。"《欽定大清會典則例》卷一三五:"雍正四年,定秋月采買民窖冰,每塊價銀二分五釐。"清富察敦崇《燕京歲時記·打冰》:"凌陰者,今之冰窖也。"

凌陰

古儲冰處或窖穴。亦稱"凌室""冰室""井室""冰井""冰窖"。《詩·豳風·七月》:"二之日鑿冰冲冲,三之日納于凌陰。"毛傳:"凌陰,冰室也。"《漢書·惠帝紀》:"秋七月乙亥,未央宮凌室灾。"顏師古注:"凌室,藏冰之室也。"漢袁康《越絶書·外傳記吳地傳》:"閶門外郭中冢者,闔廬冰室也。"北魏酈道元《水經注·河水五》:"朝廷又置冰室於斯阜,室内有冰井。《春秋左傳》曰:'日在北陸而藏冰。'"又云:"十二月,採冰於河津之隘,峽石之阿,北陰之中,即《邠》詩'二之日鑿冰冲冲'矣。而内于井室,所謂'納于凌陰'者也。"明區懷瑞《走筆雲杜乞王幼度刺史磬口蠟梅》詩:"玉叢冰窖漫經過,恰值松房春酒熟。"《隋煬帝艷史》第三三回:"一霎時將迷樓上堆得像一個冰窖,走進去涼陰陰、冰森森,十分清爽。"清富察敦崇《燕京歲時記·打冰》:"按,《事物原會》:'周成王命凌人掌冰,歲十二月,敕令斬冰，納於凌陰。'凌陰者，今之冰窖也。"

【凌室】

即凌陰。此稱漢代已行用。見該文。

【冰室】

即凌陰。此稱漢代已行用。見該文。

【井室】

即凌陰。此稱北魏已行用。見該文。

【冰井】²

即凌陰。此稱北魏已行用。見該文。

【冰窖】

即凌陰。此稱明代已行用。見該文。

【玉井】²

古代帝王藏冰之所，伏日以之賜大臣。唐杜甫《多病執熱奉懷李尚書之芳》詩："思霑道喝黃梅雨，敢望宮恩玉井冰。"仇兆鰲注："陸翽《鄴中記》：'石季龍于冰井臺藏冰，三伏日以賜大臣。'《後漢書》：'琅玡有冰井。'"唐陸龜蒙《子夜四時歌》詩之二："金龍傾漏盡，玉井敲冰早。"

【冰穴】²

指河水成冰，結成中空的洞穴。宋劉敞《負暄四首》詩其一："潛魚離冰穴，無數游清源。"明崇禎《文安縣志》卷一一：〔正德十年〕七月，河水忽僵，直立凍結爲柱，高圍可五丈，中空而旁穴。數日，流賊過，鄉民入冰穴中避之，賴以保全者頗多，人謂之河僵，俹亦前史所罕見也。"清周長庚《玉山》詩："或云此山寒冰穴，壓盡盤古以前雪。"

木介

冰名。嚴寒時節，樹上霜雪霧露凝凍成冰，狀如著介胄。《漢書·五行志上》："今之長老名木冰爲木介。介者，甲。甲，兵象也。"唐楊士勳《春秋穀梁傳注疏》卷一四："《穀梁傳》曰：雨木冰者，木介甲胄，兵之象。"《新唐書·五行志一》："永徽二年十一月甲申，陰霧凝凍封樹木，數日不解。劉向以爲木少陽，貴臣象。此人將有害，則陰氣脅木先寒，故雨而冰也。亦謂之樹介，介，兵象也。"《唐會要·雜錄》："開元二十九年冬十月，京城寒甚，凝霜封樹，學者以爲《春秋》'雨木冰'即是。亦名樹介，言其象介胄也。"宋薛季宣《城臺雪望懷子都》詩之三："此情誰與度，木介響玲瑽。"明王逢《贈窮獨叟》詩："窮陰結長寒，木介河生澌。"清周亮工《書影》卷五："寒甚而木冰，如樹作介胄也。"

【木冰】

指雨、雪、霧、露遇冷後在樹上結的冰。即"木介"。亦稱"木斥"。《左傳·成公十六年》："王正月，雨木冰。"杜預注："記寒過節，冰封著樹。"漢董仲舒《春秋繁露·五行變救》："木有變，春凋秋榮。秋木冰，春多雨。"《舊唐書·五行志上》："永泰元年二月甲子夜，雷電震烈。三月，降霜爲木冰。"宋葉夢得《石林詩話》卷上："王荊公作《韓魏公挽詞》云：'木稼曾聞達官怕，山頹今見哲人萎。'"明郎瑛《七修類稿·天地五·木冰》："木冰者，雨及木而凝冰，諺云'木稼也'。《洪範五行傳》謂之木斥。"《舊五代史·五行志》："〔開運三年〕十二月己丑，雨木冰。是月戊戌，霜霧大降，草木皆如冰。"明陶宗儀《輟耕錄·木冰》："又十日雨木冰，狀如樓閣、人物、冠帶、鳥獸、卉木，百態具備，殆非人工。高林大樹，珠葆羽幢，彌望不絕。凡五日，始解。"成化《重修毗陵志》卷三二：〔景泰四年〕十二月，常州大雪，木冰。"

【木斤】

即木冰。此稱漢代已行用。見該文。

【木稼】

即木冰。此稱宋代已行用。見該文。

【冰介】

即木介、木冰。嚴寒時節，樹上霜雪霧露凝凍成冰，狀如着介冑，故名。宋李復《冬日》：“霰雪飛不斷，凝冰介萬木。”嘉慶《廬州府志》卷四九：“〔嘉靖二十三年〕十二月，舒城冰介，著樹皆成花草，繼以雪，雷電交作。”

【樹冰】

即木介、木冰。亦稱“樹介”“樹稼”。《新唐書·五行志一》：“永徽二年十一月甲申，陰霧凝凍封樹木，數日不解……亦謂之樹介。”《新唐書·讓皇帝憲傳》：“憲見而歎曰：‘此俗謂樹稼者也。諺曰：樹稼，達官怕。必有大臣當之，吾其死矣。’”宋蘇軾《攬雲篇》詩：“散爲東郊霧，凍作枯樹稼。”《唐會要·雜錄》：“學者以爲《春秋》‘雨木冰’即是。亦名樹介，言其象介冑也。”康熙《溧陽縣志》卷三：“〔成化十九年〕正月，大雪七日，樹介。”

【樹介】

即樹冰。此稱宋代已行用。見該文。

【樹稼】

即木冰。此稱宋代已行用。見該文。

【雨木冰】

冰名。亦稱“樹架”。謂天氣過冷，雨水降在樹表隨即結凍成冰。《左傳·成公十六年》：“春，王正月，雨木冰。”杜預注：“記寒過節，冰封著樹。”孔穎達疏：“正月，今之仲冬，時猶有雨，未是盛寒，雨下即著樹爲冰，記寒甚之過其節度。《公羊》《穀梁》皆云雨而木冰，是冰封著樹也。今世時有之，皆寒甚所致也。”《隋書·五行志》：“東魏武定四年冬，天雨木冰。《洪範五行傳》曰：‘陰之盛而凝滯也。’”《唐會要·木冰》：“雨木冰，凝寒凍裂，數日不解。寧王憲見而嘆曰：此俗謂之樹架。”《新唐書·五行志一》：“〔開元二十一年〕是年十一月己巳，寒甚，雨木冰，數日不解。”《文獻通考·自序》：“雨木冰，乃寒氣脅木而成冰，其咎不在木也。”明陶宗儀《輟耕錄·木冰》：“〔至正乙巳〕二月十三日……又十日，雨木冰，狀如樓閣、人物、冠帶、鳥獸、卉木，百態具備，殆非人工。”《清史稿·災異志三》：“〔順治〕十年十月，當塗雨木冰。”

【樹架】

即雨木冰。此稱五代已行用。見該文。

【凇】

極冷的水滴同樹木、建築物和地面植物等物體接觸形成冰層，或雨在低於冰點的情況下落在地表物體上形成的冰層。亦作“霧凇”。霧或作“霿”。宋曾鞏《元豐類稿》卷七：“齊寒甚，夜氣如霧，凝於木上，旦起視之如雪，日出飄滿階庭，尤爲可愛，齊人謂之凇。”又，《冬夜即事》詩：“香清一榻氍毹暖，月淡千門霧凇寒。”《邵氏詩詞庫》：“霧凇，曾鞏〔宋〕園林初日静無風，霧凇花開處處同。”明王世貞《東明道中木冰甚》詩其一：“濃霜中夜零，千林成霧凇。”清馮秀瑩《題孫鐵珊橫雲書屋集》詩：“大鼓掀天風，直掃掛樹凇。”清牛燾《羅雄即景》詩：“安得仙鋤揮霧凇，南山薈蔚咏朝躋。”

【霧凇】

即雨木冰。此體宋代已行用。見該文。

冰條

　　猶冰柱。亦作"水晶釘"。皆就其呈長條、兵刃、棱條、垂牙狀而稱。唐孟郊《石淙》詩："冰條聳危慮，霜翠瑩遲昕。"宋梅堯臣《欲雪復晴》詩："口氣生簾額，冰條結井牀。"元圓至《雪》詩："窗鳴風片亂，溜凍冰條直。"明王彥泓《寒詞》詩："玉人相顧時時笑，喜聽冰條落砌聲。"清顧貞立《南鄉子·雪》詞："簾外冰條似玉鉤。"清厲荃《事物異名錄·坤輿·冰條》："方岳《雪後草亭》詩：'一夜寒雪重整過，碧琉璃瓦水晶釘。'按，水晶釘謂冰條也。"

【水晶釘】

　　即冰條。此稱宋代已行用。見該文。

【冰刃】

　　刀戟刃狀冰條。晉張協《七命》："霜鍔水凝，冰刃露潔。"唐韋莊《三堂早春》詩："池邊冰刃暖初落，山上雪棱寒未銷。"元曲《呂洞賓三度城南柳》："霜鋒如巨闕，冰刃勝昆吾。"明朱誠泳《苦寒行》其一："野狐徑渡河冰合，冰刃著人如劍斫。"

【銀竹】

　　竹狀冰條。宋黃庭堅《再答景叔》詩："賜錢千萬民猶饑，雪後排簷凍銀竹。"明孫蕡《題張侍儀貞白獨冷軒》詩："四簷銀竹聲琳琅，山鬼獨宿神蛇藏。"

【冰牙】

　　牙狀冰條。宋楊萬里《雪凍未解散策郡圃》詩："静聞簷滴元無雨，倒掛冰牙未怕晴。"清陳維崧《摸魚兒·早春雪後束雲臣》詞："雪初乾，銀僵玉偃，冰牙猶掛簷溜。"

【垂冰】

　　垂狀冰條或冰柱。亦稱"冰掛"。南朝宋謝惠連《雪賦》："流滴垂冰，緣溜承隅。"南朝梁庾肩吾《同蕭左丞咏摘梅花》詩："垂冰溜玉手，含刺胃春腰。"唐盧綸《早春游樊川野居却寄李端校書兼呈崔峒補闕司空曙主簿耿湋拾遺》詩："陰橋全覆雪，瀑溜半垂冰。"唐張彥遠《法書要錄》："如殘雪滴溜，映朱檻而垂冰。"宋元絳《和姚勔奉陪蓬萊閣賞雪賦詩謹成二十四韻呈知府龍圖侍郎》詩："藏崖未見睍，著霤即垂冰。"元耶律楚材《辛巳閏月西域山城值雨》詩："夜聽窗聲初變雪，曉窺簷溜已垂冰。"明陳子升《遙題藥地禪師青原新得瀑泉（施愚山目爲小三疊）》詩其二："不見大師傳祖意，三條冰掛一峰尊。"清朱筠《五月十四日得石君自清風店寄詩明日逆之廣寧門外和韻持示》詩："碧溪下浮花氣潤，仰看冰掛珞璵瓔。"清弘曆《千尺雪》詩："流泉不凍表垂冰，動作雪花静雪凝。"

【冰掛】

　　即垂冰。此稱明代已行用。見該文。

【銀筍】

　　筍狀冰條。宋楊萬里《雪後十日日暖雪猶未融》詩："日穿銀筍透，風琢玉山攲。"宋范成大《雪霽獨登南樓》詩："雀啄空簷銀筍墮，鴉翻高樹玉塵傾。"明羅懋登《三寶太監西洋記》第四三回："祖師起眼一看，只見個寒冰嶺上：天入鴻蒙銀筍出，山摇鱗甲玉龍高。"

【冰錐】

　　冰雪融化下滴時遇冷凝成的冰條。形如圓錐，故稱。前蜀韋莊《對雪獻薛常侍》詩："松裝粉穗臨窗亞，水結冰錐簇溜懸。"

【玉溜】[2]

即下垂冰條。亦稱"冰溜"。南朝齊謝朓《阻雪聯句》："珠霤條間響,玉溜簷下垂。"宋袁世弼《百尺山》："瓊田收杷稏,玉溜注琅玕。"元廼賢《雪霽紅門偶成(是日千秋)》詩："風回闕角瑶華亂,冰溜舸棱玉箸縣。"明曹學佺《游房山記》："人屋上結茅,蓋以石皮,冰溜掛簷間不絕。"清弘曆《冬日瀛臺》詩："傍圃珠懸新霤笑,垂崖玉溜凍澌痕。"一說,指清泉或清水流。

【冰溜】

即玉溜。此稱元代已行用。見該文。

【冰鐘乳】

滴水、化雪凝成的像鐘乳、笋、柱等不同形態的冰條。亦作"乳冰""乳冰""鐘乳"。唐盧綸《送夏侯校書歸華陰別墅》詩："乳冰懸暗井,蓮石照晴軒。"宋邵雍《大寒吟》："階前凍銀牀,簷頭冰鐘乳。"宋韋驤《雪後游琅邪山聯句》詩："蘭芽吐尚微,冰乳凝未泮。"明釋今無《游玲瓏巖始興班明府贈予脚力》詩其二："乍入片雲無路出,化爲冰乳漬蓮花。"清弘曆《冰瀑》詩："簇簇垂鐘乳,明明拂鏡奩。"清李呈祥《香巖閣》詩："鑿空繡紫苔,冰乳垂滴瀝。"

【乳冰】

即冰鐘乳。此體唐代已行用。見該文。

【冰乳】

即冰鐘乳。此體宋代已行用。見該文。

【鐘乳】[1]

即冰鐘乳。此體清代已行用。見該文。

【冰管】

形呈管狀,滴溜垂挂的冰條。亦稱"乳管"。唐馬戴《謁仙觀二首》詩其二："山空蕙氣香,乳管折雲房。"宋梅堯臣《新韻曾子固進春》詩："新雷歲旦發聲嚴,冰管寒銷細滴簷。"宋司馬光《又和雪》詩："四簷冰管未全睎,一夕陰風雪又飛。"又,《送守哲歸廬山》詩："瀑泉響夜壑,乳管添春寶。"清李大儒《贈蘇山人》詩："乳管静探雲濕屨,垂珠自采雪侵衣。"

【乳管】

即冰管。此稱唐代已行用。見該文。

簷冰

垂於屋檐邊的冰凌。亦稱"簷溜""檐溜""檐冰"。南朝齊謝朓《阻雪連句遥贈和》詩："飄素縈簷溜,嚴結噎通岐。"北周王褒《和從弟祐山家詩二首》詩其一："山窗臨絕頂,檐溜俯危松。"唐李商隱《殘雪》詩："簷冰滴鵝管,屋瓦鏤魚鱗。"唐白居易《江州雪》詩："城柳方綴花,檐冰才結穗。"唐賈島《郊居即事》詩："葉書傳野意,簷溜煮胡茶。"宋無名氏《白雪歌》："鳥啄冰潭玉鏡開,風敲簷溜水晶折。"宋范成大《次韻子永雪後見贈》詩："雪瓴待伴半陰晴,竟日簷冰溜雨聲。"宋陸游《村居冬日》："檐冰垂玉塔,山月湧金盆。"元鄭元祐《和薩天錫留別張貞居寄倪元鎮》詩："徑雪冷埋山屐齒,簷冰夜墮石牀聲。"明王逢《小匕首歌》詩："檐冰卓箸日黯空,稍玩股掌生雄風。"清李端臨《即事》詩："勁風颭積雪,斜日墮檐冰。"清管棆《辛未元夜訪北蘭澹公用宛陵和景彝閨臘省宿韻》詩："雲净空巒轉玉繩,禪扉夜叩墮簷冰。"

【簷溜】

即簷冰。此稱南朝齊已行用。見該文。

【檐溜】

　　即簷冰。此稱北周已行用。見該文。

【檐冰】

　　同"簷冰"。此稱唐代已行用。見該文。

【冰筋】

　　垂於屋檐邊的冰凌。亦作"玉筋"。明宋濂《病店新起》詩："蒙戎雖有狐裘温，浣冼何殊冰筋冷。"清多敏《鈎弋夫人小印歌》詩："玉鈎冰筋棱棱起，故印珍藏識天水。"清沈起鳳《諧鐸·蟪蛄郡》："〔郡主〕命官娥捲簾，則冰筋垂簷。"

【玉筋】

　　即冰筋。此體宋代已行用。見該文。

【玉箸】

　　垂於屋檐邊的冰凌。宋蘇轍《同王適賦雪》詩："細排玉箸短垂簷，暗結輕冰時入研。"宋辛棄疾《鷓鴣天·和趙晉臣提舉賦雪》詞："香暖處，酒醒時，畫簷玉筋已偷垂。"元廼賢《雪霽紅門偶成（是日千秋）》詩："風回闕角瑤華亂，冰溜觚棱玉箸縣。"按，縣，古通"懸"。明王世貞《真定劉使君子易月夜宴城北池亭觀捕魚》詩："雪壓金盤細，霜飛玉箸新。"清楊芸《采桑子·四時詞》："簷牙玉箸玲瓏墜，静掩重門。"

玉溜、乳冰、冰筋、冰柱、簷溜

【玉筋】

　　即玉箸。此體宋代已行用。見該文。

【冰柱】

　　滴水或融雪遇冷凝成的柱狀冰。唐劉叉《冰柱》："旋落旋逐朝暾化，簷間冰柱若削出交加，或低或昂，小大瑩潔。"唐李洞《寄太白隱者》："棧閣連（一作交）冰柱，耕樵隔日輪。"宋石懋《句》詩其一："燕南雪花大於掌，冰柱懸簷一千丈（咏雪）。"宋楊萬里《雪晴》詩："兒劣敲冰柱，身清墮蕊宫。"元薩都剌《喜壽里（一作題喜里）客廳雪山壁圖》詩："五更凍合石頭城，霜風鼓寒冰柱裂。"明崇禎《文安縣志》卷一一："〔正德十年〕七月，河水忽僵，直立凍結爲柱，高圍可五丈，中空而旁穴。"清康熙《大冶縣志》卷九："〔嘉靖四十五年〕積雪，冰柱垂地，行人多僵死。"參閱《新唐書·韓愈傳》。

凌　澌

浮銀

　　對漂浮冰塊的美稱。宋范祖禹《望朝元閣》詩："秦川錯繡孤烟媚，渭水浮銀落日横。"明張宇初《六月二十三日晚宴仙巖有賦》詩："蘋鷗點雪華，汀鷺浮銀度。"《西游記》第四八回："果然冰山千百尺。萬壑冷浮銀，一川寒浸玉。"

澌[1]

　　水面或物體上結的細碎薄冰。"澌"或作"凘"。南朝齊謝朓《阻雪連句遥贈和》詩："風庭舞流霰，冰沼結文澌。"唐方干《酬故人陳乂都》詩:"坐久吟移調,更長硯結凘。"宋孔武仲《初賜幡勝戲和諸公二首》詩其二:"靈沼輕凘猶覆水,上林微綠已縈條。"宋杜安世《折紅梅》詞:"喜輕凘初綻,微和漸入。"宋江少虞《事實類苑》:"曉井斟殘月,春爐釋夜凘。"明劉基《蘭陵王》詩:"玄陰洞暮節,瑤非冰凘暗結。"

【凌凘】[1]

即凘。亦稱"冰凘"。水面或物體上結的冰。"凌"或作"淩";"凘"或作"澌"。唐元稹《生春》詩:"蘆筍雖猶短,凌凘玉漸融。"宋王令《原蝗》詩:"去年冬溫臘雪少,土脈不凍無冰凘。"宋丁木《次韻何安節撫機》詩:"雁影明寒水,冰凘澀去舟。"宋蘇軾《新渡寺席上次韻送叔弼》詩:"春愁結凌凘,正待一笑泮。"宋張元幹《夜游宮》詞:"半吐寒梅未拆,雙魚洗,冰凘初結。"元王子端《大江東去·癸巳暮冬小雪》詞:"冰凘生硯,間誰先得佳句。"明楊慎《崤關行》:"凌凘正堅冱,河水無決瀾。"清張穆《客談上莞羅氏山居幽勝欲托迹避世詩以寄之》詩:"玄洞鑿鬼斧,石髓垂冰凘。"

【冰凘】[1]

即凌凘[1]。此稱宋代已行用。見該文。

凌澌[2]

隨水漂流的冰凌。亦稱"冰澌"。"凌"或作"淩";"澌"或作"凘"。唐杜甫《後苦寒行》詩之二:"巴東之峽生凌澌,彼蒼回斡人得知。"《舊唐書·王重榮傳》:"時河橋毀圮,凌澌梗塞,舟楫難濟。"《舊五代史·張承業傳》:"春冰方泮,凌澌奔蹙,艤舟不得渡。"宋周邦彥《南鄉子》詞:"自在開簾風不定,颼颼,池而冰澌趁水流。"清吳錫麒《春霽圖》曲:"響

冰澌急溜放前沽,灑斜陽破綱欄橫浦。"

【冰澌】[2]

即凌澌[2]。此稱宋代已行用。見該文。

【流澌】

隨水漂流的冰凌。或作"流凘"。《楚辭·九歌·河伯》:"與女游兮河之渚,流澌紛兮將來下。"漢王逸注:"流澌,解冰也。"漢曹操《步出夏門行·河朔寒》:"流澌浮漂,舟船行難。"北魏酈道元《水經注·河水五》:"而流澌冰合於夜中,濟訖旦而冰泮,燕民謂是處為天橋津東岸。"《晉書·石勒傳》:"流澌風猛,軍至,冰泮清和,濟畢,流澌大至,勒以為神靈之助也,命曰靈昌津。"唐馬戴《冬日寄洛中楊少尹》詩:"黃河岸柳衰,城下渡流澌。"唐岑參《送嚴維下第還江東》詩:"敝裘沾暮雪,歸棹帶流澌。"宋晁補之《揚州被召著作佐郎自金山回阻冰效退之陸渾山火句法》詩:"為兒摶飯兒安嬉,寧三月暖猶流澌。"清唐孫華《雪次東坡聚星堂韻禁體物語》詩:"夜半流澌溜結條,多年布衾真似鐵。"

【澌】[2]

隨水漂流的冰。"澌"或作"凘"。《後漢書·王霸傳》:"及至虖沱河,侯吏還白河水流澌,無船,不可濟。"《說文·仌部》:"凘,流仌(冰)也。"桂馥義證引《風俗通》:"冰流曰凘。"《說文·水部》:"澌,水索也。"徐鍇

繫傳："索，盡也。"指結冰的過程，有水盡冰生之意。唐虞世南《奉和至壽春應令》詩："泛沫縈沙峴，寒漸擁急流。"清吳瞻泰《過虎村上芙蓉嶺》詩："山深異氣侯，四月正流澌。"《正韻》："澌爲流冰之澌，俗誤作漸。"

凌

冰凌。多指河面積冰。"凌"或作"淩"。馬王堆漢墓帛書甲本《老子·道德經》："涣呵，其若凌澤。"漢應劭《風俗通》："積冰曰凌。"唐賈島《冬夜》詩："凌結浮萍水，雪和衰柳風。"宋孔平仲《咏櫓》詩："侵凌秋島霧，破碎暮灣星。"元杜仁傑《和信之板橋路中古風二首》詩其一："岸風圻枯凌，野日明遠燒。"明劉崧《早春燕城懷古》詩："河交凍凌作平地，風捲沙堤如湧濤。"清麟慶《河工四汛詩·凌汛》："夾岸積凌全漲白，沿堤插柳半塗朱。"清王世禛《淮上寄汪苕文金陵》詩："黄河水凌高千長，雪花如笠朔風吹。"

【冰橋】

指河面上凍得堅實的冰。亦稱"凌橋"。如橋可渡，故稱。北魏楊衒之《洛陽伽藍記·永寧寺》："昔光武受命，冰橋凝於滹水。"宋蘇軾《虚飄飄三首》詞其三："虚飄飄，風寒吹絮浪，春水暖冰橋。"《舊五代史·太祖紀》："冰堅可渡，諸軍遂濟，衆謂之'凌橋'，濟竟冰泮，時人異之。"明劉大夏《藍州渡河孫守備領兵護行》詩："初經邊塞勞軍送，老步冰橋倩客扶。"明陳耀文《天中記》卷一〇："周太祖乾祐中，北征至澶州驛，河水已解，浮橋難立，衆憂之。其夜西北風裂凝凍，比旦，津吏報冰堅可渡。步騎踐冰而行，衆謂之'凌橋'。日夕，津吏報曰：'冰橋泮矣。'"《遼海叢書·東北邊防輯

要》："所過冰橋已解，其西偏復結冰橋一道。"

【凌橋】

冰橋的別稱。此稱宋代已行用。見該文。

岸冰

水岸凍結的冰帶。南朝宋劉敬《異苑》卷一〇："一宿岸冰開。"唐元稹《劉氏館集隱客歸和子元及之子蒙晦之》詩："濕墊緣竹徑，寥落護岸冰。"又，《生春二十首（丁酉歲，凡二十章）》詩其八："何處生春早，春生冰岸中。"宋司馬光《別韻一首》詩："岸冰猶在水先綠，柳葉未生條已黄。"金趙元《渡洛口》詩："一脉寒流兩岸冰，斷橋無力强支撑。"明徐渭《曇陽》詩其一："大海徹岸冰，小生没處躲。"清玄燁《錢塘江潮》詩："相傳冰岸雪崖勢，滚滚掀翻擁怒濤。"

冰合

水面全部結冰。亦稱"凍合"。南朝梁沈約《八咏詩·夕行聞夜鶴》詩："復畏冬冰合，水宿非所宜。"北魏酈道元《水經注·河水》："昏而流澌，冰合於夜中。"北周王褒《飲馬長城窟》詩："雪深無複道，冰合不生波。"隋陳暄《雨雪曲》詩："冰合軍應渡，樓寒烽未然。"唐張嘉貞《奉和聖製送張説巡邊》詩："雲昏無復影，冰合不聞湍。"《晉書·慕容皝傳》："舊海水無凌，自仁反已來，凍合者三矣。"唐李益《暖川（一作征人歌）》詩："胡風凍合鸊鵜泉，牧馬千群逐暖川。"宋陸游《夜寒二首》詩其二："三更騎報河冰合，鐵馬何人從我行。"宋許及之《張時可席上喜雪分韻得水字時予後至周希稷期而不集》詩："摩挲玉梅瓶，凍合西湖水。"元張壽《西湖冰合》詩："西湖雪厚冰徹底，行人徑度如長川。"明徐賁《海雪詞與唐

處敬題》詩："馬御骨戰泣貝宮,鹹池凍合烏愁冷。"明萬曆《新修餘姚縣志》卷一一:"〔弘治十二年〕春不雨。冬大寒,姚江冰合。六月,平地水湧高三四尺,饑。"清順治《蘄水縣志》卷一:"〔嘉靖四十五年〕九月,陰雪竟月,河流凍合,民多僵斃。"康熙《臨湘縣志》卷一:"〔正德八年〕十二月,大雪,湖冰合,人騎可行。"乾隆《盱眙縣志》卷一四:"〔嘉靖四十三年〕水。冬寒,淮冰合。"同治《續輯漢陽縣志》卷四:"〔正德十五年〕冬,江漢冰合。"清張晉《平陽道中微雪》詩其一:"野塘初凍合,官道尚塵飛。"

【凍合】

即冰合。此稱唐代已行用。見該文。

井冰

井中的水結成之冰。亦稱"井水冰""井凍"。魏晉佚名《子夜四時歌·冬歌十七首》其十五:"欲知千里寒,但看井水冰。"南北朝謝朓《咏竹火籠》詩:"庭雪亂如花,井冰粲成玉。"唐齊己《永夜》詩:"香影浮龜象,瓶聲著井冰。"唐杜甫《多病執熱奉懷李尚書》詩:"思霑道喝黃梅雨,敢望恩宮玉井冰。"宋李復《潞守歐陽叔弼召登鼎軒暑飲》詩:"金烏不轉銅壺箭,碧碗時分玉井冰。"宋陳人傑《沁園春》詞其七:"杜陵老,向年時也自,井凍衣寒。"元葉懋《十臺懷古·鳳凰臺》詩:"轆轤無聲冰井冷,庭花露滴銅蟾秋。"明王世貞《支簡亭學憲謝病歸問訊之》詩:"清秋五嶺倦炎蒸,一疏天回玉井冰。"萬曆《淄川縣志》卷二二:"〔嘉靖三十五年〕冬大雪,井凍不可汲。僵者填道。"順治《偃師縣志》卷二:"〔嘉靖四十三年〕齊民井冰。"乾隆《重修洛陽縣志》卷一〇:"〔嘉靖三十二年〕春,井水冰,堅不可破。"

【井水冰】

即井冰。此稱魏晉已行用。見該文。

【井凍】

即井冰。此稱宋代已行用。見該文。

泉冰

泉水結成之冰。唐李隆基《溫湯對雪》詩:"未見溫泉冰,寧知火井滅。"唐日僧圓仁《入唐求法巡禮行記》:"〔開成四年〕自九月中旬已來,寒風漸起,山野無青草,潤泉有凍氣。十月一日,始霜下。五日,泉冰。十日,夜半聞群雁聲,空飛南去。"宋王質《江城子》詞其二:"滴露飛霜,雪壑注冰泉。"元周權《次韻古琴上人》詩:"泉冰冬澗澀,山雨夜鐘沈。"清施閏章《蒼梧雲蓋寺訪無可上人》詩:"與君坐對成今古,嘗盡冰泉舊井茶。"

湖冰

湖水凍結之冰。宋文同《寒蘆港》詩:"落月照冰湖,曉氣何太爽。"明李東陽《四禽圖》詩:"江南山深冬日暖,湖冰無澌湖水滿。"明楊維楨《贈王蒙》詩:"塞雁北飛千里雪,吳波綠泮五湖冰。"嘉靖《寶應縣志略》卷一:"〔正德元年〕春正月元日,湖冰花樹文。"康熙《臨湘縣志》卷一:"〔正德八年〕十二月,大雪,湖冰合,人騎可行。"按,湖水凍結在唐代已有描述。唐元稹《雜憶五首》詩其五:"春冰消盡碧波湖,漾影殘霞似有無。"唐白居易《花樓望雪命宴賦》詩:"冰鋪湖水銀爲面,風卷汀沙玉作堆。"

【澤冰】

湖沼中的水凍結之冰。亦稱"澤冰"。《禮

記·月令》：“〔季冬之月〕冰方盛，水澤腹堅，命取冰。”康熙《長垣縣志》卷二：“〔嘉靖四十五年〕縣城内澤冰，成花木之狀。”清汪中《野望》詩：“澤冰乍合魚猶上，磽土方堅麥未生。”

溪凍

溪流中的水結成之冰。亦作“凍溪”。唐李建勳《宿友人山居寄司徒相公》詩其二：“溪凍聲全减，燈寒焰不高。”元劉秉忠《征西回》詩：“多少凍溪凝住水，盡隨歸客向東流。”萬曆《將樂縣志》卷一二：“〔嘉靖四十二年〕冬，淫雨三日，溪凍不流，魚僵死。”清弘曆《初冬瀛臺即景》詩其一：“雀舫已收糜塢裏，冰牀未出凍溪濱。”

【凍溪】

同“溪凍”。此體元代已行用。見該文。

海水冰

海洋中的水結成之冰。亦稱“海冰”“海凍”“滄海冰”“海水冰凍”。晉阮籍《大人先生歌》詩：“陽和微弱陰氣竭，海凍不流綿絮折。”《舊唐書·穆宗紀》：“〔長慶二年〕正月甲寅，青州奏，海凍二百里。”“〔長慶二年〕海州海冰。”《新唐書·天文志》：“〔長慶元年〕二月，海州海水冰，南北二百里，東望無際。”宋王令《哭詩六章》詩其三：“何以慰我懷，安得滄海冰。”明陳耀文《天中記》：“諸老言，自立國初，無海水冰凍之事。”明胡應麟《董生行贈中秘董體仁》詩：“白石烟銷苔蘚凝，寒雲海凍珊瑚裂。”正德《淮安府志》卷一五：“〔弘治六年〕自十月至十二月，雨雪連綿，大寒凝海，即唐長慶二年海水冰二百里之類。”《明史·五行志》：“〔景泰四年〕十一月戊辰至明年孟春，山東、河南、浙江、直隸、淮、徐大雪數尺，

淮東之海冰四十餘里，人畜凍死萬計。”乾隆《沂州府志》卷一五：“〔景泰四年〕冬十一月，大雪，海凍。”

【海凍】

即海水冰。此稱晉代已行用。見該文。

【海冰】

即海水冰。此稱宋代已行用。見該文。

【滄海冰】

即海水冰。此稱宋代已行用。見該文。

【海水冰凍】

即海水冰。此稱明代已行用。見該文。

【凝海】

海水凝結成冰。亦作“海凝”。南朝梁庾肩吾失題詩：“勁氣方凝海，清威正折綿。”唐劉長卿《冬夜宿揚州開元寺烈公房送李侍御之江東》詩：“遷客投百越，窮陰淮海凝。”宋胡寅《阻雪慈雲有懷叔夏》詩其一：“勁氣將凝海，寒威便折膠。”宋周必大《次韻胡邦衡二首（丙戌二月十三日）》詩其一：“蟻泛似緣膻足慕，海凝如得毳逃寒。”明李德《十二月樂章·十月》其一：“沈寒凝海霜斑斑，蘆鴻叫叫蒼梧間。”正德《淮安府志》卷一五：“〔弘治六年〕自十月至十二月，雨雪連綿，大寒凝海，即唐長慶二年海水冰二百里之類。”雍正《安東縣志》卷一五：“〔弘治六年〕冬，大雪六十日，爨葦幾絶，大寒凝海。”

【海凝】

同“凝海”。此稱唐代已行用。見該文。

江海冰

江和海中的水凍結之冰。《新唐書·五行志》：“〔天復三年〕十二月，又大雪，江海冰。”清盛康《皇朝經世文續編·兵政十四塞防》：

"冬春二時,江海冰,堅船不能駛。"

黃河冰

黃河水凍結之冰。語出北周庾信《燕歌行》詩:"洛陽游絲百丈連,黃河春冰千片穿。"唐戎昱《塞下(一作上)曲其二》:"黃河冰已合,意又向南牧。"宋王炎《出塞曲》詩:"箭落紫塞雕,馬裂黃河冰。"宋陸游《胡無人》詩:"追奔露宿青海月,奪城夜蹋黃河冰。"元吳當《徐州贈同邸客》詩:"朔風吹起黃河冰,河上行舟帶寒色。"明李維楨等《山西通志》卷二六:"〔嘉靖三十六年〕霍州、汾西歲稔,平陸黃河堅冰,自砥柱至潼關,數月不解。"清程邃《過萬年少隰西草堂》詩:"黃河冰腹厚,白草馬蹄春。"清王士禎《池北偶談·談獻》:"遇大風雪,黃河冰不可渡,待於河上,仍鬻壺以爲途費。"

濟河冰

濟河水凍結之冰。省稱"濟冰"。《册府元龜·宮臣部·忠於所事》:"濟冰陷没,馬雛兒投水,奉帝出岸。"明李昱《送孔士安教諭之孔林十六句》詩:"岱嶽雲開青未了,濟河冰泮綠猶寒。"明歸有光《壬戌紀行》:"濟冰阻,千艘相聚,行數里,輒相呼擊冰。"清宮夢仁《讀書紀數略》:"疾風大寒早興,濟冰不憚艱難。"乾隆《樂安縣志》卷一八:"〔正德五年〕冬,濟河冰合百里,厚數尺。"

【濟冰】

即濟河冰。此稱宋代已行用。見該文。

淮水冰

淮河水凍結之冰。省稱"淮冰"。唐白居易《除日答夢得同發楚州》詩:"山雪晚猶在,淮冰晴欲開。"宋宋庠《涉淮溯清迫於冰涸舟次下邳先寄彭門趙侍御二首》詩其一:"夜雪淮冰合,朝曛海氣鮮。"《宋史·五行志》:"淳熙十二年,淮水冰,斷流。是冬,大雪。"《文獻通考·物異考十一》:"淳熙十二年,淮水冰,斷流。與《唐志》長慶海冰同占。"乾隆《盱眙縣志》卷一四:"〔嘉靖四十三年〕水。冬寒,淮冰合。"

【淮冰】

即淮水冰。此稱唐代已行用。見該文。

漢江水冰

漢江水凍結之冰。亦稱"漢江冰""漢水冰"。萬曆《襄陽府志》卷三三:"〔正統十四年〕漢水冰。"康熙《鍾祥縣志》卷一〇:"〔正統十四年〕冬,漢江冰,人履其上。"乾隆《荊門州志》卷三四:"〔正統十四年〕冬,漢江水冰,人履其上。"嘉慶《鄖陽志》卷九:"〔正統十四年〕漢水冰。"

【漢水冰】

漢江水冰。此稱明代已行用。見該文。

【漢江冰】

漢江水冰。此稱清代已行用。見該文。

太湖冰

太湖凍結之冰。亦稱"震澤冰"。太湖之凍,明清皆有記載。明王鏊《橘荒歎》詩:"自冬徂新春,冰凍太湖徹。"清朱鶴齡《苦寒行》詩:"太湖堅冰百丈深,魚龍潛竄重陰穴。"康熙《具區志》卷一四:"〔正德八年〕十二月,大寒,太湖冰,行人履冰往來者十餘日。"康熙《常州府志》卷三:"〔正德八年〕十二月,嚴寒,震澤冰,腹堅,成人物形;無錫溪河水冰,數日不解,人行冰上如履平地,七日後乃解。"同治《長興縣志》卷九:"〔成化十二年〕十二月，太湖冰，舟楫不通者逾月。"光緒《烏程縣志》卷二七："〔成化十二年〕十二月，太湖冰，舟楫不通者逾月。"

【震澤冰】

即太湖冰。太湖，古稱震澤、具區，又名五湖、笠澤。此稱清代已行用。見該文。

西湖冰

西湖凍結之冰。宋范成大《次韻唐幼度客中幼度相別數年復會於錢塘湖上》詩："西湖冰泮綠生鱗，料峭東風欲中人。"元張翥《西湖冰合》詩："西湖雪厚冰徹底，行人徑度如長川。"西湖冰在明清時亦有記載。明樊甫《題歲寒圖送賈大尹令弟》詩："明朝解纜過西湖，冰魂折裂青珊瑚。"

国家出版基金项目
NATIONAL PUBLICATION FOUNDATION

中華博物通考

總主編 張述錚

地輿卷

下

本卷主編
焦秋生

上海交通大學出版社

第四章　海經説

第一節　滄溟潮信考

中國古籍中描繪的海，多言其浩瀚壯闊，乃至神秘、玄妙。本節主要是集古籍中有關海洋詞語概念進行考證，如"溟""瀛""滄"等。海洋之相關文字行於先秦，沿用至今，亦常用於現代行文之中。

"海"古指陸外遼闊水域，現代指大陸附近的海洋，包括邊緣海、內海、海峽等。遠古人類活動與海息息相關，便有了滄海桑田之説。《莊子·秋水》："天下之水，莫大於海，萬川歸之，不知何時止而不盈；尾閭泄之，不知何時止而不虛。春秋不變，水旱不知。""海"在古人心目中甚爲遥遠而神秘，幾乎所有歷史事件都發生在陸地之上。儘管如此，古人仍能對陸外海域進行定位、定名。如玄海，謂之北方之海；古以五方配五色，北配黑，即玄，因稱。《淮南子·墜形訓》："上者就下，流水就通而合於玄海。"高誘注："〔玄海〕，北方之海。"又如，赤海謂南方之海；古以五方配五色，南配赤，故稱。《淮南子·墜形訓》："上者就下，流水就通而合於赤海。"高誘注："〔赤海〕，南方之海。"又如，幼海即渤海。《山海經·東山經》："至於無皋之山，南望幼海。"王先慎集解："少海，即勃海。"等等。

"洋",古指海中海水衆聚之處,今含義略同。《莊子·秋水》:"望洋向若而歎。"

"蒼",也作滄。《臨川吳氏注》:"蒼,深青色。"表天空爲"蒼天",表大地爲"蒼野",表大海爲"蒼海"。漢董仲舒《春秋繁露·觀德》:"故受命而海内順之,猶衆星之共北辰,流水之宗滄海也。"唐李白《行路難》詩:"長風破浪會有時,直掛雲帆濟滄海。"

"溟",亦指海,亦作"冥"。《莊子·逍遥游》:"北冥有魚,其名爲鯤。"陸德明釋文:"北冥,本亦作溟。"成玄英疏:"溟猶海也,取其溟漠無涯,故謂之溟。"

"瀛",猶海。《玉篇》:"瀛,海也。"《史記·孟子荀卿列傳》:"如此者九,乃有大瀛海環其外,天地之際焉。"

海通日月,日月有運行周期,故海中潮汐也隨之漲落。本節也對由於天體引潮力生成的各類潮汛的詞語概念進行集考,并順便考證古籍中有關海市蜃樓、海嘯、海流等概念。

滄　溟

滄海[1]

大海。亦作"倉海""蒼海"。滄通"蒼"。《説文·艸部》:"蒼,草色也。"海水青蒼,故稱。漢揚雄《甘泉賦》:"東燭滄海,西耀流沙。"晉張華《壯士篇》:"濯鱗滄海畔,馳騁大漠中。"南朝陳張正見《從籍田應衡陽王教作》詩其一:"坒山萬國仰,滄海百川歸。"隋孫萬壽《和張丞奉詔於江都望京口》詩:"回首觀濤處,極望滄海湄。"唐元稹《離思》詩:"曾經滄海難爲水,除却巫山不是雲。"又,《蟲豸詩·巴蛇》詩:"戰龍蒼海外,平地血浮船。"《新唐書·狄仁傑傳》:"仲尼稱觀過知仁,君可謂滄海遺珠矣。"宋白玉蟾《知宮王琳甫贊》詩其一:"時乎泛

"海"(金文)

一葉於滄海之外,時乎飛片羽於虛空之中。"元何中《宿紫玄洞天》詩:"八面烟霞滄海曙,四垂星月碧天寒。"明釋廷俊《有渡》詩:"大荒天渺渺,滄海日茫茫。"清劉翼明《琅邪絶頂懷渭清》詩:"滄海懷君賦,浮雲笑我真。"

【倉海】

同"滄海[1]"。此體漢代已行用。見該文。

【蒼海】

同"滄海[1]"。此體唐代已行用。見該文。

【溟】

指大海。亦作"冥"。《莊子·逍遥游》:"北冥有魚,其名爲鯤。"陸德明釋文:"北冥,本亦作溟。"成玄英疏:"溟猶海也,取其溟漠無涯,故謂之溟。"晉張協《雜詩》:"雲根臨八極,雨足灑四溟。"唐王勃《滕王閣序》:"地勢極而南溟深。"宋郊廟朝會歌辭《淳祐祭海神

十六首·南海位酌獻用貴安》詩：“南溟浮天，旁通百蠻。”元段成己《張七賢圖》詩：“山川如畫靈猶在，溟渤飛塵世屢移。”明丁鶴年《寄昌國濟汝舟長老》詩：“西江禪伯住東溟，境接蓬萊地最靈。”清譚嗣同《隴山》詩：“水則東入不極之滄溟，山則西出無邊之沙漠。”

【冥】

同“溟”。此體先秦已行用。見該文。

【滄溟】

即滄海。亦稱“滄淵”“滄瀛”“滄澥”。滄或作“蒼”。《漢武内傳》：“諸仙玉女，聚居滄溟。”晋王彪之《游仙》詩：“遠游絶塵霧，輕舉觀滄溟。”南朝梁蕭綱《昭明太子集序》：“滄溟之深，不能比其大。”南朝陳沈炯《歸魂賦》：“百萬之虜，俄成魚鱉。千仞之阜，倏似滄瀛。”北魏酈道元《水經注·河水一》：“九流分逝，北朝滄淵。”唐李白《鳴皋歌送岑徵君》詩：“霜崖縞皓以合沓兮，若長風扇海湧滄溟之波濤。”宋方岳《與至能夜話》詩：“風雷萬馬奔，滄溟百川赴。”明郎瑛《七修類稿·詩文類》：“誤隨潮汐落蒼溟。”明鄧雅《題觀海圖》詩：“滄溟之深幾千丈，萬頃鏡面涵空虛。”明夏完淳《南越行送人入閩》詩：“此去長風渡滄澥，天吴海若朝宗會。”清陳璋《閩山雜咏》詩：“江上鷦鴣聲，屬國滄溟外。”清趙翼《諸羅守城歌》詩：“會有長風起西北，揚帆直達蒼溟東。”一説，指高遠幽深的天空。元陳高《同諸友游宴豐山》詩：“俯瞰滄溟闊，渾疑地軸傾。”

【滄淵】

即滄溟。此稱北魏已行用。見該文。

【滄瀛】

即滄溟。此稱南朝陳已行用。見該文。

【滄澥】

即滄溟。此稱明代已行用。見該文。

【溟渤】

泛指大海。本指溟海、渤海二海。南朝宋鮑照《代陸平原君子有所思行》詩：“築山擬蓬壺，穿池類溟渤。”唐杜甫《自京赴奉先縣咏懷五百字》詩：“胡爲慕大鯨，輒擬偃溟渤。”唐李涉《却歸巴陵途中走筆寄唐知言》詩：“後輩無勞續出頭，坳塘不合窺溟渤。”宋葉適《哭鄭丈四首》其三：“京都通百郡，溟渤匯群川。”元周權《舟行阻潮》詩：“篙師維舟不敢發，東望微茫盡溟渤。”明袁宏道《答蹇督撫》：“唯是溟渤之大，不讓滲漊；以兹沙石之頑，得效礐礚。”清魏源《讀國史館傳》詩其十六：“萬艘溟渤如襄涉，官民歌舞海商悦。”

【溟漲】

泛指大海。本指溟海、漲海二海。南朝宋謝靈運《游赤石進帆海》詩：“溟漲無端倪，虛舟有超越。”李周翰注：“溟漲，皆海也。”唐司空圖《注愍征賦後述》：“亦猶虎之餌毒，蛟之飲鏃。其作也，雖震邱林，鼓溟漲，不能快其咆怒之氣。”唐李白《大鵬賦》詩：“溟漲沸渭，巖巒紛披。”唐柳喜《日浴咸池賦》詩：“照屭樓於圻岸，寫蛟室於溟漲。”宋司馬光《和冲卿崇文宿直睹壁上題名見寄并寄邵不疑》詩：“因思甌閩遠，南走侵溟漲。”元范梈《贈裴秀才》詩：“雲霄開大道，溟漲接通津。”明劉基《徐資深華山圖》詩：“河流袞袞赴溟漲，華嶽拔出天河上。”清胡渭生《吴山觀潮》詩：“扶桑東極水雲昏，溟漲連天入海門。”

【溟海】 [1]

指大海。亦稱"溟洲""溟池""溟瀛"。《列子·湯問》："終北之北有溟海者，天池也。"李善注："北極之北有溟海。"漢袁康《越絕書內傳·陳成恒》："〔孤〕與吳人戰，軍敗身辱，遺先人恥，遯逃出走，上棲會稽山，下守溟海，唯魚鱉是見。"晉葛洪《抱朴子外篇·廣譬》："登玄圃者，悟丘阜之卑；浮溟海者，識池沼之褊。"南朝宋顏延之《車駕幸京口三月三日侍游曲阿後湖作》詩："金練照海浦，笳鼓震溟洲。"北周庾信《謝滕王集序啓》："溟池九萬里，無踰此澤之深。"唐李白《贈僧朝美》詩："水客凌洪波，長鯨湧溟海。"宋張先《傾杯樂》詞其一："人在虛空，月生溟海，寒漁夜泛，游鱗可辨。"元劉麟瑞《西和知州陳公守將楊公》詩："不期溟海鵬千里，自守封疆鷦一杯。"明方孝孺《蜀王殿下賜行廚酒膳奉謝》詩："量同溟海肯納污，欲致眾駿先收駑。"明劉基《天壽節同諸寓臣拜於寶林教寺禮畢登盤翠軒分韻得稽字》詩："紆徐睇溟瀛，緬邈想淮濟。"清繆烜《春日至泰山觀水磨即事口占》詩："溟海飛濤浮日月，殷雷挾雨破朝昏。"

【溟洲】

即溟海[1]。此稱南朝梁已行用。見該文。

【溟池】

即溟海[1]。此稱北周已行用。見該文。

【溟瀛】

即溟海[1]。此稱明代已行用。見該文。

【重溟】

指大海。晉孫綽《游天台山賦序》："或倒景於重溟，或匿峰於千嶺。"李善注："重溟，謂海也。"唐李白《大鵬賦并序》："亘層霄，突重溟。激三千以崛起，向九萬而迅徵。"唐孫樵《與賈希逸書》："珊瑚之叢，必茂重溟。"宋洪适《望海潮》："重溟倒影，五芝含笑，神仙今古台州。"元宋無《贈日東僧》詩："肆業重溟外，隨緣大夏中。"明宋濂《進〈元史〉表》："風波徒沸於重溟，海岳竟歸於真主。"清屈大均《經陽江電白邊界感賦》詩："中華餘一島，正朔在重溟。"

【瀛】

指大海。《楚辭·招魂》："倚沼畦瀛兮，遙望博。"《史記·孟子荀卿列傳》："如此者九，乃有大瀛海環其外，天地之際焉。"司馬貞索隱："九州之外，更有大瀛海。"晉謝靈運《游赤石進帆海》詩："周覽倦瀛壖，況乃陵窮髮。"劉良注："瀛，海。"南朝齊王融《侍游方山應詔》詩："四瀛良在目，八宇婉如見。"《玉篇·水部》："瀛，海也。"唐佚名《郊廟歌辭·祭方丘樂章·金奏》："列鎮五嶽，環流四瀛。"唐孔穎達《尚書正義》："天地之勢，四邊有水，鄒衍書說：'九州之外有瀛海環之。'"金元好問《横波亭爲青口帥賦》詩："萬里風濤接瀛海，千年豪傑壯山丘。"明楊維楨《次韻省郎蔡彥文觀潮長歌錄呈吳興貳守雲間先生》詩："長風破浪未歸去，一葉欲事寰瀛圖。"按，寰瀛圖謂全國地圖，古人認爲，中國被大海圍繞。清管槍《匡廬歌》："耳目蕩漾不能主，恍如坐我於蒼瀛。"

【大浸】 [2]

特指海。亦稱"大水"。語出《莊子·逍遙游》："大浸稽天而不溺，大旱金石流、土山焦而不熱。"按，莊子言大浸，指大的水域，包括海。《禮記·月令》："〔仲秋之月〕鴻雁來賓，爵入大水爲蛤。”鄭玄注：“大水，海也。”孔穎達疏：“按，《國語》云‘雀入於海爲蛤’，故知大水是海也。”隋佚名《尹喜哀歎五首》其五：“北向入玄冥，大水湛湛深。”唐白居易《大水》詩：“蒼茫生海色，渺漫連空翠。”唐常暉《大周賦》：“借如唐堯洪水，大浸桑田，包山上陵，刮地滔天。”明張嗣綱《憶友》詩：“早結金蘭契，幽居大水邊。”明沈德符《野獲編·外國·紅毛夷》：“嶼夷因與講解議和，往來大浸，聽其販鬻，然終無敢以互市請者。”《古今圖書集成》：“海颶大作，大浸漂民。”

【大水】²

即大浸²。此稱先秦已行用。見該文。

【大壑】²

特指大海。亦稱“巨壑”。《莊子·天地》：“夫大壑之爲物也，注焉而不滿，酌焉而不竭。”成玄英疏：“夫大海泓宏，深遠難測。”《列子》：“渤海之東不知幾億萬里，有大壑焉，實惟無底之谷，其下無底，名曰歸墟。”漢東方朔《七諫·自悲》：“觀天火之炎煬兮，聽大壑之波聲。”漢王褒《聖主得賢臣頌》：“翼乎如鴻毛遇順風，沛乎若巨魚縱大壑。”三國魏曹植《與吳季重書》：“食若填巨壑，飲若灌漏卮。”南朝宋謝靈運《行田登海口盤嶼山》詩：“莫辨洪波極，誰知大壑東。”唐岑參《精衛》詩：“西山木石盡，巨壑何時平。”宋徐積《大河上天章公顧子敦》詩：“海既爲大壑，汴既分一支。”元吳萊《次定海侯濤山》詩：“幽波視若畝，巨壑深扶桑。”明李孫宸《鰲頂雲峰》詩：“君不聞渤海之東幾萬里，大壑之下深無底。”清洪錫爵《海中歌》：“東眺渤澥問尾閭，汪洋大壑驚歸墟。”清李鄴嗣《胥潮行》詩：“巨壑填盈精衛

石，朝可枯潮夕枯汐。”

【巨壑】

即大壑²。此稱三國魏已行用。見該文。

【天牝】

海的代稱。漢揚雄《太玄·飾》：“次五，下言如水，實以天牝。”司馬光集注：“牝，谷也。天牝，謂海也。”《太平御覽·地部》：“而合乎白海牝土之氣仰乎？天牝。”

【天池】²

指大海。《莊子·逍遙游》：“南冥者，天池也。”成玄英疏：“大海洪川，原夫造化，非人所作，故曰天池也。”《說文·水部》：“海，天池也。以納百川者。”漢王逸《九思》：“瀰滄海兮東游，沐鹽浴兮天池。”晋阮籍《咏懷八十二首》其四十六：“鸞鳩飛桑榆，海鳥運天池。”唐杜甫《天池》詩：“天池馬不到，嵐壁鳥纔通。”唐韓愈《應科目時與人書》：“天池之濱，大海之濆，曰有怪物焉。”

【水王】

海的尊稱。亦稱“水宗”。海如聚水之長，江河流歸之，故稱。《書·禹貢》：“江漢朝宗于海。”孔傳：“百川以海爲宗。宗，尊也。”孔穎達疏：“海水大而江漢小，以小就大，似諸侯歸於天子。”漢焦贛《易林·蒙之乾》：“海爲水王，聰聖且明，百流歸德，無有叛逆。”又，《易林·損之履》：“海爲水宗。”清厲荃《事物異名録·坤輿·海》：“黃鎮成詩：‘萬壑魚龍觀水王。’按，水王，謂海也。”

【水宗】

“水王”的別稱。此稱漢代已行用。見該文。

【百川之主】

海的代稱。亦稱“百川主”。因海納諸川之

水，故稱。漢劉向《說苑·君道》："若夫江海無不受，故長爲百川之主。明王聖君無不容，故安樂而長久。"清康熙《御定子史精華》："江海長爲百川主。劉向《說苑》夫無不受，故明王聖君無不容，故安樂而長久。"

【百川主】

同"百川之主"。此稱漢代已行用。見該文。

【百谷王】

海洋的別稱。《老子·六十六章》："江海所以能爲百谷王者，以其善下之，故能爲百谷王。"唐李沛《海水不揚波》詩："既合千年聖，能安百谷王。"宋洪芻《次山谷韻》詩其一："萬象森羅一拳石，千頃汪洋百谷王。"明藍仁《海上行送舒文質之京赴危大參之招》詩："吾聞東海百谷王，有如宸居朝四方。"清張維屏《黃梅大水行》詩："所望千里流，早注百谷王。"

【朝夕池】

指海。朝夕即潮汐，早潮晚潮皆漲落於海，故稱。《漢書·枚乘傳》："游曲臺，臨上路，不如朝夕之池。"顏師古注引蘇林曰："吳以海水朝夕爲池也。"漢應劭《風俗通》："海爲百谷王，亦曰朝夕池。"唐徐堅《初學記·地部中》："海，一云朝夕池。"《通雅·地輿》："朝夕池，海名，言潮汐也。"明黃淳耀《次韻和東坡岐亭詩五首》詩其四："嘗挹朝夕池，不戀涔蹄濕。"清羅澤南《和曾滌生侍郎會合》詩："爲魁爲宿奔海童，朝夕池邊歷歲月。"

【積水】

指大海。亦稱"積流"。《荀子·儒效》："積土而爲山，積水而爲海。"晉木華《海賦》："芒芒積流，含形内虛。"張銑注："積，衆也。言海衆川所入，含養群形。"唐李世民《春日望海》詩："積流橫地紀，疎派引天潢。"唐王維《送秘書晁監還日本國》詩："積水不可極，安知滄海東。"清盧觀源《渡臺灣放洋》詩："層浪有山隨日湧，積流無地與雲連。"

【積流】[2]

即積水。此稱晉代已行用。見該文。

海 [2]

靠近大陸邊緣的海洋水域。《書·禹貢》："江、漢，朝宗于海。"《詩·小雅·沔水》："沔彼流水，朝宗于海。"《說文·水部》："海，天池也。以納百川者。"漢樂府《長歌行》："百川東到海，何時復西歸。"唐張九齡《望月懷遠》："海上生明月，天涯共此時。"宋丁謂《海》詩："江漢源流衆，蕃夷島嶼多。"金蔡松年《念奴嬌》詞："莫望家山桑海變，唯有孤雲落日。"元王實甫《西廂記》第二折："這天高地厚情，直到海枯石爛時，此時作念何時止。"明葉顒《玩月》詩："清光流海宇，寒彩散天風。"清顧祖禹《讀史方輿紀要·川瀆》："太行、恒山，至於碣石，入於海。"

【渠弭】

指海洋近陸地邊緣部分或内陸水域廣闊的湖泊。亦作"渠彌"，亦稱"裨海"。《國語·齊語》："反其（魯）侵地棠潛，使海於有蔽，渠弭於有渚，環山於有牢。"三國吳韋昭注引賈侍中曰："渠弭，裨海也。"《史記·孟子荀卿列傳》："有裨海環之。"司馬貞索隱："裨海，小海也。"《管子·小匡》："使海於有獘，渠彌於有陼，綱山於有牢。"宋王洋《龡父又賦鼓字一篇復次韻》詩："堂堂千里執無前，安用渠彌設三渚。"明吳寬《過西苑》詩："瀛洲水滿分裨海，靈囿垣長接禁宸。"清王士禎《送邵子湘之登州》詩："裨海內絡之，萬川勢交匯。"

【渠彌】

同"渠弭"。此體先秦已行用。見該文。

【裨海】

即渠弭。此稱漢代已行用。見該文。

洋

海之中心、海水衆聚處。《山海經·西山經》："崑崙之丘……洋水出焉，而西南流注於醜塗之水。"《莊子·秋水》："望洋向若而歎。"《楚辭·九嘆·遠逝》："赴陽侯之潢洋兮，下石瀨而登洲。"三國蜀諸葛亮《將苑·南蠻》："西至崑崙，東至洋海。"南朝宋殷淡《宋章廟樂舞歌十五首·嘉薦樂》其四："上綏四宇，下洋萬國。"宋趙令畤《侯鯖録》："今謂海之中心爲洋，亦水之衆多處。"宋徐兢《宣和奉使高麗圖經·海道一·黑水洋》："即北海洋也，其色黯湛淵淪，正黑如墨。"元察伋《送別曲》詩："瞳矓出扶桑，照見大黑洋。"明戴良《黑水洋》詩："涉海才經五日期，深洋一望黑淋灘。"清屈大均《詞林咏古》詩："海眼雖潛通，洋溢非潮漲。"一説，猶海。

汪洋

遼闊大海，猶指遼闊的水域。漢王褒《九懷·蓄英》："臨淵兮汪洋，顧林兮忽荒。"南朝梁劉孝威《重光》詩："風神灑落，容止汪洋。"唐韋應物《郡齋雨中與諸文士燕集》詩："吳中盛文史，群彦今汪洋。"宋石介《贈李常李堂》詩："有虞漁雷澤，三帝聲汪洋。"宋李大異《欣欣亭》詩其二："雨露汪洋四海春，嶺南嶺北多歸人。"元王丹桂《月中仙·望海》詞："憑高放目，視萬里汪洋，東連無極。"明歸有光《吳山圖記》："而太湖汪洋三萬六千頃，七十二峰沉浸其間，則海內之奇觀矣。"清李欽文《海》詩："汪洋千萬頃，渾渾渺無際。"

潮　信

潮汐

在月球和太陽引力的作用下，海洋水面周期性的漲落現象。白晝的稱潮，夜間的稱汐，總稱"潮汐"。一般每日漲落兩次，也有漲落一次的。外海潮波沿江河上溯，又使江河下游發生潮汐。南朝齊謝朓《同咏坐上所見一物·席》詩："本生潮汐池，落景照參差。"北齊顏之推《顏氏家訓·歸心》："潮汐去還，誰所節度？"唐邱光庭《論潮汐由來大略》："地動而海靜，動靜相違，則潮汐生矣。以斯知非海水之盈縮也。"宋方岳《霽雨》詩："東南地傾水所匯，潮汐沙擁江之湄。"《宋史·河渠志》："緣江口每日潮汐帶沙填塞，上流游泥淤積，流泄不通。"元葉懋《感興二十一首》詩其二："天地一嘘吸，潮汐互來往。"明成鷺《石雲山晚渡》詩："見月知潮汐，登舟辨主賓。"

【潮】

潮汐的省稱。亦作"淖"。亦泛指涌來的大水。先秦屈原《九章·悲回風》："悲霜雪之俱下兮，聽潮水之相擊。"《説文·水部》作"淖"。泛指定時漲落的海水，特指早晨漲落的潮水，同傍晚漲落的潮水"汐"相對。漢枚乘《七發》："江水逆流，海水上潮……其始起也。"晉庾闡《江都遇風》詩："洪川佇宿浪，躍水迎晨潮。"北魏酈道元《水經注・漸江水》："然海水上潮，江水逆流，似神而非，於是處焉。"唐張若虛《春江花月夜》詩："春江潮水連海平，海上明月共潮生。"宋吳自牧《夢粱錄》卷一二："大率元氣噓吸，天隨氣而張斂；溟渤往來，潮隨天而進橋。……蓋日者，重陽之母，陰生於陽，故潮附之於日也。月者，太陰之精，水屬陰，故潮依之於月也。是故隨日而應月，依陰而附陽，盈於朔望，消於朏魄，虛於上下弦，息於輝朒，故潮有大小焉。"金趙秉文《楊秘監秋江捕魚圖》詩："潮平漲落洲渚出，秋風幾舍鱸魚鄉。"明梵琦《西津》詩："月滿潮來盛，天空野望低。"清王士禛《登金山》詩："我醉吟詩最高頂，蛟龍驚起暮潮秋。"

【淖】

同"潮"。此體漢代已行用。見該文。

【潮信】

即潮水。其漲落定時有信，故稱。亦稱"信潮"。唐劉長卿《江州留別薛六柳八二員外》詩："離心與潮信，每月到潯陽。"唐蕭穎士《越江秋曙》詩："瀲灩信潮上，蒼茫孤嶼分。"宋吳自牧《夢粱錄》卷一二："但月朔夜半子，晝則午刻，潮平於地。次日潮信稍遲一二刻。至望日，則潮亦如月朔信，復會於子午位。若以每月初五、二十日，此四日則下岸，其潮自此日則漸漸小矣。以初十、二十五日，其潮交渟起水，則潮漸漸大矣。初一至初三、十五至十八，六日之潮最大。銀濤沃日，雪浪吞天，聲若雷霆，勢不可禦。"宋呂本中《暮步至江上》詩："樹陰不礙帆影過，雨氣却隨潮信來。"宋史達祖《滿江紅・中秋夜潮》詞："萬水歸陰，故潮信盈虛因月。"明羅懋登《三寶太監西洋

記》第一六回："今日洋子江非常潮信，自五鼓起至日出寅時上，潮頭約有五十丈多高，寶船廠盡行淹没。"清吳蔚光《東鄉謠》："八月潮信大，湮得鈴子没半個。"參閱清顧炎武《日知錄・潮信》。

【信潮】

即潮信。此稱唐代已行用。見該文。

【靈潮】

即潮汐。晉郭璞《江賦》："呼吸萬里，吐納靈潮。自然往復，或夕或朝。激逸勢以前驅，乃鼓怒而作濤。"唐李嶠《江》詩："日夕三江望，靈潮萬里回。"唐顧況《在滁苦雨歸桃花崦傷親友略盡》詩："靈潮若可通，寄謝西飛鳥。"宋華鎮《東海》詩："靈潮隨月長，積水與天通。"明陳子壯《與客泛舟浮丘》詩其四："靈潮千丈送，游斾五方迷。"清嚴烺《彝陵城用歐陽公黃溪渡韻》詩："猿啼三峽巴江水，日夕靈潮往復回。"

【汐】

傍晚、夜間漲落的潮水。亦稱"汐潮"。《管子・度地》："當秋三月，山川百泉踊，降雨下，山水出，海路距，雨露屬，天地湊汐，利以疾作。"唐許棠《寄睦州陸郎中》詩："汐潮通越分，部伍雜閩音。"《廣韻》："汐，潮汐。"宋白玉蟾《題天寧寺海月亭》詩："晝潮夜汐大江東，江上東南寶刹雄。"元王嘉閭《葉敬常祠下歌》："潮來汐去二百年，海波還變爲桑田。"明戴良《游吳山承天觀》詩："乘風遲來潮，倚月候歸汐。"清徐榮《招寶山放歌》："朝潮夕汐改人世，豪傑相望異遭際。"清雷俊《説文外編》："潮作朝，汐作夕，古假借字。"

【汐潮】

即汐。此稱唐代已行用。見該文。

大信

謂大潮。潮來有信，故大潮謂之大信。南朝陳王錫《觀潮》詩："朝昏存大信，天地湧奇觀。"唐羅隱《錢塘江潮》詩："怒聲洶洶勢悠悠，羅刹江邊地欲浮。謾道往來存大信，也知翻復向平流。"宋朱翌《簡宗人利賓》詩："心隨大信小信潮，夢遶長亭短亭路。"宋周紫芝《時宰生日詩六首》其五："四海悉歸仁，大信初不約。"元樊執敬《觀潮題樟亭》詩："大信不虧天不老，浙江亭上看潮來。"明唐文鳳《再留佛指峽》詩："江吞大信水，峽束小孤波。"

小信

謂小潮。潮來有信，故小潮謂小信。宋施宿《會稽志》卷一二："大信潮勝五百石舟，小信潮勝二百石舟。"宋王洋《絟父又賦鼓字一篇復次韻》詩："魯人小信廉纖雨，大國雷車起三鼓。"元成廷珪《海上即事》詩："東沙西沙海不熟，大信小信舟當歸。"清吳蔚光《悲竈戶》詩："大信已過小信來，盼到天晴還弗果。"明翟均廉《海塘錄》卷一九："曆晦朔至月初三，謂之大信，初四，潮勢漸殺謂之落信，曆上弦至月十日謂之小信。"一説，小潮即小水。

小水 2

沿海每日一次的潮水。明葉子奇《草木子·管窺》："江浙之潮，自有定候；欽廉之潮，則朔望大潮謂之先水，日止一潮，謂之小水。"

尹公潮

潮水名。南朝梁顧野王《輿地志》："每春日，風生輒水長數寸，土人號爲尹公潮，俗稱尹公有異，求能叱水成潮。"宋葉廷珪《海錄碎事·地·河海》："苕溪在餘杭，夾岸多苕花，因得名。相傳云，古有尹公者，善推候，有異術。鄉人王氏有女美質，尹公求之，不得，叱水成潮，以溺其居。至今，日暮則風生，水長數寸，號爲尹公潮。"

伍子濤

怒濤、怒潮的代稱。亦稱"胥濤""伍胥濤""伍胥潮"。漢袁康《越絕書·德序外傳記》："吳王聞，以爲妖言，甚咎子胥。王使人捐於大江口。勇士執之，乃有遺響，發憤馳騰，氣若奔馬。威凌萬物，歸神大海。"按，傳伍子胥忠言直諫，反被吳王賜死，抛尸江中，激起怒濤。後人遂以怒濤爲子胥憤氣所致，故稱伍子濤。唐李德裕《述夢詩四十韻》詩："地接三茅嶺，川迎伍子濤。"自注："〔伍子濤〕代稱海濤，是伍子憤氣所作。"《宋史·河渠志七》："惟是浙江東接海門，胥濤澎湃。"元黃伯厚《蠟社歌餘》詩："應是錢塘醉未醒，翻海胥濤騁游戲。"明馬巒《曹娥》詩："千載魚龍知志氣，江聲直接伍胥濤。"參閱宋魯應龍《閒窗括異志》。

【胥濤】

即伍子濤。此稱元代已行用。見該文。

【伍胥濤】

即伍子濤。此稱明代已行用。見該文。

【伍胥潮】

即伍子濤。省稱"伍潮"。漢趙曄《吳越春秋·夫差內傳》："吳王乃取子胥（伍子胥）尸，盛以鴟夷之器，投之於江中……子胥因隨流揚波，依潮來往，蕩激崩岸。"後因以"伍胥潮"謂怒潮。唐孫逖《立秋日題安昌寺北山亭》詩："山圍伯禹廟，江落伍胥潮。"元楊維楨《錢塘懷古率堵無傲同賦》詩：“劫火自焚楊璉塔，箭鋒猶抵伍胥潮。”清陳維崧《琵琶仙·閶門夜泊用白石詞韻》詞：“縱尚有、鴟夷一舸，怕難禁、伍潮堆雪。”

【伍潮】

即伍胥潮。此稱清代已行用。見該文。

遷潮

潮水名。亦稱“海翻”。早潮未退盡，晚潮乘颶風而至，二潮遇，遂致波濤溢岸，危害近海居民。唐劉恂《嶺表異錄》：“遷潮者，廣州去大海不遠二百里，每年八月，潮水最大，秋中復多颶風。當潮水未退之間，颶風作而潮又至，遂至波濤溢岸，淹没人廬舍，蕩失苗稼，沈溺舟船，南中謂之遷潮。或十數年一有之，亦係時數之失耳；俗呼爲海翻，爲漫天。”明胡震亨《唐音癸籤·詁箋一》：“蓋風駕前潮不得去，後潮之應候者復至，則爲遷潮，海不能容而溢。”清屈大均《廣東新語·神語》：“每當盛夏，海翻颶作，西北風挾雨大至，海水溢溢十餘丈。”清朱炎《築塘謠》：“遷潮最足虞，颶風秋作汛。”參閱宋葉廷珪《海錄碎事》。

【海翻】

即遷潮，此稱唐代已行用。見該文。

吳王送女潮

潮水名。唐皎然《賦得吳王送女潮歌》：“見說吳王送女時，行宫直到荊溪口。溪上千年送女潮，爲感吳王至今有。”宋梅堯臣《送吳正仲婺倅歸梅溪待闕》詩：“更無越相逃名舸，猶看吳王送女潮。”清陳元龍《格致鏡原》引《西吳記》：“長興吳山下有溪名吳山灣。昔吳王送女至此，有潮高三尺，倒流七十里，名吳王送女潮。”

錢塘江潮

潮水名。亦稱“錢塘潮”“錢塘海潮”“浙江潮”。位於錢塘江入海口的海潮。由於入海口呈喇叭口狀，每當日月與地球一綫，致使引潮力最大時，海潮涌入，在相對狹窄的河道聚集，遂成壯觀大潮。每年農曆八月十五，錢塘江涌潮最大。海潮到來前，遠處先呈現出一個細小的白點，轉眼間便成了一縷銀綫，并伴隨着一陣陣悶雷般的潮聲翻滾而至。潮峰高達三至五米，後浪趕前浪，一層疊一層，宛如一條長長的白色帶子。觀潮始於漢魏，盛於唐宋，歷經兩千餘年，已成當地習俗。唐羅隱《錢塘江潮》詩：“怒聲洶洶勢悠悠，羅刹江邊地欲浮。”宋吕本中《送一上人之京師》詩：“已盡千峰西嶺雪，更夢八月錢塘潮。”宋賀鑄《錢塘海潮》詩：“九軍雷鼓震玉壘，萬里墨雲驅雪山。”元張天英《錢塘懷古次高則誠韻》詩：“錢塘潮上海門深，千古靈胥恨未平。”明王汝玉《錢塘觀潮圖》詩：“武林二月桃花雨，月明夜渡錢塘潮。”清宗渭《錢塘觀潮》詩：“落日海門下，錢塘潮正來。”

【錢塘潮】

即錢塘江潮。此稱宋代已行用。見該文。

【錢塘海潮】

即錢塘江潮。此稱宋代已行用。見該文。

【浙江潮】

即錢塘江潮。舊時每歲八月十八日爲觀潮弄潮之候。宋施諤《淳祐臨安志》認爲，杭人弄潮始於春秋。唐李吉甫《元和郡縣圖志·杭州》：“江濤每日晝夜再上，常以月十日、二十五日最小，月三日。十八日極大，小則水漸長不過數尺，大則濤涌高至數丈。每年八月十八日，數百里士女，共觀舟人漁子泝濤觸浪。"按照李吉甫《元和郡縣圖志》和白居易《重題別東樓》自注，杭州觀潮、弄潮至遲在唐代後期已經習以成俗。唐宋之問《靈隱寺》詩："樓觀滄海日，門對浙江潮。"唐唐彦謙《漢代》詩："障昏巫峽雨，屏掩浙江潮。"宋方岳《山居》詩："雲氣釀成巫峽雨，松聲寒似浙江潮。"元周密《浙江潮》："浙江之潮，天下之偉觀也。自既望以至十八日爲盛。方其遠出海門，僅如銀綫；既而漸近，則玉城雪嶺，際天而來，大聲如雷霆，震撼激射，吞天沃日，勢極雄豪。"明覺澄《送玉峰琳長老得戒還清泉》詩其一："得戒已聞天竺雨，洗心曾見浙江潮。"清秋瑾《闕題》詩："黄河源溯浙江潮，衛我中華漢族豪。"

廣陵濤

古廣陵（今江蘇揚州市）曲江之江潮。亦作"廣陵潮"。大約在5000～7000年前，長江在揚州、鎮江之間入海，形成一個喇叭形河口。長江流至此處，由於江面驟然開闊，流速降低，加上海潮頂托，泥沙發生沉積。到漢代，在廣陵南郊江中形成沙洲，長江至此分爲兩道，沙洲之南爲大江主航道，之北爲支流，這條支流即爲曲江。每到潮汐之日，在月球引力的作用下，海潮溯江而入，涌入狹淺的曲江，受到突然擠壓，潮水來不及均匀上升，形成後浪推前浪，一浪叠一浪的壯觀景象。晋時，長江三角洲迅速向海域伸展，鎮揚江面縮窄，至永和（345—356）中，揚州岸綫已伸展到今儀揚運河、揚子橋、施家橋、小江、三江營一綫，曲江慢慢被淤塞。唐代中期以後，由於大量人口從北方移入，長江流域農墾範圍日益擴大，長江泥沙增多，入海口迅速下移，鎮江、揚州間的喇叭口消失，形成濤涌的條件喪失。廣陵濤由盛變衰，唐大曆後消没。漢枚乘《七發》："將以八月之望，與諸侯遠方交游兄弟，並往觀濤乎廣陵之曲江。"晋佚名《長干曲》詩："妾家揚子住，便弄廣陵潮。"唐李白《送當塗趙少府赴長蘆》詩："因誇楚太子，便睹廣陵濤。"宋司馬光《寄揚州侯都監》詩："月臨揚子渡，雪捲廣陵濤。"明鄧雲霄《揚州花月歌》："君不見廣陵潮接秦淮水，隋帝龍舟泛江沚。"清趙翼《廬山》詩："廣陵濤接潯陽濤，夜夢五老來相招。"參閲清汪中《述學·廣陵曲江證》、清梁章鉅《文選旁證》。

【廣陵潮】

即廣陵濤。此體晋代已行用。見該文。

山市

山間出現的蜃景。唐許棠《憶宛陵舊居》詩："鳥徑通山市，汀扉上海潮。"宋方岳《次韻貽侄》詩："人倚草亭今夜月，天開山市晚晴圖。"元趙顯宏《晝夜樂·春》曲："游賞園林酒半酣，停驂，停驂看山市晴嵐。"清周亮工《書影》卷五："然人知有海市，而不知有山市。東省萊濰去邑西二十里許，有孤山，上有夷齊廟。志稱春夏之交，西南風微起，則孤山移影城西。從城上望之。凡山巒林木、神祠人物，無不聚現。逾數時，漸遠，漸無所睹矣。"參閲清蒲松齡《聊齋志異·山市》。

地市

平原上出現的蜃景。清王士禛《池北偶談·談異七·山市》："文登崑崳山有山市……東郡恩縣白馬營、荏平馬令莊，皆平原，時於雨後見此異，土人謂之地市。"

海市

　　大氣因光的折射形成的反映地面物體的現象。舊時迷信説法，謂蜃能噓氣成樓臺城郭之狀，故稱"蜃氣""蜃樓"。亦稱"化城"。晋伏琛《三齊略記》："海上蜃氣，時結樓臺，名海市。"南朝梁劉孝威《小臨海》詩："蜃氣遠生樓，鮫人近潛織。"唐鴻漸《奉送日本國使空海上人橘秀才朝獻後却還》詩："山冥魚梵遠，日正蜃樓空。"唐王勃《觀佛迹寺》詩："共嗟陵谷遠，俄視化城虚。"宋沈括《夢溪筆談·異事》："登州海中時有雲氣，如宮室、臺觀、城堞、人物、車馬、冠蓋，歷歷可見，謂之海市。或曰蛟蜃之氣所爲，疑不然也。"清樂鈞《十三行》："圈鹿闌牛豈足載，海市蜃樓多變態。"清周亮工《書影》："若九春三秋，天景清麗，必有素霧自岊起，須臾粉蝶青氄，彌亘數里，樓臺轇葛，殊木異葩，數息中，霧氣散漫，不復見矣，謂之化城。"參閱明彭大翼《山堂肆考》、明李時珍《本草綱目·鱗一·蛟龍附蜃》。

【蜃氣】

　　即海市。此稱晋代已行用。見該文。

【蜃樓】

　　即海市。此稱唐代已行用。見該文。

海　市
（明王圻等《三才圖會》）

【化城】

　　即海市。此稱唐代已行用。見該文。

犍闥婆

　　梵語。即海市蜃樓。亦稱"乾闥婆""乾闥婆城"。《大智度論》："犍闥婆者，日初出時，見城門樓櫓宮殿行人出入，日轉高轉滅，此城但可眼見而無有實，是名犍闥婆城。"宋程俱《元夕塊坐因用葉翰林去年見寄元夕詩韻寫懷》詩其一："老來見紛麗，如乾闥婆城。"宋王安石《朱朝議移法雲蘭》詩："幽蘭有佳氣，千載閟山河。不出阿蘭若，豈遭乾闥婆？"一説，佛教"樂神""飛天"。

【乾闥婆】

　　即犍闥婆。此稱宋代已行用。見該文。

【乾闥婆城】

　　即犍闥婆。此稱宋代已行用。見該文。

海門

　　内河入海處。唐王昌齡《宿京江口期劉昚虚不至》詩："霜天起長望，殘月生海門。"唐韋應物《賦得暮雨送李胄》詩："海門深不見，浦樹遠含滋。"宋吳琚《酹江月·觀潮應制》詞："晚來波静，海門飛上明月。"宋文天祥《過揚子江心》詩："渺渺乘風出海門，一行淡水帶潮渾。"元馬祖常《無題四首》詩其三："丹穴鳳來龍樹遠，海門魚去蜃樓遥。"明王世貞《重登金山作》詩其二："萬堞對分天塹色，千檣争上海門潮。"清黃子雲《大洋》詩："潮來天宇白，日照海門青。"

海窖

　　近海一種能吸儲與排放潮水、形似地窖的沙面。清南懷仁《坤輿圖説》："旁有海窖，潮盛時，吸其水永不盈；潮退，噴水如山高。"清魏文中《繡雲閣》："如聽非道言，魂驅孽海窖。"

海溝[2]

海底狹長形凹地。長數百至數千千米，上寬底窄。分布於大洋地壳邊緣，常呈弧形或直綫形展布。清劉獻廷《廣陽雜記》："〔張岫民〕有《與泛日本者談海溝之異序》曰：去西岸東行，帆過海溝，程居其半。其水黝黑，約三百里，奔流剽急，自北而南，海爲之陷，有若溝然，故因其狀以名之。"

落漈

海洋中的下沉海流。清和邦額《夜譚隨録》："落漈者，水趨下而不回也。"清佚名《臺灣府輿圖纂要》："東吉嶼，水近落漈。"清袁枚《子不語》："海水至澎湖漸低，近琉球則謂之'落漈'。落漈者，水落下而不回也。"清周煌《琉球國志略》："昔人多謂琉球北有落漈之患；漈即尾閭，臺灣淡水外亦然。據此，則琉球以東，別無地矣。"清連橫《臺灣通史》："夫澎湖與臺灣密邇，巨浸隔之，黑流所經，風濤噴薄，瞬息萬狀，實維無底之谷，故名落漈。"

尾閭[2]

海水最終泄流之處。《莊子·秋水》："天下之水，莫大於海，萬川歸之，不知何時止而不盈；尾閭泄之，不知何時已而不虛，春秋不變，水旱不知。"三國魏嵇康《養生論》注引司馬彪云："尾閭，水之從海水出者也，一名沃燋，在東大海之中。尾者，在百川之下，故稱尾。閭者，聚也，水聚族之處，故稱閭也。"唐蜀中酒閣道人《歌》："尾閭不禁滄溟竭，九轉神丹都謾説。"宋衛宗武《過瓜洲》詩："奔騰澎湃入尾閭，勢雄何啻吞百谷。"宋蘇頌《陳和叔内翰得莊生觀魚圖於濠梁出以相示且邀作詩以紀其事》詩："方游溟海大空外，坎井詎能談尾閭。"

海嘯

因地震或暴風引起的伴隨巨響的巨浪，往往會給沿海地區造成災害。亦稱"海水溢""海溢""海吼""海唑"。《後漢書·質帝紀》："〔本初元年五月〕海水溢。戊申，使謁者案行，收葬樂安、北海人爲水所漂没死者。"唐元稹《有酒十章》詩其五："精衞銜蘆塞海溢，枯魚噴沫救池燔。"宋方勺《泊宅編》卷中："政和丙申歲，杭州湯村海溢，壞居民田廬凡數十里。"明范濂《雲間據目鈔·記祥異》："五月三十日，漕涇海溢，俗謂海嘯，邊民漂決者千餘家。"明楊慎《古今諺·吳諺楚諺蜀諺滇諺》："山抬風雨來，海嘯風雨多。"清施鴻保《閩雜記》卷三："近海諸處常聞海吼，亦曰海唑，俗有'南唑風，北唑雨'之諺，亦曰海嘯。其聲或大或小，小則如擊花鼓，點點如撒豆聲，乍近乍遠，若斷若續，逾一二時即止；大則洶湧澎湃，雖十萬軍聲未足擬也。久則或逾半月，日夜罔間；暫則三四日或四五日方止。"參閱《清史稿·河渠志》、清陳元龍《格致鏡原》。

【海水溢】

即海嘯。此稱南朝宋已行用。見該文。

【海溢】

即海嘯。此稱唐代已行用。見該文。

【海吼】

即海嘯。此稱清代已行用。見該文。

【海唑】

即海嘯。此稱清代已行用。見該文。

糠洋

漂浮着糠狀物的海面。疑爲海藻速生泛濫

所致。清劉獻廷《廣陽雜記》："張岫民出其近作一卷，中有《與泛日本者談海溝之異序》，曰：……又有糠洋，亦日本必由之路。有物浮於海面，其狀如糠，幾數百里。風濤激逐，凝聚不散。"清姚文棟等《清代琉球紀錄續輯·琉球入學見聞録潘相》："十一日，見巨魚如山。十二日，過糠洋。"清郁永河《裨海紀游》："糠洋水面積糠粃半尺；蕈洋水面有物形如蕈，亦積半尺許，皆水沫所成，風濤鼓蕩，不淆不徙。"

第二節　古海疆域考

在古代中國人的概念中，中央大陸四周皆爲海，謂之"四海""四溟"。《文選·張協〈雜詩〉》其十："雲根臨八極，雨足灑四溟。"李善注："四溟，四海也。"唐李白《登敬亭山南望懷古贈竇主簿》詩："下視宇宙間，四溟皆波瀾。"各按方位，爲"東海""南海""西海"和"北海"。一方面，對古人而言，北海指貝加爾湖抑或北冰洋，西海或指青海以及裏海、黑海及地中海。另一方面，中國位於亞洲大陸的東部，面向太平洋，古人認爲毗鄰我國大陸邊緣有四海，屬"四溟"之範圍。其中渤海，古稱北海、少海、幼海等；黃海，古謂中央之海；東海，古稱左海、東溟、東瀛、春溟；南海，古又稱漲海、赤海。它們互相連成一片，跨温帶、亞熱帶和熱帶，是北太平洋西部的邊緣海。本節考注"四溟"，重申幾千年來中國人民對大海探索、開發、利用的史實，更助厘清現代中國主權四海區域之疆界。

古　海

二溟

南海與北海的合稱。晋袁宏《三國名臣序贊》："洪飆扇海，二溟揚波。"張銑注："二溟，謂南溟北溟，皆海也。"《宋書·武帝紀上》："故順聲一唱，二溟卷波，英風振路，宸居清翳。"清沈宗敬等《御定駢字類編》："合下如奔矢絶出，爲河容匯水二溟。"

四海[1]

古以中國大陸有海環繞，各按方位爲"東海""南海""西海"和"北海"，但亦因時而异，説法不一，界限亦未明確。《書·益稷》："予决九川，距四海。"孔傳："距，至也。决九州名川通之至海。"《國語·周語下》："宅居九隩，合通四海。"《孟子·告子下》："禹之治水，水之道也，是故禹以四海爲壑。"《淮南子·俶真訓》："神經於驪山、太行而不能難，入於四海、九江而不能濡。"晋葛洪《抱朴子内篇·明本》："所謂抱螢燭於環堵之内者，不見天光之焜爛；侣鮂鰕於迹水之中者，不識四海之浩汗。"唐李咸用《早秋游山寺》："清風朝復暮，四海自波濤。"宋方氏《殉節詩》："昊天憒憒，四海洶洶。"元吴景奎《徐仙卿歌》："五湖四海浮日月，太山喬嶽撑乾坤。"明戴良《送劉彦英東還》詩："鴻鵠游四海，鷦鷯守一枝。"清屈大均《九日舟經清遠峽登高有作》詩其四："四海龍蛇悲已盡，一夫鴻鵠恨多聞。"

【四溟】[2]

即四海，四方之海。亦作"四冥"。三國魏阮籍《答伏義書》："四冥之深，幽鱗不能測其底。"晋張協《雜詩》其十："雲根臨八極，雨足灑四溟。"李善注："四溟，四海也。"唐李白《登敬亭山南望懷古贈竇主簿》詩："下視宇宙間，四溟皆波瀾。"唐秦韜玉《問古》詩："深作四溟何浩渺，高爲五嶽太崢嶸。"宋宗澤《謁華嶽》詩："平居蟄雲雷，飛雨溢四溟。"宋程俱《泛舟鑑湖同趙來叔子泰趙叔問聯句》詩："狂瀾翻四冥，覆簀安得抗。"金趙秉文《和淵明飲酒二十首》詩其七："墨濡四溟窄，筆落三山傾。"《宋史·樂志十一》："四溟廣矣，八紘是紀。"明貝瓊《對雨》詩："霹靂開三峽，滂沱覆四溟。"清徐柏齡《題王鐵山房師桴園》詩："坐來不覺生遥想，便擬乘風泛四溟。"

【四冥】[2]

同"四溟[2]"。此體三國魏已行用。見該文。

渤海[1]

海名。古又稱滄海、北海、幼海、少海。位於太平洋西部，遼東半島和山東半島之間，

被遼寧、河北、天津、山東陸地環抱，僅東部以渤海海峽與黄海相通。以遼東半島的老鐵山西角與山東半島北岸的蓬萊頭間的連綫爲分界，其面積約爲7.7萬平方千米。《列子·湯問》："雜曰：'投諸渤海之尾，隱土之北。'遂率子孫荷擔者三夫，扣石墾壤，箕畚運於渤海之尾。"《三國志·魏書·烏丸鮮卑東夷傳》："又南渡一海千餘里，名曰渤海。"《梁書·元帝紀》："捧崑崙而壓卵，傾渤海而灌熒。"北魏酈道元《水經注·濟水》："《山海經》曰：濟水絶巨野注渤海，入齊琅槐東北者也。"《北史·西域傳》："其海滂出，猶渤海也，而東西與渤海相望，蓋自然之理。"《文獻通考·物異考二》："永康元年八月，六州大水，渤海海溢，没殺人。"明楊慎《東丹王千角鹿圖》："渤海北海之地，今哈密扶餘，中國之滄州景州名渤海者，蓋僑稱以張休盛。"《清光緒朝中日交涉史料選輯》："旅順、大連灣、牛莊、營口一棄，則渤海地利全失，津、沽、北塘儼同唇亡之齒。"按，北宋之前至先秦，黄河多次改道，皆入渤海，南宋改道入黄海。清咸豐五年（1855），黄河又在河南蘭陽即今蘭考縣境銅瓦厢決口改道，再次擺回到北面，行經今河道，北流入渤海。1938年，蔣介石命令扒開鄭州花園口黄河大堤，黄河又向南奪淮入黄海。直到1947年堵復花園口後，黄河才回歸北道，自山東東營入渤海。

【幼海】

渤海。亦稱"少海"。《山海經·東山經》："至於無皋之山，南望幼海。"郭璞注："即少海也。"《韓非子·外儲説左上》："韓子云景公與晏子游於少海，登柏寢之臺而望其國。"王先慎集解："少海即勃海。"唐長孫無忌《唐律

疏議 · 進律疏表》：“《山海經》無皋之南望幼海。郭璞云，幼即小也。”唐駱賓王《秋日餞陸道士陳文林序》：“加以山接太行，聳羊腸而飛蓋。河通少海，疏馬頰以開瀾。”《唐會要 · 流鬼國》：“去京師一萬五千里，直黑水靺鞨東北，少海之北，三面阻海，多沮澤，有魚鹽之利。”宋崔敦禮《東宮壽章》詩其一：“幼海光浮天序永，珠源衮衮日朝宗。”《新唐書 · 東夷傳》：“流鬼去京師萬五千里，直黑水靺鞨東北，少海之北，三面皆阻海，其北莫知所窮。”宋王炎《用元韻答鄧宰兼簡華容孟宰》詩：“無邊湖水似少海，一點君山疑小蓬。”元劉詵《天馬歌贈炎陵（一作甲寅進士）陳所安》詩：“當時一躍萬馬（一作里）盡，蹴踏少海霓旌紅。”明王世貞《入臨皇太子》詩：“月隱中峰嶽，星摧幼海波。”清錢大昕《登岱》詩其二：“烟光依約齊州小，水氣微茫少海寒。”清張作礪《招遠縣志》卷一〇：“導泉幼海，蔚其望實。”一說，東方大渚。《山海經 · 東山經》：“幼海，即少海也。《淮南子》曰：東方大渚曰少海，東望榑木。扶桑二音。無草木，多風。是山也，廣員百里。”

【少海】

猶指幼海。此稱先秦已行用。見該文。

【北海】[2]

猶指渤海。《莊子 · 秋水》：“〔河伯〕順流而東行，至於北海。”陸德明釋文：“李云：東海之北也。”《孟子 · 梁惠王上》：“挾太山以超北海，語人曰：‘我不能。’是誠不能也。”宋黃庭堅《寄黃幾復（乙丑年德平鎮作）》詩：“我居北海君南海，寄雁傳書謝不能。”元張養浩《山中拜除自和二首》詩其二：“尚友誰能追北海，尋真吾欲候東萊。”明劉崧《大清河》詩：“清

河北河入北海，黃河入淮東入海。”清焦循《孟子正義》引閻若璩《四書釋地》：“齊南有太山，北有渤海。”楊伯峻譯注：“太山即泰山，北海即渤海。”

【滄海】[2]

指渤海。漢曹操《步出夏門行》：“東臨碣石，以觀滄海。水何澹澹，山島聳峙。”晉應瑒《別詩二首》詩其二：“浩浩長河水，九折東北流。晨夜赴滄海，海流亦何抽。”唐徐堅《初學記 · 地部中》：“東海之別有渤澥，故東海共稱渤海，又通謂之滄海。”宋王安石《留題曲親盆山》詩：“根連滄海蓬萊闊，勢壓黃河砥柱孤。”清弘曆《山海關》詩：“重關稱第一，扼險倚雄邊。地勢長城接，天空滄海連。”

【渤澥】

指渤海。先秦《子華子》：“太山之高，非一石之積也。琅玡之東，渤澥稽天，非一水之鍾也。”漢司馬相如《子虛賦》：“浮渤澥，游孟諸。”李善注引應劭曰：“渤澥，海別支也。”南朝梁沈約《和謝宣城》：“將隨渤澥去，刷羽泛清源。”唐劉禹錫《武陵書懷五十韻（并引）》詩：“百川宗渤澥，五嶽輔崑崙。”宋文天祥《感傷》詩：“地維傾渤澥，天柱折昆崙。”金趙元《書懷繼元弟裕之韻》詩其三：“蹄泓與渤澥，誰能較虧盈。”明金涓《送東陽杜僉憲之河南（號尺五翁）》詩：“風搏渤澥三千水，雲擁蓬萊尺五天。”清曹貞吉《文殊院觀鋪海歌》：“鼇身一抹映天黑，鯨波萬里連渤澥。”

北海 [3]

特指跨越歐亞的裏海。《史記 · 大宛列傳》：“奄蔡在康居西北可二千里，行國，與康居大同俗。控弦者十餘萬。臨大澤，無崖，蓋乃北海

云。"金馮子翼《贈張壽卿》詩："貂裘聊作西州客,物化終同北海鯤。"

黃海[2]

中央之海。古以五方配五色,中配黃,故稱。《淮南子·墜形訓》："上者就下,流水就通而合於黃海。"高誘注:"〔黃海〕,中央之海。"宋曾極《寄陳正己》詩："嗟予本亦輕生者,欲渡黃海擲馬撾。"

西海[2]

青海湖古稱。《山海經·大荒西經》："西海之南,流沙之濱,赤水之後,黑水之前,有大山,名崑崙。"《楚辭·離騷》："路不周以左轉兮,指西海以爲期。"《禮記·祭義》："溥之而橫乎四海,施諸後世而無朝夕,推而放諸東海而準,推而放諸西海而準。"晋郭璞《游仙詩十九首》詩其十:"璿臺冠崑嶺,西海濱招搖。"南朝梁江淹《清思詩五首》其一:"帝女在河洲,晦映西海側。"唐李白《聞李太尉大舉秦兵百萬出征東南懦夫請纓冀申一割之用半道病還留別金陵崔侍御十九韻》詩："孤鳳向西海,飛鴻辭北溟。"《舊唐書·褚遂良傳》："平頡利於沙塞,滅吐渾於西海。"宋王安石《隴東西二首》其一:"祇有月明西海上,伴人征戍替人愁。"元耶律鑄《後結襪子》詩:"請吞梟獍剪鯨鯢,直蹴崑崙過西海。"明李夢陽《漫興六首》詩其三:"西海昆丘閬苑,仙人王子安期。"清吳昇《宣府》詩其二:"無限碧雲西海闊,李陵臺畔月輪孤。"

白海

西方之海。古以五方配五色,西配白,故稱。《淮南子·墜形訓》："上者就下,流水就通,而合於白海。"高誘注:"〔白海〕,西方之海。"

《太平廣記·神仙六》："朔以元封中,游鴻濛之澤,忽遇母采桑於白海之濱。"《遼史·蕭韓家奴傳》："大康初,徙王吳,賜白海東青鶻。"《元史·王思廉傳》："十九年,帝幸白海,時千户王著矯殺奸臣阿合馬於大都,辭連樞密副使張易。"

北冥[2]

北方大海。亦作"北溟"。傳説北海無邊無際,水深而黑。又指傳説中陽光照射不到的大海,在大地最北端。《莊子·逍遥游》："北冥有魚,其名爲鯤,鯤之大,不知其幾千里也。"晋庾闡《游仙詩十首》詩其二:"南海納朱濤,玄波灑北溟。"晋陸雲《贈鄭曼季詩四首·鳴鶴》詩:"安得風雲,雨爾北冥。"《晋書·阮脩傳》:"蒼蒼大鵬,誕自北溟。"隋薛道衡《出塞二首和楊素》詩其二:"絏馬登玄闕,鈎鯤臨北溟。"唐岑參《感舊賦附歌》："東海之水化爲田,北溟之魚飛上天。"宋釋正覺《禪人並化主寫真求贊》詩其三六一:"西母之桃兮秀結三千年實,北冥之鯤兮蜕翔九萬里鵬。"一説,爲現在的貝加爾湖。

【北溟】

同"北冥[2]"。此體魏晋已行用。見該文。

【玄海】

指北方之海,或指"北冥"。古以五方配五色,北配黑,即玄,因稱。《淮南子·墜形訓》："上者就下,流水就通,而合於玄海。"高誘注:"〔玄海〕,北方之海。"宋張君房《雲笈七籤·紀傳》："次北游,渡彫柔玄海。"明張弼《花朝游慈恩寺》詩："周遭玄海波光合,遠近翠樓烟景賒。"

南海 [1]

謂上古南方大海。亦作"南冥""赤海""漲海"。或爲今南中國海。《書·禹貢》："導黑水至于三危,入于南海。"孔安國注云:"黑水自北而南,經三危,過梁州,入南海。"按,《書》又曰:"竄三苗于三危。"三苗位於西南地區,黑水源於西南藏區,四川、重慶、雲南、貴州及廣西一部分都屬於古代梁州。上古時期,黑水南流,入南海,或指印度洋或太平洋的某個海域。晉潘尼《贈陸機出爲吳王郎中令》詩:"振鱗南海,濯翼清流。"唐張説《入海二首》詩其一:"乘桴入南海,海曠不可臨。"清屈大均《廣東新語·石語》:"周夷王時,南海有五仙人,衣各一色,所騎羊亦各一色,來集楚庭。"

【南冥】

即(古)南海 [1]。亦作"南溟"。南方大海。或指今南中國海。《莊子·逍遥游》:"是鳥也,海運則將徙於南冥。南冥者,天池也。"晉李顒《夏日》詩:"炎光爍南溟,溽暑融三夏。"唐王勃《滕王閣序》:"地勢極而南溟深,天柱高而北辰遠。"唐杜甫《宿白沙驛》詩:"隨波無限月,的的近南溟。"宋沈括《夢溪筆談·樂律一》:"南溟島上得一木,名伽陀羅,紋如銀屑,其堅如石,命工斲爲此琴。"宋鄧肅《寄德裕縣丞》詩:"世人齪齪例卑嘶,槍榆不識南冥飛。"元鄭思肖《李伯時所畫太一真人蓮葉舟圖》詩:"太一真人妙出神,聊乘蓮葉下南冥。"明湛若水《德州吟(二月廿六日)》其二:"大風起南冥,吹我德州旗。"清康有爲《住香港半月日本總理大臣招游》詩:"獨運南溟指白日,鼃黽吹浪渡滄洲。"

【南溟】

同"南冥"。此體魏晉已行用。見該文。

【赤海】

南方之海。或指今南中國海。古以五方配五色,南配赤,故稱。《淮南子·墜形訓》:"上者就下,流水就通而合於赤海。"高誘注:"〔赤海〕,南方之海。"清顧祖禹《讀史方輿紀要·廣西七》:"崖州南渡海便風,十四日至鷄籠島,即至其國,赤海中之一洲也。"

【漲海】

即今中國南海海域。亦稱"沸海""朱崖海""大明海""炎海"。《山海經·海經》:"鎪離其耳,分令下垂以爲飾,即儋耳也,在朱崖海渚中,不食五穀,但噉蚌及藷藇也。"漢楊孚《異物志》:"漲海崎頭,水淺而多磁石,徼外人乘大舶,皆以鐵鍋之,至此關,以磁石不得過。"《後漢書·獻帝紀》:"交趾七郡貢獻皆從漲海出入。"三國吳萬震《南州異物志》:"東北行,極大崎頭出漲海,中淺而多磁石。"晉郭璞注《山海經》:"〔離耳國〕即儋耳也,在朱崖海水中。"晉王嘉《拾遺記·周》:"經歷百有餘國,方至京師。其中路、山、川不可記。越鐵峴,泛沸海……沸海洶湧如煎,魚鱉皮骨堅强如石,可以爲鎧。"南朝宋鮑照《蕪城賦》:"南馳蒼梧漲海,北走紫塞雁門。"《舊唐書·地理志四》:"南海在海豐縣南五十里,即漲海,渺漫無際。"《太平御覽》引三國東吳康泰所著《扶南傳》:"漲海中,到珊瑚洲,洲底有盤石,珊瑚生其上也。"元劉壎《隱居通議·地理》:"沸海常沸,尤多惡魚。"明方以智《物理小識·地類》:"從大西洋至大明海,四十五度以南,其風常有定候,至四十五度以北,風則變亂。”明陳耀《天中記》卷九引謝承《後漢書》曰：“交趾七郡貢獻，皆從漲海出入。”清姚鼐《賞番圖爲李西華侍郎題》詩：“漫天漲海游龍魚，西界閩越東尾閭。”清屈大均《廣東新語》：“炎海善溢，故曰‘漲海’。”清吉林隆斌《瓊州府志》：“南溟者天池也，地極燠，故曰炎海；水恒溢，故曰漲海。”又云：“則瓊之海，其漲海乎。”

【朱崖海】

　　即漲海。此稱先秦已行用。見該文。

【沸海】

　　即漲海。此稱晋代已行用。見該文。

【大明海】

　　即漲海。此稱明代已行用。見該文。

【炎海】

　　即漲海。此稱清代已行用。見該文。

【瓊海】

　　即漲海。亦稱“瓊洋”“大洲洋”。宋周去非《嶺外録》：“欽廉之潮，日止一潮；瓊海之潮，半月東流，半月西流，隨其長短之星，不係月之盛衰。”清吉林隆斌《瓊州府志》：“則瓊之海，其漲海乎。”清趙翼《題稚存〈萬里荷戈集〉》詩：“又教子瞻渡瓊海，總爲任昧開天荒。”清張雋《崖州志》：“州東接大洲洋，有千里石塘、萬里長沙，爲瓊洋最險之處。”清陳倫炯《海國聞見録》：“又從南首復生沙垠，至瓊海、萬州，曰萬里長沙。沙之南，又生嶁岵石，至七州洋，名曰千里石塘。”

【瓊洋】

　　即瓊海。此稱清代已行用。見該文。

【大洲洋】

　　即瓊海。此稱清代已行用。見該文。

東海 [1]

　　泛指中國大陸東面的大海，或包括現在的東海與黄海。《荀子·正論》：“坎井之鼃，不可與語東海之樂。”《史記·貨殖列傳》：“猗頓用鹽鹽起。”司馬貞索隱：“東海煮水爲鹽也。”《孟子·離婁上》：“太公辟紂，居東海之濱。”漢枚乘《七發》：“通望兮東海，虹洞兮蒼天。”《越絶書·外傳記·吴地傳》：“句踐伐吴，霸關東，徙瑯琊，起觀臺，臺周七里，以望東海。”漢趙曄《吴越春秋·闔閭内傳》：“子胥曰：‘椒丘訢者，東海上人也。’”三國魏曹植《當欲游南山行》：“東海廣且深，由卑下百川。”晋陶潛《飲酒二十首并序》詩其十：“在昔曾遠游，直至東海隅。”晋郭璞《游仙詩十九首》詩其九：“東海猶蹄涔，崑崙螻蟻堆。”南朝陳張正見《神仙篇》詩：“西王已令青鳥去，東海還取赤虬來。”隋楊廣《步虛詞二首》其一：“南巢息雲馬，東海戲桑田。”唐白居易《歸田三首》詩其一：“西京塵浩浩，東海浪漫漫。”《通典·禮典第五十四》：“東海致比目之魚，西海致比翼之鳥，然後物有不召而自至者十有五焉。”唐韋應物《贈盧嵩》詩：“百川注東海，東海無虚盈。”高麗時代僧侣一然《三國遺事》：“大王御國二十一年。以永隆二年辛巳崩。遺詔葬於東海中大巖上。”《唐會要·雜灾變》：“蘇氏駁曰：東海有魚，虬尾似鴟，因以爲名。”元成廷珪《贈謝太守除杭州》詩：“朝廷遣使航東海，萬里南來送璽書。”明甘復《贈仲庸艾先生》詩：“逝川赴東海，孤雲還北岑。”

【東溟】

　　指古東海。北齊顔之推《車駕幸京口侍游蒜山作》：“日觀臨東溟。”吕向注：“東溟謂東海。"唐李益《過馬嵬二首》之二："南内真人悲帳殿，東溟方士問蓬萊。"宋范仲淹《和運使舍人觀潮》詩其二："把酒問東溟，潮從何代生。"元李簡《登嶽》詩："爲數齊州九點青，更將伏檻窺東溟。"元王冕《渭河道中四首》詩其三："月出東溟白，天垂北斗低。"

【東瀛】

指古東海。唐劉禹錫《漢壽城春望》詩："不知何日東瀛變，此地還成要路津？"宋司馬光《泉水詩送吳都官（大元字一翁）分司歸和州》詩："縈迴遍中國，浩蕩入東瀛。"元鄭元祐《碧海謠贈洪尊師》："霞光樓觀、不在東瀛大海外，煌煌紫芝一年三秀，近在計籌之山椒。"明王廷相《青城山歌送郭魯瞻赴闕》詩："飛湍絶巘相洄沿，岷江直與東瀛連。"清佚名《喜雨》："黑雲四布風乍止，渴龍怒捲東瀛水。"清查志隆《岱史》："岱宗峻極見東瀛，漏滴纔稀日已生。"

【春溟】

指東海。唐宋之問《景龍四年春祠海》詩："肅事祠春溟，宵齋洗蒙慮。"宋錢惟演《送禪照大師歸越》詩："上方堪迥望，支策見春溟。"明王世貞《擬古七十首・宋學士之問祠海》詩其六十："朝日侵夜生，春溟際天澗。"亦指濕潤迷蒙的環境。明葉子《岳陽晚興四首》詩其三："暮雨漁村春溟，曉霜楓葉秋酣。"明杭淮《張洞紀游用萬弘德上舍韻》詩："重游名山三月暮，雜花洞口春溟濛。"

【左海】

古東海的別名。古人通以東爲左，因以稱。漢戴聖《禮記・鄉飲酒義》："洗之在阼，其水

在洗東，祖天地之左海也。"鄭玄注："海水之所委也。"南朝梁蕭繹《〈金樓子〉序》："左海春朝，連章離翰。"唐杜牧《李訥除浙東觀察使兼御史大夫制》："況西界浙河，東奄左海，機杼耕稼，提封七州，其間繭稅魚鹽，衣食半天下，不有可仗，豈宜委之。"宋王應麟《玉海・地理・州鎮》："臨安西界浙河，東奄左海。"宋李正民《送劉子材四明幕官》詩："雉堞連雲左海傍，曾攀鯨背到扶桑。"元吕誠《竹枝歌六首寄胡定安》詩其一："上思下思十萬山，左海右江如月彎。"明黃衷《南中鄉飲和周萊軒憲長》詩："天地位分方左海，衣冠道在欲東周。"清權永佐《和印心老屋陶雲汀贈》詩："眼目并觀居左海，人才霞蔚慕中華。"

【南海】[2]

特指古東海。《詩・大雅・江漢》："江漢之滸，王命召虎。式辟四方，徹我疆土。匪疚匪棘，王國來極。于疆于理，至于南海。"按，《詩》所指，爲今南海。《史記・秦始皇本紀》："上會稽，祭大禹，望於南海。"司馬貞索隱："望于南海而刻石。"晋庾闡《游仙詩十首》其二："南海納朱濤，玄波灑北溟。"按，相傳觀音菩薩居南海，故亦藉指觀音所在。清蒲松齡《聊齋志異・魯公女》："汝志良嘉，但須要到南海去。"吕湛恩注："觀音大士現在浙江定海縣東落伽山（落伽山孤峙海中），故稱南海觀音。"

【青海】[2]

東方之海。古以五方配五色，東配青，因稱。《淮南子・墜形訓》："上者就下，流水就通而合於青海。"高誘注："〔青海〕，東方之海。"

海　域

南海[3]

太平洋西部邊緣海。位於中國大陸的南方，北起廣東南澳島與臺灣島南端鵝鑾鼻一綫，南至加里曼丹島、蘇門答臘島，西依中國大陸、中南半島、馬來半島，東抵菲律賓。通過海峽或水道東與太平洋相連，西與印度洋相通。南海南北縱跨約 2000 千米，東西橫越約 1000 千米。亦稱“漲海”“沸海”“朱崖海渚”“長沙海”“石塘海”“大洲洋”“瓊洋”瓊海”“大明海”等（參見本卷“漲海”等詞條）。《書·禹貢》：“導黑水至于三危，入于南海。”《禹貢》所言“南海”或爲今南海。漢代，中國人在南海航行時發現珊瑚島礁，并設置了珠崖、儋耳二郡。東漢建武十八年（42），伏波將軍馬援南征時曾至“千里長沙”，即西沙群島。1973 年出土於長沙馬王堆三號漢墓的《長沙國南部地形圖》是現存最早將南海與中國大陸聯繫起來的地圖。根據與該圖同時出土的一件木牘上有“十二年二月乙巳朔戊辰”字樣，可知該墓下葬年代爲漢文帝十二年（公元前 168），即成圖時間當在距今兩千一百年之前。三國時萬震所著

南海（東南海夷總圖）
（明王圻等《三才圖會》）

的《南洲異物志》和康泰所著的《扶南傳》，有關於南沙群島地貌特徵的記述。晋干寶《搜神記·鮫人》：“南海之外有鮫人，水居如魚，不廢織績。……泣而出珠滿盤。”晋張華《博物志·異人》：“南海外有鮫人，水居如魚，不廢織績。”《文選·晋左思〈吳都賦〉》：“〔㺜㺜〕載於山經。”李善注：“《山海經》曰：‘南海之外有㺜。’”南朝齊祖冲之《述異記》卷上：“南海出蛟綃紗，泉先潛織，一名龍紗，其價百餘金。”《梁書·海南諸國傳》：“幹陁國在南海洲上。”按，幹陁國故地在今蘇門答臘島。隋代，派常駿等經南海諸島海域達到赤土國。又，赤土國位於今馬來半島。唐代以後，因國人常在南海各海域從事捕撈活動，中國歷代政府也隨之對南沙群島進行主權管轄。唐貞元五年（789）將南海諸島劃歸廣南西路行政管轄。唐沈佺期《敕到不得歸題江上石》詩：“家住東京裏，身投南海西。風烟萬里隔，朝夕幾行啼。”宋代承襲唐代行政建置，西沙、中沙、南沙三群島屬瓊州府轄區。宋曾公亮等《武經總要》將西沙群島歸屬宋代海疆。宋景炎二年（1277）十二月丙子，宋端宗曾駐驛西沙群島。元代疆域包括了南沙群島，《新元史·歷志一》記載元朝海軍巡轄了南沙群島。郭守敬在南海諸島上“測得南海北極出地一十五度”，同時還實測了南海晝長的時刻。明代，鄭和等率領巨艦，橫越南海航綫，遠達西亞和東非。明政府通過海軍巡邏確立了對南海諸島及其海域的主權和管轄。成化、弘治年間，南海諸島的西沙和南沙群島是萬州的管轄範圍。清代，中

國政府將南沙群島標繪在權威性地圖上，明確把南海諸島劃分爲四大群島，對南沙群島行使行政管轄。西沙群島海域由廣東海軍負責巡邏。1902 年清政府派官員到東沙島巡查，并竪紀念碑作爲主權標志。1909 年，廣東水師提督李準一行前往西沙群島巡視，在永興島升起中國國旗，鳴禮炮二十一響。宣統二年頒布《試辦東沙島章程》。清張嶲等《崖州志》："州東接大洲洋。"1911 年，廣東政府宣布把西沙群島劃歸海南島崖縣管轄。1920 年，中國政府將西沙群島劃歸瓊州管轄。之後，民國政府和中華人民共和國政府分別確定了"十一段綫"和"九段綫"，確立了南海的主權，廣爲國際認同。

東海 [2]

太平洋西部邊緣海。通稱"東中國海"，簡稱東海。東海北起中國長江口北岸到韓國濟州島一綫，與黃海毗鄰，東北面以濟州島、五島列島、長崎一綫爲界，南以廣東南澳島到臺灣島南端（一作經澎湖到臺灣東石港）一綫同南海爲界，東至琉球群島。東海的面積大約是 70 萬平方千米，平均水深 1000 餘米，最深處接近冲繩島西側（冲繩海槽），約爲 2700 米。東海自然資源豐富，在東海劃界問題上，各國應遵循聯合國規定的"大陸架自然延伸"的原則。參閲本卷"東海 [1]"條目。

黃海 [3]

太平洋西部邊緣海。古稱東海的一部分（參閲本卷"東海 [1]"條目）。位於中國大陸與朝鮮半島之間。西北以遼東半島南端老鐵山西角與山東半島北岸蓬萊角連綫爲界，與渤海相連；南以中國長江口北岸啓東嘴與濟州島西南角連綫爲界，與東海相連。黃海平均水深 44 米，海

底平緩，面積 38 萬平方千米，爲東亞大陸架的一部分。西北部通過渤海海峽與渤海相連，東部由濟州海峽與朝鮮海峽相通，南以長江口東北岸啓東角到濟州島西南角連綫與東海分界。《淮南子·墜形訓》："上者就下，流水就通而合於黃海。"《資治通鑑·隋高祖仁壽四年》："自山以東，至於滄海，南距黃海，五十二州皆隸焉。"宋曾極《寄陳正己》："嗟予！本亦輕生者，欲渡黃海攦馬撾。"明趙完璧《哭黃海野妹丈三首》詩其一："可惜仙才黃海翁，秋風星隕海山東。"清阮旻錫《海上見聞録》："清船被風壓下，有收入圍頭被獲者，有飄入青嶼、金門登岸乞降者，有飄至外洋黃海者，得收回泉港者不有一隻。"清洪棄生《瀛海偕亡記》："臺灣係七省屏藩，當東海、南海之衝，即黃海、渤海亦握其柢，非若奧、羅二州介在德、法一隅之比。"徐珂《清稗類鈔·忠藎類》："光緒甲午八月十七日，廣東鄧壯節公世昌乘致遠艦與日人戰於黃海，致遠中魚雷而炸沈，鄧死焉。"

渤海 [2]

中國最大的内海，最北的近海，亦爲中國最淺的半封閉性内海，三面環陸，被遼寧、河北、天津、山東陸地環抱，通過渤海海峽與黃海相通。渤海與黃海以遼東半島的老鐵山西角與山東半島北岸的蓬萊角間的連綫爲分界，面積爲 7.7 萬平方千米，平均水深 18 米，總容量不過 1730 立方千米。渤海沿岸水淺，特別是河流注入地方僅幾米深；而東部的老鐵山水道最深，達到 86 米。參閲本卷"渤海 [1]"條目。

瓊州海峽

海峽名。又稱雷州海峽、雷瓊海峽，是古稱瓊海的一部分水域，位於海南島與雷州半島

之間，爲中國三大海峽之一。瓊州海峽東西長約 80 千米，南北平均寬爲 29.5 千米，最寬處直綫距離爲 33.5 千米，最窄處直綫距離僅 18 千米左右。海峽全部位於大陸架上，海底地形周高中低，爲東北—西南嚮狹長矩形盆地，中央水深 80 ～ 100 米。東、西兩口地勢平坦，水深較淺。海峽區海流較强，夏季西南季風盛行，海流自西向東流動，流速大，其他季節均由東向西流動，流速小。瓊州海峽是東南沿海區域進入北部灣的海上通道。《清史稿·地理志》："東爲廣州灣，西爲東京灣，其南則瓊州海峽也。同知一，治海安所城，後廢。"

臺灣海峽

海峽名。簡稱"臺海"，是福建與臺灣之間連通南海、東海的海峽。北起臺灣臺北富貴角與福建平潭島連綫，南至福建東山島與臺灣鵝鑾鼻連綫。主要以大陸棚爲主，水深約爲 70 米。清池志徵等《臺灣游記·弁言》："更於初九乘大仁丸渡臺灣海峽，次日抵臺北。"清王石鵬《臺灣三字經》："其海峽，風力强；夏秋際，屢被傷（臺灣海峽北向風力最猛，夏秋相交之際，暴風屢由吕宋襲來，損害甚多）。"徐珂《清稗類鈔·地理類》："由閩縣出閩江口，南駛經臺灣海峽，風濤至爲險惡。"

渤海海峽

海峽名。位於山東半島和遼東半島之間，是渤海和黄海的分界綫。海峽北起遼寧大連老鐵山，南至山東烟臺市蓬萊區，南北兩端最短距離約 109 千米，西面與渤海相連，東面與黄海毗鄰，是渤海與黄海的天然分界綫。廟島群島分布在渤海海峽的中部和南部，形成船舶可航行的水道。

杭州灣

海灣名。位於中國浙江東北部，北岸爲長江三角洲南緣，南岸爲寧紹平原，沿岸灘地寬廣。灣底的地貌形態和海灣的喇叭形特徵，使這裏常出現涌潮或暴漲潮。杭州灣以海寧潮（錢塘潮）著稱，是中國沿海潮差最大的海灣，歷史上最大潮差曾達近 9 米。3—4 世紀後，由於長江流域山地大量開發，固體徑流增多，使長江北岸三角洲迅速向東發展，杭州灣口東移。灣口地形改變使外海潮流受到約束，促進潮流强度增加，溯源而上，從而形成壯觀的錢塘潮。

伶仃洋

海灣名。位于中國广東省珠江口外，爲一喇叭形河口灣。其范圍北起虎門，口寬約千米，南達香港、澳門，寬約 65 千米，水域面積約 2100 平方千米。亦作"零丁洋"。宋文天祥《過零丁洋》詩："人生自古誰無死？留取丹心照汗青。"宋周嵩《近聞》詩："送盡海天千里目，伶仃洋裏有誰歸。"明張詡《零丁洋》詩："回首零丁洋，紅輪忽西墜。"清吳本泰《沁園春》詞："孤臣泣，過伶仃洋裏，惶恐灘頭。"

第三節　島嶼岬礁考

中國海域島嶼衆多，有一萬一千多個，島嶼岸綫總一萬四千多千米。本節祇對一些主要島嶼加以考證。按其成因，可分三類：基巖島、沉（沖）積島、珊瑚礁島。東海島嶼約占總數的 60%，南海島嶼約占 30%，黃、渤海島嶼約占 10%。由基巖構成的島嶼占中國島嶼總數的 90% 以上，以群島或列島形式有規律地分布。沉積島多位於江河中，海口附近也分布着一些沉積島，稱爲"坨"。清吴嘉賓《海疆善後疏》："海中沙洲，俗呼爲坨。"臺灣島和海南島是中國兩個最大的基巖島。珊瑚礁島主要分布在南海。中新世以後，海底火山噴發形成一系列出露海面的火山礁，造礁珊瑚便在其四周生長，形成裙礁。第四紀海盆下沉與海面升降，使裙礁演化成堡礁、環礁。由島、沙、礁、灘組成的南海諸島包括東沙、中沙、西沙和南沙四大群島及黃巖島。南海古稱漲海，三國吴康泰《扶南傳》："漲海中，到珊瑚洲，洲底有盤石，珊瑚生其上也。"到了唐宋年間，許多歷史地理著作將西沙和南沙等群島相繼命名爲"九乳螺洲""石塘""長沙""千里石塘""千里長沙""萬里石塘""萬里長沙"等。

島　嶼

島嶼

水中較小陸地之總稱。此處指海島。漢曹操《滄海賦》："覽島嶼之所有。"晋左思《吴都賦》："島嶼綿邈，洲渚馮隆。"劉逵注："島，海中山也；嶼，海中洲，上有山石。"唐馬戴《寄剡中友人》詩："露細兼葭廣，潮回島嶼多。"唐靈一《酬皇甫冉西陵見寄》詩："西陵潮信滿，島嶼没中流。"《北史·隋紀下》："島嶼之望斯絶，坎井之路已窮。"宋吕祖謙《城樓》詩："島嶼秋光裏，樓臺海氣中。"元楊載《寄劉師魯》詩："落日波濤壯，晴天島嶼孤。"明李攀龍《大閲兵海上》詩其二："萬櫓軍聲開島嶼，千檣陣影壓波濤。"清姚鼐《江行》詩："縱橫島嶼中流失，繚繞雲烟萬里空。"

【嶼】

即島嶼，亦常特指小海島。《說文·山部》："嶼，島也。"晋郭璞《江賦》："石帆蒙籠以蓋嶼，萍實時出而漂泳。"《玉篇·山部》："嶼，海中洲。"南朝梁劉峻《登郁洲山望海》詩："雲錦曜石嶼，羅綾文水色。"唐柳宗元《至小丘西小石潭記》："近岸卷石底已出，爲坻爲嶼，爲嵁爲巖。"唐孟浩然《登江中孤嶼贈白雲先生王迥》詩："悠悠清水江，水落沙嶼出。"宋朱繼芳《航海》詩："沈石尋孤嶼，浮針辨四維。"明邵亨貞《浣溪沙·暮春雜興》詞："竹檻雲窗古畫圖，烟堤花島小蓬壺。"清釋宗渭《橫塘夜泊》詩：“寒嶼融殘雪，春潭浴亂星。”

【嶼】[2]

即島嶼。亦作“島嶼”。明張自烈《正字通·山部》：“嶼，水島之類。”《宋史·李全傳》：“全得收餘衆保東海，劉全分軍駐嶼上……出没島嶼。”元陳桱《通鑑續編》：“楊安兒之寇掠山東也，出没島嶼。”

【島嶼】

即嶼。此稱元代已行用。見該文。

【渚】[3]

即島嶼。亦作“陼”。《山海經·大荒東經》：“東海之渚中有神。人面鳥身，珥兩黄蛇，踐兩黄蛇，名曰禺䝞。”郭璞注：“渚，島。”《莊子·秋水》：“兩涘渚涯之間。”《國語·齊語》：“反其（魯）侵地棠潜，使海於有蔽，渠弭於有渚，環山於有牢。”《管子·小匡》：“使海於有弊，渠彌於有陼，綱山於有牢。”《説文·水部》引《爾雅》：“小洲曰渚。”《漢書·司馬相如列傳上》：“且齊東陼巨海，南有琅邪。”顏師古注：“東有大海之陼，字與‘渚’同也。”

【陼】[2]

同“渚[3]”。此體漢代已行用。見該文。若指水中沙洲，則先秦已行用。

【島】

即島嶼。亦作“隝”。《書·禹貢》：“島夷皮服。”《史記·司馬相如列傳》：“阜陵別島，崴磈嵬瘣。”張守節正義：“水中山曰島。”漢張衡《西京賦》：“長風激於別隝，起洪濤而揚波。”薛綜注：“水中之洲曰隝。”唐曇靖《奉送日本國使空海上人橘秀才朝獻後却還》詩：“萬里洪濤白，三春孤島青。”宋譚用之《秋夜同友人話舊》詩：“雲外簟凉吟嶠月，島邊花暖釣江

春。”宋羅泌《路史》卷二一：“隝夷，史作島夷。”《文獻通考·四裔考八》：“珠崖在島南陲，既不可取徑，則復桴海循島而南，所謂再涉鯨波也。”明葉顒《采蓮歌》詩：“島闊香雲冷，江空明月秋。”清陳恭尹《彈琴》詩：“月摇寒島樹，風落夜山泉。”《康熙字典》：“隝，《玉篇》同島。”

【隝】

同“島”。此體漢代已行用。見該文。

【山島】

即島嶼。古謂島爲海中山，故稱。《後漢書·東夷傳·倭》：“倭在韓東南大海中，依山島以居，凡百餘國。”南朝梁沈約《臨碣石》詩：“溟漲無端倪，山島互崇崒。”孔穎達疏：“島是海中之山。”漢曹操《觀滄海》：“東臨碣石，以觀滄海。水何澹澹，山島竦峙。”宋趙自然失題詩：“常欲棲山島，閑眠玉洞寒。”明楊維楨《憶昔》詩：“蠻夷玉帛涉海來，海平遠接三山島。”

【坨】[2]

謂海中沙洲。即島嶼。清吴嘉賓《海疆善後疏》：“海中沙洲，俗呼爲坨。亦有周廣至百里者，或荒或種，並無賦籍。”坨大可稱島，河北樂亭沿海有月坨島，向西爲腰坨島。兩個島嶼依次連接，綿延2.5千米，總面積1.25平方千米，距離大陸4.8千米，多海貝。

【溟島】

猶海島。唐沈佺期《同工部李侍郎適訪司馬子微》詩：“昔嘗游此郡，三霜弄溟島。”明鄭學醇《錦涯歌贈蓬甫》詩：“錦江碧枕南溟島，崩騰湏洞濤鉦鏒。”《天妃顯聖録》：“特命臣恭詣溟島，虔修歲祀。秩視海嶽，光揚今

古。"清陳廷敬等《皇清文穎》卷四五:"憑嵯峨之雉堞,閱海邦之廣野,溟島則萬家屋蛤。"

洲 [2]

被海洋包圍的大塊陸地。《明史·外國傳·意大里亞》:"萬曆時,其國人利瑪竇至京師,爲《萬國全圖》,言天下有五大洲。"清譚嗣同《興算學議·上歐陽中鵠書》:"以中國地寶之富,人民之多而聰慧,其爲五大洲首出之國也必矣。"

海南島

島嶼名。亦稱"瓊崖",單稱"瓊"。屬基巖島,位於南海北部,與雷州半島隔瓊州海峽相望。面積約3.4萬平方千米,是僅次於臺灣島的中國第二大島。堯與舜的時代,海南島爲南交之地,稱爲"南服荒繳"。按,繳,指邊界。夏、商、周三代,爲揚越之南裔。秦始皇三十三年(公元前214),設南海郡和象郡。漢元封元年(公元前110),在海南島設置珠崖郡、儋耳郡,屬交州刺史管轄。這是海南島歸入祖國版圖最早的兩個行政地名,標志着中央政府對海南島直接統治的開始。漢明帝永平十年丁卯(67)又復置儋耳縣,珠崖、儋耳兩縣均隸屬於合浦郡,督於交州。三國時期,吳帝孫權派兵平定交州。

古海南島和雷州半島示意圖
(明《萬里海防圖》)

東吳時期,除廣州轄下的四郡外,交州還包括荊州始興郡和海南島。西晉時,雷州半島和海南島屬交州。南北朝時,南朝宋文帝元嘉八年(431)復立珠崖郡。梁朝武帝大同(535—546)中,在廢儋耳郡的地方設置崖州,統於廣州。《北史》和《隋書》均載"海南儋耳歸附者千餘峒",是"海南"一詞的最早記載。漢元帝罷撤珠崖郡之後,歷代州郡治所均設在大陸,對海南地區多衹是"遙領"而已。至南朝梁時,始在海南本土設置崖州,有效地管轄海南島全境。隋煬帝時,海南島共設兩郡(珠崖郡、臨振郡)。唐代改郡爲州,設崖州、儋州、振州、萬安州、瓊州等五州二十二縣,統屬嶺南道管轄。海南簡稱"瓊",來源於唐代所設瓊州。宋代,在海南島設一州三軍。元世祖至元十五年(1278),在海南島設置瓊州路安撫司,隸屬湖廣行中書省。元惠宗至正末年,海南改隸廣西行中書省。明代海南設瓊州府,領三州十縣,并成了定制。明代南海諸島改歸崖州管轄。清代基本承襲明制,西沙群島(時稱"萬里長沙")和南沙群島(時稱"千里石塘")隸屬於瓊州府的萬州管轄。宋周密《齊東野語》:"平生要識瓊崖面。"《唐會要·安西都護府》:"朝廷以爲畏懦有刑,流待價於瓊州。"元徐明善《送李尚書序》:"至元二十九年春,上將征海南島。"明陶宗儀《說郛》:"海南島中一類筍極腴厚而甚短,島人號平頭筍。"《清史稿·地理志》:"海南島,中有五指山,綿亙數邑。"

【瓊】 [1]

即海南島。此稱唐代已行用。見該文。

【瓊崖】

即海南島。此稱宋代已行用。見該文。

臺灣島

古稱"島夷""瀛州""東鯷""夷洲"等，俗稱"臺窩灣""臺員"等。島嶼名。屬基巖島，位於中國大陸東南沿海的大陸架上，東臨太平洋，東北鄰琉球群島，南屆巴士海峽與菲律賓群島相對，西隔臺灣海峽與福建相望。總面積約3.6萬平方千米，是中國第一大島。七成爲山地與丘陵，平原主要集中於西部沿海，地形海拔變化大。由於地處熱帶與亞熱帶之交界，自然景觀與生態資源豐富多元。《書·禹貢》："島夷卉服。"先秦時臺灣島或爲"島夷"的一部分。《史紀·秦始皇本紀》："齊人徐市等上書，言海中有三神山，名曰蓬萊、方丈、瀛洲。"秦朝稱臺灣島或爲"瀛州"。《漢書·地理志下》："會稽海外有東鯷人，分爲二十餘國，以歲時來獻見云。"漢代稱臺灣島爲"東鯷"。三國吳沈瑩《臨海水土志》："夷州在臨海郡東南，去郡二千里。土地無霜雪，草木不死。四面是山，衆山夷所居。山頂有越王射的正白，乃是石也。"魏晉至隋代稱臺灣島爲"夷洲"，至元朝稱"流球"。按，流球，非琉球國。明朝中期以後，民間對臺灣島的稱呼很多，如"鷄籠"（臺灣北部）、"北港"（臺灣西部沿海的通稱）、"大員""臺員""臺窩灣"（今臺南安平地區附近），官方稱爲"東番"。鄭成功改稱"東都"，後鄭經改爲"東寧"。明朝萬曆年間官方正式啓用"臺灣"一詞。"臺灣"之名，一説是臺南附近的土人"大恩"二字的轉音；一説，是閩南話"臺員"轉音；一説是由居於今臺南安平的平埔高山族西拉雅人部族名"臺窩灣"演變而來。明周嬰《遠游篇·東蕃記》中，以"臺員"稱臺灣。清朝設置臺灣府，隸屬於福建，這是臺灣正式作爲行政區被定名。《明史·列國四·鷄籠山》："萬曆末，毛番泊舟於此，因事耕鑿，設闤闠，稱臺灣焉。"清盧若騰《送人之臺灣》詩："臺灣萬里外，此際事紛紜。"清劉銘傳《劉壯肅公奏議》："四月二十三日奉上諭：'福建臺灣巡撫劉銘傳，著准其開缺，並開去幫辦海軍事務差使。欽此。'"清連橫《臺灣通史》："臺灣爲天府之國，蓄積豐，人民庶，加以無數年水旱兵燹之災，其爲道易興，而爲治易平也。"《清世宗實録選輯》："吏部議覆：福建總督劉世明等條奏臺灣事宜：一、臺灣府南面向隸鳳山、北面向隸諸羅管轄者，俱應改歸臺灣縣管轄。"清陳璸《重修臺灣孔子廟碑記》："臺灣，荒島也。夫子廟在焉。聖人之教與皇化並馳，固無海内外之隔。"清周元文《重修臺灣府志》："臺灣地屬東海，地既東而月常早上，十七、八之夜月臨卯、辰，僅在初昏；故潮水長退，視同安、厦門亦較早焉。"清丘逢甲《往事》詩："不知成異域，夜夜夢臺灣。"

【島夷】

即臺灣島。此稱先秦已行用。見該文。

【瀛州】[1]

即臺灣島。此稱秦漢代已行用。見該文。

【東鯷】

即臺灣島。此稱秦漢代已行用。見該文。

【夷洲】

即臺灣島。此稱三國吳已行用。見該文。

南沙群島

群島名。位於南海南部海域，北起雄南礁，南至立地暗沙，西到萬安灘，東接海馬灘，是南海最南的一組群島，也是島嶼灘礁最多、分布範圍最廣的一組群島。漢楊孚《異物志》："漲海崎頭，水淺而多磁石。""漲海"是當時中國對南海的稱呼，"崎頭"則是當時中國對包括西沙群島和南沙群島在内的南海諸島的島、礁、沙、灘的稱呼。三國吳康泰《扶南傳》："漲海中，到珊瑚洲，洲底有盤石，珊瑚生其上也。"唐宋年間，許多歷史地理著作將西沙和南沙等群島相繼命名爲"九乳螺洲""石塘""長沙""千里石塘""千里長沙""萬里石塘""萬里長沙"等。南沙群島自古就是中國的領土。唐貞元五年（789）以來，已把南海諸島納入中國版圖。宋元明清四代，以"石塘""長沙"爲名記述南海諸島的書籍多達上百種。《元史·地理志》和《元代疆域圖叙》記載元代疆域包括了南沙群島。其中《元史》記載了元朝海軍巡轄南沙群島。元汪大淵《島夷誌略》："萬里石塘，由潮洲而生，迤邐如長蛇，橫亘海中……原其地脉，歷歷可考。一脉至爪哇，一脉至渤泥及古里地悶，一脉至西洋遐崑崙之地。"其中"萬里石塘"，指包括今南沙在内的南海諸島。元至元二十九年（1292）一月，元將史弼率海軍兵力總共二萬人，從泉州起錨，發舟千艘，穿過西沙和南沙群島。明《海南衛指揮僉事柴公墓志銘》記載"廣東瀕大海，海外諸國皆内屬，公統兵萬餘，巨艦五十艘"，巡邏"海道幾萬里"，表明南沙群島屬於明代版圖。明《混一疆理歷代國都之圖》中標有石塘、長沙和石塘。從圖中標繪的位置看，後一個石塘是今南沙群島。自永樂三年（1405）到宣德八年（1433），明成祖派三寶太監鄭和以及費信、馬歡、尹慶、王景宏、楊威等官員率船隊，每次統率水手、軍卒均在二萬人以上，分乘寶船五六十艘（尚不計小船）七下西洋，歷經南海諸島。明宣德五年（1430）編繪的《鄭和航海圖》將西沙、南沙群島標繪在大明版圖内，爲萬州的管轄範圍。在清代，中國政府將南沙群島標繪在權威性地圖上，對南沙群島行使行政管轄。1724年的《清直省分圖》之《天下總輿圖》、1755年《皇清各直省分圖》之《天下總輿圖》、1767年《大清萬年一統天下全圖》、1810年《大清萬年一統地量全圖》和1817年《大清一統天下全圖》等許多地圖均將南沙群島列入中國版圖。1868年《中國海指南》記載了我國漁民在南沙群島活動情況："海南漁民，以捕取海參、貝殼爲活，各島都有其足迹，亦有久居礁間者。海南每歲有小船駛往島上，携米糧及其他必需品，與漁民交换參貝。船於每年十二月或一月離海南，至第一次西南風起時返。"清代《更路簿》記載了中國海南島漁民所慣用的南海各個島、礁、灘、洲的地名和具體方位，其中南沙計七十三個地名。1932、1935年，中國政府參謀本部、内政部、外交部、海軍部、教育部和蒙藏委員會共同組成水陸地圖審查委員會，專門審定了中國南海各島嶼名稱共一百三十二個，分屬西沙、中沙、東沙和南沙群島管轄。1935年，中國政府的水陸地圖審查委員會編印《中國南海各島嶼圖》，詳細標明包括南沙群島在内的南海諸島各島礁的具體名稱。1939年，日本侵占了南海諸島。1946年根據《開羅宣言》和《波茨坦公告》，中國政府内政部會同海軍部和廣東政府委派肖次尹和麥蘊瑜分別爲西沙群島和南沙群島專員，前往接管西沙群島和南沙群島，并在島上立主權碑。1947年，中國政府内政部重新命名包括南沙群島在内的南海諸島全部島礁、沙灘名稱共一百五十九個，并公布施行。1983 年，中國地名委員會授權公布包括南沙群島在内的南海諸島標準地名。

東沙群島

群島名。古稱"南澳氣""珊瑚洲""大東沙"。屬珊瑚群島。晋裴淵《廣州記》："珊瑚洲在（東莞）縣南五百里。昔人於海中捕魚，得珊瑚。"早在秦朝之際，秦朝爲求恢弘，宣揚其文治、武功，而有交址、九真、日南之開拓，是時三沙納入版圖。歷代皆因東沙群島幅員稍小，地處偏隅，未予以開發，多始終爲一些無人居住的島嶼，供船家休憩之用。自明朝起開始，有國人開發和經營東沙群島。清陳倫炯《海國聞見録》卷上："南澳氣，居南澳之東南，嶼小而平，四面掛脚皆礁古石，底生水草長丈餘。灣有沙洲，吸四面之流，船不可到，入溜，則吸閣不能返。"清周凱等《厦門志》："子午稍錯，北則墜於南澳氣、南則入於萬水朝東，有不返之憂。"清雍正十一年（1730）時，東沙群島已被正式納入中國版圖，屬廣東省惠州府陸豐縣管轄。而中國南部的漁民更是經年往來於此，捕漁作業不輟。清朝宣統元年（1909），廣東水師提督李準曾巡海至此；是年 11 月 19 日，廣州知府蔡康，在東沙島舉行立碑、升旗儀式，重申主權。惜原所有地面歷史建築、碑記，舊"大王廟"等，先遭 20 世紀初年侵入之日本人搗毀，後又再重毁於第二次世界大戰，早已片瓦隻字不存。現存早期中國先民遺物，僅潟湖東北側沙下之"東沙遺址"及數口古中國式水井。第二次世界大戰結束後，1945 年民國政府將此地劃歸廣東管轄，1949 年初，劃歸海南特別行政區管轄。1949 年後，此地劃歸廣東汕尾市陸豐市碣石鎮管轄。

【珊瑚洲】

即東沙群島。此稱晋代已行用。見該文。

【南澳氣】

即東沙群島。此稱清代已行用。見該文。

西沙群島

群島名。位於南海的西北部，海南島東南面 310 千米處。環礁和臺礁上發育灰沙島共二十八座。此外，東島環礁還有一個名叫高尖石的早更新世火山角礫巖島嶼。西沙自古就是中國的領土。據《舊唐書》記載，從唐朝起，中國政府開始正式管理海南島以南海域。古代這裏被稱爲"千里長沙"，是南海航綫的必經之路。早在隋代，中國已經派使節經南海到過今天的馬來西亞，唐代高僧義净亦經此到達印度。古代那些滿載着陶瓷、絲綢、香料的商船在此駛過，這裏又被稱爲"海上絲綢之路"。中國政府對西沙群島的管理始於秦代。公元前 221 年，

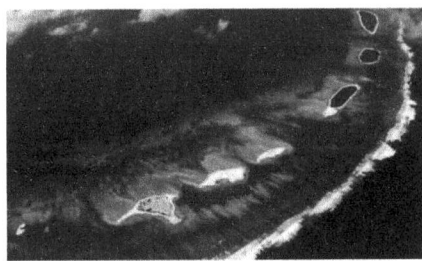

七連嶼（西沙群島）

秦始皇統一六國後，分全國爲四十二郡，其中南海郡管轄範圍包括西沙群島在内的整個南海諸島。公元前 111 年，漢武帝平定南粵之亂後，在海南島設儋耳、朱崖兩郡，轄南海諸島，并派水師巡視西沙。

中沙群島

群島名。中國南海諸島四大群島中位置居

中的群島。西距三沙市西沙群島的永興島約200千米。中沙群島主要部分由隱没在水中的二座暗沙以及灘、礁、島所組成。長約140千米（不包括黃巖島），寬約60千米，從東北向西南延伸，略呈橢圓形。包括南海海盆西側的中沙大環礁，北側的神狐暗沙、一統暗沙及聳立在深海盆上的憲法暗沙、中南暗沙、黃巖島等。最西是管事灘。幾乎全部隱没於海面之下，距海面約10～26米，祇有黃巖島南面露出了水面。自古以來，中國漁民世代在中沙海域從事漁業活動。1984年將中沙群島島礁及其海域劃歸廣東海南行政區管轄。1988年海南省成立，中沙群島劃歸海南管轄。2012年中沙群島劃歸海南三沙市管轄。

千里石塘

古籍中南海諸島中島群的名稱。明《永樂大典殘卷》："元符元年，連州連山商人羅遠到南海，地名千里石塘、萬里長沙。"明顧岕《海槎餘錄》："千里石塘，在崖州海面之七百里外，相傳此石比海水特下八九尺，海舶必遠避而行，一墮既不能出矣。"清蔡廷蘭《海南雜著》："舟人語曰：此去幸而暹羅、呂宋，猶有還期；若犯南澳氣、落漈（入溜爲落漈，水特下，一去不返；南澳氣逼入千里石塘、萬里長沙，皆在臺海之南），我輩斷無生理。"

永興島

島嶼名。位於中國西沙群島東部的宣德群島中部，是一座由白色珊瑚、貝殼沙堆積而形成的珊瑚島。歷史上，最早到達、開發永興島的是居住在南海沿岸的中國先民。三千年前的殷周時代，南海沿岸的越族就與中原地區開始往來。從那時起，我國漁民便常年不斷地在南海航行和從事捕撈作業，并最先發現南海諸島。最遲從唐代起，海南漁民已在南海諸島上居住。永興島是南海漁民活動的區域之一，中國漢、唐、宋、元、明、清時期的文獻均對該島有記載。宋朝曾派海軍巡視，并將南海諸島劃入宋朝版圖。元代時，地理學家郭守敬曾在南海進行天文測量。明朝鄭和下西洋，標繪過南海諸島地理位置。清朝宣統年間，曾派廣東水師赴西沙群島查勘，刻碑升旗。

萬里長沙

古籍中南海諸島中一些島群的名稱。明顧岕《海槎餘錄》："氣懸海中，南續沙垠，至粵海，爲萬里長沙頭。南隔斷一洋，名曰長沙門。又從南首復生沙垠至瓊海萬州，曰萬里長沙。沙之南又生嶁岾石至七州洋，名曰千里石塘。"又："風極順利、對針，亦必六七日始能渡過，而見廣南咕嗶囉外洋之外羅山，方有準繩。偏東，則犯萬里長沙、千里石塘；偏西，恐溜入廣南灣，無西風不能外出。"

黃巖島

島嶼名。位於北緯15º13′48″～15º05′24″，東經117º40′12″～117º52′00″。距菲律賓呂宋島西岸約230千米，距廣州約1112千米。由狹長大半圓形的珊瑚帶圍成，平潮時幾乎淹没。早在兩千多年前，中國人就首先發現包括黃巖島在內的南海諸島及其海域，并首先予以命名，稱之爲"漲海""漲海崎頭"。從宋代開始至明清時期，把南海諸島命名爲"石塘""長沙"，黃巖島也在這個範圍之內。元朝時期，爲了統一全國曆法，元世祖敕令時任都水監的天文學家郭守敬主持開展實地測量，此即"四海測驗"。1279年，郭守敬進行"四海測驗"時，選定的 27 個緯度測量點之一就有黃巖島。中國政府曾於 1935、1947 和 1983 年三次正式公布黃巖島的名稱。元代以來，中國歷代政府出版的官方地圖均將黃巖島標爲中國領土。在行政管轄方面，黃巖島一直不間斷地在中國廣東、海南省的管轄之下。黃巖島海域是中國海南、廣東等地漁民的傳統漁場。

蘭嶼

島嶼名。亦稱"紅頭嶼"。屬基巖島，臺灣原住民的一支達悟人世居之地。方圓 45 平方千米的小島滿目葱蘢。島上丘陵起伏，海濱怪石林立，形狀各异。在臺東東南外海，西北距臺東市 49 海里，距綠島 45 海里，西南距鵝鑾鼻 41 海里。島上風景優美，椰風蕉雨，一派熱帶風光，有世外桃源之稱。嶼因冬季季風强勁，夏秋兩季復多颱風，故四周海岸甚受波浪侵蝕，造成許多特殊海蝕地形景觀，遍布天然巖穴與奇石怪崖，著名者有軍艦巖島、坦克巖、玉女巖、雙獅巖、龍頭巖及情人洞等。全島由安山巖和集塊巖，或凝灰質集塊巖構成。安山巖出露在島之中央部分，四周爲火山碎屑巖覆蓋。蘭嶼之名散見古詩文中，但是否所指該島，存疑，但可能是該島命名指代之源。如宋慕容彦逢《和吴顯道》詩："尋步陟蘭嶼，選勝望菌閣。"清弘曆《題董邦達山水册》詩："飛龍擘峽落銀塘，蘭嶼沙洲去渺茫。"清寶鋆等《籌辦夷務始末選輯·弁言》："羅妹號在紅頭嶼（現稱蘭嶼），遭風衝礁擊碎，船長以下十四人駕划逃生……"清夏獻綸《臺灣輿圖·恒春縣輿圖説略》："附紅頭嶼、火燒嶼。紅頭嶼，在恒春縣東八十里。孤懸荒島，番族穴居；不諳耕稼，以蒔雜糧、捕魚、牧養爲生。"清李元春《臺灣志略》："從此東去，水程四更至紅頭嶼，生番聚處。"清周凱等《廈門志》："與臺灣稍近者曰紅頭嶼，皆土番居之。"清楊岳斌《楊勇愨公奏議》："即臺南前後附近之小琉球、紅頭嶼、火燒嶼各小澳，我軍勢難分守之處。"清范咸《重修臺灣府志》："又二更至紅頭嶼。小山孤立海中，山内四圍平曠。傍岸皆礁，大船不能泊，每用小艇以渡。"清林豪《東瀛紀事》卷下："又南行四更至紅頭嶼，係生番聚處，其地産銅，所用雜物皆銅器也。"

【紅頭嶼】

即蘭嶼。此稱清代已行用。見該文。

綠島

島嶼名。屬火山島，位於臺東縣東面的海域，屬於太平洋暖流區域帶。西距臺東 33 千米，南距南嶼 42 千米，面積 16.2 平方千米，僅次於澎湖、蘭嶼和漁翁島，爲臺灣省除本島外第四大島。舊名"火燒島"，是一座死火山島，島上巖石呈赭色。最高峰號火燒山，海拔 281 米，丘陵之中有火山口遺址。在南端有鹹水溫泉，稱旭溫泉，是世界上兩個海水溫泉之一。水溫在 40℃左右，每當漲潮即被淹没，而落潮時又重新出現。組成島嶼的火山巖，因長年受風化及海水侵蝕，形成曲折多變的海岸景觀。

舟山群島

群島名。位於浙江東北部海域，屬浙江。是中國第一大群島，島嶼數相當於我國海島總數的 20%，分布海域面積 22000 平方千米，陸域面積 1371 平方千米。其中一平方千米以上的島嶼五十八個，占該群島總面積的 96.9%。主要島嶼有舟山島、岱山島、衢山島、朱家尖島、六横島、金塘島、魯家峙島等。其中舟山島最大，面積爲 502.65 平方千米，爲我國第四大島。五千多年前就有人類在舟山群島繁衍生息，唐代開始建縣，是中國著名的漁港。清《述報法兵侵臺紀事殘輯》："今因臺灣得手實難，故哥璧特擇舟山群島而據之。"

釣魚島

島嶼名。亦稱"釣魚臺""釣魚嶼""釣魚山""高華嶼"。屬基巖島，位於北緯 25°44.6′，東經 123°28.4′，距浙江溫州市約 358 千米、福建福州市約 385 千米、臺灣基隆市約 190 千米，周圍海域面積約爲 17.4 萬平方千米。釣魚島長約爲 3641 米，寬約爲 1905 米，面積約爲 3.91 平方千米，最高海拔約爲 362 米。釣魚島自古就是中國的領土。宋乾道七年（1171），鎮守福建的將領汪大猷在澎湖建立軍營，遣將分屯各島，臺灣及其包括釣魚島在內的附屬島嶼在軍事上隸屬澎湖統轄，行政上由福建泉州晉江管理。至明清兩代，朝廷先後二十四次派遣使臣前往琉球王國册封。釣魚島是册封使前往琉球的途經之地，有關釣魚島的記載大量出現在中國使臣撰寫的報告、書信等文獻中。《隋書·流求傳》："至高華嶼，又東行二日至鼁鼊嶼，又一日便至流求。"北宋學者李復曾給喬叔彥通判寫過一封信，信中叙述了從泉州經高華嶼抵達琉球國的海道："泉州東至大海一百三十里，自海岸乘舟無狂風巨浪，二日至高華嶼。"宋祝穆《方輿勝覽》卷一二："出東海行二日，乃至高華嶼。"元《禹貢九州及今州郡之圖》繪有高華嶼，即釣魚島。明佚名《順風相送》："用甲卯及單卯，取釣魚嶼……用單乙，取釣魚嶼南邊，用卯針。"明陳侃、郭世霖《使琉球錄》："過平嘉山，過釣魚嶼，過黃毛嶼，過赤嶼，目不

暇接，一晝夜兼三日之程。"明胡宗憲、鄭若曾《籌海圖編》之《沿海山沙圖》標有釣魚嶼（即釣魚島），清楚表明釣魚島等島嶼爲中國海防區域。明萬曆三十三年，徐必達等繪製的《乾坤一統海防全圖》及明天啓元年（1621）茅元儀繪製的中國海防圖《武備志·海防二·福建沿海山沙圖》，也將釣魚島等島嶼劃入中國海疆之內。清朝明確將釣魚島置於臺灣地方政府的行政管轄之下。清齊鯤、費錫章《續琉球國志略》："酉刻，過釣魚山。戌刻，過久場島。"又云："十三日天明見釣魚臺，從山南過，仍辰卯針行船二更，午刻見赤尾嶼。又行船四更五，過溝祭海。"清黃叔璥《臺海使槎錄》卷二："山後大洋，北有山名釣魚臺，可泊大船十餘。"清周煌《琉球國志略》："至日入，行船四更，見釣魚臺。"清琉球學者程順則《指南廣義》："又東湧山開船，北風甲卯針，取彭家山，若南風用甲卯並乙卯針，取釣魚臺，北風用甲卯並乙辰針，取太平山，即宮古島。"清徐葆光《中山傳信錄》："由閩安鎮出五虎門，取雞籠頭，

釣魚嶼（釣魚島）示意圖
（明《沿海山沙圖》）

經花瓶嶼、彭家山、釣魚臺、黃尾嶼、赤尾嶼，取姑米山、馬齒島，入琉球那霸港。”1762 年，葡萄牙人的《航海針路圖》中，明確地標示釣魚島及其附屬島嶼屬於臺灣。1786 年，日本仙臺藩人林子平製作的《三國通覽圖説》之《琉球國全圖》列出釣魚島群島，并注明是中國往琉球的航道。1809 年法國地理學家皮耶·拉比等繪《東中國海沿岸各國圖》，將釣魚島、黃尾嶼、赤尾嶼繪成與臺灣島相同的顏色。1816 年，倫敦出版的《東印度、中國、澳洲等地航海指南》，對臺灣附屬島嶼做了明確記載，并標明各島的經緯度，其中包括了釣魚島。清同治十年（1871）刊印的陳壽祺等編纂的《重纂福建通志》將釣魚島列入海防衝要，隸屬臺灣府噶瑪蘭廳（今臺灣宜蘭縣）管轄。1872 年，周懋琦編纂的《全臺圖説》中對釣魚島進行了描述。清政府在甲午戰爭中戰敗，被迫與日本簽署不平等的《馬關條約》，割讓“臺灣全島及所有附屬各島嶼”。1943 年 12 月 1 日，中、美、英三國發表了《開羅宣言》，規定“日本所竊取於中國之領土，例如東北四省、臺灣、澎湖群島等，歸還中華民國。其他日本以武力或貪欲所攫取之土地，亦務將日本驅逐出境”。1945 年 10 月 25 日，中國戰區臺灣對日受降典禮在臺北公會堂舉行，日本軍方司令官在降書上簽名蓋章。被日本侵占半個世紀的臺灣及包括釣魚島在内的附屬島嶼回歸中國。

【釣魚臺】

即釣魚島。此稱明代已行用。見該文。

【釣魚嶼】

即釣魚島。此稱明代已行用。見該文。

【釣魚山】

即釣魚島。此稱清代已行用。見該文。

【高華嶼】

即釣魚島。此稱唐代已行用。見該文。

澎湖列島

群島名。位於臺灣本島與福建之間，臺灣海峽中央偏東處。整個列島由大小六十四個島嶼組成。澎湖列島居臺灣海峽的中樞，扼亞洲東部的海運要衝，被稱爲“東南鎖鑰”。澎湖的開發歷史，可以追溯到秦漢以前。考古工作者在澎湖島上發掘出硬質砂巖石斧等古人遺物，經考證爲秦漢以前渡海前來的移民所遺留，屬於祖國大陸上的文化。隨着航海技術的發展，澎湖列島逐漸成爲臺灣海峽兩岸交通的跳板。它有良好的港灣，是臺灣海峽中各種船隻活動的集匯點。澎湖自宋代起正式列入中國版圖，隸屬福建泉州府，其開發時間比臺灣本島早 380 餘年；元代時期，隨着移民日益增多，設置了巡檢司；明代曾兩度淪入荷蘭人之手，1661 年鄭成功收復臺灣之後，在澎湖設置了安撫司；清代先後在此設置了巡檢司、通判；日本占領時期設澎湖島廳；臺灣光復後，設立了澎湖縣。

澎湖

島嶼名。亦稱“西瀛”。古稱“方壺”。《列子·湯問》：“其中有五山焉：一曰岱輿，二曰員嶠，三曰方壺，四曰瀛洲，五曰蓬萊。”漢班固《西都賦》：“濫瀛洲與方壺，蓬萊起乎中央。”《後漢書·班彪傳》：“濫瀛洲與方壺，蓬萊起乎中央。”《南齊書·張融傳》：“曬蓬萊之靈岫，望方壺之妙闕。”唐徐堅《初學記·地理上》：《拾遺記》曰：‘海中三山，一名方壺方丈，二曰蓬壺蓬萊，三曰瀛洲。'"明袁華《游仙詞》其九："神仙鰲負過西瀛，萬里洪波頃刻清。"清顧祖禹《讀史方輿紀要·湖廣七》："《志》云：'以山頭與東海方壺相似，故名。'"清蔡麟祥、林豪《澎湖廳志》："澎湖，一名澎瀛，猶言澎海也。或謂之西瀛，以臺灣別號東瀛，澎在臺西，故稱西瀛也。"清《臺灣教育碑記》："可以窮三十六島之嵯岈，聽三萬里巨濤之溯洑，爲西瀛一大壯觀，洵足爲士人登瀛之兆焉。"

【方壺】

即澎湖。此稱先秦已行用。見該文。

【西瀛】

即澎湖。此稱明代已行用。見該文。

普陀山

島嶼名。亦作"小白華""梅岑山"。是東海舟山群島中的一個小島，南北狹長，面積約12.5平方千米。與山西五臺山、四川峨眉山、安徽九華山并稱爲中國佛教四大名山，被認爲是觀世音菩薩教化衆生的道場。最早見於史志，來普陀修煉的著名道教人物爲秦始皇年間（公元前246—公元前210）的安期生。傳他曾受學於河上丈人，賣藥於東海邊，人稱"千歲翁"。

普陀山示意圖
（清蔣廷錫等《古今圖書集成》）

相傳秦始皇東巡時，以重金召他去尋求長生不老藥。安期生不受其命，曰："後數十年，求我於蓬萊山下。"晋佛馱跋陀羅《大方廣佛華嚴經論》："此云小白華樹山。觀世音菩薩居之，爲諸菩薩説《慈悲經》。此山多有小白華樹，其華甚香。"宋王阮《普陀山觀音巖祈雨一首》詩："南風不爲雨，躬即寶陀求。"明郎瑛《七修類稿·天地類》："昨讀元人張光弼詩，有'普陀山'一律，引以至寺作佛事七晝夜……"明章潢《圖書編》："諸國皆由此取道以候風信。一名梅岑山。"明鄭真《送知上人禮補怛》詩序："洛迦，梵語。華謂小白華，以山多白華，故云。"《西游記》第一二回："却説南海普陀山觀世音菩薩，自領了如來佛旨，在長安城訪察取經的善人，日久未逢真實有德行者。"明虞淳熙《屠長卿過訪有所投贈次韻答之》詩："閑窺小白華，中衣生海日。"《明史·劉一焜傳》："帝遣中官曹奉，建鎮海寺於普陀山。"清周凱等《廈門志》："商船半傷，於道光十一年七月，在浙江之普陀山颶風，沈船七十餘號；計喪資百餘萬。"清褚人穫《堅瓠集》："嘗學佛航普陀山，早起見海天紅光氣。"清金朝覲《游普陀山寺一首》詩："普陀山外濕雲流，馬上經行取徑幽。"清顧祖禹《讀史方輿紀要·浙江四》："補陀落迦山，在故昌國縣東百五十里海中。一潮可到，爲海岸孤絕處。梵名補陀落迦，華言小白華也。一名梅岑山，相傳以梅福名。"《清史稿·地理志》："東至海中普陀山；四百九十里。"古翁山等《普陀洛迦新志》："當爲翻譯梵語之異文。在華，言爲小白華。"

【小白華】

即普陀山。此體晋代已行用。見該文。

【梅岑山】

即普陀山。此體元代已行用。見該文。

廟島群島

群島名。由三十二個島嶼組成，分布於遼寧老鐵山角與山東半島蓬萊角之間，扼守渤海灣，隸屬於山東烟臺市，最南端臨近蓬萊。島陸面積約 56 平方千米，海域面積 8700 平方千米，海岸綫長 146 千米。主要島嶼是南島和北島。宋宣和四年（1122），島上漁人爲求海神保佑，在沙門島鳳凰山前修建了天后宫，又稱娘娘廟，廟島之名即由此而來。

廟島

島嶼名。亦稱“沙門島”。廟島群島中的一座島嶼。《舊五代史·隱帝紀下》：“庚午，前永興軍節度副使安友規除名，流登州沙門島。”宋宋無《沙門島》詩：“孤嶼壓滄海，風濤直下危。蛟人依蜃市，魚女祭龍祠。”《文獻通考·刑考七》：“以罪人貸死者，舊多配沙門島，在登州海中，至者多死，乃詔當配沙門島者，第配廣南、遠惡地牢城；廣南罪人，乃配嶺北。”《元史·食貨志一》：“向東行，入黑水大洋，取成山轉西至劉家島，又至登州沙門島。”《水滸傳》第六一回：“看著盧員外道：‘你休怪我兩個：你家主管教我們路上結果你。便到沙門島也是死，不如及早打發了！’”清岳濬等《山東通志》卷二〇：“長山島、沙門島，即廟島。”清佚名《山東海疆圖記》：“《鏡石記》云海中有山名漠島，因建海廟於其上，土人又稱爲廟島，始知廟島、沙門島、漠島，其寔一島。”清汪楫《崇禎長編》：“因防其逃海，已令黄龍發船四十號，兵四千，堵截廟島。”清顧祖禹《讀史方輿紀要·南直五》：“《宋長編》云：

‘國初以來，犯死獲貸者，配隸登州沙門島及通州海門島。’”

【沙門島】

即廟島。此稱宋代已行用。見該文。

長山島

廟島群島中一些島嶼，包括南長山島、北長山島、小長山島、大長山島。明孤憤生《丹忠録》第一六回：“長山島大小二島，南北相對，中通海舟，綿亘百餘里，其地可耕。”明王士性《廣志繹·江北四省》：“若從淮口起運至蔴灣而逕度海倉口，則免開洋轉登、萊一千五六百里，其間田橫島、青島、黄島、元真島、竹島、宫家島、青鷄島、劉公島、之罘島、八角島、長山島、沙門島、三山島，此皆礁石如戟，白浪滔天，其餘小島尚不可數計。”明謝肇淛《五雜俎·地部二》：“或告曰：‘此海市也。’傍有長山島，有黑島，上多巨蛇，產金砂，少選，抵蓬萊閣矣。”《老殘游記》第一回：“慧生道：‘你望正東北瞧，那一片雪白浪花，不是長山島嗎，在長山島的這邊，漸漸來得近了。’”清顧祖禹《讀史方輿紀要·山東八》：“廣鹿島而東五十里爲長山島，從島可入復州。”

蛇島

鄰陸孤島。又名“小龍山島”。位於遼寧大連市旅順口區西北面的渤海之中，距旅順港 25 海里，總面積約爲 1 平方千米。最高山頂標高 216.9 米，是西高東低單一構造的單面山。地貌類型有海蝕地貌、海積地貌和重力堆積地貌，土壤爲棕壤。島上有七條山脊，六條溝，七處巖洞，四周除有一小片卵石灘外，均爲懸崖峭壁。是世界上唯一祇生存單一蝮蛇的海島。明孫憤玉《丹忠録》第三八回：“從松木島、大小黑山、蛇島、蝦蟆島、復宿雙島，旅順游擊毛承義來迎接。"清汪寄《希夷夢海國春秋》第三四回："適接飛報，鐵柱已經盡節於盤蛇島，全軍覆沒。"

鼓浪嶼

島嶼名。位於福建廈門市思明區。原名圓沙洲、圓洲仔，因海西南有海蝕洞受浪潮衝擊，聲如擂鼓，明朝雅化爲今名。一說，因島西南方海灘上有一塊兩米多高、中有洞穴的礁石，每當漲潮水涌，浪擊礁石，聲似擂鼓，人稱"鼓浪石"，因此而得名。清薛起鳳《鷺江志》："鼓浪嶼，在海中，長里許，上有小山，田園、村舍，無所不備……左有劍石、印石，在海面。又有鹿耳礁、燕尾礁。"清謝章鋌《賭棋山莊詞話・續編二・林則徐與鄧廷楨詞》："林北鯤詞廈門逼海，水鹹不堪飲，日必取泉於鼓浪嶼。"清楊陸榮《三藩紀事本末》："成功歸自南澳；時廈門、浯州爲鄭彩、鄭聯所據，乃泊鼓浪嶼。"清姚瑩《東溟奏稿》卷三："且臺灣近接廈門，逆夷盤踞鼓浪嶼日久，難保無奸民爲其勾誘，以圖後舉。"清周凱等《廈門志》："分防鼓浪嶼汛，輪派外委額外一員、兵四十名（與廈門隔水）。"清江日昇《臺灣外記》卷三："成功於中秋夜舟到鼓浪嶼，聯方宴客於萬石巖，作徹夜歡。"《清史稿・兵志九・海防》："而鼓浪嶼當海門之口，與鎮海城砲臺同爲重地。此漳州之防也。"

田橫島

島嶼名。位於山東青島市即墨區近海。秦末漢初劉邦稱帝，遣使詔齊王田橫降，田橫在赴洛陽途中自刎。島上五百將士聞此噩耗，集體揮刀殉節。世人感五百將士之忠烈，遂命名此島爲田橫島。《史記・田儋列傳》："高帝曰：'嗟乎，有以也夫！起自布衣，兄弟三人更王，豈不賢乎哉！'爲之流涕，而拜其二客爲都尉，發卒二千人，以王者禮葬田橫。既葬，二客穿其冢旁孔，皆自剄，下從之。高帝聞之，乃大驚，以田橫之客皆賢。吾聞其餘尚五百人在海中，使使召之。至則聞田橫死，亦皆自殺。"《隋書・地理志中》："即墨，後齊及不其縣並廢，開皇十六年復，並廢不其入焉。有大勞山、馬山，有田橫島。"《北史・楊愔傳》："又潛之光州，因東入田橫島，以講誦爲業，海隅之士，謂之劉先生。"明謝肇淛《五雜俎・地部二》："越日入膠港，補繕壞船，過東島，依田橫島，夜泊福山島。"《明史・地理志二》："東南有勞山，在海濱。又有田橫島，在東北海中。東有鰲山衞，洪武二十一年五月置。"清洪亮吉《北江詩話》："秦三良，魯兩生，以迄田橫島中之五百士，諸葛誕麾下之數百人，皆未竟其用而死，惜哉！"清李鄴嗣《行路難》詩其一："君不見蛟龍夜徙田橫島，海潮不到江潮小。"清趙似祖《田橫島石硯歌》："田橫兄弟能得士，五百英雄同日死。蒼茫孤島葬英魂，夜夜靈風吹海水。"

崇明島

島嶼名。地處長江口，面積 1083 平方千米，是中國第三大島，也是世界上最大的河口沖積島以及最大的沙島。亦稱"崇明""瀛洲""崇明沙"，明代賜稱瀛洲。唐朝萬歲通天元年（696）初，始有人在島上居住。島上先民從附近江蘇丹陽、句容等地遷來，以打漁爲生。到了唐神龍元年（705），始建立崇明鎮，該島始有崇明之稱。《宋史・王德傳》："初，德與戰於崇明沙，親執旗麾兵拔柵以入，青軍大潰。"《元史·食貨志》："明年，千户殷明略又開新道，從劉家港入海，至崇明州三沙放洋，向東行，入黑水大洋。"《明史·太祖紀三》："癸巳，崇明、海門風雨海溢，遣官振之，發民二十五萬築堤。"清黄宗羲《明儒學案》："身泛大洋，以習海路，敗賊於崇明沙。"清祁寯藻《次韻宗滌甫顧祠修禊》："吊鶴空歸曲沃園，浮家莫問崇明島。"清顧祖禹《讀史方輿紀要·川瀆五》："至於崇明，環海爲邑，沙渚迂回，江口倚爲外衛。"

【崇明】

即崇明島。此稱唐代已行用。見該文。

【瀛洲】[2]

即崇明島。此稱明代已行用。見該文。

【崇明沙】

即崇明島。此稱元代已行用。見該文。

崆峒島

島嶼名。位於山東烟臺市芝罘區東北部海域，距離海岸綫9.5千米，是烟臺市第一大海島。圍繞崆峒島有臥佛島、擔子島、柴島、馬島（亦稱文曲島）、玄武島（亦稱龜島、蛇島）、元寶島、天鵝島等十幾處小島和礁群。亦稱"崆峒"。唐元稹《春六十韻》："直自方壺島，斜臨絶漠戎。南巡暖珠樹，西轉麗崆峒。"元末明初錢宰《天游方丈歌》："閬風瑶島河淺清，崆峒具茨非杳冥。"明徐弘祖《鷄山十景·太子玄關》詩其七："崆峒無迹潛翻島，閬苑有天常在壺。"明王鏊《廣成子壽圖》詩："似廣成子，降於崆峒。群仙何來，蓬萊之島。"明章潢《圖書編》："崆峒島又西三十里，係芝罘島。"清顧祖禹《讀史方輿紀要·山東七》："又海中有崆峒島。其相近者，又有栲栳島、浮山島。"清鄒

承垣《薄暮游海會寺》詩："大地山河四望通，公餘乘興訪崆峒。"清穆彰阿等《大清一統志》："其東數小山或巖石，或岡阜棋布，水面直接崆峒島。"

【崆峒】[2]

同"崆峒島"。此稱唐代已行用。見該文。

養馬島

島嶼名。位於山東烟臺市牟平區。因相傳秦始皇東巡時曾在此養馬而得名。明胡宗憲、鄭若曾《籌海圖編》卷七："三十五年四月，賊登靈山衛養馬島，官兵討平之。"清岳濬等《山東通志》卷二〇："迤西一百四十里至養馬島，迴避西北風。"清顧炎武《天下郡國利病書》："至劉公島六十里，至養馬島一百六十里，至芝罘島四十里。

鷄鳴島

島嶼名。位於山東榮成港西鎮虎頭角北約兩公里的海域中，形狀像雄鷄。元于欽《齊乘》卷四："萊子立此城，有成山日祠，鷄鳴島。"明章潢《圖書編》："與鷄鳴島相連，水底礁石，又西直至劉公島。"徐珂《清稗類鈔·地理類》："鷄鳴島，屬山東登州府榮成縣，孤懸大海中，明代曾置衛所。大兵入關，農夫野老不願薙髮者類往居之。"清穆彰阿等《大清一統志》："鷄鳴島，在榮成縣西北十五里。《寰宇記》：'鷄鳴島，在不夜城北。'"

海驢島

島嶼名。位於山東威海市榮成成山頭的北部海域，距陸地最近距離爲四海里。海驢，北海獅的俗稱。元于欽《齊乘》卷一："〔海驢島〕海驢常以八九月上島產乳，其皮水不能潤，可以禦雨。"清岳濬等《山東通志》卷二〇："王

家島、延真島、鎮邪島、鹿島、孤石島、倭島、海驢島、海牛島、鷄鳴島，以上俱榮成縣東海中。”又云：“避颶風如遇急，可以宿泊對面正北有海驢島，島北有淺沙宜避。”

劉公島

島嶼名。亦稱“劉島”“劉家島”。位於山東半島東端威海灣灣口。據出土文物考證，早在戰國時代，就有人在島上繁衍生息；漢代石落村劉氏在島上墾荒居留。劉公島在歷史上曾有過許多名稱。元代稱劉島、劉家島，明中後期一度稱劉島山。明隆慶六年（1572），在官方奏章和皇帝詔令中始正式出現劉公島這一名稱，沿用至今，已有四百多年的歷史。舊傳劉公爲漢朝皇族一支，東漢末年避戰亂來此島。傳説島上曾有魏黃初碑記。清代甲午戰爭爲此島留下了深刻的歷史印迹。《元史·食貨志》：“經黑水洋至成山，過劉島，至芝罘、沙門二島。”又云：“取成山轉西至劉家島，又至登州沙門島，於萊州大洋入界河。”明章潢《圖書編》卷五六：“北過城山頭，西北望威海山前，投劉公島。”清談遷《北游録》：“威海衛至劉公島五十里。劉公島至寧海州七十里。”清傅澤洪、鄭元慶《行水金鑑》卷九九：“自劉家港出揚子江盤轉黃連沙觜，月餘始至淮口，過膠州牢山，一路至延真島望北行，轉成山，西行到九皋島、劉公島、沙門島。”

【劉島】

即劉公島。此稱元代已行用。見該文。

【劉家島】

即劉公島。此稱元代已行用。見該文。

芝罘島

島嶼名。古作轉附、之罘，亦稱“之罘

之罘山
（清蔣廷錫等《古今圖書集成》）

山”，後亦作“芝罘山”。位於山東烟臺市北部芝罘區北部的海面，以連島沙壩與大陸相連，是中國最大的陸連島。《孟子·梁惠王下》：“吾欲觀於轉附、朝舞、遵海而南，放於琅邪。”“轉附”之含義，古“附”通“浮”，此島與大陸相連，需要通過落潮時浮出海面的連島沙壩纔能到達。《史記·秦始皇本紀》：“〔秦始皇〕過黃、腄，窮成山，登之罘，立石頌秦德焉而去。”又，張守節引《括地志》曰：“皇帝春游，覽省遠方。逮於海隅，遂登之罘，昭臨朝陽。”張守節正義：“之罘山在海中。”又，《司馬相如列傳》：“且齊東陼巨海，南有琅邪，觀乎成山，射乎之罘，浮勃澥。”明章潢《圖書編》卷五六：“十餘里迴避小杵島，遶遶嘴，西南遠望芝罘島。”清賀長齡、魏源《皇朝經世文編·户政二十三·漕運》：“芝罘島西北一帶有暗礁，船行偏東以避之。”

【轉附】

即芝罘島。此體先秦已行用。見該文。

【之罘】

即芝罘島。此體先秦已行用。見該文。

【之罘山】

即芝罘島。此稱漢代已行用。見該文。

岬　礁

岬 [2]

探入海中之陸地凸角，通常爲陡峭巖岸。亦稱"岬角"。明張内蘊、周大韶《三吳水考》卷二："水往往循行岬隙間。"清黃遵憲《日本國志·地理志二》："瀕海岬嶼錯出，疆壤狹隘。"清張學禮等《清代琉球紀録集輯》："出灣而北十數里間，海岸大有出入。又最北，地勢轉成一岬角，雲邊户崎，即國之極北。"清姚文棟《清代琉球紀録續輯·琉球小志並補遺》："岬角，用岬。"

【岬角】

即岬。此稱清代已行用。見該文。

礁石

潛伏水中或露出水面的巖石。亦作"嶕""礁"。《宋史·外國傳三·高麗》："自黑山過島嶼，詰曲嶕石間，舟行甚駛。"又云："由海道奉使高麗……遇黑風，舟觸嶕輒敗。"元吴萊《登岸泊道隆觀》詩其一："幽島不可辨，亂礁出如鼇。"又，《夕泛海東尋梅岑山》詩："水落礁石出，中飛兩鶼鶘。"明唐順之《自乍浦下海至舟山入舟風惡四鼓發舟風恬日霽波面如鏡舟人以爲海上罕遇是日行六百五十餘里》詩："雙嶼厓門險，半洋礁石奇。"清陸次雲《三灘記》："驅嶕瀨恃篙，搶洄溜恃楫。"清王韜《甕牖餘談·照船塔燈》："蓋西國操舟者，不憚風濤，而畏礁石。"

【嶕】

即礁石。此體元代已行用。見該文。

【礁】

即礁石。此體元代已行用。見該文。

珊瑚礁

珊瑚蟲死後其遺骸構成的巖體。省稱"珊瑚"。大量珊瑚沉積形成暗礁和環形島礁，分布於亞熱帶和熱帶海域中。中國珊瑚礁主要分布在臺灣島和海南島的沿岸以及南海諸島以環礁爲主要類型的礁區。按照完整的礁體地貌範圍量算的總面積爲約 3 萬平方千米。清王石鵬《臺灣三字經》："極南海岸有石灰巖，其狀若鋸齒獸類，東部海岸則有珊瑚礁。"

【珊瑚】 [1]

即珊瑚礁。此稱漢代已行用。見該文。

【没石】

暗礁。隱在江河或海水下的大石。《徐霞客游記·游太華山記》："瞰海，涯舟出，没石隙中有結茅。"清唐甄《潛書·利才》："天下之險，莫如蜀江……道黃陵、新蠹者，必熟識没石。"

曾母暗沙

珊瑚礁。爲南沙群島的一部分，由曾母礁丘、八仙暗沙和立地暗沙組成的一組群礁。中國領土的最南區域。主礁母礁丘地理坐標爲北緯 3″58′20″，東經 112″16′53″，由礁核和礁翼兩部分組成。根據中國科學院南海海洋研究所 1985 年至 1986 年調查，最淺處水深爲 17.5 米，形如紡錘，礁丘脊部呈北西走嚮，面積 2.12 平方千米。立地暗沙面積 0.31 平方千米，最淺點爲 23.8 米。八仙暗沙水深最淺處 34.7 米。曾母暗沙是中國固有領土，1935 年，中國公布名稱爲曾姆灘。1947 年，中國公布名稱爲曾母暗沙。1994 年中國在此投放主權碑。

成山

岍角。春秋時稱"朝舞",秦稱"天盡頭",明清稱"成山頭""成山角"。位於山東榮成市成山鎮。成山頭三面環海,一面接陸,與韓國隔海相望,僅 94 海里,是較早看見海上日出的地方。古人認爲是太陽啓升之地,日神所居之地。《孟子・梁惠王下》:"問於晏子曰:'吾欲觀於轉附、朝舞,遵海而南,至於琅琊,寡人何修,則夫先王之游?'"公元前 219—前 210 年,秦始皇曾兩次駕臨此地,拜祭日主、修長橋、求尋長生不老之藥,留下了"秦橋遺迹""秦代立石""射鮫臺",以及秦丞相李斯手書"天盡頭秦東門"等歷史遺迹。《史記・秦始皇本紀》:"二十八年,始皇東行郡縣,上鄒嶧山……上泰山,立石,封,祠祀……於是乃並勃海以東,過黄、腄,窮成山,登之罘,立石頌秦德焉而去。"又,《史記・封禪書》:"成山斗入海,最居齊東北隅,以迎日出雲。"《三國志・魏書・田豫傳》:"成山無藏船之處,輒便循海。"《三輔黄圖・成山觀》:"《漢書・地理志》東萊郡不夜縣,注有成山。"宋石延年《句》詩其十五:"水盡天不盡,人在天盡頭。"

成　山
(清蔣廷錫等《古今圖書集成》)

《文獻通考・王禮考四》:"成山,在文登縣北一百九十里。"《元史・食貨志一》:"又經黑水洋至成山,過劉島,至芝罘、沙門二島。"明章潢《圖書編》卷五六:"二百餘隻避東北與北風,又東南一里迴避成山頭。"明劉崧《登成山》詩:"登成山,望出日,不知其下海水深幾尺。"清穆彰阿等《大清一統志・登州府》:"凡海道開洋過成山頭,必至此駐泊,東南有礁石嘴,須避。"清陳忠倚《皇朝經世文三編》卷四十五《兵政》:"一駐山東之成山角,一駐高麗之鴨綠江口,東西對峙。"

【朝舞】

即成山。此稱先秦已行用。見該文。

【天盡頭】

即成山。此稱秦代已行用。見該文。

【成山頭】

即成山。此稱明代已行用。見該文。

【成山角】

即成山。此稱清代已行用。見該文。

老鐵山

岍角。亦稱"鐵山"。今稱"老鐵山角""老鐵山岍",俗稱"老鐵山頭""老鐵山嘴"。位於中國遼寧遼東半島最南端,旅順口西南。老鐵山角與山東半島蓬萊角的連綫爲渤海、黄海的分界。老鐵山角是渤海和黄海分界的北岸端點。南側峭壁下爲老鐵山水道。清岳濬等《山東通志》卷二〇:"至北隍城島一百八十里至老鐵山。按《登州府志》,自鐵山五十里至西北老貓圈。"《遼海叢書・〈全遼志〉批注》:"鐵山,通稱老鐵山。"清顧炎武《天下郡國利病書・山東十》:"至鐵山六百五十里,至西北老貓圈五十里。"

【鐵山】

即老鐵山。此稱清代已行用。見該文。

鵝鑾鼻

亦稱南岬。位於臺灣島中央山脉延伸臺地的最南端。"鵝鑾"是臺灣高山族排灣人語言"帆"的音譯,因爲附近的香蕉灣有大石像船帆的形狀,所以特取此名。再加上該地形好像是個突出的鼻子,"鼻"便指岬角,故稱鵝鑾鼻。清屠繼善《恒春縣志》:"鵝鑾鼻燈樓,在縣南,距城三十里,臨海。"又,"光緒七年,鵝鑾鼻建造燈樓,奏請移駐鵝鑾鼻,保護燈樓"。清唐贊衮《臺陽見聞録》:"恒春縣屬之鵝鑾鼻地方,洋人建造燈樓,於光緒七年十一月興工,至八年五月工竣。"清楊岳斌《楊勇愨公奏議·遵赴臺北會剿摺》:"且南至鵝鑾鼻,北至臺北新竹縣,海口約長六七百里之遥。"清佚名《法軍侵臺檔案》:"輪船在鵝鑾鼻洋面被牽,所載千軍聞有三百餘人被害之事。"清劉璈《巡臺退思録》:"並擬親赴南路,由海道至恒春鵝鑾鼻各處,逐節量度布防,盼輪均切。"

【南岬】

即鵝鑾鼻。此稱清代已行用。見該文。

第五章　土經説

第一節　輿地方位考

　　中華之土地，按照《周禮·冬官·考工記》的説法是"土以黄，其象方"。《淮南子·俶真訓》直言："地，方而無垠，故莫能窺其門。""土以黄"，指土地的表層景觀特徵，這與中華先民早期活動區域黄土廣布之自然地理環境有内在聯繫。"其象方"且"方而無垠"，則是生活在遼闊黄土區域中的中華先民對土地形態之主觀意識。地象爲方，或源於皇宫和城池，其形態多爲方形，距離皇城四個邊，由近及遠不斷地向四方延伸，便有四方之説，便有五服之劃分，便成廣闊而方形之大地。

　　"土地"，謂人們生存之大地。土地非均質，高低起伏，肥沃與貧瘠不均，并致使植被景觀外貌亦具有區域差異。於是，古人就針對這些差異分出了諸多土地類型，本節就收録了諸如"平野""太原""平壤""平燕""地首""皐陸""桑田""斥澤""堪""坳""陸""地防"等。這些表土地之詞語，放於當代，所含要素就過於狹窄，基本應歸於地貌學類。按照現代地理學理論，土地是一個綜合地理概念，包括土壤、巖石、地形、氣候、水文、植被以及交通、聚落、農田等。土地分爲林地、草地、山地、灘塗、經濟林地、農業用地、交通用地、建筑用地等。

"大地"這一概念較爲抽象，在古人的觀念中應與"土地"這一概念含義相似，都用來表達人們生産、生活所依賴的環境區域，與天宇是一個相對的概念。與大地相似的古地理概念還有"下土""厚土""大塊""方地""方州""方祇"方輿"地廬""后土""坤儀""坤輿""積塊""坤靈""坤后"以及"土"和"壤"，等等。

"土"和"壤"亦表大地，又表大地中較爲鬆軟、有一定肥力、能够生長植物的物質類型，合稱爲"土壤"。在古人看來，土乃五行之一，即天地萬物之本源之一。"土"字的甲骨文，强調了大地承載萬物，强調了種植和生長。有土地，便有萬物生長，便有人類社會，便有生産活動，便有區域劃分，便有開疆拓土，便有領土之争，便有戰争與和平，便有天宇之思，便有地輿之辨。

"土"（甲骨文）
（據 J28379）

大地的方位確定爲本節考證之重點，方位之確定對於人類活動尤爲重要。由於科學不發達，中國古人判斷方位，不像近現代依據經緯綫進行判斷那樣簡單易行、具有科學性，而是形成了一種具有迷思概念之綜合判斷標準或理論系統。這套理論包括了顔色、四獸、五行、八卦、天干、地支等，將它們相互配合，辨厚坤之東西南北，神州之四野八方，神秘又頗爲實用。本節主要考證如下地理名類之源流：土、土地、土地類型、土地分布、平闊的地貌類型（其他地貌類型見第二章、第三章）、大地方位的確定等。

輿　地

地理

古指大地上山嶽、川原、濕地地物的分布。現代地理學中地理一詞的含義是指區域内自然環境（地形、水文、氣候、礦産、動植物等）及社會要素（聚落、交通、人口、商貿、産業）的分布狀況其成因的學科。亦作"墜理"。"墜"字，古同"地"，音 dì。《黄帝内經·素問》："上經曰：夫道者，上知天文，下知地理。"《周易·繫辭上》："仰以觀於天文，俯以察於地理。"孔穎達疏："地有山川原濕地，各有條理，故稱理也。"《荀子·君道》："仁厚兼覆天下而不閔，明達用天地理萬變而不疑。"《管子·形勢解》："亂主上逆天道，下絶地理，故天不予時，地不生財。"《史記·秦始皇本紀》："上具天文，下具地理。"《漢書·郊祀志》："祭墜則墜理從。三光，天文也。山川，地理也。"《漢書·王莽傳》："臣又聞聖王序天文，定地理，因山川民俗以制州界。"又曰："曉知地理圖籍者，共校治於壽成朱鳥堂。"又，《郊祀志下》："三光，天文也；山川，地理也。"《晋書·成公綏傳》："爾乃旁觀四極，俯察地理，川瀆浩汙而分流，山嶽磊落而羅峙，滄海沆瀁而四周。"《通典·職官典》："黄帝得蚩尤而明天道，得太常而察地理。"又，《州郡典》："則五帝三王可以師範，凡言地理者多矣，在辨區域，徵因革，知要害。"宋黎靖德《朱子語類·論文上》："以地理考之，大段闊。所以禹在塗山，萬國來朝。至周初，但千八百國。"《宋史·職官志八》："所以周知天下地理廣袤、風土所宜、民俗利害之事。"元念常《佛祖通載》："夫天文曆象之秘奥，地理山川之卓詭。"明王縝《過遠河鋪感懷郎襄之界》："地理雖云異，氣象同奇觀。"《兒女英雄傳》第四〇回："據説這人天文地理無所不通，遁甲奇門無所不曉。"

【墜理】

同"地理"。此稱先秦代已行用。見該文。

大地

大矩之地，生存之地。指地球表面的陸地部分。《漢書·景帝紀》："其議民欲徙寬大地者，聽之。"晋曹攄《贈韓德真詩四章》："大地未綴，華秀梓旁。"南朝梁蕭衍《游鍾山大愛敬寺》詩："面勢周大地，縈帶極長川。"北魏温子昇《寒陵山寺碑序》："雖復高天銷於猛炭，大地淪於積水，固以傳之不朽，終亦記此無忘。"唐《六祖大師法寶壇經》："虛空能含日月星辰、大地山河。"宋劉過《登白雲絶頂》詩："欲窮大地三千界，須上高峰八百盤。"元范梈《題贈李右丞》詩："滄波大地轉，白首老天知。"明成鷟《鐵城道中夜歸口占》詩："夜深誰是同歸者，大地茫茫月一輪。"清何紹基

《同子毅弟早起至岱頂》詩："日上高霞直，氛清大地圓。"

【地】[1]

指大地，地面。亦作"墜"，亦稱"坔""坴"。"墜"或作"墬"。按，"墜""墬"二字本各有含義，前者指地，爲"地"异體字；後者多指墜落。二字發音亦不同。《楚辭·天問》"地"書作"墜"，曰："康囘馮怒，墜何故以東南傾。"王逸注："墜，一作'地'。"《淮南子·墜形訓》亦同，高誘注則用"地"字："紀東西南北山川藪澤，

"地"（金文）
〔睡·封65（秦）〕

地之所載、萬物形兆所化育也，故曰地形，因以題篇。"唐虞世南《北堂書鈔·天部》《後漢書》李賢注引《淮南子》，"墜"作"墬"。可見二字爲古人混用，但當以"墜"爲是。《詩·小雅·正月》："謂墜蓋厚，不敢不蹐。"《管子·山權數》："農夫敬事力作，故天毀坔凶旱水洗，民無入於溝壑乞請者也。"先秦佚名《祭辭》："集墜之靈，降甘風雨。"先秦佚名《佹》詩："天墜易位，四時易鄉。"《説文·土部》："〔墜〕籀文'地'。"又云："地，元氣初分，輕清揚爲天，重濁陰爲地，萬物所陳列也。從土，也聲。"《淮南子·天文訓》："天墜未形，馮馮翼翼，洞洞灟灟，故曰太昭。"《玉篇》："坔，古地字。"《戰國策·燕策一》："噲子謂文公曰：'不如以坔請合於齊。'"《漢書·趙充國傳》："令不得歸肥饒之坔。"《集韻·至韻》："地，或作坔。唐武后作坴。"《字彙補·土部》："坴字或謂武后所制。然寶蘋《唐書音義》已云見

《戰國策》，又《亢倉》《鶡冠》皆以地作坕，其爲古文無疑。《集韻》或作坔，省文也。"唐王績《登壠坂二首》詩其一："地險關山密，天平鴻雁稀。"宋王觀國《學林古文》："司馬遷、班固作史，亦或用古文字……墬，乃古文地也。"宋丁西湖《送吳菊潭游越》詩："溪晴沙度鶴，地暖水生雲。"金折元禮《望海潮》詩："地雄河岳，疆分韓晋，潼關高壓秦頭。"清成鶯《九秋雜咏·秋瀑》詩："霜威從地起，花雨自天來。"

【墬】

同"地[1]"。此體先秦已行用。見該文。

【坔】

同"地[1]"。此稱先秦已行用。見該文。

【垈】

同"地[1]"。此稱宋代已行用。見該文。

【土】[2]

大地之代稱。《周禮·冬官·考工記》："土以黄，其象方。"先秦佚名《穆天子謡》："予歸東土，和治諸夏。"《穆天子傳》卷三："比徂西土，爰居其野。"先秦佚名《黄竹》詩："不如遷土，禮樂其民。"先秦佚名《成相雜辭》詩："禹傅土，平天下。"《詩·小雅·北山之什》："溥天之下，莫非王土。"又，《國風·碩鼠》："樂土樂土，爰得我所。"又，《大雅·桑柔》："憂心慇慇，念我土宇。"《楚辭·九章·哀郢》："哀州土之平樂兮，悲江介之遺風。"《列子·湯問·愚公移山》："雜曰：'投諸渤海之尾，隱土

"墬"（金文）
（妾·子盉壺）

之北。'"《公羊傳·僖公三十一年》："天子祭天，諸侯祭土。"漢孔融《離合作郡姓名字詩》："九域有聖，無土不王。"漢桓譚《新論啓寤》："龍無尺水，無以升天。聖人無尺土，無以王天下。"

【土】[3]

組成世界的基本物質，五行之一。《書·洪範》："五行：一曰水，二曰火，三曰木，四曰金，五曰土。水曰潤下，火曰炎上，木曰曲直，金曰從革，土曰稼穡。"《周禮·地官·司徒》："辨十有二土之名物。"清胡寶瑷《周子全書》："而此書及圖則止於'四象'，以爲火、水、金、木，而即其中以爲土。"

【下土】[1]

大地的別稱。亦稱"巨塊""厚坤"。《詩·小雅·小明》："明明上天，照臨下土。"又，《大雅·雲漢》："耗斁下土，寧丁我躬。"漢王襃《九懷·株昭》："皇門開兮照下土，株穢除兮蘭芷覩。"唐楊炯《益州新都縣學先聖廟堂碑文序》："環四海於中州，巨塊不能秘生成之業。"唐杜甫《木皮嶺》詩："仰干塞大明，俯入裂厚坤。"宋王安中《定武贈晁以道》詩："風霆倏號怒，勢欲立厚坤。"宋李曾伯《過小孤》詩："洪流衝巨塊，對峙束平川。"明何景明《九咏》詩："下土幽暗而嶮巇兮，需光澤之照臨。"清劉文麟《新灘》詩："深冥不測底，淘刷厚坤透。"根據現代地質學，地球構造分三層，包括地核、地幔和地殼，因認知局限，古人謂之"大地"，應是地球的地殼表層，抑或巖石圈和土壤圈組成的地球圈層。

【巨塊】

即下土。謂聚成一體的巨型大地。此稱唐

代已行用。見該文。

【厚坤】

即下土。"坤"爲地，"厚坤"謂厚實的大地。此稱唐代已行用。見該文。

【厚土】

大地的別稱。亦稱"厚地"。《黃帝內經·素問》："煙埃朦鬱，見於厚土，大雨時行，濕氣乃用，燥政乃辟。"《呂氏春秋·辯土》："厚土則聱不通，薄土則蕃轓而不发。"漢石勳《費鳳別碑》詩："送君於厚土，嗟嗟悲且傷。"《宋書·竟陵王誕傳》："皇穹所不覆，厚土所不容。"隋牛弘《社稷歌·春祈社誡夏》詩："厚地開靈，方壇崇祀。"唐杜甫《喜雨》詩："巴人困軍須，慟哭厚土熱。"唐林寬《寓興》詩："英雄歸厚土，日月照閒人。"唐儲光羲《猛虎詞》詩："高雲逐氣浮，厚地隨聲震。"宋梅饒臣《文惠師贈新筍》詩："奮雷轟轟萬里春，厚土坼裂窮蟄振。"元張憲《高山操》："高山巍巍兮危峰際天，蟠據厚土兮根入重淵。"明王洪《武當山瑞應祥光》詩："磅礡厚土出雨雲，中有至人古聖神。"清王夫之《讀通鑑論》卷一五："若夫戴高天，履厚土。"

【厚地】

即方地。此稱隋代已行用。見該文。

【大方】

指大地。單稱"方"。古人認爲天圓地方，故以稱大地。《管子·內業》："人能正靜，皮膚裕寬，耳目聰明，筋信而骨强，乃能戴大圜而履大方。"尹知章注："〔大方〕，地也。"《淮南子·兵略訓》："夫圓者，天也；方者，地也。天圓而無端，故不可得而觀；地方而無垠，故莫能窺其門。"漢揚雄《太玄·攡》："圜則杌

椻，方則宭。"范望注："方，謂地也。"晉郗超《答傅郎》詩："昔在總角，有懷大方。"唐孟雲卿《傷時二首》詩其二："大方載群物，生死有常倫。"唐陳子昂《堂弟孜墓誌銘》："大圓蒼蒼，大方茫茫。"宋黃庭堅《次韻楊明叔四首》詩其三："全德備萬物，大方無四隅。"元耶律楚材《和孟駕之韻》詩："馳驟大方執並駕，絕塵奔逸其猶龍。"明沈鍊《咏懷三十首（存二十八首）》詩其八："吾在大方內，流觀玄化初。"不過，亦有另說，《呂氏春秋·圓道》曰："何爲天道之圓也？精氣一上一下，圓周複雜，無所稽留，古曰天道圓。何以説地道之方也？萬物殊類殊形，皆有分職，不能相爲，故曰地道方。"按，意爲萬物分布在八方四野，不同的地方。此"方"指方位，祇能依靠大地確定方位，區分萬物之類別、形態、地理分布。

【方】[1]

即大方。此稱漢代已行用。見該文。

【大矩】

即大方。矩爲方，故大矩爲大方，指大地。《呂氏春秋·序意》："大圜在上，大矩在下。"高誘注："圜，天也。矩，方，地也。"清王夫之《連珠有贈》："大矩不迷於璇表，星日咸安。"

【方地】

古人以爲天圓地方，故以方地指大地，與圓天相對。亦稱"方局"。《莊子·説劍》："上法圓天，以順三光；下法方地，以順四時。"漢嚴遵《老子指歸》："方地隨天，與化爲常。"唐韋應物《彈棋歌》："圓天方地局，二十四氣子。"前蜀杜光庭《蜀王本命醮葛仙化詞》："伏以圓穹列耀，上表於龍星；方局裁形，下分於

仙化。"宋蘇軾《留别蹇道士拱辰》詩:"仙人漢陰馬,微服方地行。"宋蘇轍《郭祥正國博醉吟庵》詩:"圓天方地千萬里,中與此間大相似。"

【方局】

即方地。此稱前蜀已行用。見該文。

【方州】[1]

大地。猶方地。《淮南子·覽冥訓》:"背方州,抱圓天,和春陽夏,殺秋約冬。"高誘注:"方州,地也。"唐皮日休《二游詩·徐詩》詩:"自爲方州來,清操稱凛冽。"宋劉敞《寄襄陽舅氏龍圖》詩:"虎符龍節鎮方州,天禄先生尚黑頭。"元吳當《送丑時中安陸知府》詩:"下詔選朝士,傳聲典方州。"《明史·史可法傳》:"夫我即卑宫菲食,嘗膽卧薪,聚才智精神,枕戈待旦,合方州物力,破釜沈舟,尚虞無救。"清陳夢雷《華巖嶺》詩:"五嶽峙方州,臺峰爭鼎闞。"按,"州"爲生存之地,可爲一地,可爲一國,故方州亦含區域之意。

【方祇】

指大地,亦指地神。祇或作"祇"。《書·益稷》:"皋陶方祇厥叙,方施象刑,惟明。"孔穎達疏:"方,四方。禹五服既成,故皋陶敬行其九德考績之次序於四方,又施其法刑,皆明白。"按,"方祇"有四方大地之含義。《文選·顏延年〈宋文皇帝元皇后哀策文〉》:"圓精初爍,方祇始凝。"李善注:"言天地始分也。"吕延濟注:"圓精,謂天也;方祇,謂地也。"唐權德輿《莊憲皇后謚册文》:"世世方祇,永永無極。"《舊唐書·后妃傳下》:"忽歸清漢,言復方祇。"宋文彦博《德號繼明頌》卷二:"圓象高明,運四時而不言所利,方祇博厚

載萬物。"宋陳藻《東林春晚作》詩:"方祇百里,日月出東西,星辰運終始,雲霞千萬狀。"《宋史·樂志》:"宗德含洪,方祇可儗。闢土開疆,八埏同軌。"明李延興《石鼓歌》:"層崖秋碎方祇愁,大星宵隕圓靈泣。"清徐松從《宋會要輯稿·禮》:"陽運剛粹,陰凝方祇。"

【祇】

古指地神。亦稱"方祇""地祇"。祇,一作"祇"。《論語·述而》:"禱爾于上下神祇。"《尸子》:"天神曰靈,地神曰祇。"《史記·司馬相如列傳》:"修禮地祇,謁款天神。"《説文·示部》:"祇,地祇提出萬物者也。"桂馥義證:"《史記索隱》云:'凡從《史記》作示者,示即《周禮》古本,地神曰祇。'"晋葛洪《抱朴子内篇·金丹》:"余問諸道士以神丹金液之事,及三皇文,召天神地祇之法,了無一人知之者。"《宋書·符瑞志下》:"圓神降祥,方祇薦裕,休珍雜遝,景瑞畢臻。"《隋書·音樂志》:"圓神致祀,北郊云:方祇致祀。"唐韓愈《孟東野夫子》詩:"上呼無時聞,滴地淚到泉。地祇爲之悲,瑟縮久不安。"清厲鶚《浮山禹廟觀山海經塑像三十韻》詩:"枯步窮乾粵,方祇駭地維。"清陳康祺《燕下鄉脞録》卷三:"公奏南方愚民不明大體,往往呼天爲天老爺,天神地祇,無不老爺者。"

【地祇】

即祇。此稱漢代已行用。見該文。

【方祇】

即祇。此稱南朝梁已行用。見該文。

【方載】

即大地。古人認爲大地負載萬物,故意爲能承載萬物之大地。漢蔡邕《明堂月令論》:

"圜蓋方載,六九之道也。"唐韋應物《秋集罷還途中作謹獻壽春公黎公》詩:"時節乃來集,欣懷方載馳。"唐孔穎達《〈禮記正義〉序》:"上法圜象,下參方載;道之以德,齊之以禮。"《舊唐書・禮儀志二》:"〔明堂〕上法圓清,下儀方載,契陰陽之至數,葉交泰之貞符。"明楊維楨《地震謠》詩:"地積大塊作方載,豈有壞崩如杞人。"清弘曆《春陰》詩:"山峰隱欲全,地氣酥方載。"

【方儀】

指大地。古人以天地爲兩儀,天圓地方,故稱地爲方儀。含與天相對應、與天共生共存之意。《南齊書・樂志》:"闓則風調,儷德方儀。"晉盧諶《時興》:"亹亹圓象運,悠悠方儀廓。"李善注:"曾子曰:'天道曰圓,地道曰方。'在天成象,故曰圓象。天地曰兩儀,故曰方儀也。"隋佚名《齊北郊樂歌六首・昭德凱容樂》其四:"儷德方儀,徽載以昭。"宋鮑雲龍《天原發微》:"又曰仰觀渾周,一息萬里奔,俯察方儀靜,隤然千古存,其健順可知矣。"宋郊廟朝會歌辭《紹興祀神州地祇十六首》其一:"芒芒下土,恢恢方儀。"宋朱熹《齋居感興二十首》詩其十一:"俯察方儀靜,隤然千古存。"元劉履《風雅翼》卷四:"方儀,謂地也,隤然重墜貌,亦安靜之意。"明翟均廉《海塘錄》卷二〇:"方儀之靜,大水承之,氣有升降,地有浮沉,而潮汐生焉。"清孔毓圻等《幸魯盛典》卷一二:"方儀難以形,其高厚者矣。"

【方輿】

指大地。輿爲載物之車,古人把地比喻爲負載萬物的車輿,故稱。《周易・説卦》:"坤爲地……爲大輿。"先秦宋玉《大言賦》:"方地爲輿,圓天爲蓋。"漢李尤《小車銘》詩:"員蓋象天,方輿則地。"晉束皙《補亡》詩:"漫漫方輿,迴迴洪覆。"李周翰注:"方輿,地也。"唐李世民《執契静三邊》詩:"圓蓋歸天壤,方輿入地荒。"宋歐陽修《讀山海經圖》詩:"不有萬物殊,豈知方輿大。"元尹廷高《維揚懷古》釋:"天開西北方輿大,山在東南半形青。"明王佐《符鳳妻》:"身死名存,光照方輿。"清周天度《立春日大雪有雷電雹次日大雪雷雹越十日又大雪尺餘奇寒紀事》詩:"吾聞古洪都,方輿稱水澤。"

【地軸】[1]

指大地。南朝宋鮑照《哀江南賦》:"競動天關,爭回地軸。"又,《石帆銘》:"應風剖流,息石橫波。下漮地軸,上獵星羅。"《南齊書・樂志三》:"義滿天淵,禮昭地軸。"南朝陳江總《贈賀左丞蕭舍人》詩:"函關分地軸,華嶽接天壇。"唐杜甫《晦日尋崔戢李封》詩:"地軸爲之翻,百川皆亂流。"仇兆鰲注:"地翻川亂。"唐錢起《巨魚縱大壑》詩:"龍攄回地軸,鯤化想天池。"宋范成大《望海亭賦》:"送萬折之傾注,艷寒光之迸射;浸地軸以上浮,盪天容而一色。"金王特起《華山》詩:"三峰盤地軸,一水落天紳。"元吳當《送逯善上海道萬户》詩:"海水八荒浮地軸,雲帆萬斛動天風。"明談遷《北游録・記咏上》:"蜂目豹聲埋地軸,風吹白楊聲似哭。"清欽璉《舟行福山港》詩:"分流殺奔溢,度土循地軸。"一説,謂大地旋轉之軸,參閱本書"地軸[2]"條目。

【地廬】

比喻大地。"廬"爲居所,大地爲人之居所,故稱。晉左思《魏都賦》:"僭響起,疑震霆,天宇駭，地廬驚。"李周翰注："嘈聾起，如震動雷霆，駭驚天地。"唐李白《大獵賦》："捎鶤鵠漂鸘，彈地廬與神居。"宋葉廷珪《海録碎事》："天宇駭地廬，驚言樂作如此。"明王世貞《弇州山人四部稿》卷七六："高閎地廬之，櫛比相望矣。"清蔣祥墀《望衡圖爲熊兩溟題》詩："先生飽讀書五車，磊落胸藏天地廬。"

【后土】[1]

對大地的尊稱。亦稱"后"。按，"后"，本義是生育、養育，故"后土"有生成、養育萬物之意，爲萬物生存之安身立命之所；而在先秦古籍中，"后"又多指"國君"，故"后土"亦有君王所居、所統大地之意。《左傳·僖公十五年》："君履后土而戴皇天，皇天后土實聞君之言，群臣敢在下風。"孔穎達疏："以地神后土言之。后土者，地之大名也。"又，《文公十八年》："舜臣堯，舉八愷，使主后土。"孔穎達疏："后訓君也，天稱皇天，故地稱后土也。"《周書·武成》曰："告于皇天后土。"《周禮·春官·大宗伯》曰："王大封，則先告后土。"鄭玄注："后土，土神也。"《楚辭·九章·橘頌》："后皇嘉樹，橘徠服兮。"王逸注："后，后土也。"《楚辭·九辯》："皇天淫溢而秋霖兮，后土何時而得漧。"洪興祖補注引五臣云："后，土地也。"《漢書·李廣蘇建傳》："河東后土。"一説，指土地神。漢東方朔《七諫·怨世》詩其三："皇天保其高兮，后土持其久。"魏佚名《帝臨》詩："后土富媪，昭明三光。"晋李密《陳情表》："臣之辛苦，非獨蜀之人士及二州牧伯所見明知，皇天后土，實所共鑑。"唐白居易《新樂府·立部伎·刺雅樂之替也》詩："皇天與后土，所感無不通。"宋劉敞《魏京》詩其

十九："泰山之封，后土之禪。"元張翥《自誓》詩："萬古千秋在，皇天后土知。"明陳霆《齊天樂·送劉太守入覲》詞："后土風雷，帝青日月，元氣一時交會。"清張熙《咏王烈女》詩其一："悲風四起日昏黑，皇天后土慘無色。"

【后】

即后土[1]。此稱先秦已行用。見該文。

【坤】[1]

八卦之一。象徵地。《周易·説卦》："坤爲地。"又云："坤也者，地也。"《左傳·莊公二十二年》："坤，土也。"《周易·坤·象》："地勢坤，君子以厚德載物。"按，在古人看來，土壤應是大地之主要組成部分，認知中土更多與表大地之"方""坤""輿""廬""后"等象形概念聯繫在一起。坤表大地，坤字中有土，大地之勢態在於有土壤，有土壤之大地方能孕育、厚載萬物。漢王延壽《魯靈光殿賦》："汩磑磑以璀璨，赫燡燡而燭坤。"李善注："燭坤，光照下土。"《説文·土部》："坤，地也，《易》之卦也。"晋支遁《咏懷詩五首》其五："坤基範簡秀，乾光流易穎。"《宋書·樂志》："山嶽河瀆，皆坤之靈。"《魏書·良吏傳》："乾天也，故稱父；坤地也，故稱母。"唐杜仁傑《至真觀》詩："坤所載，乾所幬，象與形，孰朕兆，緯五行，環二曜，流百川，何浩浩。"元大欣《次韻張夢臣侍御游蔣山五十韻》詩："精衞慚填海，神鼇力負坤。"明劉永之《雪峰詩爲蜀人賦》詩："岷峨鎮坤維，上有太古雪。"《明史·樂志》："坤德博厚，物資以生。"按，"坤"由"土"和"申"組成，"申"有約束和伸展兩個含義，故"坤"所指的大地應具有静、動之態象。

【坤后】

地的代稱。亦稱"后坤"。古人以坤卦爲地、母后之象，故稱。《周易·説卦》："坤爲地，爲母。"晉葛洪《抱朴子外篇·博喻》："方圓舛狀，逝止異歸。故渾象尊於行健，坤后貴於安貞。"明王廷相《答何柏齋造化論》："愚則以爲后坤發育，群品載生，山川蘊靈，雷雨交作，謂地不神，恐不可得。"明梁潛《瑞應》詩："坤后帝神，有開厥先。"明黄淮《戊申對雪述懷八十韻》詩："昊穹隆祐命，坤后薦嘉禎。"按，"后"有國母之意，意喻母儀天下、孕育萬物之大地。

【后坤】

即坤后。此稱明代已行用。見該文。

【坤儀】

謂大地。古人以坤卦象徵地，天地爲兩儀，故將"坤儀"所指大地理解爲與天并行互生的自然物。晉劉琨《答盧諶》："乾象棟傾，坤儀舟覆。"李善注："乾坤爲天地。"唐武則天《唐大饗拜洛樂章·拜洛》詩："菲躬承睿顧，薄德忝坤儀。"《舊唐書·音樂志三》："大矣坤儀，至哉神縣。"金無名氏《迎神鎮寧之曲》詩："至哉坤儀，萬匯資生。"清彭孫貽《望海》詩其一："大壑中央亘地維，茫茫積氣載坤儀。"

【坤輿】

指大地。亦作"大輿"。"輿"指載物之車，大地如車，負載萬物，故"坤輿"所指大地爲承載萬物之大地。《周易·説卦》："坤爲地……爲大輿。"孔穎達疏："爲大輿，取其能載萬物也。"唐吕從慶《獻題金鰲山》詩："女媧斷足奠坤輿，怒身化作安吳嶂。"宋佚名《水調歌頭·壽王制置十一月初六》詞："芒射斗牛分，光彩照坤輿。"宋郊廟朝會歌辭《景德以後祀五方帝十六首》其八："坤輿厚載，黄裳元吉。"又，《熙寧祀皇地祇十二首》其一："昭靈積厚，混混坤輿。"《宋史·樂志八》："昭靈積厚，混混坤輿。配天作極，陰慘陽舒。"元曹伯啓《登君山述懷次史同知韻》詩："滔滔江漢爲朝宗，分破坤輿爲兩界。"明胡奎《望海》詩："元氣洪濛混太虛，天吳簸蕩撼坤輿。"清趙翼《岣嶁碑歌偕劉穆庵孝廉作》詩："山河兩戒次第清，萬古坤輿奠衽席。"

【大輿】

即坤輿。此體先秦已行用。見該文。

【坤靈】

古人對大地的尊稱。漢揚雄《司空箴》："普彼坤靈，俾天作則。分制五服，劃爲萬國。"漢王延壽《魯靈光殿賦》："據坤靈之寶勢，承蒼昊之純殷。"張銑注："蒼昊，天也。"唐王勃《九成宫頌》序："在地班形，珠闕鎮坤靈之野。"唐魏徵《九成宫醴泉銘》："鑑映群形，潤生萬物。同湛恩之不竭，將玄澤於常流，匪唯乾象之精，蓋亦坤靈之寶。"《舊唐書·后妃傳下》："故妃弘農楊氏，特稟坤靈，久釐陰教。"宋吕陶《苦寒》詩："坤靈至静體堅厚，大罅忽裂如剪裁。"金元好問《太室同希顔賦》詩："鰲掀一柱在，萬古壓坤靈。"明劉基《江行雜詩九首》詩其七："坤靈不放厚地裂，應有潮汐通扶桑。"一説，地祇。大地生成且潤澤萬物，如具神靈，故坤靈所指大地意喻具有萬能神靈之大地。

【坤元】

大地的代稱。"坤"爲大地，"元"釋爲根源、起端之意。"坤元"可釋爲生長萬物之根源，故可謂之大地。《黄帝内經·素問·天元紀大論》：“太虚寥廓，肇基化元，萬物資始，五運終天，布氣真靈，總統坤元。”《周易·坤》：“至哉坤元，萬物資生，乃順承天。”孔穎達疏：“至哉坤元者，歎美坤德。”《三國志·蜀書·後主傳》：“故孕育群生者，君人之道也；乃順承天者，坤元之義也。”《陳書·高祖紀上》：“大哉乾元，資日月以貞觀；至哉坤元，憑山川以載物。”唐盧從願《郊廟歌辭·祭汾陰樂章·太簇角》：“坤元載物，陽樂發生。播植資始，品彙咸亨。”宋郊廟朝會歌辭《熙寧祀皇地祇十二首·太祖侑安》：“光大含弘，坤元之力。”元烏斯道《默齋詩五十韻爲黄仁則賦》詩：“坤元蕃草木，天象粲星辰。”

【媪】

地的代稱。亦作“地媪”。出自《周易·説卦》：“坤爲地、爲母。”媪即母，因稱。《漢書·禮樂志二》：“後土富媪，昭明三光。”顔師古注：“言天神至尊，而地神多福也。”又引張晏曰：“媪，老母稱也。坤爲母，故稱媪。海内安定，富媪之功耳。”唐盧照鄰《益州至真觀主黎君碑》：“蒼蒼中野，同銷地媪之魂；耿耿太初，獨昧天師之化。”宋李吕《宣和殿新竹應制次韻》詩：“峻擢已應煩地媪，巧裁仍復借天孫。”元袁桷《合門嶺》詩：“地媪神功奇，兹焉奉帝尊。”清趙翼《仙霞嶺》詩：“地媪不甘卑，突起聳天半。”一説，地神。明張自烈《正字通·女部》：“媪，地神曰媪。”

【地媪】

即坤后。此稱唐代已行用。見該文。

【沈奥】

大地的代稱。漢班固《典引》：“烟烟熅熅，有沈而奥。”李善注：“奥，濁也。言兩儀始分之時，其氣和同，沈而濁者爲地，浮而輕者爲天。”《北齊書·顔之推傳》：“仰浮清之藐藐，俯沈奥之茫茫。”按，“沈奥”所指大地有沉積之意，沉積一詞在地質學中意爲被風化侵蝕之物積聚在低窪處，後經地質作用固結成巖，成爲大地的一部分。故古語“沈奥”所指大地，又有沉積生成之意。

【大塊】

大地的代稱。塊，地之小者；積微爲著，遂成大地，故稱。《莊子·大宗師》：“夫大塊載我以形，勞我以生，佚我以老，息我以死。”唐李白《春夜宴從弟桃花園序》：“況陽春召我以烟景，大塊假我以文章。”一説，大自然。參閲清俞樾《諸子平議·管子》。按，現代地質學證明，地殼由多個大板塊組成，與古語中“大塊”之稱相呼應。

【積塊】

地的代稱。由積聚的地塊構成大地，故稱。與古語“大塊”“沈奥”之詞義相仿，具有積聚沉積物生成大地之意。《列子·天瑞》：“地，積塊耳，充塞四虚，亡處亡塊，若躇步跐蹈，終日在地上行止，奈何憂其壞？”北齊顔之推《顔氏家訓·歸心》：“天爲積氣，地爲積塊。”《冲虚至德真經四解》：列子曰：“清輕者上爲天，濁重者下爲地；天地何邪，直虚實清濁之自分判者耳。”范致虚解：“地，積塊耳，濁重而屬乎陰。”宋劉攽《地震戲王深父》詩：“員方肇開坼，積塊成坤輿。”明張宇初《玄問》：“天地之運，輕清上浮者積氣也，重濁下凝者積塊也。”清馬驌《繹史》：“山嶽也，河海也，金石也，火木也，此積形之成乎地者也，知積氣也，知積塊也。”

【壤】[1]

指大地。與“天”相對應。《管子·幼官》：“修春秋冬夏之常祭，食天壤山川之故祀。”《戰國策·齊策六》：“故業與三王爭流，而名與天壤相敝也。”晋張華《鷦鷯賦》：“普天壤以遐觀，吾又安知大小之所如？”晋葛洪《抱朴子內篇·論仙》：“趨舍所尚，耳目所欲，其爲不同，已有天壤之覺，冰炭之乖矣。”唐李世民《執契静三邊》詩：“圓蓋歸天壤（一作壞），方輿入地荒。”宋蘇軾《何公橋》詩：“天壤之間，水居其多。人之往來，如鵠在河。”元張天英《送張學錄歸柯山》詩：“幽人若明月，皎皎天壤間。”明高啓《贈金華隱者》詩：“嗟我胡爲在塵網，遠望高峰若天壤。”清陳子升《大墻上蒿行》詩：“人生居天壤間，欻如隕葉乘奔流，我今憫默復何謀。”

【輿地】

指大地。亦稱“地輿”，省稱“輿”。大地如車輿，故“輿地”所指大地謂承載萬物之大地。《周易·説卦》：“坤爲地……爲大輿。”《周禮·夏官·司馬》：“凡令賦，以地輿民制之。”晋葛洪《抱朴子內篇·至理》：“輿，地輿。混輿，猶言天地。”《淮南子·原道訓》：“以地爲輿，則無不載也。”《史記·三王世家》：“御史奏輿地圖。”司馬貞索隱：“謂地爲輿者：天地有覆載之德，故謂天爲蓋，謂地爲輿，故地圖稱輿地圖。”《晋書·摯虞傳》：“登閭闔而遺眷兮，頫玄黄於地輿。”唐熊昭《琅琊臺觀日賦》：“傾地輿而通水府，汲天蓋而駭長鯨。”《北史·宇文愷傳》：“張衡渾象用三分爲一度，裴秀輿地以一寸爲千里，臣之此圖以一分爲一尺，

推而演之。”宋陸游《聞蟬思南鄭》詩：“逆胡亡形具，輿地淪陷久。”元趙孟頫《述太傅丞相伯顔功德》詩：“輿地久以裂，車書會當同。”元丁復《石門之奇送王達善山長（續集）》詩：“山猿晝啼有天性，土後夕啓回地輿。”明孫承恩《龍州》詩：“莽莽輿地闊，煌煌使星明。”明朱樸《送朱蔚溪》詩：“地輿分海甸，山水帶蕪城。”清玄燁《河間即古瀛州地》詩：“箕躔分冀野，輿地古瀛州。”清龔自珍《擬進上〈蒙古圖志〉表文》：“魋首昭代之迹，游心官書之府。仰天章之有爛，測地輿之至賾。”

【輿】

同“輿地”。此稱先秦已行用。見該文。

【地輿】

同“輿地”，也常作古地理學之代稱。此稱先秦已行用。見該文。

【靈府】

地的代稱。《淮南子·俶真訓》：“是故聖人托其神於靈府，而歸於萬物之初。”南朝陳江總《棲霞寺碑》：“天有神宫，地雲靈府。”唐方干《贈李郢端公》詩：“山川正氣侵靈府，雪月清輝引思風。”按，靈府又喻神靈、心靈之居所，又喻美宅。“靈府”所指代的大地與上述喻指相關，或有萬物生靈栖息於大地之意。

土地[1]

指田地。現代土地是一個綜合地理概念，包含地球特定地域表面及其以上和以下的大氣、土壤與基礎地質、水文與植物以及動物，還包含這一地域範圍内過去和現在人類活動的影響結果。《周禮·地官·司徒》：“乃經土地，而井牧其田野。”又云：“以土地之圖經田野，造縣鄙，形體之法。”《孟子·梁惠王上》：“然則王

之所大欲可知已。欲辟土地，朝秦楚，莅中國而撫四夷也。"《禮記・月令》："善相丘陵、阪隰、土地所宜，五穀所殖，以教道民，必躬親之。"《史記・平準書》："《禹貢》九州，各因其土地所宜，人民所多少而納職焉。"北魏酈道元《水經注・河水二》："土地平和，無所不有，金銀珍寶，異畜奇物。"《北史・倭傳》："土地膏腴，水多陸少。"又云："土地平正，出金、銀、鍮石、珊瑚、琥珀、車渠、馬腦，多大真珠、頗梨、琉璃、水精。"《通典・兵典》："若土地廣大，人衆富盛。"《舊唐書・食貨志下》："其粟麥粳稻之屬，各依土地。貯之州縣，以備凶年。"《文獻通考・宗廟》："國地是土地之事，故屬陰也。"《元史・陳祐傳》："夫財者，土地所生，民力所集。"《明史・西域傳・西番諸衛》："天子諭以土地不可棄，令獎率頭目圖自強。"清顧祖禹《讀史方輿紀要・四川五》："府重山複嶺，陡澗深林，土地曠遠，延袤千里。"

下土 [2]

權貴之城垣、宮殿、都府等用地之外的廣袤土地。《詩・小雅・小旻》："旻天疾威，敷于下土。"又，《大雅・文王之什》："成王之孚，下土之式。"鄭玄正義："皆言化君也。孚，信也。式，法也。"《莊子・內篇》："九洛之事，治成德備，臨照下土，天下戴之，此謂上皇。"《荀子・大略》："配天而有下土者，先事慮事，先患慮患。"漢王褒《九懷・株昭》詩："皇門開兮照下土，株穢除兮蘭芷覩。"漢韋孟《諷諫》詩："穆穆天子，臨爾下土。"晉陶潛《搜神後記》："豫章人劉廣，年少未婚，至田舍，見一女子，云：'我是何參女，年十四而夭，爲西王母所養，使與下土人交。'廣與之纏

綿。"隋張麗英《石鼓歌》："石鼓石鼓，悲哉下土。自我來觀，民生實苦。"《舊唐書・禮儀志》："遍考《禮》經，宗廟皆在京師，不於下土別置。"前蜀貫休《陽春曲》："何不却辭上帝下下土，忍見蒼生苦苦苦！"金王寂《朝歌城》詩："辛苦朝歌城下土，暫成宮殿却成灰。"《明史・樂志》："帝廷納兮玉帛將，顧下土兮春不忘。"清魏源《雜》詩之四："維帝高冥冥，安聞下土怨。"朱謙之《老子校釋》："《荀子・大略》篇：天子即位……中卿進曰：'配天而有下土者，先事處事，先患慮患。'"

乾坤

天與大地或大自然。亦作"乾巛"。乾、坤是八卦中的兩卦，乾爲天，坤爲地，乾坤代表天地自然系統。《周易・説卦》："乾爲天……坤爲地。"漢班固《典引》："經緯乾坤，出入三光。"《孔子家語・執轡》："倮蟲三百有六十而人爲之長，此乾巛之美也。"按，巛，《玉篇》："古文坤字。"唐杜甫《登岳陽樓》詩："吳楚東南坼，乾坤日夜浮。"宋佚名《水調歌頭・壽劉監丞》詞其二："五雲旬浹不散，瑞色滿乾坤。"金元好問《自題中州集後詩》詩其三："萬古騷人嘔肺肝，乾坤清氣得來難。"明葉顒《述懷三首用前韻寄本存》詩其三："乾坤清氣四時新，獨倚天風絶點塵。"清蒲松齡《聊齋志異・諭鬼》："豈乾坤兩大中，凶頑任爾？"

【乾巛】

即坤輿。此體先秦已行用。見該文。

尺地

一尺之土地。亦作"尺土"。言其小，或言大地之小，或言土田之小，或言國土之小。《孟子・公孫丑上》："尺地莫非其有也，一民莫非

其臣也。"《史記·齊悼惠王世家》："以海内初定，子弟少，激秦之無尺土封，故大封同姓，以填萬民之心。"《漢書·主父偃傳》："餘雖骨肉，無尺地之封，則仁孝之道不宣。"三國魏魚豢《魏略》："尺土一民，皆非漢有。"唐韓愈《薦士》詩："通波非難圖，尺地易可漕。"宋王安石《孔子世家議》："孔子，旅人也，棲棲衰季之世，無尺土之柄，此列之以傳，宜矣。"明吳寬《叢桂堂前五咏·藤》詩："墙頭何須附，尺地幸相容。"清錢孟鈿《讀史偶成》詩："炎漢四百年，尺土皆封堠。"

【尺土】

猶尺地。此稱漢代已行用。見該文。

地質

古指土地的品質、形質，抑或土壤的肥沃程度。地質一詞在現代科學，泛指地球構造的性質或特徵。《周易·坤》："六二，直方大。"王弼注："居中得正，極於地質，任其自然而物自生。"孔穎達疏："質謂形質。地之形質，直方又大，此六二居中，得正是盡極地之體質也。"《國語·楚語下》："天事武，地事文。"韋昭注："地質柔順，故文。"唐孔穎達《周易正義·上經需傳》："極於地質，任其自然，而物自生，不假修營，而功自成。"宋黎靖德《朱子語類·性理一》："然無那天氣、地質，則此理沒安頓處。"明錢澄之《田間易學》："地質不旋而地氣自旋，是爲動耳。"明湛若水《嗟麟篇》詩："天精秀爾神，地質範其胎。"徐珂《清稗類鈔·地理類》："地質腴厚，産米、麻、烟、棉、茶"。

下土 [3]

偏遠之地、國。《漢書·劉輔傳》："臣等愚，以爲輔幸得托公族之親，在諫臣之列，新從下土來，未知朝廷體，獨觸忌諱，不足深過。"漢王符《潛夫論·三式》："細民冤結，無所控告，下土邊遠，能詣闕者，萬無數人，其得省治，不能百一。"《魏書·朱長生傳》："高車主阿伏至羅責長生等拜，長生拒之曰：'我天子使，安肯拜下土諸侯！'"《文獻通考·封建考》："賜位侍祠侯，其次下土小國侯。以肺腑親、公主子孫奉墳墓於京師，亦隨時朝見，是爲猥諸侯也。"明胡翰《書黃賀州平蠻事後》詩："皇靈冒下土，赫赫火俱屬。"

地軸 [2]

古代已認知，大地繞地軸運轉。現代天文學證實地球繞地軸自轉，并測得地軸與黃道成六十六度三十四分夾角，致使地球繞日公轉形成四季。晋木華《海賦》："又似地軸，挺拔而爭迴。"北齊《齊故特進韓公之墓誌》："四時雖往，地軸不傾。"唐黃滔《融結爲河嶽賦》："龜負龍擎，文籍其陽九陰六；共觸愚移，傾缺其天樞地軸。"《舊唐書·李淳風傳》："第三名四游儀，玄樞爲軸，以連結玉衡游筩而貫約規矩；又玄樞北樹北辰，南距地軸，傍轉於内；又玉衡在玄樞之間而南北游，仰以觀天之辰宿，下以識器之晷度。"元佚名《掛金索（北曲）》："斡轉天關，運動地軸。"明區大相《九望·望天池》詩："川谷兮東注，地軸兮南傾。"清毛上炱《飢婦嘆》詩："仰看日色慘，俯訝地軸穿。"清馬驌《繹史》："天有衡，地有軸。"

地震

又稱地動。大地震動，是地殼快速釋放能量過程中造成的振動，其間會産生地震波的一種自然現象。我國歷史上有關地震的記載，較早見於《竹書紀年》帝乙三年，《春秋》文公九年、襄公十六年、昭公十九年、二十三年、哀公三年；其他古代文獻亦有許多關於地震的記載。《吕氏春秋·季夏紀》："文王即位八年而地動，已動之後四十三年，凡文王立國。"《國語·周語上》："陽伏而不能出，陰迫而不能烝，於是有地震。"《公羊傳·文公九年》："地震者何？動地也。"《漢書·王商傳》："商死後，連年日蝕、地震。"《漢書·哀帝紀》："間者日月亡光，五星失行，郡國比比地動。"漢董仲舒《春秋繁露》卷一四："水乾火夏雹，木乾火則地動。"漢王充《論衡·恢國》："夫地動，天時，非政所致。"《晋書·石季龍傳》："地震，水波騰上，津所殿觀，莫不傾壞，壓死者百餘人。"唐虞世南《北堂書鈔》卷一三九："《三十國春秋》曰：晋泰始五年夏四月，地震，大疫。"《續資治通鑑長編·宋仁宗寶元元年》："地震，陰之盛。"《元史·寧宗紀》："是夜地震，有聲，來自北。"清蒲松齡《聊齋志異·地震》："屋梁椽柱，錯折有聲。相顧失色。久之，方知地震，各疾趨出。"清《趵突泉志·灾異志》："國朝康熙庚戌戌時地震，傾圮軒亭及周圍墻垣。"公元 132 年，東漢科學家張衡發明了世界上第一架地震儀器——地動儀，并在實際應用中得到了驗證。關於張衡地動儀的記載，見於《續漢書》《後漢紀》《後漢書》。這些史料記述了地動儀的外觀、内部結構、工作過程，以及驗震情況。

【地動】

即地震。此稱先秦已行用。見該文。

地形

地表的形態面貌。亦作"地貌"。現代地理學將地形分爲山地、丘陵、高原、平原、盆地（古稱窪地），古籍中皆有描述。《周易·象辭》："豐其蔀者所處之地貌，雖陽朗，心實陰暗。"《孫子兵法·九變》："將不通九變之利，雖知地形，不能得地之利矣。"《鬼谷子·飛箝》："制地形之廣狹、阻險之難易。"《韓非子·十過》："秦穆公迎而拜之上卿，問其兵勢與其地形。"《管子·霸言》："德義勝之，智謀勝之，兵戰勝之，地形勝之，動作勝之，故王之。"《史記·秦本紀》："因與由余曲席而坐，傳器而食，問其地形與其兵勢盡眘。"《淮南子·墜形訓》："凡地形，東西爲緯，南北爲經，山爲積德，川爲積刑。"《漢書·晁錯傳》："臨戰合刃之急者三：一曰得地形，二曰卒服習，三曰器用利。"《三國志·魏書·烏丸鮮卑東夷傳》："其地形東北狹，西南長可千里。"《宋書·后妃傳》："且詳考地形，殊乖相勢。"《周書·孝寬善傳》："於是畫地形，具陳其狀。"《隋書·天文志上》："其外四規常定，一象地形，二象赤道，其餘象二極。"唐李白《秋日與張少府楚城韋公藏書高齋作》詩："地形連海盡，天影落江虚。"宋韓琦《示直彦》詩："人唯萬物靈，各肖天地貌。"《宋史·律曆志九》："上列十乾、十二支、八卦方位，以正地形。"《金史·李愈傳》："兼聞泰和宫在兩山間，地形狹隘。"《元史·賈魯傳》："魯循行河道，考察地形。"明行海說、超鳴《大方禪師語録》："長安地貌古，曾承天子眸。"

【地貌】

即地形。此體先秦已行用。見該文。

土 [4]

特指平地，平緩土坡。與山澤相對。現代語中的"土"與土壤同義，并不指平地或平原等地形。平地或平原區域沉積發育的泥土較深厚，山地則瘠薄，故古人用土代稱平地或平原。《周禮·地官·掌節》："凡邦國之使節，山國用虎節，土國用人節，澤國用籠節，皆金也。"鄭玄注："土，平地也。"孔穎達疏："云'土，平地也'者，對山澤，非平地也。"宋歐陽修《牛》詩："土坡平慢陂田闊，橫載童兒帶犢行。"金史旭《懷郭碩夫劉南正程雲翼》詩："黑城村晚鴉千點，白土坡高雁一聲。"《崇禎存實疏鈔》："蓋三晋之地，土居其一，山居其二。"清弘曆《復雨二首（四月廿五日）》詩其一："潤浥坡土香，鮮沃墀花榮。"

下土 [4]

低窪之地。《詩·商頌·長發》："洪水芒芒，禹敷下土方。"《書·禹貢》："厥土惟壤，下土墳壚。"孔傳："高者壤，下者壚。"孫星衍注引馬融曰："豫州地有三等，下者墳壚也。"唐元結《補樂歌十首·大夏》詩："山有長岑兮，川有深流。茫茫下土兮，乃均四方。"宋胡仲弓《山中值雨偶成》詩："此雨只在山，何以澤下土。"金元好問《鸛雀崖北龍潭》詩："歸藏海有穴，汎溢愁下土。"明邊貢《送神》詩："垂巍巍兮餘澤，爲霖雨兮下土。"清惲格《游仙曲》詩："欲耕下土無阡陌，黿鼉驅風移水魄。"一説，下土乃下等之地。

大陸 [3]

古指高厚而平的土地，現代地貌學稱其爲高原或高平原，一般海拔約 500 米以上。另外，現代謂之陸，包括山區、盆地和平原等，亦與海等水域相對稱爲"陸""大陸""陸地"等。《周易·漸》："鴻漸于陸，夫征不復。"王弼注："陸，高之頂也。"《爾雅·釋地》："廣平曰原，

高平曰陸。"晋夏侯湛《秋可哀》詩："既採蕭於大陸兮，又刈蘭乎崇岡。"漢王粲《登樓賦》："背墳衍之廣陸兮。"宋沈括《夢溪筆談·雜誌一》："今東距海已近千里，所謂大陸者，皆濁泥所湮耳。"明區大相《自夏徂秋苦雨兼答張孟奇汪公幹莊静父韓孟郁》詩："但恐高天墜，還愁大陸沉。"清嚴我斯《河上居民采野蒿作食感賦》詩："黄河無淀流，狂波激大陸。"

【陸】 [2]

即大陸 [3]。此稱先秦已行用。見該文。

【太原】

古指高而寬的平地、平川。現代地貌學稱爲高原或高平原，一般海拔約 500 米以上。後用作地名。《書·禹貢》："既修太原，至于岳陽。"孔傳："高平曰原，今以爲郡名。"南朝梁庾肩吾《亂後行經吳郵亭》詩："輦道同關塞，王城似太原。"

川 [3]

狹長平地、平野。亦作"川原"。漢李尤《舟楫銘》詩："相風視波，窮究川野。"晋佚名《永嘉中長安謠》詩："秦川中，血没腕，唯有涼州倚柱觀。"南朝宋謝靈運《擬魏太子鄴中集詩八首》其二："整裝辭秦川，秣馬赴楚壤。"南北朝佚名《敕勒歌》："敕勒川，陰山下，天似穹廬，籠蓋四野。"南朝陳釋洪偃《登吳昇平亭》詩："川原多舊迹，墟里或新名。"北魏酈道元《水經注·獲水》："聳望川原，極目清野，斯爲佳處矣。"隋佚名《化胡歌七首》其三："北向視玄冥，秦川蕩然平。"唐王維《登河北城樓作》詩："寂寥天地暮，心與廣川閒。"唐崔顥《黄鶴樓》詩："晴川歷歷漢陽樹，芳草萋萋鸚鵡洲。"唐韋應物《灃上與幼遐月夜登西岡

瓩花》詩："已瓩滿川花，還看滿川月。"前蜀
韋莊《山墅閑題》："邐迤前岡壓後岡，一川桑
柘好殘陽。"《新五代史·周德威傳》："吾之取
勝，利在騎兵。平川廣野，騎兵之所長也。"宋
王安石《出郊》詩："川原一片綠交加，深樹冥
冥不見花。"金董解元《西廂記諸宮調》："君不
見，滿川紅葉，盡是離人眼中血。"明梵琦《贈
王使君》詩："川香野馬銜青草，雪暗天鵝避皂
雕。"清王夫之《始冬寓目》詩："東峰展蒼翠，
夕陽散平川。"

【川原】³

即川³。此體南朝陳已行用。見該文。

【平川】

猶平原，及地勢平坦的高原、狹長的平地。
《黃帝内經·素問》："故适寒凉者脹，之溫熱者
瘡。"王冰次注："西北、東南，言其雨，高山
多寒，平川多熱，則高下寒熱可徵見矣。"南北
朝沈君攸《采蓮曲》："平川映晚霞，蓮舟泛浪
華。"北魏酈道元《水經注·沔水》："自白馬迄
此，則平川夾勢，水豐壤沃，利方三蜀矣。"唐
玄奘《大唐西域記》卷一："西南行二百餘里，
踰一小山越二大河，西行平川，行七百餘里至
屈（居勿反）支國。"宋吕祖謙《卧游録》："洛
陽，古帝都，山川風氣，清明盛麗，居之可樂，
平川廣衍，東西數百里。"《金史·白撒傳》：
"然平川廣野，實騎兵馳騁之地，未可與之爭
鋒。"清顧祖禹《讀史方輿紀要·山西》："南北
四百里，東西千餘里，一望平川，無山坡溪澗
之險，耕種市廛，花柳蔬圃。"

平原

廣袤平坦的原野。現代地貌學定義平原爲
面積較大且較平坦的地貌類型，一般海拔高度

在200米以下。《楚辭·九歌·國殤》："出不
入兮往不反，平原忽兮路超遠。"《史記·淮南
衡山列傳》："徐福得平原廣澤，止王不來。"晋
陶潛《擬古九首》詩其四："山河滿目中，平原
獨茫茫。"三國魏曹植《雜詩七首》其六："遠
望周千里，朝夕見平原。"南朝宋鮑照《上潯陽
還都道中作》詩："絕目盡平原，時見遠烟浮。"
唐韋莊《北原閑眺》詩："春城回首樹重重，立
馬平原夕照中。"宋辛棄疾《鷓鴣天·游鵝湖醉
書酒家壁》詞其十一："春入平原薺菜花，新耕
雨後落群鴉。"元戴表元《東門行二首》詩其
一："平原無人金谷散，惆悵東門歸去來。"金
元好問《水龍吟》詩："金鈴錦領，平原千騎，
星流電轉。"明于謙《山行駐馬》詩："立馬平
原看秋色，獨憐寒菊映衰顔。"清觀榮《三月
二十七日御青陽總戎邀游楊歷巖觀瀑詩以酬之
兼簡州佐言寶侯》詩："平原曠蕩三萬頃，灌溉
盡作膏腴田。"

【平】

泛指平坦的地形。亦指平原。《爾雅·釋
地》："大野曰平。"郝懿行義疏："大野地勢平，
因謂之平。"《漢書·司馬相如列傳上》："填阬
滿谷，掩平彌澤。"顔師古注："平，平原也。"

【平野】

泛指平坦廣闊的原野。猶平原。南朝宋鮑
照《送盛侍郎餞候亭》詩："高墉宿寒霧，平野
起秋塵。"南朝梁蕭綱《雉期飛操》詩："晨光
照麥畿，平野度青翬。"唐李白《渡荆門送別》
詩："山隨平野盡，江入大荒流。"唐杜甫《旅
夜書懷》詩："星垂平野闊，月湧大江流。"宋
葉適《代人上書》："且其地廣人寡，平野茫然，
朝廷屢議勸耕。"宋李清照《憶秦娥》詞："臨

高閣，亂山平野烟光薄。"元李俊民《過雲臺》詩："連山斷處瞰平野，一綫黃流掌上來。"明于慎行《登華不注絕頂》詩："平野碧烟浮，長堤春樹没。"清魏源《聖武記》："敕諸將誘至山外平野之地，聚而殲之。"

【平陸】

猶平原。亦泛指平坦地形。《孫子·行軍》："平陸處易。"張預注："平原廣野，車騎之地，必擇其坦易無坎陷之處以居軍。"晋盧諶《贈崔温》詩："平陸引長流，岡巒挺茂樹。"南北朝謝微《濟黃河應教》詩："積陰晦平陸，凄風結暮序。"唐王維《冬日游覽》詩："青山横蒼林，赤日團平陸。"宋王安石《書任材馬鋪》詩："投老經過身獨在，當時洲渚今平陸。"元葉蘭《凉翠軒爲程士敬賦》："嚴岡何透迤，崇巒抱平陸。"明王逢《三貞篇寄納麟哈刺參政幕下僚友》詩："兵麾忽東指，烽火蔓平陸。"清欽璉《舟行福山港》詩："芻牧宜早求，慎勿效平陸。"

【平蕪】

泛指平曠的原野。猶平原。"蕪"，長滿荒草之狀；"平蕪"，有未開發的綠色荒原之意。南朝梁江淹《去故鄉賦》："窮陰匝海，平蕪帶天。"唐李山甫《劉員外寄移菊》詩："秋來緣樹復緣墻，怕共平蕪一例荒。"宋歐陽修《踏莎行》詩："平蕪盡處是春山，行人更在春山外。"元虞集《金人出塞圖》詩："遂便孤飛一片雪，頃刻平蕪灑毛血。"明許承欽《過李家口》詩："棗香來野徑，麥秀滿平蕪。"清龔自珍《己亥雜詩·附録某生與友人書》詩："促柱危絃太覺孤，琴邊倦眼眄平蕪。"又，《最録中論》："平蕪生之，灌木叢之，剔而薙之，乃覿瑶草。"

【平壤】

泛指平坦的土地。猶平原。"襄"具"包裹""包容"之意。"土"與"襄"聯合起來，表包裹了種子的泥土，即土壤，故"平壤"可釋爲能播種的、具有肥沃土壤的平地。《後漢書·申屠蟠傳》："今先生處平壤，游人間，吟典籍，襲衣裳，事異昔人。"李賢注："壤，地也。"《北史·突厥傳》："山有洞穴，穴内有平壤茂草，周迴數百里，四面俱山。"元鄭元祐《游惠山寺》詩："百里盡平壤，兹山忽中蟠。"明王慎中《發東昌道中寄酬寇太守》詩："通波連井邑，平壤畫封圻。"《續資治通鑑長編·宋太宗端拱二年》："燕薊以南，平壤千里，無名山大川之阻。"清厲鶚《浮山禹廟觀山海經塑像三十韻》詩："淮海皆平壤，隆然片石支。"

【平土】

泛指有土壤的平地。猶平原。《孟子·滕文公下》："險阻既遠，鳥獸之害人者消，然後人得平土而居之。"漢蔡琰《悲憤詩二章》之一："平土人脆弱，來兵皆胡羌。"唐崔融《從軍行》："坐看戰壁爲平土，近待軍營作破羌。"宋梅堯臣《送劉秀才歸當塗》詩："梧桐與竹實，安得在平土。"元趙敦《中鎮廟》詩："溪回路轉得平土，雲間鷄犬存莊農。"明區大相《憫潦三章端民歌王兵憲宗魯也余爲廣其辭焉》詩其二："非君侯兮，吾安得平土而居。"清朱大韶《實事求是齋經義·初税畝説》："蓋田可井者，必平疇沃壤，班所云平土可以爲法者是也。"

【中原】[1]

猶平原。《詩·小雅·吉日》"瞻彼中原，其祁孔有"，描述原野之中野獸的數量之多。《詩·小雅·小宛》"中原有菽，庶民采之"，描寫民衆在原野中采摘豆子。春秋時期，"中原"一詞多謂原野。《國語·越語上》："寡人不知其力之不足也，而又與大國執讎，以暴露百姓之骨於中原，此則寡人之罪也。寡人請更。"這裏的中原仍然有野外之意。《荀子·王制》："兵革器械者，彼將日日暴露毀折之中原，我今將修飾之，拊循之，掩蓋之於府庫。"漢司馬相如《喻巴蜀檄》："是以賢人君子，肝腦塗中原，膏液潤野草而不辭也。"《漢書·嚴助傳》："今方內無狗吠之警，而使陛下甲卒死亡，暴露中原，霑漬山谷。"《後漢書·馮衍傳》："何與軍覆於中原，身膏於草野，功敗名喪，恥及先祖哉？"按，以上《漢書》《後漢書》文中"中原"所指，亦謂原野之意。

【坡】[2]

低平的原野、荒地。傾斜度不大的坡地。猶平原。唐白居易《東坡種花二首》："持錢買花樹，城東坡上栽。"唐趙嘏《憶山陽》詩："家在枚皋舊宅邊，竹軒晴與楚坡連。"宋韓拙《山水純》："言阜者，土山也，小堆曰阜，平原曰坡，坡高曰壠。"金周昂《邊俗》詩："返圍看平野，斜垣逐慢坡。"明張昱《輦下曲一百二首（并序録四十）有序》其七十："滿馬塵沙兼日夜，平坡紅艷露猶香。"清梁清標《一剪梅·題畫扇》詞："樹影當門。平坡如掌静無塵。"按，現代許多北方平原地區的農村居民，仍將村外平野曰"坡"。現代地貌學解，"坡"不指平原，是山體的一部分，分陡坡和緩坡。參閲本書"坡[1]"條目。

【沃衍】

土地肥美平坦，藉指肥美平坦的土地。《吕氏春秋·愛類》："昔上古龍門未開，吕梁未發，河出孟門，大溢逆流，無有丘陵、沃衍、平原、高阜，盡皆滅之，名曰鴻水。"《後漢書·楊震傳》："今猥規郊城之地，以爲苑囿，壞沃衍，廢田園，畜禽獸，殆非所謂'若保赤子'之義。"李賢注引《左傳》杜預注："衍沃，平美之地也。"北魏酈道元《水經注·河水二》："大戰三日，水乃回減，灌浸沃衍，胡人稱神。"《隋書·地理志下》："然數郡川澤沃衍，有海陸之饒，珍異所聚，故商賈並湊。"唐唐廩《題蔡處士居》詩："沃衍共知多黍稷，寬平仍覺富桑麻。"宋秦觀《財用策下》："今天下之田稱沃衍者，莫如吳、越、閩、蜀。"《元史·地理志》："地沃衍宜稼，夏種秋成，不煩耘籽。"明袁華《玄門草閣歌》："吳淞江北丘虚南，壤土沃衍泉水甘。"清顧祖禹《讀史方輿紀要·四川三》："果州田疇沃衍，川澤流通，饒五穀，多鹽利。"梁啓超《變法通議·論不變法之害》："土地沃衍，百植並宜。"

【平洋】

地勢平坦而多河流穿行的地帶。舊時風水學術語。晋郭璞《葬書·内篇》："平支之龍，大山跌落平洋，四畔曠闊，其爲城郭，亦不過高逾數尺而已。"唐楊筠松《天玉經·外編》："莫道高山龍易識，行到平洋失蹤迹。"又，《撼龍經·疑龍經·上篇》："問君如何辨明堂，外山抱裏内平洋。"唐何溥《靈城精義·形氣章》："其在山谷，必有巖洞之深，逮其在平洋，必有江湖洲渚，爲衆水所聚，淵深莫測之。"明繆希雍《葬經翼·難解二十四問》："平洋闊衍，去山岡甚遠，穿田度水，斷伏已多，衆水交流，平夷如掌。"《五言金句》："欲識平洋地，滿撥水看清。"《徐霞客游記·楚游日記》："有水亦自北而南，其水較大於水洞，而平洋亦大開。”清顧祖禹《讀史方輿紀要・廣西五》：“又更院嶺，在縣東三十里平洋中，突起五峰，逆鎮大江，俗謂之梅花嶺。”

原野

遼闊的野外。多指地形較爲平坦的野外。《禮記・月令》：“周視原野，修利堤防，道達溝瀆，開通道路。”《楚辭・九歌》：“天時懟兮威靈怒，嚴殺盡兮棄原野。”又，《九嘆・怨思》詩：“征夫皇皇其孰依兮，經營原野杳冥冥兮。”晉佚名《魏鼓吹曲十二曲・克官渡》其四：“克紹官渡由白馬，僵屍流血被原野，賊衆如犬羊。”南朝梁江淹《效阮公詩十五首》詩其八：“時寒原野曠，風急霜露多。”唐李百藥《晚渡江津》詩：“寂寂江山晚，蒼蒼原野暮。”唐李白《酬崔五郎中》詩：“長嘯出原野，凜然寒風生。”宋陸游《野興四首》詩其三：“原野暮雲低欲雨，陂湖秋水浩無津。”金元好問《内翰馮公神道碑銘》：“原野蕭條，無復人迹。”元楊載《偕虞伯生魏雄卿魏池燕集分韻得閣字》詩：“和澤布原野，濕烟散城郭。”明劉基《爲戴起之題猿鳥圖》詩：“勢窮險盡原野辟，落日烏鴉繞雲黑。”清色桐岩《榆樹溝》詩：“桑麻自此周原野，沙漠於今列闤闠。”

【大野】[2]

廣大的原野。亦作“大原”。《詩・小雅・六月》：“薄伐玁狁，至于大原。”《左傳・昭公元年》：“晋中行穆子敗無終及群狄于大原，崇卒也。”唐李邕《石賦》：“植杖大野，周目層巖。”唐耿湋《九日》詩：“横空過雨千峰出，大野新霜萬葉枯。”宋蘇洵《上田待制》詩：“日落長安道，大野渺荒荒。”宋吴泳《壬辰恭和御製聞喜宴》詩：“鑑觀萬古知成法，條析群疑見大原。”元王艮《黄河道中》詩：“荒荒大野兼天遠，渾渾長河與海通。”明余繼先《望五指山》詩：“欲將左手同君握，指點羌胡出大原。”明金涓《送友曉發赴北》詩：“太白孤星曉，中華大野秋。”清陳恭尹《企喻歌四首》其二：“放馬在大野，草淺馬騰躍。”

【大原】

即大野[2]。此稱先秦已行用。見該文。

【丘原】

有所起伏的原野。亦作“邱原”。南朝宋劉駿《登作樂山》詩：“遂登千尋首，表裏望丘原。”唐韋應物《悲故交》詩：“唯見荒丘原，野草塗朝露。”《唐會要・皇后諸陵議》：“是以古帝前王之葬后妃，莫不憑邱原。”宋孔平仲《迷途》詩：“林木杳峥嶸，邱原莽回互。”明蘇葵《目極南山同前》詩：“幾處邱原青草合，萬株桑梓白雲陰。”《水滸傳》第一〇五回：“吴用道：‘兄長妙算，已喪賊膽，但宛州山水盤紆，丘原膏沃，地稱陸海。”清戴亨《訓士吟》其十五：“緬彼空桑子，崛起自邱原。”

【邱原】

同“丘原”。此體宋代已行用。見該文。

【原隰】[1]

泛指植被繁茂、土壤濕潤的原野。《書・禹貢》：“原隰砥績，至于都野。”《詩・小雅・皇皇者華》：“皇皇者華，于彼原隰。”又，《小雅・黍苗》：“原隰既平，泉流既清。”又，《小雅・信南山》：“信彼南山，維禹甸之。畇畇原隰，曾孫田之。”毛亨傳：“甸，治也。畇畇，墾辟貌。曾孫，成王也。”鄭玄箋云：“信乎彼南山之野，禹治而丘甸之。今原隰墾辟，則又成王之所佃。"《國語·周語上》："猶其原隰之有衍沃也。"韋昭注："廣平曰原，下濕曰隰。"《漢書·貨殖傳序》："於是辯其土地、川澤、丘陵、衍沃、原隰之宜，教民種樹畜養。"南朝梁沈約《齊故安陸昭王碑》文："於是驅馬原隰，卷甲遄征。"唐張九齡《奉和聖製送尚書燕國公赴朔方》詩："山川勤遠略，原隰軫皇情。"宋王安石《得子固書因寄》詩："重登城頭望，喜氣滿原隰。"元朱德潤《和虞先生榆林中秋對月》詩："牛羊散原隰，漸告農務畢。"明劉基《秋懷》詩其一："瞻彼原隰，零露澄澄。靡草不凋，無木不稀。"清魏源《次韻前出塞》詩其一："星燧燎原隰，蟻壤潰江河。"

皋陸

水邊平曠陸地。《史記·孝武本紀》："昔禹疏九江，決四瀆。閒者河溢皋陸，隄繇不息。"張守節正義引顏師古注："皋，水旁地也，廣平曰陸。"唐儲光羲《射雉詞》："原田遙一色，皋陸曠千里。"宋莊季裕《鷄肋編》卷中："及規沮洳淺水之中，欲置寺基於是。邑人欣然從之，老幼負土，雖閨房婦女，亦以帬裾包裹瓦石填委其上，不旬月遂爲皋陸。"

高原

地勢較高、地形較爲平緩的原野。今指海拔高度在 600 米以上、地勢相對平坦或者有一定起伏的地形區。晉陶潛《擬古九首》詩其九："本不植高原，今日復何悔！"北魏酈道元《水經注·沔水》："城在高原上，原高十餘丈，四面臨平，形若覆甕。"唐韋莊《登漢高廟閑眺》詩："獨尋仙境上高原，雲雨深藏古帝壇。"宋呂陶《西風起高原一首奉送應之太博東歸》詩："西風起高原，萬象動秋色。"元盧琦《山行雜詠》詩其四："孤村欲暝絶飛鴉，落日高原樹樹霞。"明劉崧《過雙溪訪敬則不遇》詩："落日斷橋餘野水，高原古路帶寒松。"清紀昀《平定回部凱歌》其六："西蕃已破無征戰，只向高原試射雕。"

【坪】

亦作"玶"。原指山區或黃土高原上平坦的土地或地形。《説文·土部》："坪，地平也，從土，從平。"《玉篇·土部》："玶，亦作坪。"南唐徐鍇作"玶"。宋許及之《綠野堂》詩："山坪紫霧草，湖漾漾烟蘆。"元楊弘道《贈希白》詩："青柯坪上弄雲烟，盧氏山中又幾年。"明王廷相《終南吟贈王堯卿》詩："春陽遲遲鳥鳴澗，美稼離離人上坪。"

【玶】

同"坪"。此體南朝梁已行用。見該文。

【原】[2]

廣平、高平的地面。先秦佚名《石鼓詩十首·田車篇》其三："右驂騝騝，我以隮于原。"《詩·陳風·東門之枌》："穀旦于差，南方之原。"漢賈誼《惜誓》："乃至少原之野兮，赤松王喬皆在旁。"南朝梁沈約《却東西門行》詩："望極烟原盡，地遠山河没。"唐白居易《賦得古原草送別》詩："離離原上草，一歲一枯榮。"唐李商隱《樂游原》詩："向晚意不適，驅車登古原。"宋孔武仲《關山五首》詩其一："原田極望人稀少，掩映茅茨數十家。"金趙秉文《過咸陽二首》詩其一："千秋萬古功名骨，盡作咸陽原上塵。"元周砥《擬古十首》詩其五："風吹原上樹，綠葉如春烟。"明黃省曾《送羅綸還長安一首》："原間日欲落，江上春猶寒。"清恒仁《松樹峪》詩："更想幽尋去，携筇上古原。"

地阞

地的脉絡紋理，包括地形起伏、山脉延伸、江河渠網、植被分布等。亦稱"阞"。《周禮·考工記·匠人》："凡溝，逆地阞，謂之不行。"鄭玄注："阞，謂脉理。"《説文·自部》："阞，地理也。"清戴震《水經酈道元注序》："高高下下，不失地阞。"清楊守敬《水經注疏》："後世不職聖人之意，妄鑿河爲瀆，或不須地阞，或附屬不理，故其勢易决。"

【阞】

即地阞。此稱漢代已行用。見該文。

地首

大地的最高處。如地之頭領，故稱。多指高山，或指山峰部位。唐徐堅《初學記》引《河圖括地象》："崑崙之山爲地首。"南朝宋顏延之《七繹》："若夫丹山之奥，金門之秘，地首岷銅，川上汶泗，裁石成音，調金爲器。"唐李旦《石淙（相王時作）》詩："地首地肺何曾擬，天目天台倍覺慚。"宋李質《艮嶽百咏·艮嶽》詩："勢連坤軸近乾岡，地首東維鎮八方。"明沈泰《盛明雜劇·初集》："天柱地首之嵯峨，惟卷石能收之。"明楊慎《黄河九曲》："河導昆侖山，名地首。"

坳 2

泛指地面低窪之地。亦作"坳"。《莊子·逍遥游》："覆杯水於坳堂之上，則芥爲之舟。"唐成玄英注："坳，污陷也。謂堂庭均陷之地也。"晋陶潜《歸去來兮辭》："登東坳以舒嘯，臨清流而賦詩。"宋黎靖德《朱子語類·易十》："地是廣闊底物，有坳處，有陷處，所以説廣。"

【坳】

同"坳"。此體唐代已行用。見該文。

坡陀 2

大地不平坦之貌，或參差峥嵘貌。亦作"坡陁""陂陀"，亦稱"陂陀"。《楚辭·招魂》："文異豹飾，侍陂陀些。"王逸注："陂陀，長陛也。……陀，一作陀。"洪興祖補注："陂，音頗。陀，音馳。不平也。《文選》陂，音波。"南朝梁蕭統《鍾山解講》詩："劃紛八桂密，坡陁再城永。"唐許渾《廣陵道中》詩："城勢已坡陀，城邊東逝波。"唐温庭筠《七夕》詩："彎橋銷盡奈愁何，天氣駘蕩雲陂陀。"唐樊綽《蠻書·六瞼第五》："烏蠻謂之'土山坡陀'者，謂此州城及大和城俱在陂陀山上故也。"宋洪興祖《楚辭補注》："陂陀，長陛也。"宋衞宗武《過瓜洲》詩："附庸更有小陂陀，東晋詩仙卧其麓。"宋蘇頌《沙陀路》詩："上得陂陀路轉艱，陷輪推馬苦難前。"《徐霞客游記·粤西游日記二》："自周村來，山不甚高，水不成溪，然猶岡嶺間疊，陂陀盤繞。"清顧祖禹《讀史方輿紀要·福建一》："兩麓坡陀環抱，朱子築精舍於其處。"清李調元《南越筆記》："從水口而東，越陂陀三四里，有寺曰川山，旁倚危峰四五。"清弘曆《唐縣覽古》詩："坡陁十里度逶巡，覽古偏遲行路人。"

【陂陀】 2

同"坡陀 2"。此稱先秦已行用。見該文。

【陂陁】 2

同"坡陀 2"。此體漢代已行用。見該文。

【坡陁】

同"坡陀 2"。此體南朝梁已行用。見該文。

壪²

南方一些地區對低平川原、小盆地的稱呼。亦作“坝”，亦稱“壪子”。《玉篇·土部》：“坝，蜀人謂乎川曰坝。”《資治通鑑·唐代宗太曆十四年》“白坝”胡三省注：“坝，必駕翻。蜀人謂平川爲坝。”宋馬提幹《涪州五十韻》詩：“許雄山共峻，馬援壪相聯。”宋黃庭堅《謝楊履道送銀茄四首》詩其二：“君家水茄白銀色，殊勝坝裏紫彭亨。”清阮元《西臺》詩：“登臺萬丈列蒼巖，遠見層坡近平壪。”清阮福注：“〔滇人〕凡平土皆呼曰壪子。”黃侃《蘄春語》：“吾鄉謂地之平迤者曰壪……亦並作坝。”

【坝】²

同“壪²”。此體南朝梁已行用。見該文。

【壪子】

即壪²。此稱清代已行用。見該文。

沮洳

低濕的沼澤地。亦指土地低濕狀。多位於低窪處或地下有常年凍土層的地區。由於地下水位高於地面且排水不暢而形成，沉積泥炭層，生長喜濕植物。《詩·魏風·汾沮洳》：“彼汾沮洳，言采其莫。”孔穎達疏：“沮洳，潤澤之處。”朱熹注：“沮洳，水浸處，下濕之地。”晋左思《魏都賦》：“隰壤潟漏而沮洳，林藪石留而蕪穢。”北魏酈道元《水經注·洍水》：“洍水一名沮水。闞駰曰：以其初出沮洳然，故曰沮水也。”唐柳宗元《零陵三亭記》：“零陵縣東有山麓，泉出石中，沮洳污塗。”舊注：“沮洳，陷濕地也。”唐韓愈《南山》詩：“春陽潛沮洳，濯濯吐深秀。”《新唐書·韓全義傳》：“遇賊廣利城，方暑，地沮洳，士皆病瘴。”宋周去非《嶺外代答》：“零陵香，出猺洞及静江、融州、象州。凡深山木陰沮洳之地，皆可種也。”《金史·食貨志》：“靖海縣新置滄鹽場，本故獵地，沮洳多蘆，宜弛其禁，令民時采而織之。”元潘昂霄《河源志》：“河源在土蕃朵甘思西鄙，有泉百餘泓，或泉或潦，沮洳散渙，方可七八十里……履高山下瞰，燦若列星，以故名火敦腦兒。”《明史·河渠志》：“自此河水北出濟漕，而阿、鄄、曹、鄆間田出沮洳者，百數十萬頃。”清宋琬《漁家詞》：“伐蘆作屋沮洳間，天遣魚蝦爲稼穡。”林紓《記九溪十八澗》：“溪身廣四五尺，淺者沮洳由草中行，其稍深者，雖淳蓄猶見沙石。”

【洳】

低濕之地。亦作“澤”，亦稱“漸洳”“洳澤”。今湖泊、河流、沼澤等統稱爲濕地；“洳”在古語中泛指沼澤，也作河名。《黃帝内經·靈樞》：“下有漸洳，上生葦蒲，此所以知形氣之多少也。”《詩·魏風·汾沮洳》：“彼汾沮洳，言采其莫。”毛傳：“沮洳，其漸洳者。”孔穎達疏：“沮洳，潤澤之處。”《説文·水部》：“澤，漸濕也。”《玉篇·水部》：“澤，漸濕也。洳，同上。”《廣雅·釋詁一》：“洳，濕也。”王念孫疏證：“《説文解字》：‘澤，漸濕也。’澤與洳同。”《北史·魏太祖本紀》：“丙寅，帝進軍新市，賀驎退阻泒水，依漸洳澤以自固。”《新唐書·賈敦頤傳》：“〔瀛州〕瀕滹沱、滱二水，歲溢溢，壞室廬，寖洳數百里。敦頤爲立堰庸，水不能暴，百姓利之。”宋司馬光《稷下賦》：“譬若蘭芷蕳莎，布濩於雲夢之洳。”明鄧雲霄《江陰支河》詩：“江近潮偏急，喧聲滾洳沙。”清朱駿聲《説文通訓定聲·豫部》：“按，洳，洳澤，疊韻連語，單言曰洳，絫言曰沮洳……

《禮記·王制》：'山川沮澤。'釋文：'沮，沮洳也。'"清齊祖《磁州見水田》詩："磁州燕晉交，非同江淮洳。"參閱本卷"沮洳"條目。

【漸洳】

即洳。此稱先秦已行用。見該文。

【淳】

同"洳"。此體漢代已行用。見該文。

【洳澤】

即洳。此稱唐代已行用。見該文。

【沮澤】

浸濕、低濕之地。沮澤，水草茂盛的沼澤。漸洳，植物腐爛而形成的泥沼。《六韜·犬韜》："污下沮澤，進退漸洳，此騎之患地也。左有深溝，右有坑。"《禮記·王制》："司空執度度地，居民山川沮澤，時四時。"《孫子·軍爭》："不知山林、險阻、沮澤之形者，不能行軍。"《戰國策·齊楚》："今求柴葫、桔梗於沮澤，則累世不得一焉。"《漢書·匈奴傳》："孤僨之君，生於沮澤之中，長於平野牛馬之域，數至邊境，願游中國。"顏師古注："沮，浸濕之地，音子豫反。"晋左思《蜀都賦》："潛龍蟠於沮澤，應鳴鼓而興雨。"《通典·兵典》："行山林、險阻、沮澤，凡難行之道者，爲圮地。"《資治通鑑·漢武帝元朔元年》："地固沮澤、鹹鹵，不生五穀。"清徐國相等《湖廣通志》卷一〇八："江漢之沱潛，雲夢之沮澤也。"清孫詒讓《墨子閒詁》卷八："《王制》云山川沮澤。孔疏引何胤隱義云：'沮澤，下濕地也。'"《欽定盛京通志》卷一八："鐵嶺南連海城，蓋平山林蕃，薪木之利，沮澤沃水。"

【沛澤】

半水半草，禽獸隱没的沼澤地。亦稱"沛"。《公羊傳·僖公四年》："于是還師濱海而東，大陷于沛澤之中。"何休注："草棘曰沛，漸洳曰澤。"《吕氏春秋·求人》："昔者堯朝許由於沛澤之中。"《管子·國准》："夏后之王，燒增藪，焚沛澤，不益民之利。"《孟子·滕文公下》："園囿、污池、沛澤多而禽獸至。"漢趙岐注："沛，草水之所生也；澤，水也。"漢應劭《風俗通·山澤》："沛者，草木之蔽茂，禽獸之所蔽匿也。"漢仲長統《昌言》："陳涉大呼於沛澤之中，天下回應。"《後漢書·崔駰傳》："故英人乘斯時也，猶逸禽之赴深林，蝱蚋之趣大沛。"李賢注引劉熙曰："沛，水草相半。"北魏李諧《釋奠》詩："沛澤南朝，峒山北面。"唐司空曙《酬崔峒見寄》詩："共望漢朝多沛澤，蒼蠅早晚得先知。"宋王安石《易泛論》："沙近險而無難也，泥則近險而有難也。沛，澤之困乎水者也。"元何中《立秋夕作》詩："但覺焦原苦，何當沛澤流。"明祁順《次周畏齋韻贈敖氣完貳尹》詩其二："雨露幾時均沛澤，雲山滿地結層陰。"清弘曆《夜雨》詩："滌暄蠲病疾，沛澤利蕎黍。"

【沛】[2]

即沛澤。此稱漢代已行用。見該文。

【衍】[3]

低平潮濕之地。《周禮·地官·大司徒》："辨其山林、川澤、丘陵、墳衍、原隰之名物。"鄭玄注："下平曰衍。"《左傳·襄公二十五年》："井衍沃。"孔穎達疏："衍是高平而美者，沃是低平而美者，二者並是良田。"《國語·周語上》："民之有口……猶其原隰之有衍沃也，衣食於是乎生。"韋昭注："廣平曰原，下濕曰隰，下平曰衍，有溉曰沃。"漢張衡《西京賦》："爾乃廣衍沃野，厥田上上。"宋王洋《寄廉仲載》詩："淮田平衍真樂所，地遠溪山老清苦。"一說，地勢高平的良田。另說，高處的平野良田。漢劉歆《甘泉宮賦》："高巒峻阻，臨眺曠衍，深林蒲葦，湧水清泉。"

【墳衍】

水邊和低下平坦的土地。《周禮·夏官·邍師》："掌四方之地名，辨其丘陵、墳衍、邍隰之名。"賈公彥疏："水涯曰墳，下平曰衍。"漢王粲《登樓賦》："背墳衍之廣陸兮，臨皋隰之沃流。"晋潘岳《射雉賦》："巡丘陵以經略兮，畫墳衍而分畿。"李善注："言周行丘陵，因其墳衍，以爲疆界，分而護之，不相侵越也。"《唐會要·行幸》："伏願陛下行幸所過之處，有名山大川、邱陵墳衍。"《元史·祭祀志》："唐始因隋制，以嶽鎮海瀆、山林、川澤、丘陵、墳衍、原隰，各從其方，從祀。"《明史·食貨志》："而魚鱗圖册以土田爲主，諸原阪、墳衍、下隰、沃瘠、沙鹵之別畢具。"清劉于義等《陝西通志》卷七："郿縣治七十里，形勝古后稷封有斄之地，其土疆沃美高厚，有丘陵、墳衍。"

【斥澤】[2]

鹽碱沼澤地。《管子·輕重乙》："鹹鹵斥澤，山間塈壘不爲用之壤，寡人不得籍斗升焉。"《孫子·行軍》："若交軍於斥澤之中，必依水草而背衆樹。"又云："絕斥澤，惟亟去無留。"《莊子·逍遥游》："斥鴳笑之。"成玄英疏："鴳雀小鳥，縱任斥澤之中，騰舉踴躍，自得蓬蒿之內。"張預注引《漢書·刑法志》顏師古注："斥澤，謂瘠鹵漸洳之所也。"《淮南子·精神訓》："而況斥鷃乎。"高誘注："斥澤之鷃雀，

飛不出頃晦。"晋孫楚《井賦》："倚崇丘以鑿井兮，臨斥澤之淫洿。"宋林希逸《南華真經口義》："斥，小澤也。斥澤之鷃，小鳥也。"元吳澄《大瀛海道院記》："斥澤之間，浮沙淺水之上，一勺之沮洳，一撮之塠瘁，夫豈冲和清淵明秀之。"清康熙《御定子史精華》卷一四九："鹹鹵斥澤，山間峴壨之壤。"中國北方多分布碱性土壤，若處低平區域，地下碱性水接近，或出露地表，又逢春季降水少、蒸發强，易形成鹽碱地。

【皋澤】

沼澤地。《山海經·東山經》："師水出焉，而北流注於皋澤，其中多鱃魚，多文貝。"《文子·通玄真經》："皋澤織網，陵坡耕田。"《荀子》："《詩·小雅·鶴鳴》之篇，毛云：皋澤也，言身隱而名著。鄭云：皋澤中水溢出所爲坎。"漢左思《吳都賦》："佈濩皋澤，蟬聯陵丘。"晋湛方生《游園咏》詩："故羈馬思其華林，籠雉想其皋澤。"南朝梁沈約《咏菰》詩："結根布洲渚，垂葉滿皋澤。"北魏酈道元《水經注·潁水》："皋鼬者也，皋澤，字相似，名與字乖耳。"唐李周翰注："澤畔曰皋，有水曰澤。"宋蘇籀《秋分一首》詩："好住延陵皋澤去，强同溱洧濟人過。"明李攀龍《咏古》詩其九："駕言九皋澤，攬彼漸水臺。"

皋壤

澤邊窪地。《莊子·知北游》："山林與！皋壤與！使我欣欣然而樂與。"晋湛方生《秋夜》詩其一："睹摇落而興情，信皋壤而感人。"《南齊書·謝朓傳》："皋壤摇落，對之惆悵，歧路東西，或以鳴悒。"唐鄭谷《咸通十四年府試木向榮》詩："山川應物候，皋壤起農情。"宋辛

棄疾《水調歌頭·題張晉英提舉玉峰樓》詞：
"猶對山林皋壤，哀樂未忘懷。"元楊載《次劉
師魯韻》詩："亟謀樹皋壤，剪茅覆小堂。"明
歐大任《同少承諸子粵秀山觀音閣秋望》詩：
"千年皋壤嗟摇落，因向空門悟此生。"清張毛
健《海漲後》詩："皋壤無憂老農喜，溝港平添
一篙水。"

原隰[2]

广平與低濕之地。《書·禹貢》："原隰厎績，
至于豬野。"《國語·周語上》："猶其原隰之有
衍沃也。"韋昭注："廣平曰原，下濕曰隰。"
《漢書·貨殖傳序》："於是辯其土地、川澤、丘
陵、衍沃、原隰之宜，教民種樹畜養。"唐張九
齡《奉和聖製送尚書燕國公赴朔方》詩："山川
勤遠略，原隰軫皇情。"宋衞宗武《春雨》詩：
"清響迸源泉，美澤遍原隰。"元耶律鑄《蜀道
有難易》詩："彌旬霖雨秋，行潦迷原隰。"明
游樸《六合靈潦彌望從江家渡買舟至滁》詩：
"千畦原隰揚帆過，萬柳東西倚棹穿。"清戴名
世《陳某詩序》："家在郊野，村落環匝。原隰
上下，雲烟縹緲。"

【湫隘】

低濕狹窄之地。《春秋傳》曰："晏子之宅
湫隘。"《左傳·昭公三年》："子之宅近市，湫
隘囂塵，不可以居，請更諸爽塏者。"杜預注：
"湫，下；隘，小。"晋曹攄《贈王弘遠》詩：
"窮巷湫隘，環堵淺局。"《藝文類聚》引晋辛蕭
《燕頌》："銜泥啄草，造作室房；避彼湫隘，處
此高凉。"唐丘鴻漸《愚公移山賦》："慍彼居之
湫隘，懲祁寒之慘毒。"宋司馬光《酬永樂劉秘
校庚〈四洞詩〉》詩："貧居苦湫隘，無術逃炎
曦。"金元好問《出京》詩："城居苦湫隘，群

動日蛙黽。"明胡儼《村居即事十首》詩其七：
"城市從來多湫隘，村園新卜儘寬舒。"清段
玉裁《説文解字注》："隘下也。當作湫隘湫下
也。"又："杜預亦云湫下，隘小。"

陸海

地勢高平、物産饒富之處。高平之地爲陸，
萬物紛出如海，故稱。《漢書·地理志下》："〔秦
地〕有鄠杜竹林，南山檀柘，號稱陸海，爲九
州膏腴。"顏師古注："言其地高陸而饒物産，
如海之無所不出，故云陸海。"南朝梁蕭綱《長
安道》詩："神皋開隴右，陸海實西秦。"唐李
商隱《初食筍呈座中》詩："皇都陸海應無數，
忍剪凌雲一寸心。"宋吕陶《貽寬恤聞人太博》
詩："昔之陸海號富庶，今也樂歲嗟飢寒。"金
元好問《岐陽三首》其三："《禹貢》土田推陸
海，漢家封檄自天山。"《水滸傳》第一五回：
"宛州山水盤紆，丘原膏沃，地稱陸海。"清唐
孫華《夏日園居雜咏》詩其十："陸海從來沃野
多，居民竟未識嘉禾。"

堪

地面凸起處。《墨子·非攻》："必擇所堪，
必謹所堪。魚水不務，陸將何及。"《睡虎地秦
墓竹簡·封診式·經死》："權大一圍，袤三尺，
西去堪二尺。"《説文·土部》："堪，地突也。
謂土之墳起者。"段玉裁注："地之突出者曰
堪。"唐王仁裕《過平戎谷吊胡翽》詩："不緣
魂寄孤山下，此地堪名鸚鵡洲。"明陳子升《題
朱子潔小舫》詩："倚棹或堪近，桃花鷄犬聲。"

場[1]

祭壇邊經過修整的平地，可供收打翻曬糧
食，亦作祭祀之用。《國語·楚語下》："屏攝之
位，壇場之所。"三國吴韋昭注："除地曰場。"

《孟子·滕文公上》："子貢反，築室於場，獨居三年然後歸。"趙岐注："場，孔子冢上祭祀壇場也。"《漢書·郊祀志上》："能知四時犧牲，壇場上下，氏姓所出者，以爲宗。"顏師古注："積土爲壇，平地爲場。"

曾泉

多水地帶。《淮南子·天文訓》："〔日〕至於曲阿，是謂旦明；至於曾泉，是謂蚤食。"莊逵吉校注："《太平御覽》有注云：'曾，重也。早食時在東方多水之地，故曰曾泉。'"晋陸雲《移書太常府薦張贍》："曾泉改路，懸車將邁。"南朝梁江淹《燈夜和殷長史》詩："臥歇丹丘采，坐失曾泉光。"唐徐堅《初學記·天部上》引《淮南子》注："曾，重也。早食時在東方多水之地，故曰曾泉。"《太平御覽·天部》："臨於曾泉。"清弘曆《曉行》詩："澄氛屆曾泉，麗照清霄朗。"

渴澤

原有水，後乾涸的澤地。"渴"通"竭"。《周禮·地官·草人》："凡糞種，騂剛用牛，赤緹用羊，墳壤用麋，渴澤用鹿……"鄭玄注："渴澤，故水處也。"孫詒讓正義："渴澤，猶竭澤也。澤故有水，今涸竭，則無水而可耕種。……案：渴，今通作竭字，與訓欲飲之歇別。渴澤，捂竭澤也。澤故有水，今涸渴則無水，而可耕種，故云故水處。"宋賈朝昌《群經音辨》："渴澤，用活，活流也。"汪榮寶《法言義疏》："鄭注云：'渴澤，故水處也。'"

塢

四周高、中間低的地方，形如小城堡。亦作"隖"。《說文·𨸏部》："〔隖〕小障也，一曰庳城也。"《後漢書·董卓傳》："又築塢於郿，高厚七丈，號曰萬歲塢。"晋佚名《子夜歌四十二首》其十一："高山種芙蓉，復經黃蘗塢。"南朝梁蕭衍《四時子夜歌》："花塢蝶雙飛，柳堤鳥百舌。"《舊唐書·地理志一》："三年，自石隖移治鴨橋。"唐羊士諤《山閣聞笛》詩："臨風玉管吹參差，山塢春深日又遲。"《唐韻》："村隖也。與塢同。"宋史達祖《杏花天·清明》詞："過花隖，香吹醉面，歸來立馬斜陽岸。"元張野《滿江紅·和吳此民送春韻》詞："桃塢霏霏紅雨暗，柳堤漠漠香綿薄。"明文徵明《題畫二首》詩其二："雲重路僻不知處，應有仙家在深塢。"清段玉裁《說文解字注》："《埤倉》云：小障曰隖。《通俗》文：營居爲隖。"清弘曆《黃花路》詩："秋山藏野塢，村犬吠行人。"

【隖】

同"塢"。此體漢代已行用。見該文。

畿[1]

指廣闊的田野，猶土地。三國魏阮籍《詠懷》其六十五："苟非嬰網罟，何必萬里畿。"晋左思《三都賦》："故將語子以神州之略，赤縣之畿。"晋潘岳《金谷集作》詩："保以叙離思，携手游郊畿。"南朝宋鮑照《夢歸鄉》詩："沙風暗塞起，離心眷鄉畿。"南朝梁蕭綱《雉期飛操》詩："晨光照麥畿，平野度春翬。"

隰

低下的濕地。《書·禹貢》："原隰底績，至于豬野。"孔傳："下濕曰隰。"《詩·小雅·皇皇者華》："皇皇者華，于彼原隰。"毛傳："高平曰原，下濕曰隰。"又，《衛風·氓》："淇則有岸，隰則有泮。"又，《鄭風·山有扶蘇》："山有扶蘇，隰有荷華。"《周禮·地官·司徒》：

"辨其山林、川澤、丘陵、墳衍、原隰之名物。"
《管子·形勢》:"平原之隰。"注:"下澤也。"
《公羊傳·昭公元年》:"上平曰原,下平曰隰。"
《爾雅·釋地》:"下濕曰隰。"李注:"謂土地窊
下常阻洳,名爲隰也。又,可食者曰原,陂者
曰阪,下者曰隰。"《說文·𨸏部》:"隰,阪下
濕也。"《淮南子·時則訓》:"丘隰水潦。"南朝
宋謝靈運《入東道路》:"陵隰繁綠杞,墟囿粲
紅桃。"清袁枚《祭妹文》:"南望原隰。"

隰皋

岸邊沼澤濕地。皋或作"皐"。亦作"皋
隰"。《左傳·襄公二十五年》:"町原防,牧
隰皋。"杜預注:"隰皋,水岸下濕,爲芻牧之
地。"《周禮·地官·司徒》:"井牧者,《春秋
傳》所謂井衍、沃牧、隰皋者也。"賈公彥疏:
"九夫爲一井牧,隰皋者,下濕曰隰,近皋澤之
地。"漢王粲《登樓賦》:"背墳衍之廣陸兮,臨
皋隰之沃流。"宋胡寅《和奇父叔夏雪五首》詩
其一:"不須十日照胥敖,且要仙花麗隰皋。"
宋舒岳祥《白雪詞四首》其一:"一雪林屋净,
二雪皋隰新。"元吳澄《孝經定本》:"利謂五土
之宜因地之,沃衍、隰皋,而稻粱黍稷各隨所
宜,分地利也。"明朱鶴齡《禹貢長箋》卷一:
"衍沃則井之,皋隰則牧之。"明章潢《圖書編》
卷三九:"先是山澤之義率棄不理,今則皋隰原
阪耕者鱗集。"清顧祖禹《讀史方輿紀要·陝西
二》:"蓋山川形勝,莫若西京也。且原隰沃衍,
則資儲易足,地勢便利,則戰守有餘。"

【皋隰】

同"隰皋"。單稱"皋"。皋或作"皐"。水
邊地。宜牧宜耕。《說文·夲部》:"皋,氣皋白
之進也。"徐灝注箋:"皋,隸變又作皐。"《正

字通·字部》:"皐,俗皋字。"《楚辭·離騷》:
"步餘馬於蘭皋兮,馳椒丘且焉止息。"王逸
注:"澤曲曰皋。"《漢書·賈山傳》:"江皋河
瀕雖有惡種,無不猥大。"顏師古注引李奇曰:
"皋,水邊淤地也。"晋陶潛《讀山海經十三首》
其六:"逍遥蕪皋上,杳然望扶木。"唐羊士諤
《酬彭州蕭使君秋中言懷》詩:"皋鶴驚秋律,
琴烏怨夜啼。"宋陸游《暑行憩新都驛》詩:
"細細黃花落古槐,江皋不雨轉輕雷。"金密璹
《朝中措》詞:"霜清玉塞,雲飛隴首,風落江
皋。"《徐霞客游記·滇游日記十二》:"此處似
有神皋蘊結。"《花神三妙傳》:"晴天明水漲蘭
橋,畫欄簫鼓明江皋。"清王夫之《因林塘小曲
築草庵開南窗不知復幾年晏坐漫成六首呈桃塢
老人暨家兄石崖先生同作六首》詩其二:"小東
皋畔客,今日暫招魂。"

【皋】

同"皐"。此體先秦已行用。見該文。

蟹堁

高地。亦作"蟹螺"。《戰國策》:"蟹螺作
甌窶。"《韓非子·揚權》:"若天若地,是謂累
解。"王先慎集解:"'累解'亦即'蟹螺'也。
彼從蟲而此否者,書有鞶簡;'蟹螺''累解',
語有倒順耳。"漢劉向《說苑·復恩》:"下田洿
邪,得穀百車,蟹堁者宜禾。"唐楊倞注:"蟹
螺者宜禾,污邪者百車。蟹螺,蓋高地也。"宋
毛友《句》其二:"身綴鵷鷺集鳳池,夢尋麋鹿
游蟹堁。"清談遷《青縣》詩:"天地誠芻狗,
民生足蟹螺。"清黃遵憲《逐客篇》詩:"金山
蟹堁高,伸手左右攫。"清李調元《卍齋璅録》
卷二:"蟹螺者宜禾,蟹螺,高地也。"

【蟹螺】

即蟹堁。此體漢代已行用。見該文。

桑田

種植桑樹與農作物的田地。引爲陸地，指代大陸、土地。《詩・國風・鄘風》："靈雨既零，命彼倌人，星言夙駕，説于桑田。"《左傳・僖公三年》："虢公敗戎于桑田。"晉葛洪《神仙傳・蔴姑》："蔴姑自説云：'接侍以來，已見東海三爲桑田。'"南朝陳江總《明慶寺》詩："市朝霑草露，淮海作桑田。"隋楊廣《步虚詞二首》其一："南巢息雲馬，東海戲桑田。"唐眉娘《太白山玄士畫地吟》詩："學得丹青數萬年，人間幾度變桑田。"《文獻通考・輿地考八》："大磧距數千里，未有桑田碧海之變，陵遷谷移之談，此處豈有河流，纂集者不詳斯甚。"明王佐《文公武夷精舍前天柱峰》詩："古今不逐桑田變，知有前山對此翁。"清曹貞吉《滿江紅・過滹沱》詞："變桑田、一派古今愁，難消遣。"

方 位

方位

方嚮位置。東、南、西、北爲基本方位，東北、東南、西北、西南等爲中間方位。先秦卜子夏《易傳》："依八卦'卦氣'説，坤居於西南方位，當一歲立秋之時。"《漢書・郊祀志下》："今甘泉、河東天地郊祀，咸失方位，違陰陽之宜。"《儀禮注疏・士虞禮》："祝復門西北面位，佐食復西方位，不復設西北隅者，重閉牖户，褻也。"宋沈括《夢溪筆談・象數一》："支干方位，自相感召。"宋黎靖德《朱子語類・公孫丑下》："以方位言，如俗言向某方利，某方不利之類。"元方回《後天易吟三十首》詩其十："朔易指方位，萬形消息間。"明王鏊《震澤長語・象緯》："然天體無定，占中星以知方位。"清鐵保《草書歌》詩："韓信兵多多益善，指揮方位争趨蹌。"

位置

空間分布，所在或所占的地方、場所，所處的方位。亦作"地[2]"。《管子・八觀》："明君者，閉其門，塞其塗，弇其跡，使民毋由接於淫非之地。"漢王充《論衡・言毒》："太陽之地，人民促急。"《魏書・穆子弼傳》："〔子弼〕有風格，善自位置。"按，藉空間含義，喻人之格調高下。唐李白《關山月》詩："由來征戰地，不見有人還。"宋陳鵠《耆舊續聞》卷三："晁無咎閒居濟州金鄉，葺東皋歸去來堂，樓觀堂亭，位置極瀟灑。"明葉子奇《草木子・附録》："天將各有位置焉。"《徐霞客游記・游恒山日記》："而僧寮位置適序，凡客坐禪龕。"清孫枝蔚《題方爾止四壬子圖》詩："位置不敢亂後先，列坐宛如師弟子。"《紅樓夢》第一回："這東南有個姑蘇城，城中閶門，最是紅塵中一二等富貴風流之地。"

【地】[2]

即位置。此稱先秦已行用。見該文。

二極

南極、北極的合稱。指地球自轉軸與地球表面的交點。另外，又有南北磁極之説。

《書·洪範》："日月之行。"孔穎達疏："南北二極中等之處，謂之赤道。"《晉書·天文志上》："北極出地三十六度，南極入地三十六度，兩極相去一百八十二度半强。"南朝宋何承天《渾天象論》："南北二極，相去一百一十六度三百四分度之六十五彊。"《宋書·天文志》："立黄赤二道，南北二極規二十八宿，北斗極星，五分爲一度，置日月五星於黄道之上。"《遼史·曆象志下》："樞以二極，建以北斗。"《元史·曆志第四》："天體渾圓，當二極南北之中，絡以赤道，日月五星之行，常出入於此。"明葉子奇《草木子·管窺》："南北二極，所以定子午之位。曆家因二極而立赤道，所以定卯酉之位。"《明史·曆志一》："測日行，考知二極出入地度數，以定周天緯度。"

四方 [1]

地面的四個方嚮，即東、南、西、北。亦泛指方嚮。《詩·小雅·節南山》："秉國之均，四方是維。"《楚辭·天問》："四方之門，其誰從焉？"《禮記·曲禮下》："天子祭天地，祭四方。"又，《射義》："男子生，桑弧蓬矢六，以射天地四方。"秦李斯等《三倉》："四方上下曰宇，古往今來曰宙。"唐韓愈《閔己賦》："行舟楫而不識四方兮，涉大水之漫漫。"宋楊冠卿《崧高詩爲九江趙使君壽》："崧高維岳，四方之極。"元楊載《塞上曲》詩："大河屈曲流，不復辨四方。"《水滸傳》第六六回："四下里，十數處火光亘天，四方不辨。"清葉志詵《道光甲辰夏五月得遂啓諆大鼎周宣王時物也置之金山作歌紀事用王西樵焦山古鼎歌韻》詩："經維四方實乃功，獫狁博伐邊陲愕。"按，現代科學界定的方嚮：地球自轉的方嚮爲東方，相反爲西方，以緯綫標識正東與正西；以與緯綫垂直的經綫方標識正南與正北。

【四維】 [1]

通方位。古稱東、西、南、北爲"四方"，東南、西南、東北、西北四隅爲"四維"。"維"有拴繫、固定之含義。古代的車蓋是依靠四根繩索與車輿四角相牽挂的，這四根繩索叫作"四維"。古人用車對天地進行模擬，即車輿的傘形蓋象徵天，方形的車輿象徵大地，車蓋的中心柱子象徵"天地柱"，馬象徵令天地旋轉的驅動力。古人還想象大地的四角亦有四根無形的大繩被繫在極點上。這四根無形之大繩亦稱"四維"。《史記·龜策列傳》："四維已定，八卦相望。"《淮南子·天文訓》："帝張四維，運之以斗……日冬至，日出東南維，入西南維……夏至，出東北維，入西北維。"又云："帝張四維，運之以斗……日冬至，日出東南維，入西南維。至春秋分，日出東中，入西中。夏至，出東北維，入西北維。"《晉書·地理志上》："天有四維，地有四瀆。"宋王應麟《小學紺珠》："四維：東南，巽；東北，艮；西南，坤；西北，乾。"元李道純《煉丹砂·咏玄牝示衆》："休言南北與西東，不在四維並上下，不在當中。"明宋濂《重刻護法論題辭》："被髮狂奔，不辨四維。"清全祖望《題宋徽宗摹張萱搗練圖》詩："一絇之絡四維傾，令我手披東絹不勝情。"

四方 [2]

中央區域之周圍區域，即四面八方的區域和方位。按，中央區域，或指人主觀認知的區域爲中央區域，或指國家中心區域。《書·洛誥》："明光于上下，勤施于四方。"《詩·大雅·下武》："受天之祐，四方來賀。"又，《民勞》："惠此中國，以綏四方。"漢虞姬《和項王歌》："漢兵已略地，四方楚歌聲。大王意氣盡，賤妾何聊生！"漢劉邦《大風歌》："安得猛士兮守四方！"晋歐陽建《臨終》詩："苟懷四方志，所在可游盤。"南朝陳江總《劉生》詩："置驛無年限，游俠四方來。"唐陸廣微《吴地記》："都亭橋，壽夢於此置都驛，招四方賢客。"宋張預注《孫子》："黄帝始立，四方諸侯亦稱帝，以此四地勝之也。"宋文天祥《題梅尉詩軸》詩："雲仍四方志，生長百戰場。"元楊載《次劉師魯韻》詩："丈夫四方志，至此何所求。"明劉崧《磨劍歌》："我行四方如飄風，袖有古劍蒼精龍。"清顧炎武《明季三朝野史》："若志在四方，則一出關門，亦有建瓴之勢。"一説，四方，亦泛指較遠的區域。

【四維】[2]

即四方[2]。指中央區域之周圍區域和方位。《南齊書·褚淵傳》："世惟多難，事屬雕弊，四維恇擾，邊氓未安。"唐歐陽詹《早秋登慈恩寺塔》詩："寶塔過千仞，登臨盡四維。"宋蘇轍《祭亡兄端明文》："兄敏我愚，賴以有聞；寒暑相從，逮壯而分……如鴻風飛，流落四維。"宋范仲淹《明堂賦》："懼四維之有艱，尚瘡痍而百辛。"元周巽《野田黄雀行》詩："微物猶知棲息地，四維塵網誰能避。"明湛若水《得垂虹泉懸壁巖》詩："回望烟霞洞，中居控四維。"清姚鼐《題四更山吐月圖》詩："元夜穹蓋覆四維，清氣鼓動東南陲。"

【五方】[1]

指帝王中央區域及其周圍區域和方位之分布。《禮記·王制》："中國戎夷，五方之民，皆

有性也，不可推移。"又云："五方之民，言語不通，嗜欲不同。"隋虞世基《秋日贈王中舍》詩："五方多異俗，四海皆行路。"唐張説《安樂郡主花燭行》詩："五方觀者聚中京，四合塵烟漲洛城。"宋家鉉翁《謝劉仲寬惠茶》詩："憶昨中原全盛時，五方貢茶走京師。"清朱彝《廟磯子》詩："又如五方民，不服一國統。"

【五方】[1]

以人主觀認知的區域爲中央區域，示意大地空間區域方位之分布。《爾雅·釋地》："五方，東方有比目魚焉，不比不行，其名謂之鰈；南方有比翼鳥焉，不比不飛，其名謂之鶼。"南朝陳江總《釋奠詩應令》詩："五方聳聽，百辟傾耳。"唐張佐《龜負圖（東都試）》詩："五方行有配，八卦義寧孤。"宋劉過《酒樓》詩："妓歌千調曲，客雜五方音。"元劉鶚《關武行》詩："五方牙旂按五色，戈戟如林分部伍。"明陶安《廣陵楊節婦》詩："五方雜俗日殊古，貞烈無聞世何補。"明左國璣《贈黄山人游五嶽》詩："五嶽分五方，回薄凌穹蒼。"

【五位】[1]

即五方[2]。以人主觀認知的區域爲中央，示意大地空間區域方位之分布。《黄帝内經·素問·天元紀大論》："天有五行御五位，以生寒暑燥濕風。"《漢書·揚雄傳》："靈祇既鄉，五位時叙，絪緼玄黄，將紹厥後。"顔師古注引服虔曰："五位，五方之神。"按，五個方嚮所屬區域之神。唐李隆基《途經華嶽》詩："四方皆石壁，五位配金天。"唐獨孤申叔《服蒼玉賦》："矧乎四氣莫先乎春陽，五位莫首乎東方。"《五燈會元》卷一六："雲門長驅，潙山隊伍，列五位槍旗，布三玄戈弩。"宋程俱《泊舟儀真江上

連日風雨作六言遣悶》詩其二:"正自縱橫五位,不妨透脫三關。"明陳楙《日涉編》:"列四靈智稱其首,居五位色表其中。"清吳謙《醫宗金鑑·運氣要訣·主運歌》:"五運五行御五位,五氣相生順令行。"注:"五位者,東、南、中、西、北也。"

【五野】

猶五方[1]。"野",包含植物、動物、地形、水文、土壤等要素,故五野除了示意中央區域及周圍東、西、南、北等五個方嚮的區域外,亦有表大地不同區域地理要素之自然綜合特徵的含義。宋范仲淹《鑄劍戟爲農器賦》:"五野之豐登時至,四方之戰門聲銷。"明歸有光《送郡太守歷下金侯考績叙》:"五野,環以大海,匯以具區、原田沃美、生物毕遂、水陸之珍、包甌筐篚之貢。"

五色

喻方嚮。《書·益稷》:"以五采彰施于五色,作服,汝明。"孫星衍疏:"五色,東方謂之青,南方謂之赤,西方謂之白,北方謂之黑,天謂之玄,地謂之黃,玄出於黑,故六者有黃無玄爲五也。"《周禮·冬官·考工記》:"畫繢之事,雜五色。東方謂之青,南方謂之赤,西方謂之白,北方謂之黑。"《説文·青部》:"青,東方色。"又,《赤部》:"赤,南方色。"又,《白部》:"白,西方色。"段玉裁補注"黑"爲"北方色也"。漢張衡《論衡·驗符》:"黃爲土色,位在中央。"唐張説《雜曲歌辭·舞馬詞》:"綵旄八佾成行,時龍五色因方。"宋郊廟朝會歌辭《紹興朝日十首》其四:"惠此萬方,豈惟五色。"宋郊廟朝會歌辭《五方帝》其六:"四序均氣,五色奠方。"明楊慎《丹鉛總録校證·訂

訛類》:"木色青,故青者東方也;木生火,其色赤,故赤者南方也;火生土,其色黃,故黃者中央也;土生金,其色白,故白者西方也;金生水,其色黑,故黑者北方也。"清弘曆《仲春上戊恭祭社稷壇》詩:"物備九州貢,土分五色方。"

六合

天地和東、南、西、北四方嚮,又泛指四方天下。先秦佚名《成王冠辭》:"欽若昊天,六合是式。率爾祖考,永永無極。"《孟子·公孫丑》:"其爲氣也,配義與道。"焦循注:"道謂陰陽大道,無形而生有形,舒之彌六合,卷之不盈握,包落天地,禀授群生者也。"《史記·秦始皇本紀》:"六合之內,皇帝之土。東到大海,西涉流沙,南及北戶,北過大夏。人迹所至,莫不臣服。"漢劉向《列仙傳》:"化周六合,數通無方。假葬橋山,超升昊蒼。"晉阮籍《歌二首·大人先生歌》其二:"天地解兮六合開。"晉司馬彪《九州春秋》:"告以天命,混齊六合。"南朝梁周捨《上雲樂(雜言)》詩:"遨游六合,傲誕三皇。"《宋書·武帝紀中》:"豈足以顯報懋功,允塞民望;藩輔王畿,長彎六合者乎!"《魏書·爾朱榮傳》:"待六合寧一,八表無塵,然後共兄奉天子,巡四方,觀風俗,布政教,如此乃可稱勳耳。"唐李鼎祚《周易集解》:"莊子曰:六合之外,聖人存而不論。"《舊唐書·侯君集傳》:"況陛下天縱神武,振宏圖以定六合。"《文獻通考·兵考一》:"當時盡吞六雄,威震六合,彼胡、越僻在裔夷,豈能爲纖芥之害,而發百萬之師以戍之。"元葉巒《感興二十一首》其九:"秦帝掃六合,漢武開邊疆。"明王禕《長安雜詩十首》詩其八:

"吾將登絶頂，俯仰凌六合。"清彭孫貽《登報恩寺塔》詩："空界跨六合，俯身窺八荒。"

八方

在四方基礎上又加入四個方位，即東南、東北、西南、西北。引爲四面八方的區域。《逸周書·武寤》："王赫奮烈，八方咸發。"《漢書·司馬相如列傳下》："六合之内，八方之外，浸潯衍溢。"顏師古注："四方四維謂之八方也。"三國魏曹植《泰山梁甫行》："八方各異氣，千里殊風雨。"唐劉禹錫《郡内書情獻裴侍中留守》詩："萬乘旌旗分一半，八方風雨會中央。"宋王十朋《八松》詩："鍾成一種棟梁氣，散作八方風雨聲。"元馮子振《塔燈》詩："半夜火龍蟠地軸，八方星象下天梯。"明王世貞《送憲副王公家取督視河南學政先是長公以春秋魁天下而公繼之》詩："萬古圖書更河洛，八方文軌自中州。"清王慧《禹陵》詩："鑄金九土貢，志怪八方經。"

九方

中央和八方。又引爲四面八方的區域；所有區域。晉張奴《題槐樹歌》："伊余非二仙，晦迹之九方。"南朝梁蕭綱《七勵》詩："情苞六合，德宣九方。"唐李賀《感諷六首》詩其一："焉知腸車轉，一夕巡九方。"《宋史·律曆志十四》："一龠之方，則黃鐘之分，安得而不方哉！圍九方分而圜之，則徑不止於三分矣。"宋張君房《雲笈七籤·日月星辰部》："青牙垂暉，映照九方。"明左國璣《履齋吟》："策足倚造父，轍迹歷九方。"清弘曆《題九陽消寒圖》詩："大易奇爻數紀乾，陽初回日九方權。"

有方

各方、天下。與區域有關的一個概念。指所有區域。《書·多士》："猷，告爾有方多士。"孔安國傳："王歡而以道告汝衆方與衆多士。"孔穎達疏："謂四方之諸侯及與殷之衆士。"《國語·鄭語》："於是乎先王聘后於異姓，求財於有方。"韋昭注："使各以其方賄來，方之所無，則不貢。"南朝宋鮑照《從庾中郎游園山石室》詩："神化豈有方，妙象竟無述。"宋華鎮《早發京口舟中》詩："君子貴知命，世路各有方。"元吳氏《寄外》詩："低頭含淚告兒女，游必有方況得所。"明歐大任《贈金吾劉侯子大》詩："西戎經略定，分北各有方。"清蔣士銓《遠游》詩其一："遠游幸有方，母心毋念之。"

經緯

縱橫，或事物的縱橫分布。又喻社會、自然之規律或規則。地球上綫狀體延伸方嚮，南北爲"經"，東西爲"緯"。《左傳·昭公二十五年》："禮，上下之紀、天地之經緯也。"《周禮·考工記·匠人》："國中九經九緯，經涂九軌。"鄭玄注："經緯，謂塗也。"賈公彦疏："南北之道爲經，東西之道爲緯。"漢曹操《度關山》詩："車轍馬迹，經緯四極。"漢《郊祀歌·惟泰元》："經緯天地，作成四時。"晉孫綽《贈溫嶠》詩："經緯天維，翼亮皇政。"唐樊鑄《及第後讀書院咏物十首上禮部李侍郎·濾水羅》詩："經緯既縱橫，偏承啓沃情。"宋郊廟朝會歌辭《建隆乾德朝會樂章二十八首·又六變》其五："經緯文天賦，剛柔德日宣。"元姚公樞《聰仲晦古意廿一首愛而和之仍次其韻》詩其五："高明懸萬象，經緯成縱橫。"明李攀龍《雜興》詩其五："太元秉經緯，天地自生成。"清梅文鼎《曆算全書·小引》："可以黃道之經緯求赤道之經緯，亦可以赤道之經緯求地平上之經緯。"清鄭觀應《盛世危言·西學》:"所謂地學者,以地輿爲綱,而一切測量、經緯、種植、車舟、兵陣諸藝,皆由地學以推至其極者也。"

上方 [1]

古陰陽五行家指北方與東方。先秦卜子夏《易傳》:"巽下通上方,於祭祀之用史巫,雖多於敬事,達其命不任於己,則吉也。"《漢書·翼奉傳》:"上方之情樂也,樂行奸邪,辰未主之。"顏師古注引孟康曰:"上方,謂北與東也。陽氣所萌生,故爲上。"古人如此總結,與中國大地氣候和人類活動有關。相對古中國西南地區而言,東方和北方大地接受的太陽輻射較多,濕度較小,又有相對充足的降水和徑流,更適合人類活動。

下方 [1]

古陰陽五行家指南方與西方。《漢書·翼奉傳》:"下方之情哀也,哀行公正,戌丑主之。"顏師古注引孟康曰:"下方謂南與西也。陰氣所萌生,故爲下。"漢班固《白虎通義·文質》:"上兌陽也,下方陰也。陽尊,故其禮順備也。在位東方,陽見義於上也。"

上方 [2]

相對高的方嚮。漢桓譚《新論·琴道》:"上圓而斂,法天。下方而平,法地。"唐皎然《宿支硎寺上房》詩:"上方精舍遠,共宿白雲端。"唐盧綸《過仙游寺》詩:"上方下方雪中路,白雲流水如聞步。"唐佚名《大唐傳載》:"後三日,相君與諸客游山寺,自上方抵下方,日已暮矣。"宋鄧德秀《慈相寺》詩:"小橋橫過一溪長,因訪梅花到上方。"

下方 [2]

相對低的方嚮。亦指天下人間。《史記·龜策列傳》:"故之大卜官,問掌故文學長老習事者,寫取龜策卜事,編於下方。"漢桓譚《新論·琴道》:"上圓而斂,法天。下方而平,法地。"唐釋道世《法苑珠林·利益部》:"是時佛放大光明照下方世界。"唐崔子向《游雲門》詩:"郭裏鐘聲山裏去,上方流水下方來。"唐姚合《題山寺》詩:"雲開上界近,泉落下方遲。"宋文同《和吳龍圖韻五首·洗竹》詩:"風外清音聞曲閣,月中寒影下方池。"唐馬戴《題廬山寺》詩:"東谷笑言西谷響,下方雲雨上方晴。"

坐向

風水學術語。屋內中心點,面向大門,則所面向的方位便是"向",而與"向"相對的方位便是"坐",合稱坐向。坐東方的家宅爲震宅,大門向西;坐東南方的家宅爲巽宅,大門向西北;坐南方的家宅爲離宅,大門向北;坐西南方的家宅爲坤宅,大門向東北;坐西方的家宅爲兌宅,大門向東;坐西北方的家宅爲乾宅,大門向東南;坐北方的家宅爲坎宅,大門向南;坐東北方的家宅爲艮宅,大門向西南。唐楊筠松《天玉經·內傳上》:"又以山家之坐向爲南北一卦,由天地而及人,故曰父母卦。"宋張君房《雲笈七籤·諸家氣法部二》:"坐向其方,靜慮澄心,注想而爲之。"明萬民英《三命通會·財官雙美》:"癸日坐向巳宮,乃是財官雙美。"

【山向】

風水學術語。據說山向的吉凶,與年月日有關。宋辜托長老《入地眼全書》:"山向克水禍輕緩,水克向重禍速來。"《儒林外史》第四回："今年山向不利，只好來秋舉行，但費用尚在不敷。"清程樹勳《壬學瑣記》："如何山向、如何明堂、如何水法。"清朱旭輪《宅法舉隅》："分陰陽以定山向，與門路收氣之法，又各不同。"清袁枚《子不語》卷二二："若葬我，當在唐務山中，做癸丁山向。"

東方[1]

太陽升起的方嚮。東面、東邊之方位。東方，地球自轉的方嚮，以緯綫爲指示。又稱"春""少陽""卯""震方"等。《詩·國風·邶風·日月》："日居月諸，出自東方。"《管子·幼官第八》："以鱗獸之火爨鱗獸，東方青龍也。"《莊子·田子方》："日出東方而入於西極，萬物莫不比方。"先秦宋玉《招魂》詩："魂兮歸來！東方不可以托些。"先秦屈原《九歌·東君》："暾將出兮東方，照吾檻兮扶桑。"漢司馬相如《長門賦》："觀衆星之行列兮，畢昴出於東方。"晋傅玄樂府詩："東方將欲和，太白星飛芒，曜靈照照舒光。"南朝梁王筠《向曉閨情》詩："北斗行欲没，東方稍已晞。"唐長孫無忌等《唐律疏議》卷一九："東方青龍，西方白虎，南方朱雀，北方玄武。"《通典·職官典》："雉有五種：西方曰鷩雉，東方曰鶅雉，南方曰翟雉，北方曰鵗雉。"唐李白《擬古十二首》詩其六："太白出東方，彗星揚精光。"《唐會要·彗孛》："乾元三年四月二十七日，彗見于東方。在婁胃間。色白。長四尺。"宋尤袤《春曉》詩："東方看欲曙，三五斗參横。"元陳廷言《金雞洞》詩："一聲唱罷東方白，三十六峰生翠烟。"明顧瑛《海洲夜景》詩："東方日出鮫人國，半夜潮生織女宫。"清王賚言《早行》詩："東方猶未晞，殘月掛高樹。"

【春】

東方的代稱。春時恰當北斗指向東方，因稱。亦稱"春方"。《尚書大傳》卷一上："春，出也，故謂東方春也。"《公羊傳·隱公元年》："歲之始也。"何休注："昏，斗指東方曰春。"《藝文類聚》引漢楊修《許昌宫賦》："臨南軒而向春方，負黼黻之屏風。"南朝宋顔延之《車駕幸京口三月三日侍游曲阿後湖作》詩："春方動辰駕，望幸傾五州。"李善注引《禮記》："東方曰春。"

【春方】

即"春"。"方"有大地之含義，故"春方"可解爲"東方之地"。此稱漢代已行用。見該文。

【少陽】

謂東方。按，少陽有陽氣不多的含義。《禮記·祭統》"諸侯耕於東郊"鄭玄注："東郊，少陽，諸侯象也。"《史記·司馬相如列傳》："邪絶少陽而登太陰兮，與真人乎相求。"裴駰集解引《漢書音義》："少陽，東極。"晋張華《博物志·五方人民》："東方少陽，日月所出。"唐李元嘉《奉和同太子監守違戀（高宗爲太子也）》詩："乾象開層構，離明啓少陽。"宋郊廟朝會歌辭《天禧三年册皇太子一首》："明離之象，少陽之位。"明黄佐《庚子二月入京述懷四首》詩其四："鳳藻傳東閣，龍暉接少陽。"清王闓運《衡陽常氏家廟碑》："前設大殿，户向少陽。"

【卯】

正東。亦作"正卯"。古以十二地支配四方，卯配正東，因稱。卯爲木，在《洛書》處四正的震卦之内，在十二支中排第四位，屬《河圖》的艮位，位於正東方。漢王充《論衡·感虛》："襄公麾日，安能使反？或時戰時日正卯，戰迷，謂日之暮，麾之轉左，曲道日若却。"唐韓愈《游青龍寺贈崔大補闕寺在京城南門之東》詩："秋灰初吹季月管，日出卯南暉景短。"宋張君房《雲笈七籤·金丹訣》："東方，青，卯木，道之本宗，陰陽父母，萬物各稟一氣，皆同此祖。"明萬民英《三命通會·論古人立印食官財名義》："試言之：北方亥子水，生東方寅卯木，東方寅卯木，生南方巳午火，土寄旺於火，生西方申酉金，西方申酉金，生北方亥子水。"清張廷玉等《皇清文穎》卷三〇："正卯金銷留瓦注，鴛鴦影已分。"

【正卯】

即卯。此體漢代已行用。見該文。

【震方】

古以八卦配方位，震配東，因稱。亦稱"震位""震維"，單稱"震"。《周易·說卦》："震，東方也。"《梁書·武帝紀下》："平秩東作，義不在南……可於震方，簡求沃野。"南朝陳陰鏗《閒居對雨》詩："震位雷聲發，離宮電影浮。"北周庾信《周譙國公夫人步陸孤氏墓誌銘》："華亭冠冕，穀水絃歌，震維徙族，燕垂從官。"《晉書·劉曜傳》："東爲震位，王者之始次也。"唐張九齡《荔枝賦》："雖受氣於震方，實稟精於火離。"宋郊廟朝會歌辭《紹興以後祀五方帝·青帝降神用高安》："神兮焉居，神在震方。"元王哲《醉蓬萊·咏雪》詞："地生輝，震方通耀，放爛銀霞起。"明王世貞《擬古·支道人遁讚佛》："法鼓撞震方，慧燈導恒河。"清王邦畿《春燈曲》其一："傳説震方方位好，美人多愛向東來。""方"爲大地，"震方"亦可解爲"東方之地"。參閱《文王八卦方位圖》。

【震】

即震方。此稱先秦已行用。見該文。

【震維】

即震方。以文王八卦代稱東方。又可將"震維"引申爲"維繫在東方區域"之意。北周庾信《周譙國公夫人步陸孤氏墓誌銘》："華亭冠冕，穀水絃歌，震維徙族，燕垂從官。"唐韋元旦《早朝》詩："震維芳月季，宸極衆星尊。"宋周必大《慶東宮生辰二十韻（丙申）》詩："震維春不老，鶴禁壽無涯。"《宋史·樂志》："再冠復父肇祥，震維標德。"元王惲《送王子初東行》詩："岱岳西南碧海東，青齊中據震維雄。"明黃道周《三易洞璣》卷九："蓋九千里通濟及淮，迺達於震維。"清福隆安等《欽定八旗通志》："國家肇業，震維洊撫函夏。"

【震位】

即震方。可將"震位"引申爲"位於東方區域"之意。此稱南朝已行用。見該文。

【青土】[1]

指東方之地，日出之所。《淮南子·時則訓》："東方之極，自碣石山過朝鮮，貫大人之國，東至日出之次，榑木之地，青土樹木之野。"莊逵吉校注："《太平御覽》此下有注云：'皆日所出之地也。'"

東方[2]

泛指所在地以東之地區。先秦卜子夏《易傳·周易下經·周易說卦傳》："萬物出乎震，震東方也。"《孟子·告子上》："性猶湍水也，決諸東方則東流，決諸西方則西流。"《漢書·武帝紀》："〔太初元年，秋八月〕蝗從東方飛至敦煌。"《周髀算經》："西方日中，東方夜半。”唐韓愈《送張道士序》：“九年，聞朝廷將治東方貢賦之不如法者。三獻書不報。”宋蘇軾《送將官梁左藏赴莫州》詩：“東方健兒虓虎樣，泣涕懷思廉恥將。”元何中《山中樂效歐陽公四首》詩其一：“東方風回春山道，趁暖行歌霽華早。”明危素《和吳尊師龍興紀游二十一首·游鐵柱觀》詩：“沉沉古井清如空，東方大海長相通。”清洪亮吉《泰山道中》詩其一：“兹山亘東方，鬱勃截生氣。”

西方 [1]

西面、西邊之方位。單稱“西”，又稱“庚”“酉”“兑”“金邱”等。西方，與地球自轉相反的方嚮，以緯綫爲指示。或指位於西半球。《詩·邶風·簡兮》：“彼美人兮，西方之人兮。”又，《小雅·大東》：“東有啓明，西有長庚。”楚辭《大招》：“魂乎無西！西方流沙，漭洋洋只。”《史記·曆書》：“日歸於西，起明於東，月歸於東，起明於西。”晋傅玄《雜詩》：“清風何飄飄，微月出西方。”唐韓愈《聞梨花發贈劉師命》詩：“聞道郭西千樹雪，欲將君去醉如何？”宋王讜《唐語林·補遺一》：“玄宗時亢旱，禁中築龍堂祈雨。命少監馮紹正畫西方，未畢，如覺雲氣生梁棟間，俄而大雨。”元耶律楚材《贈高善長一百韻》詩：“西方好風土，大率無蠶桑。”明劉基《雜詩四十首》詩其二十六：“大星出西方，晱晱如明月。”《金瓶梅詞話》第二七回：“睜開眼，醒來看，見日色已西。”清王邦畿《雷峰寺》詩其三：“日暮高松頂，西方一鳥回。”

【西】

即西方 [1]。此稱先秦已行用。見該文。

【庚】

西方的代稱。古五行説以天干之庚配西，因稱。《詩·小雅·大東》：“東有啓明，西有長庚。”《左傳·哀公十三年》：“若登首山以呼曰：‘庚癸乎’。”杜預注：“庚，西方。”《説文·庚部》：“庚，位西方。象秋時萬物庚庚有實也。”

【酉】

即西方 [1]。“酉位”配正西方，太陽每天早晨出於卯位，黄昏入於酉位。古人把東、南、西、北四個方嚮的正中點分别與四個地支字相配：東卯、西酉、北子、南午。晋潘尼《皇太子社》詩：“孟月涉初旬，吉日唯上酉。”南朝梁寶志《十二時頌》其八：“日入酉，虛幻聲音終不久。”唐杜甫《遭田父泥飲美嚴中丞》詩：“朝來偶然出，自卯將及酉。”宋張君房《雲笈七籤·雜修攝》：“凡臥，春夏欲得頭向東，秋冬頭向酉有所利益。”唐瞿曇悉達《開元占經》：“天地南午北子相去九千萬里，東卯、西酉亦九千萬里。”元郝經《續後漢書·立象》：“闔户之星，位酉而與卯東西相直，爲日月出入之門。”明郎瑛《七修類稿·天地類》：“日生東而有西酉之鷄，月生西而有東卯之兔。”明真陽子《大六壬金口訣·大六壬金口訣特殊起式法》：“正西酉地十月將復加巳上，落到酉上。”清陳倫炯《海國聞見録》：“自闇年又向西北，復繞出極西酉方一帶，皆闇年綣毛烏鬼地方。”

【西酉】

即酉。此稱唐代已行用。見該文。

【兑】

古以八卦配八方，兑配西方，故稱。亦稱“兑域”“兑隅”。《周易·説卦》：“兑，正秋也。”孔穎達正義：“〔兑〕是西方之卦。”唐李百藥

《鸚鵡賦》:"含金精於兑域,體耀質於炎方。"唐劉禹錫《許州文宣王新廟碑》:"許州牧尚書杜公作文宣王廟暨學舍於兑隅,革故而鼎新也。"宋張君房《雲笈七籤·方藥》:"雖表名於兑域,實取効於離方。"宋徐夢莘《三朝北盟會盟彙編》卷一九六:"兑方一樓子,自寅至午危甚。"明沈德符《野獲編補遺·釋道·薩王二真君之始》:"此二宫者,俱在京師兑隅,雄麗軒敞,不下宫掖。"清葉佩蓀《有以西域骨種羊裘見貽者謝却之因綴長句》詩:"細思西域兑所位,羊爲兑象全陰德。"參閲宋朱熹《易〔本義〕·圖目》、清錢大昕《十駕齋養新録·八卦方位》。

【兑域】

即兑。此稱唐代已行用。見該文。

【兑隅】

即兑。此稱唐代已行用。見該文。

【少陰】

指西方[1]。先秦卜子夏《易傳·兑下震上》:"少陰失位以求合,人斯賊之矣。"《漢書·律曆志上》:"少陰者,西方。西,遷也,陰氣落物,於時爲秋。"晋張華《博物志·五方人民》:"西方少陰,日月所入。"唐劉禹錫《楚望賦》:"少陰之中,景物澄鮮。"

【金邱】

正西方之代稱。五行中金與西方相配,故稱。亦作"金丘"。虎亦與西方相配,故亦稱"金虎"。《淮南子·墜形訓》:"西南方曰焦僥,曰炎土。西方曰金邱,曰沃野。"高誘注:"西方,金位也,因爲金邱。"又,《天文訓》:"西方,金也……其神爲太白,其獸白虎。"《晋書·吕光傳》:"鐵騎如雲,出玉門而長騖;琱戈耀景,捐金丘而一息。"唐徐堅《初學記·地理上》:"西方之,曰金邱,曰沃野。"唐吕温《凌烟閣勳臣頌·劉夔公宏基》:"夔公崢嶸,金虎之精。"宋姜特立《恭和令制感秋》詩:"金虎肅秋氣,屬兹摇落時。"明楊慎《周彦通侍御秋齋》詩其一:"凉風吹玉樹,明月下金丘。"

【金丘】

同"金邱"。此稱唐代已行用。見該文。

【金虎】

即金邱。此稱唐代已行用。見該文。

【七】[1]

指西方[1]。《黄帝内經·素問·五常政大論》:"炎光赫烈則冰雪霜雹,眚於七。其主鱗伏羼鼠,歲氣早至,乃生大寒。"王冰注:"七,西方也。"宋釋崇嶽《偈頌·一百二十三首》偈其八十一:"去却一,拈却七,佛祖玄關元不識。百尺竿頭掉臂行,笑指西方日頭出。"清黄宗羲《易學象數論》:"《内經》有於三東方,於九南方,於七西方,於一北方,於四維。"

弱土[1]

指柔軟之土。《孔子家語·執轡》:"堅土之人剛,弱土之人柔,墟土之人大,沙土之人細,息土之人美,秏土之人醜。"漢《氾勝之書》:"杏始華榮,輒耕輕土弱土。望杏花落,複耕。"清陸曾禹《欽定康濟録》卷四下:"一州之中土脉各异,有强土,有弱土,有輕土,有重土,有緩土,有燥土。"

南方

南面、南邊之方位。又稱"午""丙""南離""熱鄉""正陽"等。經緯指示了地球上的南北方嚮,南方謂指向南極的方嚮。亦代指南方區域。《周易·説卦》:"離也者,明也,萬物皆相見,南方之卦也。"高亨注:"《説卦》又以八卦配八方，離爲南方，故曰南方之卦也。"
《詩·陳風·東門之枌》："穀旦于差，南方之
原。"《儀禮·覲禮》："方明者，木也，方四
尺，設六色：東方青，南方赤，西方白，北方
黑，上玄，下黄。"《山海經·海内經》："南方
有贛巨人，人面長唇，黑身有毛，反踵，見人
則笑。"又，《海外北經》："臺在其東，臺四方，
隅有一蛇，虎色，首衝南方。"《淮南子·天文
訓》："南方，火也。"三國魏曹植《七哀》詩其
一："南方有障氣，晨鳥不得飛。"唐王建《寄
楊十二秘書》詩："初移古寺正南方，静是浮
山遠是莊。"宋劉敞《久陰》詩："南方信卑
濕，風雨無時節。"元王蒙《憶秦娥·南方懷
古》詞："蘇堤月。香銷南國，幾回圓缺。"明
王褘《贈别馬謙叔憲史》詩："自是南方氣候
遲，羅衫十月尚相宜。"清白胤謙《湖南紀行》
詩："南方土性濕，皇天復時漏。"

【午】

南方的代稱。古以十二地支配四方，午配
南，因稱。《史記·律書》："景風居南方。景
者，言陽，氣道竟，故曰景風。其於十二子爲
午。"漢劉熙《釋名·釋天》："於易爲離。"《宋
書·天文志二》引《星傳》曰："畫而星見午上
者爲經天，其占爲不臣，爲更王。"唐王榮《農
祥晨正》詩："昭回當午地，皎潔向天津。"宋
壺韜《題沈知丞園》詩："主人宴罷歸來晚，銀
燭高燒月午天。"金張斛《平安關道中二首》詩
其一："陽光已轉午，陰嶺仍半黑。"明張宇
初《晚過新興寺》詩："鳥啼春雨足，花落午風
晴。"清畢沅疏證："南方，午位也。"

【丙】

南方的代稱。古行家以天干配五方，丙配

南，因稱。亦稱"丙向"。《説文·丙部》："丙，
位南方。"桂馥義證："丙，火，故位在南。"唐
楊筠松《天玉經·内傳上》："台亥龍作丙向，
回山東西，共一父母也。"宋高似孫《緯略》引
《周地圖記》曰："順治郡丙穴，以其口向丙，
因以爲名。"宋龔鼎臣《東原録》："凡宮寺、祠
廟、郵館，皆無常主，故用丙向，宅舍則當各
隨本音。"明徐善繼《人子須知》："如丙向，忌
水流已去，巳位無山之類。"清錫山等《宅法舉
隅》："丙向利而丁向不利，丁向利而丙向又不
利。"

【丙向】

即丙。此稱先秦已行用。見該文。

【七】[2]

指南方。漢揚雄《太玄·玄圖》曰："一、
六爲水，二、七爲火，三、八爲木，四、九爲
金，五、五爲土……一與六共宗（居北方），二
與七共朋（居南方），三與八成友（居北方），四
與九同道（居西方），五與五相守（居中央）。"
《南齊書·樂志》："蔡邕云：東方有木三土五，
故數八；南方有火二土五，故數七；西方有金四
土五，故數九；北方有水一土五，故數六。"明
梅鼎祚《古樂苑》："蔡邕云：東方木三土五故
八；南方火二土五故七；西方金四土五故九。"

【坤維】[1]

指南方。唐王勃《廣州寶莊嚴寺舍利塔
碑》："上當星紀，下裂坤維。"五代閭黄滔《明
皇迴駕經馬嵬賦》："就言天寶之南面，奚指坤
維而西顧。"元蒲道源《次耶律奉使鎮南樓詩
韻》詩："雄視坤維有此樓，恍疑八表繼神游。"
明黄道周《三易洞璣》卷五："上經坎離四卦，
以象上下，坤維之間。"明王世貞《恭謁孝陵有

述》詩：“乾綱既北振，坤維永南奠。”清李澄
《望羅浮歌》：“豐隆列缺，手劈坤維。”

【南離】

稱南方。古以八卦配八方，離卦配南方，
因稱。《周易・説卦》：“離也者，明也，萬物皆
相見，南方之卦也。”漢張衡《髑髏賦》：“取耳
北坎，求目南離。”章樵注：“離，南方火；火
外景，故目屬之。”三國魏曹丕《瑪瑙勒賦》：
“扇朔方之玄氣，喜南離之焱陽。”唐王維《寶
蓋巖神樓外聯》：“浩劫三千皇春帝夏，洞天
二十北坎南離。”宋何群《降真巖》詩：“水透
山阿朝北坎，山開井勢拱南離。”明唐順之《冬
至南郊》詩：“位以南離正，宵從甲子分。”清
鈕琇《觚賸・石言》：〔端溪硯石〕望之有形，
撫之無迹；南離炳暉，蒸爲紫雲。”參閱《文王
八卦方位圖》。

【炎方】

指南方。五行中火與南方相配，火性炎熱，
因以稱。“方”爲大地，故亦有南方氣候炎熱地
域之意。三國魏鍾會《孔雀賦》：“有炎方之偉
鳥，感靈和而來儀。”唐魏徵《五郊樂章・雍
和》：“昭昭丹陸，戀戀炎方。”唐李白《古風》
詩三十四：“怯卒非戰士，炎方難遠行。”唐白
居易《夏日與閑禪師林下避暑》詩：“每因毒暑
悲親故，多在炎方瘴海中。”宋張方平《送沈生
昆弟隨侍之博白四絶句》詩其一：“炎方景象異
中原，海氣昏昏雜瘴烟。”元王寂《感懷》詩：
“炎方得春早，二月花已放。”明何景明《九日
黔國後園》詩：“水國陰多寒已至，炎方霜後瘴
初收。”清施閏章《望衡嶽》詩：“水國風雷虛
岫出，炎方冰雪半巖封。”

【丹】[1]

南方的代稱。亦作“赤”，亦稱“朱”。古
陰陽五行家以五色配五方，赤配南，丹、朱即
赤，因稱。《書・益稷》：“以五采彰施于五色，
作服，汝明。”孫星衍疏：“五色，東方謂之青，
南方謂之赤，西方謂之白，北方謂之黑，天謂
之玄，地謂之黃，玄出於黑，故六者有黃無玄
爲五也。”《周禮・冬官・考工記》：“畫繢之事：
雜五色。東方謂之青，西方謂之白，南方謂之
赤，北方謂之黑，天謂之玄，地謂之黃。”《論
語・陽貨》：“惡紫之奪朱。”邢昺疏：“朱是南
方正，紅是南方間。南爲火，火色赤。”漢班固
《白虎通・五行》：“南方者，火也……其色赤。”
宋張君房《雲笈七籤・金丹訣》：“丹者，南方
之異名。”

【赤】

即丹[1]。此稱先秦已行用。見該文。

【朱】

即丹[1]。此稱宋代已行用。見該文。

【朱冥】

指南方。亦稱“丹冥”。《楚辭・九嘆・遠
游》：“絶都廣以直指兮，歷祝融於朱冥。”王逸
注：“朱，赤色也。言己行乃橫絶於都廣之野，
過祝融之神於朱冥之野也。”晋張協《七命》：
“丹冥投烽，青徼釋警。”李善注：“丹，南方朱
冥也。”張銑注：“丹冥，南方遠處，謂蜀也。”
宋余靖《游韶石》詩：“丹冥卜巡幸，翠華臨蒼
莽。”明蘇葵《病中遣懷四首》詩其一：“病倚
藤牀雨氣清，曲肱有夢到朱冥。”

【丹冥】

即朱冥。此稱晋代已行用。見該文。

【朱維】

指南方。"維"有四方之意。唐韓愈《南山》詩："朱維方燒日，陰霾縱騰糅。"錢仲聯集釋引徐震曰："朱維，南方也。"宋《靈寶領教濟度金書》："稽首朱維，皈心玄極。"宋文天祥《迎前人啓》："丹鳳嗌書，光照朱維之色；蒼龍授節，清摇綠净之波。"明劉基《題武夷圖》詩："崇山奠朱維，實維群山囿。"

【正陽】

指南方。或指南方照射的陽光。先秦屈原《遠游》詩："飡六氣而飲沆瀣兮，漱正陽而含朝霞。"《史記·司馬相如列傳》："正陽顯見，覺悟黎烝。"司馬貞索隱引文穎曰："陽，明也，謂南面受朝也。"南朝梁沈約《皇雅》："清蹕朝萬宇，端冕臨正陽。"唐李沇《夢仙謠》："露乾欲醉芙蕖塘，回首驅雲朝正陽。"宋劉攽《椿下獨坐》詩："凱風長群物，赤日流正陽。"元吕誠《訪友》詩："先生家住正陽門，繞屋松聲日夜聞。"明陶安《送程子厚》詩其二："泉清壺漏滴，表正陽晷中。"清湯球《衆家編年體晋史》："夫王朝南向，正陽也，後北宫位太陰也。"

壯土

南方之土。喻南方大地。中國南方土壤多爲紅黄壤和紅壤，性較黏重。《淮南子·墜形訓》："壯土之氣，禦於赤天，赤天七百歲生赤丹，赤丹七百歲生赤澒。"莊逵吉校注引《太平御覽》："壯土，南方之土。"清劉獻廷《廣陽雜記·僞膚諭降》："公聞之大喜曰：'壯土可用也。'"

【丹野】

指南方大地。亦稱"丹陸"。《後漢書·皇甫張段傳》："而地震之後，霧氣白濁，日月不光，旱魃爲虐，大賊從橫，流血丹野。"晋陸雲《盛德頌》："神母哀號，底命丹野。"南朝宋劉義慶《幽明録》："南爲丹野，北爲太玄。"唐魏徵《五郊樂章·雍和》："昭昭丹陸，孿孿炎方。"宋張君房《雲笈七籤·紀傳》："無違龍髯之舉，三苗丹野。"清酈露《二臣咏》其二："秩宗誕宏志，褒日走丹陸。"

【丹陸】

即丹野。此稱唐代已行用。見該文。

【南海】[4]

泛指南方遥遠之地。《詩·大雅·江漢》："匪疚匪棘，王國來極。于疆於理，至于南海。"《左傳·僖公四年》："君處北海，寡人處南海，唯是風馬牛不相及也。"杜預注："楚界猶未至南海，因齊處北海，遂稱所近。"唐李朝威《柳毅傳》："後居南海僅四十年，其邸第、輿馬、珍鮮、服玩，雖侯伯之室，無以加也。毅之族咸遂濡澤。以其春秋積序，容狀不衰。南海之人，靡不驚異。"唐黄庭堅《寄黄幾復》詩："我居北海君南海，寄雁傳書謝不能。"

【丹徼】

指古代南方邊界。晋崔豹《古今注·都邑》："南方徼色赤，故稱丹徼，爲南方之極也。"《舊唐書·辛替否傳》："韋月將受誅於丹徼，燕欽融見殺於紫庭。"南朝齊謝朓《侍宴華光殿曲水奉敕爲皇太子作》詩："玄塞北靡，丹徼南極。"唐駱賓王《雜曲歌辭·從軍中行路難二首》其一："蒼江綠水東流駛，炎洲丹徼南中地。"宋劉攽《次韻和楊叔恬贈鄭秘丞》詩："驊騮自西極，翠羽出丹徼。"元陳旅《送海豐劉巡檢》詩："隨牒游丹徼，春風騎氣舒。"明楊慎《送祝文安知楚雄府》詩："禹山閣道盤丹徵，岷水牂牁帶黔溪。”清廓露《扈蹕臨雝歸自中書堂呈蘇相國一百韻》詩：“穗城天鸛降，丹徼夏鵬騫。”參閱本書“丹¹”條目。

北方

北面、北邊之方位。亦稱“玄”“伏方”“戴斗”“太陰”等。經緯指示了地球上的南北方嚮，北方爲指向北極的方嚮。亦代指北方區域。《山海經·海外北經》：“北方禺彊，人面鳥身，珥兩青蛇，踐兩青蛇。”先秦宋玉《招魂》：“魂兮歸來！北方不以止些。”漢李延年《北方有佳人》詩：“北方有佳人，絕世而獨立。”漢曹操《蒿里行》詩：“淮南弟稱號，刻璽於北方。”南朝宋王叔之《擬古》詩：“客從北方來，言欲到交趾。”唐劉禹錫《和令狐相公謝太原李侍中寄蒲桃》詩：“珍果出西域，移根到北方。”宋王邁《送陳君保作哲西征》詩：“北方寒地多冰雪，南國饑氓弄甲兵。”元王禎《推鐮》詩：“北方寒早多晚禾，赤莖烏粒連山阿。”明張翀《祖廟》詩：“吾聞北方號玄武，乃是斗虛七宿神。”清毛鳴岐《舟次青縣》詩：“滿地風沙至，應知是北方。”

【玄】²

北方。亦稱“玄朔”“玄宮”“玄方”“玄天”。古以五色配五方，黑配北，玄即黑，故稱。《吕氏春秋·有始》：“北方曰玄天。”高誘注：“北方十一月建子，水之中也。水色黑，故曰玄天也。”《莊子·大宗師》：“夫道，有情有信，無爲無形……顓頊得之，以處玄宮。”陸德明釋文：“玄宮，北方官也。”三國魏曹植《橘賦》：“背山川之暖氣，處玄朔之肅清。”又，《游仙》詩：“北極玄天渚，南翔陟丹丘。”晉趙至《與嵇茂齊書》：“今將植橘柚於玄朔，蒂華

藕於修陵。”劉良注：“玄朔，北方也。”朔，既指時間，又指月相。每月農曆初一，月球運行到某一黄經，恰好太陽也運行到該黄經處，兩者重合，此時即爲朔；此時地面觀測者看不到月面任何明亮的部分，故黑，玄也。《晉書·四夷傳序》：“九夷北狄，被青野而亘玄方。”唐李嶠《奉和幸望春宮送朔方總管張仁亶》詩：“猛氣凌玄朔，崇恩降紫宸。”宋張君房《雲笈七籤·歌詩》：“雲草廕玄方，仰感旋曜精。”元鄭光祖《三戰吕布》第一折：“瞥排白虎居金位，陣引青龍坐正東，前隊馬催如烈火，後營兵列按玄宮。”元劉因《集杜句贈王運同彥材》詩：“玄朔巡天步，危樓望北辰。”明何景明《冬至》詩：“北杓指玄朔，南景留嚴冬。”明王慎中《頌赦大賚也》詩：“黄暉鑒日竇，祥飆颺玄方。”

【玄宮】

即玄²。此稱先秦已行用。見該文。

【玄天】

即玄²。此稱先秦已行用。見該文。

【玄朔】

即玄²。此稱三國魏已行用。見該文。

【玄方】

即玄²。此稱唐代已行用。見該文。

【玄極】

北方極遠之地。一説，指天極、天空。晉葛洪《抱朴子外篇·詰鮑》：“夫祥瑞之徵，指發玄極。”南朝宋謝莊《孝武皇帝歌》：“玄極弛馭，乾紐墜緒。”唐陳子昂《燕然軍人畫像銘》：“耀天兵兮征荒服，絕雲漠兮出玄極。”《新唐書·天文志》：“又玄極北樹北辰，南矩地軸，傍轉於内。”《圓宗文類》：“世界不能窮，玄極

最後處。”明袁宗道《雜説類》：“故窮玄極妙，莫之蹤跡。”

【寒澤】

指北方。亦稱“積冰”。寒冷、有澤，因而“寒澤”所指之北方，應是今所稱的亞寒帶區域，如中國東北北部以及西伯利亞東部廣大區域。《淮南子・墜形訓》：“北方曰大冥，曰寒澤。”高誘注：“北方多寒也，故曰寒澤也。”又：“北方曰積冰，曰委羽。”高誘注：“北方寒冰所積，因以爲名。”明劉崧《題紈扇畫景贈易茂才》詩：“天清遥見寒澤雁，日落如聞秋岸砧。”

【積冰】

即寒澤。強調有冰和凍土層區域的北方。此稱漢代已行用。見該文。

【伏方】

北方。《尸子》卷下：“冬爲信，北方爲冬。冬，終也；北方，伏方也。萬物至冬皆伏，貴賤若一，美惡不異，信之至也。”漢班固《白虎通・五行》：“北方者，伏方也，萬物伏藏也。”《藝文類聚・歲時部上》：“《尚書大傳》曰：北方者，物之伏方也，何以謂之冬，冬，中也，物方藏於中也，故曰北方冬也。”《太平御覽・時序部》：“北方，伏方也，是萬物冬皆伏，貴賤若一，美惡不伐。”清李光地《御定月令輯要》卷一七：“伏方，原《漢書・律曆志》：太陰者，北方，北伏也，陽氣伏……冬終也。”

【戴斗】

北方的代稱。指北斗之下區域，故名。唐李德裕《與紇扢斯可汗書》：“可汗生戴斗之鄉，居寒露之野。”宋曾鞏《亳州謝到任表》：“扶桑戴斗之區，度索尋橦之國，來於四海之外，曾無一歲之虚。”宋王應麟《困學紀聞・雜識》：

“趙安仁字樂道，作《戴斗懷柔録》，王晦叔作《戴斗奉使録》。戴斗，謂北方。”元潘伯脩《甲午元日感懷》詩：“東華正擁如雲騎，南國空瞻戴斗星。”清佚名《東西垂花門春聯》：“戴斗鎮崆峒，尊臨地軸。宣風啓閶闔，順協天樞。”

【太陰】[2]

北方、北極。亦稱“太冥”。《淮南子・道應訓》：“盧敖游乎北海，經乎太陰，入乎玄闕，至於蒙轂之上。”高誘注：“太陰，北方也。”《漢書・司馬相如列傳下》：“邪絶少陽而登太陰兮，與真人乎相求。”顔師古注引張揖云：“太陰，北極。”《文選・張協〈七命〉》：“北方極陰，故曰太冥。含黄鍾以吐榦，據蒼岑而孤生。”又曰：“寒山之桐，出自太冥。”李善注：“北方極陰，故曰太冥。”《晉書・張載傳》：“寒山之桐，出自太冥，含黄鍾以吐榦，據蒼岑而孤生。”《太平廣記・神仙十一》：“體彼自然道，寂觀合太冥。南嶽擬貞幹，玉英耀穎精。”一説，東北曰太陰。《唐會要・九宮壇》：“東北曰太陰，正南曰天一，中央曰天符，正北曰太一。”

【太冥】

即太陰[2]。此稱南朝梁已行用。見該文。

子

北方。亦稱“子地”。古五行家以地支與四方相配，子配北方，因稱。《漢書・王莽傳》：“其秋，莽以皇后有子孫瑞，通子午道。子午道從杜陵直絶南山，徑漢中。”顔師古注：“子，北方；午，南方也。言通南北道相當，故謂之子午耳。”《隋書・五行志上》：“樂哉三十餘，悲哉五十里。但看八十三，子地妖災起……太清元年八月十三，而侯景自懸瓠來降，在丹陽之北，子地。”唐蘇頲《唐長安西明寺塔碑》：

"揆陰陽之中，居子午之直，叢依觀閣，層立殿堂。"康有爲《上清帝第六書》："若針之子午未定，舵之東西游移，則徘徊莫適，悵悵何之？"

【子地】

即子。此稱唐代已行用。見該文。

【坎】[4]

稱北方。古據八卦定方位，坎卦正值北方，故名。唐呂嚴《酹江月》："仙風道骨，顛倒運乾坤，平分時節。金木相交坎離位，一粒刀圭凝結。"唐齊己《瀟湘二十韻》詩："二水遠難論，從離向坎奔。"宋薛式《西江月》詞："日月相交離坎，龍蛇産在先天。"參閱《文王八卦方位圖》。

【北坎】

謂北方。漢張衡《髑髏賦》："取耳北坎，求目南離。"唐王維《寶蓋巖神樓外聯》："浩劫三千皇春帝夏，洞天二十北坎南離。"宋何群《降真巖》詩："水透山阿朝北坎，山開井勢拱南離。"清王夫之《讀通鑑論》卷四："東震、西兌、南離、北坎者，位也。"

【朔方】

北方。"方"有大地之含義，故"朔方"亦可解爲"北方之地。"單稱"朔"。《書・堯典》："申命和叔，宅朔方，曰幽都。"孔傳："北稱朔。"蔡沈集傳："朔方，北荒之地。"又，《舜典》："十有一月朔巡守，至于北岳。"孔穎達疏引《爾雅・釋訓》："朔，北方也。"《詩・小雅・出車》："天子命我，城彼朔方。"《楚辭・九嘆・遠游》："溯高風以低佪兮，覽周流於朔方。"王逸注："周遍流行於北方也。"三國魏曹植《門有萬里客行》詩："本是朔方士，今爲吳越民。"晉王贊《雜詩》："朔風動秋草，邊

馬有歸心。"南朝梁蕭繹《聽馬驅》詩："朔方寒氣重，胡關饒苦霧。"隋盧思道《從軍行》："朔方烽火照甘泉，長安飛將出祁連。"唐裴鉶《崑崙奴》："某家本富，居在朔方。"唐李白《相和歌辭・北上行》詩："沙塵接幽州，烽火連朔方。"宋王應麟《詩地理考》："賈捐之曰：武丁、成王，殷周之大仁也。然地東不過江、黃，西不過氐、羌，南不過荊蠻，北不過朔方，是以頌聲並作。"又，《困學紀聞》："北方終陰而始陽，故謂之朔方。"元陳義高《蟻出一首同張太監賦》詩："三月春雷鳴，朔方啓萬蟄。"明丘濬《大學衍義補》卷一九："武帝開地斥境，南置交趾、北置朔方之州。"清沈昌宇《寶盤歌》："命將北伐天威揚，驅逐獫狁過朔方。"清何鞏道《寄李湘水》詩："天涯幾度登樓思，惆悵關河朔雁聲。"

【朔】

即朔方。此稱先秦已行用。見該文。

子午

南北方嚮。古人以"子"爲正北，以"午"爲正南。先秦佚名《三秦民謠》："山水險阻，黃金子午。"唐蘇頲《唐長安西明寺塔碑》："揆陰陽之中，居子午之直，叢依觀閣，層立殿堂。"宋吳自牧《夢粱錄》："至望日，則潮亦如月朔信，復會於子午位。"《宋史・天文志一》："南陽孔定制銅儀，有雙規，規正距子午以象天；有橫規，判儀之中以象地。"《文獻通考・象緯考》："占者以爲北方之宿，子午相衝，災在南方。"《元史・天文志》："當子午爲圓竅，以受南北極樞軸。"康有爲《上清帝第六書》："若針之子午未定，舵之東西游移，則徘徊莫適，悵悵何之？"《清史稿・時憲志》："顧黃道

與赤道斜交，地平上赤道半周適中之點，恒當子午圈，而地平上黃道半周適中之點，則時有更易。"

北海[4]

泛指北方之地。《左傳‧僖公四年》："君處北海，寡人處南海，唯是風馬牛不相及也。"《荀子‧王制》："北海則有走馬吠犬焉，然而中國得而畜使之。"楊倞注："海謂荒晦絕遠之地，不必至海水也。"《北史‧突厥傳》："自軒轅以來，獫狁多爲邊患。今遠窮北海，皆爲臣妾，此之盛事，振古未聞。"唐王勃《相和歌辭‧采蓮歸》："不惜南津交佩解，還羞北海雁書遲。"宋文天祥《感懷二首》詩其二："北海風沙漫漢節，浯溪烟雨暗唐碑。"元陸仁《送友人之京兼懷陳庶子二首》詩其一："爲言北海三千里，只作南風十日行。"明金涓《蘇武》詩："北海寒深雪滿天，邊雲漠漠漢雲連。"清湯貽汾《堂聯》："南嶺以南，北海以北，千萬里閑雲自在，到頭還愛六朝山。"

牝土

北方之土。《淮南子‧墜形訓》："牝土之氣，禦於玄天。"《太平御覽‧地部》："就下流水就通而合乎白海，牝土之氣仰乎玄天。牝土，北方土也。"

【玄社】

黑土，象徵北方土地。亦稱"玄土"。中國北方黃土分布區以北分布着大面積栗鈣土、黑鈣土、黑土等顏色較深的土壤。古諸侯受封天子，依五方受五色土。封於北方者取黑土，裹以白茅，封以爲社。《史記‧三王世家》："封於北土，世爲漢藩輔。"三國魏潘勖《册魏公九錫文》："錫君玄土，苴以白茅。"呂向注："魏

在北，故云玄也。"《靈寶無量度人上品妙經》："紫霄空歌，太極玄土。"《晋書‧文帝紀》："錫茲玄土，苴以白茅，建爾國家，以永藩魏室。"唐張説《贈陳州刺史義陽王碑》："祚之玄社，帝曰欽哉。"元揭傒斯《册皇太子奎章閣賀表》："既疏封於玄土，爰正位於青宫。"明王立道《觀出軍十首》其一："玄社新分土，黃金盡築壇。"參閲"玄""五色土"。

【玄土】

即玄社。此稱三國魏已行用。見該文。

窮髮

極北不毛之地。又藉指極北不毛之地的國家。《莊子‧逍遥游》："窮髮之北有冥海者，天池也。"成玄英疏："地以草爲毛髮，北方寒沍之地，草木不生，故名窮髮，所謂不毛之地。"南朝宋謝靈運《游赤石進帆海》詩："周覽倦瀛壖，況乃凌窮髮。"《宋書‧符瑞志下》："窮髮納貢，九譯導言。"《北史‧高車傳》："翦之窮髮之野，逐之無人之鄉。"唐李白《同友人舟行游臺越作》詩："蹇予訪前迹，獨往造窮髮。"唐獨孤及《海上寄蕭立》詩："遠海入大荒，平蕪際窮髮。"《唐會要‧封禪》："盡窮髮以開疆。"宋蘇軾《次韻子由使契丹至涿州見寄四首》詩："胡羊代馬得安眠，窮髮之南共一天。"宋趙汝適《諸蕃志‧吳序》："雖天際窮髮不毛之地，無不可通之理焉。"元馬祖常《都門一百韻用韓文公會合聯句詩韻》詩："窮髮炙駝蹄，句麗醢熊脚。"明區大相《自江門進帆海上作》詩："窮髮還過北，扶桑更向東。"清姚鼐《聖駕南巡賦》："北户而北，窮髮之南，靡弗欣懌。"

【有北】

北方嚴寒荒凉，不生草木之地。指北方沙

漠與戈壁地區。《詩·小雅·巷伯》："取彼譖人，投畀豺虎。豺虎不食，投畀有北。"毛傳："〔有北〕，北方寒涼而不毛。"朱熹集傳："北，北方寒涼不毛之地也。"晉王嘉《拾遺記·高辛》："軒轅去蚩尤之凶，遷其民善者於鄒屠之地，遷惡者於有北之鄉。"《北史·道武七王傳》："或投彼有北，以禦魑魅，多復逃胡鄉。"宋仲并《句》詩："政恐崖州如有北，却應未肯受讒夫。"元姚燧《滿庭芳·寄趙宣慰平遠》詞："有北先寒，來時鴻雁，記經何地初霜。"清錢謙益《賀文司理詩冊序》："自今以往，固將黜捲舌於天街，投讒人於有北，海內咸長養和平。"章炳麟《代議然否論》："若是者，於震旦爲封豕，投畀有北，未足以盡其誅。"

【天鈞】

北極嚴寒之地。《淮南子·俶真訓》："處玄冥而不闇，休於天鈞而不礙。"高誘注："天鈞，北極之地，積寒之野。"唐司空圖《詩品二十四則·自然》詩："薄言情晤，悠悠天鈞。"宋呂陶《答王仲高》詩："惟特三不愧，通塞任天鈞。"

戊

指代中央方位。古五行說以天干配五方，戊配中，因稱。或指中原地區的古代政治中心。《說文·戊部》："戊，中宮也。"中宮，皇后住處。這裏喻指中央。《漢書·律曆志》："五六者，天地之中合。"故曰："戊，中宮也。"宋佚名《中方歌》詩："中央戊己屬句陳，體合虛無與道鄰。"明李夢陽《出塞二首》詩其二："望烟尋戊壘，聞雁忽沾衣。"清江藩《六甲五龍說》："予謂天數五，地數五，自甲至戊其數五，居十之中。"

【戊己】 [1]

指代中央方位。《呂氏春秋·季夏》："中央土，其日戊己。"高誘注："戊己，土日。土，王中央也。"《後漢書·西域傳》："元帝置戊己校尉，屯田于車師前王庭。"李賢注："戊己，中央也，鎮覆四方。"唐太白山神《語》詩："歲月甲庚午，中興戊己土。"宋張伯端《絕句六十四首》詩其十八："赤龍黑虎各西東，四象交加戊己中。"元李真人《菩薩蠻》詞："還丹鼎器將何作，戊己正土爲城郭。"明羅洪先《贈客》詩："坎離既互位，戊己相疊居。"清段玉裁《說文解字注》："戊己皆中宮，故中央土。"《八字入門天干地支》："甲乙東方木，丙丁南方火，戊己中央土，庚辛西方金，壬癸北方水。"清雲間子《草木春秋演義》第一六回："金霞遍滿中央，黃道全歸戊己。回有二十八宿之分，周有六十四卦之變。"一說，指一旬中的戊日和己日。

【中】

方位之中央，四方、上下或兩端距離同等之位置。《書·召誥》："王來紹上帝，自服于土中。"孔傳："於地勢正中。"《墨子·經上》："中，同長也。"漢賈誼《新書·屬遠》："古者天子地方千里，中之而爲都……今漢越兩諸侯之中分，而乃以廬江之爲奉地，雖秦之遠邊過此不遠矣。"北魏酈道元《水經注·河水四》："二城之中，有段干木冢。"唐王績《游山寺》詩："中天疏寶座，半景出香臺。"宋佚名《獻仙桃》詩："堯顙喜瞻天北極，舜衣深拱殿中央。"清陳澧《東塾讀書記·諸子》："《幾何原本》云：'圜之中處一圜心，一圜惟一心，無二心，圜界至中心作直綫俱等。'即此所謂'一中同長'也。"

【坤維】²

指大地之中央，正中。唐元稹《有酒十章》詩其七："乾綱倒軋坤維旋，白日橫空星宿見，一夫心醉萬物變。"《隋書·禮儀志一》："四方帝各依其方，黃帝居坤維。"宋司馬光《寄成都吳龍圖同年》詩："政簡坤維静，仁深井絡安。"元何中《郝思温大字歌》："重如岱嶽鎮坤維，奇如古鼎躍泗側。"明王廷相《帝京篇》詩："九皇天運坤維奠，萬國星羅北極尊。"清胡健《十三澳》詩："地隆玄武壯坤維，鎖鑰難忘保障思。"

正土

中央之土。《淮南子·墜形訓》："正土之氣也，御乎埃天。"高誘注："正土，中土也。"莊逵吉校注引《太平御覽》注："正土，中土也。"晋成公綏《天地賦傳》："辨方正土，經略建邦。"《宋史·楚建中傳》："夏人來正土疆，往菴其事。"元李真人《菩薩蠻》詞："還丹鼎器將何作，戊己正土爲城郭。"清田文鏡《河南通志》："維神尊臨方夏，位正土中，統防陰陽均和寒暑。"

巽

代稱東南方。古以八卦配八方，巽配東南，故稱。亦稱"巽維""巽隅""巽地""巽位"等。《周易·說卦》："巽，東南也。"北魏酈道元《水經注·穀水》："〔北川水〕水有二源，並導北山，東南流，合成一水，自乾注巽入於谷。"唐李筌《太白陰經·雜式·元女式》："乾天門，坤人門，巽地户，艮鬼路。"宋包恢《病中口占》："惟震雷巽風，二者相擊搏。"明劉基《獨冷先生傳》："巽，東南之方也，其象爲風。"

明陳士鐸《外經微言》："巽作地户，膽持其權也。"清陳淑均《噶瑪蘭廳志》卷二："地只四圍，取乾、巽、艮、坤定其方位。"參閱《文王八卦方位圖》。

【巽維】

代稱東南方。可引申爲"維繫在東南方區域"之意。晋郭璞《〈山海經〉圖》："地虧巽維，天缺乾角。"參閱對"四維"之解釋。《梁書·沈約傳》："臨巽維而騁目，即堆冢而流盻。"唐王洙《東陽夜怪録》："吾故林在長安之巽維，御宿川之東疇。"《新唐書·曆志三上》："冬至日在斗十三度，昏東壁中，昴在巽維之左，向明之位，非無星也。"元虞集《道園學古録》："翼翼倉龍集於巽維，紀綱百神運行四時。"明陶宗儀《說孚》卷一一上："共工赫怒不周，是觸地虧巽維，天缺乾角。"《御定淵鑑類函》卷二三："東北艮維，西北乾維，東南巽維，西南坤維。"

【巽隅】

代稱東南方。隅，角落，謂大地邊緣區域，可指"大地之東南一隅"。宋胡宿《醴泉觀涵清殿上梁文》："粵在巽隅，有龜蚳合體之精。"金元好問《續夷堅志·楊洞微》："〔洞微〕與衆道士行尋之，見巽隅草樹間，隱隱有微潤，掘之果得泉。"元李志常《長春真人西游記》："風自冢間出，初旋動如羊角者百千數，少焉合爲一風，飛沙走石，發屋拔木，勢震百川，息於巽隅。"《文獻通考·樂考九》："巽隅，右應仲呂，巳之位也。"明沈德符《野獲編·列朝二·景靈宫》："造獻皇帝廟於太廟之巽隅，其舊時營建名世廟者，遂空寂無所用。"明談遷《北游録·紀聞上》："建特廟於朝門之巽隅，丹楹黃瓦。元日臨祭。"清張英等《御定淵鑑類函》卷三六九:"京師巽隅,逼城觀象臺之巔,有渾天儀。"

【巽地】

代稱東南方。強調"地",可解爲"東南方之地"。漢魏伯陽《周易參同契注》:"月出巽地,至辛平明,金受水符。"唐王希明《太乙金鏡式經》:"其三曰黄室宫,在東吴之巽地,東南方也。"宋許及之《次韻轉庵步城南有卜居依壑意乃古巽吉庵之旁》詩:"水過斗門知浦口,庵當巽地見峰頭。"《金史·禮志七》:"乃爲壇于景豐門外東南,闕之巽地,歲以立春後丑日,以祀風師。"明萬民英《三命通會·釋六十甲子性質吉凶》:"東南巽地,有風最宜。"《水滸傳》第六一回:"只除非去東南方巽地上,一千里之外,方可免此大難。"《西游記》第六八回:"〔孫悟空〕朝著巽地上吸口仙氣吹來,立起一陳旋風,將人都吹散。"《蟫史·連尾生吐胸中五嶽》:"由巽地騰起,八人自下呵氣,即墮爲石卵。"

【巽位】

即巽。"位"爲空間定位。"巽位"側重位置,可解爲"位於東南方嚮"。隋蕭吉《五行大義》:"揚州在東南,巽位。"唐楊筠松《天玉經·内傳上》:"巽位東南,以木而從乎木類也。"宋程大昌《易原》卷一〇:"巽位,東南。"元曲《李雲英〈風送梧桐葉〉》:"去時節長則是向東南巽位藏伏,入羅幃冷清清勾引動懷怨閨中女。"明萬民英《三命通會·論太極貴》:"《經》曰:地陷東南,四瀆俱流巽位,皆有始有終之意。"《徐霞客游記·滇游日記七》:"其上烏龍峰,獨聳文筆於西南;木家院南峰,回峙雄關

於巽位。"清劉天誼《南皮咏古五首》詩其一:"一丘城巽位,憑吊日斜曛。"

【地户】

代指東南方。古傳説天地皆有門户,天門在西北,地户在東南,因稱。漢袁康《越絶書·外傳記》:"吴越二邦,同氣同俗,地户之位。"又云:"天運歷紀,千歲一至,黄帝之元,執辰破巳,霸王之氣,見於地户。"《史記·越王句踐世家》:"句踐以霸,而范蠡稱上將軍。"裴駰集解:"黄帝之元,執辰破巳,霸王之氣,見於地户。"漢《河圖括地象》:"天不足西北,地不足東南。西北爲天門,東南爲地户;天門無上,地户無下。"原注:"天不足西北,是天門;地不足東南,是地户。"漢王充《論衡·訂鬼》:"西北爲天門,東南爲地户。"唐楊炯《益州新都縣學先聖廟堂碑文序》:"銀衡用九,天門厭西北之荒;銅蓋虚三,地户坼東南之野。"宋張君房《雲笈七籤·太上老君開天經》:"西南王母東青龍,習氣發裔地户間,巽上四期入中宫,籌出中宫升於乾。"金侯善淵《陰陽》詩其八:"衝開地户,撞透天門。"明郭之奇《野泊觀燒》詩:"陰洞虚巖取次明,地户天門光一串。"清錢大昕《廿二史考異·史記四·越王勾踐世家》:"春秋時,能病楚者吴,能病吴者越,以其當地户也。"參閲漢趙曄《吴越春秋·闔閭内傳》。

【辰巳】

代指東南方。古代陰陽五行家將十二地支和四方相配,子在正北,卯在正東,午在正南,酉在正西。辰巳在卯午之間,於位爲東南方。《淮南子·天文訓》:"子午、卯酉爲二繩,丑寅、辰巳、未申、戌亥爲四鈎。"晋郭璞《玉

照神應真經》："辰巳爲地戶。"《宋書·天文志二》："六月辛巳，日未入，有流星如三斗魁，從辰巳上東南行。"宋辜托長老《入地眼全書》："辰巳輔巽，東南之卦也。"宋張君房《雲笈七籤·十洲三島部》："長洲一名青丘，在南海辰巳之地。"明郎瑛《七修類稿·天地類》："木化居東南辰巳之方，長養豐茂，其大林之木乎？"《古今圖書集成·奇門遁甲》："巽位東南，辰巳之間。"柯劭忞《新元史·曆志二》："其上與百刻環邊齊，在辰巳、未申之間。"

坤 [2]

代稱西南方。古據八卦定方位，坤卦正值西南方，故名。《周易·坤》："君子有攸往，先迷後得主。利，西南得朋。"孔穎達疏："坤位居西南。"《南齊書·五行志》："七年正月甲子，夜陰，雷鳴西南坤宮，隆隆一聲而止。"宋王應麟《小學紺珠》卷二："四維：東南巽，東北艮，西南坤，西北乾。"元汪克寬《西南林壑樓記》："西南，西南坤之方也，山川地之文也。"明章潢《圖書編》："後天卦，位西南坤方，萬物皆致養焉。"清劉一明《象言破疑》："陰盡陽純，則仙矣，故以西南坤位爲生我之門。"參閱《文王八卦方位圖》。

【坤隅】

即坤 [2]。"隅"通"角"，大地爲方，有四角，坤隅指代西南角的方嚮。唐李華《含元殿賦》："望仙闥於巽維，建福敞於坤隅。"宋宋京《玉局》："龜城坤隅地有穴，俗說西與岷山連。"明顧應祥《測圓海鏡分類釋術》卷八："從城外西南坤隅南行，望見槐柳與城相參。"清李斗《揚州畫舫錄·蜀岡錄》："山堂大門在寺坤隅，門內植老桂百餘株。"

【坤維】[3]

即坤 [2]。指西南方。引申爲"維繫在西南方區域"之意。因《周易·坤》有"西南得朋"之語，故以坤指西南。《史記·天官書》："其陰，陰國。"裴駰集解引孟康曰："陰，西南，象坤維。"晉張協《雜詩》："大火流坤維，白日馳西陸。"李善注："《毛詩》曰：'七月流火。'毛萇曰：'火，大火也。'《淮南子》曰：'坤維在西南。'"唐張立《咏蜀都城上芙蓉花》："四十里城花發時，錦囊高下照坤維。"宋宋敏求《賜陳敬瑄鐵券文》："坤維而百蠻，遠指三川。"宋范仲淹《宋故乾州刺史張公神道碑》："初蜀師之役，中軍雲侯有終，辟公以行，如左右手。平定坤維，公有力焉。"明劉基《送陳庭學之成都衛照磨任》詩："長夏雪山連太白，玄冬熱海蒸坤維。"清丘逢甲《大風雨歌》："力撼乾紐搖坤維，駭聽東南大風起。"

【西坤】

即坤 [2]。指西南方。漢張衡《髑髏賦》："我欲告之於五嶽，禱之於神祇，起子素骨，反子四肢，取耳北坎，求目南離，使東震獻足，西坤授腹，五內皆還，六神盡復。"晉佚名《洞真上清開天三圖七星移度經》："回北斗於玄樞，度生炁於西坤，離北帝於酆都，得記名於南軒。"南北朝佚名《上清天關三圖經》："回北斗於玄樞，度生氣於西坤。"宋王質《代虞樞密宴晁制置口號》其一："一會星辰朝北極，八方風雨聚西坤。"明胡廣《性理大全書》卷一七："內乾八卦居北，外乾八卦居西坤。"明章潢《圖書編》卷二："外乾八卦居西坤，本在圓圖之北，今轉而居東南。"清沈宗敬等《御定駢字類編》卷一五〇："太白星員鏡金精，焕耀西坤。"

【坤位】

即坤[2]。指西南方位。《周易正義·上經需傳》："西南坤位,是陰也。"宋倪天隱《周易口義》："西南者,西南坤位也。"《文獻通考·郊社考》："天聖七年乙巳歲,五福泰一入西南坤位,修西泰一宮。"元李道純《沁園春·贈吳居士丹旨》詞："向上工夫,乾宮立鼎,坤位安爐。"《水滸傳》第七六回:"紅旗白甲火雲飛,正據西南坤位上。"《草木春秋演義》第一六回:"驃騎大將杜衡,都坐的戰馬,手用銅刀,立於坤位上。"

【未申】

西南方的代稱。古五行說以地支配四方,未配西南偏南方,申配西南偏西方,未申合則指西南方。《淮南子·天文訓》："子午、卯酉爲二繩,丑寅、辰巳、未申、戌亥爲四鈎。"唐李鼎祚《周易集解》："坤位未申之維,而氣溢酉戌之間,故曰於野。"《元史·天文志一》："斜向坤巽二隅,相交爲十字,其上與百刻環邊齊,在辰巳、未申之間,南傾之勢準赤道,各長一丈一尺五寸。"明萬民英《三命通會·六庚日辛巳時斷》："通木氣,行西南運,未申,東北運,俱貴。"清程林《醫暇卮言》："庚午辛未路傍土者,然坤爲地,居未申之間。"

【未】

西南偏南方。古五行說以地支配四方。午配南,酉配西,未在午酉之間,配西南偏南方。《隋書·禮儀志一》："其神州位,在青陛之北甲寅地,社位,赤陛之西未地。"《元史·祭祀志一》："其從祀圜壇,第一等九位,青帝位寅,赤帝位巳,黃帝位未,白帝位申。"

艮

代稱東北方。古以八卦配方位,艮配東北,因稱。《周易·說卦傳》："艮,東北之卦也。"南朝梁菩提達摩《讖》其十二:"艮地生玄旨,通尊媚亦尊。"隋佚名《老君十六變詞》其八:"八變之時。生在東北在艮地。"唐劉允濟《經廬岳回望江州想洛川有作》詩:"東北疏(一作流)艮象,西南距坤絡。"宋朱之純《縣齋艮閣》詩:"畫閣峨然冠翠巒,更占艮地特巉岏。"明佚名《衡山聯》:"居艮位而踐離躔,溥雷池風穴之功,柱鎮天南,斗橫地北。"清弘曆《急雨(六月二十八日)》詩:"密雲布宇只頃刻,艮風坎雨相招携。"

【艮維】

代稱東北方。古以八卦配方位,艮配東北,因稱。可將"艮維"引申爲"維繫在東北方區域"之意。《後漢書·崔駰傳》："遂翕翼以委命兮,受符守乎艮維。"李賢注:"艮,東北之位。"《新唐書·天文志》:"十一月一陽生,而雲漢漸降,退及艮維,始下接於地,至斗、建間。"宋任續《賦玩珠巖》詩:"艮維矗孤峰,玉簪倚天杪。"清弘曆《過泰山作歌》:"西南衆山祖脉惟昆崙,其在艮維山本體,是爲長白齊蒼旻。"參閱《文王八卦方位圖》。

【丑】

東北偏北方嚮。亦稱"丑地""丑角"。古陰陽五行家將地支與四方相配,子配北,卯配東,丑在子、卯之間,與東北偏北方相配。《淮南子·天文訓》："子午、卯酉爲二繩,丑寅、辰巳、未申、戌亥爲四鈎。"北魏酈道元《水經注·洧水》："沼在丑地,皆蟾蜍吐水,石隍承溜。"《隋書·禮儀志二》："黑郊爲壇,宮北十一里丑地，高六尺，並廣四丈。"《舊五代史·天文志》："北方有赤氣，向西至戌亥地，東北至丑地已來向北，闊三丈餘，狀如火光。"宋莊季裕《雞肋編》卷上："季冬之月，立土牛六頭於國都郡縣城外丑地，以送大寒。"《文獻通考·郊社考》："以己丑日，祀雨師於丑地。牲用羊、豕。"明楊慎《燕歌行柬程以道》："青樓月對庚方出，紫塞風從丑角來。"清曹九錫《易隱》卷五："西南方衡蓄不起，宜居丑地。"

【丑角】

即丑。此稱明代已行用。見該文。

【丑地】

即丑。此稱北魏已行用。見該文。

乾

代稱西北方。亦稱"乾位""乾方"。古以八卦定方位，乾卦正值西北方位，故稱。《周易·説卦》："乾，西北之卦也。"《漢書·禮樂志》："至武帝定郊祀之禮，祠太一於甘泉，就乾位也。"顏師古注："言在京師之西北也。"北魏酈道元《水經注·穀水》："穀水側歷，左與北川水合，水有二源，並導北山，東南流，合成一水，自乾注巽入於谷。"宋佚名《宣和遺事·前集》："二人乘青鸞，望乾方，西北而升。"宋郊廟朝會歌辭《淳熙十六年皇后册寶十三首》其一："乾位既正，坤斯順承。"《西游記》第六五回："崑崙山在西北乾位上，故有頂天塞空之意。"參閱《文王八卦方位圖》。

【乾位】

即乾。"位"爲空間定位，"乾位"側重位置，可解爲"位於西北方"。此稱漢代已行用。見該文。

【乾方】

即乾。"方"爲大地，"乾方"有大地之含義，可解爲"西北方之地"。此稱宋代已行用。見該文。

【庚壬】

西北方的代稱。古五行説以天干之庚配西，壬配北，因稱。《新唐書·禮樂志十一》："社稷及諸殿廷用二十虡，而太廟、含元殿用三十六虡，浚以爲非古，而廟廷狹隘，不能容三十六，乃復用二十虡。而鐘虡四，以當甲丙庚壬。"宋蘇轍《卜居賦》："昔先君相彭眉之間，爲歸全之宅，指其庚壬曰：'此而兄弟之居也。'"又，《廣福僧智昕西歸》詩："平生指庚壬，終老投此身。"

【戌】

指西北偏西方。亦稱"戌方"。五行説以地支與四方相配，酉位西，子位北，戌在酉、子之間，配西北偏西方，因稱。"方"有大地之含義，故"戌方"可解爲"西北偏西方之地。"《奇門遁甲秘笈大全》："丑臨子午卯酉爲玉堂，宜向戌方出。"漢應劭《風俗通·祀典·風伯》："戌之神爲風伯，故以丙戌日祀於西北。"漢焦延壽《焦氏易林注》卷一："艮先天居戌方，戌狗，故曰以戌爲母。"《宋書·樂志十一》："表於辰位，伏於戌方。"宋郊廟朝會歌辭《納火祀大辰十二首》其二："表於辰位，伏於戌方。"《永樂大典殘卷》："其所以然者，皆爲遠戌方外，以竭中國。"《御定大六壬直指·乙卯日十二局》："墳葬：戌方出水，艮坤向則吉。"

【戌方】

即戌。此稱先秦已行用。見該文。

【亥地】

西北偏北方。亦稱"亥"。五行家以十二地支配四方，子配北，酉配西，亥介子、酉之間而近子，因稱。《史記·五帝本紀》："禋于六宗。"張守節正義引司馬彪《續漢書》云："安帝立六宗，祀於洛陽城西北亥地，禮比大社。"漢東方朔《海內十洲記》："〔崑崙〕在西海之戌地，北海之亥地。"北魏酈道元《水經注·河水》："昆侖山在西海之戌地，北海之亥地。"《隋書·禮儀志二》："隋制，於國城西北十里亥地，爲司中、司命、司祿三壇。"宋施諤《淳祐臨安志》："縣治亥地有獄，獄中產石膏。"《元史·祭祀志一》："青帝位寅，赤帝位巳，黃帝位未，白帝位申，黑帝位亥。"明萬民英《三命通會·論地支》："亥地六陰，雨雪載途，土至此而不暖。"清蔣廷錫等《古今圖書集成》："奇兵安亥地，戰備西北方。"

【亥】

即亥地。此稱宋代已行用。見該文。

第二節　區劃封畿考

本節主要考證古代有關區域劃分的地理名類：區域概念、九州區劃、封畿、分野、封建制、郡縣制，以及改良後的道路制、宋路制等。

中國先秦時期，存在過以族群部落爲基礎的"四岳萬方"和首領"巡狩萬方"制度（"三皇五帝"時期），"九州制"和"五服制"（夏代），"王畿制"和"方國制"（商代），"封建制"和"國野制"（周代）等疆域管理理念與模式。其中戰國文獻所載的夏禹時代實行的"九州制"和"五服制"影響最爲深遠。當時雖然將國土按照"山川形便"原則劃分爲九州，但無實質性之行政體制和管理系統，也無自然屬性之差异，祇是做了一個大致的區域分割而已，故非真正意義上的區劃。據《書·禹貢》記載，天下分爲冀州、兗州、青州、徐州、揚州、荆州、豫州、梁州和雍州等九州，《吕氏春秋》等的記載有所不同。

雖然九州之劃分不是真正的區劃，但有一點可以肯定，這種原始粗略的區域劃分爲古人進行粗略的位置判斷和語言表述提供了方便，否則，在没有任何區域空間概念、區域定位參照情況下，會使人類活動無法開展。真正有區劃內涵的區域劃分，應始於周朝的分封。周代各諸侯國掌控一方土地，有確定的疆界和行政管理權力，與現代所説的區劃含義相似，是一種封建區劃形式。這種劃分規定：王畿外設九區，方五百里爲一區，依次爲侯服、甸服、男服、采服、衛服、蠻服、夷服、鎮服、藩服，合稱"九服"或曰"九畿"。

"九服制"或"五服制"實質是以王畿爲核心、由内及外、由近及遠劃分管理地域及區域等級和圈層的疆域管理制度。它確立了按照距離政治中心遠近來劃分區域等級、管理密度和强度的原則，可以稱之爲"内外輕重"原則。先秦時期的疆域管理理念和實踐涉及"機構""幅員""層級"和"中心"等政區的核心問題，爲後世的行政區劃提供了理論基礎和管理範式。戰國時期，原地處西周政治體系邊緣的秦、楚兩國最先確立由國君直轄而非分封的"郡縣制"。秦統一天下後，把郡縣制推廣到全國，建立起統一、規範和完善的行政區劃體系，這一體系將邊遠地區與中央區域緊密地聯繫在一起，强化了國家集權的統治與管理。但漢初，在一定程度上恢復了先秦時期的封建制，推行"郡國并行"制度。

自秦至清兩千多年間，中國政區體系經歷了二級制和三級制之間的反復演變，但均以郡縣制爲基礎。秦漢實行郡（王國）、縣二級制；兩晋南北朝實行州、郡、縣三級制；隋唐實行州（郡）、縣二級制；五代及宋遼金時期實行路（道）、州（府、軍、監）、縣三級制；元代實行行省、路、府、州、縣多級複合制；明代實行布政使司（京）、府（直隸州）、縣（散州）三級制，邊疆地區或邊遠地帶實行都司、衛、所體制；清代實行省、府（直隸州、直隸廳）、縣（散州、散廳）三級制，邊疆地區實行將軍轄區、盟旗和辦事大臣轄區制度。秦之後的區域劃分，其行制大同小异，基本符合行政區劃的劃分原則，即中央政府具有絕對的大一統控制權力，各个地方政府具有中央政權所賦予的行政控制權限，是中央政府意志與利益的外延，各个地方行政地區之間有確定的邊界，并具有相對獨立的政治、軍事、經濟、文化等區域特徵。

區　劃

區域

地表具有一定綜合地理特徵（自然或社會）的地域範圍。區域之間有自然或人爲確定的邊界。《周禮·地官·序官》"廛人"漢鄭玄注："廛，民居區域之稱。"晋潘岳《爲賈謐作贈陸機》詩："芒芒九有，區域以分。"北魏高允《答宗欽》詩："風馬殊隔，區域异封。"唐王績《被舉應徵別鄉中故人》詩："皇明照區域，帝思屬風雲。"宋金君卿《留雲山居呈長老元禪師》詩："下視吳楚區域分，衆山培塿烏足雲。"元耶律鑄《古戰城南》詩："忽焉如海泄，聲震裂區域。"明郭鈺《送別從侄淳》詩："草樹四山區域小，風埃六月髑髏腥。"清陳康祺《郎潛紀聞》卷三："咨其風土，考其區域。"

土 [5]

　　區域、地區、地方。按，區域爲重要概念，領土、國土等應屬區域的概念類型，故通土，參見本卷"土 [6]"條目。《詩·魏風·碩鼠》："逝將去女，適彼樂土。"鄭玄箋："樂土，有德之國。"漢張衡《西京賦》："左暨河華，遂至虢土。"漢桓譚《新論》："聖人無尺土，無以王天下。"晋佚名《吳鼓吹曲十二曲·炎精缺》其一："張角破，邊韓羈。宛潁平，南土綏。"晋王嘉《歌三首》其一："三分二叛失州土。"晋石崇《楚妃嘆》詩："蕩蕩大楚，跨土萬里。北據方城，南接交趾。"《三國志·蜀書·諸葛亮傳》："天府之土。"晋司馬彪《九州春秋》："其土自河而西，蓋不過平原而已。"唐韓愈《感二鳥賦》序："某土之守某官，使使者進於天子。"唐日僧遍照金剛《文鏡秘府論》："懸情憶土，舉目思鄉。"宋蘇洵《六國論》："能守其土。"宋文同《謝人寄蒙頂新茶》詩："蜀土茶稱盛，蒙山味獨珍。"元汪大淵《島夷誌略》："今酋長主事，貪婪、勤儉守土。"明楊維楨《送用上人之金陵》詩："東土帝王州，高僧汗漫游。"清王鐸《與崑山三弟鑛》詩："人隨蠻土鄉音變，路過神堤翠樹齊。"

【虛】 [3]

　　猶區域、地區。亦作"虛域"。《左傳·昭公十七年》："宋，大辰之虛也。"孔穎達疏："以天之十二次，地之十二域，大辰爲大火之次，是宋之區域，故謂宋爲大辰之虛。"《莊子·秋水》："井黿不可以語於海者，拘於虛也。"成玄英疏："拘於虛域也。"《永樂大典殘卷》卷一三〇七四："虛域久韜隱，始興心賞交。"

【虛域】

　　即土虛 [3]。此體唐代已行用。見該文。

【土地】 [2]

　　泛指區域、地區、地方。單稱"地 [3]"。《禮記·月令》："貢職之數，以遠近土地所宜爲度，以給郊廟之事，無有所私。"《戰國策·魏策》："秦王使人謂安陵君曰：寡人欲以五百里之地易安陵。"北魏酈道元《水經注·若水》："漢武帝時，通博南山道，渡蘭倉津，土地絕遠，行者苦之。"唐鄭嵎《津陽門》詩："湟中土地昔湮没，昨夜收復無瘡痍。"宋劉兼《初至郡界》詩："郡印已分炎瘴地，朝衣猶惹御爐烟。"明丁鶴年《春日海村三首》詩其一："地僻囂塵遠，人稀習俗淳。"清姚世鈞《饒州舟次獨酌醉後放歌》："饒州自古稱上郡，土地則廣人民稠。"清潘高《古意》詩："跨馬塞北地，百戰封一侯。"

【地】 [3]

　　即土地 [2]。此稱漢代已行用。見該文。

【土地】 [3]

　　指土地利用類型。例如田地（參見"土地 [4]"條目）、林地、城市用地等。《禮記·月令》："善相丘陵、阪隰、土地所宜，五穀所殖，以教道民，必躬親之。"唐白居易《自蜀江至洞庭湖口有感而作》詩："水族窟穴多，農人土地窄。"宋邢昺《孝經注疏》卷三："日月星辰運行於天而有常，山川原隰分別土地而爲利。"宋林亦之《網山二首》詩其一："風濤生長處，土地屬東隅。"《文獻通考·田賦考》："而江南之俗，火耕水耨，土地卑濕，無有蓄積之貲。"明孫承恩《遷居述懷》詩："城中土地貴，尺地寸金如。"清朱嘉徵《田家雜詩》其一："土地得耕桑，豺虎息狂噬。"

國土

古指領土，今國土概念包含國之陸地、陸上水域、領海及基巖底土和上空。漢王充《論衡·謝短》："古者封侯，各專國土。"《後漢書·梁統傳》："女立爲皇后，妹爲貴人，加商位特進，更增國土，賜安車駟馬，其歲拜執金吾。"唐張祜《鴻溝》詩："寧似九州分國土，地圖初割海中流。"宋邵雍《晝夢》詩："依稀新國土，隱約舊山川。"元李士瞻《責風伯》詩："天子命我使國土，職方禹貢尤修阻。"明李贄《與友人書》："及抵廣州南海，然後知我大明國土先有堯舜，後有周孔。"清丘逢甲《秋懷八首·次覃孝方韻》詩其五："蛟螭國土黃金界，鵩鶪旌旗白帝秋。"

【土】⁶

特指國土、領土。《書·皋陶謨》："達于上下，敬哉有土。"孔傳："言天所賞罰，惟善惡所在，不避貴賤。有土之君，不可敬懼。"《詩·小雅·北山之什》："溥天之下，莫非王土。"《國語·晉語一》："今晉國之方，偏侯也。其土又小，大國在側。"《逸周書·作雒》："〔周公〕及將致政，乃作大邑成周於土中。"孔晁注："王城也，於天下土爲中。"《三國志·魏書·夏侯玄傳》："然分疆畫界，各守土境。"南朝梁周捨《梁鞞舞歌三首·明之君》詩："淮海無橫波，文軌同一土。"唐王仁裕《和韓昭從駕過白衛嶺》詩："自學漢皇開土宇，不同周穆好神仙。"宋葉夢得《石林詩話》："九域有聖，無土不王。"宋蘇洵《六國論》："能守其土。"明羅貫中《風雲會》第四折："某納土之心久矣。今聖明在上，情願奉款者。"清邵長蘅《青門賸

稿》："守土吏或降。"

【土地】⁴

指領土或疆域。《國語·吳語》："凡吳土地人民，越既有之矣，孤何以視於天下。"《孟子·梁惠王上》："然則王之所大欲可知已，欲辟土地，朝秦楚，莅中國而撫四夷也。"又，《梁惠王下》云："狄人之所欲者，吾土地也。"唐羅隱《登夏州城樓》詩："萬里山河唐土地，千年魂魄晉英雄。"宋蘇軾《策略》："而高祖以項氏創殘之餘，而又與布信之徒，角馳于中原，此六七公者，皆以絕人之姿，據有土地甲兵之衆，其勢足以亂。"明王翰《讀儀秦傳》詩："土地何其貪，生民何其辜。"清王松《排悶六首》詩其五："河朔已非唐土地，蠻鄉尚有漢衣冠。"

江山

自然形勝。亦作"山河"。又，大地、土地、國土之代稱。又藉指國家的疆土、政權。語出《莊子·山木》："彼其道遠而險，又有江山，我無舟車，奈何？"《史記·孫子吳起列傳》："美哉乎山河之固，此魏國之寶也。"《三國志·吳書·賀劭傳》："割據江山，拓土萬里。"晉雲林右英夫人《詩二十五首·十月二十日授二首》詩："乘氣浮太空，曷爲躡山河。"晉郭璞《江賦》："蘆人漁子，擯落江山。"《世說新語·言語》："過江諸人，每至美日，輒相邀新亭，藉卉飲宴。周侯中坐而歎曰：'風景不殊，正自有山河之異！'"南朝齊劉繪《入琵琶峽望積布磯呈玄暉》詩："江山信多美，此地最爲神。"南朝梁劉勰《文心雕龍·神思》："或理在方寸，而求之域表；或義在咫尺，而思隔山河。"隋柳䛒《奉和晚日揚子江應制》詩：

"千里烟霞色，四望江山春。"唐杜甫《宿鑿石浦》詩："早宿賓從勞，仲春江山麗。"唐杜甫《春望》詩："國破山河在，春城草木深。"五代李煜《浪淘沙·令》詞其一："獨自暮憑闌，無限江山。"宋無名氏《選冠子》詞其一："憔悴江山，淒涼古道，寒日澹烟殘雪。"元冉琇《獨立》："江山千古後，形影百年中。"清陳洪綬《如夢令》詩："風月與江山，竟是誰家所有。"清洪昇《長生殿·定情》："端冕中天，垂衣南面，山河一統皇唐。"

【山河】

即江山。此體漢代已行用。見該文。

水土

地域、區域、一方土地。亦爲一個區域中綜合自然環境之代稱。《書·呂刑》："禹平水土，主名山川。"《禮記·中庸》："上律天時，下襲水土。"《論語·憲問》："禹稷躬稼，而有天下。"朱熹注："禹平水土，暨稷播種，身親稼穡之事。"漢曹操《讓還司空印綬表》："水土不平，奸宄未靜，臣常媿辱，憂爲國累。"唐杜甫《石犀行》詩："安得壯士提天綱，再平水土犀奔茫。"唐段公路《北户錄》："亦如逾淮爲枳，乃水土異也。"唐馮翊子《桂苑叢談》："政績日聞，未期周稔加水土，移風易俗，甚洽群情。"元李志常《長春真人西游記》："凡山川道里之險易，水土風氣之差殊，與夫衣服飲食百果草木禽蟲之別。"《彭公案》："凡天生一方水土，定養一方之人。"

偏土

偏遠之土，偏遠區域，一方之土。亦作"偏方"。《淮南子·墜形訓》："偏土之氣，御乎清天。"莊逵吉校注引《太平御覽》注："偏土，

方土也。"《國語·晉語》："今晉國之方，偏侯也。"韋昭注："'方'，大也。'偏'，偏方也，乃甸内偏方小侯也。"宋丁特起《靖康紀聞》卷下："退守偏土，以備藩屏。"清好古主人《宋太祖三下南唐》："觀南唐，斷難久享此一隅偏土。"

【偏方】

即偏土。此體三國吳已行用。見該文。

下土 [5]

四方、天下。含區域、國土之意。《書·舜典》："帝釐下土，方設居方。"《國語·吳語》："余心豈忘憂卹，不唯下土不康靖。"《後漢書·仲長統傳》："故下土無壅滯之士，國朝無專貴之人。"宋曾鞏《自福州召判太常寺上殿劄子》："其淵謀遠略，必中事幾，善訓嘉謨，可爲世則者，傳聞下土，雖僅得其一二，已足以度越衆慮，非可闚測，可謂有君人之德大。"

四方 [3]

天下。通區域、國土。《周易·姤》："后以施命誥四方。"《詩·大雅·棫樸》："勉勉我王，綱紀四方。"《淮南子·原道訓》："泰古二皇，得道之柄，立於中央，神與化游，以撫四方。"高誘注："四方，謂之天下也。"漢劉邦《大風歌》："安得猛士兮守四方！"三國魏曹植《責躬》詩："受命於天，寧濟四方。"

四方 [4]

中華四方之國。先秦多指各諸侯國。《詩·大雅·民勞》："民亦勞止，汔可小康；惠此中國，以綏四方。"又，《大雅·下武》："受天之祜，四方來賀。"孔穎達疏："武王既受得天之祜福，故四方諸侯之國皆貢獻慶之。"《論語·子路》："子曰：'誦《詩》三百，授之以

政，不達；使於四方，不能專對，雖多，亦奚以爲！’”《左傳・襄公二十六年》：“今楚多淫刑，其大夫逃死于四方，而爲之謀主，以害楚國，不可救療。”先秦佚名《勾踐滅吳》：“夫雖無四方之憂，然謀臣與爪牙之士，不可不養而擇也。”唐佚名《郊廟歌辭・周宗廟樂舞辭・善慶舞》：“定中國，服四方。”《新唐書・吐蕃傳上》：“陛下平定四方，日月所照，並臣治之。”宋蘇舜欽《寄富彦國》詩：“遣使持書至闕下，四方物論如沸湯。”《元史・英宗紀》：“遣使四方，旁求經籍，識以玉刻印章，命近侍掌之。”明陶宗儀《紀行》詩：“國安四方静，君明六卿良。”清田從典《擬七德九功舞歌效樂天體》詩：“我皇御極垂衣裳，四方萬國來享王。”

八州

整個中國。中國本九州，若就京畿而言，則爲八州。其稱始見於漢。《史記・陳涉世家》：“然秦以區區之地，千乘之權，招八州而朝同列，百有餘年矣。”《漢書・孝成許皇后》：“殊俗慕義，八州懷德。”前蜀杜光庭《題福唐觀二首》詩：“八州物象通簷外，萬里烟霞在目前。”宋文天祥《有感》詩：“八州風雨暗連天，三皇五帝如飛烟。”金李庭《水調歌頭・史侯生朝》詞：“詔領八州督，聲動九重天。”明劉基《過閩關》詩：“天上絲綸啓玉封，歡聲雷動八州同。”清黃遵憲《赤穗四十七義士歌》：“内足光輝大八州，外亦聲明五大州。”參閲漢戴聖《禮記・王制》。

九州 [1]

相對大九州而言。又稱“小九州”。傳説禹治水後將中原劃成九大區域，遂成中國之代稱。

文獻記載名目有别。《山海經・海内經》：“帝乃命禹卒布土，定九州。”一説，黃帝始創九州，後經禹重新劃定。《書・禹貢》將天下分爲冀州、兖州、青州、徐州、揚州、荆州、豫州、梁州和雍州等九州；《吕氏春秋・有始覽》有幽州無梁州；《周禮・夏官・職方氏》有幽州和并州，無徐州和梁州；《爾雅・釋地》有幽州和營州，無青州和梁州。《漢書・地理志》始按《周禮》，認爲九州爲周制；三國魏孫炎始以《爾雅》九州爲殷制，後世合稱爲三代九州。各家州界亦不同。《吕氏春秋・有始覽》：“河、漢之間爲豫州，周也。兩河之間爲冀州，晋也。河、濟之間爲兖州，衛也。東方爲青州，齊也。泗上爲徐州，魯也。東南爲揚州，越也。南方爲荆州，楚也。西方爲雍州，秦也。北方爲幽州，燕也。”《楚辭・離騷》：“思九州之博大兮，豈惟是其有女？”《左傳・襄公四年》：“茫茫禹迹，畫爲九州，經啓九道，民有寢廟，獸有茂草，各有攸處，德用不擾。”《史記・夏本紀》：“左準繩，右規矩，載四時以開九州，通九衢。”晋阮籍《咏懷》其四十六：“登高望九州，悠悠分曠野。”北周庾信《周五聲調曲二十四首》詩其

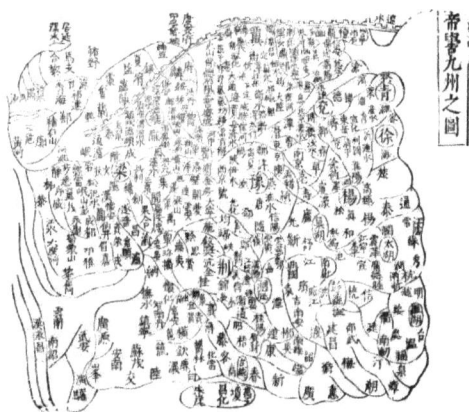

帝嚳九州之圖
（明王圻等《三才圖會》）

二十二:"九州攸同禹迹,四海合德堯臣。"南北朝佚名《洞玄靈寶諸天世界造化經》:"我今教化之處,名曰赤縣小洲,中爲九州,法彼大洲者也。是小九州之人,聰明巧僞,少有真實,希得生天。"宋劉子翬《同翁士特李似表謁巽伯少卿因作醉歌》詩:"自聞胡馬再南牧,九州何地無兵戎。"元彭炳《相重》詩:"昂昂天馬來,長風九州跨。"明鄧雅《清夜對月》詩:"萬古一輪月,清光照九州。"清洪亮吉《讀史六十四首》詩其一:"大九州藏小九州。"

【小九州】

即九州[1]。此稱南北朝已行用。見該文。

【九土】[1]

猶九州[1]。晋佚名《晋四廂樂歌·正旦大會行禮歌》:"世德作求,奄有九土。"《後漢書·張衡傳》:"思九土之殊風兮,從蓐收而遂徂。"李賢注:"九土,九州也。"南齊王融《迴向門》詩:"悠悠九土各异形,擾擾四生非一情。"唐廣宣《早秋降誕日獻壽二首應制》詩其二:"萬方瞻聖日,九土仰清光。"五代齊己《丙寅歲寄潘歸仁》詩:"九土盡荒墟,於戈殺害餘。"宋司馬光《乞官劉恕一子劄子》:"至於十國五代之際,群雄競逐,九土分裂。"元龔璛《次馬唐卿與高參政八詩》詩其一:"芒芒九土大,赫赫初日臨。"明趙汸《贈唐宗魯》詩:"九土人相食,烟塵暗長途。"清王慧《禹陵》詩:"鑄金九土貢,志怪八方經。"

【九宇】

即九土。猶九州[1]。秦李斯等《三倉》:"四方上下曰宇,古往今來曰宙。""宇"喻空間,乃上下四方,天地之間,故"九宇"之意是天下空間被分爲九個區域。《隋書·音樂志下》:"四海之宇,一和之壤……九宇載寧,神功克廣。"唐李白《古風》詩其四十八:"徵卒空九宇,作橋傷萬人。"宋陳造《大雪復用前韻呈王尚書》詩:"安得鶴背游,一覽了九宇。"元李尤魯翀《范墳》詩:"九宇日督督,赤子將疇依。"明李夢陽《朝吟行》詩:"義和授鞭,九宇將旦。"清劉震《祖龍》詩:"六國丘墟九宇恢,更張周典見雄才。"

【九垓】

猶言天下,猶九州。亦作"九晐""九陔"。《國語·鄭語》:"故王者居九垓之田。"三國吳韋昭注:"九垓,九州之極數。"《史記·司馬相如列傳》:"上暢九垓,下泝八埏。"晋葛洪《抱朴子外篇·審舉》:"今普天一統,九垓同風。"北齊魏收《枕中篇》:"九陔方集,故眇然而迅舉;五紀當定,想窅乎而上徵。"唐李白《贈嵩山焦鍊師》詩:"八極恣游憩,九垓長周旋。"《太平御覽·禮儀部》:"天子之田九垓,以養兆民,王取經入以食萬官也。"宋周紫芝《秦少保生日詩三首》詩其一:"祥雲下覆窮九垓,帝車御極雲旗排。"元成廷珪《賀毅剛中長老住承天禪寺詩二首》詩其一:"靈山諸佛生歡喜,散作祥風遍九垓。"明李夢陽《送李行人還朝》詩:"虞弦定有薰風奏,佇望陽和遍九陔。"《明史·韓爌傳》:"念先帝臨御雖止旬月,恩膏實被九垓。"清王昶《潼關》詩:"鶉首星芒照九垓,規模百二自秦開。"

【九晐】

同"九垓"。此體先秦已行用。見該文。

【九陔】

同"九垓"。此體北齊已行用。見該文。

【九原】

猶九州[1]。《國語·周語下》："汨越九原，宅居九隩。"南朝宋鮑照《松柏篇》："永離九原親，長與三辰隔。"北周王褒《送觀寧侯葬》詩："眷言千載後，誰將游九原。"唐于武陵《感懷》詩："四海故人盡，九原新塚多。"宋王令《寄滿子權》詩："九原黃土英靈活，萬古青天霹靂飛。"清邵長蘅《題冀渭公所藏楊忠愍梅花詩卷》詩："濺血九原仍化碧，批鱗一疏獨留丹。"清孔尚任《桃花扇·沉江》："跨上白騾轉，空江野路，哭聲動九原。"

【九隩】

九州範圍之內。猶九州[1]。《國語·周語下》："汨越九原，宅居九隩。"漢張衡《東京賦》："掩觀九隩，靡地不營。"薛綜注："九隩，謂九州之內也。"南朝宋傅亮《封劉裕爲宋公詔》："禹迹齊軌，九隩同文。"《藝文類聚·居處部》："掩觀九隩，靡地不營，土圭測影，不縮不盈。"明郭世霖《使琉球錄》："忘九隩之藩屏，而不以邊陲爲襟帶者。"

【九域】

猶九州[1]。《漢書·律曆志下》："共工氏

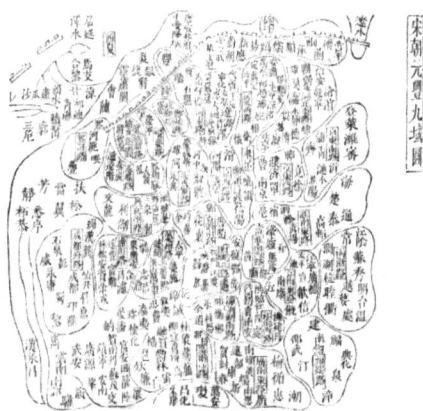

宋朝元豐九域圖
（明王圻等《三才圖會》）

伯九域。"漢孔融《離合作郡姓名字》詩："九域有聖，無土不王。"晋陶潛《贈羊長史》詩："九域甫已一，逝將理舟輿。"漢潘勗《册魏公九錫文》："綏爰九域，罔不率俾。"李善注引薛君曰："九域，九州也。"《晋書·孫惠傳》："今明公名著天下，聲振九域。"隋佚名《大祫圜丘及北郊歌辭十三首·皇夏樂》其十："風雲馳九域，龍蛟躍四溟。"唐楊炯《和劉長史答十九兄》詩："鼓鼙鳴九域，風火集重闉。"宋劉敞《往得南嶽玄猿特善嘯立秋後風雨頗凉聲尤清絕憐其山林之思爲作七言》詩："車馬紛紛九域客，路傍翻笑斷腸爲。"元楊載《次韻錢唐懷古四首》詩其一："九域輿圖今混一，百年耆舊獨興哀。"明薛瑄《戲作游仙》詩其三："下視九域一毫芒，何異蟻蠓飛塵垓。"清王端履《重論文齋筆錄》："萬年延億兆，九域並尊親。"

【九區】 [2]

猶九州[1]。《書·序》："言九州所有、土地所生、風氣所宜皆聚此。"孔穎達正義："《左傳》或謂之'九區'，得爲説當九州之區域，義亦通也。"漢劉駒騄《郡太守箴》："大漢遵周，化洽九區。"晋張載《登成都白菟樓》詩："芳荼冠六清，溢味播九區。"晋陸機《皇太子宴玄圃宣猷堂有令賦》："九區克咸，讜歌以咏。"劉良注："言九州能和，謳歌以咏我王之德。"北魏酈道元《水經注·河水三》："銘其背曰：古之利器，吳楚湛盧，大夏龍雀，名冠神都，可以懷遠，可以柔逋，如風靡草，威服九區。"唐李白《中丞宋公以吳兵三千赴河南軍次尋陽脫余之囚參謀幕府因贈之》詩："殺氣橫千里，軍聲動九區。"《舊唐書·音樂志》："水土既調三極泰，文武畢備九區平。"宋李昭玘《昂昂千里

駒》詩："昂昂千里駒，逸氣吞九區。"元王冕《悲苦行》詩："安得壯士挽天河，一洗煩鬱清九區。"明胡直《張玉屏京兆藏趙子昂所畫唐馬歌》詩："坐看一日乘風騰九區，朝蹀流沙暮越都，誰能羈絡同凡駒。"清章學誠《咏史》詩其一："思通八極，目想九區。"

【九圍】

即九州[1]。《詩·商頌·長發》："上帝是祗，帝命式于九圍。"孔穎達疏："謂九州爲九圍者，蓋以九分天下，各爲九處，規圍然，故謂之九圍也。"唐柳宗元《祭獨孤氏丈母文》："名播九圍，望高群士。"《隋書·西域傳·高昌》："自我皇隋，平一宇宙，化偃九圍，德加四表。"宋張君房《雲笈七籤·讚頌歌》："咄嗟天地外，九圍皆吾家。"元彭炳《相重》詩："九圍無建侯，經國棄王霸。"明顧璘《過壺頭山》詩："萬里枉開秦漢土，九圍元拱帝王州。"清吳榮光《望飛雲頂》詩："陰陽翕辟天雙闕，日月光明地九圍。"

【九牧】

即九州[1]。《左傳·宣公三年》："貢金九牧，鑄鼎象物。"《荀子·解蔽》："〔周文王〕是以能長用呂望而身不失道，此其所以代殷王而受九牧也。"楊倞注："九牧，九州也。"《史記·孝武本紀》："禹收九牧之金，鑄九鼎，皆嘗烹上帝鬼神。"《後漢書·孔融傳》："以九牧之地，千八百君。"李賢注："以九州之人養千八百君也。"楊倞注："九牧，九州也。"南朝梁周捨《鼎銘》詩："天下寧康，異方同軌。九牧作貢，百司咸理。"唐李隆基《送忠州太守康（紀事作唐）昭遠等》詩："嘉聲馳九牧，惠化光千祀。"宋陸游《送黃文叔守福州》詩："議論前修似，

聲名九牧傳。"明沈鍊《咏懷三十首》詩其一："齋居含淳質，九牧生光輝。"《清史稿·朱珪傳》："君心正而四維張，朝廷清而九牧肅。"

【九縣】

即九州[1]。《後漢書·光武帝紀贊》："九縣飆回，三精霧塞。"李賢注："九縣，九州也。"《南史·梁元帝紀》："九縣雲開，六合清朗。"宋文天祥《己卯歲除》詩："日月行萬古，神光索九縣。"元王惲《雙廟懷古》詩："鐵輿動地來，獵火燼九縣。"明張家玉《早路》詩："九縣飄搖何日定，三精昏暗幾時光。"清顧炎武《申包胥乞師》詩："九縣長蛇據，三開鑿齒橫。"

【九壤】

猶九土、九州[1]。三國魏曹植《文帝誄》："朱旗所勦，九壤被震。"晉束皙《補亡》詩："恢恢大圓，芒芒九壤。"李善注："九壤，九州也。《左氏傳》曰：'芒芒九土。'"《晉書·樂志》："洋洋玄化，潤被九壤。"宋樂雷發《胡料院出示車攻圖仍索俚作》詩："九壤卧龍呼不起，乳臭談兵空滿耳。"元吳當《辛巳秋初歸田有期喜而成咏因感今懷昔賦成一百五十韻》詩："九壤邦家賦，三農黍稷租。"明盧柟《孟龍川自京師旋爲余言秋部李滄溟聞冤慨然有脱囚之志因作詩四首寄上》詩其一："餘波浸九壤，萬象已崢嶸。"清玄燁《中秋日聞海上捷音》詩："海隅久念蒼生困，耕鑿從今九壤同。"

【九有】

指九州[1]。《詩·商頌·玄鳥》："方命厥後，庵有九有。"毛傳："九有，九州也。"《三國志·蜀書·郤正傳》："今三方鼎峙，九有未乂，悠悠四海，嬰丁禍敗。"前蜀貫休《行路難》

詩：“九有茫茫共堯日，浪死虛生亦非一。”宋文同《大雨》詩：“驚雲駕長風，大雨灑九有。”元陳賡《鐵拄杖》詩：“會須拄到昆崙巔，九點青烟看九有。”明宋濂《予奉詔總裁〈元史〉故人操公琬實與纂修尋以病歸作詩序舊》詩：“大明麗中天，流光照九有。”清黄遵憲《感事》詩其二：“茫茫九有古禹域，南北東西盡戎狄。”

【九囿】

猶九有。指九州[1]。晋常璩《華陽國志·巴志》：“〔禹〕因古九囿以置九州。”前蜀貫休《大蜀皇帝壽春節進堯銘舜頌二首·舜頌》詩：“四夷納贄，九囿有截。”宋劉恕《通鑑外紀·庖犧以來紀》：“〔人皇氏〕依山川土地之勢，財度爲九州，謂之九囿。”明楊慎《升庵經説·九丘八索》：“九囿，取育草木爲義，即後世所謂九州也。”《康熙字典》：“爲九州，謂之九囿。”一説，京都爲中囿，八輔爲八囿，合爲九囿。

【禹甸】

即九州[1]。本謂禹闢墾之地，後以之稱九州之地。《詩·小雅·信南山》：“信彼南山，維禹甸之。”毛傳：“甸，治也。”朱熹集傳：“言信乎此南山者，本禹之所治，故其原隰墾闢，而我得田之。”晋左思《魏都賦》：“隔逾奕世。”李善注：“毛詩曰：奕奕梁山，維禹甸之。”宋蘇軾《點絳唇·再和送錢公永》詞：“莫唱陽關，風流公子方終宴。秦山禹甸，縹緲真奇觀。”元干文傳《自靈巖登天平山次柳道傳韻》詩：“范公命世才，志欲清禹甸。”明歐大任《冬至齋居次張侍御伯大韻》詩：“泰時風雲開禹甸，周廬星斗望堯天。”清王式丹《南中書事》詩：“禹甸埴墳殊廣大，蠻方節鉞漫紛紜。”

【禹迹】

禹治水，足迹遍天下，因以稱九州大地。《書·立政》：“其克詰爾戎兵，以陟禹之迹。”孔傳：“以升禹治水之舊迹。”《左傳·襄公四年》：“茫茫禹迹，畫爲九州。”南朝宋鮑照《從登香爐峰》詩：“羽風親列涂，乘山窮禹迹。”

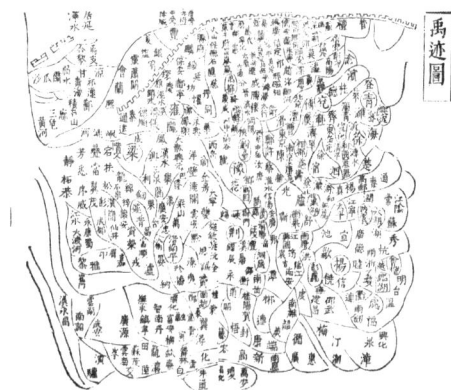

禹迹圖
（明王圻等《三才圖會》）

唐韓愈《鱷魚文》：“況禹迹所揜，揚州之近地，刺史縣令之所治，出貢賦以供天地、宗廟、百神之祀之壤者哉。”宋辛棄疾《漢宫春·會稽秋風亭懷古》詞其二：“吹不斷，斜陽依舊，茫茫禹迹都無。”金趙秉文《謁北嶽》詩：“九河探禹迹，萬里叫虞魂。”元愛理沙《題前餘姚州判官葉敬常海隄遺卷》詩：“曉日山川神禹迹，秋風禾黍有虞田。”明鄧雲霄《游華山詩十二首》詩其十二：“禹迹九河沉大陸，秦關千嶂護長城。”清廓露《扈蹕臨廱歸自中書堂呈蘇相國一百韻》詩：“江山恢禹迹，天地入堯年。”

九土[2]

九州的土地。《國語·魯語上》：“〔共工氏〕其子曰后土，能平九土。”韋昭注：“九土，九州之土也。”《左傳·襄公二十五年》：“楚蒍掩書土田，度山林，鳩藪澤，辨京陵，表淳鹵，數疆潦，規偃豬，町原防，牧隰皋，井衍沃，量入修賦。"杜預注："量九土之所入，而治理其賦稅。"晋潘岳《籍田賦》："夫九土之宜弗任，四人之務不一。"唐韋莊《和鄭拾遺秋日感事一百韻》詩："四民皆組綬，九土墮耕桑。"宋衛宗武《和催雪》詩："臘前三見瑞盈尺，九土斯農之望同。"元何中《高淵四時歌》其二："陽烏炎炎焦九土，老農吁嗟氣如縷。"明王恭《放歌行酬林逸人良箴》："朝飲天池暮沉瀣，下視九土如塵微。"清周錫溥《蓬草篇》："人生九土共覆載，不著食籍良可歎。"

【九丘】

先秦的一部地理書，即九州之志。相傳作於三皇五帝時期。按，丘，聚也，夏禹時代稱書爲"丘"。《左傳・昭公十二年》："是良史也，子善視之，是能讀《三墳》《五典》《八索》《九丘》。"漢孔安國《尚書序》："九州之志，謂之《九丘》。丘，聚也，言九州所有，土地所生，風氣所宜。皆聚此書也。"漢劉熙《釋名・釋典藝》："《九丘》。丘，區也。區別九州土氣，教化所宜施者也。"唐楊炯《從弟去溢墓誌銘》："若夫羽陵遺策，汲塚殘書，倚相之《八索》《九丘》，張華之千門萬戶，莫不山藏海納，學無所遺。"明趙振元《爲袁氏祭袁石寓（袁可立子）憲副》："以故《九丘》《八索》，淹爲精華。"一説，指九個山丘。《山海經・海內經》："南海之內，黑水、青水之間，有九丘，以水絡之。"

大九州

赤縣神州或中國之外的九個大州。亦作"九州²"。語出戰國陰陽家鄒衍。先秦宋玉《大言賦》："併吞四夷，飲枯河海，跋越九州，無所容止。"《淮南子・墜形訓》："何謂九州？東南神州曰農土，正南次州曰沃土，西南戎州曰滔土，正西弇州曰并土，正中冀州曰中土，西北台州曰肥土，正北泲州曰成土，東北薄州曰隱土，正東陽州曰申土。"《史記・孟子荀卿列傳》："〔鄒衍〕以爲儒者所謂中國者，於天下乃八十一分居其一分耳。中國名曰赤縣神州。赤縣神州內自有九州，禹之序九州是也，不得爲州數。中國外如赤縣神州者九，乃所謂九州也。於是有裨海環之，人民禽獸莫能相通者，如一區中者，乃爲一州。如此者九，乃有大瀛海環其外，天地之際焉。"唐徐堅《初學記・地理上》："中國九州名赤縣，即禹之九州也。上云九州八柱，即大九州也，非《禹貢》赤縣小九州也。"宋陸游《江樓吹笛飲酒大醉中作》詩："世言九州外，復有大九州。"金趙可《望海潮・發高麗作》："海外九州，郵亭一別，此生未卜他生。"《文獻通考・經籍考》："周公斥大九州，始皆益之，如《周官》之法。"明王世貞《石公山觀日没月出歌》："若論鄒衍大九州，更有諸天千日月。"清陳作霖《東城志略》："抑予深有感焉，士君子幸生今世，方將馳海外之觀，即鄒衍所謂大九州者，演爲新説，以變易天下之耳目。"清馮桂芬《校邠廬抗議》："《周禮・職方》疏：神農以上有大九州，後世德薄，止治神州。神州者，東南一州也。鄒衍談天，中國名曰赤縣神州，中國外如赤縣神州者九。"清黃遵憲《和周朗山珉見贈之作》："萬户侯耳豈足道，烏知今日神瀛大海還有大九州。"楊樹達認爲《淮南子》稱九州多與《書》別，而東南神州與赤縣神州相合，疑即鄒説。參閲楊氏《積微居小學述林・鄒衍九州考》。

【九州】[2]

即大九州。此體唐代已行用。見該文。

冀州

古九州之一。又稱"中土"。範圍大致在今河北衡水市及周邊區域，地處華北平原腹地。《書·禹貢》："冀州，既載壺口，治梁及岐。"《列子·愚公移山》："太行、王屋二山，方七百里，高萬仞。本在冀州之南，河陽之北。"《吕氏春秋·有始覽》："兩河之間爲冀州，晋也。"按，兩河之間，指的是大河（黄河）與古濟河之間的地帶。一説，偏西。楚辭《九歌·雲中君》："覽冀州兮有餘，横四海兮焉窮。"《周禮·夏官·職方氏》："河内曰冀州。"《爾雅·釋地》："九州，兩河間曰冀州。"《淮南子·墜形訓》："正中冀州曰中土。"高誘注："冀，大也，四方之主，故曰中土也。"《漢書·地理志》："河内曰冀州：其山曰霍，藪曰揚紆，川曰漳，浸曰汾、潞。"漢劉熙《釋名·釋州國》："冀州，亦取地爲名也。其地有險有易，帝王所都，亂則冀治，弱則冀彊，荒則冀豐也。"唐岑參《冀州客舍酒酣貽王綺寄題南樓》詩："相看復乘興，携手到冀州。"宋蔡沈《書籍傳·夏書·禹貢》："冀州，三面距河，

冀州疆界圖
（明王圻等《三才圖會》）

兖河之西，雍河之東，豫河之北。"元吴澄《和桃源行效何判縣鍾作》詩："冀州以北健蹄馬，一旦群嘶廬霍下。"明王立道《帝京歌》其二："帝座分明照冀州，妖星從此賈旄頭。"清龔自珍《己亥雜詩》詩其二十一："滿擬新桑遍冀州，重來不見緑雲稠。"參閲明王圻等《三才圖會·冀州疆界》。

【中土】[1]

即冀州。此稱漢代已行用。見該文。

青州

古九州之一。亦稱"青土"。範圍東至海，西至泰山，在今山東的東部一帶。亦作城市名。按古五行説，東方屬木，木色爲青。《説文·青部》："青，東方色也。"故名"青州"。語出《書·禹貢》："海岱惟青州。"《吕氏春秋·有始覽》："東方爲青州，齊也。"《周禮·夏官·職方氏》："正東曰青州。"《史記·夏本紀》："海岱維青州，堣夷既略，濰、淄其道。其土白墳，海濱廣潟，厥田斥鹵。"三國魏曹植《與楊德祖書》："偉長擅名於青土，公幹振藻於海隅。"李善注："徐偉長居北海郡，《禹貢》之青州也。故云青土。"《晋書·儒林傳·氾毓》：

青州疆界圖
（明王圻等《三才圖會》）

"客居青州，逮毓七世……于時青土隱逸之士劉兆、徐苗等皆務教授，惟毓不蓄門人，清净自守。"《北史·邢卲傳》："屬尚書令元羅出鎮青州，啓爲府司馬，遂在青土，終日酣賞，盡山泉之致。"《通典·食貨典》："青州，厥土白墳，厥田惟上下。"《元史·王磐傳》："李璮素重磐，以禮延致之，磐亦樂青州風土。"明吳斌《青州歌》："青州高城雄九州，城門天上飛瓊樓。"清顧祖禹《讀史方輿紀要·山東一》："《周·職方》：'青州，其山鎮曰沂山。'"參閱明王圻等《三才圖會·地理圖會》。

【青土】²

即青州。此體三國魏已行用。見該文。

揚州

古九州之一。範圍在今江蘇和安徽兩省淮水以南，兼有浙江、江西兩省的土地。亦作城市名。《書·禹貢》："淮海惟揚州。"《周禮·夏官·職方氏》："東南曰揚州。"《吕氏春秋·有始覽》："東南爲揚州，越也。"《爾雅·釋地》："江南曰揚州。"《史記·淮南衡山列傳》："爲江都王。"張守節正義："江都，揚州也。"晋佚名《使者爲妖祠》："揚州士，作天子。四世治，太

平始。"隋楊廣《泛龍舟》詩："借問揚州在何處，淮南江北海西頭。"唐李白《黃鶴樓送孟浩然之廣陵》詩："故人西辭黃鶴樓，烟花三月下揚州。"宋蘇軾《南歌子·游賞》詞："游人都上十三樓，不羨竹西歌吹古揚州。"元盧琦《舟泊揚州》詩："曉發瓜州古渡頭，好風半日到揚州。"元王冕《別金陵》詩："明日西風天色好，吹簫騎鶴上揚州。"清謝金鑾《塭岸橋》詩："稻花香裏湖菱熟，夢過揚州一半橋。"參閱明王圻等《三才圖會·地理圖會》。

兖州

古九州之一。亦作"沇州"。範圍在今河南的東部、山東的西部及河北的南部一帶。亦作城市名。兖，或作"兖"。《書·禹貢》："濟、河惟兖州。"按，"兖"字源於沇水。沇水又稱濟水，發源於今河南濟源王屋山，今南段已淤廢。《周禮·夏官·職方氏》："河東曰兖州。"《吕氏春秋·有始覽》："河、濟之間爲兖州，衛也。"《爾雅·釋地》："濟河間曰兖州。"兖（兖）古亦作"沇"。戰國《甘氏星經》作"沇州"。《史記·夏本紀》："濟、河維沇州。"《漢書·天文志》："角亢氐，沇州。"唐杜甫《登兖

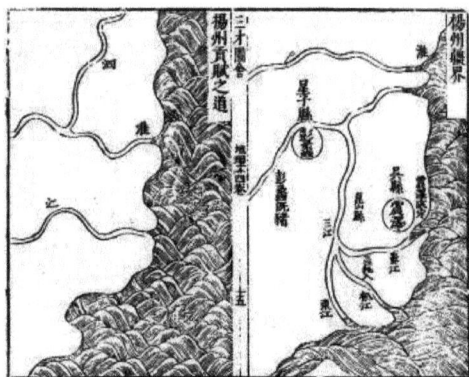

揚州疆界圖
（明王圻等《三才圖會》）

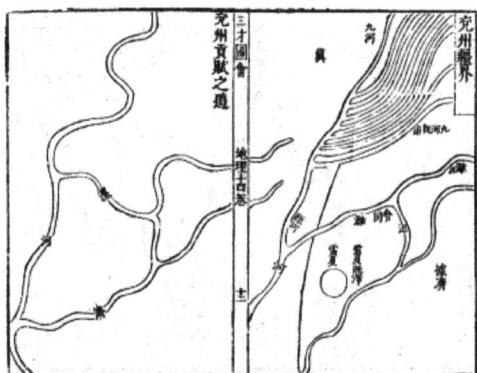

兖州疆界圖
（明王圻等《三才圖會》）

州城樓》詩："浮雲連海岱，平野入青徐。"宋劉放《兖州古檜》詩："兖州宅西有古檜，十尋度高百圍大。"元吳澄《過枯河》詩："河患古來兖州極，今日兖州河道塞。"清段玉裁《説文解字注》："兖州……小篆作沇，〔隸〕變作兖，此同義而古今異形也。"清弘曆《恭依皇祖登岱詩韻》詩其一："果然萬古宗天下，詎獨千秋鎮兖州。"參閱明王圻等《三才圖會·地理圖會》。

【沇州】

同"兖州"。此體先秦已行用。

幽州

古九州之一。範圍在今河北北部及遼寧一帶。《周禮·夏官·職方氏》："東北幽州。"《吕氏春秋·有始覽》："北方爲幽州，燕也。"《爾雅·釋地》："燕曰幽州。"《孟子·萬章上》："萬章曰：'舜流共工於幽州，放驩兜於崇山。'"《漢書·天文志》："房、心，豫州；尾、箕，幽州。"晋陶潛《擬古九首》其八："誰言行游近，張掖至幽州。"《宋書·州郡志二》："勃海太守，漢高帝立，屬幽州。"南朝梁蕭綱《雁門太守行三首》詩其三："幽州寒食罷，鄭國采桑疏。"北魏酈道元《水經注·巨馬水》："今故安縣南有督亢陌，幽州南界也。"唐李白《横吹曲辭·幽州胡馬客歌》詩："幽州胡馬客，綠眼虎皮冠。"唐杜甫《後出塞五首》詩："坐見幽州騎，長驅河洛昏。"宋汪元量《婆羅門引四有八日謝太后慶七十》詩："望斷燕山薊水，萬里到幽州。"《遼史·地理志·東京道》："本漢無慮縣，即醫巫閭，幽州鎮山。"《元史·地理志一》："大都路，唐幽州范陽郡。遼改燕京。金遷都，爲大興府。"明郭之奇《附遼九主》詩："契丹始自幽州侵，石晋稱臣禍古今。"清

孫衣言《灘江行送蘇虚谷同年還桂林兼懷龔茂田》詩："幽州十月初見雪，城南草盡北風烈。"

并州

古九州之一。範圍在今河北保定和山西太原市、大同市一帶以及内蒙古部分地區。相傳禹治洪水，劃分域内爲九州，并州爲其一。《周禮·夏官·職方氏》："正北曰并州。"《漢書·王莽傳》："民棄城郭，流亡爲盗賊，并州、平州尤甚。"晋佚名《軍中爲汲桑謡》詩："雄兒田蘭爲報仇，中夜斬首謝并州。"南朝梁蕭繹《賦得竹》詩："作龍還葛水，爲馬向并州。"唐宋璟《奉和聖製答張説扈從南出雀鼠穀》詩："秦地雄西夏，并州近北胡。禹行山啓路，舜在邑爲都。"元周伯琦《河東試院即事三首》詩其三："井陘西抵古并州，千里迢迢亦壯游。"明王應斗《送鄭維公之任鄱陽》詩："愁顔半爲并州悴，幾度懷人雪滿頭。"清屈大均《望晋恭王園》詩："悲風處處吹松柏，誰到并州不斷腸。"

荆州

古九州之一。範圍在今兩湖、兩廣部分、河南、貴州一帶。亦作城市名。《書·禹貢》："荆及衡陽惟荆州。"《周禮·夏官·職方氏》："正南曰荆州。"《吕氏春秋·有始覽》："南方爲

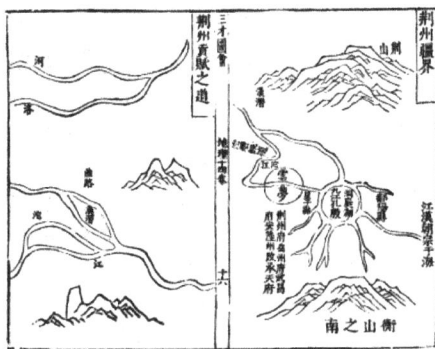

荆州疆界圖
（明王圻等《三才圖會》）

荆州，楚也。"漢班固《京都賦》："命荆州使起鳥，詔梁野而驅獸。"晋佚名《雲中》詩："荆州大度，散誕難名。"唐李白《荆州歌》："荆州麥熟繭成蛾，繰絲憶君頭緒多。"唐杜甫《送李功曹之荆州充鄭侍御判官重贈》詩："曾聞宋玉宅，每欲到荆州。"唐岑參《送江陵黎少府》詩："王城不敢住，豈是愛荆州。"宋劉摯《贈穆道士》詩："東風滿江春瀲灩，孤帆曉掛荆州船。"元揭傒斯《送王留守宣慰荆湖》詩："舟楫連檣出薊丘，弓刀千騎入荆州。"明楊士奇《單葉芙蓉》詩："霜落荆州冷，青烟度渚宫。"清王邦畿《懷魏禮》詩："吟取荆州舊時事，洞庭秋盡客應還。"參閱明王圻等《三才圖會·地理圖會》。

徐州

古九州之一。範圍在今山東東南部和江蘇的北部。亦作城市名。傳堯封彭祖於此，爲大彭氏國，徐州稱彭城自此起。《書·禹貢》："浮于汶，達于濟。海、岱及淮惟徐州。"鄭注云："徐州界又南至淮水。"《吕氏春秋·有始覽》："泗上爲徐州，魯也。"《爾雅·釋地》："濟東曰徐州。"北魏酈道元《水經注·獲水》："王莽更之曰和樂郡也，徐州治。"唐白居易《亂後

過流溝寺》詩："九月徐州新戰後，悲風殺氣滿山河。"宋陸游《水調歌頭·多景樓》詞："江左占形勝，最數古徐州。"元吴當《六月舟次房村》詩："遥山青數點，明日過徐州。"明李孫宸《南還途次感懷》詩其四："河渡古徐州，淮陽下接流。"清厲鶚《渡河》詩："一綫黄流奔禹甸，兩涯殘雪接徐州。"參閱明王圻等《三才圖會·地理圖會》。

豫州

古九州之一。範圍在今河南的大部，兼有山東的西部和安徽省的北部。古九州所言豫州，各典籍中説法不一，直至漢代纔有明確的區域。東漢時治所定爲譙（今亳州），區域包括今河南南部、淮河以北、伏牛山以東的河南東部、安徽北部、江蘇西北角及山東西南角。魏時治所在安城。《書·禹貢》："荆、河惟豫州。"《吕氏春秋·有始覽》："河漢之間爲豫州，周也。"《爾雅·釋地》："兩河間曰冀州，河南曰豫州。"《周禮·夏官·職方氏》："河南曰豫州。"晋無名氏《豫州耆老爲祖逖歌》詩："玄酒忘勞甘瓠脯，何以咏思歌且舞。"南朝梁沈約《懷舊詩九首》其九："豫州懷風範，綽然標雅度。"唐胡曾《咏史·豫州》詩："策馬行行到豫州，祖生

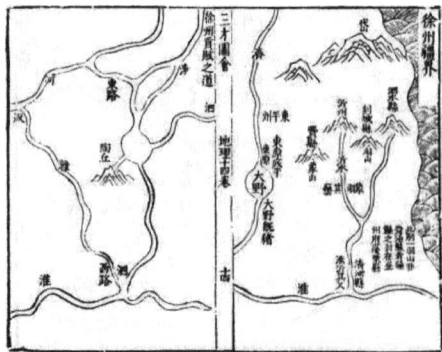

徐州疆界圖
（明王圻等《三才圖會》）

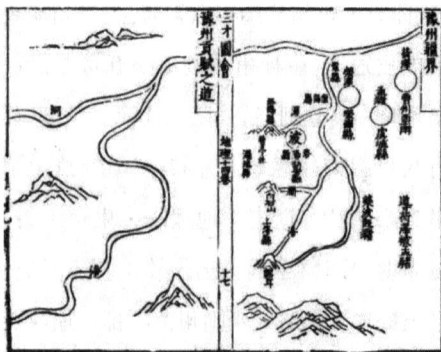

豫州疆界圖
（明王圻等《三才圖會》）

寂寞水空流。"宋陳人傑《沁園春·送高君紹游雪·川》詞："但使豫州，堪容玄德，何必區區依景升。"元陳普《荆公東坡》詩："禮樂禹豫州，至今鞠烟草。"明薛蕙《嵩丘歌送蔣子雲》詩："君不見衡恒泰華奠九州，豫州巨鎮名嵩丘。"清王太岳《早過潼關呈屠參政》詩："山連二華橫秦塞，水控三川下豫州。"參閱明王圻等《三才圖會·地理圖會》。

雍州

古九州之一。範圍在今陝西中部北部，甘肅東南部，青海東南部，寧夏一帶。名稱源於陝西鳳翔縣境内的雍山、雍水。《周禮·夏官·職方氏》："正西曰雍州，其山鎮曰嶽山，其澤藪曰弦蒲。"《書·禹貢》："黑水、西河惟雍州。"孔穎達疏："計雍州之境，被荒服之外，東不越河，而西逾黑水。"《爾雅·釋地》："河西曰雍州"。《吕氏春秋·有始覽》："西方爲雍州，秦也。"《史記·陳涉世家》："秦孝公據崤函之固，擁雍州之地。"《漢書·地理志》："北有蒲谷鄉弦中谷，雍州弦蒲藪。水出西北，入渭。"晉摯虞《雍州》詩："有州惟雍，居京之右。"唐李賀《酬答二首》詩："雍州二月梅池春，御水鵁鶄暖白蘋。"唐王希明《丹元子步天

歌·北方七宿》詩其三："東西兩周次二秦，雍州南下雙雁門。"宋張耒《送蔡彦規之任風泉主簿》詩："秦俗謳謡口，雍州形勢豪。"《宋史·地理志》："陝西路，蓋《禹貢》雍、梁、冀、豫四州之域，而雍州全得焉。"明楊爵《春興八首次韻》詩其四："美人蹤迹今何在，林杜猶存古雍州。"清徐樹山《丙午紀事二首》詩其一："朔方禹版畫雍州，天設秦關扼上游。"參閱明王圻等《三才圖會·地理圖會》。

梁州

古九州之一。範圍在今陝西南部和四川部分地區。后亦曾在開封、商丘一帶置梁州。《書·禹貢》："華陽黑水惟梁州。"鄭注云："梁州界自華山之南，至於黑水也。"按，黑水説法不一，此處應爲漢江。三國時始有行政區劃意義的梁州。唐德宗興元元年（784）梁州淡出行政稱謂。《孟子·滕文公下》："昔者禹抑洪水，而天下平。"孫奭疏："通九州者蓋始自堯所都冀州而起……又從豫而西通於梁州，梁州既達。"唐李頻《聞金吾妓唱梁州》詩："聞君一曲古梁州，驚起黃雲塞上愁。"《舊唐書·禮儀志》："兖州名曰觀，青州名少陽，徐州名東原，揚州名江都，荆州名江陵，梁州名成都。"

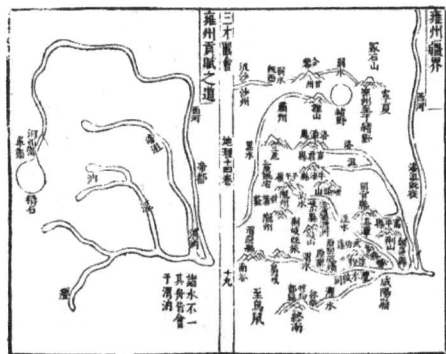

雍州疆界圖
（明王圻等《三才圖會》）

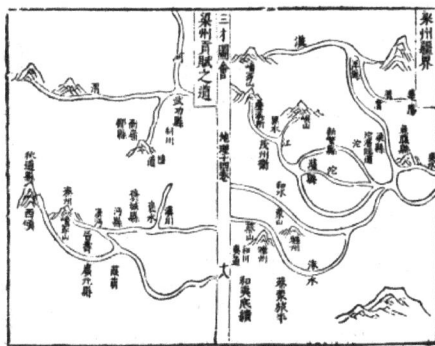

梁州疆界圖
（明王圻等《三才圖會》）

宋方岳《夢余義夫以劍請銘》詩："黑水梁州百二關，青天蜀道古云難。"元段克己《水調歌頭·癸卯八月十七日逆旅平陽夜聞笛聲有感而作》詞："一聲羌管誰弄，吹徹古梁州。"明楊慎《臨江仙》詞其一："笛聲幾度怨梁州。夢中雲滿樹，醒後月當樓。"清蔣敦復《浣溪沙十六首》詞其一："海月紅生夜碧流，花魂扶影下西樓。笛聲誰按小梁州。"參閱明王圻等《三才圖會·地理圖會》。

九郡

原為漢武帝平定越地後設置的九個行政郡的合稱。後泛指中華天下。漢班固《蘇武傳》："南越殺漢使者，屠為九郡；宛王殺漢使者，頭縣北闕；朝鮮殺漢使者，即時誅滅。"《史記·平準書》："漢連兵三歲，誅羌，滅南越，番禺以西至蜀南者置初郡。"裴駰集解引徐廣曰："南越為九郡。"又引晉灼曰："元鼎六年，定越地，以為南海、蒼梧、鬱林、合浦、交趾、九真、日南、珠崖、儋耳郡。"《三國志·薛綜傳》："漢武帝誅呂嘉，開九郡，設交阯刺史以鎮監之。山川長遠，習俗不齊，言語同異，重譯乃通。"北魏酈道元《水經注·溫水》："漢置九郡，儋耳與焉。民好徒跣，耳廣垂以為飾，雖男女褻露，不以為羞。"元白樸《墻頭馬上》第三折："你比無鹽敗壞風俗，做的個男游九郡，女嫁三夫。"清汪仲洋《履勘海鹽縣海塘》詩："賴此一綫堤，九郡得生聚。"

四百州

宋朝全盛時號稱"八百州"，半數則稱"四百州"。宋王邁《飛雲樓》詩："神交故國三千里，目斷中原四百州。"宋汪元量《湖州歌》："夕陽一片寒鴉外，目斷東西四百州。"宋司馬光《慶曆七年祀南郊禮畢賀赦》詩："驛書散出先飛鳥，一日恩流四百州。"宋陸佃《次韻和曾子固舍人二首》詩其一："是般仙果三千歲，一樣春風四百州。"金趙秉文《連雲島望海》詩："我從析木西南境，回望中原四百州。"明金鑑《登補陀寶閣》詩："退觀三千界，雄圖四百州。"清黃遵憲《再述》詩："羽檄飛馳四百州，先防狼角後髦頭。"

赤縣神州

中國之別稱。省稱"赤縣""神州"。上古時，炎帝以火德王，統轄的土地叫赤縣；黃帝以土德王，統轄的土地叫神州。黃帝打敗了炎帝后，統一起來就稱作神州赤縣，或赤縣神州。《史記·貨殖列傳》："以為儒者所謂中國者，於天下乃八十一分居其一耳。中國名曰赤縣神州。赤縣神州內自九州，禹之序九州是也，不得為州縣數。"又，《史記·秦始皇本紀》："大矣哉！宇縣之中。"裴駰集解："宇，宇宙。縣，赤縣。"晉左思《咏史》詩之五："皓天舒向日，靈景耀神州。"《晉書·成公綏傳》："崑崙鎮於陰隅，赤縣據於辰巳。"唐虞世南《賦得吳都》："三分開霸業，萬里宅神州。"宋馮時行《峽州楚塞樓》詩："赤縣神州宜細論，翠華幾時驅育賈，歸挽天河洗乾坤。"金元好問《四哀詩·李欽叔》詩："赤縣神州坐陸沉，金湯非粟禍侵尋。"元陳孚《禄州遇大風》詩："黑風鬼國漂流去，赤縣神州夢寐回。"明彭大翼《山堂肆考》："瓊古今通論，崑崙東南方五千里，謂之神州，中有和美鄉方三千里，五嶽之城，帝土之宅，聖人所生也。"清黃遵憲《八月十五夜太平洋舟中望月作歌》："豈知赤縣神州地，美洲以西日本東。"清郭慶藩《莊子集釋序》："鄒衍曰：'儒者所謂中國，於天下乃八十一分居其一分耳。赤縣神州外自有九州，裨海環之，大瀛海環其外。'"

【赤縣】

即赤縣神州。此稱漢代已行用。見該文。

【神州】

即赤縣神州。此稱晋代已行用。見該文。

【天下】

泛指中華大地。上古顓頊時期，天下有了大致範圍。顓頊之後，天下範圍在每一個朝代都有新的表述。《書·大禹謨》："奄有四海，爲天下君。"《荀子·王霸》："國者，天下之利用也。"《史記·五帝本紀》："天下有不順者，黄帝從而征之。"《後漢書·朱穆傳》："昔秦政煩苛，百姓土崩，陳勝奮臂一呼，天下鼎沸。"《元史·地理志》："而天下爲一，故其地北踰陰山，西極流沙，東盡遼左，南越海表。"清李長霞《信陽道中》詩："武勝由來天下險，關門不掩亂雲飛。"

【四溟】[1]

指中華天下大地。亦作"四冥"。南朝宋謝莊《宋明堂歌九首·歌赤帝》其五："庶物盛長咸殷阜，恩覃四冥被九有。"南朝梁江淹《爲蕭驃騎讓封第三表》："車軌共文，四溟同宅。"《宋書·孝武帝紀》："周王驥迹，實窮四溟。"唐施肩吾《海邊遠望》詩："扶桑枝邊紅皎皎，天鷄一聲四溟曉。"唐權德輿《和李大夫西山祈雨因感張曲江故事十韻》詩："瀟灑四冥合，空濛萬頃連。"《宋史·樂志》："四溟廣矣，八紘是紀。"《徐仙真錄》："天上雲荷種，剛風落四溟。"清陳恭尹《鐃歌（有序十八首）》詩其十七："争先人願睹雲星，好士名高徹四溟。"

【四冥】[1]

同"四溟[1]"。此體南朝宋已行用。見該文。

【四海】[2]

猶言天下。《書·大禹謨》："文命敷于四海，祗承于帝。"《大戴禮·五帝德》："乘龍而至四海，北至于幽陵，南至于交趾，西濟于流沙，東至于蟠木，動静之物，大小之神，日月所照，莫不祗勵。"《史記·高祖本紀》："大王起微細，誅暴逆，平定四海，有功者輒裂地而封王侯。"漢賈誼《過秦論》："有席卷天下，包舉宇内，囊括四海之意。"三國魏應瑒《別詩》："朝雲浮四海，日暮歸故山。"《三國志·蜀書·諸葛亮傳》："將軍既帝室之胄，信義著於四海。"唐李紳《古風》詩其一："四海無閒田，農夫猶餓死。"明張溥《五人墓碑記》："大閹之亂，縉紳而能不易其志者，四海之大，有幾人歟？"《東周列國志》第一〇八回："尉繚佐陛下定四海，功最大，亦望裂土分封，如周之太公周公。"清李漁《玉搔頭·呼嵩》："誰想四海雖寬，少西施而多嫫姆；六宫虚設，有粉黛而無姿容。"

五湖四海

"五湖"常與"四海"組合爲一詞，謂"五湖四海"，喻指全國各地。唐自在《三個不歸頌》其一："五湖四海隨緣去，到處爲家一不歸。"宋朱繼芳《和顔長官百咏·漁父》詩："傍人借問居何處，四海五湖都是家。"宋晁補之《送曇秀師歸廬山夢齋》詩："四海五湖皆逆旅，千巖萬壑正秋風。"元凌雲翰《無俗念》："踏遍萬户千門，五湖四海，一樣中秋月。"明烏斯道《王山人桃花牛歌》："五湖四海春茫茫，桃源市上千山綠。"《隋唐演義》第一二回："一個雷聲天下響，五湖四海盡皆聞，英雄豪傑群聚於臺下。”

四海 [3]

中華四方邊遠各族居住的地域。《爾雅·釋地》：“九夷、八狄、七戎、六蠻，謂之四海。”《史記·五帝本紀》：“南撫交址、北發，西戎、析枝、渠廋、氐、羌，北山戎、發、息慎，東長、鳥夷。四海之內，咸戴帝舜之功。”又，《大宛列傳》：“天子既聞大宛及大夏、安息之屬皆大國……且誠得而以義屬之，則廣地萬里，重九譯，致殊俗，威德徧於四海。”

中國

指國內、內地，亦指漢族居住的地區和建立的國家。中國一詞最早見於西周初年的青銅器“何尊”銘文中的“余其宅茲中國，自之乂民”，指西周京畿地區，後演變爲黃河中下游的中原地區。中國以外則稱爲“四夷”，所謂“天子有道，守在四夷”。同時中國又有“華夏”“中華”“中夏”“中原”“諸夏”“諸華”“神州”“九州”“海內”“中土”等代稱。“中國”一詞，古或有其他不同含義：一指京城，即首都；二指天子直接統治之王國；三指中原地區。《詩·大雅·生民之什》：“惠此中國，以綏四方。”《周禮·秋官·司寇》：“辨其中國，與其都鄙，及其郊野，異其男女，歲登下其死生。”《公羊傳·隱公七年》：“不與夷狄之執，中國也。”《穀梁傳·桓公二年》：“孔子曰：名從主人，物從中國，故曰郜大鼎也。”《禮記·王制》：“中國戎夷，五方之民，皆有性也，不可推移。”《左傳·成公七年》：“季文子曰：‘中國不振旅，蠻夷入伐，而莫之或恤，無吊者也夫！’”《莊子·田子方》：“吾聞中國之

君子，明乎禮義而陋於知人心。”又，《秋水》：“計中國之在海內，不似稊米之在大倉乎?”《韓非子·孤憤》：“夫越雖國富兵強，中國之主皆知無益於己也。”《爾雅·釋地》：“此四方中國之異氣也。”

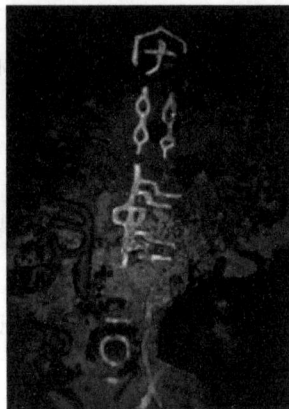

金文中的中國二字
（西周青銅器何尊）

《孟子·梁惠王上》：“欲辟土地，朝秦楚，莅中國而撫四夷也。”漢桓寬《鹽鐵論·申韓》：“大河之始決於瓠子也，涓涓爾，及其卒，泛濫爲中國害。”《世說新語·言語》：“江左地促，不如中國。”唐黃滔《送翁拾遺》詩：“天開中國大，地設四維低。”《舊唐書·職官志二》：“其江、河，自西極達於東溟，中國之大川者也。”元丘處機《報師恩》詩：“人人盡喜生中國，户户虔心敬上真。”明真可《登那羅延窟》詩：“島嶼屏中國，波濤限外夷。”清葉廷琯《吹網錄·柳邊紀略》：“泉甘土肥，物産如參貂，非中國有。”嚴格地說，歷史上的“中國”之範圍不等於今天“中國”之範圍。我國古代各個王朝都沒有把“中國”作爲正式國名。直到辛亥革命以後，纔把“中國”作爲“中華民國”之簡稱。1949年以後，又把“中國”作爲“中華人民共和國”的簡稱。

【中華】

即中國，古也指中原華夏大地，即相對於“東夷、西番、北狄、南蠻”等地區而言的地區。古代華夏族多建都於黃河南北，位四方之

中，因稱爲中華。後各朝疆土漸廣，凡所統轄，皆稱中華。也藉指中國，以及由中國衍生和引申的民族、文化、人群、團體、地區，等等。晋桓溫《請還都洛陽疏》："自强胡陵暴，中華蕩覆，狼狽失據。"《北齊書·高昂傳》："於時，鮮卑共輕中華朝士，唯憚服於昂。"唐李世民《聖教序》："以中華之無質，尋印度之真文。"唐長孫無忌等《唐律疏議·唐律釋文》："中華者，中國也。"《敦煌曲子詞·獻忠心》："見中華好，與舜日同，垂衣理，菊花濃。"宋潘良貴《挽陳德固守禦》詩："强敵登城日，中華將士奔。"元楊雲鵬《送殷獻臣北上》詩："寒衝絶漠戎裝重，夜繞中華漢夢多。"明何景明《彭生行》："王嚴楊馬各挺出，異才豈必生中華。"清劉銘傳《督師陝西請訓摺》："伏念關中古帝王都會之區，山河險塞，形勢之勝，雄絶中華，回、漢雜居，久稱難治。"

【華夏】

即中國、中華。古亦常作中原民族的代稱。古籍中將"華""夏"作爲中原，"夷"與"裔"作爲四方。亦作"夏""華"，亦稱"諸夏""中夏"。"華夏"一詞最早見於《書·周書·武成》："華夏蠻貊，罔不率俾。"孔傳："冕服采裝曰華，大國曰夏。"又，《康誥》："用肇造我區夏。"孔傳："始爲政於我區域諸夏。"《左傳·定公十年》："中國有禮儀之大，故稱夏；有服章之美，謂之華。"又云："裔不謀夏，夷不亂華。"又云："我諸戎飲食衣服不與華同，贄幣不通，語言不達。"又，《襄公二十六年》："楚失華夏。"孔穎達疏："華夏爲中國也。"《説文·華部》："華，榮也。夏，中國之人也，現中原之人。"段玉裁注："中國之人也。以別於

北方狄，東北貉，南方蠻閩，西方羌，西南焦僥，東方夷也。"上古"華"與"夏"同音，本一字，"華"亦即"夏"。孔子視"夏"與"華"爲同義詞。大約從春秋時代起，古籍中將"華"與"夏"連用，始稱"華夏"。晋孫綽《與庾冰》詩："芒芒華夏，鞠爲戎墟。"唐孔穎達疏《春秋左傳正義》曰："夏，大也。中國有禮儀之大，故稱夏；有服章之美，謂之華。華、夏一也。"按，"華"，或指華麗、興旺。唐靈一《安公》詩："法服應華夏，金言流海岱。"宋劉宰《真西山贊》詩："中國相司馬，和氣滿華夏。"元耶律鑄《戰城南》詩："此是萬萬古，華夏覆車轍。"明朝葉盛《水東日記·喜信和勇》："佛本夷人，固宜神。則有當事者而吊祭之禮不知，則是其自異於華夏矣。"清志和《挽曾國藩聯》："星月黯湘潭，風雲慘江樹，畏威懷德，蠻夷華夏共傾心。"

【夏】

即華夏。此體先秦已行用。見該文。

【華】

即華夏。此體先秦已行用。見該文。

【諸夏】

即中國、華夏。周代分封的中原各個諸侯國，泛指中原地區。《左傳·閔公元年》："諸夏親暱，不可棄也。"《論語·八佾》："子曰："夷狄之有君，不如諸夏之亡也。""漢董仲舒《春秋繁露·觀德》："滅國十五有餘，獨先諸夏，魯晋俱諸夏也。"北魏酈道元《水經注·濁漳水》："管子曰：築五鹿、中牟、鄴，以衛諸夏也。"唐馬戴《中秋月》詩："皓氣籠諸夏，清光射萬岑。"宋蘇軾《大行太皇太后高氏挽詞二首》其二："却狄安諸夏，先王社稷臣。"《文獻通

考·王禮考》："天子受四海之圖籍，膺萬國之貢珍。內撫諸夏，外接百蠻。爾乃盛禮樂，供帳置乎？"明王鏊《震澤長語·音韻》："瞿曇之書，能入諸夏，而宣尼之書，不能至跋提河者，以聲音之道障閡耳。"清朱雅《汴中》詩："山河壯諸夏，天地此中央。"

【區夏】

即中國、華夏。古亦指中原地區。《書·康誥》："用肇造我區夏。"孔傳："始爲政於我區域諸夏。"唐賈至《燕歌行》："我唐區夏餘十紀，軍容武備赫萬祀。"宋葉適《高宗皇帝挽詞二首》其一："幾同造區夏，還復外乾坤。"明陶宗儀《輟耕錄·朝儀》："大元受天命，肇造區夏，列聖相承。"《警世通言·杜十娘怒沉百寶箱》："說起燕都的形勢，北倚雄關，南壓區夏，真乃金城天府，萬年不拔之基。"清錢謙益《直隸順天府昌平州順義縣知縣張國綱授文林郎》："夫燕京南壓區夏，若坐堂皇而俯庭宇，順義其在奧窔之間乎。"

【中夏】

即中國、華夏。古亦指中原地區。《後漢書·班彪傳》："目中夏而布德，瞰四裔而抗稜。"呂向注："中夏，中國。"晉陸機《辨亡論》："魏人據中夏，漢氏有岷益，吳制荊揚而奄交廣。"晉左思《吳都賦》："中夏比焉，畢世而罕見。"《世說新語·賢媛》："李平陽，秦州子，中夏名士，于時以比王夷甫。"北魏酈道元《水經注·泗水》："法流中夏，自法顯始也。"唐白居易《册新回鶻可汗文》："克保大義，永藩中夏。"宋張方平《經遠樓》詩："中夏聖人調律呂，八荒異國入圖書。"元虞集《送國王朵而只之遼東》詩："太祖收中夏，元臣有武功。"

明王世貞《奉送凌汝成中丞撫鄖陽因東汪中丞伯玉》詩："地分秦楚連中夏，城帶鄖襄控上游。"清彭孫貽《望海》詩其三："坼地東南窮禹迹，談天中夏定神州。"

【中土】[2]

即中國。《三國志·魏書·鍾繇華歆王朗傳》："車駕宜鎮守中土，以爲四方威勢之援。"《後漢書·西域傳》："余聞之後說也，其國則殷乎中土，玉燭和氣。"《南齊書·劉瓛傳二十》："昔五音金石，本在中土。"《宋書·天文志二》："十一月，冉閔殺石遵，又盡殺胡十餘萬人，於是中土大亂。"北魏酈道元《水經注·洛水》："《周書》稱周公將致政，乃作大邑成周於中土，南繫於洛水，北因於郟山，以爲天下之大湊。"《晉書·秦獻王柬傳》："於時諸王封中土者皆五萬户，以柬與太子同産，故特加之。"唐唐玄奘《大唐西域記·序》："壤隔於中土。"唐樊綽《蠻書·南蠻疆界接連諸蕃夷國名第十》："與中土風俗、禮樂不同。"《舊唐書·狄仁傑傳》："臣以邊塵暫起，不足爲憂，中土不安，以此爲事。"《唐會要·左右補闕拾遺》："爲不習中土之風，不安中國之美。"元何真《征蠻洞作》詩："中土盡皆沾露雨，荒邊何足動風雷。"明鍾芳《丁酉上元鄉飲》詩："衣冠中土舊，風氣四時並。"清繆公恩《洋紅》詩："一從番舶來中土，贏得扶桑曉日紅。"

【中州】

中原地區。又謂中國之中、華夏之中。又古豫州（今河洛一帶）地處九州之中，故稱。何尊銘文"宅兹中國"是"中國"一詞最早的見證，表明洛陽是古中國的所在地，即天下之中。漢王充《論衡·對作》："建初孟年，中州頗歎，穎川汝南民流四散。”《三國志·吳書·全琮傳》：“是時中州士人，避亂而南依琮者以百數。”晋桓溫《平洛表》：“今中州既平，宜時綏定。”南北朝蕭衍《擣衣》詩：“中州木葉下，邊城應早霜。”唐李益《春日晋祠同聲會集得疏字韻》詩：“中州有遼雁，好爲繫邊書。”宋王安石《黄河》詩：“派出崑侖五色流，一支黄濁貫中州。”元耶律楚材《重修宣聖廟疏》：“試問中州士君子，誰人不出仲尼門。”明貝瓊《送陳楚賓赴泗州學正》詩：“地接中州近，天連大野寬。”清屈紳《蟬史·瑪知古懸鏡矚中州》：“中州非荆河惟豫之謂，蓋鏡從天之上，地之下……大瀛之中爲州，九州猶中州之一隅耳。”一說，歸屬中土的州郡。唐陳子昂《諫雅州討生羌書》：“張儀躡踵乘便，縱兵大破之。蜀侯誅，賨邑滅，至今蜀爲中州。”另說，中等州郡。《新唐書·選舉志》：“京都學生八十人，大都督、中都督府、上州各六十人，下都督府、中州各五十人。”《通志·地理一》：“四萬户已上爲上州，二萬户已上爲中州，不滿爲下州。”

【海内】

古人認爲中國周圍皆是海，所以把中國叫作海内，把境外叫作海外。戰國時有《山海經·海内經》問世，記録中華南北海内各個方位的地理、物産、部族等地理要素。《孟子·梁惠王上》：“海内之地。”《戰國策·秦策一》：“今欲並天下，凌萬乘，詘敵國，制海内。”先秦佚名《河梁歌》：“聲傳海内威遠邦，稱霸穆桓齊楚莊。”《公羊傳·桓公六年》：“天下之君，海内之主。”秦李斯《諫逐客書》：“此非所以跨海内、制諸侯之術也。”《史記·高祖本紀》：

“高祖過沛，詩三侯之章。”司馬貞索隱引《大風歌》：“威加海内兮歸故鄉。”漢蔡琰《悲憤詩二章》其一：“海内興義師，欲共討不祥。”漢戴德《大戴禮記·用兵》：“聖人愛百姓而憂海内，及後世之人，思其德，必稱其人，故今之道堯舜禹湯文武者猶依然，至今若存。”漢《郊廟歌辭·郊祀歌·帝臨》詩：“海内安寧，興文偃武。”晋司馬彪《九州春秋》：“常侍累世太盛，威服海内。”《宋書·五行志》：“至社稷無主，海内歸之。”唐王勃《送杜少府之任蜀州》詩：“海内存知己，天涯若比鄰。”唐孔穎達《禮記正義》：“天子若能使海内如此，則是禮道興行矣。”《舊唐書·音樂志一》：“太宗曰：‘朕雖以武功定天下，終當以文德綏海内。’”《宋史·食貨志下》：“然是時海内承平已久，民間習俗日漸侈靡，靡金以飾服器者不可勝數，重禁莫能止焉。”《元史·海真傳》：“善用此道，天亦悔禍，海内乂安。”明王世貞《包參軍登岱還訪余海上將還四明因贈二律》詩其一：“海内青山唯此岳，天涯白雪更何人。”清申甫《七月朔日籜石招同地山少宰小集山齋爲鴻博同年之會次韻書籜石所畫三友圖後》詩其一：“故人海内今餘幾，往事樽前話不窮。”

東土[1]

古代稱中國。相對西方而言。《穆天子傳》：“西王母爲天子謠……天子答之曰：‘予歸東土，和治諸夏，萬民平均，吾顧見汝。’”唐文偃《宗脉頌》詩：“達摩觀東土，五葉氣相連。”宋陸游《廣慧法師贊》詩：“東土震旦，西方極樂。”元成廷珪《白雲上人悼章》詩：“一聞東土傳來法，三校西天譯後書。”明丁鶴年《送鐵佛寺益公了庵朝京游浙》詩：“世尊出西域，教化極東土。”《西游記》第八回：“菩薩不敢久停，曰：‘今領如來法旨，上東土尋取經人去。’”清馬建忠《上李伯相言出洋工課書》：“而巴黎新聞紙傳揚殆遍，謂日本、波斯、土耳基人負笈巴黎者，固有考取格致秀才及律例舉人，而東土之人，獨未有考取文詞秀才者，有之則自忠始也。”東土，古代又指陝以東某一地區或封國。南朝時也特指蘇南、浙江一帶。參閱本卷東土²條目

寰宇

　　猶天下。舊指中國全境，今亦指全世界。漢焦贛《易林・升之臨》：“權既在手，寰宇可驅。”唐武則天《唐享昊天樂》詩其九：“禎符降昊穹，大業光寰宇。”唐駱賓王《帝京篇》詩：“聲名冠寰宇，文物象昭回。”宋王之道《次韻趙積中慈湖即事》詩其一：“江南七月旱不雨，卷地風霾翳寰宇。”元朱晞顏《齊天樂・與周可竹會飲和韻》詞：“情高萬古。想脫劍呼樽，氣吞寰宇。”明張四維《雙烈記・訪道》詩：“敢將長劍撐寰宇，欲挽天河洗甲兵。”清玄燁《賦得光風偏寰宇》詩：“佳氣先春麗景殊，光風偏拂到寰區。”

【寰内】¹

　　指中國國內、天下。《穀梁傳・隱公元年》：“寰内諸侯，非有天子之命，不得出會諸侯。”《後漢書・孔融傳》：“又嘗奏宜准古王畿之制，千里寰内，不以封建諸侯。”晋左思《魏都賦》：“殷殷寰内，繩繩八區，鋒鏑縱橫，化爲戰場。”《宋書・謝靈運傳》：“主寰内而緩虞，澄海外以滌滓。”《新唐書・郝玼傳》：“自禄山反，西陲盡亡，寰内爲邊郡，每虜入寇，驅井閭父子與馬牛，焚積聚，殘室廬，邊人耗盡。”宋張方平

《幽薊行》詩：“昔者帝堯光宅本都冀，幽朔乃爲寰内地。”宋蘇軾《東坡志林》卷五：“孔融曰：‘古者王畿千里，寰内不封建諸侯。’”清李民聖《游主山》詩：“祇傳姓氏留寰内，誰信人生總夢間。”一說，指帝京周圍千里之内。張載注引尹更始曰：“天子以千里爲寰。”

【寰埏】

　　猶寰宇、宇内。埏，大地的邊緣。唐王勃《拜南郊頌》：“收驪巨野，反斾靈躔，恩周宇宙，樂極寰埏。”明王志堅《四六法海》：“宇宙樂極寰埏德，因時立頌，以詞宣帝之功也。”清來保等《欽定平定金川方略》：“王猷綏逖遠，帝德奠寰埏。疆域桃關外，聲威雪嶺邊。”清福敏《日月合璧五星聯珠頌》：“協和上下，洋溢寰埏，超軼萬古，焜煌史編。”

【寰海】

　　猶海内。指全國、天下。南朝梁江淹《爲建平王慶明帝疾和禮上表》：“仁鑄蒼岳，道括寰海。”唐韓愈《爲韋相公讓官表》：“毫釐之差，或致弊於寰海；晷刻之誤，或遺患於歷年。”唐劉禹錫《祭韓吏部文》：“手持文柄，高視寰海。”宋王十朋《某比緣職事朝拜殯宮瞻望松柏愴然悲涕遂成小詩》詩：“稽山嗟葬禹，寰海痛思堯。”元李俊民《上九里谷與濟之君祥仲寬李德方朱壽之姚子昂》詩：“清風掀至最高頂，下視寰海塵埃昏。”《水滸傳》第三二回：“仁兄禮賢下士，結納豪傑，名聞寰海，誰不欽敬！”清唐孫華《有感明季黨事》詩：“氣概門墙峻，交游寰海通。”清龔自珍《地丁正名》：“寰海之内，無一人不復者也，仁莫大焉！”

壤²

　　疆土、地域。《左傳・哀公元年》：“〔句踐

與我同壤，而世爲仇讎。”《漢書·武帝紀》：“兩國接壤，怵於邪説，而造篡弑。”北魏酈道元《水經注·漾水》：“漢建安中，割南陽右壤爲南鄉郡。”《文獻通考·輿地考一》：“建中靖國悉還吐蕃故壤，稍舒民力。”清顧祖禹《讀史方輿紀要·四川八》：“蓋永寧北接叙、瀘，南通雲、貴，界壤相錯，咽喉所繫也。”

封疆 [1]

領土或疆域。亦稱“封域”“疆土”“疆宇”“封圻”。《周禮·地官·大司徒》：“諸公之地，封疆方五百里。”《周禮·春官·保章氏》：“以星土辨九州之地所封，封域皆有分星。”《詩·大雅·江漢》：“式辟四方，徹我疆土。”《孟子·公孫丑下》：“故曰，域民不以封疆之界。”《荀子·子道》：“昔萬乘之國，有爭臣四人，則封疆不削。”漢班固《東都賦》：“系唐統，接漢緒，茂育群生，恢復疆宇。”《漢書·叙傳》：“恢我疆宇，外博四荒。”又，《文帝紀》：“夫四荒之外不安其生，封圻之內勤勞不處，二者之咎，皆自於朕之德薄而不能達遠也。”唐孫逖《登越州城》詩：“封圻滄海合，廛市碧湖明。”唐杜牧《感懷詩一首·時滄州用兵》詩：“安得封域內，長有扈苗征。”唐韓愈《琴操十首·越裳操》詩：“自周之先，其艱其勤。以有疆宇，私我後人。”唐杜甫《遣興》詩其一：“漢虜互勝負，封疆不常全。”宋曹勳《水龍吟·送戴郎中漕荆襄》詞：“慨然定、中原疆土。”宋梅堯臣《送何都官通判虔州》詩：“楚越封圻接，帆檣上下頻。”明袁可立《奏朝鮮廢立疏》：“但封疆要事，民力不給，即當遣使宣敕，播告彼邦，明正其罪，使彼臣民討逆復辟。”

【疆土】

即封疆[1]。此稱先秦已行用。見該文。

【疆宇】[1]

即封疆[1]。此稱漢代已行用。見該文。

【封圻】[1]

即封疆[1]。此稱漢代已行用。見該文。

壤地 [1]

國土、領土。《左傳·哀公十一年》：“越在我，心腹之疾也。壤地同而有欲于我。”《孟子·滕文公上》：“夫滕，壤地褊小。將爲君子焉，將爲小人焉？”《三國志·吳書·陸瑁傳》：“北寇與國，壤地連接，苟有間隙，應機而至。”唐韓愈《荆潭唱和詩序》：“今僕射裴公開鎮蠻荆，統郡惟九，常侍楊公，領湖之南壤地二千里，德刑之政並勤，爵禄之報兩崇。”《新唐書·陸贄傳》：“自安史之亂，朝廷因循涵養，而諸方自擅壤地，未嘗會朝。”

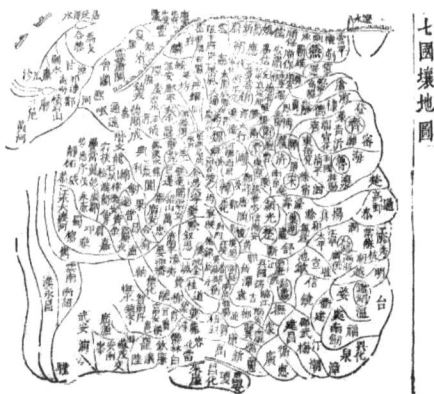

七國壤地圖
（明王圻等《三才圖會》）

十二土

同周天十二次對應的吳越、齊、衛、魯、趙、晋、秦、周、楚、鄭、宋、燕等十二地域。亦作“十二壤”，亦稱“十二野”。《周禮·地官·大司徒》：“以土宜之灋，辨十有二土之名物。"鄭玄注:"十二土分野十二邦,上繫十二次,各有所宜也。"賈公彥疏:"星紀,吳越也;玄枵,齊也;娵訾,衛也;降婁,魯也;大梁,趙也;實沈,晋也;鶉首,秦也;鶉火,周也;鶉尾,楚也;壽星,鄭也;大火,宋也;析木,燕也。如是,天有十二次,日月之所躔也;地有十二土,王公之所國。"《周禮‧地官‧大司徒》:"辨十有二壤之物,而知其種。"鄭康成注:"壤亦土也。"賈公彥疏:"此十二壤即上十二土。"《晋書‧天文志上》:"十二次度數十二次。班固取《三統曆》,十二次配十二野,其言最詳。"唐徐道符《六壬心鏡》卷八:"在地表十二野,在歲爲十二經。"唐虞世南《北堂書鈔》卷五二:"以土宜之法,辨十有二土之名物。鄭注:十二土分野十二邦,上繫十二次各有所宜也。"宋王應麟《玉海》:"疏天有十二次,日月之所;躔地有十二土,王公之所國。"元陳師凱《書蔡氏傳旁通》卷二:"此十二壤即上十二土,注云:十二土分野十二邦,上繫十二次,各有所宜也。"明章潢《圖書編》:"觀《周禮‧大司徒》言:'土宜辨十二土,未言所辨何土。'保章氏言:'星土辨九州。'"又云:"天有十二次而日月躔焉,地有十二野而郊圻畫焉。"清陳元龍《格致鏡原》:"以十二投十二野,其一則爲鎮於中州,漢以後形制各异。"清王用臣《幼學歌》:"天有十二次,日月之所纏;地有十二土,王公之所國。"清盛康《皇朝經世文續編》:"掌天下土地之圖,辨十二壤而知其種。"

【十二壤】

即十二土。此體先秦已行用。見該文。

【十二野】

即十二土。此稱唐代已行用。見該文。

芫野

遠方蠻荒之地。《詩‧小雅‧小明》:"我征徂西,至于芫野。"毛傳:"芫野,遠荒之地。"《說文‧艸部》:"芫,遠荒也。"南朝宋謝靈運《征賦》:"面芫野兮悲橋梓,溯急流兮苦磧沙。"《玉篇》:"芫野,遠荒之野。"唐佚名《大閱賦》:"蘭防而合禮,罷芫野而作鎮。"唐蕭穎士《爲陳正卿進續尚書表》:"而西戎醜類,尚興芫野之師,東胡噍餘,猶徼柳城之戍。"宋劉敞《初秋病中作五言呈君錫待制介夫學士》詩:"徂西識芫野,采菽聆悲歌。"宋羅泌《路史‧炎帝紀上》:"於是斲木爲耜,揉木爲耒,跰窮髮,跋芫野,制晦清刞。"清秦蕙田《五禮通考》:"我征徂西,至於芫野,二月初吉,載離寒暑。"章炳麟《訄書‧序種姓下》:"江左衰微,其民挾注本郡,而不土斷;閭伍不修,賦無所出,亦以愛類,得不淪於芫野,有以也。"

【四表】[1]

指四方極遠之地。《書‧堯典》:"光被四表,格于上下。"孔穎達疏:"聖德美名,充滿被溢於四方之外,又至於上天下地。"晋索靖《月儀帖》:"四表清通,俊乂濯景,山無由皓之隱,朝有二八之盛。"《魏書‧西域傳序》:"太祖初,經營中原,未暇及於四表。"唐李德裕《謝恩不許讓官表狀》:"況今四表無事,六氣斯和,簫勺可致於治平,文軌盡同於元化。"

【八荒】

指八方荒遠之地。《關尹子‧四符》:"知夫此物如夢中物,隨情所見者,可以凝精作物而駕八荒。"漢劉向《說苑‧辨物》:"八荒之內有四海,四海之內有九州。"《漢書‧項籍傳》:"即吞八荒之心。"顏師古注:"八荒,八方荒忽極遠之地也。”唐韓愈《調張籍》詩：“我願生兩翅，捕逐出八荒。”元丘處機《鳳棲梧》詞：“天上人間，不見行藏處，四海八荒惟獨步。”明朱誠泳《明月引》詩：“青天有月兮照八荒，銀漢無雲兮流素光，平分寒暑兮變炎凉。”清陳子升《別詩》其二：“我欲窮八荒，拔山倒海水。”

【八遐】

指八方極遠之地。“遐”字亦表遠方之意。晋陶潛《閑情賦》：“坦萬慮以存誠，憩遥情於八遐。”晋葛洪《神仙傳》卷六：“控飛龍而八遐已遍，駕白鴻而九陔立周。”晋陶潛《閑情賦》六：“坦萬慮以存誠，憩遥情於八遐。”唐無名氏《吳王夫差書一章并序》詩：“永仙方寸內，八遐無易難。”金元好問《天慶王尊師墓表》：“至人翩翩，坐凌八遐。”明郭之奇《爲王季重題讀書佳山水》詩：“緬矣八遐心，山水知遠客。”清岳濬等《山東通志》：“孔子爲萬世之師，以至聖臨至高，周攬八遐，表裏洞徹。”清周凱《厦門志》卷九：“我欲臨流乘風訪八遐，冲風破浪不用指南車，直向吾家博望借仙槎。”

【八極】

指八方極遠之地。其稱始於先秦，後世沿用。《莊子·田子方》：“〔至人〕揮斥八極，神氣不變。”《淮南子·原道訓》：“夫道者，覆天載地，廓四方，柝八極。”高誘注：“八極，八方之極也，言其遠。”唐李白《大鵬賦序》：“余昔於江陵見天台司馬子微，謂余有仙風道骨，可與神游八極之表。”宋文同《彥思示望南山詩因答》詩：“浩瀚八極大，冥心恣飄颺。”金蔡松年《水調歌頭》詞：“君有仙風道骨，會見神游八極。”明胡應麟《題神游八極卷》詩：“青天騎大鵬，汗漫游八極。”清高其倬《蘇州城》詩：“世界方昇平，長馭控八極。”

【八表】

八方之外，指極遠的地方。三國魏曹叡《苦寒行》：“遺化布四海，八表以肅清。”晋陶潛《歸鳥》詩：“遠之八表，近憩雲岑。”南朝陳江總《贈賀左丞蕭舍人》詩：“軺軒通八表，旌節騖三秦。”唐《平王世充赦》：“今既九圍寧謐，八表乂安，思與吏民，勵精更始。”宋蘇軾《昭陵六馬》詩：“長鳴視八表，擾擾萬駑駘。”嚴復《救亡決論》：“經營八表，牢籠天地。”

【八紘】

八方之外極遠之地。紘，古通“宏”，宏大。“八紘”即爲中華之外宏大無垠的遠方之地。八殥、八紘是我國古代對中華之外世界最早的表述。《淮南子·墜形訓》：“九州之外乃有八殥，八殥之外而有八紘。”漢劉楨《贈徐幹》詩：“兼燭八紘內，物類無偏頗。”《後漢書·馮衍傳》：“上壠坂，陟高岡，游精宇宙，流目八紘。”晋葛洪《抱朴子外篇·逸民》：“明明在上，總御八紘，華夷同歸。”高誘注：“紘，維也。維落天地而爲之表，故曰紘也。”《南史·陳武帝本紀》：“自八紘九野，瓜剖豆分，竊帝偷王，連州比縣。”宋釋重顯《送遠塵禪者》詩：“八紘極目兮春山若黛，九野縱步兮汀草如茵。”元丘處機《登壽樂山》詩：“日游仙島上，高視八紘吟。”明張宇初《野舟行》詩：“大幻視八紘，烟波爲六馬。”清弘曆《新正咏雪聯句》詩：“冥搜窮萬象，遠布周八紘。”

【八埏】

指八方的極點。“埏”字義爲地的邊界，“八埏"，即八方的最遠邊界。《漢書·司馬相如列傳下》："上暢九垓，下泝八埏。"顏師古注引孟康曰："埏，地之八際也。言德上達於九重之天，下流於地之八際。"唐徐堅《初學記·地理上》："九州之外有八埏。"唐柳宗元《代裴行立謝移鎮表》："寰海永清，道暢八埏，威加九域。"宋范成大《桂林中秋賦》："矧吾生之飄泊兮，寄蘧廬於八埏。"元周權《擬古七首》詩其一："洪鈞播無垠，八埏蕩和風。"明尹臺《臘一日雪》詩："白日八埏渾一象，玄冰九澤沍成陰。"清魏源《長沙別何積之》詩其二："路長羽翼短，何時至八埏。"

【八垠】

"垠"爲極限，"八垠"即八方的極限。《魏書·高允傳》："四海從風，八垠漸化。"

【八垓】

指八方的極點。單稱"垓"。《國語·周語》："天子居九垓之田。"《說文·土部》："垓，兼該八極地也。"《淮南子·俶真訓》："道出一原，通九門，散六衢，設於無垓坫之宇。"高誘注："垓坫，垠堮也。"按，垠堮即邊界，亦作垠鍔。漢張衡《西京賦》："在彼靈圃之中，前後無有垠鍔。"唐任公叔《通天臺賦》之二："八垓可接於咫步，萬象無逃於寸眸。"宋王安石《和王微之登高齋》詩之一："書成不得斷國論，但此空語傳八垓。"元耶律楚材《用張道亨韻》詩："居庸失守紫荊破，天兵掣電騰八垓。"明唐寅《金粉福地賦》："萬里石塘，貫八垓之機軸。"清黃人《咏懷》其一："彈指論千古，斗室窮八垓。"一說，垓，指一方之地。宋司馬光《涑水紀聞》卷一一："伏願以一垓之土地，建爲萬乘之邦家。"

【垓】

即八垓。此體漢代已行用。見該文。

【八殥】

猶八埏，八方的極點。亦作"八夤"。"殥"謂之遠方。《淮南子·墜形訓》："九州之外，乃有八殥，亦方千里。"高誘注："殥，猶遠也。""殥"，一作"夤"。按，"夤"有敬畏之意，故可將"八夤"解釋爲令人敬畏的神秘遠方之地。南朝齊王儉《高德宣烈樂》："誕應休命，奄有八夤。"唐佚名《新羅文武王陵之碑》："德位兼隆，地跨八夤。"唐舊藏本《古文苑》："九州之外乃有八殥，星回日運，鳳翔龍驤。"明孫承恩《硯江歌》："偉哉江兮，吾欲藉爾溉八夤、潤九土，俯沿後世，仰溯前古。蕩滌宇宙穢、洗濯日月昏。"明宋濂《申鮮生辭》："大則苞八殥，小則入一絲。"清王夫之《讀通鑑論·武帝》："顧其所著書，侈言窮荒八殥九州之大，乃今又欲分割天地於山海圍聚之中。"參閱本卷"八埏"條目。

【八夤】

同"八殥"。此體南朝宋已行用。見該文。

九泉 [2]

古指地層深處。今地質學探明地殼平均厚度爲十七千米。漢阮瑀《七哀》詩："冥冥九泉室，漫漫長夜臺。"晉潘岳《西征賦》："貫三光而洞九泉，曾未足以喻其高下也。"晉木華《海賦》："熻炭重燔，吹炯九泉。"李善注："言火之光下照九泉。地有九重，故曰九泉。"唐皮日休《傷小女》詩："一歲猶未滿，九泉何太深。"宋蘇轍《風雪（閏十月十一日）》詩："皎然一寸燈，下燭九泉底。"元馬祖常《吊節婦》詩："空餘哭夫淚，下入九泉深。"明劉炳《來日苦短黄子邕同賦》詩其一："春風不到九泉下,盛年一去難再芳,老行及之徒悲傷。"清馬建忠《適可齋記言·富民説》:"鐵塔則上摩霄漢,礦井則深鑿九泉。"

陰地

謂陽光不及處。一作"陰地"。《淮南子·天文訓》:"〔日〕至于女紀,是謂大還。"高誘注:"女紀,西北陰地。"《魏書·裴駿傳》:"〔雉〕觸樹而死,安祖愍之,乃取置陰地,徐徐護視,良久得蘇。"唐王建《春日五門西望》詩:"唯有教坊南草綠,古苔陰地冷凄凄。"宋饒節《贈徐道人》詩:"茂林修竹陰陰地,昔日曾爲爛漫游。"金李之翰《歲暮》詩:"偶離沙磧窮陰地,收得桑榆老病身。"明袁宏道《郡人來言楚事久未得旨感賦》詩其二:"從知鹿死非陰地,轉恐烏橫欲暮天。"明《三教源流搜神大全·后土皇地祇》:"故清氣騰而爲陽天,濁氣降而爲陰地。"清姚鼐《密雲縣》詩:"斷崖朔吹來陰地,連塞橫山蔽遠天。"

太陰[3]

大地之下,幽暗之所。《黄帝内經·素問》:"廣明之下名曰太陰,太陰之前,名曰陽明。"漢劉向《九嘆·遠游》:"選鬼神于太陰兮,登閶闔于玄闕。"《靈寶領教濟度金書》:"太陰冥冥黑波重,中有羅酆六天宫。"宋張君房《雲笈七籤·王老真人經後批》:"將父母遺體,埋於太陰,骨腐於螻蟻,豈不痛哉!"宋范成大《豐都觀》詩:"云有北陰神帝庭,太陰黑簿囚鬼靈。"宋康衛《七星巖》詩:"龍井下太陰,彷彿被元煴。"清倪濟遠《古松行》詩:"人間摩頂皆兒孫,地輪盤根太陰黑。"

方[2]

春秋時地方行政區劃。四"鄉"之地爲一"方"。《管子·乘馬》:"方六里命之曰暴,五暴命之曰部,五部命之曰聚。聚者有市,無市則民乏。五聚命之曰某鄉,四鄉命之曰方。官制也。"

田里

故鄉、鄉里。《史記·汲鄭列傳》:"病歸田里。"《後漢書·馬援傳》:"臣年已六十,常伏田里,竊感樂布哭彭越之義,冒陳悲憤,戰慄闕庭。"晋陶潛《飲酒二十首·并序·十九》詩:"遂盡介然分,終死(一作拂衣)歸田里。"唐韋應物《寄李儋元錫》詩:"身多疾病思田里,邑有流亡愧俸錢。"唐李頻《送侯郎中任新定二首》詩其一:"便欲歸田里,抛官逐隱侯。"宋王安石《豫章道中次韻答曾子固》詩:"已謝道塗多自放,將歸田里更誰從。"《宋史·宰輔表》:"十月甲戌,參知政事别之傑乞歸田里。"明貝瓊《正月廿九日楊鳴鶴席上分韻得幾字》詩:"白髮楊郎古奇士,千金已散歸田里。"清丘逢甲《歐冶子歌》:"老我不才稱劍士,布衣長揖歸田里。"

天邑

帝王之都邑,指京都。《書·多士》:"予一人惟聽用德,肆予敢求爾于天邑商。"孔穎達疏引鄭玄注:"言天邑商者,亦本天之所建。"後因稱京都爲天邑。漢班固《典引》:"至於參五華夏,京遷鎬亳,遂自北面,虎螭其師,革滅天邑。"蔡邕注:"天邑,天子邑也。"晋張華《祖道趙王應詔》詩:"發軔上京,出自天邑。"唐王勃《梓州玄武縣福會寺碑》:"既而拂衣華族,入天邑而觀光。"唐張九齡《奉和聖製温泉歌》："臨渭川，近天邑，浴日温泉復在兹，群仙洞府那相及。"宋楊億《陳堯拱廷評致仕歸蜀（西樞給事之兄也）》詩："天邑繁華行樂厭，月曹清要命書新。"元吳萊《送俞觀光學正赴調京師》詩："天邑當中控四隩，先生去矣不可留。"明唐順之《游龍門》詩："水同瀍澗縈天邑，山接崤函鎮帝臺。"清侯方域《定鼎説》："稽漢都渭涘，定以天邑。"

分野

與天上星次、星宿對應的地域。單稱"分"，亦稱"分土"。古人通過觀測天象以占卜，推測相應地域之吉凶，以天上十二次、二十八宿分別與下界的州國相配，如以大火配宋，以大梁配趙，以井、鬼配雍州，以室、壁配并州等。《國梧・周語下》："歲之所在，則我有周之分野也。"韋昭注："歲星在鶉火。鶉火，周分野也。歲星所在，利以伐之也。"漢王充《論衡・變虛篇》："熒惑，天罰也。心，宋分野也，禍當君。"《漢書・地理志下》："自柳三度至張十二度，謂之鶉火之次，周之分也。"《後漢書・陳蕃傳》："夫諸侯上象四七，垂耀在天，下應分土，藩屏上國。"李賢注："上象四七，謂二十八宿各主諸侯之分野，故曰下應分土。"北齊裴讓之《公館燕酬南使徐陵》詩："方域殊風壤，分野各星辰。"唐神穎《和王季文題九華山》詩："衆嶽雄分野，九華鎮南朝。"宋晁公遡《送宋秀實罷官歸將有東南之行》詩："東南即王都，分野乃星紀。"元吳當《再和康武一百五十韻》詩："龜疇標分野，鰲極奠輿圖。"明于慎行《魯國主賜宴述謝十韻》詩："奎婁古分野，鳧嶧奠山川。"清曹貞吉《滿江紅・德水道中》詞："秋水一灣波寫雁，青烟幾點星分野。"

【分】

即分野。此稱漢代已行用。見該文。

【分土】

即分野。此稱南朝宋已行用。見該文。

【星土】

猶分土、分野。亦稱"星"。古時以爲山川之精上應星辰，故以星宿分主九州地域或諸侯封域。這些地域或封域即稱星土。或亦稱"星"代土。中國古代的先民同樣也將黃道的區域均勻地分成了十二段，稱爲十二次或十二星次，也有人稱作十二分星，其名稱依次爲星紀、玄枵、娵訾、降婁、大梁、實沈、鶉首、鶉火、鶉尾、壽星、大火、析木。與古希臘不同，中國的周天十二星次，是先民觀測歲星運動而確定的。歲星即木星。古人很早就發現，木星大約十二年繞天空一周，便據此而創立了十二星次，以木星所在次紀年。先秦典籍中記載"武王伐殷，歲在鶉火"，可見至少在商代末期，歲星紀年法已經廣泛使用。古代先民普遍認爲，天上的形象可以象徵人間的禍福，因此根據這十二星次，與地上的州國相對應，同樣劃分了十二個區域，并據此來預測相應地域的吉凶災祥，這一劃分，稱爲十二分野。其對應情況爲星紀（揚州，吳越）、玄枵（青州，齊）、娵訾（并州，衞）、降婁（徐州，魯）、大梁（冀州，趙）、實沈（益州，晋）、鶉首（雍州，秦）、鶉火（三河，周）、鶉尾（荊州，楚）、壽星（兗州，鄭）、大火（豫州，宋）、析木（幽州，燕）。十二星次是古人觀測歲星的產物，而二十八宿則是古人觀測月亮的產物。古人發現，月亮在天空的中走一圈要用二十七天多一些的時間，便取一整數爲二十，將天空分爲二十八個區域，讓月亮有"休憩之舍"，是爲"二十八宿"，又稱"二十八舍"，并標以四方方嚮，分爲東、北、西、南四組。東方七宿是角、亢、氐、房、心、尾、箕；北方七宿是斗、牛、女、虚、危、室、壁；西方七宿是奎、婁、胃、昴、畢、觜、參；南方七宿是井、鬼、柳、星、張、翼、軫。人們還將二十八宿與十二星次之位置一一對應，《漢書·律曆志》便記載了具體的對應關係。《周禮·春官·保章氏》："以星土辨九州之地。所封封域，皆有分星，以觀妖祥。"鄭玄注："星土，星所主土也。"孫詒讓正義："《御覽·天部》引《春秋感精符》云：'地爲山川，山川之精，上爲星辰，各應其州域分野，爲作精神符驗也。'"唐賈島《送蔡京》詩："躍蹄歸魯日，帶漏別秦星。"宋蘇頌《和晨發柳河館憩長源郵舍》詩："服章幾類南冠繫，星土難分列宿纏。"元宋褧《送李文清之官八番宣慰司幕府》詩其二："西南邊徼渺烟霞，星土列疆道正賒。"明于慎行《同朱可大廷平登岱八首》詩其一："星土盤回元化轉，仙閭繚繞百神通。"清顧祖禹《讀史方輿紀要·分野》："在諸侯則謂之分星，在九州則謂之星土。"

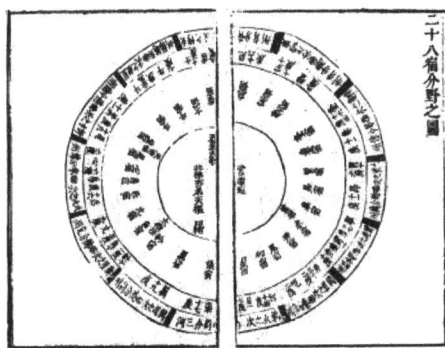

二十八宿分野之圖
（明王圻等《三才圖會》）

【星】

即星土。此稱先秦已行用。見該文。

四表 [2]

古代讖緯家指天地星辰升降運行的極邊之處。漢佚名《尚書考靈曜》："鄭氏注：天旁行四表之中，冬南、夏北、春西、秋東，皆薄四表而止。"又："二十八宿之外，上下東西，各有萬五千里，是爲四游之極，謂之四表。"

山右 [2]

舊時特指山西。位於太行山之西，面南而右側，故稱。明謝肇淛《五雜俎·地部》："富室之稱雄者，江南則推新安（即今安徽），江北則推山右。"清陸隴其《答山西范彪西進士書》："夙聞山右辛復元先生之名，而未見其書。承乏恒陽，幸與山右接壤，則又聞先生今之辛復元也。"清龔自珍《資政大夫禮部侍郎武進莊公神道碑銘》："幼誦六經，奉封公教，傳山右閻氏（若璩）之緒學。"清魏秀仁《花月痕》第四回："山右尤畿疆遮罩，西北膏腴。"

山左 [2]

舊時特指山東。位於太行山之東，即面南而左側，故稱。清王昶《寄答遂堂先生》詩其三："作吏來山左，分符近濟陰。"清黃宗羲《通議大夫靳公傳》："先世爲山左之歷城人。"清柳樹芳《書金鄉令吳公堵守城事》詩："吳公獨不然，偉績著山左。"清劉大櫆《翰林編修李公墓誌銘》："治運提學山左，公主校閱，甄拔號得人。"徐珂《清稗類鈔·鑑賞》："鼉甲既出土，爲山左賈人所得。"

海右

山東古之雅稱。古人在地理上以東爲左，以西爲右。山東在黃海、東海以西地區，故稱。

漢劉向《列仙傳》：“影介山，浪迹海右。”《晋書·桑虞傳》：“朝廷以虞名父之子，必能立功海右……讓刺史，靖居海右，不交境外。”南朝梁江淹《恨賦》：“方架黿鼉以爲梁，巡海右以送日。”唐李白《古風》詩其四十八：“逐日巡海右，驅石駕（一作架）滄津。”唐杜甫《陪李北海宴歷下亭》詩：“海右此亭古，濟南名士多。”仇兆鰲注引趙汸曰：“海在東，州在西，故云海右。”《宋史·李浩傳》：“爲郡尤潔己，自海右歸，不載南海一物。”明薛瑄《送王秀才省兄歸京師》詩：“海右傳聞此亭古，亭中送客豪英聚。”清翁方綱《同諸友小滄浪作》詩其一：“豈必蹇處士，始題海右亭。”清任弘遠《趵突泉志》：“海右奇觀宇内傳，冰花三樹脉相連。”

海岱 [2]

今山東渤海至泰山之間的地帶。海，渤海；岱，泰山，抑或沂山。大海和泰山是山東最雄偉壯麗的地理自然景觀，包括青州屬地、泰沂山區，因稱“海岱”。《書·禹貢》：“海岱惟青州。”孔傳：“東北據海，西南距岱。”《公羊傳·莊公元年》：“九州，冀、兗、青、徐、揚、荆、豫、梁、雍。”陸德引鄭注云：“今青州界自海至岱，東嶽曰岱山。”《爾雅·釋詁》：“廓落宇宙，穹隆至極，亦爲大也。”邢昺疏：“《方言》云：東齊海岱之間謂之介。”南朝宋鮑照《擬古詩八首》詩其五：“海岱饒壯士，蒙泗多宿儒。”北魏酈道元《水經注·睢水》：“陳鄭有涿鹿之功，海岱無牧野之戰。”《晋書·天文志》：“渤、碣、海岱之間，氣皆正黑。”唐杜甫《登兗州城樓》詩：“浮雲連海岱，平野入青徐。”宋文天祥《北行·第九十二》詩：“浮雲連海岱，寒蕪際碣石。”元盧琦《答福唐林氏兄弟》詩其一：“浮雲隔海岱，明月知我心。”明何景明《送王夢弼之高郵》詩：“風節雲霄上，霜威海岱間。”清顧炎武《濟南》詩其二：“百戰只愁今海岱，一麾猶足定青徐。”

山東 [1]

戰國、秦漢時指崤山或西嶽華山以東，秦以外六國的地域。崤山在河南西部，爲華山餘脉，因山距函谷關很近，并稱“崤函”。古時亦用“關東”表示六國之地域。《戰國策·趙策二》：“秦欲已得行於山東，則必舉甲而向趙。”《史記·項羽本紀》：“沛公居山東時，貪於財色。”南朝宋鮑照《數名》詩：“一身仕關西，家族滿山東。”隋薛道衡《豫章行》詩其一：“江南地遠接閩甌，山東英妙屢經游。”唐劉禹錫《謁柱山會禪師》詩：“我本山東人，平生多感慨。”唐李端《長安感事呈盧綸》詩：“咏詩懷洛下，送客憶山東。”唐杜甫《兵車行》：“君不聞，漢家山東二百州，千村萬落生荆杞。”宋文天祥《胡笳曲·十八拍》詩：“漢家山東二百州，青是烽烟白人骨。”元馬鈺《減字木蘭花》詞：“一別山東，雲水秦川興不窮。”明王慎中《澠池歌》：“秦固關中二百雄，趙亦山東六龍首。”清劉慎榮《讀史》詩：“秦師東出山東盡，蒙恬北征漠北空。”參閱清錢大昕《十駕齋養新録》。

【東方】 [3]

古代指陝以東地區或封國。《吕氏春秋·有始覽》：“東方爲青州，齊也。”《禮記·王制》：“東方曰夷，被髮文身，有不火食者矣。”《史記·秦始皇本紀》：“十月庚寅，蝗蟲從東方來，蔽天。”《左傳·襄公十八年》：“中行獻子將伐齊……巫曰：‘今兹主必死，若有事于東方，則可以逞。’獻子許諾。”元李序《武皇仙露曲》詩：“魏人車馬東方來，一朝秋燐飛空臺。”

【東土】[2]

古代指陝以東某一地區或封國。《書·康誥》：“乃寡兄勖，肆汝小子封，在兹東土。”《國語·鄭語》：“桓公爲司徒，甚得周衆與東土之人。”韋昭注：“東土，陝以東也。”宋劉克莊《代毛穎謝表》：“伏念臣中山舊族，東土寒生。”清姚鼐《乾隆戊子科山東鄉試策問》之一：“矧東土爲聖人父母之邦，名儒繼踵，多士仰慕，師法尤易興起者乎！”東土，南朝時也特指蘇南、浙江一帶。《晋書·庾翼傳》：“時東土多賦役，百姓乃從海道入廣州，刺史鄧嶽大開鼓鑄，諸夷因此知造兵器。”《宋書·列傳第六十·自序》：“初，錢唐人杜子恭通靈有道術，東土豪家及京邑貴望，並事之爲弟子，執在三之敬。”

山東[2]

自漢時對齊魯一帶的稱呼。作爲一個行政區名稱，始於金代。金占領山東後，設“山東路”，包括山東大部、江蘇北部及河南東北部。明代時，設“山東承宣布政使司”，包括今天的山東和遼東地區。至清代，設山東省。《史記·酷吏列傳》：“臣居山東爲小吏時，寧成爲

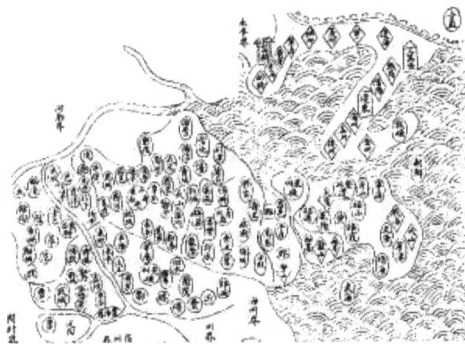

山東圖
（明章潢《圖書編》）

濟南都尉。”《漢書·儒林傳·伏生》：“〔伏生〕即以教於齊魯之間。齊學者由此頗能言《尚書》，山東大師亡不涉《尚書》以教。”南朝梁吳均《贈王桂陽別詩三首》詩其一：“高華積海外，名實滿山東。”唐李白《五月東魯行答汶上君》詩：“顧余不及仕，學劍來山東。”唐杜甫《又上後園山脚》詩：“昔我游山東，憶戲東嶽陽。”宋孔平仲《熙寧口號》詩其二：“萬户康寧五穀豐，江淮相接至山東。”金施宜生《金史·章宗紀》：“癸巳，山東路災，赦死罪已下。”元丘處機《下手遲》詞：“落魄閑人本姓丘，住山東、東路登州。”明王恭《長歌贈別高漫士赴召天京》詩：“幾時走馬山東去，汶水寒流兖樹深。”清塞爾赫《夏日走筆贈隋海侯》詩：“隋侯潦倒燕市側，家住山東古即墨。”

鄒魯

中國儒家文化的鼻祖孔子和孟子的故鄉，分別是春秋時期的魯國和鄒國。後人用“鄒魯”來指代文化禮儀發達的地區。《莊子·天下》載：“其在於詩、書、禮、樂者，鄒魯之士，縉紳先生多能明之。”《史記·貨殖列傳》：“鄒魯濱洙泗，猶有周公遺風，俗好儒，備於禮。”北周庾信《哀江南賦》：“于時朝野歡娱，池臺鐘鼓，里爲華蓋，門成鄒魯。”隋孫萬壽《遠戍江南寄京》詩：“群紀通家好，鄒魯故鄉情。”唐張説《奉和唐玄宗〈經魯祭孔而歎之〉》詩：“孔聖家鄒魯，儒風藹典墳。”唐孟浩然《書懷貽京同好》詩：“維先至鄒魯，家世重儒風。”宋陸游《上丁》詩：“誰言千載後，恍若到鄒魯。”元葉懋《感性二十一首》詩其十七：“泰山何蒼蒼，雄鎮屹鄒魯。”明林光《登兖州城西樓》詩：“山勢開鄒魯，河流匯泗沂。”清宋湘《豐湖書

院二門聯》："人文古鄒魯，山水小蓬萊。"

山東 [3]

隋唐時期對太行山以東地帶的稱呼，大致位於今河北省域。唐杜甫《洗兵馬》詩："中興諸將收山東，捷書夜報清晝同。"仇兆鰲注："山東，河北也。安禄山反，先陷河北諸郡。"唐李商隱《行次西郊作一百韻》詩："山東望河北，爨烟猶相聯。"明王鳴盛《十七史商榷·新舊五代史三》："《義兒李存孝傳》：晉已得澤潞，歲出山東，與孟方立争邢、洛、磁。《死事·張源德傳》：晉已先下全燕，而鎮定皆附於晉，自河以北、山以東皆歸晉。此'山東'謂太行山之東，即以河北爲山東也。"一説，包括現在的河北、山東與河南部分地區。

中原 [2]

一説，指以河南爲中心的黃河中下游地區；狹義又指位於華北平原的河南及鄰近區域。中原是中華文明重要的發源地，在古代被華夏族視爲天下中心。《左傳·僖公二十三年》："若以君之靈，得反晉國，晉、楚治兵，遇于中原，其辟君三舍。"《國語·晉語三》："耻大國之士於中原，又殺其君以重之，子思報父之仇，臣思報君之讎。雖微秦國，天下孰弗患？"《三國志·蜀書·諸葛亮傳》："當獎帥三軍，北定中原。"到了晉朝特别是東晉時期，中原地區作爲一個區域地理概念開始爲人們廣泛接受。與"中原"相關的用語有"中原淪没""中原亂離""中原覆没""死亡漫於中原""中原喪亂""中原大亂""克復中原""中原向化""中原無所禀命"等。後偏居江南地區之南朝宋、齊、梁、陳等王朝都沿用了東晉以來關於中原的區域地理概念。《宋書·何承天傳》："自晉喪中原，戎狄侵擾，百餘年間，未暇以北虜爲念。"南朝梁丘遲《與陳伯之書》："北虜僭盜中原，多歷年所，惡積禍盈，理至燋爛。"《舊唐書·僖宗紀》："屬世道交喪，海縣横流，赤眉摇盪於中原，黃屋流離於遐微，黔黎塗炭，宗社丘墟。"宋陸游《示兒》詩："王師北定中原日，家祭勿忘告乃翁。"元許有壬《水龍吟·過黃河》詞："看中原形勝，千年王氣，雄壯勢、隆今昔。"明趙震元《爲袁石寓（袁可立子）復開封太府》詩："冠八樞而奠中原，夾鹿犬麒麟之瑞。"清丘逢甲《四疊前韻（秋懷八首）》詩其八："中原百戰未消兵，落日黃河繞汴城。"

【中土】 [3]

即中原。《逸周書·作雒》："及將致政，乃作大邑成周於中土。城方千七百二十丈，郛方七十里。"漢陸賈《新語·懷慮》："魯莊公據中土之地，承聖人之後。"《後漢書·任延傳》："時天下新定，道路未通，避亂江南者皆未還中土。"《宋書·天文志》："冉閔殺石遵，又盡殺胡十餘萬人，於是中土大亂。"北朝楊衒之《洛陽伽藍記》："時有西域沙門菩提達摩者，波斯國胡人也，起自荒裔，來游中土。"《隋書·煬帝紀》："俄而玄感肇黎陽之亂，匈奴有雁門之圍，天子方棄中土，遠之揚越。"《宋史·方技傳》："漢氏據中土，承正統，以歷數推之，其大祀猶永。"元王惲《靈巖寺》詩："中土論名刹，兹山第一巖。"《靖亂録》："此中土聖賢也。汝輩當小心敬事聽其教訓。"《清史稿·陳傑傳》："二三相乘，一率除之，得四率，此西法也。古法元、明時中土幾以失傳，不知何時流入西域。"

三晉

戰國七雄之趙、韓、魏原爲晉國六卿，公元前453年，三家聯手在晉陽城打敗晉國執政智氏，此後三家逐步瓜分晉國。公元前403年，周天子承認三家爲諸侯，史稱"三家分晉"，因此，在《戰國策》《史記》《資治通鑑》等書中，將趙、魏、韓三國合稱爲三晉，其地約當今之山西、河南中部北部、河北南部中部。現在三晉通指山西。《商君書·徠民》："秦之所與鄰者，三晉也。"《吕氏春秋·恃君覽》："夏后啓曰：'踐繩之節，四上之志，三晉之事，此天下之豪英。'"《戰國策·趙策》："三晉合而秦弱，三晉離而秦强。"《史記·燕召公世家》："孝公十二年，韓、趙、魏滅智伯，分其地。三晉彊。"唐崔曙《九日登望仙臺呈劉明府》詩："三晉雲山皆北向，二陵風雨自東來。"宋司馬光《送仲更歸澤州》詩："太行橫擁巨川回，三晉由來産異才。"元范梈《送夏蘭同知會昌》詩："野館溪頭三晉雪，山城留下七閩烟。"明于謙《暑月將自太行巡汴》詩："三晉衝寒到，中州冒暑回。"清王曾翼《阿克蘇》詩："商多三晉客，貨溢百間廛。"

三秦

潼關以西的秦朝故地關中地區。秦滅後項羽曾將此地封給秦軍三位降將，故得名。《史記·項羽本紀》："是時，還定三秦。"晉張華《上巳篇》："妙舞起齊趙，悲歌出三秦。"南朝陳江總《贈賀左丞蕭舍人》詩："軺軒通八表，旌節驚三秦。"《宋書·長沙景王道憐傳》："高祖平定三秦，方思外略。"北魏酈道元《水經注·江水》："漢高祖之爲漢王也，發巴渝之士，北定三秦。"《北史·李苗傳》："正光末，三秦反叛，侵及三輔。"唐羅隱《即事中元甲子》詩："三秦流血已成川，塞上黃雲戰馬閒。"唐趙元一《奉天録》："三秦之地指日克平，吴蜀之間已令宣示。"《舊唐書·高祖紀》："三秦士庶至者日以千數，高祖禮之，咸過所望，人皆喜悦。"宋辛棄疾《木蘭花慢》詞："想劍指三秦，君王得意，一戰東歸。"《文獻通考·象緯考十》："是時，項羽爲楚王，而漢已定三秦，與相距滎陽。"元劉麟瑞《忠義總管田公（燧）鳳守李公（宾）》詩："兩蜀金湯隨水逝，三秦烽火照天來。"明何景明《漢中歌二首》詩其一："漢王昔日定三秦，壯士東歸意氣新。"清毛澄《新秋感興十二首》詩其八："烏撒江源通兩蜀，青唐驛路接三秦。"

【三輔】

即"三秦"。本指漢武帝至漢末期間（公元前104—220），治理長安京畿地區的三位長官京兆尹、左馮翊、右扶風；後指這三位長官管轄的京兆、左馮翊、右扶風三個地方。隋唐以後一省稱"輔"。漢劉徹《柏梁》詩："三輔盜賊天下危，盜阻南山爲民灾。"南朝宋范曄《張衡傳》："衡少善屬文，游於三輔。"南朝宋劉駿《華林都亭曲水聯句産柏梁體》詩："九宫盛事予旒繽，三輔務根誠難亮。"唐白居易《新樂府·捕蝗·刺長吏也》詩："始自兩河及三輔，薦食如蠶飛似雨。"宋司馬光《送皇甫寺丞（穆）知藍田縣》詩："南山三輔劇，百里古諸侯。"元張翥《周漢長公府臨安故城二圖》詩其二："三輔黃圖空郡國，六朝王氣渺山川。"明張元凱《俠客二首》詩其一："六郡連三輔，秦城接楚疆。"清何鞏道《咸陽懷古》詩："陰陰柳色亂啼鴉，三輔人烟落日斜。"

關東 [1]

函谷關、潼關以東地區。《史記·萬石張叔列傳》："元封四年中，關東流民二百萬口，無名數者四十萬。"漢孔融《六言詩三首》詩其二："瞻望關東可哀，夢想曹公歸來。"漢曹操《蒿里行》："關東有義士，興兵討群凶。初期會孟津，乃心在咸陽。"唐王維《冬日游覽》詩："渭北走邯鄲，關東出函谷。"《資治通鑑·晋武帝太元八年》："若氏運必窮，吾當懷集關東，以復先業耳，關西會非吾有也。"宋晁公遡《師永錫家青神喜紅花堰興作詩因次韻》詩："秦人鑿渠開陌阡，坐臨關東常晏然。"又古鎮名，宋置，在今河南靈寶市閿鄉西，以在潼關之東得名，豫陝交通之要衝。

關東 [2]

唐代指洛陽。唐駱賓王《疇昔篇》："忽聞驛使發關東，傳道天波萬里通。"陳熙晋注："顯慶二年，置東都。則天改爲神都。唐都關內，故以洛城爲關東。"唐王勃《春思賦》詩："復聞天子幸關東，馳道烟塵萬里紅。"唐劉長卿《獄中聞收東京有赦》詩："傳聞闕下降絲綸，爲報關東滅虜塵。"唐白居易《答蘇庶子》詩："偶作關東使，重陪洛下游。"

關東 [3]

山海關及大興安嶺以東地區。包括今遼寧、吉林、黑龍江三省。清鄭燮《濰縣竹枝詞》之三七："關東逃戶幾人歸，携得妻兒認舊扉。"清弘曆《翠雲硯歌》："松花江水西北來，搖波鼓浪殷其雷。……氈包車載數千里，遠自關東來至此。"康有爲《過昌平城》詩："永夜駝鈴傳塞上，極天樹影遞關東。"

關中

介於秦嶺和渭北山系（老龍山、嵯峨山、藥王山、堯山、黃龍山、梁山等）之間。西起寶鷄，東至潼關，海拔約 323～800 米，東西長約 350 千米，面積約 3.6 萬平方千米。因在函谷關（後亦稱潼關）和大散關之間（一說在函谷關、大散關、武關和蕭關之間），古代稱"關中"，亦雅稱"秦中"。春秋戰國時爲秦國故地，包括西安、寶鷄、咸陽、渭南、銅川五地。西窄東寬，謂之"渭河平原"，又號稱"八百里秦川"。晋佚名《魏鼓吹曲十二曲·平關中》其九："平關中，路向潼。"《三國志·魏書·張既傳》："太祖將拔漢中守，恐劉備北取武都氐以逼關中。"南朝梁何遜《學古詩三首》詩其三："十年事河外，雪鬢別關中。"《魏書·僭晋司馬叡傳》："溫遂率所統諸軍步騎四萬，自郢越關中至灞上。"《南齊書·祖冲之傳》："初，宋武平關中得姚興指南車，有外形而無機巧，每行，使人於内轉之。"《周書·武帝紀第六》："辛卯，行幸河東涑川，集關中、河東諸軍校獵。"《北史·崔亮傳》："蕭寶夤之在關中，高選寮佐，以爲都督府長史。"《隋書·五行志上》："是時關中旱，米粟湧貴。"《南史·向靖傳》："武帝西伐司馬休之，征關中，並見任使。"《晋書·溫嶠傳》："時關中有巴蜀之衆，皆背葛，據弘農以結苻登。"《舊唐書·高祖紀》："秋七月壬子，高祖率兵西圖關中，以元吉爲鎮北將軍、太原留守。"《宋史·兵志七》："西人結連女真，爲日甚久，豈無覬覦關中之志？"《元史·趙炳傳》："至元九年，帝念關中重地，風俗强悍，思得剛鯁舊臣以臨之，授炳京兆路總管，兼府尹。"清張廷玉《御定資治通鑑綱目三編》："關中平曠，利騎兵。"

江南

特指長江下游及以南區域。歷史上的"江南"，區域範圍不確定，狹義多指由江蘇南部的南京、蘇州、鎮江、常州、無錫，浙江的湖州、杭州、紹興、嘉興等地區，以及上海共同組成的長三角地區。漢趙曄《吳越春秋‧勾踐伐吳外傳》："周元王使人賜勾踐，已受命號去，還江南，以淮上地與楚，歸吳所侵宋地，與魯泗東方百里。當是之時，越兵橫行於江淮之上，諸侯畢賀，號稱霸王。"可知江南一詞，在春秋時期，最早指的便是現今浙江和江蘇一帶，即吳國、越國等諸侯國區域。《史記‧五帝本紀》："葬於江南九疑，是爲零陵。"又，《秦本紀》："秦昭襄王三十年，蜀守若伐楚，取巫郡，及江南爲黔中郡。"此書中出現的江南，指的是現今湖南和湖北南部、江西部分地區。王莽時曾改夷道縣爲江南縣，在今日湖北宜都地區。《後漢書‧劉表傳》："江南宗賊大盛……唯江夏賊張莊、陳坐擁兵據襄陽城，表

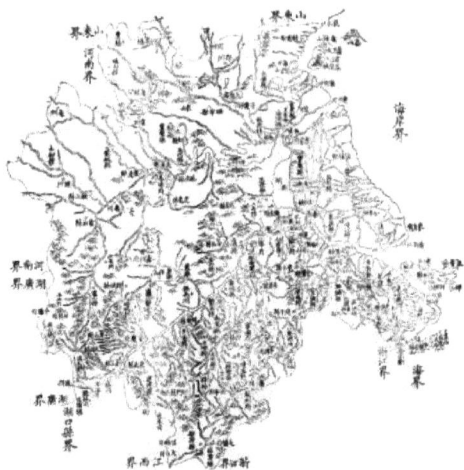

江南疆域圖
（清蔣廷錫等《古今圖書集成》）

使越與龐季往譬之，及降，江南悉平。"唐白居易《憶江南》詩其一："江南好，風景舊曾諳。日出江花紅勝火，春來江水綠如藍。能不憶江南？"宋文天祥《贈南安黃梅峰》詩："嶺頭更有高寒處，却是江南第一枝。"金施宜生《將臺》詩："人在江南望江北，征鴻時送客愁來。"明董其昌《節寰袁公行狀》："神君訖威訖富之譽，爲江南冠矣！"清錢謙益《南征吟小引》："江南佳麗之地，風聲文物，與其才情互相映帶。"

百越

先秦時代中原華夏部落對長江以南地區諸多部落的泛稱，其分布地區亦代稱百越。《呂氏春秋‧恃君覽》："漢之南，百越之際，敝凱諸夫風餘靡之地。"漢揚雄《法言‧寡見》："起之相楚，史稱其明法强兵，南平百越，北即陳、蔡，却三晉，西伐秦，爲時必不得甚暫。"《史記‧秦始皇本紀》："南取百越之地，以爲桂林、象郡，百越之君俯首繫頸，委命下吏。"《後漢書‧烏桓鮮卑傳》："武帝情存遠略，志闢四方，南誅百越，北討强胡，西伐大宛，東並朝鮮。"《三國志‧吳書‧吳主傳》："君宣導休風，懷柔百越，是用錫君朱户以居。"北魏酈道元《水經注‧浪水》："建安二十二年，遷州番禺，築立城郭，綏和百越，遂用寧集。"《宋書‧州郡志第二十八》："《宋志》，漢武帝元鼎六年開百越，交趾刺史治龍編。"《晉書‧陸機傳》："東苞百越之地，南括群蠻之表。"又，《江統傳》："始皇之並天下也，南兼百越，北走匈奴，五嶺長城，戍卒億計。"《陳書‧歐陽紇傳》："在州十餘年，威惠著於百越，進號輕車將軍。"隋王胄《臥疾閩越述淨名意》詩："五嶺常炎鬱，百

越多山瘴。"唐劉禹錫《酬楊八庶子喜韓吳興與餘同遷見贈》詩:"三湘與百越,雨散又雲搖。"宋曾鞏《送程公闢使江西》詩:"三吳月出照金戟,百越風來吹玉斝。"《元史·拜住傳》:"無左丞相,雖百越王何益?"《西游記》第六六回:"九江水盡荊揚遠,百越山連翼軫多。"清顧祖禹《讀史方輿紀要·廣東一》:"今海南瓊州府是其地,後爲百越地。"

三湘

秦滅楚時,湖南境域內設楚之三郡,即洞庭郡、黔中郡和蒼梧郡(分別位於湘中、湘西、湘南)。秦滅楚後,將洞庭郡和蒼梧郡合二爲一,成爲長沙郡,合楚之黔中郡和巫郡爲黔中郡。後世以湖南境域基本爲故楚之三郡而稱之爲三湘。南朝宋陶潛《贈長沙公族祖并序》:"遙遙三湘,滔滔九江。"南朝宋劉裕《校獵歷陽大赦詔》:"禮橫四海,威震八荒。方巡三湘而奠衡嶽,次九江而檢雲岱。"南朝陳徐陵《爲貞陽侯與太尉王僧辯書》:"重以三湘放命,七國連從。"北周庾信《周柱國大將軍紇弘神道碑》:"既而三湘遼遠,時遭鵬入。"唐宋之問《晚泊湘江》詩:"五嶺悽惶客,三湘憔悴顏。"唐李白《江夏使君叔席上贈史郎中》詩:"昔放三湘去,今還萬死餘。"元劉濩《贈臧魯山廉訪》詩:"楚尾吳頭會,三湘七澤通。"明徐禎卿《送盛斯徵赴長沙》詩:"蠻中瘴遠三湘水,江畔春逢十月花。"清吳偉業《送聖符弟之任蘄水丞》詩其四:"廿載流移復,三湘轉運長。"一說,三湘指沅湘、瀟湘、資湘;另說,三湘是湘鄉、湘潭、湘陰(或湘源)的合稱。

江右

長江下游以西的地區。亦稱"江西"。古人以坐北面南爲尊,此位左爲東,右爲西。因長江在自南京以上至九江一段爲西南、東北流嚮,故以此段江爲標準確定東西和左右,古有中原進入南方吳地的主要渡口,江之西地區稱爲"江西"。《史記·項羽本紀》:"江西皆反,此亦天亡秦之時也。"《晉書·文苑傳序》:"至於吉甫、太冲,江右之才傑;曹毗、庾闡,中興之時秀。"唐王勃《梓州玄武縣福會寺碑》:"下官薄游江右,旅寄城隅。"清方文《廬山詩·白鹿洞》詩:"文公益興學,風聲樹江右。"一說,東晉以後,稱西晉和北朝的北魏、北齊、北周統治下的地區爲江右,與"江左"相對。《宋書·百官志下》:"武帝初,分中衛置左右衛將軍,以羊琇爲左衛,趙序爲右衛。二衛江右有長史、司馬、功曹、主簿,江左無長史。"《南史·王琳傳》:"琳經蒞壽陽,頗存遺愛,曾游江右,非無舊德。"

【江西】

即江右。此稱漢代已行用。見該文。

江左

猶江東。指長江下游以東地區,即自南京以上至九江一段之東。五代丘光庭《兼明書·雜說·江左》:"晉、宋、齊、梁之書,皆謂江東爲江左。"清魏禧《日錄·雜說》:"江東稱江左,江西稱江右,何也?曰:自江北視之,江東在左,江西在右耳。"一說,東晉及南朝宋、齊、梁、陳各代的基業都在江左,故當時人又稱這五朝及其統治下的全部地區爲江左。《晉書·溫嶠傳》:"於時江左草創,綱維未舉,嶠殊以爲憂。及見王導共談,歡然曰:'江左自有管夷吾,吾復何慮!'"《世說新語·言語》:"江左地促,不如中國;若使阡陌條暢,則一覽而盡。"《南史·謝靈運傳》:"靈運少好學,博覽群書,文章之美,與顏延之爲江左第一。"清孔尚任《桃花扇·修劄》:"從來名士誇江左,揮麈今登拜將臺。"

江東

猶江左。長江在蕪湖、南京間作西南、東北流嚮,隋唐以前,是南北往來主要渡口的所在,習慣上稱自此以下的長江南岸以南地區爲江東。《史記·項羽本紀》:"且籍與江東子弟八千人渡江而西,今無一人還,縱江東父兄憐而王我,我何面目見之?"三國魏曹植《七啓》:"朣江東之潛黿,騰漢南之鳴鶉。"宋李清照《烏江》詩:"至今思項羽,不肯過江東。"清林則徐《次韻答陳子茂德培》詩:"關山萬里殘宵夢,猶聽江東戰鼓聲。"

天府 [1]

四川盆地(主要指成都平原一帶)之別稱。詞源於《周禮·春官·天府》:"天府,掌祖廟之守藏與其禁令。"本不作地名。《三國志·蜀書·諸葛亮傳》:"益州險塞,沃野千里,天府之土,高祖因之以成帝業。"南朝宋何承天《鼓吹鐃歌十五首·雍離篇》其三:"凌威致天府,一戰夷三城。"《晉書·袁喬傳》:"蜀土富實,號稱天府,昔諸葛武侯欲以抗衡中國。"隋盧思道《蜀國弦》詩:"西蜀稱天府,由來擅沃饒。"唐陳子昂《上蜀川軍事》:"伏以國家富有巴蜀,是天府之藏。"元劉壎《補史十忠詩·四川制置使知重慶府張公》詩其十:"坤維拓提封,形勝古天府。"明黎兆鰲《上蜀殿下》詩:"天府久稱巴蜀地,維藩先貢潤灃禾。"清程鴻詔《四川江南會館聯》:"天府稱雄,此邦不亞江南好。"

天府 [2]

泛指地肥物豐之區域。《戰國策·秦策一》:"〔秦〕田肥美,民殷富,戰車萬乘,奮擊百萬,沃野千里。蓄積饒多,地勢形便,此謂天府,天下之雄國也。"《史記·劉敬叔孫通列傳》:"因秦之故,資甚美膏腴之地,此所謂天府者也。"南朝宋鮑照《蒜山被始興王命作》詩:"形勝信天府,珍寶麗皇州。"唐皎然《太湖館送殷秀才赴舉》詩:"數日聞天府,山衣制芰荷。"宋劉摯《輓秦國夫人三首》詩其一:"脂田天府國,綵服斗樞人。"元周伯琦《還途居庸關中即事》詩:"天府輿圖稱第一,金湯更用數函褒。"《警世通言·杜十娘怒沉百寶箱》:"説起燕都的形勢,北倚雄關,南壓區夏,真乃金城天府,萬年不拔之基。"明陳璉《長安雜詩十二首》詩其一:"長安號天府,迤邐帶河山。"清屈大均《粵臺懷古》詩:"百粵稱天府,雙臺眺碧空。"

七閩

古指福建地區、浙南以及廣東潮汕的閩人及其分布區域。後稱福建爲閩或七閩。《周禮·夏官·職方氏》:"辨其邦國、都、鄙、四夷、八蠻、七閩、九貉、五戎、六狄之人民。"賈公彥疏:"叔熊居濮如蠻,後子從分爲七種,故謂之七閩。"宋蘇軾《送張職方赴閩漕》詩:"空使吳兒怨不留,青山漫漫七閩路。"宋歐陽忞《輿地廣記·福建路》:"福州,春秋爲七閩地,戰國越王無彊爲楚所滅。"元熊鉌《上嚴廉訪十首》詩其一:"七閩天南陬,實惟文明方。"明王世貞《寄吳明卿》詩:"天到七閩猶未盡,人過五嶺向誰狂。"清顧貞觀《夜行船·鬱孤臺》詩:"五嶺南橫,七閩東距,終古江山如畫。"

熱鄉

泛指南方濕熱區域。《詩·豳風·七月》："七月鳴鵙，八月載績。"孔穎達疏："孫毓以爲寒鄉率早寒，北方是也；熱鄉乃晚寒，南方是也。"清黃中松《詩疑辨證》卷三："南方熱鄉自必熱早，北方寒地自必寒早也。"

東方 [4]

古代指中原以東地區。《詩·魯頌·閟宮》："保彼東方，魯邦是嘗。"《周禮·夏官·職方氏》："正東曰青州。"賈公彥疏："東方曰夷者，以經云四夷，即爲東夷也。"漢袁康《越絕書》卷四："太皞治東方，袁何佐之，使主木。"宋黎靖德《朱子語類·孟子》："青屬東方，仁也；赤屬南方，禮也；白屬西方，義義也；黑屬北方，智也。"清周家祿《將發朝鮮留別東士大夫》詩其二："王師七月下東方，國難懸知痛未忘。"

西方 [2]

最早指周朝諸地，後指距中原以西極遠之處。今又指歐洲與北美等區域。《國語·晋語》："西方之書有之曰：'懷與安，實疚大事。'"《詩·邶風·簡兮》："彼美人兮，西方之人兮。"《莊子·讓王》："昔周之興，有士二人處於孤竹，曰伯夷、叔齊。二人相謂曰：'吾聞西方有人，似有道者，試往觀焉。'"《楚辭·遠游》："鳳皇翼其承旗兮，遇蓐收乎西皇。"姜亮夫校注："西皇，西方天神也。西方庚辛，其帝少皞，少皞即西皇。"唐杜甫《別李秘書始興寺所居》詩："重聞西方止觀經，老身古寺風泠泠。"宋王應麟《詩地理考》："西方之人，毛氏曰西方王室。吕氏曰：'西方，指西周也。《晋語》齊姜氏引西方之書，韋昭以爲周亦西周也。'"宋米

芾《句》詩其五："人是西方無量佛，壽如南極老人星。"元耶律楚材《贈高善長一百韻》詩："西方好風土，大率無蠶桑。"明朱鼎臣《南海觀音菩薩出身修行傳》第一回："一家登佛國，快樂在西方。"《濟公全傳》第二三四回："原本是西方伏虎羅漢降世，奉佛祖派他普渡衆僧。"

西州

古代泛指神州大地中原之西的區域。《戰國策·韓策三》："昔者秦穆公一勝於韓原而霸西州，晋文公一勝於城濮而定天下。"《後漢書·廉範傳》："範父遭喪亂，客死於蜀漢，範遂流寓西州。"按，劉備蜀漢政權的地域包括陝西的漢中區域，該區域在西州。漢王褒《四子講德論》："求賢索友，歷於西州。"《晋書·張軌傳》："張涼州一時名士，威著西州。"唐張籍《西州》詩："羌胡據西州，近甸無邊城。"宋文天祥《贈蜀醫鍾正甫》詩："炎皇覽衆草，異種多西州。"元劉秉忠《南鄉子》詞："憔悴寄西州。賦得登樓懶上樓。魂夢不知關塞遠，悠悠。疏雨梧桐客裏秋。"明岑徵《哭大金吾張璩子》詩其二："寂寞王孫猶旅食，客途從此斷西州。"清吳偉業《贈荆州守袁大韞玉》詩："西州士女章臺柳，南國江山玉樹花。"

西極

謂距中原以西極遠之處，亦指長安以西的疆域。《楚辭·離騷》："朝發軔於天津兮，夕餘至於西極。"《史記·樂書》："歌詩曰：'天馬來兮從西極，經萬里兮歸有德。承靈威兮降外國，涉流沙兮四夷服。'"《漢書·禮樂志》："天馬徠，從西極，涉流沙，九夷服。"漢荀悅《申鑑》："存張騫於西極，念蘇武於朔垂。"《梁書·諸夷傳》："漢灌嬰與匈奴戰，斬白題騎一

人。今在滑國東，去滑六日行，西極波斯。"唐杜甫《送從弟亞赴河西判官》詩："西極最瘡痍，連山暗烽燧。"又，《往在》詩："安得自西極，申命空山東。"仇兆鰲注："西極，指京師之西，與山東相對。或指吐魯蕃者，非。"《舊唐書·職官志》："其江、河，自西極達於東溟，中國之大川者也。"宋秦觀《雨中花》詞："醉乘斑虯，遠訪西極。"元汪大淵《島夷誌略》："畜好馬，自西極來。"明張以寧《別忻都舜俞用烜韻（回回氏能詩）》詩："西極驊騮遠，南湖鴻雁多。"清龔鼎孳《和答禹峰大參見懷》詩其二："功成天馬來西極，戰定珠崖奉朔方。"

西域

距中原以西極遠之處。自漢代以來，狹義上指玉門關、陽關以西，今帕米爾高原巴爾喀什湖以東，南及新疆廣大地區。而廣義的西域則指凡是通過狹義西域所能到達的地區，包括亞洲中西部地區等。西域含義到了後來演變爲指我國的西部地區，所以青海、西藏亦屬於西域的範圍。清代西域的範圍東起敦煌以西，西至巴爾喀什湖及葱嶺，南至拉薩界，北至俄國及左右哈薩克界，青海西南、西藏北部很多地

西域圖
（明章潢《圖書編》）

域也在其中。《漢書·西域傳序》："西域以孝武時始通，本三十六國，其後稍分至五十餘，皆在匈奴之西，烏孫之南。"漢佚名《正誣論》："原夫佛之所以夷迹於中岳，而曜奇於西域者，蓋有至趣。"晋劉楨《雜詩》："釋此出西域，登高且游觀。"南朝宋謝惠連《雪賦》："臣聞雪宮建於東國，雪山峙於西域。"《宋書·孝武帝本紀》："西域獻舞馬。"北魏荀濟《贈陰梁州》詩："副尉西域返，伏波南海還。"《北史·白蘭傳》："其地東接中華，西通西域，南北數千里。"唐杜甫《遣懷》詩："猛將收西域，長戟破林胡。"《舊唐書·地理志一》："安西節度使，撫寧西域，統龜兹、焉耆、于闐、疏勒四國。"元楊允孚《灤京雜咏一百首》詩其四十七："嘉魚貢自黑龍江，西域蒲萄酒更良。"明王鏊《題西湖春景》詩："吾聞西域之西雪山高，六月積雪猶不消。"清胤禛《園景十二咏·葡萄院》詩："西域傳奇種，園丁獻早秋。"

朔漠

多指北方沙漠地帶，亦泛指北方。南朝宋謝惠連《雪賦》："於是河海生雲，朔漠飛沙。"《後漢書·袁安傳》："今朔漠既定，宜令南單于反其北庭。"《宋書·垣護之傳》："方當長驅朔漠，窮掃遺醜，況乃自送，無假遠勞。"《北史·高麗百濟新羅傳》："炎方朔漠，地所以限內外也。"《周書·庾信傳》："至朔漠之地，蕞爾夷俗，胡義周之頌國都。"唐韋莊《鄜州留別張員外》詩："江南相送君山下，塞北相逢朔漠中。"唐杜甫《咏懷古迹》詩其三："一去紫臺連朔漠，獨留青冢向黃昏。"宋沈括《夢溪筆談·藥議》："諸越則桃李冬實，朔漠則桃李夏榮。"宋李曾伯《水調歌頭·幕府有和再用

朔漠圖
（明王圻等《三才圖會》）

韻》詞："柬頻上秋色，朔漠寇南來。斧蟶鋒蜩
芬集，腥霧掃難開。"《宋史・樂志》："天威清
朔漠，仁澤被黎氓。"《元史・霸突魯傳》："幽
燕之地，龍蟠虎踞，形勢雄偉，南控江淮，北
連朔漠。且天子必居中以受四方朝覲。"明王洪
《北京八咏・居庸疊翠》詩："萬里長城連朔漠，
九霄佳氣接蓬萊。"清王韜《答强弱論》："元明
版圖，迥逾朔漠。"

觚竹

　　商代的北方大國，在今河北盧龍東南。亦
稱"孤竹"。觚，通"孤"。《爾雅・釋地》："觚
竹、北户、西王母、日下，謂之四荒。"郭璞
注："觚竹在北，北户在南，西王母在西，日下
在東，皆四方昏荒之國，次四極者。"邢昺疏：
"觚竹者，《漢書・地理志》：'遼西令支有孤竹
城是乎？'"《史記・封禪書》："伯夷、叔齊
在孤竹。"張守節正義引《括地志》云："孤竹
故城在平州盧龍縣南一十里，殷時孤竹國也。"
《國語・齊語》："刜令支、斬孤竹而南歸。"韋
昭注："二國，山戎之與也。令支，今爲縣，屬
遼西，孤竹之城存焉。"南朝梁任昉《百辟勸進
今上箋》："山戎孤竹，束馬景從。"北魏酈道元
《水經注・濡水》："濡水自孤竹城東南逕西鄉
北，瓠溝水注之，水出城東南，東流注濡水。"
《北史・高麗百濟新羅傳》："昧谷嵎夷，孤竹北

户，限以丹徼紫塞，隔以滄海交河，此之謂荒
裔，感其氣者，則凶德行焉。"唐張説《吊國殤
文》："北伐兮東胡，邈遼陽兮孤竹。"《太平御
覽・地部》："觚竹在北，北户在南，西王母在
西，日下在東。"《文獻通考・郊社考》："寡人
北伐山戎，過孤竹。"明唐寅《出塞》詩其一：
"搣金出孤竹，飛旗掩二榆。"清錢謙益《故廣
西道監察御史高陽李府君墓誌銘》："斗極之下，
觚竹空桐。"

【孤竹】

　　即孤竹。此稱三國吳已行用。見該文。

西王母

　　西王母國，亦謂西王母國首領簡稱。是距
今三千至五千多年前，存在了近兩千年的一
個國度。國都位於青海湖西畔海西蒙古族藏
族自治州天峻縣一帶。古稱"西荒""崑崙之
闕""崑崙丘""流沙地"，其地包括青藏高原昆
侖、祁連兩大山脉相夾的廣闊地帶，青海湖環
湖草原、柴達木盆地是其富庶的中心區域。在
柴達木盆地北部的天峻縣西南 20 千米處，傳有
西王母古國女首領的居所，稱"西王母石室"，
在此出土有"長樂未央""常樂萬億"銘文的漢
瓦當。《山海經・海内北經》："西王母梯幾而
戴勝（枚），其南有三青（鳥）烏，爲西王母取
食。在崑崙虛北。"《爾雅・釋地》："觚竹、北
户、西王母、日下，謂之四荒。"郭璞注："觚
竹在北，北户在南，西王母在西，日下在東，
皆四方昏荒之國，次四極者。"邢昺疏："西王
母者，《山海・西荒經》云：'西海之中，流沙
之濱，赤水之後，黑水之前，有大山，名崑崙
之丘。'"漢劉向《列仙傳》："往往至崑崙山
上，常止西王母石室中，隨風雨上下。"漢王充

《論衡·恢國》:"西王母國在絕極之外,而漢屬之。"《淮南子·墜形訓》:"西王母,在流沙之瀕。"漢戴德《大戴禮記》:"南撫交趾,出入日月,莫不率俾,西王母來獻其白琯。"漢曹操《氣出唱》:"遨游八極,乃到崑崙之山,西王母側,神仙金止玉亭。"《宋書·樂志一》:"古者以玉爲管,舜時西王母獻白玉琯是也。"唐張鷟《游仙窟》:"東王公之仙桂,西王母之神桃,南燕牛乳之椒,北趙鷄心之棗。"宋華鎮《咏古十六首》詩其二:"遠尋西王母,高宴昆山麓。"元耶律鑄《後出塞》詩其二:"豈容日下西王母,只屬東西海盡頭。"明楊維楨《三青鳥》詩:"翩翩三青鳥,來自西王母。"清屈大均《將歸省母留別諸友人》詩其四:"如彼西王母,長居太清家。"

日下

東方古國名。《爾雅·釋地》:"觚竹、北户、西王母、日下,謂之四荒。"郭璞注:"觚竹在北,北户在南,西王母在西,日下在東,皆四方昏荒之國。"邢昺疏:"日下者,謂日所出處其下之國也。"

北户

古國名。藉指中國南方邊遠地區。《爾雅·釋地》:"觚竹、北户、西王母、日下,謂之四荒。"郭璞注:"觚竹在北,北户在南。"邢昺疏:"北户者,即日南郡是也。顏師古曰:'言其在日之南,所謂北户以向日者。'"秦李斯《琅琊臺刻石》:"六合之内,皇帝之土。西涉流沙,南盡北户,東有東海,北過大夏。人迹所至,無不臣者。"《吕氏春秋·離俗覽》:"會有一欲,則北至大夏,南至北户,西至三危,東至扶木,不敢亂矣。"《史記·五帝

本紀第一》"南撫交阯、北發"司馬貞索隱:"'北發'當云北户,南方有地名北户。"《淮南子·時則訓》:"南方之極,自北户孫之外,貫顓頊之國,南至委火炎風之野,赤帝祝融之所司者萬二千里。"晋庚闡《游仙詩十首》詩其三:"崆峒臨北户,昆吾眇南陸。"唐郎士元《送林宗配雷州》詩:"遥憐北户月,與子獨相親。"宋范成大《宿深溪驛去廣右界只一程》詩:"北户書頻到,南雲雁不飛。"《周書·異域傳》:"昧谷、嵎夷、孤竹、北户,限以丹徼紫塞,隔以滄海交河,此之謂荒裔。"明區大樞《將進酒元旦作》詩其三:"濮鉛祝栗,觚竹北户,靡不奉德音。"清姚鼐《聖駕南巡賦》:"聖孝攸崇,推恩庶類,北户而北,窮髮之南,靡弗欣懌。"

三危 [2]

中國西部古地名。三危和三苗之間有不可分割的聯繫。史書記載最多的是堯舜將三苗逐放到三危。三危曾是三苗的一支部落所在地。《書·舜典》:"竄三苗于三危。"又,《禹貢》:"導黑水至于三危,入于南海。"孔安國注云:"黑水自北而南,經三危,過梁州,入南海。"《楚辭·天問》:"黑水玄趾,三危安在?"《吕氏春秋·離俗覽》:"會有一欲,則北至大夏,南至北户,西至三危,東至扶木,不敢亂矣。"《史記·五帝本紀》:"三苗在江淮、荊州數爲亂,於是舜歸言於帝,遷三苗於三危,以變西戎。"唐杜甫《寄李十二白二十韻》詩:"五嶺炎蒸地,三危放逐臣。"《清史稿·地理志》:"西藏,《禹貢》三危之地。"

雲夢田

楚國雲夢澤區域之水土,其故址在今湖北

省境内。一般泛指春秋戰國時的游獵區。"雲夢"亦作"雲瞢"。漢魏之前所指雲夢澤範圍并不是很大，晋以後經學家纔將雲夢澤的範圍越説越廣，甚至把洞庭湖都包括在内。先秦宋玉《小言賦》："楚襄王登陽雲之臺下令：……能爲小言賦者，賜之雲夢之田。……宋玉遂賦，王稱善，即行賜。"後因以"宋玉田"稱代。唐李白《安州應城玉女湯作》詩："散下楚王國，分澆宋玉田。"唐張説《登九里臺是樊姬墓》詩："漠漠渚宫樹，蒼蒼雲夢田。"唐儲光羲《采菱詞》詩："潮没具區藪，潦深雲夢田。"明劉基《郁離子·雲夢田》："景睢邀江乙使言于安陵君曰：'楚國多貧民，請以雲夢之田貸之耕以食，無使失所。'"

【宋玉田】

即雲夢田。此稱先秦已行用。見該文。

表裏山河

亦稱"山河表裏"，指晋國（今山西）大山大河、地勢險要，易守難攻之地。後泛指地形險要的地區。《左傳·僖公二十八年》："子犯曰：'戰也！戰而捷，必得諸侯。若其不捷，表裏山河，必無害也。'"杜預注："晋國外河而内山。"唐竇庠《東都嘉量亭獻留守韓僕射》詩："廡開高低盡，山河表裏窮。"宋陳師道《和寇十一晚登白門》詩："重門傑觀屹相望，表裏山河自一方。"元周伯琦《太原道中即事》詩："表裏山河號盛强，太平民力盡耕桑。"明馬中錫《晚渡咸陽》詩："表裏山河猶往日，變遷朝市已多年。"太平天國劉盛培《建天京於金陵論》："奠安宇宙，爰資天京之雄；表裏山河，永繫苞桑之固。"

【山河表裏】

同"表裏山河"。此稱唐代已行用。見該文。

上流[2]

江河上源河段所屬流域。《左傳·昭公二十六年》："吴子欲因楚喪而伐之。"孔穎達疏："蓋以吴辟在東南，地勢卑下，中國在其上流，故謂中國爲上國也。"《宋書·劉義慶傳》："荆州居上流之重，地廣兵强，資實兵甲，居朝廷之。"北魏酈道元《水經注·河水一》："恒水上流有一國。"《南史·宋臨川烈王道規傳》："荆州居上流之重，資實兵甲居朝廷之半，故武帝諸子遍居之。"宋王阮《上九江唐舍人（文若）一首五十韻》詩："江左承南渡，潯陽控上流。"元白樸《沁園春·十二月十四日爲平章吕公壽》詞："蓋世名豪，壯歲鷹揚，擁兵上流。"明王立道《帝京歌》其四："溥沱易水接盧溝，千古漁陽説上流。"清納蘭性德《密雲》詩："白檀山下水聲秋，地踞潮河最上流。"

扶桑

原指一種植物。郭璞曰："扶桑，木也。"傳説日出於扶桑之下，拂其樹杪而升，因謂古中國之東極遠之地，即爲日出處。亦代指太陽。語出《山海經·海外東經》："暘谷上有扶桑，十日所浴。"《楚辭·九歌·東君》："暾將出兮東方，照吾檻兮扶桑。"王逸注："日出，下浴於暘谷，上拂其扶桑，爰始而登，照曜四方。"三國魏曹植《妾薄命行》詩："華鐙步障舒光，皎若日出扶桑。"晋左思《吴都賦》："行乎東極之外，經扶桑之中林。"晋陸機《日出東南隅行》詩："扶桑升朝暉，照此高臺端。"《梁書·諸夷傳·扶桑國》："扶桑，在大漢國東二萬餘里，地在中國之東，其土多扶桑木，故以爲名。"唐李白《臨路歌》:"餘風激兮萬世,游扶桑兮掛石袂。"宋文天祥《唆都》詩:"但願扶桑紅日上,江南匹士死猶榮。"元黃元實《瀍陽八景·湖障夕陽》詩:"誰能乘風度絕頂,空陵倒影觀扶桑。"明劉基《江行雜詩九首》詩其七:"坤靈不放厚地裂,應有潮汐通扶桑。"清屈大均《華嶽百韻》詩:"西昏逢昧谷,東旦想扶桑。"

【暘谷】

中國之東極遠之地,古稱日出之處。《書·堯典》:"〔堯帝〕分命羲仲,宅嵎夷,曰暘谷,寅賓出日,平秩東作。"孔傳:"暘,明也。日出於谷而天下明,故稱暘谷。"孔穎達疏:"日所出處,名曰暘明之谷。"《淮南子·天文訓》:"日出於暘谷……至於昆吾,是謂正中。"又,《墜形訓》:"暘谷、榑桑在東方。"漢張衡《東京賦》:"左瞰暘谷,右睨玄圃。"晉陶潛《讀山海經》詩其六:"洪柯百萬尋,森散覆暘谷。"唐唐曉臣《金陵懷古》詩:"胡月蝕中原,白日出暘谷。"宋司馬光《春帖子詞·皇帝閣六首》其四:"相烏風色改,暘谷日華升。"元黃玠《題吳季良東明軒》詩:"朝日出暘谷,照我軒東榮。"明丁鶴年《咏雪三十韻》詩:"何當紅日升暘谷,盡化流澌赴百川。"

昧谷

嵫嵫之山谷。古謂日落之處。《書·堯典》:"分命和仲,宅西曰昧谷。"孔安國傳:"昧,冥也。日入於谷而天下冥,故曰昧谷。"孔穎達疏:"分命和氏而字仲者,居住西方日所入處,名曰昧冥之谷。"《史記·五帝本紀》:"申命和仲,居西土,曰昧谷。"《宋書·夷蠻傳·天竺迦毗黎國》:"方長迷於幽都,永謬滯於昧谷。"唐許敬宗《奉和執契靜三邊應詔》詩:"玄塞隔陰戎,朱光分昧谷。"宋王令《中秋望月》詩:"東折扶桑枝,西塞昧谷曠。"元念常《佛祖通載》:"東盡嵎夷,西及昧谷。南被交趾,北屬幽都。"明方孝孺《御書贊》:"衣被萬方,嵎夷昧谷。"《明史·樂志三》:"咸池日曙,昧谷雲征,帝座仰前星,豫大豐亨。"清顧祖禹《讀史方輿紀要·南直三》:"又秦州西五十里有嵫嵫山,或謂之昧谷,亦謂之兌山。"今文《尚書》又誤作"柳穀"或"柳谷",後世多誤用者。

【蒙汜】

古稱日落之處。亦謂西部極遠之地。蒙,或作"濛"。《楚辭·天問》:"出自暘谷,次於蒙汜;自明及晦,所行幾里?"王逸注:"次,舍也;汜,水涯也。言日出東方暘谷之中,暮入西極蒙水之涯也。"《爾雅·釋地》:"東至日所出爲大平,西至日所入爲大蒙。"郭璞注:"即蒙汜也。"漢張衡《西京賦》:"日月於是乎出入,象扶桑與濛汜。"三國魏曹植《與吳季重書》:"折若木之華,閉濛汜之谷,天路高邈,良無由緣。"晉陸雲《贈鄭曼季詩四首·南衡》:"景秀濛汜,穎逸扶桑。"唐白居易《開成大行皇帝輓歌詞》之三:"鼎湖龍漸遠,濛汜日初沉。"宋司馬光《宣徽使河東經略使鄭文肅公挽歌》其一:"扶搖方上擊,濛汜忽西傾。"元吳萊《觀陳彥正觀景挂杖歌》:"日出扶桑照濛汜。"明何景明《待曙樓賦》:"賓暘谷以馳想,候濛汜而思結。"清姚燮《感示妹婿袁久堂三章》詩其三:"蕭然披我心,猶未墮濛汜。"

昆吾[1]

古丘名。傳說太陽正午所經之處。《淮南子·天文訓》:"日出於暘谷……至於昆吾,是謂正中。"高誘注："昆吾丘，在南方。"漢張衡《思玄賦》："躋日中於昆吾兮，憩炎火之所陶。"南朝梁王僧孺《從子永寧令誄》："風生閶闔，日去昆吾。"

地角

喻指大地盡頭，最偏遠之處。南朝梁蕭統《謝敕賚地圖啓》："域中天外，指掌可求；地角河源，户庭不出。"南朝陳徐陵《皇帝作相時與嶺南酋豪書》："涯藐藐，地角悠悠。"隋虞世基《秋日贈王中舍》詩："天漢星躔絶，山川地角分。"唐齊己《寄匡阜諸公二首》詩："峰前林下東西寺，地角天涯來往僧。"五代孫光憲《更漏子·對秋深》詞："紅窗静，畫簾垂，魂消地角天涯。"宋晏殊《踏莎行》詞："無窮無盡是離愁，天涯地角尋思徧。"元范梈《六月初十夜雨止玩月有感》詩："地角家何在，雲端路轉長。"《封神演義》第一六回："濃烟籠地角，黑霧鎖天涯。"《繡雲閣》第一〇回："縱有其人，一在天涯，一在地角，恐虚費歲月，難以相逢。"

天涯

遠方，天下。或喻指荒遠之地。漢蔡琰《胡笳十八拍》詩："將我行兮向天涯，雲山萬里兮歸路遐。"三國魏曹植《桂之樹行》："揚朱華而翠葉，流芳布天涯。"南朝梁陸倕《以詩代書別後寄贈》詩："山川望猶近，便似隔天涯。"唐王勃《送杜少府之任蜀州》詩："海内存知己，天涯若比鄰。"唐張九齡《望月懷遠》詩："海上生明月，天涯共此時。"宋蘇軾《蝶戀花·春景》詞："枝上柳綿吹又少，天涯何處無芳草。"金周昂《九日》詩："不堪馬上逢佳節，況是天涯望故鄉。"元馬致遠《天净沙·秋思》

曲："夕陽西下，斷腸人在天涯。"明葉顒《丁酉仲冬即景十六首·玉樓吹笛》詩其五："天風吹笛落天涯，萬瓦霜清月影斜。"清彭孫貽《後憫亂詩十首次仲木韻》詩其九："莫厭故鄉云物舊，天涯應有不歸人。"

【遠方】

指遠處。《周禮·夏官·懷方氏》："懷方氏掌來遠方之民。"《論語·學而》："有朋自遠方來，不亦樂乎？"《史記·秦始皇本紀》："維二十九年，皇帝春游，覽省遠方。"宋蘇軾《上劉侍讀書》："軾，遠方之鄙人，游於京師。"元曹文晦《采蓮曲三首》其一："采蓮入南浦，欲寄遠方書。"明盧龍雲《送梁公益歸五羊》詩："客從遠方至，云是故鄉親。"清劉永錫《揚子刺船歌》詩："白日墮兮野茫茫，家千里兮來遠方，壯士何時兮歸故鄉。"

【絶域殊方】

指邊遠偏僻的地方。亦作"絶域異方""殊方異域""殊方絶域"，亦稱"異域殊方""遠方異域"。《晉書·裴秀傳》："故雖有峻山巨海之隔，絶域殊方之迥，登峰詭曲之因。"宋蘇軾《御試制科策一道》："朝廷置靈武於度外，幾百年矣，議者以爲絶域異方，義不敢近，而況於取之乎！"宋柳永《永遇樂》詞："殊方異域，爭貢琛贐，架黿航波奔湊。"《元史·揭傒斯傳》："殊方絶域，咸慕其名，得其文者，莫不以爲榮云。"明王守仁《瘞旅文》："莫知西東兮維天則同，異域殊方兮環海之中。"清王韜《地球圖説跋》："然而深山大川，殊方異域，民生其間者異俗，因土之宜，以别其性。"又，《清華館文會記》："余窮於世，而獨爲遠方異域之人欽慕如此，亦足慰矣。"

【絕域異方】

　　即絕域殊方。此體宋代已行用。見該文。

【殊方異域】

　　即絕域殊方。此體宋代已行用。見該文。

【殊方絕域】

　　即絕域殊方。此體明代已行用。見該文。

【異域殊方】

　　即絕域殊方。此稱明代已行用。見該文。

【遠方異域】

　　即絕域殊方。此稱清代已行用。見該文。

【垓埏】

　　大地的邊際，指極遠的地方。亦指廣闊的大地。亦作“埏垓”。語出漢司馬相如《封禪文》：“上暢九垓，下溯八埏。”宋文天祥《高沙道中》詩：“聖世基岱嶽，皇風扇垓埏。”《元史·禮樂志三》：“龍飛應運，盛德光前。神功耆定，澤被垓埏。”明王立道《李節推乃祖衡嶽齋手卷》詩：“埏垓不足游，飄搖凌太清。”清薛福成《籌洋芻議》卷一：“降及今日，泰西諸國以其器數之學，勃興海外，履垓埏若户庭。”清馮敏昌《河津觀龍門歌》詩：“河流怒噴風迴埃，建瓴一瀉無垠垓。”清俞樾《春在堂隨筆》卷一〇：“竊思河出昆侖墟，其勢定可吞埏垓。”

【埏垓】

　　同“垓埏”。此體明代已行用。見該文。

【垓極】

　　指最荒遠的地方。用“極”字，意加重語氣，強調非常之遙遠。漢揚雄《大鴻臚箴》：“蕩蕩唐虞，經通垓極。”唐舊藏本《古文苑》：“垓極，謂四荒之垠。”宋王伯大《別本韓文考異》：“垓極也，九州之極。”清阿桂《八旬萬壽盛典》：“宮廷之上，五代一堂。垓極之遙，萬

方同軌。”

【坤倪】

　　指大地的邊際。坤，八卦中象徵地。倪，邊緣。唐韓愈《南海神廟碑》：“乾端坤倪，軒豁呈露。祀之之歲，風災熄滅。”宋郊廟朝會歌辭《淳祐祭海神十六首》其一：“乾端坤倪，開豁呈露。”宋任續《賦玩珠巖》詩：“坤倪露幽秘，造化殫奇巧。”元吳當《美趙侯祈禱》詩：“乾端坤倪豁呈露，霧散烟收倏呼吸。”明黃衷《洞庭湖用杜韻》詩：“日御隨浮没，坤倪定有無。”清王先謙《莊子集解·齊物論》：“‘乾端坤倪’，是倪與端同義。”

【海角】

　　本指濱海的狹小地帶，後多指偏遠之地。唐道尋《偏參三昧歌》詩：“天崖海角參知識，遍恣惠我全提力。”唐白居易《種桃杏》詩：“無論海角與天涯，大抵心安即是家。”宋文天祥《言志》詩：“狼藉山河歲雲杪，飄零海角春重暮。”元張仲深《九日》詩其二：“海角孤城晚，驚心歲月馳。”明吳伯宗《送陸熙原之天河》詩：“海角晴光收瘴霧，洞門夜色起夷歌。”清盧元昌《登吳六益藻野閣次韻》詩：“萬里故人偏海角，十年兄弟一匡床。”

【海】[3]

　　古人認爲大地四周環海，故用以指荒遠之地。《左傳·僖公四年》：“君處北海，寡人處南海，唯是風馬牛不相及也。”楊伯峻注：“此所謂北海、南海者，猶言極北、極南。”《爾雅·釋地》：“觚竹、北户、西王母、日下，謂之四荒；九夷、八狄、七戎、六蠻，謂之四海。”郭璞注：“九夷在東，八狄在北，七戎在西，六蠻在南，次四荒者。”清弘曆《夜》詩：

古山海圖

"緬懷皇古治，四海遍謳吟。"

福地

指幸福安樂的地方。亦指神仙居住之處。道教有七十二福地之説。南朝齊王融《三月三日曲水詩》序："芳林園者，福地奧區之湊，丹陵、若水之舊。"北魏酈道元《水經注·大遼水》："白狼水又東北逕龍山西，燕慕容皝以柳城之北、龍山之南，福地也。"唐楊炯《晦日藥園詩序》："乃有神州福地，上藥中園，左太冲所云當衢向術，潘安仁以爲面郊後市。"唐李冲昭《南嶽小録》："洞靈臺，本李天師明俊居之得道，亦是福地。"《北史·袁充傳》："依《勘城録》，河南、洛陽並當甲子，與乾元初九爻及上元甲子符合。此是福地，永無所慮。"元王實甫《西廂記》第一折："這裏有甚麼閒散心處？名山勝境、福地寶坊皆可。"明李英《過滁州游琅琊寺》詩："滁陽尋福地，江上早春時。"

【桃花源】

指自給自足，人人平等的社會，抑或指與世隔絶的秀美和平之地。中國以桃花源爲名的地點有很多，重慶酉陽、湖南常德、湖北十堰、安徽黃山、河南南陽、重慶永川等地都有桃花源。晋陶潛《桃花源記》中所述"桃花源"原型究竟在什麼地方，學術界尚有爭議。晋陶潛《桃花源記并詩》："嬴氏亂天紀，賢者避其世。"唐王維《田園樂七首（一作輞川六言）》詩其三："杏樹壇邊漁父，桃花源裏人家。"宋史堯弼《留題丹經卷後》詩："武陵郡西桃花源，水蠚山屋蠻區連。"元陳泰《南山歌（贈方誠父判官）》詩："南臺山窈窕，路近桃花源。"按，此詩所言南臺位於湖南岳麓山。明王樵《題彈琴峽》詩："乃知桃花源，何必武陵涯。"參閱清嚴遂成《游武陵溪書桃花源記後》。

【仙源】

道教稱神仙所居之處。藉指風景勝地或安謐的僻境。唐王維《桃源行》詩："春來遍是桃花水，不辨仙源何處尋。"宋張君房《雲笈七籤·七十二福地》："福地第四曰東仙源，福地第五曰西仙源，均在台州黃巖縣屬地。"宋晏幾道《浣溪沙》詞："二月春花厭落梅，仙源歸路碧桃催。"元胡天游《贈醫士劉碧源》詩："仙源十里蒸霞色，半是桃花半杏花。"明顧大典《青衫記·郊游訪興》："花光艷，草色新，且停驂向仙源問津。"清吳偉業《避亂》詩之一："白雲護仙源，劫灰應不擾。"

【小蓬萊】

對環境優美，宛如仙境之區域的美稱。宋陶穀《清異録·地理》："違命侯苑中鑿地廣一頃，池心疊石，象三神山，號小蓬萊。"宋陸游《戲咏鄉里食物示鄰曲》："山陰古稱小蓬萊，青山萬疊環樓臺。"宋樓鑰《游初暘谷及白巖》詩云："更尋小蓬萊，俯瞰馮夷宫。"元陳性定《仙都志》："小蓬萊，在練溪之下。"《鏡花緣》第二回："〔女魁星〕竟奔小蓬萊，保護玉碑去了。"清孫原湘《客有問吾邑者書此答之》詩：

"軟紅塵裏小蓬萊，畫閣文疏對岸開。"

九夷

先秦時對居於今山東東部及中南部、淮河中下游江蘇、安徽一帶的諸部族的泛稱。亦常作這些部族分布區的代稱。亦稱"夷""東夷"。考古上，東夷文化發源於魯中泰沂山區，是華夏文明重要源頭之一。在距今 8500 年前後，東夷族群逐漸形成，他們先後歷經後李文化、北辛文化、大汶口文化、龍山文化、岳石文化。少昊是上古時代華夏東夷部落聯盟首領，定都於窮桑（今江蘇宿遷沭陽縣桑墟鎮。一説，在今山東日照市一代），後遷都於今山東曲阜市。《山海經·大荒東經》："東海之外大壑，少昊之國。"先秦時，日本和朝鮮也被納入東夷概念範圍。高麗史學家金富軾《三國史記·金庾信》："〔新〕羅人自謂少昊金天氏之後，故姓金。庾信碑亦云：'軒轅之裔，少昊之胤。'"

"夷"字在山東龍山文化時期（距今約 4600 至 3300 年前）的東夷骨刻文字中已經出現。古時謂東夷有九種。《論語·子罕》："子欲居九夷。"梁皇侃義疏："東有九夷：一玄菟、二樂浪、三高麗、四滿飾、五鳧更、六索家、七東屠、八倭人、九天鄙。"《左傳·文公九年》："秋，楚公子朱自東夷伐陳，陳人敗之，獲公子伐。"《韓非子·説林上》："乃攻九夷而商蓋服矣。"《戰國策·周秦》："齊有東國之地，方千里，楚苞九夷，又方千里，南有符離之塞，北有甘魚之口。"秦李斯《諫逐客書》："西並巴、蜀，北收上郡，南取漢中，包九夷，制鄢、郢，東據成皋之險。"《公羊傳·僖公四年》："君既服南夷矣，何不還師濱海而東，服東夷且歸。"漢王逸《九思·傷時》詩其七："迫中國

分迍邅，吾欲之兮九夷。"晋阮籍《咏懷》其六十九："嗟哉尼父志，何爲居九夷！"唐吴筠《高士咏》詩其十八："虚心貴無名，遠迹居九夷。"按，《後漢書·東夷傳》："夷有九種，曰畎夷、於夷、方夷、黄夷、白夷、赤夷、玄夷、風夷、陽夷。"然"九"并非具體數目，祇表示衆多之義。《爾雅·釋地》："九夷、八狄、七戎、六蠻，謂之四海。"郭璞注："九夷在東。"宋蘇軾《和陶擬古九首》詩其四："九夷爲藩籬，四海環我堂。"元丘處機《寄東方道衆》詩："道德欲興千里外，風塵不憚九夷行。"明趙汸《觀興圖有感五首》詩其三："轍已環諸夏，居身憶九夷。"清屈大均《咏懷》詩其五："仲尼居九夷，至道當誰悦。"

【夷】

即九夷。此稱先秦已行用。見該文。

【東夷】

即九夷。此稱先秦已行用。見該文。

【嵎夷】

古代指山東東部濱海地區的民族，亦常作這些民族分布區的代稱。猶"九夷"。亦稱"萊夷""萊國"。"萊夷"又單稱"萊"。至商末周初，嵎夷消亡，萊夷建國，嵎夷文化與萊夷文化融合。其間，萊國人箕子被薦爲商紂王輔臣，因躲避暴政逃回萊國，并出走朝鮮。《書·堯典》："〔堯帝〕分命羲仲，宅嵎夷，曰暘谷，寅賓出日，平秩東作。"孔傳："東表之地稱嵎夷。"陸德明釋文："嵎，海嵎也；夷，萊夷也。"又，《禹貢》："嵎夷既略，……萊夷作牧，厥篚檿絲，浮于汶達于濟。"《春秋·宣公九年》："齊侯伐萊。秋，取根牟。"《左傳·襄公六年》："晏弱城東陽，而遂圍萊。"漢王粲

《游海賦》："處嵎夷之正位兮，同色號之穹蒼。"
《史記·夏本紀》："海岱惟青州，嵎夷既略。"
又："萊夷爲牧，其篚檿絲。"顏師古注："萊
夷，三面環海，皆爲斥鹵，五穀不生，是爲放
牧。"北魏酈道元《水經注·淄水》："齊靈公滅
萊，萊民播流此谷，邑落荒蕪，故曰萊蕪。"一
說，蕪音近牟，萊民西遷，與牟國人混居，故
稱萊蕪。《後漢書·東夷傳》："是以九夷爲嵎
夷也。"唐孔穎達等《尚書正義·堯典》："馬
曰：'嵎，海嵎也。夷，萊夷也。'"《通典·州
郡十》："萊州，春秋萊國也，齊侯遷萊子於
郳，在齊國以東，故曰東萊。戰國屬齊。"《舊
唐書·東夷傳》："唐高宗令（朝鮮半島南部新
羅王）春秋爲嵎夷道行軍總管。"宋朱克家《玉
馬山》詩："平川一望渺無際，東疑嵎夷北朔
漠。"元于欽《齊乘》："嵎夷，在（棲霞）縣東
北二十里，以岠嵎山而名。"又云："萊州府東
北五百里，《禹貢》萊夷之地。"又云："《禹貢》
嵎夷之地，春秋牟子國，戰國屬齊，秦屬齊郡，
漢屬東萊郡。"又云："因以寧海州爲嵎夷，寧
海州，今之牟平、文登一帶，文登古屬寧海州
所轄。"元黃鎮成《尚書通考》："嵎夷，今登
州之地，即《堯典》之嵎夷。萊夷，今萊州之
地。"明方孝孺《御書贊》："嵎夷、昧谷，髫童
鮐叟。大訓宏謨，傳誦人口。"按，嵎夷文化融
入中華文化的同時，部分嵎夷族人經遼東半島
東遷至朝鮮半島等地，嵎夷文化也遠播到這些
地區。一說，萊都在山東龍口境内。

【萊夷】

猶嵎夷。此稱先秦已行用。見該文。

【萊】

即萊夷。此稱先秦已行用。見該文。

【萊國】

即萊夷。此稱唐代已行用。見該文。

八狄

先秦對北方各個部族的泛稱，亦常作其
分布區的代稱。亦稱"狄""北狄"。《詩·魯
頌·泮水》："桓桓于征，狄彼東南。"《墨
子·節葬下》："昔者，堯北教乎八狄。"先秦佚
名《攻狄謠》詩："攻狄不能下，壘于梧丘。"
《孟子·梁惠王下》："東面而征，西夷怨；南
面而征，北狄怨。"《禮記·曲禮下》："其在東
夷、北狄、西戎、南蠻。"《左傳·襄公二十六
年》："扞禦北狄，通吴于晋。"《公羊傳·僖公
四年》："而巫病中國，南夷與北狄交。"《爾
雅·釋地》："九夷、八狄、七戎、六蠻，謂之
四海。"《淮南子·脩務訓》："九夷八狄之哭也，
殊聲而皆悲。"南北朝張駿《薤露行》："誓心蕩
衆狄，積誠徹昊靈。"北魏酈道元《水經注·瓠
子河》："土階三等，北教八狄，道死，葬蚩山
之陰。"《晋書·四夷傳》："九夷八狄，被青野
而亘玄方；七戎六蠻，綿西宇而横南極。"《北
史·高麗傳》："若夫九夷、八狄，種落繁熾。"
唐高駢《回雲南牒》："九夷、八狄、七戎、六
蠻雖居要荒，盡遵中國。"唐王起《南蠻北狄同
日朝見賦》："我皇制百蠻，以德輝刑八狄，以
威靈俾曠代之絶域。"宋贊寧《宋高僧傳》卷
三："是故《周禮》有象胥氏通六蠻語。狄鞮主
七戎，寄司九夷，譯知八狄。今四方之官，唯
譯官顯著者，何也？"

【狄】

即八狄。此稱先秦已行用。見該文。

【北狄】

即八狄。此稱先秦已行用。見該文。

七戎

先秦泛稱我國西部的少數民族，亦常作其分布區的代稱。亦稱"西戎""山戎""戎狄"。最早分布在黃河上游及甘肅西北部，以後逐漸東遷，春秋時分屬秦、晉等國。《詩·小雅·出車》："赫赫南仲，薄伐西戎。"又，《魯頌·閟宫》："戎狄是膺，荆舒是懲，則莫我敢承。"《墨子·節葬下》："舜西教乎七戎。"《爾雅·釋地》："九夷、八狄、七戎、六蠻，謂之四海。"郭璞注："七戎在西。"《左傳·僖公九年》："齊侯不務德而勤遠略，故北伐山戎，南伐楚，西爲此會也。"《史記·匈奴列傳》："唐虞以上，有山戎、獫狁、葷粥，居於北蠻。"三國魏阮籍《詠懷》之四十："園綺遯南嶽，伯陽隱西戎。"漢曹操《飲馬長城窟行》："四時隱南山，子欲適西戎。"晉潘岳《關中詩十六章》詩："蠢爾戎狄，狡焉思肆。"南朝宋顏延之《赭白馬賦》："總六服以收賢，掩七戎而得駿。"《北史·西域傳》："則七戎九夷，候風重譯，雖無遼東之捷，豈及江都之禍乎！"唐李延壽《北史·高麗傳》："若夫九夷、八狄，種落繁熾；七戎、六蠻，充牣邊鄙。"唐孔穎達《禮記正義》："授此七戎之車，以其尊卑等級，正其行列。"唐王緯《喜陸侍御破石堡草寇東峰亭賦詩》："野静山戎險，江平水面流。"宋蘇舜欽《慶州敗》詩："今歲西戎背世盟，直隨秋風寇邊城。"《文獻通考·自序》："戎則山戎、北戎、陸渾、赤駒之屬也。"明王廷相《靖遠樓公宴》詩："葛亮撫南蠻，夷吾靖山戎。"清顧炎武《贈于副將元凱（己下卷二）》詩："攀崖更北走，滿地皆山戎。"

【西戎】

即七戎。此稱先秦已行用。見該文。

【山戎】

即七戎。此稱先秦已行用。見該文。

【戎狄】

即七戎。此稱先秦已行用。見該文。

六蠻

古指我國南方各少數民族，亦代稱其分布區域。亦作"八蠻"，又稱"南蠻""荆蠻"或"蠻荆"，單稱"蠻"。《詩·大雅·抑》："用戒戎作，用遏蠻方。"又，《小雅·采芑》："顯允方叔，征伐玁狁，蠻荆來威。"《爾雅·釋地》："九夷、七戎、六蠻，謂之四海。"郭璞注："六蠻在南。"《周禮·夏官·職方》："辨其邦國、都、鄙、四夷、八蠻、七閩、九貉、五戎、六狄之人民。"《左傳·昭公二十六年》："兹不穀震盪播越，竄在荆蠻，未有攸底。"《孟子·滕文公上》："今也南蠻鴃舌之人，非先王之道。"《禮記·王制》："南方曰蠻。"唐孔穎達疏引《爾雅》李巡注云："一曰天竺，二曰咳首，三曰僬僥，四曰跛踵，五曰穿胸，六曰儋耳，七曰狗軹，八曰旁春。"《史記·吳太伯世家》："太王欲立季歷以及昌，於是太伯、仲雍二人犇荆蠻，文身斷髮，示不可用。"三國魏王粲《七哀詩三首》詩其一："復棄中國去，遠身適荆蠻。"《北史·高麗傳》："若夫九夷、八狄，種落繁熾；七戎、六蠻，充牣邊鄙。"唐杜甫《送舍弟頻赴齊州三首》詩其一："岷嶺南蠻北，徐關東海西。"唐白居易《晋謚恭世子議》："周之衰也，楚子以霸王之器，奄有荆蠻，光啓土宇，赫赫楚國，由之而興。"唐劉禹錫《原力》："我之力異，然以道用之，可以格三苗而賓左衽；

以威用之，可以繫六蠻而斷右臂。”宋楊萬里《宴客夜歸六言》詩：“但覺胸吞碧海，不知身落南蠻。”元盧亘《題四皓圖》詩：“姬昌聖瑞胤厥祖，泰伯仲雍逃荊蠻。”元李質《獨秀山》詩：“秀拔重門當北斗，尊居五嶺鎮南蠻。”元陳夢根《徐仙翰藻》：“至於九夷、八狄、十戎、六蠻、荒區絕域、寰海之外，盡入版圖。”明王恭《次塘行人擢浙江憲副》詩：“雲開浙水騰秋隼，天入荊蠻湧曉霜。”明李東陽《擬古出塞七首》詩其七：“頻年討北虜，往歲征南蠻。”清古吳墨浪子《西湖佳話·西湖隱迹》：“荊蠻之隱，是讓國也。”清沈宗敬等《御定駢字類編》卷九一：“九夷、八狄、七戎、六蠻，謂之四海。又云：八蠻在南方，六戎在西方。”

【蠻】

即六蠻。此稱先秦已行用。見該文。

【八蠻】

即六蠻。此體先秦已行用。見該文。

【荊蠻】

即六蠻。此稱先秦已行用。見該文。

【南蠻】

即六蠻。此稱先秦已行用。見該文。

蠻夷

古代泛指華夏民族以外的其他民族及其分布區域。亦稱“夷蠻”。《書·舜典》：“柔遠能邇，惇德允元，而難任人，蠻夷率服。”按，古代“蠻夷”分布於中原四方。《禮記·王制》：“東方曰夷，被髮文身，有不火食者矣。南方曰蠻，雕題交趾，有不火食者矣。西方曰戎，被髮衣皮，有不粒食者矣。北方曰狄，衣羽毛穴居，有不粒食者矣。”《史記·武帝本紀》：“天下名山八，而三在蠻夷，五在中國。”漢趙曄

《吳越春秋·夫差內傳》：“問曰：此僻狹之國，蠻夷之民，大夫何索然若不辱乃至於此？”漢韋玄成《自劾》詩：“誰將遐征，從之夷蠻。”《史記·楚世家》：“其後中微，或在中國，或在蠻夷，弗能紀其世。”晉孫綽《與庾冰》詩：“蠻夷交迹，封豕充衢。”唐杜甫《江漲》詩：“江發蠻夷漲，山添雨雪流。”唐韓愈《潮州刺史謝上表》：“單立一身，朝無親黨，居蠻夷之地，與魑魅為群。”宋陸游《十二月十一日視築堤》詩：“江水來自蠻夷中，五月六月聲摩空。”元楊載《劉將軍》詩：“交趾小蠻夷，去國將萬里。”明劉基《過閩關九首》詩其四：“驛路高低度嶺關，兜離人語雜夷蠻。”清屈大均《粵臺懷古》詩：“久變蠻夷俗，長懷割據功。”清陳人英《慶響老典》詩：“帝德如天仁若海，無分貴賤與夷蠻。”

【夷蠻】

同“蠻夷”。此稱漢代已行用。見該文。

【四夷】

即蠻夷。古代泛指華夏民族以外的其他民族及其分布區域，包括蠻、夷、戎、狄。《書·畢命》：“四夷左衽，罔不咸賴。”孔傳：“言東夷、西戎、南蠻、北狄，被髮左衽之人，

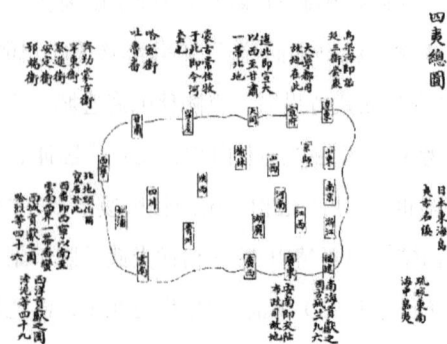

四夷總圖
（明章潢《圖書編》）

無不皆恃賴三君之德。"又,《虞書・大禹謨》:"無怠無荒,四夷來王。"《周禮・地官・司徒》:"使其屬帥四夷之隸,各以其兵服守王之門外。"《左傳・莊公三十一年》:"凡諸侯有四夷之功,則獻于王,王以警于夷。"《孟子・梁惠王上》:"欲闢土地,朝秦楚,莅中國而撫四夷也。"《禮記・大學》:"唯仁人放流之,迸諸四夷,不與同中國。"漢劉徹《西極天馬歌》:"承靈威兮降外國,涉流沙兮四夷服。"《後漢書・東夷傳》:"凡蠻、夷、戎、狄總名四夷者,猶公、侯、伯、子、男皆號諸侯云。"元耶律楚材《懷古一百韻寄張敏之》詩:"黷武疲中夏,窮兵攘四夷。"明尹耕《胡人牧羊圖》詩:"聖王有道四夷守,沙場閑殺射雕人。"清佚名《挽張之洞聯》:"江漢仰文宗,學在四夷,教朱育通卅六國語。"

戚里

古帝王姻親外戚所居之處。戚里,或作"戚裏"。《史記・萬石張叔列傳》:"受書謁,徙其家長安中戚里。"司馬貞索隱引顏師古云:"於上有姻戚者皆居之,故名其里爲戚里。"晋左思《魏都賦》:"其閭閻則長壽吉陽,永平思忠;亦有戚里,寘宮之東。"呂延濟注:"戚里,外戚所居之里。"北周庾信《春賦》:"移戚里而家富,入新豐而酒美。"唐戴叔倫《長安早春贈萬評事》詩:"春風歸戚里,曉日上花枝。"

塞 [1]

邊境,邊塞。先秦佚名《佹詩》:"念彼遠方,何其塞矣。"《荀子・彊國》:"其(秦)在趙者,剡然有苓而據松柏之塞。"楊倞注:"松柏之塞,蓋趙樹松柏與秦爲界,今秦據有之。"又:"雖爲之築明堂於塞外而朝諸侯,殆可矣。"

注:"塞外,境外也。"《詩・大雅・常武》:"王猶允塞,徐方既俅。"漢蔡琰《胡笳十八拍》詩:"鞞鼓喧兮從夜達明,胡風浩浩兮暗塞營。"漢曹操《却東西門行》:"鴻雁出塞北,乃在無人鄉。"北周王褒《咏雁》詩:"豈若雲中雁,秋時塞外歸。"又,《送劉中書葬》詩:"塞近邊雲黑,塵昏野日黃。"隋楊廣《飲馬長城窟行》:"秋昏塞外雲,霧暗關山月。"唐皎然《隴頭水二首》詩其一:"日落天邊望,逶迤入塞雲。"唐王維《使至塞上》詩:"征蓬出漢塞,歸雁入胡天。"宋陸游《書憤》詩:"塞上長城空自許,鏡中衰鬢已先斑。"

塞 [2]

特指東北邊境。《漢書・佞幸傳・鄧通》:"家居,居無何,人有告通盜出徼外鑄錢。"顏師古注:"東北謂之塞,西南謂之徼。塞者,以障塞爲名。"南朝齊王融《春游迴文》詩:"枝分柳塞北,葉暗榆關東。"

塞垣

泛指邊境地帶。南朝梁吳均《戰城南》詩:"陌上何喧喧,匈奴圍塞垣。"唐岑參《初過隴山途中呈宇文判官》詩:"也知塞垣苦,豈爲妻子謀。"唐高適《薊中作》詩:"策馬自沙漠,長驅登塞垣。"唐李白《送梁公昌從信安北征》詩:"將飛天地陣,兵出塞垣通。"宋張方平《送趙先生》詩:"家住崆峒塞垣上,翩然游蜀遂亡歸。"

墟 [4]

廢址,廢弃之域。亦指故地。亦作"虛"。《左傳・僖公二十八年》:"晋侯登有莘之虛以觀師。"杜預注:"有莘,故國名。"漢樂府《折楊柳行》:"璧馬禍及虢,二國俱全墟。"晋潘岳

《西征賦》："窺秦墟於渭城，冀闕緬其堙盡。"李善注引《聲類》曰："墟，故所居也。"隋孫萬壽《和周記室游舊京》詩："大夫憫周廟，王子泣殷墟。"唐韋應物《經武功舊宅》詩："風雨經舊墟，毀垣迷往躅。"宋木待問《火後寄詮老》詩："西城若黔廬，東墟已堆甓。"元丁復《題百馬圖爲南郭誠之作》詩："樓蘭失國龜玆墟，玉門無關但空址。"明張羽《咸陽宮行并序》詩："遺墟久被民家占，四望空餘瓜蔓根。"清高其倬《碧雲寺》詩："殷墟歌黍離，鑑之者有周。"

【虛】⁴

同"墟⁴"。此體先秦已行用。見該文。

【丘墟】²

即墟⁴。指廢址，廢弃之域。亦指故地。《管子·八觀》："衆散而不收，則國爲丘墟。"《史記·李斯列傳》："紂殺親戚、不聽諫者，國爲丘墟，遂危社稷。"漢揚雄《太玄·夷》："夷于廬，其宅丘虛。測曰：夷于廬，厥得亡也。"《後漢書·竇融傳》："自兵起以來，轉相攻擊，城郭皆爲丘墟，生人轉入溝壑。"《晋書·江統傳》："河洛丘虛，函夏蕭條，井堙木刊，阡陌夷滅。"南北朝陰鏗《登武昌岸望》詩："游人試歷覽，舊迹已丘墟。"唐王勃《滕王閣序》："蘭亭已矣，梓澤丘墟。"宋秦觀《代程給事乞祝聖表》："樓觀宮室，化爲丘墟。"元姚燧《中書左丞姚文獻公神道碑》："降城四壁之外，縣邑丘虛，曠土無民。"元薩都剌《過居庸關》詩："路人立馬問前事，猶能歷歷言丘墟。"明陳基《泰州》詩："舊城雖丘墟，新城如鐵石。"清吳偉業《攀清湖》詩："官軍雖屢到，尚未成丘墟。"

【丘虛】

同"丘墟²"。此體漢代已行用。見該文。

城¹

特指唐代戍邊之處。《新唐書·兵志》："唐初，兵之戍邊者，大曰軍，小曰守捉、曰城、曰鎮，而總之者曰道。"唐杜甫《春望》詩："國破山河在，城春草木深。"按，古代王朝國都，諸侯封地，卿大夫采邑，都以有大小不同墻垣的都邑爲中心，這些都邑通稱作城。

村落

農村人口集中分布的區域。亦作"村莊"。《三國志·魏書·鄭渾傳》："入魏郡界，村落齊整如一。"唐韓愈《論淮西事宜狀》："村落百姓，悉有兵器，小小俘劫，皆能自防。"唐衛葉《晚投南村》詩："村落無多在，聲聲近擣衣。"宋葉適《題周子實所錄》："余久居水心村落，農蓑圃笠，共談隴畝間。"宋范成大《夏日田園雜興》詩其七："晝出耘田夜績麻，村莊兒女各當家。"宋耕吳《村莊即事》詩："菊過重陽尚吐香，晚秋風景屬村莊。"元凌雲翰《柳莊爲會稽薛德明賦》詩："幾年種柳繞村莊，翠色參天百尺長。"明袁可立《甲子仲夏登署中樓觀海市》詩："村落敷洲渚，斷岸駕長虹。"明許天錫《安博站偶成》詩："村莊野圃春初動，瘴霧蠻烟午未開。"清鄭燮《山中卧雪呈青崖老人》詩："銀沙萬里無來迹，犬吠一聲村落閑。"

【村莊】

即村落。此體宋代已行用。見該文。

【墟】⁵

指村落。亦稱"墟落"。晋陶潛《歸園田居》詩其二："曖曖遠人村，依依墟里烟。"南北朝柳惲《雜詩》詩："山墟罷寒晦，園澤潤朝暉。"唐王維《晦日游大理韋卿城南别業》詩："冬中餘雪在，墟上春流駛。"宋孔平仲《墙東新聞》詩："去家無百步，幽境若村墟。"金趙秉文《北都雪望》詩："小屋平頭墟落里，吹烟起處是人家。"清邵長蘅《布穀謡》詩："村墟五月布穀鳴，家家驅牛向田疇。"

【墟落】

指村落。南朝梁范雲《贈張徐州稷》詩："軒蓋照墟落，傳瑞生光輝。"唐王維《渭川（一作水）田家》詩："斜陽（一作光）照墟落，窮巷牛羊歸。"宋陸游《湖上》詩："烟生墟落垂垂晚，雁下陂湖處處秋。"金高士談《村行》詩："墟落依林莽，茅廬出短墙。"明藍智《潯州觀風作》詩："鷄犬散墟落，魚鹽集舟航。"清紀昀《閲微草堂筆記·如是我聞一》："鐘聲散墟落，燈火見人家。"

【藪】[3]

喻指人或物聚集之地。亦稱"淵藪"。《書·武成》："爲天下逋逃主，萃淵藪。"漢蔡邕《胡廣黄瓊頌》："惟道之淵，惟德之藪。"《後漢書·梁統傳》："宛爲大都，士之淵藪。"《通典·職官典》："斯乃文昌天府，衆務淵藪，内外所折衷，遠近所禀仰。"東魏《王誼悰墓誌銘》："天下樞機，人倫淵藪，自非德表民宗。"《唐會要·河南道》："逃亡所歸，頗成淵藪。"明張岱《陶庵夢憶·仲叔古董》："河南爲銅藪，所得銅器盈數車。"明陳子龍等《皇明經世文編》卷二四："然以中原腹心之地，爲流民淵藪。"清勞之辨《淮陽道中》詩："東南財賦區，江淮實淵藪。"

【淵藪】

即藪[3]。此稱南朝宋已行用。見該文。

墟[6]

集市，南方稱墟，北方稱集。亦作"虚"。唐柳宗元《童區寄傳》："二豪賊劫持反接，布囊其口，去逾四十里之墟所賣之。"宋錢易《南部新書·辛》："端州以南，三日一市，謂之趁虚。"趁，一作"趂"；趁墟，同"赶集"。宋范成大《曉出古城山》詩："墟市稍來集，筠籠轉山忙。"金李好復《邵智夫同游南城》詩："落日趁墟人已散，鷺鷥飛上渡頭船。"元陳孚《思明州》詩其二："手捧檳榔染蛤灰，峒中婦女趁墟來。"《徐霞客游記·滇游日記九》："稍西復北一里，逾其坳，有墟場，爲馬站街房。"清劉獻廷《廣陽雜記》卷二："後世市謂之墟，歸市曰趁墟……蜀謂之場，滇謂之街，嶺南謂之務，河北謂之集。"清蒲松齡《聊齋志異·鴝鵒》："周村爲商賈所集，趁墟者車馬輻輳。"

【虚】[5]

同"墟"[6]。此體宋代已行用。見該文。

市

本義指集中進行交易的場所，即市場，引申特指市司、管理市場的官吏，進而引申指人口密集、工商業及文化發達的城鎮。"市"的甲骨文與金文相仿，上"屮"，下"兮"。"屮"爲植物向上生長狀，引申爲前往；"兮"表示嘈雜、叫賣的聲音。戰國文字有一個形體上像"屮"，下方的形體稍有變化，有的已演爲"冂"形，指買賣的地方有圍墙和門，表示範圍、界綫。《周禮·地官·司市》："大市日昃而市，百族爲主；朝市朝時而市，商賈爲主；夕市夕時而市，販夫販婦爲主。"《説文·冂部》："市，買賣之所也。"按，古者神農作市，或曰祝融也。《管子 · 乘馬》：“市者，貨之準也。”《周禮 · 考工記 · 匠人》：“前朝後市，市朝一夫。”《孟子 · 梁惠王上》：“商賈皆欲藏於王之市。”《戰國策 · 秦策一》：“臣聞爭名者於朝，爭利者於市。”晋陸機《門有車馬客行》：“市朝互遷易，城闕或丘荒。”唐白居易《賣炭翁》：“市南門外泥歇。”金毛麾《春賞》詩：“翠勺銀甖沽酒市，暖風遲日賣花聲。”明劉基《賣柑者言》：“置於市，賈十倍。”清尤侗《夢揚州 · 客廣陵用少游韻》詞：“門十里黃埃滿，但往來、車馬星稠。”一說，先有“市”，後有政府工商管理和稅收，以及軍隊和圍城建築，故而形成“城市”。單稱“城”，更具有軍事意義。

土[7]

鄉土、故鄉。先秦佚名《黃竹》詩：“居樂甚寡，不如遷土，禮樂其民。”《漢書 · 叙傳上》：“〔高祖〕瘠戍卒之言，斷懷土之情。”顏師古注：“洛陽近沛，高祖來都關中，故云斷懷土之情也。”漢王粲《登樓賦》：“雖信美而非吾土兮，曾何足以少留。”三國魏嵇康《答二郭詩三首》詩其一：“戀土思所親，能不氣憤盈。”唐王勃《麻平晚行》詩：“百年懷土望，千里倦游情。”唐白居易《吾土》詩：“身心安處爲吾土，豈限長安與洛陽？”宋孔平仲《城東作》詩：“九江非吾土，久寓忘羈棲。”金王若虛《再致故園述懷五絶》詩其二：“我自無心更懷土，不妨猶有未招魂。”明鄧豁渠《南詢録》：“苟世情不了，皆有懷土之思。”明梵琦《漁家傲》詞：“縱有才能超卒伍，幾人衣錦還鄉土。”清王鐸《與崑山三弟鑵》詩：“人隨蠻土鄉音變，路過神堤翠樹齊。”

亭

秦漢時期的鄉村區域劃分單位。《史記 · 高祖本紀》：“及壯，試爲吏，爲泗水亭長。”張守節正義：“秦法，十里一亭，十亭一鄉。亭長，主亭之吏。”漢卓文君《怨郎詩》：“一別之後，兩地懸念，只説是三四月，又誰知五六年，七弦琴無心彈，八行書無可傳，九連環從中折斷，十里長亭望眼欲穿。”《晋書 · 賀循傳》：“案，漢制十里一亭，亦以防禁切密故也。”一說，古時設在城外路旁的亭子，多供行人歇脚用，也是送行話別的地方。唐李白《菩薩蠻》：“何處是歸程，長亭更短亭。”宋柳永《雨霖鈴 · 寒蟬淒切》詞：“寒蟬淒切，對長亭晚，驟雨初歇。”元王實甫《西廂記 · 長亭送別》：“今日送張生赴京，十里長亭，安排下筵席。”明李勝原《送淮安刺史乃弟歸》詩：“十里長亭聽馬嘶，送君把酒過河堤。”

蕃坊

唐宋時外商在中國的住處。多見於沿海城市。宋朱彧《萍洲可談》卷二：“廣州蕃坊，海外諸國人聚居。置蕃長一人，管勾蕃坊公事，專切招邀蕃商人貢，用蕃官爲之，巾袍履笏如華人。蕃人有罪，詣廣州鞫實，送蕃坊行遣。”宋郭祥正《廣州越王臺呈蔣帥待制》詩：“蕃坊翠塔卓椽筆，欲蘸河漢濡烟煤。”

畿[2]

特指唐代京城的旁邑。《唐會要 · 量户口定州縣等第例》：“其赤、畿、望、緊等縣，不限户數，並爲上縣。”清王鳴盛《十七史商榷》：“唐制縣有六（十）等之差：赤、畿、望、緊、上、中、下，京都所治、爲赤縣，旁邑爲畿縣，其餘則以户口多少地類悉爵地美惡爲差。”

裔

本義指事物的邊緣，引申爲區域的邊緣、中國的邊遠地方，或邊疆地帶。亦稱"四裔"。語出《楚辭·九歌·湘夫人》："麋何食兮庭中，蛟何爲兮水裔。"《左傳·文公十八年》："投諸四裔。"《淮南子·原道訓》："故雖游于江潯海裔，目觀掉羽武象之樂。"漢東方朔《神異經·中荒經》："西北裔外有大夏山。"晋張華《博物志·地理略》："負海之騎，交趾之土，謂之南裔。"《周書·庫莫奚傳》："生其地者，則仁義出焉。昧谷、嵎夷、孤竹、北户，限以丹徼紫塞，隔以滄海交河，此之謂荒裔。"宋張君房《雲笈七籖·太上老君開天經》："西南王母東青龍，習氣發裔地户間。"《文獻通考·兵考一》："當時盡吞六雄，威震六合，彼胡、越僻在裔夷，豈能爲纖芥之害，而發百萬之師以成之。"明危素《贈查泰宇之閩清主簿任》詩："四裔息征戰，猷畝無旱蝗。"清李鍇《擬古樂府五首同石閭作·思公子》詩："夢中識路覺後疑，孤雲遥裔天一涯。"

【四裔】

即裔。此稱先秦已行用。見該文。

藩 [1]

舊指邊疆地區。《周禮·夏官·職方氏》："乃辨九服之邦國……又其外方五百里曰藩服。"賈公彦疏："以其最在外，爲藩籬，故以藩爲稱。"漢賈誼《過秦論》："乃使蒙恬北築長城而守藩籬。"唐高適《人日寄杜二拾遺》詩："身在遠藩無所預，心懷百憂復千慮。"唐韋應物《答僴奴重陽二甥》詩："一朝忝蘭省，三載居遠藩。"

疆 [1]

指邊界，引作國界。古也作畺，又稱"疆圻""疆略""疆宇"。《周禮·地官·大司徒》："制其畿疆而溝封之。"又，《肆師》："攘於疆及郊。"《左傳·成公二年》："以逞無疆之欲。"又云："先王疆理天下。"按，疆理，劃定國界。先秦《孔叢子》："封際限疆略界也。"《禮記·曲禮》："出疆必請。"又，《月令》："固封疆。"《左傳·哀公元年》："使疆于江、汝之間而還。"杜預注："目擇疆宇。欲令遷都近楚，爲楚屬國。"前蜀杜光庭《皇太子青城山修齋詞》詩："定蜀漢之疆圻，扼黔巫之襟帶。"明洪貫《滿江紅·賀江陰王尹築城禦寇》詞："守則固，疆圻畫；戰必勝，車徒飭。"清陳康祺《燕下鄉脞録》："家傳方略，勇敢性成，連任疆圻，多所籌畫。"

【疆略】

即疆。此稱先秦已行用。見該文。

【疆圻】

即疆。此稱五代已行用。見該文。

【疆宇】 [2]

即疆。此稱晋代已行用。見該文。

【封疆】 [2]

界域之標記。或指疆界、邊疆地區。《禮記·月令》："〔孟春之〕王命布農事，命田舍東郊，皆修封疆。"《左傳·哀公十一年》："居封疆之間。"《史記·商君列傳》："爲田開阡陌封疆，而賦税平。"張守節正義："封，聚土也；疆，界也。謂界上封記也。"《漢書·天文志》："故候息秏者，入國邑，視封畺田疇之整治，城郭室屋門户之潤澤，次至車服畜産精華。實息者吉，虚秏者凶。"宋王安石《上仁宗皇帝言事書》："社稷之托，封疆之守，陛下其能久以天幸爲常，而無一旦之憂乎？"《明史·徐達傳》：

"出塞之後，固守封疆，防其浸軼可也。"

際

泛指區域的邊緣處、接觸帶、變化端、交界地等以及時間點、過程階段等。亦特指國家邊界地帶。《周易·豐》："豐其屋，天際翔也。"《左傳·定公十年》："屬與敝邑際，故敢助君憂之。"楊伯峻注："際，交界。"先秦卜子夏《易傳·周易上經泰傳》："《象》曰：無往不復，天地際也。"漢袁康《越絕書》："吳越之際，夫差弊矣，是之謂也。"定州漢墓竹簡《論語·泰伯》："唐吳之際。"唐李白《黃鶴樓送孟浩然之廣陵》詩："孤帆遠影碧空盡，唯見長江天際流。"

陲

邊疆，國境，靠邊界的地方。亦稱"邊陲""疆陲"。先秦佚名詩："親省邊陲，用事所極。"《左傳·成公十三年》："虔劉我邊陲。"《史記·律書》："連兵於邊陲，力非弱也。"南朝梁沈約《八咏詩·霜來悲落桐》詩："僕本幽并兒，抱劍事邊陲。"隋王冑《言反江陽寓目灞涘贈易州陸司馬》詩："燕陲望楚服，天際與雲端。"唐王維《從軍行》詩："日暮沙漠陲，戰聲煙塵裏。"《廣韻》："陲，邊也。"宋葉夢得《連日邊報稍稀西齋默坐》詩："疆陲無復戊己尉，盜賊猶憐壬午兵。"宋朱熹《謝張彥輔留別之作》詩："我病臥田間，君行護疆陲。"

【邊陲】

即陲。此稱先秦已行用。見該文。

【疆陲】

即陲。此稱宋代已行用。見該文。

【地絡】

大地的經脉網絡，亦指疆界、地域交織的分割綫，即區域界綫。《後漢書·隗囂傳》："分裂郡國，斷截地絡。"李賢注："絡猶經絡也。謂莽分坼郡縣，斷割疆界也。"漢張衡《西京賦》："爾乃振天維，衍地絡。"薛綜注："維，網也；絡，網也。謂其大如天地矣。"唐李義府《在嶲州遥叙封禪》詩："飛聲總地絡，騰化撫乾維。"明李東陽《送伍廣州詩序》："乾維所覆，地絡所示，其間名山勝地，遺迹巨浸，固未易以枚舉。"清顧炎武《雒陽》詩："三川通地絡，鶉火葉星精。"

捶表

古代在疆界上立的木製或石製界標。亦稱"郵""表""垂"。《墨子·備城門》："城上千步一表。"又，《雜守》："守表者三人，更立捶表而望。"又，《號令》："舉四垂，狌城，舉五垂。"孫詒讓閒詁引俞樾云："垂者，郵之壞字。郵即表也。"《禮記·郊特牲》："有'郵表畷'，鄭君説此未明。'郵表畷'，蓋一物也。古者於疆界之地，立木為表，綴物於上，若旌旗之旒，謂之'郵表畷'……重言之曰'郵表'，單言之則或曰'表'，或曰'郵'，皆古人之常語也。"《吕氏春秋·慎小》："吳起治西河，欲諭其信於民，夜日置表於南門之外。"《漢書·李尋傳》："千里立表，萬里連紀。"

【表】

即捶表。此稱先秦已行用。見該文。

【垂】

即捶表。此稱先秦已行用。見該文。

【郵】

即捶表。此稱漢代已行用。見該文。

堠

古作為五里路標志的土臺。五里一個，謂

單墈；十里兩個，稱雙墈。《玉篇·土部》：“墈，牌墈，五里一墈。”唐韓愈《路傍墈》詩：“堆堆路旁墈，一雙復一隻。”宋范成大《楓橋》詩：“墻上浮圖路傍墈，送人南北管離愁。”明張自烈《正字通·土部》：“墈，封土爲臺，以記里也；十里雙墈，五里單墈。”

邑[1]

古代行政區劃名。五家爲軌，六軌爲邑。《國語·齊語》：“三十家爲邑，邑有司。”《管子·小匡》：“制五家爲軌，軌有長；六軌爲邑，邑有司。”又，四井爲邑。《周禮·地官·小司徒》：“九夫爲井，四井爲邑，四邑爲丘，四丘爲甸，四甸爲縣，四縣爲都。”鄭玄注：“四井爲邑，方二里。”

畿[3]

疆域、界域。《詩·商頌·玄鳥》：“邦畿千里，維民所止。”毛傳：“畿，疆也。”《周禮·夏官·司馬》：“制畿封國，以正邦國。”南朝宋顏延之《歸鴻》詩：“相鳴去澗汜，長江發江畿。”南朝梁吳均《戰城南》詩：“躞蹀青驪馬，往戰城南畿。”唐宋之問《送李侍御》詩：“南登指吳服，北走出秦畿。”清段玉裁《説文解字注·田部》：“畿，畿之言垠也。”

方[3]

邊境。《史記·孝文本紀》：“朕既不明，不能遠德，是以使方外之國或不寧息。”《後漢書·和帝紀》：“文加殊俗，武暢方表。”《廣雅·釋詁四》：“方，表也。”參閲本卷“捶表”條目。

郡縣制

中國古代實行的中央集權體制下，郡、縣二級政權的地方行政制度及相應的行政區劃。該制度始於周朝，周朝時縣大於郡。《逸周書·作雒》：“千里百縣，縣有四郡。”《左傳·哀公二年》：“克敵者，上大夫受縣，下大夫受郡。”諸侯國爲了加強管理而置縣和郡，直接任命一些不得世襲的官員爲地方官。該制度使分散的權力層層集歸中央，防止因分封而導致分裂。至戰國時代，這種制度逐漸爲各強國采用，逐漸減少分封貴族的地區。春秋時代，楚武王滅掉權國，將其改建爲縣，是爲設縣之始。郡的設置較縣晚。秦穆公九年（公元前651），晋公子夷吾（即晋惠公）對秦國使者談到“君實有郡縣”，爲秦國設郡的最早記載。秦孝公十二年（公元前350），商鞅第二次變法，在秦國普遍推行縣制，把鄉、邑、聚等合并爲縣，建置了四十一個縣；《史記·秦本紀》《六國年表》《商君列傳》則作“三十一縣”。秦代爲中國歷史上最早在全境推行郡縣制的朝代。至漢代仍承襲這個制度，形成州、郡、縣三級行政管理。自此成爲日後各朝地方政制的基礎，直到唐朝，才被道路制所取代。參閲明王圻等《三才圖會·秦郡縣天下圖》。

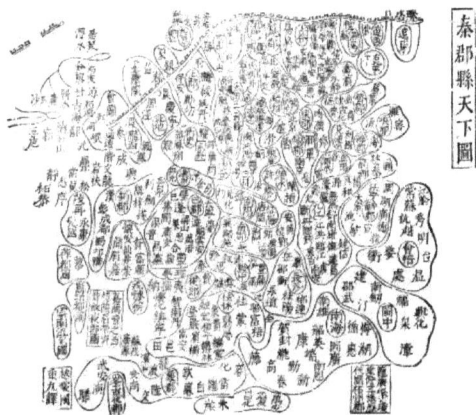

秦郡縣天下圖
（明王圻等《三才圖會》）

唐道制

中國唐代實行的中央集權體制行政區劃。唐初有州三百二十八個、縣一千五百七十三個，爲加強管理，按山川地形，分全國爲十道，後增至十五道。設道之初僅由中央派監察大員不定期赴多事地區視察，未成定制。至開元時，始置各道采訪使，如漢刺史。後因邊患頻增，爲加強邊帥權力，令邊境節度使兼任道采訪使，且兼轄州縣事務，重演東漢末年外重内輕的局面，最後導致安史之亂。平叛後，節度使制已行於全國，形成道（方鎮）、州府、縣三級政區。割據之勢已成，尾大不掉，又出現五代十國的分裂局面。“府”建於唐開元時，相當於州。當時凡屬京師、陪都或本朝帝王駐蹕地，皆建府以顯示其特殊地位。府的行政長官爲府牧、府尹、少尹。其下屬機構府、州大致相同，均置司録、功曹、倉曹、户曹、兵曹、法曹、士曹、府（州）學等，但府屬官吏的品秩比州高。從五代至宋、元，建府地區逐漸擴大。到明代，全國已普遍建府，取代唐以前的州。唐代地方機構還有都督府與都護府。都督的名稱始於東漢，魏晉以後常兼駐地所在州的刺史。北周改稱總管，至唐復爲都督。景雲後，凡持節的都督改稱節度使，都督遂名存實亡。都護府源於漢的西域都護。唐代沿襲該制，於四境置六都護府，成爲管理邊境少數民族地區的最高地方行政機構。都護府下屬機構與内地府州大致相同。

宋路制

中國宋代實行的中央集權體制行政區劃（道路制的一種類型）。宋統一中原後，爲改變“方鎮太重、君弱臣強”的局面，除收軍權於中央外，地方行政機構采取分路而治，成爲路、府、州、軍、監、縣等多級政區。路，以水陸轉運使爲行政長官，又置安撫使、刑獄使、常平使，分掌兵、刑、市場平糴與鹽鐵專賣，恢復秦漢以來地方分權而治的狀况。府、州機構沿襲唐代。軍，原爲五代時的軍區，後因兼理民政而成爲行政區，仍保留軍的舊名。監，多半設於工礦地區，以加強礦産開發的管理。爲進一步控制地方，宋朝廷常派京師供職官員到州縣執行中央政令，其職銜爲知府、知州、知縣等。同時在各府州置通判，規定一切政令須經通判副署，通判并可隨時向朝廷奏報府州情况。參閲宋淳熙十二年《古今華夷區域總要圖》。

封　畿

服

王畿外圍地區，每五百里爲一服。《書・皋陶謨》：“弼成五服，至于五千。”孫星衍疏：“服者，《釋詁》云：采、服，是也。反覆相訓，即埰地之名。”《左傳・桓公二年》：“今晋，甸侯也。”孔穎達疏：“周公斥九大州，廣土萬里，制爲九服。邦畿方千里，其外每五百里謂之一服。”唐李景《請改書稱詔表》：“庶無屈於尊，且稍安於遠服。”程樹德《九朝律考・北周刑名》：“流衛服去皇畿二千五百里，流蕃服去皇畿四千五百里。”參閲明王圻等《三才圖會・地理圖會》。

五服

古王都外圍地區。依距王城遠近劃分，五百里爲一區。服，謂服事天子或服其職守。《國語·周語》中首先記載了五服，傳爲夏制，依次是侯、甸、綏、要、荒；商制出現比服；周制以侯、甸、男、采、衛爲五服。《書·益稷》：“弼成五服，至于五千。”孔傳：“五服，侯、甸、綏、要、荒服也。服，五百里。四方相距爲方五千里。”又，《書·康誥》：“侯甸男邦，采衛百工，播民和見，士于周。”孔傳：“此五服……侯服去王城千里，甸服千五百里，男服去王城二千里，采服二千五百里，衛服三千里。與《書·禹貢》異制。”漢韋孟《諷諫》詩：“五服崩離，宗周以隊。”晋王粲《爲潘文則作思親》詩：“五服荒離，四國分争。”唐宋若憲《奉和御製麟德殿宴百官（一作若荀詩）》詩：“四聰聞受諫，五服遠朝王。”宋胡宏《觀建安七子》詩：“一元均大化，五服擁皇都。”明劉基《戰城南》詩：“聖人以五服限夷夏，射獵耕織各自安土風。”清錢謙益《後秋興八首庚子中秋》詩其五：“五服諸侯休後至，司徒先領入朝班。”

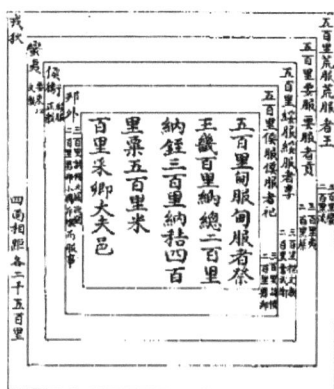

禹貢五服圖
（明章潢《圖書編》）

甸服 [1]

“五服”之一。古制稱離王城郊五百里的區域。古都城外一百里爲郊，郊外爲甸。《書·禹貢》：“錫土姓，祇台德先，不距朕行，五百里甸服。”孔傳：“規方千里之内謂之甸服，爲天子服治田，去王城面五百里。”蔡沈集傳：“甸服，畿内之地也……五百里者，王城之外，四面皆五百里也。”《漢書·王莽傳中》：“公作甸服，是爲維城。”顏師古注：“《書·禹貢》去王城四百里納粟，五百里納米，皆在甸服之内。”一説，爲“九服”之一，指王畿外方五百里至千里之間的地區。《周禮·夏官·職方氏》：“方千里曰王畿，其外五百里曰侯服，又其外五百里曰甸服。”唐張喬《華山》詩：“澄凝臨甸服，險固束神都。”《新五代史·李茂貞傳》：“但慮軍情忽變，戎馬難羈，徒令甸服生靈，因兹受弊。”清錢謙益《直隸河間府青縣知縣楊應震授文林郎制》：“矧於甸服，近在扶風，當吾擇官憂民之際，安有尤異之政，蔽不上聞者哉！”一説，泛指京城附近的地方。

侯服 [1]

“五服”之一。古代王城周邊，按距離遠近劃分的區域之一，爲封侯管轄的的區域，如封姬姓在河南爲鄭侯，封姜姓在山東爲齊侯等。夏制稱侯服爲離王城一千里的地方。《書·禹貢》：“五百里甸服……五百里侯服。”孔傳：“甸服外之五百里。侯，候也，斥候而服事。”周制稱王城周圍方千里以外的方五百里的地區爲侯服。《周禮·夏官·職方氏》：“乃辨九服之邦國，方千里曰王畿，其外方五百里曰侯服，又其外方五百里曰甸服。"鄭玄注："服，服事天子也。"舊說以《書・禹貢》所記爲夏制，《周禮・夏官・職方氏》所記爲周制。

綏服

"五服"之一。謂距王城一千里外方五百里之地。"綏"本意爲車上用以輔助拉車的繩子，這裏指安撫。後人用"綏靖"表達此意，即此區域可以安撫，但不可靠。《書・禹貢》："五百里綏服。"孔傳："侯服外之五百里，安服王者之政教。"參閱本卷"五服"條目。

要服

"五服"之一。謂距王城一千五百里外方五百里之地。"要"字有約定之意，是說此區域祇能通過一些約定進行管理，實際上比較鬆散。《書・禹貢》："五百里要服。"孔傳："綏服外之五百里，要束以文教。"《國語・周語上》："夷蠻要服。"參閱本卷"五服"。一說，泛指邊遠地區。《後漢書・西羌傳・東號子蔴奴》："戎狄荒服，蠻夷要服，言其荒忽無常。"唐柳宗元《爲桂州崔中丞上中書門下乞朝覲狀》："況正月會期，遠夷皆至。六歲來見，要服有期。"《水滸後傳》第一二回："今天子聖仁英武，荒裔要服，無不重詔來朝。"

荒服

"五服"之一。謂距方城二千至二千五百里之地。此區域爲蠻荒之地，離王城太遠，可以自由自在，幾乎不受管理。《書・禹貢》："五百里甸服……五百里荒服。"孔傳："要服外之五百里，言荒又簡略。"一說，距王城四千五百里至五千里之地。《國語・周語上》："戎狄荒服。"三國吳韋昭注："戎狄，去王城四千五百里至五千里也。"參閱本卷"五服"條目。

比服

商制"五服"之一。指王畿外方千里之地。《逸周書・王會》："方千里之內爲比服，方二千里之內爲要服，方三千里之內爲荒服，是皆朝於內者。"孔晁注："此服名因於殷，非周制也。"參閱本卷"五服"條目。

男服[1]

周制"五服"之一。《書・康誥》："侯甸男邦采衛。"孔傳："此五服諸侯服。五百里侯服，去王城千里；甸服千五百里；男服去王城二千里。"參閱本卷"五服"條目。一說，古代王畿以外的"九服"之一。指王畿外方千里至千五百里之間的地區。《周禮・夏官・職方氏》："乃辨九服之邦國，方千里曰王畿，其外方五百里曰侯服，又其外方五百里曰甸服，又其外方五百里曰男服。"

衛服[1]

周制"五服"之一。《書・康誥》："侯甸男邦采衛。"孔傳："此五服……侯服去王城千里，甸服千五百里，男服去王城二千里，采服二千五百里，衛服三千里。"一說，爲"九服"之一。《周禮・夏官・職方氏》："其外方五百里曰采服，又其外方五百里曰衛服。"鄭玄注："服，服事天子也。"賈公彥疏："言衛者，爲王衛禦。"

九服

周制區劃，在五服基礎上修正而成，即王畿外設九區，方五百里爲一區，依次爲侯服、甸服、男服、采服、衛服、蠻服、夷服、鎮服、藩服，合稱九服。服，謂服侍天子或服其職守。《周禮・夏官・職方氏》："乃辨九服之邦國，方千里曰王畿，其外方五百里曰侯服，又其外方五百里曰甸服，又其外方五百里曰男服，又其外方五百里曰采服，又其外方五百里曰衛服，又其外方五百里曰蠻服，又其外方五百里曰夷服，又其外方五百里曰鎮服，又其外方五百里曰藩服。"晋佚名《晉鞞舞歌五首·大晋篇》詩："九服爲蕃衛，亡秦壞諸侯。"《三國志·魏書·何夔傳》："先王辨九服之賦以殊遠近，制三典之刑以平治亂。"宋葛勝仲《送胡彦師職方迎親赴闕二首》詩其二："禄泊千鐘榮瀹瀟，圖分九服職封疆。"元耶律楚材《和李世榮韻》詩："九服無不軌，四海願來王。"明鄧林《居庸關》詩："雕題拳發奉外藩，九服面内王畿尊。"章炳麟《封建考》："九服相距爲萬里，其後削弱，徒有衛服以内。"參閲《書·禹貢》、明王圻等《三才圖會·地理圖會》。

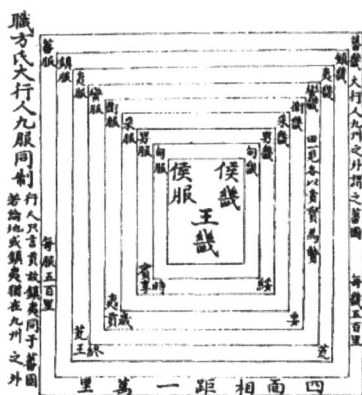

周禮九畿九服圖
（明章潢《圖書編》）

侯服 [2]

九服之一。古代王都外圍地區。夏制爲距王都五百里外、千里之内的地區。或説爲距王都五百里内之地。周制爲王畿方千里之外方五百里的地區。《書·禹貢》："五百里甸服…… 五百里侯服。"孔傳："甸服外之五百里，侯，候也，斥候而服事。"《周禮·夏官·職方氏》："方千里曰王畿，其外方五百里曰侯服。"參閲《書·益稷》。參閲本卷"九服"條目。

甸服 [2]

九服之一。周代王畿之外的九等地區之一。按遠近分，每隔五百里爲一等。甸服在侯服之外，男服之内，爲第二服。《周禮·夏官·職方氏》："方千里曰王畿，其外五百里曰侯服，又其外五百里曰甸服。"一説，古制稱離王城五百里的區域。《書·禹貢》："錫土姓，祇台德先，不距朕行，五百里甸服。"孔傳："規方千里之内謂之甸服，爲天子服治田，去王城面五百里。"蔡沈集傳："甸服，畿内之地也……五百里者，王城之外，四面皆五百里也。"《漢書·王莽傳》："公作甸服，是爲維城。"顔師古注："《禹貢》去王城四百里納粟，五百里納米，皆在甸服之内。"參閲本卷"九服"條目。

男服 [2]

九服之一。周代王畿之外的九等地區之一。按遠近分，每隔五百里爲一等，男服在甸服之外，采服之内，爲第三服。《周禮·夏官·職方氏》："乃辨九服之邦國，方千里曰王畿，其外方五百里曰侯服，又其外方五百里曰甸服，又其外方五百里曰男服。"《逸周書·職方》："又其外方五百里我男服。"參閲本卷"九服"條目。

采服

九服之一。周代王畿之外的九等地區之一。按遠近分，每隔五百里爲一等，采服在男服之外，衛服之内，爲第四服。《周禮·夏官·職方氏》："其（男服）外方五百里曰采服。"參閲本

卷 "九服" 條目。

衛服[2]

　　古代九服之一。周代王畿之外的九等地區之一。按遠近分，每隔五百里爲一等，衛服在采服之外，蠻服之内，爲第五服。《周禮・夏官・職方氏》："其外方五百里曰采服，又其外方五百里曰衛服。" 鄭玄注："服，服事天子也。" 賈公彦疏："言衛者，爲王衛禦。" 章炳麟《封建考》："九服相距爲萬里，其後削弱，徒有衛服以内。" 參閱本卷 "九服" 條目。

蠻服

　　九服之一。周代王畿之外的九等地區之一。按遠近分，每隔五百里爲一等，蠻服在衛服之外，夷服之内，爲第六服。《周禮・夏官・職方氏》："方千里曰王畿……又其外方五百里曰蠻服。" 賈公彦疏："言蠻者，近夷狄，蠻之言糜，以政教糜來之。" 又，泛稱遠離京城的邊遠地區。唐元稹《駱口驛》詩："二星徼外通蠻服，五夜燈前草御文。" 參閱本卷 "九服" 條目。

夷服

　　古九服之一。王畿之外，每五百里爲一區劃，共有九，第七爲夷服。《周禮・夏官・職方氏》："乃辨九服之邦國：方千里曰王畿，其外方五百里曰侯服……又其外方五百里曰夷服。" 鄭玄注："服，服事天子也。" 賈公彦疏："言夷者，以其在夷狄中，故以夷言之。" 參閱 "九服"。《史記・秦始皇本紀》："昔者五帝地方千里，其外侯服夷服諸侯或朝或否，天子不能制。" 參閱本卷 "九服" 條目。

鎮服

　　九服之一。周代王畿之外的九等地區之一。按遠近分，每隔五百里爲一等，鎮服在夷服與藩服之間，屬第八等。《周禮・夏官・職方氏》："乃辨九服之邦國……又其（夷服）外方五百里曰鎮服。" 鄭玄注："鎮者以其入夷狄深，故須鎮守也。" 章炳麟《封建考》："八紘者鎮服，八極者藩服，服皆五百里，兩面則爲千里。" 參閱本卷 "九服" 條目。

藩服

　　九服之一。周代王畿之外的九等地區之一。按遠近分，每隔五百里爲一等，藩服在鎮服之外，屬第九等。《周禮・夏官・職方氏》："乃辨九服之邦國……又其外方五百里爲甸服，又其外方五百里曰藩服。" 明羅貫中《雜劇・宋太祖龍虎風雲會》："不争讓位在荒郊，枉惹得百姓每評詨。（幼主云）將軍，聽太后旨者，我願受藩服足矣。" 參閱本卷 "九服" 條目。

畿[4]

　　古代王都所領轄的千里地域。四面各距王都五百里。亦作 "圻"，亦稱 "畿田"。《周禮・地官・大司徒》："制其畿，方千里而封樹之。" 賈公彦疏："制其畿方千里者，王畿千里，以象日月之大，中置國城，面各五百里。"《國語・楚語上》："是以其入也，四封不備一同，而至於是有畿田。" 三國吴韋昭注："方千里曰畿。"《左傳・昭公二十三年》："今土數圻而城是郢，不亦難乎？" 杜預注："方千里爲圻。"《説文・田部》："畿，天子千里地。"《後漢書・董卓傳論》："蹈藉彝倫，毁裂畿服。" 李賢注："畿，謂王畿也。服，九服也。"

【圻】

　　即 "畿"。此體先秦已行用。見該文。

【畿田】

　　即 "畿"。此稱先秦已行用。見該文。

國畿

古王城四周千里之地。直屬君王。亦稱
"邦畿""王畿""京畿""王圻"。《詩·商頌·玄
鳥》："邦畿千里，維民所止，肇域彼四海。"
《周禮·夏官·大司馬》："乃以九畿之籍施邦
國之政職，方千里曰國畿。"賈公彥疏："云方
千里曰國畿者，此據王畿內千里而言，非九畿
之畿，但九畿以此國畿爲本，向外每五百里加
爲一畿也。"又，《職方氏》："乃辨九服之邦
國，方千里曰王畿。"孫詒讓正義："方千里曰
王畿者，謂建王國也……《大司馬》云國畿，
《秋官·大行人》云邦畿，義並同。"又，《周
禮·秋官·大行人》："邦畿方千里。"《逸周
書·職方》："乃辯九服之國，方千里曰王圻。"
漢潘勖《册魏公九錫文》："遂建許都，造我京
畿，設官兆祀，不失舊物。"三國魏嵇康《贈秀
才入軍》："浩浩洪流，帶我邦畿。"晉孫楚《太
僕座上》詩："朝欽厥庸，出尹京畿。"晉潘岳
《閒居賦》："太夫人乃御版輿，升輕軒，遠覽

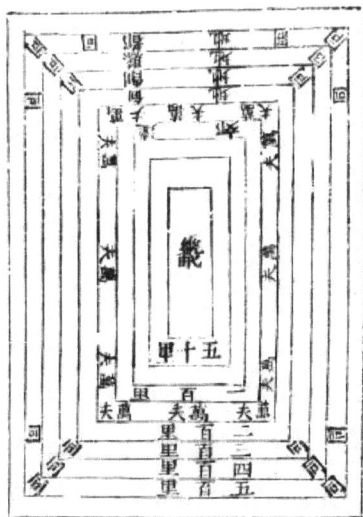

王畿千里圖
（明王圻等《三才圖會》）

王畿。"《北齊書·封述傳》："遷世宗大將軍府
從事中郎，監京畿事。"隋虞世基《出塞》詩：
"勳庸震邊服，歌吹入京畿。"在唐朝，將唐長
安城周邊地區分爲京縣（赤縣）和畿縣，京城
所管轄的縣爲赤縣，京城的旁邑爲畿縣，統稱
京畿。唐韓愈《送區弘南歸》詩："服役不辱言
不譏，從我荆州來京畿。"唐杜甫《巴西聞收宮
闕送班司馬入京》詩："念君經世亂，匹馬向王
畿。"唐王維《登樓歌》："王畿鬱兮千里，山河
壯兮咸秦。"唐白居易《寄王質夫》詩："我亦
吏王畿，不爲名利著。"明沈鯨《雙珠記·京邸
叙親》："寓京畿委巷，滌器壚旁，招商來往。"
清方苞《讀二南》："殷商國畿而外，皆周之宇
下，所謂三分天下有其二也。"

【邦畿】

即國畿。此稱先秦已行用。見該文。

【王畿】

即國畿。此稱先秦已行用。見該文。

【王圻】

即國畿。此稱先秦已行用。見該文。

【京畿】

即國畿。此稱漢代已行用。見該文。

封畿

王都四方周邊之地。亦作"封圻"。《史
記·孝文本紀》："封畿之內，勤勞不處。"漢
班固《西都賦》："封畿之內，厥土千里。"又，
《漢書》作"圻"。《漢書·文帝紀》："封圻之內，
勤勞不處。"顏師古注："圻亦畿字。王畿千
里。"唐元結《管仲論》："然後定天子封畿，諸
侯疆域。"唐孫逖《登越州城》詩："封圻滄海
合，廛市碧湖明。"宋王安石《和錢學士喜雪》
詩："點綴丘園榮樹木，埋藏溝塹亂封圻。"

【封圻】 [2]

即"封畿"。此體漢代已行用。見該文。

日畿

王都及其四周之地，猶如日月環繞之地。亦稱"日圍"。宋葉廷珪《海録碎事・地下》："天子之畿方千里，像日月徑圍，故曰日畿，又曰日圍。"宋汪藻《己酉亂後寄常州使君侄》詩其一："戎馬窺天塹，邊烽斷日畿。"宋文彥博《過汜（原作泥，據四庫本改）水關》詩："關塞倖天險，封疆介日圍。"《文獻通考・封建考一》："周亦日畿。"元馬祖常《都門一百韻》詩："天樞夾杓垣，日畿絡雄幕。"

【日圍】

即日畿。此稱宋代已行用。見該文。

四畿

猶國畿。四面各距王都五百里之地，強調四個方嚮的區域。《周禮・秋官・野廬氏》："掌達國道路至於四畿。"鄭玄注："去王城五百里曰畿。"孫詒讓正義："云去王城五百里曰畿者，大司馬云方千里曰國畿是也。王城居中，面各五百里，其邊界爲四畿。"宋項安世《次韻田將仕年八十八歲作詩自喜三首》詩其二："銅駝陌上少年時，走馬驅車遠四畿。"

九畿

古諸侯與外族居地。周制，王城至五千里界內，五百里爲一畿。王畿而外，依次有侯畿、甸畿、男畿、采畿、衛畿、蠻畿、夷畿、鎮畿、藩畿，合稱九畿。《周禮・夏官・大司馬》："乃以九畿之籍，施邦國之政職，方千里曰國畿。其外方五百里曰侯畿，又其外方五百里曰甸畿，又其外方五百里曰男畿，又其外方五百里曰采畿，又其外方五百里曰衛畿，又其外方五百里曰蠻畿，又其外方五百里曰夷畿，又其外方五百里曰鎮畿，又其外方五百里曰藩畿。"鄭玄注："畿，猶限也。自王城以外五千里爲界，有分限者九。"按，"蠻畿"或作"要畿"。又，《地官・小司徒》："正其畿疆之封。"鄭玄注："畿，九畿。"賈公彥疏："除王畿以外，仍有九畿。"明鄭善夫《田制論》："周分九畿方千里曰，王畿外曰侯畿，貢祀物。又外曰畿甸，貢嬪物。又外曰男畿，貢器物。又外曰采畿，貢服物。又外曰衛畿，貢財物。又外曰蠻畿、曰夷畿，要服也，貢貨物。又外曰鎮畿、曰藩畿，荒服也，一見貢寶玉。"

侯畿

九畿之一。謂王畿外方五百里內之地。《周禮・夏官・大司馬》："方千里曰國畿，其外方五百里曰侯畿。"鄭玄注："畿猶限也。"《晉書・地理志上》："大司馬以九畿之籍，施邦國之政。方千里曰國畿，其外方五百里曰侯畿。"明鄭善夫《田制論》："周分九畿，方千里曰王畿，外曰侯畿，貢祀物。"參閱本卷"九畿"條目。

甸畿

九畿之一。《周禮・夏官・大司馬》："乃以九畿之籍，施邦國之政職。方千里曰國畿，其外方五百里曰侯畿，又其外方五百里曰甸畿。"鄭玄注："畿猶限也。自王城以外，五千里爲界，有分限者九。"賈公彥疏："云甸者，爲天子治田，以出貢賦。"晉潘岳《藉田賦》："思樂甸畿，薄采其茅。"明鄭善夫《田制論》："又外曰畿甸，貢嬪物。"參閱本卷"九畿"條目。

男畿

九畿之一。《周禮・夏官・大司馬》："方

千里曰國畿，其外方五百里曰侯畿，又其外方五百里曰甸畿，又其外方五百里曰男畿。”鄭玄注：“畿，猶限也。自王城以外五千里爲界，有分限者九。”《文獻通考·輿地考》：“而分天下爲九畿……又外曰鎮畿，又外曰藩畿。”明鄭善夫《田制論》：“又外曰男畿，貢器物。”參閱本卷“九畿”條目。

采畿

九畿之一。《周禮·夏官·大司馬》：“又其外方五百里曰采畿。”鄭玄注：“畿，猶限也。”賈公彦疏：“采者，采取美物以共天子。”《春秋左傳正義》：“世爲王臣，仍爲伯爵，或本封絕滅，食采畿內，故云皆采邑也。”明鄭善夫《田制論》：“又外曰采畿，貢服物。”參閱本卷“九畿”條目。

衛畿

九畿之一。《周禮·夏官·大司馬》：“其外方五百里曰采畿，又其外方五百里曰衛畿。”參閱“九畿”。宋王應麟《通鑑地理通釋》卷九：“故太祖以兵爲衛畿內，常用十四萬人。”明鄭善夫《田制論》：“又外曰衛畿，貢財物。”參閱本卷“九畿”條目。

蠻畿

九畿之一。《周禮·夏官·大司馬》：“方千里曰國畿……又其外方五百里曰衛畿，又其外方五百里曰蠻畿。”鄭玄注：“畿猶限也，自王城以外五千里爲界，有分限者九。”賈公彦疏：“蠻者，縻也。以近夷狄，縻繫之政教……自此以外，是夷狄之諸侯。”明鄭善夫《田制論》：“又外曰蠻畿……貢貨物。”參閱本卷“九畿”條目。

夷畿

九畿之一。國畿之外，每五百里爲一區劃，共有九，第七爲夷畿。《周禮·夏官·大司馬》：“方千里曰國畿，其外方五百里曰侯畿……又其外方五百里曰蠻畿，又其外方五百里曰夷畿。”明鄭善夫《田制論》：“又外曰蠻畿、曰夷畿，要服也，貢貨物。”參閱本卷“九畿”條目。

鎮畿

九畿之一。以王畿爲中心，自內而外，每五百里爲一畿。鎮畿爲第八畿。《周禮·夏官·大司馬》：“乃以九畿之籍，施邦國之政職……又其（夷畿）外五百里曰鎮畿。”賈公彦疏：“云鎮者，蓋中國稍遠，理須鎮守。”明鄭善夫《田制論》：“又外曰鎮畿、曰藩畿，荒服也，一見貢寶玉。”參閱本卷“九畿”條目。

藩畿

九畿之一。以王畿爲中心，自內而外，每五百里爲一畿。藩畿爲第九畿。《周禮·夏官·大司馬》：“乃以九畿之籍，施邦國之政職……又其（夷畿）外五百里曰鎮畿，又其外方五百里曰藩畿。”明鄭善夫《田制論》：“又外曰鎮畿、曰藩畿，荒服也，一見貢寶玉。”

五圻

猶五服。古代都城周圍的五類地域。古王城外依距離遠近分成的五等區域，每五百里爲一區，依次爲侯圻、甸圻、男圻、采圻、衛圻。《國語·周語上》：“侯衛賓服。”三國吳韋昭注：“言自侯圻至衛圻，其間凡五圻。圻五百里，五五二千五百里……五圻者，侯圻之外曰甸圻，甸圻之外曰男圻，男圻之外曰采圻，采圻之外曰衛圻。”參閱“五服”。

侯圻

猶侯畿。指王畿而外，方五百里的區域。圻，通"畿"。《國語·周語上》："邦內甸服，邦外侯服。"三國吳韋昭注："侯服，侯圻也。"《史記·周本紀》："邦外侯服，侯衛賓服。"裴駰集解引韋昭曰："此總言之也。侯，侯圻；衛，衛圻也。"汪榮寶《法言義疏》："言自侯圻至衛圻，其間凡五圻，圻五百里，五五二千五百里，中國之界也。"

甸圻

猶甸畿。《國語·周語上》："夫先王之制，邦內甸服，邦外侯服，侯、衛賓服。"三國吳韋昭注："侯圻之外曰甸圻。"

男圻

猶男畿。《國語·周語上》："侯衛賓服。"三國吳韋昭注："自侯圻至衛圻，其間凡五圻……五圻者，侯圻之外曰甸圻，甸圻之外曰男圻，男圻之外曰采圻，采圻之外曰衛圻。"《荀子·正論》："甸圻之外男圻，男圻之外采圻，采圻之外衛圻，百里中國之界也。"

采圻

猶采畿。賈公彥疏："采者，采取美物以共天子。"《國語·周語上》："侯衛賓服。"三國吳韋昭注："言自侯圻至衛圻，其間凡五圻……男圻之外曰采圻。"《荀子·正論》："男圻之外采圻，采圻之外衛圻。"《欽定禮記義疏》："王子母弟無功德，不得封食采圻。"

衛圻

猶衛畿。《國語·周語上》："衛圻之外曰蠻圻，去王城三千五百里，九州之界也。"《史記·周本紀》："邦外侯服，侯衛賓服。"裴駰集解引韋昭曰："此總言之也。侯，侯圻；衛，衛圻也。"

圻也。"

寰內 [2]

王都千里之內。寰，猶畿、圻。《穀梁傳·隱公元年》："寰內諸侯，非有天子之命，不得出會諸侯。"陸德明釋文："寰內，圻內也。"《後漢書·孔融傳》："又嘗奏宜准古王畿之制，千里寰內，不以封建諸侯。"晋左思《魏都賦》："殷殷寰內，繩繩八區。"李善注引尹更始曰："天子以千里爲寰。"《宋書·謝靈運傳》："主寰內而緩虞，澄海外以漬滓。"明解縉《西行途中即事》詩其一："河州猶在人寰內，百二山河去卻回。"清李民聖《游主山》詩："祇傳姓氏留寰內，誰信人生總夢間。"

都 [1]

邦國都城，國都。亦稱"都邑""都城"。《詩·鄘風·干旄》："孑孑干旄，在浚之都。"先秦佚名《離別相去辭》："道祐有德兮吳卒自屠，雪我王宿耻兮威振八都。"《左傳·隱公元年》："都城過百雉，國之害也。"《禮記引逸詩》："國家以寧，都邑以成。"《史記·五帝本紀》："一年而所居成聚，二年成邑，三年成都。"漢劉熙《釋名·釋州國》："國都曰都，都者，國君所居，人所都會也。"三國蜀諸葛亮《出師表》："興復漢室，還於舊都。"《三國志·吳書·吳主傳》："秋九月，權遷都建業。"晋張翰《贈張弋陽》詩："刺帶皇域，升降都城。"唐許渾《送沈卓少府任江都》詩："煬帝都城春水邊，笙歌夜上木蘭船。"宋蔡絛《鐵圍山叢談》卷一："上元張燈，天下止三日，都邑舊亦然。後都邑獨五夜。"宋馬之純《宋帝馳道》詩："六朝都邑真如此，舊日咸秦得似無。"又，《柵塘》詩："六朝何處立都城，十里秦淮城外行。"金劉長言《通叔以詩送古鏡爲長言生日之壽次韻謝之》詩：“都城一別兩歲晚，寄聲勞苦常相先。”元周伯琦《過太行山》詩：“帝王都邑青青草，豪傑勳名點點墳。”明葉顒《次韻送帥府李從道考滿赴都》詩：“道過濟南府，光輝衣錦鄉。”清顧炎武《北嶽辨》：“故吳寬以爲帝王之都邑無常，而五嶽有定。”清繆葆忠《送柚岑出游俄國兼寄傅茂原庫部陳卿水部二首》詩其一：“同持使節出都城，萬里風雲壯此行。”

【都邑】[1]

即都[1]。此稱先秦已行用。見該文。

【都城】

即都[1]。此稱晋代已行用。見該文。

【方州】[2]

指京都，都城。漢班固《典引》：“日月邦畿，卓犖乎方州，洋溢乎要荒。”李周翰注：“方州，帝都也。”唐皮日休《二游詩》詩其一：“自爲方州來，清操稱凜冽。”唐陸龜蒙《戰秋辭》詩：“方州大都，虎節龍旗。”宋蘇頌《己未九月予赴鞫御史聞子瞻先生已被繫予書居三院東閣而子瞻在知雜南廡才隔一垣不得通音息因作詩四篇以爲異日相遇一噱之資耳》詩其二：“擬策進歸中御府，文章傳過帶方州。”

【邑】[2]

上古時，諸侯國的國都稱作邑。《書·召誥》：“周公朝至于洛，則達觀于新邑營。”《詩·商頌·殷武》：“商邑翼翼，四方之極。”《禮記·緇衣》：“國家以寧，都邑以成。”《淮南子·時則訓》：“循行國邑，周視原野。”又，指古代無先君宗廟的都城。《左傳·莊公二十八年》：“凡邑有宗廟先君之主曰都，無曰邑。”參閱本卷“都[2]”條目。

城市

人口集中、工商業發達、居民以非農業人口爲主的地區，通常是周圍地區的政治、經濟、文化中心。《韓非子·愛臣》：“是故大臣之禄雖大，不得藉威城市。”南朝梁劉峻《始居山營室》詩：“嘯歌棄城市，歸來事耕織。”隋盧思道《上巳禊飲》詩：“山泉好風日，城市厭囂塵。”唐白居易《清明日登老君閣望洛城贈韓道士》詩：“風光烟火清明日，歌哭悲歡城市間。”宋佚名《它山堰》詩：“支派繚村落，河渠貫城市。”元劉鶚《感懷三首》詩其一：“豺虎在城市，生民半魚鱉。”明李延興《福源精舍》詩：“頓嫌城市多煩囂，欲買田廬何處可。”清彭孫貽《題畫贈僧》詩其八：“終歲在城市，日夕懷秋山。”

【城】[2]

泛指城市。“城”古字寫作“𡍄”，最早見於西周金文。“城”最早見於戰國。“城”本意是城邑四周的墻垣，裏面的叫城，外面的叫郭。城字單用時，多包含城與郭。城、郭組詞時祗指城。城在古代還有國、國家的意思。《握奇經》：“合而爲一，平川如城。”《詩·大雅·瞻卬》：“哲夫成城，哲婦傾城。”《説文·土部》：“城，以盛民也。”漢王褒《九懷·陶壅》詩：“息陽城兮廣夏，衰色罔兮中怠。”晋佚名《魏鼓吹曲十二曲·克官渡》：“屠城破邑，神武遂章。”南朝梁劉孝綽《上虞鄉亭觀濤津渚學潘安仁河陽縣》詩：“此城鄰夏穴，櫹蠹茂筠篁。”李白《送友人》詩：“青山橫北郭，白水繞東城。”宋佚名《散句》詩：“正思浮世事，又到古城邊。”金王元粹《東樓雨中七詩》詩其二：“零落故宫無覓處，蕭蕭禾黍滿城秋。”明丁鶴年《觀太守兄昌國勸農》詩："東皋風日媚新晴，太守躬耕曉出城。"清徐芳烈《浙東紀略》："清兵至金陵，弘光皇帝走，城爲之空。"

【城郭】

古義指內城和外城，現在泛指城或城市。一作"城廓"。《周禮·夏官·司馬》："以分國爲九州，營國城郭，營後宮，量市朝道巷門渠。"《大戴禮記·千乘》："及量地度居，邑有城郭，立朝市。"《孟子·離婁上》："城郭不完，兵甲不多，非國之災也。"《禮記·月令》："是月也，可以築城郭，建都邑，穿寶窖，修倉。"先秦孫陽《相馬經》："腹爲城廓，欲得張。"《史記·萬石張叔列傳》："城郭倉庫空虛，民多流亡。"漢劉向《列女傳·辯通傳》："宮室相望，城郭闊達，一患也。"漢桓寬《鹽鐵論·論功》："匈奴無城廓之守，溝池之固。"《孔雀東南飛》："東家有賢女，窈窕艷城郭。"《宋書·五行志》："好攻戰，輕百姓，飾城郭，侵邊境，魏氏三祖皆有其事。"《北史·西域傳》："〔烏孫國〕西徙蔥嶺山中，無城郭，隨畜牧逐水草。"唐圓仁《入唐求法巡禮行記》："城廓頹夷，無一官舍。"宋蘇軾《雷州》詩其六："殺牛攞鼓祭，城郭爲傾動。"《太平廣記·女仙》："城廓以聚民，器械以衛衆。"《元史·劉秉忠傳》："帝命秉忠相地於桓州東灤水北，建城郭於龍岡，三年而畢，名曰開平。"明李之世《過石門訪王堯韭新居》詩："鐘鼓樓前吹畫角，烟火家家遍城廓。"明徐元太《喻林》卷一〇六："城廓爲固，家以垣籬。"

【城廓】

即城郭。此體漢代已行用。見該文。

【都邑】[2]

即城市。《商君書·算地》："故爲國任地者，山林居什一，藪澤居什一，谿谷流水居什一，都邑蹊道居什四，此先王之正律也。"晉袁宏《後漢紀·獻帝紀二》："疇謂其父老曰：'諸君不以疇不肖，遠來相就。衆成都邑，而莫相統一，恐非久安之道。'"唐孫逖《山陰縣西樓》詩："都邑西樓芳樹間，逶迤霽色繞江山。"宋邵雍《盆池吟》詩："都邑地貴，江湖景奇。"元姚燧《次韻閻子濟二首》詩其一："喧喧名都邑，百貨聚商工。"明孫承恩《涇原行送王南江郡伯之任》詩："天下都邑稱關中，關中要地涇原雄。"梁啓超《新民議·禁早婚議》："其居於山谷鄙野者，婚嫁之年，必視都邑之民較早。"

【市井】

指城市、集鎮。亦指城市街頭，街市。《管子·小匡》："處商必就市井。"尹知章注："立市必四方，若造井之制，故曰市井。"《史記·律書》："自年六七十翁，亦未嘗至市井，游敖嬉戲如小兒狀。"《尉繚子·攻權》："兵有勝於朝廷，有勝於原野，有勝於市井。"《後漢書·劉寵傳》："山民願樸，乃有白首不入市井者。"唐方干《懷桐江舊居》詩："市井多通諸國貨，鄉音自是一方言。"宋樂雷發《下攝市》詩："塵埃市井無人識，濯足江頭望八荒。"《水滸傳》第四回："出得那'五臺福地'的牌樓來，看時，原來却是一箇市井，約有五七百人家。"清張星煥《入淥口》詩："村烟連市井，人語響松杉。"

【邑】[3]

城市。此字初文見於商代甲骨文，古字形上部是"口"，表示城市；下部爲跪着的人形。

有土地有人，意思是都邑、城市。《周禮·地官·里宰》："里宰，掌比其邑之衆寡，與其六畜兵器，治其政令。"邑，也作爲縣，抑或爲小城市的別稱。宋蘇洵《六國論》："小則獲邑，大則得城。"

【旁邑】

謂鄰近之城邑。《左傳·昭公十年》："公與桓子莒之旁邑，辭。穆孟姬爲之請高唐，陳氏始大。"《史記·孝武本紀》："於是濟北王以爲天子且封禪，乃上書獻泰山及其旁邑。"《宋史·朱緬傳》："〔朱冲〕去之旁邑乞貸，遇異人，得金及方書歸。"《文獻通考·職官考》："京之旁邑爲畿縣。"《明史·諶吉臣傳》："賊分兵犯旁邑，應城陷，訓導張國勳死之。"清顧祖禹《讀史方輿紀要·歷代州域形勢》："元狩初，濟北王獻泰山及其旁邑，於是立泰山郡。"

都 [2]

周時有宗廟的城。周時各國把國都叫國，把有宗廟或先君神主的城叫都，没有的叫邑。《周禮》："距閩王百里爲都。"《左傳·莊公二十八年》："凡邑有宗廟先君之主曰都，無曰邑。"《説文·邑部》："都，有先君之舊宗廟曰都。"

外甸

國都的外圍地區。因古代稱距離京師五百里地繳納貢賦的地區爲"甸服"，故稱。《南齊書·孔稚珪傳》："封豕殘魄，未屠劍首；長蛇餘喘，偷窺外甸。"《南史·郭祖深傳》："主慈臣恇，息謀外甸，使中國士女南望懷冤，若賈誼重生，豈不慟哭。"明韓上桂《送分守鄭公陞滇南憲使》詩："執法只今臨外甸，履聲還動紫宸知。"清徐葆光《中山傳信録》卷三："膚詬

命於波區，雄藩外甸。"

【方州】 [3]

指京都外的地方州郡。《世説新語·德行》："殷仲堪既爲荆州……每語子弟云：'勿以我受任方州云我豁，平昔時意今吾處之不易！'"唐王維《責躬薦弟表》："顧臣謬官華省，而弟遠守方州。"宋洪邁《容齋三筆·帝王諱名》："帝王諱名……方州科舉尤甚，此風殆不可革。"

【外都】

指京師以外的都會、都邑。《魏書·文成帝紀》："太尉張黎，司徒古弼，以議不合旨，黜爲外都大官。"《晉書·長沙王乂傳》："吾之與卿，友於十人，同産皇室，受封外都，各不能闡敷王教，經濟遠略。"宋蘇洵《送三兄出宰常山》詩："迂吏江邊少，齎裝驛外都。"

下邑

古以國都爲上，國都外地邑稱下邑。俗抑或言小地方，小縣城。《左傳·莊公二十八年》："冬築郿。"杜預注："郿，魯下邑。"孔穎達疏："國都爲上，邑爲下。"晉陸雲《吳故丞相陸公誄》："和羹未飪，宰兹下邑。"南朝齊孔稚珪《北山移文》："促裝下邑，浪拽上京。"南朝梁虞羲《贈何録事諲之詩十章》詩："能柔下邑，必惠上邦。"唐韓愈《祭郴州李使君文》："伏荒炎之下邑，嗟名頽而位仆。"唐皮日休《正樂府十篇·貪官怨》詩其三："朝庭及下邑，治者皆仁義。"宋王安石《與孟逸秘校手書》之一："自京師奉別，於今已八九年……乃知滯下邑，幸得會合。"清姚鼐《張仲潔時文序》："〔常熟〕雖偏僻下邑，其士人多知乘時，或逾於都會廣聚之區，習使之然也。"

紅塵[1]

繁華之地，含繁華都市。漢班固《西都賦》詩："闐城溢郭，旁流百廛，紅塵四合，烟雲相連。"南朝陳徐陵《洛陽道》詩其一："綠柳三春暗，紅塵百戲多。"唐韋莊《嘉會里閒居》詩："豈知城闕内，有地出紅塵。"宋王邁《贈郭五星》詩："揮金買笑紅塵市，老死不曉寒與饑。"金郝俣《子文致君九日用安字韻聊亦同賦》詩："馬頭明月應相笑，依舊紅塵滿客鞍。"元王冕《三茅觀》詩："城隍下瞰紅塵海，樓閣高懸白玉京。"一說，塵世、世間。唐王建《從軍後寄山中友人》詩："夜半聽雞梳白髮，天明走馬入紅塵。"清孫枝蔚《春城曲》："素紗軟屏看不得，但云門外紅塵好。"

郭

在城的周邊加築的城牆，即外城。内城叫城，外城叫郭。初文作"稾"，像城稾之形。後添加了義符"邑"，表示外城之義。亦作"廓"。《管子·度地》："城外爲之郭。"《説文·邑部》："郭，外城也。"《禮記·禮運》："城郭溝池以爲固。"漢劉熙《釋名·釋宫室》："郭，廓也，廓落在城外也。"

【廓】

即郭。此體漢代已行用。見該文。

郊

王都周邊之地。傳周制以距王都五十里爲近郊，百里爲遠郊。《書·費誓》："魯人三郊三遂。"孔穎達疏："王國百里爲郊。"《詩·魏風·碩鼠》："逝將去女，適彼樂郊。樂郊樂郊，誰之永號？"《周禮·地官·載師》："以宅田、士田、賈田任近郊之地，以官田、牛田、賞田、牧田任遠郊之地。"鄭玄引杜子春注《周禮·載師》云："五十里爲近郊，百里爲遠郊。"唐李鼎祚《周易集解》："郭外曰郊，郊外曰野。"宋岳飛《滿江紅·登黄鶴樓有感》詞："到而今、鐵騎滿郊畿，風塵惡。"一説，郊之遠近，據國之大小而定。周王畿千里，則百里爲郊；王畿百里之國，則十里爲郊。又説，謂距王都百里外至三百里之地。另説，謂距王都百里以外至二百里之地。參閲《周禮·秋官·遂士》《禮記·曲禮上》、明王圻等《三才圖會》。

【坰】

城邑外遠野。坰，一作"冋"，音shǎng《詩·魯頌·駉》："駉駉牡馬，在坰之野。"毛傳："坰，遠野也。"《爾雅·釋地》："邑外謂之郊，郊外謂之牧，牧外謂之野，野外謂之林，林外謂之坰。"《列子·黄帝》："出行經坰外。"《説文·邑部》："邑外謂之郊，郊外謂之牧，牧外謂之野，野外謂之林，林外謂之坰。象遠界也。"唐周瑀《送潘三入京》詩："故人嗟此別，相送出烟坰。"宋王質《挽虞丞相》詩："烽燧寒邊堠，桑麻蔽遠坰。"元宋無《海上自之罘至成山覽秦皇漢武遺迹》詩："提封思霸主，巡狩陟遐坰。"明黄玠《送胡伯衡歸慶元》詩："買田臨清流，築室依近坰。"清許楚《步崇真道院望興濟廢城》詩："坰曠杳無際，古院臨黄陂。"參閲明王圻等《三才圖會·王畿千里郊野圖》。

【郊坰】

泛指郊外。坰，一作"冋"。晋葛洪《抱朴子外篇·崇教》："或建翠翳之青葱，或射勇禽於郊坰。"唐李昂《暮春喜雨》詩："郊坰既霑足，黍稷有豐期。百辟同康樂，萬方佇雍熙。"唐孔穎達《禮記正義》："數戰郊坰，故多軍壘。"宋蘇軾《南歌子》詞："夜來微雨洗郊坰，正是一年春好,近清明。"元廼賢《題應中立所藏陳元昭山水》詩:"遠騎出郊坰,裴徊立清曉。"元王冕《題畫蘭卷兼梅花》詩:"冷飈吹香散郊坰,山蜂野蝶何營營。"清李天馥《刈麥行》詩:"偶携游屐來郊坰,麥畦高下鋪黃雲。"

【林坰】

泛指郊外。坰,一作"坰"。晋葛洪《抱朴子外篇·名實》:"駃驪委牧乎林坰。"唐杜甫《橋陵詩三十韻因呈縣内諸官》詩:"朝儀限霄漢,客思回林坰。"宋王庭珪《送客》詩:"東門楊柳陌,車騎散林坰。"元許恕《九月一日過東舜夏氏山莊》詩:"正思江館夜,一犬吠林坰。"明王行《次韻張伯純見寄》詩:"一從高迹隱林坰,城郭登臨不共行。"清彭孫貽《八月十八日雨後觀潮》詩:"高城延晚色,野眺俯林坰。"

【郊圻】

郊野。《書·畢命》:"申畫郊圻,慎固封守,以康四海。"晋張翰《贈張弋陽》詩:"將逝命駕,陟彼郊圻。"唐高適《同陳留崔司户早

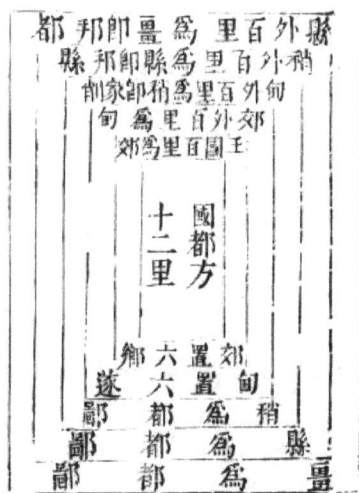

王畿千里郊野圖
(明王圻等《三才圖會》)

春宴蓬池》詩:"同官載酒出郊圻,晴日東馳雁北飛。"唐李白《感時留别從兄徐王延年從弟延陵》詩:"策馬摇凉月,通宵出郊圻。"宋王安石《次韻再游城西李園》詩:"我亦悠悠無事者,約君聯騎訪郊圻。"元吴當《保定王氏母九十得賜帛鄉人合燕爲壽》詩:"皇家賜帛出郊圻,王母光榮九十時。"明劉基《折楊柳》詩:"夜來微雨清郊圻,鶯黃相應鳴埌篠。"清王闓運《圓明園詞》:"離宮從來奉游豫,皇居那復在郊圻。"清周亮工《題〈蕉堂索句圖〉》:"丁亥冬初,予由江右入杉關,抵邵武時,寇遍郊圻。"

【五郊】

古帝王迎節氣、行郊祭的東、西、南、北、中郊。立春之日,迎春於東郊祭青帝句芒;立夏之日,迎夏於南郊,祭赤帝祝融;先立秋十八日,迎黃靈於中兆,祭黃帝后土;立秋之日,迎秋於西郊,祭白帝蓐收;立冬之日,迎冬於北郊,祭黑帝玄冥。《後漢書·明帝紀》:"始迎氣於五郊。"李賢注引《續漢書》:"迎氣五郊之兆。四方之兆各依其位。中央之兆在未,壇皆三尺……"《宋書·禮志二》:"迎氣五郊,各如其色,從章服也。"《舊唐書·禮儀志》:"五嶽、四鎮、四海、四瀆,年别一祭,各以五郊迎氣日祭之。"《文獻通考·郊社考》:"禮部式,天地五郊壇三百步内不得葬埋,不言諸祠。"參閲漢戴聖《禮紀·月令》、隋《五郊樂歌五首》、唐《郊廟歌辭·五郊樂章》。

【宇】

原野、野外,城之外無人居住之地。先秦佚名《龍蛇歌》:"龍已升雲,四蛇各入其宇。"《詩·大雅·桑柔》:"憂心殷殷,念我土宇。"

《楚辭·招魂》詩:"旋入雷淵,靡散而不可止些。幸而得脫,其外曠宇些。"王逸注:"宇,野也。言從雷淵雖得免脫,其外復有曠遠之野、無人之土也。"

【牧】

城邑之遠郊。以其遠離城邑,野草豐茂,可放牧牲畜,故稱。《左傳·隱公五年》:"鄭人侵衛牧,以報東門之役。"《國語·周語中》:"國有郊牧,疆有寓望。"韋昭注:"牧,放牧之地也。"《詩·大雅·大明》:"牧野洋洋,檀車煌煌,駟騵彭彭。"又,《邶風·靜女》:"自牧歸荑,洵美且異。"朱熹注:"牧,外野也。"《爾雅·釋地》:"邑外謂之郊,郊外謂之牧。"《孟子·公孫丑下》:"則必爲之求牧與芻矣。求牧與芻而不得,則反諸其人乎?"趙岐注:"牧,牧地。"清郝懿行義疏:"《載師》云:'以牧田任遠郊之地。'遠郊在郊外,牧田在遠郊,是郊外謂之牧矣。"《史記·周本紀》:"麋鹿在牧,蜚鴻滿野。"裴駰集解引徐廣曰:"牧,郊也。"

野[1]

郊外田野。亦作"墅""壄""埜"。《書·武成》:"歸馬于華山之陽,放牛于桃林之野。"又,《牧誓》:"王朝至于商郊牧野。"《周易·坤》:"龍戰於野。"《詩·鄭風·野有蔓草》:"野有蔓草,零露漙兮。"毛傳:"野,四郊之外。"又,《豳風·七月》:"七月在野。"《管子·小匡》:"聖王之處士必於閑燕,處農必就田野,處工必就官府。"《周禮·天官·序

"野"(甲骨文)
(合集 18006)

官》:"辨方正位,體國經野。"按,將田野分配給百姓耕作。《楚辭·九辯》:"願徼幸而有待兮,泊莽莽與埜草同死。"洪興祖補注:"墅、埜,並野字。"《國語·周語》:"道路若塞,野場若棄。"《說文·里部》:"野,郊外也……邑外謂之郊,郊外謂之野。"《後漢書·列女傳》:"捐金於野。"南朝梁江淹《空青賦》:"都廣之圃,番禺之埜。"《玉篇·土部》:"墅,古文野。"唐柳宗元《捕蛇者說》:"永州之野產異蛇。"參閱"野"甲骨文圖,謂土中有草木。

【墅】

同"野[1]"。"野"的訛字。此體先秦已行用。見該文。

【壄】

同"野[1]"。"野"的訛字。此體南朝梁已行用。見該文。

【埜】

同"野[1]"。此體南朝梁已行用。見該文。

甸

王都郭外稱郊,郊外稱甸。相傳周制爲距王都百里之外,二百里之內的地區。《周禮·天官·大宰》:"三曰邦甸之賦。"賈公彥疏:"郊外曰甸,百里之外,二百里之內。"《說文·田部》:"甸,天子五百里地。"段玉裁注:"甸,王田也。"《左傳·襄公二十一年》:"將逃罪,罪重於郊甸。"杜預注:"郭外曰郊,郊外曰甸。"前蜀杜光庭《歷代崇道記》:"煬帝遷都洛陽,復於城內及畿甸造觀二十四所,度道士一千一百人。"唐陳子昂《白帝城懷古》詩:"荒服仍周甸,深山尚禹功。"宋何去非《何博士備論》:"先王之世,侯甸要荒,各以其職來貢。"一說,千里之內。《禮制·王制》:"千里

之内曰甸。"一説，五百里之内。《説文·田部》："甸，天子五百里地。"段玉裁注："甸，王田也。"參閲明王圻等《三才圖會·王畿千里郊野圖》。

削

相傳周制爲距王都二百里以外、三百里以内的地區。大夫食邑在其中。亦作"稍""郜"，亦稱"稍地"。《周禮·天官·大宰》："四曰家削之賦。"賈公彥疏："謂三百里之内地名削，其中有大夫埰地謂之家……大夫家埰地外其地爲公邑。"陸德明釋文："削，本亦作稍，又作郜。"又，《説文·邑部》引《周禮》曰："任郜地，在天子三百里之内。"又，《周禮·地官·載師》："以家邑之田任稍地。"賈公彥疏："名三百里地爲稍者，以大夫地少，稍稍給之，故云稍也。"《説文·邑部》："郜，國甸，大夫稍稍所食邑。"參閲明王圻等《三才圖會·王畿千里郊野圖》。

【稍地】

即削。此稱先秦已行用。見該文。

【郜】

同"削"。此體先秦已行用。見該文。

【稍】

同"削"。此體先秦已行用。見該文。

縣

古指距王城三百里以外至四百里之地。周時已有縣邑。春秋時期秦、晋、楚等大國將兼并土地置縣，故縣多在邊地。後各國將縣制内移，邊遠地置郡。秦統一六國後，始以郡統縣。隋唐以後，縣隸於府或州。《周禮·秋官·縣士》："縣士掌野。"鄭玄注："地距王城二百里以外至三百里曰野，三百里以外至四百里曰縣，四百里以外至五百里曰都。"《左傳·哀公二年》："克敵者，上大夫受縣，下大夫受郡。"杜預注："春秋以前，縣大於郡，戰國時，則郡大於縣。"《史記·商君列傳》："集小鄉邑聚爲縣，置令、丞，凡三十一縣。"宋王安石《上執政書》："以京師千里之縣，吏兵之衆，民物之稠，所當悉心力耳目以稱上之恩施者，蓋不可勝數。"清王應奎《柳南隨筆》："秦改封建爲郡縣，而不知郡縣之名，自周時已有之。但後世郡大於縣，周時則縣大於郡耳。"參閲明王圻等《三才圖會·王畿千里郊野圖》。

縣内

古稱天子所居之地。《禮記·王制》："天子之縣内，方百里之國九，七十里之國二十有一，五十里之國六十有三，凡九十三國。"鄭玄注："縣内，夏時天子所居州界名也。殷曰畿……周亦曰畿。"唐元稹《西涼伎》詩："去京五百而近何其逼，天子縣内半没爲荒陬。"清李懷民《子汜城下新齋》詩："縣内最深處，竹齋新闢幽。"

都 [3]

古指賦税區域的劃分。《周禮·天官冢宰·大宰》："邦都之賦。"鄭玄注："四郊去國百里，邦甸二百里，家削三百里，邦縣四百里，邦都五百里。"《周禮·地官·小司徒》："乃經土地而井牧其田野，九夫爲井，四井爲邑，四邑爲丘，四丘爲甸，四甸爲縣，四縣爲都。以任地事而令貢賦，凡税斂之事。"一説，周代王室子弟及三公的封地、采地。《周禮·地官·大司徒》："凡造都鄙。"鄭玄注云："都鄙，王子弟公卿大夫采地，其界曰都。鄙所居也。"參閲明王圻等《三才圖會·王畿千里郊野圖》。

野[2]

周代指王城百里以外、五百里以内的地區。傳説周制王城外五百里有五區，依次爲郊、甸、稍、縣、都，各以百里爲界。野即指郊外的甸、稍、縣、都。《周禮·地官·遂人》："遂人，掌邦之野。"鄭玄注："郊外曰野。此謂甸、稍、縣、都。"賈公彦疏："從二百里至五百里皆名野。"一説，距王城二百里外至三百里爲野。又説，三百里以外至四百里爲野。參閲明王圻等《三才圖會·王畿千里郊野圖》。

遂

古特指距王城百里以外、二百里以内之地。《周禮·秋官·遂士》："遂士掌四郊。"鄭玄注："距王城百里以外至二百里。"一説，百里以外至三百里之地。另説，古代統轄五縣的行政地區。《周禮·地官·遂人》："五縣爲遂，王國内有六鄉，外有六遂。"《曾韻》："遂，《周禮》五縣爲遂。"

藩[2]

封建時代稱屬國屬地，或分封的土地，藉指邊防重鎮。常見詞語，如藩屬、藩國、藩鎮、藩邦、削藩、稱藩（自稱屬國），等等。漢司馬相如《上林賦》："今齊列爲東藩。"漢班彪《北征賦》："降幾杖於藩國兮，折吴濞之逆邪。"三國魏曹植《贈白馬王彪·序》："後有司以二王歸藩，道路宜異宿止。"南朝梁蕭綱《蒙華林園戒》詩："執珪守藩國，主器作元貞。"唐王昌齡《箜篌引》詩："五世屬藩漢主留，碧毛氈帳河曲游。"

邑[4]

君主分封給諸侯，或諸侯分封給大臣的田地。《周禮·地官·載師》："以家邑之田任稍地。"《新唐書·房玄齡傳》："進爵邠國公，食邑千三百户。"

第三節　土田壤沙考

"土"作爲大地萬物生長繁衍離不開的自然資源，必定會在古人觀念中形成一系列抽象的概念。與"土"相關之概念包括"壤""田""泥""鹵""墟""磽""淤""潯"等。"土"字在甲骨文中頻繁出現，其形象呈土壤中種子發芽狀，説明原始社會中，除了漁獵，人們亦從事種植和采集之勞作。本節主要考證涉及"土"的地物名類，包括土壤、砂礫、土壤類型、土壤分布、土壤性質、田畝的劃分等。

土壤類型是古人通過生產實踐活動總結出的，其分類顧及土壤的性質，包括顏色、黏度、濕度、顆粒狀態、肥力大小等方面，與當代土壤學所研究的内容大致相當。不同性質的土壤分布在不同的地區，有所謂"一方水土養一方人"之説。《左傳·襄公二十五年》："楚蒍掩書土田，度山林，鳩藪澤，辨京陵，表淳鹵，數疆潦，規偃豬，町原防，牧隰皋，井衍沃，量入修賦。”杜預注：“量九土之所入而治理其賦税。”一説，指駢剛、赤緹、墳壤、渴澤、鹹潟、勃壤、埴壚、强㯺、輕㷋等九種土質。

砂礫性碎而無肥力，非土壤也，與其有關地物包括“沙”“礫”“漠”“堆”“汀”“磧”“瀨”“灘”。長城以北和大西北自古天旱少雨，難有如中原文化發展之繁榮景象，但大漠民族驍勇强悍，常侵襲中原，你來我往，持續數千年，故本卷在考證名物源流時，亦常引用以邊陲征戰和西域景觀抒懷爲題材的詩歌；沙汀、灘塗之類，是流水作用形成的地貌類型，中華各地都有分布，亦常作古代文人抒情之題材，如“在河之洲”之類云云。

人生活在社會中，必然會與土壤打交道，於是就有了“田”的概念，包括“田”“沃田”“瘦田”“埶田”“脯田”“薵田”“脂田”等。“田”字亦常呈現在甲骨文中，推測當時將土劃田，呈四方狀，其一是易於丈量分封，其二是便於耕種。土質不同，田的品質也有差異，農産品産量也就不同，分封給爲不同階層，就有了根據。

土　田

土 [8]

能生長植物的土地，或曰某種土地類型（林地、耕地等），而非僅指具體土壤。亦稱“坤”。《周易·象傳》：“百穀草木麗乎土。”《書·禹貢》：“禹敷土。”《列子·湯問》：“焉置土石。”《左傳·莊公二十二年》：“坤，土也。”《周易·坤》：“地勢坤，君子以厚德載物。”按，大地之勢在於廣布吐生物之厚土，厚土喻厚德。參閱本卷“坤[1]”條目。《説文·土部》：“土，地之吐生物者也。二象地之下，地之中，土物出形也。”唐柳宗元《捕蛇者説》：“甘食其土之有。”宋沈括《夢溪筆談·活板》：“不若燔土。”宋丁逢《勸農香山》詩：“人趨南畝生涯樂，春入東菑土脉齊。”《文獻通考·輿地考》：“山西土瘠，其人勤儉。”元汪大淵《島夷誌略》：“土

瘠，不宜耕種，穀米歲仰羅斛。”明葉顒《蘇知縣能染時賦役頻繁負郭之田十賣八九民力已盡催科不休詩中言及之俾知民間艱難云》詩其三：“前載已捐南畈土，去春仍舊北山田。”清王夫之《追和王百穀梅花絶句十首》詩其四：“有土種梅三百樹，焚香無地避催租。”參閱本書“壤”條目。

【坤】[3]

即土[8]。此稱先秦已行用。見該文。

【土地】[5]

古指田地。各類田地的總稱，亦即一種土地利用類型。古亦指土壤。現代土地是一個綜合地理概念，包含地球特定地域表面及其以上和以下的大氣、土壤與基礎地質、水文與植物以及動物，還包含這一地域範圍内過去和現在

人類活動的影響結果。《周禮·地官·小司徒》："乃經土地，而井牧其田野。"又云："以土地之圖經田野，造縣鄙，形體之法。"《孟子·梁惠王上》："然則王之所大欲可知已。欲辟土地，朝秦楚，莅中國而撫四夷也。"《禮記·月令》："善相丘陵、阪隰、土地所宜，五穀所殖，以教道民，必躬親之。"《史記·平準書》："《禹貢》九州，各因其土地所宜，人民所多少而納職焉。"《漢書·晁錯傳》："審其土地之宜。"漢唐蕡《歌詩三章·遠夷懷德歌》其三："荒服之外，土地礒埆。"北魏酈道元《水經注·河水》："土地平和，無所不有，金銀珍寶，異畜奇物。"《北史·倭傳》："土地膏腴，水多陸少。"又云："土地平正，出金、銀、鍮石、珊瑚、琥珀、車渠、馬腦，多大真珠、頗梨、琉璃、水精……"《通典·兵典》："若土地廣大，人衆富盛。"《舊唐書·食貨下》："其粟麥粳稻之屬，各依土地。貯之州縣，以備凶年。"唐李公佐《南柯太守傳》："南柯，國之大郡。土地豐穰，人物豪盛，非惠政不能治之。"宋米芾《焦山普濟禪院碑贊》："五穀蕃生土色肥，萬靈常躋仁壽域。"《文獻通考·宗廟》："國地是土地之事，故屬陰也。"《元史·陳祐傳》："夫財者，土地所生，民力所集。"《明史·西域傳》："天子諭以土地不可棄，令獎率頭目圖自強。"清顧祖禹《讀史方輿紀要·四川五》："府重山複嶺，陡澗深林，土地曠遠，延袤千里。"明徐賁《雜詩六首》詩其四："年多逾繁茂，土地之所宜。"清高炳麟《禹陵》詩："乃因土地定征賦，竟奠山川免巢窟。"

土田

土地、田地。《詩·大雅·崧高》："王命召伯，徹申伯土田。"《左傳·襄公二十五年》："楚蒍掩爲司馬，子木使庀賦，數甲兵。甲午，蒍掩書土田，度山林，鳩藪澤，辨京陵，表淳

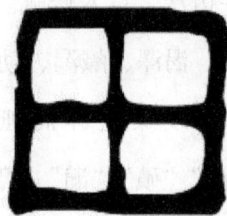

"田"（甲骨文）
（合集 22）

鹵，數疆潦，規偃豬，町原防，牧隰皋，井衍沃，量入修賦。"《禮記·月令》："命宰、歷卿、大夫至於庶民土田之數，而賦犧牲，以共山林名川之祀。"漢曹操《對酒》："却走馬，以糞其土田。"唐柳宗元《封建論》："周有天下，裂土田而瓜分之。"宋石介《蜀地多山而少平田因有云》詩："五穀無種處，蜀民土田窄。"《文獻通考·兵考》："其願歸農者解其籍，或給以土田。"《元史·刑法志》："諸庶民有妄以漏籍户及土田于諸王公主駙馬呈獻者，論罪。"清唐甄《潛書·卿牧》："司徒之職，重農功，籍土田，審肥磽。"

【土黃】

土地，抑或爲"土"類事物的代稱，亦表土壤的顏色。土色黃，古遂以之爲五行中。土與五色中黃相配，故稱。《逸周書》："中央土黃，其日戊己，其帝黃帝，其神后土。"漢徐岳《數術記遺》："五行算。"北周甄鸞注："〔五行之法〕金白生數四，土黃生數五。"宋蘇轍《次韻子瞻記十月十六日所見》詩："君不見天高后土黃，變化出入唯陰陽。"明李時勉《記銘》："五百步有小澗，狹隘，兩傍皆土黃，而堅下有平石，甚巨。"明黃佐《鐃歌鼓吹曲二十二首·戰城南一章十二句》詩："鎧甲紛員夷土黃，龍江之水洪湯湯。"

【戊己】²

指土地，抑或爲"土"類事物的代稱。五行之"土"與五方之"中"相配，"中"又與天干之"戊己"相配，因稱。《吕氏春秋·季夏紀》："中央土，其日戊己。"高誘注："戊己，土日。土，王中央也。"《後漢書·楊李傳》："又遠屯伊吾，樓蘭、車師、戊己，民懷土思，怨結邊域。"唐太白山神《語》詩："三珠併一珠，驢馬没人驅。歲月甲庚午，中興戊己土。"唐温庭筠《山中與諸道友夜坐聞邊防不寧因示同志》詩："風卷蓬根屯戊己，月移松影守庚申。"宋蘇軾《思無邪齋贊》："培以戊己，耕以赤蛇。"宋曹勳《法曲（入破第二）》："御鐵牛、耕寸地。都種金錢花，秀色照戊己。"宋張君房《雲笈七籤·洞經教部》："中央戊己，土行也。"元李冶《敬齋古今黈》卷九："戊己居中，政取中國之象，以制四夷耳。"明萬民英《三命通會》卷一："戊己屬土，柔剛不同，與金相反。"明程登吉《幼學瓊林·歲時》："中央戊己屬土，其色黄，故中央帝曰黄帝。"

【敦阜】

土的代稱。敦厚高阜，正合土性，故稱。《黄帝内經·素問·五常政大論》："木曰發生，火曰赫曦，土曰敦阜，金曰堅成，水曰流衍。"王冰注："敦，厚也；阜，高也。土餘，故高而厚。"北魏崔鴻《十六國春秋别傳·蜀録》："土有鹽鐵丹漆之利，民用敦阜。"清吴謙《醫宗金鑒·運氣要訣·五運平氣太過不及歌》："火曰赫曦土敦阜，水曰流衍金堅成。"注："土名敦阜，敦厚高阜，土尤盛也。"清吴謙《删補名醫方論》："後之注《本草》者曰：敦阜之土，宜蒼术以平之。"

【墋】

指土。墋或作"磣"。《玉篇·土部》："墋，土也。"《梁書·沈約傳》："寧方割於下墊，廓重氛於上墋。"《北史·許善以傳》："屬陰戎入潁，羯胡侵洛；沸騰墋黷，三季之所未聞；掃地滔天，一元之所巨厄。"又指食物中混入的沙土。唐慧琳等《一切經音義》："沙土入食中，曰墋。"《太平御覽·地部》："其土如麵不墋，歉歲人多食之。"宋陸游《對酒》詩："藜羹闕鹽酪，豆飯雜沙墋。"

石溜²

多石之土地。亦作"石留"。《戰國策·韓策一》："成皋，石溜之地也。寡人無所用之。"高誘注："溜，言其無積潤。"吴師道補注："溜，言多山石，水所溜也。"晋左思《魏都賦》："隰壤瀸漏而沮洳，林藪石留而蕪穢。"劉逵注："石留之地，喻土地多石，猶人物之有留結也……或作溜字。"明王志堅《表異録》："石留，言大地多石，如人之有留結也。"

【石留】

同"石溜²"。此體晋代已行用。見該文。

白地¹

平地，空閑的土地，未開墾的荒地。北魏賈思勰《齊民要術·胡麻》："胡麻，宜白地種。"宋王明清《玉照新志》卷三："時東西兩岸居民稀少，白地居多。"《水滸傳》第三回："〔魯達、史進〕兩個挽了胳膊，出得茶坊來，上街行得三五十步，只見一簇衆人圍住白地上。"

土⁹

田地、耕地、田畝。《周易·離》："百穀草木麗乎土。"《爾雅》："土，田也。"鄭樵注："土已耕者曰田。"郝懿行義疏："土爲田之大名，田爲已耕之土。對文則別，散則通也。"漢揚雄《羽獵賦》："不奪百姓膏腴穀土、桑柘之地。"晋司馬彪《九州春秋》："愚以爲可且按甲寢兵，息軍養士，分土定封，論功行賞，若此則内外之心固。"《南齊書・州郡志上》："土甚平曠……江之壯闊處也。"清龔自珍《己亥雜詩・二二〇詩注》："有土十畝，即無貧法。"

【壤】[3]

指田地、耕地、田畝。先秦佚名《擊壤歌》："日出而作，日入而息，鑿井而飲，耕田而食。"《管子・巨乘馬》："一農之量，壤百畝也。"漢趙曄《吳越春秋・勾踐伐吳外傳》："王乃令大夫曰：食士不均，地壤不修，使孤有辱於國，是子之罪。"晋夏侯湛《秋可哀》詩："壤含素霜，山結玄霄。"南朝齊謝朓《賦貧民田》詩："察壤見泉脉，覘星視農正。"唐白居易《想東游五十韻》詩："平河七百里，沃壤二三州。"宋王珪《來燕堂聯句》詩："晨飆轉綠蕙，夕雨滋膏壤。"金佚名《第三爵嘉禾之曲》："既刈既穫百室盈，擊壤歌沸野老聲。"元王冕《村居四首》詩其二："卧看歸田錄，行聽擊壤歌。"

【壤地】[2]

指田地。《管子・八觀》："夫山澤廣大，則草木易多也；壤地肥饒，則桑麻易植也。"《韓非子・難二》："君者，壤地也；臣者，草木也，必壤地美然後草木碩大。"宋孫應時《贈淳安趙令》詩："吳越風聲近，郴滕壤地鄰。"《文獻通考・征榷考》："其後鄆、兗皆以壤地相接，請罷食池鹽，得通海鹽，收算如淄、濰等州，許之。"明方孝孺《謝蜀王撫問賜藥六首》詩其二："壤地三千里，弦歌五十城。"清顧祖禹《讀史方輿紀要・江西三》："相傳梁末所鑿，其旁壤地二千畝有奇，環山背水。"章炳麟《定版籍》："孫文曰：'故買鬻者，庚償其勞力而已，非能買其壤地也。'"

【畎畝】

田地、田野。單稱"畝"，亦稱"疆畝""圳畝"。《國語・周語下》："天所崇之子孫，或在畎畝，由欲亂民也。"韋昭注："下曰畎，高曰畔。畝，壟也。"《書・梓材》："既勤敷菑，惟其陳修，爲厥疆畝。"《書・益稷》："一畝之閑，廣尺、深尺曰畎。"《莊子・讓王》："居於畎畝之中。"《荀子・成相》："舉舜圳畝，任之天下身休息。"按，圳畝，有水溝的田地。《孟子・萬章下》："百官牛羊倉廩備，以養舜於畎畝之中，後舉而加諸上位。"《集韻・回韻》："畎，田畝也。"唐李德裕《憶平泉雜咏・憶藥欄》詩："始畎春泉入，惟愁暮景斜。"唐白居易《贈友五首》詩其三："使我農桑人，憔悴畎畝間。"唐杜甫《向夕》詩："畎畝孤城外，江村亂水中。"唐權德輿《奉和韋曲莊言懷貽東曲外族諸弟》詩："疆畝分古渠，煙霞連灌叢。"《新唐書・李翱傳》："今歲關中麥不收，陛下哀民之窮，下明詔蠲賦十萬石，群臣動色，百姓歌樂遍畎畝。"宋何鳴鳳《春日田園雜興二首》詩其二："草綠疆畝縱横綠，花隔藩籬深淺紅。"宋沈遼《金山寶覺師》詩："不安圳畝强西游，二月春風占渡頭。"元王禎《圍田》詩："畎畝著吾身，乾坤留此土。"明危素《贈查泰宇之閩清主簿任》詩："四裔息征戰，畎畝無旱蝗。"清毛秀惠《戽水謡》詩："綠楊深沉塘水淺，轆轆車聲滿疆畎。"清譚嗣同《仁學・四十四》："顧農夫之於畎畝，工役之於機器……於今之衣冠禮範有大不便者，而亦不聞異其制，何耶？"

【疆畎】

即畎畝。此稱先秦已行用。見該文。

【圳畝】

即畎畝。此稱先秦已行用。見該文。

【畎】[3]

即畎畝。此稱先秦已行用。見該文。

草田

荒草叢生、未加墾治之地。《管子·八觀》："草田多而辟田少者，雖不水旱，饑國之野也。"《漢書·東方朔傳》："又詔中尉、左右內史表屬縣草田，欲以償鄠杜之民。"顏師古注："草田，謂荒田未耕墾也。"唐李嘉祐《句容縣東青陽館作》詩："夕照留山館，秋光落草田。"元呂誠《期友不至》詩："老柘葉稀愁繭瘦，草田水漫厭鵙催。"明黃省曾《宿遷蝗一首》詩："休盡草田麥，留炊茅屋烟。"清徐文心《草田畦》詩："浦樹數行斷，野田浴鷺飛。"

東皋

皋或作臯。水邊向陽高地。也泛指田園、原野。晉阮籍《咏懷》其六十四："願耕東皋陽，誰與守其真？"《宋書·陶潛傳》："登東皋以舒嘯，臨清流而賦詩。"南朝梁吳均《同柳吳

水邊之皋
（明仇英《蓮溪漁隱圖》）

興烏亭集送柳舍人》詩："願君嗣蘭杜，時采東皋薇。"唐王維《歸輞川作》詩："東皋春草色，惆悵掩柴扉。"金朱之才《復用九日詩韻呈黃壽鵬》詩："東皋有田供王賦，天寒且輟扶犁手。"明郎瑛《七修類稿·奇謔類》："叢蘭芳芷滿東皋，閒步春風讀楚騷。"清陳子升《東皋觀刈稻同諸從兄》詩："出刈東皋稻，來同南阮人。"

良田

肥美之田地。漢成帝時佚名歌謠："邪徑敗良田，讒口亂善人。"三國魏曹植《贈徐幹詩》詩："良田無晚歲，膏澤多豐年。"北魏賈思勰《齊民要術·種穀》："良田宜種晚，薄田宜種早。"

【玉田】

良田之美稱。南朝梁王筠《東南射山》詩："瓊漿泛金鼎，瑤池溉玉田。"北魏酈道元《水經注》："中央一頃之地，名曰玉田，至今相傳云。玉田之揭，起於此矣。"唐李紳《登禹廟陣雪》詩："玉田千畝合，瓊室萬家開。"唐李白《安州應城玉女湯作》詩："散下楚王國，分澆宋玉田。"宋徐積《中秋月》詩其二："萬頃玉田和露白，一環瑤水帶霜流。"元張養浩《〈中呂〉朝天曲》："玉田，翠烟，鷺鶴聲相喚。青山搖動水底天，把沙鳥都驚散。"明龐嵩《右與王憲游羅浮和同年李孺徵四首·康濟泉》詩："風瓢一歃沈痾洗，莫是仙人種玉田。"清弘曆《曉行》詩："隔村幾疊開瑤嶂，策馬千蹄踏玉田。"

污邪

低窪的田地。"污"通"窪"。先秦佚名《禳田辭》："甌窶滿簀，污邪滿車。五穀蕃熟，穰穰滿家。"《荀子·儒效》"解果其冠"楊倞注：

"蟪螺者宜禾，污邪者百車。"《史記·滑稽列傳》："甌窶滿篝，污邪滿車，五穀蕃熟，穰穰滿家。"裴駰集解引司馬彪曰："污邪，下地田也。"《白孔六帖》卷八一："篝籠也，污耶下田也。"《册府元龜》卷八三三："污邪，下地田也，言下田之中有薪可滿車也。"宋薛據《孔子集語》卷下："譬之污邪水潦集焉，菅蒲生焉。"宋王炎《喜雨歌》："高仰之田龜兆開，污邪亦半無流水。"明區越《耕》詩："污邪滿望秋來報，歌舞隨人樂社西。"明盧龍雲《舟泝黃河即事》詩："頻年旱魃憐荒損，何日污邪足稻粱。"清孫枝蔚《再生詩爲汪長玉賦》："爲長貴身勞，何時耕污邪？"

【甫田】

天下廣闊肥美之田地。亦稱"大田"。《詩·小雅·大田》："大田多稼，既種既戒，既備乃事。"鄭玄箋："大田，謂地肥美，可墾耕，多爲稼、可以授民者也。"又，《小雅·甫田》："倬彼甫田，歲取十千。"毛傳："甫田，謂天下田也。"孔穎達疏引孫毓曰："甫田，猶下篇言大田耳。"《禮記·月令》："是月也，驅獸毋害五穀，毋大田獵。"《周禮·地官·司徒》："大田役，以旗致萬民，而治其徒庶之政令。"《漢書·禮樂志》："登成甫田，百鬼迪嘗。"顏師古注："甫田，大田也。"唐白居易《許昌縣令新廳壁記》："兵殘其民，火焚其邑；大田生荊棘，官舍爲煨燼。"唐顧況《上古之什補亡訓傳十三章·上古一章》："惟彼甫田，有萬斯年。"宋《郊廟朝會歌辭·真宗御製二首·奠瓚用〈萬國朝天〉》："甫田多稼，禾黍穰穰。"元方回《次韻酬郝潤甫》詩其二："幸君三復甫田詩，髀肉空消萬里馳。"明劉基《感懷三十一首》

詩其三十一："種苗甫田中，其葉何離離。"清弘曆《毛益牧牛圖》詩其一："甫田雨足耕犁罷，春草如波縱齔閒。"一説，甫田、大田爲二物，甫田謂天下田，大田謂肥美之地，非天下田。

【大田】

即甫田。此稱先秦已行用。見該文。

【埶田】

不荒廢、歲歲易於耕作之田。亦稱"熟地"。《後漢書·張禹傳》："徐縣北界有蒲陽坡，傍多良田，而堙廢莫修。禹爲開水門，通引灌溉，遂成埶田數百頃。"宋唐慎微《政和證類本草·紅藍花》引《本草圖經》："冬而布子於熟地，至春生苗，夏乃有花。"《太平御覽·鱗介部》："一二年後，魚兒長大，食草根並盡，既爲埶田，又收魚利。"元王禎《農書》："種枸杞法，秋冬間收子，净洗日乾，春耕熟地作畦，闊五寸……然後種子。"明李時珍《本草綱目·草四·紅藍花》〔集解〕引蘇頌曰："冬月布子於熟地，至春生苗。"《明史·兵志四》：

沃田、埶田、熟地
（明宋應星《天工開物》）

"官牧之地曰草場，或爲軍民佃種曰熟地，歲徵租佐牧人市馬。"《清史稿·世宗紀》："查出熟地、荒地三萬餘畝。"

【熟地】

即孰田。此稱宋代已行用。見該文。

【沃土】

肥美的土地。亦稱"沃田""沃地"。沃土的形成與當地氣候、地形、植被有關。沃土具有較好的團粒結構，富含有機質，有透氣、保濕、保溫等特性。《國語·晋語下》："夫瘠地之民多有心力者，勞也；沃地之民多不才者，饒也。"又，《魯語一》："雖獲沃田，而勤易之，將弗克饗。"《淮南子·脩務訓》："沃地之民多不才者，饒也。"漢王充《論衡·宣漢》："以盤石爲沃田，以桀暴爲良民。"漢張衡《西京賦》："處沃土則逸，處瘠土則勞。"李善注引韋昭曰："沃，肥美也。"北魏賈思勰《齊民要術·雜説》："其菜每至春二月内，選良沃地二畝熟，種葵、蔓菁。"唐王建《送於丹移家洺州》詩："耕者求沃土，漚者求深源。"宋歐陽修《書宜城修水渠記後奉呈朱寺丞》詩："沃土如膏瘠土肥，百里歲歲無凶菑。"元鄭元祐《送劉長洲》詩："中吴號沃土，壯縣推長洲。"明柯潛《山水圖爲兵部郎中王恕題》詩："近村茆屋蔭榆柳，門前沃土饒桑麻。"清蒲松齡《聊齋志異·雲蘿公主》："父忿恚得疾，食鋭減，乃爲二子立析産書，樓閣沃田，悉歸大器。"清陳恭尹《乙巳清明日擬杜七歌》詩其一："我祖之冢蘿山陽，昔者沃土今遽荒。"

【沃田】

即沃土。此稱先秦已行用。見該文。

【沃地】

即沃土。此稱漢代已行用。見該文。

【衍沃】

平坦肥美的土地。《左傳·襄公二十五年》："牧隰皋，井衍沃。"杜預注："衍沃，平美之地。"《國語·周語上》："民之有口，猶土之有山川也，財用於是乎出；猶其有原隰衍沃也，衣食於是乎生。"韋昭注："下平曰衍，有溉曰沃。"宋劉子寰《當陽新店》詩："隰皋衍沃但茅葦，時康尚欠人扶犁。"宋陸游《農家歌》："爲農但力作，瘠鹵變衍沃。"元陳孚《東平府》詩："萬井樓臺壯，千郊衍沃多。"明王慎中《將至東昌寄寇太守禾庵兼柬包蒙泉節推》詩："旅客羈傷憑寓目，東濟榮河漸衍沃。"清符之恒《晚立永興寺前望西溪人家雲山掩映在梅竹中》詩："小橋坐流水，平野看衍沃。"

【豐壤】

肥沃的土地。漢張衡《南都賦》："割周楚之豐壤，跨荊豫而爲疆。"三國魏曹丕《槐賦》："托靈根於豐壤，被日月之光華。"《晋書·阮种傳》："夫廉耻之於政，猶樹藝之有豐壤，良歲之有膏澤。"宋姜特立《乙卯種牡丹》詩："課僕舁豐壤，辛勤種牡丹。"明徐光啓《農政全書》："苟能量其財力之相稱，而無鹵莽滅裂之患，則豐壤可以力致，而仰事俯育之樂可必矣。"清王第祺《班固自爲序傳賦》："是猶珍黍穆之味，而惡夫豐壤之腴；重江河之深，而忘夫昆侖之吐。"

葑田 [1]

水盡草生的低窪地，抑或水涸淤成可耕之田。唐鮑防《狀江南孟春》詩："白雪裝梅樹，青袍似葑田。"宋蘇軾《杭州乞度牒開西湖狀》："唐長慶中，白居易爲刺史。方是時，西湖漑田千餘頃。及錢氏有國，置撩湖，兵士千人，日夜開浚。自國初以來，稍廢不治，水涸草生，漸成葑田。"宋梅堯臣《赴雪任君有詩相送仍懷舊賞因次其韻》詩："雁落葑田闊，船過菱渚秋。"元張雨《孤山晚步寄和靖掌祠懷中庸子》詩："瑪瑙坡前立，荒陂接葑田。"明楊慎《升庵詩話・蘇堤始末》："及白居易復浚西湖，所漑千餘頃。然湖多葑，近歲廢而不理，湖中葑田積二十五萬餘丈，而水無幾矣。"明歐大任《雨中汪仲淹邀游湖山亭同黎維敬袁文穀方于魯賦得花字》詩："葑田堤上寺，菌閣苑中花。"清鄭孝胥《吳淞望海》詩："潮回淞市成高壘，帆落崇沙見葑田。"

葑田 [2]

將湖澤中葑泥移木架上，浮於水面，成爲可以移動的農田。猶作"架田"。唐秦系《題鏡湖野老所居》詩："樹喧巢鳥出，路細葑田移。"

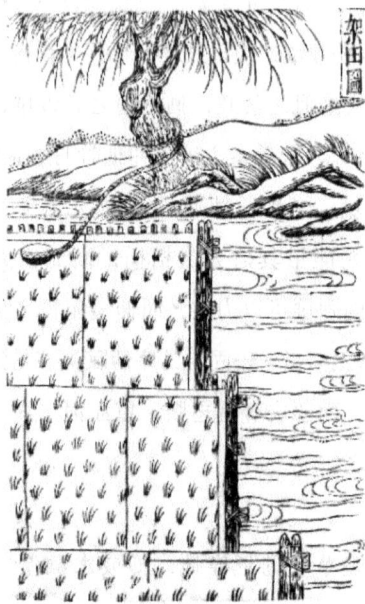

架　田
（明王圻等《三才圖會》）

按，唐秦系詩中所言"葑田"，抑或指水涸淤成之田，沿曲折小路而行，或有一塊塊田地在視野中移入、移出。宋陳敷《農書》卷上："若深水藪澤，則有葑田，以木縛爲田丘，浮繫水面，以葑泥附木架上而種藝之。其木架田丘，隨水高下浮泛，自不淊溺。"宋范成大《晚春田園雜興》詩："不看茭青難護岸，小舟撐取葑田歸。"清鄂爾泰等《授時通考・架田》："架田。架，猶筏也，亦名葑田……江東有葑田，又淮東、二廣皆有之。東坡《請開杭之西湖狀》謂'水涸草生，漸成葑田'。考之《農書》云，若深水藪澤，則有葑田，以木縛爲田坵，浮繫水面，以葑泥附木架上而種藝之，其木架田坵，隨水高下浮泛，自不淹浸。"清厲鶚《念奴嬌》詞："柳寺移陰，葑田拖碧，花氣凉於雨。"

【架田】

猶葑田 [2]。此體元代已行用。見該文。

澱 [2]

金人語，指能放牧的水草豐饒的濕地。宋呂頤浩《上邊事善後十策・論舉兵之時》："臣在河北、陝西緣邊，備見金人風俗。每於逐年四月初，盡括官司戰馬，逐水草放牧，號曰入澱。"宋徐夢莘《三朝北盟會編》卷一七六："〔澱〕乃不耕之地，美水草之處，其地虛曠宜馬。"一說，大洪水過後因泥沙淤積而形成的淺水濕地。澱亦作動詞，意爲沉積。宋沈括《夢溪筆談・雜誌二》："汴渠有二十年不浚，歲歲埋澱。"

灌莽

水草叢生的地方，抑或雜草叢生之貌。南朝宋鮑照《蕪城賦》："灌莽杳而無際，叢薄紛其相依。"呂向注："水草雜生曰灌莽也。"《梁書·張纘傳》：“若夫灌莽川涯，層潭水府，游泳之所往還，喧鳴之所攢聚。”唐王勃《九成宮頌》序：“灌莽生塵，隕飛霜於勁鏃。”《資治通鑑·唐太宗貞觀六年》：“烟火尚希，灌莽極目。”胡三省注：“灌，木叢生也。莽，草深茂也。”宋王安石《新田》詩：“孰知其初，灌莽千里。”宋宋祁《和三司晏尚書秋咏》詩其一：“霜繁天白雁行單，灌莽梢梢矗早寒。”明王行《題子庭竹石喬柯》詩：“蓁蓁交榮灌莽盛，綠青紫翠碧與蒼。”

洿萊

田廢積水窪地與長草荒地，後泛指荒蕪田地。亦作“污萊”。《詩·小雅·十月之交》：“徹我墻屋，田卒污萊。”毛傳：“下則污，高則萊。”《宋書·五行志三》：“宮室焚毀，化爲污萊。”《晋書·樂志上》：“永嘉之亂，伶官既減，曲臺宣樹，咸變洿萊。”唐司空圖《華帥許國公德政碑》：“污萊盡闢，甍宇兼培。”唐白居易《息游墮策》：“至使田卒污萊，室如懸磬。”宋范成大《晚春田園雜興十二絶》詩其六：“污萊一棱水周圍，歲歲蝸廬没半扉。”《明史·汪應蛟傳》：“應蛟在天津，見葛沽、白塘諸田盡爲污萊，詢之土人，咸言斥鹵不可耕。”清王先謙《詩三家義集疏》：“卒，盡也。田不治則下者污而水穢，高者萊而草穢。”《清史稿·高宗紀三》：“今烏魯木齊各處屯政方興，客民前往，各成聚落，污萊闢而就食多。”一説，“洿”指窪地以及不流動的濁水。一説，“萊”指郊外輪休的田。

【汙萊】

同“洿萊”。此體南朝梁已行用。見該文。

町畽

禽獸踐踏之地。亦作“町疃”。《詩·豳風·東山》：“町畽鹿場，熠熠宵行。”毛傳：“町畽，鹿迹也。”朱熹注：“町畽，舍旁隙地也，無人焉，故鹿以爲場也。”陸德明釋文：“畽，本又作疃。”南朝梁沈約《郊居賦》：“構棲噪之所集，築町畽之所交。”唐吕温《由鹿賦》：“望林巒兮非遠，顧町疃兮未滅。”唐許敬宗《掖庭山賦應詔》：“蔭町疃之毛群，咮間關之羽族。”《集韻·旱韻》：“疃，《説文解字》：‘禽獸所踐處。’或作‘畽’。”《太平御覽·鱗介部》：“新瀧等州山田，揀荒平處，以鋤鍬開爲町疃。”宋王令《八檜圖》詩：“當時駕鹿蹋以上，迹有町疃遺相連。”明湯顯祖《邯鄲記》：“町疃裏一周遭。”清曹寅《松茨四兄遠西池感悲今昔成詩》詩其十：“交游山水間，町疃羅松茨。”

【町疃】

同“町畽”。此體唐代已行用。見該文。

【場】[2]

鹿栖息踐踏之地。《詩·豳風·東山》：“町畽鹿場，熠耀宵行。”孔穎達疏：“鹿場者，場是踐地之處，故知町畽是鹿之迹也。”《小爾雅·廣獸》：“鹿之所息謂之場。”一説，鹿行之路。

【麋畯】

麋鹿掘食踐踏之地，肥沃宜耕。《淮南子·主術訓》“不取麛夭”高誘注：“麛子，曰夭也。其迹躔者，南方麋食澤草，踐土成泥，謂之麋畯，是其迹也。”晋張華《博物志·佚文》：“麋，千千爲群，掘食草根，其處成泥，名曰麋畯。民人隨此畯種稻，不耕而穫，其收百倍。”

脂田

秋季少雨時土壤板結不宜耕作之田。漢《氾勝之書》："腢田與脂田，皆傷田，二歲不起稼，則二歲休之。"北魏賈思勰《齊民要術·耕田》"秋無雨而耕，絕土氣，土堅垎，名曰脂田。"按，土壤的酸鹼性過大或過小，都可能造成土壤板結；土壤中的有機成分過少，黏土成分過多，也易形成板結。

腢田

隆冬時乾枯、不宜耕之地。一般位於北方有冰期的區域。漢《氾勝之書》："及盛冬耕，泄陰氣，土枯燥，名曰腢田。"又："腢田與脂田，皆傷田，二歲不起稼，則一歲休之。"

重沙

含沙量大的可墾地。北魏酈道元《水經注·湨水》："湨水又會溫水，溫水出竟陵之新陽縣東澤中，口徑二丈五尺。垠岸重沙，端净可愛。"宋孔平仲《和經父登黃鶴樓》詩："復靄重沙望不窮，坐收千里一樽中。"明劉崧《題李遵道石林秋思圖爲劉元善賦》詩："青山欲盡亂石出，赤岸正隔重沙幽。"清王奐曾《鉛山河口即目》詩其一："一重芳草一重沙，幾縷新烟幾片霞。"《清史稿·食貨志一》："河南沙荒地三萬三千餘頃。可墾者分三等：曰輕沙，曰平沙，曰重沙。"

石田

多石而難耕作的田地。《左傳·哀公十一年》："得志於齊，猶獲石田也，無所用之。"杜預注："石田，不可耕。"唐寒山失題詩其六十六："土牛耕石田，未有得稻日。"宋韓維《之石橋》詩："疏籬老屋臨官道，瘦棘荒茅蔽石田。"宋秦觀《次韻子由題蜀井》詩："蜀岡

精氣漬多年，故有清泉發石田。"元王逢《贈龍虎山人鄭良楚》詩其二："石田歲稔茅屋好，種菊乞詩虞翰林。"清沙張白《拆屋》詩："燕巢林木百姓散，誰爲天王耕石田。"清薛福成《滇緬分界大概情形疏》："得之則曰猶獲石田，失之則曰不勤遠略。"梁啓超《論生利分利》："顧同一土地也，在野蠻民族之手，則爲石田；在文明民族之手，則爲奇貨。"

【磽埆】

指瘠薄多石、地勢險陡、不生五穀之地。亦作"墝埆""嶢峭"。《墨子·親士》："磽埆者，其地不育。"孫詒讓閒詁引畢沅云："磽埆者，當爲磽確，磬石也。"《孟子·告子上》："則地有肥磽，雨露之養。"漢趙岐注："磽，薄也。"《説文·石部》："磽，磬石也。字亦作墝。"《淮南子·原道訓》："舜耕歷山，田者争處墝埆，以肥饒相讓。"漢唐敔《歌詩三章》其三："荒服之外，土地磽埆。"《後漢書·杜篤傳》："或知而不從，久都磽埆，臣不敢有所據。"李賢注："磽埆，薄地也。"《玉篇·土部》："磽，磽埆，不生五穀。"北魏楊衒之《洛陽伽藍記》："中旬入賒彌國，此國漸出葱嶺，土田嶢峭，民多貧困。"唐宋齊丘《陪游鳳皇臺獻》詩："畫棟泥金碧，石路盤磽埆。"唐佚名《賦體對詩》詩其九："我陟崎嶇嶺，君行嶢峭山。"宋程俱《戲書古句題山居》詩："石田磽埆不敢荒，時耕帶月歸帶霜。"明鍾芳《遂溪書事》詩："磽埆田疇生意少，蕭條編户野茅深。"明楊旦《廖廷陳清明陪祀山行有紀次韻》詩："石田嶢峭初耕雨，野寺荒涼半掩門。"清陳恭尹《西樵道中三首》詩其三："磽埆縱橫總植茶，平原無土不桑麻。"《貴州通志》卷四二：

"自黔入滇, 蜓程嶢峣, 彌望皆山, 車馬多行隙中。"

【墝埆】

同"磽埆"。此體漢代已行用。見該文。

【嶢峣】

同"磽埆"此體北魏已行用。見該文。

【磽確】

指瘠薄多石、地勢險陡、不生五穀之地。亦作"磽埆"。亦稱"墝埆"。磽或作"墝"。《墨子·親士》:"墝埆者, 其地不育。"漢班固等《東觀漢記·丁綝傳》:"昔孫叔敖敕其子, 受封必求磽確之地。今綝能薄功微, 得鄉厚矣。"漢韓嬰《韓詩外傳》:"豐膏不獨樂, 磽確不獨苦。"唐歐陽詹《曲江池記》:"既以磽確外爲寰宇, 敞無垠堮以居億兆;又選英精內爲區域, 束以襟帶用宅君長。"唐柳宗元《斬曲几文》:"稟氣失中, 遭生不完。托地磽埆, 反時燠寒。"韓文奇注引何休曰:"墝埆不生五穀曰不毛。"宋蘇軾《黃牛廟》詩:"山下耕牛苦磽確, 兩角磨崖四蹄濕。"元楊載《點義倉即事》詩:"過嶺崎嶇尋道路, 上山磽確治田疇。"明舒遜《滿江紅·小莊有感》詞:"老屋數椽聊掩庇, 山田幾畝多磽確。"清呂履恒《石樓》詩:"阪田磽確不可井, 高高下下隨窟巢。"

【墝埆】

即磽埆。此稱先秦代已行用。見該文。

【磽埆】

即磽埆。此體唐代已行用。見該文。

【瘠磽】

貧瘠多砂石的土地。亦稱"磽薄"。《國語·楚語上》:"瘠磽之地, 於是乎爲之。"韋昭注:"磽, 確也。"唐梁肅《通愛敬陂水門記》:

"旱暵得其溉, 霖潦得其歸, 化磽薄爲膏腴者, 不知幾千萬畝。"宋劉克莊《勞農二首》詩其一:"江浙膏腴動渺然, 惟閩磽薄少平川。"宋吳潛《十用喜雨韻三首》詩其一:"歲幸豐登連楚越, 地非磽薄比渠凉。"元熊鉌《寄張廉訪》詩:"閩地本磽瘠, 山海相帶繞。"明徐賁《菜薖爲永嘉余唐卿右司賦》詩:"雨露加膏腴, 糞土發磽瘠。"清侯方域《代司徒公屯田奏議》:"肥區歸己而以其瘠磽者移之軍士, 久則竄易厥籍而糧彌不均。"

【磽薄】

即瘠磽。此稱唐代已行用。見該文。

源陸

未開發墾治的土地。南朝宋鮑照《石帆銘》:"在昔鴻荒, 刊啓源陸, 表裏民邦, 經緯鳥服。"《雲南通志》:"湫花山洞在城北一百里, 爲交河之源陸。"

輕沙

含沙量較小的可墾地。唐皮日休《奉和魯望白鷗詩》:"池無飛浪争教舞, 洲少輕沙若遺棲。"宋蘇軾《浣溪沙》詞:"軟草平莎過雨新, 輕沙走馬路無塵。何時收拾耦耕身?"金朱自牧《郊行》詩:"緩轡尋春水一涯, 最憐朝雨泡輕沙。"明何吾騶《采蓮曲》:"乍繞湖西芳徑迷, 輕沙淺岸楊柳堤。"清陳繩《二月諸羅道中》詩:"閑閑風景遲遲日, 細草輕沙薄笨車。"《清史稿·食貨志一》:"可墾者分三等, 曰輕沙, 曰平沙, 曰重沙, 各州縣試行招墾。"

醜地

貧瘠之地, 瘠薄之田。亦常指邊遠偏僻苦惡之地。亦稱"瘦田"。《史記·項羽本紀》:"項羽爲天下宰不平, 今盡王故王醜地, 而王其群臣諸將善地。"唐劉禹錫《山南西道新修驛路記》："華陽黑水，昔稱醜地，近者嘗爲王所。"《白孔六帖》："醜地、惡地，處埒土則勞，此繫平地者也。"唐孟郊《秋夕貧居述懷》詩："淺井不供飲，瘦田長廢耕。"《新唐書・韋處厚傳》："其党劉棲楚等欲致紳（李紳）必死，建言當徙醜地。"宋蘇軾《新渡寺送任仲微》詩："倦游安稅駕，瘦田失歸耘。"《五燈會元》卷一六："瘦田損種。"宋洪适《敬書先忠宣賜諡制書後》："流放醜地，九年不返。"明吳伯宗《送李萬州之任》："至中州最遠，且險又多。毒草幽篁、蛇虺魑魅、霧露氣濕、薰蒸瘴癘往往有之，故前世視爲醜地。"清歸莊《徐克勤先生七十壽・序》："先生既以死自誓，而故人臨歧相勞苦，亦質言無諱，誠以醜地危時，有不可測也。"一說，邊遠之地。另有"丑地"，指東北偏北方位。丑與"醜"勿混。參閱本卷"丑地"詞條。

【瘦田】

即醜地。此稱唐代已行用。見該文。

疆[2]

堅硬之田地，抑或板結堅硬之地。亦作"土疆"。亦稱"堅土"。《左傳・襄公二十五年》："表淳鹵，數疆潦。"孔穎達疏："賈逵以疆爲疆蘽磽埆之地。"楊伯峻注："疆，當作强，强潦，謂土性剛硬，受水則潦。"《禮記・月令》："〔季夏之月〕可以糞田疇，可以美土疆。"鄭玄注："土疆，强蘽之地。"《集韻・養韻》："疆，堅土也。"宋岳珂《桯史》卷一："山有堅土，凡市之塗墍版築，咸得而畚致之。"《續資治通鑑長編・宋神宗元豐二年》："退灘堅土不及二分，沙居十之八。"元龔璛《吳儂行》詩："江湖占

水多作田，雨來水漲無堅土。"清惠士奇《禮說》："《大戴禮》五土之民：堅土、肥壚土、大沙土、細息土、美耗土。"清靳輔《靳文襄奏疏》："蓋清江浦以下係十年久淤之堅土，而此乃三年以内之新淤。"

【土疆】

即疆[2]。此體先秦已行用。見該文。

【堅土】[1]

即疆[2]。此稱宋代已行用。見該文。

【强土】

堅硬之田地，抑或板結堅硬之地。亦作"土强"，亦稱"强地"。漢《氾勝之書》："土甚輕者，以牛羊踐之。如此則土强。此謂弱土而强之也。"又云："種禾無期，因地爲時。三月榆莢時雨，高地强土可種禾。"北魏賈思勰《齊民要術・耕田》："春，地氣通，可耕堅硬强地黑壚土，輒平摩其塊以生草，草生，復耕之。"隋蕭吉《五行大義》："衰於木卿，至南方而終，有强土也。"元王禎《農書》卷二："天有小雨，復耕和之勿令，有塊以待時，所謂强土而弱之也。"明楊慎《鹵莽滅裂》："耕剛鹵之地必加功，《呂覽・耕道篇》所謂强土而弱之也。"

【土强】

即强土。此體漢代已行用。見該文。

【强地】

即强土。此稱北魏已行用。見該文。

童土

無草木之地。童，地無草木。《莊子・徐無鬼》："堯聞舜之賢，舉之童土之地，曰：冀得其來之澤。"成玄英疏："地無草木曰童土。"陸德明釋文："童，土地無草木也。"明顧起元

《説略》："舜舉于童土之地。其疏云：童土，疃也，皆説田野並無鹿迹之説也。"清張佩綸《和東坡石炭》詩其二："君不見塞南童土樵采斷，樵子號寒衣至骭。"《御定淵鑑類函》卷二三："童土，不毛之地。"

厴

山崖、岸邊的空地。晋郭璞《江賦》："獱獺睒瞲乎厴空。"李善注："厴，岸側空處也。"《廣韻·嚴韻》："厴，山側空處也。"明方以智《通雅》："厈稄曰厴。"按，厈爲涯岸，稄爲野草，組詞疑爲涯岸周邊之荒草坡。清毛奇齡《古今通韻》："厴，山側空處也。"一作，山崖邊的洞穴。《五音集韻》："厴，山穴間。"

壖

宮廟外空閑地或田地。亦作"堧""壖"。《漢書·食貨志上》："過（趙過）試以離宮卒田其宮壖地。"顔師古注："壖，餘地。宮壖地，謂外垣之内，内垣之外也。河廟壖地，其義皆同。"又，《翟方進傳》："奏請一切增賦，税城郭壖及園田。"張晏注："堧，城郭旁地。"一本作"㮹"。《説文·田部》："壖，城下田也。"《新唐書·甄濟傳》："宜城楚昭王廟堧地廣九十畝，濟立墅其左。"宋王明清《揮麈後録》："騰身復道表，送日夾城壖。"《集韻·仙韻》："壖，或作壖。"清魏源《道中雜言》詩其一："問君去何之，遠游吳楚堧。"一説，水邊等處的空閑地。《史記·李將軍列傳》："李蔡以丞相坐侵孝景園堧地，當下吏治。"又，《河渠書》："五千頃故盡河壖棄地，民茭牧其中耳。"裴駰集解引瓚曰："謂緣河邊地也。"

【堧】

同"壖"。此體漢代已行用。見該文。

【堧】

同"壖"。此體三國魏已行用。見該文。

鹵 [2]

鹽鹼地。亦稱"斥"。《書·禹貢》："厥土白墳，海濱廣斥。"陸德明釋文引鄭玄云："斥，謂地鹹鹵。"《爾雅·釋言》："鹵，苦也。"邢昺疏："郭云'鹵，苦地也'者，謂斥鹵可煮鹽者。"《管子·輕重乙》："葅菜、鹹鹵、斥澤、山間堁壤不爲用之壤。"《説文·鹵部》："鹵，西方鹹地也。東方謂之㡿，西方謂之鹵。"漢劉熙《釋名·釋地》："地不生物曰鹵。"唐虞世南《北堂書鈔》："夷人辟寒。"孔廣陶校注："汶山郡多雜藥名香，地鹷鹵，不宜五穀。"《續資治通鑑長編·宋仁宗天聖四年》："魏史起鑿十二渠，引漳水溉斥鹵之田，而河内饒足。"《宋史·劉幾傳》："邠地鹵，民病遠汲，凡浚渠引水注城中。"《元史·河渠志二》："自孟津以東，土地疏薄，兼帶沙鹵。"清金埴《不下帶編》卷三："鹵，剛鹵之地也。耕剛鹵之地，必加功，所謂强土而弱之也。"

【斥】

即鹵 [2]。此稱先秦已行用。見該文。

【斥鹵】

鹽鹼瘠薄五穀不生之地。《吕氏春秋·樂成》："決漳水，灌鄴旁，終古斥鹵，生之稻粱。"《史記·夏本紀》："海濱廣潟，厥田斥鹵。"《太平御覽·兵部》："斥鹵禿，不生草木也。"宋吳曾《能改齋漫録·辨誤》："鹹薄之地，名爲斥鹵。"宋方豐之《句》詩其三："白是鹽埕青是麥，誰云斥鹵不堪田。"宋蘇軾《八月十五日看潮五絶》詩其四："東海若知明主意，應教斥鹵變桑田。"宋祝穆《方輿勝覽》卷四五："海旁之民，斥鹵不毛恃鹽以生，自是非群販者。"《金史·地理志》："泰州九堡、臨瀆五堡之地斥鹵。"元于欽《齊乘》卷三："天寶五年，以地斥鹵，西徙四十里，李丘村縣焉。"清梁章鉅《河上雜》詩其六："河湖近映帶，斥鹵資蕩排。"

【剛鹵】

堅硬的鹽碱地。《周易·說卦》："其於地也爲剛鹵、爲妾、爲羊。"孔穎達疏："其於地也，爲剛鹵，取水澤所停，則鹹鹵也。"陸德明釋文："鹵，鹹土也。"《後漢書·西南夷傳》："又土地剛鹵，不生穀粟麻菽，唯以麥爲資。"明張居正《葬地論》："或曰：膏沃之壤，華實必茂；剛鹵之區，根荄靡托。物理如此，何得言無地脉乎？"

【淳鹵】

埆薄之鹽碱地。《左傳·襄公二十五年》："辨京陵，表淳鹵。"杜預注："淳鹵，埆薄之地。"楊伯峻注："淳鹵，今日鹽碱地。"《漢書·食貨志上》："若山林、藪澤、原陵、淳鹵之地，各以肥磽多少爲差。"顏師古注引晉灼曰："淳，盡也，烏鹵之田不生五穀也。"唐虞世南《北堂書鈔》卷三〇："山林、藪澤有賦有稅。"宋吳曾《能改齋漫録·辨誤》："淳鹵地薄，收獲常少，故表云輕其賦稅。"宋王與之《周禮訂義》："淳鹵之地，九夫爲表，六表當一井。"明王道焜《左傳杜林合注》卷三〇："淳鹵，埆薄之地。表異輕其賦稅。"清惠士奇《禮說》卷五："鹹潟者是爲淳鹵，甚鹹以苦，地不生物，狀如爐火。"

【瘠鹵】

瘠薄的鹽碱地。《舊唐書·李承傳》："尋爲淮南西道黜陟使，奏於楚州置常豐堰以禦海潮，屯田瘠鹵，歲收十倍，至今受其利。"宋蘇轍《民政策第三道》："〔楚〕外抗群蠻，內禦秦晋，常以其兵橫於天下，計其所都，安肯用瘠鹵磽埆之地？"宋陸游《甲申雨》詩："山陰洙湖二百歲，坐使膏腴成瘠鹵。"《宋史·食貨志上二》："若瘠鹵不毛，及衆所食利山林、陂塘、溝路、墳墓，皆不立稅。"《續資治通鑑長編·宋仁宗天聖四年》："渠復則水分，水分則無奔決之患，以之灘溉，可使數郡瘠鹵之田變爲膏腴，如是，則民富十倍。"《文獻通考·田賦考》："均稅不過十等，第一等雖出十分之稅地土肥壤，尚以爲輕；第十等只均一分多，是瘠鹵，出稅雖少，猶以爲重。"《明史·解縉傳》："土田之高下不均，起科之輕重無別，膏腴而稅反輕，瘠鹵而稅反重。"明李賢等《明一統志·登州府》："憑負山海，利擅魚鹽，僻在東陲，土田狹窄，瘠鹵半之。"明陳子龍等《皇明經世文編》卷三三二："青登萊沿海也，皆瘠鹵，數十里無人烟，不足中倭欲也。"明郭棐《廣東通志》："修築清水江堤，灌瘠鹵爲田二十餘頃，民賴以生。"

【舄】

鹽碱地。亦作"潟"。亦稱"潟土"。《周禮·地官·草人》："凡糞種……鹹潟用貆。"鄭玄注："舄，鹵也。"《漢書·地理志上》："厥土白墳，海瀕廣舄。"顏師古注："舄，鹵鹹之地。"漢王充《論衡·超奇》："山之秃也，孰其茂也？地之潟也，孰其滋也？"又，《論衡·書解》："地無毛，則爲潟土，人無文，則爲僕人。土山無麋鹿，潟土無五穀。"《元史·張立道傳》："潟土中以洩臭，人日飲數合，唇皆瘡裂。"

【瀉】

同“舄”。此體漢代已行用。見該文。

【瀉土】

即舄。此稱漢代已行用。見該文。

【鹹舄】

鹽碱地。亦作“鹹瀉”，亦稱“瀉鹵”“舄鹵”“鹹鹵”“瀉鹵”。《周禮·地官·草人》：“凡糞種，騂剛用牛……鹹瀉用貆。”鄭玄注：“瀉，鹵也。”《史記·貨殖列傳》：“故太公望封於營丘，地瀉鹵。”裴駰集解引徐廣曰：“瀉鹵，鹹地也。”《漢書·溝洫志》：“決漳水兮灌鄴旁，終古舄鹵兮生稻粱。”《魏書·崔楷傳》：“昔魏國鹹舄，史起哂之。”《北史·拓跋暉傳》：“奉詔決杜陽水灌三時原，溉舄鹵之地數千頃，人賴其利。”《通典·食貨典》：“瀉鹵，即斥鹵也。鹵，鹹苦也，謂鹹鹵之地。”《續資治通鑑長編·宋神宗熙寧九年》：“今權領都水淤田，竊見累歲淤京東、西鹹鹵之地，盡成膏腴。”清畢沅《續資治通鑑·宋神宗熙寧五年》：“昨修二股，費至少而公私田皆出，向之瀉鹵，俱爲沃壤。”

【鹹瀉】

同“鹹舄”。此體先秦已行用。見該文。

【瀉鹵】

即鹹舄。此稱漢代已行用。見該文。

【舄鹵】

即鹹舄。此稱漢代已行用。見該文。

【鹹鹵】

即鹹舄。此稱唐代已行用。見該文。

【瀉鹵】

即鹹舄。此稱唐代已行用。見該文。

【澤鹵】

低窪的鹽碱地。《史記·河渠書》：“渠就，用注填閼之水，溉澤鹵之地四萬餘頃。”《漢書·主父偃傳》：“却地千里，以河爲境，地固澤鹵，不生五穀。”顏師古注：“地多沮澤而鹹鹵。”北魏酈道元《水經注·江水一》：“濱江澤鹵，泉流所溉，盡爲沃野。”《通典·食貨典》：“澤鹵之田不生穀。”又，《邊防》：“公卿皆曰：‘單于新破月氏，乘勝，不可擊也。且得匈奴地，澤鹵非可居也，和親甚便。’”宋張方平《平戎十策》：“昔秦鄭國引涇水，注洛三百餘里，溉澤鹵之田。”宋孔延之《觀餘姚海氛》詩：“海上風與雨，未朕先氣升。澤鹵雜山雲，蓊鬱相薰蒸。”明溫純《中憲大夫李君傳》：“注閼水溉澤鹵，爲機於舟運，礎費廉工。”

井田

古代的一種土地制度，即井田制。以方九百畝爲一里，劃爲九區，形如“井”字，故名。單稱“井”。中爲公田，外八區爲私田，八家均私百畝，同養公田。公事畢，然後治私事。從春秋時起，井田制日趨崩潰，逐漸被封建生

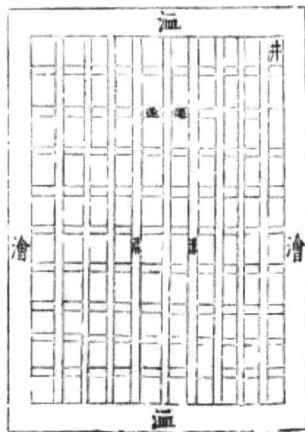

井田溝洫
（明王圻等《三才圖會》）

產關係所取代。《周禮·地官·小司徒》：“乃經土地而井牧其田野，九夫爲井，四井爲邑，四邑爲丘，四丘爲甸，四甸爲縣，四縣爲都，以任地事而令貢賦，凡稅斂之事。”《孟子·滕文公上》：“方里而井，井九百畝。其中爲公田，八家皆私百畝，同養公田。公事畢，然後敢治私事。”《穀梁傳·宣公十五年》：“古者三百步爲里，名曰井田。井田者，九百畝，公田居一。”范寧注：“出除公田八十畝，餘八百二十畝，故井田之法，八家共一井，八百畝。餘二十畝，家各二畝半，爲廬舍。”漢曹操《度關山》詩：“封建五爵，井田刑獄。”唐錢起《送武進韋明府》詩：“井田通楚越，津市半漁商。”宋項安世《跋林和靖手書所作三十聯》：“又如商鞅壞井田，夷封溝洫開陌阡。”元張養浩《贈劉仲憲》詩：“自從秦鞅廢井田，王政絲棼民濕束。”明徐賁《菜薖爲永嘉余唐卿右司賦》詩：“地同農畝計，區學井田畫。”清柯培元《頭圍》詩：“此間饒有淳民意，法古應教復井田。”一說，井田制的史料僅來自《孟子》與《周禮》，在此之前，沒有關於井田制度的記載。由於實際地形地貌的千差萬別，這種制度可能從未得到嚴格的實施。另說，泛指田地。北齊顏之推《顏氏家訓·歸心》：“豈令罄井田而起塔廟，窮編户以爲僧尼也？”又說，“井”爲鄉土之意，由“井田”延伸而來，如“背井離鄉”中的井。

【井】4

即井田。此稱先秦已行用。見該文。

成

古代土地單位。《周禮·考工記·匠人》：“方十里爲成。”《漢書·刑法志》：“地方一里爲井，井十爲通，通十爲成，成方十里。”漢荀悦《漢紀·文帝紀下》：“地方一里爲井，井十爲通，通十爲成，成方十里。”

同

古代土地單位，方百里爲“同”。亦爲古代耕地的計算單位。《左傳·襄公二十五年》：“且昔天子之地一圻，列國一同。”杜預注：“圻，方千里；同，方百里。”又，《左傳·昭公二十三年》：“無亦監乎若敖、蚡冒至于武、文，土不過同，慎其四竟，猶不城郢。”杜預注：“方百里爲一同。”《漢書·刑法志》：“地方一里爲井，井十爲通，通十爲成，成方十里；成十爲終，終十爲同，同方百里。”

田

古代耕地面積的計算單位。《周禮·考工記·匠人》：“田首倍之。”漢鄭玄注：“田，一夫之所佃百畝。”《國語·魯語下》：“季康子欲以田賦。”韋昭注引漢賈逵曰：“田，一井也。”

乘

古代一種土地單位。古六里見方之地。《管子·乘馬》：“方六里，一乘之地也；方一里，九夫之田也。黃金一鎰，百乘一宿之盡也，無金則用其絹。”元詹道傳《四書纂箋》：“《周禮》郊野法九夫爲井，四井爲邑，四邑爲丘，四丘爲甸，四甸爲縣，四縣爲都。”一說，一甸土地所出的軍賦謂之乘。《左傳·哀公七年》：“且魯賦八百乘，君之貳也。”《公羊傳·哀公十二年》：“始用田賦也。”何休解詁：“公田不過什一，軍賦十井不過一乘。”《舊唐書·劉蕡傳》：“臣聞古者因井田而制軍賦，間農事以修武備，提封約卒乘之數，命將在公卿之列，故兵農一致而文武同方，可以保乂邦家，式遏禍亂。”按，古與土地相關的“乘”字，其含義有別。

土[10]

度量、測量。《周禮·考工記·玉人》："土圭尺有五寸，以致日，以土地。"鄭玄注："土，猶度也。"又，《大司徒》："凡建邦國，以土圭土其地而制其域。"鄭玄注："土其地，猶言度其地。"孫詒讓正義引俞樾云："土，度聲近，通用。"《穀梁傳·僖公四年》："不土其地，不分其民，明正也。"

一箭道

一箭之地，用於測長度。亦稱"一射"。《法華經·藥王品》："其樹去臺，盡一箭道。"《翻譯名義集·數量》："一箭道，嘉祥云二里，或云取射垛一百五十步，或云百三十步，或云百二十步。"元關漢卿《望江亭》第三折："則你那金牌勢劍身傍列，見官人遼離一射，索用甚從人攔當者，俺只待拖狗皮的拷斷他腰截。"

【一射】

即一箭道。此稱元代已行用。見該文。

九區[3]

古代一種土地單位。《孟子·梁惠王》："耕者九一，仕者世禄。"朱熹集注："方一里爲一井，其田九百畝。中畫井字，界爲九區。一區之中，爲田百畝。中百畝爲公田，外八百畝爲私田。"又，《孟子·滕文公上》："夏后氏五十而貢，殷人七十而助，周人百畝而徹，其實皆什一也。"朱熹集注："商人始爲井田之制，以六百三十畝之地，畫爲九區，區七十畝。中爲

公田，其外八家各授一區，但借其力以助耕公田，而不復税其私田。"清顧炎武《日知録》卷七："夫井田之制，一井之地畫爲九區。"

疆[3]

田之界。又稱"畺""疆隴""疆畛"。《周禮·夏官·司馬》："有掌疆。"《詩·小雅·信南山》："疆場有瓜。"《説文·畕部》："畺，界也。從田，三其界畫也。指事。"晋佚名《張公神碑歌》："畺界家静和睦。"《新唐書·元載傳》："膏腴別墅，疆畛相望，且數十區。"宋曾鞏《太平州祈晴文》："去歲之水，其爲害大矣……水之既去，民於完堤防，修疆隴，以從事於田，其艱且勞亦甚矣。"《文獻通考·田賦考》："夷丘陵，破墳墓，壞廬舍，徙城郭，易疆隴，不可爲也。"元劉祁《歸潛志》："地廣袤際，西不見疆畛。"清王夫之《讀通鑑論·隋文帝》："放公廨錢以收息，所以毁官箴而殃民，在所必禁者，君子與小人義利之疆畛，不可亂耳。"又，《感遇十一首》詩其三："大地有疆畛，群生各本根。"

【畺】

同"疆[3]"。此稱漢代已行用。見該文。

【疆隴】

即疆[3]。此稱宋代已行用。見該文。

【疆畛】

即疆[3]。此稱元代已行用。見該文。

壤 沙

土壤

一種由水、肥、氣、熱和微生物共同作用

的，具有一定肥力，可生長植物的地表團粒結構物質。亦作"壤土"。先秦佚名《龍蛇歌》：

"龍返其淵，安其壤土。"《淮南子·說林訓》："土壤布在田，能者以爲富。"《後漢書·公孫述傳》："蜀地沃野千里，土壤膏腴。"李賢注："無塊曰壤。"北魏高允《咏貞婦彭城劉氏》詩："伏鑕就刑，身分土壤。"唐樊綽《蠻書·蠻夷風俗》："蒙舍及諸烏蠻不墓葬，凡死後三日焚屍，其餘灰燼，掩以土壤，唯收兩耳。"宋蘇舜欽《升陽殿故址》詩："瓦礫雖費犁，土壤頗肥衍。"元劉鶚《舟次蘇渡南望諸山怪狀謾成》詩："土壤剝落盡，恍惚見山骨。"明史鑒《游金粟寺（在漵浦西北）》詩："山形既環合，土壤還膏腴。"清弘曆《觀敖漢瀑布水》詩："巨石橫斷無土壤，粤生美箭奇而堅。"

【壤土】

即土壤。此體先秦已行用。見該文。

土 [11]

土壤、泥土的省稱。《書·禹貢》："厥貢惟土五色。"孔傳："王者封五色土爲社。建諸侯，則各割其方色土與之，使立社。"又，《書·禹貢》："冀州厥土惟白壤，兖州厥土黑墳，青州厥土白墳，徐州厥土赤埴墳，揚州、荊州厥土惟塗泥，豫州厥土惟壤下土墳壚，梁州厥土青黎，雍州厥土惟黃壤。"《詩·大雅·緜》："乃立冢土，戎醜攸行。"漢東方朔《非有先生論》："遂居深山之間，積土爲室，編蓬爲户。"李善注："作壤室，編蓬户。"晋王嘉《拾遺記》："伏羲氏灼土爲塤。"唐陸廣微《吳地記》引《史記》云："闔閭冢在吳縣閭門外，以十萬人治冢，取土臨湖。葬經三日，白虎踞其上，故名虎丘山。"唐皎然《姑蘇行》詩："嬋娟西子傾國容，化作寒陵一堆土。"宋李綱《與叔易弈不勝賦著色山水詩一篇》詩："將軍思訓久

爲土，龍眠道人亦已亡。"金劉迎《出八達嶺》詩："時節春已夏，土寒地無禾。"明華幼武《養竹軒歌爲周莊吳逮子道賦》詩："自鋤暖土厚栽培，手挈銀瓶細澆沃。"清王夫之《補落花詩九首》詩其一："唯有幽魂消不得，破寒深醱土膏香。"又，《讀通鑑論·隋文帝》："取法於地，而地之五色以土分，無非正矣。"

【壤】 [4]

土壤、泥土的省稱。一種由水、肥、氣、熱和微生物共同作用的，具有一定的肥力，可生長植物的地表團粒結構物質。《書·禹貢》："厥土惟壤，下土憤壚。"孔傳："高者壤，下者壚。"《書·禹貢》："厥土惟白壤。"孔傳："無塊曰壤。"《列子·湯問》："遂率子孫荷擔者三夫，叩石墾壤。"《説文·土部》："壤，柔土也。"漢《氾勝之書》："橫鑿町作溝，溝一尺，深亦一尺。積壤於溝間，相去亦一尺。嘗悉以一尺地積……不相受，令弘作二尺地以積壤。"漢張衡《論衡·率性》："深耕細鋤，厚加糞壤。"南朝宋謝惠連《祭古冢文》："窮泉爲塹，聚壤成基。"北魏酈道元《水經注·易水》："沙息壤加，漸以成地。"《魏書·薛野傳》："徐州左右，水陸壤沃，清、汴通流，足盈激灌。"唐韓愈《祭河南張員外文》："銘君之績，納石壤中，爰及祖考，紀德事功，外著後世，鬼神與通。"宋傅寅《禹貢説斷》："壤爲息土，則壤是土和緩之名，故云無塊曰壤。"宋曾安止《禾譜》："昔人足迹所未嘗者，今皆爲膏腴之壤。"明沈德符《萬曆野獲編·工部·兩京街道》："其最穢者無如汴梁，雨後則中皆糞壤，泥濺腰腹。"清黃宗羲《明儒學案·諸儒下》："今湖蕩之中，或浮沙成洲，平地之上，或積壤成丘。"

清王夫之《讀通鑑論·惠帝》：“其土廣，其壤肥，鹵莽以耕，滅裂以耘，而可以穫。”

【壤】[5]

指經過人們墾植後鬆軟肥沃的土壤。《周禮·地官·大司徒》：“辨十有二壤之物而知其種，以教稼穡樹埶。”鄭玄注：“壤亦土也，變言耳。以萬物自生焉則言土，土猶吐也；以人所耕而樹埶焉則言壤，壤，和緩之貌。”《孟子·滕文公下》：“夫蚓，上食槁壤，下飲黄泉。”

【息壤】

可以自己生長不息的土壤。亦泛指土壤。亦稱“息土”。《山海經·海內經》：“洪水滔天，鯀竊帝之息壤以堙洪水。”郭璞注：“息壤者，言土自長息無限，故可以塞洪水也。”按，土壤是巖石風化物在有機物、水分、溫度等作用下自然形成的，因而生生不息。《孔子家語》：“息土之人美，耗土之人醜。”盧辯注：“息土，謂衍沃之田。”《淮南子·墜形訓》：“禹乃以息土填洪水，以爲名山。”高誘注：“息土不耗減，掘之益多，故以填洪水也。”《淮南子·時則訓》：“以息壤堙洪水之州。”唐劉禹錫《答東陽于令涵碧圖詩序》：“斧凡材，畚息壤，而清溪翠巖森立坌來。”明朱國禎《湧幢小品·息壤辯》：“《山海經》所云‘鯀竊帝之息壤’，蓋指桑土稻田，可以生息，故曰息壤。”《上古秘史》：“水勢盡泄，息土一填，大湖變成陸地。”

【息土】

即息壤。此稱先秦已行用。見該文。

五沃

一種潤澤而肥沃的上等土壤。《管子·地員》：“粟土之次曰五沃。五沃之物，或赤或青，或黄或白或黑。五沃五物，各有異則，五沃之狀，剽怸褱土。蟲易全處，怸剽不白，下乃以澤……五沃之土，乾而不斥，湛而不澤，無高下葆澤以處，是謂沃土。”尹知章注：“剽，堅也；怸，密也。褱土謂其土多竅穴，若褱多竅，故蟲處之易全。既堅密，故常潤濕不乾白，此乃葆澤之地也。”《神農本草經·下品·果部·杏核仁》：“五沃之土，其木宜杏。”宋陳造《近榆亭》詩其六：“三玄信殊稟，五沃擅嘉殖。”明歐大任《杏山翁壽歌》：“芙蓉出五沃，蕩漾水中央。”

【五浮】

指一種中堅外潤，呈顆粒狀的上等土壤。《管子·地員》：“壤土之次曰五浮，五浮之狀，捍然如米以葆澤，不離不垎。”尹知章注：“捍，堅貌，其土屑碎如米。”戴望校正引丁士涵云：“言如米之中堅而外潤，是以‘不離不垎’也。”郭沫若等集校案：“‘葆澤’即‘保澤’，乃古代農家者言之術語，澤即雨澤水澤之意，葆澤者謂土壤對於水分之保持也。”今科學術語爲“保墒”。

【五粟】

指一種濕而不黏，乾而不硬，肥沃，適宜種植的上等土壤。亦稱“粟土”。古人以五行説解釋自然，金木水火土，土居五，可稼穡，上等者可種嘉穀，其實爲粟，故名。《管子·地員》：“群土之長，是唯五粟。五粟之物，或赤或青或白或黑或黄，五粟五章。五粟之狀，淖而不肕，剛而不觳，不㵎車輪，不污手足……五粟之土，乾而不格，湛而不澤，無高下葆澤以處，是謂粟土。”郭沫若等集校引王紹蘭云：“土名粟者，《説文·鹵部》：‘粟，嘉穀實也。’孔子曰：‘粟之爲言續也。’此篇言土必以五者。

《洪範》五曰土，'土爰稼穡'是其義。"

【粟土】

　　即五粟。此稱先秦已行用。見該文。

【五位】[2]

　　亦稱"位土"。鬆軟、黏土層深厚的上等土壤。《管子・地員》："五位之狀，不塥不灰，青恧以菭及……是謂位土。"尹知章注："塥，謂堅不相著。"一說，土層較深的上等土質。位，當作"浧"，"浧"即"浘"。浘，深泥。

【位土】

　　即五位[2]。此稱先秦已行用。見該文。

【五蘟】

　　指一種水肥下隱，鬆軟的黑色上等土壤。亦稱"蘟土"。《管子・地員》："位土之次曰五蘟。五蘟之狀，黑土黑菭，青怵以肥，芬然若灰……是謂蘟土。"尹知章注："菭，地衣也；芬然，壤起貌。"清張佩綸注引王紹蘭云："蘟當爲隱。"郭沫若等集校引何如璋云："'蘟'當爲'隱'，涉下而誤。隱，盛也；又幽伏也……隱土亦饒肥，但青黑一色。"

【蘟土】

　　即五蘟。此稱先秦已行用。見該文。

【五壤】[1]

　　指一種得水潤澤而鬆動墳起的上等土壤。亦稱"屯土"。《管子・地員》："蘟土之次曰五壤，五壤之狀，芬然若澤若屯土。"尹知章注："言其土得澤則墳起爲堆，故曰屯土也。"《明神宗顯皇帝實錄》："春秋二汛，爲合操酌定賞格，以爲鼓舞分附汛地內有荒蕪屯土者，責開墾。"明王世貞《弇州山人四部稿》卷一五六："群土之長是爲五粟，其次爲五沃，又次爲五位，又次爲五蘟，又次爲五壤，又次爲浮凡。"

【屯土】

　　即五壤。此稱先秦已行用。見該文。

【墳壤】

　　鬆軟肥沃的土壤。古時將耕植之田分爲八種，因地施肥。《周禮・地官・草人》："凡糞種，騂剛用牛，赤緹用羊，墳壤用麋，渴澤用鹿。"鄭玄注："墳壤潤解。"宋范成大《殊不惡齋春晚閑吟五絕》詩其三："就食遷居蟻墳壤，隨風作舍蛛嫋絲。"參閱明徐光啓《農政全書》卷二、卷六。

【膏壤】

　　指肥沃的土壤。亦作"膏土"。《史記・貨殖列傳》："關中自汧雍以東至河華，膏壤沃野千里。"又云："齊帶山海，膏壤千里。"三國魏曹植《喜雨》詩："嘉種盈膏壤，登秋畢有成。"晋葛洪《抱朴子外篇・博喻》："桑林鬱藹，無補柏木之淒冽。膏壤帶郭，無解黔敖之蒙袂。"唐司空圖《太原王公同州修堰記》："故其水皆渾而悍暴難制，然左輔土田，賴之爲膏壤，堰雖勞，不可廢也。"唐陸羽《茶經・三之造》："有如陶家之子羅，膏土以水澄泚之。"宋王珪《來燕堂聯句》詩："晨飆轉綠蕙，夕雨滋膏壤。"宋司馬光《送薯蕷苗與興宗》詩："散之膏土間，春苗比如櫛。"《元史・烏古孫澤傳》："瀕海廣潟，並爲膏土。"明王綏《永嘉勝概卷爲黃太守賦》詩："樓臺俯崇墉，阡陌遍膏壤。"明沈周《東園》詩："帶月檻泉臨晚灌，向陽膏土及春犁。"清弘曆《初春游玉泉山其二》詩："芳甸雪消膏土潤，陌頭舉趾有新耕。"清譚嗣同《報貝元徵書》："及見形見勢絀，有百敗，無一勝，所失膏壤方數千里。"

【膏土】

即"膏壤"。此體唐代已行用。見該文。

五悊

細密而濕潤的中等土質的土壤。亦作"中土"。《管子·地員》:"中土曰五悊。五悊之狀，嬴焉如壏，潤濕以處。"又云:"剽悊裹土，蟲易全處，悊剽不白，下乃以澤，其種大苗細苗，赨莖黑秀，箭長。"尹知章注:"悊，密也。"清孫詒讓《墨子閒詁》卷一四:"《管子·地員》篇，說五悊、五纑之土，潤澤而强力。"《康熙字典》:"中土曰五悊，五悊之狀凛焉，如壏潤濕以處。"

【中土】[4]

即五悊。此稱先秦已行用。見該文。

【五沙】

似米粟塵屑的砂性中等土質的土壤。《管子·地員》:"剽土之次曰五沙。五沙之狀，粟焉如屑塵厲。"尹知章注:"言其地粟碎，故若屑塵之厲。厲，踴起也。"

【五塥】

一種乾硬而不耐水旱的中等土壤。即塥土。塥，土堅硬不相着。《管子·地員》:"沙土之次曰五塥，五塥之狀，累然如僕累，不忍水旱。"戴望校正引洪頤煊云:"僕累，蝸牛也，此上下文若穰以肥，如屑塵厲，如糞，如鼠肝，皆舉物以喻其土。"

【五剽】

一種白色粉狀的中等土壤。《管子·地員》:"壏土之次曰五剽，五剽之狀，華然如芬以脈。"郭沫若等集校引汪繼培曰:"'剽'亦作'漂'漢劉熙《釋名》云:'土白曰漂。'"宋王應麟《困學紀聞·周禮》:"凡上土，三十物種十二物，中土曰五悊，次曰五纑，次曰五壏，次曰五剽。"

【五壏】

一種黃色而多孔隙的中等土壤。《管子·地員》:"纑土之次曰五壏，五壏之狀，芬焉若糠以肥。"尹知章注:"謂其地色黃而虛。"郭沫若等集校引丁士涵云:"'肥'必是'脆'字之誤。尹注云'謂其地色黃而虛'，虛字正釋脆字。"

五桀

一種苦鹹、堅硬的下等土壤。桀，堅硬。《管子·地員》:"蟲土之次曰五桀，五桀之狀，甚鹹以苦，其物爲下。"郭沫若等集校引張佩綸云:"五桀之義爲枯，枯則'鹹以苦'矣。"清康熙《御定子史精華》:"五桀之狀甚鹹，以苦其物爲下，其種如箭、如葦、如蓷、如菽。《管子》其麻大者，大長以美其細者。"

【五殖】

一種下等黏土，濕時黏結成粗塊，乾後則龜裂而堅硬。殖，通"埴"，黏土。《管子·地員》:"土之次曰五殖，五殖之狀，甚澤以疏，離坼以臞塇。"郭沫若集校引丁士涵云:"'甚'即上文'湛而不澤'之'湛'，謂土濕解散，又極羸疏也。"又引張佩綸云:"'湛澤以疏'，言雨水多則疏;'離坼以臞塇'，言旱則坼裂而臞。"

【五猶】

一種惡臭如糞的下等土壤。"猶"通"蕕"，臭草。《管子·地員》:"下土曰五猶，五猶之狀如糞。"郭沫若等集校引張佩綸云:"惡臭如糞，故曰五猶。"明王世貞《弇州山人四部稿》卷一五六:"凡中土三十物種十二物，下土，曰五猶，次曰五次，曰五殖，次曰五觳，次曰五鳧，次曰五桀。"

【五㿎】

一種堅硬而瘠薄的下等土壤。《管子·地員》："穀土之次曰五㿎，五㿎之狀堅而不骼。"尹知章注："雖堅不同骨之骼也。"戴望校正引丁士涵云："㿎當爲㿎字之誤。㿎，澆之叚字，《說文解字》曰：澆，薄也。"一說，碱性土質。參閱郭沫若等《管子集校》。

【五穀】

一種不耐水旱的下等土壤。《管子·地員》："五殖之次曰五穀，五穀之狀，婁婁然，不忍水旱。"尹知章注："穀，薄；婁婁，疏也。"郭沫若等集校引汪繼培云："五穀次於五殖，五殖臞瘠，則穀爲瘠土可知。"

【鼠肝】

質次的紅色硬土。《管子·地員》："猶土之次，曰五弘。五弘之狀，如鼠肝。"漢劉熙《釋名·釋地》："徐州貢土五色，有青、黃、赤、白、黑也……土，赤曰鼠肝，似鼠肝色也。"郭沫若等集校引汪繼培云："《釋名》：'土，赤曰鼠肝，似鼠肝色也。'《說文解字》：'埻，赤剛土也。'《周禮》'騂剛用牛'，杜子春云：'謂地色赤而土剛强也。''騂'即'埻'之叚借，蓋即此所云'五'也。"

五色土

古天子社壇五方用五種顏色之土填充，東方用青土，南方用赤土，西方用白土，北方用黑土，中央用黃土，合稱五色土。分封諸侯時，據其受封方位，用黃土覆蒙、白茅裹束相應色土，賜之以立社，以表"溥天之下，莫非王土"之意。亦稱"五壤""五土"。《書·禹貢》："厥貢惟土五色。"孔傳："王者封五色土爲社，建諸侯，則各割其方色土與之，使立社。燾以黃土，苴以白茅，茅取其潔，黃取王者覆四方。"孔穎達疏引《韓詩外傳》："天子社廣五丈，東方青，南方赤，西方白，北方黑，上冒以黃土。"銀雀山漢墓竹簡《孫臏兵法·地葆》："五壤之勝：青勝黃，黃勝黑，黑勝赤，赤勝白，白勝青。"漢蔡邕《獨斷》："天子大社，以五色土爲壇。皇子封爲王者，受天子之社土，以所封之方色。"《史記·孝武本紀》："江淮間一茅三脊爲神藉。五色土益雜封。"《漢書·郊祀志》："元始五年，令徐州牧歲貢五色土各一斗。"唐王維《大唐大安國寺故大德净覺禪師碑銘》："詰朝而五土開國，信宿而駟馬朝天。"《宋史·禮志》："太社壇廣五丈，高五尺，五色土爲之。"清顧炎武《天下郡國利病書》："《禹貢》厥貢，惟土五色，王莽使徐州貢五色土皆出此，山下爲楚元王墓，又有古塚、古井各數十。"同治《徐州志》："赭土山産五色土，貢自夏禹，漢元史五年，唐開元至宋皆有入貢。"《清史稿·禮志》："舊制壝垣用五色土，至是改四色琉璃磚瓦。"

【五壤】[2]

即五色土。此稱先秦已行用。見該文。

【五土】[1]

即五色土。此稱唐代已行用。見該文。

黑壤

黑色土壤。肥田的代稱。亦作"黑土"。《左傳·宣公七年》："故黑壤之盟不書，諱之也。"《管子·地員》："黑土黑菭，青怵以肥，芬然若灰。"《六韜·戰車》："圮下漸澤，黑土黏埴者，車之勞地也。"《史記·三王世家》："故將封於東方者取青土，封於南方者取赤土，封於西方者取白土，封於北方者取黑土，封於上方者取黃土。"晉干寶《搜神記·湘東龍穴》："湘東新平縣有一龍穴，穴中有黑土。歲旱，人則共壅水以塞此穴。"南朝佚名《三輔黃圖·漢長安故城》："長安城中地土皆黑壤。"唐岑文本《大水上封事極言得失》："雖壅之以黑壤，暖之以春日，一人摇之，必至枯槁。"前蜀貫休《春山行》詩："黑壤生紅黍，黃猿領白兒。"宋范成大《勞畲耕》詩："吳田黑壤腴，吳米玉粒鮮。"宋宗澤《舊作感懷》詩："關中黃壤黑壤，大是邦家利源。"《文獻通考·兵考》："圮下漸澤、黑土黏埴者，車之勞地也。"《明史·禮志》："直隸、河南進黃土，浙江、福建、廣東、廣西進赤土，江西、湖廣、陝西進白土，山東進青土，北平進黑土。"《古今圖書集成·博物彙編草木典·菊部》："種菊，土力最要，埴壤、黃壤、赤壤爲上，沙壤、磧壤、黑壤次之。"清顧祖禹《讀史方輿紀要·山西五》："烏嶺，縣西北四十里，或曰即春秋晉之黑壤也。宇文周諱黑，改爲烏嶺。"清顧炎武《再謁孝陵》詩："蒼松長化石，黑土乍成灰。"

【黑土】

即黑壤。此稱先秦已行用。見該文。

【黑墳】

肥土的代稱。地膏肥色黑而隆起，故稱。《書·禹貢》："厥土黑墳，厥草惟繇。"陸德明釋文引馬融云："有膏肥也。"《史記·夏本紀》："其土黑墳，〔五〕草繇木條。"裴駰集解引孔安國曰："繇，茂；條，長也。"《周禮·地官·司徒》："而授農牧衡虞使職之。"賈公彥疏："黃白宜種禾，黑墳宜種麥，蒼赤宜種菽，洿泉宜種稻。"晉張華《博物志·物產》："五土所宜，黃白宜種禾，黑墳宜麥黍。"三國魏曹囧《六代論》："雖壅之以黑墳，暖之以春日，猶不救於枯槁，何暇繁育哉？"張銑注："黑墳，肥上

也。"《通典·食貨典》："兖州，厥土黑墳，色黑而墳起。厥田惟中下。"宋文天祥《築房子歌》詩："須臾傳黑墳，千杵鳴參差。"元黃鎮成《尚書通考》卷七："黑墳，墳土脉墳起也，孔氏曰：'色黑而墳起。'"明周復俊《白水驛早發》詩："迢迢白水程，栗栗黑墳岸。"清唐贊袞《臺陽見聞録》卷上："臺土黑墳，甚肥沃，不須下糞。"

【墳壚】

隆起的黑色硬土。亦稱"黑剛土"。《書·禹貢》："厥土惟壤，下土墳壚。"陸德明音義："壚，音盧，《説文》黑剛土也。"按，《説文·土部》曰："剛土也。"未加"黑"字。《史記·夏本紀》："荆河惟豫州。伊、洛、瀍、澗既入於河，滎播既都，道菏澤，被明都。其土壤，下土墳壚。"《通典·州郡部》："高地即壤，下地即墳壚。壚謂土之剛黑者。"明宋應星《天工開物·乃粒》："凡北方厥土墳壚易解釋者，種麥之法，耕其差異。"潘吉星注："墳壚，黑剛土。"

【黑剛土】

即墳壚。此稱唐代已行用。見該文。

【五纑】

指一種黑色而堅硬的中等土壤。亦稱"壚土""黑壚土"，單稱"壚"。《管子·地員》："㥯土之次曰五纑，五纑之狀，強力剛堅。"郭沫若等集校引汪繼培云："'纑'即'壚'之借字。"《書·禹貢》："厥土惟壤，下土墳壚。"孔傳："高者壤，下者壚。壚疏。"《説文·土部》："壚，剛土也。"《漢書·地理志上》："厥土惟壤，下土墳壚。"顏師古注："壚，謂土之剛黑者也。"《淮南子·墜形訓》："是故堅土人剛，弱土人肥，壚土人大，沙土人細。"北魏賈思勰

《齊民要術·耕田》："春，地氣通，可耕堅硬强地黑壚土。"一說，黃黑色土。《楚辭·九嘆·思古》："倘佯壚阪，沼水深兮。"王逸注："壚，黃黑色土也。"

【壚】

即五壚。此稱漢代已行用。見該文。

【壚土】

即五壚。此稱漢代已行用。見該文。

【黑壚土】

即五壚。此稱北魏已行用。見該文。

【青黎】

青黑色土。《書·禹貢》："厥土青黎。"孔傳："色青黑而沃壤。"孫星衍疏："史遷'黎'爲'驪'。馬融曰：'黎，小疏也。'史公'黎'爲'驪'者，《詩》傳云：'純黑曰驪。'……《釋名》云：'土青曰黎，似黎草色也。'"《晋書·成公綏傳》："青冀白壤，荆衡塗泥，海岱赤埴，華梁青黎。"《册府元龜·邦計部·田制》："梁州厥土青黎，色青黑沃壤也。"元黃鎮成《尚書通考》卷七："青黎，黎黑也，孔氏曰沃壤也。"元柳貫《大雪戲咏》詩："世將還樸素，壤盡徹青黎。"明丘濬《大學衍義補》卷一四："梁州土青黎，黑也。"

黃壤

北方黃土，抑或南方亞熱帶黃壤。亦稱"黃土"。《書·禹貢》："厥土惟黃壤，厥田惟上上。"《史記·三王世家》："封于北方者取黑土，封于上方者取黃土。"又，《夏本紀》："其土黃壤。田上上，賦中下。"魏晋佚名《馬皇后引俗語》："時無赭，澆黃土。"晋潘岳《西征賦》："蹈秦郊而始辟，豁爽塏以宏壯，黃壤千里，沃野彌望。"北魏酈道元《水經注·沔水》："黃壤

沃衍，而桑麻列植。"唐白居易《過顏處士墓》詩："長夜肯教黃壤曉，悲風不許白楊春。"唐杜牧《池州李使君没後十一日處州新命始到後見歸妓感而成》詩："黃壤不知新雨露，粉書空換舊銘旌。"唐劉禹錫《和樂天題真娘墓》詩："蒼葛林中黃土堆，羅襦繡黛已成灰。"宋沈括《夢溪筆談·續筆談》："有詩曰：'空令抱恨歸黃壤，不見崇山謫去時。'"宋蘇軾《白鶴山新居鑿井四十尺遇磐石石盡乃得泉》詩："今朝僮僕喜，黃土復可摶。"元鄭元祐《次韻宋春卿》詩："美人黃土後，廢址綠蕪邊。"明李賢《穰侯冢》詩："秋風兔穴通黃壤，落日烏棲滿白楊。"明胡應麟《先宜人不幸棄背泣血苫次志哀四章》詩其一："千秋黃壤遠，萬感白雲長。"《納蘭家族墓碑·皇清納臘室盧氏墓誌銘》："千秋黃壤，百世青松。"清連横《關中紀游》詩其五十二："黃壤膏腴上上田，芙蓉花發滿秦川。"

【黃土】

即黃壤。此稱漢代已行用。見該文。

赤土

紅壤。色紅之土。亦稱"赤壤""紅土"。分布於南方熱帶、亞熱帶。《管子·地員》："赤壤勢山十七施，百一十九尺，而至於泉。"《韓非子·難二》："請入洛西之地、赤壤之國。"《書·泰誓上》："焚炙忠良。"孔穎達疏："文王獻洛西之地，赤壤之田方千里，請紂除炮烙之刑。"《晋書·張華傳》："華以南昌土不如華陰赤土……因以華陰土一斤致焕。焕更以拭劍，倍益精明。"《北史·突厥傳》："舊居之地，赤土無依，遷徙漠南，偷存晷刻。"唐白居易《捕蝗》詩："雨飛蝗食千里聞，不見青苗空赤土。"宋趙汝礪《北苑別録·序言》："〔鳳凰山〕其

下直北苑，旁聯諸焙，厥土赤壤，厥茶惟上。”
清李漁《閑情偶寄·詞曲》：“地乏朱砂，赤土
爲佳。”《古今圖書集成·博物彙編草木典·菊
部》：“種菊土力最要壚壤，黃壤、赤壤爲上，
沙壤、磧壤、黑壤次之。”清曹廷傑《遼海叢
書·瀋故》：“農家每於立春日，以紅土畫犁，
具於墙。”參閱明李時珍《本草綱目·赤土》。

【赤壤】

即赤土。此稱先秦已行用。見該文。

【紅土】

即赤土。此稱清代已行用。見該文。

【赭】

紅土，可做塗料。亦稱“丹赭”。《詩·邶
風·簡兮》：“赫如渥赭，公言錫爵。”孔穎達
疏：“其顏色赫然而赤，如厚漬之丹赭。”《管
子·地數》：“上有赭者，下有鐵。”《說文·赤
部》：“赭，赤土也。”《南史·周盤龍傳》：“孝
子則門加素墍，世子則門施丹赭。”《梁書·王
僧孺傳》：“上可以投畀北方，次可以論輸左校，
變爲丹赭，充彼春薪。”

【丹赭】

即赭。此稱唐代已行用。見該文。

【頳壤】

紅色土。古人多用以塗飾墙壁。南朝宋鮑
照《蕪城賦》：“製磁石以禦衝，糊頳壤以飛
文。”唐歐陽詹《二公亭記》：“糊白墳以呈素，
膡頳壤而垂繪。”唐李商隱《覽古》詩：“空糊
頳壤真何益，欲舉黃旗竟未成。”

白壤

偏白色土質，白色的柔土。《書·禹貢》：
“厥土惟白壤，厥賦惟上上錯。”孔穎達疏：“厥
土惟白壤，無塊曰壤，水去土復，其性色白而

壤。”蔡沈集傳：“顏氏曰：‘柔土曰壤。’”《管
子·地員》：“山白壤。”《史記·夏本紀》：“覃
懷致功，至於衡漳。其土白壤。賦上上錯，田
中中。”《晋書·成公綏傳》：“青冀白壤，荆
衡塗泥，海岱赤埴，華梁青黎。”《通典·食貨
典》：“冀州，厥土惟白壤，無塊曰壤。”《册府
元龜·總録部·詞辯》：“豫州部從事刺史解結
問僚佐曰：河北白壤膏梁，何故少人士。”明丘
濬《大學衍義補》卷一三：“謂十二分野之土各
有所宜，辨其名謂白壤、黑墳之類，物謂所生
之物。”《鏡花緣》第二一回：“走了數里，只見
各處俱是白壤，遠遠有幾座小嶺，都是一色礬
石。”清顧祖禹《讀史方輿紀要·福建四》：“厥
土白壤，宜陶。”

【白墳】

白色而隆起的土。《書·禹貢》：“厥土白
墳，海濱廣斥。”《史記·夏本紀》：“濰、淄
其道。其土白墳，海濱廣潟，厥田斥鹵。”《通
典·食貨典》：“青州，厥土白墳，厥田惟上
下。”唐歐陽詹《二公亭記》：“糊白墳以呈素，
膡頳壤而垂繪。”宋黃倫《尚書精義》：“張氏
曰厥土白墳者，其色白而其性墳也，海濱廣斥
者，海濱之地廣而且斥厥田。”《文獻通考·輿
地考》：“淄水，今淄川縣。厥土白墳，海瀕廣
瀉。瀕，水涯也。”清穆彰阿等《大清一統志》：
“明萬曆初，副使錢藻築白墳陡，在霸州東南。”

【白堊】

白色不透明石灰巖粉，可作畫、浣衣、製
瓷、入藥。土以黃色爲正，白色爲惡，故稱。
後人諱“惡”，故亦稱“白善土”。亦作“石
脂”，亦稱“白土粉”“白善”“白善土”，單
稱“堊”。俗亦稱“瓷土”“坩子土”。《呂氏春

秋·察微》:“使治亂存亡，若高山之與深溪，若白堊之與黑漆，則無所用智，雖愚猶可矣。”《史記·司馬相如列傳》:“其土則丹青赭堊。”司馬貞索隱引張揖云:“赭，赤土，出少室山。堊，白堊，《本草》云:‘一名白墡也。’”唐陸廣微《吴地記》:“〔漢山〕山有白土如玉，甚光潤，吴中每年取以充貢，號曰“石脂”，亦曰‘白堊’。”宋洪邁《容齋三筆》卷一一:“虢州之鉛丹，信州之土黄，河南之胡粉，衢州之白堊，鄆州之蚌粉，兖、澤之墨，歸、歙之漆，萊蕪、興國之鐵。”明李時珍《本草綱目·白堊》:“〔釋名〕白善土、白土粉、畫粉。”明宋應星《天工開物·白瓷》:“凡白土曰堊，爲陶家精美器用。”明朱橚等《普濟方》:“白善土半兩，乳香一分，阿膠半兩，搗碎炒令黄燥，右爲散。”

【白善】

即白堊。此稱唐代已行用。見該文。

【石脂】[1]

即白堊。此體唐代已行用。見該文。

【白善土】

即白堊。此稱明代已行用。見該文。

【白土粉】

即白堊。此稱明代已行用。見該文。

【堊】

即白堊。多色白，亦有他色，可做塗料。《山海經·西山經》:“大次之山，其陽多堊。”郭璞注:“堊似土，色甚白。”又，《北山經》:“澠水出焉，潛於其下，其中多黄堊。”郭璞注:“堊，土也。”又，《中山經》:“衡山，上多寓木穀柞，多黄堊白堊。”郝懿行疏:“明堊色非一，不獨白者名堊也。”《穀梁傳·莊公二十三年》:“天子諸侯黝堊。”《韓非子·説林》:“宫有堊器，有滌則潔矣。行身亦然，無滌堊之地則寡非矣。”《説文·土部》:“堊，白塗也。”漢司馬相如《子虚賦》:“其土則丹青赭堊。”《通典·將葬陳車位》:“若白土堊之，以麤布爲幌。”《宋史·太宗紀》:“盡易宫殿彩繪以赭堊。”明宋濂《故巾山處士林君墓碣銘》:“嘗構一室，深廣尋丈，内外以堊塗之，白色晃眩，若積雪。”

【觀音土】

即白堊。亦稱“觀音粉”“白土”。舊時灾民用以充飢，食後可能會導致喪生。清樂鈞《觀音土行》:“豐年無錢人食苦，凶年無錢人食土。和糠作餅榮作羹，充腸不及官倉鼠。此土尋常曾不生，饑人競以觀音名。云是菩薩所潛賜，楊枝灑地甘如餳。”清程穆衡《白土餅》詩:“白土本即山中泥，愚民美號觀音粉。和以堇荁作糗餌，珍同餈餭充饑吻。有從道畔攫其一，入口欲趨行不疾。市者相争推仆地，齒噙其半命隨畢。”

【觀音粉】

即觀音土。此稱清代已行用。見該文。

【白土】

即觀音土。此稱清代已行用。見該文。

灰壤

含有石炭的土質。《管子·地員》:“徙山十九施，百三十三尺而至於泉，其下有灰壤，不可得泉。”郭沫若等集校引張佩綸云:“山之下不應有灰，其爲石炭無疑……穿土山至百三十三尺，蓋取石炭非取泉。”晋陶潛《搜神後記》:“即開墓，棺物皆爛，冢中灰壤深尺餘。”《上清明鑒要經》:“要欲得善土，非灰壤者。"《藝文類聚·禮部上》:"長畢灰壤,膏原染刃,委骨埋泉,徒聞身没,詎辯名傳。"宋沈括《夢溪筆談·補筆談》:"事畢,却以斥棄瓦礫、灰壤實於塹中,復爲街衢。"

【土灰】

泛指灰土,亦指灰塵。漢王充《論衡·自紀》:"惟人性命,長短有期。人亦蟲物,生死一時……猶入黄泉,消爲土灰。"《後漢書·律曆志上》:"冬至陽氣應,則樂均清,景長極,黄鍾通,土灰輕而衡仰。"漢曹操《步出夏門行·龜雖壽》:"神龜雖壽,猶有竟時。騰蛇乘霧,終爲土灰。"宋梅堯臣《西施》詩:"層宫有麋鹿,朱顔爲土灰。"

青土 [3]

東方之土。天子封東方諸侯時用的青色泥土。《書·禹貢》:"厥貢惟土五色。"孔傳:"王者封五色土爲社,建諸侯,則各割其方色土與之,使立社。"孔穎達疏引《韓詩外傳》:"天子社廣五丈,東方青,南方赤,西方白,北方黑,上冒以黄土。"漢班固《白虎通·社稷》:"東方色青……故將封東方諸侯青土,苴以白茅。"晋陸雲《吴故丞相陸公誄》:"我圖乃功,錫爾青土。"《陳書·高祖紀上》:"錫兹青土,苴以白茅,爰定爾邦,用建冢社。"

弱土 [2]

柔軟之土。《孔子家語·執轡》:"堅土之人剛,弱土之人柔,墟土之人大,沙土之人細,息土之人美,毛土之人醜。"漢《氾勝之書》:"杏始華榮,輒耕輕土弱土。望杏花落,復耕。"清陸曾禹《欽定康濟録》卷四下:"一州之中土脉各异,有强土,有弱土,有輕土,有重土,有緩土,有燥土。"

堅土 [2]

堅硬、硬實的土壤。亦作"埍"。《淮南子·墜形訓》:"是故堅土人剛,弱土人肥(胞)。"《説文·土部》:"埍,堅土也。"段玉裁注:"堅者,剛也。"唐柳宗元《銘雜題》:"邑人以灌,其土堅埍。"舊注:"《説文》云:'堅土也。'"宋杜綰《雲林石譜·于闐石》:"于闐國石,出堅土中,色深如藍黛,一品斑斕白脉,點點光燦,謂之金星石。"宋梅堯臣《送劉郎中知廣德軍》詩:"至今存遺堤,五丈立堅土。"元龔璛《吴儂行》詩:"江湖占水多作田,雨來水漲無堅土。"明潘季馴《河防一覽》卷六:"周圍開鑿三丈有餘。上層至岸,堅土四尺,中層岡石五尺,仍將岡石以下。"清趙宏恩等《江南通志》卷五一:"河其所存兩旁之地,雖屬堅土,而薄僅三丈,一經三面之夾攻,順流之衝。"清傅澤洪《行水金鑑》:"若堅實河岸,仍須土堤低下衝决之口,仍須堅土倍築高厚,更植深柳爲完美爾。"

【埍】

即堅土[2]。此體漢代已行用。見該文。

【壏】

堅結硬實之土。亦作"礜"。《管子·地員》:"五恣之狀,廩焉如壏,潤濕以處。"尹知章注:"壏,猶强也。"《周禮·地官·司徒》:"騂剛用牛,赤緹用羊,墳壤用麋,渴澤用鹿,鹹潟用貆,勃壤用狐,埴壚用豕,强礜用蕡,輕爂用犬。"鄭玄注:"强礜,强堅者。"《集韻·檻韻》:"壏,堅土也,或作礜。"一説,"鹽"之假藉,土狀如鹽。

【礜】

同"壏"。此體先秦已行用。見該文。

【庚泥】

猶硬土。《管子·地員》：“青龍之所居，庚泥，不可得泉。”郭沫若等集校引顔昌嶢云：“漢劉熙《釋名·釋天》：‘庚，堅强貌也。’然則庚泥謂堅實之泥，故不可得泉。”明黃道周《三易洞璣》：“有庚泥高原之野，率六十尺，而至於泉澤潞之地。”清鄂爾泰等《欽定授時通考》：“朱長春曰：庚金剛，庚泥，泥剛也。又赤壤音敖山十七施百一十九尺，而至於泉其下，清商不可得泉。”一説，泥沙相續。“庚”，續、更替之義。

耗土

磽埆瘠薄之地。亦作“垼土”“秏土”。《孔子家語·執轡》作“垼土”。三國魏王肅注：“垼，耗字也……耗土，麤疏者也。”漢戴德《大戴禮記·易本命》：“息土之人美，耗土之人醜。”盧辯注：“耗土，謂疏薄之地。”《淮南子·墜形訓》作“秏土”。唐段成式《酉陽雜俎·境異》：“息土人美，耗土人醜。”清汪楫《崇禎長編》：“其餘五府皆耗土也，所賴官府廉仁年穀豐裕，百姓衣食粗足，不至驅而爲盗。”清查慎行《歸德道中二首》詩其二：“城連耗土秋多鼠，樹倚叢社少狐。”清和寧《西藏賦注》：“布帛粟米，力役撲地齊微；垼土雁户，凶年彌天追比。”

【垼土】

同“耗土”。此體先秦已行用。見該文。

【秏土】

同“耗土”。此體漢代已行用。見該文。

爛石[1]

一種發育初期的含沙礫較多、有機質較少、礦物質豐富的土壤，多位於山區。其熱容量小，白天吸熱後升溫快，夜間散熱後降溫也快，尤利茶樹對營養物質的吸收與積纍。唐陸羽《茶經·源》：“上者，生爛石；中者，生礫壤；下者，生黃土。”又，《茶經·造》：“茶之筍者，生爛石沃土，長四五寸，若薇蕨，始抽，凌露采焉。”宋蘇軾《病中夜讀朱博士》詩：“崎嶇爛石上，得此一寸芽。”一説，即碎石。元傅野《題淳化閣帖後》：“銅駝翁仲兩荆棘，況此爛石何足憑。”明李時珍《本草綱目·石部》：“徐州宋里山，初在爛石中，入土一丈以下得之，大如鷄卵或如棗許。”明翟均廉《海塘録》卷二一：“所築之塘，惟用爛石，草草疊成，不實以土，潮水一至，尋築尋圯，其何以善厥後哉。”清翟均廉《海塘録》卷一三：“將碎小爛石檢出，下存墊底石板。”清鄭珍《銅仁江舟中雜詩六首》詩其五：“爛石通纖路，荒塘落堘泥。”

【觳土】

貧瘠之土。《管子·地員》：“觳土之次曰五鳧。在鳧之狀，堅而不觠。”又：“〔五粟之狀〕剛而不觳。”尹知章注：“觳，薄。”明徐光啓《農政全書·農本》：“五觳之狀婁婁然，不忍水旱，其種大菽、細菽，多白實。蓄殖果木，不如三土，以十分之六觳土。”清惠士奇《禮説》：“殖土、觳土、鳧土、桀土爲下土，皆在三土之下。”

橐土

多孔穴的土壤。以其孔穴之狀如囊橐，故稱。《管子·地員》：“五沃之狀，剽怸橐土，蟲易全處。”尹知章注：“橐土謂其土多竅穴，若橐多竅，故蟲處之易全。”一説，蟲豸所生之土。清王念孫《讀書雜志》引王引之曰：“‘蟲易全處’，殊爲不詞。易當爲‘豸’，‘豸’與‘易’篆文相似，故‘豸’訛作‘易’。”郭沫若等《管子集校》引孫詒讓曰："'囊土''囊'，當讀爲蠹，以其蟲矛所生，故'囊'，當讀爲蠹。"參閲于省吾《雙劍誃諸子新證·管子三》。

場[3]

猶墒，保持一定濕度的土壤。北魏賈思勰《齊民要術·黍穄》："燥濕侯黃場，種訖不曳撻。"石聲漢注："〔場〕即保有一定水分、一定結構的土壤。"場音"墒"。參閲華夫《中國古代名物大典》。

凍土

冬季凍結的土壤，亦有常年凍土。《周禮·秋官·司寇》："秋繩而芟之，冬日至而耜之。"鄭玄注："以耜測凍土，剗之。"《册府元龜·帝王部·弭災》："歲發春，東風解，凍土膏脉散，草樹自樂。"宋張耒《歲暮歌》："啾啾寒雀飛不起，飢啄凍土藏枯叢。"明徐光啓《農政全書·農事》："日暴雪凍，土乃酥碎。仲春土膏脉起，即再耕治。"明方以智《物理小識·占候類》："不特凍土殺蝻也。"清傅澤洪《行水金鑑》："恐來春凍土融化，或雨水泛溢，復有後患。"清施閏章《人日涇川》詩："野梅誰早折，凍土又新耕。"

埴土

黏土。凸出如墳，則曰"埴墳""赤埴墳"。不宜種植，可製陶，色紅。亦稱"赤埴"，單稱"埴"。《書·禹貢》："厥土赤埴墳，草木漸包。"孔傳："土黏曰埴。"《莊子·馬蹄》："陶者曰：'我善治埴。'"《晉書·成公綏傳》："海岱赤埴，華梁青黎。"唐陸德明釋文引晉司馬彪注："埴土可以爲陶器。"宋范成大《勞畲耕》詩："赤埴無土膏，三刀财一田。"明宋應星《天工開物·乃粒》："土脉堅緊者，宜耕壟，疊塊壓

薪而燒之，埴墳鬆土不宜也。"潘吉星注："埴墳，黏土。"清齊翀《磁州見水田》詩："其藝惟黍麥，其田等赤埴。"

【埴】[1]

即埴土。此稱先秦已行用。見該文。

【埴墳】

即埴土。此稱先秦已行用。見該文。

【赤埴墳】

即埴土。此稱先秦已行用。見該文。

【赤埴】

即埴土。此稱晉代已行用。見該文。

【斥埴】

鹼性黏土。《管子·地員》："斥埴，宜大菽與麥，其草宜萯蕳，其木宜杞。"清鄂爾泰等《欽定授時通考》："三施斥埴，再施黑埴。一施五土，惟五施者，最爲土厚。"

【埴壚】

黏性而疏鬆的土壤。宜撒猪骨灰作肥，或用猪骨汁浸種。《周禮·地官·草人》："勃壤用狐，埴壚用豕。"鄭玄注："埴壚，黏疏者。"賈公彦疏："以埴爲黏，以壚爲疏，故云黏疏也。"

【堇土】

即黏土。亦稱"堇泥""堇塊"。《新唐書·藩鎮盧龍傳》："以堇土爲錢，斂真錢，穴山藏之。"《資治通鑑·唐僖宗光啓三年》："城中無食，米斗直錢五十緡，草根木實皆盡，以堇泥爲餅食之。"胡三省注："堇泥，黏土也。"明陳懋仁《庶物異名疏·地部》："劉守光圍滄州，城中食盡，食堇塊。""堇"，亦作"墐"。參閲《舊五代史·劉守光傳》《新五代史·劉守光傳》，宋蘇易簡《文房四譜·硯譜》。

【堇泥】

即堇土。此稱宋代已行用。見該文。

【堇塊】

即堇土。此稱明代已行用。見該文。

【埴】[2]

細密的黃黏土，可製陶。《書・禹貢》："厥土赤埴墳，草木漸苞。"孔傳："土黏曰埴。"《莊子・馬蹄》："陶者曰：'我善治埴。'"陸德明釋文引司馬彪注："埴土可以爲陶器。"漢劉熙《釋名・釋地》："土黃而細密曰埴。埴，膱也。黏昵如脂之膱也。"漢揚雄《法言・修身》："摘埴索途，冥行而已矣。"李軌注："盲人以杖摘地而求道。"《宋書・王悦傳贊》："夫善政之於民，猶良工之於埴，用功寡而成器多。"

【沙】[1]

指含沙陶土，可作器皿。亦作"砂"。唐陸羽《茶經・器》："熱盂以貯熱水，或瓷，或沙，受二升。"清吳屯侯《麥饘歌》："砂盆暖焙青半破，一家欣欣齊上磨。"

【砂】[1]

同"沙[1]"。此稱清代已行用。見該文。

【不】

指製瓷泥土。亦稱"白不"。"不"音"敦"，明謝旻《江西通志》："'不'音敦，上聲。凡造瓷之泥土，皆以此爲名，蓋景德鎮人土音也。"清朱琰《陶說・陶冶圖說》："采石製泥。石産江南徽州祁門縣坪里、谷口二山，距窰廠二百里。開窖采取剖之，中有黑花如鹿角菜者，土人藉溪流設輪作碓，舂細淘净，製如土，名曰白不。"原注："敦，上聲。凡造瓷泥土，皆從此名，蓋景德土音也。"

【白不】

即不。此稱清代已行用。見該文。

【膠泥】

黏土。平時乾硬，遇水則滑黏如膠，故稱。宋沈括《夢溪筆談・技藝》："〔畢昇〕又爲活板，其法用膠泥刻字，薄如錢唇，每字爲一印，火燒令堅。"宋項安世《過滑瀡嶺》詩："連山赤埴號膠泥，想見林深叫竹雞。"《紅樓夢》第二七回："像你上回買的那……膠泥垛的風爐子兒，就好了。"清鄒貽詩《公無渡河》詩："公無渡河，河有膠泥，埋馬流旋渦。"

厚土 [2]

較厚土層。《呂氏春秋・辯土》："厚土則孽不通，薄土則蕃轓而不發。"唐杜甫《秋雨嘆三首》詩其三："秋來未曾見白日，泥污厚土何時乾。"南唐何溥《靈城精義・形氣章》："厚土之破角見金，皆於深而得之也。"宋梅堯臣《文惠師贈新筍》詩："奮雷轟轟萬里春，厚土坼裂窮蟄振。"明王紳《題松雪軒》詩："鬱鬱蒼虬形，孤根盤厚土。"《即非禪師全錄》："此事如種樹一般，初培以厚土，徐沃以清流，及其成立長大，受雨露之恩，飫日月之華，然後聽其時節，開花結實，實既熟矣。"

凷

土塊。亦作"塊"，亦稱"墣"。《禮記・喪服大記》："父母之喪，居倚廬，不塗，寢苫枕凷。"《墨子》卷六："哭泣不秩，聲翁縷絰垂涕，處倚廬，寢苫枕凷。又相率强不食而爲饑，薄衣而爲寒。"《國語・晋語四》："〔重耳〕乞食於野人，野人舉塊以與之。"又，《吳語》："王寐，疇枕王以墣而去之。"韋昭注："墣，塊也。"《爾雅・釋言》："塊，墣也。"郭璞注：“土塊也。”漢蔡邕《釋誨》：“九河盈溢，非一凷所能防。”《漢書·律曆志》：“野人舉凷而與之。”《説文·土部》：“凷，墣也。”《淮南子·説林訓》：“土勝水者，非以一墣塞江也。”《禮記注疏》：“凷，是土之流類。”元謝應芳《龜巢稿》：“一雨忽破凷，千山净無塵。”明許相卿《雲村集·墓誌銘》：“孤狼顧呼號苫凷間。”清倪濤《六藝之一録》：“塊，古作凷。”

【塊】

同“凷”。此體先秦已行用。見該文。

【墣】

即凷。此稱先秦已行用。見該文。

【埵堁】

指土塊。亦作“埵塊”。《淮南子·説山訓》：“泰山之容，巍巍然高，去之千里，不見埵堁，遠之故也。”漢王充《論衡·書虚》作“螺”。又，《説日》：“太山之高，參天入雲，去之百里，不見埵塊。”明朱謀㙔《駢雅》：“也埵堁塵翳，也防竉闟，也燧防怫鬱也。”明徐元太《喻林》卷二三：“泰山之容，巍巍然高，去之千里，不見埵堁，遠之故也。秋毫之末，淪於不測，是故小不可以爲内者，大不可以爲外。”

【埵塊】

即埵堁。此體漢代已行用。見該文。

【蓬顆】

長着蓬草的土塊。《漢書·賈山傳》：“爲葬薶之侈至於此，使其後世曾不得蓬顆蔽冢而托葬焉。”顔師古注：“顆謂土塊。蓬顆，言塊上生蓬者耳。”唐陸龜蒙《讀陳拾遺集》詩：“蓬顆何時與恨平，蜀江衣帶蜀山輕。”宋朱松《送志宏西上》詩：“揮毫賦垂天，風雨卷蓬顆。”明鍾芳《清明》：“鳥啼日落人歸去，依然蓬顆

封蒼苔。”一説，裸顆小冢。清唐仲冕《阿房故址》詩：“生不得居璿宫，死不得葬蓬顆。”又説，東北人對土塊之稱。

【墢】

治田時翻起的土塊。亦作“垡”。《國語·周語上》：“王耕一墢，班三之，庶民終於千畝。”北魏賈思勰《齊民要術·大豆》：“若澤多者，先深耕訖；逆垡擲豆，然後勞之。”唐皮日休《太湖詩·桃花塢》詩：“倚峰小精舍，當嶺殘耕垡。”宋沈與求《過徐氏莊居》詩：“數椽茅屋有時漏，一墢野田無具耕。”元王禎《農書》：“五月、六月，可菑麥田……如泊下蘆葦地内必用劚刀引之，犁鑱隨耕，起墢特易，牛乃省力。”又：“耕之土曰墢，墢猶塊也，起其墢者，鑱也。”一説，墢爲兩耜（一耦）所翻起土塊，深廣各一尺。

【垡】

同“墢”。此體北魏已行用。見該文。

九土 [3]

古將耕地按照土質分爲山林、藪澤、京陵、淳鹵、疆潦、偃豬、原防、隰皋、衍沃等九種土質田地。按品質收税。《左傳·襄公二十五年》：“楚蒍掩書土田，度山林，鳩藪澤，辨京陵，表淳鹵，數疆潦，規偃豬，町原防，牧隰皋，井衍沃，量入修賦。”杜預注：“量九土之所入而治理其賦税。”一説，指辟剛、赤緹、墳壤、渴澤、鹹潟、勃壤、埴壚、强㯺、輕㼉等九種土質的田地；一説，指沙泥、澤地、沚崖、下田、中田、上田、下山、中山、上山。參閱漢揚雄《太玄·玄數》《周禮·地官·草人》。今土壤學確認，中國土壤的地帶性分布從北到南，大致分爲黑土、黑鈣土、栗鈣土、棕壤、褐土、黄

土、紅黃壤、紅壤等，還有局部生成的白漿土、紫色土和水稻土等；又分爲碱性土和酸性土。土壤肥力也從北到南漸次降低。

三壤

古人據土質肥瘠，將土地分成上、中、下三品，合稱三壤。《書·禹貢》："咸則三壤，成賦中邦。"孔穎達疏："土壤各有肥瘠，貢賦從地而出，故分土壤爲上、中、下。計其肥瘠，等級甚多，但齊其大較，定爲三品。"漢揚雄《劇秦美新》："若復五爵，度三壤，經井田，免人役。"唐陸龜蒙《幽居賦》："頌厥土之三壤，托高風之四鄰。"

五弘

劣質的堅硬黑土。管子把下等土脉分爲五猶、五弘、五殖、五觳、五鳧、五桀等六類，五弘位次第二。《管子·地員》："猶土之次，曰五弘，五弘之狀，如鼠肝。"明王世貞《弇州山人四部稿》卷一五六："'弘'亦作'弙''壯'。下土曰五猶，其次曰五弘，又次曰五殖，又次曰五觳，又次曰五鳧，又次曰五桀。"參閱郭沫若等《管子集校》。

五地

山林、川澤、丘陵、墳衍（水邊平地）、原隰（低窪地）五種水土。亦稱"五土"。《周禮·地官·大司徒》："辨其山林、川澤、丘陵、墳衍、原隰之名物……以土會之法，辨五地之物生。"《孔子家語·相魯》："乃別五土之性，而物各得其所生之宜。"王肅注："五土，一曰山林，二曰川澤，三曰丘陵，四曰墳衍，五曰原隰。"《後漢書·明帝紀》："今五土之宜，反其正色。"李賢注："《周禮》曰：'山林、川澤、丘陵、墳衍、原隰，謂之五土也。'"宋王禹偁《籍田賦》："興五土之利，固必躬而必親；同三代之風，復不矜而不伐。"

【五土】[2]

即五地。此稱先秦已行用。見該文。

可食土

可食之土。清陳元龍《格致鏡原》："《論語撰考讖》：'武當縣有一溪，岸土色鮮黃，可噉。'《紀聞》：'開元二十八年春二月，懷州武德、武陟、修武三縣人無食，故食土，云味美，異於他土……〔老父〕謂婦人曰：'何憂無食。此渠水傍土甚佳，可食，汝試嘗之。'婦人取食，味頗異，遂失老父，乃取其土至家，拌其麵爲餅，餅甚香。由是遠近競取之，渠東西五里、南北十餘步，土並盡。"參閱清顧祖禹《讀史方輿紀要·雲南三》。

石糞

舊指可燒製用以肥田的石灰土。北魏賈思勰《齊民要術·種瓜第十四》："一科用一石糞。糞與土合和，令相半。"唐慎微《證類本草》："如馬屁菌、五芝、木耳、石耳之類，皆生於枯木、石糞土之上。"清屈大均《廣東新語·石語·石糞》："從化之北九珠山，是多青石。居民燔灰以糞田，名曰石糞……以石而瘠，亦以石而肥，故其田多穀。"

平沙[1]

含沙量居中的沙地，相對輕沙、重沙而言。清尤侗《一叢花·游朱氏園亭》詞："江村踏踏半平沙，木槿縛籬笆。"《清史稿·食貨志一》："河南沙荒地三萬三千餘頃。可墾者分三等，曰輕沙，曰平沙，曰重沙。"一說，指廣闊的沙原。

沙堝

低窪的沙地。《遼史·營衛志中》："〔鴨子河濼〕在長春州東北三十五里，四面皆沙堝，多榆柳杏林。"一説，猶沙坑。《遼海叢書·遼東志》："沙堝兒南空，沙堝兒舊空，長溝舊空，高架子大墩，沙堝兒北空，馬鞍山北空。"

客土

從他處移來之土。亦泛指別處的土壤。《漢書·成帝紀》："客土疏惡，終不可成。"顏師古注引服虔曰："取他處土以增高，爲客土也。"北魏酈道元《水經注·渭水》："永始元年，詔以昌陵卑下，客土疏惡，不可爲萬歲居，其罷陵作，令吏民反故，徙將作大匠解萬年燉煌。"北周庾信《周柱國楚國公岐州刺史慕容公神道碑》："葬出舊頃，客土新封。"唐李白《樹中草》詩："客土植危根，逢春猶不死。"唐閻寬《秋懷》詩："秋風已振衣，客土何時歸。"宋黃庭堅《呻吟齋睡起》詩："蘭牙依客土，柳色過鄰墻。"元念常《佛祖通載》："泓曰：客土無氣，與土脉不連。"明貝瓊《己酉歲初度日書懷》："强因客土植，苦被秋風摧。"

真土

天然之土，非自他處移入，亦非土砂混雜。《漢書·陳湯傳》："昌陵因卑爲高，積土爲山，度便房猶在平地上，客土之中不保幽冥之陵……故陵因天性，據真土，處勢高敞，旁近祖考。"宋張繼先《滿庭芳》詞："天先天後，真土藏靈秀。妙用自然循火候，節節熏烝教透。"宋白玉蟾《快活歌》其一："真土歸位爲至真，水火金木俱渾全。"明陳子龍《皇明經世文編》卷三七六："六百餘里，兩堤相望。基址既遠，且皆真土膠泥。夯杵堅實，絶無往歲

雜沙虛松之弊。"《明史·河渠志》："而欲堤之不決，必真土而勿雜浮沙。"清傅澤洪《行水金鑑》卷六〇："築必以真土，則復何患哉？"

晞堁

乾土。亦稱"晞土""晞塊"。《文子·上德》："蚯蚓無筋骨之强，爪牙之利，上食晞塊，下飲黃泉，用心一也。"徐靈府注："塊，一本作堁。"《淮南子·説山訓》："螾無筋骨之强，爪牙之利，上食晞堁，下飲黃泉，用心一也。"高誘注："晞，乾也；堁，土塵也，楚人謂之堁。"

【晞塊】

即晞堁。此稱先秦已行用。見該文。

【晞土】

即晞堁。此稱漢代已行用。見該文。

宿土

積久之土，舊有之土。宋仇遠《極相思》詞："自恨移根無宿土，紅姿減、綠意闌珊。"明王綖《和董校書秋香十咏》詩："種菊根宜宿土，隨疎列可分移。"清袁枚《隨園詩話》："太史杜紫綸《戲馬臺》云：'盡教宿土歸劉氏，剩有斯臺與項王。'"清李漁《閑情偶寄·種植·竹》："舊傳有訣云：種竹無時，雨過便移，多留宿土，記取南枝。"

暖塵

鬆軟之塵土。唐趙嘏《下第後歸永樂裏自題二首》詩其二："玄髮侵愁忽似翁，暖塵寒袖共東風。"元虞集《次韻朱本初訪李溉之學士不遇》詩："城南城北暖塵飛，伐木相求苦未歸。"明楊基《寓江寧村居病起寫懷》詩其九："十里吳堤踏暖塵，老懷忽議故鄉春。"清沈宗敬等《御定駢字類編》："髮侵愁忽似翁，暖塵共

東風。"

屠 [2]

水岸因乾涸露出的枯土。亦作"氿"。《爾雅·釋水》："水醮曰屠。"郭璞注："謂水醮盡。"邢瑞疏："醮，盡也。凡水之盡皆曰屠。屠，則竭涸之一名也。"《說文·水部》："水厓，枯土也。與屠同。"清段玉裁注："水厓枯土爲氿字。"《韻會》："一曰水厓，枯土也。"清郝懿行義疏："屠作氿，水厓枯土也。"

【氿】 [3]

同"屠 [2]"。此體清代已行用。見該文。

膽土

含膽礬之土，古用以煉銅。宋周輝《清波雜志》："凡古坑有水處曰膽水，無水處曰膽土。膽水浸銅，工省利多；膽土煎銅，工費利薄。"《宋史·食貨志下》："信州膽銅古坑二：一爲膽水浸銅，工少利多，其水有限；一爲膽土煎銅，土無窮而爲利寡。"明胡我琨《錢通》："膽水無水處曰膽土，膽水浸銅工省利多，膽土煎銅工費利薄，水有盡，土無窮。"清康熙《御定子史精華》："即得高直以歸，膽水浸，膽土煎。"

土　泥

泥

水與土合成糰糊狀物，或曰濕壤。《書·禹貢》："厥土惟塗泥。"《詩·邶風·式微》："胡爲乎泥中。"《周易·震卦》："震遂泥。"虞注："坤土得雨爲泥。"《論語·子張》："致遠恐泥，是以君子不爲也。"唐杜甫《無家別》詩："存者無消息，死者爲塵泥。"唐白居易《錢塘湖春行》詩："誰家新燕啄春泥。"又，《賣炭翁》詩："市南門外泥中歇。"宋周敦頤《愛蓮說》："自李唐來，世人甚愛牡丹。予獨愛蓮之出淤泥而不染，濯清漣而不妖，中通外直，不蔓不枝，香遠益清，亭亭净植，可遠觀而不可褻玩焉。"宋圜悟克勤《碧巖録》卷一："道個佛字，拖泥帶水；道個禪字，滿面慚惶。"金王元粹《西山避亂三首》詩其一："過午日已暖，殘雪融爲泥。"明歸有光《項脊軒志》："塵泥滲漉。"清周拱辰《白燕二首》詩其一："杏雨泥香開北户，孀樓人去怨西風。"

【淖】

泥，稀泥，泥沼。《左傳·成公十六年》："有淖于前，乃皆左右相違于淖。"《楚辭·怨世》："世沈淖而難論兮。"《說文·水部》："淖，泥也。"《淮南子·原道訓》："甚淖而滒，甚纖而微。"高誘注："滒，亦淖也。夫饘粥多瀋者謂滒。"《漢書·韋元成傳》："天雨淖。"漢董仲舒《春秋繁露·天地陰陽》："投淖相動而近，投水相動而逾遠。"凌曙注引《倉頡篇》："〔淖〕，深泥也。"漢服虔《通俗文》："和泥曰淖。"

【土塗】

指土泥。亦稱"土肉"。《左傳·襄公九年》："量輕重，蓄水潦，積土塗。"唐柳宗元《永州韋使君新堂記》："有石焉，翳於奧草；有泉焉，伏於土塗。"宋蘇軾《佛日山榮長老方丈五絶》詩其三："不堪土肉埋山骨，未放蒼龍浴渥窪。"王文誥輯注《博物志》："地以名山爲輔佐，石爲之骨，土謂之肉。"明黄佐《泰泉鄉禮》："自然四泥深熟，土肉肥厚，種禾易長，盛水難乾。"《宋史·朱熹傳》："以爲土肉淺薄，下有水石。"明桑悦《感懷》詩其二十六："平原土肉厚，甘露春如膏。"清李調元《南越筆記》："佳泉多在通都大路之側，土肉和平而巽風疏潔，乃爲萬竈所需，食之無疾。"清潘來《送湯公潛菴巡撫江南序》："東吳於古爲揚州之境，厥土塗泥。厥田下下。"

【土肉】

即土塗。此稱晋代已行用。見該文。

【泥途】

土泥、污泥、淤泥。亦作"泥塗"。《莊子·田子方》："棄隸者，若棄泥途，知身貴於隸也。"郭象注："知身之貴於隸，故棄之若遺土耳。"唐杜甫《贈韋左丞丈》詩："家人憂幾杖，甲子混泥途。"唐李坤《趨翰苑遭誣構四十六韻》詩："鵲靈窺牖户，龜瑞出泥途。"宋曾鞏《越州鑑湖圖序》："每歲農隙，當傭人濬湖，積其泥塗，以爲丘阜。"清李憲喬《修埝謡》："擔持畚輿鍤，一身多泥塗。"一説，泥濘的道路。《六韜·勵軍》："出隘塞，犯泥塗，將必先下步。"唐高適《苦雨寄房四昆季》詩："泥塗擁城郭，水潦盤丘墟。"清南潛《聽雨》詩："前宵松月疑塵夢，明日泥塗聽屐聲。"

【泥塗】

同"泥途"。此體唐代已行用。見該文。

【塗】

猶泥。《周易·睽》："上九，睽孤。見豕負塗，載鬼一車。"孔穎達疏："豕而負塗泥。"高享注："塗，泥也。負塗，背上有泥。"《漢書·王褒傳》："及至巧冶鑄干將之樸，清水焠其鋒，越砥斂其咢，水斷蛟龍，陸剸犀革，忽

若彗氾畫塗。"顏師古注："塗，泥也。"清彭淑《沔陽道中夜聞鄰船語》詩："散者爲雲烟，死者爲塗泥。"

【濘】

指泥漿、爛泥。《左傳·僖公十五年》："戰于韓原，晋戎馬還濘而止。"杜預注："濘，泥也。"《管子·地員》："不濘車輛。"《史記·秦本紀》："晋君棄其軍，與秦爭利，還而馬驚。"張守節正義引《國語》云："晋師潰，戎馬還，濘而止。"韋昭云："濘，深泥也。"唐杜甫《彭衙行》詩："一旬半雷雨，泥濘相牽攀。"《資治通鑑·漢獻帝建安十三年》："操（曹操）引軍從華容道步走，遇泥濘，道不通。"清周凱《大道行》詩："天雨泥濘慮顛撲，馬行没脛車脱輻。"

【燕泥】

燕築巢所銜泥。亦稱"芹泥"。南朝梁蕭綱《和湘東王首夏》詩："燕泥銜復落，鵾吟斂更揚。"隋薛道衡《昔昔鹽》詩："暗牖懸蛛網，空梁落燕泥。"唐儲嗣宗《和茅山高拾遺憶山中雜題五首·小樓》詩："空憶去年春雨後，燕泥時污《太玄經》。"唐温庭筠《經西塢偶題》詩："微紅奈蒂惹蜂粉，潔白芹芽穿燕泥。"唐杜甫《徐步》詩："芹泥隨燕觜，蘂粉上蜂鬚。"宋史達祖《雙雙燕·咏燕》詞："芳徑，芹泥雨潤，愛貼地争飛，競誇輕俊。"明何喬新《江燕》詩其二："日麗芹泥軟，風清杏雨收。"清沈皞日《鶯啼序·瞻園即事用吳夢窗韻》詞："定巢燕子，銜來何處芹泥，莫是孝陵抔土。"

【芹泥】

即燕泥。此稱唐代已行用。見該文。

埃土

土泥。亦稱"后土"。《荀子·勸學》："螾無爪牙之利，筋骨之强，上食埃土，下飲黃泉，用心一也。"唐杜甫《秋雨嘆三首》詩其三："秋來未曾見白日，堙污后土何時乾。"宋沈作喆《寓簡》卷四："若蚯蚓者……食后土而飲黃泉。"宋馬廷鸞《久雨遣餉王新班》詩："石補色天原有漏，泥污后土不曾乾。"宋王當《戲畫松柏壁》詩："下有溪漱石，牽碾絶埃土。"宋李新《送劉祠部》詩其三："芙蓉城下多埃土，却逐劉郎上天去。"明張吉《續高州民謡》："生同虺蝎爲巢穴，性命纖微等埃土。"

【后土】[2]

即埃土。此稱唐代已行用。見該文。

【涅】

黑泥。《荀子·勸學》："蓬生麻中，不扶而直；白沙在涅，與之俱黑。"《説文·水部》："涅，黑土在水中也。"《廣雅·釋詁三下》："涅，泥也。"一説，黑色染料礬石。又説，黑色。參閲清王引之《經義述聞·大戴禮記上》。

淤[2]

水底沉積之泥沙。《漢書·溝洫志》："春夏乾燥，少水時也，故使河流遲，貯淤而稍淺。"顔師古注："閼，讀與淤同……填閼，謂壅泥也。"《説文·水部》："淤，澱滓濁泥也。"漢杜篤《論都賦》："畎瀆潤淤。"《玉篇》："水中泥草。"宋蘇軾《河復》詩："楚人種麥滿河淤，仰看浮槎棲古木。"清王士禎《靳公墓誌銘》："淮水一發，淤即洮汰無餘。"

【游泥】

黏濁之土泥。亦作"淤泥"，亦稱"游土""游泥"。南朝梁朱超《夜泊巴陵》詩："淤泥不通挽，寒浦劣容舟。"唐慧能《無相頌》詩："若能鑽木取火，淤泥定生紅蓮。"南唐劉崇遠《金華子雜編》卷下："其洲上游泥，不可起塔廟。相顧計議末決。經宿，其堁泥湧高數尺，地變黃土，堅若山阜，就建巨塔。"宋周密《齊東野語·李全》："嘗就河洗刷牛馬，於游土中蹴得鐵槍桿，長七八尺。"宋周敦頤《愛蓮説》："出淤泥而不染。"元《〈仙吕〉點絳唇·豐稔年華》："一個莎崗上撲馬縶，一個游泥蚌蛤蟆。"明顧璘《燭影搖紅·攸縣山行遇雨》詞："仄徑游泥，馬蹄滑處頻蹉跌。"明謝一夔《題茂叔觀蓮》詩："游泥不染水雲黑，熏風遠遞天香清。"

【淤泥】

即游泥。此體南朝梁已行用。見該文。

【游土】

即游泥。此稱宋代已行用。見該文。

【澱】[3]

泥渣，亦指淤泥。亦作"坻""滓""㴿"，亦稱"滓泥""泥滓"。《爾雅·釋器》："澱謂之坻，滓，澱也。"郝懿行義疏："澱者，《説文解字》作㴿，云：'㴿謂之坻。坻，滓也。'又云'澱，滓坻也。''滓，澱也。''坻，澱也。'是澱㴿同。"又云："澱，今之滓泥是也。"《説文·水部》："滓，澱也。"《史記·屈原賈生列傳》："泥而不滓者也。"司馬貞索隱："泥也音涅；滓也音淄，又並如字。"漢劉熙《釋名·釋綵帛》："'緇，滓也，泥之黑者曰滓。'按今之滓泥是也。"三國魏張揖《廣雅》："澱謂之滓。"晉葛洪《抱朴子外篇·博喻》："日月挾蟲鳥之瑕，不妨麗天之景。黃河含泥滓之濁，不害凌山之流。"宋吳曾《能改齋漫録·方物》："以今觀之，昌陽待泥土而生，昌蒲一有泥淬則死矣。"宋沈括《夢溪筆談·雜誌二》："汴渠有二十年不浚，歲歲堙澱。"明徐渭《翠鄉夢》："但恐金沙未汰，不免夾帶些泥淬。"清方文《樅川苦雨柬李仲山孫子毅》詩："春來湖畔泥淬滑，欲行不行空踟躕。"清李調元《擔炭行》："滿面烟火色，十指黑如澱。"

【坔】

即"澱³"。此體先秦已行用。見該文。

【淬】

即"澱³"。此體先秦已行用。見該文。

【㠶】

即"澱³"。此體漢代已行用。見該文。

【淬泥】

即"澱³"。此稱漢代已行用。見該文。

【泥淬】

即"澱³"。此稱晉代已行用。見該文。

坏²

亦作"坯"。指製陶器的細泥。一説，指未經燒製的陶器，即泥坯。《説文·土部》："坏，一曰瓦未燒。"朱駿聲通訓定聲："《水經·河水》注引《説文解字》字作坯。"《後漢書·崔駰傳》："坏冶一陶，群生得理。"唐元稹《酬樂天江樓夜吟稹詩因成三十韻》詩："布鼓隨椎響，坏泥仰匠圓。"《普濟方·雜治門中惡附論》："絹篩水和作泥，硬軟如瓦坏泥。"清陳元龍《格致鏡原》引《群芳譜》："陶瓦之泥曰坏，細泥也。"參閱清藍浦《景德鎮陶錄》。

【坯】²

同"坏²"。此體漢代已行用。見該文。

坋

指塵埃、粉。亦指塵土飛揚貌。亦作

"坌"。《説文·土部》："坋，塵也。"漢司馬相如《哀秦二世賦》："登陂陀之長坂兮，坋入曾宫之嵯峨。"漢迦葉摩騰、竺法蘭漢譯《四十二章經》："逆風揚塵，塵不及彼，還坌己身。"《後漢書·東夷傳》："並丹朱坋身，如中國之用粉也。"金元好問《戊戌十月山陽雨夜》詩其二："霏霏散浮烟，靄靄集微坌。"清顧炎武《王徵君潢具舟城西同楚二沙門小坐栅洪橋下》詩："都城久塵坌，出郊且相羊。"

【坌】

同"坋"。此體漢代已行用。見該文。

【埃】

即塵埃，亦稱"埃塵""埃坱"。《列子·黃帝》："埃不漫。"《莊子·逍遥游》："野馬也，塵埃也，生物之以息相吹也。"《荀子·勸學》："上食埃土，下飲黄泉。"《倉頡篇》："埃，謂風揚塵也。"《楚辭·離騷》："溢埃風余上征。"又，《漁父》："安能以皓皓之白，而蒙世俗之塵埃乎？"《説文·土部》："埃，塵也。"漢服虔《通俗文》："灰塵曰埃。"《黄帝内經·素問》："埃冒雲雨。"光禄卿等校正："埃，土霧也。"又，《至真要大論》："風淫所勝，則太虛埃昏。"《孔子家語·致思》："兩壘相望，塵埃相接。"晉田丘儉《在幽州》詩："芒山邈悠悠，但見胡地埃。"晉棗嵩《贈杜方叔》詩："萬物云云，飄若埃塵。"晉張華《博物志·物名考》："徐州人謂塵土爲蓬塊，吳人謂塵土爲跋跌。"宋孔平仲《六月五日》詩："黃埃滾滾人行地，赤氣騰騰日出天。"金李晏《通州道中》詩："塵埃山色斷，雲霧日光寒。"元劉詵《和邵有初同飲熊氏小園》詩："安知墻外人，千載落埃坱。"明丁鶴年《送長史管公時敏朝京》詩："黄鶴樓前畫舫開，送車千輛動浮埃。"清張穆《新秋》詩："一朝來爽氣，萬象絕埃塵。"

【塵埃】

即埃。此體晉代已行用。見該文。

【埃塵】

即埃。此體晉代已行用。見該文。

【埃坱】

即埃。此稱唐代已行用。見該文。

【坱】

塵埃。《説文·土部》："坱，塵埃也。"漢淮南小山《招隱士》詩："坱兮軋，山曲岪，心淹留兮恫慌忽。"唐靈澈《奉和郎中題仙巖瀑布十四韻》詩："捫險路坱圠，臨深聞潺湲。"唐杜甫《八哀詩·故著作郎貶台州司户滎陽鄭公虔》詩："晚就芸香閣，胡塵昏坱莽。"唐柳宗元《法華寺石門精室三十韻》詩："潛軀委輻鎖，高步謝塵坱。"宋王灼《再游雲靈》詩："生緣墮城市，日與塵坱俱。"元陳樵《游絲》："超凌塵坱高千仞，束縛虚空斷幾回。"明秦耀《寄暢園二十咏·爽臺》詩："曉起盼青蒼，天空絕塵坱。"清許兆椿《題吳明府石門山圖册子》詩："天風掃斷塵坱迹，杳杳時有閑雲眠。"

【堨】

指塵埃。亦作"壒"，亦稱"塵壒"。《淮南子·兵略訓》："曳稍肆柴，揚塵起堨。"高誘注："堨，埃。"漢班固《西都賦》："抗仙掌以承露，擢雙立之金莖，軼埃壒之混濁，鮮顯氣之清英。"李善注引許慎《淮南子》注："堨，埃也。堨與壒同。"東魏《王諲惊墓志銘》："泉門長掩，芳塵永壒。"唐元稹《玉泉道中作》詩："谷深烟壒净，山虚鐘磬長。"唐韓愈《秋雨聯句》詩："白日懸大野，幽泥化輕壒。"宋

陸游《排悶》詩："騎壒蒙朧干，陣雲暗秦甸。"宋劉放《咏雪》："旗幡高捲野，塵壒密通闕。"元黄溍《訟魃》："揚氛壒于澮涂兮。"明王世貞《過東阿懷古》詩："步出齊東門，遥遥飛車壒。"清譚嗣同《登洪山寶通寺塔》詩："楚尾吳頭入塵壒，一鈴天上懸孤籟。"《説文·土部》："壒，塵也。"

【壒】

同"堨"。此體漢代已行用。見該文。

【塵壒】

即堨。此稱宋代已行用。見該文。

【韭】

塵土。《説文·土部》："韭，塵也。"宋黄庭堅《訓郭氏三子名字序》引《淮南子》曰："浮空一體具，衆微從之，成一拳石。"明陶宗儀《輟耕録·岳鄂王》："氛已塵金唇匣，冕旒終换鐵兜鍪。"《廣韻》："音棐，塵也。"

【堁】

指塵土。先秦宋玉《風賦》："動沙堁，吹死灰，駭溷濁，揚腐餘，邪薄入甕牖，至於室廬。"又云："夫庶人之風，塕然起於窮巷之閒，堀堁揚塵。"李善注："《淮南子》曰：'揚堁而弭塵。'許慎曰：'堁，塵座也。'"《淮南子·説山訓》："蟆無筋骨之强，爪牙之利，上食晞堁，下飲黄泉。"高誘注："堁，土塵也。楚人謂之堁。"宋舒岳祥《聞鳩有作喜爲晴兆也是日開霽又喜其占之有驗》詩："流泉無溷泥，輕風不揚堁。"元方回《登屋東山作》詩："瞇目埃堁兒，孰能判真贗。"明屠隆《青溪道士吟留别京邑諸游好》詩："烈日騎馬堀堁中，搔首乾坤嗟迫迮。"清張琳《勵志詩》："一鑑本空明，昏乃塵堁翳。"

【陽焰】

陽光中飄浮的輕塵，如水霧。亦作"陽焱"。《楚辭·九嘆·遠游》："日暾暾其西舍兮，陽焱焱而復顧。"《黄帝内經·素問》："寒政大舉，澤無陽焰，則火發待時。"隋智顗《摩訶止觀》："集既即空，不應如彼渴鹿馳逐陽焰。"唐權德輿《酬靈徹上人以詩代書見寄》詩："已取貝多翻半字，還將陽焰諭三聲。"唐元稹《遣春十首》詩其三："陽焰波春空，平湖漫凝溢。"唐白居易《和夢游春詩一百韻》："膏明誘闇蛾，陽焱奔癡鹿。"宋晁補之《碧牡丹·焦成馬上口占》詞："望極雅川，陽焰迷歸雁。"元釋文才《肇論新疏游刃》："經有十喻，如夢，如光，如影，如響，如陽焰，如變化，如鏡中像，如水中月，如乾闥婆城等。"明《恕中無愠禪師語録》："到底不生閑草木，六出飛華盡相續，大旱土焦陽焰浮。"清俞樾《瑞鶴仙》詞："日中陽焰，雨後浮漚。"

【陽焱】

同"陽焰"。此體先秦已行用。見該文。

【蓬塊】

指塵土。亦稱"跋跌"。漢荀悅《漢紀·文帝紀上》："爲葬埋之奢乃至於此，使其後世曾不得蓬塊而托葬焉。"晋張華《博物志·物名考》："徐州人謂塵土爲蓬塊，吴人謂塵土爲跋跌。"隋佚名《陳初童謡》詩："合盤貯蓬塊，無復揚塵已。"宋陳與義《咏青溪石壁》詩："向來千萬峰，瑣細等蓬塊。"明王履《自避詔巖轉東至真武祠》詩："畫壁埋蓬塊，珠櫳宿網蟲。"清洪繻《寄贈施悦秋先生長歌》："得拂蓬塊生回風，張禄名字起秦中。"

【跋跌】

即蓬塊。此稱晋代已行用。見該文。

【塕】

即塵土。《玉篇·土部》："塕，塵也。"宋陳傅良《送國子監丞顔幾聖提舉江東》詩："方將屬耆英，高舉出埃塕。"宋王禹偁《寄題陝府南溪兼簡孫何兄弟》詩："常風有鹽南，日夕塵塕埲。"元柳貫《寒食日出訪客始杏花歸而有賦》："今晨訪客出城東，馬上風來亂吹塕。"明劉基《夏中病瘧戲作呈石末公》詩："不虞小人風，堀堁觸埲塕。"又引申爲風起貌，風起而塵生。亦形容風聲。先秦宋玉《風賦》："夫庶人之風，塕然起於窮巷之間。"李善注："塕然，風起之貌也。"《史記·司馬相如列傳》："觀衆樹之塕兮，覽之榛榛。"清吴偉業《八風》詩序："余消夏小園，風塕然而四至。"

【圡】[12]

即塵土。亦作"飛圡"。漢王褒《九懷·陶壅》："浮雲鬱兮晝昏，霾圡忽兮塺塺。"王逸注："風俗塵濁，不可居也。"洪興祖補注："塺音梅，塵也。"宋文同《興平原上赤熱因寄永壽同年》詩："日午終南翠色燃，滿襟飛圡下秦川。"元陳孚《鄂渚晚眺》詩："庾令有塵污簡册，禰生無圡蓋文章。"《水滸傳》第九二回："忽然起一陣怪風，飛圡揚塵，從西過東，把旗幟都摇撼的歪邪。"清林占梅《二坪道中遇大風》詩："飛圡揚天起，狂風捲地來。"

【飛圡】

即圡[12]。此體宋代已行用。見該文。

【塵】

飛揚的塵土，以别於表細小塵土的"埃"。統言之，"塵""埃"皆指塵土。《莊子·逍遥游》："野馬也，塵埃也，生物之以息相吹也。"成玄英疏："揚土曰塵，塵之細者曰埃。"《北史·柳世隆傳》："入此屋中有板牀，牀上無席，大有塵土，兼有甕米。"宋孔武仲《和竹元珍夜雨》詩："帝城塵土熱如湯，喜有殘宵雨送凉。"明克新《題濮元帥別業》詩："田園暮景烟塵外，臺榭春風錦繡間。"清方以智《孟廟作》詩："塵飛不見日，廟古自生風。"

【塵土】

即塵。此稱唐代已行用。見該文。

【紅塵】²

飛揚的塵土，又特指車馬揚起的飛塵。漢班固《西都賦》："紅塵四合，烟雲相連。"晋佚名《李陵録別詩二十一首》詩其十五："紅塵蔽天地，白日何冥冥。"南北朝馬元熙《日晚彈琴》詩："稍視紅塵落，漸覺白雲飛。"南朝陳江總《賦得謁帝承明廬》詩："輪停紺幰引，馬度紅塵餘。"唐杜牧《過華清宫三首》詩其一："一騎紅塵妃子笑，無人知是荔枝來。"宋秦觀《金明池》詞："縱寶馬嘶風，紅塵拂面，也只尋芳歸去。"金郝俣《子文致君九日用安字韻聊亦同賦》詩："馬頭明月應相笑，依舊紅塵滿客鞍。"元吕懷遠《暮春感懷》詩："不是今年忒負春，賞花時節走紅塵。"明張昱《題劉松年畫張志和辭聘圖》詩："長安城中晨鼓響，馬後紅塵高十丈。"清王端履《重論文齋筆録》："十丈紅塵飛紫陌，掩關閑煞踏青屐。"參閱本卷"紅塵¹"條目。

坻 ⁴

螞蟻、田鼠洞口似沙小土堆或土垣。漢揚雄《方言》："蚍蜉，其場謂之坻。"又，《方言》："梁宋之間蚍蜉、耕鼠之場謂之坻。"晋潘岳《藉田賦》："坻場染屨，洪縻在手。"李善注："《方言》曰：'坻，場也。蚍蜉、犁鼠之場謂之坻。'場，浮壤之名也。"

【場】⁴

即坻⁴。此稱晋代已行用。見該文。

【垤】

螞蟻洞口的似沙堆積土。顆粒極小，可藥用。亦稱"蟻冢""蟻封"。亦指小土堆。《詩·豳風·東山》："鸛鳴于垤，婦歎于室。"毛傳："垤，蟻冢也。"《説文·土部》："垤，蟻封也。"宋王安石《登景德塔》詩："邑屋如蟻冢，蔽虧塵霧間。"一本作"蟻冢"。《埤雅·釋蟲一》："垤，蟻冢也。蟻將雨則出而壅土成峰。"宋方鳳《雜咏十首》詩其十："蟻封罅隙地，蛙井咫尺天。"宋孫覿《重陽前數日微暑小雨遂凉二首》詩其一："行蟻尚移垤，盤蝸已伏廬。"宋黎靖德《朱子語類·論自注書》："'鸛鳴於垤'，垤，即蟻封也。天陰雨下，則蟻出，故鸛鳴於垤，以俟蟻之出，而喙食之也。"元黄玠《觀浙省新址》詩："錢唐故都猶麗雄，民居百萬如蟻封。"明李時珍《本草綱目·土一·蟻垤土》："〔釋名〕蟻封。""蟻"或作"螘"，"冢"或作冢。"明劉基《秋懷》詩其三："空階走穴蟻，荒垤喋巢鸛。"清張岱《蝶戀花·爲祁世培作·遠隔新晴·百雉朝霞》詞："城内居民垤内蟻，顛顛蠢動羼筐裏。"

【蟻冢】

即垤。此稱漢代已行用。見該文。

【蟻封】

即垤。此稱漢代已行用。見該文。

【蟻垤】

即垤。亦作"蟻垤土"。晋葛洪《抱朴子外

篇・喻蔽》："蟻垤之巔，無扶桑之林。"唐權德輿《小言》詩："蛛絲結構聊蔭息，蟻垤崔嵬不可陟。"宋方岳《輪棋》詩："賴與鷗盟同保社，不隨蟻垤夢侯王。"元宋褧《菩薩蠻・偃師道中》詞："今墳如蟻垤，回首成磨滅。"明夏言《水調歌頭・答霍渭厓論學》詞其十四："蹄涔詫滄海，蟻垤笑丘山。"清田雯《登采石磯太白樓觀蕭尺木畫壁歌》："牛渚白紵如蟻垤，天光破碎滄溟寬。"參見明李時珍《本草綱目・土一・蟻垤土》。

【蟻垤土】

即垤。此體明代已行用。見該文。

【蟻堆】

猶蟻垤。亦稱"蟻樓"。晉郭璞《游仙》詩其九："東海猶蹄涔，崑崙若蟻堆。"唐段成式《酉陽雜俎・蟲篇》："程執恭在易定野中，蟻樓高三尺餘。"宋黎靖德《朱子語類・論自注書》："蟻垤也，北方謂之'蟻樓'小山子，乃蟻穴地，其泥墳起如丘垤，中間屈曲如小巷道。"宋王柏《和遁澤雨中韻》詩其二："水精顆顆留蛛網，土脉層層起蟻樓。"清多隆阿《毛詩多識》卷七："蟻冢，又名蟻塿，言垤形如塿也。"

【蟻樓】

即蟻堆。此稱唐代已行用。見該文。

【蟻壤】

即垤。《韓非子・說林上》："蟻冬居山之陽，夏居山之陰，蟻壤寸而有水。"《通典・兵十》："地有蟻壤之處，下有伏泉。"《冊府元龜・帝王部・征討》："蟻壤一漏，成此滔天。"《續資治通鑑長編・宋仁宗嘉祐八年》："臣聞金隄千里，潰於蟻壤。"明劉基《秋夜感懷束石末公申之》詩："誰云螻蟻壤，能使泰山虺。"清陳元

龍《格致鏡原》卷六六："蟻運土於樹端作窠，蟻壤得雨露凝結，而成紫鈄。"

蟻城

螞蟻在地下修的窩。如城邑，故稱。宋佚名《五色綫・蟻城》："墊江縣冉端，爲父卜地，掘深丈餘，遇蟻城。"宋劉才邵《德元盛暑中觀刈稻憩于茂林間爰其繁密因加芟治名曰綠陰軒以詩相示戲爲作此》詩："山中熊館作比鄰，夢裏蟻城真別墅。"清羅繞典《韓將軍行》詩："拔劍終須蕩蟻城，當車那許撐螳斧。"

【蟻漏】

猶蟻城。亦稱"漏蟻"。唐李商隱《哭遂州蕭侍郎二十四韻》詩："蟻漏三泉路，蝥啼百草根。"宋張耒《止酒贈郡守楊瓌寶》詩："堅牢不使見蟻漏，一綫纔通便奔激。"明尹臺《壽整庵羅太宰先生八十》詩其三："嬴秦潰土崩，漢氏承蟻漏。"清秦大士《江寧蔡邑侯救圩歌》："無何蟻漏潰大堤，奔騰湧出千鯨鯢。"清施封宗《築塘謠》之四："幸存白石石齒齒，罅隙滿堤如漏蟻。"

【漏蟻】

即蟻漏。此稱清代已行用。見該文。

【蟻穴】

螞蟻洞穴。晉干寶《搜神記・審雨堂》："夏陽盧汾，字士濟，夢入蟻穴，見堂宇三間，勢甚危豁，題其額曰'審雨堂'。"唐杜甫《寄劉峽州伯華使君四十韻》詩："林居看蟻穴，野食待魚罾。"宋黎靖德《朱子語類・論自注書》："蟻垤也，北方謂之'蟻樓'，如小山子，乃蟻穴地，其泥墳起如丘垤，中間屈曲如小巷道。古語云：'乘馬折旋於蟻封之間。'言蟻封之間，巷路屈曲狹小，而能乘馬折旋於其間，不

失其馳驟之節，所以爲難也。"明胡居仁《易象鈔》卷七："千里之堤，潰以蟻穴。"清徐國相等《湖廣通志》卷二〇："黃岡等隄，凡十有九處中多獾窩、蟻穴，水易浸隄。"清惠棟《易漢學》："出雲爲雨，蟻穴居知，雨將至。"

鼠壤

老鼠打洞所扒出的鬆軟細土。《莊子·天道》："鼠壤有餘蔬，而棄妹之者，不仁也。"成玄英疏："見其鼠穴土中，有餘殘蔬菜。"陳鼓應注引王念孫云："齊魯之間謂鑿地出土、鼠作穴出土，皆曰壤。"唐孫思邈《千金寶要》："以新坌鼠壤，水和塗之，熱則易之。"宋孫覿《廣教寺種玉軒》詩："持鋤掀鼠壤，插棘護龍孫。"宋黃庭堅《食筍》詩："小兒哇不美，鼠壤有餘嚃。"明范椁《和李溉之園居雜咏》詩："城根分鼠壤，池面合漁梁。"清牛燾《旅次永北中州》詩："膏腴成鼠壤，輪奐沒蓬科。"

沙²

極細碎的石粒碎屑。《詩·大雅·鳧鷖》："鳧鷖在沙。"《山海經·北山經》："白沙山，廣員三百里，盡沙也。"《管子·地員》："剽土之次曰五沙。五沙之狀，粟焉。如屑塵厲。"唐李白《古風》詩："胡關饒風沙，蕭索竟終古。"唐白居易《錢塘湖春行》詩："最愛湖東行不足，綠楊陰裏白沙堤。"唐沈佺期《入鬼門關》詩："夕宿含沙裏，晨行岡路間。"宋孫光憲《八拍蠻》詩："越女沙頭爭拾翠，相呼歸去背斜陽。"金張斛《迴文二首》詩其二："曲池風碎月，敧岸雨摧沙。"明梵琦《贈江南故人》詩："塞月宵沈海，邊風晝起沙。"清卜舜年《黃浦晚度》詩："沙昏秋雁落，潮滿夜漁歸。"

【玉沙】

白色細沙。沙的美稱。南朝梁沈約《彌陀佛銘》："瀘沱玉沙，乍來乍往；玲瓏寶樹，因風韻響。"唐曹唐《仙子洞中有懷劉阮》詩："玉沙瑤草連溪碧，流水桃花滿澗香。"唐李賀《蜀國絃》詩："凉月生秋浦，玉沙粼粼光。"宋楊萬里《新晴西園散步》詩："池水初生蓋玉沙，雨餘碧草卧堤斜。"元張雨《喜春來》詩："江梅的的依茅舍，石瀨濺濺漱玉沙。"明邱雲霄《南旺湖謁宋丞相祠》詩："雁落平湖烟草秋，夕陽結纜玉沙頭。"清胡星阿《瞻雲街》詩其一："瑤草玉沙仙洞晚，小桃空落半溪霞。"

【碧沙】

青色沙子。沙的美稱。晋郭璞《江賦》："碧沙瀢瀩而往來，巨石硉矹以前却。"南朝宋謝靈運《行田登海口盤嶼山》詩："遨游碧沙渚，游衍丹山峯。"唐杜審言《和韋承慶過義陽公主池》詩其三："携琴遶碧沙，搖筆弄青霞。"唐曹唐《劉阮洞中遇仙子》詩："碧沙洞裏乾坤別，紅樹枝前日月長。"宋米芾《詩二首》其二："携琴繞碧沙，搖羣弄青霞。"元薩都剌《過嘉興》詩："蘆芽短短穿碧沙，船頭鯉魚吹浪花。"明謝肅《濰陽道中》詩："白狼河上發牛車，兩岸長風走碧沙。"清彭孫貽《武原十五咏·紫微山寺》詩："雙峰縹緲割烟霞，朱土青林映碧沙。"

【沙鏡】

像雲母一樣的亮沙。晋郭璞《江賦》："黿布餘糧，星離沙鏡。"李善注："沙鏡，似雲母也。"唐侯喜《漣漪濯明月賦》："泛灔靡凝，冲融不歇。漸失沙鏡，逾迷海月。"宋賀鑄《吳江送客》詩："雨啼殘雪，新潮蝕嫩沙鏡中。"明楊慎《送周子籲工部北還》詩：“石帆風外蠹，沙鏡雨中明。”

【銀沙】

銀白色的沙子，含大量石英和長石等礦物。南朝梁蕭綱《玄圃園講頌序》：“朱堂玉砌，碧水銀沙。”唐李賀《上雲樂》詩：“天江碎碎銀沙路，嬴女機中斷煙素。”宋佚名《鳳棲梧·蝶戀花》詞：“漠漠銀沙平晚岸。笑擁寒簑，聊作漁翁伴。”明薛瑄《送趙大參之浙江》詩：“西湖煙净拭明鏡，海門潮起翻銀沙。”清南懷仁《坤輿圖説》：“水退布地皆銀沙，銀粒河身最大，入海處濶數百里。”

【漏沙】

一種沙類。舊説産泰西。色白，大小渾圓如一，可用於沙漏。明方以智《物理小識·地類》：“泰西漏沙色白、小圓如一，故以之代刻漏。”明徐渭《天竺僧》詩：“漏沙自箭準，聖水他濤奔。”清紀昀《烏魯木齊雜詩之風土》詩其十七：“二道河旁親駐馬，方知世有漏沙田。”清陳倫炯《海國聞見録》：“中國用羅經，刻漏沙，以風大小順逆較更數。”

礫[1]

巖石或礦物碎屑物，大於一毫米者爲礫，小於則爲砂。按平均粒徑大小可把礫石細分爲巨礫、粗礫和細礫三種。先秦宋玉《高唐賦》：“礫硠礚而相摩兮，嶵震天之磕磕。”李善注：“《説文》曰：‘礫，小石也；硠硠，衆石貌。’”《韓非子·内儲説下》：“僖侯浴，湯中有礫。”漢張衡《東京賦》：“飛礫雨散，剛癉必斃。”薛注：“石細者曰礫。”漢劉熙《釋名·釋山》：“小石曰礫。礫，料也。小石相枝柱其間，料料然出内氣也。”晋郭璞《三水山贊》：“三水之

山，珍石惟錯。爰有璚瑰，金沙丹礫。”唐柳宗元《袁家渴記》：“其旁多巖洞，其下多白礫。”宋王安石《酬王濬賢良松泉二詩·泉》詩：“其流散漫爲沮洳，稍集小礫生微瀾。”元宋無《咏石得天字》詩：“碎礫鋪文貝，尖峰斫黛蓮。”明孫緒《五禽言》詩其四：“狂飆飛礫天地暗，岐路縱橫將奈何。”清書誠《崛西秋日》詩：“崛西山莊無是非，礫石磽埆人烟稀。”

【砂礫】

細沙碎石，抑或沙子與礫石的混合物。亦作“沙礫”，亦稱“砂顆”。漢王逸《九思·哀歲》：“寶彼兮沙礫，捐此兮夜光。”《史記·衛將軍驃騎列傳》：“大風起，沙礫擊面，兩軍不相見。”漢東方朔《七諫·沈江》：“懷沙礫而自沈兮，不忍見君之蔽壅。”晋劉楨《贈五官中郎將詩四首》詩其四：“凉風吹沙礫，霜氣何皚皚。”北齊顔之推《顔氏家訓·文章》：“加以砂礫，所傷慘於矛戟；諷刺之禍，速乎風塵。”唐杜甫《遣興五首》詩其一：“朔風飄胡雁，慘澹帶砂礫。”宋黎靖德《朱子語類·論文下》：“疾風衝塞起，砂礫自飄揚。”元吳當《强仲賢赴廣東師帥幕》詩：“香雲荔子丹砂顆，清露芙蓉錦繡圖。”《佩文韻府》卷五〇引明陶宗儀《輟耕録》：“古銅器款必細如髮，勻整分曉，無纖毫模糊，此蓋用銅之精者，並無砂顆，一也；良工精妙，二也；不吝工夫，非朝夕所爲，三也。”清吳嘉紀《辛亥孟夏二十八日三兄嘉經歸葬東淘》詩：“肢體拾容易，砂礫亂爪脊。”

【沙礫】

同“砂礫”。此體漢代已行用。見該文。

【砂顆】

即砂礫。此稱元代已行用。見該文。

磣

食物等潔净物中混入的沙土。或作"墋"。《玉篇・石部》："磣，食有沙。"唐元稹《送嶺南崔侍御》詩："桄榔麵磣檳榔澀，海氣常昏海日微。"宋梅堯臣《雨中宿謝胥裴三君書堂》詩："夜短竟無寝，困瞳劇塵磣。"明黄輝《發白沙驛登鬼愁嶺望夷陵懷袁密修及諸子》詩："清霜磣晨飯，户限即林麓。"

漠

多指沙漠。亦指面積廣闊，不適人居，缺水乾燥的沙石地帶。亦指難生草木的鹽碱地帶。亦作"幕"。《楚辭・遠游》："經營四荒兮，周流六漠。"《楚辭・疾世》："踰隴堆兮渡漠。"《説文・水部》："漠，北方流沙也。"《史記・衛將軍驃騎列傳》："翕侯趙信爲單于畫計，常以爲漢兵不能度幕輕留。"司馬貞索隱："幕即沙漠。"《後漢書・光武帝紀下》："匈奴北徙，幕南地空。"李賢注："沙土曰幕，即今磧也。"臣瓉注曰："沙土曰幕。"唐王績《在邊三首》詩其二："漠北平無樹，關南迥有風。"宋毛友《寄顯之太尉使燕山》詩："塵清漠北烽烟斷，風落山前號令聞。"元馮子振《奉皇姊大長公主命題宋道君鸂鶒圖卷》詩："凄凉晚歲駕鴦鸂，漠雁沙鴻未必知。"明梵琦《漠北懷古四首》詩其三："每厭冰霜苦，長尋水草居。"清朱駿聲《説文通訓定聲・豫部》："幕，叚借爲漠。"沙漠又衍生出諸多相關概念，如沙衍（沙漠）、沙度（越過沙漠）、沙莽（廣闊的沙地，大漠）、沙朔（北方沙漠之地，塞北）、沙陲（邊陲沙漠之地）、沙區（沙漠地區）、沙西（泛指遠方沙漠地帶以西的地區）、沙外（大漠以北）、沙塞（沙漠邊塞）、沙塞子（生長在塞外沙漠地帶的

胡人）等。

【幙】

同"漠"。此體漢代已行用。見該文。

【沙漠】

指完全爲沙或沙石所覆蓋，乾旱缺水，植物稀少的地區。亦作"沙幕"。《史記・匈奴列傳》："信教單于益北絶幕，以誘罷漢兵。"裴駰集解引應劭曰："'幕，沙幕，匈奴之南界。'瓉曰：'沙土曰幕。'"漢李陵《歌》："徑萬里兮度沙漠，爲君將兮奮匈奴，路窮絶兮矢刃摧。"《後漢書・列女傳》："沙漠壅兮塵冥冥，有草木兮春不榮。"三國魏阮籍《爲鄭沖勸晉王箋》："前者明公西征靈州，北臨沙漠。"《晉書・四夷傳》："匈奴地南接燕趙，北暨沙漠，東連九夷，西距六戎。"《宋書・謝靈運傳》："若游騎長驅，則沙漠風靡。"《北史・蠕蠕傳》："其西則焉耆之地，東則朝鮮之地，北則渡沙漠，窮瀚海，南則臨大磧。"北周庾信《周柱國大將軍紇干弘神道碑》："祁連猶遠，即受冠軍之侯；沙幕未開，元置長平之府。"唐李白《贈何七判官昌浩》詩："羞作濟南生，九十誦古文。不然拂劍起，沙漠收奇勳。"《舊唐書・房玄齡傳》："沙漠以北，萬里無塵。"宋王洋《明妃曲》詩："茫茫漢塞連沙漠，柳色陽關斷腸處。"元汪鑫《戍婦詞四首》其三："況是玉門關外雪，夜深沙漠鐵衣寒。"明歐大任《古意二首》其一："沙幕關山猶在望，玉門音信未堪聞。"《明史・余珊傳》："羌戎跳梁於西川，北狄蹂躪於沙漠。"清顧祖禹《讀史方輿紀要・陝西一》："北屆朔漠，即沙漠也，自西域横亘而東北，以達於遼海，爲内外大限。"

【沙幕】

即沙漠。此體漢代已行用。見該文。

【沙海】

沙漠的代稱。亦稱“乾海”。沙漠廣遠似海,故稱。南朝齊王融《齊明王歌辭七首·清楚引》其五:“轉葉度沙海,別羽自冰遼。”《魏書·蕭衍傳》:“沙海荒忽之外。”唐孟浩然《和張二自穰縣還途中遇雪》詩:“風吹沙海雪,來作柳園春。”唐皎然《兵後西日溪行》詩:“一從清氣上爲天,仙叟何年見乾海。”宋張鎡《朱師關畫梅溪春曉圖》詩:“吾與二子成三人,共看桑田乾海浪。”元張翥《金宣孝太子墨竹》詩:“沙海神光射天起,中有蟠龍龍有子。”明楊慎《西行雜述》詩:“沙遠名乾海,坡高號望城。”清高述明《人日塞外馬上口占》詩:“彩花剪細風光舊,沙海雲開氣象新。”

【乾海】

即沙海。此稱唐代已行用。見該文。

【流沙】

沙漠的別名。沙因風而流,或如水而流,故稱。亦稱“范河”“淖沙”“活沙”。《書·禹貢》:“導弱水至于合黎,餘波入于流沙。”《吕氏春秋·本味》:“流沙之西,丹山之南,有鳳之丸。”高誘注:“流沙,沙自流行,故曰流沙。在燉煌西八百里。”《楚辭·離騷》:“忽吾行此流沙兮,遵赤水而容與。”又,《招魂》:“魂兮歸來!西方之害,流沙千里些。”王逸注:“流沙,沙流如水也。”洪興祖補注引顏師古曰:“流沙,但有沙流,本無水也。”漢劉徹《天馬二首》其二:“天馬徠,從西極,涉流沙,九夷服。”唐馬戴《送和北虜使》詩:“日入流沙際,陰生瀚海邊。”唐李世民《執契靜三邊》詩:“花銷葱嶺雪,穀盡流沙霧。”唐岑參《輪臺即事》詩:“蕃書文字別,胡俗語音殊。愁見流沙北,天西海一隅。”宋沈括《夢溪筆談·辯證一》:“予在鄜延,見安南行營諸將閱兵馬籍,有稱‘過范河損失’。間其何謂‘范河’,乃越人謂‘淖沙’爲‘范河’,北人謂之‘活沙’。予嘗過無定河,度活沙,人馬履之,百步之外皆動,頹頹然如人行幕上。其下足處雖甚堅,若遇其一陷,則人馬駞車應時皆没,至有數百人乎陷無子遺者。或謂此即流沙也,又謂沙隨風動謂之流沙。”元馬祖常《壯游八十韻》詩:“問俗西夏國,驛過流沙地。”明黄哲《河渾渾》詩:“葱嶺三時積雪消,流沙萬派從東決。”清葉佩蓀《有以西域骨種羊裘見貽者謝却之因綴長句》詩:“傳聞萬里流沙西,瀚海外環哈薩克。”清楊揆《路引篇》:“流沙千里,不可以久居。”

【范河】

即流沙。此稱宋代已行用。見該文。

【淖沙】

即流沙。此稱宋代已行用。見該文。

【活沙】

即流沙。此稱宋代已行用。見該文。

【白地】[2]

指沙漠。《資治通鑑·魏明帝景初元年》:“今吴蜀二賊,非徒白地、小醜、聚邑之寇,乃僭號稱帝,欲與中國爭衡。”胡三省注:“白地,謂大幕不生草木,多白沙也。”又,《資治通鑑·晉武帝太元十三年》:“此白地群盜,烏合而來,徼幸一決,非素有約束,能壹其進退也。”

【磧】[1]

指沙漠。亦稱"沙磧"。不長草木的沙石地。漢班固《封燕然山銘》:"經磧鹵,絕大漠。"李善注:"磧,石地。"《周書·高昌傳》:"自燉煌向其國,多沙磧,道里不可准記,唯以人畜骸骨及馳馬糞爲驗。"唐李白《行行且游獵篇》詩:"海邊觀者皆辟易,猛氣英風振沙磧。"王琦注:"沙磧,即沙漠也。"宋陸游《塞上曲》:"茫茫大磧吁可嗟,莫春積雪草未芽。"《廣韻·入昔》:"磧,沙磧。"元馬祖常《河湟書事》詩其一:"青海無波春雁下,草生磧裏見牛羊。"元王士熙《送和林蘇郎中》詩:"居庸關頭亂山積,李陵臺西白沙磧。"明郯韶《題女真獵騎圖二首》詩:"白草原頭聞雁聲,黃沙磧裏馬蹄輕。"清黃遵憲《九月十一夜渡蘇彝士河》詩:"大漠徑從沙磧度,雙輪徐碾海波平。"清吳偉業《出塞》詩:"玉關秋盡雁連天,磧裏明駝路幾千。"

【沙磧】[1]

即磧[1]。此稱唐代已行用。見該文。

【戈壁】

地表堅硬,礫石覆蓋,草木難生之地。蒙古語音譯。分布於西北及中亞地區。俗亦稱"戈壁灘"。清紀昀《閱微草堂筆記·如是我聞二》:"嘉峪關外有戈壁,徑一百二十里,皆積沙無寸土。"清和邦額《夜譚隨錄》:"戈壁,即瀚海也,內多奇石,石之色大者如馬肝,小者如珠,如玉,如瑪瑙、珊瑚、蜜蠟。"清龍顧山人《十朝詩乘》詩:"四萬里中頻指點,十千戈壁隔諸蠻。"清楊守敬《水經注疏》:"蓋塔里木河所經,皆戈壁沮如之地,水道或有改易矣。"《清史稿·地理志》:"雪山自葱嶺支分,迤邐東趨,綿跨州境,山外皆大戈壁,與青海分界。"葛虛存《清代名人軼事·將略類》:"又聞公過戈壁、瀚海等地,常數百里無人烟。"

【旱海】

寧夏靈武市東南多沙磧、無水草之地,古稱旱海。亦泛指沙漠。《舊五代史·馮暉傳》:"蕃部歸心,朝議患之。"舊注引《隆平集·藥元福傳》:"西戎三族攻靈州,命元福佐朔方節度使馮暉討之。朔方距威州七百里,地無水草,謂之旱海。"《資治通鑑·後晉齊王開運三年》:"馮暉引兵遇旱海。"胡三省注引趙珣《聚米圖經》:"鹽夏清遠軍間,並係沙磧,俗謂之旱海。"明何景明《述歸賦》:"北旱海之爛灼兮,西太素之積陰。"清楊芳燦《賀蘭山積雪歌》:"陰崖太古雪未銷,新雪又復埋巖腰,茫茫旱海堆銀濤。"

【大漠】

古指我國西北部的大沙漠地帶。"大漠"亦作"大幕"。《史記·衛將軍驃騎列傳》:"驃騎將軍去病率師,躬將所獲葷粥之士,約輕齎,絕大幕,涉獲章渠。"《漢書·五行志中》:"〔武帝〕遣大將軍衛青、霍去病攻祁連,絕大幕,窮追單于,斬首十餘萬級。"顏師古注:"幕,沙磧也。"晉張華《壯士篇》詩:"濯鱗滄海畔,馳騁大漠中。"唐李義府《和邊城秋氣早》:"霧暗長川景,雲昏大漠沙。"唐王維《使至塞上》詩:"大漠孤烟直,長河落日圓。"唐王昌齡《從軍行七首》詩其五:"大漠風塵日色昏,紅旗半捲出轅門。"宋司馬光《資治通鑑·宋世祖孝武二年》:"度大漠,旌旗千里。"宋程頤《聞侯舅應辟南征》詩:"今朝有客關內至,聞從大幕征南垂。"元宋褧《秋絃怨》詩:"大漠沙如雲，去京三萬里。"明金幼孜《次永安甸》詩："大幕塵清虜氣摧，六師奏凱六龍回。"清夏之璜《送師遠戍別友》詩："眼從大漠舒逾闊，骨向堅冰煉更剛。"清林則徐《哭故相王文恪公二首》詩其一："傷心知己千行淚，灑向平沙大幕風！"

【大幕】

即大漠。此體漢代已行用。見該文。

瀚海 [2]

漢魏六朝指北方大湖，唐代或指西北方沙漠。或指蒙古高原大沙漠以北及其以西今準噶爾盆地一帶廣大地區。元後特指廣大戈壁沙漠。元代或以今新疆古爾班通古特沙漠爲瀚海，見耶律楚材《西游錄》；或以今阿爾泰山爲瀚海，見劉郁《西使記》。亦稱"瀚漠""翰海"。《魏書·蕭衍傳》："瀚漠羈縻之表，方志所不傳，荒經所不綴。"《北齊書·文宣帝紀》："關隴慕義而請好，瀚漠仰德而致誠。"唐陶翰《出蕭關懷古》詩："孤城當瀚海，落日照祁連。"唐李昂《從軍行》詩："陰山翰海千萬里，此日桑河凍流水。"宋張嶠《擬蘇少卿寄内》詩："黃雲愁瀚海，朔雪暗燕然。"元廼賢《南城咏古十六首·白馬廟》詩："曾蹴陰山雪，思清瀚海塵。"明李延興《仲冬月》詩："憑高曠望目力超，瀚海天山千丈雪。"清林則徐《出嘉峪關》詩其三："天山巉削摩肩立，瀚海蒼茫入望迷。"清洪吉亮《松樹塘萬松歌》："我疑黃河翰海地脉通，何以戈壁千里非青葱。"

【瀚漠】

即瀚海 [2]。此稱北齊已行用。見該文。

【翰海】 [2]

即瀚海 [2]。此稱唐代已行用。見該文。

【溟海】 [2]

即瀚海。唐崔湜《塞垣行》詩："疾風卷溟海，萬里揚沙礫。"元劉麟瑞《西和知州陳公（寅）守將楊公（鋭）》詩："不期溟海鵬千里，自守封疆鳩一杯。"明董其昌《送李伯襄太史封秦藩二首》詩其二："百二山河磐石重，三千溟海積風多。"

【龍沙】

泛指塞外沙漠之地。南朝梁裴子野《咏雪》詩："飄飆千里雪，倏忽度龍沙。"南朝梁張正見《從軍行》詩："雁塞秋聲遠，龍沙雲路迷。"唐虞世南《雜曲歌辭·結客少年場行（一作結客少年場行）》："雲起龍沙暗，木落雁行（集作門）秋。"宋張定千《詩一首》詩："況説龍沙最邊陲，關河阻隔遠明時。"金趙秉文《和韋蘇州二十首·西樓》詩："十去龍沙雁，年年九不歸。"金元好問《癸巳五月三日北渡三首》詩其三："白骨縱橫似亂麻，幾年桑梓變龍沙。"明劉炳《寄徐指揮》詩："劍磨鯨海遺腥血，馬渡龍沙帶戰瘡。"清林則徐《塞外絶句》詩其十一："短衣携得西凉笛，吹徹龍沙萬里秋。"一説，指雪。

平沙 [2]

廣闊的沙原，猶沙漠。南朝梁范雲《餞謝文學離夜》詩："遠山隱且見，平沙斷還緒。"唐張仲素《塞下曲》："朔雪飄飄開雁門，平沙歷亂卷蓬根。"唐于鵠《送張司直入單于》詩："塞深無伴侶，路盡有平沙。"宋張孝祥《水調歌頭·桂林集句》詞："平沙細浪欲盡，陡起忽千尋。"元邢具瞻《出塞》詩："平沙細草三千里，一笛西風人斷腸。"明宋濂《憶與劉伯温章三益葉景淵三君子同上江表五六年間人事離合不齊而景淵已作土中人矣慨然有賦》詩："百里一廬舍，平沙千髑髏。"清吳山濤《西塞詩二首》詩其一："平沙漸闊明駝没，短草初黃怒隼偏。"

沙壟

直而長的流動沙丘。由新月形沙丘發展而來，長度不等，從數百米至數千米。宋蘇軾《韋偃牧馬圖》詩："至今霜蹄踏長楸，圉人困卧沙壟頭。"明劉崧《喜水退過南園問勞子與伯仲兼懷水東別業》詩："禾黍未收沙壟没，無端愁殺水東村。"一説，在水中形成。

玉女沙

河南登封市八風溪岸的細沙。隋佚名《宫詞》："夜來扶醉宫袍浣，薄澣催頌玉女沙。"《太平寰宇記·河南道·西京三》："八風溪，溪水南流，合三交水，此岸有沙，細潤，可以澡濯。隋代常進，後宫雜以香藥，以當豆屑，號曰玉女沙。"清邱籙村《遺形》詩："樊籬漫折先生柳，澡濯寧煩玉女沙。"

汀

水邊平沙，抑或水岸沙洲。《楚辭·九歌·湘夫人》："搴汀洲兮杜若，將以遺兮遠者。"晋佚名《長樂佳七首》其二："貞節曜奇世，長樂戲汀洲。"《玉篇·水部》："汀，水際平沙也。"唐王勃《山亭夜宴》詩："竹晦南汀色，荷翻北潭影。"唐杜牧《分司東都寓居履道叩承川尹劉侍郎大夫恩知上四十韻》詩："宿雨回爲沼，春沙淀作汀。"唐戴叔倫《蘇溪亭》詩："燕子不歸春事晚，一汀烟雨杏花寒。"宋衛宗武《過瓜洲》詩："埜芳零落舞殘紅，汀草蒙茸漲平緑。"宋吳潛《青玉案》詞："鷺洲鷗渚，葦汀蘆岸，總是消魂處。"元周砥《顧仲瑛

芝雲堂》詩："邀我醉眠書畫舫，月明吹笛看雲汀。"明張以寧《宿遷縣》詩："樹合藏深屋，河移出遠汀。"

【汀洲】

水中小洲，沙洲。《楚辭·九歌·湘夫人》："搴汀洲兮杜若，將以遺兮遠者。"唐李商隱《安定城樓》詩："迢遞高城百尺樓，緑楊枝外盡汀洲。"宋舒亶《散天花》詞："西風偏解送離愁，聲聲南去雁，下汀洲。"元吳當《送胡宗悦官長沙》詩："紅樹接郊甸，白蘋滿汀洲。"明高啓《雨篷》詩："楚雨滿汀洲，瀟瀟灑客舟。"清王夫之《憶秦娥·蓼花》詞："蘆花風亂汀洲繞，采芳人遠知音少。"

【沙汀】

猶沙洲。南朝梁何遜《還度五洲》詩："沙汀暮寂寂，蘆岸晚修修。"唐杜牧《鴛鴦》詩："兩兩戲沙汀，長疑畫不成。"宋張掄《朝中措》詞其九："密洒一篷烟火，驚鴻飛起沙汀。"宋謝逸《采桑子》詞其一："楚山削玉雲中碧，影落沙汀，秋水澄凝，一抹江天雁字横。"元鄭光祖《蟾宫曲·夢中作》曲："飄飄泊泊船纜定沙汀，悄悄冥冥，江樹碧熒熒。"清吳嘉紀《江邊行》："一朝舟檝滿沙汀，只貴數多不貴精。"

【沙洲】

沙質水岸，抑或水中沙島。南朝梁沈約《八咏·登臺望秋月》詩："寒階悲寡鵠。沙洲怨別鴻。"隋薛道衡《入郴江》詩："跳波鳴石磧，濺沫擁沙洲。"唐白居易《晚望》詩："江城寒角動，沙洲夕鳥還。"唐李白《登新平樓》詩："秦雲起嶺樹，胡雁飛沙洲。"宋釋文珦《題畫》詩其二："日照沙洲暖，鴛鴦睡正酣。"宋張君房《雲笈七籤·紀傳部》："在白水沙洲

空山之上，方游觀金城，鳴玉鐘，舞華幢，望在空山之上，往而不至。"

【平沙】[3]

沙質水岸、汀洲。南朝梁何遜《慈姥磯》詩："野雁平沙合，連山遠霧浮。"宋尤袤《題米元暉瀟湘圖二首》詩其二："淡淡晴山橫霧，茫茫遠水準沙。"元張翥《踏莎行·芳草平沙》詞："芳草平沙，斜陽遠樹，無情桃葉江頭渡。"明王洪《晚經淮陰》詩："平沙杳杳人孤渡，遠水悠悠雁自飛。"清王翃《雪梅香·別》詩："日冷高雲送吟雁，平沙潮落暮江低。"

【沙磧】[2]

泛指水邊沙礫灘。漢劉歆《西京雜記》："路喬如爲《鶴賦》，其辭曰：……宛修頸而顧步，啄沙磧而相歡。"北周庾信《奉和泛江》詩："錦纜回沙磧，蘭橈避荻洲。"唐戴叔倫《屯田詞》："春來耕田遍沙磧，老稚欣欣種禾麥。"宋白玉蟾《武昌懷古十咏·江漢亭》詩："西風黃葉滿秋城，水鳥飛無沙磧腥。"元吾丘衍《送謝卿游北》詩："十月江水寒，候雁別沙磧。"明鄧雲霄《和吳允兆秋草詩十二首》詩其五："霜剪蓬蒿狐穴淺，風生沙磧馬蹄輕。"清查慎行《伴城旅店次徐子大壁間韻》詩："沙磧凉生蕎麥雨，茅檐香過棗花風。"

【沙裙】

濱海地區對新生小沙粒的稱呼。清徐榮《嶺南勸耕》之四："明年沙裙生，燈歌報神烈。"原注："新生子沙曰沙裙。"一說，沙田臨海的灘地。清屈大均《廣東新語·地語·沙田》："當盛平時，邊海人以沙田而富，故買沙田者爭取沙裙。以沙裙易生浮沙，有以百畝而生至數百畝者。今則以沙田爲累，半委之於莫可如何者矣。"

堆

沙墩、沙堆。亦作"潬"，亦稱"塠""追""沙塠"。《爾雅·釋水》："潬，沙出。"郭璞注："今江東呼水中沙堆爲潬。"陸德明釋文："堆，又作塠。"《史記·司馬相如列傳》："觸穹石，激堆埼，沸乎暴怒，洶湧滂湃。"裴駰集解引郭璞注："堆，沙堆。"漢枚乘《七發》："窮曲隨限，踰岸出追。"李善注："追，亦堆字。"《漢書·地理志》："敦煌郡。"顏師古注："正西關外有白龍堆沙，有蒲昌海。"《三國志·魏書·武帝紀》："〔袁紹〕依沙塠爲屯，東西數十里。"北魏酈道元《水經注·渠水》："依沙堆爲屯，東西數十里。"唐馬逢《從軍》詩："沙堆風起紅樓下，飛上胡天作陣雲。"宋黎靖德《朱子語類·論語》："這邊壅一堆泥，那邊壅一堆沙，這水便不得條直流去。"元薩都剌《上京即事》詩其五："大野連山沙作堆，白沙平處見樓臺。"明陳獻章《贈潘上舍漢用前韻》詩："纔看溪樹交成幄，又見秋沙卷作堆。"清傅澤洪等《行水金鑑》卷一六二："西北行三十里一派沙地，並無樹木村莊，飛沙成堆，衰草零落。"《清史稿·鄧廷楨傳》："砲臺建於海灘，沙浮不固，奏改爲砲墩，囊沙堆築，外護以船。"

【潬】[1]

即堆。此體先秦已行用。見該文。

【追】

同"堆"。此稱漢代已行用。見該文。

【沙塠】

即堆。此稱晉代已行用。見該文。

【塠】

同“堆”。此稱唐代已行用。見該文。

磧礫

水中沙石淺灘。亦謂陸地上碎沙石較多之處。亦作“磧歷”，單稱“磧”。秦李斯等《三倉》：“磧，水中沙也。”《史記‧司馬相如列傳》：“陵三嵏之危，下磧歷之坻。”《說文‧石部》：“磧，水陼有石者。”段玉裁注曰：“磧，水中沙堆也。”晉左思《吳都賦》：“翫其磧礫，而不窺玉淵者，未知驪龍之所蟠也。”劉良注：“磧礫，淺水而有石者。”《晉書‧王濬傳》：“吳人於江險磧要害之處，並以鐵鎖橫截之。”南朝梁柳惲《贈吳均詩三首》詩其三：“夕宿飛狐關，晨登磧礫阪。”唐張守節正義：“淺水中沙石也。”唐劉禹錫《武陵書懷五十韻（並引）》詩：“操斧執斤者萬人，涉磧礫而登崔嵬。”宋蘇頌《和丘與權秘校咏寶寄林成之進士》詩：“揀金磧礫中，或不間砂鑛。”明李時行《四憶詩（有叙）》詩其一：“棼磧礫兮莽蓬蒿，欲往游兮無輕輻。”

【磧】[2]

即磧礫。此稱先秦已行用。見該文。

【磧歷】

同“磧礫”。此體漢代已行用。見該文。

【瀨】[3]

有淺水流過的沙石灘。先秦佚名《河上歌》：“瀨下之水，因復俱流。”《楚辭‧九章‧抽思》：“長瀨湍流，泝江潭兮。”又，《楚辭‧九歌‧湘君》：“石瀨兮淺淺，飛龍兮翩翩。”《漢書‧司馬相如列傳下》：“東馳土山兮，北揭石瀨。”顏師古注：“石而淺水曰瀨。”晉王羲之《答許詢》詩：“清泠澗下瀨，歷落松竹松。”北魏酈道元《水經注‧漸江水》：“自縣至於潛，凡十有六瀨，第二是嚴陵瀨。山下有一石室，漢光武時嚴子陵之所居也，故山及瀨皆即人姓名之。”又，《水經注‧巨洋水》：“巨洋水，自朱虛北入臨朐縣，熏冶泉水注之，水出西溪，飛泉側瀨，於窮坎之下，泉溪之上。”唐日僧遍照金剛《文鏡秘府論》詩：“積翠微深潭，舒丹明淺瀨。”唐玄奘《大唐西域記》卷一二：“崖嶺嵯峨峯巒重疊，草木凌寒春秋一貫，溪澗浚瀨飛流四注。”唐白居易《玉水記方流》詩：“似風搖淺瀨，疑月落清流。”唐劉滄《過滄浪峽》詩：“山疊雲重一徑幽，蒼苔古石瀨清流。”

【灘】

指水中沙石堆，或河道中水淺流急多沙石的地方。亦作“潬”。秦李冰《湔堋堰官碑》：“深淘潬，淺包隔。”北魏酈道元《水經注‧江水一》：“山崩地震，江水逆流懸溉，有灘名�坻，亦曰鹽溉。李冰所平也。”唐岑參《江上阻風雨》詩：“雲低岸花掩，水漲灘草沒。”《北史‧陽斐傳》：“石濟河溢，橋壞，斐移津於白馬，中河起石潬，兩岸造關城，累年乃就。”《集韻‧寒韻》：“潬，水中沙出，通作灘。”宋李清照《如夢令》詞：“驚起一灘鷗鷺。”《廣韻‧平聲寒韻》：“灘，水灘。”《太平廣記‧塚墓二》：“女媧墓，潼關口河潬上，有樹數株，雖水暴漲，亦不漂沒。”金趙秉文《中秋日郊外遇雨》詩：“徑斜來險石，溪急上清灘。”明張昱《題嚴子陵》詩：“惟有富春山下月，清光常繞石灘流。”清黃景仁《新安灘》詩：“一灘復一灘，一灘高一丈。”清屈大均《合瀾洲》詩：“鹽田朝放水，沙潬晚收禾。”

【潬】 2

同"灘"。此體先秦已行用。見該文。

羅星 2

舊時風水學術語。指在出水口處散布的巨石、沙洲、土墩、小山。晉郭璞《葬書》："好龍多從腰落分布，枝蔓於數十里之間，或爲城郭朝樂官曜禽鬼、捍門、華表、羅星之類。"唐楊筠松《天玉經·外編》："城廓彎環生捍門，門外羅星當腰著。"又，《撼龍經·疑龍經》："兩山兩水作一關，更看羅星識先後。羅星亦自有首尾，首逆上頭尾拖水。"又云："關攔之山作水口，必有羅星在水間。大河之中有砥柱，江川之口生灩澦，大姑小姑彭蠡前，采石金山作門户……大關大鎖龍千里，定有羅星橫截氣，截住江河不許流，關住不知多少地。"唐李白《經亂離後天恩流夜郎憶舊游書懷贈江夏韋太守良宰》詩："十月到幽州，戈鋋若羅星。"宋胡寅《清湖山大火（丁卯）》詩："離離點點羅星垣，燦燦爛爛披纈紋。"明徐繼善《人子須知》："看羅星之法，有此數訣，不可不識。大抵見有羅星，又合法度，其内必有大富貴地。"又云："夫羅星者，水口關攔之中，有堆特起，或石或土，當於門户之間，四面水繞者是也。羅星合法度，其内必有大貴地。"清李笑遠《笑林廣記·術業部》："地師曰：'陰地皆由做成，我把羅星來塞水口。'"

第六章　石經說

第一節　岩巖雜石考

　　土地最有價值的部分爲土壤，而土壤是由被風化之巖石與水、植物、大氣等要素之間之交互作用形成的，巖石無疑是其中最基礎之物質之一，因稱"地骨""山骨""土骨"等。晋張華《博物志·地》："地以名山爲輔佐，石爲之骨。"在原始社會，如山頂洞人、北京猿人，皆居住於巖洞之中，逐漸製作出最初之石質生産工具。人類經歷了漫長之石器社會，"石"這種地物名類亦經常出現在甲骨文字之中。

　　本節所録有關"石"字名類之別稱有"厥""他山""硎""巖骨"等。其中"厥"字在先秦已行用，其他見諸之後行文。古人辨"石"，皆從其存在位置、外貌形態、體積大小等屬性入手，并欲究其形成原因。

　　表"石"所在位置。例如，突於水邊之巨石稱"磯"或"碈"；山上巨石稱"硌"。

　　表"石"之外貌形態。例如，險陡的山石作"巉巖"；矗立的石曰"倚石""石帆"；横卧的石曰"寢石""卧石"。

　　表"石"之體積大小。例如，巨大的石謂"盤""礨石"等；較小的石謂"拳石""礫石"。

表"石"之形成成因。例如，流星墜地之石，曰"隕石""落星石""霹靂磠""雷楔""玄金"等；地下淋溶成石，謂"礓石""薑石""礓石"等。

岩　巖

巖 5

指石，構成地殼或巖石圈層的堅硬物質。亦作"岩""嵓""嵒"。按，"嵒"字與其甲骨文極爲相似。自南朝至明清，文獻中常有"嵒"字出現。《山海經·海内西經》："非仁羿莫能上岡之巖。"郭璞注："在巖間也。"《詩·小雅·節南山》："節彼南山，維石巖巖。"《孟子·盡心上》："是故知命者，不立乎巖墻之下。"漢司馬相如《上林賦》："嶄巖參嵯，九嵕巃嵷。"《説文·山部》："嵒，山巖也。"漢淮南小山《招隱士》："谿谷嶄巖兮水曾波，猨狖群嘯兮虎豹嗥。"三國魏曹植《洛神賦》："覩一麗人，於岩之畔。"按，此處"岩"字可作石講，亦作巖岸。三國魏曹丕《浮淮賦》："仰嵩岡之崇阻兮，經東山之曲阿。"晋阮籍《咏懷》其三七："獨坐山嵒中，惻愴懷所思。"《通典·邊防十一》："或因山巖石，木柴僵落，谿谷水門。"宋高似孫《緯略》："巖石乾則灰蒼色，濕則青紫色巖。"宋阮閲《郴江百咏》詩："當時岩下藏身處，依舊春來草自生。"遼行均《龍龕手鑑·山部》："巖，古作岩。"明張自烈《正字通》："俗嵒字。巖，俗省作岩。"明楊士奇《滁州重建醉翁亭記》："但見寒蕪荒址，'醉翁亭二賢堂'六字隱隱巖石間。"徐珂《清稗類鈔·文學類》："貴州永寧州有紅巖，千仞壁立，上有字數十，人名之曰紅……少鳥聲間。偶迷沙路

曾來處，始踏苔巖常望山。"

【嵒】 3

同"巖 5"。此體漢代已行用。見該文。

【岩】 2

同"巖 5"。此體三國魏已行用。見該文。

【嵓】 3

同"巖 5"。此體三國魏已行用。見該文。

【石】

石塊、巖石。地殼或巖石圈層的礦物集合體，質性堅硬。新舊石器時代，初民用以製成各種工具。《書·益稷》："夔曰：'於！予擊石拊石，百獸率舞。'"《周易·困》："困於石，據於蒺藜。"孔穎達疏："石之爲物，堅剛而不可入也。"《周禮·春官·宗伯》："皆播之以八音：金、石、土、革、絲、木、匏、竹。"《詩·小雅·鶴鳴》："他山之石，可以攻玉。"《列子·湯問》："遂率子孫荷擔者三夫，扣石墾壤，箕畚運於渤海之尾。"《莊子·秋水》："吾在天地之閒，猶小石小木之在大山也。"《史記·秦始皇本紀》："乃遂上泰山，立石。"按，立石質碑。《爾雅·釋器》："玉謂之琢，石謂之磨。"唐柳宗元《小石潭記》："全石以爲底，近岸，卷石底以出，爲坻，爲嶼，

"石"（甲骨文）（據乙3212）

爲嶀，爲岩。"宋范成大《吳船錄》卷下："移舟近東泊。從船遷徙稍緩，爲暗石作觸，水入船，幾破敗。"元張國賓《羅李郎大鬧相國寺》第二折："出門去没一個人知道，便似石沈大海，鐵墜江濤。"明朝鮮全義李《東茶記》："茶之生多在山中多石處，聞嶺南則家邊竹林處處有之。"

【厥】

指石。《山海經·海外北經》："相柳之所抵，厥爲澤谿。"《荀子·大略》："和之璧，井里之厥也。玉人琢之，爲天子寶。"楊倞注："厥，石也。"漢班固《西都賦》："爾乃正殿崔嵬，層構厥高，臨乎未央。"又，"封畿之内，厥土千里"。又，《漢書·李尋傳》："熒惑厥弛，佞巧依勢。"《説文·厂部》："厥，發石也。"唐白居易《雙石》詩："蒼然兩片石，厥狀怪且醜。"宋劉學箕《吾廬寓言》詩："山水可樂情可娛，五畝之宅莫厥居。"明劉基《咏史二十一首》其十一："抵厥成溪澤。"《玉篇零卷·厂部》作"歔"。"欮"意爲上半身憋氣發力，"厂"指石崖，兩字聯合就表示憋氣發力；采石於巖崖，或會昏厥。花費大力采石，是一種接近體力極限的勞動，故"厥"字又轉義爲石。清徐灝《説文解字注箋》："發石謂之厥，因之謂石爲厥。"一説，發石謂發射石塊。清吳善述《説文廣義校訂》："曹操擊袁紹有發石車，謂之霹靂車。"

【地骨】

"石"的別名。如土地之骨，故稱。亦稱"土骨"。漢于吉《太平經》卷四五："今天不惡人有室廬也，乃其穿地太深，皆爲瘡瘍，或得地骨，或得地血。何謂也？泉者，地之血；石

者，地之骨也。"晋張華《博物志·地》："地以名山爲輔佐，石爲之骨。"唐李乂《寄胡皓時在南中》詩："江流通地骨，山道繞天台。"宋梅堯臣《淮岸》詩："秋水刷土骨，峭瘦如老石。"明唐文鳳《橫石磯》詩："山頭雲覆帽，地骨草成衣。"明釋函昰《冬泉》詩："冬日水枯穿地骨，泠泠湧出映眉泓。"明程敏政《木假山與李符卿士欽聯句二首》其一："烟鬟拂樹陰長合（程），土骨黏苔綠未匀。"清史震林《西青散記》："湖中得土骨二，以夾爐，如雙峰。"

【土骨】

即地骨。此稱宋代已行用。見該文。

【山骨】

指巖石，又特指山中的巖石。唐劉師服、侯喜等《石鼎聯句》："巧匠斵山骨，刳中事煎烹。"宋蘇軾《廬山二勝并叙·棲賢三峽橋》詩："清寒入山骨，草木盡堅瘦。"金元好問《十一月五日暫往西張》詩："林烟漠漠鴉邊暗，山骨稜稜雪外青。"元劉因《龍潭》詩："靈潤發山骨，沮洳下崖陰。"明袁宏道《祝雨》詩："洗山山骨新，洗花花色故。"明梅膺祚《字彙·石部》："石，山骨。"清佚名《陶然亭聯》："萬荷倒影月痕綠，一雨洗秋山骨青。"

【巖骨】

指巖石。宋戴復古《從板橋買舟上青陽》詩："水鍍巖骨斷，烟截樹頭齊。"宋何遠《春渚紀聞·端溪紫蟾蜍硯》："其蓋有東坡小楷書，銘云：'蟾蜍爬沙到月窟，隱避光明入巖骨。'"宋潛説友《臨安志存·守觀下》："穿幽透深，不可名貌，林木皆自巖骨拔起，不土而生。"元柳貫《雪夜苦寒沍》："巖骨峭下，瀨膠流溪。"明吕時臣《貌姑射龍子祠同吕中翰裴黄

强陳四散人》詩："碑卧石根春寂寂，海通巖骨水泠泠。"

【他山】

原指別處山上之石，後作"石"的代稱。《詩·小雅·鶴鳴》："他山之石，可以攻玉。"後人截取，以之代石。三國魏曹丕《以鄭稱爲武德傅令》："礱之以砥礪，錯之以他山，故能致連城之價，爲命世之寶。"唐苗神客《乙速孤神道碑》："於是爰勒他山，用旌斯烈。"唐鄭谷《登杭州城》詩："潮來無別浦，木落見他山。"宋蘇軾《儋耳山》詩："突兀隘空虚，他山總不如。"亦常比喻幫助自己做出成績的外力。清李漁《閑情偶寄·詞曲部》："類我者，我友之，亦不媿爲攻玉之他山。"清蒲松齡《聊齋志異·司文郎》："幸相知愛，故極力爲'他山'之攻，生平未酬之願，實欲借良朋一快耳！"

【硎】[2]

指石。唐皮日休《入林屋洞》詩："其門纔函丈，初若盤薄硎。"又，《二游詩·徐詩》其一："挈過太湖風，抱宿支硎雪。"《集韻·平庚韻》："硎，石也。"宋范成大《外舅挽詞二首》其一："植德千章茂，硎材百鍊剛。"元宋無《端石硯》詩："千年巖璞斬新硎，一片琳腴截紫青。"明馬中錫《中山狼傳》："胡不礪刃於硎以待。"明袁宏道《入春屢作雪不見梅花仍用雪中韻作古詩悲之》詩："雪心膠蠟蒂，亂結如頑硎。"清王拯《書憤》詩："郴桂路千餘，寸尺多鋒硎。"又特指磨石。《莊子·養生主》："所解數千牛矣，而刀刃若新發於硎。"成玄英疏："硎，砥礪石也……其刀鋭利，猶若新磨者也。"《吕氏春秋·季秋紀》："用刀十九年，刃若新磨硎，順其理，誠乎牛也。"

崟崎

高峻奇特的山石，亦喻高峻奇特之勢。亦作"嶔崎"。漢王延壽《王孫賦》："生深山之茂林，處嶄巖之嶔崎。"南朝宋謝靈運《山居賦》："上嶔崎而蒙籠，下深沉而澆激。"唐韋應物《春月觀省屬城始憩東西林精舍》詩："嶔崎石門狀，杳靄香爐烟。"宋王明清《揮麈後録》卷二："逾萬松之峻嶺，設兩關而嶔崎。"宋姜特立《寄題時氏小飛來三首》詩其一："依約峯巒似竺乾，崟崎巖洞老雲烟。"元丁復《送黄學録歸番陽》詩："有番之山，嵯峨而嶔崎，連峰結絡如幡旗。"明徐渭《發嚴州捨舟登陸遠眺江中怪石》詩："仰睇崟崎側，惟見蒼翠矯。"明何喬新《讀曾南豐》詩："峻如登華嶽，石磴何嶔崎。"清鮑鼎銓《望海潮·黄鶴樓》詞："赤壁崟崎，洞庭浩渺，天邊不斷帆檣。"清弘曆《燕文貴匡廬清曉圖》詩："錦林扶巚嶂，珠瀑落嶔崎。"

【嶔崎】[2]

即崟崎。此體漢代已行用，見該文。

冠石

自動挺出地面、三石爲足的巨石。傳爲匹夫成天子的象徵。《漢書·眭弘傳》："孝昭元鳳三年正月，泰山萊蕪山南匈匈有數千人聲，民視之，有大石自立，高丈五尺，大四十八圍，入地深八尺，三石爲足……後五年，孝宣帝興於民間，即位。"又，《劉向傳》："冠石立於泰山，仆柳起於上林。"顔師古注引臣瓚曰："冠山下有石自立，三石爲足，一石在上，故曰冠石也。"《三國志·魏書·公孫度傳》："時襄平延里社生大石，長丈餘，下有三小石爲之足。或謂度曰：'此漢宣帝冠石之祥。'"宋曾鞏

《送覺祖院明上人》詩："冠石新墙日月回，豐堂環殿起崔嵬。"明王世貞《弇州山人四部稿》卷一四八："冠石熊峯，早朝烟靄。"又爲石名。清朱仕玠《小琉球漫志》卷八："有巨石高出内山之頂，名爲冠石；登絶頂，東洋及山后諸社，可一望而盡。"

硌

山上巨石。亦作"硌碻"，亦稱"砟硌""礧硌"。《山海經・西山經》："上申之山，上無草木，而多硌石，下多榛楛，獸多白鹿。"郭璞注曰："礧硌，大石也，音洛。"漢曹操《氣出唱》詩："游君山，甚爲真。磪䰄砟硌，爾自爲神。"《玉篇・石部》："硌，山上大石。"《藝文類聚・居處部》："璀錯蛇累硌，屬阜連岡。"宋毛滂《清平樂》詞："流肪磊硌龜蛇，會留紅日西斜。"宋董淵《靈峰院龍龕山和蔡君謨》詩："礧硌彌沙界，谽谺古洞天。"宋韓淲《次韻子任》詩："荒荒行硌碻，淺淺渡潺湲。"元舒頓《大郭山記》："由大塘上甘桃嶺行數里，崎嶇碻硌，周百丈巖。"明陳耀文《天中記》卷八："山體曰石，石硌，硌也，堅捍，硌也。"清紀映鍾《金陵故宫》詩："延袤萬丈餘，堅比南山硌。"清查慎行《甘泉漢瓦歌爲侯官林同人賦》："昭陵迹廢補亡闕，磨石山高穿硌碻。"

【砟硌】

即硌。此稱三國魏已行用。見該文。

【硌碻】

即硌。此體宋代已行用。見該文。

【礧硌】

即硌。此稱晋代已行用。見該文。

碧 [2]

水邊大石。《説文・石部》："碧，水邊石，从石羿聲。《春秋》傳曰：'闕碧之甲。'"唐趙冬曦《三門賦》："摇騰碧嶼，刷蕩坍穴。"《廣韻・腫韻》："碧，水邊大石。"宋鄭厚《登碧溪仙人巖》詩："短帽依然九日風，巖頭的的問仙翁。"《徐霞客游記・楚游日記》："碧石西南，即出水崖内壑，一潭澄石隙中。"清劉繹《題〈梧陰書屋圖〉》詩："曾借鶯棲寄舊氈，未游石碧尚情牽。"

石磯

突於水邊之巨石。亦稱"磯"。《孟子・告子下》："磯，激也。"孫奭疏："磯者，磯激也。石之激水，順其流而激之。"漢孔融《離合作郡姓名字》詩："吕公磯釣，闔口渭旁。"《增韻》："石激水曰磯。"北魏酈道元《水經注・江水》："東徑五磯北，有五山。"晋佚名《歡聞變歌六首》其四："摇著帆檣上，望見千里磯。"《玉篇・石部》："水中磧也。"北周庾信《謹贈司寇淮南公》詩："商山隱士石，丹水鳳凰磯。"唐李賀《南園十三首》詩其八："窗含遠色通書幌，魚擁香鈎近石磯。"唐張旭《桃花溪》詩：

燕子磯
（清《江南省行宫座落并各名勝圖》）

"隱隱飛橋隔野烟，石磯西畔問漁船。"元虞集《題柯博士書》詩："磯頭風急潮水長，蒹葭蒼蒼繫魚榜。"元李士瞻《抵楚門即船主戴廷芳廷玉家也》詩其二："竹塢人家茅屋小，石磯漁艇釣絲長。"明許炯《春日溪居》詩："春水鸕鶿滿石磯，夕陽江上釣船歸。"《紅樓夢》第八一回："〔寶玉〕便走下石磯，坐在池邊釣起來。"一說，水邊石灘。

【磯】

即石磯。此稱先秦已行用。見該文。

石壁

像墙一樣陡峭，直立的巖石。晋葛洪《神仙傳·孫博》："山間石壁，地上盤石，博入其中，漸見背及兩耳，良久都沒。"北魏酈道元《水經注·漸江水》："溪水又東入於穀水，又東經烏傷縣之雲黃山，山下臨溪水，水際石壁傑立，高一百許丈。"唐杜甫《返照》詩："返照入江翻石壁，歸雲擁樹失山村。"金元好問《湧金亭示同游諸君》詩："空青斷石壁，微茫散烟蘿。"《徐霞客游記·游天台山日記》："洞外，左有兩巖，皆在半壁；右有石笋突聳，上齊石壁，相去一綫。"清顧祖禹《讀史方輿紀要·浙江》："牛筋嶺，在縣東南十五里，兩崖石壁，如犬牙錯峙，中間一罅，僅通溪流。"

石的

石壁之最鮮明昭著者。如射侯之的，故稱。北魏酈道元《水經注·濟水》："城北五里，號曰李君祠。廟前有石蹟，蹟上有石的，石的銘具存。"《太平廣記·山》："水東高巖臨潭，有石的，形甚員明，視之如鏡。"明方以智《通雅·地輿》："石的，石壁之最著者也。"

倚石

矗立之石。南朝宋劉義慶《幽明録》："上有倚石，如二人，像攘袂相對。"唐陸希聲《陽羨雜咏·偃月嶺》詩："山嶺依稀偃月形，數層倚石疊空青。"宋張淏《雲谷雜記·艮嶽》："艮嶽倚石排空，周環曲折，有蜀道之難。"《八閩通志》卷一二："江中有小嶼，形如樽俎，又有仙屏山、仙倚石，遠望若臺。"《寧國府志·藝文志》："皆隨山架宇，倚石爲壁，曲榭層樓，人蹈空際。"

石帆 [1]

形如帆狀的石頭。南朝宋謝靈運《游名山志》："破山溪南二百餘里，又有石帆，修廣與破石等度，質色亦同。傳云：古有人以破石之半爲石帆，故名。彼爲石帆，此名破石。"北魏酈道元《水經注·漸江水》："北則石帆山，山東北有孤石，高二十餘丈，廣八丈，望之如帆，因以爲名。"唐徐堅《初學記·州郡部》："《會稽志》曰：射的北有石帆壁立。臨水漫石，宜山遙望，有似張帆。"唐元積《春分投簡陽明洞天作》詩："石帆何峭嶢，龍瑞本縈紆。"宋盛弘之《荆州記》："武陵武陽縣有石帆山，若數百幅幌。"元張可久《幽居次韻》曲："石帆山下吾廬，秋水綸竿，落日巾車。"明王世貞《放歌贈子相考功出參閩省》詩："霓爲車，風爲馬，張石帆，槌河鼓。"清張寶森《石帆歌》詩："江上樓船欹欲眠，惟有石帆吹不動。"

寢石

橫臥之石。亦作"臥石"。《荀子·解蔽》："冥冥而行者，見寢石以爲伏虎也，見植林以爲後人也。"晋干寶《搜神記·熊渠》："楚熊渠夜行，見寢石，以爲伏虎，彎弓而射之，没金飲羽。”唐盧綸《同崔峒補闕慈恩寺避暑》詩：“寺凉高樹合，卧石緑陰中。”唐吕巖《贈江州太平觀道士》詩：“雲中閑卧石，山裏冷尋碑。”明梁辰魚《浣紗記・送餞》：“我勾踐被吴圍住，困居此山，心魂不寧，手足無措，見寢石以爲虎，認草木而皆兵。”清錢大昕《題同人侄策蹇訪碑圖》詩：“低頭看卧石，不肯損莓苔。”

【卧石】

即寢石。此稱唐代已行用。見該文。

磐石

巨石。單稱“磐”。先秦宋玉《高唐賦》：“磐石險峻，傾崎崖隤。”漢樂府《孔雀東南飛》：“君當作磐石，妾當作蒲葦，蒲葦韌如絲，磐石無轉移。”楊倞注：“磐石，盤薄大石也。”王弼注：“磐，山石之安者少。”包儀《易原就正》疏：“石之近水大而平穩者曰磐。”漢曹操《秋胡行》：“坐磐石之上，彈五弦之琴。”三國魏曹丕《陌上桑》詩：“登高山，奈何蹈磐石。”晋郭璞《江賦》：“荆門闕竦而磐礴。”《玉篇・石部》：“磐，大石也。”南朝梁徐陵《玉臺新咏・爲焦仲卿妻作》：“君當作磐石，妾當作蒲葦。蒲葦紉如絲，磐石無轉移。”唐王績《晚年叙志示翟處士》詩：“古岸多磐石，春泉足細流。”唐王維《春過賀遂員外藥園》詩：“水穿磐石透，藤繫古松生。”唐李白《東魯門泛舟二首》其二：“水作青龍磐石堤，桃花夾岸魯門西。”《廣韻》：“磐，大石。”宋陸游《東園晚興》詩：“蕭然濯手坐磐石，心地平安體紓適。”明藍仁《催黄仲文寄南山别墅圖》詩：“水清磐石思垂釣，花落荒村見偶耕。”《東周列國志》：“若使太子主曲沃，重耳、夷吾，分主蒲屈，君

居中制馭，此磐石之安矣。”清王鳴盛《江郎山》詩：“瀑泉幽硐瀉磐石，濺落匹練跳千珠。”一説，安穩的山石。另説，層叠紆迴之石。

【磐】

即磐石。此稱漢代已行用。見該文。

【盤石】

即磐石。指巨石。單稱“盤”。《周易・漸》：“鴻漸於盤。”《荀子・富國》：“爲民者否，爲利者否，爲忿者否，則國安於盤石，壽於旗翼。”《史記・孝文本紀》：“高帝封王子弟地，犬牙相制，此所謂盤石之宗也，天下服其彊，二矣。”司馬貞索隱：“言其固如磐石。”南朝齊朱碩仙《吴聲獨曲二首・碩仙歌》其一：“山神感儂意，盤石鋭鋒動。”《後漢書・滕撫傳》：“盗賊群起，盤牙連歲。”唐王維《青溪》詩：“請留盤石上，垂釣將已矣。”宋歐陽修《游龍門分題十五首（明道元年）・山槎》詩：“古木卧山腰，危根老盤石。”元于立《題顧處士竹逸亭》詩：“清觴雅瑟在盤石，坐看白雲天際飛。”明胡奎《題松》詩：“何當著我坐盤石，童子掃花閑讀書。”清屈大均《和人黄山雜吟》詩：“斜倚瑶琴盤石上，卧看秋月出松杉。”

【槃石】

指巨石。即磐石。《史記・司馬相如列傳》：“槃石裖崖，嵌岩倚傾。”《宋書・樂志三》：“登南山，奈何蹈槃石，樹木叢生鬱差錯。”隋王劭《舍利感應記》：“掘塔基至槃石，有二浪井夾之。”唐佚名《歷代法寶記》：“大師取食訖，于大槃石上坐。”《太平御覽・資産部》：“郡江之西岸有槃石，下多良田。”

嶄巖

險陡的山石。亦作“嶄巗”。先秦宋玉《高

唐賦》：“登巉巖而下望兮，臨大阺之稽水。”
《廣雅·釋詁四下》：“巉巉，高也。”王念孫疏
證：“《詩·小雅·節南山》篇‘維石巖巖’，
《釋文》：‘巖，本或作嚴’，合言之則曰巉巉。”
南朝齊劉繪《入琵琶峽望積布磯呈玄暉》詩：
“巉巖如刻削，可望不可親。”唐李白《蜀道難》
詩：“畏途巉巖不可攀，但見悲鳥號古（一作
枯）木，雄飛雌從繞林間。”宋吳淵《游青山》
詩其一：“怪石巉巖蹲虎豹，老松偃蹇卧龍虬。”
元許有孚《圭塘雜咏·日夕觀山》詩：“晚晴臺
上看巉巖，萬壑千峰起翠嵐。”《西游記》第一
回：“重重谷壑芝蘭繞，處處巉崖苔蘚生。”清
褚人穫《堅瓠七集·十二時頌》：“康衢只在能
知止，莫就巉巖仄徑行。”清王士禎《池北偶
談》卷一五：“山皆亂石巉巖，下臨大海，偪仄
難度，其險處土人猶罕至焉。”

巉　巖
（清顧鶴逸《鉧閣治印圖》）

【巉巉】

同“巉巖”。此體唐代已行用。見該文。

嵌巖 [2]

指險峻的山巖，單稱“嵌”。一説，山勢險
峻貌。《玉篇·山部》：“嵌，山巖。”唐孟郊《吊
盧殷》詩：“磨一片嵌巖，書千古光輝。”唐李

白《明堂賦》詩：“窅惚恍以洞啓，呼嵌巖而傍
分。”王琦注引《韻會》：“嵌巖，山險貌。”宋
祝穆《方輿勝覽》卷三八：“出山背北望平遠如
畫，前後洞門皆有蒼石嵌巖，古苔封之。”元方
一夔《赤山嶺》詩：“至今頑石尚嵌巖，朝曒光
映半山赤。”元戴表元《次和焦治中雲洞紀游
十四韻》：“嵌巖大塊質，鑱削奇鬼手。”明李
賢等《明一統志》卷五七：“雲山，在上高縣南
二十五里，嵌巖岌嶪，靄翠瓏葱中有僧廬，曰
寶雲院。”清徐國相等《湖廣通志》：“潭幽深莫
測，兩涘多嵌巖，俗傳爲蜦螣窟宅，怪石層疊，
乳水亂滴。”

【嵌】 [3]

即嵌巖 [2]。此稱南朝梁已行用。見該文。

嶔巖

外傾的山巖，亦謂之山巖傾斜險峻貌。亦
作“嶔岩”。《公羊傳·僖公三十三年》：“師出，
百里子與蹇叔子送其子而戒之曰：‘爾即死，必
于殽之嶔巖，是文王之所辟風雨者也。’”《漢
書·司馬相如列傳上》：“磐石裖崖，嶔巖倚
傾。”顏師古注引郭璞曰：“嶔巖，攲貌。”南朝
梁陶弘景《尋山誌》：“觸嶔巖而起縐，值闊達
而成洲。”《藝文類聚·木部下》：“見之至嶔巖
之間，卒逢飄風暴雨，共伏於空柳之下。”《太
平御覽》作“嶔岩”。宋陳元晋《漁墅類稿》卷
八：“羅浮山多有道人，倚嶔巖爲室，僅可容
膝，引泉貫其間，以供烹濯。”元張雨《南洞居
三首》詩其三：“洞穴嶔岩肺腑隔，菖蒲根節
龍蛇枯。”明黎景義《並山樓步方楚卿韻》詩：
“翠微高閣倚嶔巖，無射風清石壁巉。”清魯之
裕《武當篇》詩：“洪濛慘竭青黄力，削鑿嶔巖
簇鼇極。”

【嶔岩】[2]

同“嶔巖”。此體宋代已行用。見該文。

礨石

大石。亦作“礧石”。《山海經·北山經》：“維龍之山……肥水出焉，而東流注於皋澤，其中多礨石。”袁珂校注：“言肥水中多磈礨大石也。”《左傳·襄公十年》“矢石”晋杜預注：“兵法守城用礧石，以擊攻者。”漢司馬相如《子虛賦》：“礧石相擊，琅琅礚礚。”《漢書·匈奴傳》：“一卒舉礧，千夫沉滯。”李賢注：“礧，石也。”《北史·李崇傳》：“鸞硤之口，積大木，聚礧石，臨崖下之，以拒官軍。”《通典·兵十三》：“戰格樹幡幟，開弩牕矛穴，置抛車礨石。”《太平御覽·文部》：“礨石，竹籠盛石以薄岸也。豕槃，豬槽也。”元陳鎰《過洪崖峽》詩：“礨礨石齒亂，十步九折縈。”明歸有光《悠然亭記》：“泰山之礨石，顧所以悠然者，特寄於此。”《古今圖書集成·明倫彙編·家范典奴婢部》：“礨石薄岸，治舍蓋屋。”一說，古代作戰時從高處下投以打擊敵人的石頭，亦作“矢石”“礧石”。另說，爲修岸、壘圈的石頭。

【礧石】

同“礨石”。此體漢代已行用。見該文。

礊

堅硬之石。亦作“磽”。《國語·楚語》：“瘠礊之地。”漢服虔《通俗文》：“物堅硬，謂之礊埆。”《說文·石部》：“礊，磬石也。”磬，音kè，意謂堅硬。唐韋應物《答偰奴重陽二甥》詩：“山澗依礊硝，竹樹蔭清源。”《集韻·爻韻》：“礊，或作磽。”元大欣《梁楷田樂圖》詩：“地礊知良農，畜瘠求善牧。”明李攀龍

《太華山記》：“人從其隅上，南一里得厓，又盡礊，不可以穿縆自汲也。”明鄧林《送曾縣丞復任龍泉二首》詩其二：“石田礊硬資膏澤，赤子饑寒待母慈。”清承培元《廣說文答問疏證》：“礊，乃石之堅者。”

【磽】[2]

即礊。此體宋代已行用。見該文。

【矿石】

指堅硬之石。《晋書·孔坦傳》：“知將軍忿疾醜類，翻然同舉。承問欣豫，慶若在己。何知幾之先覺，矿石之易悟哉！”又云：“夫王淩面縛，得之於矿石；仲恭接刃，成之於後覺也。”清顧炎武《唐韻正》：“《晋書·桓溫傳》矿如石焉，《伏滔傳》夫王淩面縛得之於矿石，音義並音介，《宋書·謝晦傳》非矿石之圛照。”

石龍

蟠蜒如龍的石灘或巨石。北魏酈道元《水經注·江水》：“江水東經石籠，有磐石廣四百丈，長六里，阻塞江川，夏没冬出。”唐孟郊《游石龍渦》詩：“石龍不見形，石雨如散星。”宋辛棄疾《蝶戀花·月下醉書雨巖石浪》詞：“喚起湘纍歌未了，石龍舞罷松風曉。”元卜友曾《和林一原題西乾廟韻》詩：“苔生階面侵銅鼓，水落波心起石龍。”《徐霞客游記·楚游日記》：“卧梗又横若限，限外池益大，水益深，水底白石龍一條，首頂横脊而尾拖池之中，鱗甲宛然捱崖側。”明談遷《北游錄·紀聞》：“寧建所東南，潮落則顯，長則隱，内有石龍。”

碕礒

山石不平貌。漢淮南小山《招隱士》：“嶔岑碕礒兮，硱磳磈硊。”洪興祖補注：“碕礒，石貌。”南朝梁江淹《赤虹賦》：“迤邐碕礒兮，

大極之連山。"唐徐彦伯《淮亭吟》:"山碕礒兮限曲,水涓漣兮洞汨。"宋劉弇《畏日三首》詩其三:"目送長雲下碕礒,驚耴愁對陂陰麀。"明解縉《枯木竹石》詩:"高堂白石風雨起,怪石蒼蒼勢碕礒。"

瑶林

石林的美稱。前蜀韋莊《和薛先輩寄初秋寓懷即事之作》:"采珠逢寶窟,閲石見瑶林。"宋孔武仲《次韻和文潛休日不出》詩其一:"平時仙道家,蓬蒿倚瑶林。"元吴鎮《張僧繇翠嶂瑶林》詩:"前峰突兀後峰攢,萬木彫殘景色闌。"明梁寅《次韻題姜叔用山中書樓》詩:"飛樓高出對山坳,千丈瑶林聳翠梢。"清弘曆《題陳汝言山水卷》詩:"靄靄瑶林雲起,垂垂鐘乳泉淙。"

靈巖[3]

巖石之美稱。或謂有靈性的巖石。常作寺廟、山體名稱。隋楊廣《謁方山靈巖寺》詩:"蟬鳴秋氣近,泉吐石溪深。"唐馮鉄《靈巖秋月》詩:"青松崖上紫雲生,崖下仙人約舊盟。"唐張繼《游靈巖》:"靈巖有路入烟霞,臺殿高低釋子家。"宋王十朋《游靈巖輝老索詩至靈峰寄數語》詩:"雁蕩冠天下,靈巖尤絶奇。"元馬麟《虎丘燕集送別分賦之秣陵分賦涵空閣》詩:"步游靈巖山,陟彼涵空閣。"明王弘誨《玲瓏巖絶頂三首》詩其二:"飛閣懸崖俯萬尋,靈巖對酒落峰陰。"清弘曆《游天平山十六韻》詩:"靈巖盤嶺路,功德訪雲寮。"

石脉

石之脉絡紋理。唐若水《題慧山泉》詩:"石脉綻寒光,松根噴曉涼。"唐韋應物《龍門游眺》詩:"花樹發烟華,淙流散石脉。"唐于

鵠《山中訪道者》詩:"把藤借行勢,側足憑石脉。"唐李賀《南山田中行》詩:"石脉水流泉滴沙,鬼燈如漆點松花。"宋范成大《桂海虞衡志》:"桂林宜融山洞穴中,凡石脉湧處,爲乳融結下垂其端,輕薄中空。水乳且滴且凝,紋如蟬翼者勝。"元周權《接竹引泉》詩:"蒼潤隱石脉,幽源迸山椒。"《徐霞客游記·游白岳山日記》:"石巖中石脉隱隱,導者指其一爲青龍,一爲白龍,餘笑頷之。"清吴偉業《張南垣傳》:"其石脉之所奔注,伏而起,突而怒,爲獅蹲,爲獸攫。"

【石印】

石上紋理,形似文字。《三國志·吴書·孫皓傳》:"鄱陽言歷陽山石文理成字。"裴松之注引《江表傳》曰:"歷陽縣有石山臨水,高百丈,其三十丈所,有七穿駢羅,穿中色黄赤,不與本體相似,俗相傳謂之石印。"唐李吉甫《元和郡縣圖志·闕卷逸文》:"峨石縣邑有石印,似印形,文如篆。"《資治通鑑·晋武帝咸寧二年》:"歷陽長上言石印發,吴主遣使者乙太牢祠之。"明陳璉《西嶽廟二首》其二:"石印仙人掌,峰如司寇冠。"清高元振《游馬蹄寺》詩:"前明遺舊寺,石印馬蹄堅。"

石罅

石頭裂縫、缺口。今地質學稱巖石裂隙。唐韋應物《同元錫題琅琊寺》詩:"山中清景多,石罅寒泉潔。"宋祝穆《方輿勝覽》:"此乃石罅,深數十丈,濶丈餘水無底。"宋杜綰《雲林石譜·品石》:"建康府有石三塊,頗雄偉……石罅中有六朝、唐、宋諸公刻字,謂之品石。"元薩都剌《越溪曲》:"越溪春水清見底,石罅銀魚摇短尾。"明王慎中《題憲長寶公

所藏張平山畫》："石罅樹根裂，壑底湍流奔。"
清朱仕玠《小琉球漫志》卷一："聞未至絕巘數

百武，有泉自石罅流出，積于砥石凹處，甘冽
獨勝他泉。"

雜　石

礫石

　　小石子，巖石碎塊。亦稱"礫"。《逸周
書・文傳》："礫石不可穀，樹之葛木，以爲絺
綌，以爲材用。"先秦宋玉《高唐賦》："礫磥
磥而相摩兮，嶵震天之礚礚。"《說文・石部》：
"礫，小石也。"漢賈誼《惜誓》："放山淵之龜
玉兮，相與貴乎礫石。"漢韓嬰《韓詩外傳》：
"夫太山不讓礫石，江海不辭小流，所以成其大
也。"南朝梁劉孝標《辯命論》："火炎昆嶽，礫
石與琬琰俱焚。"北魏酈道元《水經注・濟水》：
"北注於濟，世謂之礫石澗，即《經》所謂礫
溪矣。"《晉書・樂志下》："洪澤所漸潤，礫石
爲珪璋。"唐元稹《後湖》詩："壯者負礫石，
老亦捽茅茹。"宋潘自牧《記纂淵海》卷六一：
"粹珠璣雜於礫石之中，童子弄之，亦以驚矣。"
元魏必復《百門山》詩："雲雷泣鮫人，礫石動
鱗貝。"明袁宏道《答梅客生》："樹上寒鵲，拍
之不驚，以礫投之亦不起，疑其僵也。"清書誠
《崛西秋日》詩："崛西山莊無是非，礫石磽埆
人烟稀。"

【礫】[2]

　　即礫石。此稱先秦已行用。見該文。

【卷石】

　　礫石類小石塊，如拳之石，狀其小。《禮
記・中庸》："今夫山，一卷石之多，及其廣大，
草木生之，禽獸居之，寶藏興焉。"鄭玄注：
"山之廣大，起於卷石。"唐柳宗元《小石潭

記》："下見小潭，水尤清冽。全石以爲底，近
岸，卷石底以出。"元高遜志《題倪雲林竹石》
詩："卷石不盈尺，孤竹不成林。"明劉基《擬
連珠》："蓋聞奔馬之輪，拳石礙之而格；迅川
之水，束草投之則凝。"清魏源《湘江舟行》詩
其一："采石黃鶴磯，卷石非雄距。"

【拳石】

　　如拳頭大小的礫石塊。唐孔穎達《禮記正
義・序》："燔黍則大享之濫觴，土鼓乃雲門之
拳石。"唐慧義寺沙門神清《北山錄》："地一撮
土之多，山一拳石之多，海一勺水之多。"《資
治通鑑・唐太宗貞觀二年》："何異睹拳石而輕
泰山乎！"宋陸游《老學庵筆記》卷七："劍門
關皆石無寸土，潼關皆土無拳石。"元胡天游
《幕阜山》詩："始知天高百萬應無極，幕阜蒼
蒼一拳石。"明王世貞《孫崇明政成乞歸以詩慰
送》詩："寶山一拳石，聊用壓輕舫。"清黃宗
羲《明儒學案・浙中王門學案二》："涓流積至
滄溟水，拳石崇成太華岑。"清劉銘傳《劉壯肅
公奏議・序》："澎湖者，距臺、廈皆二百五十
里，拳石孤危，地不過數十里，石沙迷漫，草
木不生。"

【沙炮】

　　沙中石子。唐李賀《蘭香神女廟》詩："沙
炮落紅滿，石泉生水芹。"王琦彙解："沙炮，
沙中石子。"元楊維楨《龍王嫁女辭》："小龍啼
春大龍惱，海田雨落成沙砲。"

【磶】

指石，或小礫石。《玉篇·石部》："磶，石。"南朝梁任昉《述異記》卷上："玉門西南有一國，國中有山石磶千枚。"《正字通·石部》："磶，石也，小石。"又云："玉門西南有一國，山中歲産石磶數千枚，名霹靂磶，春雷起磶減，至秋磶盡。"按，磶，古有兩個音，《集韻》："諮林切，音涔。石也。"又，《集韻》："才淫切，音岑。石門。"兩者含義有別。

磝[3]

小石。磝磝，山多小石貌。《爾雅·釋山》："多小石，磝。"邢昺疏："山多此小石者，名磝。"郭璞注："多礓礫"。唐徐堅《初學記·地理上》："山多小石曰磝。"宋張耒《春日雜興四首》詩其三："磝磝青嶂横，泱泱春溜滿。"金趙秉文《靈巖寺》詩："陽坡青磝磝，陰崖白礚礚。"元貢奎《高侯畫桑落洲望廬山》詩："楚江浩浩山磝磝，澹然粉墨凝冰綃。"明魏觀《逢仙嶺·處州松陽縣山也》詩："行道一翁心甚急，石磴磝磝行不及。"清佚名《太華山記石柱》："南一里得厓，又盡磝，不可以穿綆自汲也。"清高士奇《松亭行紀》："傳是翠華駐彷彿門兩重，草中見磝，礐石，鏺山花穟當年辟疆土此地。"清冒廣生《缽池山志·山水志》："試一望兮不磝不礐，匪黛匪青，夾路無石，半山有亭。"

礓石

小石。亦作"礓"。生於土石間，外形凸凹錯出，似薑，故亦稱薑石。現代科學謂黄土層或風化紅土層中因淋溶作用形成的鈣質結核。《神農本草經》卷中："薑石，生山谷。"北魏賈思勰《齊民要術》："石榴法……掘圓坑深一赤

七寸口徑，赤豎枝於坑畔，令匀調也，圜布枝置枯骨、礓石於枝間。性所宜。"唐孫思邈《備急千金要方》卷六五："白薑石一斤，軟黄者。"唐釋道世《法苑珠林》："若無齒者，當用灰虜、土塼、礓石、草木洗口。"唐盧綸《題伯夷廟》詩："中條山下黄礓石，壘作夷齊廟裏神。"宋唐慎微《證類本草》卷四："薑石，鐘乳根也，生趙國山谷，又梁山及南海。采無時。"《宋史·河渠志》："惟虹縣以東，有礓石三十里餘，不可疏浚，乞募民開修。"明章潢《圖書編》："濟南府，雲母石、陽起石、礓石、鵝管石。"明王圻等《三才圖會·地理圖會》："薑生土石間，齊州歷城東者良，所在亦有，今惟出齊州。其狀如薑，有五種。用色白者，以爛而不磣者好。采無時。"清陳元龍《格致鏡原》："薑石生土石間，如薑有五種色，白佳。"清查慎行《繡山巖》詩："過盡頑礓亂石堆，繡山一穴忽天開。"

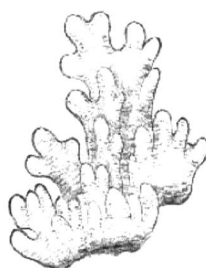
齊州薑石
（明文俶《金石昆蟲草木狀》）

【薑石】

同"礓石"。此體漢代已行用。見該文。

【礓】

即"礓石"。此稱清代已行用。見該文。

【礓礫】

即礓石。亦稱"礓礫石"。生於土石間，外形凸凹錯出，似薑，故亦稱薑石。現代科學謂黄土層或風化紅土層中因淋溶作用形成的鈣質結核。《爾雅·釋山》："多小石，磝。"郭璞注：

"多礓礫。"邢昺疏:"礓礫,即小石也。"唐慧琳等《一切經音義》:"礓石,居良反。《埤蒼》云:礓礫石也。《考聲》云:礓石也,色白似薑因以名。"宋司馬光《涑水記聞》卷三:"〔孫〕何爲轉運使,令人負礓礫自隨,所至散之地,吏應對小誤,則於地倒曳之。"明李時珍《本草綱目·石部》:"薑石以形名。或作礓礫。邵伯溫云:'天有至戾,地有至幽,石類得之則爲礓礫是也。'"

【礓礫石】

即礓礫。此稱唐代已行用。見該文。

彈子渦

即卵石。出山東蓬萊海濱。色白,圓潤光潔如彈丸,故稱。宋蘇軾詩題:"文登蓬萊閣下石壁千丈,爲海浪所戰,時有碎裂,淘灑歲久,皆圓熟可愛,土人謂此彈子渦也。"清沈心《怪石録》:"彈子渦石,産蓬萊縣丹崖山旁。大如芡實,色具五色,温潤可愛。"清桂馥《札樸》卷九:"蓬萊閣下海中有白石,大者如鴿卵,小者如雀卵。人多取以鋪地或砌壁,取之不盡,即東坡所云土,人謂之彈子渦也。"

石犀

形似犀牛之石,或石刻的犀牛。古代迷信,以爲置於岸邊可鎮壓水怪。晋常璩《華陽國志·蜀志》:"秦孝文王以李冰爲蜀守……作石犀五頭,以厭水精。"唐岑參《石犀》詩:"向無爾石犀,安得有邑居?"宋陸游《老學庵筆記》卷五:"石犀,在廟之東階下,亦粗似一犀,正如陝之鐵牛,但望之大概似牛耳。石犀一足不備,以他石續之,氣象甚古。"元袁桷《送巨德新四川郎中》詩其二:"籌邊舊式傳銅馬,吊古新詩問石犀。"明胡奎《題鐵柱觀》詩:"星

象上通吳分野,石犀長鎮海波濤。"清宋琬《送張尉生明府之任劍州》詩:"幾年漢使迷金馬,萬里江流見石犀。"清穆彰阿等《大清一統志》:"在府城南張三豐高真觀下。《名勝志》:洞有石犀,相傳正德間夜半與牛鬥,如雷吼。"

石芒

尖石。亦稱"石角"。唐李白《相和歌辭丁都護歌(一作丁督護歌)》詩:"君看石芒碭,掩淚悲千古。"唐杜甫《劍門》詩:"連山抱西南,石角皆北向。"宋曾鞏《道山亭記》:"皆石芒峭發,擇然後可投步。"宋陸游《暮次秭歸》詩:"惡灘不可説,石芒森如鋸。"元黃溍《至正丁亥春二月起自休致入直翰林夏四月抵京師六月赴上京述懷五首》詩其二:"吕梁扼其衝,石芒殊峭拔。"《徐霞客游記·滇游日記》:"梯乃自然石級,有疊磴痕可以銜趾,而痕間石芒齒齒,著足甚難。"清劉大櫆《送張福清序》:"舟車之險,懸崖斷塹,石芒林立,側足僅可投步。"清顧祖禹《讀史方輿紀要·陝西八》:"仇池因山築城,四面壁立,峭絶險固,石角外向,自然有樓櫓却敵狀。"

【石角】

即石芒。此稱唐代已行用。見該文。

石棱

石之棱角。唐盧綸《和張僕射塞下曲》詩:"平明尋白羽,没在石棱中。"唐樊綽《蠻書·山川江源第二》:"西面陡絶,下臨平川。山頂高數千余丈,石棱青蒼,不通人路。夏中有時墮雪。"前蜀韋莊《漁塘十六韻》詩:"洛水分餘脉,穿巖出石棱。"五代王仁裕《王氏見聞記·王承休》:"緩轡逾雙劍,行行躡石棱。"元陳樵《三泉》詩:"泉眼離離傍石棱,奔流

脉脉到軒楹。”明楊基《沙河至采石二首》詩
其一：“斷甓沉沙嘴，殘碑露石棱。”清楊椿年
《江寧鎮》詩：“石棱蹲虎豹，浦淑散牛羊。”

礫

　　有棱角之石。《説文·石部》：“礫，厲石也。
一曰赤色。”漢韓嬰《韓詩外傳》：“仁道有四
礫爲下……仁礫則其德不厚。”明張自烈《正字
通·石部》：“礫，石有棱也。”清龔自珍《五經
大義終始論》：“搏土而爲陶，鑿山而爲礫，以
立城廓、倉廩、宮室。”

瘦石

　　尖峭之石。因其石狹窄上尖，以人擬之，
故稱。宋葉夢得《爲山亭晚卧》詩：“瘦石聊吾
伴，遥山更爾瞻。”宋林景熙《過吳門感前游》
詩：“白虎氣銷遺瘦石，彩虹影冷卧斜陽。”宋
毛滂《燭影搖紅》詞：“可憐恰到，瘦石寒泉，
冷雲幽處。”元劉仁本《董君諺軍功詩》：“柳營
之江春水瀰，礬石之陽瘦石礤。”明華仲亨《西
園晚涉》詩：“瘦石扶雲立，疏楊傍水生。”清
鄭燮《板橋題畫·畫竹》：“曾作兩枝，並瘦石
一塊，索杭州金農壽門題咏。”

條石

　　長石塊。明田汝成《西湖游覽志·南山勝
迹》：“橋久崩廢，惟條石丈餘，橫跨港口。舟
人以小艇入艤清波門者，傴僂乃度。”明羅貫中
《三遂平妖傳》第八回：“曾有個方上道人，趁
著這個時辰進去，將到洞口，看見一條石橋甚
是危險，情知走不過，只得罷了。”清趙宏恩等
《江南通志》卷五七：“土塘高一丈五尺，闊三
丈，用條石鋪底，砌邊外。”明李維楨等《山西
通志》卷二〇八：“沿城創修石堤，下釘柏樁，
上壘條石，中貫鐵錠，五十餘年城恃爲固，士

條　石
（清顧鶴逸《秋山行旅圖》）

民頌之。”

輄石

　　方石。《楚辭·九章·抽思》：“輄石崴嵬，
蹇吾願兮。”王逸注：“志如方石，終不可轉。”
洪興祖補注：“輄石，謂石之方者，如車輄耳。”
漢王逸《楚辭章句》：“輄丘，一作丘陵，補
曰：輄丘。猶九章言輄石也。”按，輄，方也。
輄丘，疑爲方形丘陵或巨石。明楊慎《丹鉛雜
録·輄石》卷四：“志如方石，終不可轉。”

窪尊

　　中間窪陷的巖石，形似酒尊，故名。亦作
“窪樽”“窊尊”“窊樽”。“窪”或作“窐”。多
載於唐宋詩文。唐元結《窊尊》詩：“窊石堪爲
樽，狀類不可名。”唐顔真卿《登峴山觀李左相
石尊聯句》：“李公登飲處，因石爲窪尊。”宋蘇
軾《和陶潛歸去來兮辭》：“挹吾天醴，注之窪
樽。”宋沈與求《劉希顔提舉見過出示卞山居二
詩次其韻》其二：“更須判劇飲，落月倒窪尊。”
元郯韶《送趙季文之湖州知事二首》詩其一：
“題詩金井穿雲洞，下馬窪尊坐石臺。”清顧印
愚《山谷流杯池》詩：“山前嶺洞轉嵞岈，石
上窪尊列窠臼。”清周之琦《天仙子》詞其三：
“窊尊石鏡盡留連，休去覓。”清嚴永華《浯溪
行》詩：“記委符節歸江湖，賸有窊樽涵月魄。”

清吳銘道《游峴山》詩:"今年登峿臺,獨倚窪樽醉。"按,"宗尊""宗樽""窪樽",唐以後各代均有書證。

【宗尊】

同"窪尊"。此體唐代已行用。見該文。

【宗樽】

同"窪尊"。此體唐代已行用。見該文。

【窪樽】

同"窪尊。"此體唐代已行用。見該文。

阺[2]

山旁懸出,勢若崩墜之石。亦作"氐"。《漢書·揚雄傳下》:"功若泰山,嚮若阺隤。"《說文·氐部》:"氐,巴蜀山名,岸脅之旁箸欲落墮者曰氐。氐崩,聞數百里。"《玉篇·氐部》:"氐,巴蜀謂山岸欲墮曰氐,崩聲也。"宋彭汝礪《六月自西城歸》詩:"橫梯險相聯,曲棧危半阺。"

【氐】

同"阺[2]"。此稱漢代已行用。見該文。

【听】

謂山旁之石。漢揚雄《蜀都賦》:"听岑倚從。"章樵注:"听,山傍石也。"《玉篇·山部》:"听,山傍石。"宋彭郁《題萬壑風烟亭百韻》詩:"或踰遠漢寵岵嶠,或跨長空冒听屹。"元趙汸《東山存稿》:"青山並听如蒼虯。"明吳繼茂《嘉樹齋稿》卷二:"晚行逢江上,秋樹臨沙听。"清俞樾《釵頭鳳》詞其二:"芙蓉听,茱萸泞,一年光景看看晚。"

石塢

用石頭圈起的圍子。亦作"隖"。通"障",用以保護村落、軍營等。或泛指地勢周圍高中間凹的山坳。唐皮日休《茶中雜咏·茶人》詩

石 塢
(清弘仁《枯槎短荻圖》)

其二:"生於顧渚山,老在漫石塢。"宋戴栩《僧道暉疏泉疊石種松竹梅有詩求和次韻》詩:"莫侵石塢竹邊行,行處明年減新竹。"金劉仲尹《窗外梅蕾二首》詩其二:"道人方作玉溪夢,石塢竹橋風雪飛。"元馬祖常《追和許渾游溪夜四韻》詩:"直待月痕侵石隖,還期烟色認柴關。"明安國《膠山》詩:"還有古人礪劍處,碎瓊石塢到仙家。"清桑調元《梵天寺》詩:"北窗鳴秋風,石塢獵叢篠。"

【石隖】

同"塢"此體元代已行用。見該文。

石冰

浮現水面之石。似冰,故稱。《晋書·五行志》:"太安元年,丹楊湖熟縣夏架湖有大石,浮二百步而登岸,民驚噪相告,曰'石來'。干寶曰:'尋有石冰入建鄴。'"明釋今無《用徐秀才游百花園韻》:"明朝披薜凌霄去,珍重橋頭護石冰。"

隕石

墜落於地面之星體(流星未燃盡)。石質,故名。亦作"磒石"。中國史料中有七百多次隕

星記録，最早可追溯到公元前 2133 年。《山海經·海外南經》描述隕石曰：“地之所載，六合之間，四海之内，照之以日月，經之以星辰，紀之以四時，要之乙太歲，神靈所生，其物異形，或天或壽，唯聖人能通其道。”《春秋·僖公十六年》：“隕石，星也。”又云：“春王正月戊申朔，隕石于宋。”《説文·石部》：“磒，落也。從石員聲。《春秋傳》曰：‘磒石于宋。’”《原本廣韻》：“磒石落隕墜也。”《北史·隋本紀上》：“己卯，隕石於武安、滏陽間十餘里。”唐杜甫《覆舟二首》詩其一：“丹砂同隕石，翠羽共沈舟。”《元史·順帝本紀》：“隕石棟州，色黑中微有金星，先有聲自西北來至州北二十里，乃隕。”明葉子奇《草木子》卷三：“河北山東多隕石。大或如屋，陷深入地丈餘。”《明史·五行志》：“成化六年六月壬申，陽信雷聲如嘯，隕石一，碎爲三，外黑内青。”明王鏊《姑蘇志》：“建炎之難，有潰兵欲伐之，隕石如雨。”清趙宏恩等《江南通志》卷一九七：“隕石於寶應縣，散如火，其臭腥。”清徐國相等《湖廣通志》卷一：“〔洪武〕二十六年六月望日，隕石於蒲圻，是日方午，空中有聲如雷，民於水中得。”明李維楨等《山西通志》卷一六三：“靈石水頭鎮北東山嶺，隕石如泉湧，又若鼎沸。”

【磒石】

同“隕石”。此體漢代已行用。見該文。

【霣】

墜落於地面之星體（流星未燃盡）。亦作“霣星”。《春秋·僖公十六年》：“春王正月戊申朔，隕石于宋。”楊伯峻注：“‘隕’，《公羊傳》作‘霣’。”漢王充《論衡·説日》：“霣者，辛

卯之夜，霣星若雨而非星也。”吳承仕釋：“霣星爲石，故言石。”《史記·宋微子世家》：“襄公七年，宋地霣星如雨，與雨偕下；六鶂退蜚，風疾也。”南朝梁蕭綱《咏螢》詩：“騰空類星霣，拂樹若花生。”明葉太叔《多事》詩：“天地亦多事，崩山與霣星。”清項霬《大龍湫歌》：“流星四散霣晝雨，玉塵萬斛揚冬春。”

【霣星】

即“霣”。此稱漢代已行用。見該文。

【落星石】

即隕石。亦稱“星石”“玄金”。南朝梁蕭綱《答湘東王上王羲之書》：“疏密俱巧，真草皆得，似望城扉，如瞻星石。”北魏酈道元《水經注·廬江水》：“〔彭澤〕湖中有落星石，周迴百餘步，高五丈，上生竹木，傳曰：‘有星墜此，因以名焉。’”唐白居易《韋七自太子賓客再除秘書監以長句賀而餞之》詩：“落星石上蒼苔古，畫鶴廳前白露寒。”唐李綽《尚書故實》：“〔李師誨〕曾於衲僧處得落星石一片。僧雲於蜀路早行，見星墜於前，遂圍數尺掘之，得片石如斷磬。”《新唐書·五行志三》：“〔貞觀八年七月〕汾州青籠見，吐物在空中，光明如火，墮地地陷，掘之得玄金，廣尺，長七寸。”《徐霞客游記·浙游日記》：“巨石堆架者爲落星石。”

【星石】

即落星石。此稱南朝梁已行用。見該文。

【玄金】

即落星石。此稱宋代已行用。見該文。

【霹靂碪】

隕石名。形如碪（石塊）、斧、楔、碪，常於雷震後得之，故稱。亦稱“霹靂斧”“霹靂

楔""霹靂碪""雷楔"。傳說爲雷神所佩遺落者。晋葛洪《抱朴子内篇·雜應》:"或以夏至曰霹靂楔。"南朝梁任昉《述異記》卷上:"霹靂碪,從春雷而碪減,至秋譜盡,雷收復生,年年如此。"唐封演《封氏聞見記·霹靂》:"人間往往見細石,赤色,形如小斧,謂之霹靂震斧,云被霹靂處皆得此物。"唐劉恂《嶺表録異·補遺》:"〔雷州〕每大雷雨後……又如霹靂處,或土木中得楔如斧者,謂之霹靂楔。小兒佩帶皆辟驚邪。"《太平廣記》引唐劉恂《嶺表録異》作"霹靂楔"。明李時珍《本草綱目·金石四·霹靂碪》:"宋時沈括於震木之下得雷楔,

似斧而無孔。"清康熙《幾暇格物編·雷楔》:"雷楔,霹靂碪形質各殊,隨地而異,今各蒙古瀚海沙漠等處嘗拾得,銅鐵或如鎗頭,或如箭鏃錐刀。"

【霹靂斧】

即霹靂碪。此稱唐代已行用。見該文。

【霹靂楔】

即霹靂碪。此稱唐代已行用。見該文。

【霹靂碪】

即霹靂碪。此稱明代已行用。見該文。

【雷楔】

即霹靂碪。此稱明代已行用。見該文。

第二節　奇石名石考

古代中國,賦予石以神話色彩,瑰麗多姿。在科學不甚發達的時代,人類充分發揮了想象能力。文化之發展,必然經歷這樣一個神奇的時代。本節正基於此,將奇石作爲一類名物收入。所謂"奇石",乃神奇之物,歷朝各代皆有記録,大致可分爲:

補天之石,如"女媧石",《淮南子·覽冥訓》:"女媧鍊五色石,以補蒼天。"

能燃之石,如"燃石",晋王嘉《拾遺記·秦始皇》:"〔宛渠國〕夜燃石以繼日光。"

能飛之石,如"石燕",南朝陳徐陵《移齊文》:"長沙鵬鳥,靡復爲妖。湘川石燕,自然還儛。"

反光之石,如"照石",晋王嘉《拾遺記·方丈山》:"〔方丈山〕山西有照石,去石十里,視人物之影如鏡焉。"

擬人之石,如"望夫石",南朝宋劉義慶《幽明録》:"武昌山上有望夫石,狀若人立。"

凶吉之石,如"承受石",《太平廣記·石》:"如竹根,色黄。見者多凶,俗號承受石。"

辟邪之石,如"石敢當",漢史游《急就章》:"師猛虎,石敢當,所不侵,龍未央。"

言語之石，如"潛英"，晋王嘉《拾遺記·前漢上》："暗海有潛英之石……此石人能傳譯人言語。"

鑄劍之石，如"昆吾"，漢東方朔《十洲記》："積石名爲昆吾。冶其石成鐵作劍，光明洞照如水精狀，割玉物如割物。"

奇　石

啓母石

石名。傳爲夏啓母所化，故稱。一説位於嵩山南麓的萬歲峰下，有一座漢代石闕，叫"啓母闕"。闕的東北面，矗立着一塊幾丈高的大石頭，名作"啓母石"。《漢書·武帝紀》："朕用事華山，至於中嶽，獲駁麃，見夏后啓母石。"顏師古注："應劭曰：'啓生而母化爲石。'啓，夏禹子也。其母塗山氏女也。禹治鴻水，通轘轅山，化爲熊，謂塗山氏曰：'欲餉，聞鼓聲乃來。'禹跳石，誤中鼓。塗山氏往，見禹方作熊，慚而去，至嵩高山下化爲石，方生啓。禹曰：'歸我子。'石破北方而啓生。事見《淮南子》。"李賢注："夏禹生於石，紐長於西羌，西夷之人也。"高誘注："禹母修己，感而生禹，拆胸而出。"一説位於今安徽蚌埠市境内，塗山之陽，啓母澗之西，有巨石如慈祥的婦人端坐於山崖之上。明袁袠《啓母石》詩云："塗山之國臨淮海，山中石母幾千載。苦歷冰霜不事粧，任教風雨顔無改。獨坐巖頭望百川，懷襄疏濬爲桑田。平成底績非無自，不恤三過實母賢。"

黃石[1]

石名。傳爲圯上老人化成。張良行刺秦始皇失敗，逃匿下邳（今江蘇睢寧縣北），遇老人於圯上，授以《太公兵法》，言："十三年孺子見我濟北，穀城山下黃石即我矣。"後果應驗，張良取以祀之，死與同葬。南朝梁沈炯《六府詩》："穀城定若近，當終黃石言。"唐李白《扶風豪士歌》："張良未逐赤松去，橋邊黃石知我心。"清張英《舟行雜詩十四首》詩其十四："地近下邳黃石路，平湖十里草煙青。"參閲《史記·留侯世家》。

天璽

石名。相傳漢元后入宮前得白石，自分爲二，中有"母天地"字，後果然立爲皇后，遂稱。漢劉歆《西京雜記》："元后在家，嘗有白燕銜白石，大如指，墜后績筐中。后取之，石自剖爲二，其中有文曰'母天地'。后乃合之，遂復還合，乃寶録焉。後爲皇后，常並置璽笥中，謂爲天璽也。"明歐大任《贈范子宣》詩："山齋天璽帖，江雨海鵬文。"清鄭孝胥《陶齋尚屬屬題陶公亭雪夜評碑圖》詩："天璽遺文窺倒薤，昔嘗遇之劉與蒯。"

毛公壇

石壇名。在江蘇太湖中洞庭山上。相傳漢劉根得道於此，身生綠毛，人見之，稱毛公，稱其壇爲毛公壇。唐皮日休《太湖詩·游毛公壇》："下有毛公壇，壇方不盈畝。"唐白居易《毛公壇》詩："毛公壇上片雲閑，得道何年去不還。"宋范成大《吳郡志·古迹二》："毛公壇，即毛公壇福地，在洞庭山中，漢劉根得道處也。根既仙，身生綠毛，人或見之，故名毛公。今有石壇在觀旁，猶漢物也。"又，《毛公壇福地》詩："綠毛仙翁已仙去，惟有石壇留竹塢。"原注："毛公，劉根也。身生綠毛，故云。"元張雨《毛公壇》詩："方壇蔭奇竹，儼彼毛骨秀。"明李賢等《明一統志》卷八："巖壑間望之若圖畫，內有角里邨毛公壇、黿頭山、洞庭西山支嶺也。"《吳郡志》卷九："毛公壇福地，在洞庭山中，漢劉根得道處也。"

望夫石

石名。亦稱"石婦"。相傳古時女子因夫行役遠去，思歸心切，久望遂化爲石，故稱。湖北武漢、遼寧興城、寧夏德隆、江西分宜、貴州貴陽、廣東清遠等地皆有此石，均爲後人附會。遼寧興城市西南望夫山之望夫石，則傳爲孟姜女望夫所化。南朝宋劉義慶《幽明錄》："武昌山上有望夫石，狀若人立。古傳云：昔有貞婦，其夫從役，遠赴國難，携弱子餞送北山，立望夫而化爲立石，因以爲名焉。"唐王建《望夫石》詩："望夫處，江悠悠。化爲石，不回頭。"宋梅堯臣《雪中發江寧浦至采石》詩："山頭化石婦，忽變素質光。豈復願聞笛，莫逢桓野王。"元楊維楨《〈石婦操〉序》："石婦即望夫石也，在處有之。"明朱有燉《香囊怨》第二折："憑著我志誠身端正，便化作望夫石也，堅等到河清。"明謝讜《四喜記·翠閣耽思》："仰望惟君子，無邪不害思，甘爲望夫石，何日是歸期？"清孫枝蔚《甲申春日紀事》詩其二："樓中身化望夫石，獄裏聲如啼夜鳥。"參閱清穆彰阿等《大清一統志·錦州府、

平涼府、袁州府、貴陽府》、清屈大均《廣東新語·石語》。

【石婦】

即望夫石。此稱宋代已行用。見該文。

石敢當

辟邪之石。石敢當在不同的地方有不同樣式，有淺浮雕的，有圓雕的，有刻有八卦圖案的，有的什麼裝飾也沒有，祇刻有"石敢當"或"泰山石敢當"。一般放置於宅院外或鑲嵌於街衢巷口建築上。因刻有"石敢當"字樣，故名。作爲驅邪消災、保平安之法，此風俗盛於漢唐。今全國多地有放置石敢當的習俗，且流傳到東南亞各國以及朝鮮、日本、韓國、歐洲和美國的唐人街，尤以山東泰安、福建莆田爲甚。漢史游《急就章》："師猛虎，石敢當，所不侵，龍未央。"顏師古注："衛有石蠟、石買、石惡，鄭有石制，皆爲石氏；周有石速，齊有石之紛如，其後以命族。敢當，所向無敵也。"唐佚名《莆田石記》："石敢當，鎮百鬼，壓災殃。"宋王象之《輿地碑目記》："宋代慶曆年間，福建莆田縣令張緯維修縣治，出土一塊唐大曆五年石碑，上刻：'石敢當，鎮百鬼，厭災殃，官吏福，百姓康，風教盛，禮樂昌。'"這是國內石敢當出土的最早的實物史料。明陶宗儀《輟耕錄·石敢當》："今人家正門

石敢當
（泰山區域民宅）

適當巷陌橋道之衝，則立一小石將軍，或植一小石碑，鐫其上曰石敢當，以厭禳之。"明姜準《岐海瑣談》："人家正門及居四畔，適當巷陌、橋梁衝射，立一石刻將軍，半身埋之，或樹石刻'泰山石敢當'字，爲之壓禳。"清黄遵憲《李肅毅侯挽詩四首》其二："平生自詡楊無敵，諸將猶誇石敢當。"一說，此俗源自山東泰安市泰山區邱家店鎮前舊縣村。

承受石

石名。水中孤石，石根如竹根且黄。迷信說法，謂人見此石後不吉利。北魏酈道元《水經注·沔水》："〔築水〕水中有孤石挺出，其下澄潭，時有見。此石根如竹根而黄色。見者多凶，相與號爲承受石。"

石魚

魚形石。唐元結《石魚湖上作》詩："吾愛石魚湖，石魚在湖裏。"唐鄭嵎《津陽門》詩："石魚巖底百尋井，銀牀下卷紅綆遲。"宋馬元演《游洞霄紀實》詩："石鼓清可聽，石魚亦堪擊。"元宋褧《朝元宮雜詩三首》其三："睡眼羞明窗紙白，驚人又是石魚聲。"明梁寅《賦五音石魚》詩："瑰石含幽響，神魚入巧裁。"清陳元龍《格致鏡原》引《廬陵異物志》："開寶四年，黔南上言江心有石魚見，上有古記云'廣德元年二月'。大江水退，石魚見。部民相傳豐稔之兆。"一說，魚之化石。

名　石

仾石

巨石名。位於陝西西安市臨潼區驪山側。相傳此石采自遠方，以葬始皇，抵此擱置至今。唐皇甫湜《仾石銘》："仾石蒼蒼，驪山之旁，鑱樸礱瘢，嶷然四方。"宋樂史《太平寰宇記·關西道三·雍州》："仾石，在縣東十里。初，始皇之葬，遠采此石，將致之驪山，至此不復動。石高一丈八尺，周迴十八步。"清劉于義修、沈青崖纂《陝西通志》："仾石，在臨潼縣東十里，秦始皇陵東南二里，形似龜。"

千人石

巨石名。亦稱"千人坐""生公石"。在江蘇蘇州市虎丘劍池旁。其石盤卧數畝，可供千人坐，故稱。傳說南朝梁僧竺道生說法傳經於此。唐陸廣微《吳地記》："池邊有石可坐千人，號千人石。"唐賈島《虎丘千人坐（又名千人石）》詩："上陟千人坐，低窺百尺松。"唐皎然《奉陪陸使君長源裴端公樞春游東西武丘寺》詩："應嘉生公石，列坐援松枝。"宋范成大《吳郡志·虎丘》："〔虎丘山〕泉石奇詭，應接不暇。其最者劍池……千人坐，生公講經處也，大石盤陀數畝。"宋葉廷珪《海録碎事·政事·冢墓門》："虎丘澗側有平石，可容千人坐，謂之'千人石'。俗傳，因生公講法於此。"元釋祖柏《僧祖柏不繫舟集》："蓋謂吳下游賞，

千人石、千人坐、生公石
（蘇州虎丘）

動輒必登千人石。”元方行《送僧游浙西》詩：“杯從揚子江前渡，詩到生公石上題。”明王世貞《弇州山人邀助甫游虎丘》詩：“逃禪再起生公石，倚醉頻喚陸羽茶。”明沈明臣《虎丘看月行》詩：“千人坐滿千人坐，千頃雲浮千頃烟。”明謝應芳《重游虎丘寺》詩：“老松知我題詩意，也學生公石點頭。”清陳維崧《新雁過妝樓·虎丘感舊》詞：“紺殿雕軒千人石，夜深曾記同游。”清徐籀《念奴嬌·題仰蘇樓》詞：“磨劍池邊，千人坐上，石爲生公悟。”清彭孫貽《獨行虎丘寺》詩：“生公石冷池臺荒，昔時題句留竹房。”

【千人坐】

即千人石。此稱唐代已行用。見該文。

【生公石】

即千人石。此稱唐代已行用。見該文。

很石

石名。亦作“狠石”“恨石”。在江蘇鎮江市北固山甘露寺前。至宋，其寺失火，石亦殘毀，以石狀如羊，俗亦稱石羊。相傳劉備同孫權曾相會於此。唐皇甫湜《狠石銘》曰：‘狠石蒼蒼，驪山之旁。昔秦皇帝，謀之不臧。七十萬人，茲焉遑遑。’是也。今人但知甘露寺矣。”唐羅隱《題潤州妙善前石羊》詩：“紫髯桑蓋此沉吟，狠石猶存事可尋。”又云：“題潤州妙善前石羊，傳云：吳主孫權與蜀主劉備嘗此置會。”一說，諸葛亮坐其上與孫權論曹操。宋蘇軾《甘露寺》詩序：“寺有石如羊，相傳謂之很石，云諸葛孔明坐其上與孫仲謀論曹公也。”宋張靈受《北固山》詩：“傷心狠石千年在，極目迷樓百尺空。”宋姜夔《永遇樂·次稼軒北固樓詞韻》詞：“雲隔迷樓，苔封很石，人向何處。”

宋吳潛《水調歌頭》詞：“恨石癡頑甚，不省古今愁。”元陳樵《北山別業三十八咏·雲山不礙樓》詩其三十一：“飛花墮地柳依墻，很石侵簪徑草香。”明梁以壯《很石》詩：“很石泠泠夕照紅，千秋人想武侯風。”明張弼《望夫石》詩：“北固山前一狠石，千夫萬夫移不得。”清王士禛《池北偶談·談異五》：“京口北固山甘露寺有狠石，臨潼驪山亦有狠石。”清吳銘道《登北固山》詩：“很石之名亦已矣，紫髯桑蓋談微中。”

【狠石】

同“很石”。此體唐代已行用。見該文。

【恨石】

同“很石”。此體宋代已行用。見該文。

英石

石名。出廣東英德市溪水中。有微青、微灰黑、淺綠、白諸色。各有峰巒，嵌空穿眼，宛轉相通，質地細潤，叩之有聲。我國古代著名四大玩石（英石、太湖石、靈璧石、崑石）之一。宋杜綰《雲林石譜·英石》：“英石，英州含光真陽縣之間，石產溪水中，有數種。”宋曾豐《乙巳正月過英州買得石山》：“飛蓬今始轉廣東，英石不與他石同。其色燦爛聲玲瓏，小山突兀百千重。”宋趙希鵠《洞天清錄》：“英石，英州出此石。如銅礦，聲亦如銅。……鎮紙，非筆格也。石筆格，靈璧、英石，自然成山形者可用。”元《南呂一枝花·贈草聖》曲：“燦日月光搖玉版箋，吐烟雲香徹紫英石。”明文震亨《長物志·水石》：“石以靈璧爲上，英石次之，然二種品甚貴，購之頗艱，大者尤不易。”清屈大均《留石行奉呈黃參軍》詩：“沉香長在沉香浦，英石長與翁山伍。”

壺中九華

石名。石有九峰，似九華山，故稱。宋蘇軾《壺中九華》："湖口人李正臣蓄異石，九峰，玲瓏宛轉，若窗櫳然。予欲以百金買之，與仇池石爲偶，方南遷未暇也，名之曰壺中九華。"宋白玉蟾《畫石二首》其二："直作壺中九華看，碧於簪玉小於拳。"金元好問《雲巖》詩："壺中九華玉孱顏，紫烟著水往復還。"明陶宗儀《説郛》："東坡好石，獲一石於壺口民家，名曰壺中九華，謂具九華之體而小也。"清鄧傳安、沈太僕《蠡測彙鈔》："山麓泥沙之壅，皆被溪漲沖刷，竟體嶙峋，縐透瘦大，似壺中九華矣。"清王之棠《沅州石屏歌在黔安作》詩："一朝上貢薦天庭，坐看雲岫菁英顯，何須嘖嘖壺中九華才不簡。"

壺中九華
（明方于魯《方氏墨譜》）

釘官石

石名。在古長安城中。相傳求仕者若能釘釘入石，即得美官，故稱。宋周密《癸辛雜識》續集下："釘官石在長安城中，色青黑，其堅如鐵。凡新進士求仕者，以大釘釘之，如釘徑入，則速得美官；否則齟齬不能入，入亦不能快利也。"明鄧世龍《國朝典故》："又有釘官石，石理中斷釘歷歷可見，云唐舉子以此自占其後，凡釘入者，終身利達，不入者不利，往往有驗云。"

飯石

石名。舊説出浙江金華市一帶，色澤晶瑩，質地細碎，可作器用。相傳高僧傅某飼虎之餘飯弃至林間化成，故稱。宋釋德洪《聽道人諧公琴》詩："羅浮飯石性所在，定林飲澗老更堅。"明徐渭《道場山贈棲雲禪者》詩："風静鳥翔施飯石，日斜魚聚放生池。"清嵇曾筠等《浙江通志》卷一〇六："山中產石，凡有青、白、紫、綠色皆瑩徹，謂之飯石，質細碎堪治爲數珠，或作紙鎮。"清陳元龍《格致鏡原》卷七："其飼虎之餘飯棄擲林間，化而爲石，青白錯雜，可作數珠，謂之飯石，至今長存。"

崑石

石名。亦稱"崑山石"。因產於江蘇昆山市而得名，亦名"昆石"。屬水晶族的石英體。與靈璧石、太湖石、英石一起并稱爲"中國四大名石"。崑石資源稀少，少見大材。是營造假山，製作盆景、案頭清供的佳品。宋杜綰《雲林石譜·崑山石》："〔崑山石〕平江府崑山縣石，產土中，多爲赤土積漬。既出土，倍費挑剔洗滌。其質磊塊，巉巖透空，無聳拔峯巒勢，扣之無聲。土人唯愛其色之潔白，或栽植小木，或種溪蓀於奇巧處。"宋陸游《菖蒲》詩："雁山菖蒲崑山石，陳叟持來慰幽寂。"元張雨《得崑石》詩："崑丘尺璧驚人眼，眼底都無嵩華蒼。"元高德基《平江記事》："〔崑山〕多奇石，秀瑩若玉雪。好事者取之以爲珍玩，遂名爲崑山石。"清歸莊《崑山石歌》："昔之崑山出良璧，今之崑山產奇石。"

【崑山石】

即崑石。此稱宋代已行用。見該文。

梅花石

石名。亦稱"梅花碑"。在福建泉州市承天寺山門口。青黛色，中隱梅花一株，故稱。清施鴻保《閩雜記·梅花碑》："泉州郡城內承天寺山門有梅花石，石光而平，中隱梅樹一株，每年梅樹開花結子，石中梅樹亦同。余壬子館泉州，親見之，俗名梅花碑。乃一石仆地如碑，長丈餘，廣三尺餘，厚一尺許。上有梅花一株，枝疏蕊密。若刻畫；或者以手撫之，則平滑無痕。寺僧言，每春時有香聞數武，若花開耳。非若所言開花結子也。"清梁章鉅《歸田瑣記·承天寺》："山門口有梅花石，石光而平，中隱梅影一枝。每年梅樹開花時，影上亦有花；生葉時，影上有葉；遇結子時，影上有子，若花葉與子俱落之時，則影上惟存枯枝而已。"清周學曾《晉江縣志·古迹志》："梅花石，在承天寺四天王殿前。矽踏石也。有墨色梅花一枝，未滿二尺。枝幹、花蕾皆具。"

【梅花碑】

即梅花石。此稱清代已行用。見該文。

魁星石

石名。一說位於浙江淳安縣；一說位於福建泉州市承天寺山內。明李賢等《明一統志》："魁星橋，在淳安縣東北六十里，以其地有魁星石而名。"清周凱等《厦門志》："魁星石，形如魁星，故名。"又，《內自訟齋文選》："山有石，高聳奇醜，俗呼魁星石。"清嵇曾筠等《浙江通志》："魁星石，《明一統志》在縣東北五十里，俗傳星隕所化。"清周學曾《晉江縣志·古迹志》："魁星石，在承天寺內。長約四尺，闊尺餘。石中墨色，隱然有塑像焉。"

吳石

鼓形石。相傳出自古吳郡河岸，故稱。晉王嘉《拾遺錄》："質殊聲合者，魚形出而吳石鳴。"晉劉道民失題詩："事有遠而合，蜀桐鳴吳石。"北魏酈道元《水經注·漸江水》引南朝宋劉敬叔《異苑》曰："晉武時，吳郡臨平岸崩，出一石鼓，打之無聲，以問張華，華曰：'可取蜀中桐材，刻作魚形，扣之則鳴矣。'於是如言，聲聞數十里。"唐駱賓王《螢火賦·序》："夫類同而心異者，龍蹲歸而宋樹伐；質殊而聲合者，魚形出而吳石鳴。"明賀復徵《文章辨體彙選》卷六七七："黜碑於廢寺，吳石也。"清章學誠《丁巳歲暮書懷投贈賓谷轉運因以志別》詩："蟄芩兔絲杓，吳石魚桐扣。"

鬱林石

石名。亦稱"廉石"。三國吳陸績任職鬱林太守時帶回，故稱。為居官廉潔之象徵，故亦稱廉石。初弃於吳郡婁門之野，唐時在後裔陸龜蒙門前，明弘治十年（1497）建亭覆之，清時移入郡學，為蘇州古迹之一。唐佚名《大唐傳載》："蘇州開元寺東有陸氏世居，門臨河

鬱林石（廉石）
（蘇州文廟庭院）

淡，有巨石塊立焉。乃吳陸績爲鬱林郡守，罷秩泛海而歸，不載寶貨。舟輕用此石重之，人號‘鬱林石’。”《新唐書·隱逸傳·陸龜蒙》："陸氏在姑蘇，其門有巨石。遠祖績嘗事吳爲鬱林太守，罷歸無裝，舟輕不可越海，取石爲重，人稱其廉，號‘鬱林石’。”明鄺露《赤雅》："後御史樊祉輩之院前，以亭覆之，號曰廉石。詳吳匏庵《記》中。"清朱象賢《聞見偶録·廉石》："此石相傳在吳郡之婁門，陸龜蒙居臨頓里，其門有巨石，即此也。後御史樊祉移置院前左偏，以亭覆之，號曰廉石，吳匏庵爲之記。康熙四十八年湘潭陳公鵬年爲蘇州守，修葺郡學，因將廉石移於學内，置立以對況公祠，上鑿‘廉石’二大字……以廉吏之物，人咸重之，乃蘇州古迹之一。"

【廉石】

即鬱林石。此稱清代已行用。見該文。

韶石

石名。在廣東韶關市北。兩巨石相嚮，形如觀闕。相傳舜南巡登臨，奏《韶》樂，故稱。北魏酈道元《水經注·溱水》："〔利水〕南流經韶石下，其石高百仞，廣圓五里。兩石對峙，相去一里，小大略均，似雙闕，名曰韶石。"唐

韶石山
（清蔣廷錫等《古今圖書集成》）

韓愈《量移袁州張韶州端公以詩相賀因酬之》詩："暫欲繫船韶石下，上賓虞舜整冠裾。"宋敖陶孫《次韓耕道贈别韻》詩："一昨羊城别五仙，駕言韶石叩鈞天。"元丁復《送劉堯甫之榆次縣尹》詩："從事衫明韶石曉，參軍髯映曲江春。"明王漸逵《舜祠（在皇岡）》詩："韶石不隨衰草没，江山如待翠華來。"清陳恭尹《韶石歌韶州陳使君席上賦》詩："韶石之山雙闕開，拔地千仞俱崔嵬。"

灧豫

巨石名。亦作“灧預”，亦稱“灧預石”。“灧”或音yàn。位於長江瞿塘峽口。如馬，似鬱林石（江蘇蘇州文廟），夏則没入江中，冬則高挺水表。俗稱燕窩石。晉佚名《灧豫》詩："灧豫大如馬，瞿塘不可下。灧豫大如象，瞿塘不可上。"北魏酈道元《水經注·江水一》："水門之西，江中有孤石，爲灧預石。冬出水二十餘丈，夏則没，亦有裁出處矣。"《南史·庾子輿傳》："巴東有灧預，石高出二十許丈，及秋至，則纔如見焉。"唐梁載言《十道志》："灧豫石與城郭門外石潛通，蜀人往燒火，伏石則灧預邊沸。"明梅鼎祚《古樂苑》："山城水門之西，江中有孤石，名灧豫石。"清顧祖禹《讀史方輿紀要·四川一》："《類要》云：灧豫大如鱉，瞿唐行舟絶。"

【灧預石】

即灧豫。此稱北魏已行用。見該文。

【灧預】

同“灧豫”。此體北魏已行用。見該文。

【灧預】

同“灧豫”。亦作“灧預”。晉佚名《灧預歌》："灧預大如馬，瞿塘不可下；灧預大如牛，

瞿塘不可流。"唐李白《雜曲歌辭・長干行》："十六君遠行，瞿塘灩澦堆。"唐白居易《夜入瞿唐峽》詩："欲識愁多少，高於灩澦堆。"宋王質《題觀政池橋》："洞庭青草似天闊，灩澦瞿唐如馬奔。"宋楊時《偶成》詩其一："但知周道平如砥，莫問瞿唐灩澦堆。"元張翥《登金山吞海亭了公請賦》詩："扶桑夜色三山日，灩澦江聲萬里秋。"明劉崧《祝船詞》詩："大石低頭小石臥，呂梁灩澦輕輕過。"明陳堂《閒居憶昔年游西蜀》詩其三："五月峨眉雪，孤根灩澦堆。"清屈大均《鸕鶿石》："不須過灩澦，舟楫已沉吟。"

【灩澦】

同"灩澦"。此體晋代已行用。見該文。

彈子窩

因石面被水流侵蝕，遍布坳坎、圓孔、圓窩，故稱。亦作"水窠"，亦稱"彈窩"。宋杜綰《雲林石譜・太湖石》："産洞庭水中，性堅而潤，有嵌空穿眼、宛轉嶮怪勢……其質文理縱橫，籠絡隱起，於石面徧多坳坎。蓋風浪衝擊而成，謂之彈子窩。"宋趙彦衛《雲麓漫鈔》："京屬童贛貫以軍功補官，遂取吳中水窠以進。"宋祝穆《方輿勝覽》卷二："石在水中歲久，爲波濤所衝擊，皆成嵌空石面，鱗鱗作靥，名曰彈窩，亦水痕也。"元宋無《咏石得天字》詩："雨攻繩跟斷，浪擊彈窩圓。"明陶宗儀《說郛》："彈子窩，久因見風濤刷激而生。"清查慎行《瀚海石歌奉旨作》"文登彈子窩"自注："在登州蓬萊閣下海中。"

【水窠】

即彈子窩。此體宋代已行用。見該文。

【彈窩】

即彈子窩。此體宋代已行用。見該文。

太湖石

石名。産江蘇太湖，故稱。有水石、旱石兩種，以水石爲貴，須潛入水中方能鑿取。有青、白、黑三色，高者三五丈，低者丈許。石性堅而潤，叩之鏗然如鐘磬。大抵遭水長期冲擊而成，故身多孔罅、麻窩、褶皺，异態奇形，巧奪天工，尤宜堆砌假山。是我國古代四大玩石（英石、太湖石、靈璧石、崑石）之一。唐白居易《感舊石上字》詩："太湖石上鎸三字，十五年前陳結之。"《舊唐書・白居易傳》："罷蘇州刺史時，得太湖石五。"宋周紫芝《菖蒲山子歌》："大艑岢峩春浪碧，處處争看太湖石。"元洪焱祖《艮嶽》詩："空餘靈璧太湖石，好在玉京仙掌書。"明文震亨《長物志・太湖石》："太湖石，石在水中者爲貴，歲久爲波濤衝擊，皆成空石，面面玲瓏。"清李斗《揚州畫舫錄・城南錄》："太湖石乃太湖中石骨，浪激波滌，年久孔穴自生。"清李漁《閑情偶寄》："言山石之美者，俱在透、漏、瘦三字。此通於彼，彼通於此，若有道路可行，所謂透也；石上有眼，四面玲瓏，所謂漏也；壁立當空，孤峙無倚，所謂瘦也。然透、瘦二字在在宜然，漏則不應太甚。若處處有眼，則似窰内燒成之瓦器，有尺寸限在其中，一隙不容偶閉者矣，塞極而通，偶然一見，始與石性相符。"參閱白居易《太湖石記》。

湖嵌

太湖石石體嵌空，可鑲嵌爲假山。唐韓愈、孟郊《城南聯句》："瀟碧遠輸委，湖嵌費携擎。"方崧卿注："湖嵌，石也。"宋張蘊《錢氏東皋》詩：“藤絡湖嵌山解長，花移鄴本土猶香。”明王鏊《苔石幽篁圖》詩：“湖嵌一卷多，瀟碧數竿足。”清汪森《香槎歌》：“香槎千歲搜空巖，一枝沈水同湖嵌。”參閲本卷“太湖石”條目。

湖嵌（太湖石）
（清陳洪綬《閒雅如意圖》）

林慮石

石名。石產於相州。相州治所在今河北臨漳西。呈紫、灰、棕、黑色，以紋理奇特著稱。博山文石爲其分支。宋杜綰《雲林石譜·林慮石》：“相州林慮石，地名交口，其質堅潤，扣之有聲。”清陳元龍《格致鏡原》：“林慮石，遠出河朔，土厚水深，體極枯燥，然玲瓏嵌空，宛如鑱刻。”《佩文韻府》卷一〇一：“林慮石，有色，稍斑而微黑。”

武康石

石名。青色、黃色而斑。亦作“花石”。主產於浙江德清縣武康鎮東郊丘陵山地。宋杜綰《雲林石譜·武康石》：“湖州武康石，出土中，一青色，一黃、黑而斑，其質頗燥。”明陸深《春風堂隨筆》：“武康石，色黑而潤，文如波浪。”徐珂《清稗類鈔·鑛物類》：“武康石，色黑而潤，紋如波浪，人家園池疊假山，以此爲奇，大至尋丈者絶少。”

淵明醉石

石名。省稱“醉石”。晋人陶淵明嗜酒，俗傳嘗醉臥石上，後人遂於其經由處覓石紀念，稱淵明醉石。其石在廬山。唐陳光《題陶淵明醉石》詩：“片石露寒色，先生遺素風。”宋陳舜俞《廬山記·叙山南》：“〔栗里源〕有陶令醉石……兩山間有大石，仰視懸瀑，平廣可坐十餘人，元亮自放以酒，故名醉石。”宋項安世《陶淵明醉石》詩：“石君匪招陶，陶子豈知石。偶然一醉間，成此千年迹。”宋黎靖德《朱子語類·雜類》：“廬山有淵明古迹處，曰上京……江中有一磐石，石上有痕，云淵明醉臥於其石上，名淵明醉石。”元張雨《春酒》詩：“陶公醉石蒼苔滿，不見倡狂李白來。”明黎貞《訪山家還遇雪》：“游醉石觀淵明歸莊，每醉臥此石，因名之。”清伊朝棟《夢游廬山得句醒後成之》詩：“簡寂庵空落照來，淵明醉石霞高映。”

【醉石】

“淵明醉石”的省稱。此稱唐代已行用。見該文。

醒酒石

石名。又稱“平泉石”。唐相李德裕於洛陽平泉別墅所置，醉即踞之以醒酒，故稱。《舊五代史·李敬義傳》：“〔李德裕〕於平泉置別墅，采天下奇花異竹，珍木怪石，爲園池之玩……有醒酒石，德裕醉即踞之，最保惜者。”《新五代史·張全義傳》：“全義監軍嘗得李德裕平泉醒酒石，德裕孫延古因托全義復求之。監軍忿然曰：‘自黃巢亂後，洛陽園宅無復能守，豈獨平泉一石哉！’”宋許及之《醒酒石》詩：“澤畔三生魄，花間獨醒棄。”元謝宗可《醒酒石》詩：“蒼骨冷侵酣枕夢，苔痕清逼醉鄉春。”明王世貞《於弇園餞馮使君之楚右轄》詩其一：“小坐可移醒酒石，元戎合記浣花溪。”清張岱《夜航船·地理部》：“醒酒石，唐李文饒于平泉莊，聚天下珍木怪石，有醒酒石，尤所鍾愛。”參閱宋杜綰《雲林石譜・醒醉石》。

【平泉石】

即醒酒石。出自關中，因李德裕平泉別墅藏石而名。宋趙汝騰《再用韻答》詩：“斥歸借臥平泉石，倦出幾名傲吏園。”明王世貞《寄題吳明卿參政北園》詩：“怪他妨醉平泉石，便我尋芳杜若洲。”明董其昌《畫禪室隨筆》卷二：“有以平泉石輕予人者，非佳子弟也。”清陳廷敬《南園贈彭訪濂》詩：“金谷花凋蔓草生，平泉石散孤雲逝。”

【松石】[1]

松與石。又或指松下之石。南朝宋顏延之《三月三日曲水詩序》：“松石峻垝，蔥翠陰烟。”唐李白《九日》詩：“地遠松石古，風揚弦管清。”明梁潛《商山四皓贊》：“商山四老人坐松石間，碁方罷欠，伸俯仰若，倦而欲休者。”一說，石斷面有松葉片圖案者，謂液體侵入而生，非化石也。宋趙希鵠《洞天清錄》：“蜀中有石，解開自然有小松，形成三五十株，行則成經，描畫所不及。”

排牙石

石名。在浙江杭州市西南鳳凰山上。石筍數十枚整齊排列，如牙，故稱。或說，如衛士拱立狀，故亦名排衙石。五代吳越王錢鏐曾刻詩石上。宋杜綰《雲林石譜・排牙石》：“臨安府府署之側，一山甚高，名拜郊臺，吳越錢氏故迹。山巔嶮峻處，兩邊各有列石數十塊，從地生出者。峰巒巉巖，穿眼委曲，翠潤而堅，謂之排牙石。”宋許及之《觀郭殿巖打毬於沖天觀旁》詩：“摩挲亭下排衙石，擬賦將軍射虎行。”宋王象之《輿地紀勝・臨安府》：“郡首祖無擇對排牙石作介亭，左江右湖，千里在目。”明朝吳之鯨《武林梵志》卷二：“石筍隊列名排牙石，一名隊石。相傳孝宗時登頂閱江。”清袁枚《湖上雜詩》詩其八：“鳳嶺高登演武臺，排衙石上大風來。”

【排衙石】

同“排牙石”。此體宋代已行用。見該文。

砥柱

黃河中巨石。亦稱底柱山、三門山。位於河南三門峽以東黃河河道中。以山在激流中矗立如柱，故名。先秦宋玉《高唐賦》：“交加累積，重疊增益，狀若砥柱，在巫山下。”李善注：“砥柱，山名。”北魏酈道元《水經注・河水四》：“砥柱，山名也，昔禹治洪水，山陵當水者鑿之，故破山以通河，河水分流，包山而過，山見水中若柱然，故曰砥柱也。”唐李白《古風五十九首》詩其四十：“朝鳴昆丘樹，夕飲砥柱湍。”宋謝枋得《小孤山》詩：“天地偶然留砥柱，江山有此障狂瀾。”元陳賡《送李長源》詩：“九秋雲氣崤陵底，萬里河聲砥柱西。”明何景明《渡河》詩：“洪源下積石，砥柱屹嵯峨。”清金農《東岡望砥柱山》詩：“砥柱高峰

砥　柱
（清刻本《天下名山圖》）

儼帝困，每於簷隙挹鮮新。"

盞石

石名。在山東萊州市（舊山東掖縣）北，形如尊盞，故稱。傳說秦始皇鑿以祀神。《太平寰宇記·萊州》："盞石，在縣北五十七里，北臨大海，有一磐石，方圓五步，上有污罇，狀若盞石。古老相傳云：秦始皇於此鑿盞，以盛酒醮，祈祭百神。"清穆彰阿等《大清一統志·萊州府·古迹》："又有盞石在縣（掖縣）北五十七里，北臨大海，方圓五步，上有污樽狀。世傳秦始皇鑿之以盛酒醮，祈祭百神。"

蚶貝羅

石名。亦作"蚶貝羅"。產於古南海婆利國。其石初采柔軟，乾後極硬。《梁書·諸夷傳·婆利國》："在廣州東南海中……海出文螺紫貝。有石名蚶貝羅，初采之柔軟，及刻削爲物乾之，遂大堅强。"《南史·夷貊傳·婆利國》："婆利國傳有石，名蚶貝羅。"

【蚶貝羅】

同"蚶貝羅"。此體唐代已行用。見該文。

靈璧石

石名。亦稱"玉磬""磬石"。主產於安徽靈璧縣境内，居中國四大名石之首。集質、聲、形、色於一體，具有瘦、透、皺、漏、偏、懸、黑、響等特徵。敲之，音質峥琮，餘音繞梁，戰國時期多用它製作編磬，是一種高貴的樂器，專用於王公貴族的宗廟祭祀、朝拜、宴會等盛大禮儀活動。《吕氏春秋·仲夏紀》："乃擊石拊石，以象上帝玉磬之音，以至舞百獸。"1950年在河南安陽殷墟王陵大墓中出土的商代"虎紋石磬"横長84厘米，縱高42厘米，厚2.5厘米，上面刻有虎紋裝飾圖案，即爲用靈璧磬石所造。宋杜綰《雲林石譜·靈璧石》："靈璧石，宿州靈璧縣，地名磬石山，石產土中，採取歲久，穴深數丈。"宋趙希鵠《洞天清錄》："靈璧石，出絳州靈璧縣，其石不在山谷深山之中，掘之乃見色如漆，間有細白紋如玉。"元虞集《奎章閣有靈璧石奇絶名世御書其上曰奎章玄玉有敕命臣集賦詩臣再拜稽首而獻詩》曰："奎章閣有靈璧石，奇絶名世。"明王世貞《題軒中靈璧石》詩："有石高僅尺，宛爾巫山同。"清貢震《靈璧志略》："靈璧有七十峰，產有磬石、巧石、黑白石、透花石、菜玉石、五彩石等，山川靈秀，石皆如璧。"徐珂《清稗類鈔·音樂類》："圜丘磬用玉，國朝則祈穀壇亦用玉，餘俱以靈璧石爲之。"

【玉磬】

即靈璧石。此稱先秦已行用。見該文。

【磬石】[1]

即靈璧石。此稱宋代已行用。見該文。

仇池石

石名。石英質，色澤清潤，叩之如磬，雖僅一拳大小，但石面斑斕如畫，峰巒澗壑，層疊窈窕，五彩祥雲，奇巧殊絶。產於今甘肅隴南市西和縣大橋鎮。據傳，伏羲創世時，其妹

仇池石
（明方于魯《方氏墨譜》）

女媧煉五彩石以補蒼天，所餘之石弃於仇池，故有此石。宋杜綰《雲林石譜·仇池石》：“韶州之東南七八十里，地名仇池，土中產小石，峰巒巖竇甚奇巧。石色清潤，扣之有聲，頗與清溪品目相類。”宋蘇軾《僕所藏仇池石希代之寶也王晉卿以小詩借觀意在於奪僕不敢不借然以詩先之》詩：“初疑仇池化，又恐瀛州蹙。”明倪元璐《題小桃源圖爲韓寅仲先生》詩其一：“松風忽過小溪灣，長出仇池石一班。”清許容《甘肅通志》卷二〇：“仇池石，出仇池山。”清袁枚《隨園詩話》卷九：“周蘭坡、潘筠軒兩學士同飲隨園；見案上有東坡詩，攟之笑曰：“我即用其仇池石韻，序今日事，可乎？”

落峭石

石名。在江西南城縣境，飛猿水畔。聳桀入雲，數里可望。今俗稱“消石”“哨石”。南朝宋謝靈運題詩云：“朝發飛猿嶠，暮宿落峭石。”《太平御覽·地部十七》：“落峭石，去飛猿館一百一十五里，在飛猿水，巍峨嵌空，數里可望。”參閱宋樂史《太平寰宇記·南城縣》、清穆彰阿等《大清一統志·建昌府》。

燕石[1]

石名。春秋戰國時宋國一愚人在山東臨淄附近撿到一塊似玉之石，實爲普通的石頭，却以爲撿到了寶貝，爲世人耻笑。《後漢書·應劭傳》：“宋愚夫亦寶燕石。”李賢注“闕子”曰：“宋之愚人得燕石梧臺之東，歸而藏之，以爲大寶。周客聞而觀之，主人父齋七日，端冕之衣，奱之以特牲，革匭十重，緹巾十襲。客見之，俛而掩口盧胡而笑曰：‘此燕石也，與瓦甓不殊。’”北魏酈道元《水經注·淄水》：“古梧宫之臺，臺東即闕子，所謂宋愚人得燕石處。”

唐錢起《片玉篇》：“世人所貴惟燕石，美玉對之成瓦礫。”

雪浪石

石名。宋蘇軾嘗於中山曲陽得黑、白二石，置諸大盆，激水其上，雪浪簇擁，因稱。宋杜綰《雲林石譜·雪浪石》：“中山府土中出石，色灰黑，燥而無聲，混然成質，其紋多白脉籠絡，如披麻旋繞委曲之勢。東坡常往山中采一石，置於燕處，目之爲雪浪石。”宋蘇軾《次韻滕大夫三首·雪浪石二首》詩其一：“千峰右卷蠆牙帳，崩崖鑿斷開土門。”元湯式《新建构欄教坊求贊》：“選良材砍盡了南山鐵干霜皮木，搬巨礫撈遍了東海金星雪浪石。”明耿裕《中山懷古》詩：“雪浪石猶在，衆春園未空”。清魏源《武夷九曲》詩其一：“臂貯雪浪石，浸之雪盆底。”參閱蘇軾《雪浪石》《雪浪齋銘引》。

三生石

石名。在浙江杭州市天竺寺外。詩文多用以表達因緣前定。唐袁郊《甘澤謠·圓觀》：“時天竺寺山雨初晴，月色滿川，無處尋訪。忽聞葛洪川畔有牧竪歌《竹枝詞》者，……歌曰：‘三生石上舊精魂，賞月吟風不要論。’”宋陳造《病中書懷二首》其一：“曾圓八節灘頭夢，

三生石
（杭州天竺寺）

重了三生石上緣。”元蕭列《八聲甘州》詞：“三生石，情緣千里，風月柴門。”明林敏《題畫》詩：“三生石上舊烟蘿，九曲閒雲倚醉過。”清紀昀《閱微草堂筆記·槐西雜志三》：“或以此一念，三生石上，再種後緣，亦未可知耳！”

白石磯

白色石磯。亦作“白石巉巖”。或有多出，不注地名。宋李兼《依韻和吴起季見寄》詩：“騏驥瘦，駑駘肥，不如占我白石磯。”元吴克恭《送友生（一作唐漢卿）》詩：“腐儒竊禄真何補，望望滄洲白石磯。”明桃花仕女《詩八首（録五首）》其二：“家住東吴白石磯，門前流水浣羅衣。”明胡應麟《黃生九斗携所業千里過訪於其别也贈以絶句六章》詩其一：“推篷面面青山色，已到嚴陵白石磯。”清陸隴其《莅政摘要》：“三門之外，白石巉巖，水勢湍激，波濤洶湧。”

【白石巉巖】

即白石磯。此體清代已行用。見該文。

采石磯

石磯名。亦稱“牛渚磯”。秦始皇東巡會稽，道丹陽至錢塘，即通過此渡。與南京燕子磯、岳陽城陵磯并稱“長江三大名磯”。位於安徽馬鞍山市西南五公里處的長江南岸。魏晉佚名《歡聞變歌六首》詩其六：“駃風何曜曜，帆上牛渚磯。”《晉書·溫嶠傳》：“至牛渚磯，水深不可測，世云其下多怪物。”唐李赤《姑熟雜咏（一作李白詩）·牛渚磯》詩：“絶壁臨巨川，連峰勢相向。”宋祝穆《方輿勝覽》卷一五：“曹彬大敗江南軍二萬衆於采石磯。”宋姜夔《牛渚》詩：“牛渚磯邊渺渺秋，笛聲吹月下中流。”《宋史·陸萬友傳》：“開寶中，討南

唐，造舟於采石磯以濟師，命萬友守之。”《文獻通考·輿地考四》：“當塗，晉縣。有牛渚山、采石磯。”元宋褧《江上夜泊遇京使回却寄都下諸公》詩：“橫江渡口晚潮退，采石磯頭凉月生。”元柳貫《奉皇姑魯國長公主教題所藏巨然江山行舟圖》詩：“稍前牛渚磯，却後瞿塘頂。”明宗臣《聞張山人在蕪湖不得見懷之》詩：“采石磯頭秋雨晴，蕪湖城外暮潮生。”明王偁《登采石蛾眉亭》：“牛渚磯頭烟水生，蛾眉亭下大江橫。”清王恕《登太白樓》詩：“翠螺山前江水清，采石磯上山烟橫。”清齊召南《水道提綱》卷一〇：“采石磯，即古牛渚。”清顧炎武《天下郡國利病書》：“太祖自和陽渡牛渚磯，以拔采石是也。”

【牛渚磯】

即采石磯。此稱魏晉已行用。見該文。

燕子磯

石磯名。位於江蘇南京市東北部觀音山。突出的巖石屹立於長江邊，三面懸絶，宛如飛燕，故名。宋楊航《燕子磯夜雨即席》詩：“祖帳誇豪舉，長風破浪行。”宋趙公豫《登燕子磯》詩：“巖石著江干，扁舟依岸難。”明梁辰魚《四時花·懷金陵舊知》套曲：“鳳凰臺盡登，燕子磯曉行，莫愁湖上春風艇。”清孔尚任《桃花扇·撫兵》：“安營歇馬，駕樓船到燕子磯邊要。”清趙翼《曉過儀真》詩：“九日江干住，今辭燕子磯。”

城陵磯

石磯名。位於湖南岳陽市東北15千米江湖交匯的右岸。與南京燕子磯、馬鞍山采石磯并稱長江三大名磯。號長江中游第一磯。北魏酈道元《水經注·江水》：“江之右岸有城陵山，

山有故城。"楊守敬按:"山在今巴陵縣北十五里,蜀江西來,洞庭南注,合流於此,爲一郡水口,山下有磯,謂之志陵磯。"按,"志陵磯"中的"志"字,疑誤。明楊士奇《過城陵磯》詩:"磯頭水落石層層,石上魚檣半搭罾。"清沈梅《城陵磯》詩:"群山青不斷,峭壁兩崖開。"清徐國相等《湖廣通志》卷一二:"大江在城西北從荆州府石首縣北流過城陵磯,下合洞庭諸水北會漢水。"

碣石

山名。亦作"碣石之山",亦稱"碣石山"。位於遼寧省葫蘆島市綏中縣止錨灣海濱。《漢書·揚雄傳》:"碣以崇山。"按,釋義爲山。由於幾千年來泥沙沉積、海陸變遷,古籍中所記載的碣石之位置很難確定。《書·禹貢》:"太行、恒山至于碣石,入于海。"又曰:"〔冀州〕島夷皮服,夾右碣石入于河。"《山海經·北山經》:"又北五百里,曰碣石之山。"先秦宋玉《對楚王問》:"鯤魚朝發崑崙之墟,暴鬐於碣石,暮宿於孟諸。"《説文·石部》:"碣,特立之石也。東海有碣石山。"《淮南子·時則訓》:"東方之極,自碣石山過朝鮮,貫大人之國。"漢曹操《觀滄海》:"東臨碣石,以觀滄海。水何澹澹,山島竦峙。"唐高適《別(一作送)馮判官》詩:"碣石遼西地,漁陽薊北天。"宋晁補之《和關彦遠秋風吹我衣》詩:"但見黃河咆哮奔碣石,秋風吹灘起沙礫。"金趙秉文《游箭山》詩:"箭山峰頭望碣石,東南海水不可極。"清楊守敬《水經注疏》卷五:"而文宣所登,乃在營州……自是以後,登碣石者無聞焉。妄意推測,碣石之亡,當在魏、齊之世,丙午至癸酉二十八年間也。"另説,位於河北省昌黎縣的碣石山。又説,碣石爲盡立之山石,非具體石山,或位於陸上,或位於海中。

【碣石之山】

即碣石。此體先秦時期已行用。見該文。

【碣石山】

即碣石。此稱漢代已行用。見該文。

第三節　璞玉珍石考

"玉"字始見於商代甲骨文中,鐘鼎文中亦常見。玉可雕琢成各類玉工藝品以及象徵權力的玉璽(君主的玉印),是一種貴重的石料。漢字中從玉的字近伍佰個,而用玉組詞的更是不計其數。漢字中珍寶類詞語的構型多與玉有關。然對於"玉"這一概念而言,歷來并無十分嚴格的定義。在中國被稱爲"玉"的礦物種類十分龐雜。一般而言,符合美觀、堅硬,又或溫潤、水頭足等特點的礦物皆可被稱爲"玉"。同時,也有一些礦物符合通常對於玉的定義,但習慣上并不被稱爲"玉"。本節所録,大多謂之似玉之石。例如,"瓊瑩"爲似玉之美石,古以爲佩。《詩·齊風·著》:"俟我于庭乎而,充耳以青乎而,尚之以瓊瑩乎而。"毛傳:"瓊瑩,石似玉,卿大夫之服也。""瓊瑰"亦爲似玉之石。《詩·秦風·渭陽》："何以贈之？瓊瑰玉佩。""琅玕"亦爲似玉的美石。三國魏曹植《美女篇》："頭上金爵釵，腰佩翠琅玕。""石瓊"亦似玉。南朝梁蕭綱《七勵》："桂蠹石瓊，龍胎鳳肺。"

除了"玉石"之外，許多美石被劃歸於珍石之類，非玉但亦彌足珍貴，具有玩賞之價值，包括琉璃、化石、琥珀、水晶、瑪瑙、硨磲、珊瑚之類。例如化石中的"琥珀"，是松柏樹脂掩埋在地下千萬年，在壓力和熱力的作用下石化形成的，色紅褐或黃褐，燃燒時有香氣，可藥用，亦可作飾物。晋張華《博物志·藥物》："松柏脂入地，千年化爲茯苓，茯苓化爲琥珀。琥珀，一名江珠。""木變石"爲一種化石，由松木變成，故稱。清西清《黑龍江外記》卷八："松入黑龍江，歲久化爲青石，號安石，俗呼木變石，中爲磋，可發箭鏃。"

璞　玉

玉石

美石。單稱"玉"。始見於甲骨文。《周禮·夏官·職方氏》："其川涇汭，其浸渭洛，其利玉石。"《楚辭·九章·懷沙》："同糅玉石兮，一概而相量。"《説文·玉部》："〔玉〕石之美者，有五德。潤澤以温，仁之方也；䚡理自外，可以知中，義之方也；其聲舒揚，專以遠聞，智之方也；不撓而折，勇之方也，鋭廉而不忮，絜之方也。"《禮記·學記》："玉不琢，不成器。"《漢書·西域傳上》："于闐國多玉石。"顔師古注："玉石，玉之璞也。"漢劉向《列女傳·辯通傳》："妾聞玉石墜泥不爲污，柳下覆寒，女不爲亂。"晋熊甫《別歌》："徂風飆起蓋山陵，氛霧蔽日玉石焚。"北魏酈道元《水經注·聖水》："聖水又東逕玉石山，謂之玉石口，山多瑤玉、燕石，故以玉石名之。"《晋書·石季龍載記上》："玉者，石之寶也。"《北

史·于闐傳》："于闐城東三十里有首拔河，中出玉石。"唐喻鳧《獻知己》詩："竟蒙分玉石，終不離埃塵。"宋王十朋《潘岐哥》詩："顔色純明白玉璞，精神皎潔秋江水。"金趙思文《捕蝗感草蟲有作二首》詩其一："誰知竟有長平禍，玉石填來共一坑。"明葉顒《庚子雪中十二律》詩其八："江山未易分高下，玉石尤難別異同。"《金瓶梅詞話》第四八回："西門慶這裏是金鑲玉寶石鬧妝一條、三百兩銀子。"清張縉《擬古三十韻呈大兄》詩："璞碎終懷玉石疑，伯樂未逢甘伏櫪。"

【玉】[1]

即玉石。此稱先秦已行用。見該文。

【璞】

指未經雕琢之美石。即玉石。亦稱"玉璞""璞玉"。《韓非子·和氏》："王乃使玉人理其璞，而得寶焉。"又云："楚人和氏得玉璞

楚山中，奉而獻之厲王。”《孟子・梁惠王下》：“今有璞玉於此，雖萬鎰，必使玉人彫琢之。”《戰國策・秦策三》：“鄭人謂玉未理者璞。”《三國志・魏書・文帝紀》：“荆人抱玉璞，猶思良工而刊之。”晋葛洪《抱朴子内篇・仙藥》：“不可用已成之器，傷人無益，當得璞玉，乃可用也，得于闐國白玉尤善。”唐李白《雜言用投丹陽知己兼奉宣慰判官》詩：“客從昆侖來，遺我雙玉璞。”唐宇文鼎《惠泉》詩：“璞玉耀荆山，山根竇玉泉。”唐李咸用《石版歌》：“雲根劈裂雷斧痕，龍泉切璞青皮皴。”宋陳著《贈僧仁澤邂逅以數語》詩：“温温白玉璞，楚楚秋蘭香。”宋孔平仲《和人見贈》詩：“駑材尚藉鞭驅力，頑璞須資刻琢功。”元尹廷高《玉井峰會一堂五首》詩其四：“混沌鑿開蒼玉璞，甘寒湧出碧琉璃。”元大食哲馬《題趙彦徵畫赤驥一匹二首》詩其二：“太守舊圖如璞玉，拾遺新畫抵南金。”明朱誠泳《有所思》詩：“何以問遺君，贈之白玉璞。”清多隆阿《閒情》詩其二：“俗眼誰能識玉璞，素心久已托冰壺。”

【玉璞】

即璞。此稱先秦已行用。見該文。

【璞玉】

即璞。此稱先秦已行用。見該文。

【璞石】

蘊藏有玉的石頭。漢王符《潛夫論・論榮》：“夫和氏之璧，出於璞石。”唐馬聰《意林》：“而猶蘭蓀雜於蕭艾，璠璵隱於璞石。”唐釋道宣《續高僧傳》卷一〇：“乃取寺内璞石鐫斲爲函。”宋唐庚《古風贈謝與權行三首》其一：“鳴鴞變好音，璞石琢良玉。”元雷𣲗《玉溪山房》詩：“閒敲璞石横攲枕，笑拂珊瑚直下鉤。”明孫蕡《贈從弟三首》詩其三：“荆山有良玉，韞此璞石中。”

【璆】

美玉。或作“球”。先秦屈原《九歌・東皇太一》：“撫長劍兮玉珥，璆鏘鳴兮琳琅。”《爾雅・釋器》：“璆、琳，玉也。”按，璆、琳常連用，作“璆琳”。《漢書・禮樂志》：“璆磬金鼓。”顔師古注：“璆，美玉名。以爲磬也。”唐孔穎達《禮記正義・玉藻》：“《釋地》云：西北之美者，有昆侖虚之璆、琳、琅玕焉。”李巡、孫炎、郭璞等并云：“璆、琳，美玉。”古“球”字與璆同，故云球是美玉也。宋郊廟朝會歌辭《雨師五首》其二：“佩玉璆如，黼黻襜如。”元陳旅《次韻許左丞從車駕游承天護聖寺是日由參政升左丞》詩：“石壇登案衍，瓊佩雜璆鏘。”明王逢《覽周左丞伯温壬辰歲拜御史扈從集感舊傷今敬題五十韻》詩：“絲㛹雙行鞚，璆鳴雜佩瑶。”清段玉裁《説文解字注》：“〔玲〕石之次玉者。鄭本《尚書》：‘璆玲琅玕。’鄭注：‘璆，美玉。玲，美石。’”

【琳】

美玉。青碧色的玉。《書・禹貢》：“厥貢惟球、琳、琅玕。”孔傳：“球、琳，皆玉名。”孫星衍疏：“琳，一作玲。”《爾雅・釋器》：“璆、琳，玉也。”漢司馬相如《上林賦》：“玫瑰碧琳，珊瑚叢生。”《説文・玉部》：“琳，美玉也。”漢班固《西都賦》：“碝磩彩致，琳瑉青熒。”晋孫楚《爲石仲容與孫皓書》：“球琳重錦，充於府庫。”唐李中碧《廬山》詩：“谷春攢錦繡，石潤疊瓊琳。”宋侯置《南歌子〈爲吕聖俞壽〉》：“菊潤初經雨，橙香獨占秋。碧琳仙釀試新篘。”元陳宜甫《送琴與閻子静承旨》

詩："君歸抑何贈，所愧無瑤琳。"明王行《與
韓公望衍斯道游穹窿山次韻留題顯忠寺》詩：
"泂湍響激玉霄琳，舞沫逆灑山椒杻。"清彭孫
貽《海大魚篇》詩："水鬼碧琳眼，没海莩蜃
黿。"

【璆琳】

美玉。《爾雅·釋地》："西北之美者，有崑
侖虚之璆琳、琅玕焉。"郭璞注："璆琳，美玉
名。"《管子·輕重甲》："簪珥而辟千金者，璆
琳琅玕也。"晋庾肅之《玉贊》詩："圓璧月鏡，
璆琳星羅。"《魏書·西域傳·大秦》："其土宜
五穀桑麻，人務蠶田，多璆琳、琅玕、神龜、
白馬、朱鬣、明珠、夜光璧。"宋郊廟朝會歌辭
《紹興以後祀五方帝六十首升殿用〈正安〉》：
"潔我佩服，璆琳鏘鳴。"元李序《和胡景雲白
玉心黄金淚二歌》其一："飛神出入洞八荒，璆
琳爲衣璹爲裳。"清弘曆《于闐采玉》："秋時河
水涸，撈得璆琳多。"

【碧】

青緑色的玉石。《山海經·西山經》："大
次之山，其陽多堊，其陰多碧。"又云："高
山，其下多青碧。"郭璞注："碧，亦玉類也。
今越嶲會稽縣東山出碧。"《莊子·外物》："萇
弘死於蜀，藏其血三年而化爲碧。"成玄英疏：
"碧，玉也。"《説文·玉部》："碧，石之青，美
者。"漢司馬相如《子虚賦》："錫碧金銀，衆
色炫耀。"三國魏曹植《洛神賦》："披羅衣之
璀粲兮，珥瑶碧之華琚。"南北朝丘巨源《聽鄰
妓》詩："飛華瑶翠幄，揚芬金碧杯。"唐無名
氏《吴王夫差書一章并序》詩："玄津流絳波，
昆碧映琅山。"宋劉兼《宴游池館》詩："綺筵
金碧照芳菲，酒滿瑶卮水滿池。"金任詢《庚

辰十二月十九日雪》詩："瓊臺玉榭壓金碧，
三十六宫明月輝。"明王逢《淮安忠武王箭歌題
垂虹橋亭》詩："浮屠上層龍所宫，寶盤紺碧蓮
花同。"清王夫之《讀甘蔗生遣興詩次韻而和之
七十六首》詩其六十四："邀月爲歡憎影在，碧
玻瓈盞滅鐙斟。"

【琳琅】

精美的玉石。先秦屈原《九歌·東皇太
一》："撫長劍兮玉珥，璆鏘鳴兮琳琅。"《史
記·仲尼弟子列傳》："學者多稱七十子之徒。"
司馬貞索隱："將師宫尹，俎豆琳琅。"漢張衡
《南都賦》："琢珸狎獵，金銀琳琅。"晋無名氏
《長樂佳七首》詩其一："小庭春映日，四角佩
琳琅。"唐劉禹錫《送王師魯（一作曾）協律赴
湖南使幕》詩："素風傳竹帛，高價聘琳琅。"
宋馬光祖《迎享送神》詩："聊逍遥兮容與，集
琳琅兮鏘鳴。"元王庭筠《曲水園》詩："山陰
禊事記蘭亭，珠玉琳琅照眼明。"明張寧《題沈
履德集古梅花百咏》詩："折選囊珠聚夜光，開
分璞玉取琳琅。"清陳恭尹《題王也孌行樂圖二
首》詩其一："浪説陳侯冠玉，今看王氏琳琅。"

【璠璵】

美玉名。亦作"璵璠"，單稱"璵"。亦泛
指珠寶。亦喻品德。亦作古代的一種佩玉。《左
傳·定公五年》："季平子行東野，還未至，丙
申，卒于房，陽虎將以璵璠斂。"杜預注："璵
璠，美玉，君所佩。"《吕氏春秋·孟冬紀》：
"主人以璵璠收。"《説文·玉部》："璵，璵璠
也。"漢王充《論衡·薄葬篇》："魯人將以璵
璠斂，孔子聞之，徑庭麗級而諫。"漢桓寬《鹽
鐵論·晁錯》："夫以璵璠之玼而棄其璞，以一
人之罪而兼其衆，則天下無美寶信士也。"漢揚

雄《法言·寡見》："玉不雕，璵璠不作器。"三國魏曹植《樂府》詩其八："所賚千金劍，通犀間碧璵。"晉阮侃《答嵇康詩二首》詩其一："良玉須切磋，璵璠就其形。"《藝文類聚·人部三》："一言之賜，過乎璵璧。"唐皎然《觀裴秀才松石障歌》詩："荆門石狀凌璵璠，蹙成數片倚松根。"宋孔平仲《武宗》詩："玩弄反自傷，何用飾璵璠。"金劉迎《盤山招隱圖》詩："左侯薊名族，溫溫器璠璵。"明梁辰魚《浣紗記·通嚭》詞："遠相投金帛禮儀，況纍纍數對璠璵，更纖纖一雙花蕊。"明宋濂《題李息齋竹》詩："人間留翰墨，不獨重璵璠。"明黎景義《貧女》詩："可憐婉娩質，清淑勝璵琇。"清廓露《白紵舞歌》詩其一："璵情瑾睐暖當人，瑤池珠澤繞筵生。"清廓露《數》詩："九仙同日至，餐玉弄璠璵。"清書誠《獵石歌》："笑受粗醜自隗始，誇詫礧礫爲璵璠。"一說，魯國的寶石。唐徐堅《初學記·寶器部》引《逸論語》："璠璵，魯之寶玉也。孔子曰：美哉璠璵，遠而望之，焕若也；近而視之，瑟若也。"

【璵璠】

同"璠璵"。此體先秦已行用。見該文。

【璵】

即璠璵。此稱先秦已行用。見該文。

【瓊】[2]

泛指美玉。亦作"璚"，作環形有缺口的佩玉時音jué。《詩·衛風·木瓜》："投我以木瓜，報之以瓊琚。"又云："投我以木桃，報之以瓊瑤。"《左傳·僖公二十八年》："楚子玉自爲瓊弁玉纓。"《說文·玉部》："璚，瓊或從矞。"《漢書·揚雄傳》："精瓊靡與秋菊兮。"三國魏《嵇喜答嵇康》詩："俯漱神泉，仰嚼瓊枝。"唐

無名氏《唐鳳皇鏡銘》詩："白玉芙蓉匣，翠羽瓊瑤帶。"唐陸龜蒙《四明山詩·青櫺子》："外形堅綠殼，中味敵瓊英。"宋郊廟朝會歌辭《高宗明堂前朝獻景靈宮十首》其四："瓊琚鏘鏘，玄衣繡裳。"金周昂《對月》詩："影動新瓊杵，光含舊寶刀。"元馮子振《梅花百咏·盆梅》："新陶瓦缶勝瓊壺，分得春風玉一株。"明趙汸《游浮溪》詩："樹古根柯皆鐵石，水清沙礫盡瓊瑰。"明張昱《蓮塘曲》詩："一點芳心不自持，露荷又作瓊珠碎。"清尤侗《念奴嬌·咏米家燈和其年韻》詞："玉漏停催，瓊簫慢弄，暫醉珠簾下。"清和邦額《夜譚隨録》："以爲玉蕊瓊英，天然佳偶也。"

【璚】

同"瓊2"。此體三國魏已行用。見該文。

【墨玉】

玉石。色黑如墨，故稱。宋杜綰《雲林石譜下·墨玉石》："西蜀諸山多產墨玉。在深土中，其質如石，色深黑，體甚輕軟。土人鐫治爲帶胯或器物，極光潤。"宋米芾《硯史·夔州黟石硯》："色黑，理干，間有墨點，如墨玉光，發黑不乏。"宋方岳《三次韻答惠蘭亭紙翠毫筆》詩："策勳翰墨玉牀籍，未羨香車駕金犢。"宋范浚《贈清鑒上人》詩："尚看秀色帶峨眉，墨玉貫珠常在把。"《宋史·輿服志五》："宋制尤詳，有玉、有金、有銀、有犀，其下銅、鐵、角、石、墨玉之類，各有等差。"明曹昭《格古要論》："墨玉其色黑，如漆，又謂之墨玉，價低。"清奕繪《子夜歌慢》詩："墨玉灰飛，金環冰冷，孤另傷心偕。"

【和田玉】

玉石名。屬軟玉，中華玉之正宗。亦稱

"昆岡玉"，單稱"玉"。產於塔里木盆地之南的昆侖山，以及源於此山的河流中。古代白玉河源於昆侖山，流入塔里木盆地後，與喀拉喀什河匯合成和田河，自古以來是和田出玉的主要河流。戰國《穆天子傳》："天子於是攻其玉石，取玉版三乘，玉器服物，載玉萬隻。天子四日休群玉之山，乃命邢侯待攻玉者。"南朝梁周興嗣《千字文》："金生麗水，玉出昆岡。"按，昆岡玉即指和田玉。《舊唐書·西域傳》稱："〔于闐國〕出美玉……貞觀六年，遣使獻玉帶，太宗優詔答之。"按，于闐，即今和田。宋韋驤《和太守郡閣望群山有雪》詩："昆岡玉聚微雲斂，滄海潮橫返照清。"元耶律楚材《太陽十六題·殺人劍》詩："水乾滄海魚龍死，火烈昆岡玉石焚。"明楊士奇《題東禪老僧所藏陳舉善小景》詩："向來聚得昆岡玉，長向林中起夜光。"清弘曆《和闐漢玉歌》詩："昆崙沕澤多玉石，即今包貢猶堪徵。"清王樹柟《新疆圖志》："〔和田玉〕紺（紅青）、黄、青、碧、玄（黑）、白數色。"

【玉】[2]

即和田玉。此稱先秦已行用。見該文。

【昆岡玉】

即和田玉。此稱宋代已行用。見該文。

【于闐玉】

即和田玉。《宋書·禮志》："貴嬪、夫人、貴人之章。紫綬。佩于闐玉。"《北史·突厥傳》："其年，遣其母弟褥但特勤獻于闐玉杖，上拜褥但爲柱國、康國公。"宋周端臣《西京少年行》："常騎大宛馬，多佩于闐玉。"《文獻通考·王禮考》："貴妃、嬪佩于闐玉。"明王世貞《行行且游獵》詩："六郡良家五陵豪，于闐玉

鞭大食刀。"明余寅《同姓名録》卷四："真宗天禧元年，澶州軍士王貴得于闐玉印。"清和瑛《題路旁于闐大玉》其一："詔棄于闐玉，埋輪蔓草蕪。"

【玉朱】

圓形玉石。朱，通"珠"。《晋書·輿服志》："以采玉朱爲璸。璸，結也。天子五采。"《册府元龜·陪臣部·奢僭》："鏤簋謂刻而飾之，大夫刻爲龜耳，諸侯飾以象，天子飾以玉朱，天子冕之也。"明蘇方晋《柏梁體送歐崙山北上》詩："兔罝鶡薦將登壇，清廟朱弦玉朱干。"《林野奇禪師語録》："包金切玉朱，明迎午漏之祥。"

【玫瑰石】

美玉。亦作"玫瑰"，亦稱"火齊珠"。《左傳·成公十七年》："或與己瓊瑰食之"。孔穎達疏："玫瑰，殊也。"《韓非子·外儲説左上》："綴以珠玉，飾以玫瑰，輯以翡翠。"《尸子》卷下："楚人賣珠於鄭者。爲木蘭之櫝，熏以桂椒，綴以玫瑰。"漢劉歆《西京雜記》："〔武帝〕後得貳師天馬，帝以玫瑰石爲鞍，鏤以金銀鍮石。"漢司馬相如《子虛賦》："其石則赤玉玫瑰，琳珉琨珸。"南北朝沈約《登高望春》詩："寶瑟玫瑰柱，金羈玳瑁鞍。"唐慧琳等《一切經音義》："石之美好曰玫，圓好曰瑰。郭璞：'玫瑰石，珠也。'張揖：'玫瑰琅玕珠，出昆侖開明月山。'"唐李善注引晋灼曰："玫瑰，火齊珠也。"唐温庭筠《織錦詞》："此意欲傳傳不得，玫瑰作柱朱弦琴。"宋陶弼《銅雀研》詩："四方綠琉璃，一片青玫瑰。"明宋應星《天工開物·珠玉》："至玫瑰一種，如黄豆、綠豆大者，則紅、碧、青、黄，數色皆具。寶石有玫

瑰，猶珠之有璣也。"清龔自珍《最錄南唐五百字》：“玫瑰伴函，珊瑚裝柱。"

【玫瑰】

即玫瑰石。此稱先秦已行用。見該文。

【火齊珠】[1]

即玫瑰石。此稱唐代已行用。見該文。

【玲】

一種美玉。亦謂似玉美石。古亦音"jiān""yín""lín"。《集韻·侵韻》："琳，《說文》：‘美玉也。’古作玲。"《穆天子傳》："玲，皆玉名，字皆無聞。玲音鈴瓆。"《說文·玉部》："玲，玲璽，石之次玉者。"《玉篇》："米石山有玲、玳、琪。"孔穎達正義："玲，美玉也。"清段玉裁注：“〔玲〕石之次玉者。鄭本《尚書》：‘璆玲琅玕。’鄭注：‘璆，美玉。玲，美石。’"一說，玲即"琳"。《集韻》："琳，古作玲。"

【九色】

次玉。色澤豐富的美石。舊說出西域。《三國志·魏書·烏丸鮮卑東夷傳》裴松之注引《魏略·西戎傳》："〔大秦國〕山出九次玉石，一曰青，二曰赤，三曰黃，四曰白，五曰黑，六曰綠，七曰紫，八曰紅，九曰紺。今伊吾山中有九色石，即其類。"晋葛洪《上元夫人步玄之曲》詩："玉胎來絳芝，九色紛相挐。"宋無名氏《籍田導引·十二時》："玉振復金相。睹九色、流衍倉箱。"

【玖】

次玉黑石。又稱"瓊玖"。可作佩飾。《詩·衛風·木瓜》："報之以瓊玖。"又，《王風·丘中有麻》："彼留之子，遺我佩玖。"毛傳："玖，石次玉者。"《說文·玉部》："玖，石

之次玉，黑色者。"漢王逸《九思·逢尤》："世既卓兮遠眇眇，握佩玖兮中路躇。"唐武元衡《酬李十一尚書西亭暇日書懷見寄十二韻之作》："一緘瓊玖贈，萬里別離愁。"宋王安石《贈陳君景初》詩："又復能賦詩，往往吹瓊玖。"元朱晞顏《擬古十九首》詩其一："願勖瓜李心，爲君報瓊玖。"明邊貢《題王庭簡像》："玄其衣，纁其裳，瓊琚玉玖鳴鏘鏘。"清弘曆《題君實玉印》詩："瑞玖鐫英篆，貽今七百年。"清汪志伊《初頤園中丞以書來索端硯爰將素用之硯贈之勝以詩》："呵之輒澤扣無聲，性堅質潤媲瓊玖。"

【瓊玖】

即玖。此稱先秦已行用。見該文。

【菜玉】

次玉之石。其色青如菜，故稱。明佚名《原本老乞大》："最低的是菜玉，最高的是羊脂玉。"明曹學佺《蜀中名勝記·南江縣》："縣北洋灘楊侍郎墓碑，字多蝕，碑座是菜玉，見存。"明曹昭《格古要論》："菜玉非青、非綠，色如菜葉，玉之最低者。"明陶宗儀《說郛》："香爐連蓋，一皆菜玉制，龜蛇大者如蟹，小者僅如錢。"清劉心《玉紀補》："又有非青、非綠，如敗菜葉者，謂之菜玉，玉之最下品也。"清毛奇齡《後觀石錄》："殷於菜玉，而白於蕨粉然。"

【硂】

次玉之石。《玉篇·石部》："硂，石次玉。"《廣韻·下平聲·先》："硂：石次玉也。"明歸有光《祭居守齋文》："君於世人，居聲利間，混混與衆，如玉與硂。"

【硨磲】

海洋中最大的雙殼貝類，被稱爲"貝王"。最大體長可達1米以上，重量達300千克以上。其殼質厚重，殼緣如齒，兩殼大小相當，内殼潔白光潤，白皙如玉，故稱次玉之石。古"七寶"之一。亦作"車渠"，亦稱"魧"。《爾雅·釋魚》："貝大者魧。"《尚書大傳》："大貝如車渠。"《大方廣佛華嚴經》："藏上生七寶芽，所謂金、銀、瑠璃、玻瓈、赤珠、硨磲、碼磕。"《廣雅·釋地》："硨磲……石之次玉。"《説文·魚部》："魧，大貝也。"三國魏曹丕《車渠椀賦序》："車渠，玉屬也，多纖理縟文，生於西國，其俗寶之，小以繫頸，大以爲器。"唐蘇鶚《蘇氏演義》卷下："魏武帝以瑪瑙石爲馬勒，硨磲爲酒椀。"唐杜甫《謁文公上方》詩："金篦刮眼膜，價重百車渠。"仇兆鰲注：《廣雅》：車渠，石之次玉。《廣志》：車渠，出大秦及西域諸國。"元李俊民《一字百題示商君祥·硯》詩："端溪温潤石，價重百車渠。"明屠隆《曇花記·西游净土》："嵌珊瑚硨磲瑪瑙，光射月輪孤。"又，《彩毫記·展武相逢》："斬頭顱報怨都城，把硨磲使酒侯家。"清朱彝尊《贈許容》詩："吾生好奇頗嗜此，硨磲犀象羅筒中。"

【魧】

同"硨磲"。此稱先秦已行用。見該文。

【車渠】

同"硨磲"。此體漢代已行用。見該文。

美石

美麗的石頭。《山海經·東山經》："獨山，其上多金玉，其下多美石。"唐鄭惟忠《古石賦》："博望侯周游天下，歷覽山川，尋長河於異域，得美石而獻漢武帝。"唐柳宗元《柳河東集·記山水》："有小山出水中，山皆美石。"宋蘇軾《怪石供》："今齊安江上往往得美石，與玉無辨。"明劉基《郁離子》："泗水之濱多美石。"《水滸傳》第九八回："此處有塊美石，白賽霜雪，一毫瑕疵兒也没有。"《讀史方輿紀要·廣西七》："安鑊山，在府東南東山縣，産美石。晋豫章太守范寧嘗遣吏於此采石爲磬。"

【玒】

似玉之美石。亦稱"琟玒"。《説文·玉部》："玒，石之似玉者。"王筠釋例："今所謂碧砭玒者，即玒也。"《廣韻·上平聲·脂·私》："玒，石似玉者。"徐珂《清稗類鈔·服飾類》："吉服冠頂，用碧琟玒。"小横香室主人《清朝野史大觀·清官遺聞·德宗大婚妝奩單》："金點、翠紅、白瑪瑙、花紅、碧玒、玉堂富貴盆景成對。"

【琟玒】

即玒。此稱清代已行用。見該文。

【青金石】

似玉之美石。亦作"青金"。青藍色，具琉璃光澤，可供雕刻，作染料。或爲鉛礦，或爲銅礦的一種，或爲架狀結構硅酸鹽中的方鈉石族礦物。後者爲寶石，即藍寶石。成分有異，然古石名相同。從阿富汗傳入，當時的名稱是"蘭赤""金螭""點黛""璆琳""金精""瑾瑜""青黛"等。佛教稱吠努離或璧琉璃。《周禮·考工記·玉人》："大璋、中璋九寸，邊璋七寸，射四寸，厚寸，黄金勺，青金外，朱中。"孫詒讓正義引《説文·金部》："鉛，青金也。"《淮南子·墬形訓》："青曾八百歲生青澒，青澒八百歲生青金。"宋王闢之《澠水燕談錄·事誌》：“淄州淄州縣梓桐山石門澗有石曰青金，色青黑相雜，其文如銅屑，或云即自然銅也，理細密。范文正公……皇祐末，公知青，遣石工取以爲硯，極發墨，頗類歙石。今東方人多用之，或曰‘范公石’。”明汪坦《別泰山擬唐李白（録三首）》詩其三：“坐我紫霞牀，酌我青金罍。”清王太岳《銅山吟一百二十韻》詩：“青金次三品，嘩嚻陋瑶琨。”《清會典·圖考》：“皇帝朝珠雜飾，唯天壇用青金石，地壇用琥珀，日壇用珊瑚，月壇用緑松石。皇帝朝帶，其飾，天壇用青金石，地壇用黃玉，日壇用珊瑚，月壇用白玉。”按照清制，皇子、世子、郡王、貝勒之夫人及四品官朝冠上銜此石。章鴻釗《石雅》云：“青金石色相如天，或復金屑散亂，光輝燦爛，若衆星麗於天也。”按，青金石早在 6000 年前即被中亞國家開發使用。我國則始於漢時期。資料顯示，青金石是通過絲綢之路傳入的。

【青金】

即青金石。此稱先秦已行用。見該文。

【怪石】[1]

像玉一樣的美石。産自泰山、青州等地。《書·禹貢》：“岱畎絲、枲、鉛、松、怪石。”孔傳：“怪異，好石似玉者，泰山之谷出此。”關於産地，《書·禹貢》云：“青州有鉛、松，怪石。”《山海經·中山經》：“薄山之首曰苟牀之山，無草木，多怪石。”郭璞注：“怪石，似玉也。”宋蘇軾《後怪石供》：“蘇子既以怪石供佛印，佛印以其言刻諸石。”明王越《登泰山二首》詩其一：“浮雲似水流將去，怪石如人立起來。”

【珉】

似玉的美石。亦作“瑉”“瑉石”，亦稱“珉石”“珉玉”。《山海經·中山經》：“翼望之山，其陽多赤金，其陰多珉。”《荀子·法行》：“故雖有珉之雕雕，不若玉之章章。”《周禮·夏官·弁師》：“瑉玉三采。”陸德明釋文：“瑉，本又作珉。”《禮記·聘義》：“敢問君子貴玉而賤瑉者，何也？”鄭玄注：“瑉，石似玉。”《説文·玉部》：“珉，石之美者。”漢劉向《九嘆·愍命》：“藏瑉石於金匱兮，捐赤瑾於中庭。”王逸：“瑉石，次玉者。瑉，一作‘珉’。”漢司馬相如《上林賦》：“珉玉旁唐，玢幽文鱗。”《漢書·司馬相如列傳》：“琳珉昆吾。”北魏酈道元《水經注·穀水》：“圃中有古玉井，井悉以珉玉爲之。”北周庾信《象戲賦》：“分荊山之美玉，數藍田之珉石。”《梁書·何佟之傳》：“瑉似玉而非玉，鷄類鳳而非鳳。”唐李白《古風五十九首》詩其五十：“流俗多錯誤，豈知玉與珉。”唐李咸用《覽友生古風》詩：“荊璞且深藏，珉石方如雪。”《集韻·真韻》：“瑉，或作珉。”宋韋驤《答吕秀才》詩：“情禮甚勤無以謝，愧將珉石報琅玕。”《文獻通考·郊社考》：“又思玉工言，玉追琢難成，宰相請代以瑉石，及階州采進。”明胡應麟《八哀詩·博士長洲文公彭》詩其七：“尤工古印記，珉玉浩森列。”明徐元太《喻林》卷四八：“藏瑉石於金匱兮。”清康熙《御定子史精華》卷一五四：“瑉石，次玉者。”

【珉玉】

即珉。此稱先秦已行用。見該文。

【瑉】

同“珉”。此體漢代已行用。見該文。

【珉石】

即珉。此稱漢代已行用。見該文。

【瑉石】

即珉。此體漢代已行用。見該文。

【白珉】

白色似玉美石。猶"珉"。《山海經·中山經》："又東百五十里，曰岐山，其陽多赤金，其陰多白珉，其上多金玉，其下多青雘。"又："其上多金玉，其下多白珉。"郭璞注："石似玉者。"清周學曾《晋江縣志》："殿廡垣闥之崇深，率贏於舊，而庭城則駢以白珉。"

【唐碧】

堅硬似玉之石。《淮南子·脩務訓》："唐碧堅忍之類，猶可刻鏤，揉以成器用。"高誘注："唐碧，石似玉，皆堅鑽之物。"明朱謀㙔《駢雅》："砆珉珸珹玏玲，唐碧琇珌美石也。"清陳元龍《格致鏡原》卷三三："唐碧者，石似玉，堅鑽之物。"

【琅玕】[2]

似玉的美石。亦作"瓓玕"，亦稱"火齊珠"。《書·禹貢》："厥貢惟球、琳、琅玕。"孔傳："琅玕，石而似玉。"孔穎達疏："琅玕，石而似珠者。"《爾雅·釋地》："西北之美者，有昆侖虛之璆琳琅玕焉。"漢史游《急就篇》："繫臂琅玕虎魄龍。"顏師古注："琅玕，火齊珠也。一曰：石之似珠者也。"三國魏曹植《美女篇》詩："頭上金爵釵，腰佩翠琅玕。"南朝宋鮑照《冬至》詩："長河結瓓玕，層冰如玉岸。"錢振倫注："《集韻》：'瓓，玉采文。玕，琅玕也。'"南北朝佚名《上清高上龜山玄籙》："琳琅瓓玕，自然同聲。"唐白居易《題盧秘書夏日新栽竹二十韻》詩："拂肩摇翡翠，熨手弄琅玕。"宋張君房《雲笈七籤·中央玄一老子》："帷帳瓓玕，五色徘徊。"宋方千里《紅林檎

近》其二："映月衣纖縞，因風佩琅玕。"元王旭《離憂賦》："佩琅玕而服明月兮，裁青霞以爲裾。"明王恭《澄清歌爲閩憲僉孫公賦》詩："袖中明月連城價，腹裏琅玕柱石材。"清孫枝蔚《牛飢紀事二十二韻》詩："獸醫歸部伍，柴藥貴琅玕。"

【瓓玕】

即琅玕[2]。此體南朝宋已行用。見該文。

【火齊珠】[2]

即琅玕[2]。此稱唐代已行用。見該文。

【碔玞】

似玉之石。亦作"碔砆""武夫"。赤質白章。《山海經·南山經》："〔會稽之山〕四方，其上多金玉，其下多砆石。"晋郭璞注："砆，武夫，石似玉。"吳任臣注曰："砆，《水經注》作玞。"《戰國策·魏策一》："白骨疑象，武夫類玉，此皆似之而非者也。"漢王褒《四子講德論》："故美玉蘊於碔玞。"漢司馬相如《子虛賦》："碝石碔砆。"李善注："碔砆，赤地白采，葱蘢白黑不分。"唐陳子昂《荆州大崇福觀記》："文彩構檻，碔砆砌階。"宋張世南《游宦紀聞》："忠州樂磧市出玉石，舟至岸，人競持來求售，雖光瑩可觀，然皆碔砆也。"金元好問《論詩絕句三十首》詩其十："少陵自有連城璧，爭奈微之識碔砆。"明吾丘瑞《運甓記·帥閫賓賢》："真個是碔砆眩玉，魚目疑珠，駑驥相猜。"清趙翼《題陳東浦藩伯》詩："連城有真璧，未可碔砆冒。"

【碔砆】

同"碔玞"。此體漢代已行用。見該文。

【武夫】

同"碔玞"。此體漢代已行用。見該文。

【碧盧】

即斌砆。似玉之石。《呂氏春秋·審分覽》：“以勇敢而埋以罷怯。”高誘注：“薇蕪碧盧之亂，美玉非猗頓不能别也。”《淮南子·氾論訓》：“玉工眩玉之似碧盧者，唯猗頓不失其情。”許慎注：“碧盧，或云砥砆。”南朝梁蕭繹《金樓子》卷四：“碧盧似玉猗頓，别之白骨。”《太平御覽·兵部》：“碧盧，或作武夫。”明楊慎《丹鉛總錄》引三國吳秦菁《秦子》：“無盛之巵，雖赤瓊碧瓐無貴也。”清俞樾《諸子平議·淮南子三》：“‘劍工惑劍之似莫邪者’，莫邪是良劍之名，則碧盧亦必是美玉之名……莫邪、碧盧是喻君子，非喻小人。”

【琇瑩】[1]

似玉的美石。亦作“瑩琇”。省稱“琇”。《詩·衞風·淇奥》：“有匪君子，充耳琇瑩，會弁如星。”毛傳：“琇瑩，美石也。”又，《詩·小雅·都人士》：“彼都人士，充耳琇實。”毛傳：“琇，美石也。”《後漢書·輿服志》：“衣裳玉佩備章采。”李賢引毛萇傳曰注：“‘充耳謂之瑱。天子玉瑱。琇瑩，美石也。諸侯以石。’”唐蕭穎士《江有楓》：“我友于征，彼鄭之子，如琇如英，德音孔明。”唐皮日休《魯望讀襄陽者舊傳見贈五百言次韻》詩：“寂寞數百年，質唯包礫琇。”宋華鎮《贈别越帥蔡侍郎五十韻》詩：“六花舞絕平川壤，萬樹玲瓏綴瑩琇。”元周巽《昭君怨》詩：“玉鳳搔頭金纏臂，琇瑩充耳雙明珠。”明沈周《送王理之赴孔林書新廟碑》詩：“工訖乃紀載，伐石獲良琇。”明郭之奇《望三山》詩：“浩淼莽兮如練，疊琇瑩兮相攢。”清朱筠《三歸臺》詩：“此亦龍服魚，非比石襲琇。”清朱鶴齡《詩經通義》卷

二：“琇瑩，猶《齊風·著》言瓊瑩、瓊華、瓊英也。”

【琇】

即琇瑩[1]。此稱唐代已行用。見該文。

【瑩琇】[2]

同“琇瑩[1]”。此體唐代已行用。見該文。

【瑀】

似玉之美石。《詩·鄭風·女曰鷄鳴》：“雜佩以贈之。”毛傳：“雜佩者，珩、璜、琚、瑀、衝牙之類。”鄭玄箋：“瑀，石次玉也。”朱熹集傳：“雜佩者，左右佩玉也。上横曰珩，下繫三組，貫以蠙珠。中組之半貫一大珠，曰瑀。末懸一玉，兩端皆鋭，曰衝牙。”《説文·玉部》：“瑀，石之似玉者。”漢戴德《大戴禮記·保傅》：“琚瑀以雜之。”盧辯注：“白色者瑀。”《後漢書·輿服志》：“乃爲大佩衝牙雙瑀璜，皆以白玉。”唐温庭筠《薛氏池垂釣》詩：“朱瑀空偷御溝水，錦鱗紅尾屬嚴光。”宋王令《甲午雪》：“累蠙貫瑀錯組佩，斥棄朱黛素兩眉。”元劉詵《和張尚德憲郎》詩：“銛鋩干莫鋒，温潤琚瑀佩。”明方孝孺《次危紀善五十韻倍成千字獻蜀王》詩：“麟趾耽經史，龍衣佩瑀璜。”一説，大珠。又説，玉。清俞樾《〈詩〉名物證古》：“《續漢·輿服志》：‘孝明皇帝，乃爲大佩，衝牙雙瑀璜，皆以白玉。’漢人近古，當有所據。知瑀必以玉爲之，且有雙瑀，朱子謂中組貫大珠曰瑀，未必然也。”

【珹玏】

似玉之石。省稱“珹”“玏”，亦稱“珹石”。《山海經·中山經》：“葛山，其上多赤金，其下多珹石。”郭璞注：“珹石，勁石似玉也。”《廣雅·釋地》：“珹玏，石之次玉。”郭璞注曰：

"瑊玏，石之次玉者。"漢司馬相如《子虛賦》："瑊玏玄厲，瑌石碔砆。"又，《子虛賦》："其石則赤玉玫瑰，琳珉琨珸，瑊玏玄厲，碔石碔砆。"段玉裁注："張揖曰：瑊玏，石之次玉者。《中山經》：葛山其下多瑊石。郭傳：瑊玏，石似玉。《廣雅》：瑊玏，石次玉也。按，玲、瑊同字。"《史記·司馬相如列傳》："瑊玏玄厲。"裴駰集解引徐廣曰："瑊音古咸反，玏音勒，皆次玉者。"唐皮日休《江南書情二十韻寄秘閣韋校書貽之商洛宋先輩垂文二同年》詩："孤竹寧收笛，黃琮未作瑊。"宋葛立方《橫山堂三章》其三："公有瑊玏玄厲兮磨而不磷。"明郭棐《廣東通志》："瑊玏，唐宋以來才人文士采作硯材，蘇文忠稱爲寶石蓋。"清鈕琇《觚賸·石言》："羚羊峽，距郡東三十里，束三江之水，其山產石，類瑊玏。"

【瑊石】

即瑊玏。此稱先秦已行用。見該文。

【瑊】

即瑊玏。此稱漢代已行用。見該文。

【玏】

即瑊玏。此稱漢代已行用。見該文。

【瑌】

似玉之石。亦作"瓀石""碝"，亦稱"黃碝"。漢司馬相如《子虛賦》："其石則赤玉玫瑰，琳珉琨珸，瑊玏玄厲，瑌石碔砆。"裴駰集解引徐廣曰："'瑌'，石似玉。"漢班固《西都賦》："碝磩彩致，琳珉青熒。"漢司馬相如《上林賦》："蜀石黃碝，水玉磊砢。"李善注引郭璞注："碝，碝石，黃色。"《白孔六帖》卷一三："士佩瑌玫。"《藝文類聚·雜文部三》："仰綴瑰木，俯積瑌石。"宋郊廟朝會歌辭《嘉

泰二年恭上太皇太后尊號八首》其八："碝碱采致，載備斯冊。"明楊慎《楊升庵集》："瑌，玉，半白半赤也；瓀玉桅色也。"明盧柟《贈故大同府節判魏張公祝入祠七十韻》詩其一："後代乃賢豪，森森盡碧碝。"清顧炎武《恭謁天壽山十三陵》詩："碝石爲元墀，丹青煥雕梁。"清陳性《玉紀》："赤白斑花曰瑌，此新玉、古玉自然之本色也。"

【瓀石】

即瑌。此體漢代已行用。見該文。

【碝】

同"瑌"。此體漢代已行用。見該文。

【黃碝】

即瑌。此稱漢代已行用。見該文。

【瓀玫】

即瑌。《禮記·玉藻》："士佩瓀玫而縕組綬。"孔穎達疏："瓀玫，石次玉者，賤，故士佩之。"唐虞世南《北堂書鈔·衣冠部》："瓀玫，又作瓊玫。"宋王庭珪《盧溪文集序》："瓀玫、衡牙、衡笄、鬱邑、不琢。"元陳浩《陳氏禮記集說》卷六："瓀玫石之次玉者，縕赤黃色。"明何楷《詩經世本古義》卷二七："士佩瓀玫而縕組綬縕，乃赤黃之間色。"清秦蕙田《五禮通考》卷八六："白玉之貴可知賤者，莫如瓀玫。"

【蜀石】

產於蜀地的次玉之石。《史記·司馬相如列傳》："明月珠子，玓瓅江靡，蜀石黃碝，水玉磊砢，磷磷爛爛，采色雪旰，叢積乎其中。"宋高似孫《緯略·蜀石》："有人遺余玉筆格一枚，狀如漿水瑪瑙而非玉也。因扣之，謂玉出嘉陵。按司馬相如《上林賦》曰：'蜀石黃碝。'張揖曰：'蜀石，次玉者也。'嘉陵之玉，蓋出

於此。”李善注引張揖曰：“蜀石，石次；玉者也。”宋杜綰《雲林石譜·西蜀石》：“蜀石，西蜀水中出石，甚堅，潤色黑白，石理遍有漚紋如豆大，中有紋如桃杏花心，土人鐫礲爲龜蟾鎮紙。”《佩文韻府》卷五〇：“蜀石，石次。”

【瓊瑰】

次玉之石。《詩·秦風·渭陽》：“何以贈之？瓊瑰玉佩。”毛傳：“瓊瑰，石而次玉。”《左傳·成公十七年》：“初，聲伯夢涉洹，或與己瓊瑰食之。”一説，泛指珠玉。晋杜預注：“瓊，玉；瑰，珠也。”《晋書·庾亮傳論》：“古者右賢左戚，用杜溺私之路……是以厚贈瓊瑰，罕升津要。”唐李德裕《重憶山居六首·漏潭石（魯客見遺）》詩：“美石勞相贈，瓊瑰自不如。”宋歐陽修《和劉原父澄心紙》詩：“子美生窮死愈貴，殘章斷稿如瓊瑰。”元郭翼《行路難七首》詩其一：“贈君葡萄之芳醇，璃瑰玉佩之鏘鳴。”明趙汸《游浮溪》詩：“樹古根柯皆鐵石，水清沙礫盡瓊瑰。”清徐琪《連州鐘乳石歌》詩：“年深寶氣自吞吐，遂與玉色爭瓊瑰。”

【瓊瑶】

似玉之美石。亦稱“瑶琨”“瑶石”，單稱“瑶”。《書·禹貢》：“厥貢惟金三品，瑶、琨、篠簜。”孔穎達疏：“〔瑶〕美石似玉者也。”《詩·衛風·木瓜》：“投我以木桃，報之以瓊瑶。”又，《詩·大雅·公劉》：“何以舟之，維玉及瑶。”《左傳·昭公七年》：“賂以瑶甕。”《周禮·天官·内宰》：“瑶爵”。孔傳：“瑶、琨皆美玉。”南北朝庾信《周五聲調曲二十四首》詩其二十一：“瑶琨篠簜既從，怪石鉛松即序。”《説文·玉部》：“瑶，玉之美者。”《南史·隱逸傳下·鄧郁》：“色艷桃李，質勝瓊瑶。”唐白居

易《西樓喜雪命宴》詩：“四郊鋪縞素，萬室甃瓊瑶。”唐鄭餘慶《郊廟歌辭·享太廟樂章·文明舞》詩：“金枝翠葉，輝燭瑶琨。”宋劉子翬缺題詩：“誰刻紫瓊瑶，玲瓏投遠客。”宋洪興祖《楚詞補注》：“瑶石，次玉也。”元吳存《木蘭花慢·清明夜與芳洲話舊》詞：“芳洲老仙來下，粲黄冠、翠氅佩瓊瑶。”明王漸逵《游羅浮賦》：“臺憑瑶石，洞轉青沙。”明李應禎《成化戊戌十二月十六日與吳原博史明古張子静游陽山入雲泉庵觀大石聯句》其六：“瑶琨産維揚（吳），琅玕出乃雍。”清張梁《琴意詩·溪山秋月》詩：“或如坐深巖，石泉鳴瓊瑶。”清陳夢雷《劍俠》詩：“吳鈎鐵冷霜花碧，寶鞘螭文嵌瑶石。”清陳恭尹《次和王礎塵辛未歲除八首》詩其五：“東海自來升日月，揚州從古産瑶琨。”

【瑶】

即瓊瑶。此稱先秦已行用。見該文。

【瑶琨】

即瓊瑶。此稱先秦已行用。見該文。

【瑶石】

即瓊瑶。此稱宋代已行用。見該文。

【琨】

似玉之美石。亦作“瓗”，亦稱“瑶琨”（參閱本卷“瓊瑶”條目）。《書·禹貢》：“厥貢惟金三品，瑶、琨、篠簜。”孔傳：“瑶、琨皆美玉。”孔穎達疏：“美石似玉者也……王肅云：‘瑶、琨，美石次玉者也。’”《説文·玉部》：“琨，石之美者。瓗，琨或從貫。”段玉裁注：“瓗，琨或從貫。馬融《尚書》《漢地理志》皆作瓗。”《漢書·地理志》：“琨，也作瓗。”又云：“貢金三品，瑶、瓗、篠簜。”漢張衡《思

玄賦》：“獻環琨與琛縭兮，申厥好以玄黃。”舊注：“琨，璧也。”漢司馬相如《子虛賦》：“其石則赤玉玫瑰，琳瑉琨珸，瑊玏玄厲，碝石碔夫。”唐鄭餘慶《郊廟歌辭·享太廟樂章·文明舞》：“金枝翠葉，輝燭瑤琨。”宋蘇軾《惠州李氏潛珍閣銘》：“眩古潭之百尺，涵萬象於瑤琨。”《廣韻》：“琨，玉名。”《正韻》：“瑤、琨，美玉。”明陳謨《題墨竹》詩其四：“嫋嫋炫初服，鏘鏘鳴瑤琨。”清朱彝尊《經義考》卷七七：“瑤、琨、篠簜，‘琨’作‘瑻’。”

【瑻】

同“琨”。此體漢代已行用。見該文。

【瑽】

似玉之美石。《說文·玉部》：“瑽，石之似玉者。”南朝齊王融《贈族叔衛軍儉》詩：“逶迤冕服，有鏘瑽珩。”唐宋齊丘《陪華林園試小妓羯鼓》詩：“掌底輕瑽孤鵲噪，枝頭乾快亂蟬吟。”唐徐凝《白人》詩：“泥郎爲插瓏瑽釵，爭教一朵牙雲落。”宋辛棄疾《謁金門》詞：“綠鬢瓏瑽慵理，好夢未成鶯喚起。”元喬吉《小桃紅·指鐲》曲：“暖香消瘦，瑽褪玉愁枝。”明林鴻《擬古》詩其七：“葛巾漉春釀，庭柯響青瑽。”清陶元藻《謁南海神廟百韻》詩：“屏張屈戍嵌玉瑽，罘罳耀日黃金鎔。”

【璿玉】

似玉之美石。亦作“琁玉”“赤玉”“璇玉”，省稱“璿”。《山海經·中山經》：“黃酸之水出焉，而北流注於河，其中多璇玉。”郭璞注：“石，次玉也。”《穆天子傳》：“璿珠、璿，玉類也，音旋。”《荀子·賦》：“琁玉瑤珠，不知佩也。”《說文·玉部》：“璿，玉聲也，從玉。”《淮南子·本經訓》：“積疊琁玉，以純修

碕。”南朝宋顏延之《陶徵士誄》：“夫璿玉致美，不爲池隍之寶。”《宋書·天文志》：“案，既非舜之琁玉，又不載今儀所造，以緯書爲穿鑿，鄭玄爲博實，偏信無據，未可承用。夫琁玉，貴美之名。”《晉書·顧和傳》：“若不能用玉，可用白璿珠。”唐楊倞注引《說文·玉部》：“璿，赤玉。”宋李長沙《贈談命嚴叔寓》詩：“歷歷周天三百度，更參璿玉到虞廷。”宋呂祖謙《左氏博議》卷一一：“璿玉之璣衡。”元朱祖義《尚書句解》卷一：”璿璣玉衡，以璿玉爲璣，以玉爲衡，璣畫天文。”

【琁玉】

同“璿玉”。此體先秦已行用。見該文。

【璇玉】

同“璿玉”。此體先秦已行用。見該文。

【璿】

同“璿玉”。此稱先秦已行用。見該文。

【赤玉】

色紅似玉之美石。漢代以前的赤玉指“瑪瑙”。漢代以後，赤玉多指鷄血玉、鷄血赤玉。一說，在佛教傳入中國後，赤玉改稱“瑪瑙”，因色紅而得名。《呂氏春秋·孟夏紀》：“衣赤衣，服赤玉。”漢劉向《列仙傳》：“出於阜鄉亭，皆置去，留書以赤玉舄一雙爲報。”《漢書·司馬相如列傳》：“其石則赤玉玫瑰，琳瑉昆吾，玏玄厲，碝石武夫。”《三國志·魏書·烏丸鮮卑東夷傳》：“其國善養牲，出名馬、赤玉、貂狖、美珠。”《後漢書·東夷傳》：“挹婁，古肅慎之國也。在夫餘東北千餘里，東濱大海，南與北沃沮接，不知其北所極。土地多山險。人形似夫餘，而言語各異。有五穀、麻布，出赤玉、好貂。”南朝梁江淹《雜體詩三十首·謝臨川靈

運游山》詩："赤玉隱瑶溪，雲錦被沙汭。"唐李白《古風》詩其二十："終留赤玉舄，東上蓬萊路。"宋衛宗武《是歲之夏紫芝復生成叢大者徑七八寸》詩："團團盤赤玉，艷艷杯紫金。"元吳師道《李龍眠飛騎習射圖》詩："好頭赤玉五花驄，轉首一笑浮雲空。"明于慎行《日觀峰歌》詩："忽然瀲灧琉璃丹，一泓捧出赤玉盤。"清酈露《君山七夕》詩："何時擬約騎黃鵠，倚醉高樓赤玉簫。"

【燕石】[2]

似玉之美石。産自燕山，故稱。亦稱"嬰石""燕珸""燕巖""燕山石"。《山海經·北山經》："北百二十里曰燕山，多嬰石。"郭璞注："言石似玉，有符彩嬰帶，所謂燕石者。"晉葛洪《抱朴子·吳失》："揭其不貨之寶，以競燕石之售哉！"南朝梁徐悱《古意酬到長史溉登琅邪城》詩："懷紀燕山石，思開函谷丸。"唐霍總《塞下曲》："豈要銘燕石，平生重武威。"唐李白《贈范金卿》詩其一："時人棄此物，乃與燕珸齊。"宋杜綰《雲林石譜·燕巖》："燕山石，出水中，名奪玉瑩，白堅而溫潤。"宋蘇軾《九日邀仲屯田爲大水所隔以詩見寄次其韻》："漫遣鯉魚傳尺素，却將燕石報瓊華。"金元好問《贈答楊煥然》詩："人人握和璧，燕石誰當分？"明李賢等《明一統志·梧州府》："燕巖，在朝巖西南三里，石山峭拔。"清談遷《故宮賦》："卜我郊郿，重拓帝城。神木自效，燕石相迎。"清黃紹弟《讀辛忠敏南渡録》："道君端拱上清宫，媪相鋪張燕山石。"

【嬰石】

即燕石[2]。此稱先秦已行用。見該文。

【燕山石】

即燕石[2]。此稱南朝梁已行用。見該文。

【燕珸】

即燕石[2]。此稱唐代已行用。見該文。

【燕巖】

即燕石[2]。此稱明代已行用。見該文。

【瓊英】

似玉之美石。《詩·齊風·著》："俟我于堂乎而，充耳以黃乎而，尚之以瓊英乎而。"毛傳："瓊英，美石似玉者。"三國魏何晏《景福殿賦》："楯類騰蛇，榴似瓊英。"唐李商隱《一片》詩："一片瓊英價動天，連城十二昔虛傳。"宋何夢桂《山房約會於黃灘別後寄似》詩："玉堂佳人佩瓊英，月下乍見心眼明。"元周巽《野有梅思君子也君子在野感物而托興焉》詩："吁嗟美人兮，贈我以瓊英。"明黃哲《臨高臺》詩："瓊英玉食知難老，鸞鏡青蛾爲誰好。"清譚嗣同《菊花石瑶華硯銘》："投我以瓊英，以丹以黃，以莫不平。"

【瓊瑩】

似玉之美石。亦稱"瑩""瑩琇""琇瑩"。古爲佩。《詩·齊風·著》："俟我于庭乎而，充耳以青乎而，尚之以瓊瑩乎而。"毛傳："瓊瑩，石似玉，卿大夫之服也。"《說文·玉部》："瑩，石之次玉者。"唐韓愈《南山》詩："參參削劍戟，煥煥銜瑩琇。"又，與孟郊《城南聯句》："鮮意竦輕暢，連輝照瓊瑩。"《太平御覽·服用部》："琇瑩，美玉。"宋華鎮《贈別越帥蔡侍郎五十韻》詩："六花舞絶平川壤，萬樹玲瓏綴瑩琇。"宋劉攽《橄欖》詩："青膚鏤瓊瑩，翠顆森菡萏。"清范家相《詩瀋》卷八："瓊華、瓊英、瓊瑩，皆石次玉者，唯諸侯得用真玉。"清李貽德《吳思亭焦山鼎銘拓本書後》詩：“流傳手澤入君手，寶之何啻千瓊瑩。”清朱笥《游玉華洞用四十四有一百韻》：“鼓子叩則鳴，承露盤瑩琇。”

【瑩】

即瓊瑩。此稱漢代已行用。見該文。

【瑩琇】[2]

即瓊瑩。此稱唐代已行用。見該文。

【琇瑩】[2]

即瓊瑩。此稱宋代已行用。見該文。

【碱】

似玉之石，抑或次玉之石。漢班固《西都賦》：“硬碱彩致，琳珉青熒。”李善注：“《説文》：‘硬，石之次玉也。’碱，硬類也。”李賢注：“硬、碱、琳、珉，並石次玉者。”宋李新《王中玉生辰》詩：“瑤碱桂楹香霧濃，貴人罷直承明宮。”明區懷瑞《章臺寺》詩：“三休玉碱今何許，飛落宮前一片霞。”清顧景星《白鸚鵡》詩：“照堪團扇持爲鏡，嬌擬玻璃碱作房。”清唐孫華《東嶽廟》詩：“白玉鋪硬碱，頹壞糊巖廊。”

【天珠】

瑪瑙或其他石材打磨成的珠狀飾物。亦稱“雲珠”。起源於藏民對靈石的原始崇拜。表面有圓形等幾何紋飾，謂有幸佩戴者，猶如金剛鎧甲護身，能够消除一切違緣障礙，獲得諸佛菩薩和本尊的庇佑加持，福慧綿長，如意吉祥。《元史·天文志一》：“其曲梁之上，中設雲珠，左日右月。雲珠之下，復懸一珠。”《唐書·四夷附録第三》：“吐蕃婦人辮髮，戴不瑟瑟珠，雲珠之好者，一珠易一良馬。”《藏漢大辭典》：“〔天珠〕亞瑪瑙，貓睛石，一種寶石，俗稱九眼珠。入藥能治腦溢血。”

【雲珠】[1]

即天珠。此稱元代已行用。見該文。

【瓊華】

閃光之美石，古士人所佩。《詩·齊風·著》：“俟我于堂乎而，充耳以素乎而，尚之以瓊華乎而。”毛傳：“瓊華，美石，士之服也。”漢東方朔《十洲記·昆侖》：“碧玉之堂，瓊華之室。”唐鮑溶《蕭史圖歌》：“胡髯鬖珊雲髻（一作鬟）光，翠蕤皎潔瓊華涼。”宋蘇軾《九日邀仲屯田爲大水所隔以詩見寄次其韻》詩：“漫遣鯉魚傳尺素，却將燕石報瓊華。”元耶律楚材《和北京張天佐見寄》詩：“瓊華贈我將何報，聊寄江南古樣弦。”明何景明《榮養堂歌》：“被霞褕兮簪瓊華，母氏樂兮樂且退。”明佚名《搜神記》：“瓊華玉簪，碧瑶寶圭。”清方文《奉酬范質公司馬》詩：“身賤那能酬水鏡，年荒無以報瓊華。”

【玉果】

果形美石。《穆天子傳》卷一：“天子之珤：玉果、璿珠、燭銀、黃金之膏。”郭璞注：“〔玉果〕，石似美玉，所謂如果者也。”按，“如果”，一本作“天果”。南朝宋謝惠連《柑賦》：“倅萍實乎江介，超玉果於昆山。”唐皮日休《早春以橘子寄魯望》詩：“不爲韓嫣金丸重，直是周王玉果圓。”宋王十朋《次韻程泰之正字雪中五絶》詩其三：“點綴工夫巧更奇，昆侖玉果半崴蕤。”宋王庭珪《贈劉亞稷》詩：“藍田出玉果不非，豈知剖蚌得珠璣。”元白樸《西江月》詞：“廣座平分玉果，絳顱剩拂丹砂。”明劉泰《賀張天錫生子》詩：“桑弧蓬矢闊人設，玉果犀錢座客分。”清孫原湘《無題和竹橋丈韻二十四章》詩其五："花如傾國何關笑，玉果連城不諱斑。"

琮

用於祭祀的玉質筒狀物。最早的玉琮見於安徽潛山縣薛家崗第三期文化，距今約 5100 年。至新石器時代晚期，玉琮在江浙一帶的良渚文化、廣東的石峽文化、山西的陶寺文化中大量出現。琮是用於祭地的玉器，《周禮·春官·大宗伯》："以玉作六器，以禮天地四方，以蒼璧禮天，以黃琮禮地，以青圭禮東方，以赤璋禮南方，以白琥禮西方，以玄璜禮北方。"《墨子·明鬼下》："珪璧琮璜，稱財爲度。"北周庚信《周祀方澤歌四首·登歌》其三："壇有四陛，琮分八方。"唐陸龜蒙《江南秋懷寄華陽山人》詩："琮璜陳始畢，《韶》《夏》教初成。"唐孔穎達《禮記正義》："故《玉人》云'瑑圭璋八寸，璧琮八寸，以眺聘'是也。"唐劉禹錫《和令狐相公九日對黃白二菊花見懷》詩："琮璧交輝映，衣裳雜彩章。"宋王千秋《虞美人·代簡督伯和借〈戰國策〉》詞其二："黃琮丹璧已磨濃。發篋煩君、早送過橋東。"元郝經《渾元劉先生哀辭并序》："挺特溫潤直以方，有虞圭璋夏琮璜。"明王逢《奉題執禮和臺平章丹山隱玉峰石時寓江陰》詩："館閣題千首，琮璜價百鐶。"清王蘭生《送安溪先生給假歸里》詩："頑璞綴琮璜，短翮隨鴛鶯。"

良渚文化玉琮

琮璜

廟堂玉器。《墨子·明鬼下》："珪璧琮璜，稱財爲度。"唐佚名《郊廟歌辭·周郊祀樂章治順樂》詩："黼黻龍衣備，琮璜寶器完。"宋曾鞏《應舉啓》："伏以某官梁棟璚材，琮璜茂器，發文章之素蘊，當仁聖之盛期。"元郝經《渾元劉先生哀辭并序》："挺特溫潤直以方，有虞圭璋夏琮璜。"清蔣士銓《論詩雜咏》其四："若使貢明堂，自是琮璜器。"

瑱

古時的一種玉製耳飾。《詩·鄘風·君子偕老》："鬒髮如雲，不屑髢也，玉之瑱也，象之揥也。"《周禮·夏官·弁師》："玉，瑱"。《說文·玉部》："瑱，似玉充耳也。從玉。"亦讀 zhèn，謂鎮壓坐席的玉器，即"玉瑱"。《九歌·東皇太一》："瑤席兮玉瑱。"《國語·楚語》："其又以規爲瑱也。"

珍　石

璧流離

古西域語音譯。即似貓眼半透明天然寶石。單稱"琊"，亦稱"璧琊""琉璃""瑠璃""流離"。抑或一種硅酸鹽的未結晶體（玻璃、琉璃）。古人常將璧流離、水晶和琉璃等混爲一物。《漢書·西域傳上》："〔罽賓國〕出封牛、水牛，象、大狗、沐猴、孔爵、珠璣、珊瑚、虎魄、璧流離。"顏師古注引《魏略》："大秦國出赤、白、黑、黃、青、綠、縹、紺、紅、紫十種流離……此蓋自然之物，采澤光潤，踰於衆玉，其色不恒。今俗所用，皆銷石汁，加以聚藥，灌而爲之，尤虛脆不真，實非真物。"漢劉歆《西京雜記》卷一："雜廁五色琉璃爲劍匣。"《説文·玉部》："珋，石之有光，璧珋也，出西胡中。"段玉裁注："璧珋，即璧流離也……璧流離三字爲名，胡語也。"《宋書·符瑞志下》："璧流離，王者不隱過則至。"《佛説阿彌陀經》："上有樓閣，亦以金銀、琉璃、玻璃、硨磲、赤珠、瑪瑙而嚴飾之。"唐岑參《登千福寺楚金禪師法華院多寶塔》詩："千家獻黄金，萬匠磨琉璃。"宋戴埴《鼠璞·琉璃》："琉璃，自然之物，彩澤光潤，逾於衆玉，其色不常。"宋王益之《西漢年紀·平帝》："應募者俱入海市，明珠、璧流離、奇石、異物齎、黄金雜繒，而往數年來還。"明楊慎《譚苑醍醐》："有三明月、火珠、璧流離。"清許宗彦《吴烈婦墓》詩："膽瓶可碎腸可割，身與瑠璃同皎潔。"《欽定皇輿西域圖志》卷四六："其民巧雕文刻，鏤出珠璣、珊瑚、虎魄、璧流離。"參閱明李時珍《本草綱目·金石二·琉璃》。

【璧珋】

即璧流離。此稱漢代已行用。見該文。

【珋】

即璧流離。此稱漢代已行用。見該文。

【琉璃】[1]

即璧流離。此稱唐代已行用。見該文。

【流離】

即璧流離。此稱漢代已行用。見該文。

【瑠璃】[1]

即璧流離。此稱清代已行用。見該文。

【頗黎】

指狀如水晶的寶石。此爲梵語音，漢代譯作"水晶"。有紫、白、紅、碧四色。或爲今所指玻璃，抑或今所指水晶。《大論》："此寶出山石窟中，過千年，冰化爲頗黎珠。"唐玄應《音義》曰："頗黎，西國寶名也，此云水玉，或云白珠。"唐慧苑《音義》："形如水精，光瑩精妙於水精，有黄、碧、紫、白四色差别。"《白孔六帖》卷八六："驪山笋殿，殿側有魏温泉堂碑，其石瑩徹，宫中呼爲頗黎石之碑也。"宋高似孫《硯箋》卷三："碧玉硯，銀水，頗黎爲匣，玉於用墨處，不出光便有芒常衮。"《太平御覽·珍寶部》："大秦國有五色頗黎，紅色最貴。"元周伯琦《是年五月扈從上京宫學紀事絶句二十首》詩其十："頗黎瓶中白馬酒，酌以碧玉蓮花杯。"明李時珍《本草綱目·金石部》："玻璃，本作頗黎。頗黎，國名也。其瑩如水，其堅如玉，故名水玉。與水精同名。"明張燮《東西洋考》卷四："碧頗黎鏡，廣一尺半，重四十斤，内外皎潔。"清顧貞觀《菩薩蠻》詞："頗黎枕滑春雲卸，殘紅猶自明蘭炧。"

水晶

寶石的一種。又稱"水玉""水碧'"水精""石英""玉瑛"。由二氧化硅結晶形成。透明或半透明，有多種顔色。古人常將水晶和琉璃混爲一物。《山海經·東山經》："又南三百里曰耿山。無草木，多水碧，多大蛇"。郭璞注："亦水玉類。"《符瑞圖》："美石似玉，水精謂之玉瑛也。"水精一名，最初見於佛書。漢支曜譯《具光明定意經》云："其所行道，色如水精。"《資治通鑑·後晋高祖天福二年》："閩主作紫微宫，飾以水晶。"宋周密《齊東野語》卷六："伊陽太和山崩，出水晶幾萬斤，皆以匣進京師。"元靳榮《新田八景·澮溪梅月》詩："雲霧屏開香撲面，水晶簾捲影隨人。"《紅樓夢》第一八回："兩邊石欄上皆繫水晶玻璃各色風燈，點的如銀光雪浪。”清李調元《南越筆記》卷五：“瓊州五指山多水晶，光瑩照人，望如雪霽。”

【水玉】

水晶的古稱。《山海經·南山經》：“又東三百里，曰堂庭之山……多水玉。”漢司馬相如《上林賦》曰：“水玉磊砢。”唐溫庭筠《題李處士幽居》詩：“水玉簪頭白角巾，瑤琴寂歷拂輕塵。”宋梅堯臣《中伏日永叔遺冰》詩：“瑩澈肖水玉，凜氣侵人肌。”元袁桷《王澹游墨竹》詩：“陰陰密葉鐵鈎鎖，淡淡疏柯水玉簪。”明李時珍《本草綱目·金石部》：“瑩澈晶光，如水之精英。會意也。《山海經》謂之水玉。”

【水碧】

猶水晶。或爲水晶一類的礦物。《山海經·東山經》：“耿山無草木，多水碧。”郭璞注：“亦水玉類。”唐李賀《老夫采玉歌》：“采玉采玉須水碧，琢作步摇徒好色。”宋高似孫《九懷·思禹》詩：“采水碧兮紫淵，弄蠙珠兮冰穴。”明宋濂《送方生還寧海》詩：“水碧與金膏，價重駭見聞。”清屈大均《乞硯行》：“其餘浸潤水盤中，水碧金膏盡糠秕。”

【水精】

即水晶。《後漢書·西域傳·大秦》：“〔大秦〕宮室皆以水精爲柱，食器亦然。”南北朝王褒《日出東南隅行》詩：“單衣火浣布，利劍水精珠。”唐杜甫《麗人行》：“紫駝之峰出翠釜，水精之盤行素鱗。”唐李朝威《柳毅傳》：“柱以水璧，砌以青玉，牀以珊瑚，簾以水精。”宋洪邁《夷堅支志丁·靈山水精》：“水精，出於信州靈山之下，唯以大爲貴，及其中現花竹象

者。”明李時珍《本草綱目·金石部》：“瑩澈晶光，如水之精英，會意也。”明伍瑞隆《雜咏》詩其一：“照見佳人獨眠處，水精簾卷一枝秋。”清弘曆《水精》詩：“老冰化石爲水精，向聞未信今分明。”

【石英】

即水晶。由二氧化硅結晶形成。透明或半透明，有多種顏色。《三國志·魏書·高堂隆傳》：“鑿太行之石英，采穀城之文石。”唐韓愈《送廖道士序》：“其水土之所生，神氣之所感，白金、水銀、丹砂、石英、鐘乳、橘柚之包，竹箭之美，千尋之名材，不能獨當奇也。”宋高似孫《緯略》：“《神農經》曰：石英有五色者。”《宋史·夷蠻傳一·西南溪峒諸蠻上》：“〔開寶〕九年，獎州刺史田處達以丹砂、石英來貢。”元胡炳文《純正蒙求》：“醫云：餌五色石英可愈。”明柯潛《竹巖集》：“廣州多珠璣、犀象、石英、鐘乳百貨之産。”清聶劍光《泰山道里記》：“地多石英，白者如水晶，有色淡紫者。”

【瑪瑙】

石英的變種。亦稱“馬腦”。一說，馬腦爲梵語音稱。漢代以前的紅色瑪瑙指“赤玉”。“瑪瑙”早期被書寫成“馬腦”。漢安世高《阿那邠邸七子經》：“此北方有國，城名石室，國土豐熟，人民熾盛。彼有伊羅波多羅藏無數百千金銀珍寶、車渠馬瑙、真珠琥珀、水精琉璃及諸衆妙寶。”南北朝鳩摩羅什《妙法蓮華經》：“馬腦，梵云遏濕摩揭婆。”又云：“色如馬腦，故從彼名。”三國魏曹丕《馬腦勒賦序》：“馬腦，玉屬也，出自西域，文理交錯，有似馬腦，故其方人因以名之。”北周庾信《楊柳歌》：“銜

雲酒杯赤瑪瑙，照日食螺紫琉璃。"唐慧琳等《一切經音義》："'阿濕縛'者，此云'馬'也，'揭波'者，腦也。"宋杜綰《雲林石譜·瑪瑙石》："峽州宜都縣

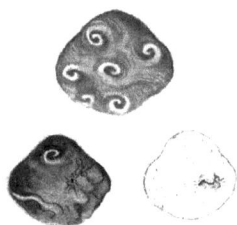

瑪　瑙
（明《補遺雷公炮製便覽》）

產瑪瑙石，外多砂泥漬，擊去粗表，紋理旋繞如刷絲，間有人物、鳥獸、雲氣之狀。"又云："泗州盱眙縣寶積山與招信縣皆產瑪瑙石，紋理奇怪。"元耶律楚材《庚辰西域清明》詩："葡萄酒熟愁腸亂，瑪瑙杯寒醉眼明。"明谷應泰《博物要覽》："瑪瑙非石非玉，自是一類。有紅、白、黑三種，有紋如纏絲者。人以小者為玩好之物，大者研為器具……其中有人物、花鳥形者最貴重。"清屈大均《胡姬曲》其四："馬姊為玉漿，色如紅瑪瑙。"

【馬腦】

同"瑪瑙"。此體漢代已行用。見該文。

翡翠

以硅酸鹽鋁鈉為主要成分的結晶體。俗稱翡翠玉、翠玉、硬玉、緬甸玉。色彩鮮艷。其名源於嶺南地區的一種鳥，雄性的羽毛呈紅色，名翡鳥（又名赤羽鳥），雌性羽毛呈綠色，名翠鳥（又名綠羽鳥），合稱翡翠。戰國時期就有翡翠作為美石的稱呼。先秦宋玉《招魂》詩："翡翠珠被，爛齊光些。"漢杜篤《京師上巳篇》詩："窈窕淑女美勝艷，妃戴翡翠珥明珠。"南朝齊謝朓《落梅》詩："用持插雲髻，翡翠比光輝。"唐令狐楚《遠別離》詩其二："玳織鴛鴦履，金裝翡翠篸。"宋歐陽修《歸田錄》卷

二："余（歐陽修）家有一玉罌，形制甚古而精巧，始得之梅聖俞，以為碧玉。在潁州時，嘗以示僚屬。坐有兵馬鈐轄鄧保吉者，真宗朝老內臣也，識之，曰：此寶器也，謂之翡翠。"宋杜綰《雲林石譜·于闐石》："于闐國石，出堅土中……色深碧光潤，謂之翡翠。"元耶律楚材《用萬松老人韻作十詩寄鄭景賢》詩其五："翡翠疏簾隔，琉璃古殿深。"清紀昀《閱微草堂筆記·姑妄聽之一》："雲南翡翠玉，當時不以玉視之，不過如藍田乾黃，強名以玉耳，今則為珍玩，價遠出真玉上矣。"

鸚鵡石

如鸚鵡之淺綠色的孔雀石。主要成分為鹼式碳酸銅。宋杜綰《雲林石譜·鸚鵡石》："鸚鵡石，荊南府有石如巨碑，峙路隅，率皆方形，其質淺綠，不甚堅，名鸚鵡石，擊取以銅盤磨其色，可靖笙器皿，紫色亦……"明程敏政《月河梵苑記》："槐屋南為小亭，中厇鸚鵡石，其重二百斤，色净綠，蓋石之似玉者。"明章潢《圖書編》："幾百年上有鬥牛石、貂鼠石、鸚鵡石、酒甕石、月牙石。"

碧玲瓏

綠色之石。碧綠、玲瓏剔透的異石之美稱。宋蘇軾《登玲瓏山》詩："翠浪舞飜紅罷亞，白雲穿破碧玲瓏。"又，《壺中九華》詩："念我仇池太孤絕，百金歸買碧玲瓏。"（參閱本書"壺中九華"條目）明程敏政《有客饋予奇石置庭前盆池意甚愛之一夕被人竊去悵然賦詩且以自慰》詩："何人瞰我碧玲瓏，异去潛隨五夜風。"清陸求可《金縷曲（試燈夕）》詞："提出錦箱銀燭換，碧玲瓏、齊掛雕梁鐵。"

【玉玲瓏】

綠色之石。蒼碧潤澤，嵌空玲瓏，叩之有聲，爲觀賞珍品。唐白居易《箏》詩："甲鳴銀玓瓅，柱觸玉玲瓏。"宋孔平仲《靈璧東》詩："明珠大貝玉玲瓏，美人營營出深宮。"元王實甫《麗春堂》第一折："衲襖子繡攙絨，兔鶻碾玉玲瓏。"清厲鶚《東城雜記·玉玲瓏閣》："玉玲瓏，宋宣和花綱石也。上有字紀歲月，蒼潤嵌空，叩之聲如雜佩。"明貢性之《題竹》詩："美人環佩玉玲瓏，騎得青鸞下碧空。"清錢泳《履園叢話·園林·豫圈》："池邊有湖石，甚奇哨，名五老峰，有玉玲瓏、飛駿、玉花之名，相傳爲宣和遺物也。"

丹石[1]

赤色的石頭。《漢書·翟方進傳》："太后以丹石之符，乃紹天明意。"晉王嘉《拾遺記·高辛》："丹丘之野多鬼，血化爲丹石，則碼瑙也。"《宋書·顏延之傳》："苟無丹石之性，必慎浸染之由。"南朝梁江淹《江上之山賦》："挂青蘿兮萬仞，豎丹石兮百重。"《藝文類聚·居處部》："靈芝生乎丹石，發翠華之煌煌。"宋沈遘《天台山送僧象微歸山》詩："巖足多丹石，光華燦寶璐。"元劉詵《謁安成魏君壇留宿其下》："千岫月明丹石去，萬松風轉斗垣寒。"明釋函是《十二侵》詩："瓊花散丹石，掩映臨江陰。"清畢沅《關中勝迹圖志》："洞口上有丹石，間青石，似丹青畫。"

玄石[1]

黑石。亦稱"玄砥"。《山海經·中山經》："嬰梁之山，上多蒼玉，錞於玄石。"郭璞注："言蒼玉依黑石而生也。"《楚辭·九嘆》詩："馳余車兮玄石，步餘馬兮洞庭。"《淮南子·墜

形訓》："玄天六百歲生玄砥，玄砥六百歲生玄湏。"高誘注："玄砥，黑石也。"《後漢書·梁竦傳》："〔梁竦〕感悼子胥、屈原以非辜沈身，乃作《悼騷賦》，繫玄石而沈之。"北魏酈道元《水經注·漣水》："東入衡陽、湘鄉縣，歷石魚山，下多玄石，山高八十餘丈，廣十里。石色黑而理若雲母。"唐李嶠《酒》詩："會從玄石飲，雲雨出圓丘。"宋趙汝恂《念奴嬌·壽蕭守》詞："玉璽成文，金蓮賜封，劍履登玄石。"元孫伯善《丁未別酒》詩："伯倫玄石愁茫茫，玉缸傾倒碎玉觴。"明鄭潛《玄石行爲貢尚書賦》："尚書階前有玄石，流落江湖舊曾識。"清黃人《十疊韻》詩其一："中山玄石酣忘死，南海紅珊碎忽珍。"

【玄砥】

即玄石[1]。此稱漢代已行用。見該文。

青石

青色之石。產地不同，質地有別，用途不一。佳者有紋理，可作飾物、樂器。晉樂資《九州要記》："天下青石無加遂寧府，可爲鐘磬。"《後漢書·東夷傳》："青石爲鏃，鏃皆施毒，中人即死。"《宋書·符瑞志上》："吳郡臨平湖一旦自開，湖邊得石函，中有小青石，刻作皇帝字。"北魏酈道元《水經注·江水》："水瀹水至峻哨，南岸有青石，夏没冬出。"唐玄奘《大唐西域記》卷一一："其傍精舍有青石立佛像。每至齋日或放神光。"《文獻通考·郊社考》："宜取完青石，無必五色。令印工刻玉牒書，書秘。"《明史·西域傳》："柱皆青石，雕爲花文，中設講經之堂。"清陳元龍《格致鏡原》："《華夷珍玩考》：'艾蒿下鎮峽中有青石，青質黑理，其紋有松柏、人物、溪橋、水石、

山林、樓屋、日月之狀，可爲屏。"

黄石[2]

黄色之石。常用作製作園林假山的材料。雖無湖石之玲瓏宛轉，然若掇石有法，亦別有風致。《藝文類聚·居處部》："東南有宫，以黄石爲墻。"宋鄒浩《送杜暬居方城》詩："山前黄石空猿鶴，溪上青編屹棟梁。"明計成《園冶·選石》："黄石，是處皆産，其質堅，不入斧鑿，其文古拙，如常州黄山，蘇州堯峰山，鎮江圌山，沿大江直至采石之上皆産。俗人只知頑夯，而不知奇妙也。"清草衣禪師《茶神傳》："山頂泉清而輕，山下泉清而重。石中泉清而甘，砂中泉清而冽，土中泉淡而白。於黄石爲佳。"

文石

石名。文，通"紋"。石有花紋，故稱。《山海經·北山經》："〔單狐之山〕其中多芘石、文石。"《關尹子·二柱》："兆龜數蓍，破瓦文石，皆能告吉凶。"南朝宋盛弘之《荆州記》："重母畏雷，爲石室避之，悉以文石爲階砌，今猶存。"《後漢書·郡國志》："碭山出文石。"唐杜牧《昔事文皇帝三十二韻》詩："雨晴文石滑，風暖戟衣翻。"宋毛滂《鷓鴣天》詞："花墩屢賜清閒燕，文石難忘咫尺顔。"元虞集《竹林七賢圖（以下歸田稿）》詩："文石偃堤，華松蔭丘。"明楊維楨《六客》其四："帶蒼玉，佩文石，文星燦然守玄默。"清胡健《文石·題注》："石産於澎瀛之西嶼，居人采取，琢爲人物、花卉、鳥獸、魚蟲、圓璧、方圭、念珠、手串，色色皆備，以供案頭雅玩。"一説，即瑪瑙。《資治通鑑》胡三省注："馬腦，文石也，琢以爲盤。"

【嘉石】

有紋理之石。古設於外朝門左，命罪人坐上以耻辱之，使改悔自新。依罪行輕重，有坐三、五、七、九、十二日之别，并分别服三個月至十二個月之勞役。《周禮·秋官·大司寇》："以嘉石平罷民。凡萬民之有罪過而未麗於法、而害於州里者，桎梏而坐諸嘉石，役諸司空。重罪，旬有三日坐，期役；其次，九日坐，九月役；其次，七日坐，七月役；其次，五日坐，五月役；其下罪，三日坐，三月役。"鄭玄注："嘉石，文石也。樹之外朝門左。"賈公彦疏："嘉，善也，有文乃稱嘉。故知文石也，欲使罷民思其文理，以改悔自修。"《魏書·刑罰志》："左嘉石，平罷民；右肺石，達窮民。"唐虞世南《賦得慎罰》詩："樣巾示廉耻，嘉石務詳平。"宋蘇軾《策别安萬民六》："有罪惡未麗於法而害於州里者，桎梏而坐諸嘉石，重罪役之期，以次輕之。"《文獻通考·王禮考》："左嘉石，平罷人焉。"明林俊《送汪可亭節推報政》詩："嘉石衡量法許平，海鄉隨處絶冤聲。"清張岱《夜航船·兵刑部》："以嘉石平罷民。"

【旁唐】

有彩紋之石。漢司馬相如《上林賦》："玫玉旁唐。"李善注引郭璞曰："旁唐，言磐礴也。"《漢書·司馬相如列傳上》："瑉玉旁唐，玢豳文磷。"顔師古注："旁唐，文石也。'唐'字本作'碭'。言玫玉及石並玢豳也。"明胡直《上壽詞奉壽宋母太夫人》詩其二："奉母七彩芙蓉帳，垂以靈珠玉旁唐。"又，《衡廬精舍藏稿》卷二："旁唐爲殷斝，碼瑙爲周觥，羅列水陸。"明顧清《東江家藏集》卷三四："賦旁唐，贈醫僧。"

【碭】

有花紋的石頭。《説文·石部》："碭，文石也。从石，易聲。”《集韻·唐韻》：“碭，石之有文者。”《漢書·地理志》：“縣八，碭。”顔師古注：“碭，文石也。其山出焉，故以名縣。”三國魏何晏《景福殿賦》：“墉垣碭基，其光昭昭。”唐駱賓王《咏雲酒》詩：“色泛臨碭瑞，香流赴蜀仙。”宋文彥博《對雪》詩：“羽樽深酌桂，碭壁暖塗椒。”元丁復《曹文貞公挽辭》詩：“漢祖功臣高甲第，碭間佳氣久徘徊。”明盧柟《秋日奉別王元美比部詳刑還京四首》其一：“遠眺碭石宮，巍巍紫霄岑。”清屈大均《壐上行》：“漢業皆因張楚業，千秋碭上陳馨香。”

【錯石】

彩石，有雜色的石。亦謂衆石叠積，彩色錯雜貌。亦作“硞”。《詩·小雅·鶴鳴》：“他山之石，可以爲錯。”漢司馬相如《長門賦》：“爛耀耀而成光，致錯石之瓴甓兮。”李善注：“錯石，雜衆石也。言累衆石，令之密緻以爲瓴甓，采色間雜，象玳瑁之文章也。”唐褚載《移石》詩：“浪浸多年苔色在，洗來今日硞痕深。”宋李處權《水椏》詩：“注之清泠水，藉以璀錯石。”宋嚴粲《詩緝》卷一九：“錯石也，可以琢玉。”明黃宗羲《明文海》：“在嶽頂，始皇所建。硞，音錯，石，雜色也。”明邵經邦《弘道録》：“君子祇爲之砥礪錯石，又安能追琢其童，金玉其相乎哉。”清陳元龍《格致鏡原》：“錯石，音妥，石圓而長，所以澄水不濁，用以煎茶。”

【硞】

即錯石。此體唐代已行用。見該文。

【錦石】

石名。爲文石之一種，産自湖廣。花紋斐然，可雕琢器物。晋羅含《湘中記》：“〔衡〕山有錦石，斐然成文。”北魏温子昇《擣衣》詩：“長安城中秋夜長，佳人錦石擣流黃。”唐杜甫《季秋江村》詩：“登俎黃柑重，支牀錦石圓。”宋余靖《仁化錦石巖》：“巉巖絢爛倚雲隈，萬玉無香結作堆。”元吳師道《十臺懷古（十首并序）·朝陽臺》詩：“丹楓蒼桂湧孤闕，錦石清江簇連嶂。”明李夢陽《秋懷》詩：“雕闌玉柱留天女，錦石秋花隱御舟。”清屈大均《廣東新語·石語·錦石》：“錦石出高要峽，青質白章，多作雲霞、山水、人物、蟲魚諸象，以爲屏風几案，不讓大理石。”

【丹】 [2]

彩色美石。《山海經·大荒西經》：“白木琅玕，白丹青丹。”郭璞注：“又有黑丹也。”《孝經援神契》：“王者德至山陵而黑丹出，然則丹者別是采石名。”

肺石

古時設於朝廷門外右側的赤石。民有不平，得擊石鳴冤。石形如肺，故名。後演化爲冤鼓，或曰鳴冤鼓，或曰喊冤鼓。《周禮·秋官·大司寇》：“以肺石遠窮民，凡遠近惸獨老幼之欲有復於上，而其長弗達者，立于肺石，三日，士聽其辭，以告於上，而罪其長。”鄭玄注：“肺石，赤石也。窮民，天民之窮而無告者。”唐杜佑《通典·禮典》：“左嘉石，平罷人焉。右肺石，達窮人焉。”宋沈括《夢溪筆談·器用》：“長安故宮闕前，有唐肺石尚在。其制如佛寺所擊響石而甚大，可長八九尺，形如垂肺。”《文獻通考·王禮考》：“右肺石，達窮人焉。”肺，或作“胏”。明孔貞運《明兵部尚書節寰袁公墓誌銘》：“其（袁可立）治獄多陰德，肺石無冤，

似于定國。"清張岱《夜航船·兵刑部》："肺
石，赤石也，使之赤心，不妄告，以嘉石平罷
民。"

到公石

形貌奇异的大塊礓石。原在南朝梁官員到
溉園中，後其與梁武帝戲賭輸掉，移人宫苑，
故稱。亦稱"奇礓石"。《南史·到溉傳》："溉
第居近淮水，齋前山池有奇礓石，長一丈六尺，
帝戲與賭之，並《禮記》一部，溉並輸焉……
石即迎置華林園宴殿前。移石之日，都下傾城
縱觀，所謂到公石也。"宋葛勝仲《道祖見和復
賦一首》詩："淡飯且安禪悦食，儲錢更買奇礓
石。"明歐大任《題丁南羽畫吴明卿雲山冰井圖
二首》詩其一："鶴下丁生筆，齋頭到公石。"
清趙翼《游綱師圈》詩："小山堆出華子岡，幽
壑嵌來到公石。"清趙宏恩等《江南通志》卷三
〇："到公石，在上元縣。"

【奇礓石】

即到公石。此稱唐代已行用。見該文。

石笋

石名。亦作"石筍"。古泛指笋狀突起的巖
石。今特指巖溶地形中的一種因碳酸鈣沉積而
向上生長的柱狀地形，常伴石鐘乳而生，狀如
笋，故稱。晋常璩《華陽國志·蜀志》："時蜀
有五丁力士，能移山，舉萬鈞。每王薨，輒立
大石，長三丈，重千鈞，爲墓誌，今石笋是也，
號曰笋里。"唐王建《長安縣後亭看畫》："水
凍橫橋雪滿池，新排石笋繞巴籬。"唐李賀《五
粒小松歌并序》："月明白露秋淚滴，石筍溪雲
肯寄書。"宋陸游《斷碑嘆》詩："世人作碑君
勿哂，千載園林須石筍。"元散曲《陪雅齋萬
户游仙都洞天》："千古藏真洞，一柱立晴空，

石筍參差似太華峰，醉入天台夢。"《徐霞客游
記·游天台山記》："洞外，左有兩巖，皆在半
壁；右有石筍突聳，上齊石壁，相去一綫。"明
彭大翼《山堂肆考》："洞廣大深邃，有石乳下
懸，又有石牀、石笋、石盤諸狀，泉聲琮琤，
如鳴玉。"清郝玉麟《福建通志》卷一三："筍
石，在崇義縣西北一百五十里，有大筍、小筍，
雙石峙立。"

【石筍】

同"石笋"。此體唐代已行用。見該文。

【乳柱】

指鐘乳巖洞中的石笋、石鐘乳。形如挺立
之柱。今定義爲由石笋、石鐘乳連接成一體的
巖溶地形。宋文同《拙詩六韻奉寄興州分判
誠之蒲兄》詩："乳柱石窟寺，不辨文字古。"
《徐霞客游記·粤西游日記一》："〔仙迹巖〕其
内乳柱倒垂，界爲兩重。"又云："而其内乳柱
中懸，瓊楞層疊，殊有曲折之致。"清沈道寬
《同王霽臺游澹巖》詩："青削菡萏垂，濃滴乳
柱瑩。"

石鐘乳

石名。亦作"鐘乳石"，省稱"鐘乳"。可
藥用。生山石間，爲溶巖水下滴，碳酸鈣沉積
聚成的乳形石，故稱。亦有成石溶液（富含碳
酸氫鈣）之含義。漢劉向《別録》："石鐘乳，
不煉服之令人淋。生少室山谷及太山。采無
時。"《本草圖經·石部·石鐘乳》："石鐘乳，
味甘温，主治咳逆上氣，明目益精，安五臟。"
晋吴普《吴普本草》："鐘乳，生太山山谷陰處，
巖下聚溜汁所成，如乳汁，黄白色，空中相通。
二月、三月采，陰乾。"南朝宋雷斆《雷公炮炙
論》："石鐘乳，凡使勿用頭粗厚並尾大者，爲

孔公石，不用。”北魏酈道元《水經注·溳水》：“穴中多鐘乳，凝膏下垂，望齊冰雪，微津細液，滴瀝不斷。”唐李商隱《殘雪》詩：“簷冰滴鵝管，屋瓦鏤魚鱗。”馮浩箋注：“《輿地記》：太湖小山洞庭穴中有鵝管鐘乳。《圖經本草》：石鐘乳，溜山液而成，空中相通，如鵝翎管狀。”唐吳兢《貞觀政要·納諫》：“太子右庶子高季輔上疏陳時政得失，特賜鐘乳一劑。”五代韓保昇等《蜀本草》：“凡鐘乳之類有五種，一鐘乳，二殷孽，三孔公孽，四石牀，五石花，雖一體而主療有異。”宋楊傑《張公洞》詩：“羽寶結成鐘乳石，朱藤蒙罩畫溪船。”明危素《送朱尊師》詩：“解纜秋濯洞庭湖，采藥晨餐石鐘乳。”清徐琪《連州鐘乳石歌》：“連州鐘乳天下奇，陰崖千尺俱倒垂。”參閱宋杜綰《雲林石譜·鐘乳》，參閱明王圻等《三才圖會·珍寶卷·石鐘乳》。

【鐘乳】[2]

即石鐘乳。此稱晉代已行用。見該文。

【鐘乳石】

同“鐘乳石”。此體宋代已行用。見該文。

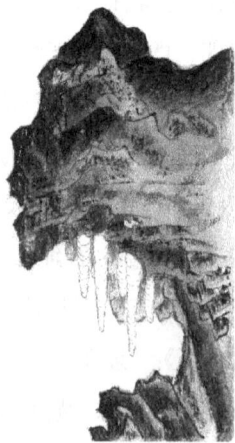

道州石鐘乳
（明文俶《金石昆蟲草木狀》）

【石乳】

石名。亦作“乳石”“乳溜”，省稱“乳”。可藥用。生山石間，爲溶巖水下滴、碳酸鈣沉積聚成的乳形石，故稱。亦有石溶液（富含碳酸氫鈣）之含義。北周庾信《奉和趙玉隱士》詩：“洞風吹戶裏，石乳滴窗前。”宋劉翰、馬志《開寶本草》：“乳有三種，有石乳、竹乳、茅山之乳。石乳者，以其山洞純石，以石津相滋，陰陽交備，蟬翼文成謂爲石乳。”宋蘇軾《鳳咮古硯銘》：“下集芝田啄瓊玖，玉乳金沙發靈寶。”宋胡仔《苕溪漁隱叢話後集·山谷下》：“蟄痕燕穴空，乳溜虯鱗張。”《徐霞客游記·粵西游日記一》：“稍後則老君巍然，鬚眉皓潔，皆玉乳所幻結。”又云：“越梁西下，石乳愈奇。”又，《徐霞客游記·粵西游日記二》：“復入東前洞縛炬内游，乳石奇變，與西内洞等。”明李時珍《本草綱目·金石三·石鐘乳》集解引孫思邈曰：“乳石必須土地清白光潤，羅紋、烏翮、蟬翼，一切皆成。”清屈大均《七星巖》詩：“石乳凝爲石，花光散作花。”

【乳】

即石乳。此稱宋代已行用。見該文。

【玉乳】[2]

即石乳。即石鐘乳。此稱宋代已行用。見該文。

【乳石】

同“石乳”。此體明代已行用。見該文。

【乳溜】[2]

即石乳。即石鐘乳。此體宋代已行用。見該文。

【石髓】

即石鐘乳。古指碳酸鈣一類物質。現代地

質學上，凡成分含二氧化硅的礦物，統稱爲石髓，含義已變。晉葛洪《仙經》云：“神山五百年一開，石髓出，服之長生。王列入山見石裂，得髓食之，因撮少許與嵇康，化爲青石。”南朝梁沈約《游沈道士館》詩：“朋來握石髓，賓至駕輕鴻。”唐孟浩然《疾愈過龍泉寺精舍呈易業二公》詩：“入洞窺石髓，傍崖采蜂蜜。”宋釋文珦《溪路》詩：“斷崖懸石髓，古樹有松花。”元陳泰《與同年鄒焕同歸舟中望太行山和前韻》詩：“舊傳石髓在兹山，惝恍靈光石縫間。”明李時珍《本草綱目・金石三・石類上》：“按《列仙傳》言：‘疏煮石髓服，即鐘乳也。’”清方登嶧《端州采硯行》詩：“石髓精華結淵底，生成獨與水爲伴。”

石花[1]

石名。亦稱“乳花”。溶巖滴於石上凝聚而成。因迸散如霜花，故稱。白色，可藥用。唐張籍《和盧常侍寄華山鄭隱者》詩：“一間松葉屋，數片石花冠。”唐李吉甫《元和郡縣圖志》：“元和貢：鐘乳、乳花、蘭桂、石斛。”唐皮日休《送董少卿游茅山》詩：“空壇禮後銷香母，陰洞緣時觸乳花。”宋沈括《夢溪筆談・雜誌二》：“又石穴中水，所滴皆爲鐘乳、殷蘖。春秋分時，汲井泉則結石花。”宋唐慎微《政和證類本草・玉石中》：“石花……與殷蘖同，一名乳花。”宋王質《山友續辭石耳》詩：“所思兮何可萎，石筍石花滋石脂。”明李時珍《本草綱目・金石二・殷蘖》引蘇恭曰：“石花，一名乳花，生乳穴堂中，乳水滴於石上，散如霜雪者。”又：“石花，是鐘乳滴於石上，迸散日久，積成如花者。”

【乳花】

即石花[1]。此稱唐代已行用。見該文。

乳牀

石鐘乳根部。唐皮日休《江南道中懷茅山廣文南陽博士》詩其一：“鶴雛入夜歸雲屋，乳管逢春落石牀。”明李時珍《本草綱目・金石三・石鐘乳》集解引宋范成大《桂海虞衡志》：“仰視石脉湧起處，即有乳牀，自如玉雪，石液融結成者。乳牀下垂，如倒數蜂小山。”一説，指大的石鐘乳。清屈大均《廣東新語・石語》：“乳源縣西有乳巖，乳大者曰乳牀，小曰乳枝。”

怪石[2]

外形奇特之石。唐柳宗元《始得西山宴游記》：“日與其徒上高山，入深林，窮回溪，幽泉怪石，無遺不到。”唐李白《太華觀》詩：“怪石堆山如坐虎，老藤纏樹似騰蛇。”宋吕本中《建城道中》：“建城南路入袁州，怪石縱橫水亂流。”元劉鶚《舟次蘇渡南望諸山怪狀謾成》詩：“群山多不毛，怪石忽湧出。”《西游記》第八五回：“磷磷怪石，削削峰岩。狐貉成群走，猴猿作隊頑。”明文嘉《善權洞》詩：“飛流恍聽雷霆鬭，怪石虛驚虎豹蹲。”清譚嗣同《怪石歌七古》：“其首秀而瘦，其腹漏而透。”

琥珀

一種化石。亦作“虎魄”，亦稱“江珠”。松柏樹脂掩埋在地下千萬年，在壓力和熱力的作用下石化形成。色紅褐或黃褐，燃燒時有香氣。藥用，亦可作飾物。《漢書・西域傳下》：“出封牛、水牛、象、大狗、沐猴、孔爵、珠璣、珊瑚、虎魄、璧流離。它畜與諸國同。”晉張華《博物志・藥物》：“松柏脂入地，千年化爲茯苓，茯苓化爲琥珀。琥珀，一名江珠。"唐李白《客中行》詩："蘭陵美酒鬱金香，玉碗盛來琥珀光。"宋宋祁《隴州魚龍川石魚》詩："琥珀藏蚊影，佳名共此傳。"宋洪皓《題張侍郎松菊堂》詩："流膏貫衆壤，千歲名虎魄。"元許謙《采藥》詩："流脂入九地，千歲化琥珀。"元張翥《廣東帥府掾林德恭餉藤簟》詩："文編黑白蚺皮滑，漆透丹黃虎魄明。"明劉基《唐蒙與薛荔》："其膏入土是爲琥珀，爰與水玉琅玕同爲重寶。"清沈宜修《憶江南·湖上曲十二闋》詞："色映水晶甘露滴，光分琥珀落霞飛。"

【虎魄】

同"琥珀"。此體漢代已行用。見該文。

【江珠】

即琥珀。漢揚雄《蜀都賦》："於近則有瑕英菌芝，玉石江珠；於遠則有銀鉛錫碧，馬犀象僰。"晉張華《博物志·藥物》：'琥珀，一名江珠。"宋陰幼遇《韻府群玉》："琥珀，一名江珠。松脂入地千年所化色如血。"《太平御覽·珍寶部》："今太山有茯苓而無琥珀，益州永昌出琥珀而無茯苓。"明李時珍《本草綱目·木部》："江珠，氣味甘平、無毒。"明張羽《贈醫士劉子中》詩："搴蘿采石肉，潛波攬江珠。"清厲荃《事物異名錄·珍寶·琥珀》："江珠即琥珀，千年茯苓所化。"

夜明珠

暗處能見放光的寶珠。亦作"明月珠""明月寶珠"，亦稱"神珠""懸黎珠"。漢張衡《四愁》詩："美人贈我貂襜褕，何以報之明月珠。"晉王嘉《拾遺記·夏禹》："禹鑿龍關之山，亦謂之龍門。至一空巖，深數十里，幽暗不可復行。禹乃負火而進，有獸狀如豕，銜夜明之珠，其光如燭。"《後漢書·西域傳》："土多金銀奇寶，有夜光璧、明月珠、駭雞犀、珊瑚、虎魄、琉璃、琅玕、朱丹、青碧。"南朝梁蕭繹《金樓子·志怪》："寧得一斤地榆，不用明月寶珠。"唐皎然《答黎士曹黎生前適越後之楚》："何繇表名義，贈君金轆轤。何以美知才，投我懸黎珠。"唐釋道宣《玄圃園講頌》："智慧之光猶初日照，忍辱之力如明月珠。"唐呂巖《七言》詩其三十二："功成直入長生殿，袖出神珠徹夜明。"宋白玉蟾《丹》詩："采得三斤寒水玉，煉成一顆夜明珠。"宋釋印肅《金剛隨機無盡頌》詩其六："妄迷爭瓦礫，不識夜明珠。"元黃庚《梅龍》詩："雪樹鱗封寒水玉，月梢頷吐夜明珠。"元袁桷《次韻士文感興》詩："神珠守深淵，光怪孰可比。"明鄭文康《登薛烈婦冢》詩："使者觀風無暇問，土中埋沒夜明珠。"清黃毓祺《水簾洞》詩："滿把夜明珠，撮來當面擲。"

【明月寶珠】

即夜明珠。此體先秦已行用。見該文。

【明月珠】

即夜明珠。此體漢代已行用。見該文。

【懸黎珠】

即夜明珠。此稱唐代已行用。見該文。

【神珠】

即夜明珠。此稱唐代已行用。見該文。

【瑕石】

發光的怪石。亦作"垂棘之璧"，亦稱"懸黎"。垂棘，古地名。磨成球狀即"夜明珠"。主要成分二氟化鈣、硫化砷等。《左傳·僖公二年》："晉荀息請以屈産之乘與垂棘之璧，假道于虞以伐虢。公曰：'是吾寶也。'"《文選·班固〈西京賦〉》："垂棘夜光。"李善注："〔垂棘之璧〕《淮南子》注：'曰夜光之珠'，有似明月，故曰明月也。"《戰國策·秦策》："周有砥厄，宋有結綠，梁有懸黎，楚有和璞，此四寶者工之所失也，而爲天下名器。"漢班固《西都賦》："懸黎垂棘，夜光在焉。"晋木華《海賦》："瑕石詭暉，鱗甲異質。"李善注："瑕石，怪石也，詭異而有光澤。"晋王脩己《九日》詩："隋珠爛似燭，懸黎疑夜光。"唐皎然《答黎士曹黎生前適越後之楚》詩："何以美知才，投我懸黎珠。"宋樂雷發《寄雪蓬姚使君》詩："懸黎垂棘之美玉，都梁篤耨之名香。"元陳謙《游子吟》："百花□頭春浩浩，結綠懸黎總非寶。"明梁寅《東武吟》："隋珠耀明月，和璧誇懸黎。"清屈大均《長歌爲玉龍子壽》："懸黎追琢始成器，豫章鬱結方有神。"

【垂棘之璧】

即瑕石。此體先秦已行用。見該文。

【懸黎】

即瑕石。此稱漢代已行用。見該文。

珊瑚 [2]

珊瑚蟲分泌出的外殼。化學成分主要爲碳酸鈣。漢司馬相如《上林賦》："玫瑰碧林，珊瑚叢生。"漢班固《西都賦》："珊瑚碧樹，周阿而生。"《説文·玉部》："珊瑚色赤，或生於海，或生於山。據此説，則生於海者爲珊瑚，生於山者爲琅玕，尤可徵矣。"晋郭璞《玄中記》："珊瑚，出大秦西海中，生水中石上。初生白，一年黄，三年赤，四年蟲食敗。"《南史·扶南傳》："扶南國，梁天監二年，跋摩復遣使送珊瑚佛像，並獻方物。"宋唐慎微《證類本草》：

"珊瑚味甘平，無毒。主宿血，去目中翳，鼻衄。"元余寅《静安八咏·陳檜》詩："海波浮玉殿，寶網拂珊瑚。"明李時珍《本草綱目·金石八·珊瑚》："珊瑚生海底，五七株成林，謂之珊瑚林。"清王邦畿《游仙詞》其五："海東偷覬無人處，出水珊瑚百丈高。"

【石帆】 [2]

珊瑚蟲的一種。呈樹枝形，骨骼爲角質，着生於海底巖礁間。骨骼中之紅色節片可作裝飾品。晋左思《吳都賦》："石帆水松，東風扶留。"李善注："石帆，生海嶼石上，草類也，無葉，高尺許，其華離婁相貫連，雖無所用，然異物也。"唐宋之問《游禹穴回出若邪》詩："石帆摇海上，天鏡落湖中。"宋陳傅良《淳熙三山志·地理類》："過石帆洋，狀如帆。泊大小練。"明李時珍《本草綱目·草八·石帆》〔集解〕引大明曰："石帆紫色，梗大者如筯，見風漸硬，色如漆，人以飾作珊瑚裝。"清唐贊袞《臺陽見聞録》卷下："鐵樹生海底，出水即堅，高尺餘，色如帆，一名石帆；《左思賦》：草則石帆水松是也。"

珊瑚筆架
（明唐寅《紅葉題詩仕女圖》）

石帆、石花（珊瑚）
（明文俶《金石昆蟲草木狀》）

【石花】[2]

珊瑚的一種。有枝杈，狀如花。明李時珍《本草綱目·石三·殷孽》引寇宗奭曰："石花，白色，圓如覆大馬杓，上有百十枝，每枝各槎牙分歧如鹿角。上有細文起，以指撩之，錚錚然有聲。其體甚脆，不禁觸擊。"清連橫《臺灣詩乘》："石花，則狀如花，亦珊瑚也。"宋鄭剛中有詩題名作："海濱石根莖而生類於芝者，俗呼爲石花，已爲之記。"

石瓊

也作瓊石。石中精華。晋張華《游仙詩四首》其三："雲娥薦瓊石，神妃侍衣裳。"南朝梁蕭綱《七勵》："桂蠹石瓊，龍胎鳳肺。"唐陳陶《經徐穉墓》詩："鳳皇屢降玄纁禮，瓊石終藏烈火詩。"

【瓊石】

即石瓊。此體晋代已行用。見該文。

竹葉石

呈現竹葉狀圖案的玩石。此石非植物化石，而是一種由竹葉狀礫石被含有鈣質的膠質物黏合而成的泥質灰巖，學名"竹葉狀灰巖"。多分布於河北、山東、山西、四川和江蘇徐州等地。明謝肇淛《五雜俎·地部》："彭城山上有花斑石，紋如竹葉，甚佳，而土人不知貴，若取以爲幾，殊不俗也。"明方以智《物理小識·金石類》："陽信州出竹葉斑石。"

第四節　器石藥石考

在石器時代，石作爲上古人類活動的必需品，或用於采集狩獵，或用於加工食物，或用於掠地，或用於守邊，就有了石斧、石矛、石刀、石針、石臼等器物，且古之先人多生活在巖石山洞之中，冬暖夏凉、遮風避雨。石，或采自山中，或采自河床，或從地下掘出，也有從天而降者，曰隕石。石，可建房，可築路、可禦敵、可提煉金屬、可煉丹入藥、可觀賞把玩、可巧雕飾物、可占卜辟邪、可鐫刻印章、可碑刻記史、可鏤磬敲音……本節所錄器石可分類爲以下諸種。

磨刀之器石，謂礪石。《山海經·中山經》："又北三十五里曰陰山，多礪石文石。"郭璞注："礪石，石中磨者。"

建築之器石，以大理石最爲珍貴。明文震亨《長物志·水石》："大理石出滇中。"

取火之器石，謂火石。《舊唐書·輿服志》："武官五品已上佩鞢䪓七事，七謂佩刀、刀子、礪石、契苾真、噦厥針筒、火石袋等也。"

製硯之器石，以端硯石爲上乘石料。唐齊己《謝人墨》詩："正色浮端硯，精光動蜀箋。因君強濡染，舍此即忘筌。"

樂器之器石，泗濱浮磬。唐舊藏本《古文苑·李斯〈嶧山刻石文〉》："今皇帝壹家天下，兵不復起……群臣頌略，刻此樂石，以著經紀。"章樵注："石之精堅堪爲樂器者，如泗濱浮磬之類。"

吸鐵之器石，稱慈石，吸鐵如慈母招子，故稱。《管子·地數》："上有慈石者，下有銅金。"漢王充《論衡·亂龍》："頓牟掇芥，磁石引針。"可製作指南針。

雕刻之器石，質地堅硬，可雕刻篆鏤其他石料。《新五代史·四夷附錄》："〔回鶻〕其地出玉、桙……金剛鑽、紅鹽、貁氈、駒䮫之革。"

藥石是中醫藥的重要組成部分，因其類屬"石"，亦收入本節。

器　石

砥礪

磨石。喻磨煉。《山海經·西山經》："西南三百六十里，曰崦嵫之山……苕水出焉，而西流注於海，其中多砥礪。"又，《中山經》："又東五十里，曰師每之山，其陽多砥礪。"郭璞注："磨石也。精爲砥，粗爲礪也。"《墨子·節葬下》："此皆砥礪其卒伍，以攻伐並兼爲政於天下。"漢劉向《說苑》："砥礪琢磨，非金也，而可以利金。"三國魏曹丕《以鄭稱爲武德傅令》："礱之以砥礪，錯之以他山。"《後漢書·竇融傳》："融乃與五郡太守共砥礪兵馬。"南朝梁劉勰《文心雕龍·奏啓》："故位在鷙擊，砥礪其氣。"唐柳宗元《與崔饒州論石鍾乳書》："雍之塊璞，皆可以備砥礪。"唐虞世南《北堂書鈔》卷三八："砥礪，《尸子》云：今人皆知

砥礪，其劍弗知砥礪，其身夫學身之砥礪也。"宋薛據《孔子集語》卷下："孔子曰：括而羽之，鏃而砥礪之，其入不益深乎？"宋蘇軾《與王慶源之子書》："惟望昆仲力學砥礪，以顯揚不墜爲心。"元王禎《農書》卷一四："金以淬剛，必須砥礪，就其鋒鋩。"明李之世《謁徐王陵》詩："河山留砥礪，紫氣夜常朝。"清陳維英《賦得良玉比君子》詩："他山資砥礪，汝器勝琳琅。"

【厲石】

磨石。也作礪石。省稱"厲""礪"。春秋甯戚《飯牛歌》："出東門兮厲石斑，上有松柏青且蘭。"《山海經·中山經》："又北三十五里曰陰山，多礪石、文石。"郭璞注："礪石，石中磨者。"《書·禹貢》："砥礪砮丹。"孔傳：

“砥細於礪，皆磨石也。”《詩・大雅・公劉》："涉渭爲亂，取厲取鍛。"孔穎達疏："取其礪石，取其鍛具。"《漢書・枚乘傳》："磨礱底厲。"顏師古注："底，柔石也；厲，旱石也。皆可以磨者。"唐虞世南《北堂書鈔》卷四六："礪，砥石也。"唐賈島《紀湯泉》："氣殊礜石厲，脉有靈砂滋。"宋葛立方《橫山堂三章》其三："公有豫章梗柟兮聳萬仞，公有瑊玏玄厲兮磨而不磷。"明袁宏道《別王以明用前韻》詩："微言破塵縷，厲彼昆刀鋙。"清李光暎《金石文考略》卷一四："刻手精工於厲石。"一說，粗磨石；另說，黑色磨石。

【礪石】

即厲石。此體先秦已行用。見該文。

【礪】

即厲石。此稱先秦已行用。見該文。

【厲】[2]

即厲石。此稱先秦已行用。見該文。

【厝】

磨石。亦作"錯"。亦謂治玉之石。《書・禹貢》："錫貢磬錯。"孔傳："治玉石曰錯。"《詩・小雅・鶴鳴》："他山之石，可以爲錯。"毛傳："錯，石也，可以琢玉"。一說，礪石，磨石。《說文・厂部》："厝，厲石也。"明樂韶鳳等《洪武正韻・藥韻》："錯，厲石也。"《康熙字典》："音錯。厲石也。《說文解字》本作

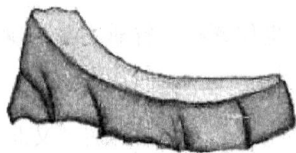

礪　石
（明文俶《金石昆蟲草木狀》）

厝。"汪榮寶《法言義疏》："厝，厲石也，引《詩》'他山之石，可以爲厝'。"又說，金鋼鑽之類。

【錯】

同"厝"。此體先秦已行用。見該文。

【硎】[3]

即厲石，磨石。《莊子・養生主》："今臣之刀十九年矣，所解數千牛矣，而刀刃若新發於硎。"隆德明釋文："硎，磨石。"郭象注："硎，砥石也。"唐杜甫《秦州見敕目薛三璩授司議郎畢四曜除監察與二子有故遠喜遷官兼述索居凡三十韻》詩："掘劍知埋獄，提刀見發硎。"宋李綱《淵聖皇帝賜寶劍生鐵花感而賦》詩："安得礪砥來峨岷，淬鋒斂鍔硎發新。"明劉基《有鳥一首贈袁尚志》詩："如彼鋒刃，君子爲硎。"明馬中錫《中山狼傳》："汝受業庖丁之門有年矣，胡不礪刃硎以待？"

【碫】[1]

指磨石。亦作"鍛"。《詩・大雅・公劉》："涉渭爲亂，取厲取鍛。"陸德明釋文："鍛，〔本義〕作碫。"《玉篇・石部》："碫，礪石也。"宋毛晃、毛居正《增修互注禮部韻略》："碫，礪石。《詩》作鍛。"宋陰幼遇《韻府群玉》卷一五："碫，礦石，礪也。"元梁益《詩傳旁通》："今考鍛，打鐵也，字從金；碫者，礪也，字從石。"明釋今無《壽姚六康明府》詩："昆山斯結不斯離，碫鋒淬鍔有所爲。"清吳廣成《西夏書事》卷一一："然東屋後有千百人碫礪聲，告知有異志，不敢詰也。"

【鍛】[1]

同"碫[1]"。此體先秦已行用。見該文。

【玄礪】

黑色磨石。亦稱"玄厲""礪"。《山海經·北山經》："〔京山〕其陰有玄礪。"郭璞注："黑砥石也。"漢司馬相如《子虛賦》："瑊玏玄厲。"李善注引張揖曰："玄厲，黑石，可用磨也。"晉葛洪《抱朴子·君道》："丹魃逐於神潢，玄厲拘於廣朔。"《玉篇·石部》："礪，黑砥石也。"南朝梁范雲《四色詩》其一："黑如南巖礪，白如東山猿。"宋葛立方《橫山堂三章》其三："公有豫章梗柟兮聳萬仞，公有瑊玏玄厲兮磨而不磷。"明歐大任《瑤林引》詩："其前光氣發玄礪，其下凝青灌丹木。"

【玄厲】

即玄礪。此稱漢代已行用。見該文。

【礪】

即玄礪。此稱南朝梁已行用。見該文。

【旱石】

粗磨石。《説文·厂部》："厲，旱石也。"徐鍇繫傳："旱石，麤悍石也。"段玉裁注："旱石也。旱石者，剛於柔石者也。《禹貢》厲砥砮丹。《大雅》取厲取鍛。"桂馥義證："《一切經音義》：'厲，磨石也。砥細於厲，皆可以磨刀刃'。《漢書·枚乘傳》：'磨礱底厲'顔注：'底，柔石也；厲，旱石也。皆可以磨者。'"明杜麟徵等《幾社壬申合稿》卷八："迎飈乏草支，鞭陰皆旱石。"明文震亨《長物志·太湖石》："在山上者名旱石，枯而不潤，贋作彈窩，若歷年歲久，斧痕已盡，亦爲雅觀。吳中所尚，假山皆用此石。"明何楷《詩經世本古義》："旱石，曰厲，可以磨刀劍。"

【厎】

細磨石。亦作"底"，亦稱"厎石""柔石"。通"砥"。《墨子·兼愛下》引《詩》："其直若矢，其易若厎。"《孟子·萬章下》引《詩》："周道如厎，其直若矢。"朱熹注："厎，與砥同，礪石也。"《漢書·梅福傳》："故爵禄束帛者，天下之厎石，高祖所以萬世摩鈍也。"顔師古注："厎，細石也。"一本作"底石"。《説文·厂部》："厎，柔石也。"段玉裁注："柔石，石之精細者……厎者，砥之正字。"唐王燾《外臺秘要》："陽劑剛石，陰劑柔石。"《太平御覽·資産部》："謂以厎石，厲物令平齊也。"元黃公紹等《古今韻會舉要》："厎石，蕭望之傳厎厲鋒鍔，師古曰厎柔石。"明梅鼎祚《西漢文紀》："厎石，高祖所以厲世磨鈍也。孔子曰：工欲善其事必先利器。"

【底】

同"厎"。此體先秦已行用。見該文。

【厎石】

即厎。此稱漢代已行用。見該文。

【柔石】

即厎。此稱漢代已行用。見該文。

【砥】

細磨石。亦稱"砥石"。《書·禹貢》："礪砥砮丹。"孔傳："砥細於礪，皆磨石也。"鄭玄注曰："厲，摩刀刃石也，精者曰砥。"《山海經·中山經》："又東北七十里曰歷，或作磨石之山。其木多荊芑。其陽多黃金，其陰多砥石。"漢王充《論衡·明雩》："砥石劘厲，欲求銛也。"《漢書·王褒傳》："巧冶鑄干將之樸，清水焠其鋒，越砥斂其咢。"《藝文類聚·内典部》："砥石礪金，瑩珠琢玉。"明韋驤《和魯成之兄弟見謝》詩:"願助群鋒銳,那慚砥石頑。"元烏斯道《送闡禪師住廬山四十韻》詩:"劍光生砥石,鐘韻響秋霜。"清沈堡《御賜砥石硯歌贈石庭上人》:"臨軒玉音何琅琅,賜來砥石硯一方。"

【砥石】 [2]

即砥。此稱漢代已行用。見該文。

【帶礪】

細磨石。《史記·高祖功臣侯者年表》:"封爵之誓曰:'使黃河如帶,泰山若礪。'"裴駰集解引應劭曰:"礪,砥石也。河當何時如衣帶,山當何時如礪石,言如帶礪,國乃絕耳。"《晉書·汝南王亮傳序》:"錫之山川,誓以帶礪。"宋劉過《西江月·賀詞》詞:"今日樓臺鼎蕭,明年帶礪山河。"元于立《送戶部員外郎張君師允銓選》詩:"經綸彌宇宙,帶礪誓山河。"明屠隆《曇花記·郊游點化》:"錫土列王侯,帶礪山河聖恩厚。"清昭槤《嘯亭雜錄·孔王祠》:"盟無慚帶礪,軍竟化沙蟲。"

【密石】

指文理細密之磨石。亦作"密砥"。《國語·晉語八》:"天子之室,斲其椽而礱之,加密石焉。"漢王延壽《魯靈光殿賦》:"駢密石與琅玕,齊玉瑙與璧英。"韋昭注:"密,細密文理;石,謂砥也。先粗礱之,加以密砥。"李善注:"然彼以密石磨琢,此亦爲飾也。"宋陸佃《廟制議》:"《尚書大傳》曰:天子之桷,斲之礱之,加密石焉。注:謂礱礪也,密石砥之也。"《文獻通考·宗廟考》:"磨也,加密石焉,以細石磨之。"明鄧雅《悼亡》詩:"終當求密石,爲爾表高墳。"清張廷玉《日講禮記解義》:"以密石磨柱也。"

【密砥】

即密石。此體三國魏已行用。見該文。

大理石

一種巖石。雲南大理多產,故稱。有白色、雜色二種。大理所出多爲雜色,質尤緻密,有光澤及花紋,是裝飾、雕刻、建築之良材。明謝肇淛《五雜俎·地部》:"滇中大理石,白黑分明,大者七八尺。"明文震亨《長物志·器具》:"大理石,出滇中。白若玉,黑若墨爲貴。"清吳振棫《養吉齋餘錄》卷一〇:"〔大理點蒼山〕產奇石,白質黑章,間雜青綠,以蠟沃之,而山川烟雲之狀益顯,狀人物者不恒見……明時宮中大理石屏甚多。"清弘曆《題大理石屏》詩:"盈尺昆彌石,自然成畫圖。"

幫石

嵌入河堤側面之石,位置如處鞋幫,故稱。明劉若愚《酌中志·大內規制紀略》:"神廟久不臨御,河遂壅塞不通,幫石圮泐者多。"明成始終《橫山別墅》詩:"頹岸新幫石,疏籬晚映花。"清許容《甘肅通志》:"設彙歸暗洞一以接漢渠,餘水正口加幫石囤頭閘。"清汪楫《崇禎長編》:"幫石捲蕩無存者,十餘里其水勢之洶湧。"

橢石

石名。橢圓形,置水中,水清不濁,宜煎茶。宋黃庭堅《謝黃從善司業寄惠山泉》詩:"錫谷寒泉橢石俱,並得新詩蠆尾書。"宋曾幾《吳傅朋送惠山泉兩瓶並所書石刻》詩:"錫谷寒泉雙玉瓶,故人捐惠意非輕。"明謝應芳《與子叙舊言懷良有感慨作》詩:"池邊橢石亦灰飛,此水依然瀉寒玉。"

火石

石名。亦稱"燧石""燧"。石英之類。産自石灰巖中。暗灰帶褐色，不透明，易破碎。斷口如甲殼斷裂狀，以鋼鐵擎打能發火。未有火柴前，曾以此取火。《韓非子·五蠹》："民食果蓏蚌蛤，腥臊惡臭而傷害腹胃，民多疾病。有聖人作，鑽燧取火，以化腥臊，而民悦之，使王天下，號之曰燧人氏。"按，鑽燧取火，或爲火石相撞，泛出火星燃草木。唐徐堅《初學記·天部上》："徒觀其霍霍之所種鑿，火石之所燒鑠。"唐李白《留别廣陵諸公》詩："煉丹費火石，采藥窮山川。"《舊唐書·輿服志》："武官五品已上佩鞊韘七事，七謂佩刀、刀子、礪石、契苾真、噦厥針筒、火石袋等也。"《文苑英華·刑法上》："風火燧石。"元李好古《張生煮海》第三折："家僮，將火鐮火石引起火來，用三角石頭把鍋兒放上。"明袁宏道《途中懷大兄》詩："突聞物格言，石火掣飛燧。"清朱景星等《侯官縣鄉土志》："燧石以鐵片小徑寸，敲之以取火。"

【燧】

即火石。此稱先秦已行用。見該文。

【燧石】

即火石。此稱宋代已行用。見該文。

赤石

紅色的石頭。《山海經·大荒南經》："禹攻雲雨，有赤石焉生欒，黃本，赤枝，青葉，群帝焉取藥。"漢東方朔《神異經·中荒經》："西北裔外有大夏山，有宮，以金爲墙。南方裔外岡明山，有宮，以赤石爲墙。"《太玄金鎖流珠引》："東方青石，南方赤石，西方白石，北方黑石，中宮黃石。"宋張君房《雲笈七籤·三洞經教部本文》："神執絓音右手，題赤石之上。"元張雨《泰定丁卯沙溪元日按志》詩："赤石青林含古色，白沙翠竹照清漪。"明劉崧《題楊郎所制五采匹箋歌贈自明楊徵士》詩："晶熒色奪赤石髓，膩滑光浮青玉案。"清劉漢系《長干行五首》其三："白鷺洲在右，赤石磯在東。"一説，指丹砂。《漢書·地理志上》："厲砥砮丹。"顔師古注："丹，赤石也，所謂丹砂者也。"宋程俱《白馬洞》詩："磷磷盡赤石，丹竈遺滓污。"另説，一種能打火的石頭。宋李石《續博物志》："在西海郡北山有赤石，白色，以兩石相打則水潤，打之不已則潤盡火出。"

白端

石名。色純白，産於廣東高要縣七星巖，可作柱礎、几案、盤盂，粉末可以敷人面。語出明屠隆《硯箋·研》："有無眼而佳者，第白端、綠端，非眼不易辨也。"又，明屠隆《考槃餘事·朱研》："朱研，或用舊石者方妙，或用白端亦可。"清陳齡《端石擬》："七星巖……産石名白端，色白如雪，作朱硯最佳。"清江藩《端研記》："白端石，肇慶府七星巖石也……其最白者碎以爲粉，婦女用以敷面，名旱粉。"清屈大均《廣東新語·錦石》："其純白者産七星巖，名白端，爲柱爲礎及几案盤盂，皓然如雪，皆可愛……最白者，婦女以之傅面，名爲乾粉。"

金星石[1]

石名。省稱"金星"。可製硯。宋杜綰《雲林石譜·于闐石》："于闐國石出堅土中，色深如藍黛。一品斑斕白脉，點點光粲，謂之金星石。"宋歐陽修《譜牡丹記·硯譜》："歙石出於龍尾溪，其石堅勁，大抵多發墨，故前世多用之，以金星爲貴。"宋彭汝礪《金星硯行》："君也能如此，是真金星硯之知音。"明朱希晦《雲松巢集・简子文林训导》："《邑志》：西溪有金星石，石點點如金星。"明曹昭《格古要論・古硯論・萬州金星石》："萬州懸崖金星石，資質亞於端溪下巖，石色漆黑，細潤如玉，水濕之，則金星自見，乾則否。"明郭裴《廣東通志》："金星石出德慶，其黑如漆。"明謝旻《江西通志》："永新縣治東下有澄潭及金星石。"清鈕琇《觚賸・石言》："故當妾視龍尾，媵蓄金星。"清劉獻廷《廣陽雜記》："貴州飯甑山有金星石，皆硯材之良者。"清穆彰阿等《大清一統志》："硯山，在常山縣南二十里，出紫石及金星石，皆可作硯。"

【金星】

同"金星石[1]"。此稱宋代已行用。見該文。

端石

古端州（即今廣東肇慶市）端溪硯坑一帶產的硯石。亦稱"端溪石""端硯石"。端硯始於唐朝武德年間，已逾一千三百多年，其石質柔潤、發墨不滯、三日不涸，被尊爲中國四大名硯之首。然，更早即有端石之稱。南北朝江淹《雜三言五首・構象臺》詩："耽禪情於雲遐，守息心於端石。"唐安鴻漸《題楊少卿書後》詩："端溪石硯宣城管，王屋松烟紫兔毫。"宋李綱《端石硯》："端溪出硯材，最貴下巖石。珍物乃卵生，孕此馬肝色。"宋張九成《送單普赴肇慶節推》詩："庾嶺梅今見，端溪石自奇。"元宋無《端石硯》詩："雲漢帶星來玉匣，墨池蒸雨出滄溟。"明陳焯《孟秋夜酌烓弟承恩堂》詩："我到草堂東漸白，細磨端石寫微吟。"明孫承恩《南齋十咏・穿硯》詩："我有端溪石，人言紫玉堅。"清鄭燮《鄭板橋集・畫竹》："此

時獨坐其中，一盞雨前茶，一方端硯石，一張宣州紙，幾筆折枝花，朋友來至，風聲竹響，愈喧愈静。"

【端溪石】

即端石。此稱唐代已行用。見該文。

【端硯石】

即端石。此稱清代已行用。見該文。

鴝鵒眼

石名。亦作"鸜鵒眼"，省稱"鸜眼"。指石上之大小斑點，大如五銖錢，小如芥子，形如八哥之眼，外有暈。以活而清朗，有黑精者爲貴。宋蘇易簡《文房四譜・硯譜》："其貯水處有白、赤、黄色點者，世謂之即鴝鵒眼。"宋朱敦儒《西江月》詞："琴上金星正照，硯中鸜眼相青。"宋歐陽修《硯譜》："端石出端溪……有鸜鵒眼爲貴。"宋張世南《游宦紀聞》："眼之品類不一：曰鸜哥眼，曰鸜鵒眼，曰了哥眼，曰雀眼，曰鷄翁眼，曰貓眼，曰菉豆眼，各以形似名之。翠綠爲上，黄赤爲下。"明張嗣綱《古硯》詩："水流鴝鵒眼，質潤璐鵝脂。"清盧若騰《澎湖文石歌》詩："或如端溪鴝鵒眼，或如炎州翡翠羽。"

【鸜鵒眼】

同"鴝鵒眼"。此體宋代已行用。見該文。

【鸜眼】

即鴝鵒眼。此稱宋代已行用。見該文。

壽山石

中國傳統"四大印章石"之一。分布在福建福州市北郊晋安區與連江縣、羅源縣交界處。又稱"斷瑙"。宋代開始大量開采，并用於雕刻。元末，開始用壽山石刻印。壽山石原石的收藏早在明朝初年以前就已經開始。宋陳文蔚

《以壽山石條環寄趙昌甫將以廿八字》詩:"連城價重雖非玉,千古名存壽此山。"宋蘇頌《潤州錢祠部新建寶墨亭》詩:"古寺購尋遺刻在,新亭龕置斷璔奇。"明徐㷆《游壽山寺》詩:"草侵故址抛殘礎,雨洗空山拾斷璔。"按,"斷璔"指被"廣應院"僧人收藏過的"壽山石"。清朱葵之《壽山石歌》:"地脉湊聚山氣結,其間産石如産鏐。"

【斷璔】

即壽山石。此稱宋代已行用。見該文。

青田石

石名。主要産於浙江青田縣内,我國傳統的"四大印章石"之一。青田石的利用歷史可以上溯到 1700 多年前,浙江博物館藏有六朝時墓葬用的青田石雕小猪四隻;在浙江新昌十九號南齊墓中,也出土了永明元年(483)的青田石雕小猪兩隻。明方以智《物理小識·金石類》:"青田石之心爲凍石,如蠟者曰蠟凍,光明者曰燈光。"明文震亨《長物志·器具》:"青田石瑩潔如玉,照之燦若燈輝者爲雅。"明沈德符《萬曆野獲編·補遺》卷四:"始于宋時,我朝士人始以青田石作印,爲文房之玩,温栗雅潤。"清王士禛《分甘餘話》:"端溪石作研材,青田石作印章。"清王至匄《趙季和刻青田石章見贈時將歸蜀因爲詩以報之》詩:"十年懸腕如撥鐙,一刀鑿透青田石。"清劉廷璣《在園雜志》卷一:"鐫圖章以青田石爲佳,而青田石又以洞石爲第一,他産不及也。"

昌化石

石名。産於浙江臨安昌化縣而名。是我國"四大印章石"之一。具油脂光澤,黄黑雙色,呈半透明,極少數透明。品種很多,大部色澤沉着,性韌澀,明顯帶有團片狀細白粉點。按色分有白凍(透明,或稱魚腦凍)、田黄凍、桃花凍、牛角凍、砂凍、藕粉凍(爲主)等。昌化石中的鷄血石開采始於明代,而盛名於清代,康熙、乾隆、嘉慶等皇帝十分賞識昌化鷄血石,將其作爲寶璽的章料。昌化石之名亦見於其他區域,古籍有記載。宋歐陽忞《輿地廣記·廣南西路下》:"昌化石極爲靈異,祈禱多應。"《文獻通考·輿地考》:"昌化,隋縣,有昌化石、南崖江。"《清史稿·德宗本紀》:"庚申,開廣東昌化石、緑銅礦。"

花乳石 [1]

石名。亦作"花蘂石 [1]",亦稱"花藻石"。爲變質巖類蛇紋大理巖。産自河南、陝西、四川等地。色黄,髓至堅重,形之大小、方圓無定,可製器。宋蘇頌《本草圖經》:"花乳石,出陝州閿鄉縣。體至堅重,色如硫黄。"宋米芾《硯石·性品》:"花蘂石,亦作小朱硯。"宋唐慎微《重修政和經史證類備用本草》:"玉石中品有花藻石,一種主治與此同是一物。衍義曰:花乳石,其色如硫黄。……今惠民局花乳石散者是此物,陝人又能鑢爲器"。《圖經》第二卷中,易其名爲花蘂石。明李時珍《本草綱目·石四·花乳石》〔集解〕:"花乳石,出陝華諸郡,色正黄,形之大小、方圓無定。"明郎瑛《七修類稿·時文石刻圖書起》:"古人皆銅鑄。至元末,會稽王冕以花乳石刻之。"明文震亨《長物志·几榻》:"屏風之制最古,以大理石鑲下座精細者爲貴,次則祁陽石,又次則花蘂石。"明王圻等《三才圖繪·珍寶》:"花乳石,出陝州閿鄉縣,體質堅重,色如琉黄,形塊有極大者,人用琢器。"明方以智《物理小識・金石類》："台州有花乳石。"清阮葵生《茶餘客話》卷一九："元末，諸暨人王冕自稱煮石山農，始用花乳石刻私印。"

【花藻石】

即花乳石[1]。此稱宋代已行用。見該文。

【花蘂石】[1]

即花乳石[1]。此體宋代已行用。見該文。

市石

市場上購買的普通石料。明鄒守益《東廓鄒先生文集・記類》："市石以甓兩涯，市木爲二十三舟，市鐵爲鎖以魚貫之，闢通衢而屬諸北門。"明張內蘊、周大韶《三吳水考》："市石築堤，捍湖田以御橫潦。"明王鏊《姑蘇志》："市石增築，遂得支久祠廟廢缺者。"清周亮工《與黃濟叔書》："不孝凍章無一存，而妙篆反因市石巋然，如魯靈光。"清阮元《題家藏漢延熹華嶽廟碑軸子》詩："己巳摹鐫向北湖，市石察書書佐遣。"

金剛

石名。亦稱"削玉刀""金剛鑽""金剛石"。性至堅硬，可鏤玉、鑽石、穿瓷，亦入藥及製珍貴飾物。《山海經・西山經》："今徽外出金剛石，石屬而似金，有光彩，可以刻玉。"晉郭璞《玄中記》："金剛，出天竺大秦國，一名削玉刀，削玉如鐵刀削木，大者長尺許，小者如稻米。"唐玄沙師備《玄沙師備禪師廣錄》："十分好個金剛鑽，攤向門前賣與誰。"唐法藏《歌行一首》詩："平源不用金剛鑽，劍刃之中錯下錐。"《新五代史・四夷附錄》："〔回鶻〕其地出玉、氈……金剛鑽、紅鹽、闊氎、駒騄之革。"宋趙佶《贊佛牙》詩："玉瑩千輪在，金剛百鍊新。"明一如《大藏法數》："梵語跋折羅，華言金剛。此寶出於金中，色如紫英，百鍊不銷，至堅至利，可以切玉，世所稀有，故名爲寶。"明李時珍《本草綱目・金石四・金鋼石》〔集解〕："金剛石，出天竺諸國及西番。葛洪《抱朴子》云：'扶南出金剛，生水底石上，如鐘乳狀，體似紫石英，可以刻玉。'"又引晉郭璞《玄中記》："大秦國出金剛，一名削玉刀，大者長尺許，小者如稻黍。"清方以智《物理小識・天類》："或縣貓精與金剛石，則能成五色光。"參閱宋法雲《翻譯名義集・寶》。

【金剛石】

即金剛。此稱先秦已行用。見該文。

【削玉刀】

即金剛。此稱晉代已行用。見該文。

【金剛鑽】

即金剛。此稱唐代已行用。見該文。

碫[2]

堅石，可用於鍛打用的石砧。亦作"碬"。《詩・大雅・公劉》："涉渭爲亂，取厲取鍛。"陸德明釋文："鍛，〔本義〕作碫。"《孫子兵法・兵勢》："兵之所加，如以碫投卵者。虛實是也。"孟氏注："碫，石也。"《說文・石部》："碫，碫石也，從石段，段亦聲。"朱駿聲通訓定聲："碫，堅石可爲樵之椹質者。"元梁益《詩傳旁通》："今考鍛，打鐵也，字從金；碫者，礪也，字從石。"明劉基《癸巳正月在杭州作四首》詩其四："碫鐵當用椎，析薪當用斧拔。"

【鍛】[2]

同"碫[2]"。此體先秦已行用。見該文。

乘石

古帝王登車時的踏腳石。《周禮・夏官・隸僕》："王行，洗乘石。"鄭玄注引鄭衆云："乘石，王所登，上車之石也。"《淮南子·齊俗訓》："履乘石，攝天子之位。"南朝梁任昉《百辟勸進今上箋》："是以履乘石而周公不以爲疑，贈玉璜而太公不以爲讓。"李善注：《尸子》曰：'昔者武王崩成王少，周公旦踐東宫，履乘石，假爲天子七年。'"

徛

溪流中的踏脚石。亦作"石杠"。亦稱"彴"。《爾雅·釋宫》："石杠謂之徛。"郭璞注："聚石水中，以爲步渡彴也。"《説文·彳部》："徛，舉脛有渡也。"《玉篇·彳部》："彴，徛渡也。"《新唐書·諸帝公主傳·中宗八女》："司農卿趙履温爲繕治，累石肖華山，隥彴横邪，回淵九折，以石瀵水。"《集韻·支韻》："聚石爲彴。"王念孫疏："今關西呼徛，關東呼彴。"或爲方言。一説，石橋。《廣雅》："徛，步橋也。"

【彴】

即徛。此體南朝梁已行用。見該文。

【石杠】

即徛。小石橋。單稱"杠"。亦作"石矼"。《孟子·離婁下》："歲十一月，徒杠成；十二月，輿梁成，民未病涉也。"朱熹集注："杠，方橋也。徒杠，可通徒行者。"《爾雅·釋宫》："石杠，謂之徛。"郭璞注："聚石水中，以爲步渡彴也。或曰今之石橋。"晋左思《魏都賦》："石杠飛梁，出控漳渠。"唐皮日休《憶洞庭觀步十韻》詩："上戍看綿蕝，登村度石矼。"宋孫覿《梅二首》詩其二："纖纖蘿蔓牽茅屋，細細苔花點石矼。"金吕中孚《水聲》詩："長陂千頃碧淙淙，浪卷秋風過石矼。"元范梈《晚經皮使君江居不見賦簡二首》詩其一："山明殘雪當松塢，岸斷斜暉射石矼。"明吳子孝《清明與

孫都督伯泉出郊游迎恩隆禧二寺觀鄭尚書園池》詩："石杠流水帝壇東，玉岫蒼松佛宫左。"清曹寅《雨夕送令彰還廣陵》詩："陂蕩水連江，泥塗聚石矼。"一説，置於水中，供人渡涉的踏脚石。

【杠】

即石杠。此稱先秦已行用。見該文。

【石矼】

同"石杠"。此體晋代已行用。見該文。

釣磯

垂釣者所坐的水邊巖石。亦稱"漁磯"。北周宇文毓《貽韋居士》詩："坐石窺仙洞，乘槎下釣磯。"唐高適《漁父歌》："筍皮笠子荷葉衣，心無所營守釣磯。"唐戴叔倫《過故人陳羽山居》詩："峰攢仙境丹霞上，水遶漁磯緑玉灣。"宋范成大《有懷石湖舊隱》詩："冷雲著地塘蒲晚，誰爲披蓑暖釣磯。"宋劉子翬《客路》詩："東風如解事，吹夢落漁磯。"金劉鐸《所見》詩："綸竿老子緑蓑衣，細雨斜風一釣磯。"元王都中《登東山寺》詩："憑闌欲問當時事，白鷺無言立釣磯。"元趙汸《代贈鄭士恒卜居靈山》詩："烟霞爛熳新樵徑，水石荒凉舊釣磯。"明區大相《山中言志》詩其二："滿地藤花閒不掃，風來吹上釣漁磯。"清曹寅《胡静夫先歸白門即席同用依字》詩："吴船快於馬，遲我坐漁磯。"清戴亨《雨後看山》："望久山無色，蒼茫立釣磯。"

【漁磯】

即釣磯。此稱唐代已行用。見該文。

石苑

用於蓄養的石圍苑囿。唐温庭筠《雉場歌》："城頭却望幾含情，青畝春蕪連石苑。"

《唐代墓誌彙編續集·永徽》："翱翔石苑，容與潘池。"宋李龏《老婦吟》："萬轉愁成繫腸綫，青歆春蕪連石苑。"《後蘇龕詩鈔》卷四："梓鄉毒霧正漫漫，石苑春風聊爾爾。"清陳洪圭《石榴花》詩："丹房標石苑，絳種憶張槎。"

博石

石名。古用以製棋。《山海經·南山經》："東五百里曰漆吳之山，無草木，多博石，無玉。"晋郭璞注："可以爲博棋石。"郝懿行義疏："《中次七經》：'休與之山有石，名曰帝臺之棋。'是知博棋、占有用行者也。"一說，巨石。參閱清畢沅《山海經新校正》、清俞樾《俞樓雜纂·讀山海經》。

温石

石名。黄綠色。斑紋如蛇皮，故今通稱蛇紋石。質地緻密，温潤耐火，可雕琢製器。宋周密《癸辛雜識續集下·光禄寺御醴》："達卿嘗爲光禄寺令史，掌醴事，云炊米之器皆以温石爲大釜。"元劉鑑《見率齋王廉使》詩其五："盡起綺園山筍裏，更招温石水之涯。"清穆彰阿等《大清一統志·萊州府二》："掖縣西北斧山出温石，可爲器皿。"

慈石

磁鐵礦石。吸鐵如慈母招子，故稱。亦作"磁石""礠石"。《管子·地數》："上有慈石者，下有銅金。"《吕氏春秋·季秋紀》："慈石召鐵，或引之也，石鐵之母也。以有慈石，故能引其子。"《鬼谷子·反應》："其察言也不失，若磁石之取鍼，舌之取燔骨。"漢王充《論衡·亂龍》："頓牟掇芥，磁石引針。"漢楊孚《異物志》："漲海崎頭，水淺而多磁石，徼外人乘大舶，皆以鐵錮之，至此關，以磁石不得過。"唐

玄奘《大唐西域記·烏茶國》："承露盤下，覆鉢勢上，以花蓋笤置之便住，若磁石之吸針也。"唐李吉甫《元和郡縣圖志·磁州滏陽》："磁州，以縣西九十里有磁山，出磁石，因取爲名。"宋蘇軾《和陶連雨獨飲二首並引》詩其一："豈止磁石針，雖合猶有間。"南宋曇秀《人天寶鑒》："若遇順境，則諸事順適我意，如磁石見鐵，不覺不知合爲一處。"明宋登春《感興四首》詩其四："方諸能召水，磁石不引金。"清趙翼《題蔣心餘〈携子游廬山圖〉》詩："奇才勝境兩相值，磁石吸針鐘應杵。"清陳元龍《格致鏡原》："《本草》：山之陽産鐵者，陰必有磁石，蓋二物同氣也。"

【磁石】

同"慈石"。此體先秦已行用。見該文。

【礠石】

同"慈石"。此體漢代已行用。見該文。

【吸鐵石】

即慈石。亦稱"熁鐵石""吃鐵石""戲鐵石""吸針石"。宋寇宗奭《圖經衍義本草》："磁石，色輕紫，石上皸澀，可吸連針鐵，俗謂之熁鐵石。"《宋史·高昌傳》："又有礪石，剖之得賓鐵，謂之吃鐵石。"《三寶太監西洋記通俗演義》第二一回："老爺又吃了一驚，説

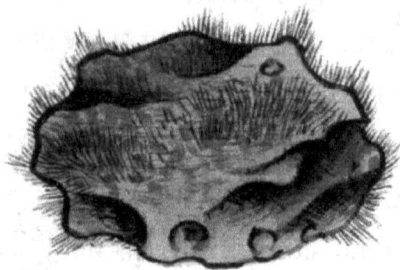

磁 石
（明刊《補遺雷公炮製便覽》）

道：'這些錨和這些軍器，想都是吸鐵石兒吃吊了。'"明李時珍《本草綱目·金石四·慈石》："〔釋名〕："熁鐵石、吸針石。"《醒世姻緣傳》第五六回："〔薛素姐〕也不説句家常話，竟回自家房内。狄希陳就像戲鐵石引針的一般，跟到房中。"清南懷仁《坤輿圖説》卷上："凡此脉絡内，多有吸鐵石之氣。"

【熁鐵石】

即吸鐵石。此稱宋代已行用。見該文。

【吃鐵石】

即吸鐵石。此稱明代已行用。見該文。

【吸針石】

即吸鐵石。此稱明代已行用。見該文。

【戲鐵石】

同"吸鐵石"。此稱清代已行用。見該文。

廢諸

磨玉之石。亦作"鑿諸""斂諸""礛諸"，亦稱"礛磏"。《文子》卷上："璧瑗之器，礛磏之功也，鎮鋣斷割砥礪之力也。"《淮南子·説山訓》："玉待礛諸而成器。"高誘注："礛諸，攻玉之石。"漢焦贛《易林》："鑿諸攻玉，無不穿鑿。"一本作"斂諸"《説文·厂部》："廢諸，治玉石也。"唐虞世南《北堂書鈔·武功部》："《御覽》作礛石，《諸類》聚作礛諸，《問經堂》作鑑諸。清水淬鋒，越砥斂鍔。"宋劉攽《寄傅推官堯俞》詩："率馬仰騏驥，治玉慚礛磏。"明徐元太《喻林》卷二一："礛諸攻玉之石，言物有待賤而貴者也。"清馬驌《繹史》卷八三："璧瑗之器，礛磏之功也，鎮鋣斷割，砥礪之力也。"《康熙字典》："廢諸，治玉石。又或作礛，省作磏。"一説，青色磨石。《玉篇·石部》："礛磏，青礦也。或'作廢'。"又説，青石。三國魏曹丕《建安諸序》："淬以清漳，厲以礛磏。"舊注："礛磏，青石也。"

【礛磏】

即廢諸。此體先秦已行用。見該文。

【鑿諸】

即廢諸。此體漢代已行用。見該文。

【斂諸】

即廢諸。此體漢代已行用。見該文。

【礛諸】

即廢諸。此稱漢代已行用。見該文。

竹葉瑪瑙石

石名。花斑似竹葉，質地如瑪瑙，故稱。可礲作器物。明曹昭《格古要論》卷下："竹葉瑪瑙石，花斑與竹葉相類，故曰竹葉瑪瑙，然斑大小長短不一樣，每斑紫黃色斑大者，青色多性堅。"清張英等《御定淵鑑類函》："明曹昭《格古要論》有竹葉瑪瑙石、柏枝潛礦類，書曰：瑪瑙，出西洋者名番瑪瑙，紅色爲佳，内有柏枝及五色纏絲者勝。"

菊花石

石名。出自湖南瀏陽、徐州、京西、山西等地，紋理如菊，故稱。據《瀏陽縣志》記載，約在清乾隆年間，瀏陽永和鎮的歐錫藩偶然發現了菊花石，石質呈灰青，白菊紋理，可取石雕硯。清王藴章《然脂餘韻》卷六："邑志所謂'菊花石'者也。石質深青，花白而晶瑩，如鏤如嵌，巧工所弗逮。"清譚嗣同《石菊影廬筆識》："縣（瀏陽）産菊花石，嘗銘以爲硯，因名廬曰石菊影。"清譚嗣同《朝野新譚》："瀏陽菊花石硯，上有二菊，莖葉皆備，水池在葉下。"

樂石

泗水濱所産可製樂器之石。秦始皇嶧山刻石以之爲石料。唐人舊藏本《古文苑・李斯〈嶧山刻石文〉》："乃今皇帝一家天下，兵不復起……群臣誦略，刻此樂石，以著經紀。"章樵注："石之精堅堪爲樂器者，如泗濱浮磬之類。"唐柳宗元《故殿中侍御史柳公墓表》："刊樂石，篆遺德，延休烈，垂憲則。"《續資治通鑑長編・宋神宗元豐三年》："講頌聖德，刻之樂石，將以傳示無窮。"金趙秉文《明惠皇后挽歌詞四十首》其十三："南山爲樂石，遺美豈能刊。"明張以寧《追和楊仲弘饒州東湖四景詩上本齋王參政》詩其二："小範風流今有繼，新詩樂石待重磨。"清龔自珍《〈阮尚書年譜〉第一序》："公謂吉金可以證經，樂石可以助史，玩好之侈，臨摹之工，有不預焉。"清趙翼《陔餘叢考・樂石》："泗水之濱，有石可爲磬，始皇嶧山所刻，用此磬石，故謂之樂石。"又，《奉和相公經略來滇》之二："相公自來功自速，好磨樂石待韓碑。"參閱顏師古《匡謬正俗・樂石》、《説文・石部》"磬"段玉裁注。

磬石[2]

樂石，可製打擊樂器之石。《書・禹貢》："海岱及淮惟徐州，淮、沂其乂。厥田惟上中，厥賦中中，厥貢爲土五色……泗濱浮磬，淮夷蠙珠暨魚。"《山海經・西山經》："小華之山……其陰多磬石。"郭璞注："可以爲樂石。"郝懿行箋疏："秦《嶧山刻石》文云'刻兹樂石'，即磬石也。"《説文・石部》："磬，樂石。"《漢書・地理志上》："貢璆、鐵、銀、鏤、砮、磬。"顏師古注："磬，磬石也。"《魏書・樂志》："永安之季，胡賊入京，燔燒樂庫，所有

之鐘悉畢賊手，其餘磬石，咸爲灰燼。"《舊唐書・音樂志》："《書》云'泗濱浮磬'，言泗濱石可爲磬。今磬石皆出華原，非泗濱也。"《太平寰宇記・淮陽軍・下邳縣》："磬石山在下邳縣西南四十里，今取磬石上貢樂府。《禹貢》'泗濱浮磬'即此。"《文獻通考・樂考》："鍾有齊也，磬石也，天成之物也。以其律爲之長短、厚薄。"明唐之淳《重至邳州（十月初五日）》詩："月冷孤桐夜，風高磬石秋。"清顧祖禹《讀史方輿紀要・江南三》："磬石山在縣北七十里，山産磬石，即《禹貢》所云'泗濱浮磬'也。"

鳴石

一種受撞擊能發出聲響之石。《山海經・中山經》："〔長石之山〕其中多鳴石。"郭璞注："晋永康元年，襄陽郡上鳴石，似玉色青，撞之聲聞七八里。今零陵、泉陵縣永正鄉有鳴石二所，其一狀如鼓，俗因名爲石鼓，即此類也。"郝懿行箋疏："唐徐堅《初學記》引王韶之《始興記》云：縣下流有石室，内有懸石，扣之聲若磬，響十餘里，亦此類也。"袁珂校注："鳴石，蓋磬石之類。郭説襄陽郡上鳴石，見《晋書・五行志》。"北魏酈道元《水經注・沔水中》："自此，濟晋太康中得鳴石于此，水撞之聲聞數里。"北周庾信《夜聽搗衣》詩："鳴石出華陰，虛桐采鳳林。"唐楊炯《和劉長史答十九兄》詩："宮徵諸鳴石，光輝掩燭輪。"唐劉長卿《酬李員外從崔録事載華宿三河戍先見寄》詩："寒江鳴石瀨，歸客夜初分。"《文獻通考・樂考》："零陵有鳴石二，其狀似鼓，亦謂之石鼓磬之類也。"明陳耀文《天中記》卷四三："鳴石，郭璞注永康元年，襄陽郡上鳴君

似玉，色青，撞之聲聞七八里。"清岳濬等《山東通志》："鳴石山在州東北十里，山高數十仞，取山石扣之，聲音清越，故名。"

木變石

化石名。多由松木變成，斷面有年輪，貌如松幹，故稱。亦作"松石"。可作飾物器用。松石，抑或指松下之石。南朝梁蕭繹《金樓子·序》："松石能言，必解其趣。"唐元稹《與楊十二巨源盧十九經濟同游大安亭各賦二物各爲五韻探得松石》詩："積青當琥珀，新劫長芙蓉。"宋沈括《夢溪筆談·異事》："婺州金華山有松石，又如核桃、蘆根、蛇蟹之類皆有成石者。然皆其地本有之物，不足深怪。"明李時珍《本草綱目·金石三·不灰木》〔附録〕引蘇頌曰："今處州出一種松石，如松幹而實石也。或云松久化爲石。人多取飾山亭及琢爲枕。"清西清《黑龍江外記》："松入黑龍江，歲久化爲青石，號安石，俗呼木變石，中爲磋，可發箭鏃。"清梁詩正《恭和御製木變石歌元韻》詩："木山本是千年根，蟲鳥剥蝕留瘢痕。"

【松石】[2]

即木變石。此體南朝梁已行用。見該文。

瑠璃[2]

氧化硅或其他硅酸鹽類礦物摻入金屬元素的製成品。亦作"琉璃"，亦稱玻璃。與自然界所產"壁流離"不同，琉璃之名更多源自中國古代對人工玻璃製品的叫法。越王句踐劍上的玻璃主要成分爲鉀鈣硅酸鹽，這種化學成分是古埃及和古巴比倫地區的玻璃所没有的。漢桓寬《鹽鐵論·力耕》："而璧玉、珊瑚、琉璃，咸爲國之寶。"北魏楊衒之《洛陽伽藍記·城

越王句踐劍上鑲嵌的藍色琉璃

西》："自餘酒器，有水晶鉢、瑪瑙杯、琉璃碗、赤玉巵數十枚。作工奇妙，中土所無，皆從西域而來。"晋《佛説阿彌陀經》："上有樓閣，亦以金銀、琉璃、玻璃、硨磲、赤珠、瑪瑙而嚴飾之。"唐李亢《獨異志》："爾當大富貴，豈可輕生！不聞淄州出琉璃乎？"《魏書·西域傳·大月氏》："其國人商販京師，自云能鑄石爲五色琉璃。於是採礦山中，於京師鑄之。既成，光澤乃美於西來者……自此中國琉璃遂賤。"宋洪邁《夷堅丁志·瑠璃瓶》："瑠璃爲器，豈復容堅物振觸？"明葉憲祖《鸞鎞記·途逅》曲："歸來愁日暮，孤影對琉璃。"明梅鼎祚《玉合記·義姤》："瑠璃榻，翡翠樓，手卷真珠上玉鈎。"清趙翼《陔餘叢考·琉璃》："俗所用琉璃，皆消融石汁及鉛錫和以藥而成，其來自西洋者較厚而白，中國所製，則脆薄而色微青。"清潘榮陛《帝京歲時紀勝·歲暮雜務》："院内設松亭，奉天地供案，繫天燈，掛琉璃。"

【琉璃】[2]

即瑠璃[2]。此體漢代已行用。見該文。

【玻璃】

即瑠璃[2]。此稱晉代已行用。見該文。

藥　石

太一餘糧

石名。亦作"太乙餘糧"，亦稱"禹哀""餘糧""天師食""山中盈脂""石飴餅""太一禹餘糧""白餘糧""石中黃子""石中黃""白禹糧""禹糧石""餘糧石""禹糧土"等。爲氧化物類礦物褐鐵礦的一種。生山谷，大小不一，方圓扁塊諸形皆有，層層重叠，色深紫，中有黃土。相傳夏禹之師太一服食此，弃其餘而成，故稱。三國魏吳普《本草》："太一禹餘糧，一名禹哀。"晋佚名《上清太上帝君九真中經》："太乙餘糧，取中央黃好細理者。"隋蘇玄朗《太清石壁記》："天師食，禹餘糧。"唐孫思邈《孫真人備急千金要方》："若宿有下痢，腸胃損弱者，可加太一餘糧二兩半，取石中黃軟香者。"唐梅彪《石藥爾雅》："太一禹餘糧，一名石腦，一名餘糧，一名天師食，一名山中盈脂，一名石飴餅。"《雲林石譜・祁閣石》："鼎州祈閣山出石，石中有黃土，目之爲太一餘糧，色紫黑，其質磊魂，大小圓匾。"明李時珍《本草綱目・金石一・太一餘糧》："〔釋名〕石腦、禹哀。"明謝肇淛《五雜俎・物部三》："泰山有太乙餘糧，視之，石也。石上有甲，甲中有白，白中有黃。相傳太乙者，禹之師也。嘗服此而棄其餘，故名。"參閱《神農本草經》卷一。

【禹哀】

即太一餘糧。此稱三國魏已行用。見該文。

【太一禹餘糧】

即太一餘糧。此稱三國魏已行用。見該文。

【太乙餘糧】

同"太一餘糧"。此體晋代已行用。見該文。

【天師食】

即太一餘糧。此稱隋代已行用。見該文。

【山中盈脂】

即太一餘糧。此稱唐代已行用。見該文。

【石飴餅】

即太一餘糧。此稱唐代已行用。見該文。

【石腦】

即太一餘糧。《靈寶無量度人上經大法》："諸入山采八石，石象石腦，流丹流珠，飛節黃子，石髓桂英。"《歷世真仙體道通鑑》："因教之服石腦。石腦色班柔軟，形如小石，處所皆有，久服身熱。"晋葛洪《抱朴子内篇・仙藥》："石腦芝，生滑石中，亦如石中黃子狀，但不皆有。"北周宇文邕《無上秘要》："寧封服石腦而赴火，則作火解。"唐王燾《外臺秘要方》卷三一："石腦，一名石飴餅，出徐州宋里山。"《太平御覽・道部》："姜伯真在太橫山服石腦，石腦如石，小，班色而軟。"明李時珍《本草綱目・石部》："《釋名》石飴餅，《別錄》石芝綱目……自得服一升得長生，乃石芝也，《別錄》所謂石腦及諸仙服食，當是此物。"明郭棐《廣東通志》卷五二："石腦，蘊石中，白色有蜂窠。"

【禹餘糧】

即太一餘糧。亦作"蘴冬""禹葭"，亦稱"白餘糧"，省稱"餘糧"。《爾雅・釋草》"蘴冬"邢昺疏："一名禹葭，一名禹餘糧。"《武威漢代醫簡・木牘》："禹餘糧四分。"晋葛洪《抱朴子内篇・黃白》："禹餘糧，非米也。"宋寇宗奭《圖經衍義本草》："出東海洲島，似大麥，秋熟，名禹餘糧，非石之餘糧也。"明李時珍《本草綱目·金石四·禹餘糧》："白餘糧。"又："時珍曰：'石中有細粉如麵，故曰餘糧。'"《康熙字典》："禹餘糧，世傳禹治水，棄其所餘糧于江中，生爲藥。"參閱本卷"太一餘糧"條目及明王圻等《三才圖會·珍寶卷》。

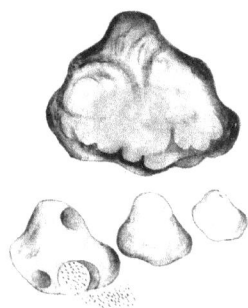

禹餘糧
（明刊《補遺雷公炮製便覽》）

【蘽冬】

即禹餘糧。此稱先秦已行用。見該文。

【禹葭】

即禹餘糧。此體宋代已行用。見該文。

【白餘糧】

即禹餘糧。此稱明代已行用。見該文。

【餘糧】

即禹餘糧。此稱明代已行用。見該文。

【石中黃子】

巖石中之黃色汁液。又稱"石中黃"。可入藥，傳説飲之可長生不老。一説，謂之"太一餘糧"，見該條目。晋葛洪《抱朴子內篇·仙藥卷》："次則明珠，次則雄黃，次則太乙禹餘糧，次則石中黃子……"隋蘇玄朗《太清石壁記》："石中黃子，出沁水源，形如鸚鴨子之狀，打破有黃水，如鷄子黃，得三升、五升，服之長生不死。"《太平御覽·藥部》："〔石中黃子〕石有數十重，乃得之在大石中，赤黃溶溶，如鷄子之在殼中也。即當飲之，不飲則漸堅凝成石。"明李時珍《本草綱目·金石四·石中黃子》集解引晋葛洪《抱朴子》云："石中黃子所在有

之，沁水山尤多，在大石中。其石常潤濕不燥，打其石有數十重，見之，赤黃溶溶，如鷄子之在殼中也。即當未堅時飲之，不爾，便漸堅凝如石，不中服也。破一石中，多也有一升，小者數合，可頓服之。"明謝肇淛《五雜俎·物部三》："泰山有太乙餘糧，視之石也……又有石中黃，即餘糧之未凝者，水溶若生鷄子焉。"

【石中黃】

同"石中黃子"。此稱明代已行用。見該文。

硃砂

汞的硫化物礦石。砂石狀。研之鮮紅如丹，故稱。亦作"硃沙""朱砂"，亦稱"朱丹""朱丹砂"。含汞，可作畫、入藥，道家以之煉丹。生山谷石崖，穴地采之。《漢書·司馬相如傳》："其土則丹青赭堊，雌黃白坿，錫碧金銀。"顏師古注："丹沙，今之朱沙也。"《後漢書·西域傳》："〔大秦〕土多金銀奇寶，有夜光璧、明月珠、駭鷄犀、珊瑚、虎魄、琉璃、琅玕、朱丹、青碧。"晋葛洪《抱朴子內篇·金丹》："朱砂爲金，服之升仙者，上士也。"唐白居易《自咏》詩："朱砂賤如土，不解燒爲丹。"唐李林甫《唐六典》："辰溪州之硃砂。"宋寇宗奭《圖經衍義本草》："今人謂之朱砂。辰州朱砂，多出蠻峒。"宋佚名《鉛汞甲庚至寶集成》："當取此硃砂銀爲匱，再養硃砂，是云真鉛真汞，此以是頭緞也。"金馬鈺《望蓬萊·首化姚玹》詞："鼎內朱砂烹煉就，天仙子入白雲中。"《全元曲·硃砂擔滴水浮漚記》："有誰人，肯搭救，單只被幾顆硃砂，送了我頭。"明李時珍《本草綱目·石部》："朱砂一兩，麝香半，兩經宿成雪，每服一二錢。"明朱橚等《普濟方》卷二六六："服食朱丹。"清陳元龍《格致鏡原》：

"水銀，以邕州溪洞硃砂末，入爐燒取極易。"
清沈金鰲《要藥分劑》卷九："惡麥冬、朱丹
砂、硫黃、雄黃。主治主婦人帶下。五漏。"

【朱沙】

同"丹砂"。此體漢代已行用。見該文。

【朱砂】

同"丹砂"。此體晉代已行用。見該文。

【朱丹】

即丹砂。此稱南朝宋已行用。見該文。

【朱丹砂】

即丹砂。此稱清代已行用。見該文。

【丹砂】

即硃砂。亦作"丹沙"，亦稱"辰砂"。大
小不一，種類上百，細名繁多。其名依產地、
形貌、色澤而定，影響大、分布廣者有巴砂、
越砂、辰砂、宜砂、溪砂、土坑砂、舊坑砂、
新坑砂、土砂、石砂、雲母砂、馬齒砂、豆砂、
末砂、塊砂、光明砂、無重砂、梅柏砂、白庭
砂、神座砂、金座砂、玉座砂、白金砂、澄水
砂、陰成砂、辰錦砂、芙蓉砂、鏡面砂、箭鏃
砂、曹末砂、金星砂、平面砂、神末砂、顆塊、
鹿簌、肺砂、紫靈砂等。《管子・地數》："上有
丹沙者，下有黃金。"《史記・孝武本紀》："李
少君言於上曰：竈則
致物，致物而丹砂
可化爲黃金。"《史
記・貨殖列傳》："江
南出枏、梓、薑、
桂、金、錫、連、丹
沙……"晉葛洪《抱
朴子內篇・金丹》：
"凡草木燒之即燼，

宜州丹砂
（明文俶《金石昆蟲草木狀》）

而丹砂燒之成水銀，積變又還成丹砂。"晉支
遁《詠懷詩五首》詩其三："丹沙映翠瀨，芳芝
曜五爽。"《南史・梁臨川靖惠王宏傳》："餘屋
貯布絹、絲綿、漆蜜、紵蠟、朱沙、黃屑雜貨，
但見滿庫，不知多少。"明文震亨《長物志・水
石》："近更有以大塊辰砂、石青、石綠爲研山，
盆石，最俗。"參閱明李時珍《本草綱目・金
石三・丹砂》、明王圻等《三才圖會・珍寶圖
會・丹砂》。

【丹沙】

同"丹砂"。此體漢代已行用。見該文。

【辰砂】

即丹砂。此稱明代已行用。見該文。

【丹干】

亦作"丹矸"。《荀子・王制》："南海則
有羽翮、齒革、曾青、丹干焉。"楊倞注："丹
干，丹砂也。"又，《荀子・正論》："加之以丹
矸，重之以曾青。"注："丹矸，丹砂也。"晉葛
洪《抱朴子內篇・金丹》："又《肘後》丹法，
以金華和丹干瓦封之，蒸八十日。"宋孫光憲
《北夢瑣言》卷一八："煉丹干汞，易人形，破
扃，貴要間神奇之。"宋羅泌《路史》："上有
丹矸，下有黃銀。"明方以智《物理小識・金石
類》："南海有丹干，皆指南方，今出辰宜階州，
而外國亦有至者。辰州萬山長官司化水坑之硃
砂爲最。"又，《通雅》云："丹粟、丹干，皆丹
砂也。"一說，"丹"爲丹砂，"干"爲琅玕。王
先謙集解引王念孫曰："以干爲琅玕，非也。琅
玕不得但謂之玕。《正論篇》云：'加之以丹矸，
重之以曾青……'丹矸，即丹干也。"

【丹矸】

同"丹干"。此體先秦已行用。見該文。

【丹粟】

丹砂、硃砂的別名。細粒的丹砂。亦稱"丹朱""丹礫""丹鏃"。《山海經·南山經》："英水出焉，西南流注於赤水，其中多白玉，多丹粟。"郭璞注："細丹沙如粟也。"《吕氏春秋·求人》："丹粟、漆樹、沸水、漂漂、九陽之山。"漢張衡《南都賦》："青膲丹粟，太一餘糧。"晋張華《博物志·物類》："燒丹朱成水銀，則不類。"晋郭璞《江賦》："金礦丹礫，雲精爛銀。"李善注："丹礫，丹砂也。"北周庾信《周隴右總管長史盧公神道碑》："南通丹粟。"唐皮日休《太湖詩·練瀆》詩："底静似金膏，礫碎如丹粟。"《太平御覽》卷九八五引《廣志》："丹朱，沙之樸也。"宋蘇軾《追餞正輔表兄至博羅賦詩爲别》詩："玉牀丹鏃記分我，助我金鼎光爛斑。"明方以智《通雅》："丹粟、丹干，皆丹砂也。"清丁堯臣《奇效良方》卷一二："丹朱砂、丁香各一兩，麝香一分，上同研爲細末。"《康熙字典》："爰有璿瑰，金沙丹礫。"

【丹朱】

即丹粟。此稱晋代已行用。見該文。

【丹礫】

即丹粟。此稱晋代已行用。見該文。

【丹鏃】

即丹粟。此稱宋代已行用。見該文。

【丹】[3]

即硃砂。"朱砂""丹砂""丹干"等的單稱。亦指煉成的丹藥，皆含汞等成分。《書·禹貢》："礪砥砮丹。"孔傳："丹，朱類。"孔穎達疏："丹者，丹砂。"《吕氏春秋·誠廉》："丹可磨也，而不可奪赤。"《説文·丹部》："丹，巴越之赤石也。"段玉裁注："丹者石之精，故凡

藥物之精者曰丹。"《漢書·司馬相如列傳上》："其土則丹青赭堊。"顔師古注："張揖曰：'丹，丹沙也。'丹沙，今之朱沙也。"唐楊玄一《還丹口訣》："無鉛不成丹，還丹生在鉛。"宋張君房《雲笈七籤·金丹》："見金砂色轉化爲紫光之丹，丹内紅星點點，似欲輕湧。"又云："鉛汞合天地，修作大還丹，丹成牙自見，非此實爲難。"《全元曲·馬丹陽度脱劉行首》："煉藥燒丹，驅神捉鬼。"明葉顒《游赤松宫二首》其一："藥化留丹井，蓮開老翠峰。"

【沙】[3]

即硃砂。亦作"砂"。《楚辭·招魂》："紅壁沙版，玄玉梁些。"王逸注："沙，丹砂也。"宋蘇軾《辨道歌》："一丹休别内外砂，長修久餌須升霞。"明陸應陽《廣輿志》："粤西慶遠府宜山縣産砂，生山北者曰辰砂，生山南者曰宜砂，地脉不殊，砂亦無别。"清田雯《采砂謡》："大如斗，赤如日。官府學神仙，取砂何太急。"

【砂】[2]

同"沙[3]"。此體宋代已行用。見該文。

【丹石】[2]

猶丹砂。亦指古人以丹砂煉製的丹藥。唐王梵志《詩并序》其五十八："古來服丹石，相次入黄泉。"宋周密《齊東野語·痁瘧陰陽症》："族伯臨川推官……多服烏附丹砂，晚年疽發背，其大如扇。醫者悉歸罪於丹石之毒。"明陶宗儀《説郛·金華游録》："登丹山，行窮林巨石間，觀丹竈及丹石。"《古今圖書集成·醫部》："疔腫毒瘡，黑色㿃腫者乃服丹石毒也，赤色者肉面毒也。"

不灰木

即石棉。實石似木，燃之無灰，故稱。亦

稱"不灰石""無灰木"，省稱"不灰"。漢佚名《遁甲開山圖》："徐無山出不灰之木、生火之石。山在今順天府玉田縣東北。"宋寇宗奭《圖經衍義本草》："或云滑石之根也，出滑石處皆有，亦名無灰木。采無時。"宋唐慎微《政和證類本草》引蘇頌《圖經本草》曰："不灰木，出上黨，今澤潞山中皆有之，蓋石類也。其色青白，如爛木，燒之不然，以此得名。"明李時珍《本草綱目·金石部》："〔釋名〕亦名無灰木。其色白，如腐爛的木材，燒之不燃。氣味甘、大寒、無毒。"明謝肇淛《五雜俎·地部二》："〔蜀〕有不灰木，燒之則然，良久而火滅，依然木也。"明楊慎《丹鉛錄》引《太平寰宇記》："不灰木，俗多爲鋌子，燒之成炭而不灰，出膠州，其葉如蒲草，今人束以爲燎，謂之萬年火把，此皆言木者也。"明陳耀文《天中記》卷八："不灰石，安福縣長嶺山有石，黑，可以種火。"清于敏中《日下舊聞考·物産》引《析津志》："西山滑石根，名之曰不灰木，以之爲粗布，不畏火，今西山有之。"清陳元龍《格致鏡原》卷六引《太平寰宇記》："安福縣長嶺山有石黑，可種火，是謂不灰石。"參閱明王圻等《三才圖會·珍寶圖會·不灰木》。

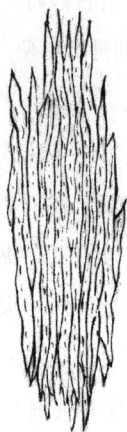
不灰木
（明王圻等《三才圖會》）

【無灰木】

即不灰木。此稱宋代已行用。見該文。

【不灰石】

即不灰木。此稱明代已行用。見該文。

【不灰】

即不灰木。此稱清代已行用。見該文。

代赭石

石名。赤紅色，塊狀，出山中，可作顏料或入藥。舊說出代郡雁門，故稱。亦作"須丸""血師"，亦稱"土朱""鐵朱"。宋王兗《博濟方》："爐甘石研，代赭石穀醋淬七次研，黃丹各四兩水飛，白沙蜜半斤……"明李時珍《本草綱目·金石四·代赭石》："〔釋名〕：須丸、血師、土朱、鐵朱。"又〔集解〕引崔昉《外丹本草》云："研之作朱色，可點書。"明張景岳《景岳全書》："代赭石二五八，味微甘，性涼而降，血分藥也。"清黃宗羲《陸汝和七十一壽序》："聚童子數千人，研土朱，授《三字經》《千字文》以度日。"

【須丸】

即代赭石。此體明代已行用。見該文。

【血師】

即代赭石。此體明代已行用。見該文。

【土朱】

即代赭石。此稱明代已行用。見該文。

【鐵朱】

即代赭石。此稱明代已行用。見該文。

麥飯石

一種天然的硅酸鹽礦物。富含微量元素。可入藥。宋蘇頌《本草圖經》："世人又傳麥飯石，亦治發背瘡。麥飯石者，粗黃白，類麥飯，曾作磨磑者尤佳。"宋唐慎微《證類本草》："瘡腫無不愈者，世人又傳麥飯石亦治背瘡。"金李俊民《莊靖集·求田》："葱葉麥飯石，季倫之萍薑豆粥。"明李時珍《本草綱目·石部》:"〔麥飯石〕甘,温,無毒。"又引李迅云:"麥飯石,處處山溪中有之,其石大小不等,或如拳,或如鵝卵,或如盞,

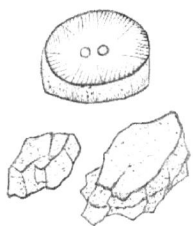

麥飯石
(明文俶《金石昆蟲草木狀》)

或如餅,大略狀如握聚一團麥飯,有粒點如豆如米,其色黃白,但於溪間麻石中尋有此狀者即是。"明王肯堂《證治準繩》:"古方云:麥飯石顏色黃、白類,麥飯曾作磨者尤佳。"明張景岳《景岳全書》:"麥飯石膏一三九,治瘡疽初起,先以麥飯石膏塗之,俟瘡根漸收,即敷神異膏斂之。"清魏之琇《續名醫類案》卷五一:"麥飯石膏,治發背瘡,甚效。"

中黃

石名。亦稱"黃石脂""黃符"。色黃,滑如脂,性黏,可入藥。漢張衡《南都賦》:"太一餘糧、中黃瓠玉。"吕向注:"中黃,謂石中子,黃石脂也。"宋寇宗奭《圖經衍義本草》:"黃石脂味苦,平,無毒。主養脾氣,安五臟。"金張元素《保命集》卷上:"黃石脂法:土色黃而主脾。"明李時珍《本草綱目·金石三·五色石脂》〔集解〕引《名醫別錄》:"黃石脂,生嵩高山,色如鶯雛。"又,引吴普曰:"黃符生嵩山,色如豘腦、雁雛。"明盧之頤《本草乘雅半偈》卷五:"惡牡丹、莽草,畏黃石脂。"

【黃符】

即中黃。此稱三國魏已行用。見該文。

【黃石脂】

即中黃。此稱南朝梁已行用。見該文。

理石

石名,一種石膏。生山谷水畔。色微青。爲石膏中順理而細,微硬有肌者,故稱。亦作"立制石",亦稱"肌石"。俗亦稱白肌石、洞石。可入藥。《神農本草經》卷中:"一名青分石,一名立制石,一名固羊石。生山谷。"漢劉向《別錄》:"理石,如石膏,順理而細,生漢中山谷及廬山,采無

理　石
(明刊《補遺雷公炮製便覽》)

時。"唐孫思邈《千金翼方·本草》:"一名立制石,一名肌石。如石膏,順理而細。生漢中山谷。"宋寇宗奭《本草衍義》:"理石如長石,但理石如石膏順理而細,其非順理而細看爲長石,治療亦不相遼。"宋唐慎微《證類本草》:"立制石,唐本注云:此物出銅處有,形似曾青,兼緑相間,味極酸、苦,磨鐵作銅色,此是真者。"明李時珍《本草綱目·金石三·理石》:"〔釋名〕肌石、立制石。"又:"〔集解〕理石,即石膏中之長文細直如絲,而明潔色帶微青者。唐人謂石膏爲寒水石,長石爲石膏,故蘇恭言其不似石膏也。此石與軟石膏一類二色,亦可通用。"明方以智《通雅》:"立制石,出蒲州山。"清葉志詵《神農本草經贊》:"一名立制石,生山谷。橫理庚庚,移名立制,脉貫峽封。"按,立制石在古籍中分屬理石和礜石,兩者都是硫化合物,色有相似之處,古人或難分清。參閱本卷"礜石"詞條考證。

【立制石】[1]

即理石。此體漢代已行用。見該文。

【肌石】

即理石。此稱唐代已行用。見該文。

石硫黄

藥石名。分布於内蒙古、陝西、四川、河南等地。因其色黄，性質似硫黄，故稱。亦作"石流黄""石留黄"，省稱"硫黄""流黄"，單稱"硫"。漢張衡《南都賦》："赭堊流黄。"李善注引《本草經》："石流黄，生東海牧陽山谷中。"晋張華《博物志·異産》："徐公曰：西域使王暢説，石流黄，出定彌山，去高昌八百里，有石流黄數十丈，從廣五六十畝。"晋葛洪《抱朴子内篇·仙藥》："石硫黄芝，五嶽皆有，而箕山爲多。"《玉篇·石部》："硫，硫磺，藥名。"前蜀貫休《送僧歸日本》詩："流黄山火著，碇石索雷鳴。"唐佚名《金石簿九五數訣》："石硫黄，出刑南林邑者，名崑崙黄。"《北史·西域傳》："其國南界有火山，山傍石皆燋鎔，流地數十里乃凝堅，人取以爲藥，即石流黄也。"唐徐堅《初學記》注引《博物志》："凡水源有石硫黄，其泉則温。或云神人所暖，

石硫黄炮製
（明刊《補遺雷公炮製便覽》）

主療人疾。"宋王讜《唐語林·補遺二》："山甫以石留黄，濟人嗜欲，多暴死者。"宋張君房《雲笈七籤·辨金石藥並去毒訣》："水銀入硫黄含大毒，豈可服哉？"又云："硫黄一斤，通明者，細研如粉。"宋唐慎微《證類本草》卷四："得硫黄則結，並棗肉研之則散。"明李時珍《本草綱目·金石五·石硫黄》引《别録》曰："石硫黄，生東海牧羊山谷中，及太行河西山，礬石液也。"又："硫黄秉純陽之精，賦大熱之性。"明宋應星《天工開物·燔石》："爐上用燒硫舊渣罨蓋，中頂隆起，透一圓孔其中。火力到時，孔内透出黄焰金光。"清康熙《御定子史精華》："凡水源有石硫黄，其泉則温。"清郁永河《裨海紀游》："落粉銷危石，流黄漬篆斑。"清黄宫綉《本草求真·補劑》："朱砂伏於鉛而死於硫。"

【流黄】

即石硫黄。此稱漢代已行用。見該文。

【石流黄】

同"石硫黄"。此體晋代已行用。見該文。

【硫】

即石硫黄。此稱南朝梁已行用。見該文。

【石留黄】

同"石硫黄"。此體宋代已行用。見該文。

【硫黄】

即石硫黄。此稱宋代已行用。見該文。

石膽

石名。或是帶結晶水的硫酸銅，即膽礬。中國古代五毒之一。《本草經·玉石部·石膽》："石膽，味酸小寒。主明目，目痛、金創諸癎痙……一名畢石。"〔集解〕又引漢劉向《别録》："石膽，生秦州羌道山谷大石間，或羌里

石膽炮製
（明刊《補遺雷公炮製便覽》）

句青山。二月庚子、辛丑日采。其爲石也，青色多白紋，易破，狀似空青。能化鐵爲銅，合成金銀。"晉張華《博物志・異産》："魏文帝黄初三年，武都西部都尉王褒獻石膽二十斤。"晉葛洪《肘後方備急方》："今醫方有五毒之藥，作之合黄墼，置石膽、丹砂、雄黄、礬石、磁石其中。"唐孫思邈《孫真人備急千金要方》："目中有疾，可傅石膽散藥等。"唐金陵子《龍虎還丹訣》："石膽，生蒲州山谷，狀似折篦頭。"宋唐慎微《證類本草》卷三："《周禮》以丹砂、石膽、雄黄、礬石、磁石爲五毒。"明李時珍《本草綱目・石四・石膽》："石膽，出蒲州山穴中，鴨觜色者爲上，俗呼膽礬。"清陳元龍《格致鏡原》卷六："石膽，又名畢石、黑石、棋石銅，勒生於銅坑中。"

石麵

石類。一種石脂。末狀。舊時灾民曾用以充飢，不易消化。可藥用。明李時珍《本草綱目・金石三・石麵》〔集解〕："石麵不常生，亦瑞物也。或曰饑荒則生之。唐玄宗天寶三載，武威番禾縣醴泉涌出，石化爲麵，貧民取食之。憲宗元和四年，山西雲、蔚、代三州山谷間，石化爲麵，人取食之。宋真宗祥符五年四月，慈州民饑，鄉寧縣山生石脂如麵，可作餅餌。仁宗嘉七年三月，彭城地生麵；五月，鍾離縣地生麵。哲宗元豐三年五月，青州臨朐、益都石皆化麵，人取食之。搜集於此，以備食者考求云。"明劉文泰《本草品彙精要》："石麵，主益氣調中，食之止飢。"清李斗《揚州畫舫録・工段營造録》："補石配藥，較鋘藥增石麵。"

白石英

石名。石英之一種。生山谷中，長五六寸者最佳，六面如削，白澈而有光澤。亦稱"玗""砆"。可入藥。《神農本草經》卷中："白石英，味甘微温。"《史記・司馬相如列傳》："其土則丹青赭堊，雌黄白玗。"裴駰集解引《漢書音義》曰："白玗，白石英也。"晉葛洪《抱朴子内篇・登涉》："吞白石英祇母散，皆令人見鬼，即鬼畏之矣。"北魏酈道元《水經注・穀水》："取白石英及紫石英及五色大石，於太行穀城之山。"唐孫思邈《千金翼方》："白石英，味甘辛，微温無毒，主消渴，陰痿不足……"五代佚名《修真曆驗鈔圖》："此英出蜀岷山及中國華山，即白石英是也。映日而光玉矣。"《集韻・虞韻》："砆，藥石，白石英也。"明李時珍《本草綱目・金石二・白石英》："白石英，狀如紫石英，但差大而六棱，白色若水精。"清陳元龍《格致鏡原》卷二六："濕，

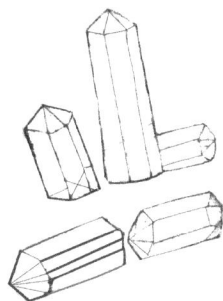

白石英
（明刊《補遺雷公炮製便覽》）

可去枯，紫石英、白石英之屬是也。"參閱明王圻等《三才圖會·珍寶圖會》。

【白㙮】

即白石英。此稱漢代已行用。見該文。

【㙮】

即白石英。此稱宋代已行用。見該文。

白羊石

石名。生山東兗州白羊山，故稱。可入藥。宋蘇頌《本草圖經·玉石中品》："白羊石，生兗州白羊山。味淡，其性：熟用即大熱，生用即涼，解衆藥毒。"明李時珍《本草綱目·金石三·白羊石》："頌曰：生兗州白羊山，春中掘地採之，以白瑩者爲良。"明何喬新《白羊石》詩："白石離離似白羊，嶄然頭角徧沙場。"

黑羊石

石名。生山東兗州宮山。可入藥。宋蘇頌《本草圖經·玉石中品》："黑羊石，生兗州宮山之西。味淡，性熱，解藥毒。春中掘地採之，以黑色有墻壁光瑩者爲上。"明劉文泰《本草品彙精要》："黑羊石，解諸藥毒。"清徐松《宋會要輯稿·食貨》："雲母粉一斤，白羊石五兩，黑羊石五兩，茯苓七斤半……"

古人采黑羊石之場景
（明刊《補遺雷公炮製便覽》）

白青

石名。形圓如鐵珠，色白而腹不空，故名。因研之色白如碧，亦謂之"碧青"；又因形似魚目，故亦稱"魚目青"。可入藥。《神農本草經》卷中："白青，味甘平。主明目，利九竅，耳聾，心下邪氣。"《南齊書·李珪之傳》："滎陽毛惠素爲少府卿，吏才强而治事清刻。敕市銅官碧青一千二百斤供御畫，用鐵六十萬。"唐梅彪《石藥爾雅》卷上："白青，一名魚目青。"宋唐慎微《證類本草》："亦謂之魚目青，以其形似魚目也。無空青時，亦可用，今不復見之。"明李時珍《本草綱目·石二·白青》："此即石青之屬，色深者爲石青，淡者爲碧青也，今繪彩家亦用。"清陳元龍《格致鏡原》卷三三："魚目青，以其形似魚目也。"

【碧青】

即白青。此稱南朝梁已行用。見該文。

【魚目青】

即白青。此稱唐代已行用。見該文。

玄石[2]

石名。色黑，故稱。形似磁石，但不吸鐵。可藥用。亦稱"玄水石""處石"。《神農本草經》卷中："玄石，生山谷。"唐孫思邈《千金翼方》："一名玄水石，一名處石，生太山之陽，山陰有銅，銅者雌，玄者雄。"宋寇宗奭《本草衍義》卷五："其玄石，即磁石之黑色者也，多滑净。"明李時珍《本草綱目·金石四·玄石》："玄水石、處石。"又云："慈石，生山之陰有鐵處，玄石生山之陽有銅處。雖形相同，性則不同，故玄石不能吸鐵。"清鄒澍《本經疏證》："一名玄石，一名處石。生泰山川谷及慈山山陰，有鐵處則生其陽，采無時。"

【玄水石】

即玄石。此稱唐代已行用。見該文。

【處石】

即玄石。此稱唐代已行用。見該文。

綠秋

磁性已消失的鐵磁石。可入藥。道家謂含於月華精氣中。亦稱“帝流漿”。漢魏伯陽《參同契五相類秘要》：“用帝流漿。伏制石液，當用玄帝流漿。玄帝流漿者，磁母之液也。”隋蘇玄朗《太清石壁記》：“帝流漿，並定臺引針，俱磁石。”唐梅彪《石藥爾雅》：“一名綠秋，一名伏石母，一名玄武石，一名帝流漿，一名席流漿。”清袁枚《續新齊諧·帝流漿》：“庚申夜月華，其中有帝流漿，其形如無數橄欖，萬道金絲，累累貫串，垂下人間，草木受其精氣即能成妖。”

【帝流漿】

即綠秋。此稱漢代已行用。見該文。

雄黃

含硫和砷的礦石。質軟，性脆。可入藥。《山海經·中次九經》：“洛水出焉，東注于江。其中多雄黃，雄黃亦出水中。其獸多虎豹。”《神農本草經》：“好者作鷄冠色，不臭而堅實。若黯黑及虛軟者不好也。”漢佚名《名醫別錄》：“雄黃，生武都山谷，燉煌山之陽，采無時。”

古人加工雄黃場景
（明刊《補遺雷公炮製便覽》）

晉葛洪《抱朴子·登涉》：“昔圓丘多大蛇，又生好藥。黃帝將登焉。廣成子教之佩雄黃，而衆蛇皆去。”唐韓愈《清河張君墓誌銘》：“醫餌之藥，其物多空青、雄黃，諸奇怪物，劑錢至十數萬。”唐蘇敬等《唐本草》：“出石門名石黃者亦是雄黃，而通名黃金石。石門者最爲劣爾。”五代佚名《日華子本草》：“雄黃，通赤亮者爲上，驗之可以蠱死者爲真，臭氣少，細嚼口中含湯不激辣者通用。”宋蘇頌《本草圖經》：“雄黃，今階州山中有之。”明朱櫹等《普濟方》卷一〇一：“解毒雄黃丸，一名雄黃救命丹，治因風致驚眼斜。”徐珂《清稗類鈔·藝術類》：“所以用雄黃燒酒者，雄黃能去瘀血，燒酒無損脾胃。”參閱明王圻等《三才圖會·珍寶圖會·雄黃、雌黃》。

雌黃

含硫和砷的礦石。不規則塊狀或粒狀集合體。可入藥。《山海經·西山經》：“今雌黃、空青、綠碧之屬。多丹粟。”《史記·司馬相如列傳》：“其土則丹青赭堊，雌黃白附，錫碧金銀，衆色炫燿，照爛龍鱗。”張守節正義：“雌黃，出武都山谷，與雄黃同山。”《漢書·西域傳下·姑墨國》：“〔姑墨國〕出銅、鐵、雌黃。”漢劉向《別錄》：“雌黃，生武都山谷，與雄黃同山，生其陰，采無時。”南朝宋雷斆《雷公炮炙論》：“雌黃，軟如爛金者佳，其夾石及黑如鐵色者不堪用。”唐甄權《藥性論》：“雌黃，不入湯服。”宋張存

雌黃
（明刊《補遺雷公炮製便覽》）

惠《重修政和證類本草·玉石中·雌黃》引陶弘景曰：“今雌黃出武都仇池者，謂爲武都仇池黃，色小赤。”明李時珍《本草綱目·石部》：“雌黃、雄黃同産，治病則二黃之功亦仿佛，大要皆取其温中、搜肝、殺蟲、解毒、祛邪焉爾。”《康熙字典》：“故宅數失火，以雌黃塗之乃止，故郡治曰黃堂。”參閱明王圻等《三才圖會·珍寶圖會·雄黃、雌黃》。

白鮮石

石名。生山巖有流水處。含雄黃。可入藥。宋唐慎微《證類本草》：“白鮮石，雄黃出其中，其塊大者如胡桃，小者如粟豆，上有孔竅，其色深紅而微紫，體極輕虛，而功用勝於常雄黃，丹竈家尤所貴重。”明李時珍《本草綱目·金石三·雄黃》：“階州接西戎界，出一種水窟雄黃，生於山巖中有水流處，其石名青烟石、白鮮石，雄黃出其中。”

赤石脂

名。色赤，滑如脂，性黏，以色理鮮膩爲佳。可藥用、塗飾、煉丹。亦稱“赤符”。石晉葛洪《抱朴子内篇·金丹》：“當先作玄黃，用雄黃水、礬石水、戎鹽、鹵鹽、礜石、牡蠣、赤石脂、滑石、胡粉各數十斤，以爲六一泥，火之三十六日成。”《世說新語·汰侈》：“石（石崇）以椒爲泥，王（王愷）以赤脂泥壁。”唐王燾《外臺秘要》：“又療産後下痢，赤石脂丸方。”唐孫思邈《千金翼方》卷四：“青符、白符、赤符、黑

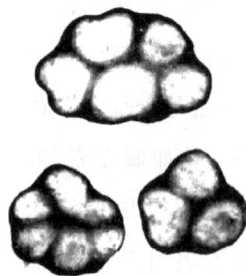
赤石脂
（明刊《補遺雷公炮製便覽》）

符、黃符，各隨色補其藏。”宋張君房《雲笈七籤·金丹部》：“大都相傳法者，皆用礬石、赤石脂、左顧牡蠣、礜石、滑石、戎鹽、鹵鹹等。”明李時珍《本草綱目·金石三·五色石脂》引吴普曰：“赤符，生少室或太山，色絳，滑如脂。”《康熙字典》：“赤石脂，可以塗屋。”

【赤符】

即赤石脂。此稱唐代已行用。見該文。

金星石 [2]

藥石。産於山西中部，安徽東北部等地。可入藥。宋寇宗奭《本草衍義》卷六：“金星石于蒼石内，外有金色麩片。”宋太醫院編《聖濟總録·傷寒門》卷二五：“太一丹方：禹餘糧（醋淬）、玄精石、金星石銀星石……”明王圻等《三才圖會·珍寶圖會》：“金星石，生并州、濠州，寒無毒，主脾肺壅毒及肺損、出血、嗽血下熱，泇解衆毒。”明李時珍《本草綱目·金石四·金星石》：“金星有數種。蘇頌所説二石，武當山亦有之。或云金星出膠東，銀星出雁門，蓋亦礞石之類也。”

金星石
（明王圻等《三才圖會》）

消石

青白色晶體，生山澤碱地。秋冬遍地泛白，掃除過濾，煎汁而成。可化金銀、制火藥及藥用。能消化諸石，或入水消溶，故稱。亦作“硝石”“生硝”，單稱“消”“硝”。汁液凝固後有細芒，因稱芒消；味苦，因稱苦肖；遇火易燃生焰，因稱“焰消”“火消”。又依産地，成形而有川消、鹽消、土消、盆消、馬牙

消等名目。《史記·扁鵲倉公列傳》："躁者有餘病，即飲以消石一齊。"晉葛洪《抱朴子·仙藥》："服五雲之法……或以露於鐵器中，以玄水熬之爲水；或以硝石合於筒中，埋之爲水。"唐李賀《南園》詩："松溪黑水新龍卵，桂洞生硝舊馬牙。"宋項安世《雪中得兩聯不能成篇》詩："海嶠風高雲散鹵，塞垣寒極地生硝。"宋龐安時《傷寒總病論》："硝石、礬石等分搗篩，以大麥粥汁和服。"明宋應星《天工開物·硝石》："近山而土厚者成硝。以其入水即消溶，故名曰'消'。"又，《天工開物·火藥料》："凡火藥以硝石、硫黃爲主，草木灰爲輔。"《古今圖書集成·醫部》："赤眼腫痛：硝石末，臥時以銅箸點黍米大，入目眥。"參閱《神農本草經》、宋姚寬《西溪叢語》卷下、明王圻等《三才圖會·珍寶圖會》。

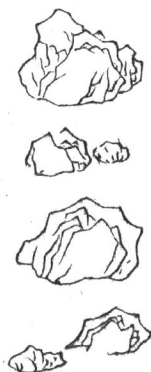

消　石
（明王圻等《三才圖會》）

【硝石】

同"消石"。此體晉代已行用。見該文。

【生硝】

同"消石"。此體唐代已行用。見該文。

【硝】

同"消石"。此稱宋代已行用。見該文。

【消】

同"消石"。此稱明代已行用。見該文。

【北帝玄珠】

即消石。青白色晶體，生山澤鹼地。氣味苦、寒，無毒；李時珍認爲應該是辛、苦，大溫，無毒。唐佚名《陰真君金石五相類》："北帝玄珠，其源采北方之厊，化成玄珠，是冰霜之厊，與炮砂相鄰，作法則又與炮砂性不同。"唐段成式《酉陽雜俎》："北帝玄珠、消石、東華童子青木香。"宋張君房《雲笈七籤·金丹部》："第六，北帝玄珠一斤，口訣是消石。"明李時珍《本草綱目·金石五·消石》："芒消、苦消、焰消、火消、地霜、生消、北帝玄珠。"清盧之頤《本草乘雅半偈》："狐剛子煉粉圓，謂之北帝玄珠。諸鹵地皆產，河北慶陽，及蜀中尤多。"

【芒消】

即消石。青白色晶體，生山澤鹼地。秋冬遍地泛白，掃除過濾，煎汁而成。可化金銀、製火藥及藥用。能溶化諸石，或入水消溶，故稱。亦稱"苦消""焰消""火消""地霜""生消"。晉左思《蜀都賦》："其中則有青珠黃環，碧砮芒消。"宋唐慎微《證類本草》卷二："牡蠣微寒，生薑微溫，芒消大寒。"明李時珍《本草綱目·石五·樸消》："在上有芒者爲芒消，有牙者爲馬牙消。"《古今圖書集成·醫部》："復與不愈者，宜木防己湯去石膏，加茯苓芒消湯主之。"

【苦消】

即消石。此稱明代已行用。見該文。

古人加工生消場景
（明刊《補遺雷公炮製便覽》）

【焰消】

即消石。此稱明代已行用。見該文。

【火消】

即消石。此稱明代已行用。見該文。

【地霜】

即消石。此稱明代已行用。見該文。

【生消】

即消石。此稱明代已行用。見該文。

【樸消】

消石之粗者。色性功用與消石同。亦稱"消石樸""鹽消""皮消"。明李時珍《本草綱目·金石五·樸消》："消石樸、鹽消、皮消。時珍曰：'煎煉入盆，凝結在下。粗樸者爲，樸消在上，有芒者爲芒消，有牙者爲馬牙消……消石即火消，樸消即芒硝、馬牙消，一物有精粗之異爾。'"明朱橚等《普濟方》："大黃、樸消各等分，右爲細末，同蒜泥和成膏，用絹攤膏貼於病處，其瘰病自消也。"參閱《神農本草經》卷一。

【消石樸】

即樸消。此稱明代已行用。見該文。

【馬牙消】

即樸消。此稱明代已行用。見該文。

【鹽消】

即樸消。此稱明代已行用。見該文。

【皮消】

即樸消。此稱明代已行用。見該文。

封石

似玉之石。可藥用。《山海經·中山經》："又東三十五里曰服山。其木多苴，其上多封石，其下多赤錫。"郝懿行箋疏引《本草別錄》云："封石，味甘，無毒，生常山及少室。"唐孫思邈《千金翼方》："封石，味甘無毒，主消渴熱。"

空青

石名。亦稱"楊梅青"。孔雀石的一種。色青中空，故稱。伴金礦、銅礦而生，或大如拳卵，或小如豆粒，或呈片狀，或如楊梅。以腹空含油漿者爲佳。可用於繪畫、雕刻、藥用。《神農本草經》："空青、曾青、禹餘糧……"漢劉向《別錄》："空青，生益州山谷及越巂山有銅處，銅精熏則生空青，其腹中空。"晉

空　青
（明刊《補遺雷公炮製便覽》）

葛洪《抱朴子內篇·黃白》："流黃半斤，空青四兩，凝水石一斤，皆合搗細篩"《隋書·禮儀志五》："其下施重層，以空青雕鏤爲龍鳳象。"唐張彥遠《歷代名畫記·論畫體工用拓寫》："山不待空青而翠，鳳不待五色而絢。是故運墨而五色具，謂之得意。"宋寇宗奭《圖經衍義本草》："空青，今信州亦時有之。狀若楊梅，故別名楊梅青。"宋晁補之《雞肋集·送李文老序》："來市者求玉泉、五芝、丹砂、空青。"《元史·伯都傳》："所服藥須空青，詔遣使江南訪求之。"明朱橚等《普濟方·臟腑總論·五臟六腑經絡論》："穀以麥爲養，果以李爲助，菜以葵爲充，肉以犬爲益，藥以空青爲治。合而服之，以補精益氣。"清顧祖禹《讀史方輿紀要·四川六》："又縣南九十五里有賴應山，產銅及空青。"參閱《神農本草經》卷一、南朝梁江淹《空青賦》。

【楊梅青】

即空青。此稱宋代已行用。見該文。

扁青[1]

石名。生山海間。或爲拳形，或呈扁形，色青不渝，故稱。亦稱"石青""大青"。俗稱"天青""回回青""佛頭青"。可用於繪畫、入藥。唐張彦遠《歷代名畫記·論畫體工用拓寫》："越巂之空青，蔚之曾青，武昌之扁青……並爲重采。"宋唐慎微《政和證類本草·玉石》："扁青，味甘平，無毒，主目痛明目……生朱崖山谷。"明李時珍《本草綱目·金石四·扁青》："扁青，生朱崖山谷、武都、朱提，采無時。"又云："蘇恭言即綠青者非也，今之石青是矣。繪畫家用之，其色青翠不渝，俗呼爲大青，楚蜀諸處亦有之……《本草》所載扁青、層青、碧青、白青，皆其類耳。"又云："石青，大青。"明文震亨《長物志·水石》："近更有以大塊辰砂、石青、石綠爲研山，盆石，最俗。"清張璐《本經逢原》："扁青，俗名石青，甘平，無毒。"

【石青】

即扁青[1]。此稱明代已行用。見該文。

【大青】

即扁青[1]。此稱明代已行用。見該文。

石蛇

蛇形石。因其形盤屈如蛇，故稱。一説，蛇之化石。入藥。宋蘇頌《本草圖經·玉石中品》："石蛇，出南海水旁山石間。其形盤屈如蛇

南恩州石蛇
（明文倣《金石昆蟲草木狀》）

也，無首尾，内空，紅紫色，又似車螺，不知何物所化。"明李時珍《本草綱目·金石四·石蛇》："石蛇……内空紅紫色，以左盤者良。"明徐春甫《古今醫統大全》："若通脱次於木通，石蛇次於石蟹之類是也。"清馮兆張《馮氏錦囊秘録》："石蛇，解金石毒良。石燕，水煮汁服，治淋有功。"清阮氏《異聞雜録》："石燕、石蟹、石蛇、石鼉、石鰲，皆石所成。"參閲明王圻等《三才圖會·珍寶圖會》。

蛇黄

石名。因出於蛇腹中，如牛體中之牛黄，故稱。大者如鷄子，小者如彈丸。可入藥。晋葛洪《抱朴子内篇·仙藥》："亦可以浮石，水蜂窠化，包彤蛇黄合之。"唐獨孤滔《丹方鑒源》："蛇黄。可爲丹砂匱，伏火可爲匱。"宋羅願等《爾雅翼·釋魚》："〔蛇〕冬輒含土入蟄，及春出蟄則吐之，其圓重如錫石，謂之蛇黄。"宋杜

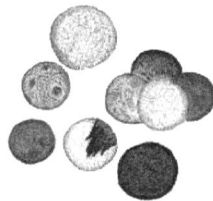

蛇　黄
（明文倣《金石昆蟲草木狀》）

蒲《過爐法》："外用蛇黄石、代赭石爲末，作衣，入鍋内，扇烟成寶。"明李時珍《本草綱目·金石三·蛇黄》："蛇黄生腹中，正如牛黄之意。世人因其難得，遂以蛇含石代之，以其同出於蛇故爾。廣平西南縣有蛇黄岡，土人九月掘下七八尺，始得蛇黄。"清胡建偉《澎湖紀略》卷八："春出蟄則吐之，圓重如石，謂之蛇黄。"

曾青

石名。色青。可供圖繪，亦可入藥。道家用以煉丹。其青層層而生，故稱。或説，其生

從實至空，從空至層，故稱。或説，其形纍纍如連珠，層層相綴，故稱。《荀子·王制》：“南海有羽翮、齒革、曾青、丹干焉。”楊倞注：“曾青，銅之精，可繢畫及化黄金者，出蜀山越嶲。”《管子·山至數》：“秦之明山之曾青，一筴也。”南朝宋雷敩《雷公炮炙論》：“曾青，雷公云：凡使，勿用夾石及銅青。”唐王燾《外臺秘要方》：“曾青，鄂州、蔚州者佳。”宋張君房《雲笈七籤·金丹部》：“訣曰：大丹並非金銀、銅鐵、鉛錫、曾青、雄黄、五礬諸雜金石等，蓋各有毒。”《文獻通考·輿地考》：“貢綾、曾青、空青。”明李時珍《本草綱目·金石四·曾青》：“曾，音層，其青層層而生，故名。或云，其生從實至空，從空至層，故曰曾青也。”清康熙《御定子史精華》：“黄金、朱砂、曾青、雄黄等後合，色如霜雪，服之體輕。”

曾青
（明刊《補遺雷公炮製便覽》）

金牙

石名。産於四川、湖北等地溪谷，可浸酒入藥。亦稱“黄石牙”。晋陳延之《小品方》卷一一：“金牙，一名黄石牙。”南朝宋雷敩《雷公炮炙論》：“凡使，勿用方金牙，其方金牙真似石髓鉛，若誤餌，吐煞

金牙生成環境
（明刊《補遺雷公炮製便覽》）

人。”唐蘇敬等《新修本草》：“金牙離本處，入土水中，久皆色黑，不可謂之……銅牙也。此出漢中，金牙湍湍兩岸入石間，打出者，内則金色。”明王圻等《三才圖會·珍寶圖會》：“金牙，生蜀郡，今雍州亦有之。《本經》以如金色者良，而此物出於溪谷，在蜀漢江岸石間，打出者内即金色，岸摧入水，年久者多黑。”明李時珍《本草綱目·金石部》：“金牙石釋名亦名黄牙石。氣味鹹、平，無毒。”《古今圖書集成·醫部》：“金牙，碎如米粒，小絹袋盛。”參閲清陳元龍《格致鏡原》卷八。

【黄石牙】

即金牙。此稱晋代已行用。見該文。

桃花石

石名。以其色如桃花，故稱。有赤白二種：赤地淡白點如桃花片者，與淡白地赤點如桃花片者。可琢器、入藥。唐王燾《外臺秘要方》：“桃花石，舊出中州鍾山縣，似赤石脂，但不著舌。”宋杜綰《雲林石譜·桃花石》：“韶州桃花石出土中，其色粉紅斑爛，稍潤，扣之無聲，可琢器皿，或爲鎮紙。”明李時珍《本草綱目·金石三·桃花石》引李珣曰：“其

桃花石
（明刊《補遺雷公炮製便覽》）

狀亦似紫石英，色若桃花，光潤而重，目之可愛。”又云：“桃花石，出申州鍾山縣，似赤石脂，但舐之不著舌者是也。”清穆彰阿等《大清一統志》：“孝豐縣西南五十里山出桃花石，唐改安吉爲桃州以此。”

陽起石

石名。齊州（今山東濟南市歷城區）陽起山產之，或説主治陽病，故稱。形如狼牙、狗牙、箭鏃，色有黃白赤黑數種，以白色肌理瑩明者爲佳。可入藥。亦稱"陽石""羊起石""白石""石生"。《史記·扁鵲倉公列傳》："扁鵲曰：'陰石以治陰病，陽石以治陽病。'"唐段成式《酉陽雜俎·玉格》："藥草異號：五精金、陽起石。"唐孫思邈《千金翼方》卷二："一名白石，一名石生，一名羊起石，雲母根也，生齊山山谷及琅邪，或雲山、陽起山。"《宋史·地理志》："貢綿、絹、陽起石、防風。"元于欽《齊乘》卷一："又北曰粟山、曰藥山，山出陽起石。"明方以智《通雅》卷四八："陽起石，是雲母根，其色有黃黑，唯太山所出黃白者上，邢益齊鵲山純白者，最良。"明李時珍《本草綱目·金石四·陽起石》："羊起石、白石、石生。"又引《別録》："陽起石，生齊州山山谷及琅邪或雲山、陽起山。"明方以智《物理小識·金石類》卷七："如虞陵陰石，潤陽石燥，其顯者也。"清岳濬等《山東通志》卷二四："石，歷城縣西十里藥山山南產陽起石。"參閲《神農本草經》卷二、明王圻等《三才圖會·地理圖會》。

陽起石
（明刊《補遺雷公炮製便覽》）

【陽石】

即陽起石。此稱漢代已行用。見該文。

【羊起石】

即陽起石。此稱唐代已行用。見該文。

【白石】

即陽起石。此稱唐代已行用。見該文。

【石生】

即陽起石。此稱唐代已行用。見該文。

浮石

石名。通身布蜂窩氣泡狀孔洞，體輕，浮於水，故稱。亦稱"海沫""海浮石""水花""海石"。可磨腳去跰，入藥。浮石，古人以爲由細沙、水沫結合而成，實則暗色爲火山巖，白色爲珊瑚礁，皆多氣孔，可浮於水也。漢王逸《九思·傷時》："超五嶺兮嵯峨，觀浮石兮崔嵬。"洪興祖補注："東海有浮石之山。崔嵬，山形也。"晉葛洪《抱朴子·仙藥》："亦可以浮石水蜂窠化，包彤蛇黃合之，可引長三四尺，丸服之。"《觀世音菩薩如意摩尼陀羅尼經》："海沫，一名海浮石。"《太平御覽》引晉劉欣期《交州記》："有浮石，輕虛可以磨腳，煮飲止渴。"宋楊士瀛《仁齋直指方論》："海石，治燥痰。"元朱震亨《丹溪治法心要》："脱精、帶下，與夢遺同法，青黛、海石、黃柏。"明謝肇淛《五雜俎·地部一》："閩有浮石，亦類羊肚，而敗絮其中，置之水中則浮。"明李時珍《本草綱目·石一·浮石》："浮石，乃江海間細沙、水沫凝聚，日久結成者。狀如水沫乃鐘乳石，有細孔如蛀窠，白色，體虛而輕，今皮作家用磨皮垢甚妙。海中者味鹹，入藥更良。"又云："水花，主遠行無水止渴。"又云："海石，治老痰積塊。"

【海浮石】

即浮石。此稱唐代已行用。見該文。

【海沫】

即浮石。此稱唐代已行用。見該文。

【海石】

即浮石。此稱宋代已行用。見該文。

【水花】

即浮石。此稱明代已行用。見該文。

滑石

石名。可作器用，亦入藥。其質滑膩，故稱。亦稱"畫石""礜石""冷石"。此石所在皆有，以白如凝脂、紋理細膩者爲佳，其他色澤及理粗者稍差。《神農本草經·玉石部》："滑石，味甘寒。"又云："礜城縣出礜石，即滑石也。"晉葛洪《抱朴子內篇·金丹》："用雄黃水、礬石水、戎鹽、鹵鹽、（明刊《補遺雷公炮製便覽》）礜石、牡蠣、赤石脂、滑石、胡粉各數十斤，以爲六一泥。"唐趙元一《奉天錄》："以藍染滑石爲玉璽，以折車釭爲瑞，誑惑其衆。"《舊唐書·李希烈傳》："希烈於唐州得象一頭，以爲瑞應，又上蔡、襄城獲其珍寶，乃是爛車釭及滑石僞印也。"宋周去非《嶺外代答·金石門·滑石》："靜江猺峒中出滑石，今《本草》所謂桂州滑石是也。滑石在土，其爛如泥，出土遇風則堅。"明李時珍《本草綱目·金石三·滑石》："滑石〔釋名〕亦名畫石、液石、礜石、脫石、冷石、番石、共石。"又："滑石性滑利竅，其質又滑膩，故以名之。"清鄭壽全《醫理真傳》："加滑石，以清利其熱。"

滑石

【礜石】

即滑石。此稱漢代已行用。見該文。

【畫石】

即滑石。此稱明代已行用。見該文。

【冷石】

即滑石。此稱明代已行用。見該文。

【斑石】

即滑石。亦稱"液石""番石""共石""脫石"。宋寇宗奭《圖經衍義本草》："〔滑石〕一名液石，一名共石，一名脫石，一名番石。生赭陽山谷及太山之陰。"宋圜悟克勤《碧巖錄》："斑石內混飩未分時如何？"宋李攸《宋朝事實》："絳州之斑石。"明李時珍《本草綱目·石三·滑石》引蘇頌曰："萊、濠州出者，理粗質青，有黑點，亦謂之斑石。"又云："畫石、液石、礜石、脫石、冷石、番石、共石。"清方以智《物理小識·金石類》："陽信州出竹葉斑石，皇極殿鋪地是也；大名府善化山有紫斑石，似玉。"

【液石】

即滑石。此稱宋代已行用。見該文。

【脫石】

即滑石。此稱宋代已行用。見該文。

【番石】

即滑石。此稱宋代已行用。見該文。

【共石】

即滑石。此稱宋代已行用。見該文。

【五侯燋石】

即滑石。可做烹飪用具，入藥。唐韓翃《別李明府》："五侯焦石烹江筍，千戶沈香染客衣。"《舊唐書·地理志四》："北人名'五侯燋石'。一經火，久之不冷，即今之滑石也。"宋葉廷珪《海錄碎事》："容州鬼門關，其土少鐵，以礜石爲燒器以烹魚雞，北人謂之五侯燋石。"

綠青

石名。古人云生山谷之陰，因其顏色青白，以畫綠色，故稱。亦稱"石綠""大綠""扁

青"，現代稱"孔雀
石"。可製器，入藥。
出自漢陶弘景《名醫
別録》："緑青，即用
畫緑色者，亦出空青
中相帶挾。今畫工呼
爲碧青，而呼空青作
緑青，正反矣。"唐

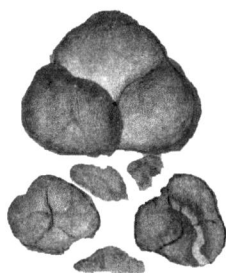

緑青（扁青）
（明刊《補遺雷公炮製便覽》）

蘇敬《唐本草》："緑
青，即扁青也。畫工呼爲石緑，其碧青即白青
也，不入畫用。"宋蘇頌《本草圖經》："緑青，
揀取上色精好者，先搗下篩，更用水飛過至細，
乃再研治之。"又云："緑青，今謂之石緑。《本
經》空青條上云：'生益州山谷，及越山有銅
處，此物當是生其山之陰爾。今出韶州、信州，
其色青白，即畫工用畫緑色者，極有大塊。其
中青白花紋可愛，其入藥當用顆塊如乳香不挾
石者佳。'"宋寇宗奭《本草衍義》："緑青，即
石緑是也。其石黑緑色者佳。大者刻爲物形，
或作器用。又同硇砂作吐風涎藥，驗則驗矣，
亦損心肺。"明李時珍《本草綱目·金石四·緑
青》："〔緑青〕此物當是生其山之陰爾，今出韶
州、信州，其色青白，即畫工用爲緑色者，極
有大塊，其中青白花文可愛。信州人琢爲腰帶
器物及婦人服飾。"又云："石緑，陰石也，生
銅坑中，乃銅之祖氣也，銅生緑，緑久則成石，
謂之石緑，而銅生於中，與空青、曾青同一根
源也，今人呼爲大緑。"

【石緑】

即緑青。此稱唐代已行用。見該文。

【扁青】[2]

即緑青。此稱唐代已行用。見該文。

【大緑】

即緑青。此稱明代已行用。見該文。

蓬砂

砂石名。亦作"鵬砂""硼砂"，亦稱"盆
砂"。舊説産南番西戎。有黃白褐諸色，白如明
礬，黃如桃膠，極爲光瑩。入藥，去垢，銷金。
漢魏伯陽《周易參同契》："若銀壺蘆子，即用
大鵬砂和瑜銀末等，輸下鋼砂。"唐《太極真人
雜丹藥方》："銀星預一分、鵬砂二兩、汞一兩、
鐵一分、雞半兩、崑崙一分，其法别行。"宋寇
宗奭《本草衍義》："蓬砂，含化咽津，治喉中
腫痛，膈上痰熱。"宋楊在《還丹衆仙論》："以
鵬砂塗燒，入汞一斤，以水火剋之。"元李杲
《珍珠囊補遺藥性賦》："硼砂，一名蓬砂，味
苦辛暖無毒。出南番色重褐，其味和，其效
速。"元齊德之《外科精義》卷下："鵬砂五錢，
輕粉一錢，右爲細末，每用乾，摻耳中。"明李
時珍《本草綱目·金石五·蓬砂》："鵬砂、盆
砂，一作硼砂。"明張景岳《景岳全書》："蓬
砂：味鹹微甘，陰也，降也。"清沈宗敬等《御
定駢字類編》卷一五九："盆砂，《本草》蓬砂，
《釋名》鵬砂。"清穆彰阿等《大清一統志》：
"七寶山，在瀏陽縣東七十里，舊出鉛、鐵、硼
砂、青礬、膽礬、土黃、鹹石，因名。"

【鵬砂】

同"蓬砂"。此體漢代已行用。見該文。

【硼砂】

同"蓬砂"。此體明代已行用。見該文。

【盆砂】

即蓬砂。此稱明代已行用。見該文。

井鹵

井水味鹹，可結晶爲食鹽。唐樊宗師《絳

守居園池記》：“病井鹵生物瘠。”趙仁舉注：“憂井水鹹，生物不豐茂。”《太平廣記·鹽井龍》：“近者秭歸永濟井鹵槽，亦有龍蟠，與大昌者無異。”元于欽《齊乘》：“此福地也，徐即施與之遂卜築焉，井鹵不食，使弟子詛茶投之，即成甘泉。”明李時珍《本草綱目·石部》：“井鹽，取井鹵煎煉而成，今四川、雲南所出是也。”

雲母

石名。生土石間，呈叠片狀，成層可析，明滑光白者爲上，其片有絕大而瑩潔者。爲一種鋁硅酸鹽結晶礦物。古人相傳雲生處發土即可獲取雲母，人謂雲之根，故稱。色澤多種，白雲母可供入藥、作飾物。亦作“雲英”“雲珠”“雲液”“雲沙”，亦稱“雲華”“雲精”“雲膽”。《淮南子·墜形訓》：“磁石上飛，雲母來水。”漢劉向《列仙傳》：“方回煉食雲母而產生變化。”晋葛洪《抱朴子內篇·仙藥》：“雲母有五種，五色並具，而多青者，名雲英，宜以春服之。五色並具，而多赤者，名雲珠。宜以夏服之。五色並具，而多白者，名雲液，宜以秋服之。五色並具，而多黑者，名雲母，宜以冬服之。但有青黃二色者，名雲沙，宜以季夏服之。晶晶純白名磷石，可以四時長服之也。”南朝梁沈約《奉和竟陵王藥名》：“玉泉亟周流，雲華乍明滅。”《文選·郭璞〈江賦〉》：“雲精

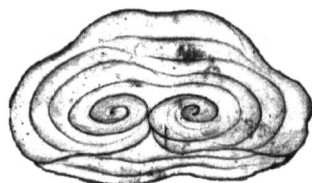

雲　母
（明刊《補遺雷公炮製便覽》）

爆銀。”李善引《異物志》曰：“雲母，一名雲精。”唐杜佑《通典》：“如雲母而色紫，裂之則薄如蟬翼，積之則如紗縠之重遝。”唐蘇敬等《新修本草》卷四：“《本經》：黑者爲雲膽。”宋張君房《雲笈七籤·列仙傳》：“閭士鍊食雲母粉，亦與人民之有病者。”明李時珍《本草綱目·金石·雲母》〔集解〕引《名醫別錄》曰：“雲華，五色具。”又引陶弘景曰：“其黯黯純黑，有紋斑斑如鐵者名雲膽，色雜黑而强肥者名地涿。”又引《玉篇》曰：“磷薄也，雲母之別名。”又，《本草綱目·石部》：“雲華、雲珠、雲英、雲液、雲砂。”參閱明王圻等《三才圖會·珍寶圖會·雲母》

【雲珠】[2]

即雲母。此體晋代已行用。見該文。

【雲液】

即雲母。此體晋代已行用。見該文。

【雲沙】

即雲母。此體晋代已行用。見該文。

【雲英】

即雲母。此體晋代已行用。見該文。

【雲華】

即雲母。此稱南朝梁已行用。見該文。

【雲精】

即雲母。此稱晋代已行用。見該文。

【雲膽】

即雲母。此稱唐代已行用。見該文。

【地涿】

即雲母。亦稱“磷薄”。《論語·陽貨》：“不曰堅乎，磨而不磷；不曰白乎，而不緇。”孔安國曰：“磷薄也，可以染皂者；言至堅者，磨之而不薄。至白者染之涅不黑。”《玉篇》：“磷

薄也，雲母之別名。”唐慧琳等《一切經音義》："孔注《論語》云：磷薄也。《本草》：雲母，一名磷石，言其薄而且明也。”唐蘇敬等《新修本草》卷四："《本經》：黑者爲雲膽，又名地涿，服之損人，黑陽起石必爲惡矣。”明李時珍《本草綱目·金石部》："斑斑如鐵者，名雲膽；色雜黑而强肥者，名地涿，此二種并不可服。”明劉文泰《本草品彙精要·玉石部·上品》："〔地涿〕及江南多青黑色者，皆不可入藥也。”

【磷薄】

即雲母。此稱漢代已行用。見該文。

凝水石

石名。生山谷或鹽池中，塊狀，有鋒棱，清瑩如雲母水精，入水浸久亦化。可入藥。亦稱"水石""冰石"。《神農本草經》卷中："凝水石，味辛寒。主治身熱，腹中積聚邪氣，皮中如火燒，煩滿。”晋葛洪《抱朴子内篇·黄白》："凝水石一斤，皆合搗細篩。”唐梅彪《石藥爾雅》："凝水石，一名水石，一名寒水石，一名凌水石，一名冰石。”唐孫思邈《千金翼方》："凝水石，味辛甘寒。”宋張君房《雲笈

汾州凝水石生成環境
（明文俶《金石昆蟲草木狀》）

七籤·金丹部》："霜雪所用曾青、戎鹽、凝水石皆貴藥，不可用交代，非真則藥不成也。”明李時珍《本草綱目·金石五·凝水石》："白水石、寒水石、凌水石、鹽精石、泥精、鹽枕、鹽根。”又曰："拆片投水中，與水同色，其水凝動。又可夏月研末，煮湯入瓶，倒懸井底，即成凌冰，故有凝水、白水、寒水、凌水諸名。生於積鹽之下，故有鹽精以下諸名。”清鄒謝《本經疏證》："凝水石，生於鹵地積鹽之下，精液滲入土中，年久至泉結而成石。”參閱《神農本草經》、清陳元龍《格致鏡原》卷六。

【水石】

即凝水石。此稱唐代已行用。見該文。

【冰石】

即凝水石。此稱唐代已行用。見該文。

【白水石】

即凝水石。亦稱"寒水石""凌水行"。《神農本草經》卷中："凝水石……一名白水石。生山谷。”唐梅彪《石藥爾雅》："〔凝水石〕一名寒水石，一名凌水石。”《太平御覽·藥部》注引三國魏吳普《吳氏本草》："凝水石，一名白水石，一名寒水石。”明李時珍《本草綱目·金石五·凝水石》："白水石、寒水石、凌水石、鹽精石、泥精、鹽枕、鹽根。”清馮兆張《馮氏錦囊秘録·雜症痘疹藥性主治合參》："寒水石，又名凝水石，又名白水石，生於鹵地鹽之精也。”

【寒水石】

即凝水石。此稱三國魏已行用。見該文。

【凌水石】

即凝水石。此稱唐代已行用。見該文。

【太陰玄精】

即凝水石。亦作"玄明龍膏""鹽精",亦稱"泥精""鹽枕""鹽根"。晋葛洪《抱朴子內篇·金丹》:"合之用古秤黄金一斤,並用玄明龍膏、太乙旬首中石、冰石……"《北史·西域傳》:"於後十餘,遣使獻珠像、白黑貂裘、名馬、鹽枕等,款誠備至。"唐梅彪《石藥

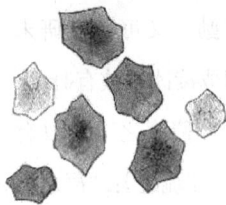

解州太陰玄精

(明文倣《金石昆蟲草木狀》)爾雅》:"太陰玄精,一名監精,一名玄明龍膏,匀承同名。"宋張君房《雲笈七籤·太清丹經要訣》:"太陰玄精,出河東解縣界鹽池中,水采之,其色理如玉質無異,其形似龜甲,以殊黑重者不堪,黄明者上也。"宋唐慎微《證類本草》卷四:"〔太陰玄精〕又名泥精,蓋玄精之類也。"明王圻等《三才圖會·地理圖會》:"太陰玄精出解縣,〔今釋〕池及通泰州積鹽倉中亦有之。其色青白龜背者佳,采無時。解池又有鹽精,味更鹹苦,青黑色大者三二寸,形似鐵鏵觜。三月、四月采,亦主除風冷,無毒。又名泥精,蓋玄精之類也。"明李時珍《本草綱目·金石五·凝水石》:"鹽精石、泥精、鹽枕、鹽根。"又曰:"生於積鹽之下,故有鹽精以下諸名。"明張景岳《景岳全書》:"太陰玄精石,一兩。右爲末,醋糊丸,豌豆大。每服三十丸,空心米飲下。伏暑悶亂,紫蘇湯下。"清趙宏恩等《江南通志》卷八六:"鹽精石,淮上所產。"清楊時泰《本草述鈎元》:"凝水石,亦名寒水石。即鹽精石。一名泥精,昔人謂之鹽枕,今人謂之鹽根。生於鹵地。"

【玄明龍膏】

即"太陰玄精"。此體晋代已行用。見該文。

【鹽精】

即"太陰玄精"。此體唐代已行用。見該文。

【鹽枕】

即"太陰玄精"。此稱唐代已行用。見該文。

【泥精】

即"太陰玄精"。此稱宋代已行用。見該文。

【鹽根】

即"太陰玄精"。此稱明代已行用。見該文。

礜石

一種白石。有毒,性熱,置水水溫不結冰,置山則霜雪不積。堅而耐火,可入藥。亦稱"白礜石""太白石""立制石""青分石""固羊石""食鹽""澤乳""鼠鄉",單稱"礜"。《山海經·西山經》:"〔皋涂之山〕有白石焉,其名曰礜,可以毒鼠。"郭璞注:"今礜石殺鼠,蠶食之而肥。"《神農本草經》卷中:"一名青分石,一名立制石,一名固羊石。生山谷。"《說文·石部》:"礜,毒石也。"《淮南子·說林訓》:"人食礜石而死,蠶食之而不飢。"晋葛洪《抱朴子內篇·金丹》:"鹵鹽礜石,'礜'原作'礬'。"唐

古人采礜石之場景
(明刊《補遺雷公炮製便覽》)

孫思邈《千金翼方·本草上》："一名青分石，一名立制石，一名固羊石，一名白石，一名太白石，一名澤乳，一名食鹽。"《太平御覽·藥部》："《范子計然》曰：礜石，出漢中，色白者善。《湘州記》曰：湘東，山多礜石。《荆州記》曰：湖縣鹿山舍旁多礜石。每至嚴冬，其上不得停霜雪。《吳興記》曰：長城縣有白石山，出白礜石，極精好。"明李時珍《本草綱目·金石四·礜石》："白礜石、太白石、立制石、青分石、固羊石、食鹽、澤乳、鼠鄉。"明方以智《物理小識·金石類》："陸放翁言，城固縣礜石數十百石，可立取。"清陳元龍《格致鏡原》："《述征記》：洛水底有礜石，故上無冰。"參閱《神農本草經》卷三、《三才圖會·地理圖會》。

【礜】

即礜石。此稱先秦已行用。見該文。

【立制石】[2]

即礜石。此稱漢代已行用。見該文。

【青分石】

即礜石。此稱漢代已行用。見該文。

【太白石】

即礜石。此稱唐代已行用。見該文。

【白礜石】

即礜石。此稱明代已行用。見該文。

【固羊石】

即礜石。亦稱"食鹽""澤乳"。《神農本草經》中卷："一名固羊石。生山谷。"漢史游《急就篇》："礜，礜石也。一名青分，一名制石，又名澤乳，亦曰食鹽。"唐孫思邈《千金翼方·本草上》："一名青分石，一名立制石，一名固羊石，一名白石，一名太白石，一名澤乳，一名食鹽。"《太平御覽》卷九八七引《神農本草經》："一名固羊石，味辛，生山谷。"明李時珍《本草綱目·金石四·礜石》〔釋名〕："白礜石、太白石、立制石、青分石、固羊石、食鹽、澤乳、鼠鄉。"

【食鹽】

即固羊石。此稱漢代已行用。見該文。

【澤乳】

即固羊石。此稱漢代已行用。見該文。

【鼠鄉】

即固羊石。此稱明代已行用。見該文。

【特生礜石】

與礜石爲一物，但色青。不附着他石，獨特而生，故稱。亦稱"蒼礜石""蒼石""毒鼠"。唐孫思邈《千金翼方·玉石部》："特生礜石 味甘温有毒，主明目利耳，腹内絶寒，破堅結及鼠瘻，殺百蟲惡獸，久服延年。一名蒼礜石，一名鼠毒，生西域，采無時。"宋寇宗奭《圖經衍義本草》："礜石並特生礜石，《博物志》及陶隱居皆言此二石，鸛取之以摶卵，如此則是一物也。"明李時珍《本草綱目·金石四·特生礜石》："蒼礜石、蒼石、鼠毒。"又云："礜石有數種，白礜石、蒼礜石、紫礜石、紅皮礜石、桃花礜石、金星礜石、銀星礜石、特生礜石俱是一物，但以形色立名，其性皆熱毒，並可毒鼠制汞，惟蒼、白二色入藥用。"清劉于義修、沈青崖纂《陝西通志·物産一》："特生礜石出漢中者，其外形紫赤色，内白如霜，中央有白狀形如齒者佳。《别録》陶注：一名蒼礜石。"

【蒼礜石】

即特生礜石。此稱唐代已行用。見該文。

【毒鼠】

即特生礜石。此稱唐代已行用。見該文。

【蒼石】

即特生礜石。此稱明代已行用。見該文。

石脂²

石名。生山谷間，有青、黃、黑、赤、白五色。含硅酸鹽礦物的白陶土。性黏，古用以塗丹釜，可入藥，有澀腸止瀉、養肺補骨、排癰疽瘡痔等功效。亦稱"五色石脂""石脂玉膏""玉石脂""五色神符""五色符"。《神農本草經》："太乙餘糧、白石英、紫石英、五色石脂、白青、扁青……"晉張華《博物志·物產》："名山大川，孔穴相內，和氣所出，則生石脂玉（明刊《補遺雷公炮製便覽》）膏，食之不死，神龍靈龜，行於穴中矣。"《文選·郭璞〈游仙詩〉之六》："陵陽挹丹溜容成揮玉杯。"李善注："子明遂上黃山，采玉石脂服之。"唐姚合《寄李群玉》詩："石脂稀勝乳，玉粉細於塵。"唐呂巖《七言》詩："晨昏點盡黃金粉，頃刻修成玉石脂。"宋周紫芝《病中戲作本草》詩："五色神符亦安用，菖蒲謾說能引年。"宋釋文珦《游仙》詩其六："唯服玉石脂，千年貌不枯。"明李時珍《本草綱目·金石三·五色石脂》："五色石脂，生南山之陽山谷中……五色石脂，一名五色符。"清弘曆《吳山十六景·穹窿仙觀》詩其十三："云昔赤松餐石脂，絕粒升仙侍香案。"

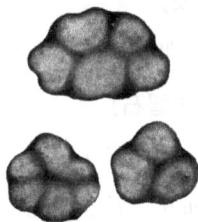

石　脂

【五色石脂】

即石脂²。此稱先秦或漢代已行用。見該文。

【石脂玉膏】

即石脂²。此稱晉代已行用。見該文。

【玉石脂】

即石脂²。此稱南朝梁已行用。見該文。

【五色神符】

即石脂²。此稱宋代已行用。見該文。

【五色符】

即石脂²。此稱明代已行用。見該文。

石芝

石名。其石狀似芝草，故稱。單稱"芝"。晉葛洪《抱朴子內篇·仙藥卷》："五芝者，有石芝，有木芝，有草芝，有肉芝，有菌芝，各有百許種也。石芝者，石象芝，生於海隅名山。"李善注："石菌，石芝也。"宋蘇軾《石芝》詩："肉芝烹熟石芝老，笑唾熊掌噸雕胡。"《太平御覽》卷九八六引晉葛洪《抱朴子》曰："石芝，生於名山之陰。色黃，上有不世之藥，如甘露，味極美。"明李時珍《本草綱目·金竹二·石芝》引晉葛洪《抱朴子》曰："石芝者……其狀如肉，有頭尾四足如生物，附於大石，赤者如珊瑚，白者如截肪，黑者如澤漆，青者如翠羽，黃者如紫金，皆光明洞澈。"《徐霞客游記·粵西游日記》："南崖稍低，有石芝偃峰頂。"清沈心《怪石錄》："其餘紫翠巉絕出沒波濤中，真神仙所窟也。上生石芝，草木皆奇偉，多不識名者。"

【芝】

即石芝。此稱晉代已行用。見該文。

石柏

石名。生於海底，其狀如側柏，故稱。或爲珊瑚一類，可入藥。《宋書·符瑞志下》："明帝泰始二年五月甲寅，潁中獲石柏，長三尺二寸。"宋范成大《桂海虞衡志·志金石》："石柏生海中，一幹極細，上有一葉，宛是側柏，扶疏無少異，根所附著如烏藥，大抵皆化爲石矣。”明李時珍《本草綱目·金石三·殷孽》：“〔石花〕乃是海中石梅石柏之類。”明方以智《通雅·植物》：“石柏，生海中，乃小如鐵樹，非此種也。”清朱仕玠《小琉球漫志》卷七：“有石梅、石柏生海中，乃小如鐵樹。”

礬石

石名。多呈塊狀，有白、黄、绿、黑、絳五種顏色。生山谷中。可煉礬，入藥。《神農本草經》：“礬石，味酸寒，無毒，主寒熱泄痢……煉餌服之，輕身不老。”《史記·貨殖列傳》：“猗頓用鹽鹽起。”張守節正義：“日暴之五六日則成，鹽若白礬石……”晋葛洪《肘後備急方》卷六：“礬石，須真白好者方可使用。”三國魏吳普《吳普本草》：“礬石，生河西或隴西，或武都石門。采無時。”唐蘇敬《唐本草》：“礬石有五種，青礬、白礬、黄礬、黑礬、絳礬。”唐劉禹錫《傳信方》：“治氣痢巴石丸，取白礬一大斤，以炭火净地燒令汁盡，則其色如雪，謂之巴石。或云白礬中青黑者名巴石。”宋蘇頌《本草圖經》：“今白礬（生）晋州、慈州無爲軍。”明李時珍《本草綱目·金石四·礬石》：“礬石有五種：白礬多入藥用。”明繆希雍《本草經疏》：“礬石，味酸氣寒而無毒，其性燥急收澀，解毒除熱墜濁。”又引蘇頌曰：“礬石初生皆石也，采得燒碎煎煉，乃成礬也。”清劉于義修、沈青崖纂《陝西通志》卷四三：“礬石，生河西山谷及武都。”

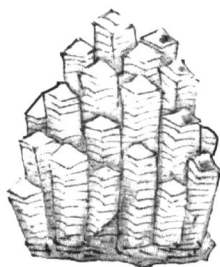

礬　石
（明刊《補遺雷公炮製便覽》）

清黄元御《長沙藥解》：“礬石，入足太陰脾。”參閱明王圻等《三才圖會·珍寶圖會》。

雷墨

石名。亦稱“雷公墨”“霹靂針”。多見於大雷雨後，降如沙石，大者爲塊，小者似指，堅硬，烏黑光艷。舊傳訴訟投牒，以其當墨書吉利。入藥。唐李肇《唐國史補》卷下：“或曰雷州春夏多雷，無日無之。雷公秋冬則伏地下，人取而食之，其狀類彘。又云與黄魚同食者，人皆震死。亦有收得雷斧、雷墨者，以爲禁藥。”唐陳藏器《本草拾遺》：“霹靂針無毒。……此物伺候震處，掘地三尺得知。……多似斧，色青黑，斑紋，至硬如玉。”明李時珍《本草綱目·金石四·雷墨》〔集解〕引唐劉恂《嶺表録異》：“雷州驟雨後，人於野中得石如黳石，謂之雷公墨。扣之錚然，光瑩可愛。”參閱明李時珍《本草綱目·石二》。一說，爲隕石，大雨之後現於地表，故易得之。

【雷斧】

即雷墨。此稱唐代已行用。見該文。

【霹靂針】

即雷墨。此稱唐代已行用。見該文。

【雷公墨】

即雷墨。此稱明代已行用。見該文。

花乳石 [2]

石類。可入藥。亦稱“花蘂石”。宋蘇頌《本草圖經》：“花乳石，出陝州閿鄉縣。體至堅重，色如硫黄。”元馬鈺《清心鏡·治病》：“破傷風、要可何如，花蘂石細摻。”明李時珍《本草綱目·石部》：“花蘂石，其功專於止血，能使血化爲水，酸以收之也。”又，《本草綱目·石四·花乳石》〔集解〕引劉禹錫曰：“花乳石，出陝華諸郡，色正黃，形之大小方圓無定。"明繆希雍《本草經疏》："花乳石，其功專於止血，能使血化爲水。"明朱橚等《普濟方》："花乳石散，出《聖濟總録》，治五痔。"清徐大椿《藥性切用》："花蘂石，一名花乳石。酸濇性平，入肝經血分，化瘀血爲水，止瘡出血。"

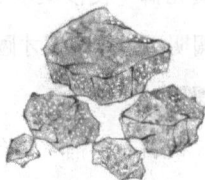
花蘂石（花乳石）
（明刊《補遺雷公炮製便覽》）

【花蘂石】[2]

即花乳石[2]。此稱明代已行用。見該文。

砒石

含砷的藥石。呈白色或略帶黃色，紅色，粉末狀。亦稱"砒礵""砒霜"，單稱"砒"。宋寇宗奭《本草衍義》："將生砒就置火上，以器覆之，令砒烟上飛，著覆器，遂凝結。"宋黎靖德《朱子語類·本朝》："却將砒礵與人喫。"宋唐慎微《證類本草》卷五："砒霜味苦、酸，有毒。"元關漢卿《關大王獨赴單刀會》雜劇："那裏有鳳凰杯滿捧瓊花釀，他安排著巴豆、砒霜！"《醒世恒言·李玉英獄中訟冤》："焦氏即與焦榕商議停當，教苗全出後門去買砒礵。"明宋應星《天工開物·燔石·砒石》："砒有紅白兩種，各因所出原石色燒成。"又云："凡燒砒時，立者必於上風十餘丈外。下風所近，草木皆死。"《老殘游記》第一六回："我叫他買砒的時候，只說爲毒老鼠。"清劉獻廷《廣陽雜記》：

信州砒霜
（明文做《金石昆蟲草木狀》）

"以砒爲末，可盡二錢，能却寒暨諸虛寒瘡疥之疾。"

【砒】

即砒石。此稱宋代已行用。見該文。

【砒礵】

即砒石。此稱宋代已行用。見該文。

【砒霜】

即砒石。此稱宋代已行用。見該文。

【信石】

猶砒石。單稱"信"。唐孫思邈《華佗神方·華佗齒科神方》："入信石少許，點於痛牙根上，取除極易。"元危亦林《世醫得效方》："信石半錢，雄黃、雌黃各一錢，輕粉少許……"明李時珍《本草綱目·金石四·砒石》："信石，人言生者名砒黃，煉者名砒霜。砒性猛如貔，故名。惟出信州，故人呼爲信石，而又隱信字爲人言。"《狄公案》第二一回："無非被那砒霜信石服在腹中，縱然七孔流血，立時斃命。"清蒲松齡《農桑經·農經·八月·煮信下自注》："信即砒石，出信州者佳，故名信，誤食之殺人。"

【信】

古謂之砒石。此稱清代已行用。見該文。

【毒砂】

猶砒石。唐白居易《送人貶信州判官》詩："溪畔毒砂藏水弩，城頭枯樹下山魈。"宋金尤中《上清靈寶大法》："或遭厭蠱，或中毒砂。"《趙太祖三下南唐》第三六回："曾聞聖母所說，此毒砂乃山中毒氣所聚。"

婆娑石

解藥毒瘴疫之藥石。亦作摩娑石。産於南海。其石色綠，無斑點，以有金星而磨成乳汁者爲上，可解藥毒瘴疫。唐劉恂《嶺表録異》卷上："悉婆娑石，兼云辟邪。"宋錢易："婆娑石，一名婆薩石。"宋蘇頌等《本草圖經·玉石上品》："有婆娑石，

婆娑石
（明刊《補遺雷公炮製便覽》）

生南海，解一切毒。其石緑色，無斑點，有金……乃真也。俗謂之摩娑石。"明李時珍《本草綱目·石部》："婆娑石生南海，胡人采得之。"明陶宗儀《説郛》卷六八："醒酒石以水沃之，有林木自然之狀，今謂婆娑。"參見《政和證類本草·婆娑石》。

【摩娑石】

即砒石。此稱宋代已行用。見該文。

附錄：古代傳説考

三山[2]

亦稱"三神山"。古指蓬萊、方丈、瀛洲三座海上神山。亦稱"三神山"。《史記·秦始皇本紀》："齊人徐市等上書，言海中有三神山，名曰蓬萊、方丈、瀛洲。"又，《封禪書》："四曰陰主，祠三山。"顏師古曰："三山，即下所謂三神山。"漢李尤《樽銘》詩："三山共承，雕琢錯帶。"晉王嘉《拾遺記·高辛》："三壺，則海中三山也。一曰方壺，則方丈也；二曰蓬壺，則蓬萊也；三曰瀛壺，則瀛洲也。"南朝宋謝靈運《初發石首城》詩："越海凌三山，游湘歷九嶷。"《宋書·謝靈運傳》："高於五嶽，便是海中三山之流。"《魏書·陽固傳》："乘玄虬之奕奕兮，鳴玉鑾之瑲瑲。浮滄波而濯足兮，入三山而解裳。"唐李白《懷仙歌》："巨鰲莫載三山去，我欲蓬萊頂上行。"宋劉過《水龍吟》詞："玉堂無比，三山海上，虛無縹緲。"元劉因《登鎮州隆興寺閣》詩："又疑三山浮海至，載我欲去扶桑東。"明張元凱《春日游金陵牛首山寺漫擬龍門應制之作》詩："五嶽區中誰王氣，三山海底孰神仙。"清王元勳《和錢溉亭夢游廬山觀瀑布歌》詩："朝行五嶽雷雨上，暮宿三山雲海重。"

【三神山】

即三山。此稱漢代已行用。見該文。

五山[2]

古代傳説中東海的仙山。《列子·湯問》："渤海之東，不知幾億萬里有大壑焉，實惟無底之谷……其中有五山焉。一曰岱輿、二曰員嶠、三曰方壺、四曰瀛州、五曰蓬萊。"《史記·孝武本紀》："其北治大池，漸臺高二十餘丈，名曰泰液池，中有蓬萊、方丈、瀛洲、壺梁，象海中神山龜魚之屬。"

射姑山

古地名。傳説中的神山，位於北地。又作"藐姑射之山""藐姑射"。按，西漢時北地郡治馬嶺縣，位於今甘肅慶陽市慶城縣東南的馬嶺鎮。又，位於山西省臨汾市堯都區金殿鎮姑射村。又，位於北海中。《山海經·東山經》："盧之山……又南三百八十里，曰姑射之山，無草木，多水。"郝懿行箋疏："《莊子·逍遥游》篇云：'藐姑射之山，汾水之陽'；《隋書·地理志》云'臨汾有姑射山'。山在今山西平陽府西。"《莊子·逍遥游》："藐姑射之山，有神人居焉。"《荀子·王制》："北海則有走馬吠犬焉，然而中國得而畜使之。"楊倞注："海謂荒晦絕遠之地，不必至海水也。"《後漢書·順帝紀》："六年春正月丙子，征西將軍馬賢與且凍羌戰於射姑山，賢軍敗没。"《資治通鑑·漢順帝六年》"征西將軍與且凍羌戰於射姑山"胡三省注："射，音夜。按，《續漢書·天文志》，射姑

射姑山
（清佚名《天下名山圖》）

山在北地 。"宋林希《南華真經口義》："藐姑射，山名也。"宋褚伯秀《南華真經義海纂微》："王雱注：藐姑射山，在北海中，以喻歸根復命之意。"清穆彰阿等《大清一統志·平陽府一》："陸德明《莊子音義》云，藐姑射，山名，在北海中。"按，"北海"除指北方海域之外，古亦泛指北方之地。

【藐姑射之山】

即姑射之山。此體先秦已行用。見該文。

【藐姑射】

即姑射之山。此體先秦已行用。見該文。

寒山[2]

傳説中北方常寒之山。《楚辭·大招》："魂乎無北！北有寒山，逴龍赩只。"王逸注："言北方有常寒之山，陰不見日，名曰逴龍。"晉張協《七命》："大夫曰：'寒山之桐，出自太冥。'"一説，冷落寂静的山；天寒地凍的山。南朝宋謝靈運《入華子岡是麻源第三谷》詩："南州實炎德，桂樹凌寒山。"唐韓翃《送齊山人歸長白山》詩："柴門流水依然在，一路寒山萬木中。"清陸以湉《冷廬雜識·秋畦公取士》："秋風幾樹天香動，吹向寒山老桂林。"

不周山

傳説中位於崑崙山西北的名山，當在今帕米爾高原一帶。單稱"不周"。或位於今日昆侖山西北部。帕米爾高原漢朝以"葱嶺"相稱，唐稱"帕米爾"。一説，不周山即葱嶺。《楚辭·離騷》："路不周以左轉兮，指西海以爲期。"王逸注："不周，山名。在昆侖西北。"《山海經·大荒西經》："西北海之外，大荒之隅，有山而不合，名曰不周負子。"《淮南子·天文訓》："昔共工與顓頊爭爲帝，怒而觸

不周之山，天柱折，地維絶。天傾西北，故日月星辰移焉；地不滿東南，故水潦塵埃歸焉。"高誘注："不周山在西北。傾者，高也。"唐胡曾《不周山》詩："共工爭帝利窮秋，因此捐生觸不周。"宋何夢桂《寄謝夾谷書隱先生四十四韻》詩："誰觸不周山，地摧天柱折。"元李俊民《聞蔡州破》詩："不周力摧天柱折，陰山怨徹青冢骨。"明唐文鳳《七星石歌（永樂年間取歸禁苑）》詩："不周山崩天柱折，天傾西北形露缺。"清梁佩蘭《寄懷屈翁山客雁門》詩其二："自從不周碎，坤軸東南傾。"

【不周】

即不周山。此稱先秦已行用。見該文。

陽侯之波

大波。亦稱"陽侯""侯波"。陽侯，陵陽國之侯。傳説其溺水而死，爲水神，能興大波以作祟，因以代稱大波。或説，陽侯爲古諸侯，有罪投江死，化水波之神。《楚辭·九章·哀郢》："陵陽侯之泛濫兮，忽翺翔之焉薄。"馬茂元注："陽侯，波濤之神，這裏用作波濤的代稱。"《戰國策·韓策二》："塞漏舟，而輕陽侯之波，則舟覆矣。"《淮南子·覽冥訓》："武王伐紂，渡於孟津，陽侯之波逆流而擊。"高誘注："陽侯。陵陽國侯也。其國近水，溺水而死。其神能爲大波，有所傷害，因謂之陽侯之波。"鮑彪注："説陽侯多矣。今按《四八目》，伏羲六佐，一曰'陽侯'，爲江海。蓋因此爲波神歟？"漢枚乘《七發》："侯波奮振，合戰於藉藉之口。"李善注：《楚辭》曰：'陵陽侯之泛濫兮。'王逸曰：'陽侯，大波也。'"吕延濟注："侯波，陽侯之波也。"晉葛洪《抱朴子·備闕》："惠子，上相之標也，而不能役舟

楫以陵陽侯。”明程登吉《幼學瓊林·地輿類》："水神曰馮夷，又曰陽侯。”清顧炎武《河上作》詩："仰希聖明眷，下載陽侯波。”清錢謙益《壽福清公六十序》："捩柁呼號，與陽侯争一旦之命。”參閱“陽侯之波”。

【陽侯】

即陽侯之波。此稱先秦已行用。見該文。

【侯波】

即陽侯之波。此稱漢代已行用。見該文。

地脂

傳說大地溢出的液體，於養生有奇效。唐馮贄《雲仙雜記·地脂》："高展爲并州判官。一日，見砌間沫出，以手撮之，試塗一老吏面上，皺皮頓改，如少年色。展以謂必神藥，問承天道士，答曰：‘此名地脂，食之不死。’乃發甄，已無所覩。”元佚名《修真十書雜著指玄篇》："日魂漏天髓，月魄運地脂，此金丹之烏兔也。”清毛對山《對山醫話》卷四："地脂于地脈流行聚合之處，從土湧出，不收仍入地。”清趙學敏《本草綱目拾遺》："《方鎮編年録》謂之地脂。時珍以爲石腦油。一曰硫黄油。”

帝臺之漿

傳說中一種清涼的神水，服後不心痛。亦稱“天漿”。《山海經·中山經》："〔高前之山〕其上有水焉，甚寒而清，帝臺之漿也，飲之者不心痛。”袁珂校注："經文‘帝臺之漿’。《藝文類聚》引‘漿’下有‘水’字，《太平御覽》卷五九同……帝臺者，蓋治理一方之小天帝，猶人間徐偃王之類是也。”唐韓愈《調張籍》詩："刺手拔鯨牙，舉瓢酌天漿。”方世舉注："天漿豈即《中山經》所謂‘帝臺之漿’耶。”清曹德馨《七星缸》詩："真武夜唤阿育王，手攀日柄承天漿。”

【天漿】

即帝臺之漿。此稱唐代已行用。見該文。

水伯

水神。又喻指黄河。古人認爲它是衆水之長，如諸侯的方伯首領，故稱。《山海經·海外東經》："朝陽之谷，神曰天吳，是爲水伯。”漢佚名《孝經援神契》："河者，水之伯，上應天漢。”晉程咸《平吳後三月三日從華林園作》詩："天吳奏安流，水伯衞帝津。”南朝梁蕭子顯《南征曲》詩："圖蛟怯水伯，照鵸竦江神。”宋劉敞《秋晚雨中隱几偶書寄聖俞五首》詩其四："我欲乘桴渡南溟，手携水伯趨蓬瀛。”明宋濂《風門洞碑》詩："四子爽馳乘四熊，川君水伯扈以從。”《西游記》第五一回："水德聞言，即令黄河水伯神王：‘隨大聖去助功。”清昭槤《嘯亭續録·張漢潮渡漢江》："信夫，國祚昌熾，水伯得以默然佑護也。”

水府 2

傳說中水神或龍王居住之處。晉木華《海賦》："爾其水府之内，極深之庭，則有崇島巨鼇，埕埌孤亭。”南朝梁任昉《述異記》卷上："闔閭構水精宮，尤極珍怪，皆出自水府。”唐劉禹錫《和牛相公題姑蘇所寄太湖石》："初辭水府出，猶帶龍宫腥。”唐韓愈《貞女峽》詩："懸流轟轟射水府，一瀉百里翻雲濤。”唐姚合《莊居野行》："采玉上山巔，探珠入水府。”清王連瑛《隋堤行》詩："漸見蛟龍來九皋，嵩室轒轅深水府。”

瑤池 2

傳說中西王母所居宫闕之池。一說在昆侖山，一說在天山。後亦指皇宫之池。《史記·大宛列傳》："崑崙其高二千五百餘里，日月所相避隱爲光明也。其上有醴泉瑶池。"南朝齊王融《游仙詩五首》詩其三："命駕瑶池隈……王母停玉杯。"北魏《元君墓誌銘》："崑山墜崿，瑶池卷流。"唐王建《上李吉甫相公》詩："金鼎調和天膳美，瑶池沐浴賜衣新。"唐杜甫《秋興》詩："西望瑶池降王母，東來紫氣滿函關。"唐白居易《新樂府·八駿圖》詩："瑶池西赴王母宴，七廟經年不親薦。"宋衞涇《聞和叔撫琴》詩："誰弄瑶池三尺玉，怪來萬壑動秋聲。"元方行《題邊文進仙山樓觀圖》詩："瑶池花暖春未凋，三十六宮散瓊瑶。"明丁鶴年《題茀郎天馬圖》詩："一去瑶池消息斷，西風吹影落人間。"《紅樓夢》第五〇回："誤吞丹藥移真骨，偷下瑶池脱舊胎。"

天池 [3]

傳説中天上的仙池。晋葛洪《抱朴子外篇·喻蔽》："沈鯤橫於天池，雲鵬戾乎玄象。"唐韓偓《漫作》詩其一："玄圃珠爲樹，天池玉作砂。"唐李白《白紵辭三首》詩："願作天池雙鴛鴦，一朝飛去青雲上。"唐錢起《巨魚縱大壑》詩："龍攄回地軸，鯤化想天池。"宋張君房《雲笈七籤·歌詩》："濯足玉天池，鼓枻牽牛河。"宋曹冠《念奴嬌（述懷和趙宰通甫韻）》詞："鵬激天池，扶摇未便，尚斂摩雲翅。經綸萬卷，個中真負豪氣。"元王士熙《和馬伯庸寄袁學士》詩："天池鶂獨運，霧谷豹深藏。"明李東陽《與李中舍應正同飲時賜邸》詩："又如驟天馬，霧鬣天池通。"清陳恭尹《送程周量起復入都》詩："神龍吐氣首萬物，大鵬整翮盤天池。"

柴都

傳説中的古泉名。相傳如井狀，春夏出黿，人須以柴堵塞，方防其出，故稱。《太平廣記·水〈井附〉》："柴都、濠州井、鷄井、軍井、金華令水帝神女。"《太平御覽》引晋郭璞《玄中記》："東方有柴都焉，在齊國。有山，山有泉水，如井狀，深不測。至春夏時，黿從井中出，常敗五穀。人常以柴塞之，不柴塞則出也，故號爲柴都。"

淫泉

泉名。傳説之泉。其水浸淫而出，故稱。晋王嘉《拾遺記·前漢上》："日南之南有淫泉之浦，言其水浸淫從地而出成淵，故曰淫泉。或言此水甘軟，男女飲之則淫……其水激石之聲，似人之歌笑，聞者令人淫動，故俗謂之淫泉。"南朝梁江淹《應劉豫章别》："浸淫泉懷浦，泛濫雲辭山。"宋劉攽《春日》詩："春波淫淫泉脉清，捷菑作擔芳草生。"宋李壁《王荆文公詩注》："《拾遺録》曰：南之南有淫泉，時有鳧雁色如金玉，群飛戲於沙瀨羅者，得之乃真金鳧也。"

丹石井

傳説古頻斯國之井。晋王嘉《拾遺記·晋時事》："傍有丹石井，非人之所鑿，下及漏泉，水常沸湧。諸仙欲飲之時，以長絙引汲也。"明徐應秋《玉芝堂談薈》："頻斯國有丹石井，非人之所鑿。"

神井

神奇靈异的井。北齊劉逖《浴温湯泉》詩："神井堪消疹，温泉足蕩邪。"唐道世《頌六十二首》其五十："甘池流八水，神井湧九泉。"宋程公許《泛舟登弁山祥應宫之絶頂望太湖窺黄龍洞過倪尚書雲巖》詩："神井千尋龍起蟄，幽巖四面石成林。"元盧琦《風山龍井》

詩："瑤峰有神井，龍潛不可測。"又，神井爲王莽即位前所傳十二祥瑞福應之一。《漢書·王莽傳中》："去漢與新，以丹石始命於皇帝。皇帝謙讓，以攝居之，未當天意，故其秋七月，天重以三能文焉。皇帝復謙讓，未即位，故三以鐵契，四以石龜……十以神井，十一以大神石，十二以銅符帛圖。申命之瑞，寖以顯著，至於十二，以昭告新皇帝。"

溟海 [3]

傳說東海蓬萊神山以東的大海，爲太上真人所居。亦作"冥海"。漢東方朔《十洲記》："〔蓬萊山〕外別有圓海繞山。圓海水正黑，而謂之冥海也。無風而洪波百丈，不可得往來。上有九老丈人九天真玉宫，蓋太上真人所居。"晋張協《七命》："溟海潭濩湧其後，嶻谷崷嶆張其前。"李善注引《十洲記》作"冥海"。

【冥海】 [1]

即溟海。此體漢代已行用。見該文。

溟海 [4]

傳說極北之地的大海。《莊子·逍遥游》："窮髮之北，有冥海者，天池也。"《列子·湯問》："終北之北有溟海者，天池也。"

【冥海】 [2]

即溟海。此體先秦已行用。見該文。

瀛洲 [3]

傳說海中仙島神山。《列子·湯問》："渤海之東，不知幾億萬里……其中有五山焉，一曰岱輿，二曰員嶠，三曰方壺，四曰瀛洲，五曰蓬萊……所居之人，皆仙聖之種。"《史記·秦始皇本紀》："齊人徐市等上書，言海中有三神山，名蓬萊、方丈、瀛洲，僊人居之。"晋庾闡《游仙詩十首》其四："輕舉觀滄海，眇邈去瀛洲。"唐李白《夢游天姥吟留别》詩："海客談瀛洲，烟濤微茫信難求。"宋白玉蟾《武夷有感》詩其九："霧濕蒼苔烟漠漠，白雲飛夢過瀛洲。"金趙秉文《東坡赤壁圖》詩："何時謫仙人，騎鶴下瀛洲。"明佚名《鳴鳳記·鄒林游學》："瀛洲同泛濟川船，伊吾共仗屠龍劍。"清敦敏《行舟四咏·蓬》："何能乘帆去，風送到瀛洲。"

蓬萊山

傳說海中仙島神山。亦稱"蓬萊"。《山海經·海内東經》："蓬萊山在海中。"《列子·湯問》："渤海之東，不知幾億萬里……其中有五山焉，一曰岱輿，二曰員嶠，三曰方壺，四曰瀛洲，五曰蓬萊……所居之人，皆仙聖之種。"《史記·封禪書》："自威、宣、燕昭使人入海求蓬萊、方丈、瀛洲，此三神山者，其傳在勃海中。"又云："入海求蓬萊者，言蓬萊不遠，而不能至者，殆不見其氣。"漢劉向《列仙傳》："聊悟秦始，遺寶皂亭，將游蓬萊，絕影清泠。"《漢書·禮樂志》："神所見，施祉福，登蓬萊，結無極。"晋佚名《水仙操》詩："移形素兮蓬萊山，歆欽傷宫仙石還。"《南齊書·張融傳》："曬蓬萊之靈岫，望方壺之妙闕。"《宋書·孝

蓬萊山
（清蔣廷錫等《古今圖書集成》）

武帝紀》：“禮九疑於盛唐，祀蓬萊於渤海。”南朝梁蕭繹《玄覽賦》：“鬱如蓬萊之臨滄海，憬如昆侖之出絳霄。”唐李白《懷仙歌》：“巨鰲莫載三山去，我欲蓬萊頂上行。”《藝文類聚·靈異部上》：“始皇遣使者數人入海，未至蓬萊山。”《通典·州郡十》：“漢武帝於此望海中蓬萊山，因築城以爲名。”宋吳自牧《夢梁錄》卷八：“蓬萊方丈渺空闊，豈若坐對三神山。”元楊載《夢讀退之詩頗奇詭已覺記其大旨作此篇》詩：“自聞蓬萊山，大林夾長巒。”明劉基《感懷三十一首》詩其十五：“峨峨蓬萊山，渺渺大瀛水。”清姚燮《浩歌行十章》詩：“群仙宴酒蓬萊山，清歌妙舞非人間。”

【蓬萊】

同“蓬萊山”。此稱先秦已行用。見該文。

舜典十二州

傳說堯舜時代的行政區劃制度。包括冀州、兗州、青州、徐州、荆州、揚州、豫州、梁州、雍州、幽州、并州、營州。《書·舜典》：“肇十有二州。”谷永、班固都解釋作：“堯遭洪水，天下分絶爲十二州。”到漢代，馬融纔解釋“舜典十二州”之名形成在禹治水後，就禹所置九州分置幽、并、營三州，合爲“十二州”。後世釋經家多采用馬融說。近代學者認爲十二州的傳說，當自漢人影射武帝所置的十三刺史部而起；馬融解釋十二州名，乃雜取《職方》《爾雅》所載《禹貢》九州以外州名拼凑而成。參閱本卷“九州”條目。

女媧石

傳說一種色彩斑斕之石。後稱具異彩之石爲女媧石。又稱“五色石”“五石”。《列子·湯問》：“天地亦物也。物有不足，故昔者女媧氏煉五色石以補其闕。”《淮南子·覽冥訓》：“往古之時，四極廢，九州裂，天不兼覆，地不周載。火爁炎而不滅，水浩洋而不息。猛獸食顓民，鷙鳥攫老弱。於是女媧鍊五色石，以補蒼天。”南朝宋王歆之《南康記》：“歸美山山石紅丹，赫若彩繪，峨峨秀上，切霄鄰景，名曰女媧石。”《南史·梁元帝紀》：“鑿河津於孟門，百川復啓；補穹儀以五石，萬物再生。”唐陸龜蒙《雜諷》詩其四：“女媧鍊五石，天缺猶可補。”唐盧仝《與馬異結交》詩：“搗鍊五色石，引日月之針，五星之縷把天補。”宋梅堯臣《苦雨》詩：“灑盡天漢流，蒸爛女媧石。”元李齊賢《則天陵》詩：“區區女媧石，豈補青天缺！”明劉基《雪鶴篇贈詹同文》詩：“王母桃花凍不緋，五色石裂女媧醢。”

【五色石】

即女媧石。此稱漢代已行用。見該文。

【五石】

即女媧石。此稱唐代已行用。見該文。

照石

傳說一種异石。出方丈山西，距石十里，能如鏡照人，故稱。亦謂石面光亮如鏡。晋王嘉《拾遺記·方丈山》：“〔方丈山〕山西有照石，去石十里，視人物之影如鏡焉。碎石片片皆能照人，而質方一丈則重一兩。昭王春此石爲泥。”南朝陳賀力牧《關山月》詩：“照石疑分鏡，臨弓似引弦。”宋虞儔《和中本留題照石》詩其一：“看鏡功名不用頻，蒼苔遍教留行迹。”

燃石

傳說一種能燃的石頭。疑爲含硫較多的煤炭、油葉巖之類。晋王嘉《拾遺記·秦始皇》：

“〔宛渠國〕夜燃石以繼日光。此石出燃山，其土石皆自光澈，扣之則碎，狀如粟，一粒輝映一堂。昔炎帝始變生食，用此火也。……或有投其石於溪澗中，則沸沫流於數十里。”北魏酈道元《水經注·贛水》：“〔建成〕縣出燃石。《異物志》曰：‘石色黃白而理疏，以水灌之便熱，以鼎著其上，炊足以熟。置之則冷，灌之則熱，如此無窮。’”《太平御覽·鱗介部》：“常有伐木人見其如此，未眠之前，痛燃石使熱，羅置火畔，便伴眠看之。”明方以智《物理小識·風雷雨暘類》：“江州高安縣之燃石也，以水澆之，並可燒香，以鼎炊物，可熟。”清顧祖禹《讀史方輿紀要·江西二》：“《永和山川記》：建成縣西有羊山，山產燃石。”“燃石，豫章有石，水灌之可以燃。”

潛英

傳說海中一種奇石。極輕，冬溫夏涼。傳雕爲人像後能言語。晉王嘉《拾遺記·前漢上》：“暗海有潛英之石，其色青，輕如毛羽。寒盛則石溫，暑盛則石冷。刻之爲人像……此石人能傳譯人言語。”唐陳至《薦冰》詩：“色靜澄三灑，光寒肅兩楹。形鹽非近進，玉豆爲潛英。”元鄧文原《雨中次范德機見寄雜興韻》詩：“永懷山澤居，好遁潛英聲。”明黃省曾《李夫人歌一首》：“樓船浮暗海，青石懷潛英。”清王采薇《昆靈曲》：“蟬絲細帳蟲織成，秋簟夜碧啼潛英。”

爛石[2]

傳說一種异石。傳出員嶠山西星池中，色紅塊大，上臥神龜。焚燒後有烟升天，化爲香雲、香雨。《太平御覽》引王嘉《拾遺記》：“〔員嶠山〕西有星池千里，池中有神龜，八足六跟，背負七星日月八方之圖，腹有五嶽四瀆之像，時出爛石上，望之煌煌如列星矣，於冥昧當雨之時而光色彌明。此石常浮於水邊，方數百里，其色多紅。燒之，有烟數百里，升天則成香雲，香雲遍潤，則成香雨。”宋范成大《曉發飛烏晨霞滿天少頃大雨戲記其事》詩：“爛石燒成香，汗礎潤如洗。”

昆吾[2]

山名。山石含金屬物質，其石亦稱昆吾。傳説出八方巨海之流洲。冶石爲鐵作劍，鋒利無比，故又指昆吾刀。《山海經·中山經》：“又西二百里曰昆吾之山，其上多赤銅。”郭璞注：“此山出名銅，色赤如火，以之作刃，切玉如割泥也。”先秦佚名《渾良夫譟》：“登此昆吾之虛，綿綿生之瓜。”《尸子》：“昆吾之劍可切玉。”《列子·湯問》：“周穆王大征西戎，西戎獻昆吾之劍，火浣之布。用之切玉，如切泥焉。”漢司馬相如《子虛賦》：“其石則赤玉玫瑰，琳瑉昆吾。”漢東方朔《海内十洲記》：“流洲，在西海中，地方三千里，去東岸十九萬里，上多山川，積石名爲昆吾。冶其石成鐵作劍，光明洞照如水精狀，割玉物如割物。”又云：“昔周穆王時，西胡獻昆吾割玉刀及夜光常滿杯，刀長一尺，杯受三升。刀切玉如切泥……劍之所出，從流州來。”北周王褒《輕舉篇》：“酒釀瀛洲玉，劍鑄昆吾銅。”唐崔融《詠寶劍》：“寶劍出昆吾，龜龍夾彩珠。”宋張君房《雲笈七籤·十洲三島》：“〔流洲〕上多山川積石，名爲昆吾。冶其石成鐵作劍，光明洞照如水精狀，割玉如泥。”元許有壬《蘭陵王》詞：“昆吾鐵，神物千年不滅。”明王偁《感寓》詩其八：“笑攀若木枝，頫見昆吾巓。”清戴亨

《寶劍行（辛丑都門作）》詩："洪鈞陶鑄昆吾岡，木厲遁辟山精藏。"

未石

奇石名。相傳每到未時（午後十三點至十五點）即有氣冒出，故稱。宋彭乘《續墨客揮犀·未石》："李菜朝議好奇。有異石，高二尺許，嵌碪可愛，常置庭檻間。每至日方未時，即有氣出於石穴中……因目爲未石。"清康熙《御定分類字錦》："有異石高二尺許，嵌空可愛，常置庭檻間，每至日方未時，即有氣出石穴中，若烟雲之狀，萬不差一，因目爲未石。"

石蟹

奇石名。出海中。傳説蟹入海底，日久化而成石，故稱。晋張華《博物志·異鳥》："冶烏時觀樂便作人悲喜，開張三尺，澗中取石蟹就入火間炙之，不可犯也。"南朝宋鮑照《登大雷岸與妹書》："至於繁化殊育，詭質怪章，則有江鵝、海鴨、魚鮫、水虎之類……石蟹、上蚒、燕箕、雀蛤之儔。"宋沈括《夢溪筆談·異事》："治平中，澤州人家穿井，土中見一物，蜿蜒如龍蛇狀，畏之不敢觸。久之見其不動，試撲之，乃石也……蓋蛇蜃所化，如石蟹之類。"明李時珍《本草綱目·金石四·石蟹》引顧玠《海槎録》云："崖州榆林港内半里許，土極細膩，最寒。但蟹入則不能運動，片時成石矣，人獲之名石蟹。置之几案，云能明目也。"又，《本草綱目·石三·石蟹》〔集解〕引馬志曰："石蟹生南海，云是尋常蟹爾，年月深久，水沫相著，因化成石，每遇海潮即飄出。"

石燕

燕形石。出湖南零陵山谷間，傳説其遇風雨則飛翔如真燕，風雨停止還化爲石。亦作"石鷰"。鷰同燕。出《韓非子·喻老》："鷰雀除帷幄。"又稱"湘燕"。南朝陳徐陵《移齊文》："長沙鵬鳥，靡復爲妖。湘川石燕，自然還儷。"北魏酈道元《水經注·湘水》："湘水東南流逕石燕山東，其

石鷰
（明王圻等《三才圖會》）

山有石，紺而狀燕，因以名山。其石或大或小，若母子焉。及其雷風相薄，則石燕群飛，頡頏如真燕矣。"北周庾信《喜晴》詩："已歡無石燕，彌欲棄泥龍。"唐盧照鄰《失群雁》詩："欲隨石燕沈湘水，試逐銅烏繞帝臺。"唐許渾《金陵懷古》詩："石燕拂雲晴亦雨，江豚吹浪夜還風。"唐劉禹錫《牛相公題姑蘇所寄太湖石》詩："眇小欺湘燕，團圓笑落星。"唐李商隱《武侯廟古柏》詩："葉雕湘燕雨，枝折海鵬風。"馮浩箋注引《湘州記》："零陵山有石燕，遇風雨則飛，雨止還爲石。"宋陳巖《臥牛石》詩："石犀沉後波濤息，石燕飛時風雨來。"元祖銘《南屏雨》詩："林巒有穴山精出，巖谷無人石燕飛。"明李時珍《本草綱目·石三·石燕》："石燕有二，一種是此，乃石類也。狀類燕而有文，圓大者爲雄，長小者爲雌。"清張鵬翮《黃鸝峽阻風雨》詩："江豚吹浪千峰暗，石燕旋風萬壑陰。"

【湘燕】

即石燕。此稱唐代已行用。見該文。

【石鷰】

同"石燕"。此稱明代已行用。見該文。

覓石

石名。傳能發出"覓覓"之聲的魚類化石。宋張師正《倦游雜錄》:"通遠軍,渾源出焉。中有水蟲類魚,鳴作覓覓之聲,見者既以挺刃擊之,或化爲石,可以爲礦石,名曰覓石。"

沃燋

巨石名。傳説在扶桑之東,亦説位於東海南部的大石山。可容納無限海水。亦作"沃焦"。《戰國策》:"救趙之務,務趣也,事也,宜奉漏甕沃燋釜喻救之,急夫救趙高義也。"三國魏稽康《養生論》"泄之以尾閭"李善注引司馬彪曰:"在扶桑之東有一石,方圓四萬里,厚四萬里,海水注者無不燋盡,故名沃燋。"晋郭璞《江賦》:"出信陽而長邁,淙大壑與沃焦。"李善注引《玄中記》:"天下之大者,東海之沃焦焉,水灌之而不已。沃焦,山名也,在東海南方三萬里。"北齊顏之推《顏氏家訓·歸心》:"沃焦之石,何氣所然。"唐法藏《華嚴經探玄記》:"若俗書中大海有沃燋石消大水,又云注於尾廬令海不增。"《太平御覽·地部·石下》:"《玄中記》曰:'天下之强者,東海之沃燋石焉'。"明徐元太《喻林·德行門六》:"一切衆流,皆歸大海,以沃燋山故,大海不增,以金剛輪故,大海不減,此金剛輪隨時轉,故令大海水同一鹹味。"清鄧旭《錢塘看潮》詩:"伊昔惟聞東流之水無盡期,沃焦湏洞爲漏卮。"一説,山在東海南方三萬里。參閱本卷"尾閭"條目。

【沃焦】

同"沃燋"。此體北齊已行用。見該文。

華胥氏之國

上古母系氏族的女首領華胥氏所創立的國度。有學者認爲位於陝西省西安市藍田縣華胥鎮。亦稱"華胥""華胥國"。《列子·黃帝》:"華胥氏之國,在弇州之西,台州之北,不之斯(離)齊國幾千萬里。蓋非舟車足力之所及,神游而已。"隋無名氏《祀五帝於明堂樂歌十一首》其一:"荒華胥曁,樂我大君。"《藝文類聚·帝王部》:"黃帝既寤,怡然自得,又二十八年,天下大治,幾若華胥國矣。"唐元稹《憲宗章武孝皇帝挽歌詞三首》其一:"方丈言虛設,華胥事眇然。"宋張君房《雲笈七籤·軒轅本紀》:"帝游華胥國,此國神仙國也,伏羲生於此國。"元譚處端《題洛陽朝元宮》詩:"日魂煉就華胥國,月魄收將不夜天。"明王世貞《入秋無事案頭偶有紙筆隨意輒書如風掃華不倫不理故曰雜題》詩其十一:"西有華胥國,北有拘廬州。"清錢謙益《鐙樓行壬寅元夕賦示施偉長》詩:"夢回歷歷華胥國,折脚鐺邊説向君。"清徐文靖《竹書紀年前編》:"太昊庖羲氏,太昊之母居於華胥之渚,履巨人迹,意有所動,虹且繞之,因而始娠。"徐文靖箋:"按,華胥,地名,在陝西藍田縣。"一説,在山東。《山海經·海内東經》:"《河圖》曰:大迹在雷澤,華胥之而生伏羲。"又據《禹貢》記載,華胥國在雷澤,即今山東菏澤市一帶。還有史學家考證,在山東巨野縣城區一帶。北魏酈道元《水經注·瓠子河》:"瓠河又左逕雷澤北,其澤藪在大成陽縣故城,西北十餘里,昔華胥履大迹處也。"又,清穆彰阿等《大清一統志》:"章丘縣西朝陽故城,有赫胥墓。"

【華胥】

即華胥國。此稱先秦已行用。見該文。

【華胥國】

即華胥國。此稱唐代已行用。見該文。

水簾洞

號稱"水簾洞"者有多處：位於甘肅省天水市武山縣；位於武夷山南平；位於河南桐柏；位於湖南南衡陽；位於湖北神農架；位於連雲港花果山。唐佚名《題水簾洞》詩："今古長垂地，晨昏不上鈎。"唐羅鄴《題水簾洞》："一片長垂今與古，半山遥聽水兼風。"宋《次水簾洞韻》詩："天上真珠真下垂，更無鈎箔惹塵埃。"宋林千之《贈水簾洞黃秀才》："讀書避世喧，結廬五雲表。"明宋璲《題水簾洞》："石泉飛雨亂淋灘，翠箔銀絲萬縷齊。"《徐霞客游記·江右游日記》："東向入至雙劍、疊龜之下，見有路可入水簾洞，第昏黑莫辨，亟逾嶺入方丈焉。"《西游記》第五八回："水簾洞本是一股瀑布飛泉，遮掛洞門，遠看似一條白布簾兒，近看乃是一股水脉，故曰水簾洞。"清趙起士《寄園寄所寄》卷三："佇立四望，遥見泉掛山腰如練，乃水簾洞也。"

索　引

索引凡例

一、本索引爲詞條索引，凡正文詞條欄目出現的主詞條均用"*"標示，副詞條則無特殊標識。

二、本索引諸詞條收錄順序以漢語拼音音序爲基礎，兼顧古音、方言等差异，然爲方便檢索，又與音序排列法則有异，原則如下：

首先，以詞條首字所對應的拼音字母爲序排列，詞條首字相同（讀音亦同）者爲同一單元；詞條首字不同但讀音相同的各個單元，一般按照各單元詞條首字的筆畫，由簡至繁依次排列。例如以huáng爲首字的詞條，則按首字筆畫依次分作"皇""黄"等不同單元；又如以diāo爲首字的詞條，則按首字筆畫依次分作"虭""蛁""貂"等不同單元。此外，爲方便查閲和比較，在對幾個同音且各衹有一個詞條的單元排序時，一般將兩個或幾個含義相同或相近的單元鄰近排列。如"埋頭蛇""貍蟲""薶頭蛇"都屬於mái爲首字的單元，且"埋頭蛇"與"薶頭蛇"含義相同，因此這三個單元的排列順序是"貍蟲""埋頭蛇""薶頭蛇"。

其次，同一單元内按各詞條第二字讀音之音序排列，第二字讀音相同者則按第三字讀音之音序排列，以此類推。例如以"皇"爲首字的單元各詞條的排列依次爲"皇宬、皇帝鹵簿金節……皇貴妃儀仗金節……皇史宬……皇太后儀駕卧瓜……皇庭"。

三、本索引中詞條右側的數字爲該詞條在正文位置的起始頁碼。

四、本索引所收詞條僅限於正文、附錄中明確按主、副詞條格式撰寫的詞條，而在其他行文中涉及的詞條不收錄。

五、多音字、古音字或方言字詞條按其讀音分屬相應的序列或單元，如"大常"古音爲tàicháng，因此歸入音序T序列；又如"葛上亭長"，"葛"是多音字，此處讀gé，因此歸入音序G序列之ge的二聲單元；互爲通假的詞條，字雖异然而讀音同者，如"解食""解倉"皆爲芍藥別稱，因"食"與"倉"通，故"解食"讀音與"解倉"同；等等。

六、某些詞條多次出現，在正文中以詞條右上標記數字爲標志，如"朝[1]""朝[2]""百足[1]""百足[2]"等，索引中亦按照其右上標記數字的順序排列。詞條相同但讀音不同的則按照其讀音分屬相應的音序序列和單元。如"蟒[1]"（měng）、"蟒[2]"（mǎng），"蟒[1]"歸入音序M序列之meng的三聲單元，"蟒[2]"則歸入音序M序列之mang的三聲單元。

七、某些特殊詞條，如數字詞條、外文字母詞條等，則收入《索引附錄》。

A

B

C

D

H

J

K

L

M

N

Q

S

T

X

Z